HUMAN COMPUTER INTERACTION 개론

Human Computer Interaction 개론

2012년 3월 20일 초판 발행 ● 2020년 3월 16일 5쇄 발행 ● 지은이 김진우 ● 펴낸이 김옥철 ● 주간 문지숙
편집 정은주 ● 표지 강준모 ● 디자인 서영미 ● 다이어그램 오혜진 ● 커뮤니케이션 이지은 ● 영업관리 한창숙
인쇄·제책 스크린그래픽 ● 펴낸곳 (주)안그라픽스 우10881 경기도 파주시 회동길 125-15
전화 031.955.7766(편집) 031.955.7755(고객서비스) ● 팩스 031.955.7744 ● 이메일 agdesign@ag.co.kr
웹사이트 www.agbook.co.kr ● 등록번호 제2-236(1975.7.7)

ⓒ 2012 김진우
이 책의 저작권은 지은이에게 있으며 무단 전재와 복제는 법으로 금지되어 있습니다.
정가는 뒤표지에 있습니다. 잘못된 책은 구입하신 곳에서 교환해드립니다.

이 책의 국립중앙도서관 출판예정도서목록(CIP)은 서지정보유통지원시스템 홈페이지(seoji.nl.go.kr)와
국가자료공동목록시스템(www.nl.go.kr/kolisnet)에서 이용하실 수 있습니다.
CIP제어번호: CIP2012001048

ISBN 978.89.7059.618.1 (93630)

HUMAN COMPUTER
INTERACTION 개론

김진우 지음

안그라픽스

시작글

"안녕하세요 저는 대학교 전기전자공학과 3학년에 재학중인 학생입니다. 제가 군대에 있으면서 관심을 가지게 된 분야가 HCI인데, 인터넷에서 자료를 찾다 보니 HCI Lab이 있다는 사실을 알게 되었습니다. 어찌 보면 동떨어진 분야일 수도 있는데 정말 관심이 생기더군요. 그런데 어디서부터 시작해야 할지 알 수가 없습니다."

"저는 10년차 직장인입니다. 실무로는 많은 프로젝트를 진행해 봤지만 더 늦기 전에 깊이 있는 대학원 공부를 하고 싶다는 맘에 여기 연구실까지 오게 되었습니다. 그런데 어디서부터 준비해야 할지 참 막막합니다."

"10년 정도 모바일 쪽에서 일하고 있습니다. UX에 대한 기본 이론에 대해 체계적으로 배우고자 알아보던 중에 교수님이 운영하고 계시는 연세대학교 HCI Lab을 알게 되었습니다. 그런데 도대체 UX가 무엇인가요?"

위 내용들은 필자가 몸담고 있는 연세대학교 HCI Lab 의 게시판(hci.yonsei.ac.kr)에 올라온 글들이다. 최근 10년 동안 HCI 분야는 비약적인 발전을 거듭해 왔다. 제품이나 서비스를 이용하는 사용자경험이 중요해지면서 회사나 단체에서 UX에 대한 부서를 신설하고, 이에 대한 투자를 아끼지 않고 있다. 매년 열리는 HCI학회에는 1,000명이 넘는 사람들이 참가하고 있으며, 크고 작은 세미나가 일주일에도 몇 개씩 열리고 있다.

그러나 HCI가 사용자에게 즐겁고 편리한 경험을 할 수 있는 디지털 제품과 서비스를 만드는 것을 목표로 하고 있음에도, 정작 HCI 원리를 공부하고 UX 방법론을 공부하는 것은 멀고 험난하기만 하다. 이는 대학에 재학 중인 학생이나 직장생활 10년차가 넘는 전문가도 마찬가지이다. 그러다 보니 HCI와 UX 분야에서 가장 큰 문제점으로 대두된 것이 이론적 원리와 실용적 방법을 알고 있는 전문가가 모자라다는 것이다. HCI나 UX를 체계적으로 배울 수 있는 교육기관도 부재한 상태이고, 이에 대한 이론과 방법론을 균형 있게 제시하는 교재도 없는 실정이기 때문이다. 특히 우리나라에서 만들어지는 디지털 제품이나 서비스에 대한 특화된 원리나 방법론을 다룬 서적은 전무한 실정이다.

이 책의 목적은 HCI라는 학문과 UX라는 개념을 가능한 알기 쉽고 재미있게 정리해 HCI나 UX를 처음 접하는 사람들도 재미있게 기본적인 원리를 이해하고 구체적인 방법론을 쉽게 따라 할 수 있도록 하기 위함이다. 이러한 목적을 달성하기 위해 이 책은 다음과 같은 방법을 사용한다.

다양한 디지털 제품과 서비스에 대한 사례 분석

필자가 『Human Computer Interaction: 사람과 컴퓨터의 어울림』이라는 책을 처음 발간한 것이 2005년 2월이었다. 그때부터 HCI 분야는 큰 변화를 경험했다. 기존의 컴퓨터에만 한정되어 있던 HCI의 연구 대상이 스마트폰과 같은 다양한 디지털 제품과 소셜네트워크 서비스와 같은 디지털 서비스로 확장되기 시작한 것이다. 이는 우리 생활의 구석구석에 컴퓨터 시스템이 사용되는 경우가 많아졌기 때문이기도 하고, 갈수록 소형화되고 고성능화되는 시스템의 기술 때문이기도 하다. 이 책에서는 최근 개발되고 있는 다양한 디지털 제품과 서비스에 대한 사례를 적극적으로 분석·활용했다. 중요한 개념이나 방법론을 설명할 때는 물리적인 디지털 제품과 추상적인 디지털 서비스의 사례를 균형 있게 제시함으로써 HCI의 적용 범위를 확대함과 동시에 일반 독자도 실제 세상에서 본인이 경험한 사례를 이용해 HCI와 UX의 개념과 방법론을 이해할 수 있도록 했다.

영화를 이용한 HCI 원리와 UX 방법론 설명

지난 10년 동안 필자가 한국HCI학회에서 매년 했던 일이 있다. 매년 영화를 한 편씩 선정해 해당 영화 속에 나타나는 장면이나 스토리를 이용해 HCI의 원리와 방법론을 설명하는 것이다. 이는 처음 HCI와 UX를 접하는 사람들에게 원리와 방법론을 알기 쉽게 전달하기 위해서였다. 이 책에서는 그 자료를 활용해 각 장마다 그 내용에 적합한 영화를 하나 선정했다. 예를 들어, 1장에서는 사용자경험을 설명하기 위해 〈아바타〉를, 15장에서는 경험혁신을 설명하기 위해 〈토이스토리 3〉을 선정했다. 이와 같이 각 영화에서 나오는 장면을 통해 독자가 어려운 HCI의 원리나 UX 방법론을 좀 더 쉽게 접할 수 있도록 했다.

전체 구조와 구체적 방법을 결합시켜 균형 잡힌 시각 제공

이 책에서는 HCI에 대한 기본적인 원리나 절차를 제공하기 위해 자세한 자료보다는 HCI를 바라보는 전체적인 틀을 제시하고자 노력했다. 15개의 장은 각 분야에 대한 구조를 제시하는 절을 가장 먼저 제공하고 있다. 그러나 이렇게 구조에만 치중하다 보면 구체성이 결여되기 쉽다. 이러한 부작용을 방지하기 위해 전체적인 구조 중 가장 많이 사용하거나 이 책의 초점과 잘 맞는 하나의 아이템을 설정해 그 부분을 독자가 실제로 따라서 할 수 있을 정도로 자세하게 기술했다. 예를 들어, 7장의 경우 과업 분석에 속하는 다양한 평가 방법을 적절한 구조로 분류하고 각 방법에 대해 간단한 설명을 제시한 다음, 그중 가장 많이 사용하는 사용 시나리오와 시퀀스모형 방법에 대해서는 독자가 이 책에 기술된 내용에 따라 실제로 과업 분석을 수행할 수 있는 수준으로 자세하게 언급했다. 이와 같이 전체적인 구조와 구체적인 방법을 결합함으로써 독자에게 HCI에 대한 균형 잡힌 시각을 제공하고자 했다.

44인의 전문가 감수를 통한 꼼꼼한 검증

HCI는 매우 다양한 관련 학문들로 구성되어 있기 때문에, 어느 한 사람이 모든 분야를 잘 한다는 것은 불가능할 수밖에 없다. 필자 자신도 대학에서 20년 가까이 HCI 관련 과목을 강의했지만, 그 분야 또한 몇 개로 한정되기 마련이다. 이러한 문제점을 해결하기 위해 이 책의 각 장의 내용은 해당 분야의 전문가에게 감수를 받는 절차를 거쳤다. 이 책은 총 15개의 장으로 구성되어 있으며, 각 장마다 한 사람 이상의 분야 최고의 전문가가 해당 내용이나 구성 체계 그리고 사례나 참고문헌에 대해 값진 의견을 주었다. 물론 책의 내용에 대한 최종적인 책임은 필자에게 있지만, 각 분야 전문가들의 건설적인 의견과 따끔한 질책을 통해 HCI를 이루고 있는 다양한 분야의 시각을 반영할 수 있었다.

각 장의 강의 및 토론 동영상 제공

HCI는 워낙 학제적인 분야이고 급변하는 분야이다. 또한 실습과 토론을 해보기 전에는 HCI의 전체적인 내용을 이해하기 힘들다. 저자는 20여 년 동안 연세대학교에서 HCI개론이라는 과목을 진행하고 있다. 이 수업은 연세대학교 학생뿐만 아니라 타학교 학생과 일반 직장인도 참여할 수 있다. 그러나 모든 사람들이 다 수업을 들을 수 있는 여건은 아니다. 이런 독자들을 위해서 HCI 개론의 수업 내용을 독자들이 이해할 수 있도록 이 책의 15장에 대해 각 장마다 세 가지 동영상을 제공하고 있다. 전체 내용을 요약하는 동영상이 있고, 학생들과 함께 각 장에서 제시된 영화 장면을 토론하는 동영상이 있으며, 마지막으로 학생들과 각 장의 토론 주제로 이야기를 나누는 동영상이 있다. 이 세 가지 동영상은 합쳐서 총 세 시간 분량 정도가 된다. 각각의 동영상은 연세대학교 HCI Lab 홈페이지(http://hci.yonsei.ac.kr)에서 시청할 수 있다. 외국 독자들을 위해서 영어 및 중국어 자막도 제작될 예정이다.

이 책의 구성

크게 HCI의 기본 이론을 다루는 전반부와 HCI의 절차 및 방법을 다루는 후반부로 나누어진다.

1장은 HCI에 대한 전반적인 소개와 방법론 및 HCI와 UX의 관계를 다루고 있다. 이 장에서는 HCI의 궁극적인 목표가 디지털 기술을 활용해 사용자에게 최적의 UX를 제공한다는 것에 있음을 밝히고 있다. 또한 이를 위해서는 유용성과 사용성 그리고 감성을 충족시켜 주어야 한다. 이를 위해서 인간에 대한 이해, 기술에 대한 이해, 디자인에 대한 이해, 비즈니스에 대한 이해가 필요하다. 1장에서는 이러한 다양한 분야를 아우르는 독립적 분야로서의 HCI의 필요성을 강조하고 있다.

2장은 인간과 디지털 시스템 간의 상호작용에 대해 다루고 있다. 상호작용이란 인간과 컴퓨터 시스템 사이의 일련의 작용과 반작용의 절차라고 할 수 있다. 예를 들어, 온라인 게임이라면 사람이 컴퓨터 화면에 나오는 캐릭터를 직접 조작할 수도 있고, 명령어를 사용해 특정 행동을 지시할 수도 있다. 특정 시스템에 적절한 상호작용 스타일을 생각해 보는 것도 이 장의 중요한 목적 가운데 하나이다.

3장은 시스템의 유용성과 관련해 시스템의 가치를 십분 활용하기 위해 사용자가 꼭 이해해야 할 세 가지 측면으로, 시스템의 가치와 구조 및 기능을 제시하고 있다. 예를 들어, 온라인 게임을 충분히 즐기기 위해서는 그 게임이 사용자에게 어떤 가치를 충족시켜 주고, 전반적인 구조는 어떻고, 사용자가 할 수 있는 기능은 어떤 것이 있는지를 이해하는 것이 필수적이다.

4장은 사용자가 쉽고 편리하게 시스템을 사용하기 위해 시스템이 가지고 있어야 하는 사용성의 구체적인 요건을 제시하고 있다. 증권 거래 시스템의 경우, 사용자가 신속하고 정확하게 자신이 원하는 주식 정보를 얻을 수 있어야 함은 기본이고, 사용경험이 늘어가면서 자신의 취향에 맞는 다양한 방법으로 정보를 수집하고 주식 거래를 할 수 있도록 해야 한다.

5장은 사용자가 시스템을 사용하면서 느낄 수 있는 정서나 인상 그리고 개성에 대해 자세히 다루고 있다. 예를 들어, 온라인 게임을 위해서는 강렬하고 화끈한 개성을 목표 감성으로 정할 수 있으나, 증권 거래 시스템을 위해서는 차분하고 분석적인 개성을 목표 감성으로 정할 수 있다.

6장은 HCI의 중요한 요소인 사용자 분석 방법에 대해 자세히 다루고 있다. 예를 들어, 온라인 게임을 개발한다면 게이머들의 특성 중에 반드시 파악해야 할 핵심 속성은 무엇인지를 결정하고, 페르소나 기법을 통해 이러한 속성을 찾아내는 방법을 제시하고 있다.

7장은 사용자가 디지털 시스템을 이용해 달성하고자 하는 과업 분석 방법을 제시하고 있다. 예를 들어, 증권 거래 시스템을 이용해서 사용자가 수행하고자 하는 일은 어떤 것들이 있는지 파악하고, 그러한 일을 수행하는 구체적인 절차는 어떻게 되는지를 분석하는 방법을 제시하고 있다.

8장은 사용자가 이러한 과업을 수행하는 맥락 분석 방법을 제시하고 있다. 예를 들어, 온라인 게임을 하는 사용자가 처해 있는 게임방이라는 장소의 물리적인 특징이나 게임을 주로 하는 집단이 가지고 있는 문화적인 특징을 파악하는 방법을 제시하고 있다.

9장은 사용자에게 최적의 경험을 제공해 줄 수 있는 디지털 기술을 분석하는 방법을 제시하고 있다. 이 장에서는 디지털 기술을 플랫폼 기술과 컴포넌트 기술로 나누고 있으며, 이러한 기술들을 분석하는 방법으로 사용자경험 위주의 분석과, 기술의 혁신성을 위주로 하는 분석, 그리고 비즈니스적인 잠재력을 위주로 하는 분석을 다루고 있다.

10장은 디지털 제품이나 서비스의 큰 그림을 확정하는 콘셉트 디자인에 대해 다루고 있다. 새로운 콘셉트를 도출하는 방법과 도출된 콘셉트를 메타포를 통해 구체화하는 방법을 다루고 있다. 이 장에서는 시스템에 적합한 메타포 선정 방법과 기준을 제시하고 있다.

11장은 다양한 자료를 수집하고 분류해 체계적인 정보 구조를 만들어 가는 정보구조 디자인 과정을 다루고 있다. 증권 거래 시스템의 경우 어떤 정보들을 사용자에게 제공해야 하며, 그런 정보들을 어떤 기준에 따라 분류하고 구조화해야 하는지를 결정하는 절차와 기준에 대해 자세하게 다루고 있다. 또한 구조화된 정보를 찾아가는 항해 지원 시스템의 디자인 절차도 다루고 있다.

12장은 사용자의 동작에 대한 시스템의 반응을 디자인하는 인터랙션 디자인의 원리와 방법에 대해 다루고 있다. 사용자가 몰입할 수 있는 경험을 제공하기 위해 사려 깊고 조화로운 인터랙션을 디자인하는 방법에 대해 다루고 있다.

13장은 화면 설계를 중심으로 사용자가 직접 보고 들을 수 있는 인터페이스의 설계를 중점적으로 다루고 있다. 예를 들어, 증권 거래 시스템에서 사용자가 차분하고 분석적인 인상을 받을 수 있게 하기 위해서는 화면 구성 요소를 어떻게 사용해야 하는지에 대한 자세한 가이드라인을 제시하고 있다.

14장은 사용경험을 평가하는 방식에 대해 다루고 있다. 사용경험의 평가를 위해 반드시 필요한 경험 프로토타입에 대해 다양한 방식을 제공하고, 이들을 이용한 휴리스틱 검사법과 사용경험 평가법을 제시하고 있다.

15장은 UX가 지향해야 할 궁극적인 목표로 공동경험과 경험혁신을 제시하고 있다. 이를 위해서는 사용자가 함께 자신의 경험을 새롭게 만들어 갈 수 있는 디지털 시스템이 필요하다. 이러한 시스템은 사용자가 자신의 지식과 기술을 자유롭게 다른 사용자와 공유하고, 새롭고 유용한 경험을 창조하며, 이를 다른 사람들을 위해 사용할 수 있는 공조의 경험이 제공되어야 한다. 이 장에서는 이러한 공동경험과 경험혁신을 위한 콘셉트 디자인, 정보구조 디자인, 인터랙션 디자인 그리고 인터페이스 디자인의 가능성을 제시하고 있다.

이 책의 독자 대상

이 책은 다음 독자들을 위해 쓰였다.

첫째, 대학에서 HCI 관련 수업을 듣는 학생들을 위한 교재로 사용될 수 있다. HCI 개론이나 UX 방법론에 대한 수업에서 주 교재로 쓰일 수 있을 뿐만 아니라 사용자 인터페이스 개발 관련 수업이나 사용자 평가 수업 등에서 부 교재로 활용될 수 있다. 이러한 용도를 위해 이 책은 국제학회에서 요구하는 HCI 교재가 가지고 있어야 할 구성 요소를 모두 다루고 있으며, 일반 대학의 교과과정에 맞추어 진행할 수 있도록 각 장의 분량이나 내용을 조정했다.

둘째, 이 책은 현업에서 UX 관련 업무를 수행하고 있는 사람들을 위한 UX 방법론 입문서로 사용될 수 있다. 현재 현업에서는 사용성 평가, 인터페이스 설계, 정보구조 설계나 웹 디자인 등 다양한 분야에서 HCI 관련 업무가 진행되고 있으며, 이러한 업무를 효과적으로 수행하는 과정에 HCI의 기본 원칙이나 절차에 대한 이해가 큰 도움이 될 것이다. 또한 HCI와 밀접하게 관련된 분야에 종사하는 사람들에게 HCI에 대한 종합적인 참고문헌으로 사용될 수 있을 것이다. 예를 들어, 휴대전화와 같은 디지털 제품의 UX를 기획하거나 디자인하는 분들이나, 컴퓨터 게임이나 인터넷 서비스 등 디지털 서비스를 기획하고 디자인하는 사람들에게 유용한 참고자료가 될 것이다.

셋째, 대학이나 대학원에서 HCI에 관심 있는 학생들과 현업에서 HCI에 대해 더 알고자 하는 일반인들이 HCI의 기본 원칙과 절차를 쉽게 이해하고, 방대한 HCI의 구조를 전반적으로 파악하는 데 도움이 될 것이다.

어느덧 대학에서 HCI 관련 과목을 가르친 지 20년이 지났다. 개인적으로 지난 20여 년 동안 네 권의 책을 집필했지만, 이 책을 준비하는 것만큼 힘들고 많은 시간이 걸린 적은 없었다. 2005년도에 초판을 내고 매년 HCI 관련 수업을 진행하면서 조금씩 준비해 온 원고를 기반으로, 2010년 안식년을 받아 1년간 미국에서 머무르면서 책의 전체 구조와 기본 내용을 결정했다. 그리고 귀국한 뒤에 다시 1년간 원고를 수정하고 감수를 받는 과정을 거쳤다. 처음에는 기존 책의 내용을 조금만 업데이트한다는 생각으로 시작했다가 결국은 거의 다시 쓰는 형국이 되었다. 이는 HCI와 UX 분야의 발전 속도가 얼마나 빠른지를 입증하는 것이다.

앞으로 디지털 기술이 우리 생활에 더욱 깊고 넓게 확산되면서 HCI와 UX라는 분야는 끊임없이 진화해 나갈 것이다. 그리고 그 방향은 좀 더 많은 사용자가 함께 경험하는 공동경험, 단순히 사용하는 데서 한걸음 더 나아가 새로운 경험을 만들어 나가는 창조적 경험, 그리고 자신의 개인적인 경험뿐만 아니라 자신이 속한 사회와 공동체를 위한 경험으로 진화해 나갈 것이다.

아무쪼록 이 책을 통해 우리나라의 HCI 및 UX 관련 업계가 질적·양적으로 성장하고, HCI 분야에 대한 이해가 증진될 수 있었으면 하는 것이 필자의 바람이다.

김진우

감수자들의 한마디

김용세 성균관대학교 창의적디자인연구소 교수
인간과 컴퓨터의 상호작용을 포함하는 제품, 서비스, 시스템의 기능과 범위를 결정하고 이를 구현하는 개념을 디자인하는 과정에서 인간의 경험 가치를 중요하게 생각하게 하는 책이다. 시각을 넓히는 기회를 제공하는 책으로서 역할을 하리라 예상한다.

김정현 고려대학교 정보통신대학 교수
우선 내용이 쉽고 간결하게 쓰여 이해가 잘 되고 술술 읽힌다는 느낌을 받았다. 생소하게 느껴질 수 있는 용어를 쉽게 설명하고 있고 다양한 사례를 통해 이해를 돕고 있다.

김지인 건국대학교 신기술융합학과 교수
HCI 분야에서 사용되는 전문용어 및 개념을 명쾌하게 정의하고, 우리에게 친숙한 사례를 들어 쉽게 설명하고 있다. 아울러 현재 HCI 분야에서 활발하게 연구가 이루어지는 주제들을 다양하고 심도 있게 다루고 있어 HCI 전문가들에게도 많은 도움을 줄 것이다. 교재뿐 아니라 HCI 분야에 관심 있는 사람들이라면 꼭 읽어야 할 책이다.

김현석 홍익대학교 시각디자인과 교수
'창조적 사고'는 상상을 창작으로 이끌어 내는 힘이다. 하지만 이러한 창조적 사고는 쉽지 않다. 그 이유는 창조적 사고는 다각적이고 통합적인 사고를 요구하기 때문이다. 따라서 각 분야의 기본적인 이해가 선행되어야 한다. 특히 HCI는 통합적인 사고를 요구한다. 이를 위한 디자인의 기본적인 원리와 원칙을 이 책은 설명한다. 하지만 이 책이 정답은 아니다. 다만 이 책에서 설명하는 원리와 원칙이 불쏘시개가 되어 새로운 인터페이스 디자인을 위한 상상력의 솥을 데울 것이다.

김형석 건국대학교 정보통신대학원 교수
저자의 깊은 경험과 고찰이 잘 녹아든 내용이다. 독자 입장에서 이해하기 어려운 부분에 대한 설명이 잘 보완되어 있어 좋은 교과서 역할을 하리라 기대한다.

남양희 이화여자대학교 디지털미디어학부 교수
스스로도 읽으면서 많은 공부가 되었다. 학생들과 실무자, 그리고 HCI 전문가들에게도 많은 공부가 될 수 있는 책이라 생각한다.

남택진 카이스트 산업디자인학과 교수
여러 사람들이 함께하는 디지털 제품 및 서비스가 보편화되면서 공동경험을 어떻게 다루는가가 경험혁신을 이루는 주요 관건이 되었다. 15장의 경험혁신에서는 공동경험을 공유, 합작, 공조라는 경험 요소로 나누고 각 이론과 영향 요인들을 세분화해 소개하고, 이론적 기초를 바탕으로 바람직한 공동경험을 제공하기 위한 디자인 고려사항을 제시했다. 이 책에서 다루는 공동경험에 대한 고려는 앞으로 HCI에서 더욱 중요해질 것이며, 개인적 상호작용을 넘는 차세대의 집단적 상호작용 연구의 기초가 될 것이다.

박승호 이화여자대학교 디지털미디어학부 교수
HCI를 공부하기 시작하는 디자인 전공자뿐 아니라 관심 있는 일반 독자 모두에게 인터페이스의 개념과 디자인 과정을 이해하기 쉽게 정리한 사례 중심의 입문서이다. 기존 책에서 부족하다고 느낀 부분, 세월이 흐르며 상황에 맞게 바뀐 예제들이 대거 보완된 이번 개정판은 HCI 입문자를 위한 교과서로서 부족함이 없다.

박효신 연세대학교 커뮤니케이션 대학원 교수
사람과 사람 사이의 관계는 인습과 규칙이 있어 자연스럽게 정리된다. 그러나 컴퓨터가 빠르게 인격화되어 가는 과정 속에 살고 있으면서도 우리는 아직 컴퓨터나 기계에게 말을 거는 일이 어렵기만 하다. 이 책은 그러한 어려움을 해결하는 답안을 제시해 준다. 사람과 컴퓨터 간의 상호작용을 재미있게 써 내려가고 있다.

반영환 국민대학교 시각디자인학과 교수
사용자의 목적과 이용 과정에 대한 실질적인 이해 단계이자 디자인의 가장 기본이 되는 자료임에도 HCI 분야에서 과업 분석의 중요성은 간과되기 쉽다. 이 책은 실제 시스템을 디자인하고 개발하기 위해서는 과업 분석이 얼마나 중요한지를 일목요연하게 정리하고 있다. 또한 과업 분석 과정을 적절한 사례를 통해 순차적으로 제시해 독자들이 쉽게 적용할 수 있도록 했다.

신동희 성균관대학교 인터랙션사이언스학과 교수
HCI의 기본을 충실히 다루면서도 다른 개론서와는 다르게 독창적이고 창의적인 면이 돋보인다. 특히 HCI의 여러 최신 실증 사례들을 곁들여 HCI를 일상생활에서 쉽게 이해할 수 있게 하면서도 이론적으로 매우 심도 있는 논의가 이루어진 명저이다.

우운택 카이스트 문화기술대학원 교수
상호작용과 서비스 디자인에서 사용자와 환경의 맥락을 반영하는 것은 매우 중요한 단계이다. 특히 8장의 맥락 분석은 디자인에서 고려해야 할 다양한 맥락을 물리적, 사회적, 문화적으로 구분하고 그것을 다시 시간적, 공간적, 기타 맥락으로 구분해 체계적으로 설명하고, 맥락 분석의 절차와 방법을 실증적인 예제와 더불어 알기 쉽게 설명하고 있다. 이 책은 상호작용 및 서비스 디자인에 적용할 수 있는 이론과 실무의 징검다리 역할을 할 것이다.

원광연 카이스트 전산학과 교수
HCI를 전공하는 학생들뿐만 아니라 전문가들도 반드시 읽어야 하는 책이다. HCI의 어느 한 분야를 다룬 책은 많지만 이론적 토대부터 응용, 그리고 사용자경험까지 균형을 잃지 않으면서 폭넓게 다룬 책은 드물다. 이번 책은 이전 책에 비해 특히 소셜미디어와 모바일 컴퓨팅 부분이 크게 개선되어 최근 연구 동향을 시기 적절하게 반영하고 있다.

윤명환 서울대학교 산업공학과 교수
이 책은 HCI 분야의 실무적·전문적 지식을 종합한 가이드북으로 불러도 전혀 손색이 없는 종합 개론서이다. 사용자경험, 사용자 혁신을 다루는 실무자뿐만 아니라 인간공학, 인지공학, 휴먼인터페이스, 감성공학 연구자들이 반드시 알고 있어야 하는 핵심 내용을 비교적 쉽게 소개하고 있다.

윤완철 카이스트 산업공학과 교수
어려운 분야로 인식되기 쉬운 내용을 대체적으로 쉽게 설명하고 있다. 용어에 대한 설명이 자세히 언급되어 있어 학생은 물론 실무자에게 도움이 될 것이다.

윤주현 서울대학교 디자인학부 교수
이 책에서 '미美'와 관련된 내용이 13장의 인터페이스 디자인일 것이다. 보기 좋은 떡이 더 맛있어 보이듯 HCI에서 디자인의 중요성은 높아져 간다. 모든 아이디어와 제품과 서비스의 내용이 인터페이스 디자인이라는 형식으로 구체화, 시각화되기 때문이다. 한편 디자인은 공학과 달리 프로세스가 블랙박스적이고 평가 기준 또한 주관적이라 어렵게 여겨진다. 그러나 이 책에서는 디자인 전공자가 아닌 독자를 대상으로 디자인에 쉽게 접근할 수 있는 프로세스를 이해하기 쉽게 풀어쓰여 있다. 또한 다양한 사례를 들어 미적 판단 기준을 시각적인 경험을 통해 좋고 나쁨을 구별할 수 있도록 했다.

이경원 한국산업기술대학교 기계설계공학과 교수
최근 제품에서도 기능과 품질은 물론 인간 중심의 감성과 창의성을 강조하고 있다. 인간을 중심으로 컴퓨터가 연결되는 스마트 시대에 감성과 창의성을 융합시킨 제품과 서비스 개발에 이 책이 교과서적인 역할을 해 줄 것으로 기대된다.

이기혁 카이스트 전산학과 교수
영화 장면들이 인터랙션 디자인의 다양한 개념을 설명하는 데 인용될 수 있다는 것은 참으로 인상적이다. 또한 스토리보드 기법을 설명하기 위해 인용한 사례들은 실제 프로젝트를 바탕으로 하고 있다. 이처럼 보다 현실적인 사례를 통해 읽는 것만으로도 실습한 듯한 도움을 준다. 이 모든 사례를 통해 어떻게 하면 HCI를 쉽게 설명할 수 있을지 고민한 세심함과 친절함을 느낄 수 있었다.

이동만 카이스트 전산학과 교수
HCI를 이해하기에 이보다 더 재미있고 알찬 책을 없을 것이다. 그야말로 HCI의 길잡이가 되는 교과서이다.

이만재 서울대학교 차세대융합기술연구원 교수

우리나라에서 HCI는 특별한 의미를 갖는다. 달리 '융합'이라는 단어를 쓰지 않았음에도 10여 년 전부터 학문 간 융합을 해 왔기 때문이다. 〈HCI 개론〉에는 저자 김진우의 HCI에 대한 관심과 사랑이 고스란히 담겨 있다. 이 책에는 한 달이 1년처럼 바뀌고 있는 HCI 분야에 대한 모든 지식이 체계적으로 정리되어 있다.

이우훈 카이스트 산업디자인학과 교수

HCI 분야에 관심을 갖는 학생과 전문가들에게 연구와 업무에 필요한 다양한 지식을 일목요연하게 소개해 주는 훌륭한 교과서이다.

이은종 한동대학교 산업디자인학과 교수

HCI는 인간과 컴퓨터의 상호작용을 위한 학제적인 분야이기 때문에 HCI 분야에서 역량을 갖기 위해서는 여러 분야에 걸친 탄탄한 기초지식이 반드시 필요하다. 이 책은 HCI에서 반드시 숙지해야 할 핵심 개념과 요소에 대해 풍부한 연구 사례를 기반으로 담백하게 설명하고 있다. HCI의 입문서로서 매우 훌륭할 뿐 아니라 전문적인 연구에도 많은 도움을 줄 수 있을 것이다.

이종호 SADI 제품디자인학과 교수

정보가 끊임없이 생성되고 소비되는 속에서 사용자에게 정보의 구조화는 과거와는 전혀 다른 차원으로 체득되고 있다. 인터넷상의 정보 속성상 그 복잡도는 과거와는 전혀 다른 속도로 증가하고 있으며, 이 끝도 없는 정보의 복잡성은 단순한 메커니즘을 제공하지 않고는 해결할 수 없을 정도로 진화되고 있다. 정보를 다루는 정보디자이너가 과거의 틀에 안주해서는 문제 해결의 실마리를 찾을 수 없는 시대에 살고 있다. 이처럼 복잡하고 다차원적인 정보의 복잡한 진화 시대에 정보의 근원에 대한 체계적인 프레임워크를 제공하고, 정보를 다루는 디자이너에게 근본적인 혜안을 제시하고 있는 이 책은 정보를 공부하고 다루고자 하는 정보설계사에게 좋은 지침서가 될 것이다.

이준환 서울대학교 언론정보학과 교수

HCI라는 학문은 인간과 기술에 대한 폭넓은 이해를 바탕으로 하기 때문에 기본적으로 이해해야 하는 주제 범위가 매우 넓다. 또한 HCI나 사용자 중심 디자인이라는 말이 최근 회자되고는 있지만 실제로 그를 위한 방법론을 다양한 사례를 통해 제시하는 지침서는 찾기 힘들다. 그런 이유 때문에 HCI를 새롭게 접하려는 사람들에게 모호하게 느껴지기도 한다. 이 책은 HCI 분야의 핵심 주제들을 학교와 현장에서의 다양한 사례와 경험을 통해 이해하기 쉽게 전달하고 있다. 연구 기획 단계에서부터 개발, 분석, 평가의 단계에 이르기까지 유용성과 사용성을 고려한 제품을 만들고자 하는 사람들에게 반드시 필요한 지침서가 될 것이다.

이중식 서울대학교 융합과학기술대학원 교수

사용자경험, 모바일 인터액션, 서비스 디자인 등 트렌디한 주제를 이야기할 때면 논의의 끝은 어김없이 HCI의 기본으로 돌아온다. 이 책은 이러한 개념들을 체계적으로 이해하기 쉽게 정리해 놓은 유일한 교재이다. 지난 10년간의 기술적, 문화적 변화가 충실히 반영되어 새로운 논의의 좋은 출발점이 되리라 생각한다.

이지현 서울여자대학교 산업디자인학과 교수

사용자경험 분야에서 경험 평가는 리서치, 설계 단계와 더불어 가장 탄탄하게 수행되어야 하는 단계이자 프로세스이다. 하지만 상세하고 포괄적인 평가 가이드의 부족으로 사용경험 평가가 부분적으로만 이루어지거나, 제대로 된 이해 없이 이루어지는 안타까운 경우가 많았다. 그런데 이 책 14장 사용경험 평가를 통해 이러한 업계의 어려움이 비로소 해결될 수 있을 것 같다. 사용경험 평가의 전체적인 분류와 단계별 평가 방법이 자세히 안내되어 있어서 사용경험 평가 체계를 수립하고자 하는 실무자, 학생들에게 유용하게 활용될 수 있을 것이다. 특히 사용성, 유용성, 감성을 포괄하는 휴리스틱 평가법과 관련 사례들은 사용자경험 디자인을 시작하는 사람들이 쉽게 활용할 수 있도록 설명하고 있다. 이러한 소중한 자료들을 통해 이 책은 좀 더 많은 실무자들과 학생들에게 지침서 역할을 해 줄 수 있을 것이다.

임윤경 카이스트 산업디자인학과 교수

사용자경험의 중요성을 직관적으로 이해할 수 있는 좋은 예를 들어 그에 대해 매우 이해하기 쉽게 설명하고 있으며, 사용자경험 평가를 위한 실질적인 방법을 구체적인 예를 들어 설명하고 있다. 특히 휴리스틱 검사법이라는 실용적이고 손쉽게 적용 가능한 평가 방법을 중심으로 사용자경험 평가에 대해 배울 수 있도록 설명한 것이 특징이다.

정의철 연세대학교 생활디자인학과 교수

10장의 콘셉트 디자인은 창의적 콘셉트 기획이나 디자인 등 관련 분야 사람들에게 큰 도움이 될 것이다. 제목에서 개론서라 지칭하고 있지만 HCI의 전문서적이라 해도 손색이 없겠다.

정지홍 삼성전자 무선디자인그룹 상무

저자 김진우가 HCI학술대회에서 발표한 〈영화보다 재미있는 HCI 튜토리얼〉이라는 강연이 있다. 이 책이야말로 '영화보다 재미있는 HCI 튜토리얼'이라 할 수 있겠다. 자칫 어렵고 복잡한 이론이라 인식되기 쉬운 분야를 영화를 빗대어 맛깔스럽게 풀어 주고 있다.

조광수 성균관대학교 인터랙션 사이언스학과 교수

디자인이든 개발이든 사용자에 대해 고려하자고 하지만 정작 사용자가 어떻게 디자인과 제품과 서비스를 지각하고 경험하는지에 대한 논의는 없는 것이 현실이다. 이런 현실에서 6장 사용자 분석은 이에 대해 고민을 제기하는 역할을 한다. 앞으로 이런 고민이 실질적으로 진화될 수 있었으면 하는 바람이다.

지용구 연세대학교 정보산업공학과 교수

스마트 시대에서 날로 그 중요성이 증가하는 사용자경험의 핵심인 사용성에 대해 이처럼 국내 HCI 관련자들에게 기본 원리와 사례로 다가가는 책은 처음인 것 같다. 특히 다양한 사례를 통한 사용성의 속성에 대한 설명은 HCI 분야의 관계자뿐만 아니라 이 분야를 처음 접하는 사람들에게 사용성에 대한 중요성을 이해하는 데 큰 도움이 될 것으로 기대된다.

최수미 세종대학교 컴퓨터공학과 교수

인터랙션 디자인에 대한 명쾌한 개념 정의와 구체적인 방법론을 제시한 책이다. 특히 영화 속의 장면과 디지털 제품의 예를 통해 자칫 추상적일 수 있는 디자인을 일상 속의 구체적인 이미지로 보여 주었다.

최준호 연세대학교 정보대학원 교수

인간이 만든 어느 것도 완벽한 것은 없다. UX 디자이너는 사용자 앞에 겸손해야 한다. 체계적이고 과학적인 사용경험 평가 방법론은 가장 겸손하고 또 합리적인 UX 디자인 의사결정의 도구이다.

한성호 포항공대 산업경영공학과 교수

사용성 목적은 단순히 '학습의 용이성'과 '사용의 편리성'을 제고시켜 주는 것이라기보다는 사용성의 속성에 해당하는 항목 모두를 고려하는 것이다. 이 책에 언급된 것처럼 어떤 가치를 중시하는 제품을 설계하는가에 따라 중요시해야 할 속성들이 다르고 이를 선별하는 것은 HCI 전문가의 몫이다. 특히 이 책은 각 사용성 연구에서 가장 큰 이슈 중 하나인 '속성들 간 상충관계'에 대해 부각시켜 설명하고 있다.

황민철 상명대학교 디지털기술학과 교수

저자의 많은 경험과 지식으로 엮어진 실용 HCI라고 할 수 있다. 특히 인간의 감성을 공학 영역에 적용하고 응용하는 데 새로운 사고를 하게 하는 책이다.

이 책의 내용은 44인의 HCI 전문가들의 감수를 받았다. 감수자들에게는 구체적인 감수 내용과 전반적인 감수평을 요청했다. 여기에 직접적인 감수평을 싣지는 못했으나 김원택 교수(홍익대학교 IDAS), 명노해 교수(고려대학교 산업경영공학과), 서진욱 교수(서울대학교 컴퓨터공학과), 오병근 교수(연세대학교 디자인예술학부), 이건표 부사장(LG전자 디자인경영센터), 이인권 교수(연세대학교 컴퓨터과학과), 이재환 교수(한양대학교 디자인학부), 장동훈 전무(삼성전자 디자인경영센터), 한광희 교수(연세대학교 심리학과)의 감수 내용을 반영했음을 밝힌다.

차례

시작글
감수자들의 한마디

1장 HCI와 UX 015
1 HCI란 무엇인가 017
2 HCI의 중요성 019
3 UX와 HCI의 관련 개념 021
4 HCI의 목표: 최적의 경험 024
5 최적의 UX를 위한 세 가지 조건 026
6 최적의 UX를 위한 HCI의 기본 절차 033
7 HCI의 의의 036

2장 상호작용 047
1 상호작용의 의미 049
2 상호작용의 네 가지 절차 051
3 상호작용의 종류 053
4 상호작용의 수준 056
5 상호작용의 행위와 스타일 061
6 상호작용의 발전 추세 070

3장 유용성의 원리 085
1 문제 공간과 디자인 공간 087
2 심성모형 091
3 추상화 차원에 따른 심성모형 종류 096
4 보는 관점에 따른 심성모형 105
5 심성모형과 행위이론 107

4장 사용성의 원리 117
1 사용성의 정의와 중요성 119
2 사용성의 속성 122
3 사용성의 속성 간의 상충관계 146
4 핵심 속성의 선정 148

5장 감성의 원리 157
1 감성의 중요성 159
2 감성이란 162
3 정서 164
4 미적 인상 171
5 개성 179
6 디지털 제품 및 서비스의 개발과 감성 185

6장 사용자 분석 191
1 사용자 분석의 중요성 193
2 사용자의 종류 197
3 사용자에 대해 알고 싶은 점 203
4 사용자모형 213
5 페르소나 기법을 이용한 사용자 분석 220

7장 과업 분석 241
1 과업 분석의 중요성 244
2 과업 분석법의 종류 248
3 디지털 제품이나 서비스를 위한 과업 분석법 259
4 맥락질문법 260
5 사용 시나리오 분석법 276
6 시퀀스모형 분석법 287

8장 맥락 분석 301
1 사용 맥락의 중요성 303
2 사용 맥락의 의미 및 구성 요소 307
3 사용 맥락을 수집하는 방법 327
4 자료와 정보 수집 절차 332
5 맥락 자료의 분석 절차 340

9장 기술 분석 — 353

1. 기술 분석의 중요성 — 355
2. 디지털 플랫폼 — 358
3. 입력 장치 — 365
4. 출력 장치 — 375
5. 네트워크 장치 — 382
6. 저장 장치 — 386
7. 처리 장치 — 389
8. 통합적 기술 분석 방법론 — 390

10장 콘셉트 디자인 — 407

1. 콘셉트의 개념 — 410
2. 새로운 콘셉트 도출하기 — 415
3. 핵심 콘셉트를 선정하기 — 421
4. 선정된 콘셉트의 구체화: 메타포 — 427

11장 정보구조 디자인 — 449

1. 정보구조 디자인의 의미 — 452
2. 데이터의 유형 — 452
3. 정보의 분류 — 459
4. 정보구조 — 466
5. 정보구조 디자인 절차 — 475

12장 인터랙션 디자인 — 491

1. 인터랙션 디자인이란 — 494
2. 인터랙션 디자인의 개념 — 494
3. 인터랙션 디자인의 지침 — 496
4. 인터랙션 디자인 방법론: 스토리보드와 스토리텔링 — 510
5. 전반적 스토리 구축 단계 — 514
6. 구체적 스토리텔링 단계 — 521

13장 인터페이스 디자인 — 545

1. 인터페이스 디자인의 중요성 — 548
2. 시각적 인터페이스 디자인 요소와 그 효과 — 549
3. 기본적 시각 디자인 요소 — 551
4. 복합적 시각 디자인 요소 — 555
5. 시각적 구성 — 566
6. 인터페이스 디자인의 효과 — 582
7. 시각적 디자인 이외의 인터페이스 디자인 요소 — 599
8. 인터페이스 디자인의 절차 — 604

14장 사용경험 평가 — 613

1. 사용경험 평가의 특징과 중요성 — 615
2. 사용경험 평가의 종류 — 617
3. 분석적 평가 방법: 휴리스틱 검사법 — 625
4. 심층적 평가 방법: 사용경험 평가 방법 — 667

15장 경험혁신 — 677

1. 공동경험과 경험혁신 — 680
2. 공유하는 경험 — 683
3. 합작하는 경험 — 697
4. 공조하는 경험 — 719

참고문헌
도판목록

맺음글

1장 HCI와 UX

디지털 기술을 이용해
사용자에게
최적의 경험 제공하기

"사람들이 실제로 무언가를 어떻게 만들고 사용하는지 관찰하는 것이야말로 인류에 대한 가장 적절한 연구라고 할 수 있다."

허버트 사이먼 Herbert A. Simon

궁금한 점

인간과 컴퓨터 간의 상호작용을 다루는 HCI(human computer interaction)는 사용자에게 최적의 경험을 제공하는 UX(user experience)와 어떤 관계가 있을까?

디지털 제품이 편리하고 멋스럽기보다 그저 제대로 작동되기만 하면 된다고 생각하는 사람들에게 HCI는 어떤 의미가 있을까?

사용자에게 최적의 경험을 제공한다는 HCI의 목표는 멋있기는 하지만 추상적이다. 최적의 경험을 제공하기 위해서는 어떤 구체적인 원칙을 지켜야 할까?

영화 소개

아바타 2009

"점점 현실과 아바타의 삶이 구분이 가지 않아 아바타로서의 삶이 현실이고 지금 이곳이 꿈인 것 같다."

제이크 설리(아바타 조종사)

가까운 미래, 인류는 에너지 고갈 문제를 해결하기 위해 머나먼 행성 판도라에서 대체 자원을 채굴하기 시작한다. 하지만 독성을 지닌 판도라의 대기로 자원 획득에 어려움을 겪게 된 사람들은 판도라 토착민의 외형에 인간의 의식을 주입시킨 아바타 프로그램을 개발한다. 하반신 마비가 된 전직 해병대원 제이크 설리는 '아바타' 프로그램에 참가해 '아바타'를 통해 새로운 경험과 사랑을 체험한다. 그는 위에서 인용한 것처럼 현실과 아바타의 삶이 구분이 가지 않을 정도로 최적의 경험을 하고, 결국 인간의 몸을 버리고 판도라 토착민으로서의 삶을 선택한다. 영화 〈아바타〉는 생생한 3D 컴퓨터 그래픽을 통해 인간이 디지털 시스템과 함께할 수 있는 새로운 경험을 우리에게 실감나게 알려 준다. 특히 영화 속에서의 각종 로봇이나 디스플레이 장치는 유용하고 편리하면서도 재미있는 경험을 제공하는 디지털 기술의 가능성을 보여 준다. 영화 〈아바타〉를 통해 사용자에게 최적의 경험을 제공하는 디지털 제품이나 서비스의 미래에 대해 알아보자.

영화 토론 주제

1 주인공이 아바타 프로그램을 사용하면서 최적의 경험을 하고 있다고 여겨지는 장면을 찾아보자. 그 프로그램의 어떤 점들이 주인공에게 그런 경험을 가능하게 했을까?

2 최적의 경험을 하기 위해서는 디지털 제품이나 서비스가 쓸모 있고 사용하기 편리하고 적절한 감성을 전달해야 한다. 아바타 프로그램이 영화 주인공들에게 유용하고 편리하고 적절한 감성을 제공하는 장면으로 어떤 것들이 있을까?

3 영화를 보는 관객들에게 최적의 경험을 제공하기 위해서는 영화 제작 시에 기술적, 비즈니스적, 디자인적인 측면이 충분히 고려되어야 한다. 영화에서 나오는 에피소드 중에서 이 세 가지 측면을 잘 고려한 사례를 들어 보자.

영화 〈아바타〉에서 나타난 경험의 중요성

최근 기업이나 학계에서 HCI와 사용자경험UX에 대한 관심이 급격히 높아지고 있다. 본 장에서는 HCI와 사용자경험의 기본적인 정의를 이해하고 HCI와 사용자경험이 각광받고 있는 이유를 살펴본다. 그리고 HCI의 궁극적인 목적인 최적의 사용자경험과 이 목적 달성을 위해 갖추어야 할 필수조건인 유용성, 사용성, 감성의 원리에 대해 알아본다. 또한 사용자 인터페이스와 인터랙션 등의 관련 영역들과 HCI 및 사용자경험과의 관계 그리고 HCI가 가지는 학문적 의의와 산업적 의의를 다룬다. 본 장의 목적은 HCI와 사용자경험의 전반적인 목적과 범위 및 가능성을 명확하게 이해할 수 있도록 하는 데 있다.

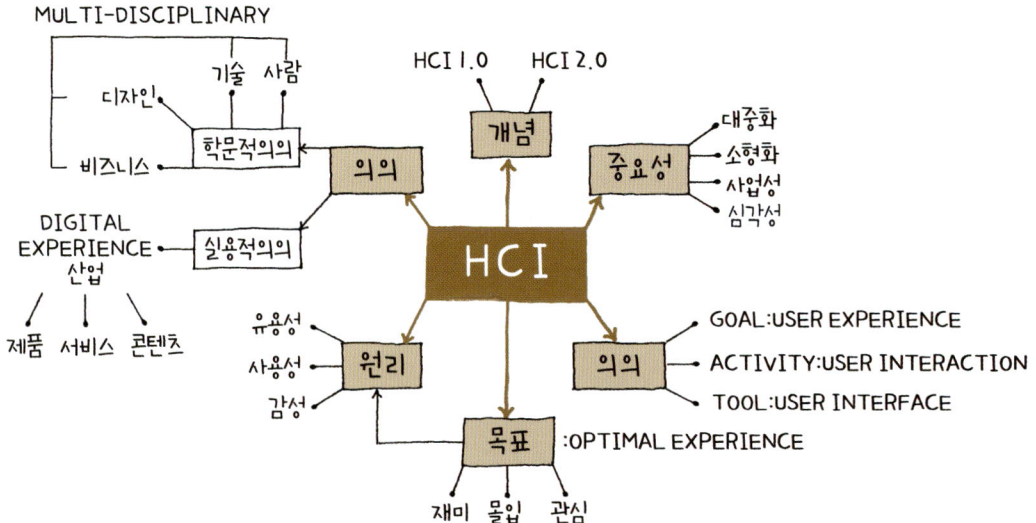

1. HCI란 무엇인가

전통적인 HCI HCI 1.0는 사람들이 편리하게 사용할 수 있는 컴퓨터 시스템을 개발하는 원리 및 방법을 연구하는 학문이었다. 즉 한 명의 사용자와 컴퓨터 시스템 간에 주고받는 상호작용에 대해 연구하고 궁극적으로 사용자가 좀 더 편리하게 사용할 수 있는 컴퓨터 시스템을 설계하고 평가하는 분야를 가리켰다.Nickerson and Landaur, 1977

전통적인 의미에서의 HCI는 개인human과 컴퓨터computer 그리고 상호작용interaction이라는 세 가지 요소로 바라볼 수 있다. 개인이 컴퓨터라는 기계를 이용해 자기가 할 일을 쉽고 편리하게 수행할 수 있는 시스템을 개발하는 분야라고 할 수 있다. 이러한 개념이 일반적이었기 때문에 HCI 1.0은 개인이 직접 보고 들을 수 있는 화면 디자인이나 효과음 설계 등에 초점을 맞추었다. 예를 들어, 컴퓨터 화면의 배경을 어떤 색으로 칠할 것인지, 실행 버튼을 어디에 위치시킬 것인지 등을 주로 연구했다.

그러나 최근 HCI(HCI 2.0)에서는 HCI의 범위를 좀 더 넓게 규정하고 있다. 특히 HCI 2.0은 2000년대 후반부터 확산되어 온 WEB 2.0 환경 안에서 발전하고 있는 HCI를 포괄적으로 지칭한다. 새로운 HCI는 단순히 개인이 컴퓨터 화면에서 보는 시스템의 모양이 아니라 다양한 시스템과 사람들 간의 모든 상호작용을 HCI의 대상으로 한다. 여기에서 컴퓨터는 실제로 사람과 상호작용이 가능한 모든 디지털 시스템을 의미한다. 즉 PC는 물론이고 휴대전화를 포함한 대부분의 디지털 제품과 서비스 및 디지털 콘텐츠가 HCI의 대상이 되는 디지털 시스템이라 할 수 있다. HCI 2.0 관점에서 사람은 디지털 시스템을 이용하는 개인은 물론 시스템을 통해 의사소통을 하는 그룹이나 단체, 나아가 전체 사회 구성원을 포함한다. 예를 들어, 휴대전화의 문자 메시지를 확인하는 개인이나 블로그에 글을 써서 생각을 공유하는 집단 등 온라인 환경에 참여하는 주체 모두가 HCI의 대상이 된다. HCI는 이런 다양한 디지털 시스템과 사람들 사이의 사용자경험을 중점 연구 대상으로 한다. 다시 말해 HCI 2.0은 PC를 이용해 친구의 소셜네트워크 서비스 페이지에 글을 남기거나, 휴대전화를 이용해 현재의 교통 상황을 확인하거나, IPTV를 이용해 오늘의 스포츠 중계 프로그램을 확인하는 모든 과정을 통해 사용자가 경험하는 모든 것을 포함한다.

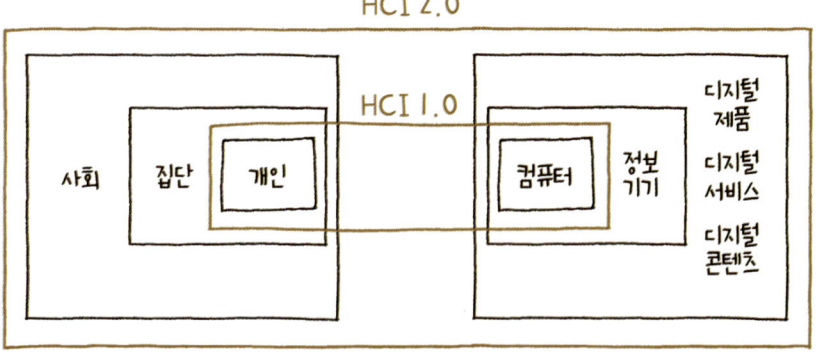

그림 1
HCI의 정의
(HCI 1.0과 HCI 2.0)

따라서 HCI 1.0이 개인 사용자와 컴퓨터 간의 기술적인 상호작용에 초점을 맞추었다면, HCI 2.0은 다양한 디지털 기술을 통해 개인 또는 집단의 사람들에게 새롭고 유익한 경험을 제공하는 데 초점을 맞추고 있다. 그런 의미에서 HCI

2.0은 다양한 디지털 기술을 이용해 개인 또는 집단의 사람들이 최적의 사용경험을 할 수 있는 방법과 원리를 연구하는 분야라고 정의할 수 있다.

2. HCI의 중요성

HCI라는 학문이 언제부터 시작되었는지에 대해서는 논란의 여지가 있지만, 일반적으로는 HCI 학술 단체인 전미전산학회ACM, Association for Computing Machinery의 HCI연구회SIGCHI, Special Interest Group in Computer Human Interaction가 시작된 1982년을 꼽고 있다. 그러므로 HCI는 수십 년이 채 되지 않은 신생 학문이라 할 수 있다. 이 짧은 역사에도 불구하고 전미전산학회 HCI연구회에서 주최하는 학회에 매년 수천 명의 사람들이 참석하고 있으며, 2005년 정식 발족한 한국HCI학회www.hcikorea.org에 매년 1,000여 명이 넘는 사람들이 참석하는 등 HCI에 대한 관심이 높아지고 있다. 이와 같이 HCI의 중요성이 증대하는 이유를 네 가지로 살펴볼 수 있다.

첫째, 과거에는 사람들이 사용할 수 있는 디지털 시스템이 특정 전문가나 기업 환경에 국한되어 있었다. 1980년대만 해도 특정 장소에서 특수한 자격이 있어야만 컴퓨터를 접할 수 있었다. 그러나 PC가 도입되고 인터넷이 사회 전체로 확산되면서 컴퓨터는 특정 전문가들의 전유물이 아니라 일반 사람들이 일상생활에서 사용하는 범용 도구로 탈바꿈했다. 80세의 노인들도 손자들에게 이메일을 보내고 가족 카페를 운영할 수 있게 되었다. 이처럼 디지털 시스템을 사용하는 사람들이 전문가에서 일반인으로 바뀌면서 시스템 역시 일반인이 쉽고 재미있게 사용할 수 있도록 만드는 것이 중요해졌다. 전문가의 경우 시스템을 사용하는 것이 어렵고 지겹더라도 자신의 일을 위해서는 그것을 감수하면서 사용하는 반면, 일반인은 시스템이 조금만 어렵고 재미없으면 금방 포기해 버린다. 그에 따라 일반인도 쉽게 사용할 수 있는 시스템 개발과 이를 효과적으로 달성할 수 있는 HCI가 중요해졌다.

둘째, 대부분의 시스템이 소형화되고 경량화됨에 따라 노트북은 물론이고 심지어는 손목에 차거나 손가락 위에 올려지는 컴퓨터 시스템이 만들어지고 있다. 이렇게 시스템이 작아지면서 디지털 기술은 PC나 메인 프레임 시스템에 머물지 않고 일상생활에서 사용하는 가전제품이나 직장에서 사용하는 사무용품에까지 스며들게 되었다. 이와 같은 기기들을 내재 시스템embedded system이라고 한다. 특히 휴대전화와 같은 디지털 제품이나 블로그와 같은 디지털 서비스는 전통적인 컴퓨터 시스템의 모습은 아니지만 컴퓨터 시스템의 기능과 특징을 고스란히 간직하고 있다. 이렇게 디지털 제품과 서비스가 사회 전반으로 확산되면서 사람들이 해당 제품과 서비스를 편리하고 유용하고 재미있게 사용하도록 도와주는 HCI의 중요성 역시 높아지기 시작했다.

셋째, 컴퓨터 시스템이 중대한 용도로 사용되면서 HCI의 원칙이 제대로 충족되지 못했을 때에 발생할 수 있는 문제점이 심각하게 대두되고 있다. 예를 들어, 실전에 배치된 최신형 이지스군함이 불의의 사고로 민간인 여객기를 격추시킨 비극적인 사건이 발생한 적이 있다. 이 사고 경위를 조사한 미국국회청문회의 발표문에 따르면, 사고의 원인은 군함에 탑재된 레이더 시스템의 목표 비행기에 대한 고도 표시가 너무 어렵게 설계되었기 때문이라고 한다. 사용자는 민간 여객기가 상승하고 있는 표시를 군함을 향해 공격할 목적으로 하강하고 있는 전투기로 오해했던 것이다. 이는 HCI의 원칙이 제대로 구현되지 못한 시스템이 수많은 인명 피해를 가져온 예라고 할 수 있다.

넷째, 비즈니스적인 이유를 꼽을 수 있다. 새로운 디지털 기술이 계속해서 발표되고 있지만, 그 기술들이 실제 널리 활용되기 위해서는 그것을 사용하는 사용자에게 쉽게 다가갈 수 있어야 한다. 아무리 새로운 기술이라고 할지라도 사용자에게 유익한 가치를 제공하지 못하거나 사용 과정이 불편해서 재미를 느끼지 못한다면, 그 기술은 널리 보급되기 힘들다. HCI는 디지털 기술과 사용자를 원활하게 이어 주는 가교 역할을 함으로써 사용자에 대한 고려를 바탕으로 디지털 제품이나 서비스에 새로운 기술이 적용되어 만들어지는 데 큰 공헌을 하고 있다. 그림 2에서 보이는 아이폰은 처음 시장에 도입된 이후부터 지금까지 시장에서의 대성공은 물론 많은 사용자의 소망이자 경쟁 기업의 선망의 대상이 되어 왔다. 그렇

그림 2
HCI 입장에서 본
성공적인 디지털 제품의
특징: 아이폰

다면 과연 무엇이 아이폰을 성공으로 이끌었을까?

그림 2에서처럼 아이폰에서 사용하고 있는 기술은 그 자체로는 별로 새로울 것이 없다. 전체 화면을 터치스크린으로 하는 기술은 우리나라 전자 회사를 비롯해서 여러 회사에서 이미 활용했던 기술이고, 손가락 여러 개를 한꺼번에 사용하는 멀티터치 기술 역시 신기술이 아니다. 이러한 기존의 기술을 사람들이 즐겁고 유용하게 활용할 수 있는 디지털 제품으로 만들어 냈기 때문에 애플사의 아이폰은 성공할 수 있었다. 그와 더불어 아이폰을 더 유용하게 사용할 수 있는 애플리케이션을 제공하는 앱스토어app store 서비스도 아이폰 성공에 지대한 영향을 끼쳤다. 이처럼 어떤 제품이 성공한다는 것은 새로운 기술을 얼마나 많이 사용했느냐에 따라 결정되는 것이 아니라 그 기술을 사람들이 얼마나 유용하고 편리하게 그리고 재미있게 사용할 수 있도록 만들었느냐에 따라 결정된다. 이에 따라 사용자 입장에서 쉽고 편리한 시스템 개발에 초점을 맞추고 있는 HCI의 비즈니스적 중요성이 높아진 것이다.

이렇듯 디지털 시스템을 사용하는 사람들이나 환경이 늘어나고 사람들이 사용하는 대부분의 제품과 서비스에 디지털 기술이 내재되기 시작했다. 그에 따라 다양한 디지털 기술의 활용이 기업의 성공에 큰 영향을 미치게 되면서 해당 기술과 제품 및 서비스, 그리고 사용자를 매끄럽게 연결해 주는 HCI의 중요성 또한 높아져 가고 있다.

3. UX와 HCI의 관련 개념

최근 들어 HCI와 관련된 여러 가지 개념들이 언급되고 있다. 그것들은 크게 사용자 인터페이스와 인터랙션, 사용자경험이다.

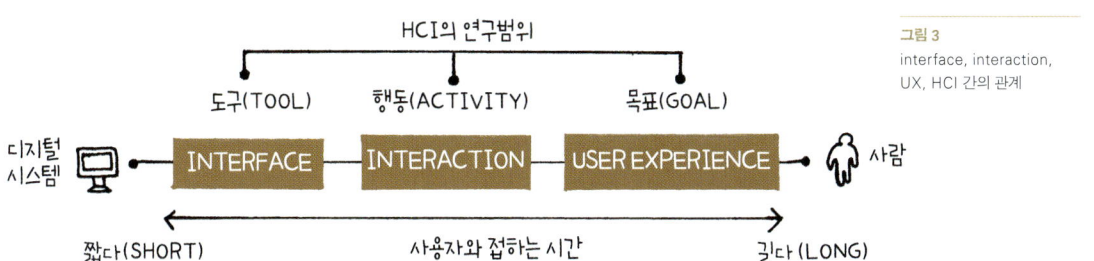

그림 3
interface, interaction, UX, HCI 간의 관계

3.1 사용자 인터페이스

그림 3과 같이 디지털 시스템과 사람 사이에는 일반적인 입력 장치와 출력 장치가 있으며, 이러한 입출력 장치를 사이에 두고 일련의 상호작용이 이루어진다. 이때 사람이 접촉하는 디지털 시스템의 입출력 장치와 그 장치에 표현된 내용들을 '사용자 인터페이스UI, user interface' 또는 '인터페이스interface'라고 한다. 따라서 인터페이스란 컴퓨터와 같은 디지털 시스템의 입출력 장치를 의미하며, 인터페이스를 디자인한다는 것은 바로 이러한 입출력 장치의 모양과 내용을 디자인하는 것이다. 예를 들어, 화면에 메뉴바를 올려놓는다든지, 버튼의 색상을 빨간색으로 한다든지 음성 인식 장치를 제공하는 것 등을 사용자 인터페이스 디자인UI design이라고 한다. 인터페이스는 입출력 장치에 표시되는 단일 화면이나 효과음과 같은 것들에 초점을 맞추기 때문에 사용자와 접하는 시간이 상대적으로 짧다는 특징을 갖는다. 또한 입출력 장치와 밀접하게 연결된 구체적인 도구로 간주할 수 있어, 그림 3에서처럼 디지털 시스템과 밀접한 관계를 갖는다.

3.2 인터랙션

인터랙션interaction은 입출력 장치를 매개로 디지털 시스템과 사람이 주고받는 일련의 의사소통 과정이다. 따라서 인터랙션을 설계한다는 것은 곧 사람의 행동과 이에 반응하는 시스템의 절차를 설계한다는 것을 의미한다. 인터페이스가 컴퓨터의 화면이나 키보드와 같은 입출력 장치를 도구적인 측면에서 바라보는 것이라면, 인터랙션은 사람과 컴퓨터 간의 의사소통을 하는 행위라는 측면에서 바라본다. 화면에서 보이는 이미지, 사진, 배경 화면 등이 인터페이스라고 한다면, 사람들이 해당 인터페이스를 가진 디지털 서비스를 이용해 글과 사진을 올리고 답글을 다는 행위를 인터랙션이라고 할 수 있다. 따라서 인터랙션을 설계한다는 것은 버튼이나 이미지와 같이 단순히 화면에 보이는 요소만 아니라 화면에 보이지는 않지만 사람의 행동과 이에 반응하는 컴퓨터의 반응에 영향을 미치는 제반 요소를 설계한다는 것이다. 예를 들어, 인터넷 쇼핑몰에서 사용자가 원하는 제품을 검색 결과로 제시하는 관심 제품 찾기 기능은 사람들의 눈에 보이는 화면을 설계하는 것은 아니지만 사람들이 제품을 고르는 과정에 중요한 영향을 미친다. 인터랙션은 사람들이 컴퓨터와 일련의 의사소통 과정을 가지기 때문에 인터페이스보다는 좀 더 긴 시간 동안 사용자와의 접촉이 지속된다는 특징이 있다. 여기서 한 가지 주의할 점은 인간과 컴퓨터의 상호작용HCI이라는 전체적인 맥락에서 나오는 '상호작용'과 시스템 디자인 맥락에서 사용하는 '인터랙션'의 의미가 서로 다르다는 점이다. 전체적인 HCI맥락에서의 '상호작용'은 사용자에게 최적의 경험을 제공하는 기본 단위로서 인터페이스와 인터랙션 그리고 경험까지 포괄하는 전반적인 상호작용을 의미하는 반면, 시스템 디자인에서의 인터랙션 디자인은 시스템의 행동적인 측면에 초점을 맞추는 상대적으로 작은 개념으로 사용된다.

3.3 사용자경험

사용자경험UX, user experience이란 일상생활에서 사람들이 컴퓨터와 상호작용하면서 사람들 속에 축적하게 되는 모든 지식과 기억과 감정을 의미한다. 좀 더 구체적으로 정의하자면 사용자가 디지털 제품이나 서비스를 사용하거나 사용 상황을 예상하면서 갖게 되는 모든 감정과 지각과 인지적인 결과를 의미하는 개념이다.ISO 9241 2120 즉 UX는 제품의 사용 전이나 사용 중 그리고 사용 후에 일어나는 사용자의 감정, 신념, 선호도, 지각, 신체적·정신적 반응이나 행동을 포함하는 매우 넓은 개념이다. UX는 인터페이스나 인터랙션과 구분되는 몇 가지 특성이 있다.

첫 번째 특성은 주관성subjectivity이다. UX의 정의에서 보듯이 경험은 근본적으로 사람의 내부에 축적되는 효과이다. 따라서 두 명의 사용자가 똑같은 디지털 제품이나 서비스를 사용한다고 할지라도 각자 전혀 다른 경험을 할 수 있다. 이는 경험이 그 사람의 특성과 그것을 사용하는 활동에 영향을 받기 때문이다. 두 번째 특성은 총체성holistic이다. 인터페이스는 화면의 색상이나 효과음으로, 인터랙션은 메뉴 구조 같은 구체적인 요소들로 구분할 수 있으나, 경험은 특정 시점에 특정 개인이 느끼는 총체적인 효과이기 때문에 구체적인 요소들로 구분할 수 없다. 경험은 총체적이기 때문에 제품이나 서비스의 성공 실패에 큰 영향을 미치고, 그렇기 때문에 경험을 설계한다는 것은 전략적으로 큰 의미를 가진다. 그러나 경험이 구체적이지 않기 때문에 특정 경험만을 직접적으로 조작할 수 없다는 의미이기도 하다. 따라서 경험 그 자체는 직접적으로 조작할 수 없고, 대신에 해당 경험을 촉발하는 인터랙션과 인터페이스를 적절하게 설계해야 한다. 세 번째 특성은 정황성contextuality이다. 특정적 디지털 제품이나 서비스를 경험하는 것은 제품이나 서비스의 특성으로만 결정되는 것이 아니라 인터랙션이 일어나는 시점에서의 환경이나 맥락에 영향을 받는다. 그리고 사용자 환경이나 맥락이 역동적으로 변화하기 때문에 UX 또한 역동적으로 변화한다. 이는 경험이 인터랙션이나 인터페이스에 비해 좀 더 긴 시간을 가지고 형성된다는 것을 의미하기도 한다.

HCI는 사용자에게 최적의 경험이라는 주관적이고 총체적인 목표를 제공하기 위한 구체적인 사용자 인터페이스와 인터랙션 방법 및 절차를 다루는 분야이다. 따라서 UX는 HCI의 목표로, 인터페이스는 구체적인 수단으로, 인터랙션은 이 둘을 연결시키는 행위라는 연결 고리로서의 역할을 한다. 여기서 중요한 점은 인터페이스와 인터랙션 그리고 UX가 결코 분리된 개념이 아니라는 사실이다. 인터페이스 요소들은 인터랙션의 각 단계를 표현하게 되고, 일련의 인터랙션을 수행하는 행동의 결과가 축적되어 사용자에게 경험으로 남게 된다. 즉 인터페이스가 가장 기본이 되고, 그 위에 인터랙션이 제공되고, 그 위에 경험을 축적시킬 수 있다는 것이다. 그런 의미에서 HCI는 인터페이스를 기반으로 한 인터랙션을 통해 사용자에게 가치 있는 경험을 제공하는 분야라 할 수 있다.

4. HCI의 목표: 최적의 경험

HCI가 최종적으로 달성하고자 하는 목표는 사람들이 디지털 제품이나 서비스를 이용해 작업을 수행하거나 문제를 해결하는 과정에서 그들에게 최적의 경험optimal experience 또는 flow을 제공하는 것이다.Csikszentmihalyi, 1998 최적의 경험이란 사용자가 다음과 같은 몇 가지 특징을 나타내는 상태를 의미한다. 첫째, 일단 특정 경험을 시작하게 되면 계속 그 경험을 하고 싶어 하는 상태를 의미한다. 예를 들어, 인터넷 게임처럼 한번 시작하면 끝내지 못하고 계속 그 게임에 들어가는 상태를 의미한다. 둘째, 그 경험을 하는 동안에는 전적으로 그 일에만 집중하는 상태를 의미한다. 예를 들어, 엄마가 큰 소리로 저녁을 먹으라고 불러도 듣지 못하는 아이는 게임을 하면서 최적의 경험을 하고 있는 것이다. 셋째, 최적의 경험을 하게 되면 해당되는 제품이나 서비스에 각별한 관심을 가지게 된다. 예를 들어, 사진을 찍으면서 최적의 경험을 하면 사진과 관련된 카메라나 소프트웨어에 높은 관심을 가지게 된다. 마지막으로 최적의 경험을 하게 되면 그 경험을 하는 과정을 즐기게 된다. 즉 즐거움과 재미라는 것이 최적의 경험을 제공해 주는 중요한 요소이다.

일반적으로 경험은 스스로 발생하는 것이 아니라 외부의 자극에 대한 노출을 통해 유도된다. 그러나 최적의 경험이 반드시 게임이나 영화와 같은 오락적인 제품이나 서비스를 사용할 때만 발생하는 것은 아니다. 이메일을 읽고, 워드프로세서로 글을 쓰고, 일반적인 사무 작업을 하면서도 최적의 경험을 한다.Pike, 2004

또한 최적의 경험을 제공한다는 것은 꼭 디지털 제품이나 서비스에만 한정되는 것은 아니다. 다양한 분야의 기업들이 점차 컴퓨터나 기계의 특성에서 벗어나 기기와의 상호작용을 통해 발생하는 경험에 초점을 맞추기 시작하면서, HCI

에서 주장하는 사용자경험뿐만 아니라 고객경험customer experience 또는 소비자경험 consumer experience과 같은 개념들도 중요하게 여겨지기 시작했다. 예를 들어, 독일의 폭스바겐 회사는 그림 4에서 보는 것처럼 승용차의 중요한 경쟁 포인트가 자동차를 탄 사람의 경험에 있다는 것을 강조하고 있다. 물론 자동차 연비가 좋아서 적은 기름으로 긴 거리를 갈 수 있는 것도 중요하고, 여러 편의 시설이 있는 것도 중요하지만, 최종 목적은 사람들이 목적지까지 그 차를 타고 가면서 얼마나 즐겁고 편리하고 행복했는지가 되어야 한다는 것이다. 그래서 폭스바겐사는 경험과 함께 태어난 자동차라는 이색적인 광고를 통해 UX에 초점을 맞추고 있음을 강조했다.

그림 4
사용자경험을 강조하는 폭스바겐 자동차 광고

전통적인 서비스에서도 이와 비슷한 예를 들 수 있다. 일본의 아사히야마 동물원은 일본에서 가장 추운 홋카이도에 위치하고 있고 한때 관람객 부족으로 폐원 위기까지 겪었다. 그러나 단순히 동물을 보여 주는 동물원이 아니라 동물이 편안하고 만족스럽게 최적의 환경에서 살아갈 수 있는 모습을 관람객이 함께 경험하게 함으로써 일본 최고의 동물원이 될 수 있었다. 동물들이 편안한 환경에서 살아갈 수 있게 배려한 동물원의 서비스와 이에 만족해하는 동물들의 모습을 보면서 관람객들은 동물원에서 가질 수 있는 최적의 경험을 갖는다. 샌디에이고의

그림 5
사용자경험으로 성공한 아사히야마동물원과 와일드애니멀파크

와일드애니멀파크에서도 최적의 경험을 할 수 있다. 이곳에서는 넓은 초원에서 한가롭게 풀을 뜯어 먹고 있는 코뿔소를 보면서 쇠철장에 갇혀 있는 일반 동물원에서 느끼기 힘든 경험을 할 수 있다. 따라서 최적의 경험을 제공하는 것은 디지털 제품이나 서비스뿐만 아니라 전통적인 제품과 서비스에서도 중요한 이슈가 된다.

5. 최적의 UX를 위한 세 가지 조건

사용자가 최적의 경험을 갖는다는 것은 HCI적 관점에서 디지털 제품이나 서비스를 개발하는 궁극적인 목표이기는 하지만, 그 자체만으로는 너무 애매모호하고 추상적이다. 즉 UX가 궁극적인 목표로는 좋지만 실제로 디지털 제품이나 서비스를 개발하는 과정에서는 좀 더 구체적인 목표가 필요하다는 것이다. 그런 구체적인 목표가 없으면 UX나 HCI는 자칫 허무한 말장난이 되어 버리기 쉽다. 그렇다면 사람들이 디지털 제품이나 서비스를 사용하면서 궁극적으로 최적의 경험을 하기 위해서는 어떤 조건들이 만족되어야 할까?

사람의 경험에 대해 많은 연구를 한 분야로 영화산업을 들 수 있다. 영화는 입장료를 선금으로 받고 매우 협소한 공간에 관객들을 불러 모아서 2시간 남짓한 시간 동안 최적의 경험을 제공해야 한다. 따라서 영화산업에서는 어떻게 하면 제한된 시간과 장소에서 관객들에게 최적의 경험을 제공할 수 있는지에 대한 연구를 진행해 왔다. 영화평론가 존 부어스틴 Jon Boorstin 은 영화가 성공하기 위해서는 세 가지 요소를 만족시켜야 한다고 주장한다. 첫째, 이성적 사고적 수준 voyeuristic level 으로 영화가 전달하고자 하는 메시지가 관객들에게 정확하게 전달되어야 한다. 코믹 영화는 관객을 확실하게 웃겨야 하고, 비극영화는 관객을 확실하게 슬프게 만들어야 한다. 영화를 다보고 나서도 그 영화가 어떤 메시지를 전하고자 하는지가 명확하지 않은 영화는 잘된 영화라고 할 수 없다. 둘째, 행동적 수준 vicarious level 으로 영화 스토리가 너무 빨리 진행되어 이해할 수 없거나, 너무 늦게 진행되어 지루하지도 않아야 한다. 아무리 집중해서 영화를 봐도 스토리가 왜 그렇게 전개되었는지 이해할 수 없다거나 영화 도중 화장실을 갔다 와도 줄거리가 바뀐 것이 없으면 행동적 수준에서 좋은 영화라 할 수 없다. 셋째, 감성적 수준 visceral level 으로 영화가 주는 감각적 자극이 영화의 주제와 적절하게 맞아야 한다. 예를 들어, SF영화의 고전이라고 할 수 있는 〈블레이드 러너〉에 나오는 감성은 영화 주제인 염세주의적 미래관과 잘 어울려서 침울하지만 화려한 느낌을 잘 전해 주고 있다.

이와 비슷한 맥락에서 제품 디자인과 관련해 도널드 노만Donald Norman은 사고적 디자인reflective design, 행동적 디자인behavioral design, 본능적 디자인visceral design의 세 가지 디자인이 조화를 이루었을 때 비로소 사람들이 즐겨 사용하는 제품이나 서비스를 만들어 낼 수 있다고 주장한다. 본능적 디자인은 주로 인간의 감각과 감성적인 측면에 초점을 맞추어 디자인하는 것이고 행동적 디자인은 편리함 중심의 디자인이며, 사고적 디자인은 인간이기 때문에 할 수 있는 목적지향적인 행위를 위해 디자인하는 것을 의미한다. 어느 한 측면의 디자인만으로는 사람들이 즐겁게 사용하고 사랑할 수 있는 물건을 만들기 힘들다. 사람들이 정말로 즐겁게 디지털 제품이나 서비스를 사용하게 하기 위해서는 본능적인 측면과 행동적인 측면 그리고 사고적인 측면에서 모두 만족할 만한 결과물을 디자인해야 한다.

이러한 기존 연구를 바탕으로 최적의 경험을 위한 세 가지 조건을 유용성, 사용성, 감성으로 정리해 볼 수 있다. 유용성은 노만의 사고적 디자인과 영화의 이성적 사고적 수준과 연관되며, 사용성은 노만의 행동적 디자인과 영화의 행동적 수준과 연결되어 있으며, 감성은 노만의 본능적 디자인과 영화의 감성적 수준과 일치한다.

5.1 유용성

유용성usefulness은 사람들이 시스템을 이용해 하고자 하는 일을 효과적으로 달성할 수 있어야 한다는 것이다. 이는 어떠한 제품이나 서비스를 개발하든지 간에 가장 먼저 관심의 대상이 되는 조건이다. 그림 6은 미군이 군용으로 사용하고 있는 험비라는 자동차이다. 이 차량은 차체 밑부분의 높이를 높여 군용차가 가야 하는 험로에서 기동성을 높이고, 저렴한 가격에 대량생산이 가능하다. 또한 차량의 내부와 외부가 견고하고 여러 임무에 투입해도 잔고장 없이 임무를 수행할 수 있다는 특징이 있다.

그림 6
유용성을 강조한 미군용 험비

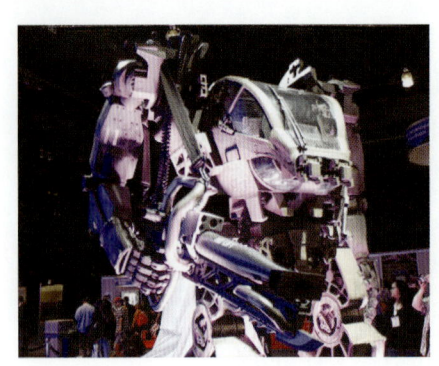

그림 7
유용성이 강조된 영화
〈아바타〉에서 나오는 로봇

영화 〈아바타〉에서 나오는 그림 7의 로봇은 인간이 나비족의 땅을 점령하는 데 사용하는 대표적인 무기이다. 이 로봇은 결과를 중요하게 생각하는 영화 속 군인들이 애용하는 무기로, 판도라 행성의 대기 조건에서도 산소마스크 없이 호흡을 할 수 있는 산소공급 장치가 부착되어 있으며, 탑승자의 손의 움직임을 감지해 섬세한 손 동작을 가능케 함으로써 거대한 기관총이나 칼을 사용할 수 있다. 게다가 이 로봇의 이동수단은 인간의 다리와 흡사한 구조로 되어 있어 판도라의 정글 속에서도 고도의 기동력을 자랑한다.

유용성의 또 다른 예로 온라인으로 증권 거래를 할 수 있는 디지털 서비스를 살펴보자. 이 경우에 시스템이 불안해서 아예 접속 자체가 되지 않는다면 아무리 시스템을 잘 만들었어도 유용한 디지털 서비스라고 할 수 없다. 또한 시스템을 통해 정보를 얻을 수 있는 주식의 종류가 한정되어 있어서 사용자가 거래하고자 하는 주식을 찾을 수 없다면 이 또한 유용한 디지털 서비스라고 할 수 없다. 시스템을 통해 금전적인 이익을 만들고자 하는 고객들의 기본적인 목표를 달성할 수 없기 때문이다. 유용성이 부족한 또 다른 예로 휴대전화를 이용해 여가 시간에 할 수 있는 게임을 생각해 보자. 이 게임이 너무 단순하거나 너무 복잡해서 아무런 재미가 없다거나 아니면 오류가 너무 많아서 게임이 중간에 계속 중단된다면, 다른 기능이 아무리 좋더라도 유용한 시스템이라고 할 수 없다. 이는 이 시스템을 통해 여가 시간을 즐겁게 보내려는 사람들의 목표를 달성할 수 없기 때문이다. 따라서 사람들이 디지털 시스템을 사용하면서 최적의 경험을 하기 위해서는 일단 유용성이 확보되어야 한다.

5.2 사용성

그림 8
사용성을 강조한 도요타 캠리

사용성usability은 디지털 제품이나 서비스를 사용하는 과정이 효율적이어야 한다는 원리이다. 효율적이기 위해서는 사람들이 되도록 적은 노력으로 디지털 제품이나 서비스를 사용해 소기의 목적을 얻을 수 있어야 한다. 이때 노력이라는 것은 금전적인 비용과 함께 비금전적인 수고를 합친 개념이다. 따라서 사람이 디지털 제품이나 서비스를 가능한 쉽고 편리하게 사용할 수 있어야 한다는 것이 사용성의 원리이다. 그림 8은 사용성이 강조된 자동차 사례이다. 이 차의 특징은 무엇보다도 운전하기가 쉽고 편리하다는 것이다. 차의 내부에 있는 계기판을 보면, 사람들이 운전하는 과정의 편의성을 향상시키기 위한 여러 가지 옵션이 제공되어 있다. 즉 운전자가 쉽게 운전을 할 수 있기 때문에 육체적인 피로나 정신적인 노력이 감소해 목적지까지 도착하는 과정이 좀 더 효율적이라는 것이다.

그림 9
사용성이 강조된 디지털 서비스 3D디스플레이

사용성을 강조한 디지털 제품 사례로 그림 9에서 보여지는 영화 〈아바타〉에서 인간들이 사용하는 3D디스플레이를 들 수 있다. 이 시스템은 사용자가 나비족들이 몰려 있는 큰 나무 둥지를 여러 가지 각도에서 볼 수 있고, 또 그 내부를 정확하게 파악할 수 있게 되어 있다. 아울러 해당되는 지점에 필요한 추가 정보들이 별도의 문서가 아니라 3D디스플레이 위에 직접 표현되기 때문에 별도의 문서를 찾을 필요 없이 자세한 정보를 손쉽게 볼 수 있다.

증권 거래 시스템을 예로 든다면, 사용성이 높은 디지털 서비스는 사람들이 자주 쓰는 주문 기능을 쉽게 찾을 수 있는 곳에 배치해 한 번 클릭으로 원하는 주식 종목을 손쉽게 구입할 수 있게 하고 온라인 도움말을 적절하게 제공해 시스템을 처음 사용하는 사람도 쉽게 배울 수 있게 한다. 모바일 게임 시스템의 예로 들면 사람들이 쉽게 게임을 시작할 수 있도록 시작 버튼을 휴대전화의 통화 버튼으로 작동할 수 있게 하거나 휴대전화의 작은 화면으로도 플레이가 가능한 게임 아이템 등을 사용할 수 있게 한다.

일반적으로 사용성은 유용성이 해결된 다음에 해결되어야 하는 부차적인 조건으로 간주한다. 그러나 실제로 사용성과 유용성은 동전의 앞뒷면과 같아서 분리해서 생각하기 힘든 조건이다. 예를 들어, 일반 휴대전화를 이용해서 인터넷 정보를 검색하고자 할 경우 긴 인터넷 주소를 외워서 휴대전화에 일일이 입력하고 수십 차례 걸쳐서 버튼을 눌러야 하기 때문에, 검색 기능 자체는 있다고 할지라도 없는 것이나 마찬가지이다. 증권 거래 시스템 역시 마찬가지이다. 특정 주식을 주문을 할 수 있는 기능을 제공했는지 제공하지 않았는지는 유용성과 관련된 문제이지만 그 기능을 제공했다 하더라도 사용하는 것이 너무 어려워 사용자가 그 기능을 제대로 이해하고 사용할 수 없다면 아무 소용이 없다. 즉 유용성과 사용성이 함께 충족되어야 사용자에게 최적의 경험을 제공할 수 있다.

5.3 감성

감성affect은 시스템을 사용하면서 사람들이 마음속에서 얼마나 적절한 느낌을 받았는지를 의미한다. 감성이 만족되기 위해서는 사람들이 시스템을 사용하면서 그 기본 목적에 적합한 감성을 풍부하게 느낄 수 있어야 한다. 이때 감성이라고 하는 것은 어떠한 시스템을 보고 느끼는 미적 인상과 정서 또는 대상에 대한 개성 등을 모두 포함하는 개념이다.

영화 〈아바타〉에서 나오는 밤에 보는 판도라도 훌륭한 감성을 제공하고 있다. 그림 10은 자연 속 야광물질이 어두운 밤을 환하게 밝혀 주인공들에게 무서운 어둠의 숲이 아닌, 그러나 낮과는 또 다른 아름다운 경관을 보여 주는 장면이다. 또한 주인공이 한 발 한 발 옮길 때마다 닿는 흙의 발광도 환상적인 분위기를 제공함으로써 SF영화에서 의도하고자 하는 미래적인 인상을 풍부하게 제공하고 있다.

그림 10
감성이 강조된 영화 〈아바타〉

온라인 증권 거래 서비스의 경우 해당 시스템의 화면 모습이나 화면에 나와 있는 내용들이 사람들에게 신뢰감을 주도록 구성할 수 있다. 금전이 관련된 서비스인 만큼 사람들이 이러한 신뢰감을 느끼면 좀 더 편안한 마음으로 해당 서비스를 사용할 수 있을 것이다. 또 다른 예로, 아이들을 위한 온라인 게임은 신나는 느낌을 주도록 화면을 설계할 수 있고, 성인을 위한 온라인 게임은 신비스러운 느낌을 주도록 설계할 수 있다.

과거에는 감성이라는 것이 유용성이나 사용성과는 상반되는 조건이기 때문에 감성이 뛰어난 제품을 내용 없이 겉모습에만 치중한 졸작이라고 폄하하는 경향이 있었다. 그러나 최근 들어 감성이 반드시 유용성이나 사용성과 반대되는 개념이 아니며, 오히려 적절한 감성은 유용성이나 사용성을 충족시키는 데 없어서는 안 될 필수조건으로 인식되기 시작했다. Norman, 2004

5.4 삼위일체의 경험

기본적인 작동에서의 문제 때문에 더 이상 사용하지 않는 프로그램이 얼마나 많은가? 작동하기는 하지만 사용 방법이 어려워 더 이상 사용하지 않는 가전제품이 우리 주위에 얼마나 많은가? 단지 모델의 모양이 마음에 들지 않는다는 이유로 새 휴대전화로 바꾸는 사람들이 얼마나 많은가? 이런 현상들은 우리가 특정 시스템을 사용하면서 최적의 경험을 갖기 위해서는 유용성, 사용성, 감성이 반드시 충족되어야 하며, 그중 어느 하나라도 결여되어 있으면 최적의 경험을 갖기 힘들다는 사실을 반증해 준다.

유용성, 사용성, 감성이라는 세 박자가 잘 맞은 디지털 제품의 예로 닌텐도 Wii를 들 수 있다. Wii는 게임 콘솔로의 기능에 충실함과 동시에 여러 가지 서비스를 제공하고 있다. 특히 Wii는 종래의 게임이 가지고 있는 폐쇄적이고 부정적인 이미지에서 벗어나 건전한 신체 활동과 운동을 촉진시켜 주고, 재활을 위한 용도로서도 활용할 수 있는 유용성을 보여 준다. 사용성 측면에서는 가정용 콘솔게임에서는 처음으로 직접 몸을 움직이는 촉지적인 인터랙션 tangible interaction 기법을 적용했으며, 이를 통해 노인들도 쉽게 사용할 수 있는 편리한 게임 도구를 제공하고 있다. 또 감성적인 측면에서 게임이라는 맥락에서 여러 사람의 참여를 유도하는 다양한 기능을 제공함으로써 가족에게 풍부한 감정의 공유를 가능케 하는 경험을 유도하고 있다. 실제로 필자도 아이들과 함께 땀을 흘려가며 닌텐도 Wii로 테니스 게임을 하면서 이것이 가족 간의 친밀감을 높여 주는 좋은 기제라는 생각을 한 바 있다. 이처럼 유용성, 사용성, 감성이라는 세 가지 요소가 조화롭게 제

그림 11
최적의 경험을 위한 세 가지 요소가 잘 어울린 닌텐도 Wii

공됨으로써 닌텐도 Wii는 사용자에게 기존의 게임기와는 색다른 최적의 경험을 제공할 수 있었다.

영화 〈아바타〉에서 나오는 아바타 조종 시스템 또한 최적의 경험을 제공하는 좋은 예이다. 영화 속 주인공은 원래 해병대 출신이었지만 부상으로 휠체어에 의지해야 하는 처지이다. 그런데 이 시스템은 신체적인 제약에도 불구하고 아바타를 통해 일반 사람들처럼 걷고 뛸 뿐만 아니라 일반 세상에서는 할 수 없는 나는 것까지도 가능하게 한다는 유용성을 제공해 준다. 또한 아바타 시스템을 새로 배우고 사용하는 과정이 직관적이고 쉬워 별도의 훈련 없이 바로 시스템을 사용할 수 있는 사용성과 사용자에게 아름답고 멋있는 가상세계를 감상할 수 있는 기회를 제공해 주는 감성도 지니고 있다. 최종적으로 이 세 가지가 효과적으로 융합되면서 〈아바타〉의 주인공은 자신이 가지고 있는 신체적인 제약을 벗어나서 자신감을 가지고 새로운 세계를 경험할 수 있게 된다. 만약 우리 미래에 이러한 아바타 시스템이 개발된다면 험한 일을 하는 곳에서 인간 대신에 활용될 수도 있고, 별도의 훈련 없이도 쉽고 편리하게 사용할 수 있을 것이다. 또한 이러한 시스템을 통해 직접 가보지 못하는 곳에 갈 수 있어 이전에 경험하지 못한 새로운 경험을 할 수 있을 것이다.

이 세 가지 조건의 상대적 중요성은 시스템의 성격에 따라 달라진다. 예를 들어, 원자력발전소의 중앙 통제실에서 사용하는 시스템은 우선 안정적이고 지진이나 해일과 같은 천재지변의 발생에도 신속하게 대처할 수 있어야 한다. 따라서 이때는 상대적으로 유용성이 중요하다. 반면 가정에서 아이들이 사용하는 오락용 디지털 제품 같은 경우에는 사용성과 감성을 제공해야 하며, 직장에서 사용하는 대부분의 업무용 디지털 서비스들은 사용성이 강조되어야 한다.

그러나 상대적인 중요성에는 차이가 있겠지만 어느 한 조건을 만족시키기 위해 다른 조건들을 완전히 무시해서는 안 된다. 예를 들어, 원자력발전소에서 사용하는 디지털 시스템이라고 해서 유용성이나 사용성만 강조하고 감성을 무시한다면 그 통제실 속에서 하루 종일 생활해야 하는 기술자의 삶의 질이 얼마나 떨어질지를 생각해 보자. 혹자는 시스템이 잘 작동하기만 하면 되지 감성의 원리처럼 시스템을 사용하면서 적절한 느낌을 받을 수 있어야 하는 것은 다 배부른 투정이라고 생각할 수 있다. 그러나 회사에 없어서는 안 될 유능한 기술자가 작업 환경에서 오는 스트레스를 견디지 못하고 다른 직장으로 이직한다면, 스트레스를 줄여 주는 감성적인 배려가 결코 사치라고만은 할 수 없을 것이다. 따라서 사용자가 어떤 시스템을 이용하면서 최적의 경험을 하기 위해서는 유용성과 사용성 그리고 감성은 서로 뗄 수 없는 삼위일체 조건이라고 할 수 있다.

6. 최적의 UX를 위한 HCI의 기본 절차

사용자가 최적의 경험을 할 수 있는 유용성과 사용성 그리고 감성을 균형 있게 제공하는 새로운 디지털 제품이나 서비스를 만들어 낸다는 것은 쉬운 일이 아니다. 게다가 기술이 발전하고 사람들의 바람이 복잡해지면서 이 과정은 더 많은 단계와 기법이 필요하게 되었다. 그에 따라 HCI 분야에서는 디지털 제품이나 서비스를 만드는 과정에서 해당 제품이나 서비스가 최적의 UX를 보다 효과적으로 제공할 수 있도록 도와주는 기본 절차를 제시한다. 새로운 디지털 시스템을 만들기 위해서는 현재 상황에 대한 분석과 새로운 시스템의 디자인이 원활하게 이루어져야 한다. 분석과 디자인은 결과물에 대한 평가와 재창조를 여러 번 반복해서 점진적으로 진행해 가면서 시스템을 더 향상시킨다. 효과적인 내용 전달을 위해 이 절에서는 '리서치와 디자인' 및 '향상시키기'로 나누어 HCI의 기본 절차를 설명하도록 하겠다.

6.1 HCI 관점에서 UX 리서치하기

HCI의 기본 방향은 사람이 할 수 있는 일과 컴퓨터가 할 수 있는 일을 파악하고 구분하는 역할이다. 이를 위해서는 시스템을 이용하는 사용자에 대한 분석이 중요하다. 사용자가 어떤 가치를 중요하게 여기고 어떤 사용성을 심각하게 생각하는지 파악해야 한다. 더불어 사람이 어떤 정서나 감성을 가지고 있고, 이러한 정서나 감성이 외부 자극에 의해 어떤 영향을 받는지 파악해야 한다. 이처럼 HCI에서 사람은 필수적인 요소이기 때문에 디지털 기술을 사용하는 사람에 대해 연구하는 것은 HCI의 매우 중요한 부분이다.

HCI는 사람들이 어떤 목적을 가지고 있든지 간에 그 목적을 달성하기 위해 디지털 시스템을 사용하는 과정이 쉽고 편리하고 즐거울 수 있도록 디지털 제품과 서비스를 만드는 분야이다. 따라서 사람들이 시스템을 가지고 어떠한 과업을 달성하려고 하는지 파악하는 것도 HCI의 중요 요소라고 할 수 있다. 이것은 작업 현장에서 제품의 제조 과정을 통제하는 것과 같이 기능적인 과업일 수도 있고, 인터넷에서 보고 싶은 영화를 받아보는 오락적인 과업일 수도 있다. 즉 사람들이 수행하기를 원하는 과업을 이해하고 그 과업의 특성에 맞는 디지털 제품이나 서비스를 개발하는 것이 최적의 UX라는 목적을 달성하기 위한 기본 조건이라고 할 수 있다.

사람이 어떠한 과업을 수행하기 위해 디지털 시스템과 상호작용하는 과정은 반드시 어떠한 맥락 속에서 이루어지기 마련이다. 예를 들어, 직장에서 업무보고서를 작성하기 위해 PC를 사용하는 환경은 대체로 실내라고 볼 수 있다. 그러나 휴대전화나 MP3플레이어 같은 이동 기기들은 매우 상이한 환경에서 사용된다. 동일한 상호작용일지라도 어떠한 맥락에서 그 상호작용이 진행되는지에 따라 전혀 다른 결과를 가져올 수 있다. 따라서 시스템이 자주 사용되는 맥락의 특징을 파악하는 것도 HCI의 중요한 요소라고 할 수 있다.

기존의 PC나 노트북은 물론이고, 컴퓨터보다 더 많은 보급률을 보이고 있는 휴대전화나 빠른 속도로 우리 가정에 보급될 IPTV, 지능형 냉장고 등도 모두 디지털 시스템에 속한다. 특히 최근 내재 시스템이나 유비쿼터스 컴퓨팅에 대한 관심이 높아지면서 다양한 형태의 시스템이 HCI의 대상이 되고 있다. 이렇게 다양한 디지털 시스템과 기술들이 포함되면서 어떤 기술이나 시스템이 특정 사용자가 특정 맥락에서 특정 과업을 수행하는 데 가장 적합한지를 파악하는 기술 분석도 HCI의 중요한 분석 요소라 할 수 있다.

6.2 HCI 관점에서 UX 디자인하기

UX 분석하기의 네 단계를 통해 사용자, 과업, 맥락, 그리고 가용 기술에 대한 분석을 마치면 다음 단계에서는 사용자에게 최적의 경험을 제공할 수 있는 디지털 시스템을 디자인한다. HCI 관점에서의 UX 디자인 절차는 다음과 같은 네 단계로 이루어진다. 전체 시스템의 콘셉트를 정하는 단계, 시스템의 정보구조를 디자인하는 단계, 시스템의 인터랙션을 디자인하는 단계, 시스템의 인터페이스를 디자인하는 단계이다.

디지털 시스템은 물리적인 제품과는 달리 대상이 애매모호하고 여러 가지 형태와 기능으로 창조될 수 있는 가능성이 무궁무진하다. 따라서 디자인 단계의 가장 기본은 디지털 시스템이 어떤 콘셉트를 가지고 있는지를 명확히 하는 것이다. 이 콘셉트는 기존의 제품들이 가지고 있는 콘셉트에서 유추되는 경우도 있고, 전혀 새로운 콘셉트가 도출되는 경우도 있다. 사용자에게 유용하고 즐겁고 편리한 경험을 제공하기 위해서는 어떤 콘셉트를 어떻게 도출해야 하는지가 중요하다.

디지털 시스템은 기본적으로 디지털화되어 있는 정보를 원재료로 사용한다. 최적의 경험을 제공하기 위해서는 다양한 정보를 수집하고 분류해 체계적인 정보구조를 만들어 가는 과정이 필요하다. 예를 들어, 증권 거래 시스템의 경우 어떤 정보를 사용자에게 제공해야 하며, 그 정보를 어떤 기준에 따라 분류하고 구조화하는지를 결정하는 절차와 기준을 정해야 한다.

디지털 시스템과의 인터랙션은 사용자의 특정 행동에 대한 시스템의 반응으로 구체화된다. 사용자에게 최적의 경험을 제공하기 위해서는 사용자의 행동에 대해 시스템이 어떤 반응을 보이는지 구체적으로 디자인해야 한다. 예를 들어, 온라인 게임에서 사용자가 어떤 버튼을 눌렀을 때 시스템이 어떤 반응을 하고, 반응은 그 다음 단계의 반응과 어떻게 연관되어야 하는지를 결정해야 한다.

디지털 시스템의 콘셉트나 정보구조 그리고 인터랙션은 모두 시스템의 인터페이스로 표현되어야 사람들에게 전달될 수 있다. 최적의 경험을 위해서는 사용자가 직접 보고 듣고 만질 수 있는 시스템의 표현 방식인 인터페이스를 디자인해야 한다. 예를 들어, 증권거래 시스템에서 사용자에게 차분하고 분석적인 인상을 받을 수 있게 하기 위해서는 화면 구성 요소를 어떻게 사용해야 하는지를 디자인해야 한다.

한 가지 언급해 두고 싶은 것은 이 책에서는 방법론에 대한 설명을 순차적으로 기술하겠지만, HCI 방법론에 따라 시스템을 실제로 개발하는 방법은 순차적으로 진행되는 것이 아니라 점진적으로 그리고 반복적으로 진행된다는 점이다. 즉 리서치 및 디자인은 한 번에 끝나는 것이 아니라 점진적으로 반복해서 진행되며, 매번 진행될 때마다 간단하게라도 평가와 개선이 수행되어야 한다.

6.3 HCI 관점에서 UX 향상시키기

사용자에게 최적의 경험을 제공하기 위해서는 현재 디자인하고 있는 디지털 시스템의 최종 목표가 무엇인지 설정하고 현재 상태가 이런 최종 목표에 얼마나 근접하고 있는지를 평가해야 한다. HCI와 같은 신생 분야는 일반적으로 그 발전 속도가 무척 빠른 편이며, 장기적인 발전 방향도 종잡을 수 없는 경우가 많다. 그 이유는 디지털 기술 자체의 발전이 무척 빠를뿐더러 이를 사용하는 사람들이나 그것을 사용하는 맥락도 심하게 변동하기 때문이다. 따라서 그런 상황에서 현재 목표로 하고 있는 디지털 시스템의 장기적인 지향점을 정확하게 파악하고 이에 근거해서 현재의 시스템이 얼마나 좋은 UX를 제공하고 있는지를 평가해야 한다. 따라서 HCI 관점에서 현재의 디지털 제품이나 서비스가 얼마나 좋은 UX를 제공하고 있는지 평가하고, 그 결과를 바탕으로 궁극적인 UX의 목표에 접근하는 방향으로 시스템을 변화해 나아가야 한다.

7. HCI의 의의

HCI가 제공할 수 있는 의의는 크게 학문적인 의의와 산업적인 의의로 구분될 수 있다. 여기에서는 각각의 의의에 대해 HCI가 어떤 공헌을 할 수 있는지를 설명하고자 한다.

7.1 HCI의 학문적 의의

HCI는 처음부터 매우 다양한 분야의 사람들이 모여서 시작했고, 지금도 학제적인 분위기를 강하게 가지고 있는 분야이다. HCI 관련 학회나 단체를 보면, 심리학, 전산학, 디자인은 물론 전기전자, 기계, 경영학, 건축학, 인류학, 문헌정보학, 커뮤니케이션학, 인간공학 등 매우 다양한 분야의 전문가들이 모인다. 이는 크게 인간 및 인간이 속한 사회에 대한 분야, 기술에 대한 분야, 디자인에 대한 분야, 그리고 이를 사업화하는 비즈니스에 대한 분야로 나눌 수 있다.

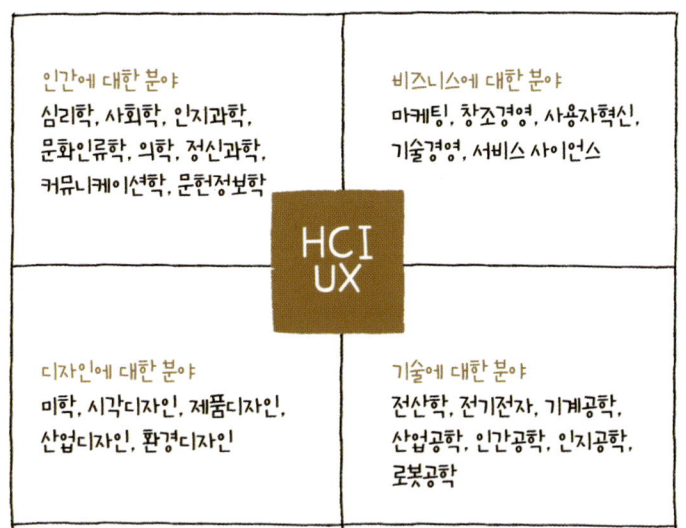

그림 12
HCI와 밀접하게 연관된 분야

사람에 대한 분야
심리학·사회학·인지과학·문화인류학·의학·정신과학·커뮤니케이션학·문헌정보학

HCI의 중요 요소 중 하나가 사람이다. 따라서 사람에 대한 이해를 목적으로 하는 심리학은 HCI의 중요한 배경이 된다. 심리학 중에서도 특히 인지심리학은 HCI의 초창기부터 지금까지 매우 중요한 이론적 배경을 제공해 주고 있으며, 인지심리학에서 제시된 인간의 정보처리 이론이 HCI의 중요한 축을 이루고 있다.

인지과학은 사람의 마음이나 두뇌 또는 컴퓨터 시스템이 수행하는 지능적인 과정에 대한 연구 분야이다. 사람이 외부 현상을 어떻게 받아들이고, 이를 내부에서 어떻게 처리해 지능적으로 행동할 수 있는지를 연구하는 분야로서 이 과정을 통해 사람들이 가지고 있는 여러 가지 제약 사항과 장단점을 분석한다. 사용하기 편리한 시스템을 개발하기 위해서는 사람들이 가지고 있는 장점이 무엇인지 파악해 십분 활용하고, 약점을 효과적으로 지원해 줄 수 있어야 한다. 인지과학은 이러한 사항들에 대한 이론적이고 실증적인 기반을 지원해 준다. 이와 더불어 컴퓨터 사용 환경이 다양해지면서 환경심리학이나 사회학도 이에 상응하는 중요성을 가지게 되었다. 또한 모바일 인터넷과 유비쿼터스 컴퓨팅이 확산되면서 사용자가 어떤 맥락에서 시스템을 사용하는지가 중요하게 되었다. 그에 따라 이러한 맥락을 분석할 수 있는 문화인류학이나 민속학적인 방법론에 대한 관심이 높아지고 있고, HCI가 사람들에게 최적의 경험을 제공하기 위해서는 사람들의 인지적인 특성뿐만 아니라 신체적인 특성과 정신적인 특성도 알아야 한다는 관점에서 정신과학도 중요한 분야로 대두되고 있다.

큰 의미에서 인간과 컴퓨터의 상호작용이 하나의 의사소통이라고 한다면, 인간과 인간과의 의사소통, 그리고 인간과 매체와의 의사소통에 초점을 맞추고 있는 커뮤니케이션학도 HCI와 밀접한 연관을 가진다. 특히 상호작용에 대한 이론적인 고찰은 커뮤니케이션 분야에서 오랜 기간에 걸쳐서 축적된 배경 이론 및 실증적인 연구 결과를 바탕으로 하고 있다. 또한 인터넷의 발전으로 사람들이 시스템과 상호작용하는 많은 부분이 정보의 바다에서 자신이 필요로 하는 정보를 찾아가는 과정이며, 문헌정보학은 바로 이런 관점에서 HCI와 밀접한 관계가 있다. 사람들이 이해하고 사용하기 쉽게 정보구조를 구축하고 인터랙션을 설계하는 원리는 문헌정보학에서 찾아볼 수 있기 때문이다.

기술에 대한 분야
전산학·전기전자공학·기계공학·산업공학·인간공학·인지공학·로봇공학

전산학은 HCI의 중요한 배경 분야 중 하나이다. 컴퓨터가 HCI의 중요한 요소이고, HCI의 결과는 결국 컴퓨터를 근간으로 하는 디지털 시스템을 통해 구현되어야 하기 때문이다. 전산학 중에서도 특히 컴퓨터의 입출력과 관련된 분야는 사람과 가장 직접적으로 상호작용하는 부분을 다룸으로써 HCI와 매우 밀접하다고 할 수 있다. 이와 더불어 멀티미디어나 인공지능 분야 또한 HCI와 밀접한 관련이 있다. 산업공학 분야도 인간의 과업을 분석한다는 점에서 매우 중요한 HCI 배경 분야라고 할 수 있다. 인지공학은 앞서 설명한 인지과학이라는 탄탄한 학문적

배경 위에 인간의 인지활동에 대한 연구 결과를 토대로 인간이 쉽고 편리하게 인지 절차를 가져갈 수 있는 방향으로 시스템을 설계하는 분야를 의미한다. 인간공학은 인간이 활동하는 환경이나 사용하는 도구 또는 수행하는 각종 절차나 활동과 관련된 시스템의 설계를 다루는 분야로서 특히 사용성 관점의 HCI에 필요한 실증적 기반을 제공해 준다. 인지공학은 두뇌의 활동에 초점을 맞추는 반면, 인간공학은 신체적 활동에 초점을 맞추고 있기 때문에 이 두 학문은 총체적인 인간 경험을 향상시키는 데 불가분의 관계를 가지고 있다. 아울러 컴퓨터가 여러 가지 통신기기 및 디스플레이기기 속에 탑재되기 시작하면서 전기전자 및 기계공학 분야의 중요성이 급부상하고 있으며, 특히 이들이 융합되어 구현되는 로봇공학이 HCI에서 차지하는 비중도 높아지고 있다.

디자인에 대한 분야
미학·시각디자인·제품디자인·산업디자인·환경디자인·감성공학

미학은 최적의 경험을 위한 세 번째 선결 조건인 감성과 밀접하게 관련된 학문 분야이다. 미학에서는 단순히 아름다움만을 연구하는 것이 아니라 예술과 관련된 다양한 형태의 감정을 연구한다. 따라서 사람이 디지털 시스템과 상호작용하면서 특정 감성을 느낄 수 있게 시스템을 설계하기 위해서는 미학적인 이해가 기반이 되어야 한다. 미학과 밀접하게 관련된 분야로는 최근 들어 많은 발전을 거듭하고 있는 감성공학을 들 수 있다. 감성공학은 친밀한 느낌을 주는 휴대전화나 안락한 느낌을 주는 자동차 시트처럼 주로 물리적인 제품의 외관을 디자인해 사용자에게 특정 감성을 불러일으키는 과정을 연구하는 분야이다. 또한 시각디자인이나 제품디자인 분야도 HCI와 밀접하게 연관되어 있는 분야라고 할 수 있다. 결국에는 아이디어를 형상화하고 시각적으로 표현해 사용자에게 실제 경험을 제공해야 하기 때문에 디자인 분야가 HCI에서 차지하는 비중이 급속도로 높아지고 있다. 특히 여러 도구들의 개발로 디자이너의 역량이 늘어가면서 전통적인 디자인뿐만 아니라 콘텐츠 디자인이나 인터랙션 디자인 등 HCI와 좀 더 밀접한 관계를 가지는 디자인 분야가 급속한 속도로 발전되고 있다.

비즈니스에 대한 분야
마케팅·창조경영·기술경영·서비스사이언스·사용자혁신

최적의 경험을 위한 첫 번째 선결 조건인 유용성과 밀접하게 관련된 학문 분야가 경영학이다. 경영학 중에서 특히 창조경영, 서비스사이언스, 그리고 마케팅과 같은 분야는 HCI와 밀접하게 관련되어 있다. 예를 들어, 마케팅은 사람들의

욕구와 필요가 무엇인지를 파악하고 이를 아이디어로 만드는 과정에 대한 이론적인 배경과 원리를 제공하고 있다. 이러한 내용은 디지털 기술을 구체적으로 이용해서 사람들에게 유용하고 편리하고 적절한 느낌을 주는 인터랙션 절차, 정보구조 및 인터페이스 표현 방법을 만들어 내는 HCI와 긍정적인 상호보완 관계를 가진다. 또한 최근 창조와 혁신의 중요성이 높아지고 있는 상황에서 창의적인 신제품이나 서비스를 만드는 과정 및 환경 그리고 인재에 대해 연구하는 창조경영은 인간을 중심으로 한 혁신human centered innovation이라는 HCI 2.0의 비전과 일맥상통한다. 서비스사이언스는 최근 들어 중요성이 증대되고 있는 서비스 산업의 본질을 규명하고, 이를 바탕으로 혁신과 생산성 향상을 이루기 위해 기술, 경영, 사회과학 등 여러 분야의 지식을 종합하려는 시도에서 탄생한 신학문이다. 특히 인터넷과 무선 통신 기술이 발전하면서 많은 서비스들이 디지털 서비스화되고 있는 상황에서 서비스사이언스는 새로운 디지털 서비스를 기획하는 과정을 포함하고 있으며, 이는 HCI 분야에 귀중한 기반 자료로 활용될 수 있다.Forlizzi, 2010 최근 관심의 초점이 되고 있는 사용자혁신user innovation 분야는 사용자가 혁신적인 제품이나 서비스를 만들어 내는 과정에 주인공으로 활약할 수 있다는 점을 강조하는 분야로서 기술혁신과 HCI를 연결시켜 줄 수 있는 징검다리 역할을 한다. HCI라는 분야가 기업 경영에 어떻게 전략적으로 사용될 수 있는지를 연구한다는 점에서 기술경영은 산업으로서의 HCI의 성공에 큰 공헌을 할 수 있는 분야이다. 아무리 좋은 디지털 제품이나 서비스라고 할지라도 적합한 비즈니스 모델이 없으면 성공할 수 없다. 또한 비즈니스 모델은 이를 뒷받침해 주는 UX가 없으면 오랜 기간 동안 지속될 수 없다. 이러한 관점에서 경영학은 HCI 분야의 발전을 위한 중요한 견인차 역할을 할 수 있다.

독립된 학문 분야로서의 HCI

HCI는 디지털 기술을 이용해 사람들이 최적의 경험을 할 수 있는 디지털 제품이나 서비스를 개발하는 절차와 원리에 대한 분야이다. 물론 사람도 훈련과 교육을 통해 변화될 수 있겠지만, 대부분의 UX는 디지털 기술을 기반으로 새로운 제품이나 서비스를 어떻게 디자인하는지에 따라 달라진다. 그래서 새로운 제품이나 서비스와 같은 인공물을 디자인하는 과정과 그 결과에 대한 연구는 인간에 대한 근본적인 이해를 제공해 줄 수 있다.Simon, 1969 그런 의미에서 사람들에게 최적의 경험을 제공하기 위해 사람들이 사용하는 디지털 시스템을 창조해 나가는 HCI는 나름대로의 독창적인 학문적 가치를 가지고 있는 분야라 할 수 있다.

좀 더 구체적으로 학문적인 관점에서 본다면 HCI는 디지털 시스템과 상호작용하는 인간의 인지과정이나 감성적인 결과를 통해 인간에 대한 근본적인 이해를 증진시킬 수 있고, 사용하기 쉽고 즐거운 디지털 제품이나 서비스를 설계하고 개발함으로써 사람들에게 최적의 경험을 주고 더 나아가 삶의 질을 향상시킬 수 있다. 이러한 의의를 십분 활용하고자 미국이나 유럽에서는 HCI를 독립적인 학문 분야로 간주하고, 이를 배우고 연구하는 학과를 신설하고 있는 추세이다.

표 1
세계적인 HCI 연구 기관 리스트(왼쪽)

순위	기관	총합	인덱스 점수
1	카네기멜론대학	298.51	41
2	메사추세츠공과대학	262.95	43
3	조지아공과대학	156.97	34
4	IBM TJ왓슨리서치센터	154.25	26
5	마이크로소프트	153.75	34
6	제록스팔로알토리서치센터	130.88	57
7	미시건대학	120.33	27
8	토론토대학	118.04	35
9	스탠포드대학	110.02	27
10	UC버클리	97.17	28
11	콜로라도대학 볼더캠퍼스	92.12	27
12	메릴랜드대학	88.98	25
13	워싱턴대학	82.00	17
14	휴렛패커드연구실	50.07	15
15	버지니아폴리테크닉주립대학	47.83	15
16	글래스고대학	47.07	13
17	인디애나대학	42.10	5
18	애플사	42.06	15
19	AT&T벨연구소	40.04	13
20	뉴욕대학	38.71	13

표 2
HCI 연구를 활발하게 하는 국가 리스트(오른쪽)

순위	국가	총합	인구 백만명 당 연구실적
1	미국	3745.2	12.246
2	영국	508.9	8.375
3	캐나다	406.5	12.364
4	일본	260.5	2.035
5	독일	177.2	2.145
6	스웨덴	142.0	15.572
7	네덜란드	118.6	7.221
8	프랑스	82.7	1.341
9	핀란드	79.5	15.075
10	덴마크	60.1	11.041
11	오스트레일리아	49.4	2.380
12	오스트리아	46.8	5.599
13	이탈리아	33.5	0.569
14	한국	33.0	0.685
15	스위스	25.8	3.452
16	아일랜드	19.9	4.615
17	벨기에	18.6	1.776
18	뉴질랜드	18.5	4.421
19	이스라엘	14.1	2.034
20	남아프리카공화국	12.8	0.262

이와 관련해 최근 ACM SIGCHI Special Interest Group on Computer-Human Interaction 학회에서 지난 1981년부터 2008년까지 가장 많은 학문적인 성과를 이룬 대학과 기관을 선정했다. Bartneck and Hu, 2009 자세한 자료는 표 1에서 확인할 수 있다. 자료를 보면, HCI Institute라는 학과가 있는 카네기멜론대학이 가장 높은 랭킹에 있으며, 비슷한 랭킹에 미디어랩 Media Lab 을 운영하고 있는 메사추세츠공과대학이, 세 번째로는 GVU Graphic Visualization Usability 센터를 운영하고 있는 조지아공과대학이 선정되었다. 이 세 대학의 공통적인 특징은 HCI를 전공하는 별도의 학제로 대학이나 대학원을 운영하고 있다는 점이다. 연구를 하는 기업으로는 IBM TJ왓슨리서치센터 Watson Research Center 와 마이크로소프트리서치 Microsoft Research 의 HCI그룹 그리고 전통 HCI 분야의 대명사인 제록스팔로알토리서치센터 Xerox PARC, Xerox Palo Alto Research Center

가 있다. 이들 세 기관 역시 HCI의 학문적 의미를 절감하고 이를 위해 별도의 기관을 설립해 기업 관점의 리서치를 적극적으로 추진하고 있다. UX 분야의 대표 주자로 부각하고 있는 애플사가 기업임에도 중요한 연구를 많이 진행하고 있다는 사실도 눈여겨볼 부분이다.

우리나라에서도 복합 학문이라는 범주 안에 HCI를 가치 있는 학문 분야로 인정하는 경향이 높아지고 있다. 이에 발맞추어 국내에서도 HCI를 위한 독자적인 학회가 2005년에 발족했으며, HCI 관련 저널을 활발하게 발간하고 있다. 표 2에서 보는 것처럼 우리나라는 전 세계에서 열네 번째로 HCI 연구를 하는 나라이다. 그러나 아직까지 국내에서는 HCI가 다른 어떤 분야에 부속되어 있는 것으로 여겨지는 경우가 많다. 그래서 HCI 연구를 하는 사람에게 전공이 무엇이냐고 물으면, 소속되어 있는 전공에 따라 전공은 경영학, 디자인 또는 심리학인데 HCI 연구를 한다는 식의 대답을 자주 듣는다. 그러나 HCI가 진정으로 발전하기 위해서는 국내에서도 HCI가 자신의 주 전공임을 당당하게 밝힐 수 있는 사람들이 많이 나와야 한다. 그러나 현재까지도 국내에 HCI 전문가가 그리 많지 않다. 현재까지 HCI를 전공으로 하는 학과가 개설된 대학도 별로 없을 뿐 아니라, 대학교에서 HCI를 정규과목으로 가르치는 경우도 드물기 때문이다. 이런 이유 때문에 HCI 분야의 전문가들이 판단하기에 국내 HCI 관련 업계가 봉착한 어려운 문제 중에 하나가 바로 필요한 인력을 찾을 수 없다는 것이라고 지적하고 있다. 이 책의 목적은 이러한 상황을 개선하고 일반 사람들에게 HCI라는 학문의 개념과 원칙 및 방법론을 알기 쉽게 전달함으로써 HCI에 대한 전문 인력을 배출하는 초석을 제공하기 위함이다.

7.2 HCI의 실용적 의의

학문적인 측면에서 HCI의 정체성과 중요성이 높아지는 것과 마찬가지로 기업 현장에서도 HCI가 가지고 있는 잠재적인 중요성을 깨닫기 시작하고 HCI나 UX를 위한 단독 부서를 만들고 관련 인력을 활발하게 채용하고 있다. HCI가 제품이나 서비스를 시장에서 최고의 제품으로 만들어서 경쟁 기업을 따돌릴 수 있는 전략적인 핵심 역량으로 간주되고 있기 때문이다. 또한 통신이나 전자 그리고 인터넷 등 각 분야에서 1등 기업이 특히 HCI 분야에 많은 투자를 하고 있다. 이는 현재 당장 개발해서 시장에 내놓는 제품들뿐만 아니라 향후 5-10년 뒤에 성공할 수 있는 제품이나 서비스의 개발에도 HCI가 중요한 역할을 담당할 것이라고 예상되기 때문이다. 이러한 기대에 부응해서 과거의 HCI가 이미 만들어진 제품이나 서비스의 문제점을 파악하고 개선 사항을 도출하는 것에 초점을 맞추었다면, 미래의 HCI는 사용자에게 혁신적인 경험을 제공할 수 있는 새로운 제품이나 서비스를 만들어 내는 것에 초점을 맞추고 있다.

HCI가 특히 큰 공헌을 할 수 있는 산업 분야로 디지털 제품이나 디지털 서비스와 디지털 콘텐츠 분야 등을 들 수 있다. 디지털 제품의 경우 주로 하드웨어 제품을 개발하는 전자 회사들이 관련되며 휴대전화나 MP3플레이어, 디지털 카메라 등을 예로 들 수 있다. 디지털 서비스의 경우 디지털 기술을 이용해 무형의 서비스를 제공하는 대표적인 산업으로 이동통신 서비스나 인터넷 서비스를 들 수 있다. 디지털 콘텐츠의 경우는 디지털 형태로 된 의미 있는 내용을 생성해 전달하는 분야로서 온라인 게임이나 영화 및 소설 등을 들 수 있다.

그런데 요즘은 디지털 기술을 기반으로 한 제품과 서비스 그리고 콘텐츠 산업 간에 구분이 없어지고 있다. 종래에 디지털 제품만을 만들던 전자 회사들이 디지털 콘텐츠를 만들고 디지털 서비스를 제공하기 시작했다. 그 대표적인 예로 애플사를 들 수 있다. 애플사는 원래 컴퓨터를 만들던 회사였으나 스마트폰을 출시해 전 세계의 휴대전화 시장에 강자로 등장했다. 그런데 아이폰의 성공에 무엇보다 지대한 영향을 미친 것은 아이폰과 함께 연동될 수 있는 애플리케이션 거래 서비스 '앱스토어'였다. 디지털 제품을 제공하는 회사가 디지털 서비스 및 콘텐츠를 융합한 사례라고 할 수 있다. 한편 대표적인 디지털 서비스 산업에 속한 무선 통신 회사들이 단말기인 디지털 제품이나 게임이나 영화와 같은 디지털 콘텐츠 산업에 진출하기 시작했다.

따라서 디지털 기술을 기반으로 한 제품이나 서비스 그리고 콘텐츠 간의 산업 구분이 없어졌기 때문에 이를 통틀어 지칭할 수 있는 분야가 필요해졌고, 이 책에서는 그 분야를 DX digital experience 산업으로 정의하고자 한다. DX 산업은 디지털 기술을 이용해 사용자에게 새로운 경험을 제공하는 디지털 제품이나 서비스 그리고 콘텐츠를 개발하고 판매하는 모든 산업을 지칭한다. 이는 산업의 초점이 특정 제품이나 서비스 자체가 아니라 이들과의 상호작용을 통해 축적되는 UX로 이동하고 있는 추세를 반영한 것이다. Schifferstein and Hekkert, 2007 이러한 DX 산업의 핵심 경쟁력은 고객에게 최적의 UX를 제공할 수 있는 HCI 분야의 전문 지식과 방법론이라고 할 수 있다. 따라서 DX 산업이 발전할수록 HCI 전문가의 역할과 중요성이 높아질 전망이다.

과거에는 시스템이 돌아가기만 하면 되지 편리함이나 감성을 고려하는 것은 다 사치라는 생각이 있었다. 그러나 요즘은 단순히 작동하기만 하는 시스템만으로는 어떤 디지털 제품이나 서비스도 성공하기 어려워졌다. HCI의 최종 목적은 단순히 돌아가는 시스템을 만드는 것이 아니라 사용자에게 디지털 기술을 이용해 최적의 사용자경험을 제공하는 것이다. 이러한 최적의 사용자경험은 디지털 제품이나 서비스 그리고 콘텐츠를 구성하는 시스템과의 상호작용이 유용하고 편리하며 감성적이어야 얻을 수 있다. HCI의 효과를 이해한 미국이나 유럽에서는 HCI를 중요한 학문 분야로 인정하고, 이에 대한 전문적인 교육과 연구를 할 수 있는 제반 여건을 마련하고 있다. HCI는 어느 하나의 영역에서 독점하는 분야가 아니라 공학·인문·사회학·디자인·경영학 등 다양한 학문이 모여 공동적으로 만들어 가는 분야라고 할 수 있다. 따라서 HCI를 개인 혼자 또는 어느 분야가 혼자 진행하는 것보다 HCI에 관련된 사람들의 협업이 활발히 이루어졌을 때, HCI의 잠재적인 효과를 충분히 얻을 수 있는 여건이 만들어질 수 있을 것으로 보인다. 디지털 산업이 발전할수록 디지털 제품과 서비스가 사용자에게 편리하고 유용하고 즐거운 경험을 제공할 수 있도록 만들어 주는 HCI의 중요성이 높아질 것은 명백한 사실이다. 이 책에서는 HCI가 가지고 있는 이러한 잠재력을 최대로 실현시키기 위한 기본 원리와 원칙 및 방법 절차를 제시하고자 한다.

토론 주제

1
우리가 일상생활 속에서 사용자경험의 중요성을 실감할 수 있는 구체적인 한 가지 사례를 제시해 보자.

2
지금까지 사용해 본 다양한 디지털 제품이나 서비스 중에서 사용하기 힘들었던 시스템은 어떤 것이었는지 제시하고, 왜 힘들다고 생각했는지 토의해 보자.

3
사용자에게 최적의 경험을 제공함으로써 사업적으로 큰 성공을 거둔 디지털 제품이나 서비스의 사례를 제시해 보자.

4
최첨단 기술을 사용했음에도 사용자에게 좋은 경험을 제공해 주지 못해 실패한 디지털 제품이나 서비스의 사례를 제시해 보자.

5
디지털 제품이나 서비스 중에서 사용성이나 감성은 충족시키지만 유용성은 충족시키지 못해 최적의 경험을 제공하지 못하는 사례를 들어보자.

6
디지털 제품이나 서비스 중에서 감성이나 유용성은 충족시키지만 사용하는 것이 너무 어려워서 최적의 경험을 제공하지 못하는 사례를 들어보자.

7
디지털 제품이나 서비스 중에서 사용성이나 유용성은 충족시키지만 적절한 감성을 느낄 수 없어서 최적의 경험을 제공하지 못하는 사례를 들어보자.

8
지금은 그다지 연관성이 없지만, 미래의 사용자에게 최적의 경험을 제공하기 위해 HCI와 밀접하게 연관될 것이라고 생각되는 학문 분야를 한 가지 선정하고, 어떤 이유에서 선정했는지를 설명해 보자.

9
우리나라에서 HCI가 유용하게 활용될 수 있는 산업 분야로 무엇이 있는지 생각해 보고 그 활용 방법을 설명해 보자.

10
디지털 제품과 서비스 그리고 콘텐츠가 융합되는 DX산업의 사례를 하나 선정하고, 그 산업에서 HCI가 어떤 공헌을 할 수 있는지 알아보자.

2장 상호작용

**최적의 UX를
제공하기 위한 행위적 요소**

"경험은 상호작용에서 비롯된 것이기 때문에 사람들의 경험을 이해하기 위해서는 상호작용에 대한 이해가 먼저 이루어져야 한다."

헨드릭 쉬퍼스테인 Hendrik N. J. Schifferstein,
폴 헤커트 Paul Hekkert

궁금한 점

부동산에 대한 정보를 얻기 위해 실제 공인중개사를 찾아가는 경우, 케이블TV에서 부동산 채널을 시청하는 경우, 부동산 전문 웹사이트를 방문하는 경우, 이 세 가지 경우의 공통점과 차이점은 무엇일까?

인터넷상에서 서핑을 하면서 필요로 하는 정보를 찾는 것과 온라인 게임에서 아바타를 조종해서 보물을 찾는 것은 어떤 공통점과 차이점이 있을까?

사람들이 터치폰처럼 손으로 직접 화면에 있는 아이콘을 조작할 수 있는 기기들을 선호하는 이유는 무엇일까?

영화 소개

스페이스 오디세이 2001[1968]

"혹시 실례가 되지 않는다면 조금 어려운 질문을 드려도 될까요?"

HAL(슈퍼컴퓨터)

SF영화의 고전으로 손꼽히는 〈스페이스 오디세이 2001〉는 미래에 인간과 디지털 시스템의 상호작용이 어떻게 일어날 것인지에 대해 매우 정밀하게 묘사하고 있다. 특히 컴퓨터 시스템의 시각과 사람의 시각이 교차하면서 장기를 두고 있는 장면과 우주선 선장이 자신이 그린 그림을 HAL이라는 슈퍼컴퓨터에게 보여 주고 품평을 듣는 장면은 인간과 디지털 시스템 간에 발생하는 상호작용의 미래상을 보여 주고 있다. 그중 백미는 HAL이라는 디지털 시스템이 선장에게 조금은 껄끄러울 수도 있는 질문을 아주 공손한 태도로 묻는 장면이다. 반면 현실에서는 영문도 알 수 없이 갑자기 퍼런 화면을 보이면서 무례하게 대화를 끝내버리는 디지털 시스템을 많이 본다. 영화 〈스페이스 오디세이 2001〉을 통해 디지털 시스템과 인간이 조화롭게 상호작용할 수 있는 원리와 방법에 대해 알아보자.

영화 토론 주제

1 영화는 사람과 디지털 시스템이 상호작용하는 과정에서 나타날 수 있는 다양한 스타일을 제시하고 있다. 영화에서 나오는 다양한 상호작용 중 가장 인상적인 장면을 찾아보자.

2 영화에서는 사람과 시스템 간의 상호작용이 무척 활발하게 이루어진다. 가장 활발하게 상호작용이 이루어진 장면을 찾아보자. 어떤 점에서 그 장면에서 상호작용이 활발하게 이루어졌다고 생각하는가?

3 이 영화는 사람과 디지털 시스템 간의 궁극적인 상호작용이 어떤 방향으로 진화되어 가는지를 시사하고 있다. 현재 디지털 시스템에서 제공되고 있는 상호작용과 비교했을 때 큰 차이를 보이는 미래의 상호작용을 보여 주는 장면을 찾아보자. 근본적으로 기존의 상호작용과 어떤 점에서 차이가 있을까?

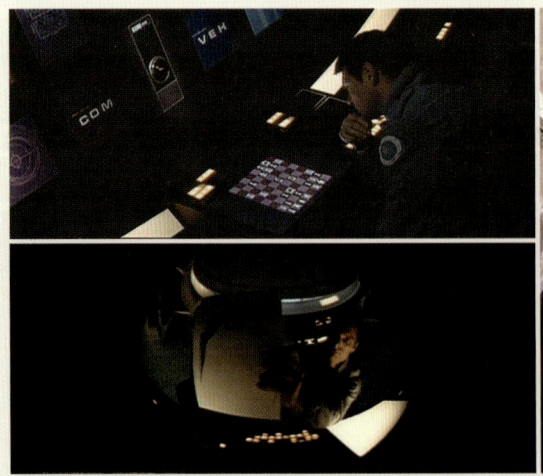

영화 〈스페이스 오디세이 2001〉에서 주인공 선장과 디지털 시스템이 장기를 두고 그림에 대해 대화를 나누는 장면

본 장에서는 사용자경험의 행위적 요소가 되는 상호작용의 의미가 무엇인지에 대해 구체적으로 다루고자 한다. 특히 상호작용이 가지고 있는 사회적 및 시스템적인 의미를 살펴보고, 일반적인 상호작용의 유형을 살펴본다. 또한 상호작용과 밀접하게 연관된 상호작용성에 대해 다루고, 디지털 시스템과 사람 간에 주고받을 수 있는 다양한 상호작용성의 유형에 대해 설명한다. 마지막으로 최근 드러나고 있는 상호작용의 새로운 트렌드에 대해 설명한다. 이를 통해 최적의 사용자경험을 위한 중요한 구성 요소인 상호작용에 대한 전체적인 개념을 독자들에게 명확하게 전달하고자 하는 것이 본 장의 목적이다.

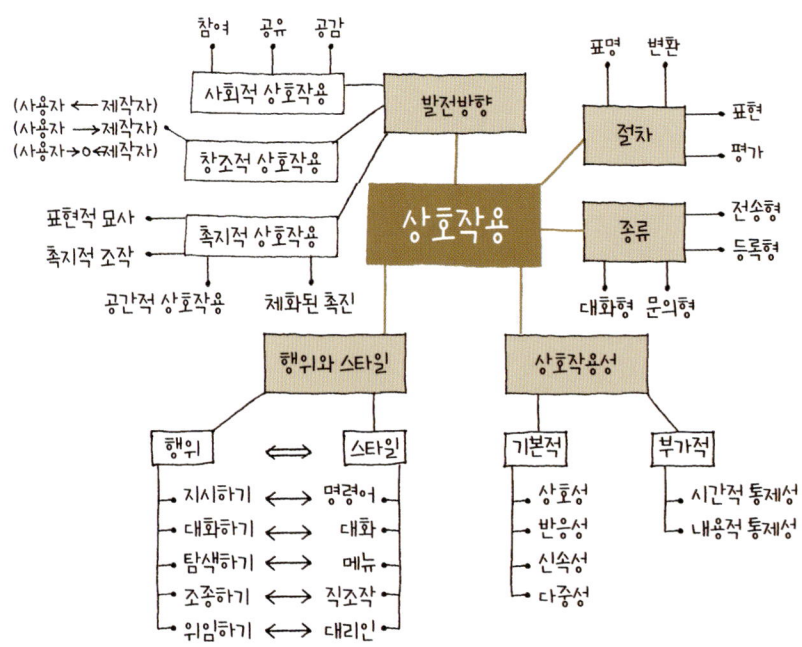

1. 상호작용의 의미

상호작용은 상호작용의 주체와 관계에 따라 사람 간의 상호작용 human human interaction, 사람과 콘텐츠와의 상호작용 human content interaction 그리고 사람과 시스템 간의 상호작용 human computer interaction 으로 나뉜다. 사회학에서 사람과 사람 간에 일어나는 일련의 절차를 상호작용이라고 하고, 커뮤니케이션학에서 사람과 콘텐츠 간에 일어나는 일련의 절차를 상호작용이라고 한다면, HCI에서는 시스템과 사람 간에 발생하는 일련의 작용과 반작용의 절차를 상호작용이라고 한다.

첫째, 사회학자들은 상호작용을 가리켜 '사건'들을 이루는 가장 기본적인 단위라고 말한다. 이는 둘 이상의 사람이 모여 서로 영향을 주는 양방향적인 관계라는 점을 내포하고 있다. 즉 사회학에서 보는 상호작용이란 혼인관계나 친구관계처럼 사람과 사람 간의 일반적인 관계를 의미한다. 둘째, 커뮤니케이션 이론은 상호작용의 개념을 좀 더 구체화하면서 미디어를 통해 전달되는 콘텐츠와 이를 전달받는 사람 사이에 일어나는 여러 가지 과정이라고 지적한다. 예를 들어, TV를 통해 전달되는 휴대전화 광고에 대해 시청자가 어떠한 반응을 보이는지가 광고라는 콘텐츠와 시청자라는 사람 사이의 상호작용이라고 할 수 있다. 셋째, HCI에서 바라보는 상호작용은 사람이 디지털 시스템을 사용하는 과정에서 시스템과 사람 사이에 일어나는 일련의 절차를 가리킨다. 사람과 사람 간의 상호작용과 사람과 콘텐츠 간의 상호작용을 비교했을 때, 사람과 시스템 간의 상호작용은 더욱 다양한 형태와 방식을 취할 수 있다. 또한 디지털 시스템이 일상생활에 널리 사용되면서 사람과 사람 또는 사람과 콘텐츠 간의 상호작용도 시스템을 이용해서 이루어지는 비중이 높아졌다. 예를 들어, 사람들이 직접 만나는 것보다 이메일이나 문자를 이용해 의사소통하는 경우가 더 많아졌는데, 바로 이런 점 때문에 HCI에서 이야기하는 시스템과 사람 간의 상호작용이 더욱 중요하게 되었다.

특히 디지털 시스템이 발전하면서 더욱 다양한 상호작용이 가능해지고, 사람들도 디지털 시스템을 사용하는 과정에서 다양한 상호작용을 선호하게 되었다. 과거의 디지털 시스템 사용 과정이 사람들이 한꺼번에 많은 자료를 입력하면 한참 있다가 디지털 시스템이 답을 주는 일괄처리 형식이었다면, 지금의 디지털 시스템은 사용자와의 긴밀한 소통과 협력을 통해 정보를 처리한다. 과거의 시스템은 마치 우리가 슈퍼마켓에 가서 우유를 사는 과정과 같아서 사용자와 시스템 사이의 상호작용이 그다지 많지 않았다. 반면 지금의 시스템은 남자와 여자가 교제하는 것과 같아서 많은 상호작용이 따른다. 상호작용의 중요성은 전통적인 컴퓨터뿐만 아니라 다양한 디지털 제품이나 서비스에도 명확하게 드러나고 있다. 과거에는 사진을 찍으면 필름을 뽑아 현상소에 맡기는 것으로 끝났지만, 지금은 디지털 카메라가 보편화되면서 사진을 찍는 과정뿐만 아니라 후보정을 통해 더 보기 좋은 사진으로 만들고 그것을 다른 사람들과 공유하기 위해 사진 공유 사이트에 올리는 것도 중요한 절차가 되었다. 즉 상호작용의 범위와 내용이 많아지게 되었고, 그에 따라 카메라 사용자의 경험이 더욱 풍부해졌다. 사람과 디지털 시스템 간의 상호작용이 다양해지고 빈번해짐에 따라 그것을 사용하는 사람들의 경험이 더 풍부해진 것이다.

2. 상호작용의 네 가지 절차

사람과 디지털 시스템의 상호작용을 이루고 있는 일반적인 절차는 그림 1과 같이 표명 단계, 변환 단계, 표현 단계, 평가 단계의 4단계를 거친다. 각 단계와 각 단계에서 중요하게 여기는 이슈에 대해 살펴보자.

2.1 표명 단계

사람들이 자신의 마음속에 가지고 있는 추상적인 목표를 디지털 시스템에 나타난 구체적인 정보로 표현하는 단계이다. 그림 2에서처럼 사용자가 최근 유행하는 노래가 무엇인지 궁금해 애플의 아이튠즈 사이트에 접속했다고 가정하자. 사용자가 사이트에 접속해서 오늘의 최고 유행 노래와 앨범을 정리해 놓은 메뉴를 보고, 오늘 가장 인기 있는 앨범과 노래를 알아보는 것으로 명확하지 않은 목표가 구체화되었다면, 이는 표명 단계articulation가 잘 진행된 상호작용이라고 할 수 있다. 즉 표명 단계는 사용자가 일반적인 목적을 가지고 시스템에 접했을 때 시스템이 제시한 정보를 보고 자신의 목표를 구체적으로 명료화시키는 과정이다.

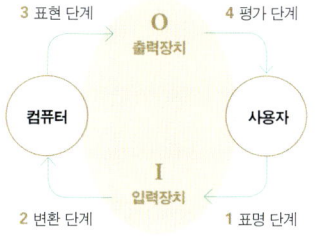

그림 1
상호작용의 구조

표명 단계의 중요한 이슈는 사람들이 특정 시스템을 사용해 달성하고자 하는 목표가 시스템에서 제공하는 정보나 기능과 얼마나 일치하는지, 또 사람들이 이러한 기능이나 정보를 찾는 과정이 얼마나 용이한가이다. 선물을 사기 위해 사이트에 접속한 사람들이 쉽게 선물을 찾을 수 있다면, 표명 단계가 잘 진행되었다고 볼 수 있다. 반면 가을을 느끼고 싶어 온라인 음악 사이트에 접속했는데 가을과 관련된 테마를 찾을 수 없다거나 찾기 어렵게 배치되어 있다면, 표명 단계가 효과적으로 수행되지 못한 상호작용이라 할 수 있다.

2.2 변환 단계

시스템의 입력 장치가 받은 정보를 시스템의 처리 장치로 변환하는 단계이다. 즉 입력 장치가 시스템의 기능을 얼마나 충실하게 반영하고 있는지를 의미한다. 그림 2에서처럼 음악 사이트의 인터페이스는 사용자에게 '임의 재생'과 '반복' 설정을 통해 몇 가지 듣기 방식을 제공하고 있지만, 실제로 시스템 내부에서는 관계형 데이터베이스를 사용해 다양한 옵션을 사용할 수 있다. 그런데 인터페이스에서 이러한 기능이 제공되지 않아서 사용자가 일부 기능만 사용할 수 있다면, 이는 변환 단계performance가 잘못 설계된 상호작용이라고 할 수 있다. 비슷한 예로 DVD 플레이어에서는 실제로 영화의 장면을 4배속으로 검색할 수 있는 기능이 있는데, 리모컨에는 그 기능을 지원하는 버튼이 없어 사용자가 원하는 만큼 빠른 속도로 볼 수 없다면 변환 단계가 제대로 수행되지 못한 것이다.

변환 단계의 중요한 이슈는 사용자에게 제시되는 입력 장치가 시스템의 기능을 얼마나 충실하게 표현할 수 있는가이다. 예를 들어, 휴대전화의 입력 도구는 숫자판과 #이나 *와 같은 몇 개의 소프트키로 제약되어 있다. 휴대전화상에서 전략 시뮬레이션과 같은 복잡한 게임을 실행하고자 한다면, 게임이 가지고 있는 상호작용의 가능성을 휴대전화의 제한된 입력 시스템을 통해 어떻게 충분히 구현할 수 있는지가 중요한 이슈가 된다.

2.3 표현 단계

시스템의 반응을 출력 도구로 전환하는 과정이다. 그림 2에서처럼 아이튠즈에서 사용자가 선택한 음악을 재생할 때 곡의 정보와 재생 시간을 표시해 줌으로써 시스템의 상태를 사용자에게 명확하게 전달하고, 동시에 해당 음악 사이트가 가지고 있는 음악 정보를 번호 형태나 곡명 리스트로 제공한다. 아울러 그 음악과 관련된 시각적 정보도 제공함으로써 듣는 재미에 더해 보는 재미를 제공한다.

표현 단계presentation에서의 중요한 이슈는 시스템이 가지고 있는 정보의 넓이와 깊이를 시스템의 출력 장치가 얼마나 충실하게 묘사할 수 있는지이다. 최근에 발매되는 게임을 노트북에 설치하려다 보면 게임에 필요한 소프트웨어를 노트북이 지원해 주지 않아 아예 게임 진행이 안 되거나, 진행은 되더라도 매우 열악한 품질의 그래픽을 보여 주는 경우가 있다. 이러한 경우도 인터페이스의 표현 능력이 소프트웨어의 요구사항을 충실히 표현하지 못한 경우라고 하겠다.

2.4 평가 단계

상호작용의 마지막 단계이다. 이 단계에서는 인터페이스에 나타난 정보를 보고 이를 사용자가 가지고 있는 목표와 비교한다. 표명 단계에서 시스템을 접하고 사용자가 마음속에서 구체화한 목표가 정말로 잘 이루어졌는지를 평가한다. 그림 2에서처럼 아이튠즈에서 선택한 음악을 들어보고 정말로 자신이 듣고 싶어 하던 음악인지를 평가하는 것이 평가 단계observation이다.

평가 단계에서는 적정한 범위의 정보들이 사용자가 이해하기 쉬운 형태로 제시되고 있는지가 중요한 이슈가 된다. 모바일 인터넷에서 제공하는 교통 정보의 경우, 사용자가 신촌에서 강남까지 가장 빨리 갈 수 있는 길을 알고 싶어할 때 목적지까지의 물리적인 거리뿐만 아니라 현재 교통 상황을 포함한 예상 소요 시간까지 제공해 주는 정보가 사용자의 목적에 더 부합하다. 즉 가장 빠른 길을 찾는다는 사용자의 목표가 제대로 달성되었는지 그렇지 못한지를 쉽게 판단할 수 있어야 좋은 평가 단계이다.

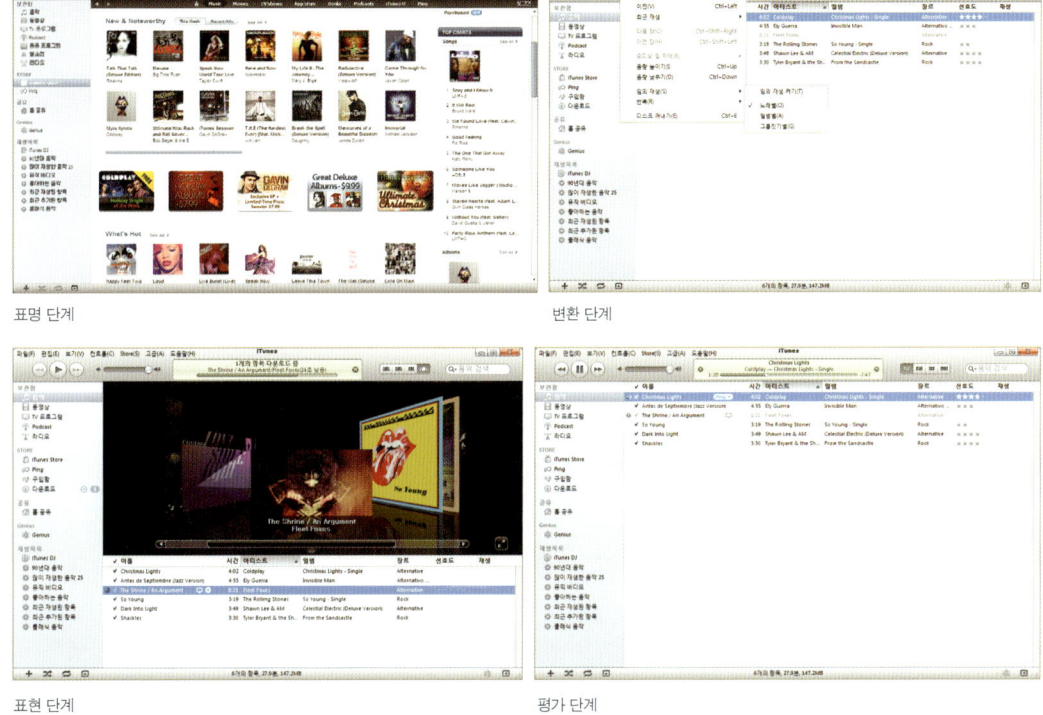

표명 단계   변환 단계

표현 단계   평가 단계

그림 2
상호작용의 네 가지 절차: 애플 아이튠즈

3. 상호작용의 종류

상호작용에 대해 전반적으로 이해하기 위해서는 다양한 종류의 상호작용을 구분할 수 있는 분류 체계가 필요하다. 표 1은 커뮤니케이션학 이론의 논의를 토대로 상호작용을 분류한 프레임워크이다. 표 1과 같이 상호작용에 사용되는 내용을 만드는 과정과 그것이 사용자에게 전달되는 과정에서 사용자와 사업자 중에 누가 주도권을 가지고 있는지에 따라 상호작용의 유형을 구분할 수 있다. 해당되는 내용을 만들거나, 사업자가 주도하고 그것을 사용자에게 전달하거나 혹은 사업자가 주도하는 경우의 상호작용 유형을 전송형이라고 한다. 사용자는 내용 생성을 주도하고 이를 사용자에게 전달하는 사업자 유형을 등록형이라고 한다. 반대로 내용을 만드는 것을 사업자가 주도하고 사용자가 전달 과정의 주도권을 가지고 있는 유형을 문의형이라고 하며, 상호작용의 내용을 만들고 전달하는 것도 사용자가 주도하는 유형을 대화형이라고 한다.

표 1
메시지 생성 과정과 전달 과정의 주도권을 기준으로 한 상호작용의 분류

전달 과정의 주도권		생성 과정의 주도권	
		사업자	사용자
	사업자	전송형(Transmission)	등록형(Registration)
	사용자	문의형(Consultation)	대화형(Conversation)

3.1 전송형

상호작용의 내용을 만드는 것도, 사업자가 주도하고 그 만들어진 내용을 사용자에게 보내는 과정도 사업자가 주도하는 상호작용의 유형이다. 이 경우 전적으로 사업자가 편집권을 가지며 수동적으로 정보를 받아들이는 입장이다. 전송형transmission 상호작용의 대표적인 예로 인터넷 생방송이나 실시간 강의를 들 수 있다. 생방송의 경우 방송되는 내용을 정하고 그 내용을 전송하는 과정은 전적으로 사업자가 주도권을 가지며 사용자는 그저 방송이 되는 내용을 시청할 수밖에 없다. 이처럼 전송형은 가만히 앉아서 전송되는 내용을 받는 것 말고는 사용자가 달리 할 수 있는 것이 없기 때문에 전송되는 내용의 품질이 곧 상호작용의 품질을 좌우한다. 따라서 이 유형은 사용자가 원하는 품질의 콘텐츠를 만드는 것이 중요한 이슈가 된다. 신문사나 방송사가 양질의 콘텐츠를 만들기 위해 엄청난 투자를 하는 것도, 인터넷 강의 서비스가 유명 강사를 확보하기 위해 노력하는 것도 바로 이 때문이다. 그러나 최근 들어 방송 서비스의 다양화 등으로 전송형 상호작용이 대화형으로 전환되고 있는 추세이다. 예를 들어, 케이블TV나 IPTV방송에서 시청자의 의견을 문자 메시지로 받아서 방송에 바로 반영하거나 교통방송에서 청취자들로부터 받은 정보를 아나운서가 반영하는 경우를 들 수 있다.

3.2 등록형

등록형registration이 상호작용의 내용은 개별 사용자를 통해 만들어지지만, 상호작용을 진행하는 과정은 사업자나 운영자를 통해 이루어진다. 등록형의 예로는 인터넷 경매 서비스를 들 수 있다. 개별 사용자는 사이트에 회원 가입을 하

거나 판매자로 정보를 등록한다. 그리고 사업자는 그 내용을 정리하고 경매 진행을 통해 네트워크상의 다른 사용자에게 그 과정과 결과를 전송한다. 이 밖에도 온라인 리포트 시스템 등이 등록형 상호작용에 속한다. 등록형 상호작용 시스템의 경우 등록을 하는 과정이 얼마나 쉽고 즐거운지가 중요하다. 또한 사용자가 자신이 제공하고자 하는 상품이나 콘텐츠를 자발적으로 등록할 수 있도록 적당한 수준의 보상을 제공하는 것도 중요하다. 즉 사용자 입장에서 상품이나 콘텐츠를 등록하는 비용에 비해 큰 효과를 거둘 수 있게 하는 것이 등록형 상호작용의 중요한 요소가 된다.

3.3 문의형

문의형 consultation 상호작용의 내용은 사업자가 만들지만 그 내용을 전달하는 과정은 사용자가 맡는다. 이 유형의 대표적인 예로 전자책 서비스를 들 수 있다. 전자책은 사업자가 모든 콘텐츠를 만들지만, 만들어진 콘텐츠를 사용할지에 대한 여부는 콘텐츠를 사용할 독자가 결정한다. 또 다른 예로, 초고속 통신망과 함께 그 사용이 확산되고 있는 주문형 서비스나 기업의 PR용 홈페이지나 전자상거래 서비스 등이 이에 속한다. 전송형 상호작용에서 예로 든 생방송의 경우 사용자 입장에서 볼 것인지 말 것인지를 결정할 수 있지만, 전자책 사이트에서는 사용자가 언제 어떤 콘텐츠를 볼 것인지 선택할 수 있다. 이 유형은 사업자에 의해 만들어진 상호작용의 내용이 사용자의 요구에 얼마나 적합한지, 그리고 그 내용을 찾아내는 과정이 얼마나 쉽고 즐거운지가 중요하다. 즉 사용자가 문의한 내용이 얼마나 정확하게 사업자에게 전달되고, 그 결과가 얼마나 정확하게 사용자에게 전달되는지가 문의형에서의 중요한 쟁점이다.

3.4 대화형

대화형 conversation 상호작용은 전송형과는 반대로 내용을 만드는 것도, 만들어진 내용을 사용자에게 전달하는 과정도 사용자가 맡는다. 따라서 대화형은 사용자가 만들어진 내용의 소유자이면서, 동시에 전달하는 과정을 시작하고 마무리하는 것도 사용자가 주도하는 상호작용이다. 대화형의 예로 마이크로블로그 서비스를 들 수 있다. 트위터나 미투데이와 같은 마이크로블로그 서비스는 내용을 만드는 사람들도 개별 사용자이며, 그 메시지에 들어가서 내용을 보고 답글을 남기는 것도 개별 사용자의 몫이다. 이와 비슷한 것으로 미니홈피 서비스나 대부분의

P2P 사이트를 들 수 있다. 이는 어떤 파일을 서버에 올리고 그리고 어떤 파일을 다운로드받을 것인지를 모두 사용자가 결정하기 때문이다. 이 유형은 사용자가 상호작용의 내용과 절차를 주도하기 때문에 그 내용을 작성하는 과정이나 이를 전송하는 과정이 얼마나 사용하기 쉽고 즐거운지가 중요한 이슈가 된다. 예를 들어, 마이크로블로그의 경우 개개의 메시지를 작성하기 쉽고 재미있는지, 답글은 쉽게 남길 수 있는지, 그리고 이러한 과정을 통해 사람들이 얼마나 쉽고 재미있게 자신의 사회적 관계를 만들어 나가는지가 중요한 쟁점이 된다.

이와 같이 상호작용의 유형은 전송형, 대화형, 문의형, 등록형의 네 가지로 나눌 수 있다. 서로 다른 상호작용 유형에 대해 생각해 보는 이유는 각각에 대해 서로 다른 수준의 상호작용성이 존재하고, 이에 따라 상이한 상호작용 스타일이 필요하기 때문이다. 다음 절에서 상호작용성과 상호작용 스타일에 대해 자세히 알아보자.

4. 상호작용의 수준

상호작용성은 시스템이나 사람 간에 상호작용이 얼마나 활발한지를 측정하는 개념으로, 마케팅이나 사회학, 커뮤니케이션학 등 여러 분야에서 사용되어 왔다. 과거에는 상호작용성을 단순히 높다 낮다로 측정할 수 있는 간단한 개념으로 생각했다. 상호작용성이 높으면 상호작용이 활발해지고, 상호작용성이 낮으면 활발한 상호작용을 못한다는 것이다. 그러나 상호작용이라는 개념이 여러 분야에서 사용되면서 상호작용성이 하나의 개념이 아니라 여러 세부 개념들이 모여 이루어진 복합적인 개념이라는 견해가 대두되기 시작했고, 최근 그런 견해가 점점 더 일반화되고 있다.Johnson et al., 2006; cyreet al., 2009 이러한 관점에 따르면 상호작용성은 단순히 활발한 피드백이 오간다는 것과 달리 좀 더 풍부한 의미를 가지고 있고, 여러 세부 요인들로 이루어져 있다. 그래서 단순히 전반적으로 높다 낮다 할 수 있는 것이 아니라 각 하위요인들이 높은지 낮은지를 통합해 전체적으로 어떤 시스템의 상호작용성이 높은지 낮은지를 결정할 수 있다. 상호작용성을 구성하는 세부 요인으로 상호성, 반응성, 신속성, 다중성의 네 가지를 들 수 있다. 그리고 상호작용성과 밀접하게 연관되어 있는 통제성이라는 개념이 있다. 각 개념에 대해 자세히 알아보도록 하자.

4.1 상호성

상호작용성을 이루는 가장 기본적인 개념으로, 시스템이 일방적으로 정보를 전달하는 것이 아니라 사용자 입장에서 시스템과의 양방향 의사교환이 얼마나 가능한지를 의미한다. 상호작용이 이루어지려면 일단 양방향 커뮤니케이션이 있어야 한다는 점에서 상호성 reciprocity 은 상호작용이 가능할 수 있는 기본 조건이라고 할 수 있다. 또한 상호성은 상호작용이 일반적으로 얼마나 자주 발생하는지를 의미하기도 한다. 예를 들어, 국세청의 웹사이트는 종합소득세 신고를 편하게 할 수 있도록 구조화되어 있다. 그렇지만 사용자는 연말정산이나 연중소득세 정산 등 특정한 시기를 제외하고는 접속하지 않는 경향이 있다. 반면 휴대전화의 SMS는 하루에도 여러 번 사용한다. 따라서 사용 빈도수가 높을수록 상호성이 높고 결과적으로 상호작용성이 높아진다.

상호성에 대한 예는 일반 방송과 인터넷 실시간 방송의 차이로 설명할 수 있다. 공중파 방송은 시청자의 입장에서 그저 방송사가 송출하는 내용을 일방적으로 시청할 수밖에 없었던 반면, 인터넷 실시간 방송은 개인이 방송 콘텐츠를 제작 공급할 수 있고, 시청자들도 채팅이나 말풍선과 같은 기능을 통해 방송에 대한 반응을 수시로 보낼 수 있다. 그런 의미에서 인터넷 실시간 방송 서비스는 일반 TV 방송보다 상호성이 높고, 따라서 상호작용성도 높다고 할 수 있다.

4.2 반응성

시스템과 상호작용하는 사용자에게 시스템의 응답이 얼마나 적절하고 관련성이 높으며 사용자의 필요를 충족시켜 주고 있는지를 의미한다. 즉 시스템이 딴청을 부리지 않고 사용자의 행동에 얼마나 적절하게 반응했는지를 의미하는 것이다. 반응성 responsiveness 이 높은 상호작용은 적절한 내용으로 관련성이 높은 주제를 지속적으로 진행한다. 단순히 반응이 가능하다는 상호성을 넘어서 적절한 반응이 오고 가야지만 상호작용의 그 다음 단계로 진행할 수 있기 때문에 반응성은 상호작용성의 중요한 요소가 된다. 예를 들어, 검색 엔진을 사용하면서 사용자가 자신이 필요로 하는 정보를 입력했을 때 시스템이 그에 반응해 사용자에게 알맞고 적절한 정보를 제공해 주면 반응성이 높은 상호작용이라 할 수 있고, 반대로 사용자가 어떤 입력을 하든지 상관없이 입력 내용과 전혀 관련 없는 메시지만 전달하는 스팸메일이나 팝업 광고는 반응성이 낮은 상호작용이라 할 수 있다.

4.3 신속성

상호작용의 반응이 얼마나 즉각적이고 지연이 없는지를 의미한다. 실시간으로 상대와의 상호작용이 오갈 수 있는 경우에 신속성 speed of response 이 높다고 할 수 있다. 신속성은 매체의 동시성이라는 의미로도 사용되어 왔으며, 매체의 전달 속도가 빠르거나 동시에 여러 가지 내용이 오갈 수 있을 때에 신속성이 높다. 즉 신속성은 하나의 상호작용이 얼마나 빠르게 오갈 수 있는지를 의미하는 전달 속도와 여러 상호작용이 동시에 이루어질 수 있는지를 의미하는 전달의 병행성으로 결정된다. 예를 들어, 느린 인터넷망을 이용해 비디오를 볼 경우 신속성이 낮은 사례라고 할 수 있다. 반면 하드디스크에 저장된 여러 개의 파일을 한 번에 동시에 빠른 속도로 볼 수 있다면 신속성이 높은 사례라고 할 수 있다.

4.4 다중성

한 번에 얼마나 다양한 모드의 정보를 제공하고 제공받을 수 있는지를 의미한다. 모드란 인간 또는 기계가 정보를 주고받는 채널의 성격이며, 시각이나 청각과 같은 모드는 각각 독특한 특성을 지닌다. 과거에는 한 번에 한 종류, 그것도 주로 텍스트 위주의 정보를 주고받을 수 있었다. 그러나 정보 기술이 발전하고 데이터 통신 속도가 빨라지면서 높은 해상도를 가진 여러 모드의 정보로 바뀌었다. 한 번에 높은 해상도를 가진 다양한 종류의 정보를 주고받을 수 있을 때 다중성 multiple mode 이 높아진다.

예를 들어, 이동통신 서비스는 초창기에는 비퍼를 사용해 주로 문자 정보만을 주고받았다. 초기 휴대전화에서는 시각 모드를 사용해 정보를 주고받는 것은 화면에 해당하며, 청각 모드를 사용해 정보를 주고받는 것은 통화음에 해당했다. 그러나 최근에는 촉각 모드를 사용하는 것이 휴대전화의 중요한 속성으로 부상하고 있으며, 시각적인 정보도 좀 더 사실성이 높고 생생하게 보여 주고 있다. 즉 이동 통신 서비스의 다중성이 높아지는 경향을 보이는 것이다.

 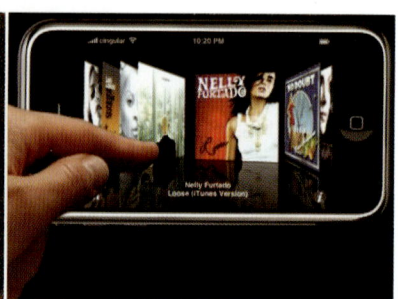

그림 3
다중성이 낮은 비퍼와
다중성이 높은 터치폰

4.5 통제성

상호작용을 통해 제공되는 정보의 순서와 내용 및 시간을 사용자가 조종할 수 있는 정도를 의미한다. 통제성은 상호작용성과 밀접하게 연관되어 있는 요인으로 혹자에 따라서는 상호작용성의 한 부분으로 인정하기도 하고, 또는 이를 독자적인 개념으로 이해하기도 한다. 여기에서는 상호성, 적절성, 신속성, 그리고 다중성을 기본적인 상호작용성이라고 하고, 통제성을 부가적 상호작용성으로 간주한다. 통제성은 크게 내용적 통제성과 시간적 통제성으로 나누어진다.

내용적 통제성

내용적인 측면에서 통제성은 사용자가 상호작용의 내용을 얼마나 많이 변형할 수 있는지를 의미한다. 또한 변형된 내용을 저장할 수 있어 당사자가 아닌 다른 사람들도 변형된 내용을 접할 수 있는 정도를 의미한다. 일반적으로 내용의 통제성이 없다는 것은 신문이나 방송처럼 사용자 입장에서 상호작용을 통해 오고가는 내용을 전혀 변형할 수 없는 경우이다. 그림 4의 왼쪽과 같은 일반적인 온라인 사전은 제공되는 사전에서 궁금한 단어를 찾아보는 것만 가능하며, 사용자가 사전의 내용을 변경할 수 없다. 마찬가지로 신문 PDF 서비스도 어떤 변형도 불가능하다는 점에서 내용적인 측면의 통제성이 낮은 경우라고 할 수 있다.

그림 4
내용적인 통제성이 낮은 사전 서비스와 통제성이 높은 위키피디아 서비스

통제성이 조금 높은 경우는 기존의 메시지를 변경할 수 있는 경우이다. 예를 들어, 오픈 사전은 사용자가 해당 항목에 대한 수정을 제안할 수 있으며, 변경 신청된 내용은 오픈 사전 운영자가 내용을 확인한 다음 등록 처리된다. 마찬가지로 프로그램 베타테스팅 사이트도 사용자가 건의를 해서 기존 내용을 변경할 수 있다는 점에서 내용적인 측면의 통제성이 다소 높은 경우라고 할 수 있다. 이보다 통제성이 더 높은 경우는 상호작용의 내용을 사용자가 임의대로 변경은 물론 기

존 내용을 삭제하거나 새로운 내용을 첨가할 수 있는 경우이다. 위키피디아는 사용자가 언제 어디에서나 어느 것이든지 수정할 수 있기 때문에 통제성이 매우 높은 경우라고 할 수 있다.

특히 내용의 통제성과 관련해 사용자가 변경한 내용이 시스템에 얼마나 큰 영향을 미칠 수 있는지에 따라 통제의 중대성이 달라진다. 예를 들어, 메인 기사에 부수적으로 딸린 독자의 반응을 입력할 수 있는 경우보다 일부 인터넷 신문처럼 메인 기사 자체를 독자가 입력할 수 있게 하는 경우에 유사한 수준의 내용 통제성이 있다고 할지라도 그 상호작용의 중대성은 더 높다고 할 수 있다.

시간적 통제성

시간적인 측면에서 통제성은 상호작용하는 시간과 관련된 요소들을 사용자가 얼마나 마음대로 결정할 수 있는지를 의미한다. 즉 시간적 통제성은 사용자가 상호작용의 시간이나 템포 그리고 진행 속도를 얼마나 많이 조절할 수 있는가이다. 시간적 통제성이 가장 낮은 경우는 상호작용의 시간과 순서가 전적으로 시스템 운영자에게 달려 있는 경우이다. 그림 5의 왼쪽에 보이는 인터넷 라디오 방송국의 경우 미디어 플레이어를 이용해 단방향 방송을 청취하는 것으로서, 듣는 음악의 시간과 순서가 전적으로 운영자에게 달려 있다.

그림 5
시간적 통제성이 낮은 생방송 서비스와 통제성이 높은 UCC 서비스

이보다 조금 높은 시간적 통제성은 비디오 플레이어처럼 사용자가 시간을 멈추거나 다시 시작할 수 있는 경우이다. WINAMP의 경우는 사용자가 곡을 듣다가 멈추거나 새로 들을 수 있다. 그 다음 단계로는 일반적인 책처럼 사용자가 진행 속도를 조절할 수 있다. 예를 들어, 어학용 MP3플레이어의 경우에는 재생 속도를 사용자가 조절할 수 있어 대상 콘텐츠의 진행 속도를 조절하면서 사용할 수 있다. 시간적 통제성이 가장 높은 단계는 시간적인 제약에서 벗어나서 자신이 원하는 내용과 그에 연관되어 있는 과거의 내용을 마음대로 찾아볼 수 있는 경우이다.

그림 5의 오른쪽과 같은 동영상 전문 서비스가 좋은 예라고 할 수 있다. 생방송과 비교해서 동영상 서비스는 언제든지 자기가 원하는 속도로 볼 수 있기 때문이다.

결론적으로 상호작용성이라는 개념은 다양한 차원의 속성들이 함께 모여 구축된 복합적 개념이라고 할 수 있다. 인터넷과 디지털 시스템이 일상생활에 광범위하게 사용되면서 이러한 여러 가지 상호작용성의 차원들이 점점 더 상호작용성이 높은 쪽으로 변하는 현상을 보여 주고 있다. 예를 들어, 과거보다 더 많은 선택 대안들이 사용자에게 제시되기 시작했고, 사용자가 상호작용의 내용을 좀 더 많이 변형할 수 있게 되었다. 또한 일상생활에서 디지털 시스템과 상호작용하는 빈도수가 점점 더 많아질 뿐만 아니라 그 방식도 반응성이 높고 상호적이며, 여러 가지 모드를 사용하고 실시간적인 서비스를 제공하는 방향으로 바뀌어 가고 있다. 이러한 추세는 높은 상호작용성을 가지는 디지털 제품이나 서비스를 요구하게 되었고, 이러한 요구는 HCI의 중요성을 높이는 결과를 가지고 왔다.

5. 상호작용의 행위와 스타일

사람들은 특정 목적을 달성하기 위해 어떤 행위를 하면서 상호작용을 한다. 디지털 시스템을 가지고 사람들이 일반적으로 수행하는 행위는 지시하기, 이야기하기, 탐색하기, 조종하기, 위임하기 등 다섯 가지 유형으로 나누어 생각해 볼 수 있다. 사람들이 어떤 행위를 하면서 디지털 시스템과 상호작용을 하느냐에 따라 어떤 종류의 상호작용 스타일을 제공해 주는 것이 좋은지가 결정된다. 상호작용 스타일은 시스템이 사람들에게 이런 상호작용 행위를 할 수 있도록 제공하는 상호작용의 유형을 의미한다. 따라서 상호작용 행위라는 것은 사용자가 디지털 시스템과 상호작용을 하면서 수행하는 행동을 의미하며, 상호작용 스타일은 이러한 행동을 가능하게 하기 위해 시스템에서 제공하는 반응의 유형을 의미한다. 상호작용 스타일은 각 행위의 종류에 대해 명령어, 대화형, 메뉴, 직조작, 대리인 등 다섯 가지로 구분할 수 있다.

5.1 지시하기와 명령어 스타일

지시하기instructing라는 행위는 사용자가 어떤 일을 수행하기 위해 디지털 시스템에게 어떤 작업을 지시하면, 시스템은 주어진 명령을 그대로 수행하기만 하는 경우를 의미한다. 예를 들어, 자동판매기에서 커피를 뽑을 때 원하는 커피 버튼을 누르기만 하면, 자동판매기는 사용자가 원하는 커피를 제공한다. 지시하기라는 행위에 적합한 상호작용 스타일은 명령어 스타일command entry style이다. 명령어 스타일은 기능키나 문자, 단축키 또는 명령어 등을 통해 디지털 시스템과 상호작용하는 것을 의미한다. 명령어 스타일의 예로 그림 6과 같이 마이크로소프트 윈도에서 제공하고 있는 실행창을 들 수 있다. 이 창에서 사용자가 컴퓨터에게 실행하기를 원하는 작업을 지시하면, 컴퓨터는 실행창에 적혀 있는 명령을 수행한다.

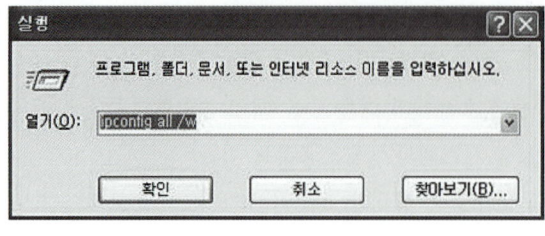

그림 6
명령어 스타일 사례:
윈도 실행창

명령어 스타일의 장점은 일단 명령어를 익숙하게 사용할 수 있게 되면 효율적으로 상호작용을 진행할 수 있다는 점이다. 따라서 시스템을 빈번하게 사용하는 전문가나 생산라인처럼 시간을 아끼는 것이 중요할 경우에 사용하기 적당하다. 또한 여러 가지 명령어를 동시에 사용하거나 변수를 바꾸어 사용하거나 해서 융통성 있게 사용할 수 있다. 그리고 상호작용을 하는 동안에 손이 대부분 키보드 위에 있게 되고 마우스로 손을 이동하거나 다시 키보드로 손을 이동하는 시간은 최소화되기 때문에 일단 익숙해지면 빠른 속도로 상호작용할 수 있다. 명령어 스타일의 가장 큰 단점은 처음에 명령어를 학습하기도 어렵고 나중에 기억하는 것도 어렵다는 것이다. 특히 시스템마다 서로 상이한 명령어를 사용하는 경우에는 이러한 단점이 더욱 부각된다. 더구나 지시하기라는 행위는 사용자의 명령에 전적으로 의존하기 때문에 명령어가 잘못되면 엉뚱한 상호작용을 가져온다.

명령어 스타일의 상호작용을 설계하는 과정에서 중요한 것은 일관성 있고 유의미한 명령어나 약어를 만드는 것이다. 예를 들어, 마이크로소프트 윈도 기반의 시스템에서는 어떤 애플리케이션을 사용하던지 control과 'c'를 함께 누르면 지정된 내용을 복사할 수 있다. 이것은 copy의 'c'를 이용해 의미 있는 명령어의 약자를 시스템 전체에 걸쳐 일관되게 구사한 예이다.

5.2 이야기하기와 대화형 스타일

이야기하기conversing라는 행위는 사용자가 시스템과 대화하고, 시스템은 사람의 대화 상대가 되는 행위를 의미한다. 즉 이야기하기는 사람들이 일상생활에서 늘 해 왔던 사람과 사람 간의 대화 방식으로 디지털 시스템과 대화하는 것이다. 사람들이 시스템과 이야기하는 행위를 구사하는 경우에는 시스템이 대화형 스타일의 상호작용 기능을 제공해야 한다. 대화형 스타일dialog style은 시스템과 사용자가 일련의 질문과 대답을 주고받으면서 상호작용을 진행시켜 나가는 방식을 의미한다. 대화형 스타일은 질의응답형, 양식형 그리고 자연어형으로 세 가지 종류가 있다.

대화형 스타일 중 간단한 질의응답의 예로 그림 7의 질의응답형을 이용한 프로그램 설치 과정이 있다. 이 과정에서는 프로그램 설치와 관련된 매 단계를 사용자와 시스템 간의 질의응답을 통해 진행해 나간다. 이는 마치 현금지급기와 같다. 질의응답형은 특정 영역에서 시스템에 필요한 정보를 입력하기 위한 간단한 방법으로서, 특히 현금지급기처럼 시스템이 수행하는 업무의 영역이 매우 한정되어 있는 경우에 적당하다. 그러나 업무 영역이 넓어질수록 많은 질의응답이 오가기 때문에 일정 범위를 넘어서면 질의응답형은 현실적으로 사용 불가능해진다. 또한 질의응답형은 현금지급기처럼 어쩌다 한 번씩 사용하더라도 쉽게 이용하는 시스템에 적당하다. 왜냐하면 질의응답을 하는 과정에 사용자는 그저 시스템이 물어보는 질문에 응답만 하면 되기 때문에 별도로 학습할 필요가 없고, 여러 번 질문과 응답을 주고받더라도 이를 여러 번 반복하는 것이 아니라 어쩌다 가끔 사용하므로 시간 제약을 그다지 받지 않기 때문이다.

그림 7
대화형 스타일 중
질의응답형 사례: 프로그램
설치 과정 대화창

질의응답형 스타일의 상호작용을 설계하는 과정에서 중요한 것은 질문과 응답의 순서를 정하는 것이다. HCI 분야에서 자주 사용되는 사례 중 하나가 현금 지급기의 질문과 응답 순서에 관한 것이다. 처음에 현금지급기를 만들 때는 일단 먼저 현금을 지급한 다음에 카드를 반환하도록 질의응답의 순서를 정했었다. 그랬더니 많은 사람들이 카드를 현금지급기 속에 놓아둔 채 현금만 가지고 가는 경우가 발생했다. 그래서 먼저 카드를 반환하고 나서 현금을 지급하도록 순서를 정했더니 현금지급기 속에 카드를 두고 가는 사람의 수가 급감했다. 즉 동일한 상호작용을 수행하더라도 어떤 순서에 따라 질문과 응답을 하느냐에 따라 상호작용의 품질이 결정된다.

한꺼번에 많은 정보에 반응해야 하는 경우에 적합한 대화형 스타일은 양식형이라고 할 수 있다. 양식형은 데이터 입력에 유용한 상호작용 스타일로서 그림 8에 나타난 예처럼 여러 개의 질문을 한꺼번에 물어보는 경우에 적당한 스타일이라고 할 수 있다. 양식형 스타일의 장점은 전문가가 여러 가지 정보를 다량으로 입력하는 것은 물론 초보자가 사용하기에도 그 사용이 용이하다는 것이다. 그러나 양식형 스타일은 매우 한정적인 적용 분야를 가지고 있어서 탐색이나 조작과 같은 행위에는 별로 도움이 되지 않는다. 양식형 스타일의 상호작용을 설계할 때에는 여러 가지 질문을 어떠한 원칙에 따라 배열하고 또 각 질문에 대한 답변을 어떠한 형태로 설계하는지가 중요한 이슈가 된다. 그림 8의 경우에는 사용자의 개인 정보와 일반 정보를 분류해 입력을 유도하고 있으며, 생년월일은 한정된 입력창을 유지하는 반면, 이메일 주소는 유연한 입력창을 제시하고 있다. 생년월일은 입력 정보의 유형이 전형적으로 결정되는 반면, 이메일 주소는 다양한 양식이 존재할 수 있기 때문이다.

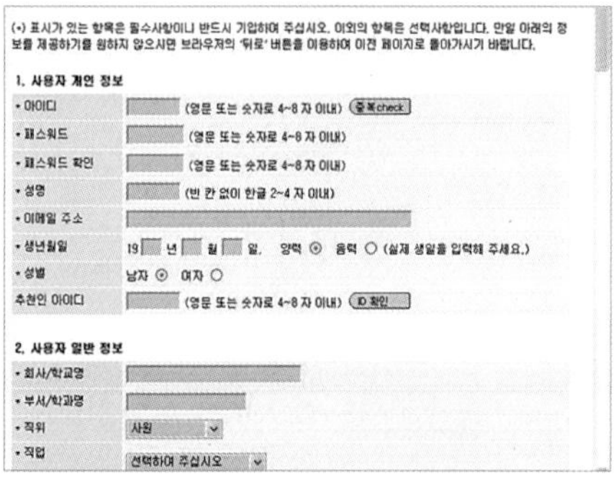

그림 8
대화형 스타일 중
양식형 사례:
사용자 정보 입력창

대화형 스타일 중에서 자연어 방식이란 우리가 일상생활에서 사용하는 자연스러운 언어를 이용해 별도의 양식이나 절차 없이 상호작용을 진행하는 방식을 의미한다. 예를 들어, 애플 아이폰은 voice control을 통해 사용자가 자주 사용하는 '전화하기'나 '취소하기' 등의 간단한 용어를 자연어 방식을 통해 진행하도록 하고 있다. 이는 그 종류가 한정되어 있다는 점에서 완벽한 자연어 방식은 아니지만, 자연스러운 용어를 음성을 이용해 구사한다는 점에서 자연어 방식의 초기 형태라고 할 수 있다. 자연어 방식의 가장 큰 장점은 우리가 평상시 구사하는 언어를 가지고 디지털 시스템과 상호작용하기 때문에 배우기 쉽고 사용하기 쉽다는 것이다. 그림 9처럼 영화 〈스페이스 오디세이 2001〉에서 슈퍼컴퓨터 HAL과 선장이 그림을 가지고 나눈 상호작용이 대표적인 자연어 형식의 대화형 스타일이다. 그러나 사람들이 일반적으로 가지고 있는 상식이나 언어적인 맥락을 디지털 시스템이 제공하기 어렵고, 사람마다 발음이 다르고 말을 사용하는 스타일도 다르기 때문에 누구나 사용할 수 있는 자연어 방식의 상호작용 스타일을 구현하기는 어렵다. 자연어 방식으로 대화형 스타일을 구현하는 경우에는 무엇보다도 인식률이 얼마나 높은지가 중요하다. 그리고 이러한 인식률을 높이는 방식이 개개인의 사전 훈련을 통해 이루어지는지, 아니면 사전 훈련 없이도 높은 인식률을 확보할 수 있는지가 성공 실패의 중요한 관건이 된다.

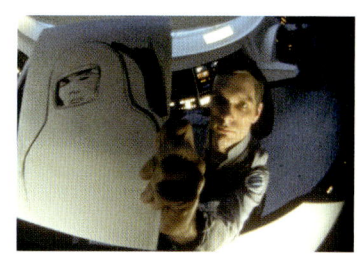

그림 9
대화형 스타일 중 자연어 방식 사례: 〈스페이스 오디세이 2001〉에서 나온 대화 장면

5.3 탐색하기와 메뉴 스타일

탐색하기browsing라는 행위는 사용자가 다양한 정보를 둘러보고 자신이 원하는 항목을 선택하는 행위라고 할 수 있다. 탐색하기는 새로운 지식을 알아가는 사용 과정이 즐겁다는 장점을 가진 동시에 정보의 바닷속에서 길을 잃고 방황하기 쉽다는 단점을 가지고 있다.

탐색하기에 적당한 상호작용 스타일은 메뉴이다. 메뉴 스타일menu style이란 사용자에게 선택할 수 있는 대안을 텍스트나 그래픽 기반으로 제시하고, 사람들이 메뉴구조를 항해하면서 원하는 대안을 찾은 다음에, 마우스나 키보드 또는 기능키를 이용해 원하는 대상을 선택하고, 이를 활성화시키는 형태로 상호작용을 수행하는 스타일을 의미한다. 그림 10은 마이크로소프트 윈도 메뉴 중에서 '보조프로그램'을 선택하고, 그 결과로 제시된 여러 가지 대안들 중에서 '엔터테인먼트'를 선택하고 '녹음기'를 활성화시키는 과정을 보여 주고 있다. 각 단계마다 선택할 수 있는 여러 대안이 있고, 사용자는 그런 대안을 탐색해 가장 적합하다고 생각하는 경로를 선택한다.

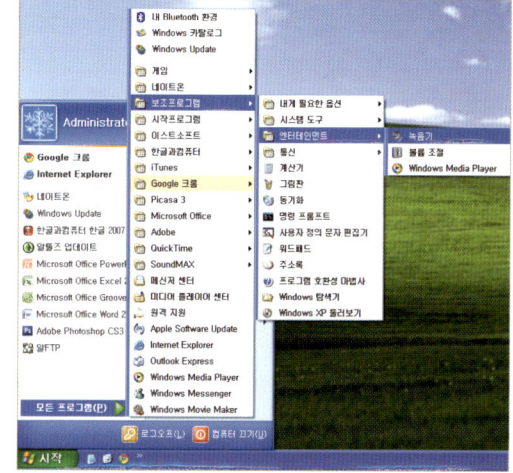

그림 10
메뉴 스타일 사례:
마이크로소프트 윈도

메뉴의 경우 선택 가능한 대안들이 모두 눈에 직접 보이기 때문에 기억력에 의존하는 것이 아니라 재인recognition을 통해 원하는 대안을 선택할 수 있어, 명령어 스타일보다 좀 더 용이하게 학습할 수 있고 기억하기 쉽다는 장점을 가지고 있다. 반면 손을 키보드에서 마우스로 가져가서 커서를 이동해 원하는 대안을 선택하기 때문에 명령어 스타일에 비해 상대적으로 많은 시간이 걸린다는 단점이 있다. 따라서 초기에는 많은 도움이 되지만 나중에 경험이 축적되더라도 상호작용의 효율성이 그다지 향상되지 못한다. 이러한 단점을 극복하기 위해서는 메뉴뿐만 아니라 이에 상응하는 단축 명령어를 동시에 제공하는 것을 추천한다. 예를 들어, 마이크로소프트 워드에서 특정 부분을 복사하기 위해 '편집' 메뉴를 선택해 그 하위에 있는 '복사' 메뉴를 선택하는 방법도 있지만, 'ctrl+c'를 눌러 선택할 수

도 있게 함으로써 숙련자들은 단축키를 이용해 좀 더 효율적으로 상호작용을 수행할 수 있다. 메뉴 스타일에서 중요한 것은 상호작용 설계 과정에서 사용자의 인지 과정을 도울 수 있는 대안을 논리적으로 범주화하는 작업이다. 범주화는 정보 구조를 구축하는 과정이라고 할 수 있다.

5.4 조종하기와 직조작 스타일

조정하기manipulating라는 행위는 사용자가 자신이 가지고 있는 실제 대상에 대한 지식을 기반으로 시스템에서 제공하고 있는 대상을 조종하는 것을 의미한다. 이 행위는 사용자가 이미 가지고 있는 지식을 활용한다는 점에서 사용하기 쉽다는 장점을 가지고 있는 반면, 시스템상에 표현되는 대상을 있는 그대로 받아들이다 보면 실제 세상에서는 맞지만 디지털 시스템상에서는 맞지 않아 오히려 상호작용이 어려워진다는 단점을 가지고 있다.

조종하기라는 행위에 적절한 상호작용 스타일로 직조작 스타일을 들 수 있다. 직조작 스타일direct manipulation style의 특징은 사용자의 작업 환경을 반영하는 대상이나 기능을 시각적으로 표현하는 인터페이스가 있고, 그 인터페이스 대상을 마우스와 같은 방법을 이용해 직접 선택해서 원하는 조종을 할 수 있다는 점이다.

그림 11
직조작 스타일 사례:
게임 아바타 꾸미기

그림 11은 사용자가 자신의 취향에 맞게 게임 캐릭터를 꾸미는 온라인 게임 시스템을 보여 주고 있다. 이때 원하는 옵션을 선택해 감으로써 게임 캐릭터의 모습을 바꿀 수 있다. 시스템이 직조작 스타일로 인정받기 위해서는 세 가지 조건을 만족시켜야 한다. 첫째, 사용자가 관심을 가지고 있는 대상이 항상 사용자에게 명확하게 제시되어야 한다. 그림 11의 경우 사용자의 주요 관심 대상인 게임 캐릭터를 정중앙에 표시하고 있으며, 또한 게임 캐릭터에 적용시킬 수 있는 아이템들을 오른쪽에 나타낸다. 둘째, 복잡한 명령어를 입력하거나 메뉴를 선택하는 것이 아니라 관심의 대상을 직접 조종할 수 있어야 한다. 예를 들어, 마음에 드는 아이템을 클릭해서 아바타의 모습을 직접 조작할 수 있어야 한다. 특히 자신이 그 대상에 대해 어떤 조종을 할 수 있는지가 명확하게 드러나는 것이 중요하다. 예를 들어, 아크로뱃리더에서 한 페이지가 넘는 문서를 볼 때에는 마우스의 포인터가 손 모양으로 바뀜으로써, 우리가 마치 문서를 손으로 집어서 움직이는 것처럼 해당 페이지를 손으로 집어서 움직일 수 있다는 것을 알려 준다. 셋째, 조작을 가한 결과가 즉시 나타나야 하고, 그 결과가 마

음에 들지 않을 때에는 이를 번복할 수 있어야 한다. 그림 11과 같이 아이템을 선택하는 순간, 즉시 게임 캐릭터의 모습이 변하고, 전에 선택되었던 아이템들이 오른쪽에 저장되어 있어 언제든지 쉽게 재적용할 수 있어야 한다.

직조작 스타일의 장점은 학습하기 쉽고, 기억하기 쉬우며, 높은 효율성을 확보할 수 있고, 사용하는 과정에 오류를 범할 가능성이 적고, 사용자가 편안한 상태에서 시스템을 사용할 수 있다는 것이다. 그러나 직조작 스타일이 이러한 장점을 모두 활용할 수 있는 것은 아니다. 특히 어떻게 직조작 스타일 시스템으로 구현했는지, 그리고 어떤 종류의 과업을 위한 시스템인지, 그리고 스타일의 성과를 어떻게 측정했는지에 따라 직조작 스타일의 효과가 달라진다. 예를 들어, '사랑'이나 '민주주의'와 같이 눈으로 볼 수 없는 추상적인 개념을 다루는 경우, 시간의 차원에서 먼저 일어나거나 나중에 일어나는 사건 등을 다루는 경우, 한 번에 표현하기 힘든 많은 수의 대상을 표현하는 경우, 'HCI Lab'이나 '연세대학교'와 같은 고유명사를 다루고자 하는 경우에는 직조작 스타일이 그다지 좋은 성과를 나타내지 못한다. 왜냐하면 직조작 스타일은 대부분 시각 정보에 의존하고 있기 때문에 시각적으로 표현하기 어려운 정보를 조종의 대상으로 해야 하는 경우에는 다른 상호작용 스타일보다 사용자가 더 많은 어려움을 겪기 때문이다.

직조작 스타일의 상호작용을 설계하는 과정에서 중요한 것은 사용자에게 자신이 대상을 직접 조종하고 있다고 생각하게 만드는 것이다. 이를 조종의 직접성이라고 하는데, 이를 위해서는 위의 세 가지 조건을 항상 충족시켜야 한다. 즉 조종하는 대상이 항상 눈에 보이고, 조종하는 대상에 직접적인 조작을 할 수 있어야 하고, 그 조작한 효과가 즉시 나타날 수 있어야 한다.

5.5 위임하기와 대리인 스타일

위임하기 deligating라는 행위는 사람이 직접 수행하기 귀찮은 행위를 디지털 시스템에게 위임함으로써 디지털 시스템이 어느 정도의 자율권을 가지고 작업을 수행하는 경우를 의미한다. 이 행위는 여러 단계의 귀찮은 상호작용을 단순화시킨다는 점에서 모바일 데이터 서비스처럼 상호작용이 번거로운 경우에 큰 효과를 나타내는 반면, 모든 것을 완벽하게 위임한다는 것은 불가능하기 때문에 사용자가 직접 상호작용을 수행하는 것보다는 성과를 떨어뜨릴 수 있다.

위임하기에 적당한 상호작용 스타일로 대리인 스타일 intelligent agent style을 들 수 있다. 대리인은 특정 사용자가 어떤 필요성을 느끼고 있다는 것을 사용자가 직접 명시하지 않아도 미리 예측하고, 대리인 스스로의 판단하에 필요한 행위를 취한다. 나아가 새로운 개념이나 기술을 학습할 수 있을 뿐만 아니라 자신이 취한 행위에 대해 설명할 수도 있다. 따라서 직조작 스타일은 사람이 전적으로 상호작용의 주도권을 행사하도록 하는 반면, 대리인 스타일은 디지털 시스템에게 어느 정도 주도권을 이양하는 스타일이다. 그렇다고 해서 사람을 상호작용에서 완전히 배제하는 것이 아니라 시스템을 가능한 한 최대로 지능화시켜 기계적이고 단순한 일을 하게 함으로써 정말로 꼭 필요한 작업에만 사람의 역량을 집중시킬 수 있도록 하는 것이다. 따라서 대리인 스타일에서는 사람과 디지털 시스템 간의 차이가 명확하게 구분되는 것이 아니라 사람과 디지털 시스템이 하나의 시스템으로 간주된다고 볼 수 있다.

　그림 12에 제시된 온라인 서점의 책 추천 서비스를 살펴보도록 하자. 이 서비스는 사용자가 기존에 관심을 가지고 있던 분야와 현재 찾고 있는 책의 분야를 기준으로 그 사용자의 관심 분야 도서를 추천해 준다. 이 서비스를 통해 사용자는 모든 책을 검색하지 않고도 자신의 관심 분야 도서를 쉽게 찾아볼 수 있다. 비슷한 예로 페이스북과 같은 사회 연결망 서비스에서의 친구 추천 서비스를 들 수 있다. 만약 이 서비스가 없다면 페이스북을 쓰는 사람들을 일일이 다 찾아봐야 하는데, 이 서비스 시스템을 통해 사용자는 별다른 수고 없이 최종 결정을 하기만 하면 된다.

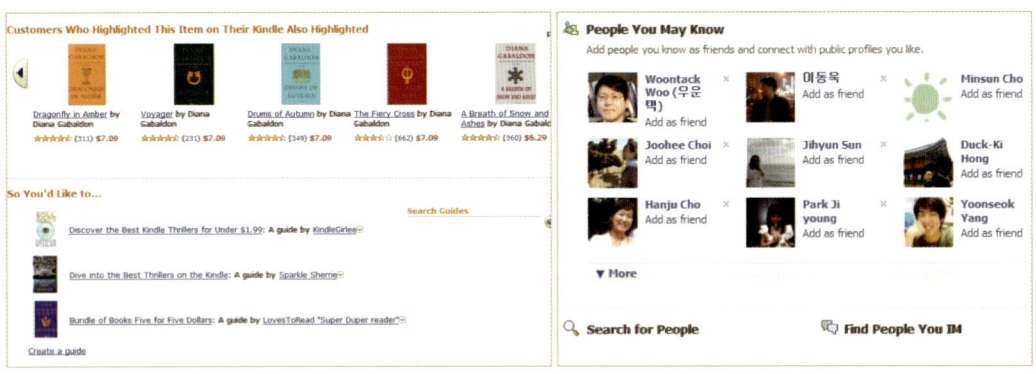

그림 12
대리인 스타일 사례:
온라인 서점의
책 추천 시스템과
페이스북의 친구 찾기

　대리인 스타일은 사람이 하기 귀찮은 일을 디지털 시스템이 알아서 해 준다는 명백한 장점이 있다. 그러나 현재의 대리인 시스템이 가지고 있는 단점도 무시할 수 없다. 대리인 시스템이 아무리 발전하더라도 정보 처리와 관련된 사람의 미묘한 능력을 모방하는 데는 한계가 있으며, 특히 사용자가 자연어를 이용하거나 그림이나 이미지와 같은 여러 매체가 결합된 비선형 데이터를 이용하는 경우에는 사람만큼 정확성을 가지고 사람 대신에 일을 수행하기가 어렵다. 또한 시스템이 어디까지 대리해 줄 수 있고 어디서부터는 대리해 줄 수 없는지, 그 한계를 명확하게 규정하고 이를 사람에게 정확하게 알려 주기 힘들다는 문제점도 있다. 그러나 설사 대리인 시스템의 성능이 앞으로 계속 발전해 사람보다 더 정확하게 사용자의 의도를 예측하고 이를 수행한다고 할지라도 과연 사용자가 시스템 대리인에게 마음 놓고 자신의 작업을 맡길 수 있는지는 또 다른 문제이다. 사람과 사람 사이의 신뢰를 구축하는 것이 어려운 만큼 사람과 대리인 시스템 사이에 신뢰를 쌓는 것도 힘들기 때문이다. 사람이 대리인 시스템을 신뢰할 수 있게 하기 위해서는 다음과 같은 세 가지 조건이 만족되어야 한다.

첫째, 대리인 시스템의 행동이 예측 가능해야 한다. 만약 대리인이 시도 때도 없이 사람들이 작업하는 과정에 참견해 일의 흐름을 바꾸곤 하면 사람들은 그 대리인을 신뢰하지 못한다. 따라서 사용자에게 믿음을 주기 위해서는 대리인의 행동이 규칙적이어서 충분히 예측 가능해야 한다. 둘째, 사람이 대리인에게 의존할 수 있어야 한다. 이는 대리인을 신뢰하기 위해서는 그 대리인의 행동이 사람이 의존할 만큼 안정적이어야 한다는 것이다. 셋째, 사용자가 시스템의 행동을 예측하지 못하고 그 결과에 의존하기 힘들어도 대리인의 의견을 믿고 의지할 수 있어야 한다. 이는 마치 종교와 같아서 증거가 없다고 할지라도 믿을 수 있는 상태를 말한다. 따라서 이러한 신념의 조건을 어떻게 충족시키는지가 대리인 스타일을 가진 상호작용을 설계하는 과정의 중요한 요소가 된다.

결론적으로 사람이 디지털 시스템과 상호작용하면서 행하는 행위는 지시하기, 대화하기, 탐색하기, 조종하기, 위임하기의 다섯 가지로 분류할 수 있다. 여기서 한 가지 주의할 사항은 이러한 행위들이 상호배타적으로 수행되는 것이 아니라 동시 병행적으로 진행될 수 있다는 것이다. 그리고 시스템이 발전하면서 점점 더 여러 가지 행위를 복합적으로 진행하는 추세를 보인다. 따라서 각 행위에 적합한 상호작용 스타일을 동시에 여러 가지 스타일로 제공해 주는 것이 필요하다. 예를 들어, 그림 13은 자동차 내비게이션 시스템을 보여 주고 있다. 자동차 내비게이션 시스템은 사용자가 원하는 주소를 직접 입력하면 해당 주소로 가는 경로를 제공해 준다. 이는 지시하기라는 행위에 대한 명령형 스타일의 상호작용이다. 또한 경로를 설정하는 과정에서 시스템과 질의응답을 통해 최단 거리를 원하는지 아니면 최단 시간을 원하는지와 같은 세팅을 할 수 있다. 이는 이야기하기라는 행위에 대한 대화형 스타일이다. 또한 사용자가 원하는 곳을 정확하게 알지 못할 때 몇몇 건물들을 보고 그중 몇 가지를 더 자세하게 알아볼 수 있다. 이는 탐색하는 행위에 대한 메뉴 스타일의 상호작용이다. 또한 내비게이션 시스템이 제공하는 지도 내에서 지도의 확대나 축소를 터치스크린 혹은 조작 버튼을 통해 볼 수 있다. 직조작 스타일의 상호작용을 통해 화면에 보여지는 정보를 자신이 조종하는 것이다. 그리고 마지막으로 지정한 경로상에서 교통사고가 발생하거나 교통 체증이 발생하면 사용자가 직접 명령하지 않더라도 시스템이 스스로 더 빠른 길이 있는지를 찾아보고 그 결과를 추천한다. 이는 사용자가 실시간 도로 정보를 계속 모니터링하는 작업을 시스템에게 위임하고 이에 부응해 시스템은 대리인 스타일의 상호작용 행위를 제공하는 것이다.

그림 13
혼합형 상호작용 스타일 사례:
자동차 내비게이션 시스템

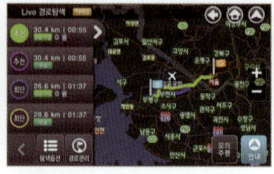

지시하기
사용자가 원하는 주소를 직접 입력해 해당 주소로 가는 경로를 탐색

대화하기
경로를 설정하는 과정에서 시스템 질의 응답을 통해 최단 거리 및 교통 정보에 대한 다양한 세팅이 가능

탐색하기
이동하고자 하는 장소를 정확하게 알지 못할 경우 비슷한 위치를 목록에서 탐색하고 더 자세하게 알아볼 수 있음

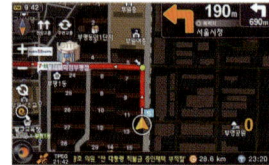

조작하기
터치스크린 또는 조작 버튼과 같은 직접 조작을 통해 지도의 확대나 축소와 같이 자신이 원하는 정보를 시스템에서 얻을 수 있음

위임하기
지정한 경로상에서 교통사고가 발생하거나 교통 체증이 발생하면 사용자가 직접 명령하지 않더라도 시스템이 스스로 더 빠른 길이 있는지를 찾아보고 그 결과를 추천

6. 상호작용의 발전 추세

　　기존의 상호작용은 사용자가 하나의 디지털 시스템을 대상으로 시스템 내부의 디지털 정보를 이용한다는 것을 기본 전제로 발전해 왔다. 그러나 최근 들어 상호작용이 가지고 있는 기본 전제 조건을 뛰어 넘는 현상이 발생하고 있다. 이는 크게 사회적 상호작용, 창조적 상호작용, 촉지적 상호작용으로 정리할 수 있다. 사회적 상호작용은 지금까지 개인 사용자를 대상으로 해 왔던 상호작용을 여러 명의 사용자 간의 상호작용으로 확장한 것을 의미한다. 창조적 상호작용은 기존의 제품이나 서비스를 사용하기만 했던 상호작용에서 사용자가 직접 새로운 제품이나 서비스를 만드는 데 참여하는 상호작용으로 확장한 것을 의미한다. 촉지적 상호작용은 디지털 시스템 내부에 한정되어 있던 기존의 상호작용을 실세상으로 확장한 것을 의미한다. 이 세 가지 상호작용의 발전 추세는 기술적인 발전

이라기보다는 개념적인 발전이라고 할 수 있다. 사회적 상호작용은 상호작용 대상의 확장이며, 창조적 상호작용은 상호작용 결과의 확장이며, 촉지적 상호작용은 상호작용 환경의 확장이라고 할 수 있다. 이 세 가지 상호작용의 미래 발전 방향에 대해 살펴보자.

6.1 사회적 상호작용

과거에는 디지털 시스템과 개인 간의 기능적 상호작용에 초점을 맞추었다. 따라서 컴퓨터를 사용한 연산 및 정보 처리가 중요했다. 그러나 요즘은 이러한 기능적 상호작용과 더불어 사용자 간의 네트워크 및 커뮤니티를 기반으로 한 소통이 더욱 중요해졌다. 사회적 상호작용 social interaction 이 특히 강조되는 디지털 서비스로 소셜미디어 서비스를 들 수 있다. 이것은 디지털 기술을 이용해 사용자가 콘텐츠를 만들어 내고 공유할 수 있도록 도와주는 디지털 서비스이다.

콘텐츠의 형태나 제공 방식 등에 따라 다양한 종류의 소셜미디어 서비스가 존재한다. 개인의 생각이나 의견을 웹 페이지로 출판하는 데 사용되는 블로그, 지인들과의 소통을 목적으로 하는 페이스북, 플리커나 유튜브처럼 이미지나 동영상 등의 디지털 콘텐츠를 다른 사용자와 공유하기 위한 콘텐츠 공유 서비스 등이 대표적인 소셜미디어의 예이다. Kaplan and Haenlein, 2010 인터넷 트래픽 조사 기관인 Alexa.com에서 발표한 자료에 따르면, 전 세계에서 인터넷 트래픽이 가장 많이 발생하는 디지털 서비스 열 개를 조사해 본 결과 그중 다섯 개가 전적으로 소셜미디어 서비스였고, 나머지 다섯 개도 부분적으로 소셜미디어 서비스를 제공하고 있는 것으로 밝혀졌다. Alexa.com, 2010 소셜미디어 서비스에서는 사용자와 디지털 시스템 사이의 상호작용과 함께 둘 이상의 사용자 간의 사회적 상호작용이 중요하다. 그 이유는 사용자가 다른 사용자와 콘텐츠를 공유하거나 다른 사용자와 지속적인 관계를 유지하기 위해 소셜미디어를 사용하기 때문이다. wikipedia, 2009

그렇다면 소셜미디어 서비스와 같이 사회적 상호작용을 강조하는 서비스가 각광을 받고 있는 이유는 무엇일까? 물론 인간은 사회적 동물이기 때문에 자연적으로 남들과 함께 행위를 하게 된다. 예를 들어, 운전석에 앉아서 핸들을 조작하는 지극히 개인적인 작업이라고 생각했던 자동차 운전도 알고 보면 매우 사회적인 작업이다. Forlizzi et al., 2010 자동차를 운전하면서 운전자와 조수석에 앉은 사람이 활발하게 상호작용을 하면서 서로에게 영향을 미치기 때문이다. 또한 다른 사용자와 함께 디지털 제품이나 서비스를 사용하는 것이 혼자 사용하는 것보다 사용경험이 더 뛰어나다. 예를 들어, 아무리 정교한 인공지능을 탑재했다고 하더라도 혼자 하는 게임보다는 여럿이서 함께하는 게임이 더욱 재미있다. 그림 14에서 처럼 세컨드라이프와 같은 가상현실 서비스에서 다른 사용자와 함께 새로운 제품을 만들어 본 사용자는 다른 사용자와 함께 무언가를 만드는 작업이 혼자서 작업하는 것보다 더 재미있고 몰입할 수 있다는 것을 경험할 수 있다.Kohler et al., 2011

그림 14
사회적 상호작용이 중요한 역할을 하는 서비스의 사례: 세컨드라이프를 이용한 공동 창조

사회적 상호작용을 통해 사용자가 다른 사용자와 함께할 수 있는 행위는 크게 세 가지로 나눌 수 있다. 이 세 가지 요소는 이론적인 측면에서는 공유 인지shared cognition라는 이론적인 배경을 가지고 있다.Thompson and Finey. 1999 첫째, 여러 사용자가 어떤 일을 작은 단위로 나누어서 함께 참여한다는 측면에서의 참여하는 상호작용divided up into portions, 둘째, 여러 사용자가 같은 것을 공동으로 소유한다는 측면에서의 개방하는 상호작용held in common, 셋째, 여러 사용자가 비슷한 의견과 느낌에 도달한다는 측면에서의 공감하는 상호작용partaking in an agreement이다.

실용적인 측면에서 본다면, 이 세 가지 상호작용은 WEB 2.0을 대변하는 참여와 공유 그리고 공감이라는 세 가지 요소와 연결되어 있다. WEB 2.0 개념이 나온 지 꽤 오랜 시간이 흘렀고, 이제는 많은 사람들이 당연한 이야기라고 생각하는 참여와 공유 그리고 공감이라는 개념들을 새삼스럽게 들고 나오는 것이 한편으로는 진부하다고 생각할 수 있다. 그러나 공유 인지라는 이론적 시각에서 구체적으로 살펴보면 WEB 2.0의 세 가지 요소가 단순히 말로만 하는 구호가 아니라 실질적으로 사회적 상호작용을 이끄는 핵심 요소라는 것을 알 수 있다.

참여하는 상호작용

참여participation는 개별 사용자의 행동이 모여 전체의 일부를 구성하는 상호작용이다. 예를 들어, 그림 15의 왼쪽에서 보이는 것처럼 온라인 게임에서 여러 명의 사람들이 함께 특정성을 차지하는 전쟁공성전을 벌였다면, 그 전쟁에 참여하는

게이머들은 다른 게이머들과 참여라는 사회적 상호작용을 하는 것이다. 그림 오른쪽의 아프리카TV 서비스인 〈보이는 라디오〉에는 방송 중간에 청취자가 참여할 수 있는 공간이 마련되어 있다. 이 공간에서 사용자는 실제로 라디오 방송을 만드는 과정에 적극적으로 참여할 수 있다.

참여라는 것이 반드시 새로운 것을 만들어 낼 필요는 없다. 그러나 공동 경험을 더욱 강렬하게 느끼기 위해서는 기존에 없었던 무엇인가를 함께 만들어 내는 행동이 수반될 필요가 있다. 참여를 통한 창조를 여기에서는 '합작'이라는 용어로 정의했다. 합작의 대표적인 예로 위키피디아를 들 수 있다. 위키피디아는 수백 만 개가 넘는 자료가 정리되어 있는 온라인 백과사전이다. 위키피디아에 새로운 기사를 작성하는 사람들은 자신들의 이름도 알리지 않은 채 새로운 기사를 작성하기 위한 어려운 작업에 시간과 노력을 쏟는다. 그리고 그런 경험을 통해 공동으로 무엇인가를 만들어 냈다는 자부심과 재미 그리고 성취감을 느낀다. 그림 16은 시간이 흘러가면서 위키피디아에 많은 사람들이 함께 참여해 기사를 작성하고 있는 모습을 보여 주고 있다. 그림의 왼쪽은 시간이 흘러가면서 다양한 사람들의 참여가 늘어나는 것을, 오른쪽은 2008년 이후 급속하게 늘어나는 참여자 수를 나타낸다.

그림 15
참여하는 상호작용이 활발한 사례:
공성전과 시청자 참여형 라디오

그림 16
참여를 통한 합작 사례:
위키피디아

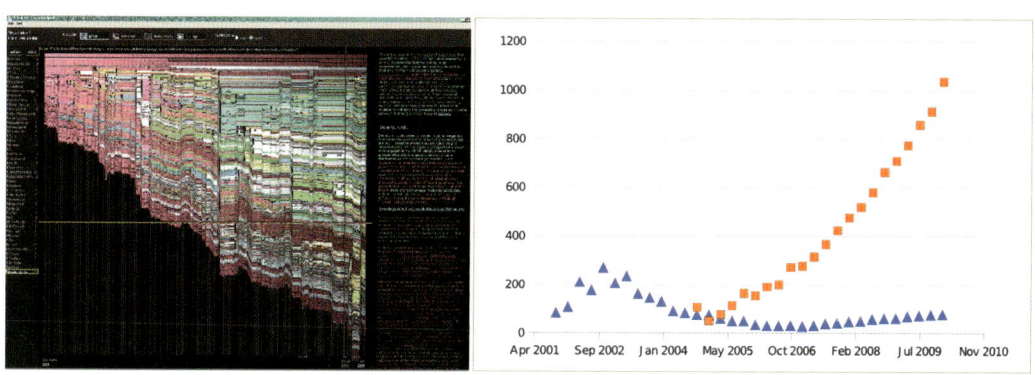

개방하는 상호작용

공유sharing는 내 것이 아니라 우리 것이라는 생각을 갖는 것을 의미하며, 개방openness은 공유를 위해 자신의 것을 남들에게 사용하도록 열어 주는 상호작용을 의미한다. 예를 들어, 자신이 가지고 있는 요리법을 다른 사람이 볼 수 있도록 인터넷상에 올리는 행위가 개방의 상호작용이다. 인터넷의 발전으로 물리적인 대상보다는 디지털 제품이나 서비스를 공유하는 것이 좀 더 쉽지만, 공유의 대상은 디지털 제품이나 서비스에만 국한되지 않는다. 예를 들어, 자신이 사용하지 않는 물건을 인터넷상에 올려 다른 필요한 사람들에게 빌려 주거나 팔 수도 있다.

개방을 통한 공유의 대표적인 예로 포스퀘어foursquare와 같은 위치 기반의 소셜네트워크 서비스location-based SNS를 들 수 있다. 이것은 사용자가 자발적으로 자신의 현재 위치에 대한 자료를 지인들과 공유하면서 사회적 관계를 공고히 하는 데 사용하는 서비스이다. 그것을 통해 사람들은 자신이 언제든지 어디에서든지 연결되어 있다는 경험을 한다. 그림 17은 사용자가 특정 장소에 가서 능동적으로 자신의 위치 정보를 다른 사람들과 공유하는 과정을 보여 주고 있다. 특정 장소에 가장 많이 체크인을 한 사람은 그 장소의 시장이 되어 더 많은 사람들과 관계를 구축할 수 있다.

개방을 통해 공유하는 상호작용의 다른 예로 크리에이티브 커먼즈creative commons처럼 오픈 소스 커뮤니티에서 소속된 사용자들이 소프트웨어를 함께 사용할 수 있도록 하는 행위를 들 수 있다. 이러한 개방의 상호작용을 통해 오픈 소스 소프트웨어에서는 리눅스나 아파치와 같은 공개형 소프트웨어를 공유하고 있으며, 이와 비슷한 맥락에서 오픈 소스 하드웨어에서는 서킷보드나 조종 장치들을 개발해 공유하고 있다.

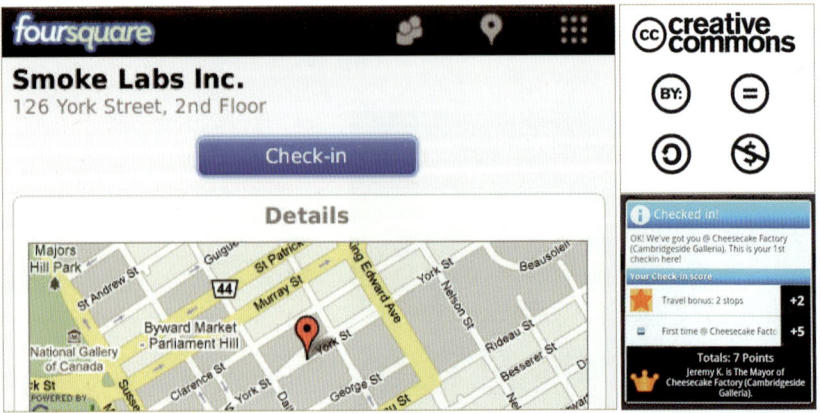

그림 17
개방하는 상호작용을 통한 공유 사례:
포스퀘어와 크리에이티브 커먼즈

공감하는 상호작용

공감empathy은 상대방의 감정을 이해하고 이에 동화되거나 연민을 느끼는 것을 의미한다. 이는 다른 사람들의 경험에 영향을 받아 그들과 같은 생각이나 감정을 갖게 되는 상호작용으로 정의된다. 공감에 초점을 맞추는 사회적 상호작용으로 미투데이라는 마이크로블로그 서비스를 예로 들 수 있다. 트위터가 주로 정보 전달 및 공유에 초점을 맞추고 있는 반면, 미투데이는 주로 사람들 간의 감정적인 공감이나 지원 등에 초점을 맞추고 있다. 그림 18에서 보듯이 그저 일상에서 가을의 좋은 날씨에 대한 이야기를 하고 다른 사람들이 그 의견에 댓글을 달아 줌으로써 사람들 사이에 오늘 날씨가 좋다는 것에 공감을 느끼게 한다. 공감은 특히 개인적인 이득보다 상대방을 배려하거나 사회 전체의 이익을 위한 경우에 더 강력하게 작용한다. 예를 들어, 저개발 국가에서 고생하고 있는 소규모 자영농부들을 도와주기 위한 공정무역 제도 같은 것이 자신의 이익을 얻기 위해 노력하는 개별 기업 활동보다 더 큰 공감을 일으킬 수 있다. 공감을 이루기 위해서는 사용자가 다른 사용자의 경험에 영향을 주거나 영향을 받을 수 있어야 한다.

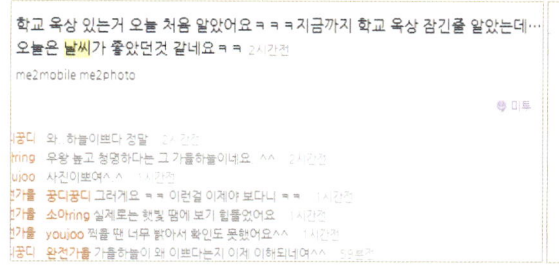 

그림 18
공감을 통한 상호작용 사례: 마이크로블로그 서비스와 해피빈

공감을 통한 사회적 상호작용의 대표적인 예로 그림 18의 오른쪽과 같은 인터넷 기반의 디지털 기부 서비스가 있다. 이는 소외 아동이나 노인 그리고 환경과 사회적 기업 등 사회적으로 논점이 되고 있는 사안들에 대해 자발적인 기부를 독려하는 서비스로서 도움을 필요로 하는 특정 사람 또는 단체와 일반 사용자 간의 공감을 통해 일반 사용자가 사회적인 문제를 함께 풀어가는 경험을 한다.

결론적으로 사회적 상호작용은 참여와 공유 그리고 공감이라는 세 가지 요소를 통해 활성화된다. 이 세 가지 요소는 앞으로 더욱 확대될 전망이다. 왜냐하면 이 세 가지 요소에 이미 익숙해진 젊은 세대의 사용자가 있고, 기술적으로 사회적 상호작용 방법이 더욱 발전되었을 뿐만 아니라 사용자가 일상생활에서 수행해야 하는 과업도 이 같은 상호작용을 요구하고 있기 때문이다.

6.2 창조적 상호작용

과거의 상호작용이 이미 기존에 만들어진 디지털 제품이나 서비스를 단순하게 이용한다는 측면이 강조되었다면, 지금의 상호작용은 새로운 디지털 제품이나 서비스를 사용자가 실제로 만들어 가는 상호작용이 강조되고 있다. 그 대표적인 예가 일반 사용자가 직접 만들어 내는 콘텐츠, 즉 사용자 제작 콘텐츠 UCC, user-created content 이다. UCC는 기존의 온라인 콘텐츠와는 달리 일반 사용자에 의해 직접 제작되어 온라인상에 게재되는 콘텐츠를 가리킨다. 블로그상의 글이나 사진, 인터넷 포털의 지식 서비스, 사회적으로 큰 논제가 생겼을 때 독자가 직접 기자가 되어 작성하는 기사나 이를 패러디한 그림 등이 UCC의 대표적인 예라고 할 수 있다. 최근에는 동영상과 같은 멀티미디어 분야에도 UCC가 확산되고 있는데, 사용자는 자신이 직접 악기를 연주한 동영상을 올리기도 하며, 개인 방송국을 개설하여 요리 시연, 스포츠 등을 중계하기도 한다.

그림 19
창조적 상호작용의 사례:
유튜브에서의 저스틴 비버

사진이나 동영상과 같은 멀티미디어 콘텐츠를 중심으로 한 UCC의 확산은 국내뿐만 아니라 전 세계적으로 나타나고 있는 현상이다. 대표적으로 미국의 사진 사이트인 플리커에는 3,700만여 개의 사진이 올라가 있으며, 하루 평균 20만여 개의 사진이 일반 사용자에 의해 업로드되고 있다. 유튜브의 경우 1개월 평균 2,000만 명의 사용자들이 접속하고 있으며, 하루 평균 6만5,000여 개의 동영상들이 업로드되고 있다. 구글 검색 서비스 다음으로 가장 많은 검색 요청을 받는 것이 유튜브라는 사실은 사용자에 의해 만들어진 콘텐츠에 대한 관심이 늘어나고 있음을 반영한다. 예를 들어, 저스틴 비버 Justin Bieber 라는 소년은 자신의 노래를 유튜브에 올렸는데, 불과 며칠 사이에 3억여 번이라는 검색 수를 기록했으며, 그것을 계기로 유명한 가수가 되었다.

이처럼 UCC는 기존의 방식과는 달리 일반 사용자가 직접 참여하고 제작하는 양방향의 개념으로서, 기존 인터넷의 패러다임을 바꾸어 가며 급속히 확산되어 가고 있는 추세이다. UCC에서 목격되는 창조적 상호작용 creative interaction 은 과거의 『춘향전』이나 『흥부전』과 같은 구전문학과 유사한 점이 많다.정승기, 이기호, 이인성, 김진우, 2009 구전문학이 소수 전문작가에 의해 만들어진 것이 아니라 이야기꾼과 청중 간의 창조적인 상호작용을 통해 만들어진 것처럼 UCC도 다수의 제작자와 사용자의 창조적 상호작용을 통해 만들어지기 때문이다. UCC 창조활동에 영향을 미치는 상호작용 요소에 대한 연구를 기반으로 창조적 상호작용의 핵심 요인을 살펴보자.

사용자가 제작자의 작품에 반응하는 상호작용

동시적인 커뮤니케이션이 발생하는 구전문학 환경에서는 이야기꾼이나 청중이 서로의 반응을 즉각적으로 확인할 수 있다. 구전문학에서 청중의 칭찬과 같은 적극적인 반응은 이야기꾼의 작품 구연에 긍정적인 영향을 미친다. 이와 마찬가지로 대부분의 UCC 사이트는 사용자가 다양하게 반응할 수 있는 상호작용 방식을 제공하고 있으며, 사용자는 제공되는 상호작용 방식을 활용해 콘텐츠 제작자를 칭찬하고 격려한다. 추천이나 댓글 등을 현재 대부분의 사이트에서 사용하고 있으며, 추천 수나 선호 게시물 등에 대한 자료를 사용자에게 보여 줌으로써 UCC의 생산과 공유를 활성화시키고 있다. 예를 들어, 저스틴 비버의 동영상을 보고 사용자가 직접 코멘트를 올릴 수도 있고, 또 사용자 자신의 생각을 동영상으로 찍어 올릴 수도 있다.

제작자가 사용자의 의견을 파악하는 상호작용

구전문학 환경에서 이야기꾼이 자신의 스토리에 대한 청중의 반응을 확인할 수 있듯이, UCC 환경에서도 콘텐츠 제작자는 댓글과 같은 수단을 통해 청중의 반응을 파악한 뒤 이를 콘텐츠 제작에 적극적으로 반영할 수 있다. 이에 더해 UCC 제작자는 자신의 콘텐츠에 대한 사용자의 댓글에 다시 댓글을 달아 사용자의 피드백에 반응하고 있다. 제작자는 이러한 과정을 통해 다른 사용자의 필요를 파악하기도 하며 공유된 관심사를 파악하기도 한다. 그림 20과 같이 디지털 카메라로 사진을 찍는 사용자가 많이 모이는 사이트에는 사용자가 자신의 작품을 올려놓고 다른 사용자가 가지는 의견을 들어 보고, 이를 통해 자신의 작품에 반영하는 습작 갤러리가 있다. 이는 제작자가 사용자의 의견을 적극적으로 들을 수 있도록 배려한 사례라고 볼 수 있다.

 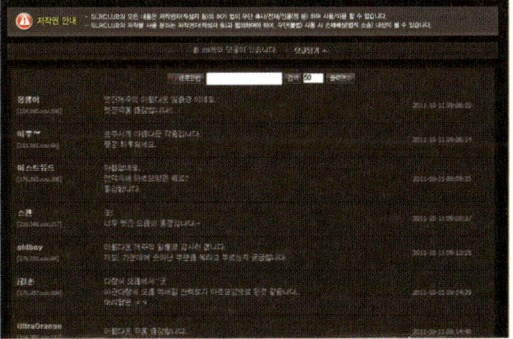

그림 20
제작자가 사용자의 의견을 파악하고 반영하는 상호작용 사례:
SLR커뮤니티의 습작 갤러리

사용자가 공유된 관심사를 형성할 수 있는 상호작용

구전문학은 기본적으로 공동체의 관심사를 반영하기 때문에 지금까지 그 스토리가 전해질 수 있었다. 마찬가지로 UCC 환경에서도 사용자의 공통 관심사가 반영된 콘텐츠만이 지속되고 발전될 수 있기 때문에 사용자가 공유된 관심사를 쉽게 형성할 수 있고, 형성된 관심사가 새롭게 확장될 수 있는 상호작용 방식을 지원할 수 있다. 따라서 UCC 서비스에서는 사용자가 서비스에 접속했을 때 현재 가장 이슈가 되고 있는 것은 무엇인지, 또는 자신에게 들어온 요청이나 부탁은 무엇인지 알 수 있도록 하는 상호작용 방식이 제공되고 있다. 결론적으로 과거의 HCI가 기존의 컴퓨터 시스템을 사용하고 평가하는 과정에 초점을 맞추었다면, HCI 2.0은 사용자가 디지털 시스템을 직접 만들어 가는 과정에 관심을 기울이고 있다. 따라서 앞으로 사용자가 좀 더 쉽고 편리하게 자신이 생각하는 내용을 디지털 제품이나 서비스 그리고 콘텐츠에 반영할 수 있는 창조적 상호작용이 발전될 전망이다. 그리고 이러한 전망은 비단 디지털 제품이나 서비스뿐만 아니라 물리적인 제품이나 실세상의 서비스에도 유사하게 적용될 전망이다.

6.3 촉지적 상호작용

디지털 시스템 내에 존재하는 정보나 기능들은 디지털 형식이기 때문에 물리적인 형태나 느낌을 가지고 있지 않고 다소 추상적인 특성을 가지고 있다. 예를 들어, 디지털 시스템 내에 있는 문서는 디지털 형태의 문서일 뿐 실제 세상에 있는 종이책과 같은 실존감이 없다. 그러다 보니 디지털 시스템과의 상호작용이 추상적이고 애매모호해질 수밖에 없다. 그래서 최근에는 이러한 추상적인 상호작용을 좀 더 구체적이고 손으로 만져지는 상호작용으로 변화시키는 추세이다. 이를 촉지적 상호작용tangible interaction이라고 한다. 촉지적 상호작용은 크게 네 가지 하부 요소로 구성되어 있다.

촉지적 조작

촉지적 조작tangible manipulation은 사용자의 직접적인 조작에 의한 물리적이고 신체적인 상호작용을 의미한다. 넓은 의미로는 사용자에게 시스템의 중요한 요소에 대한 물리적인 조작을 지원하는 상호작용이다. 촉지적 조작은 다시 촉각 직조작, 경량 상호작용, 동형 효과의 세 가지 하부 요인으로 구분된다.

촉각 직조작haptic direct manipulation은 사용자가 촉각을 사용해서 시스템 내부에 있는 중요한 요소들을 손으로 잡고 느끼고 움직일 수 있는지를 의미한다. 예를 들어, 그림 21에서 보는 것처럼 햅틱폰에서 사진을 손가락으로 지정해서 다른 쪽으로 보내는 상호작용에서는 사용자가 직접 관심의 대상이 되는 사진을 손으로 잡고 움직일 수 있다. 둘째, 경량 상호작용lightweight interacton은 사용자가 단계별로 점진적으로 상호작용하고 그에 따라 즉각적으로 피드백을 받을 수 있는지를 의미한다. 예를 들어, 아이폰에서 사진을 움직일 때에 사용자가 조금씩 손가락을 움직이면 사진도 함께 조금씩 이동하는 상호작용을 들 수 있다. 셋째, 동형 효과isomorph effects는 사용자의 행동에 대한 시스템의 반응을 실제 세상과 마찬가지로 실감나고 이해하기 쉽게 제공하는 상호작용을 의미한다. 예를 들어, 아이폰에서 두 손가락을 써서 어떤 문서를 양쪽 방향으로 늘리는 조작을 하면 그것이 확대되어 보이는 상호작용이 실제 세상에서 어떤 대상을 잡아 늘이는 행위와 유사하기 때문에 실감나고 이해하기 쉽다. 여기서 중요한 점은 직접 만지는 것이 아니라 만지는 것 같은 착각을 주는 것이다. 이를 위해서는 인지적으로 수긍할 만한 반응을 만드는 과정이 필요하다. 즉 터치를 기계적으로 센싱하고 영역과 감도를 계속해서 조절해 시청촉각적인 피드백을 형성해야 한다.

그림 21
촉지적 상호작용 중에
촉지적 조작을 잘 활용한
사례: 터치폰

공간적 상호작용

공간적 상호작용spatial interaction은 상호작용이 일어나고 있는 공간의 의미를 적극적으로 활용한 상호작용이다. 즉 상호작용이 일어나는 상황에 공간의 의미를 더함으로써 상호작용의 품질을 향상시킨다고 할 수 있다. 공간적 상호작용은 내재적 공간, 전체적 상호작용, 신체적 소통의 세 가지 특징을 가지고 있다. 내재적 공간inhabited space은 사람과 상호작용하는 대상이 의미 있는 장소에서 만나는 상호작용을 의미한다. 예를 들어, 그림 22와 같이 키네틱 스포츠를 이용해 권투시합을 할 때 권투경기장이 배경 화면이 되거나 비치볼을 할 때 모래사장이 배경 화면이 된다는 것은 내재적 공간이 잘 전달된 상호작용의 예라 할 수 있다. 전체적 상호작용full-body interaction은 사용자가 자신의 몸 전체를 사용해 상호작용하는 것이다.

대표적인 예로 닌텐도 Wii Fit에서 사용자가 전체 몸을 이용해서 조깅을 한다든지 야구 게임을 하는 것을 들 수 있다. 또 동료와 함께 테니스 게임을 하면서 서로 간에 몸동작으로 상대방에게 자신이 어떤 곳으로 공을 보낼 것인지를 전달할 수 있다. 신체적 소통performative action은 사용자가 자신의 신체 움직임을 사용해 자신의 의사를 표현하는 것이다. 여기서 중요한 점은 가구, 건축, 도시 등 사람의 몸이 공간적 조건 속에서 타협되고 익숙해진 활동을 최대한 자연스럽게 유지하며 상호작용을 할 수 있어야 한다는 점이다.

그림 22
촉지적 상호작용 중에 공간의 의미를 잘 활용한 사례: 키넥트 스포츠

표면적 묘사

표현적 묘사expressive representation는 디지털 시스템에서 상호작용의 대상을 사실적으로 표현하는 상호작용을 의미한다. 표현적 묘사는 시스템이 묘사하는 가상의 객체에 대한 표현이 얼마나 사실적인지와 관련이 있으며, 시스템의 전반적인 표현력의 강화를 통해 상호작용의 품질을 향상시키는 효과를 가져온다. 표현적 묘사는 중점표현, 외재화, 지각된 맵핑의 세 가지 특징이 있다. 중점표현representational significance은 디지털로 표현된 대상이 실제 세상에서의 경험이나 지식에 비추어 보았을 때 나름대로 의미 있게 묘사되는 것을 의미한다. 예를 들어, 그림 23의 지도 서비스처럼 실제 세상에서 볼 수 있는 거리의 모습을 디지털 서비스로 표현함으로써 디지털로 재현한 내용이 실제 세상에서도 의미 있는 내용인 것이 중점표현의 예라고 할 수 있다. 외재화externalization는 사용자가 생각하고 이야기하고 행동하는 것을 공유할 수 있는 구체적인 대상을 시스템이 제공하는 것이다. 예를 들어, 테이블탑 시스템은 여러 사용자가 같이 보면서 이야기할 수 있는 구체적인 대상을 책상 위에 표현하고

그림 23
표현적 묘사가 잘 활용된 사례: 다음 커뮤니케이션의 로드뷰 맵 서비스

있다. 지각된 맵핑perceived coupling은 시스템 내에서 디지털적으로 표현하는 것과 실제 세상의 모습이 얼마나 충실하게 매칭되는지를 의미한다. 그림 23과 같이 실제 사용자가 자동차를 몰고 있다고 생각하고 그 사람의 시각에서 보는 길의 모습을 보여 준 로드뷰 맵 서비스가 대표적인 예라고 할 수 있다. 여기서 중요한 점은 디지털 시스템으로 표현되는 것들이 현실은 아니라는 것을 알고 있지만 사용자에게 현실과의 일체감을 느낄 수 있도록 하는 것이다.

내재화된 촉진

내재화된 촉진embodied facilitation은 사용자의 행동을 촉진 또는 허용하거나 금지 또는 제한하는 상호작용으로, 특히 다수의 사용자가 쉽게 공동의 경험을 할 수 있게 하는 물리적 구조와 관련이 높다. 둘 이상의 사용자가 상호작용하는 미디어 상황에서는 사용자의 집단적인 행동과 밀접한 연관이 있다. 내재화된 촉진 요소와 관련된 중요 요소는 내재화된 제약사항 다중접속점, 맞춤형 표현의 세 가지를 들 수 있다. 내재화된 제약사항embodied constraints은 시스템이 사용자의 행동을 미세하게 조절해 사용자 간에 협업을 하도록 유도하는 상호작용을 의미한다. 예를 들어, 그림 24의 테이블탑 시스템에서 대상물이 한꺼번에 너무 많이 움직이지 않도록 해, 다른 사람들이 나머지 움직임을 할 수 있도록 촉진시켜 주는 상호작용이 있다. 다중접속점multiple access points은 모든 사용자가 현재 어떤 일이 진행되고 있는지를 여러 각도에서 동시에 볼 수 있고 그 대상에 직접 조작을 가할 수 있는 상호작용을 의미한다. 테이블탑 시스템에서 한 사용자가 한 가지 물체를 움직이는 것을 여러 명의 사용자가 동시에 보고 그 물체에 대해 다른 사용자도 같이 조작할 수 있도록 하는 상호작용이 이에 해당된다. 마지막으로 맞춤형 표현tailored representation은 시스템에서 표현하는 방식이 사용자의 일상생활 경험과 일치해 사용자가 일상생활에서 습득한 지식이나 기술을 효과적으로 활용할 수 있는 상호작용을 의미한다. 예를 들어, 테이블탑 시스템에서 테이블 위에 물건을 올려놓고 움직이는 일상생활에서 얻은 지식으로 시스템 내의 대상을 움직일 수 있는 상호작용이 이에 해당된다. 내재화된 촉진에서 중요한 점은 테이블탑 시스템 위의 물체처럼 자체적인 정보와 기능을 가지고 있는 물리적인 특정 대상을 기반으로 사용자가 상호작용할 수 있도록 해야 한다는 점이다.

그림 24
테이블탑 상호작용의 예:
카렛타 시스템

상호작용은 사람과 디지털 시스템 간에 진행되는 일련의 행위적인 절차이다. 이러한 상호작용은 사용자가 자신의 마음속에 가지고 있는 목표를 시스템에 나타난 사항으로 구체화하고, 시스템에서는 이에 대응하는 대안을 제시하고, 제시된 대안 중 한 가지를 사용자가 선택하면 그 결과를 사용자에게 표시해 주며, 마지막으로 사용자가 표시된 결과를 평가하는 과정을 포함한다. 상호작용성이란 시스템과 사용자가 서로에게 영향을 줄 수 있는 정도로서 매체나 시스템마다 서로 다른 상호작용성을 가지고 있다. 따라서 공인중개사를 찾아간다거나 케이블TV를 시청하는 것은 동일한 정보를 얻는다는 점에서는 비슷할지 모르지만, 그 정보를 얻는 과정의 상호작용성 수준에서는 많은 차이가 있다. 사람들은 특정 행위를 하기 위해 시스템을 사용한다. 그러한 행위를 크게 지시하기, 이야기하기, 탐색하기, 조종하기, 위임하기의 다섯 가지로 나눌 수 있다. 이 다섯 가지 시스템은 각각에 알맞은 상호작용 스타일을 제공한다. 이는 명령어, 대화, 메뉴, 직조작, 그리고 대리인 스타일이다. 최근에는 한 가지 스타일의 상호작용만을 고집하는 것이 아니라 다양한 스타일을 동시에 제공하고, 사용자가 자신의 취향이나 처한 상황에 맞추어 선택할 수 있도록 하는 추세로 바뀌고 있다. 또한 여러 사람이 함께하는 사회적 상호작용, 단순히 주어진 기능이나 정보를 사용만 하는 것이 아니라 사용자가 새로운 무엇인가를 만들어 내는 창조적 상호작용, 디지털상에서 추상적인 상호작용이 아니라 실제로 물리적인 환경과 어울려지는 촉지적 상호작용을 증진시키는 방향으로 발전하고 있다.

토론 주제

1

최근 인기를 끌고 있는 디지털 제품이나 서비스를 한 가지 선정해 표명 단계, 변환 단계, 표현 단계, 평가 단계에 대한 구체적인 사례를 생각해 보자. 그리고 각 단계별로 어떤 점들이 상호작용을 쉽게 또는 어렵게 만들었는지 설명해 보자.

2

전송형, 대화형, 등록형, 문의형 상호작용에 대한 대표적인 디지털 서비스를 하나씩 선정하고 그 서비스가 선정된 이유를 설명해 보자. 그리고 각 서비스별로 전체적인 상호작용의 품질을 결정하는 요소가 무엇인지 설명해 보자.

3

최근 각광받고 있는 디지털 제품이나 서비스 중에서 전반적으로 상호작용성이 높은 사례를 생각해 보고 왜 상호작용성이 높다고 생각하는지 설명해 보자.

4

최근 중요하게 부각되는 상호작용성의 세부 차원을 하나 선정해 그 차원이 효과적으로 사용된 디지털 제품이나 서비스를 생각해 보자. 해당 제품이나 서비스에서 어떤 방식으로 상호작용성이 구현되었는지 설명해 보자.

5

명령어, 대화, 메뉴, 직조작, 대리인 스타일이 가장 적절하게 사용된 사례를 들고, 어떤 경우에 각 스타일이 적합한지 설명해 보자.

6

최근 각광받고 있는 디지털 제품이나 서비스 중에서 직조작 스타일이 효과적으로 활용된 사례를 찾아보자. 그리고 선정된 사례를 이용해 직조작 스타일이 사용자의 편의를 높여 주는 중요한 요인들로 어떤 것들이 있는지 설명해 보자.

7

최근 각광받고 있는 디지털 제품이나 서비스 중에서 다양한 상호작용 스타일을 혼합해 사용하고 있는 사례를 선정하고 혼합된 상호작용 스타일을 효과적으로 제공할 수 있는 방법에 대해 생각해 보자.

8

최근 출시된 디지털 제품이나 서비스 중에서 사회적 상호작용이 효과적으로 제공된 사례를 선정해 보자. 이 경우 어떤 방법을 통해 사회적 상호작용이 성공적으로 제공되었는지 설명해 보자.

9

최근 출시된 디지털 제품이나 서비스 중에서 창조적 상호작용이 효과적으로 제공된 사례를 선정해 보자. 이 경우 어떤 방법을 통해 창조적 상호작용이 성공적으로 제공되었는지 설명해 보자.

10

최근 출시된 디지털 제품이나 서비스 중에서 촉지적 상호작용이 효과적으로 제공된 사례를 선정해 보자. 이 경우 어떤 방법을 통해 촉지적 상호작용이 성공적으로 제공되었는지 설명해 보자.

3장 유용성의 원리

**심성모형을 중심으로
쓸모 있는 시스템 만들기**

"디자인에서 가장 중요한 것은 사용자의 개념적인 모형이다. 디자인은 결국 사용자가 마음속에 가지고 있는 모형을 좀 더 명확하고 의미 있게 만드는 작업이기 때문이다."

데이비드 리들 David Liddle

궁금한 점

최근 출시되는 디지털 제품은 어떤 부품으로 이루어져 있고 어떻게 작동하는지 알기 어렵다. 그 이유는 무엇일까?

어떤 의도를 가지고 만들었는지 명확하게 전달되는 제품이 있는 반면, 그 제작 의도가 의심스러운 제품도 있다. 왜 이런 차이가 있을까?

어떤 디지털 서비스는 사용자의 의도를 알기라도 한 듯 사용자가 원하는 기능을 제공하는 반면, 어떤 디지털 서비스는 사용자가 필요로 하는 기능이 없는 경우가 있다. 왜 이런 차이가 발생할까?

영화 소개

아이, 로봇 2004

"난 도대체 뭐죠?"

써니(주인공 로봇)

영화 〈아이, 로봇〉은 내용이 비교적 무겁지 않아 쉽게 볼 수 있으며, 가까운 미래에 있을 법한 에피소드들이 관객들의 눈길을 끈다. 특히 이 영화는 다양한 종류의 로봇을 보여 주면서 로봇이 어떤 존재이고 사용자에게 어떤 가치를 제공할 수 있는지에 대한 의미 있는 시사점을 제공한다. 영화에서 보는 것처럼 로봇은 주인의 심부름을 하는 심부름꾼일 수도 있고 주인의 외로움을 달래 주는 친구일 수도 있다. 주인공 로봇인 써니의 위 대사처럼 사람에게 유용한 로봇이 되기 위해서는 로봇이 어떤 기능과 구조와 용도를 가지고 있는지 사용자에게 명확히 전달되어야 한다. 영화는 사용자가 로봇의 구조나 기능 그리고 가치를 제대로 이해하지 못했을 때 발생할 수 있는 여러 가지 문제점에 대한 재미있는 시사점을 제공한다. 영화 〈아이, 로봇〉을 통해 유용한 디지털 시스템이 가져야 할 조건과 이를 효과적으로 사용자에게 전달하는 방법에 대해 알아보자.

영화 토론 주제

1   영화 〈아이, 로봇〉에서는 주인공인 써니를 비롯해 다양한 로봇이 등장한다. 사람들은 이런 로봇들이 어떻게 구성되어 있고 어떤 용도로 어떻게 사용하는지에 대한 생각들을 가지고 있다. 사람들이 가지고 있는 생각에 가장 근접한 영화 장면을 선택하고 각 장면에 어떤 특징이 있는지 생각해 보자.

2   컴퓨터나 로봇에 대해 가지는 사람들의 생각에 따라 동일한 로봇에 대해서도 매우 다른 반응을 보이게 된다. 영화에서 스푸너 형사의 로봇에 대한 생각과 칼빈 박사의 생각이 어떻게 다른지, 그리고 두 사람의 행동이 어떻게 다른지 비교해 보자.

3   영화 전체에 걸쳐 사람들이 로봇이나 제품을 다루는 장면이 여러 번 등장한다. 그중 사람들이 로봇이나 제품에 기대했던 바와 실제가 달랐던 장면을 찾아보자. 그런 경우 로봇이나 제품을 어떻게 설계하는 것이 기대와 실제를 최대한 맞출 수 있는지 생각해 보자.

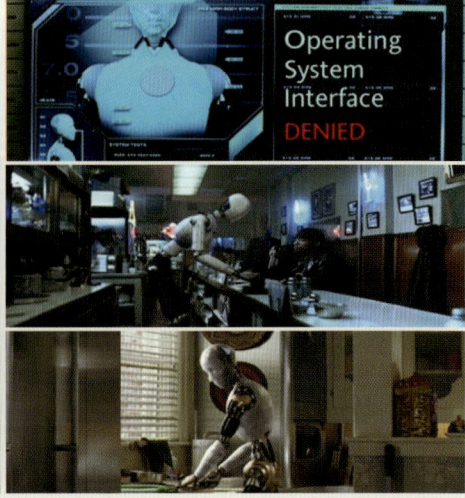

영화 〈아이, 로봇〉에 나타난 유용한 디지털 시스템의 조건과 이를 사용자에게 전달하는 방법

사람들이 디지털 시스템을 사용하는 목적을 효과적으로 달성할 수 있도록 도와줄 수 있는 것을 유용성의 원리라고 한다. 시스템을 유용하게 사용하기 위해서는 그 시스템이 어떤 용도로 사용되고, 어떤 구조를 가지고 있으며, 어떻게 작동하는지 이해하는 것이 중요하다. 심성모형이란 특정 디지털 시스템의 가치나 기능 또는 구조에 대해 사람들이 마음속에 가지고 있는 생각이다. 본 장에서는 심성모형에 대한 정의를 내리고 그 특징에 대해 알아본다. 또한 추상화의 수준에 따라 심성모형을 구조모형, 기능모형, 가치모형으로 구분하고 설명한다. 대상이 되는 제품이나 서비스를 바라보는 관점에 따라 심성모형은 사용자모형, 개발자모형, 그리고 시스템 이미지로 나뉘는데, 이에 대해서도 자세히 설명하고자 한다. 정확한 심성모형을 사용자에게 제공하기 위한 가이드라인을 제시함으로써 유용한 디지털 제품이나 서비스의 개발을 위한 유용성의 원리를 제공하는 것이 본 장의 목적이다.

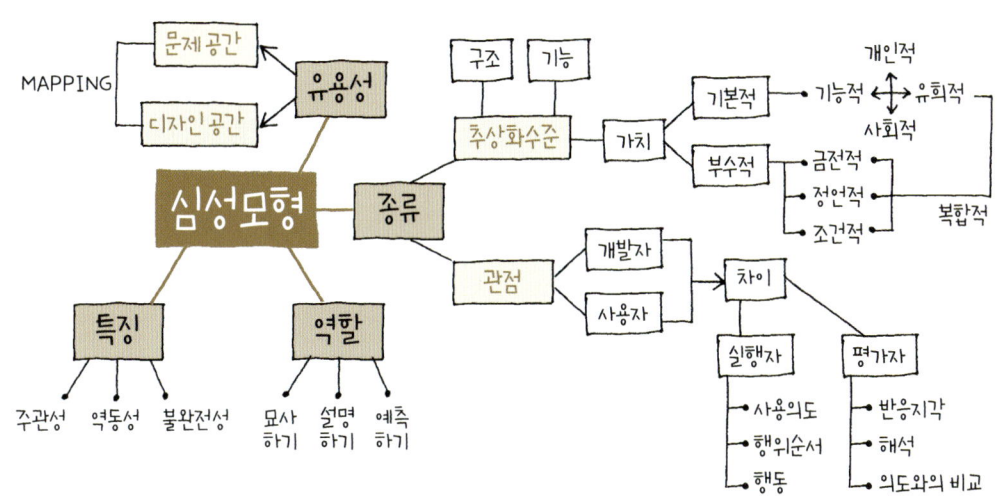

1. 문제 공간과 디자인 공간

디지털 제품이나 서비스가 유용하게 사용되기 위해서는 사람들이 자신이 현재 어떤 문제점이나 바람을 가지고 있는지 알고 있어야 하고, 디지털 제품이나 서비스가 이러한 상황을 어떻게 충족시켜 줄 수 있는지에 대한 전반적인 이해가 필요하다. 인지과학 분야에서는 이것을 문제 공간problem space과 디자인 공간design space이라는 개념으로 정리하는데, 두 공간 사이의 원활한 관계를 통해 유용한 시스템이 만들어진다. 즉 문제 공간을 명확하게 파악하고 이에 상응하는 디자인 공간을 만들었을 때 비로소 유용한 제품이나 서비스가 만들어질 수 있다. 이 두 개념은 디지털 시스템의 유용성을 이해하는 데 중요한 이론적인 기초를 제공해 준다.

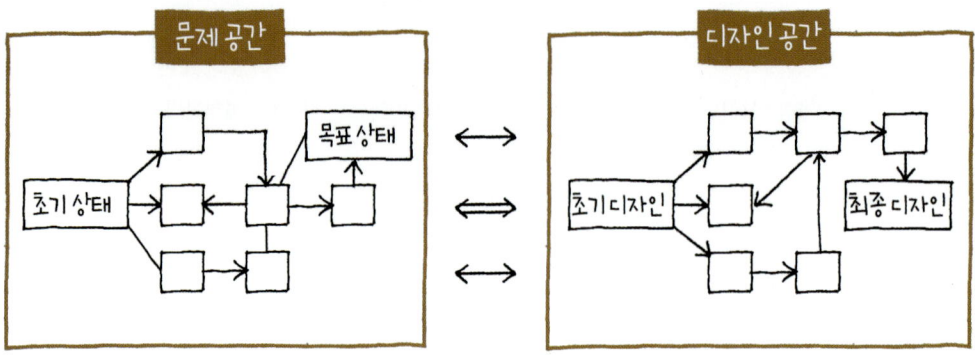

그림 1
문제 공간과 디자인 공간

1.1 문제 공간

우리는 일상생활에서 끊임없이 많은 문제에 직면하며, 이런 문제를 해결하기 위해 많은 시간을 소비한다. 무엇인가를 바라지만 아직 바라는 것이 이루어지지 않은 상태를 '문제'라고 규정한다면, 원하는 것을 얻기 위해 하는 모든 행위를 '문제 해결 행위'라고 할 수 있다. 예를 들어, 학생이 아침에 학교를 가기 위해서 집을 나서고 있다고 가정해 보자. 학생이 바라는 것이 수업 시간에 늦지 않게 학교에 도착하는 것이라면, 여러 교통수단을 이용해 집에서 학교까지 가는 행위도 문제 해결의 과정이라고 할 수 있다.

이때 문제 공간이란 사람이 초기 상태initial state에서 목표 상태goal state에 이르기까지의 과정에서 문제를 해결할 수 있는 모든 상태의 집합이다. 예를 들어, 한 사람이 지금 부산 역에 있는 것이 초기 상태이고, 서울 시청에 있는 것이 목표 상태라고 하자. 이때 문제 공간은 부산 역에서 서울 시청으로 가는 과정에서 그 사람이 갈 수 있는 모든 장소를 의미한다. 이는 대전이 될 수 있고, 경복궁 역이 될 수 있으며, 인천국제공항이 될 수도 있다. 그러나 만일 현재 당면한 문제가 지구에서 화성까지 이동하는 우주비행이라면 전혀 다른 문제 공간이 형성될 것이다.

인간의 문제 해결 과정은 제한조건path constraint 내에서 조작자operator를 사용해 초기 상태에서 목표 상태로 가기 위한 문제 공간을 탐색하는 과정이다. 즉 문제 공간은 사용자가 본인의 문제를 해결하는 과정에서 처할 수 있는 상태들로 이루어진 미로인 것이다. 조작자를 상태 간을 움직이는 통로라고 생각한다면, 문제 해결은 조작자를 통해 여러 상태로 이루어진 미로를 탐색하는 과정이라고 할 수 있다. 그림 2의 '여덟 개의 타일' 수수께끼 문제를 살펴보자. 이것은 그림 맨 위에 나타나 있는 초기 상태를 맨 아래 그림과 같이 모든 숫자들이 시계 방향으로 배열되는 목표 상태로 전환시키는 문제이다. 틀의 한 칸은 항상 비어 있으므로 인접한 타일이 어느 숫자라도 그곳으로 들어갈 수 있고, 다른 빈칸이 생기게 된다. 그렇게 상태는 여덟 개로 이루어진 타일의 형상으로 표시되며, 상태를 변경시키는 조작자는 한 타일을 옆에 있는 빈 공간으로 이동하는 것이다. 이때 타일을 무조건 옮기는 것이 아니라 반드시 빈칸으로만 움직여야 한다는 제한조건을 충족시켜야 한다. 다시 말해 한 번에 하나의 타일을 바로 옆의 빈 공간으로 옮긴다는 주어진 제한조건을 준수하면서 문제를 풀어간다. 이 과정은 조작자를 이용해 모든 숫자가 시계 방향으로 배열된 목표 상태에 도달하기 위해 여러 상태로 이루어진 문제 공간을 탐색하는 행위라고 볼 수 있다.

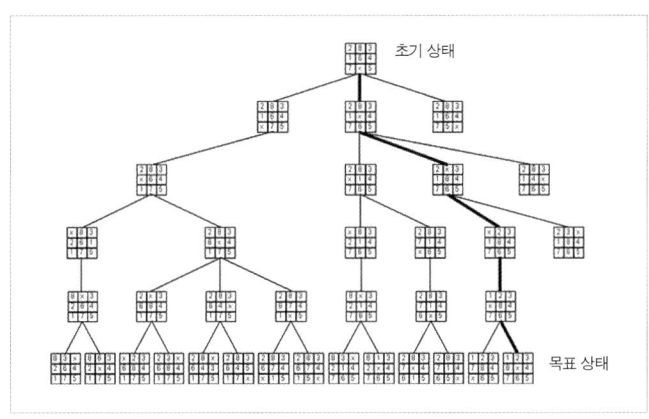

그림 2
여덟 가지 타일 문제로
이해하는 문제 공간

어떤 문제에 대한 이해는 네 가지 요소로 구성되어 있는데, 이는 앞서 설명한 초기 상태, 목표 상태, 조작자, 제한조건이다. 그림 2의 '여덟 개의 타일' 문제는 맨 위에 있는 초기 상태, 맨 아래에 있는 목표 상태, 타일을 옮기는 조작자, 그리고 빈칸으로만 타일을 옮길 수 있다는 제한조건으로 이루어져 있다. 어떤 문제를 이해하는 것은 해당 문제에 대해 이러한 사항을 파악하는 과정이며, 이를 인지과학 분야에서는 해당 문제에 대한 표상 problem representation 을 구축하는 단계라고 한다.

문제 표상은 문제 해결에서 중요한 역할을 한다. 사용자가 지각하는 문제 공간의 초기 상태, 목표 상태, 조작자 및 제한조건을 결정함으로써 문제 해결 과정에서 준수해야 할 법칙과 상황을 결정하기 때문이다. 따라서 HCI의 관점에서 사용자가 어떤 문제 공간을 가지고 있는지 파악하는 것은 유용한 시스템을 만들기 위한 선결조건이다. 사람들이 디지털 제품이나 서비스를 사용하는 현재 상태는 어떤지(초기 상태), 그런 제품이나 서비스를 이용해 도달하고자 하는 목표 상태는 무엇인지(목표 상태), 그런 상태에 도달하기 위해 사람들이 현재 사용할 수 있는 제품이나 서비스의 기능이나 정보는 어떤 것들이 있는지(조작자), 그런 대안들을 사용하는 데 시스템이나 환경이 어떤 영향을 미치는지(제한조건) 파악해야 하기 때문이다. 이 책의 분석 파트는 결국 사용자의 문제 공간을 이해하는 것을 주 목적으로 한다. 사용자 분석은 사용자의 초기 상태를 분석하고, 과업 분석은 사용자의 목표 상태를 분석하고, 기술 분석은 기술적인 조작자에 대해 분석하고, 맥락 분석은 환경적인 제한조건을 분석한다.

1.2 디자인 공간과 개념적 모형

유용한 제품이나 서비스를 만들기 위해서는 사람들이 가지고 있는 문제 공간을 이해하는 동시에 그 문제를 해결할 수 있는 디자인 공간을 이해해야 한다. 이때 디자인 공간이란 사람들이 가지고 있는 문제를 해결해 줄 수 있는 모든 제품이나 서비스 대안의 집합이라 생각할 수 있다. 디자인 공간을 이해한다는 것은 개념적 모형conceptual model을 이용해 특정 제품이나 서비스가 사람들에게 어떤 의미를 가지는지 이해하는 것이다.Liddle, 1996 그런 의미에서 디자인 공간은 제품이나 서비스에 대해 사용자가 인식할 수 있는 모든 개념적 모형들로 이루어진 집합이라 할 수 있다.

디지털 제품이나 서비스를 디자인하는 데 중요한 요소는 사용자가 가진 개념적인 모형을 이해하는 것이다. 사람들이 특정 디지털 제품이나 서비스가 어떻게 구성되어 있고, 어떻게 작동하는지, 그리고 그 사용 용도를 어떻게 이해하고 있는지 알아야 그에 맞추어 유용한 시스템을 만들 수 있기 때문이다. 나머지 개발 및 설계 작업은 이러한 개념을 구체화하고 명확하게 만들어 가는 과정이라 할 수 있다. 또한 이렇게 만들어진 제품이나 서비스가 유용한 시스템이 되기 위해서는 그것이 어떤 용도로 사용되고 어떤 기능과 구조를 가지고 있는지 그 개념을 명확하게 사용자에게 전달해야 한다.

일반적으로 모형model은 특정 목적을 가지고 특정 제품이나 서비스가 어떻게 구성되어 있고 어떻게 작동하는지 추상화시킨 결과를 의미한다. 예를 들어, 어린아이가 장난감 비행기를 조립하기 위해 보는 조립설명서는 어린아이가 알기 쉽게 이해할 수 있도록 복잡한 장난감을 추상화해 놓은 모형이라고 할 수 있다. 조직도 또한 회사라고 하는 복잡한 시스템을 사람들이 이해하기 용이하도록 추상화한 모형이라 할 수 있다. 모형이라고 하는 것은 특정 대상을 특정 목적에 따라 중요한 사항은 강조하고, 불필요한 사항은 무시해서 만든 해당 대상에 대한 표현물이다.

이러한 모형을 만드는 이유는 단순화에 있다. 실제 대상을 있는 그대로 묘사하려면 많은 정보가 필요하고 복잡한 형태로 만들어질 수밖에 없는 반면, 특정 목적에 적합한 모형은 상대적으로 훨씬 단순하게 만들 수 있기 때문이다.

위에서 말한 모형은 간단한 경우에는 종이 위에 그려질 수도 있고, 복잡한 경우에는 컴퓨터나 전문 도면에 그려지는 경우도 있다. 이렇게 종이나 전자 도면과 같은 외부 물체가 아니라 시스템을 사용하는 사용자의 마음속에 그려지는 시스템에 대한 모형을 가리켜 심성모형mental model이라고 한다.

제한된 인지적 능력을 가지고 있는 인간이 복잡한 외부 환경을 효과적으로 이해하고 활용하기 위해서는 복잡한 대상에 대한 단순화된 모형이 머릿속에 필요하기 때문에 사람들은 심성모형을 구축한다. 시스템의 구조나 기능 그리고 가치에 대해 간단하게 추상화된 모형을 머릿속에 가지고 있어야, 제한된 인지 능력을 가지고 있는 사용자가 복잡한 시스템을 유용하게 사용할 수 있기 때문이다. 그런 모형이 없다면, 시스템이 무슨 용도로 사용되고 어떤 기능이나 구조를 가지고 있는지 파악하지 못하기 때문에 사용자가 시스템을 이용해 자신의 목적을 효과적으로 달성할 수 없게 된다. 따라서 사용자가 적절한 심성모형을 구축하도록 하는 것은 사용자가 시스템과 유용한 상호작용을 하기 위한 중요한 전제조건이라고 할 수 있다.

2. 심성모형

심성모형은 자동차나 카메라와 같은 복잡한 대상이 어떤 구조를 가지고 있고 시간의 흐름에 따라 어떻게 동적으로 움직이는지를 간단하게 추상화해서 표현하는 사람의 마음속에 있는 지식의 구조라고 할 수 있다. HCI 입장에서 심성모형은 특정 시스템의 기능이나 구조 또는 가치에 대해 사용자가 자신들의 머릿속에 가지고 있는 동적인 모형이라고 할 수 있다. 예를 들어, 사람들이 구글에 접속했을 때, 이 검색엔진이 어떤 기능을 하고 어떤 구조를 가지고 있으며, 자신들에게 어떠한 가치가 있을 것이라고 각자 생각하는 마음속의 동적인 모형을 구글에 대한 심성모형이라고 할 수 있다.

2.1 심성모형의 특징

심성모형은 세 가지의 특징을 가지고 있다. 첫째, 사람의 마음속에 가지고 있는 지식구조로서, 사람에 따라 또는 보는 관점에 따라 비록 동일한 대상에 대해서도 상이한 심성모형을 가질 수 있다. 예를 들어, 우주선에 대한 모형을 생각해 보자. 과학 수업을 듣는 초등학생은 복잡한 물리적 또는 전자적 상세 설계가 필요한 것이 아니라 어떻게 하면 우주선이 지구 궤도를 따라 안전하게 비행할 수 있는지를 알기 쉽게 표현하는 심성모형을 구축할 것이다. 반면 똑같은 우주선에 대한 심성모형이지만 우주선 제작자가 가지고 있는 심성모형은 전자 장치나 기계 장치에 대한 자세한 내용들로 이루어져 있을 것이다. 또한 우주선 제작 회사 내부에서도 마케팅부서 직원이 가지고 있는 우주선에 대한 심성모형과 생산부서 직원이 가지고 있는 심성모형은 당연히 달라질 것이다. 그러므로 심성모형이라는 것은 누구의 관점에서 보느냐와 얼마나 자세하게 실제 대상을 묘사하느냐에 따라 동일한 대상에 대해서도 상이한 모형이 만들어질 수 있다.

둘째, 동적이라는 특징이다. 심성모형은 가상적으로 실행이 가능하기 때문에 단순하게 어떠한 대상을 설명하는 것이 아니라 그 대상을 사람들의 머릿속에서 가상으로 작동시켜 볼 수 있다. 예를 들어, 사용자가 그림 3의 왼쪽에 보이는 카메라 모형과 작동 순서를 마음속에 가지고 있다면, 외부에 있는 빛이 여러 가지 렌즈를 통해 거울에 반사되어 프리즘을 통해 자신의 눈에 오는 과정을 마음속으로 따라가 볼 수 있다. 이런 점에서 심성모형은 어떤 대상에 대한 표현과 작동 방법이 동시에 구성되어 있다고 볼 수 있다. 심성모형의 이런 특징이 심성모형을 그림 3의 오른쪽에 있는 단순한 제원표나 프레임과 구분되게 하는 점이다. 심성모형이 일련의 움직임을 표현할 수 있다면, 제원표나 프레임은 하나의 정지된 표현만을 의미하기 때문이다. 또한 심성모형은 사람들의 머릿속에 항상 동일한 모습으로 있는 것이 아니라 필요에 따라 동적으로 구축될 수 있으며, 상황에 따라 동적으로 수정이나 갱신이 자유롭다는 특징도 가지고 있다.

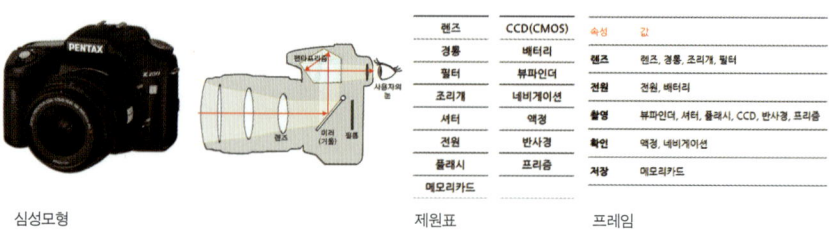

그림 3
디지털 카메라의 동적 특성에 대한 심성모형

심성모형   제원표   프레임

심성모형의 세 번째 특징은 불완전하고 상충적일 수 있다는 것이다. 앞에서도 이야기했듯이 심성모형은 개인의 인지적인 능력에 따라 크게 영향을 받기 때문에 사람에 따라서는 정확한 심성모형을 가질 수 있겠지만 그렇지 않을 수도 있다. 예를 들어, 그림 3에 제시된 디지털 카메라의 심성모형에서는 카메라에 찍힌 사진의 해상도를 어떻게 조절하는지에 대한 내용은 전혀 없다. 심성모형이 카메라 작동에 대한 동적모형을 제공해 주기는 하지만, 그 세부적인 내용은 여전히 불완전하거나 상호 모순될 수 있다. 따라서 사용자의 목표와 현재 상태에 따라 디지털 제품이나 서비스에 대한 적합한 심성모형을 구축할 수 있도록 하는 것은 시스템의 유용성을 높이기 위한 중요한 요소이다.

2.2 심성모형의 역할

심성모형의 역할은 심성모형이 제대로 구축되었을 때 제공받을 수 있는 효과와 그렇지 못했을 때의 역효과를 통해 설명할 수 있다. 우선 심성모형의 주요 용도는 묘사, 설명, 예측 등 세 가지로 볼 수 있다.

현상을 묘사하기

심성모형의 기본적인 기능은 시스템의 현재 상태를 자기 자신이나 다른 사람에게 설명하는 것이다. 특히 이는 사람들이 한 번도 사용해 보지 않은 시스템에 대해 설명할 때 매우 유용한 기능이다. 예를 들어, 그림 4의 왼쪽은 노트북 컴퓨터에서 현재 네트워크의 연결 상태를 사용자에게 알려 주는 응용 프로그램이다. 이를 그림 4의 오른쪽 DOS 화면과 비교해 보자. 정보의 내용에서는 그림의 왼쪽과 오른쪽이 별반 차이는 없지만, 왼쪽은 어떻게 신호가 자신의 컴퓨터에서 나와서 인터넷에 연결되는지 명확하게 보여 주는 심성모형과 같은 동적모형이고, 오른쪽은 이러한 모형을 프레임처럼 속성과 속성값으로 구분해 보여 준다. 따라서 그림 4의 왼쪽에 있는 것과 같은 심성모형을 사람들이 자신의 머릿속에 가지고 있다면 현재 자신의 컴퓨터의 네트워크가 연결된 현상을 좀 더 명확하게 묘사할 수 있다는 장점을 가지고 있다.

이유 설명하기

심성모형의 두 번째 기능은 시스템의 작동과 관련된 인과 관계를 설명할 수 있다는 것이다. 이는 특히 시스템에 오류가 발생했을 때 그 이유를 진단하는 데 중요한 역할을 한다. 예를 들어, 인터넷 접속이 안 될 경우 사용자가 그림 4의 왼쪽과 같은 심성모형을 가지고 있으면, 그 이유가 어댑터에 있는지 게이트웨이 서버에 있는지 아니면 프록시 서버에 있는지를 단계적으로 진단할 수 있다. 즉 시스템에 대해 적절한 심성모형을 구축하면, 그 시스템이 정상으로 작동될 때뿐만 아니라 그렇지 못할 때 더욱 강력한 효과를 나타낼 수 있다.

미래 예측하기

심성모형의 세 번째 기능은 시스템의 작동에 대해 미래의 상태를 예측해 볼 수 있다는 것이다. 즉 현재 상태가 이렇다면 다음 상태는 어떻게 변하는지 예측할 수 있으며, 시스템의 한 부분이 바뀐다면 그 변화가 시스템의 다른 부분에 어떤 영향을 미칠 수 있는지도 이해할 수 있다. 예를 들어, 그림 4에서 게이트웨이 서버의 설정을 변화시킨다면 내 컴퓨터의 인터넷 접속은 어떻게 변화할 것인지, 그리고 어댑터의 보안 수준을 변화시킨다면 게이트웨이 서버에 전달되는 정보는 어떻게 변화할 것인지 등을 직접 하지 않고도 예상할 수 있다.

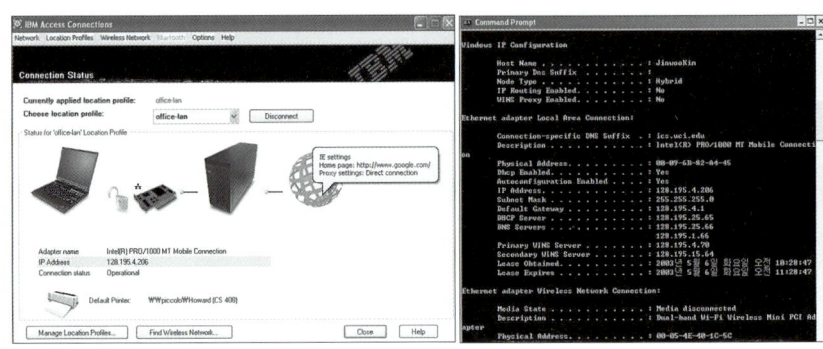

그림 4
적절한 심성모형의 효과에 대한 네트워크 연결 프로그램 사례

2.3 잘못된 심성모형의 부작용

잘못된 심성모형을 가지고 있는 경우에는 사소한 실수도 매우 치명적인 결과를 불러올 수 있다. 그림 5는 잘못된 심성모형으로 인해 1978년 미국 포토맥 강에서 있었던 선박 충돌 사고를 보여 주고 있다. 그림 5 위쪽에 있는 네 개의 그림은 당시 해안경비대 선박의 선장이 가지고 있었던 심성모형이고, 하단에 있는 네 개의 그림은 실제 상황을 묘사한 것이다. 위의 그림을 보면 선장은 앞에 가는 화물선(F)과 자신의 경비정(C)이 동일한 방향으로 진행하고 있다고 생각하고, 자신의 배의 속도가 더 빠르니까 왼쪽에 있는 항구로 들어가기 위해서는 왼쪽으로 먼저 회전을 하

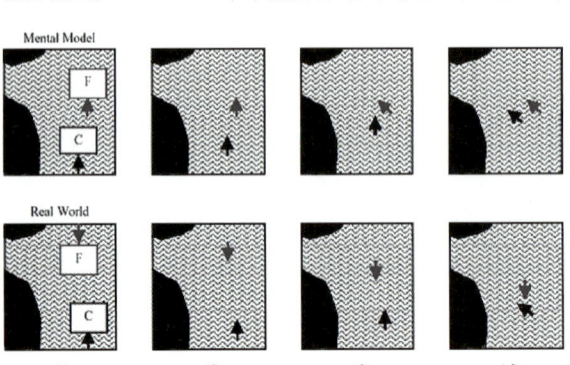

그림 5
선박 충돌 사고로 이어진 잘못된 심성모형

면 된다고 생각했다. 이는 해양 경비대 선장의 심성모형에는 일반적으로 그 시간에 항구를 빠져나오는 화물선이 별로 없었기 때문에 앞에 있는 화물선도 항구로 들어가는 중이라고 이해했던 것이다. 그러나 실제 상황은 두 배가 서로 반대 방향에서 오고 있었고, 경비정이 왼쪽으로 회전하자 두 배는 정면으로 충돌했다. 결과적으로 경비정 선장이 가지고 있었던 잘못된 심성모형 때문에 해안경비정은 자신보다 네 배나 덩치가 큰 화물선과 충돌했고 열 명의 귀중한 목숨을 잃고 말았다.

잘못된 심성모형 사례로 전화가 걸려 온 아이폰을 생각해 볼 수 있다. 일반적으로 사용하는 피처폰에는 통화 버튼이 왼쪽에 있고 종료 버튼이 오른쪽에 있다. 그래서 일반 피처폰을 오랜 기간 동안 사용했던 사용자는 통화는 왼쪽 버튼이고 종료는 오른쪽 버튼이라는 심성모형을 가지고 있다. 그러나 그림 6과 같이 아이폰에서는 버튼이 반대로 되어 있다. 그러다 보니 기존의 피처폰을 오랜 기간 사용한 사용자가 아이폰을 사용할 때 무의식적으로 걸려오는 전화를 끊어 버리는 실수를 저지르곤 한다.

그림 6
디지털 제품에서의
잘못된 심성모형의 사례:
아이폰의 '거절'과 '응답' 버튼

비슷한 예로, 인터넷 사이트의 지도 서비스를 예로 들 수 있다. 일반적으로 그림 7의 오른쪽처럼 마우스의 휠을 앞으로 돌리면 확대되고 휠을 뒤로 돌리면 축소와 매핑이 된다. 다른 인터넷 사이트에서도 인터넷 익스플로러창에서 글자 크기를 확대 축소할 때도 이와 유사한 심성모형을 사용하고 있다. 그러나 그림 7의 왼쪽에서 보이는 인터넷 지도 서비스는 마우스 휠을 앞으로 돌릴 때 축소되고 뒤로 돌리면 확대된다. 사용자는 이 사이트의 지도를 사용하면서 기존에 사용한 심성모형대로 휠을 앞으로 돌려서 확대를 하고자 하지만 예상과는 반대로 축소하는 결과를 가져오곤 하여 불만을 토로했다.

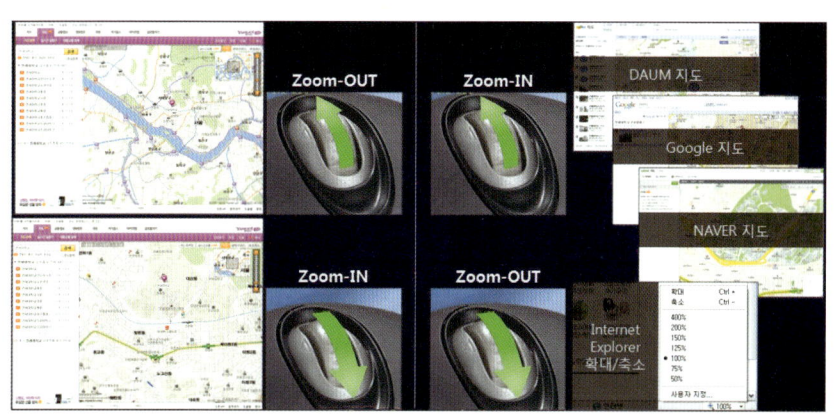

그림 7
디지털 서비스에서의
잘못된 심성모형의 사례:
마우스 휠과 지도의
확대 축소

시스템에 대한 심성모형을 제대로 구축하지 못한 사용자에게도 문제가 있지만, 해당 시스템에 대해 잘못된 심성모형을 구축하게 만든 시스템 설계자에게 더 큰 책임이 있다. 따라서 HCI에서는 사용자가 정확한 심성모형을 구축할 수 있게 하는 시스템 설계가 중요하다.

3. 추상화 차원에 따른 심성모형 종류

앞에서 이미 언급했지만 추상화의 차원에 따라 동일한 대상에 대해서도 다양한 모형이 만들어질 수 있다. 심성모형도 사람들의 마음속에 만들어지는 모형이기 때문에 여러 가지 추상화의 차원이 있을 수 있다. 디지털 시스템을 위한 모형의 경우 일반적으로 구조모형, 기능모형, 가치모형의 세 가지 차원이 있다.

3.1 구조모형

구조모형structural model은 시스템이 구체적으로 어떤 세부 요소들로 구성되어 있는지 묘사하는 모형이다. 구조모형은 다른 용어로 대리모형surrogate model이라고도 한다. 영화 〈아이, 로봇〉에서 로봇들이 어떤 구조로 구성되어 있는지 자세하게

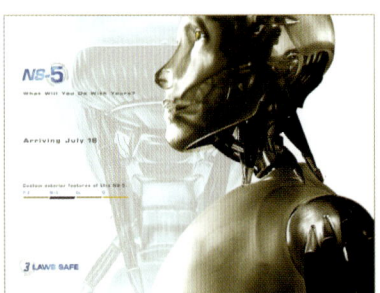

그림 8
〈아이, 로봇〉에서 나타난 로봇에 대한 구조모형

나타내는 그림 8과 같은 모형을 사람들이 마음속에 가지고 있다면, 이는 이러한 로봇들에 대한 구조모형이라고 할 수 있다.

구조모형의 중요한 특징은 추상화의 정도가 낮고 결과적으로 사실적이라는 점이다. 즉 실제로 시스템이 어떻게 구성되어 있는지를 시스템의 물리적인 구조 수준까지 내려가서 모형화하기 때문에 추상화의 정도가 매우 낮다. 예를 들어 그림 9는 다음 커뮤니케이션에서 제공하는 스카이뷰 서비스이다. 이 지도는 길이나 건물 이름뿐만 아니라 해당 지역의 전반적인 시각적인 특성까지도 자세하게 보여준다. 사용자가 이 서비스를 통해 해당 공간에 대한 구체적인 모형을 마음속에 구축할 수 있다면 이는 해당 지역에 대한 구조모형을 의미한다. 사람들이 특정 공간에 대해 가지는 구조모형을 조망모형survey model이라고도 한다.

구조모형의 또 다른 특징은 특정한 정황에 매여 있는 것이 아니기 때문

에 다른 모형들로 확장하거나 연결하기 쉽다는 것이다. 이는 시스템에 문제가 생기거나 자신이 항상 사용하던 기능이 작동이 안 될 경우 구조모형을 가지고 있으면 그 원인과 새로운 대안을 찾기가 쉬워짐을 의미한다. 그러나 구조모형은 사용자가 평상시에 시스템을 이용하면서 자연스럽게 구축할 수 있는 모형이 아니라 별도의 노력을 들여야 구축할 수 있는 모형이기 때문에 사용자가 이러한 모형을 구축하는 과정이 어렵다는 단점이 있다. 특히 최근 만들어지고 있는 디지털 제품들은

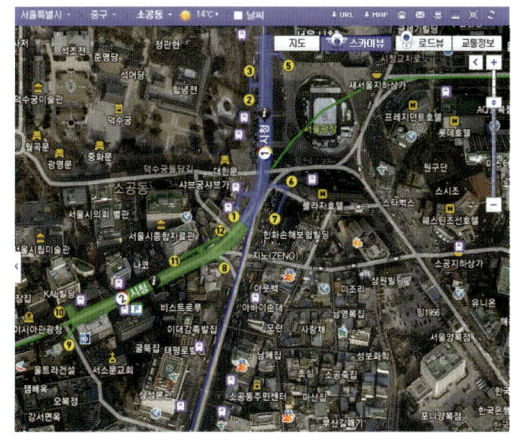

그림 9
다음 커뮤니케이션의
스카이뷰 서비스 구조모형

그 내부 요소들이 너무 많고 복잡하기 때문에 별도의 학습을 하지 않는 한 구체적인 구조모형을 구축하기 힘들다. 예를 들어, 일반 사용자가 DSLR 카메라를 많이 사용한다고 해도 그림 10과 같은 자세한 구조모형을 구축하기는 쉽지 않다. 그래서 과연 사람들이 이러한 구조모형을 현실적으로 구축할 수 있는지, 그리고 구조모형이 실제로 구축된다고 했을 때 이러한 자세한 모형을 구축하는 데 들어가는 인지적 물질적 비용에 비해 과연 얼마나 더 많은 효과를 제공해 줄 수 있는지가 중요한 이슈가 된다.

정확한 구조모형을 구축한다는 것은 시스템을 구성하고 있는 구성 요소들에 대해 사용자가 자세하게 이해하고 있다는 것을 의미한다. 이를 위해서는 시스템에서 제공되는 정보의 분류체계와 구조가 이해하기 쉽고 기억하기 쉬워야 한다. 시스템의 구조를 사람들이 이해하고 기억하기 쉽게 하기 위해 시스템을 어떻게 설계해야 하는지에 대해서는 이 책의 11장에서 구체적으로 다루도록 하겠다.

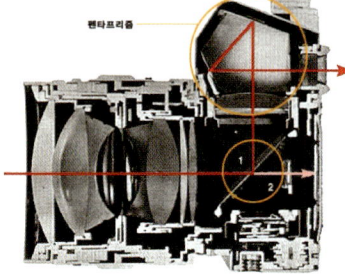

그림 10
DSLR 카메라에 대한
구조모형

3.2 기능모형

기능모형functional model은 시스템이 어떻게 구성되어 있는지에 대한 모형이라기보다는 사람들이 시스템을 어떻게 사용하는지에 대한 모형이다. 기능모형은 작업행위모형task-action model이라고도 한다. 그 이유는 사람들이 어떠한 작업을 수행하기 위해 해당 시스템에 어떤 행위를 하는지를 묘사하기 때문이다. 기능모형은 특히 시스템을 설계하는 사람들에게 매우 중요한 모형인데, 기능모형이 시스템을 사

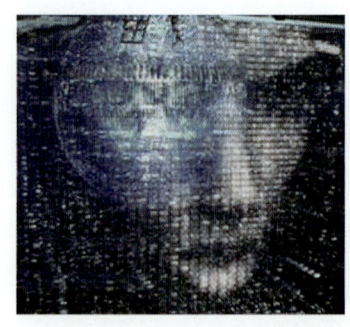

그림 11
〈아이, 로봇〉에서 나오는 비키의 홀로그램에 대한 기능모형

용하는 절차와 밀접하게 연관되기 때문이다. 그림 11과 같이 영화 〈아이, 로봇〉에서 비키라는 슈퍼컴퓨터에 대한 기능모형은 비키를 사용하면서 비키의 사용 방법에 대해 사람들이 마음속에 가지고 있는 모형이다. 예를 들어, 비키는 여러 가지 복잡한 반도체와 회로들로 되어 있겠지만, 비키를 사용하는 일반 사용자는 비키를 사용하는 과정에서 주로 비키의 홀로그램과 만나기 때문에 비키의 홀로그램을 기능모형으로 인식한다.

기능모형의 중요한 특징은 과거에 해당 시스템을 사용했던 사용 맥락에 많은 영향을 받는다는 것이다. 그림 12는 서울 인사동과 경복궁 근처의 미술관을 돌아다니는 순환버스의 노선에 대한 기능모형과 구조모형을 표시하고 있다. 그림 위쪽에 있는 구조모형은 물리적 공간에 실제로 존재하는 거리의 도로를 그대로 묘사해 상당히 구체적이다. 그리고 사용자가 실제로 어떻게 순환버스를 이용했는지와 상관없이 항상 동일하다. 반면 아래쪽에 있는 기능모형은 순환버스를 실제로 타고 미술관을 돌아다녔을 때 습득할 수 있는 것으로서 순환버스 탑승객의 입장에서는 실제 거리보다는 자신이 버스를 타고 가면서 느끼는 노선이 더 중요하다고 할 수 있다. 예를 들어, 구조모형을 보면 아트선재센터에서 국립민속박물관으로 걸어가면 오히려 더 가까울 수도 있다는 것을 알 수 있으나, 기능모형만을 보면 아트선재센터에서 국립박물관은 오히려 상당히 먼 거리에 있는 것으로 표시되어 있다. 이는 버스를 탄 탑승객이 자신이 거쳐 왔던 버스 정류장을 기준으로 기능모형을 구축했기 때문이다.

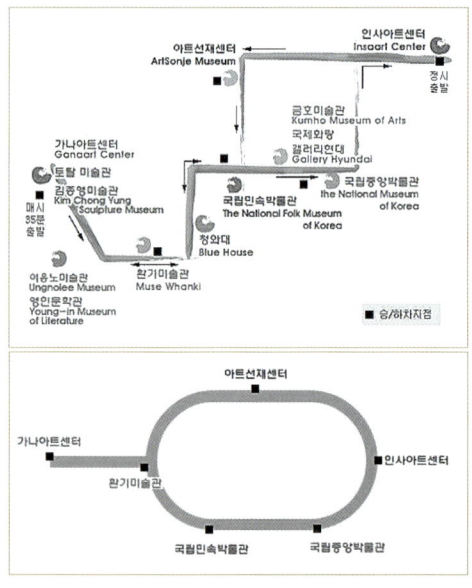

그림 12
구조모형과 기능모형을 비교한 미술관 순환버스 노선

이러한 관점 때문에 공간적인 기능모형을 가리켜서 경로모형route model이라고 한다. 인터넷상에서 경로모형의 대표적인 예로는 항해 경로를 들 수 있다. 그림 13은 카테고리 검색을 통해 카페에 접근할 수 있는 경로를 제시하고 있다. 이는 마치 지하철을 갈아타는 것과 비슷한 모형이라고 할 수 있다.

Mits **M4650** & M4655
Mits 'SPH-**M4650** % SPH-M4655' 카페입니다.
랭킹: 새싹2단계 · 회원수: 718 · 새글/전체글: 0/93 · 매니저: 레드요 · 카페 프로필›
주제 컴퓨터/통신 > 무선/모바일 http://cafe.naver.com/m4650lgt

LG텔레콤 스마트폰 사용자의 모임 (**m4650**, m4655, 옴니아2)
제조사 상관없이 LGT 통신사를 이용한 스마트폰 카페입니다 (엘지텔레콤 **m4650**, m4655, m7150, 옴니아2)
랭킹: 씨앗2단계 · 회원수: 17 · 새글/전체글: 0/7 · 매니저: 배골계 · 카페 프로필›
주제 컴퓨터/통신 > 무선/모바일 http://cafe.naver.com/lgtsmart

그림 13
카테고리 검색에서의 기능모형

그림 14는 다음 커뮤니케이션에서 제공하고 있는 로드뷰이다. 그림 9의 스카이뷰가 구조모형을 보여 준 것인 반면, 그림 14의 로드뷰는 운전자 입장에서의 기능모형을 보여 주고 있다. 로드뷰 서비스를 이용하는 사용자는 파란 선을 따라 실제 도로 위를 주행해 보면서 해당지역을 실제로 돌아다니는 듯한 경험을 통해 효과적인 기능모형을 구축할 수 있다.

그림 14
로드뷰 서비스 기능모형

기능모형은 사람들이 별다른 주의를 기울이지 않아도 손쉽게 구축할 수 있다는 장점을 가지고 있는 반면, 이미 구축된 모형이 제대로 작동하지 않을 때 새로운 지식을 만들어 내거나 기존의 지식과 새로 습득된 지식을 통합하는 과정이 어렵다는 단점을 가지고 있다. 예를 들어, 그림 12의 아래와 같은 기능모형을 가지고 있는 상태에서 국립민속박물관을 가다가 아트선재센터 앞에서 순환버스가 고장으로 멈추게 되면, 실제로 가까운 거리임에도 환기미술관을 경유해서 갈 수밖에 없다. 영화 〈아이, 로봇〉에서 로봇과 대화형 스타일의 상호작용 행위를 해 왔던 레닌 박사는 직조작 스타일의 음악기기 앞에서도 "Play, On, Run"을 외치며 기계가 목소리를 인식하고 스스로 작동하기를 기다리지만 아무런 반응이 없자 당황한다. 매일같이 로봇과 대화형 스타일의 상호작용을 하고 있는 레닌박사는 대부분의 기계가 음성 인식이 가능할 것이라는 기능모형을 가지고 있기 때문에 이런 문제가 발생하는 것이다.

시스템 설계와 관련된 기능모형에 대한 중요 이슈는 어떻게 하면 사용자가 수행하고 싶은 작업과 관련해 시스템에 대한 알맞은 기능모형을 용이하게 구축할 수 있는가이다. 기능모형을 구축하는 가장 기본적인 방법은 알맞은 매뉴얼을 제공하는 것이다. 매뉴얼은 사람들 입장에서 그 기능을 사용하려면 어떤 순서대로 진행해야 하는지를 기술하고 있기 때문이다. 그러나 매뉴얼을 잘 작성했다고 해서 기능모형이 제대로 전달되는 것은 아니다. 왜냐하면 매뉴얼을 처음부터 끝까지 읽고 시스템을 이용하는 사용자는 그리 많지 않기 때문이다. 따라서 시스템의 이용 방식을 통해 시스템에 대한 기능모형이 자연스럽게 사용자에게 구축되도록 하는 것이 중요하다. 시스템의 인터랙션 디자인을 통해 기능모형이 사용자에게 효과적으로 전달되는 방안에 대해서는 이 책의 12장에서 자세히 다루도록 하겠다.

3.3 가치모형

사람들은 자신이 가지고 있는 필요성이나 욕구를 충족시키기 위해 디지털 제품이나 서비스를 사용한다. 여기서 중요한 점은 시스템의 구조나 기능과 더불어 그 시스템을 이용해서 사용자가 어떤 일을 하고 무엇을 달성하고자 하는가이다. 가치모형value model이란 사용자가 시스템이 자신에게 어떠한 가치를 제공해 줄 것이라고 생각하는 심성모형으로서 구조모형이나 기능모형보다는 추상성이 더 높다. 따라서 가치모형은 디지털 제품이나 서비스를 사용함으로써 사람들이 어떤 문제를 해결할 수 있는지를 표시하고 있다.

디지털 제품이나 서비스를 개발할 때 가치모형 부분에 대한 관심을 충분히 기울이지 않으면 사용자에게 외면당할 가능성이 높다. 즉 아무리 좋은 구조에 좋은 기능을 가지고 있다고 할지라도 시스템이 사용자에게 어떠한 가치를 제공해 주는지가 불명확하고 사용자가 시스템을 어떤 용도로 사용할지 확신할 수 없다면, 성공하기 어려울 것이기 때문이다. 그림 15의 넷북과 UMPC의 사례를 비교해 보자. 넷북은 저렴한 가격과 제한된 용도로 노트북을 사용하기 원하는 사용자에게 명확한 경제적 가치와 기능적 가치를 제공했다. 반면 UMPC는 휴대성이 좋지만 배터리 사용 시간이 짧고, 노트북보다는 저렴하지만 휴대전화보다는 비싸다. 손에 들고 다니기에는 다소 크고, 심각한 작업을 하기에는 너무 작다. 게다가 비싼 가격 때문에 사용자 입장에서 이것으로 무엇을 할 수 있는지가 명확하지 않다. 그 결과 넷북은 시장에서 큰 성공을 거두었지만, UMPC는 소기의 성과를 이루지 못했다.

그림 15
명확한 가치모형의 중요성을 나타낸 넷북과 UMPC의 차이

그러나 동일한 제품일지라도 어떤 상황에서 누가 사용하는지에 따라 다른 가치를 주는 제품으로 인식될 수 있다. 예를 들어, 패스트푸드점에서 파는 밀크셰이크를 생각해 보자. 출근길에 밀크셰이크를 사는 직장인에게 밀크셰이크는 뜨거운 커피처럼 위험하지도 않고, 도넛처럼 지저분하지도 않지만 간편하게 아침 허기를 채울 수 있는 가치가 있다. 반면 엄마가 자녀들에게 사 주는 밀크셰이크는 과자나 아이스크림 대신에 아이들의 건강에 조금은 도움이 될 수 있는 간식이라는 가치를 가지고 있다.

디지털 제품이나 서비스에 대한 가치모형이 무엇인지에 따라 시장에서 경쟁자가 달라지고 시스템의 주요한 속성이 변경되게 된다.Christensen and Raynor, 2003 예를 들어, 스마트폰과 같은 디지털 제품의 가치모형에 대해 생각해 보자. 이동용 무선 기기라는 가치를 중심으로 생각한다면 스마트폰의 경쟁자는 휴대전화나 PDA 등을 들 수 있고, 그 경우에는 핵심 속성으로 통화 품질이나 전화번호부 등의 기능을 고려할 수 있다. 그러나 또 다른 관점에서 스마트폰은 주로 직장인들이 사용하는 소형 정보 시스템으로 그 가치를 정할 수 있다. 그 경우 노트북 컴퓨터나 무선 인터넷 접속 서비스 등이 스마트폰의 주요 경쟁자가 된다. 그리고 핵심 속성은 데이터 통신 속도나 고객 정보 데이터베이스가 된다. 그러나 사용자 입장에서 스마트폰의 가치를 자투리 시간을 유용하게 사용할 수 있는 소일거리라고 본다면, 스마트폰의 경쟁자는 신문이나 잡지, 그리고 TV 방송 등이 될 것이다. 그리고 핵심 속성은 헤드라인 뉴스를 신속하게 업데이트하고 재미있는 게임을 제공하고 인기 가요를 듣게 해 주는 것 등이 될 수 있다. 즉 사람들이 어떤 가치모형을 가지는지에 따라 디지털 제품이나 서비스의 중요한 기능이나 구조가 달라지게 된다.

사람들에게 해당 제품이나 서비스의 가치를 명확하게 전달해 주는 것은 시스템의 유용성 측면에서 매우 중요한 일이다. 사람들이 디지털 제품이나 서비스에서 기대하는 가치는 다양할 수 있으나 기본적으로는 두 가지 차원에서 네 가지 가치를 들 수 있다. 첫 번째 기본적 가치 차원은 기능적 가치 대 유희적 가치이고, 두 번째 기본적 가치 차원은 개인적 가치 대 사회적 가치이다. 이 네 가지 가치에 대해 간단하게 살펴보자.

기능적 가치

기능적 가치functional value란 사용자가 실용적인 목적이나 필요를 가지고 있을 때 시스템이 이를 달성하기 위한 도구로서 사용되는 가치를 의미한다. 예를 들어, 사용자가 증권 정보 사이트에서 주식 투자를 위한 시세 정보를 찾기 위해 인터넷을 사용하게 된다면, 이 사용자는 기능적인 가치를 충족시키고자 하는 것으로 볼 수 있다. 또는 잘 모르는 길을 찾기 위해 사용자가 스마트폰의 위치 정보 서비스를 이용했다면 이 사용자는 기능적 가치를 충족시키고자 한 것이라고 볼 수 있다.

일반적으로 기능적 가치를 충족시키기 위해서는 시스템의 경우 사용자가 가지고 있는 구체적인 목적들이 쉽고 편리하게 달성되도록 노력해야 한다. 예를 들면 사용자가 편리하게 온라인 쇼핑을 할 수 있도록 제품의 배열이나 검색을 알아보기 쉽게 할 수 있다. 또는 시간이 별로 없는 상황에서 쉽게 특정 위치를 찾을 수 있도록 휴대전화에서 위치찾기 서비스를 첫 화면에 제시해 주고, 알아보기 쉬운 지도를 사용해서 위치를 보여 주는 것도 일례가 될 수 있다. 영화 〈아이, 로봇〉에서 사람들에게 약을 전달해 주는 로봇이나 위험한 산업 폐기물을 처리하는 로봇은 기능적 가치를 충족시키는 로봇이라고 할 수 있다.

유희적 가치

유희적 가치 hedonistic value 란 제품이나 서비스의 소비를 통해 사람들이 느끼는 감성적인 만족 혹은 즐거움을 의미한다. 유희적 가치는 일반적으로 기쁨이나 즐거움, 만족감, 행복한 기분 등 긍정적인 감정을 수반하지만, 경우에 따라서는 공포나 흥분과 같은 부정적인 감성도 포함한다. 유희적 가치는 다른 어떤 목적을 위한 수단적인 가치가 아니라 그 자체가 목적인 경우를 의미한다. 예를 들어, 게임을 하는 그 자체를 위해 온라인 게임을 한다든지, 새로운 지식을 얻는 경험 자체를 즐기기 위해 어학 공부를 하는 경우 등을 들 수 있다.

유희적 가치는 다분히 주관적이므로 동일한 시스템이라도 사용자마다 느낄 수 있는 유희적 가치는 다양하다. 어떤 사용자가 구체적으로 어떤 제품을 구매하겠다는 목적으로 온라인 쇼핑을 하는 것이 아니라 쇼핑을 하는 과정에서 온라인 쇼핑을 즐길 수 있다면, 이 사용자는 기능적 가치보다는 유희적 가치를 느끼고 있는 것으로 볼 수 있다. 휴대전화를 통해 게임을 다운로드받아 사용함으로써 언제 어디서나 재미있는 게임을 할 수 있는 것도 사용자의 유희적 가치를 충족시킨 예라고 볼 수 있다. 유희적 가치를 충족시킬 수 있는 또 다른 방법으로는 우선 사람들의 호기심이나 관심을 유발해 흥미를 가질 수 있도록 하는 것이다. 영화 〈아이, 로봇〉에서 사람들이 자신의 로봇과 함께 여러 가지 여가 활동을 즐기는데, 이런 경우는 로봇이 마치 애완동물처럼 사람들에게 유희적 가치를 준다고 할 수 있다.

개인적 가치

개인적 가치 personal value 란 사용자 자신의 개성이나 특징을 부각시키고자 하는 가치를 의미한다. 사용자는 점차 자신만의 특별한 욕구를 충족시켜 줄 수 있는 제품이나 서비스를 원하고 있다. 예를 들어, 자신의 휴대전화에서 개인의 관심사에 따라 서비스의 메뉴를 마음대로 바꾸어 쓰는 데서 개인적 가치를 추구하는 사용자의 잠재 욕구를 찾아볼 수 있다. 개인적인 가치를 효과적으로 제공하는 디지털 서비스로 페이스북의 프로필을 들 수 있다. 프로필에서는 자신의 개성을 최대한 살릴 수 있는 여러 가지 자료를 제공함으로써 사용자가 추구하는 개인적 가치를 최대한 반영할 수 있도록 하고 있다. 이외에도 온라인 게임에서 자기 자신을 나타내는 게임 캐릭터를 치장하는 행위나 휴대전화에서 컬러링과 같은 서비스를 사용하는 것도 개인적인 가치가 얼마나 중요한 가치인지를 드러내고 있다. 영화 〈아이, 로봇〉에서 사람들이 자신이 가지고 있는 로봇을 최대한 자신의 특성에 맞게 치장해서 데리고 다니는 것을 볼 수 있다. 사람들이 자신의 로봇을 통해 자신의 개성을 표출하고자 한다면 이 또한 개인적 가치라 할 수 있다.

사회적 가치

사회적 가치social value란 사회적 규범이나 다른 사람들의 기대에 부합하는 가치이다. 사람은 사회적 존재로서 다른 사람들과의 관계나 사회적인 이미지를 고려해서 생기는 욕구들이 많다. 즉 자기 자신을 위해서라기보다는 자신이 속한 그룹이나 집단을 위해 도움이 되는 가치를 의미한다. 이와 같은 맥락에서 시스템을 사용함으로써 자신이 속한 사회 집단의 행복에 도움이 된다든지, 다른 사람들과의 관계를 개선하는 데 도움이 되는 경우를 시스템의 사회적 가치라고 할 수 있다. 사회가 고령화되면서 노인 문제가 중요한 사회적 문제로 대두되고 있다. 이런 문제의 해결에 조금이라도 도움이 되고자 자투리 시간에 노인들에게 전화를 걸어 말동무가 되어 주는 서비스는 사회적 가치를 높이는 서비스라고 할 수 있다. 또한 최근 환경 문제가 심각하게 대두되면서 자신이 더 이상 사용하지 않는 디지털 기기 같은 제품을 필요로 하는 사람에게 일정 기간 대여하는 서비스도 사회적 가치를 높이는 서비스라고 할 수 있다. 영화 〈아이, 로봇〉에서 쓰레기를 재생해 유용한 건축 자재로 만드는 로봇이나 위험을 무릅쓰면서도 사람들을 위해 슈퍼컴퓨터와 맞서는 주인공 로봇도 사회적 가치를 높이는 로봇이라고 할 수 있다.

부수적 가치

지금까지 디지털 제품이나 서비스가 제공하는 기본적 가치의 개념을 네 가지로 분류해 각 개념적 정의와 간단한 예를 살펴보았다. 그러나 사용자가 느끼는 가치는 주관적이어서 개인차가 존재하고, 그 개념이 포괄적이기 때문에 네 가지 가치가 모든 가치를 다 포함한다고 볼 수 없으며, 보는 관점에 따라 얼마든지 다양한 가치가 발생할 수 있다. 이러한 가치들을 부수적인 가치라고 한다. 부수적 가치의 사례로는 금전적 가치, 정언적 가치, 조건적 가치 그리고 복합적 가치로 분류할 수 있다.

금전적 가치monetary value란 제품이나 서비스를 사용하고 느끼는 효용에 대비해 이를 위해 들인 노력이나 지불한 비용과의 차이에서 오는 가치이다. 제품이나 서비스의 가격이 얻는 가치에 비해 합리적으로 정해졌다고 느낄수록 제품과 서비스에 대한 금전적 가치가 높아진다. 그러므로 금전적 가치를 높이기 위해서는 단순히 제품이나 서비스의 가격을 낮추는 것보다는 합리적인 가격을 정해야 한다. 특히 같은 제품이나 서비스의 가격에 대해서도 사람마다 느끼는 효용의 정도에 차이가 있기 때문에 금전적 가치를 높이기 위해서는 제품이나 서비스의 가격을 고객에게 최적화하는 것이 중요하다.

정언적 가치epistemic value란 새로운 제품이나 서비스에 대해 호기심을 가지고 배우고자 하는 욕구를 충족시켜 주는 가치이다. 디지털 제품이나 서비스 사용자 중에는 새로운 기술에 대한 호기심이나 새로운 서비스에 대한 수용도가 높은 사람들이 있다. 그러므로 사용자의 이러한 욕구를 충족시켜 줄 수 있는 혁신적인 디지털 제품 개발이 사용자의 정언적 욕구를 충족시켜 줄 수 있다. 예를 들어, 지금까지 한 번도 제공된 적이 없는 동영상 콘텐츠를 휴대전화를 통해 제공한다든지, 새로운 양방향 드라마를 IPTV를 통해 제공하는 경우를 들 수 있다.

조건적 가치conditional value란 사용자가 꼭 필요한 장소와 시간에 원하는 제품이나 서비스를 사용하고자 하는 욕구를 충족시켜 주는 가치이다. 조건적 가치의 사례로, 비행기에 탑재된 낙하산과 같이 평상시에는 부피만 차지하고 소용이 없지만, 비행기에 이상이 생겼을 때는 매우 높은 가치를 갖는 것을 들 수 있다. 기술 발달로 사용자는 때와 장소를 가리지 않고 자신이 원하는 제품이나 서비스를 사용하고 싶어 한다. 이러한 조건적인 가치를 제공하는 서비스로 특히 언제 어디서나 사용할 수 있는 모바일 데이터 서비스가 대표적이라고 할 수 있다. 예를 들어, 자신의 위치나 친구 집의 위치를 파악할 수 있는 위치찾기 서비스는 그다지 필요가 없지만 친구 집을 처음 방문할 경우처럼 특수한 경우에는 가치가 높다.

그림 16
가치모형 충돌이 일어나는 차량 내비게이션 시스템

복합적 가치complex value란 디지털 제품이나 서비스가 꼭 한 가지 가치만을 사용자에게 제공하는 경우는 드물며, 보통 몇 개 이상의 가치를 동시에 제공하는 것을 가리킨다. 그러나 이러한 경우에도 주된 가치가 무엇인지 명확하게 사용자에게 전달되지 못하면 유용한 시스템이 되기 어렵다. 더구나 제공되는 가치와 기능 사이에 충돌이 생길 경우 심각한 문제를 초래한다. 그림 16의 차량용 내비게이션 시스템을 살펴보자. 이 제품은 3D지도를 탑재했으며, 내비게이션 기능 이외에 다양한 멀티미디어 기능을 갖추고 있는 일종의 CAR PC이다. 그러나 제품 출시 후 사용자의 불만과 항의의 댓글이 잇달았다. 우선 기능적 가치의 경우 3D

지도가 완벽하지 않을뿐더러 빠른 시간 내에 목적지를 입력해야 하는 차량 내비게이션 시스템의 특성을 무시하고 복잡한 사용 절차를 도입했다. 그리고 차량 내비게이션에 DMB, 동영상, 게임, 노래방 등 유희적 가치를 도입했기 때문에 원하는 목적지까지 안전하게 가도록 인도하는 기능적 가치와 유희적 가치 간에 충돌을 일으켰다. 이와 같이 컨버전스 제품에서 여러 가지 기능을 무분별하게 한 제품에 몰아넣다 보면, 제공되는 기능들 간의 충돌이 일어나 사용자가 전반적으로 느끼는 가치가 낮아지게 된다.

따라서 시스템에 대해 사용자가 어떤 욕구와 필요를 충족시키려고 하는지, 그리고 어떤 것들이 더 중요하고 어떤 것들이 덜 중요한지에 대한 가치의 우선순위를 이해해야 한다. 그리고 제공되는 가치 간의 시너지 효과를 낼 수 있도록 가치모형을 만들고 이것이 사용되는 환경에 대한 이해가 있어야 유용한 가치모형을 구축할 수 있다. 디지털 제품이나 서비스가 어떤 가치를 제공해 주어야 하는지에 대해서는 이 책의 10장에서 자세히 다루도록 하겠다.

4. 보는 관점에 따른 심성모형

지금까지 추상화의 차원에 따라 심성모형의 종류를 구분해 보았다면, 이번에는 누가 가지고 있는 심성모형이냐에 따라 심성모형을 사용자심성모형, 개발자심성모형, 그리고 시스템 이미지로 나누고자 한다. 그림 17은 이러한 세 가지 모형의 차이를 도식적으로 표현하고 있다.

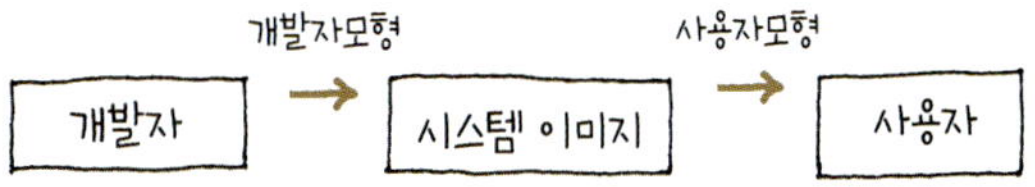

그림 17
개발자모형과 사용자모형

개발자모형 designer model 이란 시스템을 만드는 사람이 마음속에 가지고 있는 시스템의 기능과 구조 및 가치에 대한 모형이다. 이러한 개발자모형은 시스템 이미지에 반영되어 있다. 시스템 이미지 system image 는 사용자 인터페이스로 구현된 물리적인 모형을 의미한다. 사용자모형 user's mental model 은 사용자가 사용자 인터페이스에 구현된 시스템 이미지를 보고 시스템이 어떤 구조로 이루어져 있고, 어떤 기능을 가지고 있고, 어떤 가치를 제공해 줄 수 있는지 이해하는 모형이다.

사용자는 자신의 경험이나 훈련 또는 교육 등을 통해 시스템에 대한 심성모형을 구축해 나간다. 따라서 개발자가 직접 사용자에게 시스템에 대해 교육을 시키지 않는 한 사용자가 자신의 심성모형을 구축하는 방법은 시스템 이미지를 통해 간접적으로 시스템의 구조, 기능, 가치에 대해 습득하는 것이다. 이 과정에서 가장 이상적인 결과는 시스템 이미지가 적절하게 구성되어 사용자모형이 개발자모형과 유사해지는 것이다. 그러나 그렇지 못한 사례도 많다. 예를 들어, 처음 방문하는 도시에서 원하는 목적지에 제대로 도착하기 위해 경찰관에게 길을 물었다고 하자. 경찰관은 쉽게 목적지까지의 길을 가르쳐 준다고 생각하지만, 이야기를 듣는 사람은 마치 미로와 같은 심성모형을 가질 수밖에 없다. 그것은 경찰관의 머릿속에는 도시의 모든 구조가 명확하게 구축되어 있지만, 이를 전달하는 방법으로 말이라고 하는 매우 제한적인 수단밖에 없기 때문이다. 즉 개발자모형 속에는 이미 구조와 기능이 명확하게 구축되어 있지만, 이를 사용자에게 전달하는 시스템 이미지가 플랫폼이나 맥락적인 이유 때문에 제약된 경우에는 사용자가 시스템에 대한 명확한 심성모형을 구축하기 힘들다는 것이다. Norman, 1990

개발자모형과 사용자모형이 다른 경우로 그림 18에 보이는 냉장고의 온도조절 스위치의 예를 들 수 있다. 개발자가 가지고 있었던 심성모형은 그림의 위쪽에 있는 것과 같은 반면, 냉장고의 제어판에 구현된 시스템 이미지는 그림의 가운데 있는 것과 같고, 이를 보고 일반적인 사용자가 구축한 심성모형은 그림의 아래쪽과 같다. 즉 개발자의 심성모형은 차가운 공기를 전체적으로 조정하는 스위치가 A이고, B는 이 차가운 공기 중에 얼마만큼을 냉동실로 보내고 얼마만큼을 냉장실로 보낼 것인지 조정한다고 표현하고 있다. 그러나 개발자의 심성모형을 전달하는 시스템 이미지는 ABCDE로 표현된 냉동실 조절기와 '98765'으로 표현된 냉장실 조절기로 표현되었다. 이러한 이미지를 바탕으로 사용자가 구축한 심성모형은 위쪽에 있는 개발자모형과는 전혀 다르게 냉동실과 냉장실에 별도의 조절기가 부착된 형태를 띠고 있다. 따라서 사용자가 해당 냉장고의 온도를 맞추기가 어려운 것은 너무도 당연한 결과이다.

사용자모형과 개발자모형이 달라 이용하기 불편한 또 하나의 디지털 제품의 예로 그림 19를 들 수 있다. 일반적으로 휴대용 음악기기를 가지고 다니는 사용자 입장에서 보면 음질이 좋은 것보다는 여러 곡을 저장할 수 있고, 경우에 따

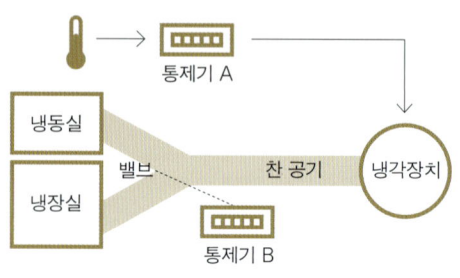

개발자모형

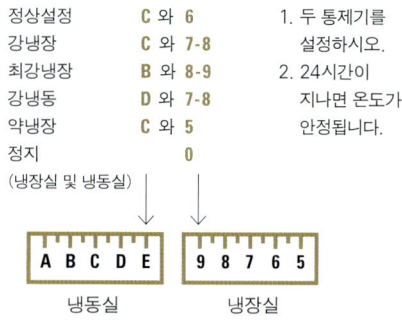

시스템 이미지

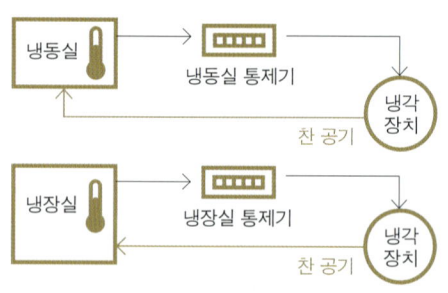

사용자모형

그림 18
개발자모형과 사용자모형이 상이한 냉장고 온도 조절판

라서는 파일을 저장하는 이동용 저장장치의 용도로서도 사용할 수 있는 가치모형을 기대한다. 그러나 그림 19의 MD플레이어에 대한 개발자의 가치모형은 최상의 음질을 제공해 주는 음악 전용기기로서 녹음을 하지 않는 한 파일 저장이 불가능하다. 즉 사용자 입장에서의 MD플레이어에 대한 가치모형이 대규모 저장기기로 음악도 들을 수 있는 모형이었다면, 개발자 입장에서의 가치모형은 음악 전용기기였다. MD플레이어가 MP3플레이어에 밀려서 시장에서 사라지고 만 원인에는 이런 심성모형 간의 차이점도 큰 작용을 했다.

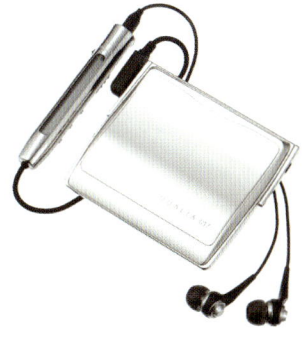

그림 19
사용자모형과 개발자모형이 상이한 MD플레이어

따라서 사용자 인터페이스상에 표현되는 시스템 이미지를 적절하게 구현해 개발자가 가지고 있는 심성모형과 비슷한 심성모형을 사용자가 구축하도록 해야 한다. 이때 사용자가 알아야 하는 내용과 수준이 개발자가 알아야 하는 내용이나 수준과 완전히 똑같을 필요는 없겠지만, 잘못된 사용자모형을 구축하게 만들어서는 안 된다.

5. 심성모형과 행위이론

앞에서 시스템 이미지를 보고 사용자가 구축하는 심성모형이 개발자의 심성모형과 상이할 수 있다는 이야기를 했다. 그렇다면 과연 어떠한 이유 때문에 이 두 모형이 달라지는 것일까? 그 이유는 사용자와 시스템 간에 놓여 있는 두 개의 차이점 때문이다. 이를 실행차와 평가차라고 한다.Norman, 1988

5.1 실행차와 평가차

실행차gulf of execution는 사용자가 달성하고자 하는 목적과 시스템 이미지에 현재 나와 있는 기능 또는 정보 간의 차이점을 의미한다. 예를 들어, 사용자가 보유하고 있는 주식의 시세를 알기 위해 접속한 증권회사 사이트의 첫 화면에 사용자가 보유한 주식에 대한 이야기가 없다면, 시스템 이미지가 제공하는 정보와 사용자가 원하는 정보 사이에 차이가 존재한다. 이런 차이를 실행차라고 한다. 화면의 정보와 사용자의 머릿속에 있는 목적 간에 존재하는 차이가 실행차인 것이다.

또 다른 상황으로 화면 상단에 있는 메뉴바에 주식이라고 하는 항목을 클릭했더니 정보가 나왔다고 하자. 이때 화면에 제시된 정보와 사용자가 처음에 가지고 있었던 목적 사이에 얼마나 큰 차이가 있는지를 보는 것이 평가차gulf of evaluation이다. 따라서 실행차라는 것은 사용자가 원래 가지고 있었던 목적과 시스템에서 현재 실행할 수 있는 기능과의 차이점이라고 한다면, 평가차는 기능을 실행한 결과와 사용자가 가지고 있었던 원래 목적과의 차이점을 의미한다. 즉 실행차는 사용자의 목표를 달성하기 위해 무엇인가를 실행하는 동안에 생기는 차이이고, 평가차는 실행한 다음 그 결과가 사용자의 목적과 얼마나 차이가 있는지를 의미한다.

어떤 시스템을 사용하든지 간에 정도의 차이는 있겠지만, 시스템 이미지와 심성모형 간에는 실행차와 평가차가 존재한다. 따라서 시스템을 원활하게 사용하기 위해서는 이 두 가지의 차이를 연결시켜 주는 다리를 만들어야 한다. 사람들이 시스템을 사용하면서 이러한 연결다리를 만드는 과정을 설명한 것이 행위이론이다. 행위이론activity theory은 그림 21과 같이 총 7단계로, 사람이 연결 다리를 만드는 과정을 상세하게 설명하고 있다.Nardi, 1998; Norman, 2005 이 그림은 51쪽의 그림 1을 사용자 입장에서 구체적으로 세분화한 것이다. 즉 표명 단계와 평가 단계를 각 3단계씩 자세하게 기술한 것이 행위이론 7단계이다.

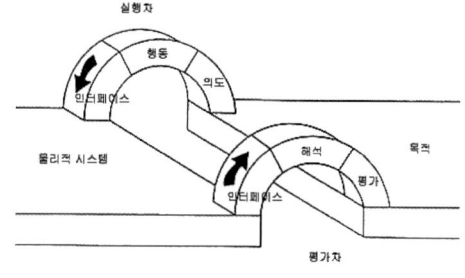

그림 20
실행차와 평가차에 대한 설명

그중 가장 중심에 있는 단계는 사용자가 특정 시스템을 이용해 추구하고자 하는 목적을 설정하는 단계라고 할 수 있다. 이 단계는 행위이론의 가장 중심적인 단계로서, 유용한 상호작용을 하려면 시스템을 사용하는 목적이 명확해야 한다는 것은 어쩌면 당연한 이야기일 것이다. 그러나 인터넷과 디지털 기술이 우리 생활에 확산되면서 굳이 명확한 목적을 가지지 않았더라도 인터넷에 접속해 많은 시간을 허비하는 경우도 많아지고 있다. 이러한 폐단을 미연에 방지하려면 목적을 설정하는 단계도 미리 계획하고 주의를 기울여야 하는 단계로 인식해야 한다. 사용자가 마음속에 목적을 설정하는 단계를 제외하면 행위이론의 7단계는 실행차를 줄이는 3단계와 평가차를 줄이는 3단계로 나눌 수 있다. 각 단계의 차이가 작은 경우와 차이가 많은 경우를 대비해서 좀 더 자세히 알아보자.

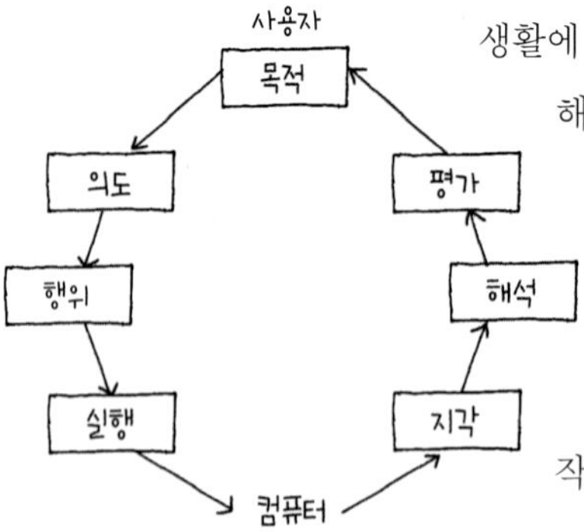

그림 21
행위이론의 7단계

5.2 실행차를 줄이는 3단계

실행차를 줄이는 1단계는 사용 '의도'를 구축하는 단계이다. 이 단계에서는 사용자가 실제 가지고 있는 목적을 해당 시스템에서 달성할 수 있는 목적으로 전환시킨다. 이때 실제 목적과 시스템에서 사용하고자 하는 의도가 반드시 일치하는 것은 아니다. 사용자가 어떤 시스템에 접속했느냐에 따라 사용자가 가지는 의도가 달라지기 때문이다. 즉 사용자의 실제 목적은 사용자가 어떤 시스템을 사용하게 되었는지에 따라 상이한 사용의도로 전환될 수 있다. 예를 들어, 그림 22는 사용자의 사용의도를 구현하는 데 꼭 필요한 요소를 간결한 화면을 통해 제공함으로써 어떤 영화를 언제 어디서 봐야겠다는 사용의도를 시스템상에 쉽게 실현하도록 했다. 반면 그림 23은 컴퓨터 사용자의 다양한 의도를 충족시키기 위해 검색이나 가젯 등 많은 기능을 강화시켜 제공했다. 그러나 사용자의 다양한 의도를 충족시킬 것이라는 기대와는 달리 오히려 사용자 입장에서는 불필요한 부가기능 때문에 시스템의 속도가 떨어져 다른 작업들의 원활한 수행을 보조하는 OS의 기본 사용의도를 실현하기 어렵게 되었다. 실행차의 1단계를 위해서는 사용자의 실제 목적을 시스템에서 맞춘 의도로 가능한 쉽게 전환할 수 있도록 해야 한다. 이를 위해서는 해당 시스템을 사용하는 사용자의 의도를 명확하게 파악하고 사용자가 관심 있을 만한 항목을 눈에 띄는 장소에, 적당한 시점에 제공할 수 있어야 한다. 예를 들어, 영화표를 구입하기 위해 빠른 예매 시스템에 접속했다고 하자. 그림 22와 같이 사람들이 관심을 가질 만한 영화를 눈에 띄는 곳에 배치하면 사용자의 입장에서 좋은 영화를 보고자 하는 목적을 티켓을 예매하는 구체적인 사용의도로 쉽게 변환할 수 있다.

그림 22
좁은 실행차 사례:
빠른 영화권 예매 시스템

실행차의 2단계는 어떤 절차를 걸쳐서 원하는 의도를 달성하려고 하는지에 대한 '행위'의 순서를 규정하는 것이다. 빠른 예매 서비스의 경우 사용의도 결정 후에 의도의 효과적인 달성을 위해 행위의 순서를 그림과 같이 세분화시켜 순서대로 명확하게 제시해 선택할 수 있고, 의도에 따라 순서를 사용자 임의로 변경할 수 있도록 시스템이 구성되어 있다. 반면 그림 23의 운영체계의 경우 사용 순서가 명백하지 않을 뿐만 아니라 기존의 순서와 전혀 다른 순서를 제공해 줌으로써 새로운 운영체계가 사용자에게 오히려 더 불편한 결과를 초래했다. 실행차의 2단계를 원활하게 연결시켜 주기 위해서는 사용자가 되도록 직관적으로 구체적인 행위의 순서를 생각할 수 있게 해야 한다. 이를 위해서는 해당되는 행위를 눈에 띄게 배치한다든지, 복잡한 여러 단계를 가능한 한 짧은 단계로 단축시킨다든지, 동일한 결과를 여러 가지 방법으로 달성할 수 있도록 설계해서 사용자가 융통성 있게 시스템을 사용할 수 있도록 하는 방법이 있다. 또한 행위의 순서가 사용자의 기존 경험에 비춰 보았을 때 친숙한지를 확인해야 한다. 예를 들어, 그림 22에서는 사용자가 원하는 영화를 선택하면 바로 예매하기 버튼을 제공해 줌으로써 행위의 순서를 간단하게 규정해 주고 있다.

실행차의 3단계는 앞에서 생각한 행위의 순서대로 실제로 물리적인 행동을 '실행'하는 단계이다. 그림 22는 규정된 행위의 순서대로 실행하는 과정이 마우스 클릭과 추가적인 정보의 키보드 입력을 통해 한 화면에서 전체 프로세스가 가능하도록 되어 있어 사용자가 규정한 행위의 순서를 물리적인 실행으로 옮기는 데 어려움이 적다. 반면 그림 23은 사용자의 의도를 시스템상에서 실제로 구현하는 과정에서 시스템 자체적으로 해결하기보다는 사용자와의 대화를 통해 진행하도록 되어 있다. 이 과정이 사용자와의 상호작용성을 높이기 위한 의도로 볼 수도 있으나, 불필요한 만큼 과다한 상호작용으로 작업의 원활한 실행이 방해받는 경우가 많다. 실행차의 3단계에서는 사용자가 머릿속에 있는 일련의 행위 순서를 효율적으로 실행할 수 있도록 시스템을 설계해야 한다. 이를 위해서는 우선 사용자가 계획했던 행위와 실제 사용하는 물리적인 행위나 입력 장치를 가능한 일치시켜 주는 것이 중요하며, 사용자의 행위에 대해 적절한 피드백을 주고 필요할 때에는 취소를 가능하게 하고, 기본값을 적절하게 설정해 되도록 불필요한 조작을 최소화시켜 주는 것이 중요하다. 예를 들어, 로그인 화면에서는 커서의 위치를 비밀번호를 입력하는 칸에 자동으로 위치하게 함으로써 사용자의 클릭수를 최소로 하여 실제 물리적 행위를 단축시킬 수 있다.

그림 23
넓은 실행차 사례:
운영체계 시스템

5.3 평가차를 줄이는 3단계

평가차의 1단계는 실행한 행동의 결과를 '지각'하는 단계이다. 그림 24는 작품에 설치된 RFID칩을 활용해 그림에 대한 설명을 제공하는 미술관 모바일 가이드로, 사용자가 특정 그림 앞으로 이동하면 신호음을 통해 무엇인가가 실행되었다는 것을 신속하고 명확하게 보여 준다. 반면 그림 25는 IPTV 리모컨이다. IPTV는 지상파 주요 프로그램, 영화, 인기 외국드라마, UCC, 신문 등 다양한 콘텐츠를 주문형 형식으로 제공하는 쌍방향 매체로 진화하고 있으나 리모컨은 기존과 동일해 첨단 서비스와 구시대적 리모컨의 불협화음이 발생하고 있다. 사용자는 평가차의 1단계에서 이미 리모컨의 버튼을 눌렀지만 리모컨 자체의 변화가 없고 화면에도 잠시 동안 아무런 변화가 없어 제대로 조작했는지 의심이 들게 된다. 평가차의 1단계는 이러한 결과가 제공되었다는 사실을 사용자가 지각하는 단계이므로 이 단계에서는 시스템의 변화가 있었다는 사실을 사용자가 쉽게 지각할 수 있도록 정보를 표현하는 것이 중요하다. 또한 신속한 하드웨어의 반응 속도 그리고 즉각적이면서도 직관적인 피드백이 중요하다. 예를 들어, 그림 24는 모바일 가이드가 있는 전시물에 도착하면 자동적으로 신호음과 함께 해당 작품에 대한 설명이 시작되기 때문에 변화가 있다는 사실을 쉽게 지각할 수 있다. 반면 그림 25는 TV에서 실제로 다른 방송이 진행되고 있지만 리모컨 자체에서는 아무런 변화도 없기 때문에 변화를 감지하기 힘들다. 예를 들어, 사람들의 눈은 TV 화면을 보고 있기 때문에 시각적인 정보보다는 손에 쥐고 있는 리모컨에 촉각적인 정보를 제공하면 반응이 시작되었다는 것을 사용자에게 효과적으로 알릴 수 있을 것이다.

그림 24
평가차가 작은 사례:
미술관 모바일 가이드

평가차의 2단계는 사용자가 변환된 시스템의 상태를 '해석'하는 단계이다. 예를 들어, 모바일 가이드는 기기의 액정 화면에 나오는 작품 정보와 귀로 들리는 청각 정보를 통해 시스템의 상태를 쉽게 해석할 수 있다. 반면 리모컨은 버튼을 눌렀을 때에 리모컨 자체에는 아무런 변화가 없을뿐더러 IPTV상에서도 장르별 메뉴와 콘텐츠 정보를 제공하지만 엉뚱한 장르와 복잡한 메뉴 구성으로 현재 시스템이 어떤 상태인지를 이해하기 힘든 경우가 많다.

평가차의 2단계에서 개발자가 평가차를 줄이기 위해서는 제공되는 정보가 보기 쉽고 이해하기 쉽게 제시되도록 정보를 설계하고 표현한다. 또한 정보구조의 체계화를 통해 복잡한 시스템의 상태도 단순하게 표시해 주는 것이 필요하다. 예를 들어, 그림 24는 작품 감상에 필요한 최소한의 자료를 화면으로 제시하고 그 작품을 감상하는 시각적 정보와 구분되는 청각 정보를 설명으로 제공함으로써 사용자가 느끼는 인지적 부하를 최소화시키고 있다.

평가차의 3단계는 해석된 결과를 사용자가 원래 가지고 있었던 의도와 비교 '평가'하는 것이다. 이를 통해 사용자가 자신의 원래 의도가 충족되었는지 아니면 새로운 시도를 해야 하는지 결정할 수 있도록 한다. 그림 24는 눈앞의 작품에 대한 모바일 가이드이고 사용자가 보려고 하는 그림이 곧 시스템에서 제공하고 있는 설명 대상이기 때문에 사용자가 쉽게 자신의 의도가 충족되었는지의 여부를 쉽게 판단할 수 있다. 반면 그림 25는 리모컨이나 IPTV상에 나타난 것만 가지고는 영화가 재미있는지 여부를 판단하기 힘들고, 더 재미있는 영화를 찾는 것이 어려워서 자신이 의도하지 않았던 영화를 보는 경우가 생긴다. 평가차의 3단계에서 사용자의 평가차를 줄이기 위해서는 현재 시스템의 상태를 사용자가 가지고 있는 의도와 비슷한 유형으로 표현해야 한다. 모바일 가이드의 경우는 사용자가 원하는 작품에 대한 설명을 음성을 통해 설명함으로써 해당 정보를 듣고 자신의 의도와 얼마나 일치하는지를 쉽게 확인할 수 있어야 하고, IPTV의 경우 미리보기 등을 자동적으로 제공함으로써 해당 영화가 사용자가 보고자 한 영화인지 쉽게 판단하게 할 수 있다. 결론적으로 실행차와 평가차를 최소화함으로써 개발자의 심성모형과 사용자의 심성모형의 차이를 최소화시킬 수 있다.

그림 25
평가차가 큰 사례:
IPTV 리모컨

본 장에서는 디지털 제품이나 서비스와 같은 복잡한 시스템을 사용할 때 해당 시스템의 구조나 기능 또는 가치에 대해 사용자가 자신의 마음속에 가지고 있는 모형을 심성모형이라고 정의했다. HCI적인 관점에서 사용자가 디지털 제품이나 서비스에 대한 정확한 심성모형을 구축함으로써 시스템의 작동에 대해 설명할 수 있고, 잘못되었을 때 그 원인을 발견할 수 있으며, 앞으로의 시스템 작동에 대해 예측할 수 있다. 심성모형은 모형의 추상화 수준에 따라 구조모형, 기능모형, 그리고 가치모형으로 나누어지며, 모형의 관점에 따라 개발자모형과 사용자모형으로 나누어진다. 어떠한 시스템이든지 사용자모형과 개발자모형 간에는 어느 정도의 격차가 있게 마련이다. 이 격차는 사용자가 자신의 의도를 규정하고 행위의 순서를 정하고 실제 행동을 취하는 과정에서 발생하는 실행차와 시스템의 현 상태를 지각하고 그 내용을 해석하고 이 해석된 내용과 자신의 의도를 비교하는 평가차로 구성된다. 이러한 실행차와 평가차를 최소화하고 사용자에게 시스템에 대한 정확한 심성모형을 구축하도록 시스템을 디자인하는 것이 HCI 입장에서 유용성을 극대화하는 방법이다.

토론 주제

1

최근 출시된 디지털 제품이나 서비스에 대해 작성된 모형의 사례를 찾아보고 그 모형이 누구의 관점과 어떤 추상화의 차원을 채택하고 있는지 설명해 보자.

2

묘사하기, 이유 설명하기, 미래 예측하기라는 심성모형의 세 가지 기능이 효과적으로 활용되고 있는 디지털 제품이나 서비스를 선정하고 그 이유를 설명해 보자. 그 사례를 기반으로 본 장에서 이야기한 세 가지 기능에 더해 심성모형이 어떤 추가적인 기능을 하는지 생각해 보자.

3

사람들에게 잘못된 심성모형을 가지게끔 해서 실수나 사고를 유발하게 한 디지털 제품이나 서비스의 사례를 제시하고, 어떤 이유 때문에 사람들이 그런 잘못된 심성모형을 가지게 되었는지 설명해 보자.

4

최근 출시된 디지털 제품이나 서비스에 대한 구조모형과 기능모형 및 가치모형을 찾아보고, 이 세 가지 모형이 어떻게 차이가 나는지 비교해 보자.

5

네 가지 기본적 가치모형에 가장 잘 부합하는 디지털 제품이나 서비스의 사례를 각각 들어 보고, 각 모형이 적절한 사례라고 생각하는 이유를 설명해 보자.

6

디지털 제품이나 서비스 중에서 구조모형과 기능모형이 사용자에게 정확하게 전달된 사례와 부정확하게 전달된 사례를 하나씩 들어 보고, 이 두 사례를 근거로 구조모형과 기능모형이 정확하게 전달되는 데 중요한 요소는 무엇인지 설명해 보자.

7

디지털 제품이나 서비스 중에서 고객들에게 필요한 가치를 정확하게 전달하는 사례와 제대로 전달하지 못하는 사례를 하나씩 들고, 이 두 사례의 차이점에 근거해서 가치모형을 정확하게 제공하기 위한 중요한 요소가 무엇인지 설명해 보자.

8

동일한 디지털 제품이나 서비스에 대해 개발자모형과 사용자모형이 크게 차이가 나는 최근 사례를 선정하고, 이 두 가지 모형이 서로 다른 이유에 대해 설명해 보자.

9

디지털 제품이나 서비스 중에서 실행차의 3단계를 가장 효과적으로 줄여 준 사례와 실행차가 너무 큰 사례를 하나씩 선정하고, 이 두 사례의 차이점을 근거로 실행차의 각 단계를 줄여 주는 효과적인 방법을 제시해 보자.

10

디지털 제품이나 서비스 중에서 평가차의 3단계를 가장 효과적으로 줄여 준 사례와 평가차가 너무 큰 사례를 하나씩 선정하고, 이 두 사례의 차이점을 근거로 평가차의 각 단계를 줄여 주는 효과적인 방법을 제시해 보자.

4장 사용성의 원리

**사용하기 편리한
디지털 시스템을 만드는 원리**

"무엇이든지 어렵게 만드는 것은 쉽다. 하지만 똑같은 것을 쉽게 만드는 것은 엄청난 노력과 특별한 재능이 필요한 매우 어려운 작업이다."

알베르트 아인슈타인 Albert Einstein

궁금한 점

분명 기능이 있기는 한데, 도무지 어떻게 사용하는지 알 수 없는 디지털 제품들이 있다. 특히 제품을 사면서 종업원의 설명을 들었을 때는 사용 방법을 알았는데 혼자 하려고 하니 도무지 기억이 안 나는 경우가 있다. 그 이유는 무엇일까?

사용자는 한글 문장을 입력한다고 생각하고 열심히 키보드를 쳤는데, 시스템이 영문으로 지정되어 있는 경우가 많다. 어떻게 시스템을 설계해야 이런 오류를 방지할 수 있을까?

닌텐도 Wii와 같은 게임기를 쉽게 다루기 위한 조건과 세탁기 같은 가전제품을 쉽게 사용하기 위한 조건은 다르다. 사용하는 데 편리하면 그만인데 시스템에 따라 조건이 달라지는 이유는 무엇일까?

영화 소개

아이언맨 2008/2010

"불도 안 났는데 분사기를 또 쏘면 대학에다가 기증할 줄 알아."
토니(영화 속 주인공)

아이언맨인 토니 스타크는 천재적인 두뇌와 재능으로 세계 최강의 무기업체를 이끄는 억만장자 CEO이다. 화려한 삶을 살아가던 그는 자신이 만든 무기가 많은 사람의 생명을 위협하고 세상을 큰 위험에 몰아넣고 있다는 사실을 깨닫는다. 그 뒤 최강의 하이테크 슈트를 개발하는 데 자신의 천재적인 재능과 노력을 쏟아붓기 시작한다. 숱한 시행착오와 실패 끝에 현실에서 가능한 최강의 최첨단 과학 기술이 집적된 하이테크 로봇인 '아이언맨'을 개발한다. 영화에서 주인공이 아이언맨을 사용하는 과정을 보면서 이용하기 편리한 디지털 제품의 미래를 상상해 볼 수 있다. 또한 이 영화는 아이언맨을 개발하는 과정에서 주인공을 도와준 컴퓨터 시스템과 보조 로봇을 통해 디지털 제품이나 서비스를 편리하게 사용하려면 어떠해야 하는지에 대한 재미있는 시사점을 제공해 준다. 영화 〈아이언맨〉을 통해 사용하기 편리한 디지털 시스템의 미래에 대해 알아보자.

영화 토론 주제

1 디지털 제품이나 서비스는 처음에 배우기 쉽고 나중에도 효율적으로 사용할 수 있어야 한다. 그런데 이 두 가지가 상충관계에 있는 경우가 있다. 배우기는 쉬운데 아무리 써도 비효율적인 디지털 제품이 있는가 하면, 배우기는 어려운데 한 번 배우면 무척 효율적으로 사용할 수 있는 제품이 있다. 영화 속 아이언맨은 이 두 가지 측면에서 어떤 특징을 가지고 있을까?

2 주인공은 아이언맨을 만드는 과정에서 다양한 로봇과 시스템을 사용한다. 주인공이 이 다양한 로봇과 시스템을 편리하게 사용한 장면을 찾아보자. 편리하게 사용할 수 있게 만든 중요한 요인은 무엇일까?

3 주인공이 앞으로도 위험한 임무를 계속 수행하기 위해서는 아이언맨이 최대한 사용하기 편리하게 만들어져야 한다. 그렇다면 아이언맨의 어떤 부분을 중점적으로 보강할 필요가 있을까?

영화 〈아이언맨〉에서 나타난 사용성이 높은 로봇과 시스템

HCI의 두 번째 원리는 사용성이다. 사용성은 HCI의 원리 중 오랜 기간 동안 연구되었으며, 현업에서도 많이 활용되는 원리이다. 본 장에서는 우선 사용성이 무엇인지 명확하게 알아보고자 한다. 그 다음 사용성을 달성하기 위해 디지털 시스템이 갖추어야 할 속성들에는 어떠한 것들이 있는지 알아본다. 그리고 이러한 속성들 가운데 존재하는 상충관계에 대해 알아보고, 이런 상충관계 속에서 어떤 속성이 어떤 시스템에서 중요한 속성인지 판단하는 기준에 대해 알아본다. 결론적으로 사용성의 정의와 속성을 제시하고 핵심 속성을 선정하는 원칙을 제시함으로써 HCI의 대표적인 원리라고 할 수 있는 사용성의 원리에 대해 정확하게 이해하는 것이 본 장의 목적이다.

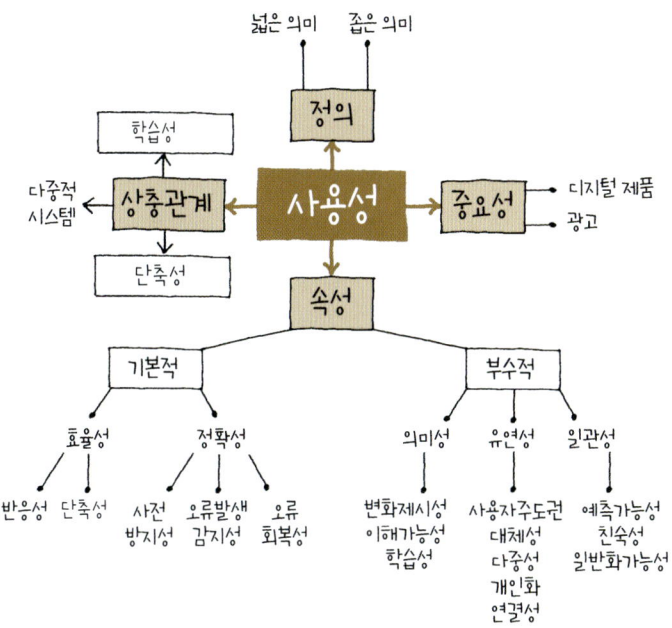

1. 사용성의 정의와 중요성

1.1 사용성의 정의

사용성에 대한 견해는 매우 다양한데 이를 크게 좁은 의미로 해석하는 경우와 넓은 의미로 해석하는 경우로 나눌 수 있다.

좁은 의미의 사용성은 그림 1과 같이 효용성과 대비되는 개념으로, 이 둘이 합쳐져서 전체적인 유용성을 구성하는 것으로 간주된다. 이때 효용성이란 시스템이 목적으로 하는 기능을 수행할 수 있는지 없는지 결정하는 것이고, 사용성은 수행하는 과정이 얼마나 효율적인가를 의미한다. 다시 말해 효용성은 시스템 사용의 '결과'를 의미하고, 사용성은 시스템 사용의 '과정'을 의미한다.

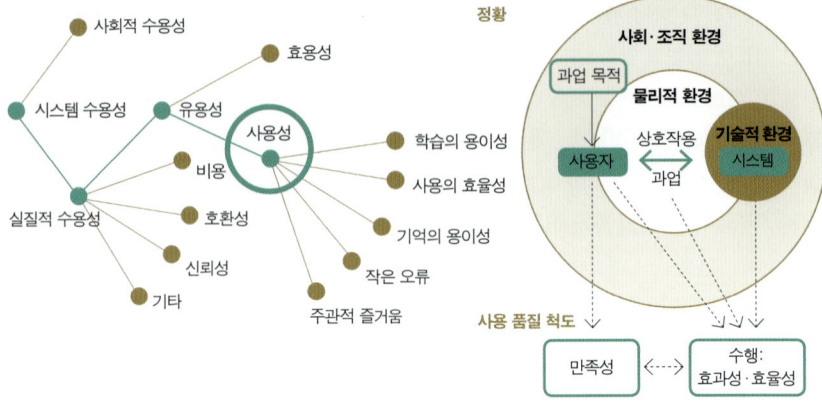

그림 1
좁은 의미의 사용성과
넓은 의미의 사용성

넓은 의미로의 사용성은 시스템이 사용자의 목적을 달성해 주느냐에 대한 유용성과 시스템에 대한 사용자의 첫인상, 사용자의 능력에 따른 시스템의 적응화 정도 등 편리성 외에 많은 요소를 포함하고 있다. 이 중에서 가장 포괄적인 의미의 사용성은 사용품질이라고 볼 수 있다. 그림 1의 오른쪽과 같이 사용품질은 사회적, 물리적, 기술적 환경 등을 포함하는 다양한 실제 사용 환경에서 시스템을 통해 과업을 수행하면서, 사용자가 느끼는 효율성, 효과성, 만족도를 포함하는 총체적인 품질을 의미한다. 사용성에 대한 국제 표준인 ISO9241-11에서도 사용성은 효과성, 효율성, 만족을 포괄하는 개념이라고 규정하고 있다. 효과성은 시스템이 사용자의 목적을 얼마나 충실히 달성하게 하는지를 의미하기도 하고, 사용자의 과업 수행의 정확성과 수행 완수 여부를 뜻하기도 한다. 이는 유용성의 원칙과 매우 유사한 개념이라고 할 수 있다. 한편 효율성은 사용자가 과업을 달성하기 위해 투입한 자원과 그 효과 간의 관계를 뜻하고, 사용 시간이나 학습 시간으로 측정한다. 이는 좁은 의미의 사용성과 일맥상통한다. 마지막으로 만족은 사용자가 시스템을 사용하면서 주관적으로 본인이 기대했던 것에 비해 얼마나 만족했는지를 의미한다.

사용성에 대한 좁은 의미와 넓은 의미의 정의 가운데 이 장에서는 사용성을 '사용자가 특정 맥락에서 특정 목표를 달성하기 위해 디지털 시스템을 전반적으로 편리하게 이용할 수 있는 정도'라는 넓은 의미로 정의하고자 한다. 이 책에서 사용성을 넓은 의미로 해석하는 이유는 크게 두 가지이다. 첫째, 사용성에 대한 국제 표준에서 보는 바와 같이 사용성의 범위를 넓게 해석하는 국제적 트렌드에 맞추어 가고자 하기 때문이다. ISO9241-11이나 ISO13407 등의 국제 표준이 사용성을 넓은 의미로 해석하고 있다. 둘째, 사용성에 대한 학문적 실용적 중요성이 증가하면서 사용성을 향상시키기 위한 제반 노력들이 진행되고 있으며, 이러한 노력들은 포괄적으로 다양한 속성들을 포함하고 있다. 이러한 시대적 흐름에 발맞추기 위해 이 책에서는 넓은 의미의 사용성 정의를 채택했다.

따라서 이 책에서는 사용성을 포괄적인 의미로 해석해서 사용자가 제품을 사용하면서 효율적으로 정확하게 작업을 수행하고, 그 과정에서 의미 전달이 확실히 일어나며, 유연하고 일관성 있는 사용이 가능한 정도로 범위를 확장하고자 한다.

1.2 사용성의 중요성

사용성은 더 이상 부가적인 고려 사항이 아닌 모든 디지털 시스템이 기본적으로 갖추어야 할 핵심 요소로 받아들여지고 있다. HCI 관련 학회나 저널에서도 시스템의 가장 핵심적인 경쟁력이 사용성에서 나오고 있음을 강조한 연구를 많이 접할 수 있다. Rosenbaum et al., 2000; Mirel, 2000 사용성의 중요함은 최근 발표되는 여러 디지털 제품이나 서비스에서도 살펴볼 수 있다. 예를 들어, 햅틱폰은 제품의 가장 중요한 핵심 역량이 향상된 사용성에 있음을 강조하고 있다. 필자는 처음 주요 일간지에 전면 광고된 햅틱폰을 보고 놀란 적이 있다. 사용성이 이렇게 중요해졌다는 것에도 놀랐지만, 광고에서 '햅틱'과 같은 전문용어를 사용했다는 것에 더욱 놀랐다. 그만큼 사용성이 중요하다는 인식이 일반 대중에게도 널리 퍼진 결과일 것이다.

만약 제공된 기능이 이용하기 어려워 시스템을 충분히 사용할 수 없다고 느낀다면, 아무리 많은 기능이 제공될지라도 사용자는 그 시스템을 더 이상 사용하지 않는다. 또한 직장 환경에서도 사용성이 높은 시스템일수록 사용자가 좀 더 효과적으로 과업을 수행하고 생산성이 향상된다. 사용성의 중요성을 인식하는 사람들과 사용성 향상을 위해 투자되는 금액도 늘어나고 있다.

유사한 기능을 하는 디지털 제품일지라도 사용성의 차이에 따라 성공과 실패가 갈리는 경우를 볼 수 있다. 예를 들어, 전자책 기능을 제공하는 애플의 아이패드와 아마존의 킨들을 비교해 보자. 아이패드는 페이지 간에 이동할 때 지연이 없고 페이지를 넘길 때 손으로 자연스럽게 넘기는 방식이기 때문에 실생활과 유사해 사용자가 사용하기 편리하다. 반면 킨들은 기술상의 한계로 페이지가 전환될 때마다 내용이 보이는 속도가 느리고 페이지를 넘길 때 버튼을 눌러야 하는데 특히 가로 모드일 때에는 버튼의 위치가 애매하고 실생활과 동떨어져 있다. 그런 이유 때문에 킨들은 아이패드가 나오기 전까지 큰 인기를 얻었으나 아이패드가 나오면서 그 인기가 급속하게 떨어지고 있다. 즉 사용성이 디지털 제품이나 서비스의 성공을 위해 없어서는 안 될 속성이 된 것이다.

그림 2
사용성이 디지털 제품이나 서비스의 성공에 큰 영향을 미친 사례: 아이패드와 킨들

2. 사용성의 속성

사용성이 갖는 장점은 구체적이라는 것이다. 사용성과 관련해 구체적으로 측정되거나 점검할 수 있는 시스템의 특성을 사용성의 속성이라고 한다. 이는 2장에서 다룬 상호작용성이라는 개념과 밀접하게 연관되어 있다. 상호작용성이 상호작용 전반에 관한 일반적인 속성이라면, 사용성의 속성은 그중 사용하기 편리하고 학습하기 편리하도록 구체적인 속성에 초점을 맞추고 있다. 따라서 상호작용성이 상호작용 전반에 관한 일반적이고 추상적인 속성이라면, 사용성은 구체적이고 측정 가능한 속성을 의미한다. 사용성의 속성에 대해 많은 학자들이 다양한 의견을 제시하고 있다. 시스템의 종류가 다양해지고 사용자의 범위가 넓어지면서 사용성의 중요한 속성은 더욱 많아질 전망이다. 이 장에서는 사용성이 가질 수 있는 속성을 위한 기본체계를 제공하고 그 체계에 따라 대표적인 속성을 분류한 다음, 각 속성에 대해 살펴보고자 한다.

그림 3은 다양한 사용성의 속성을 체계화할 수 있는 차원들을 제시하고 있다. 가장 큰 분류는 사용성의 속성을 기본적 차원과 부수적 차원으로 구분하는 것이다. 여기에서는 사용성이라는 개념이 얼마나 적은 노력과 시간을 들여 해당 시스템을 사용할 수 있는지에 초점을 맞추고 있기 때문에 기본적 차원인 얼마나 빨리 그리고 얼마나 정확하게 시스템을 사용할 수 있는지에 관련된 속성들을

모아 놓았다. 기본적 차원은 다시 두 개의 하위차원으로 나누어지는데, 얼마나 빨리 과업을 수행할 수 있는지와 관련된 효율성과 얼마나 실수 없이 과업을 수행할 수 있는지와 관련된 정확성으로 나뉜다. 시스템을 효율적으로 사용하려면 속도와 정확성이 동시에 만족되어야 하는데, 이 두 가지는 상충적인 관계를 가지고 있다. 즉 속도를 높이다 보면 오류를 범하게 되고, 오류를 범하지 않으려다 보면 속도가 늦어지게 된다.

부수적 차원에 속하는 속성들은 시스템을 사용하는 속도나 정확성과 비록 직접적으로 관련이 있는 것은 아니지만 사용성과 관련해 빈번하게 거론되고 있는 속성들이다. 부수적 차원은 시스템이 얼마나 일관되게 구축되었는지, 얼마나 다양한 상호작용을 사용자에게 허용하는지, 그리고 시스템이 제공하는 정보나 기능이 얼마나 나름대로 의미가 있는지에 따라 다시 일관성, 유연성, 의미성이라는 세 개의 하위 차원으로 나누어진다. 다음 각 절에서는 사용성의 기본적 차원과 부수적 차원의 속성에 대해 살펴보고자 한다.

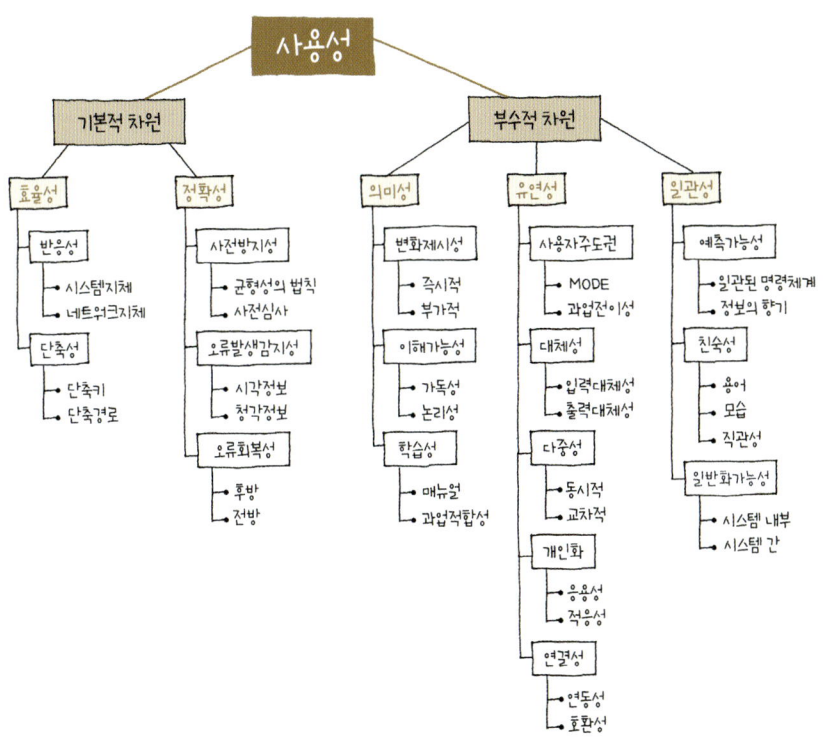

그림 3
사용성의 속성체계

2.1 효율성의 차원

효율성efficiency의 차원은 사용자가 주어진 과업을 얼마나 효율적으로 달성할 수 있는지와 관련된 사용성의 속성을 의미한다. 즉 사용자가 얼마나 빨리, 그리고 간단하게 자신이 원하는 과업을 수행할 수 있는지 나타내는 것이 효율성의 차원이다. 효율성 차원의 두 가지 중요한 사용성 속성은 반응성과 단축성이다.

반응성

반응성responsiveness은 사용자의 행동에 대한 시스템의 반응 속도와 관련된 속성으로, 시스템의 반응 속도는 안정적으로 빨라야 한다. 이는 앞서 상호작용성의 중요한 세부 속성인 반응성과 밀접하게 연관된다. 사양 좋은 컴퓨터를 사서 몇 주 사용하다가 예전 컴퓨터를 우연히 다시 사용할 때 답답함을 느껴 본 사용자는 반응성의 중요함을 이해할 수 있을 것이다. 반응 속도가 빠르기도 해야 하지만, 여기서 중요한 키워드는 안정성이다. 즉 시스템이 어떤 때는 빠르고, 어떤 때는 느리면 전반적으로 늦은 것보다도 사용자를 오히려 더 혼란스럽게 한다. 이는 사람들이 시스템의 행태를 예측할 수 없어서 시스템의 반응을 기다리는 시간이 더 긴 것처럼 느끼기 때문이다.

반응성과 밀접하게 연관된 개념은 지체이다. 즉 시스템이 얼마나 빨리 사용자의 행위에 반응하는지는 결국 시스템이 얼마나 지체 없이 반응했는지와 같다. 지체가 없을 때는 사람들이 자신이 취한 행동의 결과가 어떨 것이라는 것을 시스템의 반응을 보면서 쉽게 이해할 수 있는 반면, 일정 시간 이상의 지체가 발생하면 사람들은 자신의 행동과 시스템의 반응 간의 관계를 쉽게 연결할 수 없게 된다. 지체는 크게 두 가지로 나누어진다. 첫 번째는 시스템 지체system delay이다. 해야 할 작업에 비해 사용하고 있는 시스템의 메모리가 부족하거나 프로세서의 속도가 늦어 시스템 자체에서 발생하는 지체를 시스템 지체라고 한다. 예를 들어, 바이러스 방지 프로그램으로 바이러스 검색을 하는 경우 검색할 디스크의 크기와 시스템의 메모리에 따라 많은 시간이 걸릴 수 있다. 두 번째는 네트워크의 부하로 발생하는 지체이다. 특히 많은 시스템이 클라우드 시스템처럼 인터넷을 기반으로 운영되기 시작하면서 시스템 지체보다도 네트워크 지체network delay 때문에 사용자가 더 많은 불편을 느끼게 되었다. 예를 들어, 바이러스 방지 프로그램을 업데이트하는 데 걸리는 시간도 네트워크 지체가 주된 원인이라고 할 수 있다. 인터넷을 이용한 전자상거래 시스템에 대해 사람들이 빈번하게 불평을 토로한 것도 바로 느린 접속 속도 때문이다. 네트워크 지체는 데이터 전송 속도가 낮은 모바일 인터넷에서 특히 심각한 영향을 미친다.

반응성을 향상시키는 방법은 당연히 더 빠른 프로세서와 더 많은 메모리를 장착하고, 더 빠른 인터넷 접속 환경을 확보하는 것이다. 그러나 예산이나 기술적인 이유로 이러한 방법들이 불가능한 경우가 많다. 실제 반응성을 향상시키기 어려운 경우에는 지체되는 시스템의 상태를 사용자가 이해하기 쉽게 보여 줌으로써 사용자가 체감하는 반응성을 향상시킬 수 있다. 지체를 보완하는 또 다른 방법은 사용자가 요구하는 과업이 시간이 많이 걸리는 경우 사용자가 그 과업을 시작하기 전에 경고 메시지를 띄우는 것이다. 예를 들어, 속도가 느린 인터넷 접속을 통해 사용자가 큰 용량의 파일을 다운로드하려고 할 때, 시간이 많이 걸리지만 그래도 다운로드하겠는지 묻는 경고 메시지를 띄울 수 있다. 이러한 부가적인 정보를 제공해 사용자가 체감하는 반응성의 속도를 높인 예로 마이크로소프트의 다운로드 사이트를 들 수 있다. 그림 4를 보면, 먼저 지금 다운로드할 것인지를 명시적으로 물어보고, 다운로드가 시작되면 현재 다운로드가 진행되고 있다는 사실을 문서가 날아가는 모습으로 보여 주며, 앞으로 남은 다운로드 시간에 대해서는 '남은 시간'으로 알려 준다.

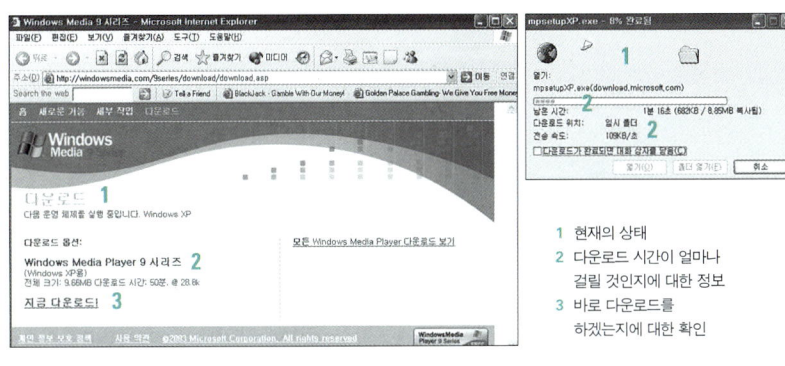

그림 4
사용자가 체감하는
반응성을 향상시킨 사례

1 현재의 상태
2 다운로드 시간이 얼마나 걸릴 것인지에 대한 정보
3 바로 다운로드를 하겠는지에 대한 확인

단축성

단축성minimal action이라는 사용성의 속성은 사용자가 자신이 원하는 과업을 간단하게 마무리할 수 있는 정도를 의미한다. 앞에서 이야기한 반응성이 '시간'이라는 측면에서 효율성에 접근하고 있다면, 단축성은 '절차'라는 측면에서 접근하고 있다. 물론 이 둘은 밀접하게 연관되어 있다. 절차를 단순하게 할수록 걸리는 시간이 줄어들 수 있기 때문이다. 그러나 단축된 결과가 사용자에게 많은 생각을 하게끔 만든다면, 절차가 단순해졌다고 해서 반드시 시간이 단축되는 것은 아니다.

단축성은 인터넷 환경에서 특히 그 중요성이 높아지고 있다. 예를 들어, 전자상거래 사이트를 방문한 사용자가 마우스를 평균적으로 한 번씩만 덜 클릭하게 하면 물건을 구입할 확률이 크게 높아진다. 스마트폰의 경우 정보를 표현하는 화면의 크기가 워낙 작기 때문에 사용자가 화면을 움직여야 하는 단계가 많아질 수밖에 없다. 이러한 경우 특히 단축성이 중요해진다고 볼 수 있다.

시스템의 단축성을 높이는 대표적인 방법으로 단축키를 들 수 있다. 예를 들어, 마이크로소프트 워드에서 '붙여넣기' 기능을 사용하는 과정을 생각해 보자. 키보드에서 손을 떼 마우스로 옮기고, 마우스를 이동해 메뉴에서 '편집'을 선택한 다음 마우스를 아래로 이동해 '붙여넣기' 항목을 선택하기까지 총 네 단계가 소요된다. 그러나 단축키를 이용하면 컨트롤키를 누르고 V키를 누르는 두 단계로 끝난다. 이때 중요한 점은 이 두 단계가 진행되는 동안 사용자의 손이 이동하는 거리가 짧기 때문에 시간도 더 단축된다는 데 있다.

단축성을 높이는 또 다른 방법은 사람들이 자주 사용하는 정보, 기능이나 키를 좀 더 쉽게 접할 수 있는 곳에 배치하는 것이다. 이는 좁은 화면과 제한된 키 조작만이 가능한 스마트폰 상황에서 주로 사용된다. 예를 들어, 그림 5는 스마트폰에서 사람들의 문자 입력을 도와주는 두 가지 애플리케이션을 보여 준다. 이것은 사람들이 자주 사용하는 문자의 조합을 미리 입력해 사용자가 짧은 단계만으로 원하는 과업을 수행할 수 있도록 해 주는 애플리케이션이다.

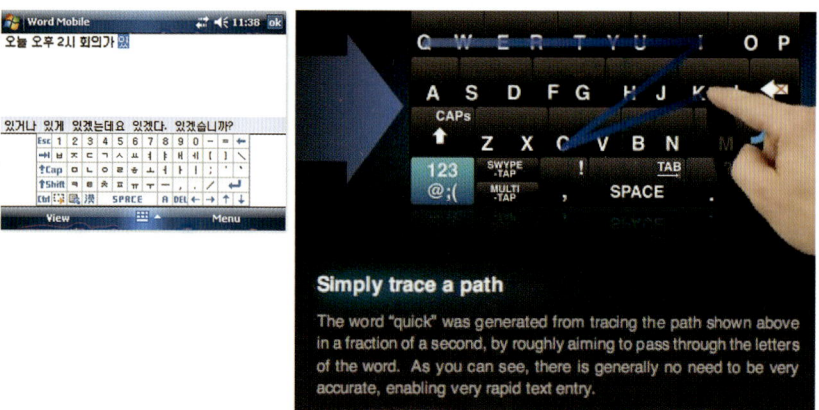

그림 5
모바일 문자 입력 애플리케이션의 단축 경로 사례

그러나 이때 주의해야 할 점은 단축 경로를 너무 많이 사용하다 보면 사용자가 해당 시스템의 전체 구조에 대한 심성모형을 수립하는 과정에 지장을 초래할 수 있다는 것이다. 시스템 전체에 대한 정확한 구조모형을 구축하지 못하고 몇 가지 단축 경로에 따른 편협한 심성모형을 구축할 수 있기 때문이다. 따라서 심성모형의 형성을 저해하지 않는 범위 내에서 단축 경로를 제한적으로 사용하는 것이 바람직하다.

효율성에서 큰 차이를 보이는 디지털 시스템의 사례

비슷한 제품들 중에 효율성의 차이가 큰 두 가지 제품으로 그림 6과 같이 애플의 아이패드와 소니의 UX58을 들 수 있다. 이 두 가지 제품은 모두 태블릿인데, 태블릿의 중요한 특징은 사용자가 휴대하면서 원하는 작업을 바로 할 수 있다는 점이다. 태블릿에서는 효율성의 두 구성 요소인 반응성, 단축성 모두가 중요하다. 적시에 작업을 수행할 수 있게 해 주는 사용성의 속성이 반응성이고, 태블릿의 작은 화면에서 작업 수행과 관련된 일을 용이하게 찾도록 하는 것이 단축성이기 때문이다.

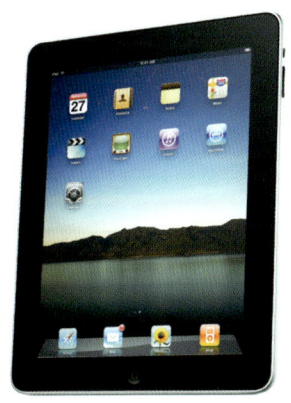

그림 6
효율성이 제품이나 서비스의 성공 실패에 큰 영향을 미친 사례

아이패드는 반응성의 효과가 잘 드러나는 사례이다. 누르는 순간 반응하는 터치 속도, 빠른 웹 로딩, 즉각적인 애플리케이션의 실행에서 반응성의 장점이 명확하게 드러난다. 간단한 게임이나 웹 서핑을 할 때 PC 전원을 켤 필요없이 아이패드를 사용할 수 있고, 책을 읽고, 음악을 듣고, 영화를 보고 싶을 때 부팅이 필요 없이 바로 감상이 가능하다는 점은 단축성 측면에서의 장점이다. 반면 UX58은 휴대하면서 간단한 검색을 하거나 동영상을 보려고 해도 느린 부팅 속도를 감수해야 하기 때문에 반응성이 낮다. 또한 익숙한 윈도 환경을 제공해서 편의를 도모하려 했으나, 화면이 너무 작은 탓에 가독성이 낮아 단축성도 제대로 지원되지 못했다. 물론 효율성만이 유일한 이유는 아니지만, 아이패드와 태블릿PC 가운데 사용자가 어떤 제품을 더 선호할지는 자명하다.

2.2 정확성의 차원

정확성accuracy은 사람들이 시스템을 사용하면서 저지르는 오류와 관련된 사용성의 속성이다. 정확성은 사용자가 오류를 저지를 수 있는 조건을 미연에 방지하는 사전 방지성, 사용자가 자신이 저지른 실수를 인식할 수 있는 오류 발생 감지성, 마지막으로 이미 저지른 오류를 복구하는 오류 회복성의 세 가지 범주로 나눌 수 있다.

사전 방지성

사전 방지성error prevention은 사람들이 오류를 저지를 수 있는 가능성을 미연에 제거하거나 줄여 줌으로써 시스템을 사용하면서 범하는 실수를 사전에 방지하는 속성이다. 사전 방지성을 높여 주는 두 가지 방법은 균형성의 법칙을 따르는 것과 사전심사를 행하는 것이다.

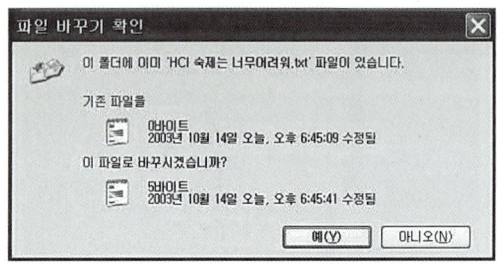

균형성의 법칙은 어떤 행위가 복구하기 어려울수록 애초에 그 행위를 저지르는 것 자체도 어려워야 한다는 것이다. 예를 들어, 그림 7은 같은 이름의 파일이 존재할 경우, 이를 다른 파일로 덮어씌우기 전에 경고 메시지를 띄워 사용자가 기존 파일을 없애는 실수를 방지할 수 있다.

그림 7
균형성의 법칙

사전 방지성을 향상시킬 수 있는 또 다른 방법은 그림 8과 같이 시스템의 현재 상태를 사전에 심사해 실행할 수 있는 항목만 사용자에게 보여 주는 것이다. 그림 8의 왼쪽 화면에서 보면 '봉투'는 현재 사용할 수 있는 항목이기 때문에 짙은 글자로 표시되어 있는 반면, '주소블록'이나 '인사말'은 현재 사용하는 것이 불가능하기 때문에 회색 글자로 반전되어 있다. 오른쪽 화면처럼 이미 사용 중인 외부장치를 사용 중에 마음대로 뺄 수 없게 하는 것도 사전 방지성의 예라고 할 수 있다.

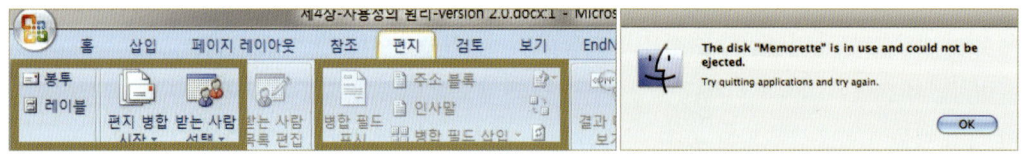

그림 8
마이크로소프트 워드와 애플 매킨토시의 사전심사 사례

오류 발생 감지성

오류는 미연에 방지하는 것이 가장 좋지만, 이미 오류가 발생했다면 오류가 발생했다는 사실을 사용자가 되도록 빨리 인식하고 빠른 시간 안에 조치를 취할 수 있어야 한다. 예를 들어, 워드프로세서에서 사용자는 한글을 입력하고 있다고 생각했지만 실제 시스템이 영문 입력으로 세팅되어 있다면, 자신이 영어로 입력하고 있다는 것을 빨리 인식하는 것이 불필요한 노력을 절감할 수 있는 방법이다. 비슷한 예로, 웹사이트에서 회원 가입을 할 때 아이디가 중복되는 것을 방지하기 위해 회원 가입창에서 희망하는 아이디를 가장 먼저 입력하고 아이디가 중복되는지를 감지하는 것이 있다.

오류 발생 감지성error detection을 향상시킬 수 있는 대표적인 방법 중 하나는 해당 오류의 발생 사실을 사용자가 볼 수 있도록 시각적 또는 청각적으로 강조하는 것이다. 이를 지속성의 효과persisteny effect라고 한다. 그림 9는 시스템에서 외부에 있는 메일 서버에 접속할 때 장애가 발생한 경우 얻을 수 있는 정보이다. 여기에서는 빨간색 느낌표 아이콘으로 시스템에 문제가 있다는 것을 명확하게 알리고 있다. 시스템의 인터페이스가 전체적으로 회색과 청색으로 구성되어 있는 상황에서 이와 같이 빨간색의 에러 메시지를 띄우는 것은 이를 사용자의 눈에 띄게 하는 좋은 시각적 강조 방식이다. 워드프로세서 작업을 하다가 맞춤법이 틀린 경우 빨간 밑줄이 생기는 것도 비슷한 원리라고 할 수 있다.

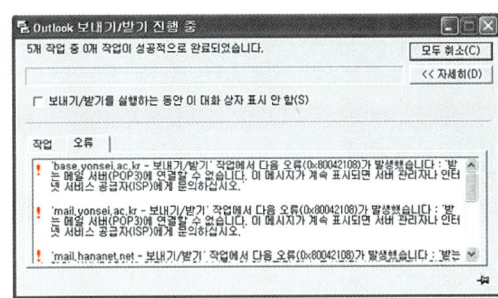

그림 9
시각 정보를 이용한
오류 발생 감지성 사례

그림 10은 매킨토시 시스템에서 제공하는 오류 정보를 보여 준다. 이는 주의를 항상 기울이지 않아도 자극의 발생을 쉽게 처리할 수 있다는 청각 정보 처리의 특성을 효과적으로 이용한 사례라고 할 수 있다.

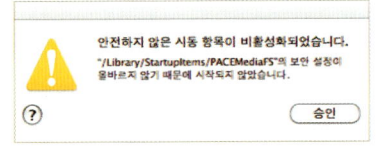

그림 10
청각 정보를 이용한
오류 발생 감지성 사례

오류 회복성

일단 사용자가 오류를 범했고, 자신이 행한 오류를 지각했다면 그 다음으로 중요한 속성은 지각된 오류를 쉽게 정정할 수 있는 능력을 사용자에게 제공하는 것이다. 오류 회복성error recovery은 시스템을 통해 사용자 자신이 과거에 저질렀던 오류를 정정할 수 있게 하는 속성을 의미한다. 사용자가 시스템에 상호작용하는 내용이 언제든지 정정될 수 있고 시스템이 오류 발생 이전의 상태로 돌아갈 수 있다고 믿으면, 좀 더 편리하게 시스템의 여러 기능을 탐색할 수 있다.

오류를 회복하는 속성은 그 방향에 따라 전방과 후방 두 가지 방법으로 제공될 수 있다. 후방 오류 회복성backward error recovery은 사용자가 과거에 저질렀던 오류의 효과를 취소하고 오류를 저지르기 전의 상태로 돌아가는 것이다. 예를 들어, 그림 11의 왼쪽 마이크로소프트 워드에서 취소 버튼은 사용자가 이전에 입력한 문자나 실행한 기능을 취소하고, 바로 그전의 상태로 돌아가는 기능을 제공하고 있다. 인터넷 익스플로러 왼쪽 상단에 있는 뒤로 가기 버튼도 이에 속한다고 볼 수 있다. 이때 중요한 HCI 이슈 중 하나는 얼마나 많은 단계를 취소할 수 있게 할 것인지이다. 물론 사용자 입장에서는 모든 단계를 취소할 수 있으면 좋겠지만, 그러면 시스템이 사용자의 행동 과정을 모두 기억하고 있어야 하기 때문에 시스템에 많은 부하를 주게 되어 효율성 면에서 마이너스 효과를 가져올 수 있다. 따라서 취소의 범위를 적절하게 정하고, 이를 사용자에게 명확하게 알려 주는 것이 필요하다. 이와 관련된 좀 더 미묘한 문제 중 하나는 과거에 한 번 취소한 행동을 다시 취소할 수 있는지의 여부이다. 이와 관련해서는 시스템마다 서로 다른 방식을 취하고 있기 때문에 해당 시스템이 중복 취소와 관련해 어떤 방식을 취하고 있는지 사용자에게 명확하게 알려 줄 필요가 있다.

반면 전방 오류 회복성forward error recovery은 사용자가 이미 범한 오류를 취소할 수는 없지만 이전의 상태로 다시 돌아갈 수 있는 길을 제공하는 것이다. 이는 과거에 저지른 오류의 효과를 취소할 수 없는 경우에 주로 사용한다. 예를 들어, 사용자가 하드디스크에 백업한 정보나 프로그램들이 바이러스나 기타 외부적인 사건으로 망가질 경우, 이전의 상태로 쉽게 돌아갈 수 있게 하는 경우가 전방 오류 회복성의 예이다. 다시 말해 시스템에 발생한 바이러스나 장애의 효과를 취소할 수는 없지만, 새로운 절차를 거쳐 과거의 상태로 돌아갈 수 있게 하는 방식을 전방 오류 회복성이라고 한다. 전방 오류 회복성은 얼마나 근원적인 상태로 시스템의 상태를 돌려 놓는지에 따라 다시 두 종류로 나눌 수 있다. 예를 들어, 그림 11의 오른쪽에 있는 인터넷 익스플로러에 있는 '기본값 복원' 기능은 이전에 사용자가 어떤 행동을 했을지라도 항상 기본 설정으로 복구가 가능하게 만들어 준다는 의미에서 근원적인 의미의 전방 오류 회복성이라고 할 수 있다. 반면 마이크로소프트 워드에서 사용자가 그동안 작업한 것을 미처 저장하지 못한 채 프로그램이 비정상적으로 종료되었을 경우, 워드를 재가동했을 때 왼쪽 창에 나타나는 문서 아이콘을 클릭함으로써 가장 최근에 저장된 문서로 복원할 수 있다. 이는 시초 상태가 아니라 가장 최근에 저장된 상태로 돌아간다는 점에서 점진적인 회복성을 지녔다고 할 수 있다.

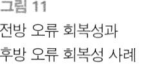
그림 11
전방 오류 회복성과
후방 오류 회복성 사례

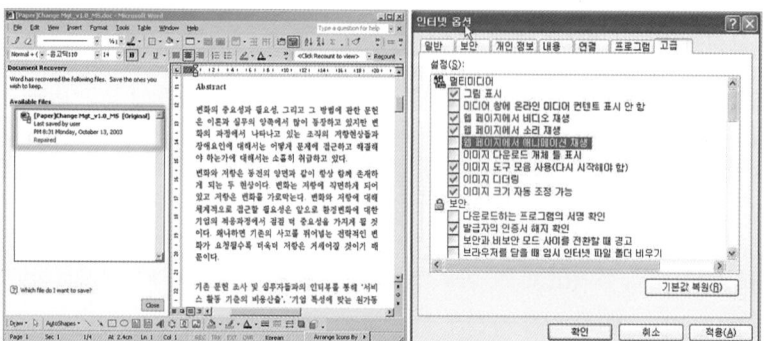

정확성의 차원이 차이가 나는 사례

비슷한 용도로 사용되는 디지털 서비스 중 정확성의 차원에서 차이가 나는 사례로 두 포털 사이트에서 제공하는 한자사전 서비스를 예로 들 수 있다. 사전 방지성 측면에서 본다면 왼쪽의 한자사전은 부수, 음, 획수라는 항목에 필기인식 기능과 검색창을 사용자에게 우선적으로 제시해 엉뚱한 한자를 찾는 오류를 사전에 방지하는 반면, 오른쪽의 한자사전은 부수 획수, 음, 총 획수, 검색창을 사용자에게 제시하기 때문에 한자를 처음 찾아보는 사용자나 처음 보는 한자를 찾으려는 사용자가 엉뚱한 한자를 찾는 오류를 사전에 방지할 수 없다. 오류 발생 감지성의 측면에서는 왼쪽의 한자사전은 사용자가 필기란에 한자를 한 획씩 그릴 때마다 오른쪽의 결과란에 필기된 한자와 가장 유사한 한자어가 나오기 때문에 좌우를 비교하며 오류 발생 사실을 쉽게 인식할 수 있다. 반면 오른쪽의 한자사전은 검색 의도에 맞는 한자어를 찾았는지 알 수가 없고, 검색 오류가 발생해도 알 수 없다. 오류 회복성의 경우에도 마찬가지이다. 왼쪽의 한자사전은 실수한 한 획만 지우는 '1획 지우기' 기능과 오류를 범하기 전의 최초 상태로 돌아가는 '모두 지우기' 기능을 제공하는 반면, 오른쪽의 한자사전은 되돌리려면 단지 뒤로 가기 버튼을 누르거나 처음부터 다시 찾을 수밖에 없다.

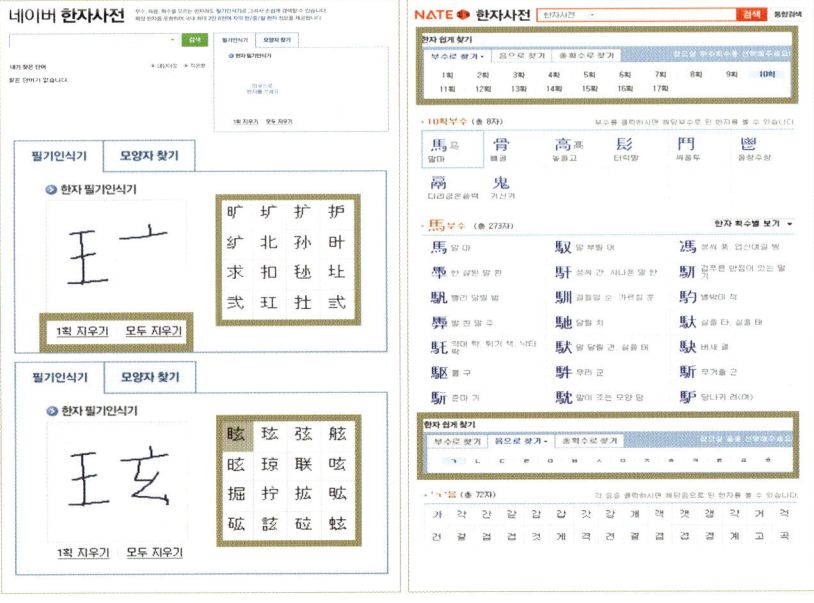

그림 12
정확성의 차원이 차이가 나는 한자사전 서비스

2.3 의미성의 차원

의미성meaningfulness은 시스템을 사용하면서 사용자가 보고 싶은 정보나 실행하고 싶은 기능이 사용자에게 제공되어야 한다는 것이다. 의미성의 차원에 속하는 사용성의 속성은 크게 변화제시성과 이해가능성 그리고 학습성으로 나눌 수 있다.

변화제시성

변화제시성honesty이란 시스템의 내부 상태가 변화했을 때 그 변화된 상태를 사용자가 감지할 수 있게 제공하는 속성을 의미한다. 즉 사용자가 시스템을 이용하면서 알아야 할 시스템 내부 상태의 변화를 사용자가 감지할 수 있게 표시하는 속성이다. 이는 앞에서 이야기했던 오류의 감지성과도 연관되는 속성으로 오류의 감지성이 오류와 관련된 정보로 한정된다면, 변화제시성은 모든 정보로 확장될 수 있으므로 변화제시성이 좀 더 넓은 속성이라고 볼 수 있다.

변화제시성의 수준은 사용자가 목표로 하는 정보에 도달하기까지의 단계가 얼마나 되는지에 따라 즉시성과 부가성으로 나눌 수 있다. 즉시성immediacy은 변화가 발생한 그 즉시 변화된 시스템의 상태를 사용자가 별도의 작업을 하지 않더라도 사용자에게 제공하는 것이다. 윈도의 작업 표시줄에 표시된 MSN 메신저의 현재 상태를 나타내는 아이콘의 경우, 로그오프 상태에서 클릭하고 로그온하는 순간 즉시 상태 표시줄의 아이콘도 초록색으로 바뀐다. 즉 사용자가 별도로 작업을 하지 않고도 변화된 시스템의 상태를 즉시로 감지할 수 있다는 점에서 변화제시성의 수준이 즉시적이라고 할 수 있다. 그림 13의 네이트온의 경우에도 상대방이 메신저에 연결되면 그 상태를 즉시 보여 줌으로써 사용자가 별도의 작업을 하지 않더라도 어떤 변화가 있는지 명확하게 알 수 있다.

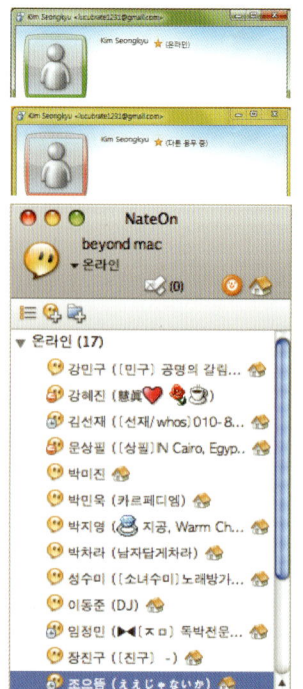

그림 13
즉시적인 변화제시성의 사례

반면 부가성eventuality은 사용자가 변화된 상태를 보고 싶다는 의사를 부가적으로 명백하게 밝힐 때 시스템이 현재의 상태를 사용자에게 보여 주는 것이다. 예를 들어, 그림 14의 마이크로소프트 워드에서 '다른 이름으로 저장'이라는 메뉴를 선택해 해당 파일을 다른 곳에 저장하려고 할 때 자신이 저장하고자 하는 파일의 이름을 파일이름 칸에 작성하고 나서, 저장 위치에서 원하고자 하는 폴더를 지정하고 저장 버튼을 누르면 해당 창이 완전히 없어진다. 이 상태에서 변경된 파일이 원하는 장소에 제대로 저장되었는지 보고 싶다면 윈도를 다시 열어 폴더에 그 파일이 존재하는지 직접 확인해야 한다.

앞서 2장에서도 이야기했듯이 사람들이 어떤 시스템을 직조작하고 있다고 느끼게 하기 위해서는 사람들이 현재 관심 있어 하는 대상이 그들에게 항상 보여져야 하고, 그 대상에 어떠한 변화가 생기면 그 변화가 즉각적으로 반영되어야 한다. 이는 직조작 스타일이 가능하기 위해서는 즉시적인 변화제시성이 확보되어야 한다는 것을 의미한다.

이해가능성

변화제시성이 사용자가 관심 있는 정보를 사용자에게 시스템에서 물리적으로 제공해야 한다는 속성이라면, 이해가능성understandability은 이렇게 물리적으로 전달된 정보를 실제로 사용자가 이해할 수 있어야 한다는 것이다. 즉 단순히 사용자가 관심 있는 정보가 사용자에게 전달되는 것이 중요한 것이 아니라 전달된 정보를 사용자가 이해할 수 있어야 한다는 것이다.

그림 14
부가적인 변화제시성 사례

시스템의 이해가능성을 향상시키는 방법은 가독성과 논리성이라는 두 가지 범주로 나눌 수 있다. 가독성을 향상시킨다는 것은 제시된 정보를 제대로 읽을 수 있게 해 준다는 것이다. 예를 들어, 그림 15의 왼쪽 쇼핑 사이트는 쇼핑몰의 로고를 이미지화해 눈에 잘 띄도록 했다. 또한 가격과 최저가를 파란색으로 표시해 가독성을 높였다. 반면 오른쪽의 쇼핑 사이트는 일종의 텍스트 광고와 마찬가지로 텍스트만으로 보여지는 쇼핑몰의 리스트는 오른쪽에서 화면과 비교했을 때 가독성이 떨어진다.

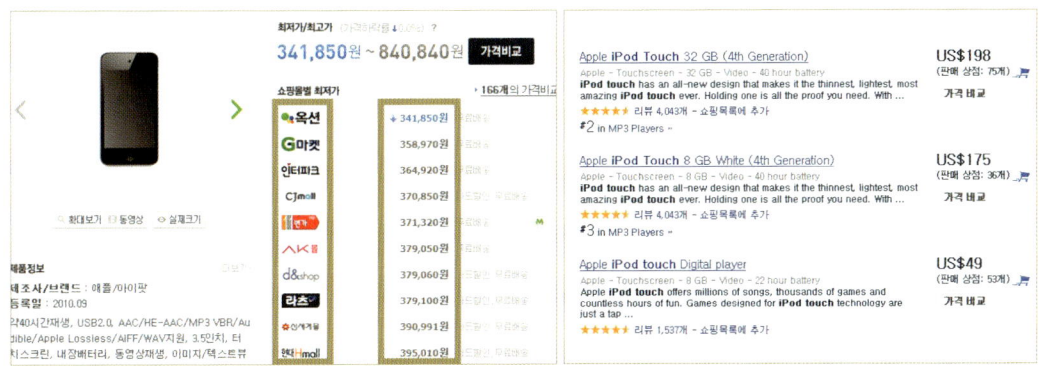

논리성은 사용자가 보기에 정보가 제공되는 순서나 구조가 논리적이라고 생각할 수 있어야 한다는 것이다. 예를 들어, 그림 16은 스포츠 전문 채널인 ESPN에서 제공하는 메이저리그 정보를 제공하는 페이지로, 야구장의 전광판을 묘사한 상단의 광고창을 보면 농구 광고를 하고 있는 것을 알 수 있다. 야구 전문 페이지

그림 15
가독성의 사례:
네이버 지식 쇼핑과 구글 쇼핑

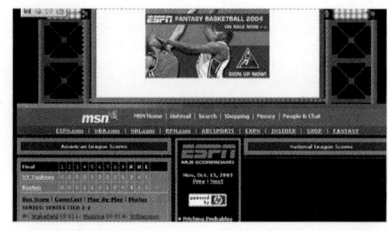

그림 16
논리성의 사례:
ESPN 사이트

에서 야구전광판을 묘사한 광고판에 농구 광고를 한다는 것이 비논리적이라고 할 수 있다. 반면 그림 15의 왼쪽 쇼핑몰 사례에서 보듯이 사용자의 조건에 가장 부합하는 제품이 자동적으로 상위에 랭크되는 것은 논리적인 측면에서 의미 있는 디자인이라고 할 수 있다.

학습성

학습성learnability은 초보 사용자가 시스템에 대해 어느 정도 수준의 지식을 취득하는 것이 얼마나 쉬운지를 의미한다. 즉 사람들이 그 시스템을 가지고 유용한 작업을 하기 위해 준비하는 데 얼마나 많은 시간과 노력이 필요한지를 가리킨다. 학습성을 향상시키기 위해서는 다음 세 가지 사항에 주의해야 한다.

첫째, 초보자가 시스템의 작동 원리와 작동 방법을 쉽게 이해할 수 있는 사용자 매뉴얼을 제공해 주어야 한다. 사용자 매뉴얼이 단지 기계적인 절차 설명에 국한되지 않고 그 절차가 만들어진 배경 원리를 제공하는 것이 정확한 심성모형을 구축하는 데 도움이 된다. 그러나 단순히 사용자 매뉴얼을 제공했다고 해서 학습성을 달성한 것은 아니다. 시스템과 함께 배포되는 사용자 매뉴얼을 처음부터 끝까지 읽고 난 다음에 시스템을 사용하는 사람들은 별로 없고, 대부분의 사람들은 일단 시스템을 사용하면서 그때그때 필요한 것을 배우기 때문이다. 둘째, 학습성은 시스템의 특성에 따라 상이한 수준의 최종 목표를 가진다. 예를 들어, 지하철 승차권 판매기나 현금지급기는 사람들이 사전 훈련 없이 시스템을 사용하기 때문에 유용한 작업을 하기 위한 학습 시간과 노력이 최소한으로 필요하도록 시스템을 설계하는 것이 중요하다. 반면 산업 현장에서 사용되는 공정제어 시스템이나 비행기 조종 시스템의 경우는 사용자가 시스템을 학습하는 데 상대적으로 더 많은 시간과 노력을 기울인다. 따라서 이 경우는 얼마나 빨리 배우는지도 중요하지만, 필요한 정보를 얼마나 완벽하게 학습하는지가 더 중요하다. 따라서 학습성의 목표는 특정 과업의 성격에 부합하게 설정되어야 한다. 셋째, 학습성은 시스템을 처음 접할 때 얼마나 많은 시간과 노력이 소요되었는지도 중요하지만, 이전에 사용하던 시스템을 어느 정도 시간이 지난 다음에 다시 사용할 때 얼마나 쉽게 예전에 달성했던 수준에 도달할 수 있는지도 중요한 요소이다. 이를 기억가능성rememberability이라고 하며, 이는 특히 연말정산 서비스처럼 사용 빈도가 낮지만 성공 실패의 파급효과가 큰 디지털 서비스의 학습성에서의 중요한 속성이다.

의미성 측면에서 큰 차이가 나는 디지털 시스템의 사례

비슷한 종류지만 의미성에서 큰 차이가 나는 디지털 시스템으로 닌텐도 Wii 스포츠 게임과 〈위닝 일레븐〉을 비교해 볼 수 있다. 우선 변화제시성 측면에서 본다면, Wii 스포츠 게임은 게임상에 사용자가 입력한 대로 변화가 즉시 발생해 사용자가 감지하기 쉽고 리모컨을 통해 클릭한 변화와 동작 인식에 대한 변화를 인지하기 쉽다. 반면 〈위닝 일레븐〉은 사용자가 입력한 변화를 게임 과정상 알아차리기 힘들고, 같은 키를 눌러도 상황마다 다른 결과가 나오기 때문에 어떤 키를 조작해 화면에 나오는 동작을 만들었는지 인지하기 어렵다. 이해가능성 측면에서 Wii 스포츠 게임은 한 화면에 나오는 글씨가 많지 않고, 그래픽이 단순화되어 있어 가독성이 좋은 반면, 〈위닝 일레븐〉은 한 화면에 사용자가 읽어야 할 정보가 지나치게 많아 가독성이 좋지 않다. 또한 Wii 스포츠 게임은 게임 진행 과정에 따라 사용 설명이 함께 나와 게임을 처음 실행하는 사용자도 쉽게 논리적인 흐름을 이해할 수 있는 반면, 〈위닝 일레븐〉은 원인과 결과에 대한 논리를 암기하고 실행하기가 어렵다. 따라서 학습성 측면에서도 Wii 스포츠는 한 번도 사용해 보지 않은 사용자가 쉽게 따라 할 수 있고 오랜 기간 사용하지 않다가 다시 사용해도 쉽게 기억해 낼 수 있으나, 〈위닝 일레븐〉은 상대적으로 복잡한 조작과 직관적이지 못한 방식 때문에 기억 가능성도 낮은 편이다.

Wii 스포츠

위닝 일레븐

그림 17
의미성 측면에서 큰 차이가 나는 Wii 스포츠 게임과 〈위닝 일레븐〉
(그림 밑의 설명은 의미성을 설명하기 위해 첨부한 내용이다.)

2.4 유연성의 차원

유연성flexibility의 차원은 시스템을 통해 사용자가 원하는 작업을 원하는 방식으로 진행할 수 있도록 하는 사용성의 속성을 포함하고 있다. 유연성의 차원에 속하는 사용성의 속성으로 사용자 주도권, 대체성, 다중성, 개인화, 연결성 등을 들 수 있다.

사용자 주도권

사용자 주도권user pre-emptiveness은 사용자가 자신이 원하는 대로 시스템과 상호작용할 수 있게 하는 시스템 속성을 말한다. 이와 반대되는 것이 시스템이 상호작용의 모든 주도권을 행사하고, 사용자는 단순히 시스템의 요청에 따라 정보를 입력하기만 하는 경우라고 할 수 있다.

시스템에 대한 사용자의 주도권을 향상시키는 방법은 크게 두 가지가 있다. 첫 번째는 시스템 설계 시 논리적 연결이 없는 상호작용 모드mode를 없애는 것이다. 모든 상호작용 모드가 무조건 나쁜 것이 아니라 논리적 근거가 없는 상호작용 모드가 나쁜 것이다. 예를 들어, 그림 18의 왼쪽과 같이 사용자가 워드로 작업을 하다가 메뉴에서 저장하기 버튼을 선택하는 순간, 본문을 입력하는 모드에서 저장하는 모드로 들어갔기 때문에 이 모드에서 작업을 끝내기 전에는 해당 문서에 다른 작업을 더 이상 수행할 수 없게 된다. 이 경우 비록 사용자 주도권은 감소되었지만 논리적인 일의 흐름으로 보았을 때, 어떤 내용을 저장할 것인지 사용자에게 명백하게 보여 주기 위한 의도라고 한다면 이는 타당한 상호작용 모드라고 할 수 있다. 반면 사용자의 주도권이 부적절하게 침해된 예로 그림 18의 오른쪽과 같이 윈도 메신저 서비스를 이용한 광고를 들 수 있다. 이 경우 해당 메시지가 화면의 중앙, 그것도 가장 위에 위치하기 때문에 이를 지우지 않는 한 다른 작업을 하기 어렵다. 특히 이는 아무런 논리적 연결이 없는 상태에서 상호작용 모드가 사용자 본인이 아니라 타인에 의해 강요되는 잘못된 경우라고 할 수 있다. 필수 불가결하게 상호작용 모드를 강요하는 경우에는 사용자가 이러한 모드에 들어갔다는 것을 명백하게 알려야 한다.

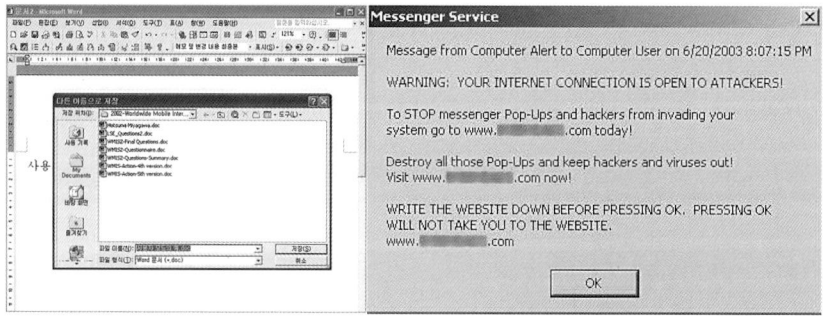

그림 18
사용자 주도권에 영향을 미치는 상호작용 모드의 좋은 의도와 나쁜 의도

사용자가 주도권을 가질 수 있게 하는 두 번째 방법은 사용자가 과업을 수행하면서 시스템과 사용자 사이에 통제권을 유연하게 주고받을 수 있게 하는 것이다. 이를 과업 전이성task migratability이라고 한다. 그 예로 그림 19와 같이 마이크로소프트 워드에서의 맞춤법 및 문법 검사 과정을 들 수 있다. 이 경우 메뉴에서 '맞춤법 및 문법 검사' 기능을 선택함으로써 맞춤법 검사 모드가 시작되지만, 사용자가 문서를 수정하고자 한다면 언제든지 문서의 다른 쪽을 변경할 수 있게 되어 있다. 즉 사용자가 시스템이 부과한 모드에 상관없이 언제든지 자신이 원하는 작업을 수행할 수 있는 것이다.

모드를 없애는 방법은 과업 전이성을 높이는 방법과도 밀접하게 연관되어 있다. 예를 들어, 그림 18의 왼쪽은 과업을 전이하기 위해서 사용자는 명시적으로 '저장'이나 '취소' 버튼을 눌러야만 한다. 반면 그림 19는 사용자가 작업하고 있던 문서의 아무 부분이나 마우스로 클릭하면 통제권이 사용자에게 돌아온다. 따라서 그림 19의 경우가 그림 18보다 시스템과 사용자 간의 과업 전이가 유연하게 진행되는 경우이다.

사용자에게 보다 많은 주도권을 주면 일반적으로 효율성이나 학습성이 높아진다고 할 수 있다. 그러나 사용자에게 지나치게 많은 주도권을 주면 오히려 너무 많은 대안 때문에 학습성이 낮아지는 경우도 있다. 예를 들어, 특정한 순서를 가지고 작업이 진행되어야 할 때 한 가지 작업이 끝나기 전에는 다음 작업을 진행할 수 없도록 함으로써 시스템의 학습성을 높이는 경우도 있다. 따라서 무조건 많은 주도권을 제공하는 것보다 사용자가 수행하는 과업의 형태와 사용자의 지식 수준을 정확하게 파악하고, 이에 맞는 수준의 주도권을 사용자에게 허용하는 것이 더 좋은 방법이라 할 수 있다.

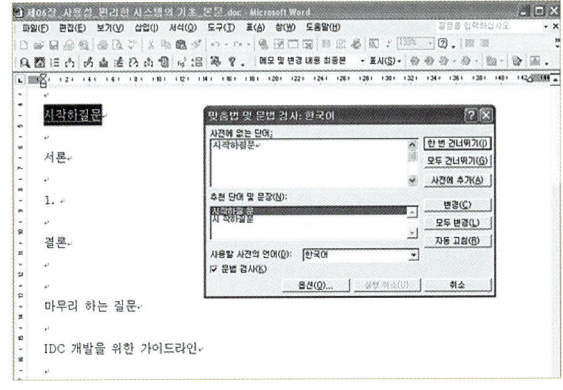

그림 19
과업 전이성의 사례

대체성

대체성 substitutivity은 사용자가 시스템을 사용하면서 특정 작업을 하기 원할 때에 그 작업을 수행할 수 있는 방법이 두 가지 이상이어서 사용자가 자신이 처한 상황에 따라 가장 적절한 방법을 선택할 수 있게 하는 시스템의 속성을 의미한다.

시스템의 대체성을 높일 수 있는 방법은 입력대체성과 출력대체성을 높이는 두 가지로 나눌 수 있다. 입력대체성 input substitutivity은 시스템에 사용자가 원하는 사항을 두 가지 이상의 방법으로 입력할 수 있게 하는 시스템의 속성이다. 예를 들어, 그림 20의 다섯 개의 화면은 인터넷 익스플로러에서 사용자가 원하는 주소를 입력할 수 있는 방법이 다섯 가지나 되는 것을 알 수 있다. 나름대로 이 방법이 필요한 경우가 모두 다르기 때문에 각 경우에 가장 적합한 방법을 이용해 주소를 입력할 수 있다. 예를 들어, 자주 들어가지는 않지만 조금 전에 들어갔던 사이트를 다시 방문하고자 할 때 주소창에 그동안 입력했던 주소로 선택할 수 있고 처음 들어가는 사이트이거나 익숙하게 이름을 외우고 있는 경우는 주소창에 직접 주소를 입력할 수도 있다. 출력대체성 output substitutivity은 시스템의 출력 상황을 여러 가지 조건에서 볼 수 있도록 하는 시스템의 속성을 의미한다. 그림 20의 아래쪽은 사용자 자신이 처한 상황이나 취향에 따라 같은 폴더를 두 가지 방법으로 볼 수 있다.

대체성은 사용자 자신이 처한 상황에 따라 적절한 입력 도구나 출력 도구를 선택할 수 있게 한다는 점에서 사용의 편리성을 높이는 속성이라고 할 수 있다. 그러나 너무 많은 대안을 제공해 각 대안이 어떤 경우에 적절한지가 불명확할 경우 사용자의 학습성에는 오히려 나쁜 영향을 미칠 수 있다. 따라서 대안들을 제공할 때는 대안들 간의 차이를 명확하게 하고, 각 대안별로 어떠한 경우에 사용하는 것이 더 적당한지를 명확하게 밝혀 주는 것이 필요하다.

다중성

다중성multi-threading은 사용자가 한꺼번에 두 개 이상의 작업을 동시에 수행할 수 있도록 하는 시스템의 속성을 의미한다. 다중성에는 두 가지 종류가 있다. 첫 번째는 동시적 다중성concurrent multi-threading이다. 그림 21의 왼쪽에서 보는 것처럼 음악 사이트에 접속해 음악을 감상하는 동시에 이곳에서 제공하는 영화음악 이야기를 읽을 수 있다. 사용자가 청각과 시각이라는 두 가지 차원에서 동시에 작업을 수행할 수 있도록 배려하는 시스템의 속성이다. 반면 그림 21의 오른쪽에서 보는 것처럼 두 개 이상의 워드프로세서 작업과 파워포인트 작업을 동시에 진행한다면, 프로그램을 동시에 띄워 놓을 수는 있지만, 하나의 작업을 하면서 다른 작업을 동시에 할 수 없다. 이는 두 가지 작업 모두 사용자가 작업을 하면서 계속 주의를 기울여야 하는 작업이기 때문이다. 이러한 경우 시스템이 교차적 다중성sequental multithreading을 제공하고 있다고 한다. 이는 어떤 기간을 두고 보면 두 가지 이상의 작업을 동시에 수행했지만, 특정 시점만을 두고 보면 한 가지 작업만을 했다고 할 수 있기 때문이다.

다중성은 사용자가 한 가지 작업을 하다가 그 작업을 마무리하지 않은 상

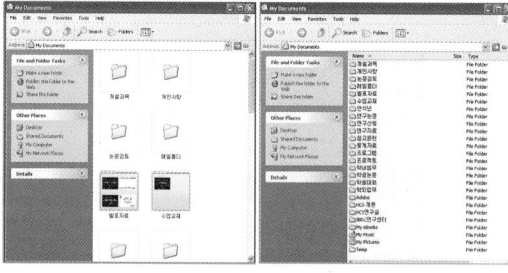

1 익스플로러 주소창에서 그동안 입력했던 주소들을 가지고 선택하는 경우

2 주소창에 직접 입력해 사이트를 찾는 경우

3 즐겨찾기 메뉴에서 자기가 저장해 놓은 리스트를 통해 들어가는 방법

4 주소창에 한글 키워드를 입력해 사이트를 찾아 들어가는 방법

5 검색 사이트를 통해 키워드를 입력해 나온 결과를 통해 사이트에 접속하는 방법

그림 20
입력대체성과 출력대체성 사례

태에서 다른 작업을 수행할 수 있도록 하기 때문에 사용 편리성을 향상시킨다고 알려져 왔다. 그러나 최근 연구 결과에 따르면, 다중성이 반드시 사용성을 향상시키는 것은 아니라는 것을 알 수 있다. 이기호 외, 2007 시각 정보가 주를 이루는 경우 다중성이 사용성을 높이지만 청각 정보가 주를 이루는 경우에는 다중성이 오히려 사용성을 저해하는 것으로 알려졌다. 휴대전화를 사용할 때 전화를 받으면서 음악을 들어본 경험이 있는 사람들은 그 이유를 알 수 있을 것이다. 바로 그런 이유 때문에 애플은 아이폰에 최근까지도 극히 제한적으로 다중성을 제공하고 있다. 따라서 사용성을 위해서는 무조건 다중성을 제공하는 것이 아니라 사용성을 향상시킬 수 있는 정보들의 다중성만을 선택적으로 제공하는 것이 필요하다.

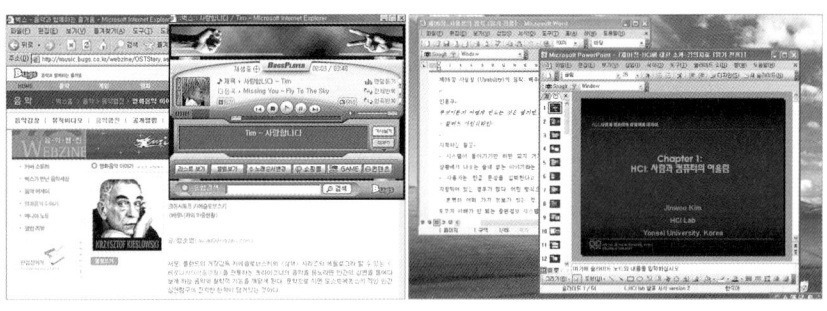

그림 21
동시적 다중성과
교차적 다중성 사례

개인화

개인화personalization는 사용자의 취향이나 특성에 따라 시스템의 상태를 변화시킬 수 있는 속성을 의미한다. 개인화는 누가 개인화를 주도하는지에 따라 응용성과 적응성으로 나눌 수 있다.

응용성adaptability은 사용자가 자신의 상황이나 취향에 따라 시스템의 특성을 바꾸는 속성을 의미한다. 예를 들어, 그림 22의 위쪽은 사용자가 자신이 원하는 메인 페이지를 구성하는 서비스를 제공하고 있다. 이 서비스를 이용하면 메인 페이지의 색상과 레이아웃, 사용자가 즐겨 사용하는 서비스를 자신이 원하는 대로 변경할 수 있다. 반면 적응성adaptivity은 시스템이 주도권을 가지고 시스템을 개인의 취향에 맞추어 가는 경우를 의미한다. 예를 들어, 그림 22의 아래쪽은 아마존의 도서 추천 시스템으로 시스템이 주도권을 가지고 그동안 특정 사용자가 서적을 구매하는 과정을 관찰한 다음, 시스템이 특정 책에 관심 있을 것이라고 생각되는 책들을 추천하는 경우를 보여 준다. 국내의 비슷한 예로, CJ몰에서 사용자가 '쇼핑찜'해 놓은 상품을 분석해 사업자의 주도로 '추천 코디 상품'을 제안함으로써 사용자에게 구입 욕구를 증가시키고 구매 행위를 유도하는 경우를 보여 준다.

개인화는 사용자 개개인의 특성에 맞게 시스템의 기능이나 속성을 조절한

그림 22
응용성과 적응성의 사례

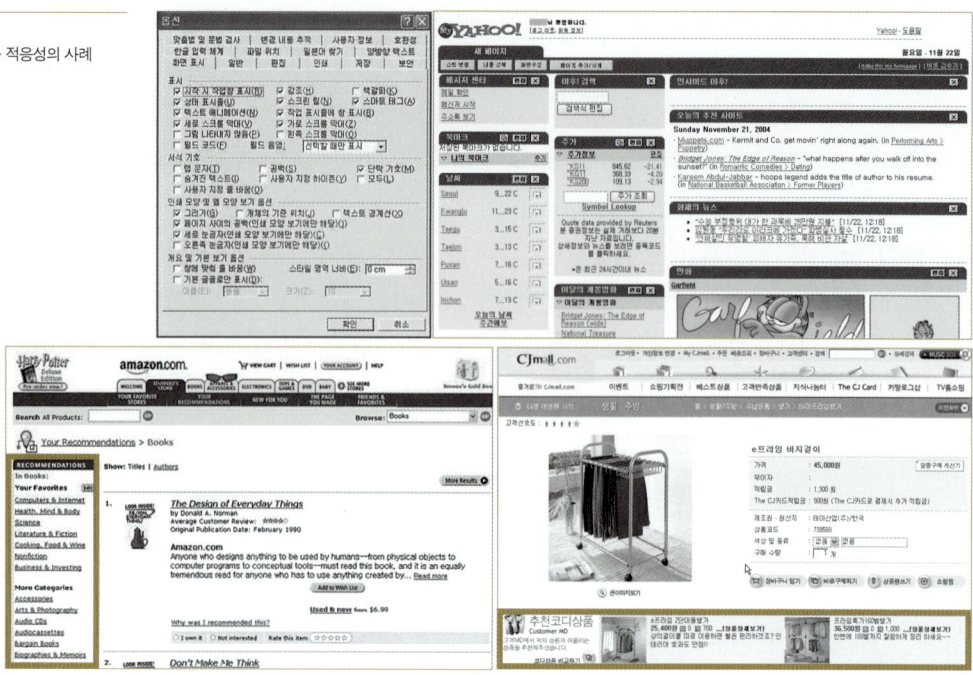

다는 점에서 사용성을 높여 준다고 할 수 있다. 특히 스마트폰처럼 시스템의 사양이 열악하고 접속 속도가 낮은 경우, 개인화를 통해 특정 사용자가 좋아할 만한 정보와 기능만을 제공하는 것이 중요하다. 스마트폰의 경우 그 자체가 워낙 개인적인 기기이다 보니 사용자를 정확하게 파악할 수 있다는 장점을 가지고 있다. 그러나 사용자가 인지하지 못하는 상황에서 시스템의 특성을 시스템이 알아서 자동적으로 바꾸게 하는 것은 자제해야 한다. 이는 사용자의 주도권을 떨어뜨릴 뿐만 아니라 사용자가 시스템에 대한 정확한 심성모형을 구축하는 데도 매우 나쁜 영향을 미치기 때문이다. 따라서 적응성을 가진 시스템일지라도 실제로 시스템의 사양을 바꾸고자 할 때는 사용자에게 명시적인 동의를 구하도록 추천하고 있다.

연결성

다양한 디지털 시스템이 동시에 사용되기 시작하면서 시스템 간의 연결이 얼마나 쉬운지가 중요한 유연성의 속성으로 대두되고 있다. 연결성connectability은 크게 하드웨어적인 연동성과 소프트웨어적인 호환성으로 나누어 볼 수 있다.

연동성linkage은 하나의 제품이 다른 제품과 얼마나 쉽게 연결될 수 있는지를 의미한다. 예를 들어, DLNAdigital living network alliance 가이드라인에 따라 설계된 제품들은 유무선 네트워크를 통해 멀티미디어 콘텐츠를 서로 자유롭게 공유할 수 있다. DNLA 인증된 제품과는 별도의 장치 없이도 직접 연결된다. 또한 열두 가지 단자로, 다양한 형식으로 연결이 가능하다. 사용하던 제품에서 직접 연결이 가능하기 때문에 사용법을 따로 배울 필요가 없다.

호환성compatibility은 한 시스템에서 사용하던 기능이나 콘텐츠가 얼마나 쉽고 편리하게 다른 시스템으로 이동될 수 있는지를 의미한다. 호환성이 낮은 사례로 애플의 아이패드를 들 수 있다. 아이패드는 무선 기능을 통해 다른 애플 제품군과 직접 호환이 가능하지만 다른 제품군과는 별도의 변환 및 전송 절차를 거쳐야 한다. 특히 전자책의 경우 자체 기술을 적용하기 때문에 국내 콘텐츠와 호환이 불가능하다. 따라서 애플 전자책은 아이패드로만 보아야 하기 때문에 연결성이 심각하게 떨어진다고 할 수 있다.

그림 23
연동성이 높은 경우와 호환성이 낮은 경우의 사례: DLNA와 아이패드 전자책

유연성의 속성이 큰 차이를 보이는 디지털 시스템

비슷한 기능을 수행하지만 유연성의 속성이 큰 차이를 보이는 디지털 시스템의 사례로 애플의 아이팟터치와 아이팟셔플을 들 수 있다. 사용자 주도권의 측면에서 보면 아이팟터치는 원하는 작업을 언제든지 수행할 수 있는 반면 아이팟셔플은 제한적인 기능으로 사용자가 주도권을 가질 수 있다. 대체성의 측면에서 보면 아이팟터치는 즐겨찾기와 클릭이라는 두 가지 입력 대체성이 있는 반면, 아이팟셔플은 볼 수 있는 화면이 없으므로 일방적인 클릭만이 가능하다. 다중성의 측면에서 아이팟터치는 음악을 들으면서 사진을 보거나 메모, 스케줄 관리 및 인터넷을 할 수 있지만, 아이팟셔플의 경우에는 라디오 듣기와 음악 듣기 중 하나만 선택할 수 있다. 개인화 측면에서 아이팟터치의 경우 약간의 시스템 변경으로 배경이나 로고를 바꾸는 등 디자인 변경뿐만 아니라 자주 쓰는 기능 추가와 같은 개인화가 가능한 반면에 아이팟셔플은 개인화 기능이 전혀 없다. 연결성 측면에서는 두 제품 모두 같은 애플 제품 내에서만 원활한 연동성과 호환성을 제공한다.

유연성의 경우 무조건 높은 것이 좋은 것이 아니라는 사실을 아이팟터치와 아이팟셔플의 차이에서 볼 수 있다. 음악을 방해받지 않고 듣고 싶은 사용자는 유연성이 낮더라도 아이팟셔플을 선호하는 반면, 경제적으로 여유가 있고 여

그림 24
아이팟터치와
아이팟셔플의 차이점

러 작업을 동시에 하고 싶은 사용자는 아이팟터치를 선호한다. 따라서 사용자가 원하는 바가 무엇인지 명확하게 파악하고 이에 맞는 유연성의 수준을 정하는 것이 디지털 시스템 성공의 중요한 요인이라고 할 수 있다.

2.5 일관성 차원

일관성consistency이란 시스템의 정보나 기능이 다른 대상과 비슷한 모습이나 유사한 역할을 가지는 것을 의미한다. 일관성의 차원에 속하는 사용성 속성으로 예측 가능성, 친숙성, 그리고 일반화 가능성을 들 수 있다.

예측 가능성

예측 가능성predictability은 사용자가 자신이 과거에 시스템과 상호작용한 경험에 비추어 자기가 어떤 행동을 하면 그 결과가 어떻게 되리라는 것을 예측할 수 있게 하는 시스템의 속성을 의미한다.

예측 가능성을 높여 주는 기본적인 방법은 명령체계를 일관적으로 사용하는 것이다. 예를 들어, 마이크로소프트의 모든 프로그램에서 control+c는 '복사'를, control+v는 '붙여넣기'를 의미한다. 예측 가능성을 무시한 예로, 아이폰의 홈 버튼을 들 수 있다. 과거의 경험을 기반으로 사람들은 MP3플레이어로 음악을 듣다가 홈버튼을 누르면 음악이 종료될 것으로 예측한다. 그러나 아이폰은 홈버튼을 누르면 창만 닫히고 음악은 계속 흐른다. 따라서 홈버튼이 프로그램을 종료하는 것이라는 사용자의 예측 가능성을 무시함으로써 편리성을 저해한 사례라고 할 수 있다.

예측 가능성을 높여 주는 두 번째 방법은 시스템에서 어떤 행동을 했을 때 그 결과가 어떻게 되리라는 것을 사용자에게 미리 알려 주는 것이다. 이는 특히 웹사이트에서 자주 사용되는 기법으로 어떤 링크를 선택하면 어떤 곳으로 이동할지 미리 예상하게 하는 것이다. 이를 사용자에게 '정보의 향기information scent'를 느낄 수 있게 한다고 한다. 예를 들어, 별도의 클릭을 하지 않아도 마우스를 가져다 대면 하부메뉴가 보여지는 경우가 있다. 이렇게 직접 클릭을 하지 않고 마우스 커서를 얹기만 해도 클릭했을 때 어떤 페이지로 이동할 것인지 미리 보여 주는 것은 사람들에게 이곳을 클릭하면 어떠한 결과가 나올 것이라는 것을 미리 보여 주는 방법이라고 할 수 있다. 비슷한 방법으로 마이크로소프트 윈도 화면에서 해당 폴더 내에 어떤 자료가 있는지 미리 보여 주는 것도 '정보의 향기'를 높이는 방법 중에 하나이다.

예측 가능성은 사용자가 시스템에 대한 정확한 심성모형을 구축할 수 있게 하는 효과적인 방법이기 때문에 학습성이나 효율성에 좋은 영향을 미친다. 그러나 모든 시스템의 내용이 계속 일관되기만 한다면 시스템을 사용하는 사람의 입장에서는 지겨워질 수 있다. 따라서 지나치게 예측 가능성만을 강조하면 재미없는 시스템이 만들어질 수 있다. 그래서 예측 가능성과 반대되는 개념으로 제시되는 것이 다양성이다.

친숙성

친숙성familiarity은 사람들이 실제 세상에서 가지고 있었던 경험을 바탕으로 시스템을 사용하는 데 필요한 지식을 습득할 수 있게 하는 시스템 속성을 의미한다. 시스템의 친숙성을 향상시키는 기본적인 방법은 시스템에서 사용자에게 정보를 제공할 때 시스템적인 전문용어가 아니라 사용자가 일상생활에서 사용하는 용어를 사용하는 것이다. 예를 들어, 그림 25는 초보자도 바로 사용할 수 있는 동영상 인코더로, 인코딩을 할 때 일반적으로 친숙한 용어들을 사용해 이해하기 쉽도록 사용자를 배려한다.

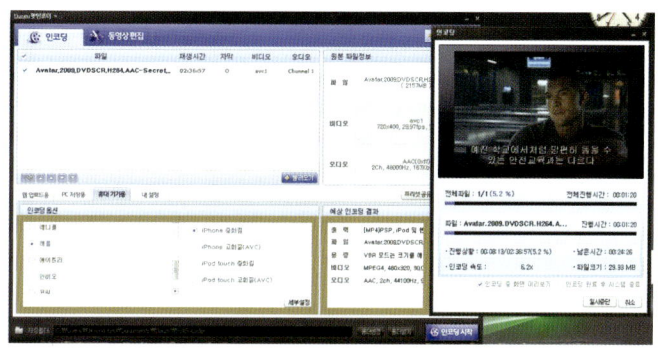

그림 25
친숙한 용어를 사용한 다음 팟인코더

시스템의 친숙성을 향상시키는 또 다른 방법으로 시스템의 모습을 일상생활에서 익숙하게 사용하는 도구나 기기와 비슷하게 가져가는 것이다. 그림 26의 아이폰용 계산기의 경우 조작판이 일상생활에서 사용하는 계산기와 비슷한 형태로 되어 있어 시스템을 처음 사용하는 사람도 큰 어려움이 없도록 하고 있다.

시스템의 친숙성을 향상시키는 방법으로 시스템에서 제공되는 표현들이 사람들에게 어떤 행동을 하도록 유도하는 경우이다. 이를 HCI에서는 직관성affordance 이라는 용어로 표현하며, 사용성과 관련된 중요한 속성으로 간주하고 있다. 예를 들어, 웹페이지에서 파란색 밑줄이 그어진 단어를 보면 왠지 커서를 대고 클릭하고 싶은 느낌을 받는다. 이는 대부분의 웹페이지에서 링크는 파란색 밑줄로 표시되어 있어 사용자가 파란색 밑줄만 보면 무의식중에 과거에 자신이 파란색 링크를 눌러 다른 곳으로 이동한 기억을 되살리기 때문이다. 그림 27의 오른쪽에 있는 닌텐도 Wii의 조이스틱의 경우 기존 게임기의 조이스틱이 가지고 있는 버튼의 방식을 사용자의 움직임이라는 직관적인 인터페이스로 바꾸었다. 여러 버튼을 외워

그림 26
친숙한 모습을 사용한 아이폰 계산기

야 하는 기존의 경우와는 달리 단순한 움직임으로 작동시킬 수 있는 직관성 높은 조이스틱을 제공한 것이다. 비슷한 예로 애플은 그림 27의 왼쪽처럼 아이폰에서 사진을 확대할 때 버튼을 누르는 기존 방식이 아니라 손가락으로 사진을 집어서 늘리고 줄이는 방식을 택했다. 민감한 터치스크린을 이용해 두 손가락의 움직임으로 위치 조절도 가능하게 하면서 직관성을 높였다.

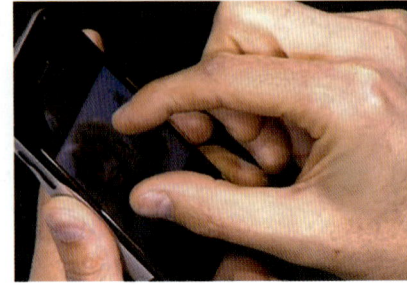 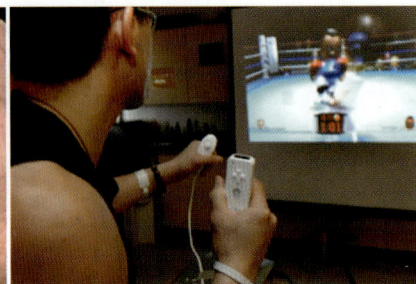

그림 27
직관성을 이용한 아이폰과 닌텐도 Wii

일반화 가능성

일반화 가능성generalizability은 사용자가 과거에 사용한 명령어나 메뉴를 새로운 상황에서도 사용할 수 있도록 하는 시스템 속성을 의미한다. 즉 지금까지 어떤 시스템을 사용하면서 습득한 명령어나 메뉴를 다른 목적으로도 사용할 수 있게 하는 것이다. 일반화 가능성이라는 항목은 명령어나 메뉴 항목과 같은 시스템 조작자에 대한 일관성이라고 볼 수 있고, 그러한 의미에서 일반화 가능성은 명령체계의 예측 가능성과 밀접하게 관련되어 있다.

일반화의 가능성을 높이는 방법은 크게 두 가지로 나눌 수 있다. 첫 번째 방법은 한 시스템 안에서 일관성을 높이는 것이다. 예를 들어, 파워포인트에서는 사각형을 그릴 때 한쪽 모서리를 설정한 다음 마우스를 끌어 사각형을 그린다. 이와 비슷한 방법으로 원을 그릴 때도 원의 중심을 먼저 설정하는 것이 아니라 타원의 한 모서리를 먼저 설정하고 다른 모서리를 설정함으로써 사각형을 그리는 작업과 비슷한 절차를 거친다. 즉 하나의 시스템 내에서 비슷한 효과를 내는 작업은 비슷한 절차를 거치도록 시스템을 설계한 것이다. 두 번째 방법은 하나의 시스템이 아니라 여러 시스템 간에서 비슷한 조작자에 대해 비슷한 효과를 줄 수 있도록 프로그램을 설계하는 것이다. 그림 28에서 보는 것처럼 비슷한 메신저 기능을 하는 네이트온과 MSN 메신저는 비슷한 모습의 인터페이스를 사용함으로써 두 프로그램 사용자의 편리성을 높여 주고 있다. 특히 요즘은 마이크로소프트의 제품만 아니라 아래아한글과 같은 경쟁사의 제품도 비슷한 명령체계를 제공하고 있기 때문에 이를 위배하는 새로운 명령체계는 사용자에게 혼란을 불러일으킬 수 있다.

일관성 측면에서 큰 차이를 보이는 디지털 시스템

비슷한 기능을 수행하지만 일관성 측면에서 큰 차이를 보이는 디지털 시스템의 예로 애플의 아이튠즈와 마이크로소프트의 윈도 미디어 플레이어를 들 수 있다.

예측 가능성 측면에서 보면 미디어 플레이어의 경우는 음악이나 영화를 재생하다가 오른쪽 방향키를 누르면 예측한 대로 음악이나 영화가 몇 초 동안 건너뛰지만, 아이튠즈의 경우 바로 다음 음악으로 넘어가거나 정지된다. 친숙성 측면에서 사용자가 듣고 싶은 음악을 재생시키려면 미디어 플레이어에서는 일반적인 파일 시스템에서 익숙하게 사용한 '열기'를 선택하면 되지만, 아이튠즈에서는 '추가'를 실행해야 한다. 일반화 가능성 측면에서 미디어 플레이어에서는 대부분의 플레이어에서 그랬듯이 우측 마우스 버튼을 클릭하면 메뉴가 뜨지만, 아이튠즈에서는 아무것도 뜨지 않으며 재생을 위해서는 메뉴 버튼을 찾아야 한다. 따라서 기존에 마이크로소프트사의 운영체계에 익숙해져 있는 사람들에게는 미디어 플레이어가 일관성 측면에서 좋은 평가를 받는 반면, 아이튠즈는 별로 좋은 평가를 받지 못한다. 제품이나 서비스의 사용자가 기존의 어떤 시스템 환경에 익숙해져 있는지 미리 파악하는 것이 일반화 가능성을 높일 수 있는 효과적인 방법이라고 할 수 있다.

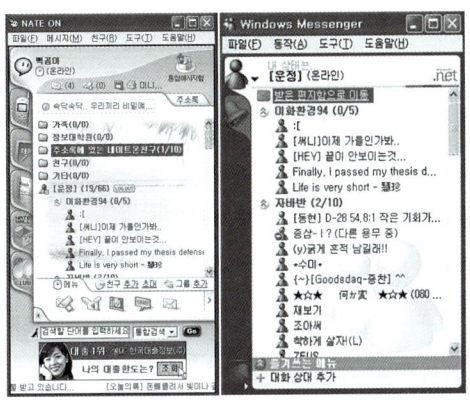

그림 28
시스템 간의 일관성

그림 29
일관성 측면에서 차이를 보이는 아이튠즈와 윈도 미디어 플레이어

3. 사용성 속성 간의 상충관계

시스템의 사용성을 향상시키기 위해서는 사용성의 여러 가지 속성을 동시에 높이면 되는 것으로 생각하기 쉽다. 그러나 사용성의 이 속성들 간에는 상충관계가 존재한다. 예를 들어, 그림 30에서 볼 수 있는 것처럼 일반적으로 초보자가 학습하기 쉬운 시스템은 전문가의 성과를 높이기에 부적당한 경우가 많다. 자주 예로 드는 것은 상호작용 스타일 중 명령어 방식과 메뉴 방식 간의 비교이다. 명령어 방식은 처음에는 초보자가 학습하기 어렵지만, 일단 어느 정도 학습이 되면 사용하는 과정이 매우 효율적이다. 반면 메뉴 방식은 처음에 초보자가 학습을 하기에는 용이하지만, 나중에 전문가가 되었을 때는 사용의 편리성이 명령어 방식보다 떨어진다는 단점을 가지고 있다. 예를 들어, 모바일 인터넷에서 프로야구 시합 결과를 메뉴구조를 통해 찾아가는 것은 처음 사용할 경우에는 쉬울지 모르지만, 나중에 익숙해지면 매번 여러 단계의 메뉴 선택을 거쳐 원하는 정보를 얻는 것보다 차라리 해당 서비스의 인터넷 도메인 주소를 입력하고 원하는 정보를 한 번에 얻는 것이 더 나을 수 있다.

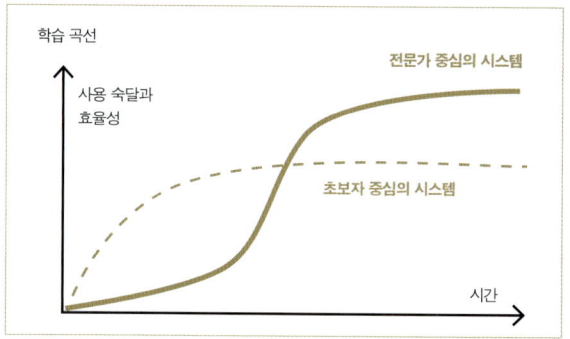

그림 30
학습성과 효율성 간의 상충관계

영화 〈아이언맨〉에서도 이런 상충관계가 명확하게 나타난다. 아이언맨의 보행 기능과 비행 기능을 비교해 보자. 아이언맨의 보행 기능은 영화 초기 아이언맨이 제작될 당시나 영화 마지막이나 크게 다르지 않다. 기본적으로 걷는 것과 동일해서 숙련도와 상관없이 주인공이 편하게 배울 수는 있었다. 반면 비행 기능은 처음 배우는 과정이 그리 쉽지는 않았지만, 주인공이 여러 번의 크고 작은 시행착오를 겪고 나서 어느 정도 전문가 수준이 되었을 때는 내외부 환경에 크게 영향을 받지 않고 매우 효과적으로 비행할 수 있게 된다. 즉 아이언맨의 보행 기능은 초보자 중심 시스템이고, 비행 기능은 전문가 중심 시스템이라고 할 수 있다.

앞서 사용성의 속성을 설명하면서 명시적으로 밝힌 상충관계는 학습성과 효율성 간의 상충관계뿐만이 아니다. 오류 회복성과 효율성, 단축성과 이해가능성, 사용자 주도권과 학습성 그리고 개인화와 사용자 주도권 간에도 상충관계가 존재한다. 이 외에는 특정 맥락이나 사용자에게 새로운 종류의 상충관계가 발생할 확률이 높다. 예를 들어, 메뉴 항목을 명명할 때 의미적으로 잘 전달되도록 하기 위해 이전까지 지켜 왔던 형식(일관성)을 포기해야 한다든지, 유연성을 위해 사용자-전문가 모드 전환 버튼을 만들다 보면 그 자체로 효율성을 해치기도 한다. 따라서 이러한 상충관계를 어떻게 효과적으로 대처하느냐가 HCI의 중요한 연구 주제가 되었다.

이러한 상충관계를 효과적으로 대처하는 한 가지 방법이 다중적 시스템을 제공하는 것이다. 예를 들어, 초보자일 때는 주로 메뉴를 사용하게 하고, 경험이 쌓이면 자연스럽게 명령어를 사용할 수 있게 하는 것이다. 메뉴 시스템에서 사용되는 기능키나 단축키 등이 이러한 예에 속하며, 이러한 장치들을 일반적으로 촉진기라고 한다. 다중적 시스템의 예로 그림 31의 DSLR 카메라를 들 수 있다. 그림의 오른쪽처럼 사용자가 셔터 속도나 조리개의 개방 정도 등 복잡한 사항을 잘 모를 때는 간단하게 프로그램 모드로 지정해 놓고 셔터만 누르면 나머지는 카메라가 알아서 조정해 준다. 그러다가 조금 경험이 쌓이면 카메라 회사에서 정의해 준 몇 가지 모드 중에서 한 가지를 선택해 촬영하면 그 스타일에 맞추어 카메라가 조정을 해 준다. 마지막으로 충분히 경험이 쌓이면 그림 31의 왼쪽과 같이 자세한 사항을 매뉴얼 모드로 지정해 놓고 사용자가 직접 조정할 수 있게 해 준다. 전문지식을 가지고 있으면 매뉴얼 모드가 프로그램 모드보다 더 좋은 사진을 만들 수 있지만, 초보자에게 매뉴얼 모드를 강요하는 것은 오히려 더 형편없는 사진을 찍게 할 위험이 있다. 그런 의미에서 DSLR 카메라는 다중적 시스템의 한 예로 볼 수 있다.

다중적 시스템을 개발할 때 주의해야 할 점은 첫째, 초보자가 시스템을 사용할 때는 이러한 촉진기가 사용 과정에 명시적으로 나타나는 것을 최소화해야 한다. 예를 들어, 초보자가 처음 시스템을 사용할 때는 기능키나 단축키에 대한 정보들이 너무 많이 메뉴상에 보이지 않게 한다는 것이다. 왜냐하면 초보자에게 처음부터 너무 많은 사용 방법을 제공할 경우, 전체 시스템을 이해하는 것이 어려워지기 때문이다. 둘째, 다중적 시스템을 개발할 때 언제 초보자의 모드에서 전문가의 모드로 전환되게 할 것인지 결정하는 것이 중요하다. 어떤 경우에는 시스템 사용 초기에 모드의 전환이 필요한 때가 있고, 어떤 경우에는 상대적으로 많은 시간이 지난 다음에야 모드의 전환이 가능한 때가 있다. 정확한 전환 시점은 사용자에 따라 다르겠지만, 중요한 것은 다중적 시스템의 상태가 변화되었다는 것을 사용자가 명확하게 인지할 수 있도록 해야 한다는 점이다. 사용자가 시스템의 상태 변화

그림 31
다중적 시스템의 사례

를 쉽게 지각하고 해석할 수 있게 해야 하며, 그런 변화가 과연 사용자가 원하는 것인지 명확하게 판단할 수 있게 해야 한다. 예를 들어, 그림 31의 DSLR 카메라의 경우, 프로그램 모드에서 매뉴얼 모드로 변경되었음에도 사용자가 보는 화면에는 큰 변화가 없기 때문에 자신은 프로그램 모드로 찍고 있다고 생각하고 아무 생각 없이 셔터를 누르지만, 실제로는 매뉴얼 모드로 전환되어 있어 나쁜 품질의 사진을 찍는 경우가 있다. 셋째, 누가 모드를 전환시켜 줄 것인지도 중요하다. 다시 말해 시스템이 알아서 자동적으로 모드를 전환할 것인지, 아니면 사용자에게 명시적으로 모드를 전환할 수 있는 권한을 줄 것인지를 결정하는 것이다. 일반적으로 모든 시스템의 변화는 사용자가 주도할 수 있도록 하는 것이 사용자가 지각하지도 못한 채 변화시키는 것보다 더 바람직한 것으로 알려져 있다. 즉 사용자가 자신의 수준에 따라 시스템을 선택할 수 있도록 하자는 것이다.

4. 핵심 속성의 선정

사용성이라는 개념은 하나의 속성만을 가지고 있는 것이 아니라 여러 상호 연관된 속성을 가지고 있다. 속성의 숫자도 많을뿐더러 서로 간에 상충관계가 있기 때문에 모든 속성을 다 만족하는 시스템을 만든다는 것은 불가능하고 그럴 필요도 없다. 이러한 속성들이 사용성을 향상시키는 목적에 모두들 중요한 역할을 담당하기는 하지만 상황에 따라 하나의 속성이 다른 속성보다 더 중요한 경우가 발생하기 때문이다. 예를 들어, 인터넷을 이용해 불특정 다수의 사용자가 음악 파일을 다운로드하는 사이트의 경우 친숙성이라는 속성이 오류 감지성이라는 속성보다 중요한 반면, 작업 현장에서 시간적으로 매우 빡빡한 일정을 가지고 제품의 제조 과정을 제어하는 시스템 같은 경우에는 오류 감지성이라는 속성이 친숙성보다 더 중요하다. 따라서 어떠한 속성이 현재 작업하고 있는 시스템에 중요한지를 선정하는 것은 HCI 입장에서 시스템을 설계하는 과정에서 매우 중요하다.

핵심 속성을 선정하는 과정에서는 어떤 사용자가 어떤 상황에서 어떤 작업을 하기 위해 해당 시스템을 사용하는지 파악하는 것이 중요하다. 비록 동일한 시스템이라고 할지라도 사용자의 특성이나 사용 맥락의 특성에 따라 중요한 속성이 달라지기 때문이다. 예를 들어, 은행창구 직원처럼 많은 양의 작업을 수행해야 하거나 한 가지 일을 하면서 다른 일 때문에 방해를 받는 경우에는 효율성을 높여주어야 한다. 사용자의 특성이나 과업 또는 환경의 특성을 좀 더 자세하게 알아보기 위해 사용자에 대한 분석 방법과(6장) 과업에 대한 분석을 알아보고(7장) 사용 맥락을 분석하는 방법을(8장) 자세하게 다루도록 하겠다. 여기에서는 사용자나 과업 또는 사용 맥락에 대한 이해가 있다는 전제하에 3장에서 다룬 가치모형에 따라 일반적으로 어떤 사용성의 속성이 핵심 속성으로 선정될 수 있는지를 제시하고자 한다.

4.1 기능적 가치를 제공하는 시스템에서 중요한 핵심 사용 속성

기능적 가치는 시스템이 사용자의 실용적 목적이나 필요를 만족시켰을 때 발생한다. 예를 들어, 정보 검색 등을 목표로 하는 사이트의 대부분이 기능적 가치를 추구하고 있다고 볼 수 있다. 기능적 가치를 제공하는 시스템은 기본적인 사용성의 속성을 만족시키는 것이 중요하기 때문에 일반적으로 효율성과 정확성이 중요한 핵심 속성이 된다. 그중에서도 특히 단축성과 사전 방지 및 오류 회복성이 중요한 사례로, 지도 검색 서비스를 예로 들 수 있다. 그림 32는 안식년을 보낸 필자의 집에서 MIT대학까지의 경로를 구글맵을 통해 찾고 있는 화면이다.

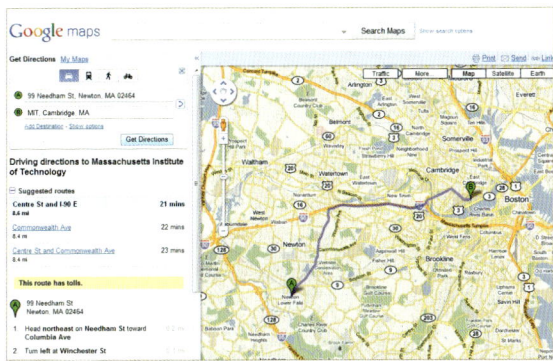

그림 32
기능적 가치를 제공하는 시스템의 핵심 사용성 속성을 나타낸 구글맵

단축성

지도를 검색하는 사용자의 주 목적은 가려는 경로를 빨리 찾는 것이다. 구글맵에서는 메인 화면에 출발지와 도착지를 찾을 수 있는 기능을 배치해 사용자가 간단하게 최단 경로를 찾을 수 있게 한다. 또 교통 정보나 위성 정보 또한 메인 화면에서 한 번에 검색할 수 있어 단축성을 증가시킨다. 한 화면 속에 사용자가 지도를 사용하면서 필요로 하는 대

부분의 기능을 가깝게 배치함으로써 단축성을 최대한 높였다고 할 수 있다.

사전 방지성 및 오류 회복성

그림 32는 지도 검색 서비스에서 사용자가 원하는 경로가 나오지 않았을 때 사용자가 이를 빠른 시간 안에 확인할 수 있도록 하기 위해 해당 경로를 오른쪽 화면에 선명하게 보여 준다. 그리고 해당 경로에 잘못된 정보가 있을 때 기존 목적지를 수정해서 다른 목적지를 선정할 수도 있고 새로운 경로를 선택할 수도 있게 한다.

4.2 유희적 가치를 제공하는 시스템에서 중요한 핵심 사용 속성

유희적 가치는 시스템을 사용하는 그 과정 자체로 가치를 지니는 경우를 의미한다. 그 대표적인 예로 영화나 음악 또는 게임 등의 콘텐츠를 들 수 있다. 그림 33과 같은 온라인 게임 콘텐츠를 예로 들어, 유희적 가치를 제공하는 시스템에 중요한 핵심 속성을 살펴보자

그림 33
유희적 가치를 제공하는 시스템의 핵심 사용성 속성을 나타낸 온라인 게임

변화제시성

유희적 가치를 제공하는 게임에서 사용자는 자신이 어떤 행동을 했고, 그 결과가 어떨지 알고 싶어 한다. 예를 들어, 레이싱 게임에서의 자신이 차를 운전한 시간, 그때까지 얻은 경험치 등의 표시는 재미있는 게임을 하는 데 필요하다. 그 외에도 어떤 아이템을 얻었는지, 다른 플레이어들에 비해 얼마나 빨리 달리고 있는지 등 사용자가 한 행동을 화면에 표시해 줌으로써 자신의 캐릭터의 행동에 대한 정확한 정보를 즉각적으로 얻을 수 있게 한다. 게임과 같은 서비스는 시스템을 사용하는 과정 자체에서 즐거움을 얻는 것이 기본적인 목적이기 때문에 사용 과정에서 발생하는 변화를 명확하게 제시하는 것이 중요하다.

대체성과 다중성

온라인 게임에서 사용자는 다양한 방법을 사용해 자신의 동작을 입력하고 그 결과 또한 다양한 방법으로 보고자 한다. 그리고 한 번에 한 가지 동작만 하는 것이 아니라 여러 동작을 함으로써 좀 더 강도 높은 경험을 할 수 있도록 한다. 따라서 여러 각도에서 현재의 게임을 바라볼 수 있게 할 뿐만 아니라 한 번에 여러 동작을 할 수 있게 하는 것이 게임에서 나타나는 중요한 사용성의 속성이다.

4.3 사회적 가치를 제공하는 시스템에서 중요한 핵심 사용 속성

사회적 가치는 다른 사람들과의 공유와 공공의 목적에 기여하는 것에 초점을 맞춘다. 사회적 가치에 초점을 맞추는 디지털 시스템의 대표적인 예로 카페나 온라인 기부 서비스, 소셜네트워크 서비스 등을 들 수 있다. 그림 34는 사회적 가치를 제공하는 대표적인 케이스인 온라인 기부 서비스를 보여 준다. 온라인 기부 서비스에서 드러나는 핵심적인 사용성의 속성으로 친숙성과 일반화 가능성을 들 수 있다.

그림 34
사회적 가치를 제공하는 시스템의 핵심 사용성 속성을 나타낸 온라인 기부 서비스

친숙성

사람이 사회적 동물이라는 것은 누구나 알고 있다. 그러나 어느 한 그룹에 자기가 속하려면 자기를 그 그룹에 드러내야 하는데, 자기와 그 그룹의 이미지가 다르다고 생각한다면 더 이상 관계를 진행시킬 수 없을 것이다. 따라서 관심이 있는 사람은 누구나 믿고 동화하게 할 수 있는 친숙한 요소가 필요하다. 예를 들어, 온라인 기부 서비스는 그룹에 속한 사람들이 친숙하게 느낄 수 있는 용어와 내용을 제시해야 한다. 또한 일상생활에서 익숙한 도구나 기기를 제시해 동질성을 느낄 수 있도록 해야 한다. 마지막으로 시스템에서 제공하는 표현들이 사용자에게 친사회적 행동을 하도록 유도하는 것이 중요하다.

일반화 가능성

대부분의 사회형 시스템의 사용 환경들은 커뮤니티 구성원들이 일상적으로 사용해 왔던 기술을 가지고도 익숙하게 사용할 수 있어야 한다. 예를 들어, 사용자가 과거에 자신이 사용한 명령어나 메뉴 항목을 새로운 환경에서도 사용할 수 있어야 한다. 그림 34는 윈도 환경에 가깝게 설계되어 윈도를 접해 본 사람은 누구라도 익숙하게 사용할 수 있다.

4.4 개인적 가치를 제공하는 시스템에서 중요한 핵심 사용 속성

개인적 가치를 제공하는 시스템은 개개인의 성향에 적응하기 위해 유연성의 차원이 강조된다. 예를 들어, 미니룸이나 미니홈피는 개인적 가치를 제공하는 대표적인 디지털 서비스라고 할 수 있다.

개인화

사용자의 특성에 맞게 시스템의 특성을 변화시키는 속성이 개인적 가치를 제공하는 시스템에서 중요하다. 예를 들어, 미니홈피에서 스킨 구입, 배경음악 설정, 미니룸 꾸미기, 폴더 관리, 일촌 설정 등의 작업을 통해 자기만의 온라인 공간을 꾸밀 수 있다. 똑같은 아이템을 사용하더라도 배치의 조합은 무수히 많다. 개인화를 통한 미니홈피는 아바타보다 개성의 표현 범위가 넓다고 하겠다.

주도성

개인형 디지털 서비스는 사용자가 하고 싶은 일을 할 때 비로소 그 가치가 실현되기 때문에 언제든지 하고 싶은 일을 할 수 있는 것이 중요하다. 따라서 주도성과 같이 사용자가 자신이 원하는 때 시스템과 상호작용을 할 수 있게 하는 사용성의 속성이 중요해진다. 싸이월드의 경우 로그인하면 왼쪽 상단에 미니홈피로 바로 갈 수 있는 아이콘이 나타난다. 아이콘을 클릭하면 미니홈피가 기존의 창보다 작은 크기로 바로 나타난다. 또한 사용자의 주도성을 저해하는 요소를 최소화하기 위해 미니홈피에는 팝업창의 사용이 최소화된다.

사용성은 HCI의 가장 중추적인 개념이면서 애매모호한 개념이기도 하다. 본 장에서는 이러한 사용성을 사용자가 특정 맥락에서 특정 목표를 달성하기 위해 디지털 시스템을 전반적으로 편리하게 이용할 수 있는 정도라는 넓은 의미로 정의했다. 그리고 높은 사용성을 달성하기 위해 효과적인 시스템의 속성을 기본적 차원과 부수적 차원으로 구분했다. 기본적 차원에는 효율성과 정확성을, 그리고 부수적 차원에는 의미성, 유연성, 일관성의 세 가지 차원을 제시했다. 효율성의 차원에는 반응성과 단축성을 주요 속성으로 제시했으며, 정확성에는 오류의 사전 방지, 오류의 발생 감지, 오류의 정정이라는 세 가지 속성을 주요 속성으로 제시했다. 의미성의 차원에서는 변화제시성과 이해가능성 그리고 학습성이라는 세 가지 주요 속성을 제시했으며, 유연성의 차원에서는 사용자 주도권, 대체성, 다중성, 개인화, 그리고 연결성을 주요 속성으로 제시했다. 마지막으로 일관성의 차원에서는 예측 가능성, 친숙성, 일반화 가능성을 제시했다. 사용성은 사람들에게 가장 오랫동안 사용된 원리이기 때문에 다양한 속성들이 존재한다. 또한 다양한 사용성의 속성 간에는 여러 상충관계가 존재한다. 따라서 그런 속성들을 모두 만족시키는 시스템을 만든다는 것은 가능하지도 않을뿐더러 필요하지도 않다. 해당 시스템에 적당한 핵심 속성을 정확하게 설정하고, 그 사용성의 속성에 집중하는 것이 중요하다. 이것이 HCI의 기본 원리인 사용성을 향상시키기 위한 효과적인 방안이 된다.

토론 주제

1

좋은 사용성 덕분에 성공한 디지털 제품이나 서비스의 사례와 나쁜 사용성 때문에 실패했다고 생각되는 사례를 하나씩 제시하고, 왜 사람들이 각 사례에서 사용성을 중요하게 생각하는지 그 이유를 생각해 보자. 해당 디지털 제품이나 서비스의 어떤 특징 때문에 사용성이 성공과 실패에 중요한 영향을 끼치게 되었는지도 함께 생각해 보자.

2

사용성의 속성을 중점적으로 이용해 만들어진 비즈니스모형 중 성공한 사례와 실패한 사례를 한 가지씩 선정하고, 그 비즈니스모형에서 활용한 사용성의 속성은 어떤 것으로 이루어져 있는지 제시해 보자. 그리고 왜 하나는 실패하고, 다른 하나는 성공했는지 생각해 보자. 사용성의 속성에 초점을 맞추어 새로운 비즈니스모형을 만드는 것이 과연 현명한 판단인지 생각해 보자.

3

최근 출시된 디지털 제품이나 서비스에서 효율성이 가장 좋다고 생각되는 사례와 가장 나쁘다고 생각되는 사례를 한 가지씩 생각해 보자. 이 두 사례를 비교해 효율성에 가장 큰 영향을 미치는 요소는 무엇이고, 왜 그렇게 생각하는지 논의해 보자.

4

최근 출시된 디지털 제품이나 서비스에서 정확성이 가장 좋다고 생각되는 사례와 가장 나쁘다고 생각되는 사례를 한 가지씩 생각해 보자. 그리고 이 두 사례를 비교해 정확성에 가장 큰 영향을 미치는 요소는 무엇이고, 왜 그렇다고 생각하는지 이유를 제시해 보자.

5

최근 출시된 디지털 제품이나 서비스에서 의미성이 가장 좋다고 생각되는 사례와 가장 나쁘다고 생각되는 사례를 한 가지씩 생각해 보자. 이 두 사례를 비교해 의미성에 가장 큰 영향을 미치는 요소는 무엇이고, 왜 그렇게 제시하는지 이유를 설명해 보자. 이때 두 가지 사례는 비슷한 것이 좋다.

6

최근 출시된 디지털 제품이나 서비스에서 일관성이 가장 좋다고 생각되는 사례와 가장 나쁘다고 생각되는 사례를 한 가지씩 생각해 보자. 이 두 사례를 비교해 일관성에 가장 큰 영향을 미치는 요소는 무엇이고, 왜 그렇다고 생각하는지 이유를 제시해 보자. 이때 두 가지 사례는 비슷한 것이 좋다.

7

최근 출시된 디지털 제품이나 서비스에서 유연성이 가장 좋다고 생각되는 사례와 가장 나쁘다고 생각되는 사례를 한 가지씩 생각해 보자. 이 두 사례를 비교하고 유연성에 가장 큰 영향을 미치는 요소는 무엇이고, 왜 그렇다고 생각하는지 이유를 제시해 보자. 이때 두 가지 사례는 비슷한 것이 좋다.

8

기존의 사용성 차원인 효율성, 정확성, 의미성, 일관성, 유연성 외에 최근 새롭게 부각되는 사용성의 속성을 생각해 보자. 그리고 개발된 디지털 제품이나 서비스 가운데 이 속성이 잘 구현된 사례와 잘못 구현된 사례를 하나씩 들고, 이 둘을 비교해 보자.

9

최근에 성공적인 기능적 디지털 제품이나 서비스, 유희적 디지털 제품이나 서비스를 한 가지씩 제시하고 중요한 사용성의 구체적인 속성을 한 가지씩 들어 보자. 그리고 이 두 가지가 왜 서로 다르거나 동일한지 그 이유를 생각해 보자.

10

최초의 성공적인 개인적 디지털 제품이나 서비스, 사회적 디지털 제품이나 서비스를 한 가지씩 제시하고 가장 중요한 사용성의 구체적인 속성을 한 가지씩 들어 보자. 그리고 이 두 가지가 왜 상이하거나 동일한지 그 이유를 생각해 보자.

5장 감성의 원리

**즐겁고 아름다운
디지털 시스템을 만드는 원리**

"내가 지금까지 이야기한 대로 제품을 만들면 무척 효율적이고 효과적인 시스템을 만들 수는 있겠지만, 촌스럽고 어색해서 아무도 그 제품을 사려고 하지 않을 것이다."

도널드 노먼 Donald Norman

궁금한 점

유용하고 편리하지만 별로 매력적이지 않은 디지털 제품이 있는 반면, 유용하지도 않고 편리하지도 않은데 갖고 싶게 만드는 디지털 제품이 있다. 왜 그런 차이가 발생할까?

마치 사람을 대하듯이 컴퓨터에 화를 내는 사람들을 보곤 한다. 그 사람들은 왜 무생물인 컴퓨터에 이런 감정을 표시하는 것일까?

만든 사람의 개성이 뚜렷하게 나타나는 블로그가 있는 반면, 개성이 느껴지지 않는 블로그도 많다. 어떻게 하면 나만의 개성을 뚜렷이 나타내는 블로그를 만들 수 있을까?

영화 소개

A.I. 2001

"저를 인간으로 만들어 주세요. 엄마가 절 사랑하고 같이 살 수 있게요."

데이빗(영화 속 주인공 인조인간)

과학 기술은 천문학적인 속도로 발전하지만 극지방의 해빙으로 도시들은 물에 잠기고 천연자원은 고갈되어 가는 미래의 지구. 그 세계에서 인간들은 인공지능을 지닌 인조인간의 도움을 받으며 살아간다. 정원 가꾸기, 집안 일, 말동무 등 로봇이 인간에게 해 줄 수 있는 일은 무한하다. 단 하나, 사랑만 빼고 말이다. 로봇에게 감정을 주입하는 것은 로봇 공학 발전의 마지막 관문이자 논란의 쟁점이기도 했다. 인간들은 로봇을 정교한 가재도구로만 여길 뿐 그 이상의 것으로 용납하지 않았다. 이에 반발해 하비 박사는 감정이 있는 로봇을 만들겠다고 선언한다. 그리고 하비 박사의 계획에 따라 감정이 있는 최초의 인조인간 데이빗이 탄생한다. 영화〈A.I.〉는 감정을 가진 로봇이 어떤 결과를 가져올 수 있는지 많은 생각을 하게 한다. 데이빗은 사람처럼 슬픔과 기쁨을 느낀다. 또한 다른 로봇들도 나름대로 독특한 개성을 가지고 독특한 인상을 심어 준다. 영화〈A.I.〉를 통해 디지털 제품이나 서비스가 사용자에게 제공해 줄 수 있는 다양한 감성을 느껴 보자.

영화 토론 주제

1 영화에서 로봇은 사람들에게 다양한 정서를 느끼게 한다. 그중에서 우리가 이 영화를 보면서 가장 강렬하게 느낀 정서는 무엇일까? 무엇이 우리에게 그런 정서를 느끼게 했을까?

2 영화에 나오는 건물이나 기계는 매우 다양한 인상을 준다. 그중 가장 대조되는 인상을 주는 건물이나 기계로 무엇이 있는지 찾아보자. 왜 그렇게 대조적인 인상을 풍긴다고 생각하는가?

3 영화에 나오는 로봇들은 마치 사람처럼 다양한 개성을 표출한다. 가장 극단적으로 다른 개성을 표출하는 로봇을 두 개만 선택해 그 로봇들이 어떤 개성을 표출하는지 알아보자. 어떻게 그렇게 선명하게 개성을 표출할 수 있었을까?

영화 <A.I.>에 나타난 다양한 감성: 사랑받고 싶고 사랑하고 싶은 로봇

본 장에서는 HCI의 세 번째이자 마지막 원리인 감성에 대해 다룬다. 먼저 감성의 정확한 정의, 그리고 감성과 밀접하게 관련된 개념들과 감성 간의 차이점을 자세히 알아보고, 감성의 핵심 개념인 정서에 대해 살펴본 다음 감성의 두 번째 요소인 인상과 세 번째 요소인 개성에 대해 짚어 본다. 그러고 나서 감성과 이성 간의 차이점에 대해 알아보고 감성을 다른 두 가지 원리인 유용성이나 사용성과 비교해 본다. 이를 통해 독자들에게 감성의 중요성을 전달하고, 디지털 제품이나 서비스가 사용자에게 적절한 감성을 제공하기 위해 중요한 요소를 소개하는 것이 본 장의 목표이다.

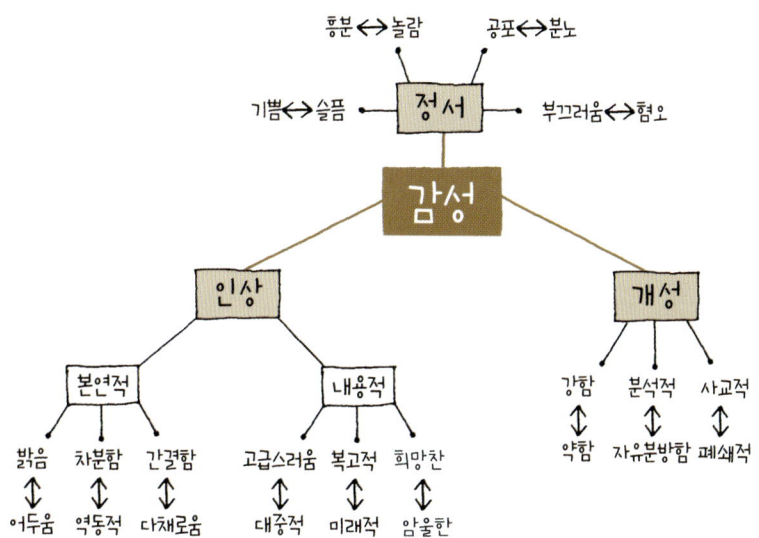

1. 감성의 중요성

감성에 대한 사람들의 관심이 높아지고 있다. 예를 들어, 과거에는 지능지수가 중요했다면, 최근에는 감성지수가 중요하게 여겨지고 있다. 자녀들에게 수학이나 영어를 가르쳐 지능을 높이려던 학부모들이 이제는 자녀들에게 음악을 듣고 영화를 보고 소설을 읽으라고 권유하고 있다.

감성의 중요성은 디지털 제품이나 서비스 개발에서도 그대로 전달된다. 과거에는 시스템이 본연의 기능만 잘하면 되었지만, 최근에는 기능을 사용하는 과정이 쉽고 편리해야 하고, 더 나아가 제품을 사용하면서 사용자가 즐겁고 재미있다고 느껴야 한다는 것을 강조한다. 이런 추세는 HCI의 초점이 UI에서 UX로 옮겨지면서 점점 그 강도를 더해 간다. 이러한 추세에 맞춰 순전히 감성적인 목적으로만 사용되는 제품이나 서비스가 출시되고 있다.

감성이 중점 요소가 되는 디지털 제품으로 파로PARO를 들 수 있다. 파로는 애완용 감성 로봇으로 복슬복슬한 새끼 바다표범을 닮았는데, 코로 시각과 청각을 감지하고 몸 전체에 걸쳐 촉각을 느낄 수 있다. 인간과 상호작용할 때는 실제 새끼 바다표범처럼 움직이고 울면서 특별한 명령 없이도 자신의 감정을 표현한다. 파로의 충전기는 젖꼭지 모양을 닮았다. 아기에게 젖을 물리듯 젖꼭지 노리개를 입에 물려 충전시킨다. 파로는 기존의 심리치료용 동물을 대체할 목적으로 개발되었는데, 환자들은 파로와의 정서적 교감을 통해 치매 및 우울증 등의 정신질환을 치료할 수 있었다. 특히 외상 후 스트레스로 고통받는 아이들의 친구가 되거나 외로운 독거노인들의 가족이 되기도 한다. 감성적인 표현을 사람과 주고받으면서 사람들에게 애완동물로서의 감성적인 가치를 제공하는 것이 이 제품의 주요 목적 중 하나이다. 이와 비슷한 사례로 조금 오래되긴 했지만, 소니의 아이보AIBO나 다마고치가 있다.

그림 1
감성을 중점 요소로 하는 디지털 제품 파로

디지털 제품과 마찬가지로 디지털 서비스에서도 감성의 중요성이 높아지고 있다. 그 예로 〈닌텐독스〉를 들 수 있다. 〈닌텐독스〉는 닌텐도에서 개발한 터치를 활용한 커뮤니케이션 게임으로 발매 후 1,300만 본 이상이 판매되었다. 인간과 가장 친숙한 동물인 강아지와 함께하는 생활을 콘셉트로 구성한 이 게임은 시각적 자극과 청각적 자극에 그친 것이 아니라 터치스크린을 통해 촉각 자극을 동시에 제공하면서 사용자 내부에 생기는 감성적 측면을 성공적으로 공략해, 사용자가 이를 게임이 아닌 실생활로 받아들일 만큼 강력한 감성을 제공했다.

특히 UI에서 보다 넓은 개념의 UX로 사람들의 관심이 옮겨지면서 게임이나 동영상 같은 유희적 목적의 시스템뿐만 아니라 증권 거래나 사무용품 상점과 같은 기능적 목적의 시스템에서도 감성의 중요성이 높아지고 있다. 이는 감성이라고 해서 무조건 유희적인 가치만 포함하는 것은 아니라는 것을 알려 준다. 디지털 제품이나 서비스가 사용자에게 제공하는 핵심 가치에 따라 그에 맞는 감성을 제공하는 것이 중요하기 때문이다. 예를 들어, 휴대전화와 디지털 카메라는 감성만을 목적으로 하는 제품은 아니지만 감성을 제품의 중점 요소로 활용해 좋은 성과를 거두었다. 1959년 발매된 올림푸스 펜PEN은 작은 카메라 크기와 필름을 절약할 수 있다는 장점으로 인기를 끌었다. 그로부터 발매 50주년이 되는 2009년, 올림푸스는 기존 DSLR에서 거울을 없애 경량화하는 데 성공한 디지털 버전 펜을 내놓았다. 그림 26에서 보여 주는 디지털 버전 펜은 경량화 콘셉트를 이어가면서 클래식한 인상을 유지해 강력한 감성을 제공함으로써 세계적으로 성공을 거두었다.

그림 2
감성을 중점 요소로 하는
디지털 서비스: 닌텐독스

제품이나 서비스가 감성을 제공하는 것뿐만 아니라 사용자 스스로가 감성적인 요소를 표현하게 유도하는 전략도 중요하다. 예를 들어, 그림 3의 왼쪽에 보이는 이모티콘을 보자. 이모티콘은 간단한 문자들의 조합을 통해 이메일이나 문자 메시지를 보내는 사람이 현재 느끼는 감정의 상태를 표현하는 상징으로, 일반 인터넷은 물론 휴대전화를 이용한 단문 메시지에서도 빈번하게 사용되는 감성 표시 도구이다. 이모티콘이 특히 인터넷 환경에서 빈번하게 사용되는 이유는 현실에서는 얼굴 표정이나 어조 같은 여러 방법을 통해 상대방에게 감정을 전달할 수 있는 반면, 인터넷 환경에서는 글자 외에는 감정을 전달할 수 있는 방법이 많지 않기 때문이다. 즉 사람들은 실제 세상과 마찬가지로 인터넷 환경에서도 감정을 교류하고 싶어 하지만, 인터넷 환경이 가지고 있는 기술적 한계로 다양한 감정 전달 수단을 제공하지 못한다. 그 상황에서 사람들이 감성을 표현하기 위해 자의적으로 만든 도구가 바로 이모티콘이다. 최근에는 자신의 감정을 좀 더 충분히 표현하려는 시도도 이루어지고 있다. 그림 3의 오른쪽에 보이는 세컨드라이프에서는 사용자가 아바타를 통해 자유로운 방법으로 자신의 개성을 표출하도록 도와준다. 그렇다면 이것들의 중심에 있는 감성이 과연 무엇인지 알아보기로 하자.

그림 3
감성 전달을 중점
목표로 하는 이모티콘과
세컨드라이프의 개인화창

2. 감성이란

2.1 감성의 정의

인간의 정신 기능을 철학에서 이야기하는 지知, 정情, 의義 세 가지로 나눈다면, 감성의 의미는 '정'에 해당한다. '지'가 이성적인 진리를 찾는 능력이고 '의'가 정의를 찾는 능력이라면, '정'은 아름다움과 같은 감정을 느낄 수 있는 능력이다.

감성은 외부의 물리적인 자극에 의한 감각이나 지각을 통해 인간의 내부에 일어나는 미적이고 심리적인 체험이다. 예를 들어, 아름다운 그림을 지각하고 즐거움을 느낀다든가, 맛있는 냄새라는 외부의 자극을 받아 만족감을 느끼는 것 모두 감성이라고 할 수 있다. 즉 감성은 여러 개념이 섞인 주관적인 체험이다. 따라서 감성이라는 개념을 좀 더 정확하게 이해하기 위해서는 감성이라는 개념에 존재하는 정서, 정취, 인상, 개성이라는 네 가지 하위요소를 이해해야 한다.

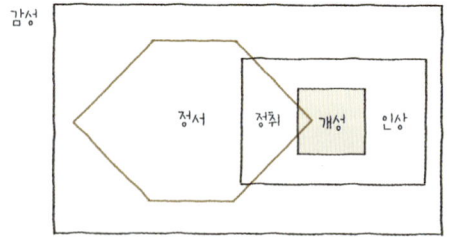

그림 4
감성을 구성하는
네 가지 하위요소

2.2 감성의 세부 요소

정서emotion는 감성을 구성하는 가장 핵심적이면서도 복잡한 요소로, 비교적 단시간에 갖게 되는 특정 대상에 대한 감성을 의미한다.Cacioppo and Gardner, 1999 여기서 단시간이란 보통 몇 분 또는 몇 시간 미만의 짧은 순간이 지속되는 경우를 의미한다. 예를 들어, 우리가 공포 영화에서 잔인한 장면을 보고 두려움을 느꼈다면, 이 두려움은 영화를 보는 순간에 한해서만 느끼고 극장을 나서면 일반적으로 잊는다. 정서는 국적이나 인종을 불문하고 인간이라면 공통적으로 가지고 있는 감성이다. 예를 들어, 한국 사람도 미국 사람도 같은 공포영화를 보고 비슷한 감성을 느낀다. 이러한 정서의 일반성 때문에 영화 장르도 해외에서나 국내에서 동일하게 구분되는 것이다.

반면 정취^{mood} 또는 기분이라는 감성은 미약하지만 정서보다 더 오랜 기간 동안 지속되는 감성이다. 특히 정취는 특정한 내용이나 대상과 상관없는 막연한 신체적 생리 상태에 대한 감각으로, 사람들을 둘러싼 모든 환경이 그들이 느끼는 정취에 영향을 준다. 예를 들어, 오늘은 하루 종일 기분이 불쾌하다고 했을 때, 그런 불쾌한 상태가 정취라고 할 수 있다.

인상^{impression}은 특정 대상에 의해 사람에게 각인되는 심리적 변화의 일종이다. 어떤 대상물을 처음으로 관찰했을 때 느껴지는 감성이라고도 볼 수 있다. 이러한 인상이 마음에서 다시 재생되면 그것이 정서라는 관념으로 변한다. 인상은 정서와 마찬가지로 어떤 특정 대상을 보고 단시간에 느끼는 감성이지만, 아직 정서로는 관념화되지 않은 감성이라고 볼 수 있다. 따라서 인상은 이것을 느끼는 환경이나 대상에 따라 매우 다양해질 수 있다. 우리가 어떤 차를 보고 바로 세련되었다고 느끼는 것이 인상의 예이다. 그래서 혹자는 정서를 기본 감성$^{primary\ emotion}$, 인상을 부가적 감성$^{secondary\ emotion}$으로 나누기도 한다.

이러한 인상 중에 특히 사람에 대해 느끼는 인상을 개성^{personality}이라고 한다. 개성이란 대상이 되는 사람의 성별, 연령, 사회계층, 개인의 성격 등 인간과 관련된 특성 변수들을 모두 포함하는 매우 광범위한 개념이다. 과거에는 개성이라는 것이 주로 사람을 대상으로 했지만, 최근 들어서는 브랜드나 웹사이트와 같이 사람이 아닌 다른 대상으로 적용 범위가 확대되어 가고 있다. 그 이유는 사람들이 컴퓨터상에 나오는 대상을 마치 사람인 것처럼 생각하는 경향이 강해지기 때문이다.$^{Reeves\ and\ Nass,\ 1996}$

정서, 정취, 인상, 개성 등은 각 감성을 생성하는 주체와 그를 받아들이는 객체의 관점에서 분류할 수 있다. 우선 정서, 정취는 주체(인간)와 관련된 속성을 의미하며, 인상, 개성은 객체(제품, 서비스)와 관련된 속성을 의미한다. 또 정서, 정취가 불특정 다수를 대상으로 삼는 경우가 많으며 인간의 내면에 고착화되어 있는 개념이라면, 인상, 개성은 특정한 대상을 중심으로 한 평가 요소로서 특정 대상의 속성을 사용자의 판단에 따라 내부화한 개념을 의미한다. 즉 사용자가 아바타를 보고 아름답다고 느끼는 것을 인상이라고 할 수 있고, 그런 아바타가 다혈질적인 성격을 가지고 있다고 느끼는 것을 개성이라고 할 수 있으며, 아름다운 아바타를 보고 즐거움을 느끼는 것을 정서라고 할 수 있다. 그리고 이러한 감성들이 모여 사용자가 기분이 좋아지는 것을 정취라고 할 수 있다. 여기에서는 정서와 인상 및 개성에 초점을 맞추고, 정취에 대한 자세한 설명은 생략한다. 물론 정취도 시스템을 사용하는 사용자의 감성 상태에 중요한 역할을 하지만, 대상도 불명확하고 느끼는 감성의 정도도 미약하며, 디지털 제품이나 서비스를 개발하는 과정에서 정취를 구체적으로 어떻게 다룰 수 있는지는 아직 불분명하기 때문이다. 따라서 정취와 시스템 개발 간의 관계에 대해서는 앞으로 좀 더 많은 연구가 축적되어야 할 것이다.

3. 정서

정서는 특정 대상에 대해 사람들이 단시간에 느끼는 감성이다. 정서를 바라보는 시각을 두 가지 견해로 나눌 수 있다. 첫 번째는 사람들이 비록 다양한 정서를 경험하기는 하지만 이러한 다양한 정서들은 두세 개의 중요한 차원에 따라 정리될 수 있으며, 그러한 차원을 모아 놓으면 사람들이 느낄 수 있는 모든 정서를 효과적으로 표현할 수 있다는 견해이다 dimensional approach. 두 번째는 사람들이 두세 개가 아닌 훨씬 다양한 기본적인 정서를 느끼며, 이 정서들은 서로 간에 충분히 구별될 만큼 차이가 크다는 견해이다 discrete approach. 여기에서는 이 둘을 모아 놓은 통합모형에 대해 언급하고자 한다.

첫 번째 견해에 따라 정서를 나누는 기본적인 차원으로 사용되는 것은 그림 5와 같이 유쾌함 pleasant과 각성 arousal의 차원이다. 유쾌함의 차원이라는 것은 일반적으로 긍정적인 정서와 부정적인 정서를 나누는 차원인 반면, 각성의 차원은 정서의 정도가 얼마나 흥분되어 있는지 혹은 가라앉아 있는지를 나눈다. 이러한 차원을 이용

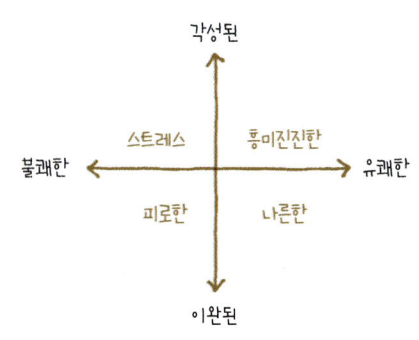

그림 5
정서의 기본적인 차원

해 정서와 관련된 다양한 단어들을 효과적으로 정리할 수 있다 Ekman, 1999 예를 들어, '행복'이나 '흥미진진' 등의 단어는 긍정적인 정서로 정리할 수 있으며, '슬픔'이나 '분노' 등의 단어는 부정적인 정서로 정의할 수 있다. '경악'이나 '긴장'은 각성 수준이 높은 정서적 단어인 반면, '피곤'이나 '침울'은 각성 수준이 낮은 정서의 상태를 표현한다. 이러한 정서의 기본 차원을 이용해 디지털 제품이나 서비스로부터 사람들이 느끼는 정서의 종류를 효과적으로 정리할 수 있다. 예를 들어, 〈블레이드 러너〉와 같은 염세적인 SF영화는 미래에 대한 암울하고 부정적인 정서를 제공하는 반면, 〈미래 소년 코난〉과 같은 애니메이션은 밝고 행복한 정서를 제공한

다. 또한 〈갤러그〉 같은 슈팅 게임은 각성이 높은 반면, 〈프리셀〉 같은 보드 게임은 상대적으로 각성이 낮다.

정서에 대한 두 번째 견해에 따르면, 차별성과 반응성이라는 두 가지 조건을 만족시키는 기본 정서들이 여러 가지 존재한다.$^{Russell, 1980}$ 차별성^{distinctiveness}이란 인간의 기본 정서가 되기 위해서는 그 정서가 다른 정서와 명확하게 구분되어야 한다는 조건이다. 특정 정서를 사람들에게 유발하는 촉진 요인이 달라야 하고, 그런 정서를 느꼈을 때 그 정서가 표현되는 방식도 달라야 한다. 정서를 나타내는 대표적인 표현 방법으로 얼굴 표정을 들 수 있다. 예를 들어, 기쁜 사람은 뺨에 근육이 풀어지는 반면, 슬픈 사람은 이마가 찌푸려진다. 이와 같이 하나의 기본 정서는 다른 기본 정서와 구분되는 표현 방식과 촉발 요인을 가지고 있어야 한다는 것이 차별성의 조건이다. 한편 반응성은 사람이 그 전에 다른 정서를 느끼더라도 어떤 새로운 자극이 전해지면 해당되는 정서를 즉시 파악하고 빠른 시간 내에 새로운 정서를 느낄 수 있어야 한다. 즉 반응성^{responsiveness}은 정서의 이동성이 즉각적이어야 한다는 조건이다. 예를 들어, 방금 전에 침울한 정서를 느끼고 있었지만 귀여운 아이들의 웃음소리를 듣고 즐거움을 즉시 느낄 수 있어야 즐거움이 기본 정서로 간주될 수 있다는 것이다.

따라서 즐거움이나 슬픔이 기본 정서가 되기 위해서는 얼굴 표정이나 심장 박동이 명확하게 구분되어야 하며, 즐거움이나 슬픔을 촉발하는 자극을 받았을 때는 그 자극에 빨리 반응해 즐거움이나 슬픔을 느낄 수 있어야 한다. 이 두 가지 기준에 따라 사람들이 느끼는 다양한 형태의 정서들로부터 핵심이 되는 정서들을 추출하는 연구가 많이 진행되었다. 이러한 연구를 종합해 그림 6과 같은 여덟 개의 기본 정서를 제시한다. 그림 6에 제시되는 여덟 개의 기본 정서는 두 가지 특징을 지니고 있다. 첫째, 원의 중심을 기준으로 서로 대칭이 되는 정서는 서로 반대된다. 예를 들어, 기쁨의 반대는 원 반대편의 슬픔인 것이다. 둘째, 하나 이상의 기본 정서를 혼합해 새로운 높은 수준의 정서를 추론해 낼 수 있다. 예를 들어, 기쁨과 부끄러움이라는 두 가지 기본 정서를 혼합하게 되면 계면쩍어 하는 정서가 존재한다는 것을 알 수 있다.

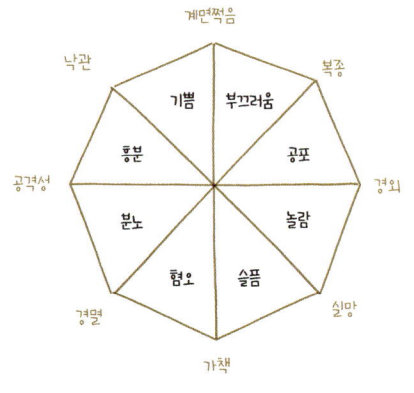

그림 6
여덟 개의 기본 정서

3.1 기쁨

기쁨은 우리가 흔히 경험하는 긍정적인 정서 가운데 하나이다. 기쁨은 우

그림 7
사람들을 기쁘게 하는
디지털 제품과 서비스

리 뇌의 활동이 감소함으로써 시작하게 되며, 그 결과 사람들의 표정은 입이 넓어지고 양쪽 입꼬리가 올라가게 된다. 미소가 얼굴에 나타나게 되는 것이다. 기쁨과 밀접하게 관련이 있는 정서로는 만족이나 안도 등을 들 수 있다. 일반적으로 사람들을 기쁘게 하는 것으로 아이들이 가지고 노는 장난감을 들 수 있다. 그림 7의 배경화면을 보자. 배경화면에는 보는 이에게 기쁨을 주는 기념일이나 격려 문구가 나타나 있다. 또 콘텐츠의 전체적인 명도가 적당히 높고 채도가 중간 정도라 포근하고 정다운 느낌을 준다. 글자 스타일이나 아이콘 모양도 비정규적이고 곡선이 비교적 많이 쓰였다는 것을 알 수 있다.

3.2 슬픔

기쁨과 반대의 정서가 슬픔이다. 정확한 이유는 모르지만 무엇인가 잘못되고 무엇인가 부족하다는 감정은 사람을 슬프게 만든다. 사랑이 부족할 때 슬프거나 학교 성적이 나쁠 때 슬픈 것이 바로 그러한 감정이다. 사람이 슬픈 것은 무엇인가 잘못되어 가고 있을 때 그를 바로 잡기 위해 어떤 행동이 필요하다는 것을 자기 자신이나 주위에 알리기 위함이다. 슬픔과 관련된 표현 방식으로는 울음이나 흐느낌, 축 처진 눈초리와 입꼬리 등을 들 수 있다. 슬픔과 밀접한 정서로는 애도 등을 들 수 있다. 그림 8의 고 김수환 추기경의 추모 사이트를 보면, 슬픈 내용의 콘텐츠를 제시하고 사이트 전체를 무채색으로 사용해 더 우울하고 슬픈 분위기를 자아낸다. 또 다른 예로 어렵게 살아가는 이웃에 대한 사연을 담은 디지털 서비스가 있다. '십시일반'의 원리를 온라인 소액 기부라는 그릇에 담은 사이트이다. 여기에 올라온 어려운 사람들의 사연은 사용자에게 슬픔을 유발하고, 슬픔은 기부행위를 통해 극복된다.

그림 8
슬픔이라는 정서를
제공하는 디지털 서비스

3.3 흥분

흥분 또는 기대감은 기쁨과는 달리 어떠한 자극을 받아 뇌의 활동이 많아지면서 시작된다. 흥분은 소리나 냄새 같은 외부 자극에 의해 시작될 수도 있지만, 한편으로는 과거의 어떤 일을 기억해 냈다거나 특정 욕구가 발생한 경우에도 발생한다. 흥분은 반드시 새로운 자극이 있어야 발생하는 것이 아니다. 아침에 잠자리에서 일어난다든지 방의 창문을 연다든지 하는 일상적인 자극에서도 나타날 수 있다. 흥분을 하게 되면 사람들의 표정에서 이마가 찌푸려지고 눈동자는 고정되고 무엇인가에 열중해서 듣거나 보는 증상을 보이게 된다. 하지만 기쁠 때보다 얼굴 근육을 많이 사용하지 않아 주름이 많이 보이지는 않는다. 흥분과 밀접하게 연관된 정서로 긴장을 들 수 있다. 흥분이라는 정서를 느낄 수 있는 디지털 서비스로 대전 액션 게임을 들 수 있다. 이 게임은 마치 자신이 직접 싸우는 듯한 착각에 빠질 정도로 사용자를 흥분하게 만든다. 이와 비슷한 예로, 레이싱 게임이 있다. 실제로 존재하는 자동차를 게임 안에 사실적으로 구현해 사용자가 직접 조작하고 있다는 느낌을 준다. 현실감 있는 장애물과 배경은 흥분을 상승시키고, 도로를 질주할 때 나는 소리와 기물이 파손되었을 때 울리는 소리는 손에 땀을 쥐게 한다. 이와 같이 시각, 청각 및 촉각 정보를 이용해 사용자를 흥분하게 만든다.

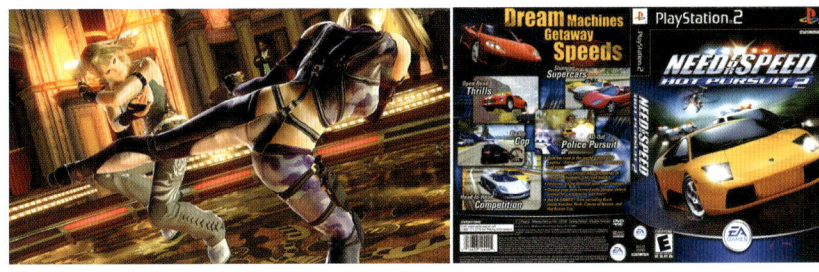

그림 9
흥분이라는 정서를 제공하는 디지털 서비스

3.4 놀람

놀람은 자극에 대한 반응 속도가 매우 빠른 정서이다. 놀람은 긍정적이거나 부정적인 것이 아니라 중립적인 정서로 간주된다. 왜냐하면 과거의 경험이나 기억에 따라 똑같은 자극도 긍정적 또는 부정적으로 느껴질 수 있기 때문이다. 놀람이라는 정서의 가장 큰 용도는 그 자극이 제시되기 전에 어떠한 정서를 지니고 있었든지 간에 현재 놀람을 느끼게 하는 자극에 집중하기 위해서이다. 사람이 놀라게 되면 눈초리가 올라가게 되고 눈동자가 커진다. 또 입도 열리고, 탄성을 불러일으키는 것과 같은 모습을 보여 준다. 놀람과 밀접하게 연관된 정서로는 경외를 들 수 있다. 놀라운 정서를 조장하는 디지털 서비스의 예로, 좀비 게임을 들 수 있다. 이 게임의 경우 게임상에서 코너를 돌자마자 나타나는 좀비나 환풍기를 통해 갑자기 뒤에서 나타나는 괴물의 그림자가 사용자를 깜짝 놀라게 한다. 한편 배너 광고처럼 일반적인 광고는 정해진 영역에 광고가 나오므로 무심코 지나칠 수 있지만, 사용자의 의사와 상관없이 예상치 못한 곳에서 튀어나오는 플래시 광고는 사용자에게 놀람의 정서를 유발할 수 있다.

그림 10
놀람의 정서를 유발하는 디지털 서비스

3.5 분노

기본 정서 중에서 가장 강도가 높은 분노는 어떤 자극 효과가 누적되어 나오는 정서라고 할 수 있다. 예를 들어, 오랜 기간 신체적인 고통을 받았다거나 다른 사람에게 심한 모욕을 당했을 경우 분노라는 정서를 경험하게 된다. 분노는 일반적으로 나쁜 자극이나 반응을 더 나쁘게 만든다. 사람이 분노를 느끼게 되면 눈이 작아지고, 얼굴 근육이 경직되며, 미간에 주름이 많이 생기고, 호흡이 빨라지고, 혈압이 올라간다. 분노와 밀접하게 관련된 정서로 격노, 경멸 등을 들 수 있다. 분노를 느끼게 하는 디지털 서비스의 예로, 〈레지던트 이블〉이라는 게임을 들 수 있다. 이 게임에서 주인공은 전형적인 영웅으로 강력한 전투력을 보유하고 있다. 분노의 대상은 전형적인 악당으로 비열하고 치사하다. 사용자는 총, 둔기, 주먹 등 가능한 한 모든 방법을 이용해 다수의 적을 상대하면서 분노를 느끼게 된다.

그림 11
분노를 조장하는 디지털 서비스

3.6 공포

공포는 주로 자신이 감당할 수 없을 정도의 과도한 자극을 받아서 사람들이 과부하 상태에 이르게 되었을 때 경험하게 된다. 예를 들어, 놀이 공원에서 감당할 수 없이 빠른 속도로 달리는 청룡열차를 타면 공포를 느끼게 된다. 공포를 경험할 때는 일반적으로 눈동자가 커져 무엇인가를 주시하게 되고, 피부는 창백해지고 차가워진다. 손에는 진땀이 나고, 머리카락이 서는 것 같은 느낌을 받는다. 공포와 관련된 정서로는 소스라침이나 반감 등을 들 수 있다. 영화 〈블레어 위치〉의 홍보 사이트를 예로 들어 보자. 단순한 영화 홍보가 아니라 영화 내용이 실제 일어난 사건이라는 생각이 들도록 꾸며 놓아 사이트를 보다 보면 공포를 느끼게 한다. 이 영화는 허구의 사건을 마치 실제 사건인 것처럼 가장하는 마케팅 기법을 사용해 폭발적인 반응을 얻었다. 화면 색상이나 내용도 공포스러운 분위기를 자아낸다. 이와 비슷한 예로 게임 〈사일런트 힐〉이 있다. 이 게임의 주인공은 평범한 인간으로 전투력이 거의 없는 상태에서 손전등만으로 좀비를 찾은 뒤 어떻게 해서든 폐쇄된 실내를 빠져나가야 한다. 〈사일런트 힐〉의 경우 사용자가 좀비들을 피해 이리저리 도망가는 것만으로도 벅차다. 즉 사용자가 게임 속 주인공을 조작해 대상을 감당할 수 있는지의 여부에 따라 공포와 분노가 구분된다고 할 수 있다.

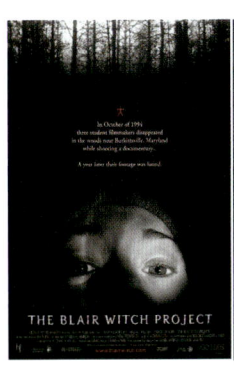

그림 12
공포감을 조장하는 디지털 서비스

3.7 부끄러움

부끄러움은 기본 정서 중에서 성격이 가장 애매모호한 정서이다. 그것은 일반적으로 부끄러움이 독자적으로 존재하는 것이 아니라 다른 정서와 동시에 발생하기 때문이다. 부끄러움은 사람이 태생적으로 지닌 정서가 아니라 살아가는 동안 자아의식이 증가하면서 발생하는 부수적 정서로 간주하기도 한다. 예를 들어, 숙제를 안 해서 부모에게 꾸중을 듣는 아이가 느끼는 정서가 바로 부끄러움이라고 할 수 있다. 사람이 부끄러움을 느끼면 눈동자가 처지고, 눈초리가 아래로 내려가고, 얼굴이나 목 근육이 긴장감을 상실하게 되며, 얼굴색도 빨개진다. 부끄러움과 밀접하게 연관된 정서로는 굴욕감, 당혹, 죄책감, 수치심 등을 들 수 있다. 부끄러움을 인식하는 것은 처음 디지털 서비스나 제품을 사용한 뒤

그림 13
부끄러움을 유발시키는 디지털 서비스

2차적인 피드백 과정에서이다. 또한 부끄러움을 직접적으로 원하는 사람들은 별로 없기 때문에 부끄러움 자체에 초점을 맞춘 디지털 서비스나 제품을 찾기는 힘들다. 예를 들어, 외설적인 영화나 노출이 심한 게임의 경우를 생각해 보자. 해당 서비스나 콘텐츠가 사용자에게 부끄러움을 조장하기 위해 제작된 것은 아니지만, 자신이 그런 서비스나 제품을 사용하는 과정이 남에게 보이는 경우는 부끄러움을 느끼게 된다. 그래서 지하철과 같은 공공장소에서 선정적인 디지털 서비스나 게임을 하는 사람이 적은 것도 이 때문이라고 할 수 있다.

3.8 혐오감

혐오감은 '부끄러움'과는 반대의 개념으로 어떤 대상의 특성을 싫어함으로써 생기는 정서이다. 예를 들어, 혐오감은 지저분한 배설물을 본다든지 생선 썩은 냄새를 맡는다든지 등의 자극에 의해 발생한다. 혐오감은 물리적인 자극이 아니라 정신적인 자극에 의해서도 발생한다. 예를 들어, 친구와 심하게 다투고 헤어진 뒤 그 친구와 함께 갔던 놀이공원을 생각하기만 해도 혐오감이 드는 경우가 있다. 혐오감을 느끼게 되면 입술과 혀가 아래로 처지고, 얼굴이 앞과 밑으로 기울어지며, 심한 경우에는 구역질을 하는 경우도 생긴다. 혐오감과 밀접하게 관련된 정서로는 수치감과 자존심 상실 등을 들 수 있다. 그림 14는 혐오감을 조장하는 콘텐츠로, 컴퓨터 게임을 보여 주고 있다. 게임에 등장하는 캐릭터는 매우 잔인하고 잔혹해 심약한 사람이 보았을 경우 메스꺼움을 느낄 수 있다. 그리고 이런 게임들의 목적은 게임 속의 대상에 대한 혐오감을 발생시켜 게임을 하면서 그 대상을 없앰으로써 만족감과 해방감을 느낄 수 있게 하는 데 있다.

그림 14
혐오감을 느끼게 하는
디지털 서비스

이와 같이 정서의 기본 차원인 유쾌함과 각성의 차원과 여덟 개의 기본 감성을 모두 통합하면 그림 15와 같은 모형을 구축할 수 있다. 그림 15는 각성 수준을 수직으로 표현하고, 긍정적인 정서와 부정적인 정서의 차원은 원을 중심으로 대칭으로 표시하며, 여덟 개의 기본 정서는 이러한 원을 8등분함으로써 모형화하고 있다. 기본 정서들이나 부가 정서들이 원에 가까이 있을수록 비슷한 성격의 정서를 나타내고, 멀리 있을수록 상이한 성격의 정서를 나타낸다. 또한 수직축을 따라 아래로 내려갈수록 각성의 차원이 낮고 위로 올라갈수록 각성의 차원이 높다는 것을 표현한다. 그러나 다른 정서들이 비슷한 위치에 있다고 해서 반드시 비슷한 각성을 느끼고 있다고는 말할 수 없다. 왜냐하면 정서에 따라 상대적으로 느끼는 각성의 수준이 다를 수 있기 때문이다.

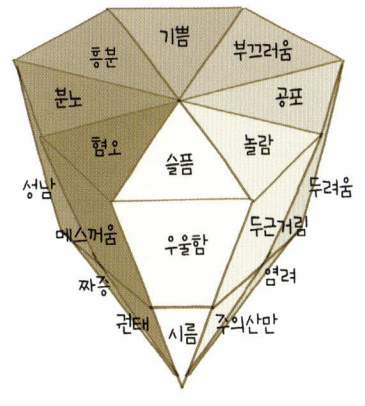

그림 15
정서에 대한 3차원 통합모형

어떤 이들은 이러한 정서와 관련된 논의가 너무 당연하다고 여길지 모른다. 그렇지만 이와 같은 이론적인 모형을 제시하는 이유는 사용자가 시스템을 사용하며 겪게 되는 다양한 정서를 체계적으로 정리하고, 이를 통해 시스템이 사용자에게 특정 정서를 유발시키기 위해서는 어떤 조치를 취해야 하는지 알기 위해서이다. 예를 들어, 2008년 란케스 Lankes는 게임 사용자의 얼굴 표정을 기반으로 사용자의 감성 상태를 파악하고 그에 따라 선택적으로 반응하는 게임을 개발했다. 그 게임을 일반 쇼핑센터 고객들에게 테스트해 본 결과 얼굴 표정을 기반으로 한 감성 통제 게임이 사용자에게 자연스럽고 사용하기 편리하며 긍정적인 사용자경험을 유도한다는 것을 밝혀 냈다.

4. 미적 인상

정서란 외부 자극에 의해 사람의 내부에 이미 관념화된 감성을 의미하는 반면, 인상은 외부의 자극에 의해 각인되기는 하지만 아직 정서로 관념화되지 않은 감성을 말한다. 디지털 제품이나 서비스와 관련된 대부분의 인상은 미적 인상 aesthetic impression으로, 이는 주로 미학이나 문학비평과 같은 분야에서 다루었다. 미학을 사상체계의 경지로 끌어올렸던 칸트 Kant는 인간의 미적 인상이나 판단은 그 나름대로 중요한 의미를 갖고 있다고 보았다. 따라서 미감은 기능이나 인지, 도덕적 관념에 따른 판단과 다른 관점에서 분석되어야 한다고 주장했다. 예를 들어, 우리가 어떤 자동차를 보고 연료가 많이 든다든가 4륜구동이라든가 하는 식으로 기능적으로 판단하는 것과, 기름이 한 방울도 안 나는 우리나라에서 그런 자동차를 타는 것은 문제가 있다고 도덕적으로 판단하는 것과, 그 차가 참 세련된 인상을 준다고 판단하는 것은 별개의 판단이라는 것이다.

여기서 한 가지 중요한 사실은 미적 인상이라고 해서 아름답고 예쁘다는 일반적인 의미의 미^美만을 이야기하는 것이 아니라 더욱 다양한 개념을 포괄하고 있다는 것이다. 정서보다도 미적 인상이 더 다양할 수 있는데, 그 이유는 정서보다 인상이 외부 자극에 더 민감하게 반응하기 때문이다.

연세대학교 HCI Lab은 한국인의 홈페이지와 미적 인상과 관련된 연구를 수행한 바 있다. 또 이 연구에서 밝혀진 시사점을 일반적인 디지털 제품 및 서비스로 확장했다. 그 결과 사용자는 일반적으로 디지털 시스템에 대해 열두 가지의 미적 인상을 느끼는 것으로 밝혀졌다. 이 열두 가지 미적 인상은 크게 본연적인 인상과 내용적인 인상으로 구분할 수 있다. 본연적인 인상generic impression은 제품이나 서비스에 표현된 내용을 알지 못하더라도 지각적인 자극만으로 느낄 수 있는 인상을 의미한다. 예를 들어, 하얀색의 단순한 홈페이지 화면을 보고 간결한 인상을 받는 것은 홈페이지에 게재된 내용을 읽지 않아도 느낄 수 있는 본연적인 인상이다. 본연적인 인상에는 크게 여섯 가지 인상이 있다. 이들은 크게 세 가지 차원으로 구분할 수 있다. 첫째, BD^{bright-dark} 차원으로 어둡거나 밝은 인상을 포함한다. 둘째, CD^{calm-dynamic} 차원으로 차분하거나 역동적인 인상을 포함한다. 셋째, SV^{simple-varied} 차원으로 간결하거나 다채로운 인상을 포함한다. 반면 내용적인 인상은 제품이나 서비스에 표현된 내용을 이해해야 느낄 수 있는 인상을 의미한다. 등장하는 개별 대상들의 디테일한 이미지나 특징, 콘텐츠, 맥락, 그림과 문자의 내용, 서비스의 내용 등에 따라 영향을 받는다. 예를 들어, 홈페이지에 있는 시계가 오래되었다는 것을 알아야 복고적인 인상을 받을 수 있다. 내용적인 인상semantic impression에도 크게 여섯 가지 인상이 속해 있으며, 이들을 세 가지 차원으로 구분할 수 있다. 첫째, LP^{luxurious-plain} 차원으로 고급스럽고 대중적인 인상을 포함한다. 둘째, CF^{classical-futuristic} 차원으로 복고적이고 미래적인 인상을 포함한다. 셋째, OP^{optimistic-pessimistic} 차원으로 희망차고 암울한 인상을 포함한다. 그림 16에서는 본연적인 인상과 내용적인 인상을 종합적으로 표현하고 있다.

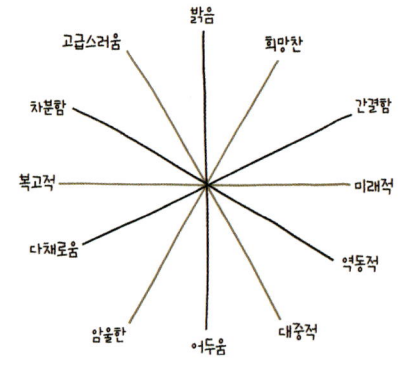

그림 16
인상의 여섯 가지 차원

연세대학교 HCI Lab에서는 전문 디자이너를 초빙해 가상의 인물인 현석훈을 위해 특정 인상을 강하게 느끼게 할 수 있는 홈페이지를 제작했다. 다음에서는 그중 인상을 가장 잘 표현한 것으로 파악된 홈페이지를 하나씩 소개하고, 이와 더불어 해당되는 인상을 가장 명확하게 표현한다고 느껴지는 제품과 서비스를 추가적으로 소개한다. 이는 잘 디자인된 사례를 제공함으로써 독자들이 스스로 대상에 대한 미적 인상을 구별할 수 있는 식견을 가질 수 있게 하기 위함이다. 효과적으로 미적 인상에 대해 알기 위해서는 자신이 직접 이러한 판단을 할 수 있는 감성적인 능력을 경험을 통해 습득해야 하기 때문이다.

4.1 BD차원(밝음 vs. 어두움)

우리나라 사람들이 디지털 시스템을 보고 가장 많이 느끼는 인상 중에 하나는 밝은 느낌을 준다는 것이다. 이러한 인상은 '은은하다' '환하다' '맑다'는 인상과도 밀접하게 연관되는 것으로 밝혀졌다. 그림 17은 밝은 인상을 주기 위해 연세대학교 HCI Lab에서 실험적으로 제작한 홈페이지이고, 그림 18은 밝다는 인상을 명확하게 제공해 주는 제품과 서비스이다. 이 세 가지 사례에서 공통적으로 느낄 수 있는 밝거나 환하다고 하는 인상은 배경의 명도가 높고 글씨와 같은 객체들이 배경과의 대비가 낮아 부드러운 느낌을 주기 때문인 것으로 추정할 수 있다.

그림 17
밝은 인상을 주기 위해
실험적으로 제작한 홈페이지

밝은 인상과 대비되는 것은 어두운 인상이다. 이는 무디고, 침침하고, 탁한 인상과도 밀접하게 연관되어 있는 것으로 밝혀졌다. 그림 19의 왼쪽은 어두운 인상을 주기 위해 연세대학교 HCI Lab에서 실험적으로 제작한 홈페이지이고, 오른쪽은 어두운 인상을 강하게 제공해 주는 제품이다. 의도적으로 어두운 인상을 제공하고자 하는 경우가 드물기 때문에 해당하는 제품이나 서비스가 밝은 인상에 비해 적다. 하지만 제공된 사례에서 공통적으로 느낄 수 있는 어둡고 침침한 인상은 배경의 명도가 낮고 글씨가 낮은 대비를 주기 때문인 것으로 생각할 수 있다.

그림 18
밝은 인상이 강조되는
제품과 서비스

그림 19
어두운 인상을 주기 위해
실험적으로 제작한
홈페이지와 어두운 인상이
강조되는 제품

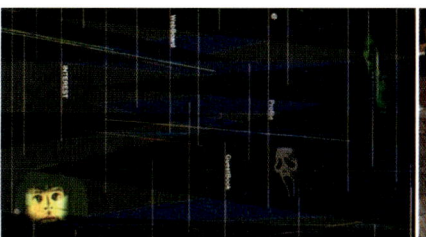

4.2 CD차원(차분함 vs. 역동적)

우리나라 사람들이 디지털 시스템에서 자주 느끼는 인상 중에 하나는 해당 시스템이 차분한 느낌을 준다는 것이다. 이러한 인상은 고요하다든지, 규칙적이라든지, 균형적이라는 인상과도 밀접하게 연관이 있는 것으로 밝혀졌다. 그림 20은 차분한 인상을 주기 위해 연세대학교 HCI Lab에서 실험적으로 제작한 홈페이지이고, 그림 20의 아래쪽은 차분하다는 인상을 명확히 제공해 주는 제품과 서비스이다. 이 세 가지 사례에서 공통적으로 느낄 수 있는 차분하거나 고요하다는 인상은 명도가 그다지 높지 않고, 난색 계열보다는 한색 계열을 사용하면서도 부드러운 느낌을 주는 배경에서 나온다고 추론할 수 있다.

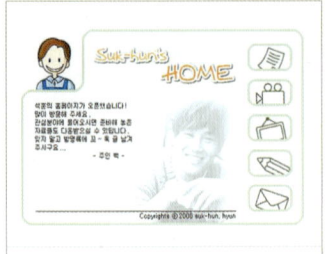

그림 20
차분한 인상을 주기 위해 실험적으로 제작한 홈페이지와 차분한 인상이 강조되는 제품과 서비스

차분한 인상과 대비되는 것은 역동적인 인상이다. 역동적인 인상은 강렬하고 날카로운 인상과도 밀접한 것으로 밝혀졌다. 그림 21의 왼쪽은 역동적인 인상을 주기 위해 연세대학교 HCI Lab에서 실험적으로 제작한 홈페이지이고, 오른쪽은 역동적인 인상을 강하게 제공해 주는 제품이다. 제공된 사례에서 공통적으로 느낄 수 있는 것은 색상이나 내용에서 강한 대비를 주는 것과 더불어 배경 음악이나 효과음도 강렬한 비트와 박자를 사용한다는 점이다. 이를 통해 강렬한 인상을 더해 준다.

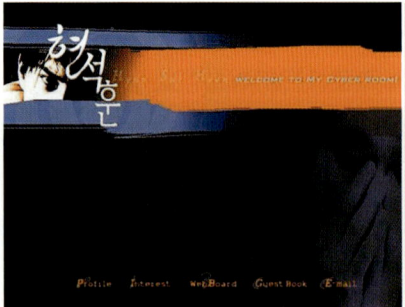 

그림 21
역동적인 인상을 주기 위해 실험적으로 제작한 홈페이지와 역동적인 인상이 강조되는 제품

4.3 SV차원(간결함 vs. 다채로움)

우리나라 사람들이 자주 경험하는 것은 간결하다는 인상이다. 이 인상은 단조롭고 비어 있다는 인상과도 밀접하게 연관되어 있다. 그림 22의 왼쪽은 간결하다는 인상을 주기 위해 실험적으로 제작한 홈페이지이고, 가운데와 오른쪽은 간결한 인상을 가장 명확하게 보여 주는 제품과 서비스이다. 이 세 가지 사례에서는 모두 절제된 이미지와 분명한 색상이나 레이아웃 등과 같은 시각적 요인을 이용해 사용자에게 간결한 인상을 제공한다.

그림 22
간결한 인상을 주기 위해 실험적으로 제작한 홈페이지와 간결한 인상이 강조되는 제품과 서비스

다음으로 우리나라 사람들이 자주 경험하는 것은 다채롭다는 인상이다. 이 인상은 화사하다는 느낌이나 현란하다는 인상과도 밀접한 것으로 밝혀졌다. 그림 23의 왼쪽은 다채롭다는 인상을 주기 위해 실험적으로 제작한 홈페이지이고, 가운데와 오른쪽은 다채롭다는 인상을 명확하게 보여 주는 제품과 서비스이다. 이 세 가지 사례는 전면에서 다양한 아이템을 볼 수 있을 뿐만 아니라 다양한 정보도 함께 제공해 다채롭다는 인상을 준다.

그림 23
다채로운 인상을 주기 위해 실험적으로 제작한 홈페이지와 다채로운 인상이 강조되는 제품과 서비스

4.4 LP인상 차원(고급스러움 vs. 대중적임)

내용적인 인상의 차원 중에서 우리나라 사람들이 자주 경험하는 것은 고급스러운 인상이다. 이 인상은 또한 고상하다거나 고귀하다는 인상과도 밀접하게 연관된 것으로 밝혀졌다. 그림 24의 왼쪽은 고급스러운 인상을 주기 위해 실험적으로 제작한 홈페이지이고, 가운데와 오른쪽은 고급스러운 인상을 가장 명확하게

보여 주는 제품이다. 오른쪽은 콘텐츠가 보여 주고자 하는 내용 자체가 고급 상품인 경우이고, 가운데 제품도 고급스러운 이미지를 강조하는 의자를 보여 주고 있다. 그러한 내용에 맞추어 시각적인 요소들도 매우 절제되어 있으며 조화를 이루기 위해 노력한 흔적이 보인다.

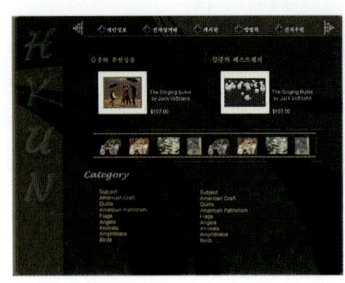  

그림 24
고급스러운 인상을 주기 위해 실험적으로 제작한 홈페이지와 고급스러운 인상이 강조되는 제품

다음으로 우리나라 사람들이 자주 경험하는 것은 대중적인 인상이다. 이 인상은 또한 익숙하거나 친근하다고 느끼는 인상이나 저렴한 가격과도 밀접하게 연관된 것으로 밝혀졌다. 그림 25의 왼쪽은 대중적인 인상을 주기 위해 실험적으로 제작한 홈페이지이고, 가운데와 오른쪽은 대중적인 인상을 명확하게 보여 주는 제품이다. 이 사례에서 공통적으로 느낄 수 있는 것은 대중적이라는 인상이 대부분의 제품이나 서비스에서 친숙한 정보를 제공했기 때문일 수도 있지만 조금은 촌스러워 보이는 색 배합 때문이기도 하다는 것이다.

그림 25
대중적인 인상을 주기 위해 실험적으로 제작한 홈페이지와 대중적인 인상이 강조되는 제품

4.5 CF인상 차원(복고적 vs. 미래적)

다음으로 우리나라 사람들이 자주 경험하는 인상은 복고적이라는 인상이다. 이 인상은 또한 과거지향적이라고 느끼는 인상과도 밀접하게 연관되어 있는 것으로 밝혀졌다. 그림 26의 왼쪽은 복고적인 인상을 제공하기 위해 실험적으로 제작한 홈페이지이다. 이 경우 표현 방법과 아울러 전달하고자 하는 내용에 따라서도 많은 영향을 받는 것으로 보인다. 가운데와 오른쪽은 복고적인 인상을 명확하게 제공해 주는 제품과 서비스이다. 가운데는 복고풍 인상을 주기 위해 노력한 디

지털 카메라를 보여 주고, 오른쪽은 보스턴에 있는 뮤지엄오브파인아트의 홈페이지이다. 복고적인 작품들을 주로 소장하고 있는 박물관이기 때문에 자연스럽게 소재나 전체적인 디자인이 복고적인 인상을 물씬 풍기고 있다.

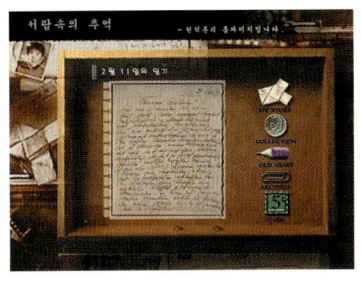  

그림 26
복고적인 인상을 주기 위해 실험적으로 제작한 홈페이지와 복고적인 인상이 강조되는 제품과 서비스

복고적인 인상과 대비되는 것은 미래적인 인상이다. 이 인상은 또한 초현실적이라고 느끼는 인상이나 신비하다는 인상과도 밀접한 것으로 밝혀졌다. 그림 27의 왼쪽은 미래적인 인상을 주기 위해 실험적으로 제작한 홈페이지이고, 가운데와 오른쪽은 미래적인 인상을 명확하게 제공해 주는 제품과 서비스이다. 가운데는 미래적인 인상을 한껏 강조한 디지털 카메라의 사례를 제시하고 있고, 오른쪽은 주로 현대 미술 작품을 전시하는 뉴욕현대미술관의 홈페이지를 보여 주고 있다. 동일한 제품인 디지털 카메라 그리고 미술관 웹사이트를 비교해 보면 복고적인 인상과 미래적인 인상은 그 소재나 디자인에서 영향을 받기도 하지만 대상으로 하고 있는 제품이나 서비스의 특성에 의해서도 큰 영향을 받는 것을 알 수 있다.

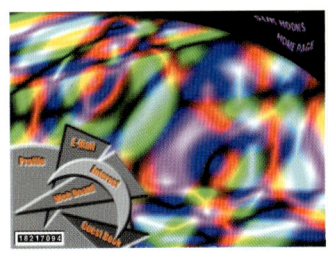  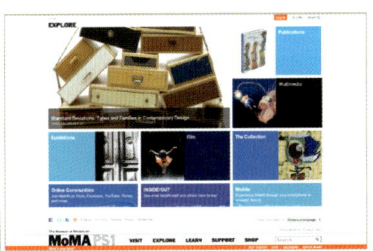

그림 27
미래적인 인상을 주기 위해서 실험적으로 제작한 홈페이지와 미래적인 인상이 강조되는 제품과 서비스

4.6 OP차원(희망찬 vs. 암울한)

우리나라 사람들이 자주 경험하는 것은 희망찬 인상이다. 이 인상은 건실한 인상과도 밀접한 것으로 밝혀졌다. 그림 28의 왼쪽은 희망찬 인상을 주기 위해 실험적으로 제작한 홈페이지이고, 가운데와 오른쪽은 희망적인 인상을 명확하게 제공해 주는 제품과 서비스이다. 오른쪽은 배경색이나 이미지 등을 통해 희망찬 인상을 제시하고 있는 반면, 가운데 의자는 밝은 색상과 가벼운 소재로 희망

그림 28
희망찬 인상을 주기 위해 실험적으로 제작한 홈페이지와 희망찬 인상이 강조되는 제품과 서비스

적인 인상을 제공하고 있다.

    희망찬 인상과 대비되는 인상은 암울한 인상이다. 이 인상은 절망적이거나 우울한 인상과도 밀접한 것으로 밝혀졌다. 그림 29의 왼쪽은 암울한 인상을 주기 위해 실험적으로 제작한 홈페이지이고, 가운데와 오른쪽은 암울한 인상을 명확하게 제공해 주는 서비스이다. 암울한 인상을 강조하는 영화의 홍보 사이트로 색상이나 소재를 통해 암울한 느낌을 강조하고 있다.

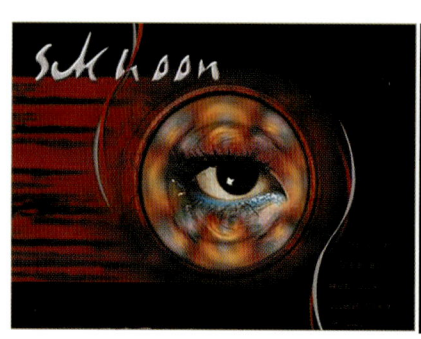  

그림 29
암울한 인상을 주기 위해서 실험적으로 제작한 홈페이지와 암울한 인상이 강조되는 서비스

4.7 기타 미적 인상

    미적 인상은 관념되지 않았기 때문에 사회적인 현상이나 기술적인 발전, 그리고 사용자의 취향 변화 등에 의해 쉽게 변화한다. 정서가 시간과 장소의 영향을 그다지 받지 않는 것에 비해 미적 인상은 나라나 시대상 등에 많은 영향을 받는다. 5-10년 전에 유행한 미적 인상이 더 이상 관심을 끌지 못하는 경우도 많고, 반대로 과거에는 전혀 매력이 없던 미적 인상이 주목을 받는 경우도 있다.

    예를 들어, 그림 30에서 보는 것처럼 인터넷과 사이버 문화는 지금까지 있어 왔던 인상과는 다른 새로운 인상을 만들어 낸다. 갑자기 늘어나는 여성 사용자를 위한 소녀적인 인상이나 생활에 권태감을 느끼는 중년을 위한 키치 인상들이 그 예라 할 수 있다.

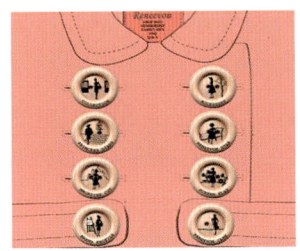  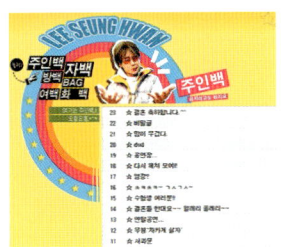

그림 30
새로운 미적 인상 사례

HCI 입장에서 디지털 제품이나 서비스를 개발하는 과정에서는 변화하는 사용자의 미적 인상 추세를 파악하고, 이에 적합한 새로운 디자인을 만들어 내는 것이 중요하다. 그러기 위해서는 여섯 가지 기본적인 인상 차원이 준거점으로 사용될 수 있다. 새롭게 부각되는 미적 인상이 기존의 기본적인 인상 차원들과 상대적으로 어떤 관계에 있는지 분석할 수 있기 때문이다. 예를 들어, 소녀적인 인상은 밝음과 다채로움 그리고 대중적인 인상이 적절하게 배합된 내용적인 인상으로 이해될 수 있다. 그런 이해를 바탕으로 과거에 밝고 다채롭고 대중적인 인상을 부각시키기 위해 사용한 디자인 요소를 적절하게 배합해 소녀적이라는 새로운 인상을 구축할 수 있다.

5. 개성

어떤 대상에 대한 인상 중에서 사람 또는 인격에 준하는 요소를 지닌 대상에 대해 갖게 되는 것을 '개성'이라고 한다. 사람의 내면적인 특징을 묘사하기 위해 관찰자에 의해 구성되는 의미들의 집합인 성격과는 반대로, 개성은 다른 사람의 행동이나 생김새를 보고 그 사람이 어떤 성격을 가지고 있을 것이라고 느끼는 것이다.

시스템과 관련해 개성이라는 개념이 특히 중요해진 이유는 시스템의 브랜드 개성 때문이다. 브랜드 개성brand personality이란 어떤 제품이나 서비스에 부여된 일련의 인간적 특징들을 의미한다. 예를 들어, 홈페이지나 아바타가 특정 개성을 지니고 있다고 생각하는 것이다. 포털을 예로 들어, 네이버는 개방적이고 야후는 분석적이라고 말할 때는 포털사이트에 인간의 특징이라고 할 수 있는 개방적이거나 분석적이라는 개성을 부여하는 것이다. 인간의 개성과 마찬가지로 브랜드 개성도 독특성과 지속성을 가진다. 즉 어느 한 브랜드의 개성은 다른 브랜드 개성과 분명히 구분되며, 그런 구분이 오랜 시간 동안 지속된다는 것이다. 특히 브랜드 개성이 지니는 독특성은 경쟁사가 모방하기 어렵고, 일단 한번 구축된 브랜드 개성은 쉽게 다른 제품이나 사람들에 의해 복제될 수 없다.

　　연세대학교 HCI Lab은 블로그를 통해 전달되는 개성을 분류하는 연구를 수행한 바 있다. 우선 블로그 서비스의 개성 표현은 그림 31과 같이 여섯 가지 범주로 나눌 수 있다. 이는 다시 세 가지 차원으로 구분된다. 첫 번째는 강약의 차원dimension of strength 으로 강하고 거친 개성과 부드럽고 사랑스러운 개성을 포함하고, 두 번째는 형식성의 차원dimension of formality 으로 자유분방한 개성과 분석적인 개성을 포함하며, 세 번째는 개방성의 차원dimension of openness 으로 개방적이고 사교적인 개성과 폐쇄적이고 은둔적인 개성을 포함한다.Kim, Lee and Choi, 2003 그리고 이러한 요소들은 표현적인 요소들과 블로그상에 나타난 다른 사람들과의 관계에 대한 요소들에 의해 큰 영향을 받는 것으로 밝혀졌다. 표현적인 요소는 블로그에 올린 글과 블로그 디자인인 반면, 관계적인 요소는 블로그 방문자들의 덧글과 그에 대한 블로그 주인의 대응을 포함한다. 아래에서는 각 개성에 대한 설명과 함께 그 대표적인 예를 제시하고자 한다.

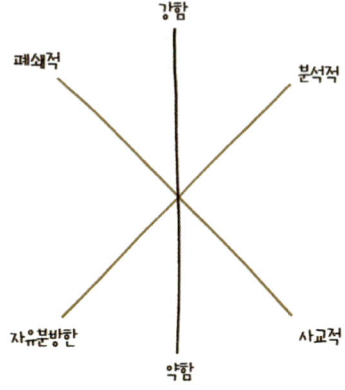

그림 31
개성의 세 가지 차원

5.1 강약의 차원

　　강약의 차원은 디지털 제품이나 서비스가 사용자에게 풍기는 개성이 얼마나 강하고 거친지, 아니면 부드럽고 귀여운지에 따라 결정된다. 강한 개성은 주로 거칠고 공격적이며 반항적인 개성과 연결되는 경향을 보인다. 또한 강렬한 개성을 풍기기도 하고 간혹 잔인하다고까지 느끼게 한다. 블로그상에서 보면 어떤 아이디어를 강하게 지지한다든지, 단호한 어조로 이야기를 한다든지, 아니면 음악이나 그림이 강렬한 비트나 인상을 가지고 있다든지, 심하게는 비속어를 사용하는 것

그림 32
강한 개성을 표출하는 사례

도 강한 개성을 느끼게 하는 역할을 한다. 그림 32의 왼쪽은 강한 개성을 표출하는 블로그의 예를 보여 주고 있고, 오른쪽은 강한 개성을 표출하는 아바타의 예를 보여 주고 있다. 왼쪽 블로그에서는 색상의 대비가 확연하게 느껴지며 아바타도 거친 모습과 명암의 대비가 확연하게 보인다.

반면 부드러운 개성은 주로 사랑스럽고 귀여운 개성과 연결되는 경향을 보인다. 또한 세련되며 우아한 개성과도 연결된다. 그림 33의 왼쪽은 부드러운 개성을 표출하는 블로그의 예를 보여 주고 있다. 블로그를 보면 만화와 같은 재미있는 그림을 올린다든지, 분홍색이나 리본, 하트 같은 그림을 올린다든지, 필기체 같은 부드러운 느낌의 서체를 사용한다든지, 파스텔톤의 스킨을 사용하는 경우가 많다. 반면 오른쪽 그림은 부드러운 개성을 표출하는 아바타의 예를 보여 주고 있다. 두 가지 모두에서 부드러운 색상과 모습의 특징을 보여 준다.

그림 33
부드러운 개성을
표출하는 사례

디지털 제품에서 강한 개성을 보여 주는 사례와 반대로 부드러운 개성을 보여 주는 사례로, 그림 34에서 제시하고 있는 게임기를 들 수 있다. 소니에서 제작한 플레이스테이션은 본체도 광택이 나는 검은색이고 대표적인 게임의 장르도 하드코어이다. 한편 닌텐도에서 제작한 게임기는 밝은 계열의 색상이며, 대표적인 게임도 가벼운 콘텐츠와 귀여운 캐릭터를 사용하고 있다.

그림 34
강약의 차원에서 대비가 되는
제품 사례

―――― 5.2 형식성의 차원

형식성의 차원은 디지털 제품이나 서비스가 사용자에게 풍기는 개성이 얼마나 자유분방한지, 또는 분석적인지에 따라 결정된다. 자유분방한 개성은 주로 상상력이 풍부하고 참신하며 창의적인 개성과 연결되는 경향을 보인다. 그림 35의 왼쪽은 자유분방한 개성을 표출하는 블로그의 예를 보여 주고 있다. 블로그상에서 보면 참신한 글이나 그림을 올리거나 자기소개를 특이하게 작성한다든지, 참신한 타이틀을 단다든지, 최신 패션이나 유행에 민감하게 반응한다든지, 문화적 특이성이 강한 그림을 올려놓는 것이 자유분방한 개성을 느끼게 한다. 오른쪽은 자유분방한 개성을 표출하는 아바타를 보여 준다. 블로그에 사용된 글이나 그림에서 창의성이 느껴지듯 아바타도 다른 아바타와 구별되는 파격적인 모습을 보여 준다.

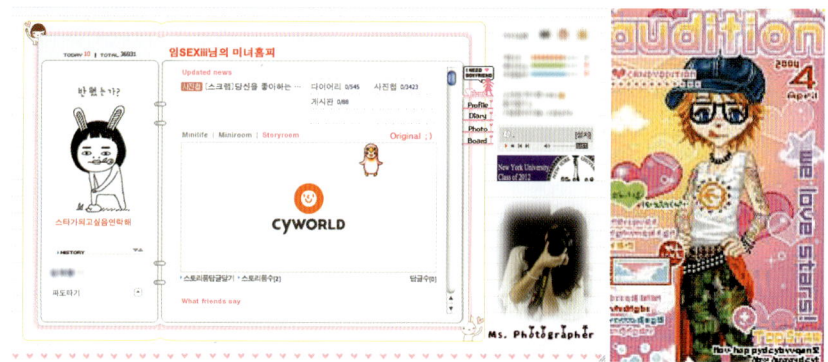

그림 35
자유분방한 개성을
표출하는 사례

반면 분석적인 개성은 주로 논리적인 개성과 연결되는 경향을 보인다. 또한 정확하며 경직되었고 날카로운 개성과도 연결되어 있다. 그림 36의 왼쪽은 분석적인 개성을 표출하는 블로그의 예이다. 블로그상에서 보면 논리적으로 구조가 잘 잡힌 글을 쓴다든지, 날카로운 비평을 올린다든지, 게재하는 글을 범주로 나누는 행동에서 분석적인 개성을 느낄 수 있다. 오른쪽은 분석적인 개성을 표출

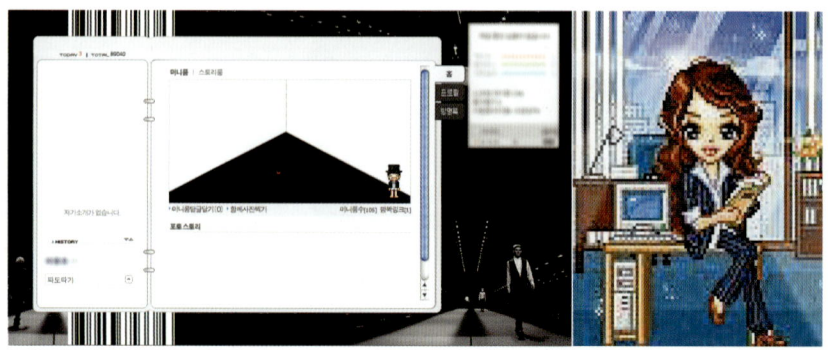

그림 36
분석적 개성을 표출하는 사례

하는 아바타의 예를 보여 준다. 두 가지 모두 내용이 체계적이며 절제되어 있다는 것을 알 수 있다.

디지털 제품에서 자유분방한 개성을 보여 주는 사례와 분석적인 개성을 보여 주는 사례가 있다. 휴대전화 두 가지를 예로 들어 보자. 그림 37의 왼쪽 휴대전화는 외관에서 비즈니스적인 느낌의 어두운색을 띠고 있다. 광고 카피도 '성공하는 사람들의 새로운 습관: Franklin Planner 탑재'라는 점에 초점을 맞추고 있다. 반면 오른쪽 휴대전화는 다이어리를 꾸미는 기능을 내장했고, '나만의 모든 일상을 공유하는'이라는 광고 카피도 자유분방함을 강조하고 있다. 두 제품 모두 다이어리를 주요 기능으로 내세웠음에도 제품 외관의 디자인과 광고 카피, 그리고 각기 다른 개성의 광고 모델을 사용함으로써 명확하게 양 극단의 개성을 보여 준다.

그림 37
형식성의 차원에서 대비가 되는 제품과 서비스의 사례

5.3 개방성의 차원

개방성의 차원은 디지털 제품이나 서비스가 사용자에게 풍기는 개성이 얼마나 사교적인지, 아니면 폐쇄적인지에 따라 결정된다. 사교적인 개성은 주로 쾌활하며 에너지가 넘치는 개성과 연결되는 경향을 보인다. 그림 38의 왼쪽은 사교적인 개성을 표출하는 블로그의 예를 보여 준다. 방문자의 글에 성실하게 답변을 한다든지, 방문자를 진정으로 염려하는 글을 올린다든지, 방문자에게 예의 바른 글을 쓴다든지, 블로그상에서 많은 정보를 공유한다든지 하는 행위가 사람들에게 블로그가 사교적인 개성을 가지고 있다고 느끼게 하는 역할을 한다. 그림 38의 오른쪽은 사교적인 개성을 표출하는 아바타의 예를 보여 준다. 블로그에 사용된 글이나 그림에서 상대방을 염려하고 존중하는 개성이 드러나듯 아바타도 다른 아바타와 구별되는 사교적이고 쾌활한 모습을 보여 준다.

그림 38
사교적이고 개방적인 개성을 표출하는 사례

반면 폐쇄적인 개성은 주로 배타적이고 답답한 개성과 연결되는 경향을 보인다. 그림 39의 왼쪽은 폐쇄적인 개성을 표출하는 블로그의 예이다. 블로그를 보면 자신에 대한 정보를 공개하지 않거나 자기만이 알 수 있는 감성적인 글을 올리는 행위가 사람들에게 폐쇄적인 개성을 느끼게 한다. 그림 39의 오른쪽은 폐쇄적인 개성을 표출하는 아바타의 예이다. 아바타의 경우에는 주로 절제되고 최소화된 모습을 통해 폐쇄적인 개성을 표출할 수 있다.

그림 39
폐쇄적 개성을 표출하는 사례

디지털 제품에서 사교적인 개성을 보여 주는 사례와 폐쇄적인 개성을 보여 주는 사례로 그림 40의 두 개의 MP3플레이어를 들 수 있다. 왼쪽은 외관이 밝고 부드러운 색을 띠고 있으며, 둥글고 편한 모양을 하고 있다. 반면 오른쪽은 검은색의 각진 디자인이 폐쇄적인 느낌을 강조하고 있다. 두 제품 모두 음악 감상을 주요 기능으로 내세웠음에도 제품 외관의 디자인에서 양극단의 개성을 명확하게 보여 준다.

디지털 제품이나 서비스가 다양해지면서 여섯 가지 기본적인 개성의 범주 외에도 여러 새로운 개성이 등장한다. 이러한 개성은 한편으로 기존의 기본적인 개성이 혼합된 개성인 경우도 있고, 그 당시의 시대상을 반영하는 경우도 있다. 그 시대에 맞는 개성을 찾아내고 이를 기반으로 새로운 디지털 제품이나 서비스를 개발하는 것도 HCI 전문가가 성공적인 디지털 제품과 서비스의 개발에 공헌할 수 있는 중요한 분야이다.

그림 40
개방성의 차원에서 대비가 되는 제품 사례

6. 디지털 제품 및 서비스의 개발과 감성

앞에서 상세하게 설명한 정서와 인상, 개성이 디지털 제품과 서비스 개발에서 차지하는 역할에 대해 간단하게 살펴보자.

6.1 감성과 이성의 관계

이토록 감성이 중요한 요소임에도 그동안 HCI 연구자들은 이성에 좀 더 초점을 맞추어 왔다. 앞서 설명한 사용성이나 유용성 모두 인간의 감성적인 측면보다는 이성적인 측면에 초점을 맞춘 것이다. 예를 들어, 사용하기 쉽고 학습하기 용이하다는 사용성의 목표도 이성적인 측면에서 본 시스템의 특성이라 볼 수 있다. 과거에는 인터페이스는 나름대로 창의적이고 감성적이지만, 사용성이 조금이라도 떨어지면 겉모습만 번지르르한 '예쁜' 시스템이라고 폄하하기를 서슴지 않았다.

그러나 최근 들어 감성과 이성은 상호보완적이고 협동적인 관계라는 주장이 힘을 받고 있다. 특히 긍정적인 감성과 부정적인 감성은 사람들의 인지적인 작용에 큰 영향을 미치는 것으로 나타났다. 예를 들어, 쇼핑몰에서 여유가 있는 상황에서 문을 열 때는 밀어보기도 하고 잡아당겨 보기도 하지만, 동일한 문이라 해도 불이 나서 공포라는 부정적인 정서를 느낄 때에는 밀기만 하고 잡아당겨 볼 생각은 하지 못한다. 부정적인 감성은 사람들에게 빠른 의사결정을 할 수 있게 하지만, 의사결정의 폭을 좁아지게 한다. 반면 긍정적인 감성은 사람들에게 다양한 가능성을 타진해 볼 수 있게 한다. 하지만 결과가 나오기까지의 시간은 상대적으로 오래 걸린다. 이러한 감성의 효과는 디지털 제품이나 서비스를 디자인하는 데 중요한 기반이 된다. 예를 들어, 실시간 증권 거래 시스템을 사용할 때는 매우 급하게 의사결정을 해야 하는 경우가 많기 때문에, 사람들에게 가장 적당한 행동을 할 수 있는 기능만을 부각시켜서 부정적인 감성을 제공하는 것이 도움이 될 수 있다. 반면 온라인 게임이나 커뮤니티 포털 같은 경우에는 사람들이 되도록 구석구석을 돌아보도록 하는 것이 중요하기 때문에 긍정적인 감성을 제공하는 것이 효과적일 수 있다.

6.2 감성과 유용성 및 사용성의 차이점

감성은 사용성과 대치하는 것이 아니라 병행하는 개념이다. 더 나아가 감성이 풍부한 제품이 사용하기에도 편리하고, 오히려 사용성을 이끄는 역할을 한다는 점이 밝혀지기도 했다.Tractinsky, Katz, and Ikar, 2000 이러한 추세에 발맞추어 시스템 개발에서 사용자에게 최적의 경험을 제공하기 위해 유용성이나 사용성과 마찬가지로 감성도 없어서는 안 될 중요한 요소라는 인식이 퍼지고 있다.

그러나 유용성이나 사용성과 비교해 감성은 상이한 특징을 가지고 있다. 유용성이나 사용성이 일반적으로 단방향uni-direction인 반면, 감성은 다방향multi-direction이라는 특징이다. 즉 일반적으로 유용성이 높고, 사용성이 높으면 좋은 시스템이라고 할 수 있지만, 감성이 긍정적이거나 감성의 강도가 높다고 해서 반드시 좋은 시스템이라고 할 수는 없다. 예를 들어, 공포영화를 보러 가는 사람들이나 놀이공원에서 청룡열차를 타는 사람들의 동기를 생각해 보자. 이 사람들은 부정적인 감성을 경험하기 위해 돈을 지불하고 영화관에 가거나 놀이공원에 간다. 또 사람들 중에는 장대한 협주곡이나 교향곡을 좋아하는 사람이 있는가 하면, 조용하고 잔잔한 실내악이나 독주곡을 좋아하는 사람들도 있다. 이처럼 반드시 강렬한 감성이 잔잔한 감성보다 좋다고 할 수는 없다.

이러한 특징 때문에 감성은 절대적인 기준이 중요한 것이 아니라 상대적인 충실도emotional fidelity가 더 중요하다. 즉 어떤 시스템이 기쁨이라는 정서를 '10'만큼 제공한다는 것이 중요한 것이 아니라 그 시스템을 통해 사용자에게 제공하려고 하는 감성을 얼마나 충실하게 제공했는지가 중요하다는 것이다. 예를 들어, 공포영화를 모아 놓은 컬트 사이트를 구축한다고 하자. 사람들에게 사이트에 접속해 공포감을 느끼게 하고자 했지만, 정작 사람들이 즐거움이나 흥분을 더 많이 느꼈다면, 그 사이트의 감성적 충실도는 높다고 할 수 없다. 따라서 감성을 제대로 제공하는 시스템은 무조건 긍정적인 감성을 제공하는 것이 아니라 의도된 감성을 적절한 강도로 제공하는 것이라고 할 수 있다.

결론적으로 감성을 디지털 제품과 서비스에 활용하기 위해서는 감성이 다차원적인 개념이고, 각 차원에 대해 절대적인 좋고 나쁨이 있는 것이 아니라 사용자에게 제공하고자 하는 감성이 얼마나 정확하게 전달되었는지가 더 중요하다는 사실을 충분히 이해해야 한다.

감성은 사용성이나 유용성과 함께 디지털 제품이나 서비스가 사용자에게 최적의 경험을 제공하기 위해 필요한 중요한 원리이자, 다양한 요소들이 합쳐진 개념으로 시스템을 개발하는 과정에서 특히 중요한 것은 정서와 인상, 개성이다. 정서는 단시간에 강렬하게 느껴지는 감성으로, 연령이나 성별, 문화의 차이에 그다지 영향을 받지 않는다는 보편적인 특성을 가지고 있다. 반면 인상은 특정 대상에 대한 지각으로, 정서보다 훨씬 다양하고 문화나 성별이나 연령에 따라 많은 영향을 받는다는 특징을 지니고 있다. 이러한 인상이 사람이나 사람으로 인정될 수 있는 대상에 적용되었을 때 이를 개성이라고 한다. 감성은 이성과 매우 밀접한 관계를 맺고 있어서 인지적인 사고 과정에 많은 영향을 주는 것으로 밝혀졌다. 또한 유용성이나 사용성과는 달리 다방향적이기 때문에 한 가지 기준에서의 달성도가 아니라 대상과의 감성 부합도가 더 중요하다.

토론 주제

1
디지털 제품이나 서비스 중 사용하기 쉽고 유용하기는 하지만 무미건조하고 아무런 감성도 전달하지 않는 사례를 찾아보자. 그리고 그 이유는 무엇인지 생각해 보자.

2
디지털 제품이나 서비스 중 여덟 가지 기본적인 정서를 가장 선명하게 느끼게 한 사례를 하나 선정하고, 그 이유를 생각해 보자.

3
디지털 제품이나 서비스 중 여덟 가지 기본적인 정서에 포함되지는 않지만 특정 정서를 매우 선명하게 제시하는 사례를 선정하고, 이러한 정서가 기본적인 정서들과 어떻게 다른지 설명해 보자.

4
디지털 제품이나 서비스 중 여섯 가지 본연적인 인상 중 하나를 가장 선명하게 느끼게 한 사례를 하나 선정하고, 그 이유를 설명해 보자.

5
디지털 제품이나 서비스 중 여섯 가지 내용적인 인상에는 포함되지 않지만, 특정 인상을 선명하게 제시하는 사례를 선정하고, 이러한 인상이 기존의 인상과는 어떻게 다른지 설명해 보자.

6
디지털 제품이나 서비스 중 여섯 가지 기본적인 개성 중 하나를 가장 명확하게 느끼게 한 사례를 하나 선정하고, 그 이유를 설명해 보자.

7
디지털 제품이나 서비스 중 여섯 가지 기본적인 개성에는 포함되지 않지만 특정 개성을 매우 선명하게 제시하는 사례를 하나 선정하고, 이러한 개성이 기존의 개성과는 어떻게 다른지 설명해 보자.

8
디지털 제품이나 서비스 중 이성적인 요소와 감성적인 요소가 함께 어우러져 조화를 이룬 사례와 그렇지 못한 사례를 선정하고, 둘을 비교해 보자. 왜 그렇게 생각하는지 이유도 함께 설명해 보자.

9
디지털 제품이나 서비스 중 감성의 강도는 강력하지만 시스템의 기본 취지에는 잘 맞지 않아 감성적 충실도가 낮은 사례를 들고, 그렇게 생각하는 이유를 설명해 보자.

10
디지털 제품이나 서비스 중 감성을 제품이나 서비스의 메인 소구점으로 설정해 성공한 사례를 선정해 보자. 그리고 이들의 성공에 가장 큰 영향을 미친 요인이 무엇인지 설명해 보자. 특히 감성의 차원을 차별화함으로써 고객들에게 독특한 경험을 제공하고 이를 바탕으로 기업 입장에서 새로운 수익을 창출한 사례를 제시해 보자.

6장 사용자 분석

**디지털 제품이나 서비스를
이용하는 사람들을 정확하게 이해하기**

"어떤 시스템이든지 사용자에 관한 모든 자료는 신성할 정도로 중요하게 다루어져야 한다."

제프 러스킨 Jef Raskin

궁금한 점

디지털 제품이나 서비스를 만드는 소프트웨어 개발자도 사용자이다. 그런데 굳이 많은 비용과 시간을 들여 가며 별도로 사용자에 대해 알아봐야 하는 이유는 무엇일까?

디지털 제품이나 서비스를 기획할 때 사용자에 대해 반드시 알아야 할 점에는 어떤 것들이 있을까?

열 길 물 속은 알아도 한 길 사람 속은 모른다고 한다. 점쟁이나 심령술사도 아닌데 사용자 자신도 잘 모르는 그들의 숨겨진 욕구나 필요 사항을 파악할 수 있는 방법은 무엇일까?

영화 소개

왓 위민 원트 2000

"여자가 정말 무엇을 정말로 원하는지 알게 되면, 당신은 세상을 지배할 수 있다."

베트 미들러

잘나가는 광고기획자이자 남성우월주의에 사로잡혀 있던 닉은 경쟁사에서 온 여성 임원 달시에게 승진의 기회를 빼앗긴다. 달시는 소비력이 높은 여성을 위한 제품 광고 기획팀을 꾸린다. 이에 대응하기 위해 닉은 코팩을 붙이고 화장을 하고 스타킹을 신어 보면서 정작 여자들이 정말 원하는 것이 무엇인지는 알지 못한 채, 여자들을 잘 알게 되었다는 근거 없는 자신감만 높아진다. 그러던 어느 날 욕실에서 넘어져 정신을 잃고 깨어난 닉은 여자들의 속마음을 들을 수 있게 된다. 그때부터 닉은 여성을 대상으로 하는 제품 광고를 성공시킬 뿐만 아니라 그동안 소원했던 딸과의 관계를 비롯해 앙숙이었던 달시와의 관계도 좋아진다. 이 영화는 사용자 분석과 관련된 세 가지 중요한 사실을 나타낸다. 첫째, 닉이 여성을 잘 안다고 생각하는 것처럼 우리도 사용자를 잘 안다고 생각하지만, 실제로는 아는 것이 별로 없다. 둘째, 닉이 여성이 원하는 것이 무엇인지 알게 되면서 거의 모든 삶이 바뀐 것처럼 사용자가 진정으로 원하는 것이 무엇인지 제대로 아는 것은 디지털 제품이나 서비스를 기획하거나 디자인할 때 큰 영향을 미친다. 셋째, 닉이 여러 노력을 했지만 정신을 잃고 깨어난 뒤에야 여성을 이해하게 된 것처럼 사용자를 제대로 이해한다는 것은 매우 힘든 일이고 많은 노력이 필요하다. 이 영화를 통해 사용자를 분석하는 것의 중요성과 어려움을 경험해 보자.

영화 토론 주제

1 영화에서 닉이 욕실에서 넘어져 정신을 잃은 뒤 깨어나 여자의 속마음을 알 수 있게 되기 전까지 닉이 여자들을 이해하지 못한 까닭은 무엇일까?

2 영화에서 닉이 여성을 이해하기 위해 행한 방법 가운데 디지털 제품이나 서비스 사용자를 이해하는 데 응용할 수 있을 만한 것은 무엇일까?

3 영화 속 주인공들이 행한 행동을 살펴봤을 때 사용자의 여러 특징 가운데 특히 중점적으로 파악해야 하는 것은 무엇일까?

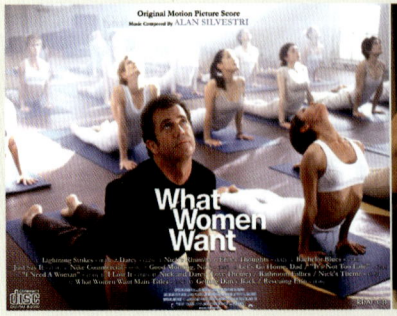

사용자 분석의 중요성과 어려움을 알려 주는 영화 〈왓 위민 원트〉

본 장에서는 사용자 분석에 대한 일반적인 오해를 소개하면서 사용자를 분석하는 것의 중요성을 강조하고자 한다. 하나의 디지털 제품이나 서비스에는 다양한 종류의 사용자가 존재할 수 있다. 따라서 어떤 사람들을 사용자 분석의 대상으로 해야 하는지 결정하는 것도 사용자 분석 과정에서 중요한 단계라고 할 수 있다. 본 장에서는 주 사용자와 부 사용자를 나누어 분석하는 방법이 중요한 이유에 대해 설명하고자 한다. 또한 디지털 제품이나 서비스의 사용자가 갖는 특성을 '사용자모형'으로 정리하고, 여러 사용자모형 중에서 페르소나 모형을 통해 이를 구체화하는 절차를 제시한다. 이를 통해 HCI를 기반으로 디지털 제품이나 서비스를 기획하는 과정에서 사용자 분석의 원리와 절차를 독자에게 명확하게 전달하는 것이 본 장의 목적이다.

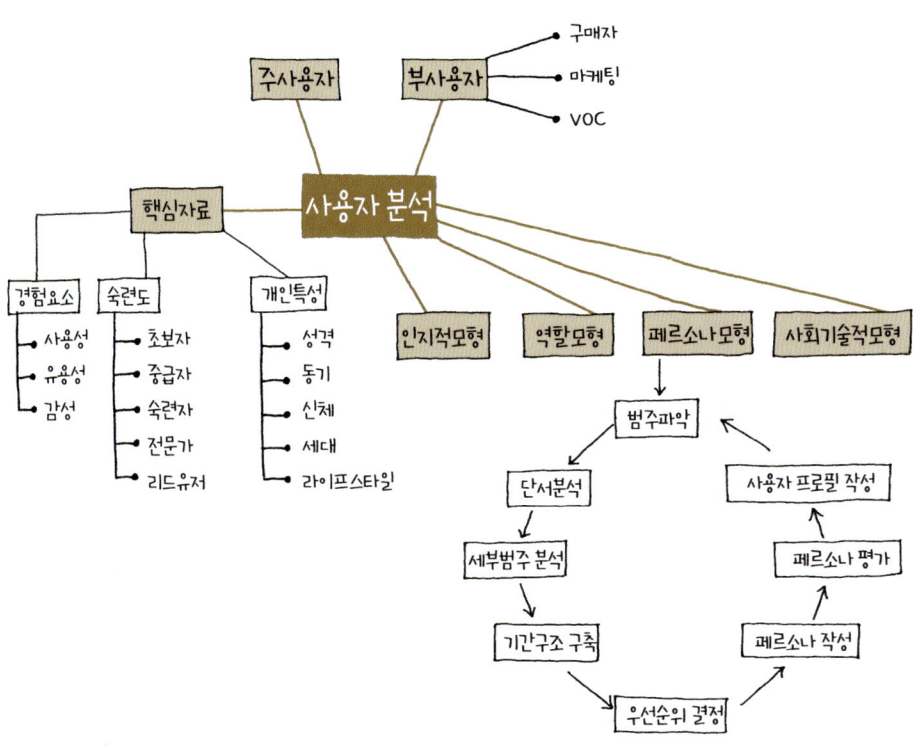

1. 사용자 분석의 중요성

영화 〈왓 위민 원트〉는 여자를 잘 안다고 착각하는 광고기획자 닉이 어느 날 뜻밖의 사고로 여성의 마음을 알 수 있는 능력이 생기게 되면서 여성에 관한 새로운 사실을 알아가게 되는 이야기이다. 그는 여성을 좀 더 이해하기 위해 네일숍에서 손톱 손질을 받거나 요가 교실에 나가는 등 자연스러운 대화와 행동 속에서 진정한 여성의 요구를 찾아낸다. 이는 실제 사용자가 있는 환경에서 그들을 이해해야 제대로 된 제품이나 서비스에 대한 아이디어가 나온다는 것을 의미한다. 이와 같이 사용자 분석은 광고를 기획할 때는 물론이고, 디지털 제품이나 서비스를 기획할 때도 매우 중요한 역할을 한다. 특히 사용자 중심 시스템 설계는 HCI의 가장 중요한 원칙이기에 더욱 중요성이 강조된 측면이기도 하다.

사용자 분석은 HCI를 기반으로 한 모든 시스템 개발의 첫 번째 단계이자 가장 중요한 단계이다. 사격을 할 때 과녁을 제대로 보아야 적중률이 높은 것처럼 어떤 사용자를 위해 시스템을 개발하는 것인지 명확하게 파악해야 최적의 경험을 제공하는 시스템을 개발할 확률이 높아지기 때문이다. 그러나 실제 시스템을 개발할 때는 사용자 분석 과정이 생략되거나 심하게 축소되는 경향이 있다. 그 이유는 무엇일까? 그것은 사람들이 사용자 분석의 진의를 오해하고 있기 때문이다.

첫째, 개발자나 기획자는 자신도 같은 인간이고 자신도 사용할 것이기 때문에 굳이 다른 사용자를 분석할 필요없이 자신이 직접 사용자로서의 역할을 하면 된다고 생각할 수 있다. 또는 굳이 만나기 힘든 실제 사용자를 분석하는 것이 아니라 사용자를 대신할 만한 주변 사람들을 분석하는 경우도 많다. 그러나 진정한 사용자가 아니면, 실제 시스템을 사용하는 과정에서 겪게 되는 문제점이나 시스템을 사용하는 근본적인 목적 등을 알아낼 수 없다. 주변 사람들은 사용자의 입장이 아니라 그저 자신의 입장에서 분석하기 때문이다. 예를 들어, 10대를 위한 온라인 게임을 제작하면서 20-30대의 게임 개발자나 게임 유통 회사의 마케팅 담당자를 분석하는 것은 실제 게임 사용자의 동기와 욕구를 알아내기에는 적절하지 않은 방법이다. 영화 속에서 닉이 여자 흉내를 내면서 여자를 이해하겠다고 마음먹은 것도 이와 비슷한 실수라고 할 수 있다.

둘째, 실제 사용자조차도 자신이 어떤 시스템을 원하고 시스템을 사용하면서 어떠한 어려움을 겪는지 이야기해 줄 수 없기 때문에 사용자를 분석하는 것은 시간 낭비라고 생각하는 것이다. 이러한 견해는 부분적으로 일리가 있다. 그 이유는 아무것도 없는 상황에서 사용자가 자신의 요구나 취향을 정확하게 설명하는 것은 매우 어렵기 때문이다. 이는 휴대전화로 인터넷을 써 본 적이 없는 사람에게 모바일 인터넷에 어떤 서비스가 필요한지 묻는 것과 마찬가지이다. 실제로 연세대학교 HCI Lab에서 실시한 설문조사 결과에 따르면, 한 번도 모바일 인터넷을 사용해 보지 못한 사람들이 필요하다고 생각하는 시스템과 단 한 번이라도 사용해 본 사람들이 필요하다고 생각하는 시스템에는 큰 차이가 있었다.[HCI Lab, 2004] 이는 사용자 분석이 주로 개발 초기에 단 한 번만 이루어지기 때문이다. 그러나 사용자 분석은 개발 단계 전체에 걸쳐 점진적이고 반복적으로 이루어져야 한다. HP의 CEO였던 칼리 피오리나 Carly Fiorina 가 "사용자는 그가 무엇을 원하는지는 잘 몰라도 뭐가 잘못되었는지는 말해 줄 수 있다."고 말했듯이 개발 초기 단계에서 사용자 자신의 요구사항을 명확하게 전달하지는 못한다. 그렇지만 시스템이 개발되는 과정에서 어떤 점이 개선되어야 하는지 자신의 관점에서 구체적으로 말해 줄 수는 있다.

마지막으로 사용자 분석 결과의 중요성에 대한 오해이다. 일반적으로 디지털 제품이나 서비스는 예산과 시간이 빡빡한 상태에서 개발된다. 따라서 예산과 시간이 부족하다면 디자인과 코딩을 시작하는 것이 중요하다고 생각하기 십상이다. 코딩이 완료되지 않아 시스템 자체가 작동하지 않으면 큰 문제이지만, 사용자의 욕구나 필요성이 시스템에 조금 덜 반영되었다는 것은 그렇게 큰 문제가 아니라는 것이다. 그러나 디지털 제품이나 서비스를 개발하는 프로젝트가 실패하는 가장 큰 이유는 사용자의 요구사항이 제대로 반영되지 않았기 때문이다. 나아가 사용자 분석이 제대로 이루어지지 못해 발생한 오류는 나중에 그 오류를 파악했다고 해도 수정하는 데 너무 많은 비용이 들어간다. 예를 들어, 사용자는 빠른 시간 안에 정확한 정보를 얻을 수 있는 금융포털 서비스를 원하는데, 개발자는 사용자가 천천히 여러 정보를 음미하는 것을 가정했다면, 여기서 발생한 오류를 바로 잡기 위해서는 시스템의 전체 구조를 뜯어 고쳐야 한다. 그래서 사용자 분석이 제대로 수행되었는지에 따라 디지털 제품이나 서비스의 성공 여부가 갈린다. 예를 들어, 국내의 전자 회사 두 곳의 저가형 휴대전화 출시 결과를 보면, 사용자 분석의 중요성을 더욱 명확하게 느낄 수 있다.

그림 1의 왼쪽 휴대전화는 젊은층을 목표로 한 저가형이다. 주 사용자인 10대 청소년과 여성이 가장 중요하게 여기는 디자인으로 승부를 보겠다는 생각으로 개성이 강한 제품을 기획하되 가격은 중저가로 유지하는 전략을 내세운 것이다. 또한 휴대전화를 아이템화해 대중문화에 친숙한 소비자의 주목을 끌었고, 남들과 다른 것을 원하는 10대를 위해 개성을 표출하는 수단을 제공했다. 즉 유행과 멋, 대중문화에 민감하면서도 합리적인 가격을 원하는 젊은층에게 그들이 원하는 아이템을 제공한 것이다. 반면 그림 1의 오른쪽 휴대전화는 왼쪽 휴대전화의 경쟁사 제품으로 스마트폰이긴 하지만 기존 스마트폰보다는 가격이 저렴하다. 회사 입장에서는 젊은층이 저렴한 가격의 스마트폰을 원할 것이라고 생각했던 것과는 달리 젊은층은 작은 모양에 저렴한 가격보다는 세련되고 독특한 개성을 표출할 수 있는 제품

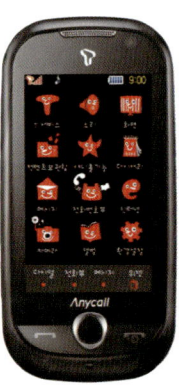

그림 1
사용자 분석의 중요성을 강조하는 디지털 제품 사례

을 원했다. 그 결과 왼쪽 제품의 회사는 디자인만을 보완해 후속 제품을 내놓을 수 있었지만, 오른쪽 제품의 회사는 결국 저렴한 스마트폰을 포기하고 왼쪽 제품과 마찬가지로 폴더 형태의 디자인을 강조하는 전략을 취했다. 이는 디지털 제품을 기획할 때 목표로 하고 있는 사용자가 실제로 무엇을 원하는지 파악하는 것이 성공과 실패를 가리는 중요한 요소라는 사실을 시사한다.

디지털 상품뿐만 아니라 디지털 서비스에서도 사용자 분석이 중요하다. 그림 2의 두 가지 모바일 결제 시스템을 살펴보자. 왼쪽은 모바일 소액 결제 서비스이다. 이 서비스의 주 사용자 대부분은 게임을 하는 10대 청소년이다. 이들이 결제를 하기 위해서는 간단한 정보만을 요구하는 서비스가 필요했고, 휴대전화와 주민등록번호만 있으면 되는 이 서비스는 자연스럽게 많은 10대 사용자의 지지를 받았다. 이후 이 서비스를 제공하는 업체는 대상 사용자의 범위를 넓혀 나갔다. 이 서비스는 온라인뱅킹이나 은행의 정식 결제에 비해 보안성이 떨어질 수 있으나 소액 결제만을 가능하게 해 사용자가 보안에 대해 덜 민감하게 느끼게 했다. 반면 오른쪽은 신용카드의 콘셉트를 휴대전화로 가져온 모바일 결제 서비스이다. 이 서비스를 만든 회사는 대상 사용자로 자사의 이동통신 서비스에 가입한 모든 사용자를 생각했으나, 이 서비스를 이용하는 층은 신용카드의 주 사용자(20대-40대)가 아닌 10대-20대의 젊은층이었다. 또한 회사 입장에서는 사용자가 결제 서비스를 위해 칩을 대리점에서 등록하고 소프트웨어를 설치하는 등 복잡한 절차를 수행할 것이라고 분석했다. 그러나 이 서비스가 도입될 당시에는 사람들이 휴대전화에 익숙하지 않았으므로 일반 사람들이 사용하기에는 너무 어려운 서비스였고, 결과적으로 막대한 투자에도 회사는 소기의 목적을 달성할 수 없었다.

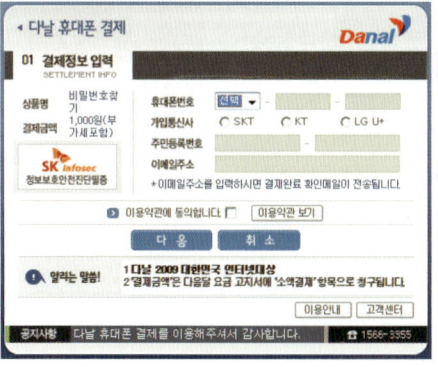 

그림 2
디지털 서비스에서 사용자에 대한 분석이 중요하다는 것을 알려 주는 사례

HCI 입장에서 제대로 된 사용자 분석은 디지털 제품이나 서비스를 기획하는 과정에서 가장 중요한 단계이자, 시스템을 개발하는 전 과정에서 반복적이고 점진적으로 이루어져야 하는 단계이다. 그렇기 때문에 여러 회사는 사용자를

정확하게 분석하기 위해 많은 노력을 기울이고 있다. 그림 3은 프로그램이 자체적으로 해결하지 못한 문제에 대해 사용자의 동의를 구해 시스템 정보를 수집해서 해결하는 백신 프로그램이다. 해당 회사는 이런 과정을 통해 사용자의 어려움이나 목적에 대한 양질의 자료를 수집해 분석하려고 노력한다.

한편 사용자를 지나치게 분석하다가 오히려 문제가 생기는 경우도 있다. 예를 들어, 모 통신회사의 경우 사용자 정보 제공 동의를 받지 않은 채 불법으로 정보를 수집하고, 그를 관련 업체에 유출했다는 비난을 들은 적이 있다. 이때 이 회사는 시민 단체의 큰 반발을 사기도 했으며 사용자의 개인 정보 유출이 심각한 사회적 문제가 되자 정부가 나서서 불법 유출된 사용자에 대한 분석 자료를 수거했다. 이는 사용자를 분석한 정보가 지나쳤을 때는 사회적으로 얼마나 큰 파장을 일으킬 수 있는지를 보여 준다.

그림 3
사용자 분석을 위해 노력하고 있는 사례

이와 같이 디지털 제품이나 서비스를 기획하는 데는 사용자에 대한 정확하고 자세한 분석이 필요하다. 다만 이를 위해서는 효과적이고도 합법적인 사용자 분석 방법이 전제되어야 한다. 이 장에서는 이러한 사용자 분석의 방법과 절차에 대해 자세하게 다루도록 하겠다.

2. 사용자의 종류

HCI에서 가장 중요한 집단이 바로 사용자라는 것을 새삼스럽게 다시 언급할 필요는 없다. 그러나 사용자를 좀 더 자세하게 살펴보면 다양한 집단으로 구분할 수 있다는 것을 알 수 있다.

2.1 주 사용자

주 사용자primary users는 특정 목적을 달성하기 위해 대상이 되는 시스템과 실제로 상호작용하는 사람들을 총칭하는 개념이다. 예를 들어, 온라인 게임 서비스에서는 이 서비스를 이용하는 게이머가 주 사용자라고 할 수 있고, 휴대용 전자사전에서는 이 사전을 이용하는 학생이 주 사용자라고 할 수 있다.

사용자가 필요로 하는 기능이나 요구하는 정보를 분석하기 위해서는 당연히 주 사용자를 분석해야 한다. 마찬가지로 시스템에 대한 평가를 하는 경우에도 당연히 주 사용자를 평가해야 한다. 그러나 실제로 시스템을 개발하다 보면, 이런 사실을 알고는 있지만, 주 사용자보다 주변 사람들을 대상으로 사용자 분석을 진행하는 경우가 많다. 예를 들어, 10대 여학생을 위한 게임을 개발하면서 실제로는 회사의 20-30대 남자 직원을 대상으로 사용자 분석을 한다든지, 40대 남성을 위한 모바일 서비스를 개발하면서 학생을 대상으로 사용자 분석을 하는 것이다. 사용자 분석은 디지털 제품이나 서비스를 개발할 때 첫 단추를 끼우는 것과 마찬가지인 단계이기 때문에, 실제 사용자와 최대한 유사한 사람들을 그 대상으로 삼는 것이 무엇보다 중요하다.

그러나 기업에서는 종종 새로운 디지털 제품이나 서비스를 개발할 때 보안 유지를 위해 기업 외부에 있는 실제 사용자를 대상으로 사용자 분석을 수행하지 못하는 경우도 있다. 시스템에 대한 정보가 외부로 새어 나갈 수 있다는 우려 때문이다. 이러한 경우에는 기업 내에서 해당 제품이나 서비스 개발과는 관련이 없는 부서 직원들 가운데 주 사용자 범주에 속하는 사람들을 대상으로 삼기도 한다. 그러나 회사의 문화와 목표에 의해 직원들이 왜곡된 시각으로 대상 제품이나 서비스를 바라볼 수 있기 때문에 되도록이면 자사 직원을 활용하지 않는 것이 바람직하다.

2.2 부 사용자

부 사용자 secondary users 는 실제로 시스템을 사용하지는 않지만, 주 사용자의 시스템 사용에 영향을 주거나 받는 사람을 지칭한다. 즉 주 사용자가 얼마나 유용하고 편리하고 즐겁게 시스템을 사용하는지와 밀접하게 연관된 사람을 의미한다. 부 사용자는 주 사용자와 같은 조직에 속하는 사람, 전혀 다른 조직에 속하는 사람으로 나누어질 수 있다. 주 사용자와 같은 조직에 속하는 부 사용자의 예를 살펴보기 위해 기업 내의 네트워크 관리자를 위한 인트라넷 시스템을 개발하는 경우를 생각해 보자. 인트라넷 시스템을 사용하는 주 사용자는 네트워크 관리자이겠지만, 그 시스템이 편리하지 못한 경우에는 그 시스템을 사용하는 다른 직원들이 어려움을 겪을 수 있기 때문에 그 회사 직원들을 그 시스템의 부 사용자로 간주할 수 있다. 주 사용자와 다른 조직에 속하는 부 사용자의 예는 다음과 같다.

증권사에서 사용하는 주가 정보 시스템은 증권사 직원들이 얼마나 편리하게 시스템을 사용할 수 있는지에 따라 직원과 거래를 하는 주식 거래자가 영향을 받는다. 이 경우 증권사 직원과 주식 거래자는 서로 다른 조직에 속하지만 주식 거래자는 그 시스템의 영향을 받는 부 사용자라고 할 수 있다. 또한 적용 분야에 따라 동일한 시스템일지라도 주 사용자와 부 사용자가 달라질 수 있다. 그림 4는 온라인 쇼핑몰을 개발하고 유지와 보수를 하는 시스템을 패키지로 판매하는 사이트와 그 패키지를 이용한 쇼핑몰이다. 왼쪽은 쇼핑몰 관리자가 이 시스템의 주 사용자이자 구매자이고, 관리자가 시스템을 얼마나 잘 이용해 쇼핑몰을 만드느냐에 따라 쇼핑몰 사용자에게 영향을 미치므로 부 사용자는 사용자가 된다. 반면 오른쪽은 쇼핑몰 사용자가 주 사용자가 되고, 쇼핑몰 관리자가 부 사용자가 된다.

주 사용자/구매자 (쇼핑몰 관리자) → 부 사용자 (쇼핑몰 고객) 주 사용자 (쇼핑몰 고객) 부 사용자 (쇼핑몰 관리자)

그림 4
동일한 시스템의 주 사용자와 부 사용자가 달라지는 사례

시스템을 개발할 때는 주 사용자를 분석하는 것은 물론이고, 가능하면 넓은 의미의 부 사용자(또는 이해 당사자)를 분석하는 것도 중요하다. 여러 종류의 부 사용자 가운데, 특히 중요도가 높은 구매자나 마케팅부서, 고객지원부서에 대해 좀 더 자세히 다루도록 하겠다.

구매자

구매자buyers는 실제로 시스템을 구입하는 과정에서 결정권을 행사하는 집단이다. 기업 환경에서는 구매자와 실 사용자가 다른 경우가 많고, 구매자가 주 사용자와는 매우 다른 행동양식이나 목표를 가지고 있는 경우가 많다. 예를 들어, 구매자는 당장 사용하기 편리한 것보다는 저렴한 가격과 향후 업데이트, 유지 보수에 더 많은 관심을 가질 수 있다. 이는 개인용 제품이나 서비스를 사용할 때도 비슷한 상황을 보인다. 예를 들어, 온라인 교육 서비스를 이용할 때 구매를 결정하는 것은 학부모이고, 주 사용자는 학생이다. 이 경우 부모가 중요하게 생각하는 것과 학생들이 중요하게 생각하는 것이 반드시 같다고는 할 수 없다. 이 때문에 하

그림 5
구매자와 사용자가 다른 경우 이를 총체적으로 분석해야 하는 이유를 제시하는 사례

나의 시스템도 주 사용자를 위한 부분과 구매자를 위한 부분이 다를 수 있는 것이다.

그러나 실제로 제품이나 서비스를 기획하고 설계할 때는 한쪽에 너무 많이 치우친 탓에 실패하는 경우가 생긴다. 그림 5에서 보여 주는 초등학생을 위한 휴대전화를 보자. 이것은 아동을 대상으로 하는 범죄율이 증가하면서 초등학생 자녀를 둔 부모의 걱정을 줄이기 위해 기획된 제품이다. 그림 5의 왼쪽은 구매 결정권자인 부모(부 사용자)에만 초점을 맞춘 나머지, 실제 사용자인 아이(주 사용자)가 중요하게 생각하는 가치를 제품에 반영하지 못했다. 부모 입장에서는 아이의 위치 정보나 상태 정보만 전해 주면 되지만, 아이 입장에서는 휴대전화를 통해 게임이나 인터넷 서비스를 이용하고 싶어 한다. 나아가 자신도 휴대전화를 사용하면서 형이나 누나와 같이 어른이 되었다고 느끼고 싶어 한다. 그러나 너무 유아적인 디자인으로 부모의 요구만을 충족했을 뿐 아이의 입장을 전혀 고려하지 못하고 있다. 반면 그림 5의 오른쪽의 휴대전화는 구매 결정권자인 부모(부 사용자)가 원하는 가치(자녀의 행방, 위급상황 시 부모에게 정보 전송)를 만족함과 동시에 아동 스스로가 주체가 되어 휴대전화를 사용할 수 있도록 문자 전송과 게임 기능을 추가하고, 외관도 일반 휴대전화와 유사하게 만들어 아이(주 사용자) 또한 만족시키고자 했다. 이렇듯 제품이나 서비스를 개발할 때는 구매자뿐만 아니라 사용자에 대한 총체적인 분석이 매우 중요하다.

마케팅부서

사용자에 대해 관심을 갖는다는 점으로 보면 HCI와 가장 가까운 분야가 '마케팅'으로 해석될 수 있을 것이다. 그러나 재미있는 것은 마케팅 분야야 말로 HCI 도메인과 가까운 듯하면서 멀다는 점이다. 사용자와 직접 관련이 있다는 점에서 HCI와 마케팅은 매우 유사하지만, 어떠한 시각으로 사용자를 바라보는지에 따라 큰 차이를 보인다. 마케팅부서는 시장이라는 관점에서 사용자에게 접근하기 때문에 고객의 세그먼트를 분류하고, 그에 맞는 제품을 개발하는 전략을 세운다. 즉 개별 사용자에 대한 관심보다는 불특정 다수의 사용자를 더 중요하게 여기는 것이다. 반면 HCI는 시장 세그먼트가 아닌 사용자 개개인에 초점을 맞추어, 어떻게 하면 그들에게 더 좋은 경험을 제공할 수 있을지 고민한다. 또한 마케팅은 매출이 일어나는 시점까지를 더 중요하게 생각하는 반면, HCI는 매출이 일어난 뒤에 사용자가 해당 시스템을 사용하는 과정을 더 중요하게 생각한다.

그림 6은 마케팅과 HCI의 시각 차이를 잘 나타내는 사례이다. 오른쪽은 왼쪽의 제품에서 마케팅 포인트를 발견해 '하드코어 게이머'를 대상으로 새로운 프로토타입을 만들어 출시한 제품이다. 기능적으로는 휴대성을 높이고 저장공간의 용량을 늘리는 한편, 슬라이드 방식 키패드를 도입했다. 심지어 온라인 스토어 활성화를 위해 여러 인터넷 서비스 기능까지 추가했다. 거시적인 전략을 중시하는 마케팅 담당자의 관점에서 보면 이러한 처방은 사용자의 요구에 어필할 수 있는 해답이라고 이해될 수도 있다. 그렇지만 실제 시장의 반응은 그리 호락호락하지 않았다. 일단 기존 제품 사용자의 관점에서 보았을 때 오른쪽 제품은 유용성, 감성 측면에서 큰 차별화 포인트를 보여 주지 못했고, 사용감은 오히려 저하되기도 했다. 특히 기존의 액세서리를 활용할 수 없다는 이유 때문에 소비자 입장에서 이중 비용을 지불해야만 했다. 거시적인 마케팅 전략 차원에 초점을 맞춘 이 제품은 결국 시장에서 외면을 당하고 말았다.

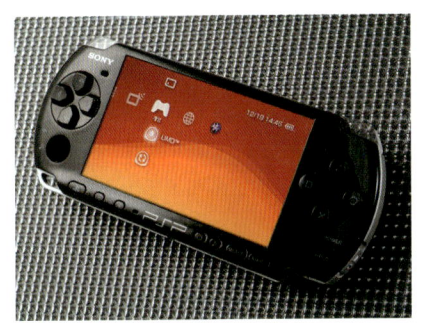

그림 6
마케팅과 HCI의 차이점을 보여 주는 사례

비슷한 사용자에 대한 마케팅부서의 견해를 충분히 이해한 뒤 매출이 생기기 전에 사용자가 무엇을 원하는지 명확하게 이해하는 것도 중요하다. 하지만 그 전에 사용자가 제품 탐색을 시작해 최종적으로 제품을 폐기할 때까지의 전체적인 사용자경험이라는 측면에서 제품을 바라보는 것이 중요하다. 마케팅과 HCI의 이러한 차이는 최근 서비스 마케팅과 CRM customer relationship management 등이 도입되면서 줄어들고 있다. 그러나 마케팅부서와의 면담이 사용자 분석을 대치할 수 없다는 사실을 주지하고, 별도로 주 사용자에 대한 분석을 실시해야 한다.

고객지원부서
기업에서 고객과 가장 접촉이 많은 부서는 아마도 고객지원부서 customer support department 일 것이다. 대기업에는 고객의 불평과 불만 VOC, voice of customer 을 담당하는 부서가 별도로 있을 뿐만 아니라 임원이 VOC를 직접 모니터하는 경우도 많다. 그래서 디지털 제품이나 서비스의 기획자 입장에서는 본인이 참여한 제품이나 서비스에 대한 VOC에 제대로 대응하지 못할 경우를 무척 염려한다. 그래서 실제 사용자와의 접촉이 어려울 때 이러한 부서와의 면담을 통해 사용자의 요구나 불편사항을 분석한다.

기업이 VOC에 이만큼 신경을 쏟다는 것은 사용자의 입장을 고려한다는 점에서 긍정적이라고 할 만하다. 그러나 VOC에 너무 신경을 쓰다 보면 오히려 부작용이 발생하기도 한다. 우선 VOC는 기본적으로 관심이 기존 시스템에 맞추어져 있기 때문에 획기적으로 다르면서도 사용자의 요구를 충족시키는 혁신적인 아이디어를 도출하기가 힘들다. 또한 그 관심이 기존 제품이나 서비스의 부정적인 면에 맞추어져 있기 때문에 기존의 긍정적인 측면이 간과되기 쉽다. 몇 년 전의 소셜네트워크 서비스 업그레이드 프로젝트를 그 예로 들 수 있다. 처음 업그레이드 서비스를 기획할 때 사람들은 기존 서비스들이 WEB 2.0의 새로운 기술을 너무 제한된 범위에서만 받아들인다고 비판했다. 한마디로 서비스가 너무 낡았다는 것이다. 당연히 그 서비스를 제공하는 회사에서도 그러한 문제점을 심각하게 인식했고, 지적된 단점들을 모두 보완해 1년 뒤 새로운 서비스를 발표했다. 새 서비스에서는 자유도를 대폭 늘려 파이어폭스 같은 웹브라우저를 지원하고, 레이아웃도 자유롭게 할 수 있으며, RSS와 트랙백 같은 새로운 기술을 지원해 많은 부분의 초점을 WEB 2.0에 맞추었다. 하지만 이렇게 바뀐 서비스의 접속률은 0.1퍼센트에도 미치지 못했다. 그것은 VOC에 너무 귀를 기울인 나머지 최종적으로 만들어진 서비스가 너무 어렵고 느렸으며, 필요없는 기술의 집합이었기 때문이다.

그림 7
사용자 불평에 지나치게 많은 관심을 보이는 것이 해가 될 수 있는 사례

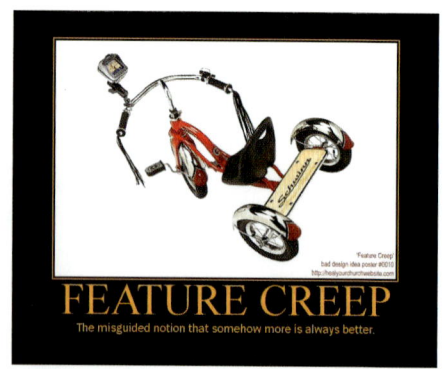

이와 같이 지속적으로 새로운 기능이나 기술을 제품에 첨가하다 보면 결과적으로 아무도 원하지 않는 결과가 나오는데, 이 현상을 피처 크립feature creep이라고 한다. 그림 7처럼 아이들이 타는 세발자전거에 GPS 수신기를 단다든지, 나이프에 너무 많은 기능을 추가해 도저히 들고다닐 수 없는 경우가 극단적인 사례이다. 이러한 위험성 때문에 애플사의 스티브 잡스는 VOC에 대해 부정적이었다. 따라

서 VOC를 무조건 무시하는 것도 문제이지만, 지나치게 민감한 것도 문제가 된다. 균형적인 발전을 위해서는 전문적인 사용자 분석이 선행되어야 한다.

3. 사용자에 대해 알고 싶은 점

앞서 이야기했듯이 사용자에 대해서는 많이 알수록 좋다. 그러나 시간 또는 비용 제약상 무조건 많은 사용자를 분석할 수는 없는 실정이다. 따라서 사용자에 대해 알고 싶은 점이 무엇인지 미리 파악하고, 그에 맞는 분석을 실시하는 것이 중요하다.

3.1 HCI의 핵심 속성에 대한 사용자의 중요도

앞에서 사용자에게 최적의 경험을 제공하기 위해 필요한 세 가지 핵심 속성과 원리에 대해 언급한 바 있다. 이 세 가지 핵심 속성에 대해 사용자가 느끼는 중요도는 디지털 제품이나 서비스를 기획하는 데 필요한 기본 요소를 제공한다.

3장의 유용성의 원리에서 설명했듯이 사용자가 시스템에서 원하는 가치를 크게 기능적 가치와 유희적 가치, 그리고 개인적 가치와 사회적 가치로 구분했다. 물론 이보다도 더 세부적인 가치로 나눌 수도 있다. 동일한 종류의 디지털 제품이라 할지라도 사용자가 어떤 가치에 중요성을 두느냐에 따라 전혀 다른 제품이 기획될 수 있기 때문이다.

그림 8에 제시된 두 종류의 휴대전화를 살펴보자. 휴대전화는 관계를 맺은 사람들과 서로에 대한 소식을 주고받고 그에 대한 반응을 기대한다는 공통적인 사회적 가치를 지니지만, 왼쪽 제품은 기능적 가치만이 중요하다고 생각했기 때문에 이미 구축된 모형을 최대한 유지하는 데 중점을 두었다. 반면 오른쪽은 유희적 가치에도 사용자가 중요성을 두고 있다고 해서 주 기능뿐만 아니라 부가적인 기능을 제공해 사용하면서 즐거움을 느낄 수 있도록 설계했다. 그 결과 휴대전화라는 동일한 제

그림 8
유용성의 가치에 대한 상대적 중요도 파악이 중요한 이유에 대한 사례

품군이지만 매우 상이한 모습으로 기획되었다.

4장의 사용성의 원리에서 설명했듯이 사용성의 속성으로 효율성, 정확성, 의미성, 유연성, 그리고 일관성이라는 다섯 가지 속성을 제시했다. 이 요소를 모든 사용자가 항상 중요하다고 인지하는 것은 아니기 때문에 해당 제품이나 서비스를 이용하는 사용자가 어떤 속성 또는 세부 속성을 상대적으로 더 중요하게 생각하는지 파악해야 하다. 예를 들어, 그림 9의 왼쪽 MP3 재생프로그램은 고급 사용자나 음악애호가들을 위해 여러 속성으로 변형이 가능한 유연성에 초점을 맞춘 반면, 오른쪽 플레이어는 여가의 일환으로 멀티미디어를 즐기는 일반적인 사용자를 위해 거의 모든 형식의 멀티미디어의 인터페이스를 일관성 있게 디자인했고, 낯설지 않은 아이콘과 용어를 사용함으로써 친숙성을 높였다. 동일한 서비스라도 사용자가 어떤 사용성의 속성을 더 중요하게 생각하느냐에 따라 매우 다른 서비스가 만들어질 수 있다.

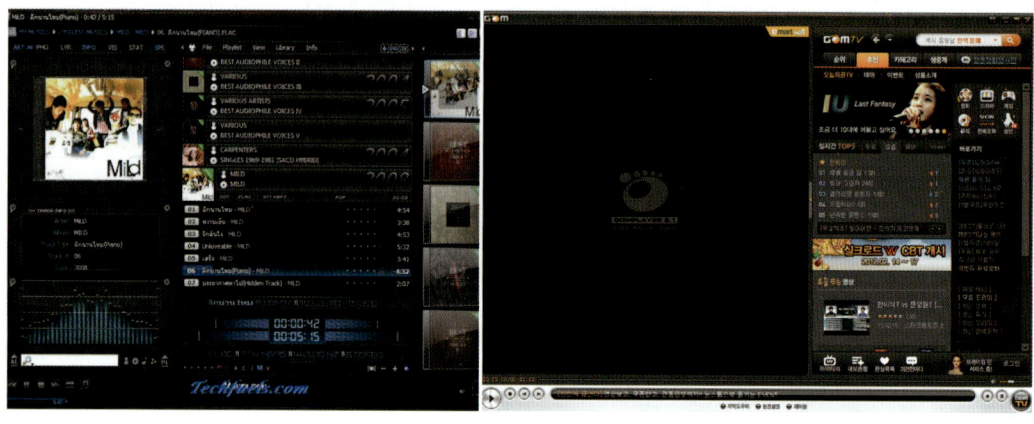

그림 9
사용성의 속성에 대한 상대적 중요도 파악이 중요한 이유에 대한 사례

5장에서는 '감성적 충실도'라는 개념을 소개하면서, 목표로 하는 감성을 얼마나 충실하게 사용자에게 전달하느냐가 감성적 설계를 바라보는 HCI의 주안점이라고 설명했다. 이는 사용자가 어떤 시스템에 대해 어떤 감성을 느끼길 원하는지와 밀접하게 연관되어 있다. 따라서 인상이나 개성의 측면에서 사용자가 어떤 인상을 풍기는 것을 얼마나 중요하게 생각하는지 파악하는 것이 필요하다.

예를 들어, 그림 10은 동일한 종류의 아이폰 애플리케이션이지만, 왼쪽의 애플리케이션은 사용자가 대중적인 인상을 중요하게 생각할 것이라는 가정에서 만들어진 반면, 오른쪽 애플리케이션은 사용자가 고급스러움이라는 인상을 중요하게 생각할 것이라는 가정에서 만들어진 애플리케이션이라고 할 수 있다. 따라서 유사한 종류의 디지털 제품이나 서비스라고 할지라도 사용자가 어떤 인상을 중요하게 생각하느냐에 따라 매우 다른 모습을 보일 수 있다.

사용자 분석을 통해 우선시되어야 할 점은 과연 사용자가 해당 제품이나 서비스를 사용하면서 세 가지 핵심 속성을 얼마나 중요하게 생각하는지 파악하는 것이다. 이는 유용성의 네 가지 가치와 사용성의 다섯 가지 속성, 여덟 가지 정서와 열두 가지 미적 인상 그리고 여섯 가지 개성 등 각각의 세부 차원들에 대해 사용자가 생각하는 중요성을 파악하는 것이다. 이러한 분석은 향후 시스템의 설계뿐만 아니라 평가에서도 중요한 지표로 사용된다. 또한 최종 제품이나 서비스를 구매하는 사람의 입장에서도 구매 의사 결정의 중요한 잣대로 사용될 것이다.

그림 10
감성의 속성에 대한 상대적 중요도 파악이 중요한 이유에 대한 사례

3.2 사용자의 숙련 정도

사용자가 해당 제품이나 서비스에 대해 얼마나 많은 사용경험이나 지식이 있는지에 따라 초보자, 중급자, 숙련가, 전문가 등 네 가지로 구분할 수 있다.

그림 11
사용자의 숙련 정도에 따른 디지털 제품과 서비스 개발 사례

초보자novice는 해당 시스템이나 비슷한 종류의 시스템을 처음 사용해 보는 사람들을 지칭한다. 이론적인 지식은 가지고 있을지 모르지만, 실제로 경험해 보지는 못한 경우가 많다. 따라서 지금까지 해 보지 않았던 것을 한다는 것에 대해 어렵게 생각하고 두려워한다. 또한 시스템의 특징을 흥미롭게 탐색하기보다는 당장 발등에 떨어진 일을 해결하는 데 급급하고, 무엇을 체계적으로 배우는 것보다는 당장 해야 할 일을 해치우는 데 관심이 많다. 그래서 초보자를 위한 시스템은

복잡한 기능을 많이 제공하는 것보다는 별다른 기술 없이도 사용할 수 있도록 최대한 단순해야 한다. 예를 들어, 사진을 찍기 원하는 초보자가 있다고 할 때, 사용자의 특성을 반영해 사진을 찍고 싶다는 기본적인 욕구만을 만족시키기 위해 사용자가 조정해야 하는 기능을 On/Off 버튼 정도로 최소화해야 한다.

중급자advanced beginner는 몇 가지 작업을 수행하면서 시스템에 대한 경험과 지식을 쌓은 사람들을 의미한다. 중급자는 자신들이 사용해 본 기능이나 작업은 능숙하게 사용하지만, 자신들이 사용해 보지 못한 부분에 대해서는 잘 알지 못하고, 또 알고 싶어 하지 않는다는 특징이 있다. 즉 초보자와 마찬가지로 지금 하는 일을 빨리 해치우는 데 관심이 많다. 중급자를 위한 시스템은 초보자와 마찬가지로 일단 단순하고 편리해야 하지만, 경우에 따라 몇 가지 새로운 기능을 사용할 수 있는 유연성이 필요하다. 카메라를 예로 들어 보면, 중급자가 원하는 카메라는 초보자의 제품과 마찬가지로 간단하다. 하지만 초보자에 비해 활용도가 높아지는 만큼 사용자의 요구도 증가하기 때문에 여러 메뉴를 활용할 수 있고 휴대성과 같은 부가적인 측면을 고려한 카메라가 적당하다.

숙련가competent performer는 여러 기술을 습득한 뒤 복잡한 작업을 수행할 수 있는 사람들로서, 단순히 복잡한 일을 수행하는 것뿐만 아니라 그 일을 하기 위해 어떤 준비를 해야 하는지 계획할 수 있다. 일반적으로 이런 사람은 어떤 일을 무조건 빨리 끝내는 것보다는 나름대로 전체 시스템을 이해하고 간단한 문제라도 이해하려고 노력한다. 심성모형이라는 측면에서 보면, 숙련가는 시스템을 이용하면서 일관성 있는 심성모형을 구축하는 데 초점을 맞추는 사람들이라고 할 수 있다. 따라서 숙련가를 위한 시스템은 무엇보다도 사용자가 완성도 높은 심성모형을 구축할 수 있도록 관련 정보나 기능을 제공하는 것이 중요하다. 이런 숙련가를 위한 카메라는 심성모형의 완성도를 높이는 다양한 정보와 기능을 제공하는 카메라여야 한다.

전문가expert는 숙련가 중에서 시스템을 계속 사용하려는 동기가 높고, 해당 분야에 대한 포괄적인 지식을 가지고 있으며, 문제 해결 자체를 즐기는 사람들을 의미한다. 따라서 숙련가가 해당 시스템에 대한 심성모형을 만들어 나가는 사람들이라고 한다면, 전문가는 해당 시스템에 대한 포괄적이고 일관성 있는 심성모형을 이미 가지고 있는 사람들을 의미한다. 이들은 복잡한 문제를 이해하고 해결할 수 있는 능력을 가지고 있으며, 시스템 자체보다도 그 시스템을 만든 동기에 관심을 가지며, 다른 전문가들과 자신의 의견을 나누기를 좋아한다는 특징을 가지고 있다. 따라서 전문가를 위한 시스템은 별다른 제약조건 없이 사용자가 자신이 원하는 방식에 따라 시스템을 사용할 수 있도록 배려하는 것이 필요하다. 이들에게는 다양한 기능은 물론 그것을 다양하게 활용하기 원하는 전문가의 욕구에 따라 각 사용자의 취향에 맞게 렌즈를 교환할 수 있고, 기능의 세세한 부분을 개인화시킬 수 있는 카메라가 적당하다.

또한 단지 사용자를 넘어 카메라 회사와의 소통을 통해 상품의 제작 과정 등에 참여할 수 있는 기회를 제공받기를 원하는 사람들이 있다. 이런 사용자들을 리드유저lead user라고 지칭한다.von Hippel, 2007 사용자혁신user innovation과 관련된 분야에서 리드유저는 다른 일반 사용자보다 몇 개월 또는 몇 년 빨리 제품을 받아들이고, 그 제품을 자신들에 맞추어 개조하거나 새로운 제품으로 변형함으로써 개인적인 이득을 보는 사람들을 지칭한다. 이러한 리드유저들에 의해 혁신적인 새로운 제품이나 서비스가 많이 만들어지고 있다.Franke, von Hippel, Schreier, 2006

이와 같이 다섯 가지 그룹의 사용자는 그 숙련도뿐만 아니라 사용 동기나 심성모형 등에서 서로 다른 특성을 가지고 있다. 따라서 현재 개발하고 있는 시스템이 해당 분야의 어떤 사용자 그룹을 대상으로 하는지 먼저 파악하는 것이 중요하다. 그러나 시스템을 개발하면서 사용자는 무조건 최대의 능력과 엄청난 배경 지식을 가지고 있다고 가정하는 경우가 많다. 그림 12에서처럼 사용자는 원숭이의 민첩성과 낙타의 지구력과 독수리의 시력과 코끼리의 기억력과 박쥐의 감각을 가지고 있다고 믿어 버린다. 이처럼 사용자를 실제 이상의 지식과 활용 능력을 가지고 있다고 가정해 버리는 것은 제품이나 서비스의 유용성이나 사용성에 큰 지장을 줄 수밖에 없다. 따라서 주 사용자의 지식과 능력을 정확하게 파악하는 것이 중요하다고 하겠다.

완벽한 사용자

그림 12
사용자의 능력과 지식에 대한 지나친 기대를 나타내는 사례

3.3 사용자의 개인적인 특성

사용자의 개인적인 특성은 각 사용자에게 내재되어 있는 특성을 의미한다. 이러한 개인적인 특성은 성격적 특성, 인지적 특성, 동기적 특성, 세대별 특성 그리고 라이프스타일 특성이라는 다섯 가지 특성이 있다.

성격적 특성

성격적 특성personality characteristics은 개개인이 가지고 있는 내재적인 개성의 차이를 말한다. 성격심리학 분야에서 사람의 성격적 특성을 분석하는 여러 가지 검사법을 제공하고 있다. 그중 하나인 MBTImyers-briggs type indicator 인성검사에서는 사람의 성격을 크게 네 가지 축으로 분석한다. 이는 사용자가 외향적인지 내향적인지, 사용자가 외부 정보를 인식하는 기능이 감각적인지 직관적인지, 사용자의 판단 기능이 사고적인지 감정적인지, 생활 양식이 판단을 주로 하는지 아니면 인식을 주로 하는지 등이다. 이런 네 가지 차원에 따라 MBTI 검사는 사람의 성격을 그림 13과 같이 열여섯 가지 유형으로 나누었다. 각기 다른 성격 유형별로 시스템의 사용 행태가 달라질 수 있다. 예를 들어, 내재적인 성격을 가진 사용자와 외향적인 성격을 가진 사용자는 시스템을 사용하는 과정에서도 현저한 차이를 보일 수 있다. 이와 비슷하게 안정적인 일을 선호하는 사람과 항상 새로운 것을 선호하는 사람들도 다른 사용 행태를 보일 것이다.

ISTJ 세상의 소금형	ISFJ 임금 뒷편의 권력형	INFJ 예언자형	INTJ 과학자형
ISTP 백과사전형	ISFP 성인군자형	INFP 잔다르크형	INTP 아이디어 뱅크형
ESTP 수완좋은 활동가형	ESFP 사교적인 유형	ENFP 스파크형	ENTP 발명가형
ESTJ 사업가형	ESFJ 친선도모형	ENFJ 언변능숙형	ENTJ 지도자형

그림 13
MBTI가 제시하는 성격 유형

인지적 특성

사용자의 성격적 특성과 더불어 인지적 특성 cognitive characteristics 도 중요한 역할을 한다. 인지적 특성은 특히 신체적인 장애나 연령적인 특성을 들 수 있다. 예를 들어, 색맹이나 색약과 같은 특성이 있는 경우에는 시스템에 관련된 정보를 색의 정보로만 전달하는 것은 위험하다. 또한 노년층으로 갈수록 노란색이 흰색으로 보이거나 작은 글씨가 보이지 않는 문제점도 있다.

그림 14는 영·유아와 청소년의 연령별 인지적 특성을 반영한 학습사이트이다. 위쪽 그림은 주 사용자인 영·유아의 취향을 반영해 다양한 색상과 이미지 위주의 화면을 제공하고, 마우스커서를 움직일 때마다 소리로 알려 주어 인지능력이 성인보다 떨어지는 영·유아가 현재 서비스 내 위치를 자각할 수 있도록 도와준다. 반면 아래쪽 그림은 사용 색상을 최소화하고 텍스트 위주로 정보를 전달하고 있다. 각 화면상의 이미지는 과목을 선택하는 항목으로 위쪽 사이트는 수강 가능한 강좌를 이미지로 보여 주어 직관적인 사용을 가능하게 한 반면, 아래쪽 사이트는 텍스트 위주로 가능한 자세한 정보를 제시함으로써 일일이 해당페이지를 클릭하지 않고도 강좌 정보를 알 수 있게 함으로써 사용자의 탐색 경로를 단축시켜 준다. 즉 정보 흡수력은 빠르지만 지적 능력이 덜 발달된 영·유아 연령대의 사용자를 위해 시각이나 청각 등의 여러 감각적인 요소를 사용해 사물의 인지가 용이하도록 도와준 반면, 인지 능력이 발달된 청소년의 경우는 과도한 감각적 요소로 유인하기보다는 필요욕구를 단시간 내에 충족시키도록 경로를 단축시켰다. 이렇듯 사용자의 연령대별로 인지적인 특성에 맞추어 가장 쉽게 정보를 받아들일 수 있는 방식으로 표현해 주는 것은 사용자의 만족을 위해 중요한 조건 중 하나라고 할 수 있겠다.

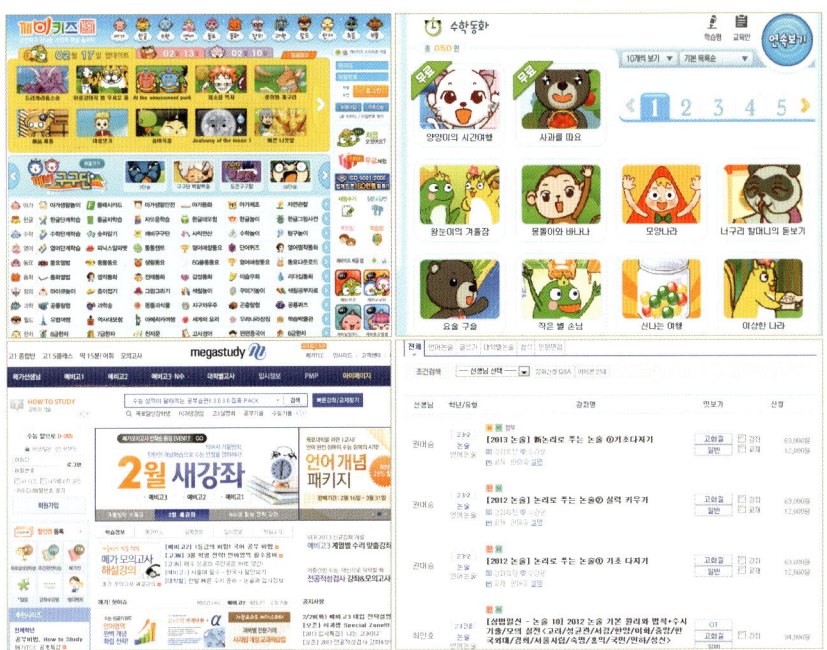

그림 14
인지적 특성이 반영된
디지털 제품과 서비스 사례

동기적 특성

동기적 특성motivational characteristic 은 사람마다 가지고 있는 태도나 새로운 것에 대한 반응 등을 의미한다. 예를 들어, 어떤 사람은 무엇인가 새로운 것을 배우기 좋아하고 새로 배운 것을 잘 사용하려는 의욕이 높은 반면, 어떤 사람은 변화를 무조건 싫어하고 새로운 것도 배우려고 하지 않는다. 이러한 동기적 특성은 시스템 사용을 본인이 직접 결정하는지, 아니면 다른 사람에게 사용을 강요받는지와 밀접하게 연관되어 있다. 예를 들어, 중고등학교 학습사이트 같은 경우는 자신이 정말로 좋아서 하는 것보다 부모나 선생의 권유에 의해 사용하는 경우가 많은 반면, 게임이나 영화 서비스 등은 자신이 좋아서 사용하는 경우가 많다. 그림 15의 두 서비스는 독특한 제품을 원한다는 비슷한 동기에 의해 만들어졌다. 왼쪽은 독특한 제품에 대한 아이디어를 사용자가 직접 내고 제작 과정에 참여하고 싶어 한다는 점을 강조하고 있으나, 오른쪽은 원하는 개성 있는 제품을 단순히 구매하고 싶어 한다는 점에 초점을 맞추고 있어서 서로 다른 구현 방식으로 서비스가 운영되는 것을 볼 수 있다.

세대별 특성

세대별 특성generation characteristic 은 사용자가 태어나고 자라온 시대적 특성을 의미한다. 특히 앞으로 주역이 될 젊은 세대에 대한 특성은 큰 시사점을 가진다.

그림 15
동기적 특성이 반영된
디지털 서비스 사례

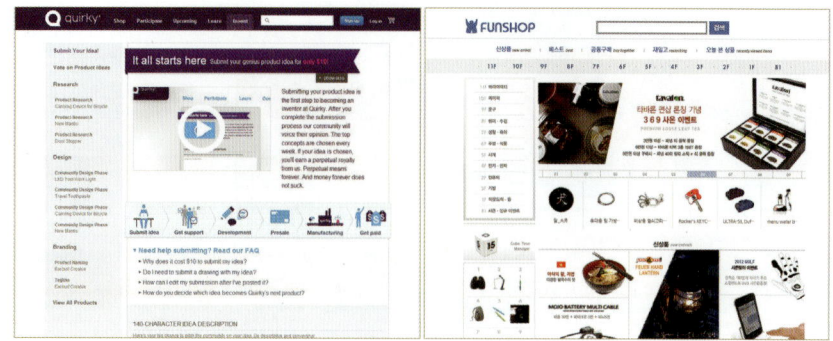

왜냐하면 앞으로 변화되는 추세를 반영할 수 있기 때문이다. 예를 들어, Y세대는 2000년대에 태어난 젊은 사용자를 의미한다. 최근 연구 결과에 따르면 Y세대는 직장과 여가 생활 모두에서 기존 세대와는 다른 몇 가지 특징을 보인다. 첫 번째 특징은 일방적으로 주어진 내용을 받아들이는 수동적인 자세보다는 자신들이 무엇인가를 만들어 보려는 성향이 강하다. 수동적인 소비자에서 능동적인 생산자로 진화되어 가고 있다는 것이다.Shirky, 2010 대표적인 예로 그림 16에 나타난 디지털 서비스를 들 수 있다. 이곳은 일반 사용자가 직접 티셔츠 등을 만들 수 있을 뿐만 아니라 만든 제품을 다른 사람에게 보여 주거나 판매도 할 수 있다. 기존 제품을 소비만 하는 것이 아니라 자신이 직접 만들고 그 제품을 적극적으로 다른 사람에게 홍보하는 특징을 젊은 세대가 가지고 있다는 사실을 보여 준다.

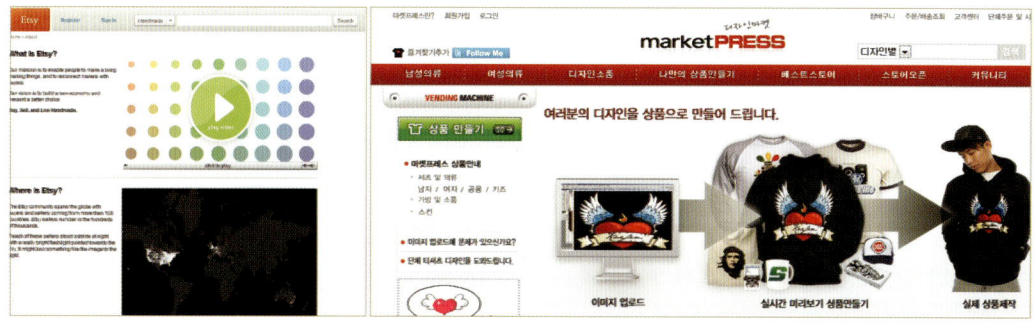

그림 16
능동적인 생산자로서의
사용자 사례

새로운 세대의 또 다른 특징은 자신이 가지고 있는 것을 다른 사람과 공유하고자 하는 것이 기성 세대보다 더 자연스럽다는 것이다. 젊은 세대의 사용자가 페이스북과 같은 소셜네트워크 서비스에서 자신에 대한 지극히 개인적인 내용들을 남들과 공유하는 것에 대해 기성 세대의 사용자가 이해하지 못했던 점이 바로 이 부분이다. 젊은 세대 간에 공유가 활발하게 일어나고 있는 대표적인 사례로 그림 17의 디지털 서비스를 들 수 있다. 왼쪽 화면은 보스턴의 한 우편번호를 입력했을 때 나오는 그림으로, 사용자의 반경 50마일 내에서 잔디깎기를 빌려 준다거나 사람이나 초콜릿 접시를 빌려 달라는 사람도 있다. 그림의 오른쪽은 자신이 가지고 있는 책을 다른 사람에게 빌려 주거나 반대로 다른 사람의 책을 빌려 보기도 하는 서비스를 제공하고 있다. 이와 같이 새로운 세대는 자신의 것을 고집하지 않고 다른 사람과 공유하는 것이 기성세대에 비해 더 자연스럽다.

그림 17
남들과 빌려 주고 빌리는 것이 익숙한 사용자 사례

젊은 사용자의 또 다른 특징은 다른 사용자와 함께 무언가를 하는 것에 익숙하다는 것이다. 글로벌한 수준에서 세계 각지에 있는 사용자를 만나 무언가를 함께 할 수 있다고 생각한다. 대표적인 사례로 그림 18의 소셜 게임이 있다. 전 세계적으로 연결되어 있는 소셜네트워크 서비스상에서 다른 사용자와 함께 신세계를 개척하는 이런 종류의 게임을 이미 어렸을 때부터 경험해 본 사용자는 세계적인 시각에서 다른 사용자와 상호작용하고 그들과 공감할 수 있는 능력을 이미 배양한 세대라고 할 수 있다.

이와 같이 젊은 세대의 사용자들의 특성은 앞으로 만들어질 디지털 서비스나 제품의 기획에 중요한 시사점을 제공한다.

그림 18
다른 사용자와 느낌을 나누는 것이 익숙한 사용자 사례

라이프스타일 특성

라이프스타일 특성life style characteristics은 사용자의 생활 패턴에 따른 선호도를 의미한다. 이런 특성은 이제까지의 개인적인 특성들(성격, 인지, 동기 특성)에 의한 구분보다 새로운 트렌드나 생활 패턴의 유사성으로 좀 더 구체적으로 분류되어야 할 필요가 있다. 이는 사용자가 동시대에 비슷한 장소에서 살고 있더라도 개인별로 성장환경이나 현재 처한 상황 등에 따라 차이가 있기 때문에 단순히 인구통계학적이나 연령별 차이만으로는 충분히 설명될 수 없기 때문이다. 라이프스타일의 유형은 학자에 따라 여러 가지가 있을 수 있는데, 2008년 인터넷 리서치 업체인 코리안클릭KoreanClick에서는 우리나라 인터넷 사용자의 라이프스타일을 크게 사교적 활동가, 과시적 소비자, 합리적 가족 주의자, 그리고 유행 주도자로 구분했다.

사교적 활동가 sociable activist 는 건강을 지키기 위한 활동을 많이 하는 편이고, 주변 인간관계를 중요시하며, 사람과 함께 할 수 있는 활동적인 레저 생활을 즐긴다. 또 온라인 거래는 별로 선호하지 않으며, 보수적이며 안정적인 삶을 지향한다. 과시적 소비자 conspicuous consumer 는 외모와 행동에 대해 주위 시선을 의식하지 않고 개인 중심의 생활 패턴을 보이며, 제품을 구매할 때 성능이나 품질보다 남에게 과시하고자 하는 욕구를 충족하기 위한 행동을 보인다. 합리적 가족주의자 rational familist 는 가족 중심적인 생활에 높은 가치를 두고 주변 권유와 가격에 민감한 반응을 보이며, 품질을 중요하게 생각한다. 마지막으로 유행 주도자 trend setter 는 새로운 일에 진취적인 가치관을 가지고 있고 신제품이나 서비스를 익숙하게 사용한다. 또 타인의 영향을 받지 않고 소신 있는 구매 행태를 보이며 인터넷에 익숙하고 정치 참여에도 적극적인 편이다.

각 유형에 따라 디지털 제품이나 서비스에 대한 사용자의 활용도에 차이가 나타나게 된다. 예를 들어, 자투리 시간마저도 알차게 보내고 싶어 하는 합리적 가족주의자의 라이프스타일을 갖은 사용자에게는 그림 19의 왼쪽과 같은 버스 도착 안내 서비스가 적당할 것이고, 바쁜 일상 속에서 느긋하게 여유를 갖고 정성을 들여 무언가에 대한 보람을 느끼고 싶은 사교적 활동가의 라이프스타일을 갖은 사용자에게는 그림 19의 오른쪽과 같은 민들레 키우기 서비스가 적당할 것이다.

그림 19
라이프스타일 특성이 반영된 디지털 제품이나 서비스의 사례

결론적으로 디지털 제품이나 서비스의 사용자가 HCI의 핵심 속성에 대해 생각하는 중요도, 제품이나 서비스 사용에 대한 숙련 정도, 개인적인 특성을 파악하고, 이러한 특성이 제품이나 서비스의 설계상에 어떤 영향을 미칠 것인지 예상해 보는 것이 HCI 전문가가 사용자 분석을 통해 알아보고자 하는 사항들이다.

4. 사용자모형

사용자의 특성을 파악했다면, 그 다음에는 그 실제 시스템 개발에 사용할 수 있는 형태로 체계적으로 정리하는 작업이 필요하다. 이를 위해서는 사용자에 대한 다양한 자료를 특정 목적에 따라 분류해 중요한 것은 부각시키고 불필요한 것은 삭제시킴으로써 대상에 대한 해당 목적에 부합하는 사용자모형을 제작한다. 따라서 사용자모형은 사용자의 여러 가지 특성을 특정 목적에 따라 체계적으로 정리한 모형이라고 할 수 있다. 앞서 이야기한 것처럼 하나의 대상에 대해 다양한 수준의 모형이 존재할 수 있다. 사용자모형도 그 수준과 범위에 따라 인지모형, 역할모형, 페르소나모형 그리고 사회기술모형으로 나눌 수 있다.

4.1 인지모형

비교적 자세한 수준의 사용자모형이다. 인지모형 cognitive model 은 개인 사용자가 시스템을 사용하면서 자기 머릿속에서 어떻게 시스템을 이해하고, 이를 사용하는 과정을 어떻게 배우고, 실제로 어떻게 사용하는지와 관련된 모형이라고 할 수 있다. 인지모형 중에서 최초로 만들어진 것이 그림 20에서 보이는 모델 휴먼 프로세서 MHP, model human processor 이다. Card, Moran and Newell, 1983 MHP는 HCI와 관련해 사람들이 컴퓨터 시스템을 사용하는 과정을 이해하고 새로운 시스템의 성과를 예측하는 데 필요한 사용자의 인지 과정에 대한 대략적인 지식들을 정리해 하나의 모형으로 만들어 놓은 것이다. MHP에서 사용자는 입력 시스템, 출력 시스템, 인지 시스템으로 이루어져 있으며, 이 세 시스템이 각 기억 장치와 처리 장치를 가지고 있다. 이와 같이 사용자를 컴퓨터 시스템과 같은 존재로 비유하는 것은 신호처리 시스템과 인간을 유사한 개념적 틀로 분석할 수 있게 해 준다는 데 의의가 있다. 비록 MHP가 처음 발표된 1983년 이후에 사람의 인지 과정에 대한 무수히 많은 발견들이 있어 왔지만, MHP의 전체적인 구조는 아직까지도 HCI를 연구하는 사람들에게 좋은 개념적인 틀을 제공하고 있다.

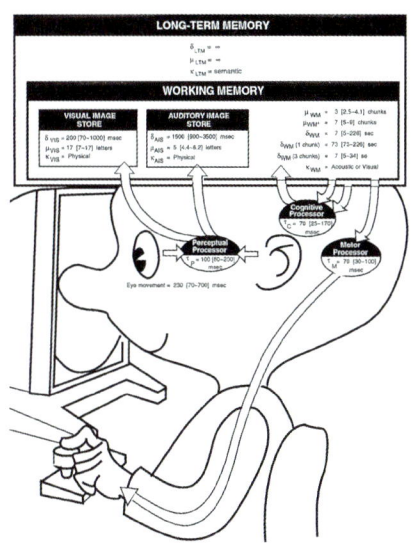

그림 20
HCI 입장에서 바라본 인지모형인 MHP

MHP를 기반으로 사람들이 어떤 목적을 가지고 시스템을 사용하는지, 그와 관련해 사용자가 취하는 행동 절차를 예측하는 사용자모형을 GOMS모형이라고 한다. Kieras, 1997 GOMS란 목표, 조작자, 방법, 선택 규칙의 약자로, 인간의 인지적 구조는 이 네 가지 요소들의 집합으로 구성되어 있으며, 이 요소들에 의해 명시되는 모형이 GOMS모형이다. 목표goals는 사용자가 시스템을 이용해 달성하고자 하는 목적을 의미하고, 조작자operators는 사용자가 목표를 달성하기 위해 시스템에 직접적으로 취할 수 있는 가장 작은 단위의 행위를 뜻한다. 방법methods은 사용자가 목표 달성을 위해 수행해야 하는 실행 단계의 순차적인 차례를 의미하며, 선택규칙selection rules은 특정 환경에서 목표 달성을 위한 방법이 여러 개 존재하는 경우 그중 적합한 방법을 선택하는 규칙을 말한다. 이 네 가지 요소는 3장의 유용성의 원리에서 언급한 문제공간과 일맥상통하는 구조를 가지고 있다. GOMS는 사용자가 시스템을 이용하는 것을 문제 해결의 과정으로 보고, 네 가지 요소를 적용해 시스템 이용에 대한 사용자 지식과 인지 과정을 모형화한 것이다. GOMS모형 외에도 CCT모형cognitive complexity theory, KLM모형keystroke-level model, CPM-GOMScognitive-perceptual-motor 등 유사한 인지모형이 존재한다. 그림 21의 위쪽은 GOMS모형을 이용해 문장 속의 글자를 키우는 과정을 분석한 결과이며, 아래쪽은 CPM-GOMS모형을 이용해 사용자가 눈과 손을 움직여서 목표를 지각하고 마우스를 움직여서 시프트키와 함께 마우스를 클릭하는 과정을 분석한 결과이다. PPperceptual operator는 외부 상황을 지각하는 조작자, CPcognitive operator는 머리 속에서 생각하는 조작자, MPmotor operator는 사용자의 손에 있는 여러 근육을 움직이는 조작자이다.

GOMS와 같은 인지모형의 장점은 사람들이 실제로 머릿속에서 어떤 과정을 거쳐 시스템을 사용하는지 자세하게 알 수 있으며, 사람들의 실제 사용 절차를 예측하고, 얼마나 빨리 그리고 어떤 경로를 통해 사용하는지 측정할 수 있다는 것이다. 간단하지만 많은 사람들이 반복해서 사용하는 시스템을 설계할 때에 인지모형이 유용하게 사용된다. 왜냐하면 GOMS모형과 같은 모형은 사용자의 인지 과정을 정밀하게 분석하기 때문에 간단한 사용자의 행동을 분석하려고 해도 많은 시간과 노력이 필요하기 때문이다. 예를 들어, 기업의 전화 응대 시스템처럼 하루에서 수만 번을 비슷하게 반복해서 사용하는 시스템의 경우에 그만한 시간과 노력을 들여 효율적인 시스템을 구축할 필요가 있다. 그러나 GOMS와 같은 모형은 전문가의 작업 행태에 초점을 맞추고 있기 때문에 초보자가 새로운 시스템을 익히는 단계는

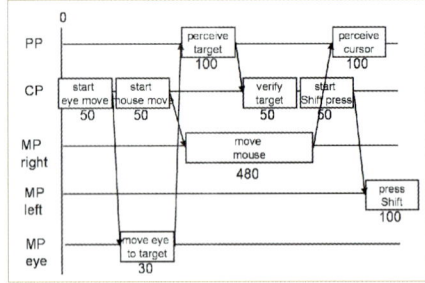

그림 21
GOMS모형을 이용한 사용자 분석 사례

다루지 못하고 있다. 왜냐하면 GOMS는 사용자가 자신의 목표를 이성적으로 성취할 수 있는 존재이며, 어떤 문제에 직면했을 때 자신이 취해야 하는 행동이 무엇인지 알고 있기 때문에 실수나 시행착오를 범하지 않는다는 전제하에 적용 가능하기 때문이다. 이러한 단점을 보완하기 위해 EPIC이나 ACT-R과 같은 인지모형이 제시되고 있다. 그러나 새롭게 제시되는 인지모형들도 사용성에 지나치게 치우치고 유용성이나 감성과 같은 HCI의 다른 원칙들은 고려하지 못하는 경향이 있고, 다른 사람들과의 관계를 사용자 분석에 포함시키지 못하는 단점을 가지고 있다. 이러한 단점을 보완하기 위해 만들어진 모형이 역할모형이다.

4.2 역할모형

인지모형이 개별 사용자의 머릿속 특성에 초점을 맞춘다면, 역할모형role model은 사용자와 시스템 간의 관계에 초점을 맞춘다. 이때 역할은 사용자와 시스템 간의 관계를 특징 지울 수 있는 사용자의 사용 행태의 집합이라고 할 수 있다. 예를 들어, 온라인 게임의 초보 사용자라는 역할은 무엇인가 새로운 것을 배우려는 욕구와 시간을 때워 보려는 필요, 그리고 전반적으로 인터넷상의 오락적인 행위에 익숙한 특성을 가진 집합이라고 할 수 있다.

역할모형은 한 시스템이 지원할 수 있는 모든 역할의 합을 지칭하는데, 세 가지 특징을 가진다. 첫째, 역할모형에 속하는 역할들은 시스템 개발에 시사점이 있는 것들로 한정한다. 예를 들어, 증권 정보 서비스의 사용자가 노란색 셔츠를 입고 있다는 것은 그 사용자에 대한 중요한 정보일지는 모르지만 증권 정보 서비스의 개발에는 시사점이 없는 정보이기 때문에 역할모형에 포함시키지 않는다. 둘째, 역할모형에 속하는 역할들은 각기 특성이 있어 다른 역할들과 확연한 차이가 있어야 한다. 예를 들어, 법률 정보 서비스를 개발하는 과정에서 기업 사용자와 기관 사용자를 구분했는데, 이 둘 사이에 사용 필요성이나 사용 행태가 유사하다면 이 두 역할을 합쳐 조직 사용자라고 하는 것이 더 바람직하다는 것이다. 셋째, 특정 시스템에 대한 역할모형은 그 시스템의 성공 실패에 큰 영향을 미치는 핵심 역할을 반드시 포함하고 있어야 한다. 이러한 역할은 자주 사용되는 일반적인 역할일 수도 있고, 사용자의 욕구에 가장 밀접하게 연관된 역할일 수도 있고, 기술적인 측면에서 개발하기 어려운 역할일 수도 있다.

이와 같은 역할모형은 증권 정보 서비스처럼 특정 목적을 달성하기 위해 개인적인 사용이 많은 시스템에서 적당한 사용자 분석모형이라고 할 수 있다. 그 이유는 시스템을 사용하는 과정에 단순히 인지적인 특성뿐만 아니라 사용자의 사용 행태에 따라 사용자와 시스템 간의 관계를 설명해 줄 수 있기 때문이다. 그러나 사용 행태에 초점을 맞추고 있어 사용자가 중요하게 생각하고 있는 가치나 감성의 속성들을 표현할 수 없고 성격이나 라이프 스타일과 같은 사용자의 개인적인 특성도 표현할 수 없다는 한계점을 가지고 있다. 이러한 한계점을 보완하기 위해서 페르소나모형이 도입되었다.

4.3 페르소나모형

페르소나모형persona model은 디지털 제품 또는 서비스를 사용할 만한 다양한 사용자 유형을 대표할 수 있도록 창조된 전형적이고 가상적인 인물을 일컫는다. 페르소나 기법을 최초로 체계화한 쿠퍼Cooper에 따르면, 페르소나는 디자인 프로젝트상에서 실제 사용자를 대표하는 가상의 인물이다.Cooper, Remann, Cronin, 2007 디지털 제품이나 서비스를 개발하기 위해서는 그것을 사용하게 될 사용자에 대한 이해가 우선시되어야 하는데, 특정한 상황하에서 제품을 사용하는 전형적인 인물이 어떻게 생각하고 행동할 것인지를 총체적으로 예측하기 위해 실제 사용자에게서 수집된 자료를 바탕으로 가상의 인물에게 성격과 개성을 부여해 페르소나가 만들어진다. 페르소나는 실제 사용자는 아니지만 디지털 제품이나 서비스를 기획하고 디자인하는 과정에서 실제 사용자를 대표한다.

페르소나모형의 목적은 핵심 사용자층에 속하는 전형적인 사용자의 사고방식과 행동 양식을 알아내기 위한 것이다. 따라서 가공인물일지라도 엄밀하고 섬세하게 정의되어 있어야 한다.

페르소나의 특징

페르소나의 특징은 구체적으로 정의된 딱 한 사람의 사용자만을 고려해야 한다는 것이다design for only one person. 사용자 분석을 수행할 때 자주 혼동하는 부분은 더 많은 사용자의 요구사항을 반영할수록 더 좋은 제품이 나올 것이라고 기대하는 것이다. 그러나 이런 식의 사용자 분석은 오히려 어느 누구의 요구도 제대로 충족시키지 못하는 결과를 가져올 수 있다. 사용자 집단을 넓게 가정하고 만들어진 제품에 각 사용자가 유연하게 적응해 사용할 것이라고 기대하는 기존 생각과는 달리, 실제 사용자 중에 그런 유연한 사용자는 존재하지 않는다. 따라서 너무 광범위한 사용자 집단을 대상으로 하는 것이 아니라 현재 기획하고 있는 특정 제품이나 서비스를 가장 잘 사용할 전형적인 한 사람의 페르소나를 파악할 필요가 있다.

자동차 디자인의 예를 들어 보자. 크라이슬러의 도지램 픽업 트럭은 소수의 사람들 마음을 사로잡아 베스트셀러 제품이 되었다. 4륜구동에 연장을 실을 공간이 넉넉한 차를 원하는 사람들을 자동차 구매 계층으로 정확히 정하고 사용자 요구를 제대로 충족시켰기 때문이다. 만약 이 제품을 디자인할 때 더 많은 계층의 사용자, 예를 들어 아이를 데리고 다니는 부모, 고급스러움을 추구하는 회사 임원, 속도를 즐기는 젊은이 모두를 겨냥해 자동차를 기획했다면 어떻게 되었을까? 각 계층이 원하는 바를 하나의 자동차로 디자인하려는 시도는 언뜻 보기에도 무모해 보인다.

따라서 목표로 하는 사용자의 페르소나는 실제 사람인 것처럼 구체적이고 사실적일수록 좋다. 사실감을 위해 실제 그림을 붙여 놓고 이름을 지어 주기도 한다. 그러기 위해서는 실제 사용자를 관찰해야 하지만 페르소나 자체가 실존 인물이어서는 안 된다. 왜냐하면 실제 인물은 전형적인 사용자로서의 특징보다는 해당 사용자에 대한 특징이 더 강조될 위험이 있기 때문이다. 즉 실제 사용자에 대해 분석을 하되 페르소나는 어떤 특정 실제 사용자를 그대로 묘사해서는 안 되며, 마케팅에서 이야기하는 타깃 세그먼트와 페르소나를 혼동해서도 안 된다. 왜냐하면 페르소나는 사용자가 해당 제품이나 서비스를 어떻게 사용할 것인지에 초점을 맞추는 반면, 타깃 세그먼트는 얼마나 많은 사람들이 사용할 것인지에 초점을 맞추고 있기 때문이다. 비슷한 맥락으로 마케팅에서 통계적인 평균치를 가지고 정의하는 목표 시장과 페르소나를 혼동하지 말아야 한다. 예를 들어, 새로운 스마트폰의 목표 시장으로 남성 60퍼센트, 여성 40퍼센트 정도이고, 평균 3.8개의 휴대전화를 사용해 왔고 평균 자녀의 수가 0.7명이라고 하자. 이러한 통계치는 전체 패턴을 전달할 수는 있지만, 실제로 세 개이면 세 개, 네 개이면 네 개이지 3.8개의 휴대전화를 사용한 사람은 없고, 0.7명의 자녀를 가질 수는 없기 때문에 통계 평균을 통해 정해진 목표 시장을 페르소나로 만들 수 없다.

페르소나모형의 장단점

페르소나모형은 디지털 제품이나 서비스 기획에 몇 가지 중요한 장단점을 가지고 있다.Alin and Pruitt, 2010 첫째, 이 방법을 사용하면 복잡한 데이터나 통계자료에 의존해 사용자를 이해하는 대신 인간의 얼굴을 가진 한 인격체로서 사용자를 훨씬 가깝게 느낄 수 있고, 실제 사용자가 필요하다고 느낄 만한 것을 쉽게 이해할 수 있다. 그래서 페르소나는 실제의 프로필이 없지만 실제 사용할 만한 사람에 대한 일반적인 아이디어가 있을 때 유용하다. 둘째, 사용자 중심의 설계를 자연스럽게 진행할 수 있다는 점이다. 페르소나를 통해 디지털 제품이나 서비스가 사용자의 삶에 어떤 영향을 미칠 것인지를 자연스럽게 생각할 수 있다. "나라면 어떻게 사용할까?"라는 질문 대신에 "○○(이름)라면 어떻게 사용할까?"라는 질문을 함으로써 판단을 내릴 때 개발자나 기획자의 입장에서가 아니라 사용자의 입장에서 판단하기 용이하다.Copper, 2007 셋째, 페르소나모형은 커뮤니케이션 도구로서의 장점을 갖고 있다. 페르소나로 표현되는 사용자 분석 결과는 적절한 사용 맥락 안에서 조합되며 탄탄히 연결된 이야기 형식의 구조에서 이해되고 기억되므로, 팀 내의 공통어가 되며 다양한 조직 간에 사용자 이해를 위한 상호소통의 도구로서 유용하게 이용할 수 있다. 따라서 개발자나 기획자는 물론 마케팅 담당자나 관리자 모두가 쉽게 공유하고 토론할 수 있는 공통어를 제공해 준다는 점에서 페르소나의 이점이 있다. 넷째, 페르소나는 전체 이용대상자에 대한 조사를 통한 데이터에 근거한 것이 아니라 대표 사용자의 전형적 행위의 조합으로 구성되기 때문에 빠른 시간 내에 최소한의 자원으로 사용자 분석이 가능하다. 쉽게 만들고 쉽게 수정 보완할 수 있다는 페르소나의 장단점은 점진적이고 반복적인 과정을 강조하는 HCI 방법론과 잘 부합한다. 사실 페르소나를 처음 보면 한 사람에 대해 이런 저런 이야기를 사진과 함께 설명하는 것으로밖에 보이지 않아 대수롭지 않게 생각할 수 있으나 그런 점이 페르소나의 큰 장점이라고 할 수 있다. 마지막으로 페르소나는 사용자의 요구사항을 체계화하고 이를 활용해 제품이나 서비스의 개발 과정에서 평가 지표로 활용할 수 있다. 특정한 페르소나에게 현재 진행되고 있는 디지털 제품이나 서비스가 얼마나 적합할지를 평가하고 또한 좀 더 만족시킬 수 있는 방향으로 유도하는 가이드라인 역할을 한다. 제품이나 서비스의 단위 기능들도 페르소나가 가지는 요구를 얼마나 만족하는지에 따라 우선순위가 매겨질 수 있다.Aoyama, 2007; Cooper, 2007 그리고 최종적인 의사결정 단계에서 서비스나 제품의 성공 가능성 여부를 가릴 때에도 페르소나가 평가 기준으로 사용될 수 있다.

  반면 페르소나는 개인 사용자에 초점을 맞추고 있다는 단점을 가지고 있다. 따라서 기획하는 디지털 제품이나 서비스가 사회적 의미가 많은 시스템의 경우는 사회적인 관계나 조직적인 관점을 좀 더 자세히 분석하는 것이 필요하며, 이를 위해서는 사회기술모형을 사용할 수 있다. 또한 개인에 대한 자세하고 객관적인 지표를 만들어 내지 못한다는 단점도 가지고 있다. 따라서 이러한 단점을 극복하기 위해서는 페르소나에서 도출된 정성적인 자료에 객관적인 프로파일 자료가 첨부되어야 한다. 그리고 마지막으로 모든 가능한 페르소나를 만들기 힘들기 때문에 어떤 페르소나를 선정했느냐에 따라 작위적인 해석이 가능한 부분이 있다. 따라서 페르소나의 선정 및 기술에서 객관적인 방법이 함께 제공되어야 할 것이다. 이러한 단점을 효과적으로 보완한 방법을 이 장에서 제시하고자 한다.

4.4 사회기술모형

인지모형이 한 개인의 머릿속 인지 과정에 초점을 맞추었고, 역할모형이나 페르소나모형은 개인과 시스템 간의 관계에 초점을 맞추었다면, 사회기술모형socio-technical model은 그 시스템이 개발되고 사용되는 조직의 특성에 초점을 맞추고 있다. 사회기술모형의 기본적인 가정은 기술이라는 것이 그 하나만으로 독립적으로 만들어지는 것이 아니라 더 큰 조직 환경에서 만들어지기 때문에 사회적인 요소와 기술적인 요소가 동시에 고려되어야 한다는 것이다. 사회기술모형에는 USTMuser skills and task match 모형, CUSTOM모형, OSTAopen system task analysis 모형, ETHICSeffective technical and human implementation of computer systems 모형, SSMsoft system methodology 모형 등 다양한 방법들이 있다. 이 중에서 가장 범위가 넓은 SSM모형은 조직을 하나의 시스템으로 간주하고 그 속에 기술과 사람을 하나의 요소로 간주하며 시스템 개발의 환경적인 맥락 이해를 기본 목표로 한다. 이를 위해 일단 시스템이 사용자 집단의 어떤 문제점을 해결해 줄 수 있는지에 대한 자세한 정성적 조사를 실시한다. 이러한 분석 자료를 기반으로 시스템에 대한 기본 정의를 작성한다. 기본 정의에서는 시스템을 사용해서 가장 직접적인 혜택을 받는 사람은 누구인지, 시스템이 기본적으로 그 사람에게 어떤 변화를 줄 수 있는지, 시스템이 사용자 집단에게서 어떻게 받아들여지는지, 그리고 해당 시스템이 어떤 환경에서 주로 사용되는지 등을 설명한다. 그 다음 단계에서는 기본 정의를 달성하기 위해 시스템이 해야 할 일을 정의해 놓은 개념모형을 작성한다. 마지막 단계에서는 실제 시스템과 개념모형을 비교해 어떤 문제점이 있는지를 파악한다. 예를 들어, 사용자가 언제 어디서든 대기 오염과 같은 사회 문제에 대한 토론과 집단 행동을 할 수 있는 서비스를 개발하는 경우, 소셜미디어 기반의 비디오 공유 서비스에 대한 개념 모형을 만들고, 커뮤니티 게시판 기반의 서비스와 어떤 차이가 있는지를 분석할 수 있다. 사회기술모형은 특히 조직 내에서 일반적으로 사용하는 시스템을 개발하는 과정에 유용하게 사용될 수 있다는 장점을 가지고 있다. 예를 들어, 집단 의사 결정 시스템이나 공동 저작 시스템 등 조직의 특징이 사용 행태에 중대한 영향을 미치는 경우에 특히 유용하다고 할 수 있다. 그림 22처럼 전체 사회에 중대한 영향을 미칠 수 있는 지능화된 네트워크구조의 전력망 스마트 그리드도 사회기술모형을 이용해 분석할 수 있다.

그러나 사회기술모형은 실제 시스템 개발에 필요한 구체적인 자료를 제공하기 힘들다는 단점을 가지고 있다. 특히 디지털 제품이나 서비스의 경우는 비록 많은 사용자가 공동으로 사용하는 경우가 늘어나고 있기는 하지만, 아직까지는 개인 사용자에게 초점을 맞추고 있기 때문에 사회기술모형을 적용하기에 그다지 적합한 사례는 아니다. 따라서 다음 장에서는 디지털 제품이나 서비스 기획에 적합한 가상의 사용자 '페르소나'를 이용한 단순하지만 효과적인 사용자 분석 방법에 대해 자세히 기술하기로 하겠다.

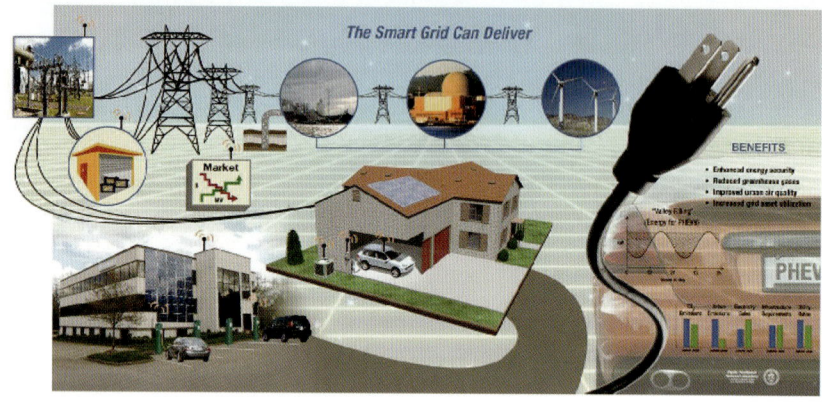

그림 22
사회기술모형의 적용 사례

5. 페르소나 기법을 이용한 사용자 분석

페르소나 기법을 이용한 사용자 분석의 목표는 현재 기획하고 있는 디지털 제품이나 서비스에 대해 가상적이기는 하지만 전형적인 페르소나를 3-5개 정도 만들어 내는 것이다. 사용자의 다양한 요구사항을 최대한 고려해 특정 제품 및 서비스에 대해 최소 세 개 이상의 주 페르소나primary persona와 각 주 페르소나마다 적어도 두세 개의 부 페르소나secondary persona를 만들어 내는 것이다.

겉으로 보기에 페르소나가 그저 한두 페이지 정도의 글과 몇 장의 사진으로 구성되어 있다고 해서 너무 가볍게 간주해서는 안 된다. 페르소나는 현재 기획하고 있는 제품이나 서비스의 특징과 부합해야 하고 또한 수집된 데이터나 기술적 사회적 법률적 전제조건도 만족시켜야 하기 때문이다. 그리고 일반 사람들이 페르소나를 읽었을 때에 재미있고 직관적이며 제품이나 서비스 기획과 관련해 중요한 시사점을 제공해 줄 수 있어야 한다. 또한 전형적인 사용자가 가지고 있는 개인적인 특성과 숙련도, 그들이 중요하게 생각하는 사용 가치나 사용성의 속성 그리고 감성적인 요소와 사회적 의미성 등이 간단하지만 명확하게 표현되어야 한다.

위의 조건을 만족시키는 페르소나는 한 번에 만들어지는 것이 아니라 여러 단계를 거쳐 반복적이고 점진적으로 완성되어 간다. 이러한 반복 과정은 소프트웨어 엔지니어가 프로그램을 개발할 때 이용하는 반복 과정과 유사하지만, 페르소나에서 반복하는 것은 사진과 말로 이루어진다는 점에서 프로그램 코드의 반복보다 훨씬 빠르고 쉽다. 그런데도 제대로 된 페르소나를 작성하려면 적어도 서너 명의 팀원에 의한 몇 달의 노력과 상당한 투자가 필요하다는 것을 명심해야 한다.

또한 페르소나는 단순히 기획자의 상상력을 기반으로 만들어지는 것이 아니라 사용자 조사를 통해 얻은 정성 및 정량 조사자료를 기반으로 만들어지는 것이기 때문에 신뢰성 있는 조사가 기반이 되어야 한다. 또한 타당성과 신뢰성이 검증된 사용자 자료를 페르소나로 재구성하는 과정에서 분석자의 임의대로 재구성하는 일이 없도록 주의해야 하며, 마지막까지 주관적으로 편향되지 않는 페르소나를 뽑아내는 것이 중요하다. 페르소나 분석을 통해 설정한 이 가상의 사용자는 사실에 기반한 사용자 조사 자료를 통해 얻어진 것이기에 신뢰할 수 있는 데이터임을 늘 인지하고 있어야 한다.

페르소나를 통한 사용자 분석의 단계는 7단계로 이루어져 있다. 이 7단계는 2010년 프루트Pruitt와 아들린Adlin이 제시한 페르소나 라이프 사이클 방법론과 쿠퍼Cooper의 페르소나 방법론Goodwin, 2009을 기본으로 연세대학교 HCI Lab에서 이 둘을 한국적 상황에서 디지털 제품이나 서비스를 기획하는 과정에 적합하게 변형한 것이다. 각 기본적인 단계에 대한 이해를 돕기 위해 연세대학교 '디지털서비스디자인' 수업에서 학생들이 제안한 '지역 기반의 모바일 장보기 서비스'라는 사례를 이용해 디지털 서비스의 페르소나 작성프로세스를 설명하겠다.

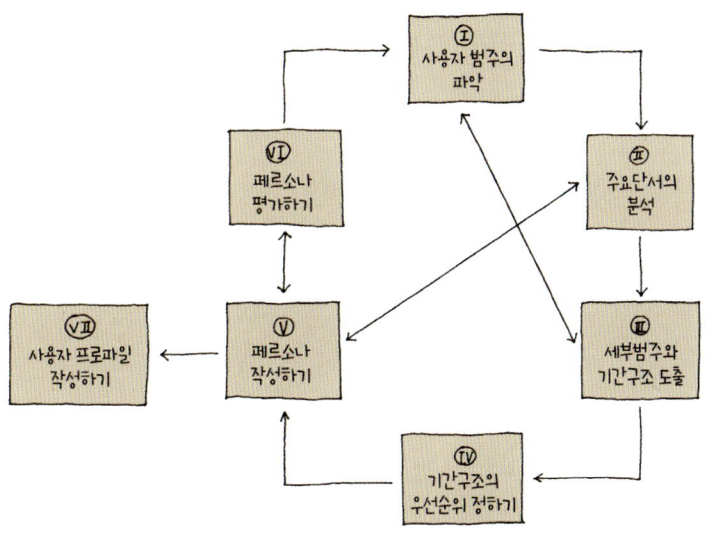

그림 23
페르소나를 통한
사용자 분석의 7단계

5.1 중요한 사용자의 범주를 파악하기

페르소나 분석의 1단계는 현재 기획하고 있는 디지털 제품이나 서비스 사용자들의 중요한 범주를 파악하는 것이다. 사용자의 범주를 정하지 않고 자료 분석에 들어가게 되면, 자칫 방향성 없이 방대하기만 한 정보 때문에 페르소나를 만드는 과정이 더 복잡해질 수 있다. 따라서 관련 자료를 분석하기에 앞서 사용자의 주요 범주를 정하게 되면 페르소나를 만드는 과정이 좀 더 효율적으로 진행될 수 있다. 디지털 제품이나 서비스에 중요한 사용자 범주를 정하기 위해 빈번하게 사용하는 기준은 목표, 역할, 시장 등이 있을 수 있다.

사용자 목표에 따라 나누는 방법

사용자의 목표goal는 일반적으로 인생 목표, 경험 목표, 사용 목표의 세 가지로 구분할 수 있다. 예를 들어, 인생 목표는 제자들에게 도움이 되는 교수가 되겠다거나 국가 경제에 기여하는 회사를 운영하겠다 등과 같이 사용자의 전체 인생의 목표이다. 인생 목표는 디지털 제품이나 서비스를 사용하는 중점 이유가 되지 않는 경우가 많다. 경험 목표는 제품이나 서비스를 사용하면서 어떤 느낌을 받고 싶은지에 대한 목표이다. 예를 들어, 모바일 게임을 하면서 자신이 멍청하다고 느끼지 않고 자신감을 가질 수 있으면 좋겠다고 생각하는 것이 경험 목표이다. 엔터테인먼트를 위한 제품이나 서비스가 아니라면 경험 목표가 하나 이상 있는 경우는 별로 없다. 마지막으로 사용 목표는 사용자가 해당 제품이나 서비스를 이용함으로써 달성하고자 하는 목표를 의미한다. 예를 들어, 모바일 장보기 서비스를 이용해 효율적으로 장을 보고자 하는 목표를 가진 사용자가 있을 수 있고, 반면 이를 통해 지역 특산물을 좋은 가격에 판매하려는 목표를 가진 사용자가 있을 수 있다.

일반적으로 사람들의 목표는 그리 자주 바뀌는 것이 아니므로 목표에 의한 분류는 다른 분류들에 비해 안정적이라는 특징이 있다. 그러나 사람들이 가지고 있는 목표가 쉽게 파악되는 것은 아니다. 일반적으로 인터뷰를 통해 사람들이 가지고 있는 목표를 파악할 수 있다. 예를 들어, '당신이 일상 생활을 살면서 가장 좌절하는 때는 어떤 때인가'라는 질문이나 '당신이 하는 일 중에서 가장 중요하다고 생각되는 일이 무엇인가'라는 질문을 할 수 있다. 다만 이때 사용자가 대답하는 표면적인 말에 초점을 맞추는 것보다 행간을 읽어 어떤 것들이 실제로 사용자의 행동을 유발하는지를 분석하는 것이 중요하다.

사용자 역할에 따라 나누는 방법

역할role에 따라 사용자의 범주를 정한다는 것은 업무나 책임 그리고 과업과 관련 있는 사용 행태에 근거해 사용자를 분류한다는 것이다. 이는 앞서 역할모형에서 언급했던 분류와 유사한 개념이다. 즉 사용자의 입장에서 사용자와 시스템 간의 관계를 사용 행태라는 관점에서 분류하는 것이다. 따라서 역할은 일일이 개인과 매칭시킬 필요가 없고 사업이나 일 또는 여가 활동과 같은 추상적인 행태와 연관될 수 있다. 예를 들어, 온라인 뱅킹 서비스라면 처음 구좌를 개설하는 사람, 이미 구좌를 가지고 있는 사람, 그냥 돌아보기 위해 온 사람 등으로 사용자를 범주화할 수 있고, 디지털 카메라를 만드는 회사라면 잠재적인 고객, 현재 카메라를 가지고 있는 사람, 카메라 딜러, 투자자, 구직자 등으로 나눌 수 있다.

역할은 추상적이고 주관적인 관점에 따라 정의되는 것이다. 따라서 특정 개인의 작업 타이틀이나 기능을 직접 의미하는 속성으로 이해되어서는 안 된다. 한 사람이 특정 시스템에 대해 여러 역할을 수행할 수도 있고, 반대로 여러 사람이 한 시스템에 대해 동일한 역할을 수행할 수도 있다. 예를 들어, 어떤 사람이 전문 지식을 제공하는 서비스에 접속해 잘 모르는 분야에 대해 필요한 지식을 물어보는 경우 단순한 방문자 역할을 하는 반면, 자신이 잘 알고 있는 분야의 전문지식을 올려 지식 제공자의 역할을 수행한다. 그 사람 외에도 비슷한 전문지식을 제공하는 다른 사람들은 모두 지식 제공자의 역할을 수행한다고 할 수 있다. 또한 한 사람이 수행하는 역할도 시간의 흐름에 따라 변할 수 있다. 처음에는 단순히 방문자의 역할을 하지만, 서비스를 사용하면서 전문성이 쌓이면 지식 제공자 역할을 할 수도 있다는 것이다. 따라서 앞서 언급했던 목표를 기반으로 한 분류보다 역할을 기반으로 한 분류가 시간의 흐름에 따라 더 많이 변화할 수 있다.

역할을 중심으로 사용자를 분류할 때는 역할 간에 명확한 차이가 있는지 확인하는 것이 중요하다. 거의 비슷한 사람들이 비슷한 시간에 이용한다면 굳이 다른 역할로 구분할 필요가 없다. 예를 들어, 다른 사람을 위해 카메라를 사는 사람들은 대부분 스스로 카메라를 사용하는 사람들이기도 하기 때문에 선물로 사는 사람과 직접 쓰려고 사는 사람을 구분할 필요가 없을 수도 있다.

시장 구분에 따라 나누는 방법

인구통계학적 특징이나 태도나 행동 등에서 다른 사람들과 비슷한 면을 공유하는 사람들을 같은 범주로 나눌 수 있다. 예를 들어, 프린터 회사에서는 사용자를 가정용, 중소기업용, 대기업용, 정부 및 공공기관용 등으로 나눌 수 있고, 컴퓨터 서버 회사에서는 사용자를 소규모 조직, 중규모 조직, 대규모 조직으로 나눌 수 있다.

시장market 구분에 따라 사용자를 나누는 것은 자칫 잘못하면 페르소나의 본질을 흐릴 수 있기 때문에 사용을 자제해야 한다. 왜냐하면 시장이라는 경제적 정의에 따라 범주화하다 보면 수익률이나 성장률을 중심으로 단순화된 평가 기준에 의해 페르소나 고유의 특성을 살리기 어렵기 때문이다. 따라서 시간의 흐름에 따라 제품이나 서비스의 특징에 변화가 별로 없다면, 목표에 따라 중요 사용자를 분류하는 것을 먼저 시도하고, 반대로 시간적으로 많은 변화가 예상된다면 역할에 따른 분류를 먼저 시도한다. 만약 이 두 가지가 어려울 때는 시장 구분에 따라 주요 사용자를 구분해 보는 것이 바람직하다. 그리고 일단 그렇게 사용자 분류가 결정되면, 각 주요 범주에 특정 색상을 부여해 앞으로 수집하게 될 자료를 분류하는 데 사용할 수 있다. 예를 들어 모바일 장보기 서비스에서 해당 서비스의 사용자를 전업주부와 자취생, 맞벌이주부 그리고 독신남녀로 중요 범주를 나누기로 했다면, 그림 24처럼 노란색은 전업주부, 보라색은 자취생, 하늘색은 맞벌이주부, 파란색은 독신남녀로 나누어서 다음 단계에서 수집한 정보들이 페르소나를 위해 어떻게 연관될지를 알기 쉽게 표현할 수 있다.

5.2 주요 단서를 분류하고 이름 정하기

중요한 사용자의 범주가 일단 정해졌다면 그에 따른 데이터를 정리해야 한다. 데이터 분석 방법에는 여러 가지가 있겠지만, 보통 비슷한 것끼리 모으는 친화도 affinity diagramming 방법을 많이 사용한다. 이를 위해 페르소나를 만드는 팀이 모여 동화 단계 assimilation meeting 를 진행하게 된다. 이 단계의 목표는 각종 데이터에 있는 중요한 단서들을 찾아내고 이를 의미 있는 관련 범주에 따라 정리하는 것이다. 이를 위해 다음과 같은 작업이 진행된다.

기초 데이터에서 중요 단서찾기

데이터를 정제하는 과정은 다양한 사용자 조사자료를 검토하고 걸러내는 작업에서 시작한다. 조사자료들은 관련 산업에 관련된 시장 보고서, 관련 제품이나 서비스에 대한 동향 보고서, 사용자에 대한 정성 조사나 정량 조사 자료 등 사용자나 제품이나 서비스에 대한 다양한 자료를 포함한다. 조사한 모든 자료가 기획하고 있는 제품이나 서비스의 주요 사용자에 정확히 딱 들어맞지는 않기 때문에 수집된 자료에서 사용자를 정의하는 데 도움이 된다고 생각되거나 목표 사용자를 이해하는 데 핵심적인 부분이라고 생각되는 부분에 하이라이트 표시를 한다. 이렇게 중요한 정보를 모으는 과정에서 해당 정보가 중요할지 안 할지 불분명할 때에는 일단 포괄적으로 모으는 것이 중요하다. 관련 단서를 많이 갖고 시작하는 것이 관련 단서가 너무 적은 경우보다는 다음 단계를 진행하는 데 도움이 되기 때문이다. 또한 이렇게 주요 단서factoia를 모으는 과정에서 팀원들이 중요하게 생각하는 주요 단서들이 너무 달라서 산만하게 보일 수도 있는데, 이렇게 다양한 단서들은 동화 과정에서 정제되기 때문에 다양한 단서들을 미리 제한하는 것은 바람직하지 않다.

포스트잇에 정리하기

주요 단서를 한 번에 보기 쉽게 만들기 위해 포스트잇에 옮겨 적는 과정이 필요하다. 이때는 어떤 기초 자료에서 해당 단서를 찾아냈는지와 그 기초 자료의 몇 페이지에 해당 자료가 있었는지 포스트잇에 함께 적어 나중에 추가 정보가 필요할 때에 원래 데이터로 돌아가는 것이 수월하도록 한다. 포스트잇은 관련 정보를 편리하게 정리할 수 있을 뿐만 아니라 모든 사람들이 볼 수 있는 환경에서 편리하게 아이디어를 탈부착할 수 있다는 이점이 있다. 경우에 따라서는 비용이나 공간의 제약 때문에 소프트웨어 프로그램을 이용하기도 하지만, 포스트잇이 가지고 있는 이점을 능가하기는 어렵다.

그림 24
사용자의 범주를 나누는 1단계의 결과물

중요 사용자 범주에 대한 이름 붙이기

주요 단서들을 의미 있는 묶음으로 정제하기 위해서 그림 25와 같이 회의실의 큰 한 면에 1단계에서 지정한 주요 사용자의 범주를 레이블화해 붙여 놓는다. 그리고 그 범주를 대표할 수 있는 중요 특징들도 함께 적어 놓는다. 이 레이블들은 주요 단서들을 배치하고 구조를 잡기에 도움이 될 것이므로, 가급적 큰 크기의 포스트잇에 써서 눈에 잘 띄도록 하는 것이 좋다. 다음 단계부터는 이런 레이블들에 따라 주요 단서들이 모이고 우선순위가 정해진다. 따라서 사용자 범주에 대해 모든 구성원들이 정확히 이해하고 친숙하게 느끼고 있는 것이 중요하다. 그림 25에서는 '20-30대의 맞벌이주부'라는 하나의 범주에 맞춰 페르소나를 작성하는 과정을 보여 주었다.

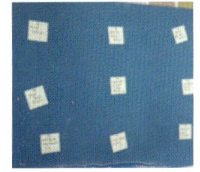

그림 25
중요한 사용자 범주에 대한 이름을 붙이는 모습

주요 단서를 동화시키기

팀원들 간의 상호작용이 시작되는 단계로, 팀원들이 모두 함께 자신들이 찾은 주요 단서들을 가장 비슷한 레이블 밑에 위치시켜야 한다. 이때 자신이 찾은 단서들을 다른 사람들이 찾은 주요 단서들과 비교하면서 관련성이 있다고 생각되면, 그것들은 가까이에 위치시킨다. 예를 들어, 한 사람은 '아이들의 학교에서 인터넷을 사용하는 행동'이라는 단서를 갖고 있고, 다른 한 사람은 '아이들의 집에

그림 26
중요한 단서들
동화시키는 모습

서의 일상적인 놀이활동'이라는 단서를 갖고 있다고 하자. 이 두 단서는 아이들이 하는 행동이라는 측면에서 연관성이 높기 때문에 가까이에 놓여져야 한다. 이런 식으로 모든 팀원이 주요 단서를 덧붙인다면, 비슷하거나 관련이 있는 것들은 가까이 모여 있을 것이고 관련이 없는 것들은 멀리 떨어져 있는 형태가 될 것이다.

이런 동화 과정 중에 어느 그룹에도 들어가지 않은 고립된 단서factoid island가 나오기도 하는데, 이때는 이것들을 억지로 어떤 그룹에 포함시키려고 하지 말고 일단 따로 떼어놓고 보는 것이 좋다. 페르소나를 작성하는 과정에서 모든 단서를 다 쓸 필요는 없기 때문이다. 반대로 하나의 단서가 여러 그룹에 포함되는 경우도 생길 수도 있는데, 이때는 그 단서를 다른 포스트잇에 똑같이 써서 포함될 것 같은 모든 곳에 붙이면 된다. 또 한 그룹에 다섯 개에서 열 개 이상의 단서가 붙어 있다면, 이 그룹 안에서 다시 세부 범주로 나눌 수 있는 요소를 검토해 봐야 한다. 공통된 특색이 없는 하나의 큰 그룹보다는 차이점을 명확하게 나타낼 수 있는 작은 그룹을 생성하는 것이 좋기 때문이다.

한곳에 모여 있는 단서의 집합에 대표적인 이름 붙이기

이 단계에서는 모여 있는 단서들의 모음에 어울릴 것 같은 대표 이름을 달아주는 작업을 한다. 예를 들어, 그림 27처럼 '퇴근이 늦어져 마트 문 닫음' '쌀을 거의 안 먹음' '나 자신이 사라지는 것 같음'과 같은 단서들이 모여 있다면, 이 단서들 위에 '시간적 여유가 없음'이라는 제목을 달아 주는 것이다. 이때 일반 단서보다 좀 더 큰 포스트잇에 이름을 써서 한 그룹의 제목임이 한눈에 보이도록 만든다.

그림 27
비슷한 곳에 위치한 단서들에
대한 이름을 붙인 모습

두 번째 단계까지 마치고 나면 그림 27과 같은 결과물이 나오게 된다. 가운데에는 첫 번째 단계에서 정해진 사용자의 범주(전업주부, 맞벌이주부, 자취생, 독신남녀) 가운데 주 범주로 잡은 '20-30대의 맞벌이 주부'가 붙어 있고, 이 주변으로 단서들과 그 단서들의 집합에 대한 제목이 자리 잡게 된다.

5.3 세부 범주를 파악하고 기간구조 잡기

전 단계에서 만들어진 카테고리에 맞는 주요 단서와 유사한 단서들의 집합에 이름을 정했다면, 이제는 그 카테고리의 세부 범주를 확인하고 그 범주의 기간 구조를 구축하는 작업을 수행한다.

사용자의 세부 범주를 파악하는 단계

사용자 범주에 모인 단서들과 그 단서들을 포괄하는 이름을 검토하고 나면, 주요 사용자를 세부 범주로 한 단계 더 세분화하는 것이 필요한지를 결정한다. 이때 세부 범주를 구분하는 판단 기준은 다음과 같다.

— 세부 범주로 구분되는 사용자가 제품이나 서비스 디자인에 중요한 사용자 그룹을 대표하는가?

— 세부 범주로 구분되는 사용자가 제품이나 서비스의 사업적 성공에 중요한 사용자 그룹을 대표하는가?

— 각각의 세부 범주가 다른 세부 범주와 명확하게 구분되는 차이점을 가지고 있는가?

모바일 장보기 서비스의 경우에는 '20-30대 맞벌이 주부'라는 주요 범주에 대해 세부 범주는 그림 28의 파란 박스 안에 든 '쉬고 싶은 주부' '음식에 관심 있는 주부' '엄마로서의 역할을 강조하는 주부'로 세부 범주를 도출할 수 있다.

Step 3. 세부 범주를 파악하고 기간구조 잡기

Skeleton 1. '쉬고 싶은' 주부: 여, age: 30-36

End goals ● 마트가 닫기 전에 장을 보고 싶다. ● 내 시간을 갖고 싶다. ● 출퇴근 시간이 덜 힘들었으면 좋겠다.

Skeleton 2. '음식에 관심 있는' 주부: 여, age: 27-33

End goals ● 요리실력이 늘었으면 좋겠다. ● 명절 때 제사음식 만드는 스트레스가 줄었으면 좋겠다. ● 다이어트 식단을 알고 싶다.

Skeleton 3. '엄마로서의' 주부: 남, age: 35-39

End goals ● 학원정보, 육아정보에 관심이 있다. ● 아이 간식을 잘 챙기고 싶다.

그림 28
세부 범주 사례

페르소나 기간구조 설정하기

사용자에 대한 세부 범주를 모두 정했다면 이제 각 세부 범주에 대한 기간구조skeleton를 만들어야 한다. 각 세부 범주의 사용자에 관련된 모든 단서를 그림 28의 색깔 있는 동그라미처럼 나열한다. 세부 범주에 대해 기간구조를 정리했다면, 이것을 가지고 간단한 문장으로 만든다. 기간구조에 근거해서 세부 범주의 특징을 짧게 글로 적어 보는 것이다. 이때 각 단서들을 너무 길게 문장화하지 말고 한 문장 정도로 간단하게 정리하는 것이 중요하다. 왜냐하면 이 단계에서 너무 장황한 글을 작성하게 되면 그쪽 방향으로 편향된 페르소나가 잡힐 수 있기 때문이다.

5.4 사용자에 대한 세부 범주의 기간구조를 평가하고 우선순위 정하기

사용자에 대한 세부 범주를 위한 기간구조를 모두 만들었다면, 이제는 이해당사자와 함께 각 기간구조가 표현하고 있는 사용자의 세부 범주가 현재 기획하고 있는 디지털 제품이나 서비스에 얼마나 중요한지를 평가하고, 그 중요도에 따라 기간구조에 대한 우선순위를 매기는 과정이 필요하다. 이런 과정을 통해 페르소나로 발전시킬 기간구조의 부분 집합을 알아낼 수 있다. 그러기 위해서는 데이터를 모아 페르소나를 만드는 팀과 전략적 관점에 초점을 맞추는 이해 당사자들이 함께 페르소나의 기간구조에 대한 우선순위를 정리한다. 우선순위에 대해 적절한 합의가 이루어지면 좋지만, 각 그룹의 특성상 쉽게 합의가 이루어지지 않는 경우가 많다. 따라서 우선순위를 정하는 데 중요한 가치 기준들을 먼저 생각해 보는 것이 효과적이다. 일반적으로 사용되는 가치 기준은 아래와 같다.

사용빈도

각 페르소나의 기간구조가 설명하는 사용자가 얼마나 자주 현재 기획중인 디지털 제품이나 서비스를 사용할까? 제품이나 서비스를 매일매일 사용하는 사람들에 대한 기간구조가 한 달에 한 번꼴로 사용하는 사용자의 기간구조보다 더 중요할 것이다.

시장의 크기

각 기간구조가 나타내는 사용자의 수는 대략 어느 정도일까? 당연히 큰 시장이 작은 시장에 비해 대부분은 중요하다. 그러나 새로운 시장에 뛰어든다고 한다면, 지금은 비록 작은 시장이지만 앞으로 얼마나 커질 수 있는 잠재력이 있는지를 보는 것도 중요하다.

잠재적인 구매력

각 기간구조가 나타내고 있는 사용자가 갖고 있는 구매력은 어느 정도가 될까? 사용자가 직접 구매하는 경우에는 그 사용자가 제품이나 서비스를 구매할 수 있는 능력이 얼마나 되는지를 측정한다. 사용자가 직접 구매력을 행사하지는 않는 경우, 다른 누군가가 그들을 위해 물건을 살 것이고, 사용자가 그들의 구매결정에 얼마나 큰 영향을 미칠 수 있는지를 측정한다.

전략적 중요도

기간구조가 나타내는 사용자가 현재 기획하고 있는 디지털 제품이나 서비스의 성공에 전략적으로 얼마나 중요한 대상인지를 평가한다. 예를 들어, 시장 점유율을 높이고자 하는 것이 회사의 전략적 목표라면, 현재 제품을 사용하고 있지 않은 사람들이나 유행을 선도하고 있는 사용자에 대한 기간구조가 더 중요할 것이다. 반면 사용자 만족도의 향상이 전략적 목표라면, 제품이나 서비스를 현재 사용하고 있는 사람들의 기간구조가 더 중요해질 것이다.

기간구조의 우선순위를 정하는 기준을 정했다면, 다음은 이를 기반으로 기간구조의 타입을 정한다. 기간구조의 타입은 네 가지로 나눌 수 있다. 첫째, 적어도 그 사용자 집단만큼은 반드시 만족시켜야 하는 기간구조들로 이루어진 주요 기간구조 primary skeleton 가 있다. 둘째, 가능하다면 만족시키면 좋을 것 같은 사용자들에 대한 부수적 기간구조 secondary skeleton 가 있다. 셋째, 비록 직접적인 사용자들은 아니지만 주 사용자에게 영향을 미치는 부 사용자들에 대한 기간구조가 있다. 마지막으로 그 사용자를 만족시키면 주 사용자가 싫어할 수도 있는 기간구조 negative skeleton 가 있다. 여러 타입의 기간구조가 있지만, 실제 페르소나를 디자인 할 때는 보통 주요 기간구조를 사용하는 경우가 대부분이기 때문에 이에 치중해서 분석해야 한다.

예를 들어, 모바일 장보기 서비스를 살펴보자. 사용빈도 측면에서 다른 모바일 서비스를 이미 빈번하게 사용하는 사람들이 모바일 장보기 서비스도 자주 사용할 확률이 높을 것이다. 또한 잠재적 구매력 측면에서는 장보기 서비스에 대한 관심이 높은 사용자가 구매력도 높을 것이다. 따라서 다른 모바일 기능에 대한 사용 빈도와 모바일 장보기에 대한 관심도를 기준으로 현재까지 도출된 기간구조들을 평가한다. 여기서 동그라미 하나는 세부 사용자 집단 하나의 기간구조를 뜻한다. 그중 모바일 장보기에 관심도 높고 타 모바일 기능의 사용 빈도도 높은 일사분면에 있는 녹색, 노란색, 하늘색 사용자의 기간구조가 합쳐져서 주요 기간구조가 될 것이며, 다른 색깔의 동그라미로 표현되는 세부 사용자 그룹들이 부수적인 기간구조에 포함될 것이다. 따라서 이 경우에는 일사분면에 있는 세 가지 기간구조를 중심으로 페르소나를 작성하게 된다.

5.5 기간구조를 바탕으로 페르소나 작성하기

이 단계는 앞서 선택된 주요 기간구조에 대해 실제 페르소나를 작성하는 것이다. 이를 위해서는 우선 기본백서 foundation document 를 작성하고, 그 다음으로 기본백서에서 페르소나로 전환하는 것이 필요하다.

그림 29
기간구조의 우선순위를
도출하는 과정에 대한 사례

Step 4. 세부 범주의 기간구조를 형가하고 우선순위 정하기

- Primary
모바일 장보기에 관심도 높고 타 모바일 기능 사용 빈도 높은 타입

Tech Knowledge   Domain Knowledge
(타 모바일 기능 사용 빈도)   (모바일 장보기 관심도)

- Secondary
타 모바일 사용빈도는 낮으나 모바일 장보기에 관심 높은 타입

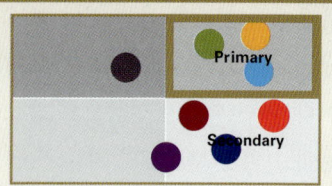

기본백서를 작성하기

한 가지의 페르소나에 대해 지금까지 모아진 모든 자료를 한꺼번에 저장해 놓은 문서이다. 이 기본백서는 다양한 단서들과 각각의 단서들에 대한 주석과 부가 설명, 그리고 페르소나의 특징을 지원하는 기초 데이터에 대한 자료 그리고 페르소나의 어떤 특징들이 사용자 조사자료에서 나왔고, 어떤 특징들이 가상적으로 만들어졌는지 등을 표시한 정보들을 포함한다. 이러한 백서는 그림 30처럼 일정 양식을 가지고 정리되었을 때에 좀 더 효과적으로 자료를 정리할 수 있다.

그림 30
기본백서의 기본적인
포맷에 대한 사례

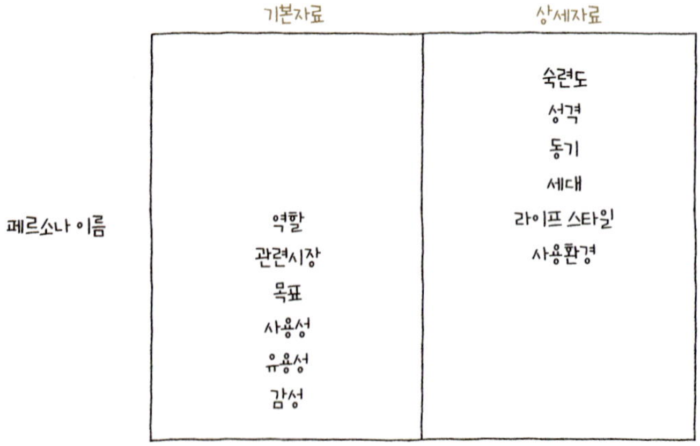

기본자료	상세자료
페르소나 이름 역할 관련시장 목표 사용성 유용성 감성	숙련도 성격 동기 세대 라이프 스타일 사용환경

기본백서에서 페르소나를 작성하기

이 단계에서는 모아진 데이터를 이야기의 형태로 서술하고 거기에 이름과 그림을 첨부하는 단계이다. 페르소나를 작성한다는 것은 실제로는 존재하지 않는 사람에 대해 실존하는 인물인 것처럼 매우 구체적으로 묘사하는 것이다. 페르소나에 들어가야 하는 정보를 정리해 보면 다음과 같다.

— 특징: 이름, 그림, 나이, 성별, 짧은 묘사 등을 포함한다.

— 목표: 제품이나 서비스를 이용하는 목적, 요구, 행태도 중요한 근거이다.
페르소나는 디지털 시스템에 의해 목적을 달성할 수 있는지 판단하는 기준이 된다.

- 역할: 현재 하고 있는 직업과 업무, 책임, 특정 활동 등을 포함하며 이외에도 레저 활동이나 취미 생활 등도 포함한다.
- 관련시장: 제품이나 서비스의 시장의 특성과 크기를 포함한다.
- 숙련도: 지식이나 능숙도·친숙도에 따라 디자인의 기준이 다를 수 있으므로 페르소나의 설정에서 반드시 고려되어야 할 사항이다. 디지털 서비스나 제품을 사용한 기간, 컴퓨터나 인터넷의 사용 정도 등이 포함될 수 있다.
- 사용환경: 페르소나의 인간화를 통해 실제 인물과 같이 현실감 있게 표현하기 위한 것으로, 페르소나의 직업이나 일상에 관한 배경 이야기를 포함한다. 또한 현재 사용자가 가지고 있는 인터넷 접속망의 속도도 빈번하게 언급되곤 한다.
- 성격, 세대, 라이프스타일: 사용자의 성격적인 특성이나 전반적인 기술이나 특정 제품 또는 서비스에 대해 어떤 태도를 가지고 있으며 어떤 가치를 느끼고 있는지에 대한 이야기를 포함한다.
- HCI 원리에서 도출된 속성: 핵심 가치나 핵심 사용성의 속성 그리고 사용자가 원하는 감성적인 요구 등을 포함한다.

페르소나를 작성할 때에 중요한 점은 위의 요소들을 그대로 항목으로 나열하는 것이 아니라 이들을 촘촘하게 엮어 하나의 재미있는 스토리로 만들어 내는 것이다. 단순한 사실의 나열이 아니라 하나의 이야기로 만들어졌을 때 비로소 페르소나의 특성이 살아나게 된다. 이런 사실감 넘치는 생생한 한 편의 스토리를 쓸 때에 주의해야 할 점이 있다. 어떠한 고정관념이 들어가는 페르소나를 만든다든지, 페르소나에 대한 글이 강한 감정적인 반응을 유발할 수 있는 내용들은 포함시키지 않는 것이 바람직하다. 분량은 보통 한두 페이지 정도로 맞추어 너무 많거나 너무 적게 작성하지 않도록 한다. 페르소나를 읽고 나서 사람들의 머릿속에 구체적으로 생생하게 떠오를 수 있는 페르소나를 작성하는 것이 최종 목표이기 때문이다.

이를 위해서는 페르소나를 대표하는 사람의 자연스러운 얼굴 사진이 큰 도움이 된다. 페르소나를 위한 사진을 선정할 때의 기준은 다음과 같다.

- 전문모델의 사진보다는 실제 그 직장이나 지역에 있는 사람들의 사진이 좀 더 사실적이다.
- 지나치게 멋있거나 이상적인 얼굴이나 체형은 페르소나로 적합하지 않다.
- 너무 지나치게 과장되거나 카메라를 향해서 포즈를 취한 사진은 거북하다.
- 페르소나의 얼굴이나 표정이 잘 보여야 한다.
- 불필요한 배경이나 맥락에 맞지 않은 배경은 없어야 한다.

5.6 작성된 페르소나 평가하기

많은 시간을 투자하여 만들어 낸 페르소나가 제품이나 서비스의 기획 및 설계에 필요한 사용자에 대한 모든 정보를 제대로 제공하고 있는지를 평가하는 단계이다. 이 단계에서는 작성된 페르소나를 세 가지 각도에서 평가한다.

완전성 검증

사용자 조사에서 발견된 사용자에 대한 중요한 특징들이 빠짐없이 페르소나에 반영되었는지를 검증한다. 이를 위해서는 두 번째 단계에서 확보한 주요 단서와 작성된 페르소나를 비교해 본다. 이때 특히 검증해야 하는 항목은 아래와 같다.

— 사용자의 목표와 과업 및 역할에 대한 자료
— 사용자의 행태 및 사용가치 그리고 사용 환경에 대한 자료
— 핵심 사용성 속성에 대한 자료
— 인상 및 개성에 대한 자료
— 숙련도 및 지식에 대한 자료
— 성격, 동기, 세대, 라이프 스타일 등 개인적 특성에 대한 자료

중복성 검증

만들어진 페르소나가 충분히 구별되는 특징을 가지고 있는지를 검증한다. 검증 결과 비슷한 페르소나는 합쳐서 하나의 페르소나로 만들고, 제품이나 서비스와 직접적인 관계가 없는 페르소나는 기각시키며, 별로 특색이 없는 페르소나는 변형해 좀 더 특징적으로 보이게 만든다.

타당성 검증

만들어진 페르소나가 현실적으로 전형적인 사용자를 정확하게 묘사하고 있는지를 검증한다. 이를 위해서는 아래와 같은 세 가지 방법을 활용한다.

— 타겟 사용자와 가장 비슷한 전문가들에게 도출된 페르소나의 검토를 부탁한다
— 도출된 페르소나와 가장 비슷한 사용자를 선택해 본인과 비슷한지의 검토를 부탁한다
— 페르소나에서 묘사된 사람이 실제로 세상에 존재할 수 있는지 검토하기 위해 페르소나에서 나온 것과 비슷한 환경을 방문해 사용자를 관찰한다.

이렇게 사용자의 카테고리를 분류하는 단계부터 검증하는 과정까지의 여섯 단계를 거치고 나면 비로소 하나의 페르소나가 완성되게 된다. 다음은 이러한 과정을 거쳐 탄생한 '지역 기반의 모바일 장보기 서비스'의 기획 과정에서 작성된 페르소나이다.

페르소나 방법론을 통해 구축된 페르소나의 사례:

김혜진(38세)
직장맘
"가정+직장, 둘 다 포기할 수 없어!"

지역 기반 모바일 장보기 서비스

올해 나이 38세의 김혜진 씨는 결혼 8년차의 직장맘이다. 서울 유명 사립대 영문학과를 졸업하고 CJ그룹에 입사, 현재 마케팅1팀 과장이다. 남편과는 회사 동기로 만나 2년 6개월간의 연애 끝에 결혼에 골인했다. 회사일과 함께 7살과 4살 난 남자아이들을 돌보느라 하루 일과를 마치면 녹초가 되기 십상이다.

아침의 시작은 아이들과의 전쟁으로 시작한다. 연거푸 소리를 질러 아이들을 깨우고 막간을 이용해 마케팅2팀의 조선영 과장이 강력 추천해서 구매한 SEP화장품을 이용, 화장 내공 18년의 실력으로 10분 안에 다시 태어난다. 검은 정장바지에 에스닉 스타일의 블라우스 입고 그 위에 조끼를 걸친다. 둘째를 낳고서부터 뱃살이 신경 쓰이기 때문이다. 아침은 아몬드 콘후레이크와 과일로 대신한다.

둘째를 유치원 유아부로 보내고 남편과 같이 자동차로 출근을 한다. 회사에 도착하면 얼마 전 회사에서 지급받은 스마트폰으로 일정을 확인한다. 마케팅1팀 회의가 9시부터 시작한다. 간단한 스탠드업 미팅으로 오후에 있을 마케팅 전체 회의에서 발표할 2분기 전략에 대한 이야기를 한다. 자리에 도착한 김혜진 씨는 노트북과 가습기를 켜며 주변에 있는 사람들과 목례를 나눈다. 메일함에 이벤트 홍보물품 관련 메일이 와서 시안 이미지를 확인하고 김부장님에게 전화를 걸어 수정 요구사항을 말한다.

조선영 과장이 메신저로 대화를 걸었다. 인사부 이미주 양의 새로운 가십이다. 자세한 내용을 듣고 싶지만, 메신저로 들으니 실감이 안 나서 점심약속을 잡는다. 점심시간에 회사 가십거리부터 시댁 이야기, 다이어트 이야기까지 나온다. 저번에 유치원에서 첫째 현우가 가끔 과격한 행동을 한다는 전화를 받은 이야기를 한다. 조선영 과장이 어쩌면 음식 때문일지도 모른다면서, 직장맘은 너무 힘들다는 주제로 돌아간다.

들리는 소문에 따르면 이번에 신시장 개발팀의 팀장을 회사 내에서 충원할 계획이라고 한다. 지원하고 싶지만 아무래도 기혼이라 남자 직원에 비해 자기계발 시간이 절대적으로 모자라는 게 마음에 걸린다. 오늘 발표를 어떻게 잘해야 할지 고민해야 하는 시간에도 벌써 다른 데 신경을 쓰고 있다. 마음을 다잡고 회의실로 들어간다. 발표를 성공적으로 마친 혜진 씨는 부장에게 앞으로 2분기는 김과장만 믿겠다는 말과 함께 칭찬을 받는다. 혜진 씨는 칭찬에 잠시 기뻐했지만 다시금 일은 잘하지만 아이들에게는 못난 엄마가 되어가는 자신을 돌아보며 괴로운 마음이 든다.

오늘은 전체 팀 회의가 끝나고 정시에 퇴근할 수 있을 것 같다. 보통은 퇴근을 하면 8시 정도라 장을 보기가 어렵다. 주말에 장을 보기는 하지만 남자아이 둘을 데리고 쇼

열두 개의 독특한 인상이 존재하고, 개성과 관련해서는 세련됨, 자유분방함, 소박함, 분석적, 권위적 등 총 여섯 개의 개성이 존재한다. 감성 프로파일에서는 해당 시스템을 이용하면서 사용자가 느끼고자 하는 각 인상 및 개성의 속성들에 대해 앞의 프로파일과 같이 1점에서 10점 사이로 평가한다.

숙련도 프로파일

숙련도는 사용자가 해당 시스템에 대해 얼마나 많이 사용해 보았는지를 의미한다. 숙련 대상은 크게 해당 분야 지식, 시스템 지식, 기기 지식으로 나눌 수 있다. 또한 숙련도의 수준은 초보자, 중급자, 숙련가, 전문가, 리드유저로 나누어진다. 따라서 숙련도 프로파일에서는 해당 분야, 시스템, 기기 각각에 대해 목표로 하고 있는 사용자가 초보자 몇 퍼센트, 중급자 몇 퍼센트, 숙련가 몇 퍼센트, 전문가 몇 퍼센트인지를 분석한다.

개인적 특성 프로파일

개인적인 특성은 성격적 특성, 인지적 특성, 동기적 특성, 세대적 특성 그리고 라이프스타일 특성의 다섯 가지 특성으로 구성되어 있다. 현재 기획 중인 제품이나 서비스의 주요 사용자에게서 이러한 특성들이 얼마나 명확하게 드러나는지를 분석해 정리한다.

본 장에서는 HCI의 원리를 기반으로 한 제품 및 서비스 개발 절차 중에서 가장 첫 번째 단계이자, 가장 중요한 단계인 사용자 분석에 대해 알아보았다. 사용자 분석은 신중하게 수행하고 반복적으로 수행해야 하며, 사용자 분석의 대상은 실제로 시스템을 이용하는 주 사용자가 되어야 한다. 또한 주 사용자뿐만 아니라 구매자나 마케팅 담당자와 같은 다양한 부사용자도 포함되어야 한다. 사용자에 대해 분석할 점은 사용자가 중요하게 생각하는 가치들, 사용자가 가지고 있는 도구나 일에 대한 개념, 사용자의 개인적인 특징, 사용자의 숙련도, 사용자의 이용 행태 등이다. 이러한 다양한 사항을 효과적으로 분석하기 위해 본 장에서는 페르소나모형에 대해 상세하게 기술했고, 이를 통해 사용자를 분석하는 방법을 자세하게 제시했다. 이렇게 만들어진 사용자 분석 모형은 다음 장에서 만들어질 시나리오모형과 맥락모형 및 기술모형과 함께 사용자에게 최적의 경험을 제공할 수 있는 시스템 디자인을 위한 중요한 기초 자료로 활용될 것이다.

토론 주제

1
최근 출시된 디지털 제품이나 서비스 중에서 사용자 분석이 제대로 이루어져 큰 효과를 본 사례와 사용자 분석이 제대로 되지 않아 낭패를 본 사례를 하나씩 제시하고, 사용자 분석의 효과가 어떠한지 설명해 보자. 되도록 비슷한 디지털 제품이나 서비스를 비교해 보자.

2
최근 출시된 디지털 제품이나 서비스 중에서 여러 부 사용자가 관련되어 있고 주 사용자와 부 사용자가 확연하게 차이가 나는 한 가지 사례를 제시하고, 이럴 경우 디지털 제품이나 서비스를 설계할 때 어떤 점에 주의해야 하는지 사례를 이용해 설명해 보자.

3
최근 출시된 디지털 제품이나 서비스 중에서 사용자가 중점적으로 추구하는 가치가 제품이나 서비스의 특성에 큰 영향을 미친 사례를 찾아보고, 주 사용자의 가치관에 따라 제품이나 서비스의 특성이 어떻게 달라졌는지 구체적으로 설명해 보자. 되도록 비슷한 디지털 제품이나 서비스의 유형 중에서 극단적인 차이가 보이는 사례를 찾아보고 비교해 보자.

4
최근 출시된 디지털 제품이나 서비스 중에서 사용자가 중요하게 생각하는 사용성의 핵심 속성에 큰 영향을 받은 사례를 찾아보고, 주 사용자의 핵심 사용성 속성에 따라 제품이나 서비스의 특성이 어떻게 달라졌는지 구체적으로 설명해 보자. 되도록 비슷한 디지털 제품이나 서비스의 유형 중에서 극단적인 차이를 보이는 사례를 찾아보고 비교해 보자.

5
최근 출시된 디지털 제품이나 서비스 중에서 주 사용자의 핵심 감성에 큰 영향을 받는 사례를 찾아보고, 주 사용자의 핵심 감성 속성에 따라 제품이나 서비스의 특성이 어떻게 달라졌는지 구체적으로 설명해 보자. 가급적 비슷한 디지털 제품이나 서비스의 유형 중에서 극단적인 차이를 보이는 사례를 찾아보고 비교해 보자.

6
최근 출시된 디지털 제품이나 서비스 중에서 주 사용자가 초보자, 중급자, 숙련가, 전문가, 리드유저인 경우를 하나씩 선정하고, 주 사용자의 숙련 정도에 따라 제품이나 서비스의 특성이 어떻게 달라졌는지 구체적으로 설명해 보자.

7
최근 출시된 디지털 제품이나 서비스 중에서 주 사용자의 개인적인 특성이 잘 반영된 사례를 두 가지 선정해 이들 사이의 개인적인 특성이 어떻게 다르고 그 다른 특성이 제품이나 서비스에 어떻게 반영되어 있는지 비교해 보자. 가급적 비슷한 디지털 제품이나 서비스의 유형 중에서 극단적인 차이를 보이는 사례를 찾아보고 비교해 보자.

8
최근 출시된 디지털 제품이나 서비스 중에서 젊은 세대의 사용자들이 가지고 있는 세 가지 특징에 잘 부응하는 사례를 찾아보자. 젊은 세대의 어떤 특징에 대해 선정된 사례가 어떻게 부응했는지 설명해 보자.

9
최근 출시된 개발된 디지털 제품이나 서비스 중에서 그 대상 페르소나가 명확하게 드러나는 사례를 찾아보자. 어떤 페르소나가 해당 서비스의 주요 페르소나일까? 그렇게 페르소나가 명확해짐으로써 얻을 수 있는 효과는 무엇일까?

10
최근 출시된 디지털 제품이나 서비스 중에서 대상 페르소나가 무엇인지 도무지 감이 잡히지 않는 서비스의 사례를 찾아보자. 페르소나가 불명확하다고 느끼는 이유는 무엇인가? 페르소나가 불명확함으로써 발생하는 부작용은 무엇이 있을까?

7장 과업 분석

사용자가 디지털 제품이나 서비스를 이용하는 행동을 정확하게 이해하기

"사용자가 자신의 행동을 설명하는 것과 실제로 그 행동을 하는 것은 매우 다르다. 사용자가 말하는 것이 아니라 행동하는 것에 주의를 기울여라."

제이콥 닐슨 Jacob Nielson

궁금한 점

일반적으로 디지털 제품이나 서비스를 사용할 때 참고하는 매뉴얼이나 사용자 가이드라인이 있다. 그런데도 사람들이 굳이 실제로 어떻게 사용하는지 분석해야 하는 이유는 무엇일까?

사람들에게 디지털 제품이나 서비스를 어떻게 사용하는지 물으면 설명하지 못하는 경우가 많다. 사람들이 하고도 기억하지 못하고 말하지 못하는 실제적인 사용 과정은 어떻게 조사할 수 있을까?

영화나 연극에서 주로 쓰이는 시나리오나 플로차트 등을 이용해 디지털 제품이나 서비스를 사용하는 사람들의 행동을 분석하는 것은 너무 어수룩한 방법이 아닐까?

영화 소개

미션 임파서블 1 1996

"누구든지 그곳을 들어가려면 첫 번째 음성인식장치를 통과해야 한다. 그 다음 여섯 자리 비밀번호를 입력한다. 그 다음 홍채인식을 통과한 뒤, 두 개의 비밀 키를 동시에 넣어야 한다. 일단 방에 들어가면 세 가지 보안 장치를 피해야 한다."

이던(주인공 요원)

영화는 동유럽에 파견된 미국 IMF impossible missin force 요원들의 이야기이다. 이들은 까다롭고 복잡한 작전과 임무를 수행하기 위해 치밀한 계획을 세우고, 그것을 달성하기 위해 고군분투하지만 작전은 실패하고 만다. 팀장인 짐을 비롯한 모든 동료를 잃은 이던 요원은 작전 실패가 IMF의 내부 스파이를 잡아내기 위해 일부러 계획되었다는 사실을 알고, IMF에 복수를 결심한다. 그리고 복잡한 보안장치를 통과하기 위한 작전을 세운다. 〈미션 임파서블〉은 사용자가 어떤 행동을 하는지 분석하는 것이 얼마나 중요한지 극단적인 예를 통해 보여 주고 있다. 영화는 정해진 매뉴얼이나 논리적인 추론으로는 불가능해 보이는 일도 사용자의 행동을 정밀하게 분석함으로써 가능할 수 있다는 것을 보여 준다. 동일한 디지털 제품이나 서비스를 사용하는 방식이 사람들마다 각자 다른 상황에서 사용자의 과업에 딱 들어맞는 제품이나 서비스를 기획하고 디자인한다는 것은 불가능한 일처럼 보이지만, 영화 속 주인공이 그러했듯이 사용자의 행동을 정밀하게 분석함으로써 사용자에게 최적의 경험을 줄 수 있는 제품이나 서비스의 개발 가능성을 이 영화를 통해 경험해 보자.

영화 토론 주제

1 과업 분석을 통해 등장인물의 목적이나 의도를 명확하게 밝혀낼 수 있었던 영화 속 장면은 어떤 것이 있을까?

2 제품이나 서비스에 대해 회사나 개발자의 입장에서 명시적으로 제시한 사용 방법과 사람들이 실제 이용하는 것이 다를 수 있다는 것을 시사하는 영화 속 장면은 어떤 것이 있을까?

3 특정 제품이나 서비스를 사용하는 실제 상황에서 사용자 행동을 분석하는 방법이 영화 속에서 어떻게 나타났는가? 그리고 이를 통해 어떤 사실을 알 수 있을까?

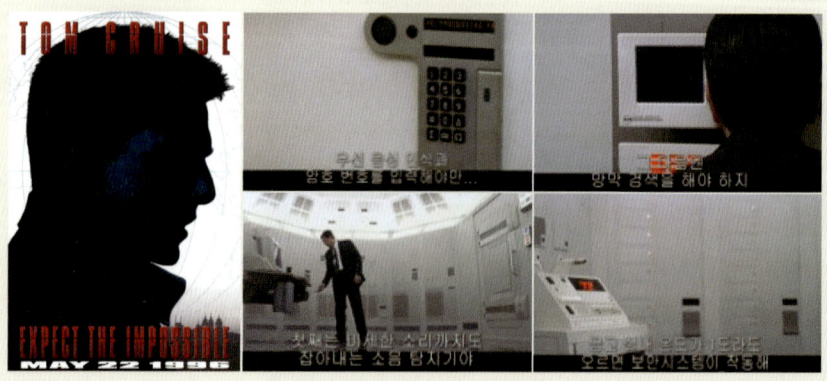

영화 〈미션 임파서블〉에서 나타난 과업 분석의 중요성

본 장에서는 사용자라는 사람보다는 사용자가 디지털 제품이나 서비스를 이용하는 행동에 초점을 맞춘다. 비슷한 제품이나 서비스가 이미 시장에 있다면 현재 사용자가 어떤 사용 행태를 보이는지 분석할 수 있으며, 아직 시장에 출시되지 않은 시스템이라면 사용자가 가지고 있는 목적과 관련된 행동을 토대로 사용 행태를 분석할 수 있다. 여기에서는 사용자가 어떤 목적을 가지고 있고, 이러한 목적을 달성하기 위해 어떤 행동을 하는지 분석하는 방법에 대해 알아본다. 과업 분석이란 사용자가 자신의 목적을 달성하기 위해 어떤 도구를 이용해 어떤 행동을 하고, 그러기 위해서는 어떤 지식을 가지고 있어야 하는지 알아내는 과정이다. 과업 분석을 위한 여러 가지 방법 중에서 특히 사용 시나리오와 시퀀스모형을 이용해 사용자의 과업 수행 과정을 분석하는 방법에 대해 다루고자 한다. 이를 위해 맥락질문법을 이용해 시나리오를 구축하는 과정과 구축된 시나리오를 기반으로 시퀀스모형을 정리하는 과정을 자세하게 설명할 것이다. 이러한 방법을 학습함으로써 독자들이 디지털 제품이나 서비스에 대한 과업 분석을 스스로 수행할 수 있도록 하는 것이 본 장의 목적이다.

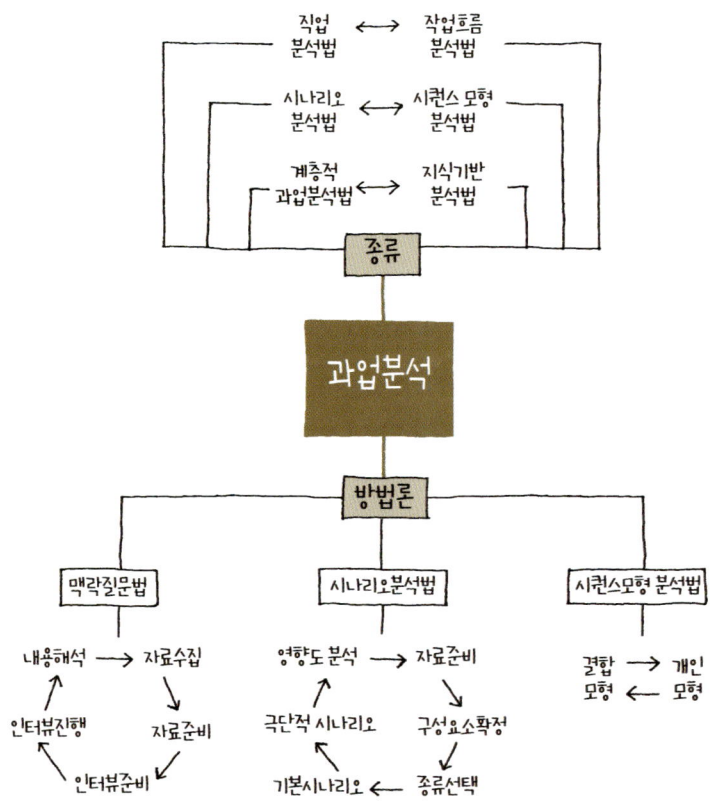

1. 과업 분석의 중요성

과업 분석task analysis이란 사용자가 디지털 제품이나 서비스를 이용해 어떤 일을 어떻게 수행하는지 분석하는 과정이다. 회사 입장에서는 자신이 만드는 시스템을 가지고 사용자가 어떤 일을 할지 이미 잘 알고 있다고 믿기 때문에 굳이 사용자가 하는 일을 분석할 필요가 없다고 생각할 수도 있다. 그러나 사용자에게 최적의 경험을 제공하기 위해서는 과업 분석이 반드시 수행되어야 하는데, 그 이유는 크게 두 가지로 나누어 볼 수 있다.

첫째, 사용자에게 최적의 경험을 제공하기 위해서는 디지털 제품이나 서비스가 일단 유용해야 하고, 유용하기 위해서는 해당 시스템이 사용자가 가지고 있는 목적에 부합해야 한다. 그리고 이 목적을 충족시키기 위해 구체적으로 어떤 의도로 해당 시스템을 사용하는지가 명확해야 한다. 즉 사용자가 어떤 욕구를 충족시키기 위해 시스템을 사용하는지 파악하는 것이 유용한 디지털 제품이나 서비스를 만들기 위한 선결조건이다. 그런 의미에서 과업 분석은 유용한 시스템을 개발하기 위한 첫 번째 단계라고 할 수 있다. 왜냐하면, 과업 분석은 사용자의 사용 의도를 파악하는 과정을 자연스럽게 포함하기 때문이다.Norman, 1990 특히 사람들이 특정 시스템을 사용하는 방식이나 선호하는 정도는 당시의 상황이나 감정 등과 같은 시스템 외적인 요인에 따라 변할 수 있지만, 사람들이 지닌 의도는 사용 정황에 그다지 영향을 받지 않기 때문에, 사용자의 의도를 기반으로 시스템을 개발하는 것은 시스템의 지속성 측면에서 도움이 된다. 예를 들어, 인터넷 쇼핑몰 사이트를 이용하는 근본적인 이유는 자신이 원하는 물건을 값싸게 구매하기 위해서이다. 그러나 이러한 의도를 달성하는 방법이나 절차는 한 시스템 내에서도 여러 가지로 나타날 수 있다. 예를 들어, 그림 1은 동일한 의도이지만 상이한 방법을 사용하는 경우를 제시하고 있다. 왼쪽 그림은 일반적인 경매 방식을 이용해 물건을 구매하는 경우로서 자신이 원하는 물건의 입찰 가격과 입찰 일시를 고려해 입찰에 응한다. 반면 오른쪽 그림은 경매 중인 물건에 입찰자보다 공급량이 훨씬 많고 또 제시되는 가격이 경매시작가보다 크게 비싸지 않아서 형식은 경매이지만, 일반 쇼핑몰에서 즉시 구매하는 방식과 동일하게 진행되고 있다. 이때 원하는 제품을 값싸게 사겠다는 사용자의 의도에 초점을 맞추게 되면, 사용자의 행동 방식이 경매이든 즉시 구매이든 간에 포괄적으로 대처할 수 있는 서비스를 개발할 수 있다. 따라서 과업 분석에서는 사람들이 어떤 의도를 가지고 시스템을 사용하는지, 그러한 목적을 달성하기 위해 여러 가지 방법들 중에서 사람들이 선택하는 행동은 무엇인지 자세하게 분석할 필요가 있다.

그림 1
사용자의 의도는
변하지 않았지만 그것을
달성하는 방식은 다양한
디지털 서비스 사례

영화 <미션 임파서블>을 보면, 주인공 이던은 범행을 일으킨 장본인이 누구인지 알아내기 위해 팀장이었던 짐의 그동안의 행동을 분석한다. 이던은 사건의 주도자를 익명의 배신자 '옵'에서 살아 있는 '짐'으로 바꿔 생각하면서 짐이 했던 행동과 의도를 명확하게 분석해 낸다. 이 영화 사례는 사용자의 숨겨진 의도를 파악하기 위해 행동을 정밀하게 분석하는 것이 얼마나 중요한 단서가 되는지 잘 나타내고 있다.

그림 2
과업 분석을 통해
사람들이 가지고 있는
숨겨진 의도를 파악하는 사례

둘째, 사용자는 실제 제품이나 서비스를 사용할 때 정해진 매뉴얼이나 표준 절차와 다르게 행동하기 때문에 과업 분석은 사람들이 실제 어떤 방식으로 시스템을 사용하는지에 초점을 맞추어 진행되어야 한다. 과업 분석과 관련해 가장 쉽게 생각할 수 있는 것으로 매뉴얼이나 작업 규정 등을 들 수 있다. 도움말이나 매뉴얼에 기재되어 있는 사용 방식과 같이 직접적이고 명백하게 적힌 정보와 지식을 명시적 지식explicit knowledge이라고 하며, 사람들이 실제로 어떻게 사용하는지에 대한 정보와 같이 정형화되어 있지 않은 지식을 묵시적 지식tacit knowledge이라고 한다. 사용자의 행동에 대한 명시적 지식은 도움말이나 매뉴얼 등을 통해 알 수 있다. 반면 묵시적 지식은 문서화되거나 시스템에 저장된 것이 아니라 사람들이 시스템을 사용하면서 무의식적으로 얻는 지식이기 때문에 도움말이나 매뉴얼을 통해서는 파악하기 힘들다. 그러나 묵시적 지식이야말로 사용자가 어떤 방식으로 시스템을 사용하는지 알려 줄 수 있는 중요한 정보이다. 따라서 시스템 사용과 관련된 묵시적 지식을 정확하게 파악하기 위해서도 과업 분석은 필수적이다. 특히 개발 회사가 명시적으로 의도하는 대로 사용자가 디지털 제품이나 서비스를 이용하는 경우가 드물기 때문에 과업 분석을 통한 묵시적 지식의 파악이 더욱 중요해진다.Sachs, 1995 예를 들어, MP3플레이어의 원래 목적은 음악을 듣기 위한 것이었지만, 때로는 문서를 저장하거나 패션 감각을 살리기 위한 액세서리의 목적으로 사용되는 경우가 있다. 또한 휴대전화도 본연의 용도보다는 자신을 나타내기 위한 개성 표출의 수단으로 사용되기도 한다. 비슷한 예로 엑스박스의 키넥트라는 게임 기구는 사람의 동작을 인식해 게임 속 캐릭터를 움직이기 위한 도구로 개발되었다. 그러나 사용자는 개발사인 마이크로소프트가 의도한 것과는 달리, 게임 외의 목적으로 키넥트를 사용하기도 한다. 그림 3의 왼쪽은 3D이미지를 자동으로 캡처해 대형 화면에 그리기 위해 키넥트를 사용하는 예이고, 오른쪽은 키넥트를 이용해 방 안의 구조나 장치들을 인식하는 로봇을 만든 예이다. 이것은 마이크로소프트 사에서 전혀 생각지도 못했던 사용 사례로, 사용자가 새로운 방법으로 디지털 제품을 사용하는 예라고 할 수 있다.

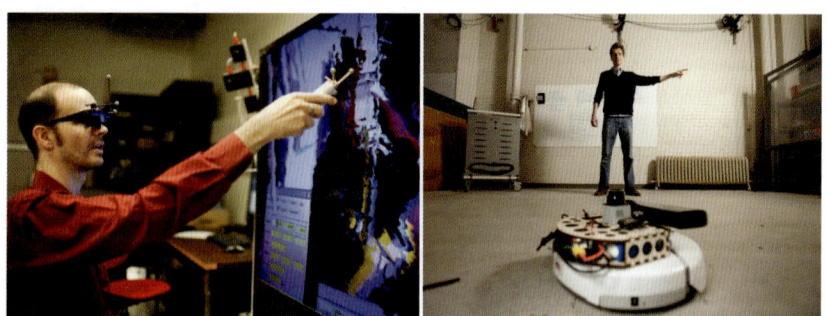

그림 3
개발회사의 의도와 다르게 디지털 제품을 사용하는 사례

　　　　　디지털 제품의 기능을 기발한 방법으로 사용하는 경우도 많다. 예를 들어, 일본의 한 경찰서에서는 닌텐도 Wii의 아바타 작성 기능인 Mii를 사용해 범인의 몽타주를 만들어 화제가 되기도 했다. 원래는 가정용 게임 안에서 사용자의 아바타를 그리기 위해 만들어진 기능이 뺑소니 범인의 몽타주를 그리는 데 사용된 것이다. 한 회사에서는 Mii로 그린 비틀즈를 활용해 티셔츠를 만들기도 하고, 어떤 사용자는 한국 연예인을 Mii로 그리기도 했다. 이처럼 게임의 아바타를 만들기 위해 개발된 Mii는 개발자의 의도와는 다르게 개성 있는 표현 도구로서 사용되고 있다.

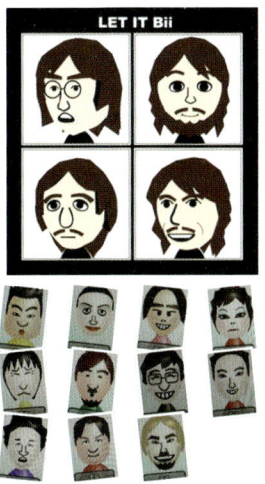

그림 4
개발자의 의도와 다르게 디지털 제품의 기능을 사용한 사례

또한 시간이 흐름에 따라 본래의 목적에서 사용 행태가 변하는 경우도 있다. 예를 들어, 그림 5와 같은 디지털 서비스를 들 수 있다. 이 사이트는 원래 중고 디지털 카메라나 디지털 카메라로 사진 찍는 법과 같은 정보를 공유하기 위해 만들어진 사이트였다. 그러나 디지털 카메라의 보급이 급속도로 확산되고 더불어 사이트 내 관련 정보 교류가 활발해지면서 본래 목적에 맞는 내용뿐만 아니라 사진을 활용한 다양한 창작과 패러디물이 공유되는 독특한 문화가 발생하게 되었다.

그림 5
시간이 흐름에 따라 초기 개발 의도와 실제 사용 방식이 다른 디지털 서비스 사례

과업 분석   7장

2. 과업 분석법의 종류

사용자의 행동을 분석하는 방식에는 여러 가지가 있다. 이 방식은 행동을 분석하는 수준에 따라 구체적인 분석법과 추상적인 분석법으로 구분할 수 있다. 여기에서는 구체적인 분석법인 계층적 과업 분석법과 비슷한 수준의 지식 기반 분석법을 살펴보고자 한다. 그런 다음 이보다 한 단계 높은 수준의 시나리오 분석법과 시퀀스모형 분석법을 살펴본다. 마지막으로 가장 높은 수준의 분석법인 직업 분석법과 작업흐름 분석법에 대해 간단하게 설명하고자 한다.

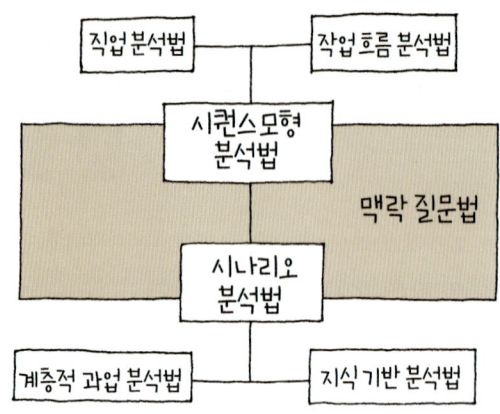

그림 6
추상화 수준에 따른 다양한 과업 분석법

2.1 계층적 과업 분석법

계층적 과업 분석법HTA, hierarchical task analysis은 자세한 과업 분석에 사용되는 방법으로 하나의 일job을 여러 개의 과업task으로 나누고, 각 과업을 다시 세부 과업subtask으로 나누어 해당 일에 대한 계층적인 구조를 파악하는 것이다. 예를 들어, 그림 7에서는 HTA를 이용해 사용자가 온라인 서점에서 결제하는 행동을 분석했다.

그림 7을 보면, 결제라는 일은 도서 선택부터 결제 확인까지 총 열두 가지 행동으로 나누어져 있다. 그중 아홉 번째 행동인 부가 옵션 정보 입력 과업의 경우는 선물포장 여부를 선택하고 기타 메시지를 입력하고 영수증 발행 여부를 선택하는 세부 행동으로 나누어지며, 기타 메시지 입력은 다시 상품 옵션 기입과 택배사 직원, 받는 사람을 입력하는 더욱 세분화된 행동으로 나누어진다. HTA를 수행하는 과정에서 중요한 결정은 어느 수준까지 행동을 세분화할 것인지 정하는 것이다. 일반적인 기준은 행동이 '마우스 움직이기'처럼 하나의 단위 동작으로 나누어지거나 '두 개의 가격을 비교하기'처럼 전적으로 사용자의 머릿속에서 진행되는

그림 7
계층적 과업 분석의 사례

0. 온라인 서점에서 결제하기
   1. 도서 선택
   2. 상품 결제 시기 결정
        2.1 '카트에 넣기' 버튼 클릭
        2.2 '리스트에 넣기' 버튼 클릭
   3. 선택 방법 결정
        3.1 회원 주문 선택
        3.2 비회원 주문 선택
   4. 로그인
        4.1 ID 입력
        4.2 비밀번호 입력
   5. 주문하기 선택
   6. 주문 고객 정보 입력
        6.1 이름 입력
        6.2 일반전화 입력
        6.3 휴대전화 입력
        6.4 이메일 입력
   7. 배송 방법 선택
        7.1 국내배송 / 해외배송 선택
        7.2 일반택배 / 편의점택배 선택
   8. 배송 주소 입력
        8.1 이름 입력
        8.2 국가코드 선택
        8.3 우편번호 찾기
        8.4 동이름 입력
        8.5 동이름 선택
        8.6 자세한 주소 입력
        8.8 일반전화 입력
        8.8 휴대전화 입력
        8.9 총알배송 / 하루배송 선택
   9. 부가 옵션 정보 입력
        9.1 선물 포장하지 않음 / 선물 포장함 선택
        9.2 기타 메시지 입력
            9.2.1 상품 옵션 기입
            9.2.2 택배사 사람에게 입력
            9.2.3 받는 사람에게 입력
        9.3 영수증 입력
            9.3.1 상품 가격 표시 / 가격 표시 안함 선택
   10. 결제하기 버튼 누름
   11. 결제수단 및 결제 정보 입력
        11.1 주문금액 확인
        11.2 예치금 / 포인트,상품권 / 쿠폰 선택
        11.3 남은 결제금액 확인
        11.4 결제수단 선택
            11.4.1 신용카드 선택
                11.4.1.1 카드사 선택
                11.4.1.2 할부선택
            11.4.2 계좌이체 선택
                11.4.2.1 현금영수증 발행 신청 선택
                      11.4.2.1.1 주민등록번호 선택
                          11.4.2.1.1.1 주민등록번호 입력
                11.4.2.2 휴대전화번호 선택
                      11.4.2.2.1 휴대폰 번호 입력
                11.4.2.3 사업자번호 선택
                      11.4.2.3.1 사업자번호 입력
            11.4.2.2 신청 안 함 선택
   12. 결제하기 선택

과업 분석
7장

추상화 수준에서 멈추는 것이다. 이 수준에서 멈추는 이유는 이보다 더 낮은 수준으로 과업을 분석하면, 과업 분석을 진행하는 데 드는 경제적 비용이나 노력이 과업 분석을 통해 얻을 수 있는 이익보다 커지기 때문이다. HTA의 장점은 복잡한 과업을 계층적인 분할을 통해 간단한 단위 행동으로 분석할 수 있다는 점이다. 따라서 이렇게 분석된 내용을 통해 불완전한 부분이나 비논리적인 부분 그리고 상충되는 부분을 점검할 수 있다는 장점을 가지고 있다. 이는 HTA가 엄격한 규칙을 가지고 적용될 수 있기 때문이다. 그러나 반대로 이와 같이 너무나 획일적이고 공식적인 방법으로 과업을 분석하는 것은 컴퓨터 프로그램에는 적당하지만, 사람의 행동을 분석하기에는 적당하지 못하다는 단점을 가지고 있다. 사람의 행동은 가끔 비논리적이고 때로는 상호모순적인 경우도 있기 때문이다.

2.2 지식 기반 분석법

지식 기반 분석법KBA, knowledge based analysis은 전문가 시스템처럼 전통적으로 많은 지식을 필요로 하는 시스템을 개발하는 과정에서 주로 사용하는 분석법이다. KBA는 과업을 수행하기 위해 필요한 도구와 행위를 파악하는 단계와 이렇게 파악된 도구와 행위들 간의 분류 체계를 만드는 단계로 나눌 수 있다. 그림 8은 그림 7에서 예로 들었던 온라인서점 사이트에 대한 지식 기반 분석 결과를 제시하고 있다. KBA는 크게 세 가지 논리적 기호를 사용해 과업을 분석한다. 첫째, AND는 두 가지 이상의 범주에 동시에 적용되는 경우를 표현한다. 예를 들어, 온라인 서점을 이용하는 행동은 항상 사용자가 원하는 책을 검색하는 과업과 찾은 책을 구매하는 과업을 모두 수행한다. 반면 OR은 어느 한곳에만 속할 수도 있고, 여러 곳에 속할 수도 있는 경우를 의미한다. 예를 들어, 책은 학업용으로 사용할 수도 있고, 선물이나 취미용으로 사용할 수도 있다. XOR은 여러 가지 범주 중에 딱 한 군데만 해당되는 경우를 표현한다. KBA의 장점은 분류 체계를 제공하기 때문에 시스템이 사용될 분야에 대한 체계적인 지식을 정리할 수 있다는 점이다. 이러한 이유 때문에 교육적인 목적으로 많이 사용한다. 즉 KBA를 통해 특정 시스템에서 사용되는 일반적 지식이 무엇인지 일목요연하

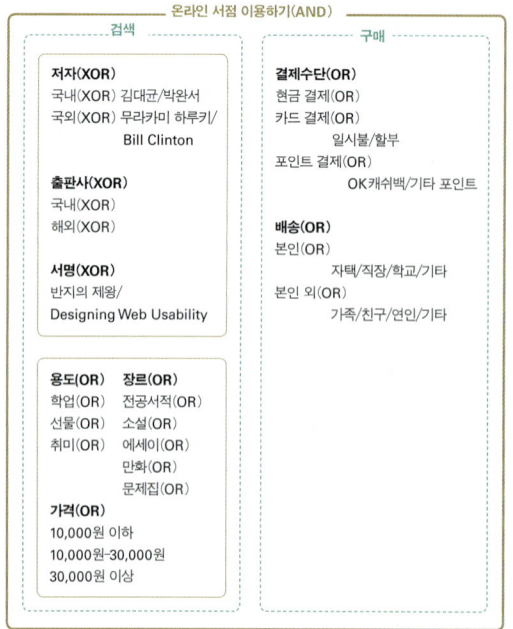

그림 8
지식 기반 분석법의 활용 사례

게 정리할 수 있다. 예를 들어, 그림 8과 같이 KBA는 온라인서점 사이트 사용에 필요한 전체 지식구조를 명확하게 표현해 준다.

　반면 KBA만으로는 작업의 흐름을 명확하게 표현할 수 없고, 너무 획일화된 분석을 요구한다는 단점이 있다. 또한 HTA와 마찬가지로 KBA도 일반적으로 너무 자세한 수준에서 과업을 분석하기 때문에 전체 숲을 보지 못하고 나무만 분석할 수 있다는 문제점을 가지고 있다.Rosson and Carroll, 2002

2.3 시나리오 분석법

　시나리오scenario의 일반적인 정의는 '무대에서 상연할 것을 목적으로 작가가 상상한 이야기를 쓴 연극의 극본'이다.김진우, 2002 디지털 제품이나 서비스의 개발을 위한 과업 분석 입장에서 본다면, 시나리오는 시스템을 이용하는 사용자의 구체적인 경험을 순차적으로 기술해 놓은 것이다. 이는 시스템을 이용하는 사람들의 행동을 하나의 작은 이야기로 간주할 수 있다는 것이다. 예를 들어, 표 1은 '태윤'이라는 사람이 은행의 현금출납기를 이용하는 과정을 이야기처럼 기술한 시나리오이다.

표 1
현금출납기를 이용하는
시나리오

오늘 여자친구 수민이와 신촌에서 만나기로 한 태윤이는 수민이를 만나기 30분 전에 지갑을 보고 현금이 하나도 없는 것을 알았다. 급히 신촌 로터리에 있는 우리은행 지점으로 달려 갔다. 비록 토요일 오후 4시이기는 하지만 다행히 지점에는 24시간 현금출납기가 여러 대 있었다. 그중 비어 있는 출납기에 서서 현금카드를 집어 넣고 비밀번호 3989를 치자, 화면에 여러 개의 메뉴가 떴다. 현금 출금 메뉴를 선택하자 얼마나 출금할 것인지를 입력하라고 했다. 10,000을 입력하고 확인 버튼을 누르자 먼저 카드와 명세서가 나왔고, 이를 꺼내자 현금이 나왔다. 급하게 은행 문을 나서 수민이와 만나기로 한 맥도널드로 가자 수민이는 이미 와서 기다리고 있었다.

　시나리오의 특징은 사용자 입장에서 사용자가 어떤 일을 했고, 어떤 것을 보았고, 어떤 생각을 했는지 구체적으로 분석하는 것이다. 따라서 시스템을 사용하면서 사용자가 경험했던 모든 것을 서술적으로 표현한다는 특징이 있다. 또한 시나리오는 구체적인 사용 경험에 대한 설명이기 때문에 설명 자체가 매우 자세하다. 시나리오 기반의 과업 분석법의 장점은 다음과 같다.

　첫째, 시나리오를 개발 초기 단계에서 작성해 활용하면 시나리오 속에서 기술된 사용자의 생생한 경험을 통해 개발 전체에 대한 윤곽을 그릴 수 있으며, 단계별로 발생 가능한 모든 행동 과정을 체계적으로 정리할 수 있다. 둘째, 실제 개발 과정에서는 시나리오를 사용함으로써 시스템의 점진적인 개선이 가능하다. 시스템이 너무 초기에 결정되어 전체 품질의 저하를 가져오는 경우가 많은데, 시나리오는 언제든지 변경이 용이하기 때문에 점진적인 개선의 가능성을 계속 남겨 둘 수 있다. 셋째, 시나리오는 함께 일하는 동료뿐만 아니라 사용자와의 의사소통 도구로 사용될 수 있다. 즉 시나리오는 일반 사람이 특별한 훈련 없이도 이해하기 쉽기 때문에 사용자의 의견을 반영할 수 있을 뿐만 아니라 함께 일하는 동료들의 생각을 반영할 수 있다. 실제로 많은 프로젝트가 개발자 상호 간의 의사소통 부재로 실패하는 경우가 많기 때문에 시나리오의 이러한 장점이 더욱 중요하게 인식되고 있다. 넷째, 시나리오는 다양한 측면에서 기존 제품이나 서비스의 문제점을 생각해 볼 수 있는 기회를 제공해 준다. 즉 시나리오의 큰 장점은 여러 가지 가능성을 모두 반영할 수 있다는 것이다. 다섯째, 사용자경험을 기술함으로써 개발자의 머릿속에서만 디자인이 만들어지는 것이 아니라 실제 사용이 이루어지는 현실의 상황을 반영할 수 있다. 때로는 앞서 나간 아이디어나 뛰어난 아이디어가 의도하지 못한 나쁜 결과를 가져오는 경우가 있다. 시나리오를 통해 사용자와의 원활한 의사소통이 가능하다면 이를 사전에 방지할 수 있다. 시나리오 기반의 분석법은 여러 가지 장점을 가지고 있는 반면 단점도 있다. 시나리오 분석법의 가장 큰 단점은 구체적인 실제 사용 상황을 가정하고 있기 때문에, 이 중 어떤 점이 해당 제품이나 서비스와 관련된 내용이고, 또 어떤 점이 그때의 특수한 상황에 대한 내용이며, 어떤 점이 해당 과업과 관련된 일반적인 사항인지를 구분하기 어렵다는 것이다. 또한 하나의 과업에 대해서도 여러 가지 시나리오가 가능한데, 어떤 시나리오가 핵심 시나리오인지 결정하기 힘들다. 이러한 단점을 보완하기 위해 시나리오를 추상화시킨 방법이 시퀀스모형sequence model이다.

2.4 시퀀스모형 분석법

시퀀스모형 분석법sequence model analysis은 사용자가 일을 하는 데 필요한 세부적인 과업들을 실행해 나가는 과정을 순차적으로 기술하는 과업 분석법이다. 시퀀스란 하나의 과업을 완성하기 위해 사용자가 행하는 순차적인 행동의 단계들이다. 이러한 단계들을 분명히 하면 사용자 개개인이 일을 처리하는 방식의 구조를 잡아낼 수 있고, 과업이 어떤 과정으로 이루어지는지 알 수 있어 사용자의 행동을 분석하는 데 유용하다. 시퀀스모형은 사용자가 과업을 수행하는 행동 절차를 기술하고 있다는 점에서 시나리오와 비슷하다. 그러나 시나리오가 구체적인 실제 사용 절차를 예로 들어 서술적으로 기술하고 있다면, 시퀀스모형은 일반적인 과업 수행 과정을 추상화해 도형으로 표현한다.

시퀀스모형의 구성 요소

시퀀스모형은 단계, 촉발원인, 사용의도, 고장이라는 네 가지 요소로 구성되어 있다.

단계step는 적절히 자세한 수준에서 사용자가 실제로 한 단위 행동을 의미하며 하나의 행동이 하나의 단계를 의미한다. 촉발원인trigger은 사용자가 새로운 과업이나 특정한 단계를 시작하도록 자극하는 상황이나 사건을 의미한다. 전화가 울리는 것과 같이 명백한 경우도 있고, 사용자가 습관적으로 어떤 활동을 하는 시각과 같이 암묵적인 것도 있다. 한 시퀀스의 전체적인 촉발원인은 한 개 이상일 수 있으며, 보통 한 단계의 시작 부분에 하나의 촉발원인이 있다. 사용의도use intention는 사용자가 과업을 하고자 하는 전반적인 이유 그리고 과업 안에 있는 활동과 단계들에 대한 이유를 의미한다. 고장breakdowns은 제품이나 서비스를 사용하면서 사용자의 의도와 충돌되는 사건으로서, 과업 분석은 이런 고장을 파악하고 이를 최소화하는 제품이나 서비스를 구축하는 데 도움을 준다. 시퀀스모형의 궁극적인 목적은 사용자의 의도를 밝혀내어 제품이 사용자의 의도를 지원할 수 있도록 디자인하는 데 도움을 주는 것이다. 사용자의 의도를 찾아낼 수 있고 의도에 맞게 제품을 디자인할 수 있다면, 같은 의도를 가진 다양한 사람들을 만족시킬 수 있다. 또한 사용자의 잠재적인 의도를 밝혀낼 수 있다면 기존의 제품이나 서비스를 개선할 수 있고, 나아가 좀 더 향상된 방식으로 사용자의 의도를 만족시킬 수 있는 제품이나 서비스를 개발할 수 있다.

시퀀스모형의 종류

시퀀스모형은 개인 시퀀스모형과 개인 시퀀스모형을 통합한 결합 시퀀스모형으로 나뉜다.

개인 시퀀스모형individual sequence model은 한 명의 사용자가 디지털 제품이나 서비스를 사용하는 과정에서 발생한 촉발원인, 행동을 실행한 의도, 구체적으로 실행한 행동의 단계, 그리고 사용자의 사용의도를 달성하는 데 방해가 된 고장 등을 일어난 순서대로 나열한 것이다. 그림 9는 연세대학교 HCI Lab에서 관련 연구를 진행하면서 작성한 넷북 사용자의 개인 시퀀스모형으로, 사용자가 넷북으로 싸이월드의 홈페이지에 글을 쓰는 행동을 묘사하고 있다. 사용자는 저녁을 먹은 뒤의 여유시간에 넷북으로 싸이월드를 하려 한다. 여기서 '넷북으로 싸이월드를 하는 것'은 사용자의 의도이다. 또한 '저녁을 먹은 뒤에 생긴 여유시간'이 사용자에게 싸이월드를 하게 만드는 촉발원인이다. 넷북을 열고 전원을 켜서 인터넷 익스플로러를 열고 싸이월드의 주소를 입력해 로그인을 하고 자신의 미니홈피를 방문했다. 이러한 일련의 행동들이 사용자가 수행한 단계라 할 수 있다. 사용자 행동 단계에는 그 행동의 의도가 하나씩 포함될 수 있다. 글을 쓰려고 게시판으로 들어가 글쓰기를 선택하고 제목과 내용을 입력했다. 저장을 하려고 했는데 고장이 났는지 확인버튼이 화면 밖에 있어 보이지 않았다. 확인버튼을 보이게 하기 위해 사용자는 탭키를 여러 번 누른다. 확인버튼을 찾아 클릭함으로써 글을 입력하는 데 성공했다.

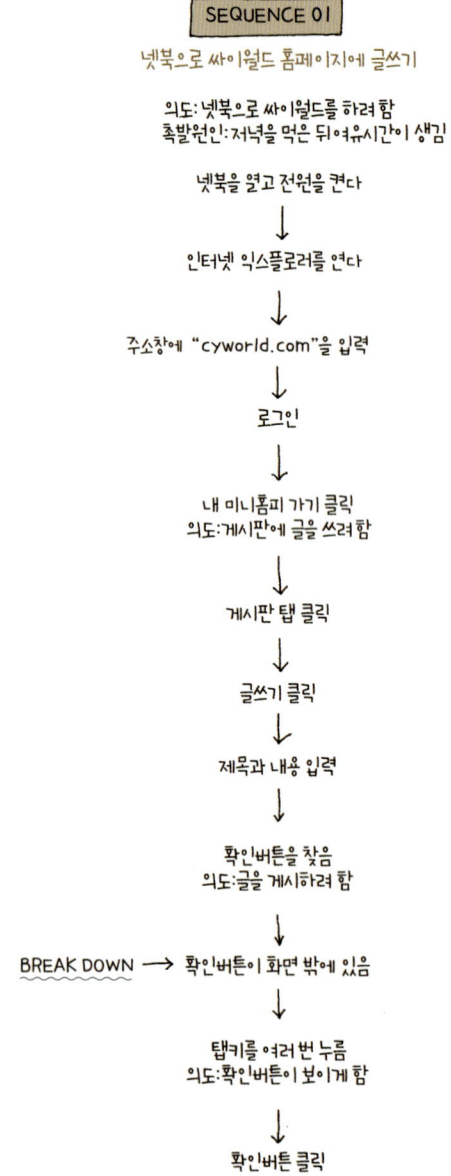

그림 9
개인 시퀀스모형

결합 시퀀스모형consolidated sequence model은 다수의 개인 시퀀스모형에서 나타난 사용자의 단계, 촉발원인, 의도, 고장 등을 추상화하고 결합함으로써 다수의 사용자가 포함된 사용자 집단의 과업 달성을 위한 행동 단계를 보여 준다. 표 2는 연세대학교 HCI Lab에서 진행한 넷북 사용자의 개인 시퀀스모형들을 통합한 결합 시퀀스모형이다.

표 2
결합 시퀀스모형

Title: 넷북 활용		
Activity Name	의도	추상화된 단계
전원 켜기	넷북을 사용하기 위해 준비된 상태가 되도록 하기	넷북을 열고 전원을 켠다
싸이월드 접근	사용하고자 하는 SNS 서비스인 싸이월드에 접근	인터넷 익스플로러를 연다
		cyworld.com 입력
		로그인
		내 미니홈피 가기 클릭
		게시판 탭 클릭
글쓰기	게시판에 글쓰기	글쓰기 클릭
		제목과 내용 입력
		BD: 확인버튼이 화면을 벗어남
		탭키를 이용해 확인버튼 클릭
애플리케이션 실행	사용하고자 하는 애플리케이션인 파워포인트 실행	MS 파워포인트를 켠다
		PPT 작성
개인화	애플리케이션을 사용하기 편리하도록 옵션 조절	BD: 화면이 너무 작아서 답답
		리본메뉴를 더블클릭해 최소화
작업하기	파워포인트를 이용해 필요한 작업 수행	PPT 작성
		저장 및 종료
콘텐츠 접근	재생하고자 하는 콘텐츠에 접근	내 문서의 내 비디오 폴더로 이동
		영화 파일을 더블클릭해 재생
환경 개선	제품을 사용하기 편리한 상태로 자세 변경	침대로 이동
		영화감상
환경 개선	제품의 퍼포먼스를 높이기 좋은 자세로 다시 자세 변경	BD: 열이 발생해 영화가 끊김
		책상으로 이동
		영화감상

결합 시퀀스모형은 사용자가 넷북을 활용하는 다양한 활동과 의도, 단계, 고장 등을 추상적으로 보여 주고 있다. 사용자가 넷북을 열고 전원을 켜는 행동을 취한다. 이러한 행동은 '전원켜기'라는 활동으로 이름을 붙일 수 있고, 넷북을 사용하기 위해 시스템을 준비 상태가 되도록 만든다는 의도를 가진다. 넷북을 열고 전원을 켠다는 행동은 '넷북 뚜껑을 열고 전원버튼을 누른다' '전원 플러그를 꽂는다' '넷북을 가방에서 꺼내 책상 위에 놓고 연다' 등 개인의 시퀀스모형에서 나올 수 있는 다양한 행동을 추상화해 표현한 것이다. 이런 식으로 사용자가 다양한

방식으로 넷북을 사용하는 것을 싸이월드 접근, 글쓰기, 애플리케이션 실행, 개인화, 작업하기, 콘텐츠 접근, 환경 개선 등의 활동으로 분류할 수 있고, 각 활동을 하게 하는 의도와 그 활동을 이루고 있는 단계를 추상화시켜서 묶어 낼 수 있다.

시퀀스모형은 사용자가 실제로 한 행동과 그러한 행동을 하게 되는 상황, 계기, 과업을 수행해 나가면서 일어나는 행동 등을 실제적으로 볼 수 있다는 장점이 있다. 또한 결합 시퀀스모형에서는 대상이 되는 사용자 집단이 특정 과업을 수행할 때 나타나는 수행절차를 포괄적으로 볼 수 있다. 새로운 제품이나 서비스를 디자인할 때 사용자가 실제 과업을 수행하는 과정을 자세하게 볼 수 있으면 보다 편하고 유용하게 제품과 서비스를 사용할 수 있도록 디자인하는 데 도움이 될 것이다. 또한 제품과 서비스를 사용할 가능성이 있는 사람들의 다양한 과업 수행 방식을 포괄적으로 볼 수 있다면 그에 맞게 보다 유연한 제품과 서비스를 만들 수 있을 것이다.

반면 시퀀스모형은 특정 상황과 특정 등장인물이 없고 추상적인 표현으로 이루어져 있기 때문에 사람에 따라 다르게 해석될 여지가 있다. 따라서 시퀀스를 작성할 때는 구체적인 정보를 제공해 주는 시나리오와 병행하는 것이 바람직하다.

2.5 직업 분석법

직업 분석법 job analysis 은 사용자가 특정 과업을 진행하는 과정에만 초점을 맞추는 것이 아니라 하루 종일 또는 한 달 내내 어떤 일들을 하는지 분석한다. 또한 분석이 대상이 되는 행동이 일어나는 장소도 단지 직장뿐만 아니라 가정이나 야외를 모두 포함한다. 예를 들어, 그림 10에서 제시하는 것처럼 하루 종일 사용자가 어떤 일을 하는지, 그리고 일주일 동안 어떤 작업을 하고, 그 과정에서 어떤 시스템을 사용하는지 등을 기본적으로 분석한다.

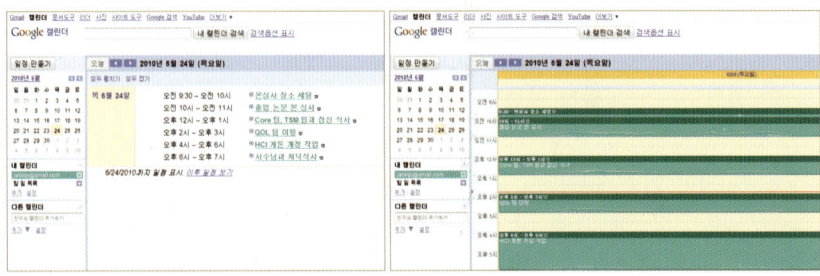

그림 10
직업 분석법의 기초자료
구글 캘린더

이러한 기본적인 분석과 더불어 직업 분석법은 해당 작업에 대한 몇 가지 중요한 정보를 추가적으로 수집할 수 있다. 얼마나 자주 그런 일을 하는지, 일의 성공 실패가 사용자에게 얼마나 중요한지, 하는 일이 사용자에게 얼마나 어려운 일인지, 그리고 그 일을 하는 데 얼마나 많은 시간이 걸리는지 등을 파악할 수 있다. 즉 특정 과업에 초점을 맞춘 시나리오나 사용 사례에 비해 직업 분석법은 그 범위가 더 넓고 추상화의 정도가 더 높다는 것을 알 수 있다. 직업 분석법의 장점은 지금까지 전혀 생각하지 못했던 새로운 제품이나 서비스의 개발 아이디어를 제공할 수 있다는 것이다. 사람들이 일상생활에서 수행하는 일들을 분석하면서 이러한 일들을 효율적이고 효과적으로 수행할 수 있도록 하기 위해서는 어떤 제품이나 서비스가 개발되어야 하거나 기존 제품이나 서비스의 어떤 점을 개선할 필요가 있는지 파악할 수 있다. 또한 직업 분석법은 현재 개발 중인 시스템에 어떤 기능이나 정보가 첨부되어야 하는지를 파악할 수 있다. 예를 들어, 사람들이 온라인 게임을 하면서 수시로 커피를 마시거나 담배를 피우기 위해 자리를 뜨는 것을 보고, 게임을 간편하게 일시 정지시킬 수 있는 기능을 제공하는 것을 고려해 볼 수 있다. 마지막으로 직업 분석법은 사람들이 어떤 정신적 또는 신체적 부담 속에서 작업하는지를 알 수 있고, 어떤 측면을 중요하게 여기는지 알 수 있다. 예를 들어, 최고 경영진을 위한 모바일 정보 서비스는 시간을 귀중하게 여기는 사람들을 위해 되도록 빨리 해당 정보를 찾을 수 있도록 해야 한다. 직업 분석법의 단점은 특정 사람을 기준으로 그 사람이 하는 일만을 분석하기 때문에 만약에 어떤 일이 여러 사람의 협업을 통해 이루어진다면, 한 가지 일의 전체 범위를 볼 수 없고 단지 그 한 사람이 하는 일만 볼 수 있다는 것이다. 또 하나의 단점은 분석 수준이 너무 추상적이기 때문에 그대로 제품이나 서비스 디자인에 적용하기 어렵고 좀 더 구체적인 수준의 분석이 함께 이루어져야 한다는 것이다. 그렇기 때문에 직업 분석법은 주로 제품이나 서비스 개발 초기에 이루어지는 경향이 있다.

2.6 작업흐름 분석법

작업흐름 분석법workflow analysis 또는 비즈니스 프로세스 분석법business process analysis은 1990년대에 경영혁신 바람과 함께 기업에서 주로 사용되었다. 특히 한 가지 작업이 여러 사람들 간의 협업으로 진행되어 직업 분석법처럼 한 사람만을 분석해서는 전체 작업을 파악할 수 없는 경우에 사용된다. 작업흐름 분석법은 특히 대규모 조직에서 업무 흐름을 통제하고 업무 능력을 증대시키기 위해 많이 사용되어 왔다. 전체 작업을 진행하는 과정에서 누가 어떤 일을 하고, 그 일을 수행하는 과정에 어떤 정보와 어떤 기능을 필요로 하는지를 분석한다. 투자 은행에서 펀드를 구성하는 것을 작업흐름 분석법을 통해 파악한 사례를 살펴보자. 그림 11의 왼쪽은 전체적인 작업이 어떻게 진행되는지를 표시하고 있으며, 오른쪽은 각 절차에 어떤 사람들이 참여하고 있는지 표시하고, 그 사람들이 어떤 시스템의 기능을 사용하는지를 아래쪽 그림에서 표시하고 있다.

앞에서 설명한 직업 분석법이 한 사람이 하는 일을 시간이라는 축으로 종적으로 분석했다면, 작업흐름 분석법은 하나의 일을 중심으로 횡적으로 여러 사람이 하는 일의 과정을 분석한다. 그렇기 때문에 직업 분석법과 작업흐름 분석법은 서로 상호보완적인 역할을 수행한다. 작업흐름 분석법도 하나의 작업을 전체적으로 본다는 점에서 장점이 있다. 그러나 대부분의 디지털 제품이나 서비스가 아직까지는 주로 개인적으로 사용되고 있기 때문에 작업흐름 분석법이 제품이나 서비스를 위한 과업 분석법에는 그다지 많이 사용되지 않고 있다. 그러나 앞으로 협업이 늘어나게 되면 작업흐름 분석법이 더 널리 활용될 전망이다.

거래추진 시스템

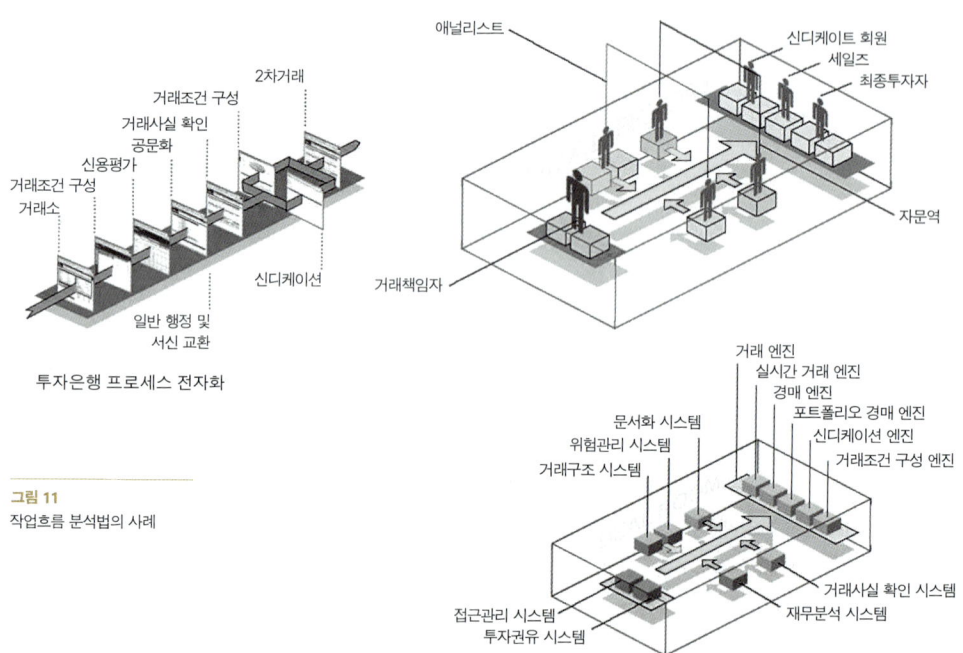

그림 11
작업흐름 분석법의 사례

3. 디지털 제품이나 서비스를 위한 과업 분석법

앞에서 설명한 여섯 가지의 과업 분석법을 추상화 수준에서 정리해 보면, 그림 6에서 보는 바와 같이 HTA와 KBA는 가장 구체적인 수준의 과업 분석법으로서, HTA는 사용자의 행동을 기본 축으로 하고 KBA는 사용자가 가지고 있는 지식을 기본 축으로 한다. 이 두 가지 분석법은 정형화되어 있는 작업이나 세밀한 주의를 요구하는 작업에 적합하다. 그러나 디지털 제품이나 서비스를 사용하는 과정은 일반적으로 비정형화되어 있으며, 정밀한 주의를 요구하지 않는 경우가 대부분이다. 예를 들어, 사람들마다 온라인 게임을 하는 방식도 각기 다를 뿐만 아니라 대부분 구체적인 계획을 세우거나 자세한 주의를 기울이지 않고 온라인 게임을 사용한다. 따라서 디지털 제품이나 서비스의 과업 분석을 위해 HTA나 KBA를 사용하면 나무만 보고 숲을 보지 못하는 오류를 저지를 수 있으며, 다양한 시스템 사용방법을 충분히 반영하지 못할 위험이 있다. 반면 작업흐름 분석법과 직업 분석법은 하나의 과업이 여러 사람들의 협업을 통해 이루어지는 경우가 많거나 하나의 작업이 오랜 시간 동안 지속적으로 진행되는 경우에 적합한 분석법이다. 그러나 일반적으로 디지털 제품이나 서비스는 개인적으로 사용하는 경우가 많으며, 한 번에 사용하는 기간도 그다지 길지 않다. 물론 온라인 네트워크 게임과 같이 여러 사람이 오랜 시간 동안 사용하는 시스템도 없지는 않지만 대부분의 디지털 제품이나 서비스는 개인이 한 번에 짧은 시간 동안 사용하는 것이 일반적이다. 따라서 필요 이상으로 과업 분석의 범위가 늘어나고 필요한 수준의 자세한 분석은 수행되지 못할 염려가 있다. 본 장에서는 시퀀스모형과 시나리오 분석법을 통해 디지털 제품이나 서비스를 위한 과업 분석을 수행하는 방법을 제시하고자 한다. 구체적인 수준에서의 실제 사용 절차를 자세히 파악하고, 이를 하나의 시퀀스모형으로 추상화시킴으로써 그 범위를 확장시킬 수 있기 때문에 시퀀스모형과 시나리오 분석법을 통합해 디지털 제품이나 서비스를 위한 과업 분석을 수행하는 것이 적당하다. 이 두 가지 방법을 합친 과업 분석 절차는 맥락질문법contextual inquiry method을 이용한 자료 수집하기, 시나리오 분석하기, 시퀀스모형 작성하기 등 크게 세 가지로 나누어진다.

맥락질문법contextual inquiry method은 실제 상황에서 사용자가 해당 디지털 제품이나 서비스를 어떻게 사용하는지에 대한 자료를 자세하고 구체적으로 수집하는 단계이다. 여기서 수집된 자료는 사용 시나리오를 기술하고 시퀀스모형을 구축하는 데 사용된다. 사용 시나리오는 맥락질문법에서 파악된 풍부하고 구체적인 자료를 이야기의 형태로 해석하는 반면, 시퀀스모형은 포괄적이고 추상적으로 사용자의 행동을 분석한다. 맥락질문법과 사용 시나리오 그리고 시퀀스모형은 서로 간의 장단점을 보완해 줄 수 있기 때문에 이 세 가지 기법을 동시에 사용하는 것이 효과적이다. 이 세 가지 단계에 대해 구체적인 사례를 통해 자세히 다루도록 하겠다.

4. 맥락질문법

사람들이 실제로 시스템을 어떻게 사용하는지 알기 위해서는 그 시스템을 사용하는 현장에 가서 볼 필요가 있다. 일반적으로 사람들은 자신이 하는 일 중에서 인상적으로 느꼈던 일에 대해서는 잘 기억하지만, 습관적이고 반복적인 일상적인 일에 대해서는 자세하게 기억하지 못한다. 하지만 사람들이 시스템을 이용할 때 반복적으로 하는 행동은 사용경험에서의 중요한 부분이고, 새로운 시스템을 만들거나 기존의 시스템을 개선할 때 많은 시사점을 줄 수 있는 부분이다. 따라서 사람들이 일하는 장소에 가서 그들이 무엇을 하는지 관찰하고, 왜 그렇게 사용하는지 물어보는 것은 실제로 일이 진행되는 과정을 정확하게 이해할 수 있게 한다. 이러한 인터뷰 방식을 맥락질문법이라고 한다. 맥락질문법은 네 가지의 중요한 원칙을 가지고 있다.

첫째, 맥락context에 대한 중요성이다. 실제 환경에서 사용자가 구체적인 행동을 하고 있을 때 그 행동 자료를 수집함으로써 사용자의 요구를 그들이 행동하는 맥락에서 이해해야 한다는 것이다. 그러기 위해서는 그것이 어디이든지 사용자의 실제적인 사용 환경에 최대한 가까이 가려는 노력이 필요하다. 또한 사용자가 경험했던 실제 사례를 자세한 이야기로 들어 보거나 실제 사용자의 작업 과정을 지켜 보는 것으로 인터뷰를 진행해야 한다. 예를 들어, 연세대학교 HCI Lab에서 실시한 외국인의 가전제품 사용 행태에 대한 분석은 외국인의 가정을 실제로 방문해서 분석한 것이다. 인도 사람들의 냉장고 사용 패턴을 분석하기 위해 델리에 있는 인도 가정을 실제로 방문했고, 러시아 젊은이들의 MP3플레이어 사용 행태를 분석하기 위해 모스크바에 있는 20대 러시아 청년의 집을 찾아가 사용 행태를 분석했다. 둘째, 맥락질문법이 제대로 수행되기 위해서는 사용자와 조사자가 협력관계partnership를 구축해야 한다. 사용자가 제품을 사용해 일을 수행하는 과정을 알려 주기 때문에 조사자가 그것을 바탕으로 프로젝트를 진행할 수 있다. 따라서 맥락질문법은 조사를 하는 사람이 주도적으로 인터뷰를 이끌어 가는 기존의 방식과 달리 인터뷰 대상자와 인터뷰를 하는 조사자가 동등한 위치에 있다. 조사자가 일이 진행되는 과정을 관찰하고 진행 과정에 대해 질문하는 동안 사용자는 그들의 실제적인 활동을 통해 조사자를 이끌어 갈 수 있도록 주도권을 주는 것이 좋다. 인터뷰 대상자가 되는 사용자와 협력적인 관계를 맺으면 사용자가 일을 하는 방식, 일을 하는 과정에서 느끼고 생각하는 것 등을 보다 자세히 이야기할 수 있게 된다. 더불어 어떤 일을 수행하는 과정에서 활용되는 명시적 지식뿐만 아니라 암묵적인 지식도 확인할 수 있다. 따라서 전체 인터뷰에서 사용자가 말하는 부분을 90퍼센트, 조사자가 끼어드는 부분을 10퍼센트 미만으로 유지하라는 가이드라인이 있을 정도로 조사 작업의 파트너로서 사용자의 역할이 강조된다. 셋째, 맥락질문법은 수집된 자료를 사용자의 관점에서 해석interpretation하는 과정을 포함해야 한다. 단순히 사용자가 말한 내용만 모으는 것은 바람직하지 않다. 왜냐하면 사용자의 말 자체가 의미 있는 정보를 제공해 주는 것은 아니기 때문이다. 제품이나 서비스의 디자인에 필요한 것은 사용자가 그 행동을 한 의도와 목적이다. 사용자만이 왜 그런 행동을 했는지 말할 수 있다. 하지만 직접적으로 사용자에게 "왜 그렇게 했습니까"라고 물어보면, 그 대답을 들을 수 없는 경우가 많다. 사용자 스스로도 가끔 왜 그렇게 행동하는지 모르기 때문이다. 대신에 조사자가 관찰한 사용자의 행동에 대해 생각을 정리해서 사용자와 공유하고 사용자가 그 해석을 수정할 수 있게 하는 것이 바람직하다. 즉 조사자는 관찰 내용에 관한 해석을 재확인해 볼 수 있으며, 동시에 사용자와의 소통을 통해 사용자의 의도와 이유를 명확히 파악할 수 있다. 넷째, 맥락질문법에서는 조사자가 의도했던 목표에 정확하게 초점focus을 맞추는 것이 필요하다. 조사자의 생각이 맞는지를 계속 확인해 나가면서, 분명하게 정의된 프로젝트의 초점을 흐리지 않도록 대화에서 사용자의 말을 듣고 관련된 사실을 확인해 나가야 한다. 이를 위해 조사자가 가지고 있는 초점이 맥락질문법을 사용하기 전에 명확하게 규정되어야 한다. 워낙 다양한 환경과 사용자를 대상으로 진행하는 것이다 보니 개인적인 관심 때문에 다른 것에 관심을 기울일 수도 있지만, 그럴 경우 연구의 초점이 흐려지고 그렇게 되면 시간과 자금을 낭비하기 십상이다.

이 네 가지 원칙을 준수하면서 맥락질문법을 효과적으로 수행하기 위해서는 다음에서 설명하는 다섯 가지 단계를 따르는 것이 효과적이다.

4.1 자료 수집 계획 단계

맥락질문법의 첫 번째 단계는 실증적인 자료를 수집하는 계획을 세우는 단계이다. 이 단계는 다시 자료 수집의 목표를 명확하게 하고, 조사 대상자를 확정하고, 인터뷰 유형을 결정하고, 조사 상황을 이해하고, 조사팀을 구성하는 다섯 단계로 나누어진다.

자료 수집의 목표를 명확하게 하기

실제 사용 현장에 나가면 다양하고 많은 정보의 양 때문에 방황하기 십상이다. 자료 수집의 첫 번째 단계는 맥락질문법으로 자료를 수집하는 목표가 무엇인지를 명확히 하는 것이다. 실제 사용 환경에서 사용자가 제품이나 서비스를 사용하는 행위를 관찰하고자 하는 이유는 무엇인가? 실제 관찰을 통해 얻고자 하는 성과는 무엇이고, 이를 통해 해답을 찾고자 하는 당면 과제는 무엇인가? 그리고 최종적으로 도출하고자 하는 조사보고서 항목은 어떤 것이 될 것인지 미리 생각해 봄으로써 자료 수집의 목표를 명확히 해야 한다.

조사 대상자를 확정하기

맥락질문법은 디지털 제품이나 서비스를 사용하는 과정을 대상으로 하기 때문에 대상자를 선정할 때 사용 역할에 따라 선정해야 한다. 다른 직함을 가지고 있어도 같은 역할을 할 수 있기 때문에 과업과 관련된 역할이 무엇인지 파악해 해당하는 역할을 가진 사람을 인터뷰 대상자로 선정한다. 예를 들어, 게이머, 게임 플레이어, 게임 사용자는 이름은 달라도 모두 동일한 일을 하고 있을 수 있고, 그들은 모두 동일한 역할을 수행하기 때문에 별도로 인터뷰를 진행할 필요가 없다. 하나의 역할에 보통 서너 명을 인터뷰하면 해당 역할의 핵심적인 주제와 일의 구조를 이해할 수 있다. 또 사용 현장에서 조사 대상이 되는 사용자의 수나 대상을 실제 현장에 가기 전에 미리 정해야 한다. 조사 대상자의 수는 당연히 많을수록 좋고 오랫동안 관찰할수록 좋지만, 비용이나 시간적인 측면에서 무조건 더 많이 더 오래 조사한다는 것은 현실적으로 불가능하다. 따라서 일반적으로 다음과 같은 가이드라인이 제시되고 있다.

첫째, 처음에는 두세 명 정도의 최소한의 사용자만을 대상으로 조사를 시작한다. 처음부터 너무 많은 사용자를 요구하면 프로젝트 자체가 성립되지 않을 수 있기 때문이다. 인터뷰 대상자가 열 명 이상을 넘는 경우는 드물다. 둘째, 사용자가 시간이 지나면서 비슷한 패턴을 보이기 시작하는 시점까지만 조사를 진행한다. 예를 들어, 비록 3시간 조사 관찰 시간을 예상했을지라도 조사 대상자가 30분 뒤부터는 거의 비슷한 행동만을 반복하면 그 시점에서 조사를 완료한다. 셋째, 성별, 나이별, 직업별로 다양한 사람들을 조사 대상자로 포함시킨다. 한 사람을 대상으로 4시간 하는 것보다는 네 명의 각기 다른 사용자를 대상으로 각 1시간씩 조사를 진행하는 것이 더 효과적이다. 넷째, 최초로 접촉하는 사람이 가장 쉽게 구할 수 있는 조사의 대상이 될 수 있지만, 그런 사람들일수록 우리가 원하는 숙련도의 사용자가 아닐 가능성이 높다. 따라서 접촉이 용이한 사용자보다 조사를 위해 정말로 필요로 하는 사용자를 어느 정도 고집하는 것이 필요하다. 다섯째, 조사 대상자에게 접근하는 과정에서 적절한 채널을 이용한다. 조직이나 나라의 문화에 따라 상사를 통해 접근하는 것이 더 일반적일 수도 있고, 반대로 실무자를 통해 접근하는 것이 더 적절할 수도 있기 때문에 해당 환경에 적합한 채널을 사용해 조사 대상자를 모집하는 것이 필요하다. 여섯째, 조사 대상자를 모집하는 과정에서 적어도 서너 번의 전화통화나 이메일 발송이 필요하다. 따라서 이와 같은 절차를 충분히 거칠 수 있도록 조사 대상자 선발에 넉넉한 일정을 잡도록 한다.

인터뷰 유형을 결정하기

맥락질문법은 과업이 진행되는 중간에 질문을 해야 하므로 과업 진행 과정 중 조사자의 개입 정도에 따라 다양한 유형으로 나뉘며, 각 경우에 따라 적절한 방식으로 인터뷰를 진행해야 한다.

첫째, 문서읽기, 주문하기, 자료찾기와 같이 과업 중간에 요청할 수 있는 경우에는 조사자가 현장에 있는 동안 사용자에게 과업을 저장해 달라고 요청하거나 사용자가 할 수 있는 과업에 대해 생각해 달라고 요청한다. 둘째, 중역 회의, 대학교 수업, 화학 처리 공정과 같이 중간에 방해할 수 없는 경우에는 과업이 일어나기 전에 일이 진행되는 맥락에 대한 정보를 얻고, 과업이 진행되는 동안에 상황에 대해 설명해 줄 수 있는 사람이 같이 있도록 요청해 함께 진행 과정을 지켜본다. 그리고 나서 다시 회의를 통해 관찰한 것에 대해 확인한다. 셋째, 프로그래밍이나 투자 심의와 같이 집중해야 하는 작업의 경우에는 자주 방해를 하면 일의 진행이 어려워질 수 있다. 이런 경우에는 조사자가 오랫동안 작업을 관찰한 뒤에 사용자와 의견을 나누어 일어난 일에 대해 인터뷰한다. 넷째, 처음 시작부터 완료까지 십수 년이 걸리는 신약 개발과 같이 작업 시간이 매우 긴 경우에는 전체 과정의 각기 다른 단계에 있는 다른 사용자를 골라 비슷한 시기에 인터뷰를 한다. 또한 다른 회사에서 같은 작업을 하면 그곳에서도 인터뷰를 진행할 수 있다. 즉 초기 개발 단계에 있는 한 팀, 실험실 검사를 하는 한 팀, 실제 공장으로 옮겨진 신약의 생산 과정을 담당하는 한 팀 등 제품 개발의 여러 단계를 진행하는 복수의 팀을 동시에 관찰할 수 있다. 다섯째, 경찰이나 영업사원 등과 같이 작업이 이동 중에 이루어지는 경우에는 조사자가 함께 이동해야 한다. 이러한 경우에는 인터뷰에 매우 많은 시간이 걸릴 수 있기 때문에 모든 자료를 수집하려고 하지 말고 조사자의 초점과 관련 있는 정보만을 수집할 수 있도록 주의한다. 여섯째, 박물관에서 관람자와 작품 간의 상호작용, 식료품점에서 진열 방식과 쇼핑객들 간의 상호작용, 공항에서의 여행자 휴대전화 사용과 같이 환경 중심적인 작업의 경우가 있다. 이러한 경우에는 그 장소에 가서 그곳에 있는 사람을 관찰하고 인터뷰한다. 인터뷰를 요청할 때 그곳에 온 사람들과 직접 인터뷰하는 것에 대해 관계 기관에 미리 허가를 받아야 하고, 인터뷰 대상자에게 조사자가 누구이고 인터뷰하는 목적이 무엇인지 알려야 한다. 조사자의 소속기관을 나타낼 수 있는 티셔츠나 명함을 준비하는 것도 좋은 방법이다.

조사 상황 결정하기

요즘은 디지털 제품이 소형화되고 대부분의 장소에서 인터넷 네트워크에 접근할 수 있기 때문에 디지털 제품이나 서비스를 사용할 수 있는 곳이 점점 많아지고 있다. 따라서 가급적 다양한 곳에 있는 사용자를 대상으로 사용 과정을 관찰하는 것이 바람직하다. 동일한 디지털 제품이나 서비스라 할지라도 어떤 환경에서 사용하느냐에 따라 매우 다른 사용 행태를 관찰할 수 있기 때문이다. 또한 다양한 상황에서의 사용 행태를 분석함으로써 맥락에 따라 영향을 받는 사용 행태와 맥락에 영향을 받지 않는 비교적 안정적인 사용 행태를 구분할 수 있다.

연세대학교 HCI Lab에서 넷북 사용자를 대상으로 맥락질문법을 사용한 연구에서는 그림 12처럼 사용자가 넷북을 주로 사용하는 도서관, 카페, 침실 등 다양한 상황을 선정해 인터뷰를 진행했다.

그림 12
넷북 사용자가 주로 넷북을 사용하는 다양한 상황

다양한 장소에 있는 사용자를 직접 관찰하는 것이 어려울 경우에는 비슷한 필요성을 가지고 있는 다른 그룹들과의 협업을 통해 데이터를 수집할 수 있다. 예를 들어, 자료 수집과 관련된 기본 준비물과 절차를 메일로 보내주고, 주최측에서 실제로 수행했던 조사 절차를 비디오 테이프로 보내 준 다음, 실제 그곳에서의 자료 수집은 그쪽 사람들에게 일임하는 것이다. 연세대학교 HCI Lab에서 동남아 시장의 휴대전화 사용자의 행태를 분석하는 프로젝트를 진행했을 때, 중점 시장인 태국은 직접 방문했지만 베트남이나 캄보디아 그리고 말레이시아 같은 경우는 직접 방문할 수 없었다. 그래서 방문하는 대신 문화적으로 비슷한 상황이라고 생각되는 태국에서 수행한 맥락질문법 준비 자료와 비디오 자료를 보내고, 실제 그 나라에서의 자료 수집은 그 나라의 전문 에이전트에게 의뢰했다. 시간이나 예산상의 이유로 많은 장소에 직접 가서 사용자의 사용 행태를 관찰할 수 없는 경우에는 자료를 해석하는 과정에서 인터뷰 결과가 그러한 위험성을 내포하고 있다는 것을 최종보고서에서 명확하게 밝히는 것이 필요하다.

조사팀을 구성하기

너무 많은 사람이 한꺼번에 피험자를 찾아가면 그들의 일상생활을 방해하기 쉽기 때문에 세 명 이상의 팀을 구성하는 것은 바람직하지 않다. 필자가 인도에서 맥락질문법을 수행할 때 인도 가정에서의 LCD TV 사용 활동을 분석하기 위해 실제 집을 방문한 적이 있다. 연세대학교 HCI Lab팀 세 명, 스폰서 회사에서 두 명, 현지 법인에서 세 명, 현지 전문가 두 명이 함께 방문했는데, 그 집 식구는 단 네 명이었다. 외국인 열 명이 한꺼번에 찾아가 아무리 그 집 사람들에게 자연스럽게 평소 하던 대로 사용하라고 한들 그게 가능할 수가 없다. 따라서 너무 많은 사람이 한꺼번에 가는 것은 바람직하지 않다.

그러나 한 명만 가게 되면, 관찰 또는 인터뷰한 내용을 정리하는 일과 실제 조사를 진행하는 일을 한 사람이 해야 하기 때문에 자칫 제대로 진행하지 못하는 결과를 초래할 수 있다. 따라서 팀은 두 명 정도로 구성하는 것이 좋다. 팀 리더는 맥락질문법을 수행해 본 경험이 있는 사람으로서 관찰 대상자와의 상호작용을 담당하고, 나머지 한 사람은 가능한 사용자의 행동 및 인터뷰에 방해되지 않도록 사용자와의 상호작용과 인터뷰 내용을 수집한다. 이때 중요한 것은 두 사람 모두 사용자의 의견을 듣고 실제로 그들이 어떻게 시스템을 사용하는지 배우러 간 것이지, 사용자에게 자신들이 개발하는 제품이나 서비스가 어떤 것인지 가르쳐 주거나 이미 개발한 제품이나 서비스가 왜 그렇게밖에 만들 수 없었는지를 변호하러 간 것이 아니라는 사실을 명심해야 한다. 그런 의미에서 실제 개발자나 디자이너가 조사팀 구성원으로 참가하는 것은 그다지 바람직한 일이 아니다.

4.2 자료 준비 단계

맥락질문법을 진행하기 위해서는 여러 가지 준비물을 필요로 한다. 사전에 이러한 자료들을 준비하는 것이 낯선 상황에서 초면인 사람들을 대상으로 진행해야 하는 맥락질문법의 성공 확률을 높이는 방법이다.

선정 기준표 작성하기

선정 기준표 screening questionnaire 는 현장 방문 시 특정 사용자가 현재 조사에서 실증적인 데이터 수집 대상에 포함하는지를 결정하는 기준 양식이다. 이것은 전화 인터뷰나 특히 전문 에이전시를 두어 피험자를 모집하는 경우에 유용하게 사용된다. 간단한 선정 기준표는 실증적인 조사의 대상이 될 수 있는 사용자의 자격 요건을 개조식으로 정리해 놓은 것일 수 있으나, 좀 더 자세한 선정 기준표는 피험자 선발 시 실제로 물어볼 질문을 제시하고 그 질문에 따라 해당 사용자를 조사 대상에 포함시킬 것인지 아닌지 결정하는 기준을 제시한다. 연세대학교 HCI Lab에서 사용한 마이크로블로그 서비스 개발을 위한 조사 대상자 선정 기준표의 예가 표 3에 제시되어 있다.

표 3
마이크로블로그 서비스의 선정 기준표 사례

1. 과거에 트위터 서비스를 사용해 본 경험이 있습니까?
   [전혀 없음] 혹시 주위에 트위터 서비스를 사용하는 사람을 추천하고 싶은가?
   [사용해 본 경험 있음] 일주일에 얼마나 자주 트위터 서비스를 사용하십니까?
      [1-10회] 초보자로 구분
      [11-20회] 중급자로 구분
      [21회-30회] 숙련가로 구분
      [31회 이상] 전문가로 구분
      각 그룹에 해당되는 사람이 이미 10명 이상 모인 경우는
      혹시 주위에 다른 그룹에 속하는 사람이 있는지 추천 부탁 후 질문 종료

2. 트위터 서비스의 가장 대표적인 용도는 무엇이라고 생각하십니까?
   [팔로잉하는 트윗 보기] 정보 수집형 서비스
   [트윗하기] 메모형 서비스
   [리트윗하기] 알림형 서비스
   [댓글 달기] 대화형 서비스
      각 그룹에 해당되는 사람이 이미 20명 이상 모인 경우는
      혹시 주위에 다른 그룹에 속하는 사람이 있는지 추천 부탁 후 질문 종료

3. 트위터 서비스를 지난 일주일 동안 사용하셨습니까?
   [예] 계속 사용자로 간주
   [아니오] 사용 중단자로 간주
      각 그룹에 해당되는 사람이 이미 10명 이상 모인 경우는
      혹시 주위에 다른 그룹에 속하는 사람이 있는지 추천 부탁 후 질문 종료

소개글 작성하기

맥락질문법을 수행하다 보면 상부로부터 결제를 받기 위해, 또는 구성원들의 동의를 구하기 위해 조사에 대한 정식 소개글이 필요한 경우가 많다. 소개글에는 다음과 같은 사항을 주로 포함한다.

— 조사의 목적
— 현장에서 만나고자 하는 사용자의 종류
— 현장에서 관측하고자 하는 과업의 종류
— 현장에서 머무르는 기간
— 각 사용자와 함께하는 시간
— 조사로부터 기대되는 최종 결과물
— 사용자에게 제공될 조사 결과
— 자료 수집을 위해 현장에서 사용할 장비
— 사용자로부터 필요한 도움

마이크로블로그 서비스의 핵심 성공 요소를 파악하기 위해 수행하는 맥락질문법 인터뷰를 위한 소개의 글은 표 4와 같다.

표 4
맥락질문법 인터뷰를 위한 소개글 사례

수신: 트위터 서비스 사용자
발신: 연세대학교 HCI Lab 김진우 연구원
참조: 사용자의 직장 동료 및 가족
제목: 트위터 서비스의 핵심 성공 요소 파악을 위한 현장 인터뷰에 관해

트위터 서비스와 관련된 현장 인터뷰에 참여하기로 결정해 주서서 감사합니다. 이번 연구는 활발하게 성장해 나가고 있는 마이크로블로그 서비스의 성공요인을 도출하기 위해 진행되고 있습니다. 이번 조사에서는 귀 기관을 방문해 실제로 여가시간과 업무시간에 사용자가 트위터를 사용하는 방식을 관찰하고 인터뷰하고자 합니다. 이번 조사를 위해 귀 기관에 머무는 시간은 총 일주일이 될 것이며, 일주일 동안 20명의 직원과 2명의 임원을 면담하고 트위터 서비스 사용 과정을 관찰할 예정입니다. 각 임직원당 2시간의 시간이 소요될 예정입니다. 이 조사의 결과물은 사용자가 직장 내에서 트위터 서비스를 사용하기 위해 중요한 핵심 디자인 요소와 각 요소들 간의 상관관계이며, 귀사가 원하는 경우 이에 대한 내용을 간단하게 요약해 제공할 예정입니다. 이러한 자료 수집을 위해 현장에서 디지털 카메라를 통한 촬영이 있을 예정입니다. 이 자료는 이번 연구를 위한 자료로만 사용될 예정이며, 외부로 유포되는 일은 없을 것입니다. 조사 대상으로 선정되신 임직원께서는 가능한 한 평상시와 같이 업무에 임해 주시기 바랍니다.

귀 기관의 발전을 기원합니다.

참가 동의서 작성하기

경우에 따라서는 정식적인 참가 동의서를 조사 대상자로부터 받을 필요가 있다. 참가 동의서는 일반적으로 앞에서 제시한 소개글 마지막에 첨부되는 경우가 많으며, 가능한 한 간단하고 명료하게 작성되어야 한다. 표 5는 참가 동의서의 예를 보여 주고 있다.

표 5
맥락질문법 인터뷰를 위한 참가동의서 사례

나는 트위터 서비스의 핵심 성공 요소를 도출하기 위한 현장 인터뷰 조사에 참가하기로 동의한다. 나는 이 연구가 필요에 따라 내가 업무와 여가시간에 트위터 서비스를 사용하는 과정을 비디오로 촬영할 것이며, 촬영한 내용은 오직 이번 연구의 목적으로만 사용될 것이라는 것을 이해한다.

이름:
서명:
날짜:

사전 및 사후설문서 작성하기

실제 조사를 진행하기 전에 각 조사 대상자에게 사전 및 사후설문서를 받는다. 사전설문서는 주로 조사 대상자에 대한 인구 통계학적 정보와 프로젝트와 관련된 사전 경험에 대해 물어본다. 예를 들어, 마이크로블로그 서비스의 핵심 성공 요인에 대한 조사에서는 조사에 참가하기 전부터 얼마나 자주, 그리고 주로 어떤 마이크로블로그 서비스를 사용했는지 사전설문서에서 질문할 수 있다. 반면 사후 설문서에서는 조사와 관련해 전체적으로 하고 싶은 이야기와 자신의 개인적인 소견 등을 들어볼 수 있다. 또한 실제로 사용하는 과정에 대한 주관적인 측정 도구를 사용할 수 있다. 예를 들어, 주로 사용하는 측정 도구로는 주관적인 만족도나 최적의 경험 정도 등을 사용할 수 있다. 표 6에서는 연세대학교 HCI Lab에서 주관적인 만족도를 7점 척도로 측정하기 위해 실제로 사용했던 문항들을 보여 주고 있다.

표 6
트위터 서비스에 대한 주관적인 만족도를 측정하기 위해 사용하는 문항

매우 불만족	1	2	3	4	5	6	7	매우 만족
매우 불쾌	1	2	3	4	5	6	7	매우 유쾌
매우 실망	1	2	3	4	5	6	7	매우 흡족
매우 끔찍함	1	2	3	4	5	6	7	매우 괜찮음

비밀 보장 각서 작성하기

아직 시장에 나오지 않은 새로운 제품이나 서비스에 대한 과업 분석을 수행하는 경우에는 과업 분석을 수행하는 동안 조사 대상자에게 노출되었던 정보로 인해 중요한 자료가 기업 외부로 유출될 수 있다. 따라서 조사 시작 전에 비밀 보장 각서를 받을 수 있다. 표 7은 비밀 보장 각서의 예를 보여 주고 있다.

표 7
비밀 보장 각서 사례

아래의 사항을 읽고 의문이 있거나 동의하지 않으시면 조사자에게 알려 주시기 바랍니다.
전체적으로 읽어 보고 반대 의견이 없으면 제일 아래 칸에 서명 날인해 주시기 바랍니다.

나는 조사 기간 동안에 아직 일반에게 공개되지 않는 사항에 대한 정보를 습득할 수도 있다는 사실을 알고 있다. 만약 그런 상황이 발생하면, 나는 이번 조사기간 동안에 습득한 내용을 제3자나 회사 내에 허가받지 않은 다른 사람들에게 전달하지 않을 것이다. 또한 내가 접근할 수 있도록 허용된 한도 이외의 정보를 추가로 구하려 하지 않을 것이다. 나는 이와 같은 사항을 조사가 시작되기 전에 미리 알고 있었으며, 의문 사항에 대해 질문하거나 조사를 거부할 기회를 충분히 가졌다.

참가자 서명:
날짜:

답례품 준비하기

일반적으로 자기 회사 내의 직원을 조사 대상자로 이용하는 경우에는 별도의 답례품을 준비하지 않지만 그렇지 않은 경우는 답례품을 준비해야 한다. 답례품을 준비할 때에는 기본적으로 조사 대상자들이 바쁜 일정 중에 시간을 내어서 협조해 준 것에 대한 감사의 표시로 답례품을 준비한다. 그러나 답례품을 주었으니 참가자가 조사에 반드시 적극적으로 참여해야 한다는 고압적인 태도를 취하는 것은 바람직하지 못하다. 왜냐하면, 맥락질문법을 위한 인터뷰 이외에도 조사 대상자들이 그 시간과 정성을 들여 할 수 있는 더 가치 있는 일이 많기 때문이다. 따라서 답례품 자체보다는 답례품을 준비하는 마음이 더 중요하다. 일반적으로 조사 대상자들이 가장 선호하는 답례품은 현금이다. 그러나 많은 액수의 현금을 가지고 있는 것이 부담스럽거나 조사를 의뢰한 곳에서 현금 결제를 인정하지 않는 경우에는 해당 회사의 제품, 백화점 상품권, 무료 식사권, 주유권 등을 준비할 수 있다. 이러한 것들은 그냥 주는 것보다 감사의 글이 담긴 봉투에 넣어 주는 것이 더 바람직하다.

과업 분석

4.3 인터뷰 준비 단계

인터뷰 역할 분담하기

팀원은 두세 명으로 하되 사용자와 주로 대화할 사람 한 명, 맥락과 사용자를 관찰하고 인터뷰 내용을 기록할 사람 한 명으로 역할을 분담한다. 인터뷰를 시작하기 전에 인터뷰 대상자의 산업군, 회사, 직함, 작업 역할, 직무, 작업 환경, 그 밖의 객관적인 정보들을 정리해 팀원들과 공유한다.

인터뷰 일정 확정하기

인터뷰를 진행하기 전날에 대상자에게 전화 혹은 이메일로 연락을 한다. 우선 작업 환경을 정돈하거나 청소하지 말아 달라고 부탁한다. 보통 누군가가 자신의 작업 환경을 방문한다고 하면 청소를 하는데, 그러면 대상자가 평소에 작업하는 자연스러운 작업 환경을 볼 수 없고 작업하는 방식이 평소와 달라질 수 있기 때문이다. 다음으로 진행하는 인터뷰가 보통의 설문이나 인터뷰와 달리 대상자가 실제로 일하는 것을 보고 질문하는 것임을 확실히 한다. 마지막으로 대상자의 비밀 유지를 약속한다. 인터뷰 내용을 녹음할 것이며, 프로젝트가 끝난 다음에는 녹음한 테이프를 파기할 것을 알린다.

인터뷰 준비물 확인하기

인터뷰를 진행할 장소로 이동하기 전에 가져갈 것을 확인한다. 맥락질문법을 한번 진행하는 데는 이동용 비디오 레코더, 90분짜리 테이프 두 개, 충분한 배터리, 노트, 필기도구, 그리고 답례품이 필요하다.

4.4 인터뷰 진행 단계

소개하기

인터뷰할 장소에 도착해서 필요한 경우 관계자들에게 맥락질문법의 목적과 진행 방식에 대해 간략하게 소개한다. 맥락질문법을 통해 매우 가치 있는 정보를 얻을 수 있다는 것을 알리고, 한 번에 몇 명씩 진행되며, 얼마 동안 진행된다는 것을 알린다. 대상자를 만나면 자신에 대해 소개하고, 맥락질문법에 대해 간단히 소개한다. 대상자가 하는 작업에 집중할 것임을 알린다. 인터뷰의 길이가 어느 정도인지 알려 필요한 시간을 확보한다. 프로젝트 목적 이외에는 사용하지 않는다는 사실을 확실히 알리고 녹취 승낙을 받는다. 필요할 경우에는 추가 자료를 요청할 수 있다는 것도 미리 알린다. 소개하는 과정은 보통 10분에서 15분 정도 소요된다.

표 8은 연세대학교 HCI Lab에서 넷북에 관한 맥락질문법을 진행하면서 인터뷰 대상자에게 인터뷰를 소개했던 사례이다. 인터뷰는 넷북의 사용 방식을 반영해 장소를 이동하면서 진행되었다.

표 8
맥락질문법 인터뷰의 소개하는 말하기 사례

안녕하세요. 저희 인터뷰를 위해 귀한 시간을 내주셔서 고맙습니다.
저는 지난 번 인터뷰 참가자 모집 때(혹은 어제 저녁 전화) 연락을 드렸던, 연세대학교 HCI 연구실의 연구원 ***이고, 이쪽은 함께 인터뷰를 진행할 ***입니다. 만나 뵙게 되어 반갑습니다.
이번 인터뷰는 연세대학교 HCI Lab과 ㅇㅇ전자가 공동으로 진행하고 있는 조사입니다. 넷북의 전반적인 사용경험에 대해 알아보고, 다음 넷북을 개발할 때 사용자의 의견을 반영하기 위해서 기획되었습니다. 긴장하실 필요가 전혀 없으며, 평소에 생각하시던 것을 편하게 말씀해 주시면 되고, 오히려 저희가 넷북에 대해 잘 모르니 한 수 알려 주신다 생각하시고 말씀해 주시면 됩니다. 그리고 여기 있는 녹음기로 인터뷰 내용을 녹음하고 사진을 찍을 것인데, 이에 양해를 부탁 드리겠습니다. 이것은 *** 님과 함께하는 인터뷰를 저희가 모두 기억할 수 없기 때문에 기록을 목적으로 녹음하는 것입니다. 녹음된 내용은 연구 목적 이외의 용도로 사용하지 않으며, ***님의 개인 정보는 외부로 유출되지 않고, 모두 보호됩니다. 인터뷰 중간에 사진 촬영을 할 수도 있는데 당황하지 마시고 편안히 인터뷰에 계속 응해 주시면 됩니다. 먼저 오늘 하게 될 인터뷰 절차를 간략하게 설명 드리도록 하겠습니다. 인터뷰 진행 시간은 약 2시간 남짓 정도 소요될 예정입니다. 먼저 1시간 정도 인터뷰가 진행될 예정입니다. 넷북을 사용하시는 사용자의 세대별 특징을 알아보기 위해 다소 사적인 질문을 할 수 있는데, 이 점 양해 부탁드립니다. 그리고 평소에 넷북을 주로 사용하시는 장소 한두 군데로 이동해야 한다고 말씀 드렸었는데요. 저희가 준비한 작업을 수행을 하시면서 간혹 질문을 드릴 수도 있습니다. 평소 친구와 함께 이동하면서 넷북을 사용하신다고 생각하시고 질문에 답변해 주시면 됩니다.
혹시 이번 인터뷰에 대해 궁금하신 사항이 있으신가요?
이제부터 녹음을 시작함과 동시에 본격적인 인터뷰에 들어가도록 하겠습니다.

변환하기

변환하기는 사용자에게 작업의 중요한 부분을 직접 보는 앞에서 실행해 달라고 요청하는 것이다. 이것이 일반적인 인터뷰와 맥락질문법의 차이를 만드는 부분이다. 인터뷰 대상자가 하는 일 중 조사자가 관심 있는 부분이 발견되면 그 일을 실제로 하는 것처럼 그 자리에서 실행해 달라고 요청한다.

표 9는 넷북 사용자의 과업 분석에 대한 연구에서 인터뷰 대상자에게 요청한 과업이다. 그림 13에서 인터뷰 대상자가 평소에 넷북을 자주 사용하는 학교 도서관에서 조사자가 요청하는 과업을 수행하고 있다.

표 9
맥락질문법에서 대상자에게 요청한 과업 사례

1. 음악을 들으면서 웹서핑을 하시다가, 맘에 드는 기사를 찾아서 PPT로 정리해 주세요.
2. 정리한 PPT를 이메일로 발송해 주세요.
3. 가장 친한 친구의 싸이월드에 가서 글을 남겨 주세요

현장 인터뷰를 진행하기

맥락질문법 인터뷰는 보통 2시간 동안 진행되고 그중 1시간 30분은 현장 인터뷰라 할 수 있다. 조사자는 인터뷰 대상자를 관찰하면서 새롭게 발견한 점에 대해 인터뷰 대상자와 대화를 나누고 그렇게 행동하는 이유에 대해 물어볼 수 있다. 자세하게 질문하는 것은 인터뷰 대상자의 행동을 상당히 구체적으로 이해할 수 있게 한다.

그림 13
과업을 수행하고 있는 인터뷰 대상자

인터뷰를 진행하는 동안 관찰한 것과 이야기 나눈 것을 필기한다. 필기할 때에는 종이의 순서가 바뀌지 않도록 스프링 노트를 가져간다. 또한 인터뷰가 끝난 뒤에 해석할 수 있을 정도로만 간단하게 필기한다. 필기를 하기 위해 컴퓨터를 쓰는 것은 권장하지 않는데, 이는 컴퓨터의 존재가 인터뷰 대상자와 조사자 간에 벽을 만들 수 있기 때문이다. 손으로 필기하는 것은 쉬운 일은 아니지만 다른 방법들에 비해 반복하기 쉽고, 여러 번 해 보면 해석하기에 적당한 수준의 필기하는 방법을 익힐 수 있게 된다. 인터뷰 중에 필기해야 할 것은 다음과 같다.

— 대상자가 수행하는 역할
— 대상자가 맡고 있는 책임과 의무
— 대상자가 타인과 의사소통하는 방식
— 조직의 공식적이고 비공식적인 문화를 보여 주는 증거
— 대상자가 그의 공간을 사용하는 방식
— 대상자가 사용하거나 참고하는 물건
— 대상자의 중요한 과업이나 일하는 전략 그리고 의도
— 대상자가 일을 할 때 사용하는 기능과 사용하지 않는 기능

인터뷰 중간에 새로운 제품이나 서비스에 대한 아이디어가 떠오르면 직접 대상자와 그 아이디어에 대해 이야기하는 것도 한 가지 방법이다. 이를 통해 아이디어에 대한 피드백을 받고 조사자가 대상자의 작업을 얼마나 이해했는지 확인할

수 있다. 또한 일하는 공간을 그려 두면 나중에 인터뷰 결과를 해석할 때와 제품을 디자인할 때 도움이 된다. 사진을 찍는 것도 도움이 된다. 물리적인 환경의 중요한 부분을 찍어서 팀이 인터뷰 이후에도 조사자가 그곳에 대한 느낌을 충분히 받을 수 있고, 대상자가 일을 할 때 사용하는 물건, 책, 포스트잇, 파일 등의 배치를 기록할 수 있다. 이는 맥락 분석에도 큰 도움이 된다. 단 사진을 찍고자 할 때는 반드시 사전에 허락을 받아야 한다. 또한 무엇을 찍고 싶은지 인터뷰 중에 미리 적어 두고 인터뷰가 끝났을 때 한꺼번에 찍으면 인터뷰를 방해하지 않을 수 있다. 그림 14는 인터뷰를 하는 넷북 사용자의 넷북 사용 상황을 촬영한 것이다. 사용자는 카페나 도서관에서 넷북과 다른 물건들을 함께 사용하고 있었다.

그림 14
현장 인터뷰 중에 사용 맥락을 사진으로 기록한 사례

중요한 일인데도 대상자가 인터뷰 동안에 그 일을 수행하지 않을 수 있다. 예를 들어, 그 일을 지난 주에 했기 때문에 인터뷰할 때는 그 일을 다시 할 필요가 없는 경우이다. 이럴 때는 대상자에게 중요한 작업을 했을 때를 회상해 달라고 요청할 수 있다. 그때 일을 했던 방식을 재연해 달라고 요청할 수도 있고, 그 일의 결과물을 가지고 기억을 되살려 달라고 요청할 수도 있다. 단 이때 2주보다 더 오래된 일을 회상해 달라고 하면 안 된다. 2주 정도가 지나면 일에 대한 자세한 기억이 흐려지기 때문이다.

인터뷰 시 주의사항

맥락질문법에는 네 가지 기본 원칙이 있다. 이 네 가지 원칙을 맥락질문법 인터뷰에 제대로 적용하기 위해서는 아래와 같은 주의사항들을 준수해야 한다. 인터뷰를 진행하기 전에 이 주의사항들을 숙지하고 인터뷰에 임하는 것이 좋다. 주의할 사항은 다음과 같다.

첫째, 대화를 구체적인 수준에서 분명하게 한다. 사용자가 공중에 대고 말하게 하거나 추상적으로 이야기하게 두어서는 안 된다. 가까운 과거에 있었던 실제로 일어난 일과 구체적인 사례에 대해 대화해야 한다. 사용할 때의 의도와 구조를 적으면서 사용된 도구를 얻거나 그려야 한다. 둘째, 상황을 재구성해야 한다. 사용자가 자신의 행동을 지나치게 요약해서 이야기하게 해서는 안 된다. 사용자가 한 단계를 건너뛰면 다시 전 단계로 돌아갈 수 있도록 한다. 셋째, 사용자가 도구를 사용하는 모습을 있는 그대로 봐야 한다. 사용자에게 일을 하는 방법이나 도구를 사용하는 요령을 알려 주어서는 안 된다. 사용자가 도구를 사용하는 요령을 물어볼 때는 먼저 평소에 어떻게 사용하는지를 물어본다. 그리고 인터뷰가 끝났을 때 요령을 알려 주어야 한다. 넷째, 사용자에게 다음에 무엇을 할지 물어봐서는 안 된다. 지금 일어난 일에만 신경을 쓰고, 과거의 작업에 대해 회상해 달라고 부탁한다.

맥락질문법에서 인터뷰 대상자인 사용자와 인터뷰를 하는 조사자는 협력 관계에 있어야 한다. 협력 관계를 수립하기 위해 주의해야 할 사항은 다음과 같다.

첫째, 인터뷰를 하는 이유와 인터뷰를 할 때 중점적으로 보고자 하는 것을 사용자와 공유한다. 이것을 사용자에게 일부러 숨기면 안 된다. 조사자와 인터뷰 대상자의 초점이 공유되면 인터뷰 대상자가 관련된 사례와 주제를 찾을 수 있도록 도울 수 있다. 둘째, 서먹서먹한 관계보다는 친밀한 관계를 만들도록 노력한다. 멀리 떨어져 앉아서 수줍은 태도로 소심하게 대하거나 너무 건방진 태도를 취하는 것은 피한다. 대신 앞으로 기울여 앉고 주의를 집중하고 자신감 있는 태도를 갖도록 한다. 조사자는 한 수 가르쳐 주겠다는 태도가 아니라 어떻게 사용하는지 사용자에게 배운다는 태도로 임해야 한다. 셋째, 주어진 각본에 따라 기계적으로 인터뷰하기보다는 사용자가 보여 주는 비언어적인 단서에 반응하도록 노력한다. 질문하고 답하기만 하거나 행동과 관계없는 질문을 하는 것은 좋지 않다. 형식적인 관계보다는 그것을 뛰어넘는 참여를 유도하는 것이 바람직하다. 만약 사용자가 자신을 의심하거나 긴장하거나 수줍어한다면, 그에게 특정한 일을 어떻게 하는지 보여 달라고 예의 바르게 요청한다. 만약 사용자가 수다스럽거나 하고 있는 일과 관련 없는 일에 대해 이야기하고 있다면 주의를 환기시킨다. 사용자가 지난 번에 그 과업을 수행할 때 어떻게 했었는지 구체적인 단계를 재연해 달라고 요청하는 것도 도움이 된다. 넷째, 사용자와 가까운 자리에 앉는다. 사용자가 이야기하고 있을 때 가급적 반대편 자리에 앉아 있지 말고 의자를 끌어당겨서 사용자와 컴퓨터 모니터 바로 옆에 앉아 무슨 일이 일어나고 있는지 볼 수 있도록 한다.

조사자는 자신의 가설을 사용자와 공유함으로써 사용자의 행동과 말 뒤에 숨겨진 함축된 의미를 발견할 수 있어야 한다. 이를 위해서는 다음 사항에 주의해야 한다.

첫째, 사용자가 하는 일의 과정에서 발견되는 패턴, 의도, 이슈를 찾아내고, 이를 사용자와 공유한다. 단지 무슨 일이 일어나는지 관찰하고 기록하기만 해서는 안 된다. 둘째, 조사자가 생각하고 있는 가설을 사용자에게 제공한다. 조사자가 가설을 제공하면 사용자는 그것을 구체화할 수 있게 해 준다. 이를 위해서는 '예, 아니오'로만 답할 수 있는 질문을 하지 말아야 한다. 셋째, 일이 어떠한지 설명하기 위해 비유적인 설명을 활용한다. 그리고 그 비유가 사용자에게 적절한지 확인한다. 너무 추상적이거나 애매모호한 질문은 가급적 회피하고 비유를 통해 사용자가 쉽게 이해하고 참여할 수 있는 질문을 한다. 넷째, 조사자의 해석을 사용자와 공유한다. 비록 사용자의 말과 행동이 분명하더라도 조사자의 해석이 옳은지 확인하기 위해 사용자와 적극적으로 대화를 한다. 다섯째, 인터뷰가 끝날 때 무슨 일이 있었는지 재연만 하지 말고 통합적인 결론을 만든다. 사용자가 작업할 때 어떤 전략을 썼는지, 그의 역할이 무엇인지에 대해 어느 정도 정리된 결론을 제시한다.

조사자는 인터뷰를 하는 동안 조사의 목적에 지속적으로 초점을 맞추어야 한다. 이를 위해서 다음 사항에 주의해야 한다.

첫째, 조사자의 관심을 사용자의 행동에 집중한다. 사용자가 사용하는 소프트웨어나 하드웨어에 초점을 맞추지 말아야 한다. 중요한 것은 장비가 아니라 사용자가 하는 일이기 때문이다. 둘째, 조사자의 초점을 벗어난 이슈나 사건을 쫓아서는 안 된다. 사용자가 소개하는 관계없어 보이는 사건은 예의 바르지만 단호하게 무시한다. 조사자가 사용자에게 관계없는 정보에는 흥미가 없다는 것을 분명히 할 필요가 있다. 사용자가 초점밖에 있는 것에 대한 대화를 할 때 제지하는 것은 예의에 어긋나는 것이 아니다. 셋째, 조사자가 이해하지 못한 것과 놀라워한 것에 대해 추가 정보를 확보해야 한다. 조사자가 이해하지 못한 이슈를 그냥 지나치면 안 된다. 넷째, 조사자가 듣고 싶은 질문의 순서대로 이야기하는 것이 아니라 구체적인 진행 단계를 따라간다. 조사자의 머릿속에 있는 주제를 논의하기보다는 실제로 인터뷰 대상자가 어떻게 행동하는지 관찰하고 토론한다. 이를 위해 노트의 각 페이지 맨 위에 초점을 두어야 할 주제를 크게 적는 것이 도움이 된다. 질문을 미리 정해서 사용하지 말고, 조사자의 프로젝트가 고려하고 있는 영역을 유념해서 작업을 관찰하면 더 물어봐야 할 것과 무시해야 할 것을 알 수 있다.

4.5 내용 해석 단계

현장 방문 조사를 마친 다음에는 가급적 빠른 시간 내에 방문보고서$^{trip\ reports}$를 작성하는 것이 과업 분석 과정에 큰 도움이 된다. 여기서 중요한 포인트는 되도록 빠른 시간 내에 보고서를 작성하기 위해 조사자는 인터뷰가 끝나고 48시간 안에 인터뷰를 해석하도록 노력하는 것이다. 48시간이 지나면 필기한 것 외에 녹취한 내용을 듣거나 추가적인 자료를 참조해야 한다. 우리의 뇌는 중요한 흐름과 대략적인 내용은 기억하지만 세부적인 사항은 잊어버리기 때문이다. 가능하면 인터뷰를 마치고 돌아온 날 방문보고서를 작성하는 것이 좋다. 필자는 일정을 마치고 이동하는 도중에 방문보고서를 작성하곤 하는데, 이는 방문을 마치고 가장 생생한 기억을 가지고 있었을 때 보고서를 작성하는 것이 중요하기 때문이다. 그리고 다음날 다시 그 내용을 검토하면서 내용들 간의 불일치한 부분이나 빠진 부분을 보충해 나간다.

방문보고서는 특정한 양식을 가지고 있는 것은 아니지만 관찰 또는 대화를 나눈 내용을 가능한 한 자세하게 기술하는 것이 바람직하다. 또한 방문 과정에서 카메라나 비디오 또는 녹음기를 사용했다면, 이러한 자료도 함께 첨부하는 것이 효과적이다. 또한 방문 중에 표나 그래프와 같은 정량적인 데이터를 입수했다면, 그 자료도 함께 정리하는 것이 좋다.

5. 사용 시나리오 분석법

맥락질문법을 통해 수집된 데이터는 사용자의 이용 행태를 직관적으로 확인할 수 있는 시나리오로 정리 및 분석될 수 있다. 특히 시스템이 내부적으로 어떻게 작동하는지보다 사용자가 어떤 방식으로 직접 시스템을 사용하는지에 초점을 맞춘 시나리오를 실제 환경의 사용 시나리오 problem scenario 라고 한다. Rosson and Carroll, 2002 여기에서는 사용 시나리오를 작성하는 절차와 이를 통해 사용자 행동을 분석하는 영향 분석 claim analysis 에 대해 다루도록 하겠다.

5.1 관련 자료를 준비하는 단계

현장 방문 조사 결과 이후, 시나리오를 준비하는 과정에서 가장 직접적인 자료는 맥락질문법의 조사 결과이다. 그러나 맥락질문법 인터뷰를 통한 방문보고서 외에도 사용 시나리오를 작성하기 위해 시간과 예산이 허용하는 범위 내에서 여러 가지 자료를 이용하는 것이 필요하다. 이는 디지털 제품이나 서비스를 개발하면서 생각해 볼 수 있는 시나리오는 거의 무한하기 때문이다. 또한 시나리오 기반 디자인의 가장 큰 실패 요소는 개발자나 디자이너의 생각에서 비롯된 편향된 시나리오만을 고려하는 경우이다. 이러한 배경에서 볼 때 가능한 모든 시나리오를 도출하고 그중에서 적절한 시나리오를 취사 선택하는 것이 좋은 시나리오를 만드는 기본 전제 조건이다. 맥락질문법을 통해서도 사용자경험에 대한 정보를 파악할 수 있지만, 사용자를 실제 시나리오 작성 과정에 포함시키는 것도 직접적인 정보를 얻을 수 있는 방법이다. 특히 사용자 참여 디자인은 맥락질문법과 함께 사용하면 더 좋은 효과를 얻을 수 있다. 맥락질문법에서 얻은 실제 정황 시나리오에 더해 참여한 사용자로부터 얻는 정보를 가지고 세부 항목의 시나리오를 작성할 수 있기 때문이다. 사용자를 직접 참여시키는 방법으로 팀의 창의성을 최대화할 수 있고 원활한 의사소통을 가능하게 하는 브레인스토밍 방법을 들 수 있다. 브레인스토밍을 통해 사용자와 함께 시나리오를 효과적으로 작성하기 위한 규칙은 간단하다. 우선 어떠한 경우에도 상대방의 의견에 대해 비판하지 말고, 자유분방한 아이디어를 환영할 수 있어야 한다. 황당무계한 시나리오라도 환영하고 되도록 많은 양의 시나리오를 생각해 보도록 한다. 그리고 질보다 양을 추구해 일단 처음에는 가급적 많은 안을 내도록 유도하는 것이 중요하다. 그 다음은 만들어진 시나리오들을 가지고 조합해 새로운 시나리오를 작성하도록 한다.

그러나 시간과 비용 문제로 실제 사용자와 함께 맥락질문법이나 브레인스토밍을 진행할 수 없는 경우, 이전 사례 및 참고문헌 등을 통해 이전에 만들어진 시나리오를 참고한다. 사전에 만들어진 유사한 시나리오를 사용하는 것은 그 시나리오가 이미 검증이 되었다는 점에서도 장점이 있다. 그러나 과거 시나리오를 사용하다 보면, 기존 과업에 너무 편향된 분석을 하는 경우도 있다. 이러한 단점을 보충하기 위해서는 과거 시나리오를 재활용하는 체계적인 지원 방법과 절차를 연구할 필요가 있다.

5.2 시나리오 구성 요소를 확정하는 단계

일반적으로 시나리오의 구성 요소는 기본 무대 설정, 등장인물, 플롯 등 세 가지로 볼 수 있다.

기본 무대 설정

전통적인 극 이론에서 시나리오는 기본적으로 무대에서 이루어지는 이야기이다. 이것은 무대setting라는 공간이 미리 정해져 있다는 것을 말한다. 예를 들어, 지하철에서 SMS 메시지를 확인한다는 시나리오에서는 지하철 안이라는 무대가 기본적으로 설정되어야 한다. 마찬가지로 거실에서 VOD를 통해 최근 영화를 다운받아 본다고 하면, 거실이 기본 무대로 설정된다.

등장인물

시나리오에는 배우들이 등장한다. 한 시나리오에서 등장인물actors & agents은 한 명일 수도 있고 여럿일 수도 있다. 위에서 설명한 기본 무대 설정과의 차이점은 등장인물 배우들은 각자가 적어도 하나 이상의 목적을 가지고 있다는 것이다. 사용자 분석에서 파악되었던 주 사용자와 부 사용자가 빠짐없이 등장인물로 거명되었는지 확인하는 것도 시나리오의 완전성을 체크하는 중요한 기준이다.

플롯

좋은 시나리오는 프라이탁Freytag이 말한 다섯 단계의 구성plot으로 갖춰져야 한다. 첫째, 발단에서는 등장인물의 소개, 배경의 제시, 사건의 실마리 제시, 사용자의 흥미 유발, 인물의 성격이나 갈등이 암시되어야 한다. 둘째, 전개에서는 사건의 본격적 전개, 갈등과 분쟁의 제시, 인물 성격의 변화와 발전, 복선, 암시, 생략 등의 기교가 구사된다. 셋째, 위기에서는 갈등과 분쟁이 격렬하게 상승하는 국면이 나타나야 한다. 넷째, 절정에서는 작품의 전체적인 의미를 암시하며 극적 반전이 이루어지기도 한다. 다섯째, 결말에서는 갈등과 분쟁의 해결이 있으며 약간의 여운을 남기기도 한다. 물론 디지털 제품이나 서비스를 사용하는 모든 과정이 소설에서나 볼 수 있는 흥미진진한 플롯을 모두 취한다고 볼 수는 없다. 특히 기능적인 목적으로 사용하는 증권 거래나 검색엔진과 같은 서비스는 위에서 설명한 것과 같은 다섯 단계 플롯을 가지고 있다고 말하기 어렵다. 그러나 HCI의 목표가 사용자에게 최적의 경험을 제공하는 것이라면, 이러한 플롯 제공 여부를 살펴보는 것은 재미있는 경험을 제공하는 디지털 제품이나 서비스 설계에서 중요한 기준이 될 수 있다. 한 연구 논문에 따르면, 사람들은 일상적인 문서 작업을 하거나 이메일을 체크하면서도 이런 경험을 하는 것으로 나타났다.Pilke, 2004 따라서 아무리 일상적이고 사무적인 과업이라 할지라도 사용자가 흥미롭게 생각할 수 있는 플롯을 제공한다는 것은 좋은 경험을 제공할 수 있는 효과적인 방법이다.

5.3 시나리오의 종류를 결정하는 단계

일반적으로 시나리오는 실제 일어난 일의 순서를 기술하는 기본 시나리오normal scenario와 가상적으로 작성한 극단적인 시나리오exceptional scenario의 두 가지 종류로 나누어지고, 극단적인 시나리오는 다시 긍정적 시나리오와 부정적 시나리오로 나누어진다. 긍정적 시나리오positive scenario는 말 그대로 사용자가 최적의 경험을 하는 시나리오를 가상적으로 기술하는 것이고, 부정적 시나리오negative scenario

는 사용자가 의도하지 않았던 어려움을 많이 겪게 되는 경우를 가상적으로 기술하는 것이다.

　　기본 시나리오는 서로 비교가 가능한 비슷한 유형의 제품이나 서비스를 두 개 이상 선택해 각 시나리오를 작성해 본다. 왜냐하면 서로 다른 제품이나 서비스의 사용 시나리오를 비교 분석함으로써 제품이나 서비스의 어떤 점들이 사용자경험에 중대한 영향을 미치는지 알 수 있기 때문이다. 또 극단적인 시나리오를 긍정적 시나리오와 부정적 시나리오 둘 다 작성하는 것을 추천한다. 긍정적 시나리오와 부정적 시나리오를 비교함으로써 현재의 제품이나 서비스에서 사용자경험에 중대한 영향을 미치는 요인들을 더 명확하게 파악할 수 있기 때문이다.

5.4 기본 시나리오를 작성하는 단계

　　기본 시나리오를 작성하는 방법은 글을 이용하는 방식, 정형화된 양식을 이용하는 방식, 실제 화면을 이용하는 방식이 있다.

글을 이용하는 방식

　　대부분의 시나리오는 글로 표기가 되며, 처음 시나리오를 작성할 때는 평소에 글을 쓰는 방식으로 줄거리를 써 나간다. 표 10은 트위터의 사용자를 위한 시나리오의 예이다.

표 10
글을 이용한
기본 시나리오의 사례

Y대학 4학년인 자연이는 요즘 매우 바쁘게 지낸다. 수업과 조모임이 많고, 한 조모임에서 조장을 맡아 이것저것 신경 쓸 일이 많아졌다. 그래도 새롭게 시작한 트위터는 가끔 들어가 본다. 트위터에서 친구들의 소식을 들을 수 있기 때문이다. 바빠서 만나기는 쉽지 않지만 친구들을 트위터를 통해 만날 수 있다. 쉬는 시간에 컴퓨터실을 찾았다. 트위터의 주소가 익숙하지 않아 검색창에서 트위터를 찾았다. 그리고 트위터에 접속해 로그인을 했다. 로그인을 하자 평소 친하게 지내던 희영이가 팔로잉을 신청했다. 고시를 준비하는 친구라 방해가 될까 봐 연락을 잘 못하고 있었는데 먼저 팔로잉해 주니 고맙다. 희영이의 팔로잉을 수락하니 "이제 2달 남았으니 빡세게 해서 꼭 붙자!!"라고 결심한 트윗이 떴다. "그래! 난 너를 믿는다!!!"라고 응원 댓글을 달아 준다. 지난 학기에 같이 수업을 들었던 은철선배는 카메라를 새로 구입했다. 은철선배는 "이 카메라를 위해 아침 6시부터 줄을 섰다. 드디어 내 손안에〉〈"라고 트윗을 남겨 조금 귀엽다는 생각이 들었다. 평소 키가 크고 말이 적어서 다가가기 어려운 느낌이 들었는데, 아이처럼 좋아하는 글을 보니 친근감이 느껴졌다. "축하드려요!! 언제 한번 사진 찍어 주세요^^*"라는 리플을 달아 주었다. 은철선배의 다른 트윗들을 보다가 "지옥입구?"라는 트윗을 보고 호기심이 생겨 링크를 클릭해 보았다. "주택가에 커다란 구멍이 뚫려 있고 주변 집이 망가진 사진이 있었다. 이번 달 초에 과테말라에서 태풍이 불어 생긴 구멍이라고 한다. 수도관이 관리가 되지 않아 인재일 수도 있다고 하지만 정말 무섭게 생긴 구멍이었다. 요즘 날씨가 이상한데 누구의 농담처럼 지구 종말이 가까워진 것은 아닐까라는 걱정이 든다. 은철선배의 트윗을 리트윗하고 새로 트윗을 작성한다. "우리나라도 곧 장마철인데 어디 구멍 나지 않아야 할텐데……." 시계를 보니 쉬는 시간이 끝나가 브라우저를 끈다.

정형화된 양식을 이용하는 방식

글로 시나리오를 작성하고 필요에 따라서는 좀 더 정형화된 형태의 시나리오를 작성하기도 한다. 정형화된 형태의 시나리오를 작성하는 요령은 사용자와의 상호작용을 기준으로 구분해 작성한다. 정형화된 양식의 시나리오는 앞서 설명했던 HTA와 비슷한 모습을 가진다. HTA와 다른 점은 시나리오는 구체적인 한 사건을 중심으로 하는 것인 반면, HTA는 일반적인 시스템의 기능을 중심으로 한다.

표 11
정형화된 양식을 이용한
시나리오의 사례

트위터로 놀기

1. 트위터에 접속
2. 트위터에 로그인
3. 팔로잉하는 트위터의 트윗을 읽음
　　3.1. 답글 달기
　　　　3.1.1 Tweet 아래의 Reply 버튼 누름
　　　　3.1.2 댓글 내용 입력
　　　　3.1.3 Tweet 버튼을 눌러 입력
　　　　3.1.4 Latest에서 입력한 내용 확인
　　3.2. 링크 읽기
　　　　3.2.1 트윗에서 언급한 링크 클릭
　　　　3.2.2 링크에서 내용 읽기
　　3.3 리트윗하기
　　　　3.3.1 Tweet 아래의 Retweet 버튼 누름
　　　　3.3.2 Retweet to your followers? 대화창에서 Yes 버튼 선택
　　　　3.3.3 Latest에서 입력한 내용 확인
4. 내 트위터에 트윗하기
　　4.1 내 트위터 홈의 가장 위의 칸에 메시지 입력
　　4.2 Tweet 버튼 눌러 입력
　　4.3 Latest에서 입력한 내용 확인

실제 화면을 이용하는 방식

이미 시스템이 완성되어서 작동하고 있다면 각 시나리오의 절차를 화면상에 보여 줄 수도 있다. 예를 들어, 그림 15는 정형화된 양식을 이용한 시나리오를 대상으로, 실제 시스템에서 보여지는 각 화면에 대상이 되는 작업을 번호로 지정하고 있다. 예를 들어, 그림 15의 위쪽 네 개의 그림을 '3.2 링크 읽기'와 '3.3 리트윗하기' 과정을 표현하고 있으며, 아래쪽 그림 세 개는 '4. 내 트위터에 트윗하기' 과정을 표현하고 있다.

그림 15
실제 화면을 이용하는
시나리오의 사례

5.5 극단적인 시나리오로 확장하는 단계

극단적인 시나리오로 확장하는 단계에서는 극단적으로 부정적인 시나리오와 극단적으로 긍정적인 시나리오를 작성한다. 트위터의 특성을 상대적으로 알아보기 위해 비교 가능한 서비스로 싸이월드의 커넥팅을 사용해 극단적인 시나리오를 작성한 사례를 다음 표 12에 제시한다. 예를 들어 각 사례에서 상욱과 윤석이라는 인물은 트위터와 커넥팅에서 아래와 같이 긍정적인 경험을 한다.

표 12
극단적으로 긍정적인
시나리오 사례

트위터 사용에 대한 긍정적 시나리오

Y대학생 3학년 상욱이는 미국 MIT에 교환학생을 가게 되었다. 미국에 도착해서 트위터에 푹 빠져 산다. 한 달 전 아이폰을 구입한 뒤로 그의 취미는 식사시간에 틈틈이 아이폰으로 '트위터'를 즐기는 것이 되었다.

등교 전, 상욱은 토스트를 씹으며 아이폰을 켜고 전용 애플리케이션인 'twtkr' 아이콘을 터치한다. 기억되어 있는 계정으로 자동 로그인이 되어 편리하다. 상욱이 follow하는 힙합가수 TigerJK가 많은 메시지를 끄적여 놨다. 오오! 요즘 밤새워 앨범 작업을 하느라 피곤해 보였던 TigerJK에게 어제 '앨범 기대하겠다. 힘내세요!'라고 글을 날렸더니 '응원 덕분에 6번째 트랙의 곡이 완성되었다'고 답변해 줬다. 상욱은 마음이 너무 뿌듯하다.

점심시간에 K대에 다니는 친구 동석이가 트위터를 통해 메시지를 보냈다. 이번 방학 때 함께 유럽 여행을 가기로 했는데 런던에서 묵고자 했던 한국인 숙소가 예약이 다 찼다고 한다. 착잡한 기분을 달래려 아이폰으로 트위터에 접속해 글을 남긴다. "We will be in London from 7/1 to 5, but can't find our accommodation. Somebody help us!"

점심 식사시간, 학교 벤치에서 상욱은 두 번째 아이디로 트위터에 접속한다. 트위터는 얼마든지 여러 개의 계정을 가질 수 있다. 어? 재미있는 글이 올라왔다. "빨간 풍선 10개를 찾아라. 미국 전역에 흩어진 10개의 빨간 풍선의 정확한 위치를 가장 먼저 찾는 팀에게 4만 달러의 상금을 수여한다."라는 글이다. 도와주기만 해도 상금가지치기로 나도 상금을 받을 수 있단다. MIT가 우승키길 기원하며 리트윗을 했다.

다시 원래의 아이디로 접속한 상욱은 웬 영어 메시지가 떠 있는 것을 확인한다. "You may stay in my house, if you wish. – Bob from London" 이럴 수가! 이것이 트위터의 힘인가!!! 당장 [reply] 버튼을 눌러 그에게 일정과 주소 등을 물어본다. 상욱은 세상이 아직 따뜻하다는 것을 트위터를 통해 새삼 느낀다. 그 다음날 뉴스를 보는이 '빨간 풍선 찾기 우승팀은 MIT'라는 기사가 떴다. 내가 한 거라곤 리트윗밖에 없는데 상금을 받게 되었다. 어제 오늘 트위터의 위대함을 다시 한번 느낀다.

커넥팅 사용에 대한 긍정적 시나리오

집으로 돌아와 넷북 전원을 켜자 네이트온이 자동 실행된다. 연동설정을 해 놓은 '커넥팅' 아이콘을 클릭해서 바로 접속한 뒤, 내 미니홈피에 달린 댓글과 내가 쓴 글에 달린 댓글을 확인한다. 커넥팅이 생긴 뒤로 각 페이지로 가지 않아도 답변들을 일괄적으로 확인할 수 있으니 참 편해진 것 같다.

MP3플레이어가 필요해서 어제 지식인에 디자인이 예쁜 MP3플레이어를 추천해 달라는 글을 올렸다. 지식인에 로그인해 답변들을 확인한다. 두 개의 답변이 달려 있다. "이 MP3는 재생시간이 50시간이나 됩니다" "무이자 대출, 최대 5,000만원까지!" 내가 원하는 답이 아닐뿐더러 광고까지 달렸다. 역시 지식인은 쓸데없는 정보가 너무 범람한다. 다시 네이트에 접속했다. 커넥팅창에다 "디자인 예쁜 MP3 추천 좀"이라고 입력했다. 10분이 채 되지 않아, 일촌들의 수많은 댓글들이 달렸다. 다들 내 맘에 쏙 드는 디자인의 MP3를 추천해 줘서 너무 고맙다. 역시 나를 잘 아는 사람들과 커뮤니케이션을 하니 말이 잘 통한다. 쓸데없는 광고도 없고 너무 좋다.

'앱스소식' 메뉴를 클릭하니 평소 재미있는 시도를 많이 하는 민호가 〈영어의 신〉 애플리케이션을 추가했다고 나온다. 질 수 없다는 마음에 화면 상단에 있는 앱스 아이콘을 클릭해 설치한다. Play를 해 보니 생각보다 재미있다. 커넥팅으로 돌아가 친구들에게 이 애플리케이션 재미있다며 추천 메시지를 뿌린다.

얼마 전에 트위터를 처음 해 봤는데 사람도 찾기 어렵고 뭔가 정이 없다. 트위터보다는 친한 사람들끼리 연락하기 쉬운 커넥팅이 더 좋다. 내 친구들이 이미 다 친구로 되어 있는데다가 관리하기도 쉬우니까, 10분도 안 걸려서 이것저것 도움되는 이야기를 많이 들은 것 같다.

다음은 동일한 인물이 트위터와 싸이월드의 커넥팅을 사용하면서 할 수 있는 부정적인 경험에 대한 극단적인 시나리오이다.

트위터 사용에 대한 부정적 시나리오

'따르릉' 알람이 울린다. 윤석은 손을 뻗어서 알람을 끄고 일어났다. 에취! 어제 봄이라고 옷을 얇게 입어서 그런가? 목이 칼칼하고 콧물이 나는 것이 감기에 걸렸나 보다. 요즘 감기가 독하다는데, 트위터에 "감기에 걸렸어요. 감기에 직빵인 건 뭘까요?"라는 글을 올려놓고 씻으러 갔다. 씻고 오니 나의 팔로워 중 한 명이 "감기엔 역시 항생제가 짱이죠 ;-)"라고 써 놓았다. "좋은 정보 감사!"라며 리플라이를 했다.

등교 길에 약국에 들려서 항생제를 사 먹어야겠다. 그 순간 새로운 트윗 글이 올라왔다. 김주하 앵커다. 천안함의 안타까운 이야기를 올렸다. 혹시 다른 나라에서는 우리나라의 천안함 사건을 어떻게 보도하고 있는지 궁금해서 CNN을 찾았다. CNN의 트위터 주소를 몰라 그냥 CNN이라고 치니 'CNNBrk!'라고 있다. 아마 breaking news를 뜻하는 것이겠거니 팔로잉을 했다. CNN 뉴스가 뜨기는 하는데 링크만 계속 뜬다. 좀 이상하다. 컴퓨터를 끄고 재빨리 학교로 향했다. 아까 트위터에서 본 글이 생각나 약국에 들어갔다. 감기에 걸렸으니 항생제를 달라고 했더니 약사도 그렇고 옆에 있던 사람도 이상하게 쳐다본다. 내가 뭘 잘못 말했나? 다시 또박또박하게 항/생/제 를 달라고 했다. 그랬더니 약사가 항생제는 세균치료에 사용하는 것이라며 감기약을 하나 내준다. 하하. 당장 관계를 끊어 버려야겠다.

학교에 도착해서 수업하기만을 기다리는데 뒷자리에 앉은 여학생이 "그거 알아? 연예인 사칭해서 트윗하는 사람들이 많더라. 이병헌도 트위터 안 한다고 그러더라."는 이야기를 친구들과 한다. 헐. 아까 팔로잉한 CNN도 왠지 의심쩍다. 스마트폰으로 정보를 검색해 보니 역시나 낚였다. 개인이 운영하는 거란다.

인터넷 뉴스에서는 김주하 앵커의 "북한 반잠수정 침몰시킨 듯"이라는 트위터 메시지가 징계문제가 생겼다고 한다. 정확한 사실 확인 이전에 앵커가 트윗으로 이야기를 전한 것 때문이란다. 번복했다고는 하지만 전쟁이 날까봐 조금 무서웠던 것도 사실이다.

트위터는 믿을 사람이 하나도 없는 걸까. 기분도 구린데 트위터에 쓸데없는 광고 글들이 내 트위터를 도배했다.

커넥팅 사용에 대한 부정적 시나리오

오늘도 일기를 쓰기 위해 네이트 싸이월드에 접속한다. 로그인하니 화면 중간에 '커넥팅'이란 메뉴가 보인다. 호기심에 "내 홈피에 자주 놀러와!"라며 메시지를 적는다. 다음 날, 싸이월드에 접속했더니 일촌들의 댓글들이 보인다. "커넥팅이 뭐냐? 그냥 미니홈피가 훨씬 편한것 같은데?" 커넥팅으로는 아무도 대답을 해 주지 않는다. 그냥 싸이월드 단체쪽지나 네이트온 쪽지랑 다를 게 없는 거 아냐?

댓글들을 살펴보다 눈이 번쩍 뜨인다. "평소에 연락도 없다가 웬일이야? 어쨌든 오랜만이네." 이럴수가! 헤어진 여자친구다. 얼굴이 붉어진다. 아직까지 일촌을 맺어 둔 것 때문에 거기까지 연락이 갔구나… 새로 사귄 여자친구의 사진이 사진첩에 가득한데, 한순간 옛 여친에게 미련 남은 남자가 된 듯하다. 현재 여자친구가 이 사실을 알면 안 되는데…….

"아, AOI SORA 신체 사이즈는 왜 Q&A에 물어봤냐?" 친구의 방명록이 적혀 있다. 이건 또 무슨 소리인가? 친구 왈 다른 일촌들이 Q&A에 한 질문의 내용들을 커넥팅에서 한 번에 다 알 수가 있다고 한다. '이거 완전히 사생활 침해 아니야?' 내일 어떻게 학교에 나갈지 걱정이 된다.

표 13
극단적으로 부정적인 시나리오 사례

부끄러운 마음에 커넥팅에 연결되어 있는 '피플' 목록을 삭제한다. 전체 선택이 되지 않아 12번에 나눠 삭제가 완성된다. 갑자기 연예인들의 커넥팅 내용을 보고 싶다. 연예인을 검색하려 [피플 추가] 버튼을 눌렀지만, 네이트온 친구와 일촌 외에는 피플 추가가 안 된다. 울타리에 갇혀 있는 느낌이다.

친구 등록은 일촌이나 네이트온 친구는 되지만, 일촌을 삭제한다고 커넥팅 친구가 같이 사라지는 것은 또 아니다. 귀찮지만 오늘의 실수를 생각하며 친구 명단 정리를 한다.

익숙한 것이 그립다. 다시는 커넥팅을 쓰지 않으리! 커넥팅을 쓸 바에는 차라리 전 세계 사람들이 이용하는 트위터를 쓰겠다.

일반적인 시나리오에서 시작해서 극단적으로 긍정적인 시나리오와 극단적으로 부정적인 시나리오로 나누어 생각해 보는 이유는 이를 통해 사용자에게 최적의 경험을 제공하는 데 효과적인 방안이나 반드시 방지해야 할 치명적인 결함을 파악할 수 있기 때문이다.

예를 들어, 표 12의 트위터와 커넥팅에 대한 부정적인 시나리오로부터 시스템을 개선할 수 있는 아이디어를 얻을 수 있다. 트위터의 경우 자유롭게 이름을 등록할 수 있어 사칭이 가능하니 이를 방지할 수 있는 시스템 요소를 추가해야 한다는 아이디어를 얻을 수 있고, 커넥팅의 경우 사람을 추가하거나 삭제하는 것을 자유롭게 해 주어 불필요한 정보전달을 방지할 수 있게 해 주어야 한다는 아이디어를 얻을 수 있다.

5.6 영향도를 분석하는 단계

영향도 분석이란 각 시나리오에서 파악된 시스템의 기능이나 제원 중에서 사용자의 행위에 영향을 미칠 수 있는 요소를 파악하고, 이들이 각각 어떤 긍정적인 영향과 부정적인 영향을 주는지 분석하는 것이다. 즉 디지털 제품이나 서비스의 어떤 정보나 기능이 사용자의 행동에 어떤 긍정적인 영향 또는 부정적인 영향을 미칠 것인지에 대한 관계를 분석하는 것이다. 이때 '+'는 해당 기능을 제공했을 경우 생길 수 있는 장점을 기술하고, '−'는 해당 기능을 제공했을 때 생길 수 있는 단점을 기술한다. 위와 같은 분석법을 사용해서 시나리오상에서 드러나는 시스템 요소에 대한 주관적인 평가를 내릴 수 있다. 이러한 영향도 분석은 긍정적인 시나리오에서 드러난 시스템의 긍정적 속성과 부정적인 시나리오에서 드러난 시스템의 부정적인 속성을 포함할 수 있다. 보다 효율적으로 영향도 분석을 하기 위해서는 다음과 같은 세 단계를 거친다.

첫째, 사용자경험에 중대한 영향을 미치는 긍정적인 요소와 부정적인 요소를 분석해 본다. 특히 앞서 작성된 긍정적 시나리오와 부정적 시나리오를 바탕으로 해당 제품이나 서비스 사용자에게 긍정적인 경험을 제공하는 시스템 기능이나 정보 또는 표현 방식은 '+'로, 부정적인 경험을 제공하는 것은 '-'로 표시한다. 예를 들어, 앞에서 소개한 트위터와 커넥팅 시나리오에 대한 영향도를 분석해 보자. 트위터는 단문 메시지를 작성하는 것이기 때문에 글 쓰는 부담감이 적고 모바일 기기로 작성하기 편리하다는 긍정적인 경험을 주므로 '+'를 표시했으나, 트위터의 사칭이 가능한 점, 관계의 단절이 쉬워 관계의 질을 중시하지 않는다는 점은 부정적인 경험을 주므로 '-'로 표시했다. 커넥팅의 경우 커넥팅의 대상을 새로이 찾을 필요없이 싸이월드와 네이트온에 구축된 인맥을 그대로 활용해 의사소통이 가능하다는 특징이 긍정적이므로 '+'로 표시했고, 일촌과 네이트온 친구를 맺어야만 커넥팅이 가능하다는 점과 자동으로 연동이 되어 원하지 않은 커넥팅이 생긴다는 점은 부정적인 경험을 하게 하므로 '-'로 표시했다.

둘째, 앞에서 정한 요소들이 사용자가 HCI의 세 가지 원리, 즉 사용자가 시스템을 사용하면서 경험하게 되는 유용성, 사용성, 감성 중 어디에 영향을 미칠 것인지를 파악해 영향도 앞에 적는다. 예를 들어, 트위터에서 사생활 노출 위험이 적고, 유명인의 글을 훔쳐볼 수 있고, 사칭이 가능하고, 관계의 단절이 쉬운 점은 사용성과 감성에 영향을 미친다. 또한 커넥팅의 구축된 인맥을 그대로 이용하고, 일촌과 네이트온 친구를 맺어야만 커넥팅에서 가능하고, 자동으로 연동이 되어 원하지 않은 커넥팅이 생긴다는 점은 사용성과 감성에 영향을 미친다.

셋째, 앞의 두 단계를 통해 어떤 시스템 요소가 영향도와 HCI 기본 속성에 관계하는지 파악했다면, 이를 추상화된 개념으로 맨 왼쪽에 표현한다. 예를 들어, 트위터가 사생활 노출 위험이 적은 특징은 트위터의 관계 설정이 자유롭고 느슨하다는 시스템 속성에서 기인한다. 또한 구축된 인맥을 그대로 이용한다는 점 등은 싸이월드와 네이트온의 인맥을 바탕으로 한다는 시스템 속성에서 기인한다.

표 14
트위터의 영향도 분석 사례

시스템속성	해당 HCI 요소	영향도
140자의 단문 메시지를 전송한다.	유용성 사용성 감성	(+) 글 쓰는 부담감이 적다. (+) 모바일 접근성이 높다. (-) 신변잡기 위주로 내용이 흘러간다. (-) 자신의 글에 대한 애착이 떨어지기 쉽다.
타임라인을 통한 일방향 실시간 소통 방식이다.	유용성 사용성	(+) RT를 통해 관계와 정보가 빠르게 확장 가능하다. (+) 손쉽게 내가 팔로잉하는 내용을 얻을 수 있다. (+) 나를 손쉽게 브로드캐스팅할 수 있다. (-) 콘텐츠 구독 및 저장 등의 관리가 쉽지 않다. (-) 정보의 필터링이 쉽지 않아 정보가 무분별하게 범람한다.

시스템속성	해당 HCI 요소	영향도
플랫폼과 정보 유통이 개방적이다.	유용성 사용성	(+) 어플과 모바일을 통한 외부접근성이 높다. (+) 트위터를 중심으로 SNS와 커뮤니케이션의 환경을 확장시킨다. (+) 팔로잉 시스템으로 자유롭게 따라 가고 따라 온다. (-) 지인의 의지와 상관없이 바이러스 스팸성 메시지를 주고받는 경우가 있다.
사회와 소통하는 소셜네트워킹이 가능하다.	유용성	(+) 동일 관심 주제를 가진 사람들끼리 팔로우를 하고, 자신의 관심 주제를 공유하는 과정 속에서 발신자와 송신자 쌍방간에 혜택을 주고받으면서 사회적 관계를 넓혀 나갈 수 있다. (+) 피드백을 자유롭게 공유할 수 있어 추가적으로 다양한 대화 진행이 가능하며, 하나의 큰 그룹으로서 사회적 변화를 함께 모색할 수도 있다 (+) URL과 함께 공유되는 콘텐츠들이 리트윗으로 거듭되어 배포될 시 소셜 네트워크의 힘은 배가된다.
관계 설정이 자유롭고 느슨하다.	사용성 감성	(+) 사생활 노출 위험이 적다. (+) 유명인의 글을 훔쳐 볼 수 있다. (-) 사칭이 가능하다. (-) 관계의 단절이 쉬워 관계의 질을 중시하지 않는다.

표 15
커넥팅의 영향도 분석 사례

시스템속성	해당 HCI 요소	영향도
150자의 단문 메시지를 전송한다.	유용성 사용성 감성	(+) 글 쓰는 부담감이 적다. (-) 신변잡기 위주로 내용이 흘러간다. (-) 자신의 글에 대한 애착이 떨어지기 쉽다.
인맥을 기반으로 실시간 소통 방식이다.	유용성 사용성	(+) 손쉽게 커넥팅하는 내용을 얻을 수 있다. (-) 콘텐츠 구독 및 저장의 구조화 등의 관리가 쉽지 않다. (-) RT가 불가능해 콘텐츠의 전달이 불가능하다.
싸이월드, 네이트온 및 외부 시스템과 연동이 된다.	유용성 사용성	(+) 외부 블로그에 올린 글을 커넥팅으로 공유할 수 있다. (+) 다양한 사이트에서 커넥팅으로 스크랩해 공유할 수 있다. (+) 알림 기능을 통해 싸이월드 일촌, 네이트온 친구의 업데이트 정보를 한눈에 확인할 수 있다. (-) 이용하기 싫은 서비스까지 커넥팅에 자동으로 등록된다. (-) 방명록 등 중복되는 서비스가 있다.
싸이월드와 네이트온의 인맥을 바탕으로 한다.	사용성 감성	(+) 새로이 찾을 필요없이 싸이월드와 네이트온의 구축된 인맥을 그대로 이용해 의사소통이 가능하다. (-) 일촌과 네이트온 친구를 맺어야만 커넥팅이 가능하다. (-) 자동으로 연동이 되어 원하지 않은 커넥팅이 생긴다.

영향도 분석은 몇 가지 장점을 가지고 있다. 첫째, 영향도 분석을 통해 특정 기능이나 정보가 사용자에게 어떤 영향을 미칠 수 있는지 파악할 수 있고, 이를 통해 어떤 시나리오가 적절한 시나리오인지 판단할 수 있다. 즉 긍정적인 영향과 부정적인 영향이 많이 발견된 시나리오 일수록 새로운 제품이나 서비스의 디자인에 많은 시사점을 제시할 수 있는 시나리오라는 것이다. 둘째, 영향도 분석을 통해 긍정적인 시각과 부정적인 시각을 동시에 볼 수 있기 때문에 균형 잡힌 시각을 가질 수 있으며, 더 나아가 긍정적인 영향력은 최대화하고 부정적인 영향력은 최소화함으로써 제품 및 서비스의 기획에 더 많은 공헌을 할 수 있다. 마지막으로 영향도 분석 결과는 해당 시나리오뿐만 아니라 다른 비슷한 시나리오에도 적용할 수 있기 때문에 과업 분석 결과를 재활용할 수 있는 기회도 늘어난다.

6. 시퀀스모형 분석법

시퀀스모형을 만드는 전반적인 절차는 앞의 맥락질문법에서 수집된 자료와 구체적인 시나리오를 기반으로 개인 시퀀스모형을 만들고, 개인 시퀀스모형을 통합시킨 결합 시퀀스모형을 만드는 과정으로 이루어진다. 그리고 시나리오 분석에서와 마찬가지로 유사한 제품이나 서비스를 두 개 정도 함께 분석하는 것을 추천한다. 그 둘을 비교함으로써 제품이나 서비스의 어떤 특징이 사용자경험에 큰 영향을 미치는지 파악할 수 있기 때문이다.

6.1 개인 시퀀스모형 작성 단계

시퀀스모형에는 실제로 사용자가 어떤 행동을 했고, 그에 따라 무슨 일이 일어났는지가 분명하게 나타나야 한다. 인터뷰에서 대상자가 가끔 한다고 언급한 행동에 영향을 받지 말아야 한다. 사람들은 여러 가지 대안이나 의견이 있어도 실제로 하는 행동은 하나이기 때문이다. 그러므로 시퀀스모형을 작성할 때는 인터뷰 대상자가 보여 준 행동과 과업 수행 과정을 기초로 실제로 일어난 일이 무엇인지 재구성해야 한다. 개인 시퀀스모형을 작성하는 구체적인 절차는 다음과 같다.

첫째, 각각의 새로운 시퀀스는 새로운 플립차트에 시작한다. 플립차트는 2절지 크기의 큰 종이를 여러 장 묶어서 받침대 위에 세워 놓은 것이다. 플립차트의 맨 위에 사용자의 코드와 시퀀스의 고유번호를 적는다. 플립차트는 종이 위에 작성할 수 있고, 워드프로세서나 스프레드쉿의 워크시트를 활용해 작성할 수도 있다. 둘째, 촉발원인을 찾아내어 시퀀스 고유번호 아래에 적는다. 셋째, 일을 완성하기 위한 행동 단계들을 적어 내려간다. 일이 일어난 순서를 적절한 수준에서 자세하게 적는다. 사용자가 결정을 내릴 때 생각한 단계도 포함한다. 넷째, 각 행동 단계에 관련된 의도들을 찾아낸다. 인터뷰 대상자는 자신의 행동에 대한 의도를 명시적으로 알지 못할 수 있지만, 이는 조사자와의 대화를 통해 밝혀질 수 있다. 가능한 새로운 단계마다 해당되는 의도들을 적는다. 다섯째, 빨간 지그재그선으로 고장들을 표시한다. 그리고 사용자가 어떤 점을 불편해했는지 주석을 단다. 여섯째, 시퀀스를 다시 한번 훑어보고 전체적인 시퀀스에 대한 전반적인 의도를 파악한다. 전반적인 의도가 하나 이상일 수도 있다. 그 의도를 시퀀스의 가장 위에 적는다.

표 16은 위 순서에 따라 시험적으로 작성한 개인 시퀀스모형의 사례이다. 이 사례는 2010년 연세대학교에서 개설된 '인간과 컴퓨터의 상호작용' 수업 시간에 제출된 학생들의 프로젝트 내용을 기반으로 이루어졌다. 이 사례에서는 맞벌이 부부, 가정주부, 아이를 사용자로 선정하고 로봇청소기 탱고와 로보킹을 어떻게 사용하는 비교했다.

표 16
탱고에 대한 맞벌이부부의 개인 시퀀스모형 사례

ST01	Title: 탱고로 청소하기	Observer: 맞벌이부부

Intent: 퇴근, 귀가 시 깨끗한 집을 맞이하고 싶다.
Trigger: 아침에 부부가 바쁘게 출근을 준비한다.

탱고 본체의 예약청소 버튼을 눌러 시간을 맞춘다.
Intent: 회사에 있는 동안 탱고가 집안청소를 한다.

남편이 먼저 집에 돌아온 뒤 청소상태를 확인한다.

청소상태에 만족한 뒤 9시 뉴스를 시청한다.

스포츠 뉴스 시간에 아내가 돌아왔다.

BD: 아내가 청소상태를 확인하다가 거실 구석과 식탁 밑에 먼지가 남아 있는 것을 발견한다.

남편을 다그치고 한창 걸레질을 하는데 탱고가 안방에서 먼지통을 제거하라는 경보음을 울린다.

간편비움 버튼을 누른다.
Intent: 먼지통을 분리해 비운다.

BD: 먼지통을 분리하는데 바닥에 먼지가 떨어지자 거실에 두고 온 걸레를 가져와서 걸레질한다.

맞벌이부부가 탱고로 청소를 하는 과정을 살펴보자. 맞벌이부부는 퇴근해서 집에 돌아오면 깨끗한 집을 맞이하고 싶다(의도). 그러던 어느 아침, 부부가 바쁘게 출근을 준비하면서(촉발원인) 탱고로 청소를 하는 시퀀스가 시작된다. 두 부부가 회사에 있는 동안 탱고가 집안 청소를 하도록(의도) 탱고 본체의 예약청소 버튼을 눌러 시간을 맞춘다. 남편이 먼저 집에 돌아와 청소상태를 확인한다. 남편은 청소상태에 만족하고 TV 뉴스를 본다. 스포츠 뉴스시간에 아내가 돌아온다. 그런데 아내가 청소상태를 확인해 보니 거실 구석과 식탁 밑에 먼지가 남아 있었다(고장). 아내는 청소상태를 제대로 확인하지 않은 남편을 다그치고 걸레질로 청소를 마무리하려고 한다. 이때 탱고가 안방에서 먼지통을 제거하라는 경보음을 울린다. 아내가 안방으로 먼지통을 분리해 비우려고 간편비움 버튼을 누르고 먼지통을 분리하자 먼지가 바닥에 떨어진다(고장). 아내는 결국 거실에서 사용하던 걸레를 가져와서 걸레질을 한다. 표 17과 표 18은 탱고를 이용하는 과정을 가정주부와 아이의 입장에서 정리했다.

ST02　　Title: 탱고로 청소하기　　Observer: 가정주부

Intent: 여러 집안일을 동시에 수행하고 싶다.
Trigger: 손님의 도착 시간까지 1시간 남았다.

탱고 본체에 있는 자동청소 버튼을 누른다.
Intent: 탱고가 바닥청소 하는 동안 설거지를 한다.

한창 설거지 중 거실에서 뭔가 부딪히는 소리가 난다.
BD: **탱고가 어질러진 아이들 장난감과 부딪혔다.**

거실에 어지럽게 널린 아이들 장난감을 모두 치운 후 다시 설거지에 몰두한다.

설거지가 끝난 뒤 거실 청소상태를 확인한다.
BD: **청소해야 할 부분이 군데군데 남아 있다.**

남은 거실청소를 끝내고 나니 손님이 도착한다.
BD: **손님과 느긋하게 차를 마시는데 탱고가 갑자기 먼지통을 제거하라고 경보음을 울린다.**

간편비움 버튼을 급히 누른다.
Intent: 먼지통을 분리해 비운다.

BD: **서랍식 먼지통을 분리하면서 바닥에 먼지가 떨어지자 먼지를 가구 밑에 대충 쑤셔 넣었다.**

표 17
탱고에 대한 가정주부의 개인 시퀀스모형 사례

ST03　　Title: 탱고로 청소하기　　Observer: 아이와 고양이

Intent: 냥이에게 새장난감을 선물하고 싶다.
Trigger: 아이가 로봇청소기에 호기심을 갖는다.

탱고 리모컨의 수동청소 버튼을 누른다.
Intent: 리모컨 방향버튼으로 탱고를 직조작한다.

거실 창문 앞에서 일광 중인 고양이 '냥이'가 있는 곳으로 탱고를 이동시킨다.
BD: **냥이가 탱고가 작동 시 발생하는 소음에 깜짝 놀라 털을 세우며 공격자세를 취한다.**

표 18
탱고에 대한 아이의 개인 시퀀스모형 사례

냥이를 들어 올려서 탱고 위에 태워 준다.
Intent: 냥이와 탱고 사이를 개선한다.

냥이를 탱고에 태워서 집 구석구석 여행을 시킨다.

BD: 위쪽, 왼쪽, 오른쪽만 조작하고 후방 조작 버튼이 없다 보니 좁은 공간을 이동할 때 애를 먹는다.

식탁 밑 좁은 공간에서 조작미숙으로 탱고가 식탁 다리에 부딪히는 바람에 냥이가 바닥에 떨어진다.

냥이는 귀찮은듯 창가로 가서 다시 일광한다.

탱고를 충전기가 있는 곳으로 원위치한다.
Intent: 탱고가 흥미롭지 않아 제자리에 놓는다.

    탱고를 사용하면서 일어날 수 있는 앞의 세 가지 개인적 시퀀스를 통해 사용자가 탱고를 사용하면서 경험하는 탱고의 특징을 파악할 수 있다. 탱고는 직조작 방식이고, 먼지통 제거경고음을 내고, 먼지통을 제거할 때 먼지가 떨어지는 구조이고, 장애물이 있을 때 부딪치고, 소음이 크고, 후진 버튼이 없다는 특징이 있다는 것을 알 수 있다. 이와 비교하기 위해 로보킹의 사용에 관한 시퀀스모형을 살펴보자.

표 19
로보킹에 대한 맞벌이 부부의 개인 시퀀스모형 사례

LR01   Title: 로보킹으로 청소하기   Observer: 맞벌이 부부

Intent: 퇴근, 귀가 시 깨끗한 집을 맞이하고 싶다.
Trigger: 아침에 부부가 바쁘게 출근을 준비한다.

로보킹을 세부메뉴를 작동하는 리모컨을 찾는다.
BD: 리모컨을 찾는 데 한참 걸렸다.

리모컨의 예약버튼을 눌러 청소시간을 맞춘다.
Intent: 회사에 있는 동안 로보킹이 집안청소를 한다.

남편이 먼저 집에 돌아온 뒤 청소 상태를 확인한다.

BD: 로보킹은 장애물을 회피하므로 안방 문턱을 넘지 못해 안방청소를 하지 못했다.

남편은 로보킹을 들어서 안방에 놓고 자동청소 버튼 실행한 후 거실에서 9시 뉴스를 시청한다.

스포츠 뉴스 시간에 아내가 돌아왔다.

아내가 청소 상태를 확인한 뒤 로보킹의 케이스식 먼지통을 들어올린 후 전면부를 열어 본다.

먼지가 어느 정도 찼다는 것을 확인한 뒤 다음 청소를 위해 먼지통을 비운다.

    맞벌이 부부가 로보킹으로 청소를 하는 과정을 살펴보자. 맞벌이부부는 퇴근해 집에 돌아오면 깨끗한 집을 맞이하고 싶다(의도). 그러던 어느 아침, 부부가 바쁘게 출근을 준비하면서(촉발원인) 로보킹으로 청소를 하는 시퀀스가 시작

된다. 로보킹의 세부메뉴는 리모컨으로 작동하기 때문에 부부는 리모컨을 찾지만, 한참이 걸린다(고장). 회사에 있는 동안 로보킹을 사용해 청소하기 위해 예약버튼을 눌러 청소시간을 맞춘다. 남편이 먼저 집에 돌아와 청소상태를 확인한다. 그런데 로보킹은 장애물을 피하는 인식 때문에 문턱을 넘지 못해 안방청소를 하지 못했다(고장). 이를 발견한 남편이 로보킹을 들어 안방에 놓고 자동청소 버튼을 실행한 후 거실에서 TV 뉴스를 본다. 스포츠 뉴스 시간에 아내가 돌아왔다. 아내가 집안을 둘러보고 청소상태를 확인한 뒤 로보킹의 케이스식 먼지통을 확인한다. 먼지통이 어느 정도 찬 것을 보고 다음 청소를 위해 먼지통을 비운다. 표 20과 21에서는 비슷한 방식으로 가정주부와 아이가 로보킹을 이용하는 행동에 대한 개인 시퀀스모형을 제시하고 있다.

LR02   Title: 로보킹으로 청소하기   Observer: 가정주부

Intent: 여러 집안일을 동시에 수행하고 싶다.
Trigger: 손님의 도착 시간까지 1시간 남았다.

로보킹의 리모컨으로 자동청소모드를 실행한다.
Intent: 로보킹에게 바닥청소를 맡기고 설거지한다.

설거지가 끝난 뒤 거실 청소상태를 확인한다.
BD: 아이들 장난감이 있던 데는 먼지가 남아 있다.

어지럽게 널린 아이들 장난감을 치운 뒤 로보킹에 물걸레를 장착하여 바닥을 닦는다.

남은 거실청소를 끝내고 나니 손님이 도착한다.

손님을 보낸 후 로보킹의 케이스식 먼지통을 꺼낸 뒤 케이스의 전면부를 열어 먼지를 제거한다.

표 20
로보킹에 대한 가정주부의 개인 시퀀스모형 사례

LR03   Title: 로보킹으로 청소하기   Observer: 아이와 고양이

Intent: 냥이에게 새장난감을 선물하고 싶다.
Trigger: 아이가 로봇청소기에 호기심을 갖는다.

로보킹 리모컨의 시작 버튼을 누른다.
Intent: 상하좌우버튼을 통해 로보킹을 직조작.

거실 창문 앞에서 일광 중인 고양이 '냥이'가 있는 곳으로 탱고를 이동시킨다.

냥이가 관심을 보이며 로보킹에게 다가간다.

냥이를 들어 올려서 탱고 위에 태워 준다.
Intent: 냥이와 로보킹을 친구로 맺어 주고 싶다.

냥이를 로보킹에 태워 집 구석구석 여행을 시킨다.

BD: 로보킹이 안방 문턱을 넘지 못해 냥이의 안방 여행을 다음 기회로 미룬다.

여행이 끝나자 냥이는 마저 일광하러 창가로 간다.

로보킹을 충전기가 있는 곳으로 원위치한다.
Intent: 로보킹과 냥이의 다음 놀이를 준비한다.

표 21
로보킹에 대한 아이의 개인 시퀀스모형 사례

위의 세 가지 개인 시퀀스모형을 통해 사용자가 로보킹을 사용하면서 경험하는 로보킹의 특징을 파악할 수 있다. 로보킹은 리모콘으로 조작되고, 문턱을 넘지 못하고, 먼지통 제거 경고음이 없고, 먼지통이 케이스식으로 되어 있어 제거할 때 먼지가 떨어지지 않고, 장애물을 피해가고, 상하좌우버튼이 있어 후진을 할 수 있다는 특징이 있다. 이렇게 탱고와 로보킹의 개인 시퀀스모형을 통해 사용자가 제품을 사용할 때 어떤 의도를 가지고 어떤 행동을 하는지 구체적으로 알 수 있다.

개인 시퀀스모형 작성 시 유의사항

개인 시퀀스모형은 사용자에게 중요한 과업구조를 자세하게 분석하는 도구이다. 인터뷰를 해석해 개인 시퀀스모형을 작성할 때 다음과 같은 몇 가지 유의사항이 있다.

첫째, 과업과 관련된 모든 도구와 과정을 파악해야 한다. 여기에는 행동, 토론, 의사결정 단계, 스캔한 것과 같이 정보를 읽는 단계 등이 모두 포함된다. 인터뷰 대상자가 조사자의 물건을 만지는 것과 같은 사소한 행동도 지나쳐서는 안 된다. 둘째, 일어난 모든 일, 실제로 사용된 인공물, 발생한 장소, 사용된 도구, 대화의 주제 등 모든 자세한 사항을 파악해야 한다. 행동 단계를 너무 함축해서 추상적으로 표현하면 안 된다. 개인 시퀀스모형에서는 자세함이 제일 중요한 장점이다. 셋째, 인터뷰 대상자가 고장으로 일을 방해받은 경우도 빠짐없이 찾아내야 한다. 만약 인터뷰 대상자가 과업을 섞어서 했다면, 각 과업의 시퀀스를 적을 때 다른 과업으로 넘어갔다는 것을 적어 두어야 한다. 과업이 바뀌는 것이나 기존 과업이 방해받는 것을 무시해서는 안 된다. 넷째, 과업을 시작하게 하는 최초의 외적인 촉발원인은 물론이고 부수적인 과업을 일으키는 내적인 촉발원인도 잡아내야 한다. 그리고 각 단계를 시작하게 하는 의도들도 각 단계마다 명확하게 파악해야 한다.

6.2 결합 시퀀스모형 작성 단계

결합 시퀀스모형은 사용자 행동의 중요한 구조를 추상화해 보여 준다. 개인 시퀀스모형을 결합하는 목적은 조사자의 대상이 되는 사용자의 개별 과업을 포괄적으로 설명하기 위해서이다. 결합 시퀀스모형은 혼자서 작성하는 것보다는 각 개별 시퀀스모형을 작성한 다른 사람과 짝이 되어 작성하는 것이 분명한 표현을 사용할 수 있는 데 도움이 된다. 또한 결합 시퀀스모형을 보고 사용자가 실제로 어떤 행동을 했는지 상상해 보는 과정을 수행하는 것도 도움이 된다. 결합 시퀀스모형을 만드는 구체적인 절차는 그림 16의 사례에서 나타내고 있다.

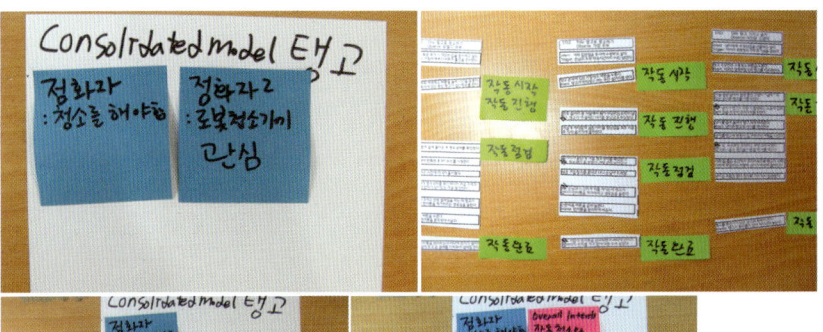
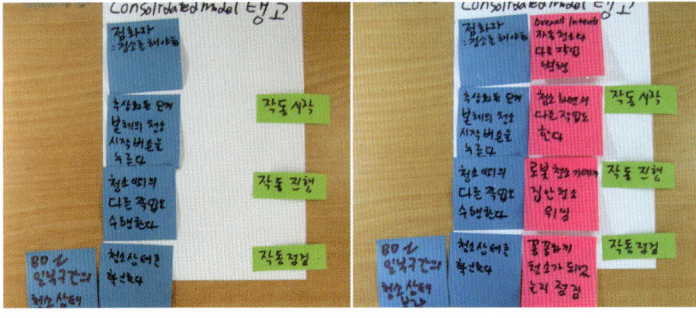

그림 16
결합 시퀀스모형 작성 단계

1 차트 종이에 결합된 시퀀스모형의 제목을 적는다.
2 공통된 촉발원인(그림상의 '점화자')을 찾아 포스트잇에 적는다.
3 활동의 이름을 포스트잇에 적어서 시작되는 단계 옆에 붙인다.
4 단계들을 묶어서 추상화시킨다.
5 의도들을 분홍색 포스트잇에 붙여서 추가한다.

결합할 시퀀스 선택하기

결합할 시퀀스를 선택할 때에는 시퀀스에서 다루고 있는 과업이 사용자의 과업에서 얼마나 중요한지를 기준으로 한다. 중요하지 않은 과업을 다루는 시퀀스는 선택하지 않는다. 분명하고 자세히 묘사된 시퀀스를 선택하고, 하나의 과업에 적어도 세 개 이상의 개인 시퀀스모형을 선택한다.

결합 준비하기

시퀀스를 결합할 때 준비물은 차트용 종이, 종이를 벽에 붙일 마스킹테이프, 개인 시퀀스모형을 작업할 때 벽에 붙여 놓을 탈부착 가능한 테이프, 다양한 색상의 포스트잇, 각 사람에게 충분한 다양한 색깔의 펜을 준비한다. 그리고 시퀀스가 분명하지 않을 때 질문할 수 있도록 인터뷰 참가자 명단을 준비한다. 시퀀스를 결합하는 것은 프로그램을 사용하는 것보다 종이로 하는 것이 좋다. 결합이 어떻게 진행되고 있는지 전체 팀원이 알아보기 쉽기 때문이다. 결합이 끝나면 그 결과를 프로그램으로 표현할 수 있다.

초기 버전의 결합 만들어 내기

선택한 세 개 이상의 개인 시퀀스모형을 벽에 나란히 붙인다. 가로로 긴 차트용 종이를 시퀀스들 옆에 붙인다. 차트용 종이에 결합을 만들어 나갈 것이다. 우선 그림 18과 같이 결합된 시퀀스의 이름을 종이 맨 위에 적는다.

촉발원인 확인하기

각 개별 시퀀스는 시작 단계에서 하나의 촉발원인을 가진다. 각 시퀀스의 촉발원인을 확인해서 다양한 촉발원인을 찾는다. 만약 지금까지 찾은 촉발원인들이 전반적으로 비슷한 내용을 가지고 있다면 지금까지 발견된 촉발원인을 아우를 수 있는 하나의 추상적인 촉발원인으로 바꿔서 포스트잇에 쓴다. 그러나 각 촉발원인들이 너무 달라서 하나의 추상적인 촉발원인으로 치환할 수 없다면 각각을 따로 적는다.

활동의 덩어리 찾기

하나의 활동은 특정한 일이나 의도를 이루기 위해 수행되는 단계들의 모음이다. 개인 시퀀스에서 하나의 활동에 포함되는 단계들을 찾아서 묶는다. 활동의 이름을 초록색 포스트잇에 적어 그 활동이 시작되는 단계 옆에 붙인다. 각각의 개인 시퀀스모형에 대해 동일한 절차를 반복한다. 개인 시퀀스모형을 면밀하게 검토하면서 개인 시퀀스모형에서 보이는 유사한 활동을 맞추어 나간다. 이때 활동들은 너무 자세하게 분석하지 말고 추상적인 수준을 유지해야 한다. 하나의 결합된 시퀀스가 보통 네 개에서 여덟 개 사이의 활동을 갖는 것이 적절하다.

추상적인 단계 만들기

각 활동 안에서 개인 시퀀스모형 안에 있는 단계들을 결합해 추상적인 일련의 단계들을 만들어 낸다. 추상적인 단계는 일반적인 용어를 사용한다. 예를 들어, 식료품점에서 장을 보는 상황에 대한 개인 시퀀스모형에서 '가판대에서 사과 주스를 집어 들었다' 혹은 '진열선반에서 반찬을 골랐다'는 단계는 '선반에서 물건을 선택'으로 바꿔 쓴다. 결합 시퀀스모형에서 추상적인 단계는 모든 사용자가 이렇게 행동한다는 것이 아니라 사용자가 할 수 있는 모든 활동이 포함되는 집합이다. 단계들을 묶어서 추상화하고, 간단하게 표현하면 사용자가 할 수 있는 행동의 많은 부분을 포함할 수 있다. 이 단계의 자세한 절차는 다음과 같다.

우선 첫 번째 활동을 선택한다. 개인 시퀀스모형을 자세히 보면서 각 단계들을 차례로 찾아낸다. 그 다음 생략된 단계들을 채워 넣어서 시퀀스를 맞춰 나가기에 편하게 만든다. 이 과정에서 사용자가 마음속으로 수행한 의사결정 단계는 종종 생략된다. 개인 시퀀스모형에 있는 단계들을 묶어 추상화시켜서 포스트잇에 적는다. 묶이지 않는 단계도 따로 추상화해서 적는다. 여기서 잘 묶이지 않는 단계를 억지로 묶으면 분명한 단계가 드러나지 않게 되므로 주의한다. 그리고 추상화된 활동 단계들은 차트용 종이의 왼쪽에 일렬로 붙인다. 붙일 때 한 줄 정도 떨어트려서 붙인다. 마지막으로 추상화된 활동 단계에 고장들을 추가한다. 포스트잇에 고장을 약자나 마크로 표시해서 고장이 발생한 단계에 표시한다.

그 다음으로 대안적인 단계나 전략을 확인한다. 사용자가 한 과업을 수행하는 데 같은 전략을 사용하지만 다른 단계를 거칠 수도 있고, 전체적으로 다른 전략을 사용할 수도 있다. 같은 전략을 사용하지만 다른 단계를 거칠 경우 대안적인 단계들을 포스트잇에 적어 추상화된 단계 옆에 붙인다. 만약 사용자가 다른 전략을 사용했다면 다른 전략을 보여 주기 위한 줄기를 만들고 화살표를 그려서 다른 줄기라는 것을 표시할 수 있다.

시퀀스 안에서 반복되는 행동의 고리가 있는지를 확인한다. 먼저 했던 활동이나 단계로 되돌아가는 단계가 있으면, 추상화를 하기 전에 단계가 반복되는 지점을 찾는다. 결합된 시퀀스에 '고리'를 표시해서 반복된 시퀀스의 흐름을 알아보기 쉽게 할 수 있다.

<u>의도 확인하기</u>
결합 시퀀스모형 전체를 자세히 검토해 사용자들이 이 과업을 하게 된 전체적인 의도를 찾는다. 그리고 전체적인 의도를 포스트잇에 적어 전체적인 촉발원인 옆에 붙인다. 그 다음 각 활동의 모든 단계들을 보면서 그 활동을 한 의도를 찾는다. 그리고 포스트잇에 붙여서 활동과 첫 번째 단계 사이에 붙인다. 활동 안에 있는 추상적인 단계를 하나씩 보고 추가적인 의도가 있는지 혹은 그 안에 더 세부적인 단계들이 있는지 확인한다. 확인한 의도들이 있다면 포스트잇에 적어 추상적인 단계들 옆에 적는다. 이때 한 단계의 활동은 하나 이상의 의도를 가질 수 있다.

표 22와 표 23은 위와 같은 절차를 거쳐서 만들어진 결합 시퀀스모형이다. 이 자료는 앞서 말한 바와 같이 2010년 연세대학교에서 개설된 인간과 컴퓨터의 상호작용 수업에 제출한 프로젝트 보고서를 바탕으로 만들어졌다. 탱고와 로보킹의 개인 시퀀스모형을 세 개씩 결합해 결합 시퀀스모형을 만들었다. 결합 시퀀스모형의 주요 활동으로 작동시작, 작동진행, 작동점검, 작동완료를 뽑아냈고, 자동청소와 다른 작업을 병행하는 의도와 로봇청소기로 재미를 경험하려는 의도를 전반적인 의도로 선정했다.

탱고 청소기에 대한 결합된 시퀀스모형을 보면 사용자가 탱고를 사용하는 과정에서 드러나는 의도와 행동을 파악할 수 있다. 사용자는 탱고에게 청소를 맡기고 다른 작업을 하고자 하는 의도나 애완동물과 장난감처럼 재미있게 사용하려는 의도를 가진다. 그런데 탱고는 청소를 명령한 다음 지켜보지 않으면 문제를 일으키고 소음이 심해 사용자의 의도에 맞지 않는 고장이 발생한다. 따라서 탱고를 개선하려면 탱고를 이용하는 사용자의 의도와 탱고의 특성 때문에 발생하는 고장을 참조할 수 있다. 예를 들어, 사용자가 다른 작업 중에도 안심하면서 청소를 전부 일임할 수 있도록 청소기의 흡입력을 높이고, 먼지통 제거 방식을 개선하고, 애완동물과 장난감처럼 사용할 수 있도록 소음을 줄일 필요가 있다는 것을 알 수 있다.

로보킹 청소기의 사용 행동에 대한 결합된 시퀀스모형을 보면 사용자가 로보킹을 사용하는 과정에서 드러나는 의도와 행동을 파악할 수 있다. 사용자는 로보킹에게 청소를 맡기고 다른 작업을 하고자 하는 의도가 있고, 애완동물과 장난감처럼 사용해 재미를 경험하려는 의도를 가진다. 그러나 로보킹 청소기의 경우는 리모콘을 찾기가 어렵고, 장애물이 있는 곳은 청소를 하지 못하고, 장애물 너머의 구간으로 이동할 수 없다는 단점이 있지만 흡입력이 충분하고, 먼지통이 케이스식이라서 분리하기 편하고 소음이 적어서 애완동물의 장난감으로 쓰기에도 적당하다. 이러한 특징들은 사용자가 의도한 바를 수행할 때 고장을 적게 발생시키고, 이는 결과적으로 사용자에게 만족스러운 사용경험을 줄 수 있다.

Activities	Strategy1: ST01, ST02		Strategy2: ST03	
	Trigger: 집안 청소	Overall Ints: 자동청소와 다른 작업 병행	Trigger: 기계에 호기심	Overall Ints: 로봇청소기를 통한 재미 경험
	Intents	Abstract Steps	Intents	Abstract Steps
작동시작	청소하면서 다른 작업도 한다	본체의 청소 시작 버튼을 누른다	새 놀이도구를 직접 조작하고자 한다	리모컨을 찾는다 리모컨으로 조작 시작
작동진행	로봇청소기에 집안 청소 위임	청소 이외의 다른 작업을 수행한다	애완동물에게 로봇청소기라는 새로운 장난감 선물	애완동물을 로봇청소기에 태운다 BD: 기계 소음으로 애완동물 불안 애완동물을 로봇 청소기로 이동시킨다 BD: 후방이동버튼 부재로 조작 어려움
작동점검	꼼꼼하게 청소가 되어 있는지 점검	청소상태를 확인한다 BD: 일부 구간의 청소상태 불량 직접 해당 구간의 청소를 진행		
작동완료	다음 사용을 위해 먼지통을 비운다	서랍식 먼지통을 청소기에서 분리 BD: 먼지가 일부 바닥에 떨어진다	로봇청소기에 대한 흥미 부재로 원위치	로봇청소기를 충전기가 있는 자리에 도로 돌려놓는다

표 22
탱고 청소기의
결합 시퀀스모형 사례

Activities	Strategy1: LR01, ST02		Strategy2: LR03	
	Trigger: 집안 청소	Overall Ints: 자동청소와 다른 작업 병행	Trigger: 기계에 호기심	Overall Ints: 로봇청소기를 통한 재미 경험
	Intents	Abstract Steps	Intents	Abstract Steps
작동시작	청소하면서 다른 작업도 한다	리모컨을 찾는다 리모컨으로 조작 시작	새 놀이도구를 직접 조작하고자 한다	리모컨을 찾는다 리모컨으로 조작 시작
작동진행	로봇청소기에 집안 청소 위임	청소 이외의 다른 작업을 수행한다	애완동물에게 로봇청소기라는 새로운 장난감 선물	애완동물을 로봇청소기에 태운다 애완동물을 로봇 청소기로 이동시킨다 **BD: 장애물 너머의 구간 이동 불가**
작동점검	꼼꼼하게 청소가 되어 있는지 점검	청소상태를 확인한다 **BD: 장애물이 있는 곳은 청소 못함** 로봇청소기로 다시 청소를 진행		
작동완료	다음 사용을 위해 먼지통을 비운다	케이스식 먼지통 청소기에서 분리	다음 놀이를 위해 로봇청소기 충전	로봇청소기를 충전기가 있는 자리에 도로 돌려놓는다

표 23
로보킹 청소기의
결합 시퀀스모형 사례

과업 분석은 사용자가 실제로 어떤 의도를 가지고 어떤 방식으로 디지털 제품이나 서비스를 사용하는지 알아보는 단계이다. 사람들이 디지털 제품이나 서비스를 실제로 사용하는 방식은 매뉴얼이나 도움말에 명시적으로 나타나 있는 것과 다르며, 이러한 실제 행동 방식을 파악하기 위해서는 사용자를 대상으로 과업 분석을 실시해야 한다. 맥락질문법을 통해 실제로 사용자가 해당 디지털 제품이나 서비스를 사용하면서 어떤 행동을 하고 그러한 행동의 의도는 무엇인지 조사해야 한다. 맥락질문법은 우선 적절한 인터뷰 대상자를 선정하고, 인터뷰 대상 상황을 선정해야 하며, 인터뷰 유형을 파악하고 조사팀을 구성해야 한다. 그 다음에는 인터뷰 일정을 잡고, 준비물을 마련하고, 실제 맥락질문법 인터뷰를 수행한다. 맥락질문법 결과는 맥락질문 보고서라는 형식으로 정리한다. 맥락질문법 인터뷰로부터의 자료와 이전 사례나 관련 자료를 이용해 시나리오의 구성 요소를 확정하고 기본 시나리오를 작성한다. 그런 다음 극단적인 시나리오를 만들고 이를 기반으로 영향도 분석을 수행한다. 시나리오로 구체화된 사용 행태는 시퀀스모형을 통해 추상화된다. 시퀀스모형은 먼저 개인 시퀀스모형을 작성하고, 개인 시퀀스모형을 통합한 결합 시퀀스모형으로 만든다. 시나리오와 시퀀스모형을 이용한 과업 분석을 통해 사용자가 디지털 제품이나 서비스를 이용하는 행태에 대한 좀 더 구체적인 분석이 가능하다.

토론 주제

1
사람들이 본래 의도된 용도나 방법 말고 다른 용도나 방법으로 디지털 제품이나 서비스를 사용하는 구체적인 사례를 제시하고, 왜 그런 현상이 발생하는지 추정해 보자.

2
계층적 과업 분석법을 이용해 사용자가 하나의 디지털 제품이나 서비스를 사용하는 과정을 구체적인 수준까지 세분화시켜 분석해 보자.

3
지식 기반 분석법을 이용해 사용자가 하나의 디지털 제품이나 서비스를 사용하는 과정을 자세한 수준까지 세분화해 분석해 보자.

4
직업 분석법이 가장 적절하게 사용될 수 있는 디지털 제품이나 서비스의 사례를 한 가지 들고 그 이유를 설명해 보자.

5
작업흐름 분석법이 가장 적절하게 사용될 수 있는 디지털 제품이나 서비스의 사례를 한 가지 들고 그 이유를 설명해 보자.

6
최근 인기를 얻고 있는 디지털 제품이나 서비스를 하나 선정하고 비슷한 디지털 제품이나 서비스인데 별로 성공하지 못한 사례도 하나 선정해 보자. 그리고 각 사례에 대해 실제로 맥락질문법을 수행하고, 그 과정을 사진과 글로 요약해 설명해 보자.

7
위에서 수행한 맥락질문법의 자료를 기반으로, 선정된 디지털 제품이나 서비스의 핵심 사용자 시나리오를 서너 개 만들어 작성해 보자. 실제 사용 상황에 대한 시나리오를 일반적인 글, 정형화된 양식, 그리고 실제 화면을 이용해 구체화시켜 보자.

8
일반 시나리오를 기반으로 긍정적인 시나리오와 부정적인 시나리오를 만들어 보자. 그리고 이 두 가지 시나리오를 비교해 영향도 분석을 수행해 보자.

9
맥락질문법의 자료와 시나리오 자료를 기반으로 개인 시퀀스모형을 구축해 보자. 이때 개인 시퀀스모형은 핵심 사용자 서너 명에 대해 한 개씩 만들어 보자.

10
개인 시퀀스모형을 기반으로 결합 시퀀스모형을 작성해 보자. 그리고 작성된 결합 시퀀스모형을 바탕으로 왜 한 가지 제품이나 서비스는 성공하고 다른 한 가지는 실패했는지 그 원인을 찾아보자.

8장 맥락 분석

사용자가 어떤 맥락에서
시스템을 이용하는지 알아보기

"아직 만들어지지 않은 시스템의 형태와 아직 정확하게 파악하지 못한 사용 맥락을 조화롭게 가져가는 것이 디자인의 제1목표이다."

크리스토퍼 알렉산더 Christopher Alexander

궁금한 점

디지털 제품이나 서비스를 디자인할 때 사용자가 어떤 맥락에서 사용할 것인지 분석하는 것이 중요해지는 이유는 무엇일까?

사용자가 디지털 제품이나 서비스를 이용하는 상황에서 수많은 맥락 요인들이 존재하는데, 그중 중요한 맥락 요인을 효과적으로 파악할 수 있는 방법은 무엇일까?

휴대전화나 태블릿PC와 같은 이동용 디지털 제품을 디자인할 때 반드시 고려해야 할 맥락적 요소에는 어떤 것들이 있을까?

영화 소개

아일랜드 2005

"왜 여기 있는 사람들은 항상 다 하얀색 옷만 입고 다니는 것이지요? 흰색은 깨끗하게 입기 어려워요. 이 안을 걸어 다니다 보면 항상 지저분해지기 마련이지요. 그런데도 색이 있는 옷을 입어 본 적이 없어요. 왜죠?"
링컨 식스 에코(영화 속 복제인간)

무균실 공동체인 '아일랜드'에는 인간(숙주)을 위해 양육되는 복제인간(클론)이 산다. 그곳에서의 파라다이스행 '당첨'은 숙주가 위독할 때 복제인간의 장기를 기증하는 것을 말한다. 이처럼 특별한 목적을 가지고 태어난 복제인간은 주변 환경에 대한 조작된 정보를 주입받은 채, 아일랜드만이 오염되지 않은 유일한 공간이라 믿으며 차단된 환경에서 규칙적인 집단생활을 한다. 영화 〈아일랜드〉는 우리가 살고 있는 물리적인 환경과 사회적 문화적 맥락이 우리의 행동과 사고에 얼마나 큰 영향을 미치는지를 극단적으로 표현해 주고 있다. 영화 속 중앙 시스템은 복제인간에게 계획된 하루 일정을 알려 주고, 그들의 이동 동선과 움직임을 감지해 그들의 위치를 확인하고, 다양한 물리적 맥락 정보를 수집해 그 상황에 맞는 적절한 지침을 복제인간에게 전달한다. 환경과 맥락에 대한 자료를 수집하고 이를 분석해 효과적으로 복제인간을 재배하고자 하는 의도이다. 영화 〈아일랜드〉를 통해 맥락 정보의 중요성을 이해하고 다양한 맥락 분석 방법에 대해 알아보기로 하자.

영화 토론 주제

1 복제인간의 행동이나 생각에 가장 큰 영향을 미치는 물리적 맥락이나 사회적 그리고 문화적 맥락은 무엇일까? 그 맥락이 복제인간의 행동이나 생각에 어떤 영향을 주었을까?

2 복제인간이 생활하는 물리적인 맥락이나 사회 문화적인 맥락에 대한 정보를 수집하는 방식 중에 현실에서도 사용 가능한 효과적인 방법은 무엇일까?

3 영화 속에서 수집된 다양한 맥락에 대한 정보가 효과적으로 활용된 장면은 무엇일까? 이렇게 효과적으로 활용하기 위해서는 수집된 맥락 정보에 대해 어떤 분석이 필요할까?

〈아일랜드〉에서 나타난 맥락 정보의 중요성

사람들이 어떤 맥락에서 디지털 제품이나 서비스를 사용하는지가 시스템 개발에서 매우 중요한 역할을 하기 시작했다. 본 장에서는 사용 맥락을 사용자의 제품이나 서비스 사용에 영향을 미치는 모든 외적 요인이라고 규정하고, 이를 크게 물리적 맥락, 사회적 맥락, 문화적 맥락으로 구분한다. 그리고 각 맥락을 다시 시간적 맥락, 위치적 맥락, 기타 맥락으로 세분화하고, 그 구성 요인을 자세하게 살펴보고, 이러한 요인들에 대한 자료를 체계적으로 수집하고 분석할 수 있는 방법들을 제시한다. 마지막으로 분석된 맥락을 효과적으로 정리할 수 있는 방법을 제시한다. 디지털 제품이나 서비스를 기획하는 과정에서 맥락 분석을 효과적으로 시행할 수 있도록 기본 개념과 절차 및 방법을 제시하는 것이 본 장의 목적이다.

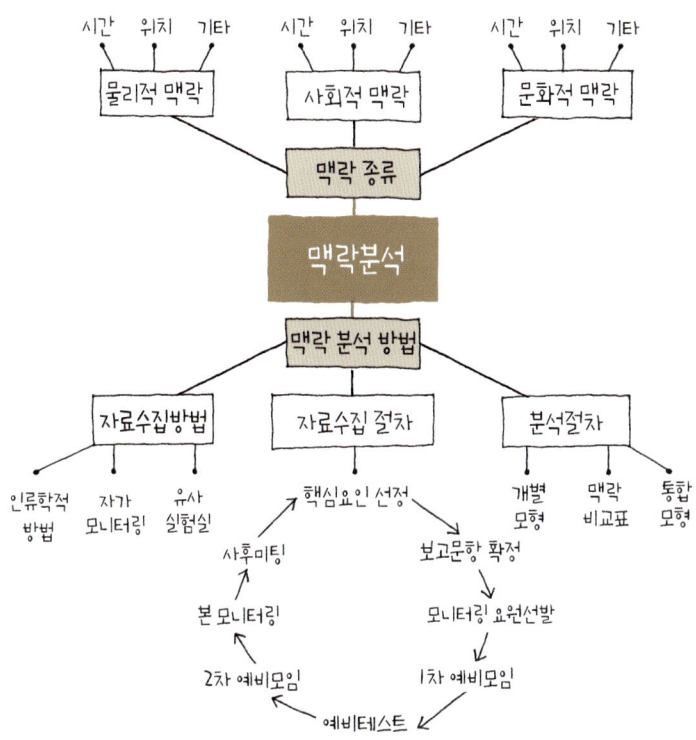

1. 사용 맥락의 중요성

사람들은 여러 상황 속에서 디지털 제품이나 서비스를 사용하는데, 사용자가 시스템을 이용하는 포괄적인 제반 환경을 맥락이라고 한다. 즉 맥락은 어떤 대상을 둘러싸고 있는 것으로, 그 대상에게 의미나 영향을 주는 모든 요소라고 정의할 수 있다. 우리가 관심을 두고 있는 제품이나 서비스의 주변에 있으면서, 사용자가 해당 제품이나 서비스를 사용하는 과정에 영향을 미치는 모든 환경을 이루는 요소가 맥락이다. 최근 사람들이 제품이나 서비스를 사용하는 데 맥락이 중요해진 이유를 다음과 같이 네 가지로 정리할 수 있다.

첫째, 스마트폰과 같은 모바일 제품 사용이 확산되고 성능이 향상되면서 시간과 장소를 가리지 않고 디지털 제품을 사용하게 되었다. 이는 디지털 제품이 사람과 함께 움직인다는 것을 의미한다. 예를 들어, 문자 메시지 서비스는 언제 어디서든 문자를 통해 의사소통을 할 수 있게 해 준다. 따라서 문자 메시지 서비스 설계에서 중요한 것은 사람들이 어떤 환경과 상황에서 문자 메시지 시스템을 사용하는지 파악하는 것이다. 공장 등에서 PDA를 사용하는 공정 관리나 대형마트에서 이동형 단말기를 사용해 재고관리를 하는 시스템에서도 마찬가지이다. 이런 환경에서 사용자 맥락user context을 파악하는 것은 사용자의 수고를 줄여 주거나 사용자가 경험하는 혼란을 덜어줌으로써 사용성을 향상시켜 줄 수 있다.Cheverst et al., 2001 모바일 제품이 확산되기 전에는, 이를테면 이메일의 경우 주로 사무실이나 집 등 시스템을 사용하는 환경이 어느 정도 일정하기 때문에 사용 맥락에 대한 분석이 수월했다. 아침에 조깅을 하면서 또는 식당에서 식사를 하면서 사용하는 사람은 많지 않았기 때문이다. 그러나 지금은 모바일 기기를 통해 언제 어디서나 이메일 체크가 가능해졌다. 예를 들어, 요즘은 스마트폰을 통해 트위터나 미투데이와 같은 마이크로 블로그 서비스를 사용하는 사람들이 많아졌다. 이렇게 모바일 정보기기의 확산은 다양한 사용 맥락을 가지고 왔으며, 다양한 맥락에 따라 제품이나 서비스의 사용 행태가 심각하게 영향을 받게 되었다. 이에 따라 HCI에서의 맥락 분석의 중요성이 크게 높아졌다고 할 수 있다.

둘째, 생활 속에서의 디지털 제품이나 서비스의 비중이 증가함으로써 일관성 있는 사용자경험에 대한 요구가 크게 늘어났다. 인터넷의 확산으로 하루 중 인터넷과 접하는 시간이 많은 부분을 차지하게 되었다. 삶의 질에 대한 연구를 보면, 전체적인 삶의 품질은 그 삶을 이루고 있는 여러 영역에서 사람들이 하는 경험에 의해 결정된다고 한다.Sirgy, 2001 이러한 도메인에는 일이나 가족, 여가, 건강, 친구, 소비활동 등이 해당된다. 인터넷의 확산은 사람들의 삶의 품질이 디지털 제품이나 서비스에 의해 결정되는 비중이 높아졌음을 의미한다. 예를 들어, 스마트폰을 이용해 주변 영화관을 검색하고, 영화를 선택한 뒤 영화표를 결제한다. 그리고 내비게이션 시스템을 통해 극장 가는 길이나 주변 정보를 받고, 극장에 도착해서 자신의 휴대전화로 티켓발매 키오스크에서 영화표를 출력해 영화를 관람한다. 그런데 이러한 각각의 경험은 매우 상이한 환경에서 이루어진다. 각 환경에서 사용자가 갖는 경험의 질은 그 환경의 특색에 따라 각기 다르게 결정된다. 예를 들어, 내비게이션을 이용하는 자동차와 키오스크를 이용하는 극장은 장소와 상황에 차이가 있고, 그 차이가 각 제품과 서비스 설계에 영향을 미친다. 특히 다양한 상황에서도 사용자는 단절되지 않고 일관성 있는 경험을 하고 싶어 한다. 즉 유무선 네트워크 인프라가 확산됨에 따라 디지털 제품이나 서비스에 영향을 받는 사람들의 삶의 영역이 다양해지면서 사용자는 어떤 상황에서도 단절되지 않는 서비스를 요구하는 것이다. 따라서 다양한 사용 맥락을 분석하는 것이 더욱 중요해지고 있다.

그림 1
여러 가지 상황에서 연결된 경험을 제공해 주어야 하는 사례

셋째, 최근 사용자 맥락을 정확하게 인식하는 기술이 개발되면서 맥락 정보를 통한 가치창출이 용이해졌다. 대표적인 예로 GPS$^{global\ positioning\ system}$가 있다. 사용자는 GPS를 이용해 현재 위치에 맞는 교통 정보와 주변 정보를 제공받을 수 있다. 이렇게 수집된 맥락 정보는 네트워크 기술의 발전으로 다른 사람들과 실시간으로 공유할 수 있게 된다. 또한 스마트폰에 탑재된 GPS센서와 컴퍼스^{copass} 센

그림 2
맥락 인식 기술을 이용한 새로운 경험의 사례:
스마트폰의 GPS센서와 Scan Search 애플리케이션

서 및 증강현실AR 카메라 영상 분석 기술을 이용해 위치적 맥락을 파악하고, 식당, 상점 등의 정보를 스마트폰 화면상에서 제공받을 수 있다. 이 같은 센싱 등의 맥락 인식 기술이 발전함에 따라 사용 맥락에 대한 정확한 정보를 신속하게 수집할 수 있게 되었고, 수집된 맥락 정보를 기반으로 관련된 정보나 기능을 추가함으로써 새로운 가치나 경험을 제공하는 과정에 다양하게 적용할 수 있게 되었다.

넷째, 디지털 서비스나 제품의 범위가 한 나라를 벗어나 전 세계로 확산됨에 따라 각 나라와 문화권마다 서로 다른 다양한 사용 맥락 분석의 필요성이 증가했다. 디지털 제품과 서비스의 글로벌화는 동일한 나라나 문화권에 비해 사용 맥락의 차이를 더욱 크게 만들기 위해 맥락 분석의 중요성이 한층 높아졌다고 할 수 있다. 예를 들어, 그림 3은 우리나라에서 대표적이었던 소셜네트워크 서비스를 미국에 런칭했을 때의 비교 자료이다. 해당 서비스가 미국에 진출할 당시 우리나라는 초고속 인터넷 세계 1위로, 많은 이미지와 동영상을 올리고 바로 확인할 수 있었고, 휴대전화를 통해 실시간으로 글과 사진을 남길 수 있었다. 반면 미국에서는 텍스트가 아닌 사진이나 동영상으로 이루어진 인터넷 서비스를 사용하려면 많은 시간이 소요되었다. 물리적인 환경에서뿐만 아니라 문화적으로도 큰 차이가 나타났다. 일촌이라든지 미니미minime와 같은 서비스가 미국적 문화에서는 이해 불가능했고, 결국 이 같은 맥락적 차이를 극복하지 못하고 해당 서비스는 미국 시장에 진출한 지 2년 만에 막을 내렸다. 기술적 그리고 문화적 맥락이 디지털 제품이나 서비스의 글로벌화에 큰 영향을 미칠 수 있다는 것을 보여 준 사례였다.

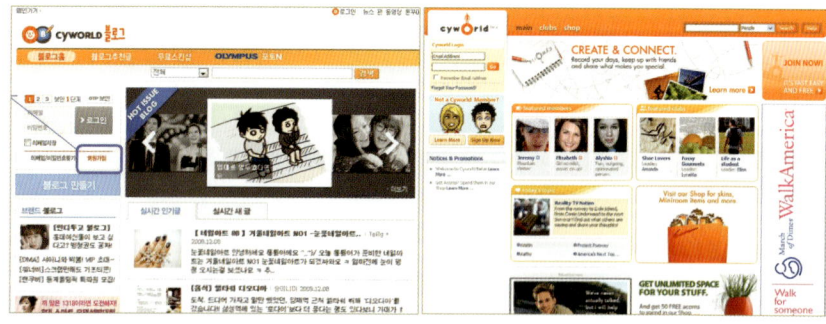

그림 3
글로벌 시장에서 맥락 분석이 중요한 사례: 국내 싸이월드 서비스와 미국 싸이월드 서비스

결론적으로 고성능의 모바일 기기가 널리 보급되고, 유무선 네트워크 인프라가 확산되고, 센싱 등의 맥락 인식 기술이 발달되고, 언제 어디서나 컴퓨터 시스템을 사용할 수 있는 유비쿼터스 컴퓨팅ubiquitous computing을 구현할 수 있는 인프라가 구축됨으로써 디지털 제품이나 서비스 시장이 전 세계에 확산되었고, 이에 따라 다양한 사용 환경에 대한 맥락 정보의 중요성이 더욱 증대했다.

2. 사용 맥락의 의미 및 구성 요소

HCI에서 맥락의 의미는 각 협의와 광의의 개념으로 설명할 수 있다.Dourish, 2002 먼저 좁은 의미인 표현적인 관점representative perspective에서 살펴보면, 맥락이란 어떤 상황을 표현하는 설명 또는 정보로써 상당히 한정적이고 안정되어 있으며, 사람의 행동과는 분리된 대상으로 맥락을 바라볼 수 있다. 예를 들어, 내비게이션 시스템을 사용하는 맥락은 주로 빠른 속도로 움직이고 전방에 다양한 시각 및 청각 자극이 나타나는 환경이라는 것이다. 반면 넓은 의미인 상호작용적인 관점 interactive perspective에서 맥락을 살펴보면, 맥락은 사용자나 사용 시스템과 별개로 존재하는 것이 아니라 사용자의 성향이나 의도 등을 포함하고 있으며, 사용자가 어떻게 시스템을 사용하는지에 따라 영향을 받는 환경이다. 이처럼 넓은 의미에서 본다면, 맥락이란 미리 정해져 있는 것이 아니라 사용자가 시스템을 사용하면서 동적으로 만들어지는 원자료와 해석된 결과를 모두 포함한다.

표현적인 관점이 환경을 중심으로 한 맥락을 설명하는 것이라면, 상호적인 관점은 사람들의 행동과 그에 따라 변화하는 환경에 대한 관점을 제시하고 있다. 이 책에서는 광의의 맥락 개념을 토대로 분석하고자 한다. 이는 맥락의 중요성이 높아졌을 뿐만 아니라 대상 범위도 넓어 졌기 때문에 단순히 표현적인 정보만을 분석 대상으로 해서는 디지털 제품이나 서비스에 영향을 미치는 맥락을 모두 포함할 수 없기 때문이다. 예를 들어, 조깅을 하면서 스마트폰을 사용하는 맥락에 대해 넓은 의미에서 분석하면 그림 4와 같다. 단순히 언제 어디서 조깅을 하느냐에 대한 물리적 환경뿐만 아니라 조깅하는 과정에 다른 사람들은 얼마나 많이 있고 사용자가 다른 사람들과 어떤 관계에 있으며, 조깅을 하는 행위가 특정 문화에

그림 4
넓은 의미에서 맥락을
분석하는 사례:
조깅을 하면서 휴대전화를
사용하는 맥락에 대한 정보

서 어떻게 받아들여지고 있는지도 중요한 맥락 정보가 된다. 따라서 넓은 의미에서의 맥락은 사회적 맥락, 문화적 맥락, 각종 사용자 활동들과 같은 상호작용적인 요소들을 포함하며, 센서, 네트워크 서비스, 응용 애플리케이션, 사용자 인터페이스 등 휴대전화의 구성요소도 포함한다. 또한 빛, 온도, 소음, 장소, 시간, 날짜, 계절 등 물리적인 맥락 요소도 포함하고 있다.

여기에서는 넓은 의미에서 맥락을 이루는 요소들에 대한 구성을 표 1과 같이 물리적 맥락과 사회적 맥락 그리고 문화적 맥락으로 나누었다. 사용자의 심리적 맥락과 기술적 맥락은 사용자 분석 및 기술 분석에서 자세하게 다루기로 하겠다. 물리적인 맥락은 실제 객관적으로 측정할 수 있는 물리적인 환경을 의미하는 것으로, 예를 들면 조명의 밝기나 소음 정도 등이다. 사회적인 맥락은 다른 사람과의 사회적인 관계를 통해 만들어지는 상황을 의미하는데, 예를 들면 직장 내의 위계 구조나 다른 사람과의 의사소통 등이다. 문화적 맥락은 한 집단의 구성원이 다른 집단과 구별될 수 있는 심리적 가치적인 특성으로 특정 집단의 사람들이 공유하고 있는 가치나 신념을 의미한다. Hofstede, 1980 예를 들어, 남성우월주의 가치라든지 평등선호사상 등을 들 수 있다. 사회적인 맥락과 문화적인 맥락은 주관적인 평가가 필요하다는 공통점이 있다. 그러나 사회적 맥락은 다른 사람과의 관계에서 발생하는 맥락인 반면, 문화적 맥락은 특정 집단 자체에 대한 맥락이라는 점에서 구분이 된다. 이러한 세 가지 맥락에 속하는 요소들은 다시 세 가지 그룹으로 구분할 수 있다. 그중 두 가지는 기본적인 맥락이라고 할 수 있는 시간과 장소에 대한 맥락이며, 다른 하나는 기타 요소이다.

표 1
맥락의 구성 요소에 대한 구조

	물리적 맥락	사회적 맥락	문화적 맥락
시간적 요소	사용 시간 사용 요일 사용 계절	일하는 시간 시간 압박	시간 지각 시간적 편중성
장소적 요소	좌표, 고도, 공간 구성, 움직임 공간 분할, 동선, 혼잡도	집 또는 직장 다른 사람과의 상호작용 프라이버시 정보의 원천	권력거리 개인/집단주의 남성/여성주의
기타 요소	조명, 온도, 소음, 먼지	계층구조, 업무 분담 권력, 표준	불확실성 회피성향 명시적/묵시적 문화 지배적 성향

2.1 물리적 맥락

물리적 맥락은 사회 문화적인 가치가 반영되지 않고 정보 그 자체로서 의미를 가지는 맥락을 의미한다. 즉 사람들이 주관적인 개념을 넣지 않고 기계적으로 판단할 수 있는 맥락 요소들을 물리적 맥락이라고 한다. 예를 들어 그림 5는 스마트폰으로 촬영된 사진으로 이에 관련된 메타 데이타 정보는 장소와 시간, 날짜를 포함하며, 기기 이름, 카메라 조도 등 기기의 설정 정보, 휴대전화 네트워크망의 위치 정보 등 물리적 맥락을 나타내고 있다. 단말기에 의해 자동적으로 수집된 물리적 맥락은 사용자가 물리적으로 어느 위치에 있는지, 사용 시간은 언제인지 등의 맥락 정보를 알려 준다. 이러한 물리적 맥락에 대한 정보는 사용자가 모아 놓은 이미지나 동영상과 같은 미디어 파일을 관리하기 쉽게 만든다. 왜냐하면 최신 단말기는 미디어 파일의 메타 데이터를 자동적으로 생성시켜 주며, 이동 시에도 접속 가능한 네트워크망은 다른 사용자와의 공유를 돕거나 사용자의 파일을 통합, 관리하는 데 도움을 주기 때문이다. 따라서 물리적 맥락 정보는 자동적으로 수집되고 자동적으로 분석될 가능성이 높다는 측면에서 활용 가능성이 높다.

시간: 2010년 12월 28일 오전 10:30
위치: 암스테르담
제품: 진우의 iPhone 4GS
조명: 자연광
온도: 섭씨 20도

그림 5
물리적 맥락 정보가 자동적으로 수집되고 분석되는 사례: 스마트폰으로 수집된 물리적 맥락 정보

물리적 맥락은 다시 시간적 요소와 관련된 맥락, 장소적 요소와 관련된 맥락, 그리고 기타 환경적인 맥락 요소로 나눌 수 있다. 물리적 맥락의 예는 영화 〈아일랜드〉에서 주인공이 카드를 사용하면서 생성되는 정보를 통해 살펴볼 수 있다. 주인공이 이용한 카드에 대한 정보와 카드를 사용했던 상점의 물리적 위치 그리고 카드를 사용한 물리적 시간과 주변 거리의 혼잡도에 대한 정보 등 기타 물리적 맥락에 대한 정보가 생성 및 종합적으로 분석되어 주인공을 추적하는 데 사용되고 있다.

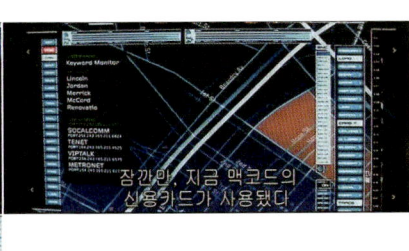

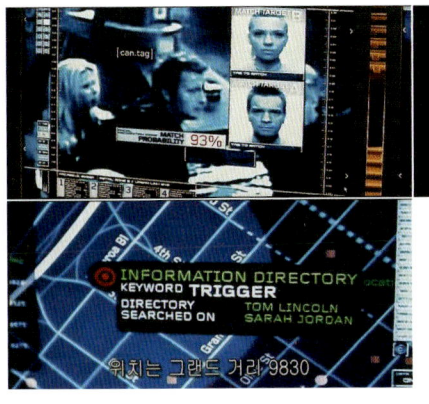

그림 6
영화 〈아일랜드〉에서 사용된 다양한 물리적 맥락 정보

물리적 시간

물리적 시간의 기본 요소는 오후 10시 30분, 오후 4시 50과 같은 객관적인 정보를 의미한다. 스마트폰이 보급되기 시작하면서 시간은 더욱 큰 의미를 가지게 되었다. 특히 휴대전화는 사용자의 현재 시각을 인공위성으로 측정하기 때문에 현재 시간에 대한 정확한 맥락 정보를 가지고 있다. 그리고 항상 자신의 몸 가까운 곳에 지니고 다니면서 전화나 메시지가 오면 즉시 응답한다는 휴대전화기기의 특징 때문에 물리적 시간 맥락에 대한 자료가 더욱 활발하게 사용되고 있다.

시간의 중요성을 나타내는 사례로 서울시 버스정보시스템BIS을 통해 구현되는 버스 도착 알림 서비스가 있다. 예를 들어, 사용자가 정류장에 서 있다면, 현재 시간을 기준으로 몇 분 후에 버스가 도착하는지 물리적 시간 정보를 통해 파악할 수 있다. 그 외에 버스 도착 시간 정보를 실시간으로 제공해 물리적 위치 맥락까지 파악 가능한 모바일 애플리케이션이 있다.

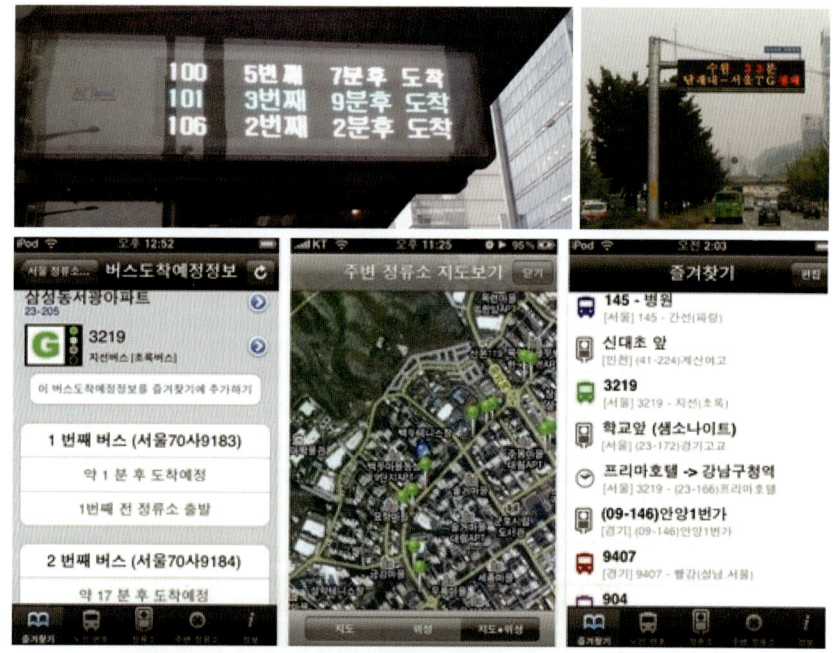

그림 7
현재 시각이 중요하게
사용되는 디지털
서비스 사례: 서울 버스
시각 안내 단말기

요일에 따른 영향도 무시할 수 없다. 예를 들어, 금요일 오후부터 주말 동안에 보여 주는 콘텐츠는 내용적으로나 디자인적으로나 주말 동안의 여유를 반영한 반면, 월요일이나 화요일 같은 주중에는 주로 일과 관련된 콘텐츠가 게재된다.

계절도 중요한 물리적 시간 요소이다. 사용자가 8월 7일 토요일 오후 4시에 사용하는 것과 2월 10일 오전 10시에 사용하는 것에 따라 시스템 요소가 달라질 수 있다. 계절적인 맥락 정보가 많이 반영된 서비스의 예로는 포털사이트의 홈페이지나 개인 홈페이지의 스킨을 들 수 있다. 여름에는 배경색으로 푸르고 시원한 색을 사용하는 반면, 겨울에는 따뜻한 색을 중심으로 사용한다. 배경색뿐만 아니라 화면의 메인 이미지나 아이콘도 계절적인 요인을 많이 반영한다.

연도, 시대 등의 정보도 중요한 물리적 시간 정보이다. 연세대학교 HCI Lab이 수행한 연구에 따르면, 노인들은 자신이 살아온 시대별로 자료를 기억하고 정리하는 행위를 통해 자기 정체성을 강화하고 삶의 의미를 재확인하는 경향이 있다. 그림 8은 PC와 휴대전화 소프트웨어가 통합된 일기 형식의 시스템으로, 시간, 날짜, 요일, 계절, 연도 등의 물리적 시간 정보를 통합적으로 보여 준다. 사용자가 직접 촬영한 사진과 비디오, 가족이나 친구들과 주고받은 메시지로 구성되어 있는데, 이들이 섬네일 형식으로 물리적 맥락 정보인 시간, 즉 타임라인의 형태로 보여진다.

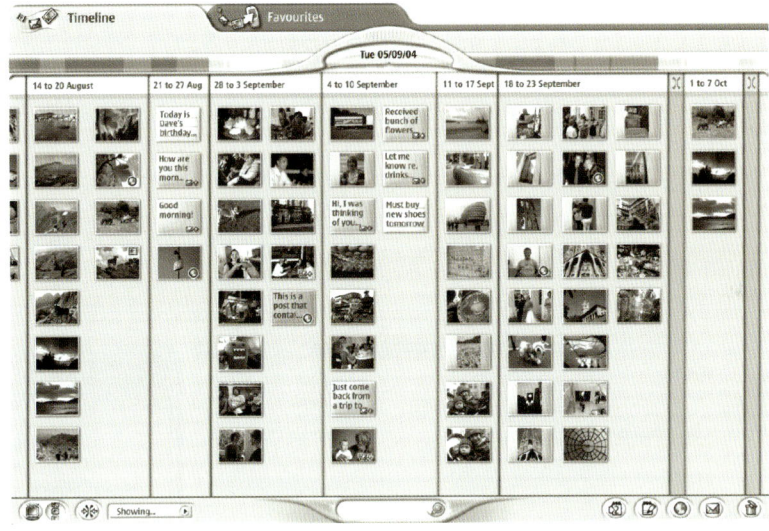

그림 8
물리적 시간 정보가
통합적으로 활용된 사례
(Aaltonen, Huuskonen
and Lehikoinen, 2005)

물리적 위치

물리적 위치에 포함되는 맥락 자료로 좌표나 고도 등을 들 수 있다. 물리적인 위치 맥락은 휴대전화와 같은 이동용 정보기기가 보급되면서 그 영향력이 커지고 있다. 휴대전화는 중계탑의 위치를 통해 현재 사용자의 위치를 파악할 수 있다. 이것을 이용한 시스템으로 위치 기반에 따른 문자 광고 시스템을 들 수 있다. 예를 들어, 인천공항에 갈 경우 시스템이 인천공항 근처라는 위치정보를 자동으로 파악해 근처의 면세점에서 어떤 품목을 세일하고 있는지에 대한 광고를 문자 메시지로 보낼 수도 있고, 해당 면세점의 물건을 값싸게 구입할 수 있는 쿠폰도 보낼 수 있다. 최근에는 휴대전화에 GPS 기능이 장착된 제품들이 많이 출시되고 있다. 밤늦게 귀가하는 청소년이나 길을 잃어버리기 쉬운 노인들의 위치를 가족에게 알려 주는 서비스가 GPS를 이용한 서비스의 대표적인 사례이다. 또 물리적 위치는 회사 내에서 공간을 구성하고 분할하는 방식을 나타내기도 한다. 예를 들어, 어떤 회사에서는 사무실 내의 공간이 작업의 흐름에 따라 구성될 수 있고, 어떤 회사에서는 비슷한 기능을 수행하는 사람들끼리 모여 있을 수 있다. 마찬가지로 실내 공간이 벽이나 칸막이 같은 것으로 분할될 수 있고, 별도의 공간 분할 없이 하나의 공간으로 사용할 수도 있다.

공간 구성이나 분할과 관련된 또 다른 공간 맥락 요소로 혼잡도와 관련된 정보가 있다. 혼잡도란 현재 사용자가 있는 주변에 얼마나 많은 물건과 사람이 있는지를 의미한다. 사람들은 자기 주변의 공간을 생각하고 행동을 한다. 예를 들어, 넉넉한 공간에서는 좀 더 적극적으로 주위 정보를 탐색하는 반면, 주위에 공간이 적으면 자신이 해야 되는 일에 집중하는 경향이 있다. 특히 사무실이나 집과 같은 실내의 경우에는 충분한 작업 공간이 주어졌는지의 여부에 따라 시스템을 어떻게 사용할지가 결정된다. 휴대전화나 RFID, GPS와 같은 인식 도구를 이용하면 사용자가 현재 위치한 주변으로 얼마나 많은 사람과 물건이 있는지 알리는 혼잡도를 기계적으로 측정할 수 있게 될 것이다. 스마트폰 애플리케이션의 경우, 서울시 주요도로의 교통 상황 정보를 수집해 도로교통 혼잡도를 시각화한다. 이 정보는 운전자들의 행동, 즉 이동 경로 선택에 영향을 미칠 것이다.

그림 9
물리적 위치를 활용하는 디지털 서비스와 혼잡도를 이용한 디지털 서비스 사례

물리적인 공간 맥락에서 중요한 또 하나의 요소는 움직임 또는 동선에 대한 맥락이다. 사람들이 얼마나 자주 움직이는지, 왜 한 장소를 떠나 다른 장소로 이동하는지, 어떤 요소들이 사람들을 움직이게 하는지 등이 중요한 정보가 된다. 특히 사람들이 정보기기를 사용함에 따라 수집 가능한 동선의 정보가 중요한 맥락 요소가 된다. 왜냐하면 사람들은 동선에 대한 정보를 통해 동선에 대한 전체적

인 현황을 파악하고 이를 기반으로 자신의 일이나 여가 활동에 가장 적당한 동선을 재구성할 수 있기 때문이다.

기타 물리적 환경

기타 물리적 환경에 속하는 요소로 조명, 온도, 소음, 먼지 등이 있다. 조명의 경우 일반적인 시스템은 사무실이나 집과 같은 실내에서 사용하기에 적절한 밝기라고 할 수 있지만, 실외에서 사용할 경우에는 스크린에 표시되는 정보를 알아보기 힘든 경우가 많다. 예를 들어, 노트북을 실외에서 사용할 때 햇빛 아래에서는 무슨 내용인지를 거의 알아보기 힘들다. 따라서 외부에서 주로 사용하는 시스템의 경우에는 아마존의 킨들처럼 중요한 메시지들이 실외의 태양광에서도 잘 보일 수 있도록 설계되어야 하며, 사용자가 스크린의 밝기나 대비를 조정할 수 있도록 디자인되어야 한다.

우선 온도 정보를 고려해 보자. 예를 들어, 스키장과 같은 야외에서 주로 사용하는 시스템은 추위 때문에 대부분 두꺼운 장갑을 끼고 사용하기 때문에 섬세한 마우스 움직임이나 많은 키 조작을 가급적 피해야 한다. 비슷한 예로, 냉동창고 안에서 재고 조사를 위해 모바일기기를 사용하는 경우도 유사하다. 사용자가 동상을 피하기 위해 대부분 두꺼운 장갑을 착용하는 일이 많기 때문에 이를 고려한 설계가 필요하다. 야외에서 주로 작업을 하는 인터넷 설치 및 A/S 담당자는 작업의 특성상 인터넷 케이블이 설치되어 있는 외부와 컴퓨터가 있는 내부를 자주 옮겨 다니면서 작업을 하기 때문에 면장갑을 끼고 작업을 하는 경우가 많다. 이때 인터넷 속도를 확인하는 용도로 사용하는 애플리케이션은 크고 단순하게 나타내어 장갑을 끼고도 조작이 용이하게 만들어야 한다.

먼지 정보 역시 시스템 사용의 중요한 영향 요인이다. 먼지나 분진 등을 막기 위해 키보드에 덮개를 씌워 사용하는 경우가 많은데, 그런 경우 키보드를 사용할 때보다 더 빨리 피로감을 느낄 수 있다. 반대로 반도체 제조공장처럼 매우 청결한 환경을 요구하는 경우에는 메모지나 매뉴얼과 같은 보조 기억 장치를 사용할 수 없기 때문에 이러한 장치 없이 시스템을 사용할 수 있도록 기억해야 할 사항을 최소한으로 줄이는 설계를 해야 한다.

소음 정보에 대해서도 생각해 보자. 주변의 소음 정도가 심한 곳에서는 시스템에서 경고 메시지를 전달하기 위해 사용하는 짧은 경고음을 사용자가 듣지 못하는 경우가 많다. 특히 여러 시스템으로부터 각 배경 소음이 들리거나 사람들의 대화나 작업 소음이 심한 경우에도 이러한 문제점이 발생할 수 있다. 예를 들어, 통화를 할 때 주변이 시끄러운 경우 소음은 통화 품질에 큰 영향을 준다.

2.2 사회적 맥락

사회적 맥락은 객관적인 수치로 표현하는 것보다는 그 상황과 관련된 다양한 가치를 이해해야만 제대로 평가하고 해석할 수 있는 맥락 정보로 구성되어 있다. 영화 〈아일랜드〉에서 표현된 사회적 맥락 정보를 예로 들어 보자. 영화를 보면 클론을 감시하는 감독관은 색깔이 있는 옷을 입은 반면, 클론은 흰색 옷을 입고 있다. 즉 입은 옷의 색상에서도 클론과 감독관이 서로 다른 계층에 속하는 사람들이라는 사실을 강력하게 나타내고 있다. 그러나 색상이 의미하는 바를 알지 못하면 이러한 사회적 맥락을 이해하기 힘들다. 물리적인 의미에서는 그저 색상의 차이에 불과하기 때문이다. 사회적인 맥락도 물리적인 맥락과 마찬가지로 시간, 위치, 그리고 기타 환경적인 요소로 구분할 수 있다.

사회적 시간 맥락

일하는 시간-여가 시간이라는 구분과 시간적 압박 정도라는 두 가지 중요한 사회적 맥락이 있다.

첫째, 일하는 시간-여가 시간이라는 관점에서 맥락을 살펴보면 사람들은 자신이 공부를 하거나 일을 하는 시간에 보이는 사용 행태와 여가 시간에 보이는 사용 행태가 매우 다르다.Dholakia and Dholakia, 2004 예를 들어, 어떤 사람이 자기의 사무실에서 나와 버스를 기다리고 있다고 하자. 만약 그 사람이 거래처로 가는 버스를 기다리고 있는 중이라면, 스마트폰을 이용해 출장 일정을 조정한다든지 발표 자료를 수정하는 것과 같은 기능적인 서비스를 주로 사용할 것이다. 그러나 그 사람이 벚꽃놀이에 가려고 관광버스를 기다리고 있다면, MP3플레이어를 이용해 음악을 듣거나 시간을 때우기 위해 모바일 게임을 할 수도 있다. 둘째, 압박 정도라는 관점에서 맥락을 살펴보면 사람들은 자신이 얼마나 시간에 쫓겨 가면서 시스템을 사용하는지에 따라 동일한 시스템을 사용하는 방식에서 큰 차이를 보인다는 것을 알 수 있다.Belk, 1975 특히 모바일 인터넷과 같은 경우 사용하는 시간에 따라 큰 차이를 보인다.Dholakia and Dholakia, 2004 동일한 플래시 화면도 시간적 여유가 있을 때는 재미있고 신선한 콘텐츠로 여겨지지만, 시간이 없을 때는 귀찮고 불필요한 내용으로 여겨진다. 이와 비슷한 예로, 슈퍼마켓에서 사람들이 물건을 고를 때 시간적인 여유가 없는 때는 주로 상품 이름이나 영양가와 같은 문자 정보에 신경을 쓰는 반면, 시간적 여유가 있을 때는 상품 이미지와 같은 그림 정보에도 주의를 기울인다. 이와 같이 사람들이 얼마나 신속하게 주어진 일을 처리해야 하는지에 따라서도 시스템 개발 시 강조해야 할 사항이 달라진다. 슈퍼마켓 계산대에 있는 시스템이나 콜센터를 위한 시스템의 경우 가급적 빨리 소비자의 요구를 받아들여 기다리는 사람들의 불편을 최소화시켜야 하기 때문에 단축성과 같은 요소들이 시스템 디자인에 중요한 역할을 한다.

사회적 위치 맥락

사회적 맥락과 관련된 또 하나의 주요 요소는 시스템을 사용하는 장소와 관련된 사회적 위치이다. 물리적 위치는 좌표와 고도에 따라 자동적으로 결정되지만 사회적 위치는 사람들이 사회적인 의미를 부여해 놓은 위치들을 의미한다. 그렇다면 사회적 위치 맥락에서의 중요한 몇 가지 사항들을 살펴보자.

첫째, 시스템을 사용하는 장소가 집인지 아니면 직장 또는 학교인지를 파악하는 것이 중요하다. 우리가 업무용 소프트웨어를 설계할 때는 소음도 적고 조명도 좋고 인터넷 연결 상태도 안정적인 환경이라고 가정한다. 그러나 만일에 집에서 사용하는 경우에는 아이들이나 애완동물에게서 방해도 자주 받고, 장소도 협소한 경우가 많으며, 인터넷 연결도 불안정하고 느린 경우가 많다.Dray and Mrazek, 1996 따라서 해당 시스템을 얼마나 자주 집안에서 사용하고 또 얼마나 자주 집 밖에서 사용하는지를 측정하는 것이 중요하며, 만약에 많은 사용자가 집에서 해당 시스템을 사용한다면 일반 가정 환경을 고려한 설계가 필요하다. 둘째, 사람들과의 상호작용도 사회적 위치와 관련된 중요한 맥락이다. 예를 들어, 직장의 경우 같은 부서에 속한 사람들 간에 항상 활발하게 의사소통이 이루어지는 경우가 있는가 하면, 묵묵히 자신의 일만 하는 경우가 있다. 만약 주위 사람들과 떨어져서 자기 혼자 집중해서 사용해야 한다면, 의사소통이 활발한 직장 상황에서는 사용하기 힘든 시스템이 될 것이다. 모바일 인터넷 같은 경우도 주위에 있는 사람들과 열심히 대화를 하고 있는 중인지, 아니면 주위 사람들과의 상호작용이 없는 상태에서 모바일 인터넷을 사용하는지의 여부가 큰 변수로 작용하기도 한다. 셋째, 사람들이 알고 있는 정보원천으로부터의 거리도 중요한 사회적 위치 맥락에 속한다. 이는 사람들이 자신이 필요로 하는 정보로부터 얼마나 멀리 떨어져 있다고 느끼는지에 대한 심리적 거리라고 할 수 있다. 예를 들어, 업무에 필요한 자료들이 모두 사내 도서관에 비치되어 있다면, 그 도서관이 사용자가 일하는 위치로부터 얼마나 멀리 있다고 느껴지느냐가 심리적 거리이다. 또 다른 예로, 전자화되어 있는 정보에 접근하는 절차가 얼마나 복잡한지의 여부가 정보 원천에서 얼마나 떨어져 있는지 느끼는 심리적 거리에 영향을 미친다. 어떤 직장의 경우는 모든 정보를 서버에만 놓고 자신의 개인 노트북이나 PC에 관련 정보를 저장해 놓을 수 없도록 만든 경우도 있다. 이 경우에 개인이 회사의 서버에 있는 자료를 열람하기 위해서는 매우 복잡한 보안 절차를 거쳐야 하기 때문에 사용자가 자료의 원천에 대해 느끼는 심리적인 거리는 매우 크다고 하겠다.

여기에서 살펴봐야 할 중요한 개념이 프라이버시privacy이다. 물리적 위치에서의 혼잡도가 물리적인 개념을 의미한다면, 프라이버시는 사회적인 개념으로 사용자가 주관적으로 그 장소를 얼마나 자신만의 장소로 여기는지를 의미한다. 시스템을 사용하는 현재 장소가 개인적인 장소인지 공공장소인지가 중요한 이유는 사용자가 프라이버시를 느끼는 정도에 따라 시스템의 사용 행태가 변화되기 때문이다. 예를 들어, 자신의 방에서 모바일 인터넷을 사용할 때와 지하철에서 모바일 인터넷을 사용할 때의 사용 콘텐츠나 방식이 다르다. 개인적인 장소에서 사용할 때는 말도 크게 할 수 있고 시스템이 내는 효과음도 크게 키울 수 있지만, 공공장소에서는 그렇게 하기 힘들다.Monk et al., 2004 따라서 공공장소에서 사용하는 제품이나 서비스는 주위 사람들을 신경 쓰지 않아도 되는 장소에 맞는 서비스를 제공할 수 있어야 한다. 그 대표적인 예로 지하철에서 제공하는 디지털 뷰가 있다. 디지털 뷰는 여러 사람들이 오고가는 지하철 역 구내에 있기 때문에 다른 사람들과 함께 보아도 무방한 내용들이 주로 표시된다. 이와 반대로 공인인증서는 자신의 프라이버시가 보장된다고 생각되는 위치에서만 사용하지, 공공적인 장소에서는 사용하지 않는다. 따라서 이러한 개인적인 상황에서 주로 사용하는 시스템은 그러한 사용 목적이나 사회적 위치에 맞게 인증번호를 여러 차례 물어보는 등 정밀한 조작이 필요하도록 설계한다.

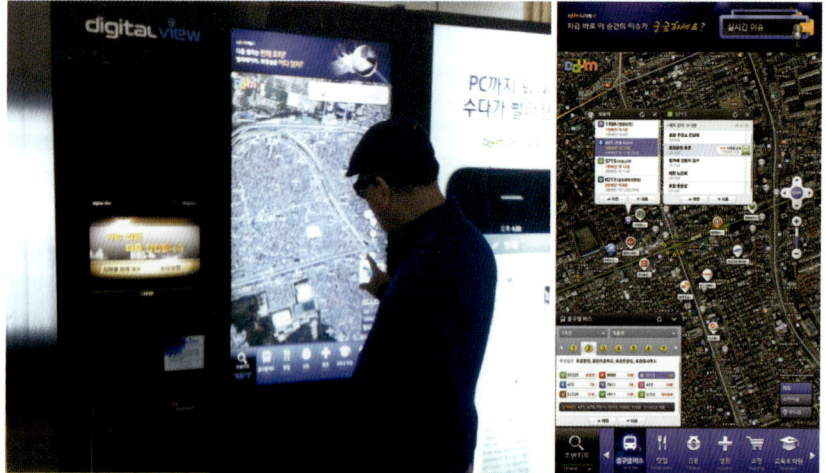

그림 10
사회적 위치 맥락 정보가 활용된 디지털 제품과 서비스 사례: 디지털 뷰

기타 사회적 맥락

기타 사회적 맥락으로 자주 거론되는 것은 사회적 계층 구조와 그에 따른 업무의 분담, 권력, 표준이나 방침 등이다. 좀 더 구체적으로 살펴보자.

첫 번째 사회적 계층구조social hierarchy에 대해 살펴보면 가정이나 직장에서도 마찬가지로 어떤 조직에서는 상하 관계가 명확하게 규정되어 있고, 그에 따라 자신의 할 일도 명확하게 규정되어 있는가 하면, 어떤 조직에서는 구성원들이 대부분 수평적인 관계를 유지하면서 일의 구별이 없는 경우도 있다. 즉 자신이 조직 내에서 어떤 위치에 있는지에 따라 사용하는 시스템의 종류나 사용 행태가 달라진다. 또한 가정에서도 가장이 사용하는 시스템과 다른 구성원이 사용하는 시스템이 다를 수 있다. 두 번째 사회적 맥락은 업무의 분담division of labor이다. 한 사람이 모든 일을 할 때 사용하는 시스템과 한 사람이 자신이 맡은 일만 할 때 사용하는 시스템이 다를 수 있다. 역할 분담이 명확하게 되어 있는 경우 그 역할을 위한 전문적인 시스템을 만들고, 전문가가 사용한다는 가정하에 전문가의 업무 수행성과를 높여 주는 방향으로 시스템을 제작할 수 있다. 반면 여러 사람이 여러 가지 일을 동시에 수행하는 경우는 그 시스템을 처음 사용해 보거나 오랜만에 다시 사용하는 사람도 큰 어려움 없이 사용하도록 학습 편이성에 초점을 맞출 수 있다. 세 번째 사회적 맥락인 표준이나 방침standard and policy은 해당 시스템을 이용해 어떤 일을 할 수 있고, 어떤 형식으로 시스템이 만들어져야 하는지 규정한 체제를 의미한다. 디지털 제품이나 서비스와 관련되어서는 실제 사용에 중대한 영향을 미치는 표준으로 기술 관련 표준을 들 수 있다. 그러나 명문화된 표준 외에도 실제적 표준de facto standard이 존재하는 경우가 많다. 예를 들어, 웹 사이트 설계에서 메뉴가 위쪽, 왼쪽에 위치한다는 것도 비록 공식 표준은 아니지만 실제적인 표준이라고 할 수 있고, 이러한 표준은 사용자가 시스템을 어떻게 사용할 것인지에 직접적인 영향을 미친다. 네 번째 사회적 맥락인 권력power은 사회적 계층 구조와 같이 형식적인 관계에서 발생할 수도 있고, 사용자가 가지고 있는 비형식적이고 비정규적인 관계에 의해 만들어질 수도 있다. 영화 〈아일랜드〉에서 복제인간을 만든 의사는 사회적 맥락에서 절대적 권위를 갖는다. 절대 권력자인 의사는 복제인간에 대한 세부 정보 검색을 자유롭게 하거나 그 정보 접근 및 조작을 용이하게 하는 피라미드 형태의 조작 도구를 사용할 수 있는 반면, 복제인간은 데이터에 대한 접근성이 없으며, 절대적 권한을 가지고 있는 의사의 지시에 따라 정보를 입력하는 것만이 가능하다. 그들의 조작 도구 역시 정보를 입력하는 수준에 머무른다. 즉 사용자가 얼마나 강력한 권력 또는 협상력을 가질 수 있는지에 따라 사용하는 시스템의 종류나 사용 행태가 달라진다.

2.3 문화적 맥락

한 집단에 속한 사람들을 다른 집단에 속한 사람들과 구별하는 사고방식이나 가치관을 통칭해 문화라고 한다.Hofstede, 1980 이때 집단이라는 것은 작게는 가정이 될 수도 있고 직장이 될 수도 있으며, 크게는 한 나라나 대륙이 될 수도 있다. 영화 〈아일랜드〉에서 복제인간들이 살고 있는 집단은 외부로부터의 충격이나 사건으로 치명적인 손상을 받을 수도 있기 때문에 불확실성을 최소화하려는 문화가 팽배해 있다. 불확실성을 최소화하기 위해 모든 복제인간들은 비슷한 옷을 입고 비슷한 음식을 먹어야 한다. 또한 감독관과 복제인간 사이에는 엄격한 계층 구조가 형성되어 있어서 대부분의 복제인간들은 감히 감독관이나 의사에게 반론을 제기하지 않는다.

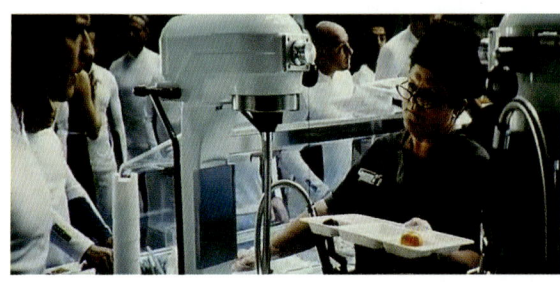

그림 11
영화 〈아일랜드〉에서 복제인간 집단의 문화를 보여 주는 장면

여기에서는 문화적 맥락을 보는 여러 단위 중에서 국가를 하나의 단위로 이야기하는 문화에 초점을 맞추고자 한다. 최근 들어 인터넷이 전 세계적으로 확산되고 디지털 제품이나 서비스의 해외 수출이 중요한 이슈로 부각되고 있다. 특히 디지털 제품의 경우 해외 수출을 통해 얻어지는 수익이 국내 시장으로부터 얻어지는 수익보다 많아짐에 따라 다양한 각도로 수출을 증진시킬 수 있는 현지화가 모색되고 있다. 그러나 지금까지는 번역을 한다든지 도량형을 바꾼다든지 하는 표면적인 현지화에 집중되었을 뿐 실제 해당 국가의 문화를 고려해 현지화하는 경우는 매우 드물었다. 여러 가지 이유가 있겠지만, 일단은 제품의 현지화에서 어떤 문화적 요인이 중요한지가 불명확할 뿐만 아니라 설령 그런 문화적 요인이 파악되었다고 할지라도 그 요인을 정확하게 측정할 수 있는 방법이 없기 때문이다. 이 장에서는 그동안 연세대학교 HCI Lab에서 휴대전화, 냉장고, MP3, TV 등 네 가지 디지털 제품에 대해 미국, 독일, 러시아, 인도 등 네 나라에서 현지 사람들이 가지고 있는 중요한 문화적 성향에 대해 연구해 왔던 결과를 토대로, 디지털 제품이나 서비스에 영향을 미칠 수 있는 문화적 성향들을 살펴보도록 하겠다.Lee et al., 2010

시간적 문화 맥락

시간과 관련되어 자주 언급되는 문화적 맥락은 시간 지각 time perception 에 대한 사람들의 일반적인 성향이다. Hall, 1976 시간 지각은 크게 다중지향과 단일지향으로 구분된다. 다중지향 polychronic 문화는 한 번에 여러 일을 동시에 하는 것을 선호하는 문화이다. TV를 켜놓고 아침식사를 하면서 신문을 보는 것이 당연한 나라가 다중지향적 문화라고 할 수 있다. 단일지향 monochromic 문화는 한 번에 한 가지 일만 하는 것을 선호하는 문화이다. 저녁식사를 할 때는 TV도 끄고, 가족 간의 대화 없이 먹는 일에만 전념하는 나라가 단일지향적인 문화라고 할 수 있다.

그림 12에서는 휴대전화, MP3, TV, 냉장고 등의 각 제품에 대해 미국, 독일, 러시아, 인도의 각 사용자가 얼마나 다중지향 또는 단일지향적으로 느끼는지를 분석했다. 인도 사람들은 제품에 상관없이 상당히 다중지향 문화적 특성을 가지고 있는 반면, 독일 사람들은 상대적으로 단일지향 문화적 특성을 가지고 있는 것을 알 수 있다. 한편 미국 사람들은 제품에 따라 차이가 많이 나는데, MP3나 TV의 경우는 타 제품에 비해 다중지향적인 성향이 높은 것을 알 수 있다.

사람들이 어떤 시간 지각을 가지고 있는지에 따라 제품이나 서비스의 디자인 요소가 달라진다. 예를 들어, 다중지향 문화를 가진 나라의 사람들은 인터넷 접속 속도가 늦더라도 단일지향 문화를 가진 나라의 사람들보다 높은 인내심을 보인다. Rose, Evaristo & Straub, 2002 반면 미국이나 핀란드와 같이 단일지향 문화가 높은 나라에서는 네트워크 속도가 조금만 느려져도 매우 심각하게 생각한다. 그러므로 이러한 나라에서 사용할 시스템을 제작할 때는 사용성의 속성 중에서 즉시성이나 단축성과 같은 요소에 특히 신경을 써야 한다. 또한 다중지향적인 사용자는 여러 제품이나 서비스를 동시에 사용하는 것을 선호하고 잘 사용하므로 멀티태스킹 기능을 효과적으로 제공해야 한다.

시간적 문화 맥락에서 중요한 또 하나의 요소는 시간적 편중성 time orientation 이다. 시간 편중성은 크게 과거지향적 문화와 미래지향적 문화로 구분된다. 과거

그림 12
시간 지각 성향에 대한 문화적 맥락

	미국	독일	러시아	인도
휴대전화	4.40	4.74	5.11	5.98
MP3	5.20	4.99	5.15	6.12
LCD TV	5.42	4.98	5.26	5.93
냉장고	4.54	4.70	5.47	5.93

지향적 문화는 과거와 현재의 가치를 중요하게 생각하는 문화적 성향을 의미하며, 미래지향적 문화는 미래에 얻게 될 가치 및 이득을 중시하는 문화를 의미한다. 예를 들어, 전통을 중요하게 생각하고 과거와의 연속적인 성격을 중요하게 생각하는 문화는 과거지향적인 문화이고, 혁신성이나 무엇인가 새로운 것을 중요하게 생각하는 문화는 미래지향적 문화이다. 그림 13은 미국, 독일, 러시아, 인도의 각 사용자가 휴대전화, MP3, TV, 냉장고 등에 대해 얼마나 미래지향적 또는 과거지향적으로 생각하는지에 대해 분석한 것이다. 이 분석에 따르면, 인도 사람들은 과거지향적인 문화적 특성을 가지고 있는 반면, 러시아 사람들은 미래지향적인 문화적 특성을 가지고 있는 것을 알 수 있다. 상품별로 살펴봤을 때, 조사 당시 디지털 TV가 새로운 기술이었던 만큼 가장 미래지향적인 성향을 보였으며, MP3는 과거지향적인 성향을 보였다.

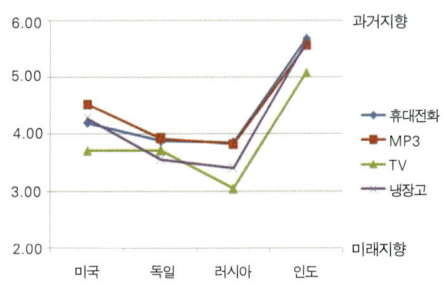

	미국	독일	러시아	인도
휴대전화	4.20	3.88	3.85	5.69
MP3	4.53	3.92	3.83	5.57
LCD TV	3.71	3.72	3.05	5.09
냉장고	4.28	3.56	3.41	5.63

그림 13
시간적 편중성에 대한 문화적 맥락

사람들이 어떤 시간적 편중성을 가지고 있는지에 따라 제품이나 서비스 디자인이 달라진다. 과거지향적인 문화적 성향을 가지고 있는 경우, 기존에 사용하던 것과 비슷한 제품이나 서비스를 선호하고 신제품에 대해 기존에 사용한 제품과 비교해 평가하는 경향을 보이기 때문에 기존 제품과의 연관성을 강조해 호환성이나 연속성에 초점을 맞춰야 한다. 반면 미래지향적인 경우, 새 제품을 선택하고 평가하고 사용할 때 기존 경험에 크게 영향을 받지 않기 때문에 가급적 제품이나 서비스의 혁신성을 강조하는 방향으로 디자인해야 한다.

위치적 문화 맥락

위치적 문화와 밀접하게 관련되어 있는 맥락 요소로 권력거리power distance가 있다. 권력거리는 권력을 조금 가지고 있는 사람들이 그 집단의 권력이 불공평하게 분배되어 있다는 사실을 얼마나 받아들일 수 있는지에 대한 문화적 맥락 요소이다.Hofstede, 1980 권력거리가 넓다는 것은 사람들이 사회에 권력이 공평하게 분배되지는 않는다는 사실을 받아들이는 경우를 의미하며, 권력거리가 좁다는 것은 권력이 소수에게 집중되는 사실을 쉽게 받아들이지 못하는 경우를 의미한다.

그림 14는 휴대전화, MP3, TV, 냉장고 등에 대해 미국, 독일, 러시아, 인도의 각 사용자가 느끼는 권력거리가 어느 정도인지를 분석한 것이다. 이 분석에 따르면, 인도 사람들은 권력거리가 넓은 문화적 특성을 가지고 있는 반면, 독일 사람들은 권력거리가 좁은 문화적 특성을 가지고 있는 것을 알 수 있다. 상품별로 살펴봤을 때, 냉장고가 가장 좁은 권력거리를 보였고, TV가 가장 큰 권력거리를 보였다. 냉장고는 생활필수품이자 부엌에 두는 물건이기 때문에 사회적 지위나 다른 사람의 시선에 의식해서 구입할 필요가 없기 때문에 좁은 권력거리를 보이는 반면, TV는 크고 적은지에 따라 부나 사회적 지위를 나타낸다고 생각하는 경향이 있기 때문에 권력거리가 큰 것이다.

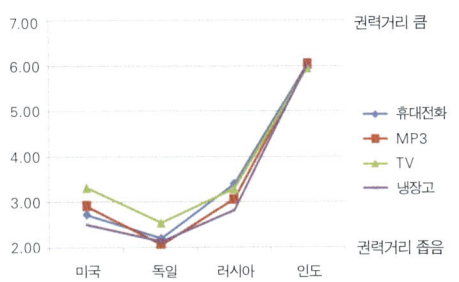

	미국	독일	러시아	인도
휴대전화	2.73	2.20	3.40	6.02
MP3	2.91	2.07	3.07	6.03
LCD TV	3.32	2.55	3.30	5.95
냉장고	2.52	2.14	2.82	6.02

그림 14
권력거리 인정 성향에 대한 문화적 맥락

권력거리는 디지털 제품이나 서비스의 디자인에 중요한 영향을 미친다. 높은 권력거리를 인정하는 경우에는 제품이나 서비스가 사용자의 사회적 지위에 맞추어 이용되어야 한다고 생각하기 때문에 지위나 신분을 나타내는 표현 요소를 많이 사용해야 한다. 예를 들어, 러시아에서는 휴대전화가 부와 권력을 표시하는 도구로 사용되기도 하는데, 휴대전화 디자인에 보석 등을 이용해서 고가의 제품임을 강조하는 경우가 있다. 반면 권력거리가 좁은 문화적 성향을 가진 나라에서는 사회적 지위를 너무 강조하는 제품이나 서비스가 성공하기 힘들다. 예를 들어 실제 군대 계급과 똑같이 명확한 계급구조로 나누어 권력을 분배한 게임의 경우, 권력거리가 좁은 문화를 가진 사용자 집단에게 불쾌감을 줄 수 있다.

위치적 문화 맥락에서 중요한 두 번째 요소는 개인주의·집단주의이다. 개인·집단주의는 개인과 집단 중에서 어떤 것이 사람들의 생활에 좀 더 큰 영향을 미치는지에 대한 문화적 맥락이다. 개인주의 문화에서는 대부분의 사람들이 자기 자신이나 직계 가족만을 보살피면 된다고 생각한다. 그러나 집단주의 문화의 사람들은 태어날 때부터 지역 공동체나 이해 집단에 속하고, 개인들은 그 집단에 충성을 바치는 대가로 집단이 개인들의 삶

그림 15
권력거리에 영향을 받은 디지털 제품과 서비스의 사례: 블루다이어몬드 폰

을 보호해 준다고 믿는다. 따라서 개인주의가 팽배한 문화의 집단은 결집력이 약한 반면, 집단주의가 강한 문화에 소속된 집단은 동질적이고 강한 결집력을 보여 준다.

그림 16은 미국, 독일, 러시아, 인도의 각 사용자가 휴대전화, MP3, TV, 냉장고 등에 대해 개인주의 또는 집단주의에 얼마나 가까운지를 분석한 것이다. 이 분석에 따르면 나라별로는 큰 차이를 보이지 않는 반면, 제품별로는 큰 차이를 보이는 것을 알 수 있다. 그중에서도 특히 개인적인 용도로 사용하는 휴대전화와 MP3는 개인주의적 성향이 많았고, 가족이 함께 사용하는 TV와 냉장고는 집단주의 성향이 강하게 나타났다.

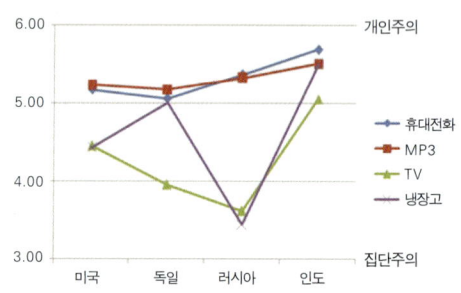

	미국	독일	러시아	인도
휴대전화	5.17	5.06	5.37	5.69
MP3	5.24	5.18	5.33	5.51
LCD TV	4.45	3.96	3.62	5.06
냉장고	4.43	5.01	3.45	5.50

그림 16
개인주의·집단주의에 대한 문화적 맥락

개인·집단주의는 디지털 서비스의 설계에도 많은 영향을 미친다. 한국과 미국의 결혼정보 사이트를 예로 들어보자. 한국 결혼정보 회사의 가입양식의 경우 결혼은 가족 간의 만남이라고 생각하는 결혼관에 맞춰 가족과 관련된 질문이 많다. 그러나 미국 결혼정보 회사의 가입 양식의 경우 결혼은 개인과 개인의 만남이라는 결혼관에 맞춰 개인과 관련된 질문으로 이루어져 있다. 그렇다고 반드시 나라 등과 같은 거시적인 집단의 특성만 디지털 서비스에 반영하는 것은 아니다. 오히려 특정 사용자가 모인 집단의 미시적인 문화가 거시적인 문화보다 더 강력하게 작용할 수도 있다. 예를 들어, 동방신기를 좋아하는 사람들이 가지고 있는 독특한 문화라든지, 이동통신 회사의 특정 사용자 집단에 속한 사람들이 공유하는 문화적 특성은 한국 내에서도 그런 집단에 속하지 않는 사람들과 사뭇 다르다.

또한 성별로 사회적인 역할이 얼마나 명확하게 나누어지는지에 대한 문화적 성향인 남성주의·여성주의 문화가 있다. 남성주 성향이 높은 나라에서 남자는 공격적이고 거칠고 물질적인 성공에 초점을 맞추고 있는 반면, 여자는 얌전하고 자상하며 삶의 질에 초점을 맞추고 있는 것으로 여겨진다. 여성주의 성향이 높은 문화에서는 남녀 간에 사회적 역할이 중첩되고, 남자든 여자든 모두 얌전하고 부드러우며, 인생의 웰빙에 좀 더 치중한다고 보여진다.

그림 17은 미국, 독일, 러시아, 인도의 각 사용자가 휴대전화, MP3, TV, 냉

장고 등에 대해 남성주의 또는 여성주의에 얼마나 가까운지를 분석한 것이다. 이 분석에 따르면, 다른 세 나라에 비해 인도는 월등하게 남성주의적 성향이 높은 것으로 나타났으며, 제품별로는 큰 차이가 나타나지 않았다. 그에 비해 나머지 세 개 나라는 제품에 따라 큰 차이가 나타났는데, 예를 들어, TV는 남성주의적 성향이 강한 반면 냉장고는 여성주의적 성향이 상대적으로 강하다는 것을 알 수 있다.

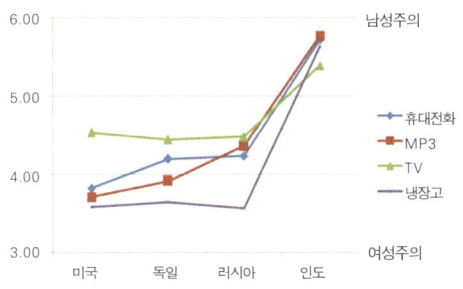

	미국	독일	러시아	인도
휴대전화	3.82	4.19	4.23	5.72
MP3	3.70	3.90	4.36	5.77
LCD TV	4.53	4.44	4.48	5.39
냉장고	3.57	3.63	3.56	5.63

그림 17
남성주의·여성주의에 대한 문화적 맥락

남성·여성주의도 디지털 제품이나 서비스의 디자인에 많은 영향을 미친다. 예를 들어, 남성주의가 높은 문화의 서비스는 강렬한 색상 및 명도대비를 선호하며 이미지들도 활동적이고 물질적인 성향이 강하다. 반면 여성주의 성향이 높은 문화의 서비스는 부드러운 이미지를 많이 사용하고 배경색과 전경도 은은한 색상 위주로 큰 대비가 없는 것으로 보여진다. 예를 들어, 볼보사의 여성 고객을 대상으로 한 자동차의 경우 기획에서 개발까지 여성 디자이너에게 의뢰해 자동차의 외형과 수납공간, 좌석의 형태까지 여성운전자를 중심으로 설계되었다. 반면 일본의 아쿠라사는 남성 고객을 주요 타깃으로 자동차 외관에서부터 강렬한 남성미가 넘치게 디자인한다. 즉 동일한 제품에 대해서도 어떤 문화적 성향의 사람들에게 어필할 것인지에 따라 매우 다른 디자인이 나올 수 있다.

그림 18
남성주의·여성주의 성향에 따라 영향을 받은 디지털 제품의 사례:
Volvo사의 ycc와
일본 Acura사의 RL

기타 환경적 문화 맥락

기타 환경적인 문화 맥락 요소는 불확실성 회피성향, 명시적·묵시적 성향, 지배적 성향의 문화의 세 가지를 들 수 있다.

불확실성 회피성향uncertainty avoidance은 불명확한 상황에 대해 사람들이 위협을 느끼는 정도를 의미한다. 불확실성 회피성향에 따라 사람들은 매우 다른 의식이나 제도를 가지게 된다. 불확실성 회피성향이 높은 문화일수록 형식적인 요소를 중요시 여기고 종교적이거나 정치적인 행사가 많으며, 약속시간을 정확하게 지키는 것이나 매사를 명확하게 밝히는 것을 선호한다.

그림 19는 미국, 독일, 러시아, 인도의 각 사용자가 휴대전화, MP3, TV, 냉장고 등에 대해 불확실성 회피성향이 얼마나 높은지를 분석한 것이다. 이 분석에 따르면, 인도는 제품과 상관없이 가장 낮은 불확실성 회피성향을 보였고, 미국은 불확실성 회피성향이 높은 것을 알 수 있다. 또한 제품별로 봤을 때 냉장고가 가장 불확실성 회피성향이 높았고, 휴대전화가 불확실성 회피성향이 낮았다. 그 이유는 냉장고는 가족의 건강과 밀접하게 연관되어 있기 때문에 항상 잘 작동해야 하는 반면, 휴대전화는 새로운 모델과 신기술이 계속해서 업데이트되기 때문에 어느 정도의 불확실성을 감수할 수 있는 것으로 추측된다. 불확실성 회피성향은 디지털 제품이나 서비스의 디자인에도 많은 영향을 미친다. 예를 들어, 불확실성 회피성향이 높은 경우에는 모든 제품의 배색이 깔끔하고 명확한 느낌을 주는 색을 주로 사용하고 있으며, 불분명한 이미지 자료는 최소화하고 정확한 내용을 텍스트를 통해 제시하거나 미리보기나 무료로 몇 회 정도 시험적으로 사용하는 옵션과 기능을 제공하는 것을 알 수 있다. 반면 불확실성 회피성향이 낮은 경우에는 상대적으로 다양한 색상을 사용하고 있으며, 의미가 모호한 그림이나 이미지를 주로 사용하고 있는 것을 알 수 있다. 동일한 제품일지라도 사용 용도에 따라 불확실성 회피성향의 차이를 반영할 수 있다. 오디오 시스템을 예로 들어 보자. 불확실성 회피성향이 높은 나라인 일본은 다양한 기능 조절이 가능한 버튼과 다이얼, 확장 포트를 노출해 명확하고 섬세한 조절이 가능하도록 설계하는 반면, 불확실성 회피성향이 낮은 덴마크는 단순한 외형과 최소한의 조작판만으로 디자인한다. 물론 이외에도 일본이 축소지향적 문화로 한정된 공간에 많은 기능을 담으려는 성향이 있고 덴마크의 경우는 단순성을 추구하는 문화적 성향이 있다는 것도 두 제품 간의 차이에 영향을 미쳤다고 볼 수 있다.

그림 19
불확실성 회피성향에 대한 문화적 맥락

	미국	독일	러시아	인도
휴대전화	3.84	3.47	3.09	1.95
MP3	3.98	3.53	3.10	2.02
LCD TV	3.88	3.82	3.25	2.01
냉장고	4.26	4.01	4.01	2.06

명시적·묵시적 문화는 전달하고자 하는 정보가 메시지 속에 얼마나 명시적으로 표현되는지에 대한 문화적 성향이다. 명시적 문화는 전달하고자 하는 정보가 명확하게 표시되어야 하는데, 그렇지 않았을 경우 의미 전달이 어려운 것이라 간주된다. 이는 우리가 컴퓨터와 상호작용하는 것과 마찬가지이다. 우리가 하고 싶은 일을 정확하고 자세하게 프로그램으로 지시하면 컴퓨터는 그 지시를 충실하게 따르지만, 그렇지 못하면 에러가 발생한다. 그에 비해 묵시적인 문화는 전달하고자 하는 내용이 어느 정도 메시지에 담겨 있기도 하지만, 많은 부분이 메시지가 포함되어 있는 맥락에 의해 결정된다. 예를 들어, 사람들 간의 대화는 모든 부분이 명백하게 나타나 있지는 않더라도 주변 상황으로 미루어 어떤 내용인지를 이해할 수 있다. 따라서 묵시적 문화에서는 메시지보다 그 메시지가 전해지는 맥락적 요소를 이해해야 메시지의 의미를 정확하게 파악할 수 있다.

그림 20
불확실성 회피성향이 디지털 제품에 미치는 영향에 대한 사례: 일본 SONY 社의 오디오 시스템과 덴마크 Bang & Olufsen 社의 오디오 시스템

　　그림 21은 미국, 독일, 러시아, 인도의 각 사용자가 휴대전화, MP3, TV, 냉장고 등에 대해 명시적 문화 성향이 얼마나 높은지를 분석한 것이다. 이 분석에 따르면, 러시아와 인도는 미국과 독일보다 묵시적 문화 성향이 높았다. 그러나 제품별로 살펴봤을 때는 그 차이가 그다지 두드러지지 않은 것으로 밝혀졌다.Choong and Salvendy, 1998 명시적·묵시적 문화 성향은 디지털 제품이나 서비스의 디자인에도 많은 영향을 미친다. 예를 들어, 명시적 문화에서는 글자를 위주로 정보를 제공하는 것이 더 좋은 성과를 나타내지만, 묵시적 문화는 그림 위주의 의사전달이 글자 위

그림 21
명시적·묵시적 성향에 대한 문화적 맥락

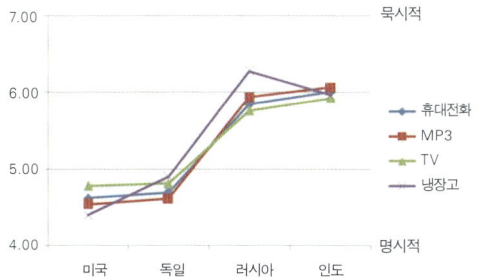

	미국	독일	러시아	인도
휴대전화	4.62	4.69	5.84	6.01
MP3	4.54	4.62	5.94	6.07
LCD TV	4.78	4.81	5.76	5.92
냉장고	4.39	4.90	6.27	5.96

맥락 분석　**8장**

주의 정보 전달보다 더 선호되는 것으로 밝혀졌다. 또한 명시적 문화의 경우에는 묵시적 문화와 비교해서 제품이나 서비스의 피드백이 자세하고 정확하게 표시되기를 원하며 매뉴얼도 상세하게 작성해서 제공되기를 원한다.

지배적 성향controllability은 사용자 자신이 주변 환경을 바라보는 자세와 연관되어 있다. 지배적 성향이 강한 문화에 속한 사람들은 자신의 주변 환경을 자신에게 맞게 조정하려는 욕구가 강하다. 즉 어떤 문제에 부딪혔을 때 자신을 바꾸기보다는 환경을 바꾸려고 한다. 그러나 지배적 성향이 약한 문화에 속해 있는 사람들은 어떠한 문제에 부딪혔을 때 환경을 바꾸기보다 그 환경에 순응하고자 한다. 지배적 성향은 디지털 제품이나 서비스를 사용할 때 사람들이 어느 정도 컨트롤하기를 원하느냐와 관계가 있다. 지배적 성향이 높은 사용자는 제품이나 서비스에 대해 모든 것을 알고 싶어 하고 자신이 모르거나 예측할 수 없는 일이 일어나서는 안 된다고 생각한다.

그림 22는 미국, 독일, 러시아, 인도의 각 사용자가 휴대전화, MP3, TV, 냉장고 등에 대해 지배적 문화 성향이 얼마나 높은지를 분석한 것이다. 이 분석에 따르면, 네 나라 모두 지배적 문화 성향이 높은 것으로 나타났다. 그중에서도 특히 러시아와 인도가 상대적으로 지배적 문화 성향이 높았다. 제품별로 살펴봤을 때 디지털 TV나 냉장고에 비해 휴대전화와 MP3에 사람들이 더 강한 지배적 성향을 가진 것을 알 수 있었다. 이는 기기의 소유권을 개인이 완전히 가지고 있는 개인 전자제품일수록 자신의 통제하에 제품을 두고 싶어 하는 동기가 강하기 때문으로 볼 수 있다.

그림 22
지배적 성향에 대한
문화적 맥락

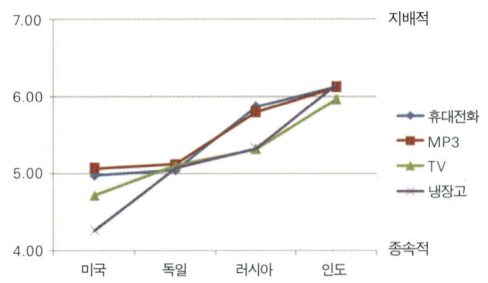

	미국	독일	러시아	인도
휴대전화	4.62	4.69	5.84	6.01
MP3	4.54	4.61	5.94	6.07
LCD TV	4.78	4.81	5.76	5.92
냉장고	4.39	4.90	6.27	5.96

지배적 문화 성향도 디지털 제품이나 서비스의 디자인에 큰 영향을 미친다. 지배적 문화 성향이 강한 문화를 위해서는 사용자에게 유연성의 속성을 최대한 강조한 제품이나 서비스를 제공해야 한다. 예를 들어, 사용자의 행동을 제한하는 불필요한 모드를 최소화해서 사용자가 주도권을 가지고 제품을 사용할 수 있게 하고, 다양한 입출력 장치를 지원해 사용자가 자신의 의도에 따라 마음대로 대체해서 사용할 수 있어야 한다. 또 사용자가 자신이 사용하는 방식에 맞춰 자

연스럽게 개인화할 수 있도록 하는 것도 지배적 성향이 높은 문화에 적합한 디자인이라고 할 수 있다.

여덟 가지 문화적 성향에 대해 알아본 결과, 디지털 제품이나 서비스에 영향을 미치는 문화적 성향이 다양하다는 것을 알 수 있었다. 특히 문화적 성향이 나라별로뿐만 아니라 제품의 특성에 따라서도 달라진다는 것을 확인했다. 이를 통해 디지털 제품이나 서비스를 디자인하는 과정에서 나라별 사용자의 문화적 특성뿐만 아니라 제품이나 서비스 측면에서의 문화적 특성도 함께 고려해야 한다는 사실을 알 수 있다.

3. 맥락 자료를 수집하는 방법

사용 맥락을 분석하는 방법에는 여러 가지가 있는데, 그중 하나로 실제 사용자의 환경에 얼마나 가까이 접근하는지에 따라 구분하는 방법이 있다. 사용자의 환경에 가장 근접하게 접근하는 방법은 거의 모든 분석이 사용자 환경에서 이루어지고 개발자는 최소한의 간섭을 통해 사용자의 실제 모습이 최대한 드러나도록 한다. 어떤 방법은 실제 사용자 환경을 분석하기는 하지만, 이와는 별도의 실험실 환경에서 사용자의 환경과는 거리를 두면서 진행하는 경우도 있다. 여기에서는 표 2와 같이 세 가지 분석 방법을 간략하게 설명하고 장단점을 알아보기로 한다. 분류 기준을 살펴보면, 사용자의 위치나 분석자의 위치는 분석이 이루어지는 시점에서 사용자나 분석자가 어디에 물리적으로 위치하는가를 의미하며, 사용자나 분석자의 역할은 사용 맥락을 분석하는 과정에서 사용자와 분석자가 어떤 역할을 수행하는지를 나타낸다. 표 2에서 왼쪽의 인류학적 방법론은 분석자가 실제 사용자 환경에 가장 가까운 분석 방법이고, 오른쪽의 유사 실험실법은 분석자가 실제 사용자 환경과 거리가 먼 분석 방법이다.

	인류학적 방법	자가모니터링법	유사실험실법
사용자의 위치	실제 상황	실제 상황	가상 상황
분석자의 위치	실제 상황	분석 상황	가상 상황
사용자의 역할	동화 대상	보고 주도	피험자
분석자의 역할	동화와 몰입	보고 접수	실험자

표 2
사용 맥락을 분석하는 방법

3.1 인류학적 방법론

인류학적 방법론ethnographic approach은 사용자의 환경에 가장 밀접하게 접근한 방법론으로, 네 가지 기본 원칙을 가지고 있다.Blomberg, Burrell and Guest, 2003

첫째, 대부분의 인류학적 방법론은 사용자가 실제로 시스템을 사용하는 자연스러운 환경natural settings에서 이루어진다. 그 이유는 사람들은 보통 주위 환경에 신경을 쓰지 않기 때문에 그것이 물리적 또는 사회적 환경과 분리되면 어떤 사용 환경이었는지를 다른 사람에게 설명하기 어렵기 때문이다. 둘째, 인류학적 방법론은 부분의 합보다 전체가 더 크다는 가정하holistic에 시간적 또는 공간적으로 관련된 모든 맥락을 동시에 분석하고자 한다. 이는 다른 맥락을 무시하고 한 가지 맥락만을 분석하는 것은 전체 맥락을 이해하는 데 매우 제한된 시각만을 제시한다고 생각하기 때문이다. 예를 들어, 사용자가 온라인 게임에서 함께 상대방의 성을 공격하는 맥락만을 분석하지 말고, 그 공성작전을 통해 다른 사람들과 전반적으로 어떤 의사소통이 진행되는지를 보아야 한다. 셋째, 새로운 것을 제안prescriptive하거나 현재의 것을 평가evaluative하기보다는 현재의 상황을 제대로 이해descriptive하는 것에 초점을 맞춘다. 예를 들어, 현재 제공되고 있는 검색 엔진을 평가하거나 새로운 검색엔진을 제시하기 전에 사람들이 현재 제공되는 검색엔진을 어떻게 사용하는지에 대한 이해가 먼저 이루어져야 한다. 넷째, 관찰자나 개발자가 사용자와 구분되어 다른 관점에서 사용 환경을 바라보는 것이 아니라 직접 사용자 집단에 동화되어 사용자의 관점에서 사용 맥락을 분석해야 하는 내부자 관점member's view을 가져야 한다는 것이다. 인류학적 방법론의 최대 장점은 실제 사용 환경에 대한 매우 자세한 설명 자료를 얻을 수 있다는 점이다.

인류학적인 방법을 사용하는 것이 적합한 디지털 서비스로 이동용 기기를 이용해 아이들이 참여할 수 있는 게임이나 학습 콘텐츠를 들 수 있다. 아이들은 자신의 의사표현을 정확하게 할 수 없기 때문에 직접 인터뷰를 한다거나 모니터링 기법을 사용하는 것은 무리가 있다. 또 이동용 게임기의 경우 주위에 여러 가지 자극이 발생하고, 아이들이 이 자극에 대해 민감하게 반응하기 때문에 연구자는 실험실 환경이 아닌 실제 서비스를 사용하는 환경에 동참해 아이들의 입장에서 이해하는 것이 필요하다. 그러나 인류학적 방법론은 맥락 분석에 많은 시간과 노력이 들어간다는 단점이 있다. 일단 사용자와 같은 집단에 속해야 하고, 그 안에서 대부분의 맥락 자료를 수집하고 분석해야 한다. 짧은 기간 동안 맥락 분석을 마쳐야 하는 디지털 제품이나 서비스 개발 과정의 특징상 인류학적 방법론을 적용하는 데는 다소 무리가 있을 수 있다. 현재 이런 문제점을 기술적으로 또는 방법론적으로 개선하기 위한 여러 시도들이 이루어지고 있다.Crabtree et al., 2009

그림 23
인류학적 방법론이
적절한 사례

3.2 자가 모니터링 기법

모니터링 기법은 인류학적 방법보다 분석자와 사용자 간의 거리가 멀어진 방법이다. 이 방법에서는 분석자와 사용자가 별개로 작업을 진행하면서, 분석자가 사용자의 환경을 조사하는 것이 아니라 사용자가 자신의 사용 환경을 조사한 후에 그 맥락 정보를 분석자에게 보고한다. 즉 분석자가 사용 환경에 직접 가서 조사하는 것이 아니라 사용자가 스스로 조사한 내용을 접수받기만 한다는 점에서 인류학적 방법과 큰 차이가 있다. 예를 들어, 사용자에게 모바일 인터넷을 사용하라고 하고, 그 사용 맥락을 ARS를 통해 수집하는 방법이 있을 수 있다.

자가 모니터링 기법self monitering technique은 언제 어디서나 사용자의 맥락이 어떻게 되었는지를 분석할 수 있다는 장점을 가지고 있다. 또한 분석자가 현장에 직접 가지 않아도 되기 때문에 시간이나 비용이 절약된다. 그러나 이 기법의 가장 큰 문제는 데이터의 신뢰성에 있다. 사용 맥락을 보고하는 시점도 사용자의 의도에 따라 결정되고, 보고하는 내용도 전적으로 사용자의 해석에 따라 결정되기 때문에, 과연 그 내용이 적절한지 확인할 방법이 없다. 사용자의 성향에 따라 얼마나 구체적인 데이터를 얼마나 성실히 제공하는지가 다를 것이고, 이에 따라 데이터의 품질과 각 사용자 간의 데이터 품질의 균질성이 달라지는 것도 모니터링 기법의 문제점이다. 따라서 어떻게 하면 사용자가 자발적으로 자신의 사용 맥락을 정확하게 보고할 수 있게 하는지가 이 기법의 성공 실패에 영향을 미친다.

자가 모니터링 기법이 요긴하게 사용될 수 있는 경우로 마이크로블로그 서비스를 예로 들 수 있다. 미투데이나 트위터와 같은 마이크로블로그 서비스는 웹페이지에서 글을 게시하는 것 외에 문자 메시지를 통해 글을 게시하거나 휴대전화로 찍은 사진을 바로 게시할 수 있는 서비스 등을 제공한다. 휴대전화에서 등록한 사진은 사진 전문 웹사이트인 플리커에 자동 등록되는 기능도 제공하므로 다양한 사용자의 맥락 정보를 마이크로블로그에서 확인할 수 있다. 또한 사용자 자신이 쓴 글의 위치 정보를 표시하거나 전화로 등록한 음성을 마이크로블로그에 올릴 수 있는 등 다양한 연계 서비스를 통해 자가 모니터링을 효과적으로 수행할 수 있다. 또한 블로그 연동 기능을 통해 자신이 올린 글을 자신이 운영 중인 블로그에 포스팅할 수 있는 기능을 제공한다. 블로그를 운영하면서 장문이나 논리적인 글이 아닌 자신의 즉흥적인 생각을 정리해서 자신의 블로그에 자동 포스팅한다면 상호보완적인 자가 모니터링 방법으로 활용할 수 있을 것이다. 특히 위치 기반location-based 정보와 마이크로블로그가 합쳐진 위치 기반 마이크로블로그 서비스를 통해 자가 모니터링의 내용을 확인하고 사용자가 좀 더 쉽게 자신의 맥락에 대한 정보를 모니터링할 수 있게 지원할 수 있다.

자가 모니터링 방법 중 하나로 문화적 탐사cultural probe라는 방법이 있다.Gaver et al., 2004 이것은 관찰자가 직접 관찰하기 힘든 환경에 접근하기 위해 만들어진 방법이다. 이 방법에서는 사용자에게 탐사도구를 제공한다. 이 탐사도구는 그때그때 상황을 파악하기에 적당한 도구들로 이루어져 있는데, 자주 사용되는 도구는 1회용 카메라와 작은 수첩 그리고 간이용 녹음기와 지도 등이다. 그러나 경우에 따라서는 탐사에 필요한 모든 도구들을 제공하기도 한다. 문화적 탐사 방법은 탐사 도구와 함께 사용자에게 1-2주에 걸쳐 할 수 있는 과업을 주는데, 그 과업을 의도적으로 애매모호하게 만든다. 예를 들어, 연세대학교 HCI Lab에서는 소셜미디어에 대한 공동 경험감을 분석하기 위해 사용자에게 무엇인가에 몰입했다는 느낌을 받은 경우를 기록해 달라거나, 다른 사람들과 함께 즐기고 있다고 느끼는 순간을 기록해 달라고 요청했다. 이렇게 기록된 자료를 나중에 사용자와 함께 보거나 들으면서 사용자가 처한 환경에 대한 자세한 정보를 확보할 수 있었다.

그림 24
문화적 탐사법에 사용되는 탐사 도구

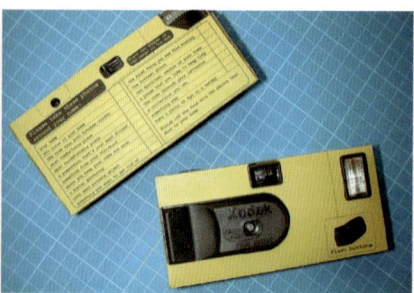
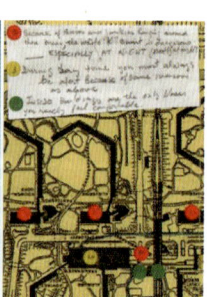

3.3 유사 실험실 기법

유사 실험실 기법simulated lab context은 사용자나 분석자가 둘 다 실제 사용 환경에서는 떨어져서 별도의 실험실 상황에서 조사를 진행한다. 이런 점에서 사용자의 맥락에서 가장 멀리 떨어진 기법이라고 할 수 있다. 유사 실험실 기법에서는 실험실 내에 사용자의 환경과 비슷한 시설을 갖추어 놓고, 그러한 환경에서 사용자가 어떤 행동을 보이는지를 조사한다. 특히 사용 환경 자체를 조절함으로써 맥락 요소가 사용자의 행동에 어떤 영향을 미치는지 분석할 수 있다. 예를 들어, 실험실 내의 조명을 가장 밝은 조명에서 조금씩 어두워지게 함으로써 사람들이 스마트폰을 어떻게 사용하는지 분석하는 것이다. 예를 들어, 연세대학교 HCI Lab에서는 모바일 인터넷의 사용에 사용 맥락이 미치는 영향을 분석하기 위해 피험자가 러닝머신 위를 걸으면서 앞에 있는 모니터에서 나오는 자극에 대해 반응하도록 한 사례가 있다. 또 다른 유사 실험실 기법이 적용된 다른 사례로, 비행 훈련 및 위기상황 대처 실험 등을 위해 정밀하게 만들어진 비행 시뮬레이션 게임을 이용한 연구들이 있다.

유사 실험실 기법의 장점은 실제 환경에 발생할 수 있는 여러 가지 오염 요인을 제거한 상태에서 관심 있는 특정 사용 맥락 요소를 실험적으로 조작해 사용자의 행동에 미치는 영향을 정밀하게 연구할 수 있다는 것이다. 따라서 중요한 역할을 할 맥락 요소가 무엇인지 개발자가 미리 알 수 있고, 그 요소에 대한 정밀한 인과관계 분석을 필요로 하는 경우에 적합한 방법이라고 할 수 있다. 반면 외적 타당성 측면에서 큰 단점을 가지고 있다. 사용자의 사용 맥락을 실험실 내에 충실하게 재현하는 것이 불가능하고, 설사 그런 환경을 물리적으로 재현했다고 할지라도 사용자 입장에서는 실제 사용 맥락과 비교해서 큰 차이를 느낄 수 있다. 따라서 실험 환경이 실제 사용 환경과 유사해야 하고, 이를 통해 실험 결과를 실험 상황 이외에 다른 일반적인 상황에 적용할 수 있어야 한다.

그림 25
유사 실험실 기법:
Flight Simulator X와
이를 이용한 비행 유사 실험실

4. 자료와 정보 수집 절차

다양한 맥락 분석 방법은 각기 장단점을 가지고 있기 때문에 특정 방법론이 다른 방법론보다 좋다고 말하기는 힘들다. 따라서 시스템의 특성이나 개발자의 의도에 맞춰 적당한 기법을 혼합해 사용하는 것이 바람직하다. 여기에서는 연세대학교 HCI Lab에서 스마트폰의 사용 맥락을 분석하기 위해서 사용한 자가 모니터링 기법을 기초로 정리한 맥락 자료 수집 방법을 제시하고자 한다.

4.1 핵심 맥락 요인 선정

맥락 요인은 사용자를 둘러싸고 있는 모든 환경적 요인들을 포함한다. 예를 들어, 사용자가 스마트폰을 사용하면서 걸어가고 있었는지 아니면 서 있었는지가 중요한 맥락 요인이 될 수 있고, 두 손을 사용할 수 있었는지 한 손만 사용할 수 있었는지도 중요한 맥락 요인이 될 수 있다. 그러므로 되도록 많은 맥락 요인을 핵심 맥락 요인으로 선정하는 것이 좋다. 그러나 한편으로 하나의 맥락 요인을 수집한다는 것은 많은 노력과 비용을 수반하기도 한다. 특히 모니터 요원들을 통해 수작업으로 얻어야 하는 맥락 요인의 경우 기초 데이터 수집부터 분석까지 많은 시간과 비용이 소요된다. 모니터링하는 데 짧게는 2-3주, 길게는 1-2달 가량 걸리기 때문이다. 따라서 무작정 모든 맥락 요인을 파악하는 것보다 핵심 맥락 요인을 선정해 그 요인들을 집중적으로 파악하는 것이 더 효과적이다.

핵심 맥락 요인을 정할 때에는 두 가지 사항에 주의해야 한다. 첫째, 현재 개발 중인 디지털 제품 또는 서비스의 사용과 밀접하게 관련된 맥락 요인을 추출하는 것이다. 예를 들어, 차량용 내비게이션을 제작할 경우 현재 시간, 물리적 위치, 소음, 조명 등이 중요한 맥락으로 간주되는 반면, 현재 온도나 조직 내의 권력 구조 등은 그다지 중요하지 않을 수 있다. 둘째, 되도록 사용자에게 적은 부담을 주면서 자료를 얻을 수 있는 맥락 요인을 선정하는 것이다. 예를 들어, GPS가 내장된 휴대전화를 사용할 경우 사용자에게 현재 있는 위치가 어디인가를 물어보는 것보다는 GPS상의 좌표와 지리정보 시스템GIS을 결합시켜 자동적으로 사용자의 현재 위치를 알아내는 것이 더 바람직하다. 만약 사용자에게 직접 물어보아야 한다면, 사용자가 간단하게 응답할 수 있는 맥락 요인을 선택한다.

4.2 보고 문항의 확정

앞서 선정된 핵심 맥락 요인을 사용자가 어떻게 보고할 것인지를 결정한다. 보고하는 방법을 정할 때 중요하게 고려할 사항은 가급적 사용자가 간편하고 편리하게 보고할 수 있도록 하는 것이다. 만약 보고하는 과정이 길어지면 사용 자체를 하지 않는 경우가 발생하기 때문이다.

맥락을 보고하는 방법은 크게 개방형 문항과 폐쇄형 문항으로 나눌 수 있다. 개방형 문항은 사용자로부터 다양한 응답을 받을 수 있다는 장점이 있다. 즉 미리 정해진 대안 중에 하나를 선택하는 것이 아니라 사용자가 자신의 사용 맥락과 관련된 내용을 무엇이든지 기술할 수 있도록 하기 때문에 다양한 응답을 원하는 경우에 주로 사용한다. 그러나 개방형 문항의 단점은 사용자가 맥락을 보고하는 과정에서 시간이 너무 오래 걸린다는 것이다. 사용자가 단순히 주어진 번호나 대안 중에 하나를 선정하는 것은 한 번의 키 입력으로 그치지만, 주관식에 대한 답을 하는 것은 입력하는 과정뿐만 아니라 나중에 분석하는 과정에도 시간과 비용이 많이 든다. 따라서 맥락보고를 위한 보고 방식은 주로 폐쇄형 문항을 사용하되, 사용자의 다양한 의견이 꼭 필요한 문항에 한해서 개방형 문항을 사용한다.

4.3 자가 모니터링 요원의 선발

모니터링 연구의 성공 실패에 가장 중요한 영향을 미치는 요인이 모니터링 요원을 선발하는 과정이다. 사용자 분석 절차와 마찬가지로 선발지screening questionnaire를 작성해 모니터링 요원을 선발하도록 한다. 이때 주의해야 할 점은 첫째, 분석 목표로 하는 사용자 그룹에 속하는 사람들이 가능한 한 골고루 포함될 수 있도록 선정한다. 예를 들어, 10대 후반부터 30대 중반까지의 스마트폰 사용자를 대상으로 할 경우 전체 사용자를 10대 후반, 20대 초반, 20대 중반, 20대 후반, 30대 초반, 30대 중반으로 나누고 각 집단을 다시 남성과 여성으로 나누어 열두 개의 집단을 만들고, 각 집단마다 동일한 인원수의 사용자를 모집한다. 물론 연령이나 성별 이외에 학력이나 거주지와 같은 더 중요한 요인이 있다고 생각되면 그 요인에 따라 모니터링 그룹을 선정한다. 일반적으로 모니터링 요원의 경우 전체 모집 인원의 20-30퍼센트 정도는 중도에 탈락하는 경향이 있으므로 처음 모집할 때는 탈락자를 고려해 넉넉한 인원을 모집한다. 둘째, 가능한 의욕적으로 모니터링 작업에 참가할 수 있는 사람들을 선발한다. 이 경우 침묵하는 수동적 사용자층의 맥락을 얻기 어렵다는 단점이 있기는 하지만, 모니터링 작업은 오랜 시간을 요구하기 때문에 단순히 금전적인 보상을 목적으로 하는 사람들보다는 작업 자체에 의욕적으로 참가할 수 있는 사람을 선발하는 것이 중요하다. 예를 들어, 적극적으로 회사에 의견을 제시하는 사람이나 해당 콘텐츠 또는 기기와 관련된 동호회에서 활발하게 활동하고 있는 사람들에게 참가 의향을 물어볼 수도 있다. 그리고 참가자에게 지속적이고 적극적인 참가 동기를 부여하기 위해 명예회원과 같은 제도를 적극 활용한다.

4.4 1차 예비 모임

사용자에 대한 교육 및 사전 설문을 실시하기 위한 1차 예비 모임을 실시한다. 모니터링 연구는 많은 부분 사용자의 자발적인 참여에 의존하기 때문에 사용자에게 정확한 조사 취지와 조사 방법을 숙지시키는 것이 중요하다. 이를 위해 피험자들을 초청해 오프라인에서 실제 사용자가 어떻게 자신의 사용 맥락을 보고하는지에 대해 설명해 준다. 이때 유용한 방법은 가상 시나리오와 가상 상황을 설정하고 그 상황에서 사용자에게 대상 정보기기를 이용해 사용 맥락을 보고하는 방법을 실습해 보도록 하는 것이다. 이와 같이 시나리오를 이용한 학습 방법을 사용하는 것은 모니터링 연구에 참가하는 사용자의 이해를 높이는 데 큰 효과가 있다. 중요한 것은 앞에서 선택한 핵심 맥락 요인을 어떤 기준에 따라 어떻게 보고할 것인지를 사용자에게 명확하게 전달하는 것이다. 예를 들어, 물리적 위치 맥락 중에 주변이 얼마나 혼잡한지를 사용자에게 7점 척도로 물어보고자 한다면, 어느 정도가 5점이고 어느 정도가 2점인지를 명확하게 전달해야 한다.

1차 예비 모임의 또 다른 목적은 참가자들에 대한 인구통계학적 자료 및 문화적 성향을 알아보는 것이다. 인구 통계학적 자료는 주로 연령 및 성별, 직업, 소속, 지위 등에 대한 자료를 수집한다. 또한 동일하거나 비슷한 정보 기기를 사용해 본 경험, 비슷한 시스템을 사용해 본 경험, 전체 인터넷이나 컴퓨터를 사용하는 경험 등을 측정한다. 이러한 과거 경험은 주로 언제부터 사용하기 시작했고, 일반적으로 일주일에 얼마나 자주 사용하고, 얼마나 오랫동안 사용하는지를 측정한다. 이러한 인구 통계학적 특성과 동시에 1차 예비 모임에서 모니터링 참가자들의 문화적 성향을 측정한다. 표 3은 연세대학교 HCI Lab에서 스마트폰과 관련된 사용자의 문화적 성향을 측정하기 위해 사용한 설문지를 제시하고 있다.또한 맥락 정보 자체가 워낙 개인적인 정보이기 때문에 사용자에 따라서는 자신의 사생활을 침해당할 수도 있다고 생각할 수도 있다. 따라서 진행자는 모니터링 조사의 결과가 해당 연구의 목적 외에 다른 목적으로 사용되지 않을 것이라는 사실을 알려 주고 참가자로부터 이러한 정보를 얻어도 좋다는 사전 동의서를 받아야 한다.

설문 문항		전혀 그렇지 않다		보통이다		매우 그렇다		
		1	2	3	4	5	6	7
	시간지각							
1	I like to use several functions of the smart phone at the same time	O	O	O	O	O	O	O
2	I am comfortable doing multiple activities simultaneously while using the smart phone	O	O	O	O	O	O	O
3	I like to do several activities at the same time while I am using the smart phone	O	O	O	O	O	O	O
	시간적 편중성							
4	When I change my smart phone, I tend to change to smart phones that are similar with my old smart phone	O	O	O	O	O	O	O
5	It is likely that I compare and evaluate my current smart phone on the basis of the one that I used in the past	O	O	O	O	O	O	O
6	I prefer the smart phone which is similar to my former smart phone than the smart phone with innovative functions or features	O	O	O	O	O	O	O
	권력거리							
7	If I use a good smart phone, I think I can uplift my social status	O	O	O	O	O	O	O
8	If I use a smart phone which is the same or better than someone who is in higher position than I am, I feel as if my social status has improved	O	O	O	O	O	O	O
9	I don't want to use the smart phone that is the same or worse than which my subordinates have	O	O	O	O	O	O	O
	개인주의 집단주의							
10	I think my individual benefits which I gain from my smart phone is more important than group benefits which people around me gain	O	O	O	O	O	O	O
11	The opinions of other people around me do not affect the usage of my smart phone	O	O	O	O	O	O	O
12	While I use the smart phone, I often use it in my own way without relying too much on the advice or opinions of people around me	O	O	O	O	O	O	O
	남성주의 · 여성주의							
13	I think men prefer to have a smart phone with better specifications and functions than women do	O	O	O	O	O	O	O
14	I think men can do better in dealing with functions of the smart phone than women can	O	O	O	O	O	O	O
15	I think men prefer the smart phone with a professional functions than women do	O	O	O	O	O	O	O

표 3
스마트폰의 문화적 성향을 측정하기 위한 설문 문항 (외국에서 사용되었기 때문에 영문 문항으로 되어 있음)

불확실성 회피성향								
16	While I use the smart phone, I prefer using it the same way as always than making changes	O	O	O	O	O	O	O
17	While I use the smart phone, if I face situation where I don't know how to use it, I rely on someone who knows well about the smart phone	O	O	O	O	O	O	O
18	While I use the smart phone, I tend to avoid using new functions that I've never used before	O	O	O	O	O	O	O
명시적 · 묵시적								
19	While I use the smart phone, regardless of how I operate it, the result has to be explained in a precise way	O	O	O	O	O	O	O
20	I think a manual of the smart phone has to explain all the specifications and functions as detailed as possible	O	O	O	O	O	O	O
21	I insist that all the specifications and functions of the smart phone should be documented as a manual	O	O	O	O	O	O	O
지배적 성향								
22	In order to maximize the performance of the smart phone, I have to take the full control of it	O	O	O	O	O	O	O
23	All the functions of my smart phone must be under my control	O	O	O	O	O	O	O
24	All the outcomes of my smart phone operations should be under my expectations	O	O	O	O	O	O	O

4.5 예비 테스트

　예비 테스트는 모니터 요원들에 대한 훈련과 함께 처음에 모집한 사람들 중에서 실제로 모니터링을 제대로 할 수 있는 사람을 가려내는 목적으로 활용한다. 비록 1차 예비 모임에서 자세히 설명했다고 해도 직접 해 보기 전에는 판단하기 어렵다. 따라서 예비 테스트 기간 동안 실제 테스트와 동일한 콘텐츠를 사용하게 하고 그 사용 맥락을 보고하게 한다. 이 기간 동안에는 각 모니터 요원들과 연구자들 사이에 긴밀한 연락을 취하면서 모니터 요원들이 사용 맥락을 보고하면서 겪을 수 있는 어려움에 신속하게 대처하고, 경우에 따라서는 일대 일로 만나서 추가적인 설명을 제공하기도 한다. 따라서 전적으로 모니터 요원을 지원하는 인력이 모니터 요원 최소한 열 명당 최소한 한 명은 필요하다. 예비 테스트 기간은 일반적으로 3-4일이 적당하며, 공휴일이나 특수한 날짜가 끼는 경우는 하루 이틀 정도 연장하거나 단축할 수 있다. 단 예비 테스트 기간 중에 사용 맥락을 보고하지 못하는 사람들을 본 조사에서 제외시킨다. 그리고 현재 가지고 있는 정보 기기가 사용 맥락을 파악하기 힘든 사용자, 자신의 생활 스타일이 맥락 보고를 하기에 적절하지 못한 사용자, 동기나 기술 부족 등으로 사용 맥락을 보고하기 어려운 사용자가 보통 20-30퍼센트 정도가 나오는데, 이들을 예비 테스트 기간 동안에 가려내서 추후 조사에 참여할 수 없도록 한다.

4.6 2차 예비 모임

2차 예비 모임은 예비 테스트를 통과한 사람들을 대상으로 추가 교육을 목표로 한다. 1차 모임에는 여러 명이 한꺼번에 모여서 교육을 받지만 2차 모임에서는 모니터링 요원과 진행자가 개별적으로 만나서 모임을 갖는다. 보통 모임은 한 시간 정도가 걸리며, 예비 테스트 기간 동안 모니터링 요원이 보고한 맥락 정보를 하나씩 검토하면서 1차 예비 모임에서 전달한 규칙을 잘 이해하고, 그 규칙에 따라 충실하게 사용 맥락을 보고했는지를 점검한다. 또한 예비 테스트 기간 동안 모니터링 방법의 수정이 이루어지는 경우에는 수정된 방법을 다시 교육시키는 것도 2차 예비 모임의 목적이다.

4.7 본 모니터링

본 모니터링은 모니터링 요원이 자신의 사용 맥락을 충실하게 보고하는 기간으로서, 실제 기간은 연구의 규모나 범위에 따라 다르다. 과거 연세대학교 HCI Lab에서 수행한 모니터링 연구는 2주에서 한 달 정도 소요되었다. 모니터링 기간 동안 사용 맥락을 파악하기 위해 일반적으로 세 가지 방법을 사용한다. 이 세 가지 방법 중 한 가지를 선택할 수도 있으나, 시간과 예산이 허락되는 범위 내에서 세 가지 방법을 모두 사용해 맥락 정보의 정확성을 높이도록 한다.

이벤트 기반 보고

이벤트 기반 보고는 특정 이벤트가 발생했을 때 보고하는 방식으로, 모니터링 요원이 해당 디지털 제품이나 서비스를 사용하고 나서 되도록 빠른 시간 내에 그 사용 맥락을 보고하는 방식이다. 이는 시간이 지나면 자신의 사용 맥락에 대해 정확히 기억할 수 없기 때문이다. 예를 들어, 스마트폰은 특정 애플리케이션을 사용하자마자 그 맥락을 보고하는 것이다. 이벤트 기간 보고에서 중요한 사항은 모니터 요원들에게 하나 이상의 보고 방식을 제공해야 한다는 것이다. 이는 상황에 따라 특정 보고 방식이 적당하지 않는 경우가 있기 때문이다. 예를 들어, 연세대학교 HCI Lab이 수행한 맥락 연구에서는 모니터링 요원들에게 네 가지 보고 방식을 제공했다. 첫째, 모니터링 요원들의 인터넷 접속이 가능한 경우 인터넷 사이트에 접속해 사용 맥락을 보고할 수 있도록 상시 보고용 사이트를 구축했다. 둘째, 모니터링 요원의 전화 사용이 가능한 경우 ARS 시스템을 통해 사용 맥락을 보고할 수 있도록 세 개의 ARS 번호를 제공했다. 셋째, 음성 통화가 불가능하고 컴퓨터의 사용이 여의치 않는 경우 모바일 인터넷을 통해 사용 맥락을 보고할 수 있도록 모바일 인터넷 사이트를 구축했다. 넷째, 모니터링 요원의 마이크로블로그 서비스를 이용해 보고하도록 했다. 이와 같이 복수의 보고 방식을 모니터링 요원들에게 제공함으로써 그들이 가장 편리한 방법을 선택해 보고할 수 있도록 한다.

로그 데이터 수집

로그 데이터는 사용자가 시스템을 사용하는 동안 자동적으로 시스템에 남는 사용기록에 대한 자료이다. 로그 데이터를 수집하는 방법은 크게 두 가지가 있다. 첫째, 모니터 요원들에게 사전에 동의를 받고 모니터링 기간 동안에 요원들의 시스템 사용 로그 데이터를 수집한다. 예를 들어, 스마트폰 같은 경우는 이동통신회사의 게이트웨이 서버에 있는 사용 로그 자료를 조회할 수도 있다. 그러나 로그 데이터라는 것이 성격상 매우 방대한 규모를 가지고 있기 때문에 관계 회사에서 이러한 정보를 매일 제공해 준다는 것은 현실적으로 어렵다. 따라서 로그 데이터의 중요성을 미리 강조하고, 모니터링 기간 동안에는 로그 데이터를 전담해서 처리할 수 있는 진행자를 관계 회사에 파견하는 것이 바람직하다. 둘째, 위치기반 소셜네트워크 서비스LB-SNS를 활용하는 방법이다. 모니터링을 시작하기 전에 사용자가 자주 가는 장소를 미리 파악해서 등록하고 해당 장소에 가면 자동적으로 체크인이 가능하고, 이를 통해 언제 사용자가 어떤 장소를 갔는지를 파악하는 것이다. 이 방법은 이동통신회사의 동의 없이도 진행될 수 있고 방대한 자료를 미리 걸러 꼭 필요한 자료만 볼 수 있다는 장점이 있는 반면, 모바일 인터넷이 가능한 단말기가 있어야 하고 또 사용자가 갈 수 있는 장소를 사전에 등록해 놓아야 한다는 단점이 있다.

수집된 로그 자료는 상시 보고를 통해 요원이 제공한 사용 맥락 정보와 대조해서 누락된 사용 맥락을 파악할 수도 있고, 하나의 사용 상황에 대한 좀 더 종합적인 맥락 자료를 구축할 수 있다. 예를 들어, 로그 데이터에 남겨진 사용자의 위치 좌표는 물리적인 위치를 제공해 주고, 모니터 요원이 보고한 위치 자료는 사회적인 위치를 제공해 줌으로써 하나의 사용 상황에 대한 완벽한 맥락 정보를 수집할 수 있다. 또한 모니터 요원들에게 그들의 보고 자료가 객관적으로 검증되고 있다는 사실을 주지시킴으로써 그들이 허술하게 보고하는 것을 미연에 방지할 수 있다. 효과적으로 로그 데이터를 사용하기 위해서는 참가자의 로그 데이터를 매일 정리해야 한다.

시간 기반 보고

시간 기반 보고는 일정 시간에 보고하는 방식으로 진행자가 하루에 한 번 정도 모니터링 요원에게 전화를 해서 전화를 받을 당시의 사용 맥락에 대해 직접 물어보는 방식이다. 시간 기반 보고를 받기 위해 전화를 하는 시간은 요일별, 시간별로 균형 있게 설정함으로써 한 요원이 주말과 평일의 오전 오후 시간에 맥락을 보고할 수 있도록 시간을 조정한다. 시간 기반 보고의 또 다른 목적은 전날의 로그 데이터를 통해 받은 자료와 그 전날 모니터 요원이 상시 보고한 내용을 비교하고 상시 보고 내용에 차이가 있을 경우는 그 차이점을 규명해 보는 것이다. 시간 기반 보고의 마지막 목적은 진행자와 모니터 요원 간에 유대감을 높이기 위함이다. 과거 경험에 따르면, 유대감이야말로 성실한 보고를 하는 데 가장 중요한 요인으로 작용한다. 따라서 진행자가 하루에 한 번씩 전화를 해서 보고의 어려움은 없는지 등을 물어보면서 서로 간의 유대감을 이루는 것이 필요하다. 실제 연세대학교 HCI Lab에서 실시한 모니터링 조사의 경우는 조사가 끝난 뒤에도 조사에 참가한 모니터링 요원과 진행자 간에 유대 관계가 지속된 경우가 많다.

4.8 사후 미팅

모니터링 기간이 지나고 나면 최종적으로 일대 일 미팅을 갖는다. 이 기간 동안 하는 일은 크게 세 가지이다. 첫째, 모니터링 기간 동안 디지털 제품이나 서비스를 사용하면서 경험했던 것에 대한 전반적인 인상에 대해 질문할 수 있다. 일반적으로 물어보는 것은 디지털 제품이나 서비스를 사용하면서 가장 좋았던 점은 무엇이었는지, 바꾸었으면 좋겠다고 생각하는 것은 무엇인지, 사용 맥락을 보고하면서 어떤 어려운 점이 있었으며, 앞으로 다시 모니터링 보고를 한다면 어떤 점을 개선했으면 하는지 등을 질문한다. 둘째, 모니터링 기간 동안 모인 자료를 기초로 중요한 맥락 요인을 선택하고, 이 맥락 요인에 대한 유사 실험실 실험을 진행할 수 있다. 유사 실험실 실험은 앞에서 이야기한 것과 마찬가지로 한정된 수의 맥락 요인을 실험실 상황에서 재현하는 것이기 때문에 모니터링 조사를 통해 그런 요인들이 발견되었을 경우에 한해 실시하며, 그런 경우 시간은 보통 한 시간 내외로 한정한다. 셋째, 모니터링 요원에 대한 금전적인 사례와 정성이 깃든 선물을 준비한다. 모니터링 요원들은 자신이 시스템의 개발 및 평가 과정에 참가했기 때문에, 보통 해당 시스템에 대해 열성적이고 깊은 애착을 가진다. 따라서 앞으로 해당 디지털 제품이나 서비스에 대한 연구를 진행할 때에 다른 일반 사용자보다 좀 더 적극적으로 조사에 임할 가능성이 높다. 또한 모니터링 조사는 그 조사 과정을 참가자들에게 교육시키는 단계에 시간과 노력이 많이 들기 때문에, 다음에 비슷한 모니터링 조사에 참가하면 처음 시작하는 사람들보다 훨씬 더 효과적으로 참여할 수 있다. 따라서 사후 미팅을 통해 참가자들에게 좋은 인상을 주고 향후 연구를 위해 모니터링 요원의 집단을 관리하는 것이 중요하다. 그러나 너무 자주 모니터 요원으로 참가하게 되면 일반 사용자보다 전문화되고 조사자의 구미에 맞는 편향된 데이터를 줄 가능성도 크기 때문에 주의해야 한다.

5. 맥락 자료의 분석 절차

모니터링 조사를 통해 얻어진 맥락 자료는 그 양이 방대하기 때문에 정형화된 모형으로 분석할 필요가 있다. 이 분석 작업은 일반적으로 두 가지 단계로 진행된다. 첫 번째 단계가 개별 사용자 또는 개별 사용 사례에서 파악된 맥락 자료를 모형으로 정리하는 과정이고, 두 번째 단계가 개별모형을 취합해 전체적인 모형으로 만드는 과정이다. 전자를 개별모형individual model이라고 하고 후자를 통합모형consolidated model이라고 한다. 따라서 각 물리적 맥락, 사회적 맥락, 그리고 문화적 맥락에 대한 개별모형과 통합모형이 존재하기 때문에 총 여섯 종류의 맥락모형이 존재하게 된다.

맥락적 측면에서 해당 제품이나 서비스의 특성을 드러내기 위해서는 두 가지 이상의 제품이나 서비스의 맥락모형을 동시에 비교하는 것이 효과적이다. 두 제품이 맥락에서 어떤 차이가 있는지 비교함으로써 제품의 성공이나 실패에 중대한 영향을 미치는 맥락 요소를 좀 더 쉽게 파악할 수 있기 때문이다. 이런 비교를 통해 나온 결과는 '맥락비교표'로 정리한다. 여기에서는 홀츠블랫Holtzblatt, 웬들Wendell, 우드Wood가 2005년에 정리한 맥락 설계 기법을 기초로, HCI Lab에서 한국적 실적에 맞춰 변형시켜 사용한 맥락 분석 방법을 물리적 맥락, 사회적 맥락, 그리고 문화적 맥락의 순서로 살펴본다.

5.1 물리적 맥락모형 분석 단계

물리적 맥락모형physical context model이란 현재 대상이 되고 있는 시스템과 관련된 물리적 맥락을 정리해 놓은 모형이다. 일반적으로 물리적 맥락은 눈에 보이기 때문에 맥락 요인을 파악하는 것 자체는 어렵지 않지만, 눈에 보이는 수많은 물리적 맥락 중에서 어떤 요인들이 현재 대상으로 하고 있는 시스템과 밀접한 관련이 있는지를 파악하는 것은 어렵다. 인물에 대한 풍자만화와 마찬가지로 잘 만들어진 물리적 맥락모형은 사용자가 처한 물리적 맥락에 대한 중요 요소만을 선택적으로 표시해야 하기 때문이다. 물리적 맥락모형을 만드는 과정에서 주의할 점은 절대적인 위치나 시간보다는 상대적인 위치나 시간이 더 중요할 수 있다는 것이다. 예를 들어, 책상 위의 전화기가 왼쪽에 있었는지 오른쪽에 있었는지는 그다지 중요하지 않지만, 사람이 평소에 앉는 장소에서 상대적으로 가까운 곳에 있었는지 아니면 일어나서 가지러 가야 할 장소에 있었는지가 중요하다는 것이다.

여기에서는 물리적 맥락모형을 작성하는 사례로 베이비 모니터 제품을 선정했다. 엄마가 아기와 떨어져 있더라도 아기의 상황을 수시로 체크할 수 있는 베이비 모니터는 핵가족화 시대에서 필요한 디지털 제품 중 하나이다. 베이비 모니터 사용에 대한 맥락 정보를 얻는 데는 인류학적 방법론이 좋지만 아기의 건강이나 안정을 위해 외부인을 집에 오랫동안 들일 수 없고, 그렇다고 아기와 산모를 이동시키거나 살림집과 같은 규모의 실험실을 만들기도 어렵기 때문에 인류학적 방법이나 유사 실험실 기법도 쉽지 않다. 그에 반해 자가 모니터링 기법은 산모와 아이를 방문하지 않고도 실제 사용자의 육아경험을 알 수 있기 때문에 효율적으로 베이비 모니터의 사용 맥락을 분석할 수 있다.

그림 26은 두 가지 베이비 모니터 제품에 대한 개별 물리적 맥락모형을 보여 주고 있다. 본 조사에서는 한 가정에서 두 가지 베이비 모니터를 사용하는 과정을 주부가 스스로 관찰하고 작성한 개별 물리적 맥락모형을 제공하고 있다.

개별 물리적 맥락모형이 여러 개 모이면, 이를 하나의 통합된 물리적 맥락모형으로 구축한다. 통합모형을 구축하는 과정은 다음과 같다.

첫째, 개인의 물리적 모형을 장소 유형별로 분류한다. 예를 들어, 사무실, 침실, 공부방, 버스 안, 지하철 안 등으로 분류할 수 있다. 둘째, 동일한 장소로 분류된 여러 가지 개인모형을 살펴보면서, 그 모형 내에서 빈번하게 발생하는 지역을 찾고 이름을 정한다. 예를 들어, 일반적인 사무실에서는 전화나 달력, 전화번호부 등이 모여 있는 의사소통 영역과 평상시에는 비워 놓다가 특정한 일을 할 때 사용하는 작업 영역 등을 들 수 있다. 셋째, 각 장소마다 어떤 구조로 도구나 기기들이 배치되어 있는지를 파악한다. 예를 들어, 사무실 책상 위에 있는 의사소통 영역은 주로 전화기와 전화번호부, 달력 등이 놓여 있는 경우가 많다. 넷째, 각 모형에서 일반적으로 발생하는 동선을 파악한다. 다섯째, 파악된 사항들을 하나의 통합모형으로 만든다. 이때 가능하면 사용자의 의도나 애로 사항 등을 통합모형상에 명시적으로 기술한다.

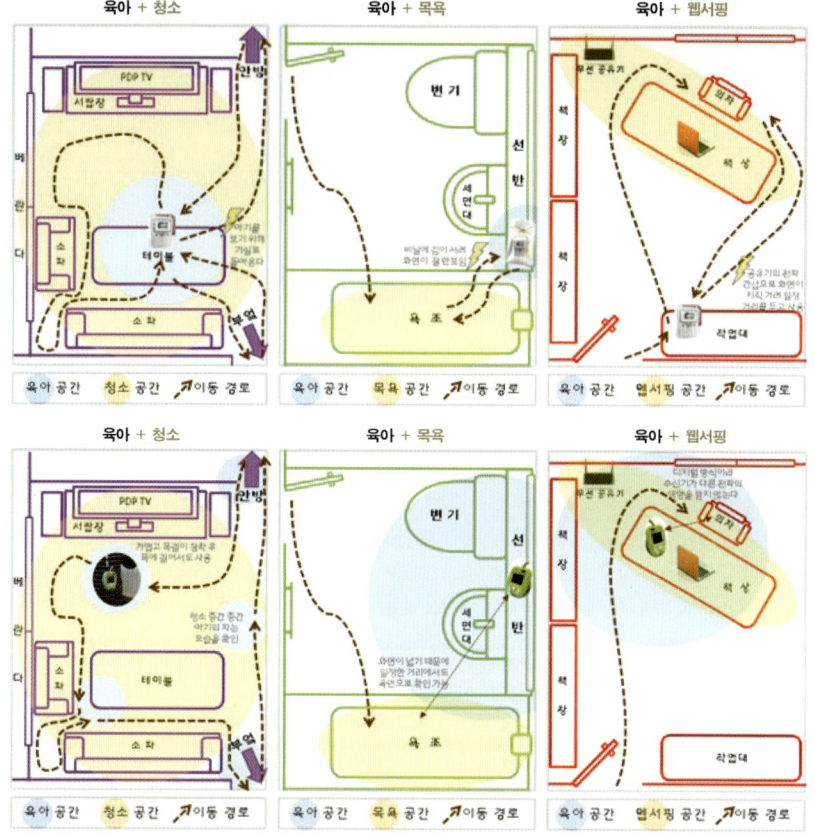

그림 26
두 가지 베이비 모니터에 대한 개별 물리적 맥락모형 사례:
MOM과 DAD제품
(회사 사정상 익명 처리함)

그림 27은 통합모형 구축 과정에 따라 개인모형을 취합한 모형이다. 한국처럼 아파트 거주가 많은 경우 아파트 평면도를 이용하는 것도 좋은 방법 중 하나이다. 그림 27은 안방, 거실, 화장실, 서재, 아기방, 부엌이라는 개별적인 공간에서 베이비 모니터가 이루어지고, 이를 아이를 키우는 육아 영역과 가사 일을 하는 작업 영역으로 분류했다. 그리고 육아 영역과 작업 영역 간에 사용자가 베이비 모니터를 이용하면서 움직이는 동선을 표시했다.

MOM은 DAD에 비해 수신기의 휴대성이 떨어지고 주로 어느 한 지점에 놓아두고 사용하기 때문에 작업 동선이 길며, 화면도 작아 육아 영역의 범위도 상대적으로 작다. 반면 DAD는 육아와 그 외 작업의 영역 및 동선을 거의 같은 수준으로 일치시킴으로써 두 작업을 병행할 수 있는 장점을 가지고 있다. 통합 물리

그림 27
MOM과 DAD 베이비 모니터 사용에 대한 통합 물리적 모형

적 모형에서 발견된 두 제품 간의 차이점을 물리적 시간 및 위치 그리고 기타 맥락으로 분류해 표 4와 같이 정리했다.

	MOM	DAD
청소	물리적 시간: 늦은 오전 물리적 위치: 아가 방 외 집안 구석구석 기타 맥락: 청소기 돌리는 80db의 소음	물리적 시간: 이른 오후 물리적 위치: 아가 방 외 집안 구석구석 기타 맥락: 청소기 돌리는 100db의 소음
	MOM 수신기는 오래 들고 있기엔 무거운 편이므로 주로 일정 장소에 놓고 사용한다. 아기가 울면 발생하는 알람 소리를 청소기 소음으로 못들을 수 있기 때문에 한 구간의 청소가 끝나면 매번 수신기가 있는 장소로 돌아와서 아기의 상태를 확인해 주어야 한다.	DAD 수신기는 145g으로 가볍기 때문에 목에 걸고 이동하면서 집안일을 할 수 있다. 청소하는 동안 수신기가 늘 가까이 있으므로 알람소리를 듣는 데는 지장이 없으며 무엇보다 추가적으로 이동하지 않아도 목에 건 수신기로 청소 중간 중간 아기 상태를 확인할 수 있다.
목욕	물리적 시간: 오후 3-4시경, 취침 직전 물리적 위치: 샤워실 욕조 안 기타 맥락: 온수 사용으로 인한 김 서림	물리적 시간: 늦은 오후, 저녁 식사 후 물리적 위치: 샤워실 욕조 안 기타 맥락: 온수 사용으로 인한 김 서림
	MOM수신기의 화면크기는 1.5인치밖에 안되므로 사용자와 가까이 두고 봐야 한다. 다만 목욕 시 수신기에 물이 닿지 않도록 비닐에 싸서 사용하는데, 비닐에 김이 서리다 보니 사용자가 욕조에서 몸을 일으켜서 수신기에 가까이 다가간 후 화면을 봐야 한다	DAD 수신기 화면은 2.5인치로 어느 정도 거리를 두고 사용해도 아기를 보는 데는 큰 지장이 없다. 목욕 시에는 물이 닿지 않도록 욕조에서 어느 정도 떨어진 곳에 수신기를 올려 놓고 탕에 누워 아기의 모습을 지켜보면서 여유롭게 목욕을 즐길 수 있다.
웹서핑	물리적 시간: 늦은 오후, 저녁 물리적 위치: 서재 컴퓨터 자리 기타 맥락: 무선공유기 아날로그 주파수	물리적 시간: 이른 오전, 늦은 저녁 물리적 위치: 서재 컴퓨터 자리 기타 맥락: 무선공유기 아날로그 주파수
	MOM은 무선랜과 동일한 2.4GHz 아날로그 주파수를 사용하기 때문에 무선공유기와 가까운 데 있으면 화질, 음질이 나빠진다. 따라서 무선 인터넷으로 웹서핑을 하면서 아기도 보려고 할 경우 수신기를 공유기에서 멀찌감치 떨어뜨려 놓고 사용해야 한다.	DAD은 무선디지털 신호로 카메라와 연동되기 때문에 다른 아날로그 전파의 간섭을 받지 않는다. 때문에 수신기를 인터넷 전화기 및 무선공유기 가까이 두고 사용하여도 화질, 음질이 일정하기 때문에 웹서핑하는 자리에서 아기 모습을 확인할 수 있다.

표 4
물리적 맥락비교표:
MOM과 DAD라는
두 가지 베이비 모니터 사례

맥락 분석　8장

두 제품의 물리적 맥락에 대한 개별 및 통합모형 그리고 맥락비교표는 그 제품을 사용하는 물리적 맥락 요소들에서 사용자가 어떤 영향을 받는지 명확하게 보여 주고 있다. 아울러 해당 제품을 개선하기 위해서는 어떤 점들이 고려되어야 하는지도 분명하게 제시한다.

5.2 사회적 맥락모형 분석 단계

사회적 맥락모형 역시 개별모형과 통합모형으로 나누어진다. 개별모형은 개인 또는 집단 사용자가 해당 제품이나 서비스를 사용하는 구체적인 사회적 맥락을 표시하는 것인 반면, 통합모형은 여러 개의 개별모형을 합쳐서 일반적이고 포괄적인 사회적 맥락을 표시한다. 사회적 맥락모형은 크게 네 가지 요소로 구성되어 있다. 그림 28은 이 네 가지 요소를 아이폰과 윈도 모바일이라는 두 가지 소마트폰 OS를 사용하는 사용자 두 명의 사회적 맥락모형을 적용한 경우를 예로 들어 표현하고 있다.

첫째, 영향 요소influencer는 사용자의 행태에 영향을 미치는 모든 사회적 요인을 의미한다. 예를 들어, 사람들 간의 상하관계나 사회적인 위치 등과 같이 눈에 보이지 않는 요소들까지 사용자의 행태에 영향을 미치는 모든 요소를 영향 요소라고 한다. 스마트폰 OS의 경우 그림 28과 같이 사용자 간의 상호작용이나 사회적 시간이나 사회적 위치도 중요한 영향을 미친다. 둘째, 영향도extent는 해당 영향 요소가 사용자의 사용 행태에 미치는 영향이 얼마나 큰지를 의미한다. 그림 28에서 보면 각 영향 요소별로 마름모를 그려서, 해당 영향 요소의 영향도가 클수록 더 큰 마름모를 그린다. 윈도 모바일의 경우 사회적 위치가 가장 큰 영향을 미치고, 아이폰의 경우 사용자 간의 상호작용이 큰 영향을 미치는 것을 알 수 있다. 셋째, 파급 효과influence는 영향 요소가 사용자에게 어떤 효과를 미칠 수 있는지를 나타낸다. 혹은 경우에 따라서는 파급 효과에 대한 반대 급부로 사용자가 영향 요인에 대해 어떤 반응을 하는지 나타낼 수도 있다. 파급 효과는 그림 28과 같이 실선을 이용해 표시한다. 예를 들어, 개인화의 정도가 표준에 영향을 미치고 시간에 쫓기는 정도가 사회적 시간에 영향을 미치는 것을 볼 수 있다. 넷째, 장애 요인breakdowns은 영향 요소들 간에 발생할 수 있는 문제점을 의미하며, 그 의미를 명확하게 전달하기 위해 화살표 모양으로 표시한다. 예를 들어, 윈도 모바일의 경우 터치 오작동 가능성이 높으며, 아이폰의 경우 해킹을 하게 되면 A/S를 받을 수 없어서 고장 시 위험이 증가하는 장애 요인이 있다. 이에 추가해서 사회맥락적 요구 및 해결 방안을 말풍선 형식으로 정리할 수 있다.

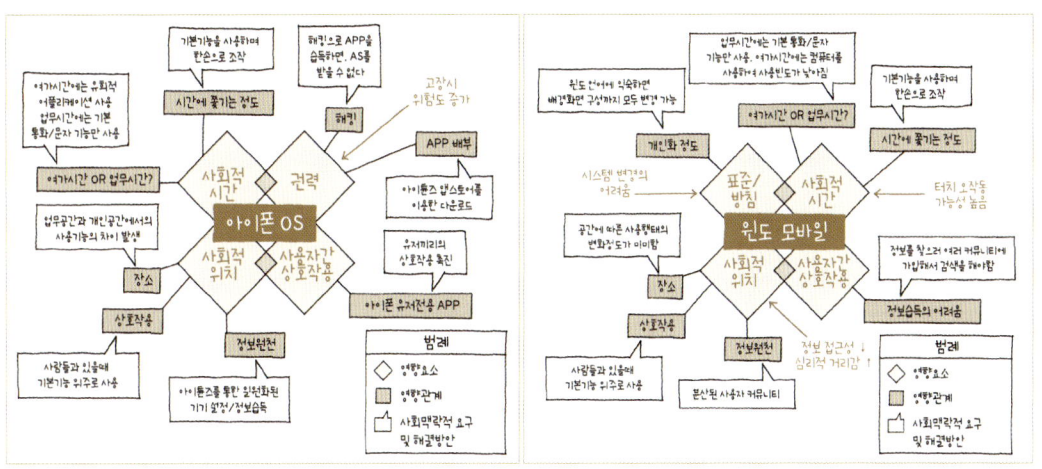

각 개인을 통해 사회적 맥락모형이 수집되면 그 다음에는 이러한 개별모형을 하나의 통합모형으로 구축한다. 통합모형을 구축하는 과정은 다음과 같다. 첫째, 개별모형에 나타나는 다양한 영향 요소를 취합해 유사도순으로 정리한다. 둘째, 사용자의 행태에 비슷한 영향을 미치는 영향 요소를 하나의 영향 요소로 범주화한다. 셋째, 개별모형에 나타나는 다양한 파급 효과를 취합한다. 이때 앞에서 분류한 영향 요소별로 파급 효과를 분류한다. 넷째, 비슷한 파급 효과를 하나의 파급 효과로 범주화하고, 영향 요소별로 독특한 파급 효과를 표시한다. 다섯째, 모든 장애 요인을 앞서 파악된 영향 요소와 파급 효과별로 분류한다. 여섯째, 비슷한 장애 요인을 하나의 장애 요인으로 범주화한다.

그림 29는 스마트폰 OS와 관련된 통합된 사회적 맥락모형을 보여 주고 있다. 스마트폰 OS의 경우 취합된 모형이 개별모형에 비해 표준 방침이나 권력 등과

그림 28
개별 사회적 맥락모형의 사례: 아이폰 OS와 윈도 모바일 OS의 비교

그림 29
통합 사회적 맥락모형의 사례: 아이폰 OS와 윈도 모바일 OS의 비교

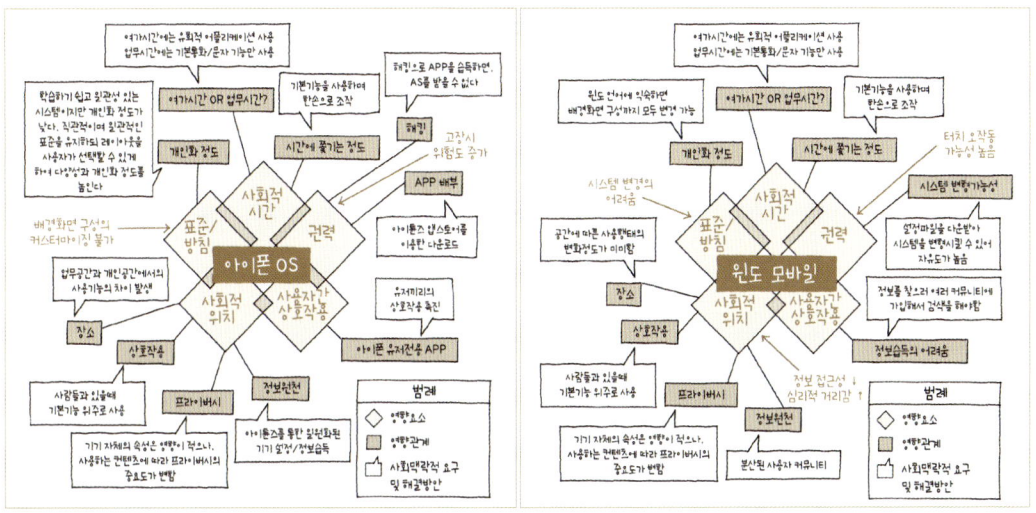

같이 다양한 영향 요소들을 가지고 있고, 이들 간에 더 복잡한 파급 효과와 장애 요인이 발생하는 것을 볼 수 있다.

통합 사회적 맥락모형에서 도출된 두 가지 제품의 차이점을 표로 정리하면 표 5와 같다. 이 자료를 통해 두 제품 사용에 중요한 영향을 미치는 사회적 맥락 요소들을 사회적 시간, 사회적 위치 그리고 기타 사회적 요인으로 비교하고 있다. 표 5를 보면, 사회적 시간 맥락에서 아이폰 OS는 사용 시 조작의 간편성으로 시간적 압박이 높은 상황에서도 사용할 수 있지만 윈도 모바일 OS는 컴퓨터와 마찬가지로 모든 절차를 거쳐야 하기 때문에 시간적 압박이 높을 때는 사용하기 어렵다.

표 5
사회적 맥락비교표의 사례:
아이폰 OS와
윈도 모바일 OS 비교 사례

아이폰 OS	구분	윈도 모바일
사회적 시간 맥락 분석		
— 업무시간: 간단한 뉴스 애플리케이션, 전화, 문자의 용도 — 여가시간: 앱스토어를 이용해 다운받은 게임, 음악 등의 애플리케이션 이용, GPS 기능을 이용한 LBS 서비스 이용 등 유희적·부가적 기능 중심의 이용	업무시간과 여가시간	— 업무시간: 전화, 문자, 메일, 오피스, 일정관리 등의 다양한 기능 — 여가시간: 전화, 문자 및 메일 기능을 이용한 즉각적인 업무처리 가능. 업무시간과 여가시간의 차이가 거의 없음
— 급한 상황에서 애플리케이션이나 기능 사용 시 조작의 직관성과 단축성이 높아서 기능의 사용이 쉬움	시간에 쫓기는 정도	— 프로그램을 선택할 때, '시작-프로그램-프로그램 선택'의 과정을 거침으로써 단축성이 저하되어 시간에 쫓기는 상황에서의 사용성 저하
사회적 위치 맥락 분석		
— 업무 공간에서는 기본기능 위주의 사용(전화, 문자, 메일) — 개인공간에서의 사용 시에도 PC에서 제공하지 않는 독특한 서비스들을 제공함으로써 유희적인 기능으로의 사용이 촉진됨 — 다원적인 기능적 가치를 제공해 장소에 따른 사용행태가 바뀜	장소	— 업무 공간을 포함한 공공장소와 개인 공간에서의 사용행태가 크게 다르지 않음 — 윈도 모바일에서 제공하는 기능의 경우 집에서 컴퓨터로 대부분 실행할 수 있기 때문에 집에서는 유희적 기능으로 사용되는 일이 적음
— 아이튠즈는 백화점과 같은 방식으로 한 곳에서 모든 정보를 얻고, 애플리케이션을 추가하고, 기기를 제어할 수 있게 함으로써 정보원천에 대한 심리적 거리감이 적음 — 정보를 탐색하는 것에서 오는 인지적 노력이 감소되어 심리적 부하가 감소함	정보원천	— 윈도 모바일은 카테고리 킬러(전문점)와 같은 형태를 띠고 있음으로써 정보원천에 대한 심리적 거리감이 존재함 — 윈도 모바일에서 사용할 수 있는 애플리케이션을 얻기 위해 여러 사이트를 접속해야 하고, 검색을 해서 사용자 스스로 학습을 해야 하는 불편함이 존재함
기타 사회적 맥락 분석		
— 애플이 주도하는 아이튠즈 플랫폼을 통해서만 기기를 제어하고 정보에 접근할 수 있음 — 기기를 해킹하면 A/S에 불이익을 받게 하는 정책 등을 볼 때 사용자보다 제조사에 더 권력이 치중된 모습을 보임	권력	- 해킹에 대해 별다른 제재가 없고, OS 개발언어가 이미 잘 알려져 있어 사용자의 변형 시도가 많이 일어남 — 제조사에서 사용자에게 개별적으로 제공하는 서비스는 아니지만, 사용자의 자유도와 주도성이 높다고 볼 수 있음

— 아이튠즈, 및 아이폰 사용자 간 상호작용을 촉진하는 애플리케이션을 통해 사용자들 간의 정보·아이디어 교환을 촉진함으로써 이차저작물 및 신규 애플리케이션의 개발을 자극하는 선순환 구조 성립	사용자간 상호작용	— 사용자 간의 상호작용을 촉진시킬 수 있는 뚜렷한 플랫폼이나 서비스가 없음 — 여러 곳에 분산된 사용자 커뮤니티를 통해서만 정보를 공유할 수 있게 함으로써 소수의 헤비유저들만이 애플리케이션을 배포하는 구조
— 사용자가 시스템을 변화시킬 수 있는 개인화의 정도는 낮으나, 고정적이고 일관된 시스템을 제공함으로써 사용자의 인지적 노력을 감소시키고 효율적인 사용 환경을 보장함	표준·방침	— 콘텐츠와 관련된 부분의 변경 외에도, 기본적인 구성과 프레임까지 개인화가 가능하지만, 프로그램 언어에 익숙한 개발자가 아닐 경우 커스터마이징에 어려움을 겪음

5.3 문화적 맥락모형 분석 단계

문화적 맥락모형은 표 3에서 제시한 문화와 관련된 설문문항을 분석함으로써 작성된다. 그림 30은 한국과 미국의 차량 내비게이션 사용자를 대상으로 개별 문화적 맥락모형을 표 3의 설문문항에 대한 응답 자료를 기초로 제작한 예이다. 문화적 맥락모형을 위해서는 일단 여덟 가지 문화적 맥락 요소 가운데 연관성이 높을 것으로 예상되는 요소를 선정한다. 차량 내비게이션의 경우 여덟 가지의 문화적 차원 가운데 여섯 개의 문화적 차원이 관련성이 높을 것으로 예상하고, 다중성향, 개인·집단주의, 암시적·묵시적 성향, 불확실성 회피성향, 권력거리 성향 등 여섯 가지의 문화적 차원별로 제시한 세 개의 설문문항 값을 평균을 내서 개인의 문화적 맥락을 표현한다. 예를 들어, 한국 운전자의 경우 다중성향이 강하고 개인주의가 낮은 반면에, 미국 운전자는 개인주의가 강하고 다중성향이 낮은 것을 알 수 있다. 따라서 한국 운전자는 운전 시 여러 가지 일을 동시에 하려는 경향이 있는 반면, 미국 운전자는 운전할 때는 운전만 하는 성향이 있다. 또한 한국 운전자는 운전을 할 때 함께하는 사람들의 취향이나 그들의 여유시간을 고려하는 반면, 미국 운전자는 개인적인 시간이라고 생각하기 때문에 함께하는 사람보다 자신이 더 중요하다고 느낀다.

이러한 개별 문화적 맥락 수치를 다시 취합해 한 집단의 문화적 맥락 수치를 도출할 수 있다. 그림 31은 개인별 문화적 맥락을 취합해 한국과 미국 운전자 집단의 문화적 맥락모형을 도출한 사례이다. 전체적인 평균은 실선으로 표시하고 각 집단의 표준 편차를 점선으로 표시해 두 개의 표준 편차 간격을 그림자로 표시했다. 따라서 그림자의 면적이 클수록 해당 집단의 문화적 맥락에 대한 개인적 편차가 크다는 것을 의미한다.

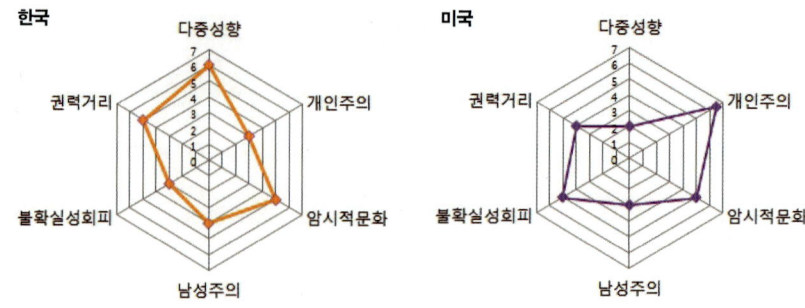

그림 30
개별 문화적 맥락모형의
사례: 한국과 미국의 차량
내비게이션 사용자 비교

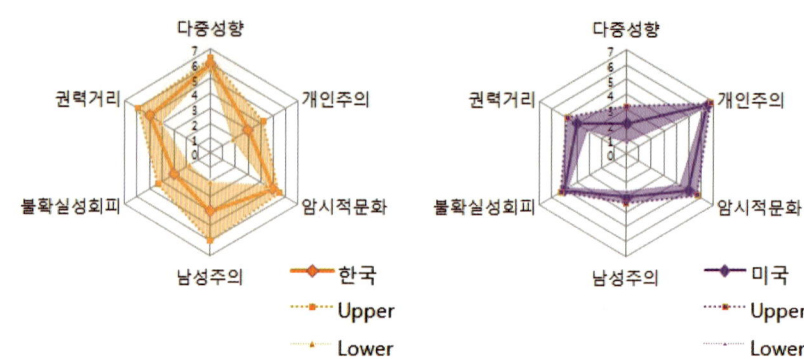

그림 31
통합 문화적 맥락모형의
사례: 한국과 미국의 차량
내비게이션 사용자 비교

    통합 문화적 맥락모형에서 도출된 결과는 내비게이션 제품에 적용해 각 문화별로 어떤 문화적 요소가 제품의 사용 행태에 영향을 미치는지 도출할 수 있다. 문화적 맥락표에서는 중요한 문화적 성향에 대해 두 나라 사람들이 가지고 있는 차이점과 그 차이점을 기준으로 사람들이 어떻게 해당 제품에 반응했는지를 표시한다. 표 6을 보면 두 제품이 비슷하게 다양한 미디어 기능을 제공하고 있지만, 다중성향을 가진 한국 사용자는 그 기능을 선호하는 반면 단일성향을 가진 미국 사용자는 다양한 미디어 기능으로 인해 높아지는 제품 가격을 기꺼이 받아들이려 하지 않는다는 것을 알 수 있다. 또한 한국 사용자는 집단주의가 강하기 때문에 함께 차량에 타고 있는 사람들을 고려한 여러 가지 기능들을 선호하지만, 상대적으로 개인주의가 강한 미국 사용자는 운전 시에 자신이 느끼는 쾌적함과 타인에게 방해받지 않는 것을 더 선호한다는 것을 알 수 있다.

표 6
문화적 맥락비교표의 사례:
아이나비 KL100과
FlyAudio In-Dash 차량용
내비게이션

한국		속성		미국
운전 시 여러 가지 일을 동시에 하려는 성향이 있다.	6	다중성향	2	운전할 때는 운전만 하려는 성향이 있다.
해당 제품은 다양한 미디어 기능을 통해 다중지향 성향을 만족시킨다.				해당 제품은 단순 핵심 기능을 선호하는 성향에 비해 지나치게 많은 멀티미디어 기능을 탑재하여 가격이 비싸다.

운전은 가족 또는 동료와 함께 하는 시간이므로 함께하는 대상의 취향이나 그들의 여유시간을 고려해야 한다.	3	개인주의	6.5	운전은 개인적인 시간이므로 함께하는 대상보다는 내가 중요하다고 느낀다.
해당 제품은 운전자 외 탑승자를 위한 여러 가지 기능을 제공한다.				동승자가 많지 않은 사용 상황에서 불필요한 기능들을 제공하여 운전자의 주의력을 분산시킨다.
새로운 것을 익힐 때 문자보다 그림으로 익히는 것을 좋아하는 경향이 있다.	5	암시적 문화	8	새로운 것을 익힐 때 문자보다 그림으로 익히는 것을 좋아하는 경향이 있다.
해당 제품은 이미지 위주의 메뉴를 제공한다.				해당 제품은 이미지 위주의 메뉴를 제공한다.
기기를 조작하고 다루는 것을 중요하게 생각하는 성향	4	남성주의	3	특별히 치우치지 않은 중립적인 성향
제품 업그레이드가 익숙한 사용자를 고려한 제품 설치 및 실행 방법을 제공한다.				상대적으로 많은 여성 운전자들을 배려하지 못한다.
새로운 기기에 개방적인 경향이 있다	3	불확실성회피	5	기존에 이용하는 것을 선호하는 경향이 있다.
지속적인 업그레이드를 제공한다.				업그레이드에 대한 지원 부족으로 불확실성에 대한 우려가 증가한다.
기기의 소유 여부나 질이 자신을 나타낸다고 느낀다.	5	권력거리	4	제품을 자신과 연관시키려는 경향이 한국보다는 낮다.
큰 디스플레이와 세련된 디자인을 제공한다.				지나치게 큰 화면과 고급스러운 디자인을 강조한다.

　　결국 미국 운전자들은 낮은 다중지향성과 함께 높은 개인주의 성향을 보이기 때문에, 한국인들이 선호하는 DMB, MP3와 같은 멀티미디어 기능에 대한 선호가 낮은 것으로 조사되었다.

맥락이라는 것은 사용자의 사용 행태에 영향을 미칠 수 있는 모든 외적 요인을 말한다. 본 장에서는 사용자가 디지털 제품이나 서비스를 사용하는 과정에 영향을 미치는 다양한 맥락 요소들을 분석하는 방법을 제시하고, 사용 맥락에 포함되는 다양한 요소를 물리적 맥락, 사회적 맥락, 문화적 맥락으로 분류하고, 각 맥락을 다시 시간적 요소, 위치적 요소, 기타 요소로 분류했다. 맥락을 분석할 수 있는 방법에는 여러 가지가 있으나, 여기에서는 자가 모니터링 기법을 기반으로 다양한 제품이나 서비스의 사용 맥락에 대한 정보를 수집하는 방법을 제시했다. 이렇게 수집된 맥락 자료를 정리해 물리적 맥락모형, 사회적 맥락모형 그리고 문화적 맥락모형을 작성하고, 이를 토대로 맥락비교표를 작성하는 것에 대한 자세한 절차를 제공했다.

토론 주제

1

최근 출시된 디지털 제품이나 서비스 중에서 사용 맥락을 정확하게 분석하여 그에 적합한 디자인을 제공한 사례와 그렇지 못한 사례를 한 가지씩 선정해 보자. 그리고 두 가지를 비교한 다음 해당 제품이나 서비스의 사용에 중대한 영향을 미치는 맥락적 요소가 무엇인지 설명해 보자. 의미 있는 비교를 위해서는 비슷한 제품이나 서비스를 선정하는 것이 좋다.

2

물리적 시간 맥락 요소가 중요한 영향을 미치는 디지털 제품이나 서비스의 범주를 한 가지 선정하고, 그 범주에서 물리적 시간 맥락 요소가 잘 반영된 사례와 그렇지 못한 사례를 한 가지씩 제시해 보자. 이때 유사한 사례를 선정하는 것이 좋다.

3

물리적 위치 맥락 요소가 중요한 영향을 미치는 디지털 제품이나 서비스의 범주를 한 가지 선정하고, 그 범주에서 물리적 위치 맥락 요소가 잘 반영된 사례와 그렇지 못한 사례를 한 가지씩 제시해 보자. 이때 유사한 사례를 선정하는 것이 좋다.

4

물리적 기타 맥락 요소가 중요한 영향을 미치는 디지털 제품이나 서비스의 범주를 한 가지 선정하고, 그 범주에서 물리적 기타 맥락 요소가 잘 반영된 사례와 그렇지 못한 사례를 한 가지씩 제시하여 보자. 이때 유사한 사례를 선정하는 것이 좋다.

5

사회적 시간 맥락 요소가 중요한 영향을 미치는 디지털 제품이나 서비스의 범주를 한 가지 선정하고, 그 범주에서 사회적 시간 맥락 요소가 잘 반영된 사례와 그렇지 못한 사례를 한 가지씩 제시해 보자. 이때 유사한 사례를 선정하는 것이 좋다.

6

사회적 위치 맥락 요소가 중요한 영향을 미치는 디지털 제품이나 서비스의 범주를 한 가지 선정하고, 그 범주에서 사회적 위치 맥락 요소가 잘 반영된 사례와 그렇지 못한 사례를 한 가지씩 제시해 보자. 이때 유사한 사례를 선정하는 것이 좋다.

7

사회적 기타 맥락 요소가 중요한 영향을 미치는 디지털 제품이나 서비스의 범주를 한 가지 선정하고, 그 범주에서 사회적 기타 맥락 요소가 잘 반영된 사례와 그렇지 못한 사례를 한 가지씩 제시해 보자. 이때 유사한 사례를 선정하는 것이 좋다.

8

문화적 시간 맥락 요소가 중요한 영향을 미치는 디지털 제품이나 서비스의 범주를 한 가지 선정하고, 그 범주에서 문화적 시간 맥락 요소가 잘 반영된 사례와 그렇지 못한 사례를 한 가지씩 제시해 보자. 이때 유사한 사례를 선정하는 것이 좋다.

9

문화적 위치 맥락 요소가 중요한 영향을 미치는 디지털 제품이나 서비스의 범주를 한 가지 선정하고, 그 범주에서 문화적 위치 맥락 요소가 잘 반영된 사례와 그렇지 못한 사례를 한 가지씩 제시해 보자. 이때 유사한 사례를 선정하는 것이 좋다.

10

문화적 기타 맥락 요소가 중요한 영향을 미치는 디지털 제품이나 서비스의 범주를 한 가지 선정하고, 그 범주에서 문화적 기타 맥락 요소가 잘 반영된 사례와 그렇지 못한 사례를 한 가지씩 제시해 보자. 이때 유사한 사례를 선정하는 것이 좋다.

9장 기술 분석

**적합한 디지털 플랫폼과
컴포넌트 분석하기**

"날로 복잡해져 가는 문제를 효과적으로 다루기 위해 나는 사람들의 능력을 최대한 발휘할 수 있는 기구를 개발하고자 했다. 그런데 누군가 내 발명품을 보고 '귀가 하나 달린 생쥐 같네요.'라고 말했고, 그 다음부터 사람들은 내 발명품을 '마우스'라고 부르기 시작했다."

더글라스 엥겔바트 Douglas C. Engelbart

궁금한 점

혹자는 좋은 디지털 제품이나 서비스를 만들기 위해서는 무조건 최신 기술이나 첨단 기술을 사용하면 된다고 생각한다. 그런데 굳이 기술 분석을 할 필요가 있을까?

전철역에서 자투리 시간을 이용해서 무엇인가 재미있는 일을 할 수 있는 디지털 제품을 만든다고 하자. 그때 고려할 수 있는 여러 가지 기술은 어떤 것들이 있을까?

디지털 제품이나 서비스를 기획할 때 사용자에게 좋은 경험을 줄 수 있는 기술과 회사에게 많은 이익을 주는 기술이 다르다면 둘 중 어떤 것을 선택해야 할까?

영화 소개

은하수를 여행하는 히치하이커를 위한 안내서 2005

"생명과 우주와 기타 모든 것에 대한 답을 주세요."
"잠깐만요….(긴 침묵 후에)…. 42입니다. 질문이 무엇인지 정확하게 알았다면 더 간단했겠죠."

슈퍼컴퓨터

영화 〈은하수를 여행하는 히치하이커를 위한 안내서〉는 평범한 지구인인 아서 덴트가 어느 날 갑자기 지구를 잃어버리고 은하계를 떠돌아 다니는 히치하이커가 되면서 겪는 사건을 다루고 있다. 우주에서 유일하게 생명체가 살고 있는 행성이라고 생각한 지구가 사실은 초지성적인 존재가 만든 실험용 기구에 불과했다는 설정에서 출발하는 이 영화는 은하계를 떠도는 히치하이커들이 선보이는 여러 기술이 등장해 관객들을 즐겁게 한다. 사람이 생각하는 것을 그대로 읽고 그 사람이 원하는 것을 만들어 주는 자동 제조기, 순간이동을 할 수 있게 하는 반지, 다른 언어의 말을 자동으로 번역해 주는 통역 기술, 추상적인 질문에 대해서도 적절한 대답을 도출하는 슈퍼컴퓨터 등이 그것이다. 현대 사회의 사용자들도 무수한 기술과 정보의 바다를 헤매는 히치하이커라고 할 수 있다. 이 영화를 통해 방대한 기술의 바다에서 특정 디지털 제품이나 서비스를 이용하는 사용자에게 적합한 기술을 선별하는 안목을 길러 보자.

영화 토론 주제

1 최신 기술이나 최고의 기술은 아니지만 오히려 최신이나 최고가 아니기 때문에 은하계를 떠도는 방랑객에게 적합한 기술은 무엇일까?

2 은하계를 떠도는 방랑객에게 유용하거나 편리하게 사용하거나 원하는 개성이나 인상을 표현하기에 적절하다고 여겨지는 기술은 무엇일까?

3 은하계를 떠도는 방랑객을 대상으로 사업을 하고자 할 때 사업자 입장에서 큰 이익을 남기기에 적합한 기술은 무엇일까?

영화 〈은하수를 여행하는 히치하이커를 위한 안내서〉에 나타난 슈퍼컴퓨터

앞에서 우리는 사용자의 특성, 사용자가 수행하는 과업 특성, 그리고 사용자가 그러한 과업을 수행하는 여러 맥락에 대해 분석했다. 그 분석을 기반으로 본 장에서는 과연 어떠한 디지털 기술이 해당 사용자가 특정 맥락에서 특정 과업을 수행하는 데 도움이 되는지 분석하고자 한다. 기술은 무조건 최신 기술이 좋다고 오해할 수 있으나 반드시 그런 것은 아니다. 경우에 따라서는 오히려 구식 기술이 더 적합한 경우도 있다. 본 장에서는 HCI의 관점에서 다양한 디지털 기술을 분석하는 원칙과 이를 실제로 수행하는 절차를 제시하고자 한다. 특히 디지털 제품이나 서비스에 대한 기술을 플랫폼 수준과 컴포넌트 수준으로 나누어 생각하고, 전반적으로 사용할 수 있는 기술을 혁신성의 관점, 사업성의 관점, 경험성의 관점으로 분석하는 방법을 제시했다. 이를 통해 독자들이 기획하고 있는 제품이나 서비스에 필요한 기술을 스스로 분석할 수 있도록 하는 것이 본 장의 목적이다.

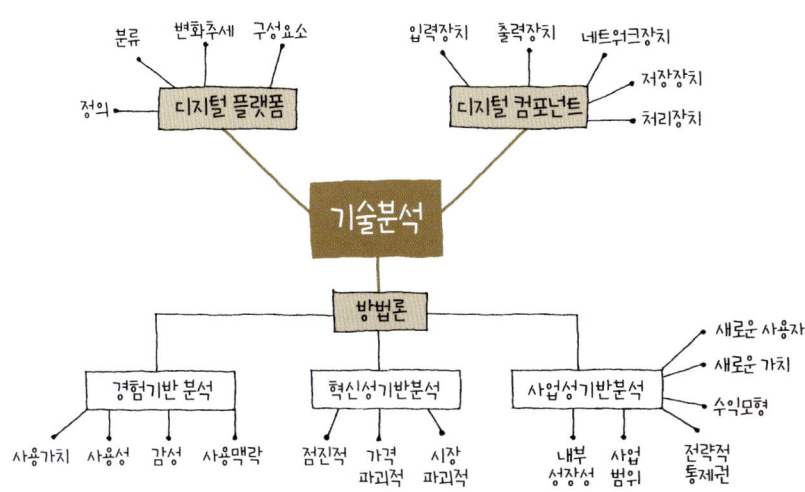

1. 기술 분석의 중요성

기술 분석은 사용자에게 제공할 제품이나 서비스를 구현하기 위해 어떤 기술을 활용해야 할지 파악하는 절차이다. 많은 이들은 최신 기술을 사용하면 된다고 생각하기 때문에 굳이 다양한 기술을 체계적으로 분석할 필요가 없다고 생각할 수 있다. 그러나 이러한 시각은 성공한 제품이나 서비스가 반드시 최신 기술이나 첨단 기술을 사용하는 것은 아니라는 사실을 간과하고 있다. 그러면 각각에 대해 그 이유를 살펴보기로 하자.

첫째, 최신 기술이라고 해서 반드시 사용자에게 최적의 경험을 제공하는 것은 아니다. 오히려 최신 기술이 지닌 문제점 때문에 제품이나 서비스에 나쁜 결과를 초래하는 경우가 더 많다. 그림 1은 사용자의 기대 수준과 기술의 발전 수준에 대한 의견으로, KAIST 오준호 교수 수직축은 기술적인 수준을, 수평축은 시간의 흐름을 의미한다. 기술이 처음 소개되었을 때의 사용자 기대 수준은 높지만 실제 기술 수준은 낮다. 따라서 이러한 상태에서 최신 기술을 적용한 제품이나 서비스를 제공한다면 당연히 사용자에게 거부 당하기 마련이다. 비록 초기에는 관심을 끌 수는 있겠지만, 곧 그 기술의 한계가 일반 사용자에게 알려지고, 그렇게 되면 사용자의 기대에 부흥하기 힘들다는 사실을 알게 된다. 그러나 시간이 흐름에 따라 사용자의 기대 수준은 낮아지고, 그러한 사용자의 기대 수준을 맞추기 위한 기술적인 노력은 지속된다. 사용자의 기대 수준과 기술 수준의 차이가 줄어들고 나서야 그 기술이 사용된 제품이나 서비스의 사장이 열리게 된다. 그리고 결국 기술적인 수준이 사용자의 기대 수준을 맞추기 시작하면서 그 기술이 사용된 제품이나 서비스의 시장이 확대되기 시작한다.

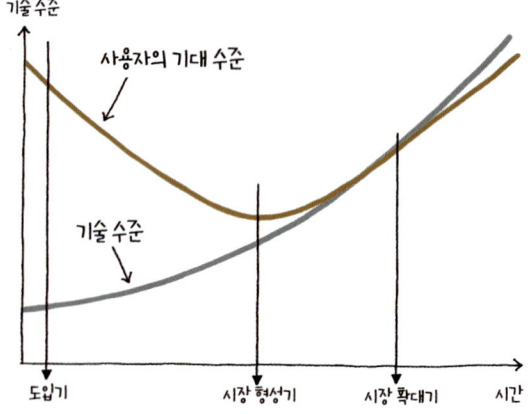

그림 1
시간의 흐름에 따른 사용자의 기대 수준과 기술의 발전 수준의 변화

스마트폰의 사례를 생각해 보자. 스마트폰이 도입되었을 때는 스마트폰이 컴퓨터를 대체하는 도구가 될 것이라고 예측되었다. 그림 2의 왼쪽 제품은 스마트폰이 처음 도입되었을 때의 제품이다. 그러나 사람들의 기대에는 미치지 못했다. 그 뒤 시간이 지나 사람들의 기대 거품이 꺼지고 기술이 발전해 스마트폰 시장이 열리기 시작했다. 이때 나온 것이 그림 2의 가운데 제품이다. 크고 무겁고 프로그램에 오류가 있어 사용하기에 쉽지는 않았지만 그런대로 쓸 만하다고 할 수 있었다. 그리고 기술이 사용자의 기대를 넘어서기 시작할 무렵에 등장한 것이 아이폰이었다. 인터넷 쇼핑에서도 비슷한 예를 찾을 수 있다. 처음 인터넷 쇼핑이 도입되었을 때 사람들은 모든 것을 인터넷으로 해결할 수 있다고 생각했지만, 당시의 기

술로는 그러한 기대를 충족시키기 어려웠다. 그때 등장한 인터넷 쇼핑몰은 지금 기술로도 소화하기 버거운 3D 시스템을 인터넷상에 구현하려고 했지만, 물건 하나를 화면에 띄우는 데 10분이 넘게 걸렸다. 그러나 이제는 사용자의 기대 수준과 기술 수준이 어느 정도 조화를 이루면서 2011년 현재 인터넷 쇼핑은 전체 쇼핑의 15퍼센트를 차지한다. 미국에서는 추수감사절 이후에 많은 사람들이 인터넷으로 물건을 구입하려고 해서 사이버 먼데이cyber monday라는 신조어가 생길 정도로 인터넷 쇼핑이 활성화되고 있다.

그림 2
최신 기술이 반드시 좋은 기술은 아니라는 것을 보여 주는 사례: 스마트폰

둘째, 기술의 성능이 가장 뛰어나다고 반드시 사용자에게 가장 좋은 경험을 제공하지는 않는다. 즉 현재 기획 중인 제품이나 서비스에 가장 적합한 기술은 오히려 예전의 기술일 수도 있다는 것이다. 그림 3은 시간의 흐름에 따라 기술의 발전과 사용자가 그 기술을 활용할 수 있는 범위를 표현하고 있다.Christensen, 2003 이 그림의 수평축은 시간의 흐름, 수직축은 기술의 성능이다. 그림에서 보는 것처럼 시간의 흐름에 따라 기술의 발전은 사람들이 그 기술을 활용할 수 있는 범위를 넘어선다. 그리고 그렇게 되면 사용자에게는 새로운 기술이 가져오는 성능의 차이는 큰 의미가 없어진다. 그러한 상황이 오래 지속되다 보면 사람들은 최고 성능의 기술보다는 본인의 과업을 효과적으로 수행하는 데 적당한 기술만을 필요로 하게 된다.

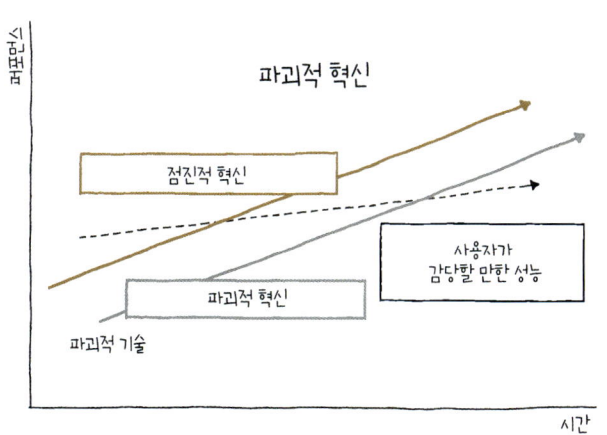

그림 3
시간의 흐름에 따른 기술 혁신과 사용자의 활용 정도

영화 〈은하수를 여행하는 히치하이커의 안내서〉에서 보여 준 우주에서 쓸 수 있는 필기도구에 대해 생각해 보자. 최고 기술을 활용한다면 중력이 없어 잉크가 쏠리지 않는 상태에서도 쓸 수 있는 무중력펜을 생각해 볼 수 있다. 그러나 중력이 없는 진공상태에서 사용한다는 목적만을 달성하기 위해서는 사실 그런 최첨단 메커니즘을 가진 복잡한 펜보다 오래전부터 사용한 연필을 사용하면 된다. 1460년도에 만들어진 연필이 우주시대에도 활용될 수 있다는 것이다. 좀 더 현실적인 사례로 노트북을 생각해 보자. 많은 사람들이 최고 성능의 노트북을 사고 있다. 그러나 과연 일반 사용자가 노트북의 성능을 얼마나 활용하고 있을까? 최근 자료에 따르면, 대부분의 사람들은 노트북의 성능을 10퍼센트도 활용하지 못한다고 한다. 즉 노트북의 성능이 사람들의 활용 범위를 넘어서고 있다는 것이다. 그래서 사람들은 최고 성능은 아니지만 본인의 필요를 충족시킬 수 있는 정도의 성능을 지닌 노트북을 바라게 되었고, 그 결과 등장한 것이 넷북이다. 넷북은 고성능 노트북보다 성능이 낮은 처리 장치와 작은 화면이 장착되어 있지만, 저렴한 가격에 가볍고 간편하게 사용할 수 있는 점에서 매력적이었던 것이다.

따라서 무조건 최고의 성능이나 최신의 기술이 최선은 아니다. 사용자의 특성과 과업의 특성을 고려해 현재 기획하고 있는 제품이나 서비스에 가장 적합한 기술을 체계적으로 분석할 필요가 있다.

2. 디지털 플랫폼

사용자 입장에서 디지털 기술은 개념적으로 크게 디지털 플랫폼digital platform과 디지털 컴포넌트 기술로 생각해 볼 수 있다. 디지털 플랫폼은 여러 디지털 컴포넌트로 구성된 통합 시스템을 의미한다. 플랫폼은 빠르게 변화하기 때문에 상대적으로 손쉽게 교체할 수 있는 부품으로 이루어져 있다. 대표적인 디지털 플랫폼인 PC를 생각해 보자. PC는 모니터, 하드디스크, 메모리, 마우스, 마더보드, 프로세서 등의 컴포넌트로 이루어져 있다. 이 가운데 마우스나 모니터는 상대적으로 유연하게 교체할 수 있는 반면, 마더보드나 프로세서는 교체하기 어려운 경우가 많다. 이렇게 상대적으로 고정적인 컴포넌트와 유연한 컴포넌트가 합쳐져 만들어진 디지털 시스템을 디지털 플랫폼이라고 한다.

최근에는 디지털 제품이나 서비스가 플랫폼화되는 경향을 보인다. 2008년 아이젠만Eisenmann의 연구 결과에 따르면, 전체 디지털 산업 구조 가운데 플랫폼 비즈니스가 차지하는 비중이 70퍼센트를 넘었다고 한다. 예를 들어, 대표적인 디지털 서비스 플랫폼인 트위터는 그 자체가 제공하는 서비스는 제한적이고 고정적이다. 그러나 트위터가 제공하는 API$^{application\ programming\ interface}$를 이용해 제3자가 애플리케이션을 제작할 수 있다. 최근 조사에 따르면, 트위터 자체 서비스를 통해 트위터에 접속하는 것보다 제3자가 개발한 애플리케이션을 통해 접속하는 경우가 더 많다고 한다.$^{twitter사\ 발표}$ 또한 디지털 제품과 서비스가 함께 묶인 플랫폼인 애플의 아이폰과 애플리케이션의 경우에서도 플랫폼 비즈니스의 중요성을 감지할 수 있다. 이 경우 애플이 제공하는 아이폰 자체도 하나의 플랫폼이지만, 애플리케이션도 플랫폼이라고 할 수 있다. 다양한 애플리케이션과 기기를 플랫폼화했다는 것도 아이폰 성공에 일조했다.

2.1 디지털 플랫폼의 분류

디지털 플랫폼은 경제학, 마케팅, 경영 전략, 정보시스템 계획 등 다양한 도메인 관점에서 정의될 수 있다. 특히 HCI 관점에서는 사용자경험을 중심으로 디지털 플랫폼을 분류할 수 있다. 가장 큰 요지는 사용 목적, 형태, 맥락의 3대 관점이다.

첫째, 사용 목적에 따라 분류하는 것이다. 크게 도구적 디지털 플랫폼과 유희적 디지털 플랫폼으로 나뉜다. 도구적^{utilitarian} 디지털 플랫폼은 사람들이 외재적인 동기$^{extrinsic\ motivation}$로 사용하는 플랫폼을 지칭하는 반면, 유희적인^{hedonistic} 디지털 플랫폼은 내재적인 동기$^{intrinsic\ motivation}$로 사용하는 플랫폼을 지칭한다. 도구적인 디지털 플랫폼은 말 그대로 어떤 목적을 달성하기 위한 수단으로 사용된다. 예를 들어, 공학용 전자계산기는 주로 복잡한 수식을 계산하기 위해 사용된다. 유희적인 디지털 플랫폼은 그 기기를 사용하는 것 자체로 즐거움을 얻을 수 있는 플랫폼이다. IPTV는 그것을 사용하는 것 자체로 즐거움을 얻을 수 있다. 용도에 따른 분류는 HCI 입장에서 중요한 시사점을 지닌다. 디지털 플랫폼은 그 용도에 따라 전혀 다른 기능을 제공하기 때문이다. 유희적인 기능이 주가 되는 TV의 경우 기기 전면에 화면의 밝기와 채도를 조절하는 버튼이 배치되어 보는 사람이 취향에 맞게 변경하는 것이 용이하도록 설계되어 있는 반면, 도구적 성격이 강한 PDA의 경우 화면의 채도를 조절하는 기능은 거의 없으며, 있다 하더라도 찾기 어려운 곳에 배치된다. 왜냐하면 채도라는 요소가 유희적인 목적에는 중요한 역할을 하지만 도구적인 목적에서는 큰 영향을 미치지 못하기 때문이다.

둘째, 사용자의 사용 행태에 따라 디지털 플랫폼을 구분하는 것이다. 사용 행태로는 크게 능동적 디지털 플랫폼과 수동적 플랫폼으로 나눌 수 있다. 능동적 active 디지털 플랫폼은 사용자가 자발적으로 어떤 행동을 하도록 촉진시킨다. 예를 들어, PC는 사람들이 어떤 일을 적극적으로 하게 만드는 플랫폼이어서 '몸을 앞으로 기울이는 플랫폼 lean forward'이라고 이야기한다. PC 게임에 몰두하고 있는 아이들을 보면 대부분 몸이 앞으로 기울어져 있음을 알 수 있다. 반면 수동적 passive 플랫폼은 사용자가 주도권을 갖는 플랫폼이 아닌 그저 디지털 플랫폼에서 제공하는 정보를 수동적으로 받게 하는 플랫폼이다. 대표적인 수동적 플랫폼으로 TV를 들 수 있다. 수동적으로 정보를 수용하기 때문에 사람들은 TV를 볼 때 몸을 뒤로 젖힌다 lean back. 사용 행태에 따른 분류는 HCI 입장에서 중요한 시사점을 갖는다. 사람들이 자연적으로 취하는 행태를 바꾸기를 강요하는 플랫폼은 성공 가능성이 낮기 때문이다. 지금까지 수많은 새로운 TV 플랫폼이 개발되었지만 대부분 실패한 가장 큰 이유는 TV가 사람들에게 능동적인 일을 하라고 강요했기 때문이다.

셋째, 맥락적인 측면에서 개인 전용의 정도에 따라 디지털 플랫폼을 구분하는 것이다. 예를 들어, 휴대전화는 개인용 기기이기 때문에 사람들 대부분 본인만 사용한다. PC는 비록 개인적인 용도로 많이 사용되지만 때에 따라서는 직장 동료나 가족이 공유할 수 있다. TV는 대부분의 경우 가족이 함께 공유한다. 개인 전용의 정도는 HCI 입장에서 중요한 시사점을 갖는다. 이는 개인 전용의 정도에 따라 플랫폼의 디자인이 변하기 때문이다. 예를 들어, 개인적인 플랫폼일수록 크기가 작고 플랫폼과 사용자 사이의 거리가 짧은 반면, 공동으로 사용하는 플랫폼일수록 크기가 크고 사용자와의 거리가 멀다. 따라서 공동으로 사용하는 플랫폼일수록 먼 거리에서도 해당 정보를 알아볼 수 있도록 디자인해야 한다. 그림 4에서는 앞서 이야기한 세 가지 분류 기준과 각 기준에 따라 분류한 범주에 속하는 대표적인 디지털 플랫폼을 정리했다.

그림 4
디지털 플랫폼의 분류 기준과 대표적인 사례

분류	도구적				유희적			
	능동적		수동적		능동적		수동적	
	개인	공동	개인	공동	개인	공동	개인	공동
디지털 제품	스마트폰	극장 KIOSK	증권 HTS	전광판	닌텐도 DS	WII	DMV phone	TV
디지털 서비스	거래 서비스	공동구매 서비스	알람 서비스	날씨 서비스	휴대용 게임	SNS	비실시간 social media	실시간 social media

이렇게 다양한 디지털 플랫폼 가운데 이 책에서는 대표적인 범용 플랫폼인 PC와 함께 유희적인 용도로 사용하면서 일반적으로 다른 사람들과 공유되는 TV

와, 의사소통을 위한 용도로 사용하지만 다른 사람들과 거의 공유되지 않는 휴대전화를 중점적으로 다루고자 한다. 이 세 가지 플랫폼을 선택한 것은 서로 다른 특징들이 있으며, 그 이외의 다른 플랫폼들은 이 세 가지와 비슷한 특징을 지니고 있기 때문이다. 예를 들어, PDA는 휴대전화와 비슷하며 전자책은 PC와 비슷하다. 따라서 이렇게 대조적인 대표적인 플랫폼들을 다룸으로써 HCI에 대한 지식을 TV나 휴대전화 외의 다른 플랫폼에도 적용할 수 있기 때문이다. 그런데 요즘의 디지털 플랫폼은 인터넷과 언제든지 연결되어 있어야 하기 때문에, 이 책에서는 일반적인 TV보다는 인터넷 사용이 가능한 IPTV에 초점을 맞추고자 한다. 또한 같은 이유로 기존의 휴대전화보다는 스마트폰에 초점을 맞추고자 한다. 따라서 앞으로 이 장에서 이야기하는 TV는 공중파 방송이나 케이블 방송을 볼 수 있을 뿐만 아니라 인터넷에 접속할 수 있는 IPTV를 지칭하며, 휴대전화는 스마트폰을 지칭한다.

2.2 디지털 플랫폼의 변화 추세

디지털 플랫폼의 변화 추세는 크게 세 가지를 들 수 있다. 첫 번째는 편재화ubiquitous이다. 과거에는 디지털 플랫폼이라고 하면 대부분 PC나 워크스테이션과 같은 컴퓨터를 지칭했다. 이러한 인식은 직장인이나 전문가만이 컴퓨터를 사용하던 1990년대 초까지만 해도 당연하게 받아들여졌다. 그러나 인터넷이 등장하면서 컴퓨터가 더 이상 소수의 사람들을 위한 기계가 아니라 일반 대중이 일상생활에서 사용하는 기계로 변화하게 되었다. 이에 따라 과거에는 컴퓨터를 사용하는 사람을 사용자user라고 불렀던 반면, 최근에는 고객customer이라고 부르기 시작했다. 사용자와 고객 사이에는 이름 차이만 있는 것이 아니라 개념적 차이가 존재한다. 예를 들어, 기업에서 현재 재고를 파악하고 새로운 주문을 하기 위해 전문 시스템을 사용하는 경우 사전에 컴퓨터에 대해 어느 정도 지식이 있는 사람을 채용해 별도의 교육을 시킨 뒤에야 시스템을 다루게 한다. 반면 인터넷 서점에서 읽고 싶은 책을 구입할 때는 시스템에 대한 사전 지식이나 훈련이 필요없어야 한다. 사전 교육이나 훈련이 있다는 가정하에 시스템을 개발할 때는 해당 업무를 잘 수행할 수 있도록 여러 기능을 추가해야 하지만, 사전 지식이 없는 사용자를 위한 시스템을 개발할 때는 사용자가 사용하기에 편리하고 직관적이어야 한다. 이와 같이 디지털 플랫폼이 편재화되면서 HCI의 기본 원칙인 사용성과 감성이 더욱 중요하게 되었다. 편재화는 기술적인 측면에서도 중요한 변화를 가져왔다. 기술적으로 컴퓨터의 크기가 작아지고 네트워크 기능이 무선화되면서 점차 그 안에 컴퓨터가 있지만 그것이 컴퓨터인지 인식하지 못하는 경우가 많아졌다. 이러한 현상은 과거 집에서 사용하던 모터에 비유할 수 있다. 중세 시대에 처음 모터가 개발되었을 때는 덩치가 크고, 유선이었기 때문에 집 한가운데 큰 모터를 가져다 놓고 벨트를 연결해 다양한 작업을 수행한 적이 있다. 그러나 모터가 점차 소형화되고 기능이 향상되면서 여러 기계에 장착할 수 있게 되었다. 마찬가지로 컴퓨터가 소형화되고 고도화되면서 컴퓨터를 탑재한 다양한 디지털 플랫폼이 등장해 일상생활에 폭넓게 보급되기 시작한 것이다. 예를 들어, 자동차는 과거에는 디지털 플랫폼이 아니었지만, 최근에는 자동차에 다양한 디지털 장치가 탑재되어 있다. 그런 까닭에 포드사는 2011년에 자동차박람회가 아니라 가전제품 전시회인 CES에서 신차 발표회를 열기도 했다.

그림 5
편재화의 사례: 자동차 속의 디지털 기기와 CES에서 발표된 포드의 신차

두 번째 변화 추세로는 디지털 융합digital convergence 현상을 들 수 있다. 융합은 하나의 플랫폼 안에 여러 기능과 정보를 한꺼번에 포함시켜 그 원천을 알 수 없게 섞는 것을 의미한다. 융합의 종류에는 네 가지가 있다. 첫째, 기기device의 융합이다. 통신기기와 정보기기가 융합된 것이 스마트폰이고, 가전제품과 정보기기가 융합된 것이 IPTV이다. 둘째, 네트워크의 융합이다. 통신망과 방송망이 융합된 것이 광대역통합망BcN이나 DMB망이다. 셋째, 소프트웨어의 융합이다. 세금 계산 프로그램과 세금 보고 프로그램을 융합한 것이 통합 세금 패키지이다. 넷째, 콘텐츠의 융합이다. 음성과 비디오, 데이터가 융합되면 새로운 동영상 콘텐츠가 만들어진다.

융합의 대표적인 예로 IPTV를 들 수 있다. IPTV는 초고속 인터넷망을 이용하는 양방향 TV 서비스로 TV와 PC가 융합되었고, 기존 TV 콘텐츠에 인터넷의 특징인 양방향성이 융합되었으며, 방송망과 인터넷망이 융합되었고, 방송 소프트웨어와 상거래 소프트웨어가 융합되었다.

하지만 무조건 많은 기기와 서비스와 콘텐츠를 융합시킨다고 반드시 성공하는 것은 아니다. 여러 가지를 융합하면 당연히 설계가 복잡해지고 가격이 비싸지기 때문이다. 실패한 융합의 대표적인 예로 인터넷 냉장고를 들 수 있다. 인터넷 냉장고는 냉장고가 24시간 켜져 있어야 한다는 특징을 이용해 냉장고 벽면에 인터넷을 사용할 수 있는 단말기를 장착한 것이다. 그러나 인터넷을 주로 사용하는 세대와 냉장고를 주로 사용하는 세대가 겹치지 않은데다 냉장고와 인터넷의 과업 목적이 달랐고, 부엌에 서서 인터넷을 한다는 것이 어색했기 때문에 결국에는 가격이 비싸고 복잡하기만 한 애물단지가 되고 말았다. 이러한 사례에서도 볼 수 있듯이 융합의 가장 중요한 요건은 결합되는 요소들 사이의 시너지 효과이다. 이를 통해 융합으로 인한 복잡성과 상대적으로 비싼 가격을 보정할 수 있어야 한다.

디지털 플랫폼에서의 세 번째 변화 추세는 연동 divergence이다. 연동은 융합과는 정반대로 하나의 플랫폼은 최대한 제한되고 간단한 기능만을 수행하는 대신 서로 다른 플랫폼 간의 연결을 통해 사용자가 필요로 하는 경험을 제공하는 방식이다. 이는 디지털 플랫폼의 연결성 connected을 전제로 한다. 과거에는 혼자 사용하는 컴퓨터가 많았다면 이제는 인터넷이나 무선 통신망에 연결되지 않은 컴퓨터는 찾아보기 힘들다. 모든 정보가 인터넷을 통해 저장되고 전달되기 때문에 디지털 플랫폼도 다른 기기 및 플랫폼과 연결되어 있는 시간이 많아졌다. 이를 통해 연동이 가능해진 것이다.

연동의 예로 아이튠즈를 기반으로 하는 아이패드와 아이폰, 아이팟 간의 연동을 들 수 있다. 아이패드는 비교적 큰 화면이 장착되어 주로 시각 위주의 미디어 콘텐츠를 사용하는 기기이고 아이팟은 작은 스크린과 가벼운 무게로 주로 청각 위주의 콘텐츠를 사용하는 기기이다. 이 둘은 각자 자신의 특성에 맞는 기능만을 제공하는 기기이지만, 이 둘은 아이튠즈를 통해 연동되면서 사용자는 통합된 경험을 할 수 있다. 한편 연동과 밀접하게 연관된 것이 클라우드 cloud 서비스이다. 애플의 모바일미 mobile me라는 서비스를 살펴보자. 이 서비스는 사용자가 자신의 PC에 있는 정보를 아이폰이나 아이패드에서 손쉽게 사용할 수 있도록 한다. 필자는 집에서 책을 읽다가 외부로 나갈 일이 있으면 이를 모바일 미 서비스에 올려놓는다. 그리고 아이패드를 꺼내 읽던 부분부터 읽는다. PC나 태블릿 또는 휴대전화 자체가 중요한 것보다 이들을 연동해 읽고 싶은 정보를 어디서든지 얻을 수 있게 하는 서비스가 더 중요하게 된 것이다.

연동을 효과적으로 수행하기 위해서는 세 가지 요건이 만족되어야 한다. 첫째, 다양성이다. 즉 하나의 플랫폼에 얼마나 많은 플랫폼이 연결될 수 있는지가 중요한 것이다. 그런 점에서 아이튠즈나 아이패드는 오직 애플 제품에서만 연동될 수밖에 없다는 한계를 지닌다. 반면 안드로이드 기반의 제품은 개방된 플랫폼 정책을 사용하기 때문에 훨씬 더 많은 기기와 연동되는 장점을 지닌다. 둘째, 편리성이다. 즉 플랫폼을 얼마나 편리하게 연결할 수 있는지가 중요하다. 예를 들어, 아이패드나 아이폰은 별도의 절차가 필요없이 컴퓨터에 선만 연결하면 자동적으로 기기를 찾아 연동한다. 반면 안드로이드 기반의 제품은 따로 설정해야 하는 경우가 많기 때문에 상대적으로 불편하다. 셋째, 가능성이다. 즉 언제 어디서든 필요한 기기 간의 연동이 가능해야 한다. 예를 들어, 구글의 독스Docs라는 프로그램은 패키지를 설치할 필요없이 다른 컴퓨터에서도 문서 작업을 할 수 있게 하지만, 이를 위해서는 인터넷에 항상 연결되어 있어야 한다. 그러나 아직은 인터넷에 접속하는 것이 어려운 경우도 많기 때문에 이러한 점은 가능성 측면에서 큰 약점으로 간주된다.

융합과 연동은 어느 하나가 다른 하나보다 무조건 좋다고 할 수는 없다. 각자가 더 적합한 환경이 있고, 서비스를 기획하는 사람의 입장에서 적절하게 취사선택하는 것이 중요하다. 이는 또한 전반적인 추세와도 상관이 있다. 융합이 많이 진행되면 플랫폼이 지나치게 복잡해지고 비싸진다. 그러면 이에 대한 반작용으로 각 플랫폼을 단순화하고 플랫폼 간의 연동을 통해 가격을 낮추고자 한다. 그러다 보면 너무 많은 플랫폼을 연동해야 하고 그렇게 되면 연동의 편리성이나 가능성이 낮아진다. 그렇게 되면 다시 융합으로 방향을 선회한다. 융합과 연동은 균형과 조화를 이루면서 사용자에게 즐거운 경험을 제공하는 방향으로 진화하고 있다.

2.3 디지털 플랫폼의 구성 컴포넌트

컴퓨터를 비롯해 대부분의 디지털 플랫폼은 일반적으로 표 1과 같이 다섯 가지 컴포넌트로 구성되어 있다. 이들은 크게 외부로부터 정보를 받아들이는 입력 장치input device, 들어온 정보를 정해진 원칙에 따라 계산하는 처리 장치processing device, 계산된 결과를 다시 사용하기 위해 보관하는 저장 장치storage device, 결과를 외부로 제시하는 출력 장치output device, 그리고 이러한 정보들을 다른 사람들과 공유하기 위한 네트워크 장치network device이다.

시스템에서 중요한 요소들은 사용자 입장과 컴퓨터 입장에 따라 각기 달리 설정될 수 있다. HCI는 사람과 컴퓨터 간의 상호작용을 중점적으로 다룬다. 따라서 HCI 입장에서 가장 중요한 장치는 사람으로부터 정보를 받아들이는 입력 장치와 다시 정보를 제공하는 출력 장치라고 볼 수 있다. 또한 최근 들어 인터넷을 기반으로 한 디지털 플랫폼의 융합과 연동이 대세를 이루면서 부상한 네트워크 장치도 중요하다고 할 수 있다. 그렇다고 처리 장치나 저장 장치가 전혀 중요하지 않은

표 1
디지털 플랫폼의 구성 컴포넌트

것은 아니다. 예를 들어, 새로운 최신 처리 장치가 구현할 수 있는 처리 속도가 과거 장치에 비해 일반 사람들도 인식할 수 있을 정도로 빠르다면 HCI의 관점에서도 이러한 차이가 의미가 있다. 그러나 어떠한 처리 장치의 처리 속도가 다른 시스템에 비해 높다고 하더라도 이 차이를 사용자가 인식하지 못한다면, 이는 HCI 관점에서 중요한 차이라고 보기 어렵다. 우선 이 책에서는 입출력 장치와 네트워크 장치에 대해 집중적으로 설명하고 나머지 장치에 대해서는 간단하게 언급만 하고 넘어가기로 하겠다. 이렇게 정리하는 중요한 목적은 여러 가지 새로운 디지털 신기술이 범람하는 상황에서 새로운 디지털 기술이 HCI적인 관점에서 사용자경험에 어떤 시사점을 가지고 있는 신기술인지 판단할 수 있는 안목을 독자들에게 제공하고자 함이다. 따라서 각 컴포넌트 자체에 대한 설명보다 이런 컴포넌트 기술이 사용자경험에 어떤 영향을 미칠 수 있는지에 대해 집중적으로 설명하고자 한다.

3. 입력 장치

디지털 플랫폼에는 키보드와 마우스 등 다양한 입력 장치가 있다. 입력 장치는 어떠한 정보를 입력하는지에 따라 문자 입력과 위치 입력으로 나누어질 수 있다. 이때 문자^{character} 입력이란 한글이나 영어, 숫자와 같은 것을 입력하는 것을 의미하며, 위치^{pointing} 입력이란 특정 지역을 선택하거나 이동하거나 표시하는 등의 입력을 의미한다.

문자 입력 장치는 '처리 전pre-recogniting 입력'과 '처리 후post-recognition 입력'으로 나누어진다. '처리 전 입력'은 입력하는 문자가 어떤 문자인지 컴퓨터가 입력을 받은 다음에 결정하는 것으로 음성 인식speech recognition이나 스캐닝 입력OCR 등을 예로 들 수 있다. '처리 후 입력'은 입력하기 전에 문자가 미리 결정되는 것으로, 키보드가 대표적인 예이다. 따라서 '처리 전 입력'이 입력된 글자가 무엇인지 컴퓨터가 최종적으로 판단하는 것이라면, '처리 후 입력'은 이 판단이 사람들에 의해 결정된 뒤에 입력되는 것이다. 문자 입력을 '처리 전 입력'과 '처리 후 입력'으로 나누는 것은 HCI 입장에서 큰 의미를 갖는다. 사용자 입장에서 '처리 전 입력'은 본인이 편한 방식으로 입력을 하면 컴퓨터가 알아서 어떤 내용의 입력이었는지 스스로 처리하기 때문에 간편한 기술이라고 할 수 있으나 컴퓨터의 인식 정확도에 따라 사용자경험이 크게 영향받을 수 있다는 단점을 지닌다. 따라서 컴퓨터의 인식 정확도를 높이는 방식으로 사용자가 입력할 수 있도록 디자인하는 것이 중요하다. 반면 '처리 후 입력'은 사용자의 판단으로 입력하는 것이기 때문에 사용자의 판단이 오류 없이 정확하게 입력될 수 있도록 디자인하는 것이 중요하다.

위치 입력 장치는 직접 입력 장치와 간접 입력 장치로 나누어진다. 직접direct 입력 장치는 사용자가 입력하고자 하는 위치를 해당 지점에 직접 표시하는 것으로 광학펜이나 터치스크린이 이에 속하고, 간접indirect 입력 장치는 실제로 위치를 입력하려는 장치와는 별도의 장치로, 위치에 대한 자료를 입력하는 것으로 마우스가 대표적인 예이다. 위치 입력을 직접 입력과 간접 입력으로 나누는 것은 HCI에서 중요한 시사점을 지닌다. 직접 입력의 경우 사용자가 자신이 원하는 곳에 필요한 정보를 바로 표시할 수 있기 때문에 상대적으로 직관적이고 적은 인지적 노력이 필요하다. 반면 입력을 하기 위해 사용자의 팔과 손이 많은 거리를 움직여야 한다는 단점이 있다. 즉 인지적 노력은 줄어드는 반면, 신체적 노력은 늘어나는 것이다. 간접 입력은 이와 반대로 인지적 노력은 늘어나는 반면, 신체적인 노력은 줄어든다. 따라서 사용자, 과업, 맥락의 특성에 따라 인지적 노력과 신체적 노력 중에 무엇이 효율적으로 사용될 수 있는지를 파악해 적절한 위치 입력 장치를 선택해야 한다.

3.1 처리 후 문자 입력 장치

PC에서 가장 많이 사용되는 대표적인 처리 후 문자 입력 장치post-recognition character input device는 키보드이다. 키보드는 문자의 배열에 따라 쿼티QWERTY 키보드와 드보락DVORAK 키보드로 나누어진다. 쿼티 키보드는 컴퓨터가 만들어지기 훨씬 전에 타자기를 위해 고안된 키보드로, 숫자열 바로 밑에 있는 문자들이 왼쪽부터 QWERTY순으로 이어지기 때문에 그렇게 이름이 붙여졌다. 이렇게 문자열을 배치한 이유는 기계식 타자기의 경우 타자를 빨리 칠 때 글자를 물고 있는 장치가 엉키는 것을 방지하기 위해 S나 H처럼 자주 같이 사용하는 글자들을 가능한 한 멀리 떨어뜨려 놓았기 때문이다. 그러나 쿼티 키보드에는 여러 문제가 있다. 대부분의 사람들이 오른손잡이임에도 쿼티 키보드로는 왼손을 이용해 더 많은 작업을 하게 되어 있으며, 타자기의 엉킴을 최소화하려다 보니 사람들의 손이 필요 이상으로 펼쳐지게 되는 구조를 가지고 있다. 이러한 단점을 보완하고자 만들어진 키보드 가운데 하나가 드보락 키보드이다. 그러나 재미있는 것은 드보락 키보드가 쿼티 키보드보다 키 배열이 효율적이지만, 아직도 대부분의 키보드는 쿼티 키보드의 배열을 따르고 있다는 사실이다. 사용자 입장에서는 쿼티 키보드가 이미 친숙해진 상태에서 약간의 효율성 차이 때문에 새로운 키보드 배열을 익힐 동기가 없다는 것이다.

이와 비슷한 사례는 코드Chord 키보드에서도 볼 수 있다. 코드 키보드는 키의 조합을 통해 문자를 입력하는 키보드이다. A를 입력하고 싶다면 3과 5와 7을 동시에 누르는 방식으로 작동을 한다. 코드 키보드 역시 공간을 절약하고 키를 조작하는 거리를 줄인다는 장점이 있지만 드보락 키보드와 마찬가지로 배우기 힘들다는 이유 때문에 그리 널리 사용되지 않는다. 이는 시스템을 처음 사용할 때 친숙하고 배우기 쉽다는 것이 얼마나 큰 위력을 가지고 있는지 보여 주는 역사적인 사례라고 할 수 있겠다.

그림 6
쿼티 키보드와 드보락 키보드 그리고 코드 키보드

휴대전화에서의 대표적인 처리 후 문자 입력장치는 숫자 키를 이용한 입력 장치라고 할 수 있다. 그러나 숫자 키는 0을 포함해 모두 10개밖에 없으나 한글의 자음과 모음은 모두 24개이므로 숫자 키의 조합을 통해 문자를 입력할 수밖에 없다. 지금은 그림 7에서 보여 주는 것처럼 천지인 방식, ez 한글, 한글 통일 등 다양한 방식이 있다. 그중 가장 많이 사용되는 것은 천지인 방식으로, [I], [.], [_]의 세 가지 모음을 조합하는 방식으로 한글을 표현한다. 한글의 특성을 살린 휴대전화 입력 방식은 이 밖에도 거의 수백 가지에 달할 정도로 다양하다. 이러한 방식들은 천지인 방식보다 효율적으로 휴대전화에서 한글 문자를 입력할 수 있도록 도와준다. 그러나 앞의 경우와 마찬가지로 조금 비효율적이지만 천지인 방식이 압도적으로 많이 사용되고 있다. 사용자 입장에서 이미 친숙해 사용하기 편리한 입력 방식이기 때문이다. 새로운 입력 장치를 개발할 때 기계적인 효율성보다 사용자가 느끼는 편리성과 친숙성이 더 강력한 영향을 미친다는 것을 다시 한 번 입증한 사례이다.

그림 7
휴대전화의 한글 입력 방식

　　　　휴대전화는 작은 기기에 글자를 입력해야 하기 때문에 새로운 처리 후 문자 입력 방식에 대한 요구가 많고, 이를 반영해 여러 방식이 제시되고 있다. 그 가운데 하나로 그림 8의 세 가지 사진에서 보여지는 T9을 들 수 있다. T9은 새로운 형식의 영문 문자 입력 시스템으로, 원하는 알파벳을 입력하기 위해 한 버튼을 여러 번 눌러 그 알파벳을 찾아야 했던 기존 입력 방식과 달리 그냥 그 알파벳이 속해 있는 버튼을 누르기만 하면 자동으로 시스템이 사용자가 원하는 단어가 무엇인지 예측해 그 단어를 보여 준다. 예를 들어, ROAD를 입력하기 위해 순서대로 7, 6, 2, 3을 누르면 PMAD가 되지만, 그러한 단어는 영어에 없기 때문에 자동으로 ROAD로 변환시키는 것이다. 이 외에도 휴대전화 단말기에 추가적으로 키보드를 부착해 '처리 후 문자 입력'을 하는 경우도 있다. 예를 들어, 휴대하기 쉽도록 일반 키보드의 절반 크기가 유용하게 쓰일 수 있다. 말아서 가지고 다닐 수 있는 키보드도 있다. 이러한 장치들은 휴대전화의 숫자 키보다는 다양한 옵션을 제공할 수 있으나, 휴대전화가 가진 가장 큰 가치인 이동성을 저해하기 때문에 특수한 용도 이외에는 널리 사용되기 어려울 것으로 예상된다. 앞의 1장에서도 이야기했지만, 단순하게 사용하기 쉽다는 것만으로는 유용한 시스템이 되기 어렵다. 적어도 시스템이 제공하는 핵심 가치가 방해받지 않아야 사용자에게 인정받을 수 있는 것이

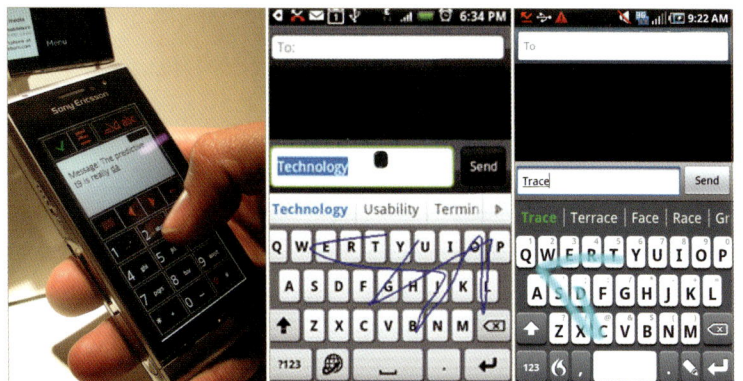

그림 8
휴대전화에서의 처리 후 입력 장치

다. 휴대전화의 핵심 가치는 이동성에 있다. 처리 후 입력 장치가 그 핵심 가치를 심각하게 저해할 경우에는 널리 사용되기 힘든 것이 당연하다.

TV의 문자 입력 장치로 많이 사용되는 것은 그림 9의 무선 키보드이다. TV용으로 특수하게 제작된 키보드는 채널을 변경할 수 있는 장치가 부가적으로 탑재된 경우가 많다. 그러나 한국에서는 보통 TV가 놓여 있는 곳이 거실이기 때문에 거실에는 무선 키보드를 놓아둘 만한 곳이 없는 경우가 많다. 따라서 IPTV가 한국에서 성공하기 위해서는 이에 적합한 문자 입력 장치를 개발하는 것이 시급하다. 그런 시도 가운데 하나로 TV Compass라는 리모컨을 생각해 볼 수 있다. 이 리모컨은 마치 컴퓨터처럼 윈도CE라는 운영체제를 사용하고 있으며, 320×240의 LCD를 내장하고 있어 문자를 입력할 수 있다. 거실에서는 무선 키보드보다 확장형 리모컨이 더 적합할 수 있다. 다만 제한된 리모컨의 입력 장치를 가지고 얼마나 쉽고 편리하게 문자를 입력할 수 있는지를 고려해야 할 것이다.

최근 처리 후 문자 입력 장치는 이동성과 지능성을 추구하는 방향으로 진화하고 있다. 예를 들어 모션 캡처 기술을 사용한 키보드는 본체와 연결되어 있지 않더라도 어디서든 공간만 있으면 문자를 입력할 수 있도록 도와준다. 또한 T9이

그림 9
TV를 위한 처리 후 입력 장치: 무선 키보드와 리모트컨트롤

나 TV compass 리모컨은 사용자의 행태를 분석해 그들이 원하는 것을 미리 예측하거나 실수한 것을 지적하는 등 지능형 입력 장치로 진화하고 있다.

3.2 처리 전 문자 입력 장치

대표적인 처리 전 문자 입력 장치 pre-recognition character input device 는 스캐너이다. 스캐너는 문자뿐만 아니라 그림이나 표를 입력할 때도 사용되기는 하지만 문자를 입력하는 경우 입력된 이미지를 바탕으로 PC에서 해당 단어를 하나하나 찾아내는 인식 과정이 수반된다. 이때 인식 과정을 수행하는 소프트웨어는 스캐너와는 별도로, 국내에서는 번역 프로그램과 함께 제공되는 경우가 많다. 이때 프로그램이 얼마나 많은 단어를 보유하고 있으며, 인식 프로그램을 지원하는 통계 작업의 정확성에 따라 인식의 정확도가 정해진다. 특히 명함을 주고받는 문화가 발달되어 있는 우리나라에서는 그림 10의 왼쪽과 같이 명함 전문 인식 스캐너와 프로그램이 출시되어 있다. 이는 스캐너의 다양한 기능을 사용할 수는 없지만, 명함 관리라는 특정 업무를 수행할 수 있다는 점에서 컴퓨터와 함께 공존하는 디지털기기의 좋은 사례라고 할 수 있다.

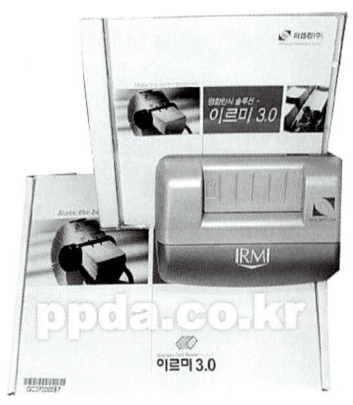
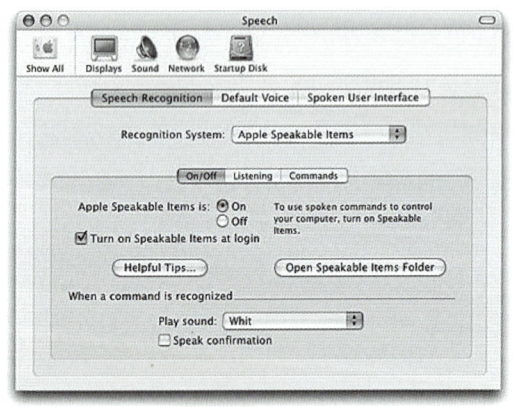

그림 10
PC에서의 처리 전 문자 입력 장치의 사례: 명함 인식기와 음성 인식 프로그램

PC에서 자주 사용되는 처리 전 입력 장치로 음성 인식 장치가 있다. 그림 10의 오른쪽은 애플의 OS X에서 제공하는 음성 인식 화면으로, 이를 이용하면 말을 통해 현재 시각과 날씨 등을 묻고 대답을 들을 수 있고 스프레드시트에 숫자를 입력할 수 있다. 아이폰에서도 비슷한 원리로 시리 SIRI 라는 음성 기반 상호작용 기술을 선보였다. 음성 인식에서 중요한 것은 말하는 사람과 장치의 관계이다. 특별한 훈련 없이 장치가 사람의 음성을 인식할 수 있는지, 그렇지 않은지가 중요한 것이다. 또한 소음이 많은 상황에서 장치를 사용할 수 있는지 역시 중요한 부

분이라고 할 수 있다.

과거에 일반적으로 PDA에서 많이 사용한 처리 전 문자 입력 장치는 스타일러스펜을 이용한 그래피티graffiti라고 할 수 있다. 그러나 비록 그래피티를 통한 한글 인식을 전문적으로 하는 제품이 많이 출시되었지만, 아직까지는 타이핑에 비해 그래피티는 정확성 측면에서 보완할 점이 많다. 반면 카메라가 내장된 휴대 전화가 보편화되면서 이를 이용해 명함을 인식하는 장치도 등장하고 있다. 그림 11은 카메라폰을 이용해 명함이나 문서를 찍어 서버로 전송하면 서버에 있는 문자 인식 프로그램이 문자를 인식하고 주소록에 넣어 주는 스캔 서비스이다.

TV를 위한 처리 전 문자 입력 장치는 현재 많이 보급되어 있지는 않다. TV를 사용하는 공간이 일반적으로 소음이 많고, 시각적인 인식 장치를 놓아둘 만한 환경이 아니기 때문이다. 그러나 IPTV가 도입되면서 '처리 전 문자 입력'에 대한 필요성이 높아지고 있는 가운데 최근 음성 인식을 통해 IPTV를 조종하는 기술이 등장했다. 사용자가 원하는 영화와 드라마의 제목, 출연자 이름, 장르 등을 말하면 해당 콘텐츠를 검색하는 음성 인식 IPTV 시스템이다. 이는 음성 인식 소프트웨어가 IPTV와 연결된 셋톱 박스에 내장되어 있어 리모컨에 장착된 마이크를 통해 음성을 입력할 수도 있도록 했다.

그림 11
휴대전화에서의 시각적 인식 장치의 사례: PDF 인식 장치

최근 처리 전 문자 입력 장치는 전문화되고 모바일화되고 있다. 명함 인식과 같이 특정 업무에 특화되거나 스마트폰과 스마트 리모컨의 등장으로 음성 인식이나 그림 인식 기능이 모바일 기기로 이동하는 것이다. 대표적인 사례로 애플 아이폰의 시리를 들 수 있다.

3.3 간접 위치 입력 장치

간접 위치 입력 장치indirect positioning device는 입력 장치가 움직일 수 있는 공간에 따라 다시 2차원 장치와 3차원 장치로 나누어진다. 2차원 장치는 가로축과 세로축만으로 움직일 수 있는 반면, 3차원 장치는 그 외에 깊이 축으로도 움직일 수 있는 기능을 가지고 있다.

대표적인 2차원 간접 위치 입력 장치는 마우스이다. 마우스의 움직임은 마우스가 놓여 있는 공간 위에서 이루어지지만, 이 움직임은 화면에 보여지기 때문에 마우스는 움직이는 장소와 입력되는 장소가 다른 간접적인 위치 입력 장치라고 볼 수 있다. 최근에는 다양한 부가 기능이 추가된 마우스가 등장하고 있다. 여러 버튼을 장착한 지능형 마우스가 있는가 하면, 긴 문서를 읽기에 편리한 휠 마우스와 기계 장치 대신에 광학 장치로 좌표의 움직임을 계산하는 광학 마우스나 무선 마우스가 있다. 그중 휠 마우스는 기존의 마우스의 약점을 효과적으로 보강한 제품이다. 마우스를 이용해 긴 문서를 읽기 위해서는 스크롤바까지 마우스를 이동해 원하는 방향으로 마우스를 계속 움직여야 했기 때문이다. 그래서 혹자는 휠 마우스야말로 1968년에 처음 마우스가 개발된 이후의 HCI 역사에서 가장 획기적인 발전이라고 칭한다. 이 또한 편의성이 간단하지만 혁신적인 시스템을 제안할 수 있는 기본이 된다는 것을 제시한 사례라고 볼 수 있다.

최근에는 다양한 간접 위치 입력 장치들이 있다. 특히 노트북에서는 트랙포인트, 트랙볼, 터치패드 등의 장치가 사용된다. 게임기의 컨트롤러나 조이스틱 등도 간접적으로 2차원 위치 정보를 입력할 수 있는 장치이다. 또 마우스에 LCD 모니터가 탑재된 최첨단 마우스가 등장하기도 했다.

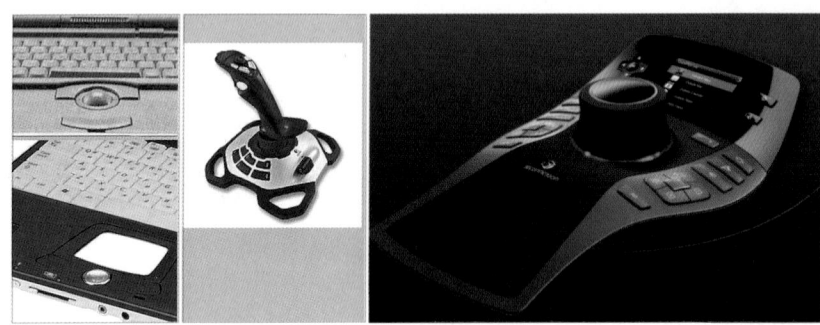

그림 12
PC에서의 2차원 간접 위치 입력 장치

휴대전화의 간접 위치 입력 장치로 소프트키를 들 수 있다. 소프트키는 주로 휴대전화 중앙에 위치하며 화면의 커서를 상하좌우로 움직이는 데 사용한다. 이는 마우스와는 달리 정해진 경로로만 움직인다는 제한이 있으며, 이러한 점 때문에 휴대전화로 인터넷을 하는 과정이 어려워진다. 이를 해결하기 위한 방법 가운데 하나가 글라이드 센서이다. 이 센서에는 1부터 9까지의 영역에 노트북의 터치패드가 장착되어 있어 인터넷 검색이나 문서 스크롤뿐만 아니라 모든 휴대전화 메뉴에서도 동작한다. 이러한 방식은 비록 제한적이긴 하지만 휴대전화에서 스크롤을 도와줄 수 있다는 장점을 지닌다.

TV에서 대표적으로 사용되는 위치 입력 장치는 리모컨이다. 그림 14는 리모컨은 미국의 MSN TV(과거 Web TV)를 위해 RCA에서 제작한 양방향 리모컨이다. 그림 오른쪽은 IPTV에 사용되는 트랙볼 리모컨으로 기존의 단순 버튼 나열식 리모컨에서 벗어나 마우스에 적용되는 볼을 리모콘에 적용함으로써 리모컨으로 브라우징과 트래킹을 좀 더 쉽게 할 수 있다. 일반적으로 리모컨은 매우 간단한 동

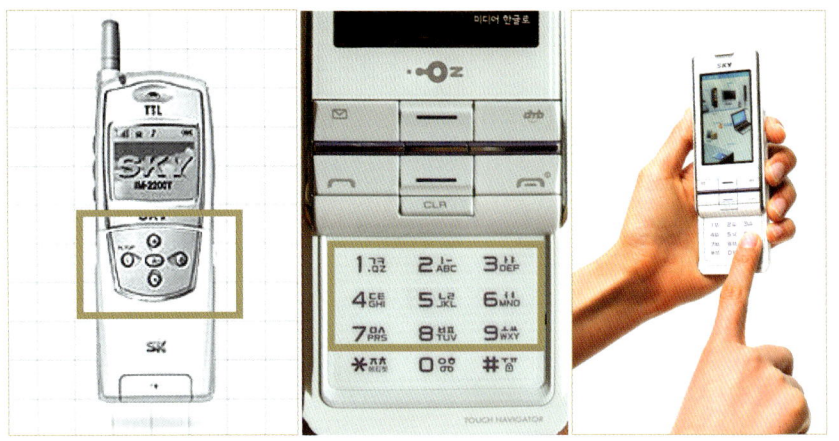

그림 13
휴대전화에서의 2차원 간접 위치 입력 장치

작을 주로 수행해 왔다. 반면 멀리 떨어진 자리에서 TV 화면의 특정 위치를 직접 가리키는 것과 같은 일은 매우 수행하기 어려운 일이다. 따라서 화면의 특정 지점을 직접 입력하는 방식보다는 미리 지정된 부분을 순차적으로 이동하는 간접 이동 방식을 주로 사용하는 것이 일반적이다. 이러한 방식은 선택할 대안이 많지 않은 경우에는 사용할 수 있지만 인터넷 홈페이지처럼 한 페이지에 선택할 대안이 많은 경우에는 부적절하다. 따라서 IPTV가 널리 활용되려면 이에 적절한 위치 입력 장치가 제공되는 것이 선결과제이다.

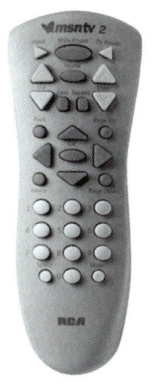 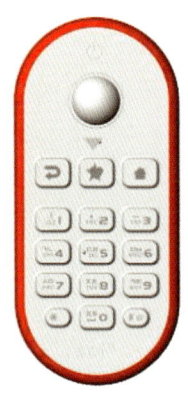

간접적으로 3차원 위치를 입력할 수 있는 장치 가운데 3D마우스를 예로 들 수 있다. 3D마우스는 조작하고자 하는 대상의 위치를 설정하는 것이 아니라 자신의 손에 있는 마우스로 조작하기 때문에 간접적인 입력 방식이기는 하지만 기존의 마우스와는 달리 여섯 개의 방향으로 3차원 위치를 지정하고 이동할 수 있다는 장점을 가지고 있다. 이러한 마우스들은 특히 구글 어스Google Earth나 세컨드 라이프Second Life 등과 같은 3D프로그램에서 유용하게 사용될 수 있다.

그림 14
TV에서의 2차원 간접 위치 입력 장치

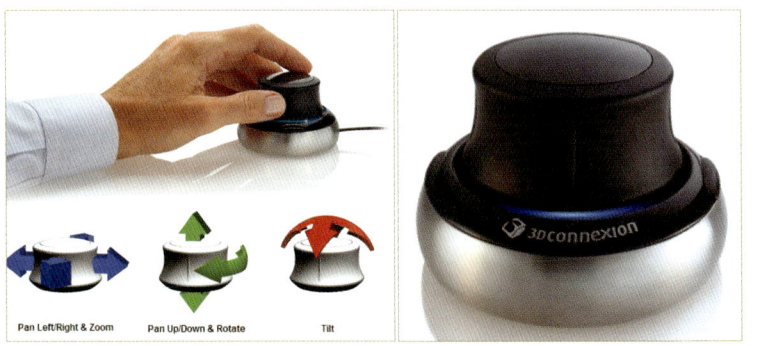

그림 15
3차원 간접 위치 입력 장치

간접 위치 장치는 실제 위치와 다른 위치에서 정확한 지점을 지정을 하는 것이기 때문에 사용자가 3차원 공간 속에서 현재 위치와 실제 위치를 쉽게 맵핑할 수 있게 하고, 원하는 위치로 쉽게 이동할 수 있는 방법을 제시해야 한다.

3.4 직접 위치 입력 장치

직접 위치 입력 장치 direct positioning input device 역시 2차원 입력 장치와 3차원 입력 장치로 나누어진다. PC에서 대표적인 2차원 직접 위치 입력 장치는 아이패드나 갤럭시탭과 같은 태블릿PC Tablet PC에 탑재되어 있는 터치스크린 Touch-sensitive screen이라고 할 수 있겠다. 터치스크린은 사용자가 원하는 위치를 스크린상에서 직접 지정할 수 있다는 장점을 지닌다. 또한 터치스크린을 탑재한 태블릿PC는 사용자의 손으로 마우스나 키보드로 수행하던 작업을 할 수 있게 해 준다. 물론 사용자가 원하는 경우 마우스나 키보드를 사용할 수도 있다. 태블릿PC이외에도 종래에 사용되었던 터치펜이나 디지타이징 태블릿 digitizing tablet 같은 장치들도 2차원 직접 입력 장치라고 할 수 있다.

휴대전화에 일반적으로 제공되는 직접 위치 입력 장치로 스타일러스펜을 들 수 있다. 스타일러스펜은 휴대전화 화면에 나타나는 이미지의 위치로 직접 이동할 수 있다는 점에서 PDA를 위한 가장 대표적인 위치 입력 장치였다. 그러나 스마트폰이 등장하면서 대부분의 직접 위치 입력 장치는 터치패드로 전환되었다. 특히 아이폰에서 채용하고 있는 멀티 포인트 방식의 직접 위치 입력 장치는 사용자가 스타일러스펜을 들고 다니지 않아도 언제든 훨씬 다양한 방법으로 2차원 직접 위치를 입력할 수 있게 했다. 그전까지는 휴대전화에서 직접 위치를 입력한다는 것이 번거롭고 불편하다는 것이 정설이었다. 그러나 아이폰은 일반 휴대전화 사용자가 가장 불편해하는 위치 입력을 쉽게 할 수 있도록 도와주었다. 사용자가 불편하게 생각하는 컴포넌트인 위치 입력 장치를 편리하게 하는 것이 제품의 성공이나 실패에 큰 영향을 미칠 수 있다는 것을 명백하게 보여 준 것이다.

직접 위치 입력 장치 중에는 3차원 정보를 입력하는 장치도 있다. 그중 대표적인 것은 아이트랙커 Eye tracker 이다. 아이트랙커는 그림 16에서처럼 머리에 쓰는 장치도 있고, 외부 장치 없이 사람의 눈동자의 움직임만으로 추적하는 장치도 있다. 이 장치는 일반적으로 마우스보다 훨씬 더 자연스럽고 빠르게 사용할 수 있는 것으로 알려졌으며, 특히 큰 화면이나 가상 현실 프로그램 등을 이용할 때 그 효과가 큰 것으로 밝혀졌다. 다만 아직까지는 가격이 비싸기 때문에 일반 사용자가 사용하기에는 부담스러우며, 장기간 사용하면 눈에 피로가 쌓여 원하는 효과를 보기 어렵다는 단점이 있다. 그러나 아이트래커는 앞으로 HCI에서 사용자의 행태를 분석하는 데 아주 유용한 역할을 할 것으로 보인다. 사람들이 해당 시스템을 사용하면서 어떠한 것에 관심이 있는지 실시간으로 정확하게 알려 주기 때문이다. 이외에도 데이터 장갑을 예로 들 수 있다. 데이터 장갑은 영화 〈마이너리티 리포트〉에 등장해 관심을 모은 기술이기도 하다.

휴대전화에서 작동하는 직접 위치 입력 장치 가운데 각광을 받고 있는 입력 도구로 카메라를 들 수 있다. 특히 휴대전화에 탑재된 카메라를 통해 증강 현실을 구현하는 것이 보편화되고 있다. 예를 들어, 안드로이드폰에서 동작하는 모바일 증강현실 시스템은 카메라와 GPS, 자이로센서 등 스마트폰에 내장된 기능을 통합적으로 활용해 현실에서 정보를 얻고, 그 정보를 화면에 뿌려 준다. 프로그램을 실행하면 카메라에 입력되는 영상을 인식해 인식된 대상이 어떠한 특성을 지니고 있으며, 추가적인 정보를 얻기 위해서는 어떠한 행동을 해야 하는지 알 수 있다.

TV를 위한 3차원 직접 입력 장치는 그리 많지 않다. 그러나 최근 TV가 게임기 모니터로 활용되면서 과거에 비해 직접성이 높은 3차원 입력 장치가 등장하고 있다. 닌텐도 Wii나 마이크로소프트의 키넥트는 3차원상에서 직접적으로 위치를 입력하는 기술을 통해 지금까지 할 수 없었던 새로운 형태의 게임을 경험할 수 있게 한다.

직접 위치 입력 장치는 사용자가 원하는 위치를 직접 지정할 수 있게 한다는 점에서 간접 위치 입력 장치에 비해 인지적인 노력이 적게 든다는 장점이 있다. 이러한 장점을 활용해 게임기나 휴대전화에 직접 위치 입력 장치를 탑재하는 사례가 보편화되고 있다. 그리고 과거에는 직접 위치 입력을 위해 별도의 기기를 활용해야 했다면 이제는 휴대전화의 터치패드나 마이크로소프트의 키넥트와 같이 별도의 기기 없이도 사용자의 신체의 일부분만을 이용해 위치를 입력할 수 있는 방향으로 발전하고 있다.

4. 출력 장치

컴퓨터가 가지고 있는 출력 장치는 크게 시각 장치, 청각 장치, 촉각 장치로 나눌 수 있다. 미각과 후각을 다루는 출력 장치도 있지만, 아직까지는 실용화 단계가 아니기 때문에 여기에서는 다루지 않는다.

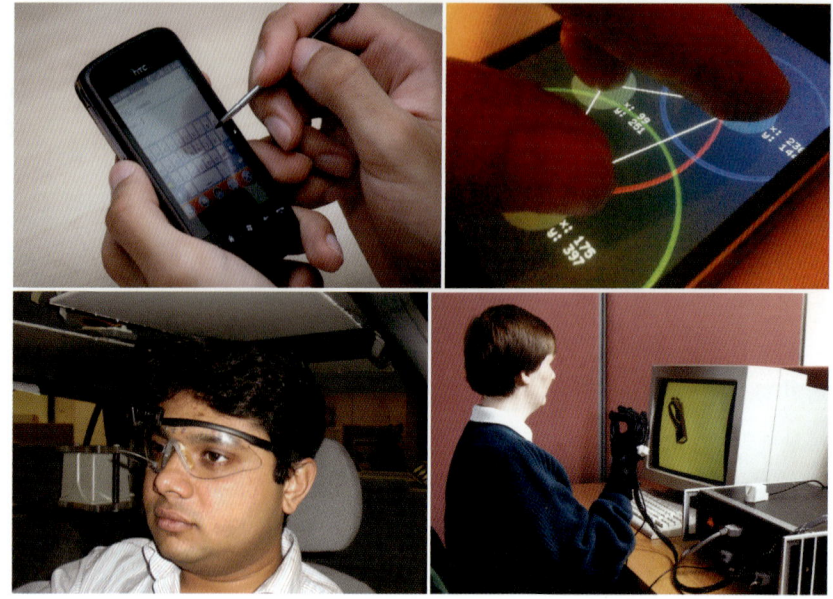

그림 16
스타일러스펜과 터치패드(위)
아이트래커와
데이터 장갑(아래)

4.1 시각적 출력 장치

시각적 출력 장치^{visual output device}는 출력 대상에 따라 2차원 공간과 3차원 공간으로 나누어진다. 대표적인 2차원 시각적 출력 장치로 CRT^{cathode ray tube} 모니터와 LCD^{liquid crystal display} 모니터, LED^{light emitting diode} 모니터를 들 수 있다. CRT 모니터는 화면 뒤 전자총에서 쏜 광선이 화면에 있는 입자들을 활성화시킴으로써 색을 표현하는 반면, LCD 모니터는 두 개의 유리 패널 사이에 액정수정을 마치 샌드위치처럼 배치하고 여기에 전기 자극을 가해 작동된다. LED 백라이트를 채용한 LED 모니터는 LCD와 비슷하지만 LCD보다 수명이 오래가고 전기 소모가 적다.

LCD 모니터, CRT 모니터, LED 모니터 모두 공통적으로 HCI에서 중요하게 여겨지는 요소가 네 가지 있다. 첫째, 화면의 크기^{size}이다. 화면의 크기는 적게는 8인치부터 40인치까지 매우 다양하다. 최근에는 화면 면적당 가격이 점점 떨어지는 상황에서 화면의 크기가 점점 커지고 있다. 일반 사용자가 사용하는 화면의 크기가 중요한 이유는 그에 따라 실제 제품의 크기가 결정되기 때문이다. 둘째, 화면의 해상도^{resolution}이다. 이는 화면상에 보여 줄 수 있는 화소의 수를 의미하는 것으로, VGA급은 640×480, SVGA급은 800×600, XGA급은 1024×768, 나가 SXGA급은 1280×1024, 그리고 UXGA급은 1600×1200개의 화소가 있다. 일반적으로 동일한 화면의 크기에서 해상도가 커질수록 더 많은 내용을 볼 수 있는 반면에 내용의 크기가 작아진다. 14인치 화면에서는 UXGA급으로 보면 글자가 너무 작아 보인다. 화소는 화소와 화소 간의 거리인 도트피치dot pitch가 작을수록 일정한 화면에 더 많이 배열할 수 있다. 그러나 도트피치를 좁히기 위해서는 일반적으로 빠른 그래픽 처리 장치와 대용량 그래픽 메모리가 필요하기 때문에 그만큼 많은 비용이 든다. 셋째, 색품질color depth이다. 이는 화소 하나가 색을 표현하기 위해 얼마나 많은 비트를 가지고 있는지에 의해 결정된다. 일반적으로 흑백은 비트 하나만으로 표현할 수 있는 반면, 사람들이 인식할 수 있는 모든 색상을 표현하기 위해서는 24개의 비트가 필요하다. 따라서 보통 24비트를 가리켜 경우를 트루 컬러true color라고 한다. 넷째, 시각viewing angle이다. 시각은 얼마나 다양한 각도에서 화면에 있는 정보를 볼 수 있는지 결정한다. CRT 모니터에서는 거의 180도의 각도에서 보더라도 정확하게 보이지만 LCD 모니터에서는 옆에서 보게 되면 화면이 반전되어 보이거나 보이지 않는 경우가 생긴다.

일반적으로 LCD 모니터는 CRT와 비교해 밝은 화면, 섬세한 표현, 적은 전력 소모 등의 장점과 좁은 시야각, 약한 색의 대비 등의 단점이 있다. 그러나 최근에는 LCD 모니터의 장점이 단점을 충분히 보완할 수 있기 때문에 대부분의 모니터가 LCD나 전력 사용이 더 적은 LED로 바뀌고 있다. 그러나 LCD와 LED는 고정된 상황에서 제한된 면적의 정보만 보여 줄 수 있다는 단점이 있다. 이러한 단점을 극복하기 위해 그림 17과 같이 여러 형태의 출력 장치가 등장하고 있다. 이 장치들은 주로 이동성과 확장성을 높이는 방향으로 진화하고 있다.

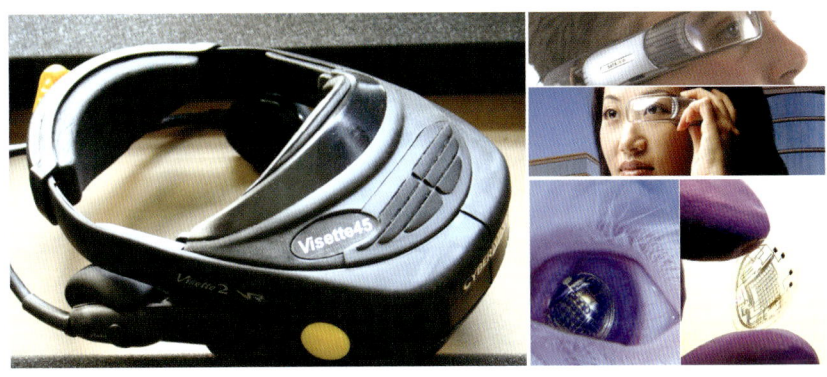

그림 17
PC에서 이동성과 확장성을 강조하는 다양한 시각적 출력 장치

휴대전화의 시각적 출력 장치는 LCD이다. 특히 이동 시의 편리함이 중요한 가치이기 때문에 출력 장치를 일정 크기 이상 키울 수 없다는 제한이 있다. 따라서 휴대전화 설계 시 가장 중요한 부분은 작은 화면에 적합한 서비스를 제공하는 것이다. 모바일 게임 부분에서 각광받고 있는 고스톱 게임의 경우 실제 화투의 크기와 휴대전화 출력 장치의 크기가 비슷하기 때문에 큰 화면이 필요하지 않다. 휴대전화는 또한 화면 크기는 그대로 유지하면서 해상도와 색품질을 향상시

그림 18
휴대전화에서의 시각적 출력 장치: 아몰레드와 기존 디스플레이

키는 방향으로 진화하고 있다. 대표적인 예가 그림 18의 아몰레드 디스플레이이다. 훨씬 선명한 색품질과 풍부한 색감을 제공하기 때문에 '보여 주는 휴대전화'라는 별명이 붙여지기도 했다.

TV는 시각적인 오락 정보를 많이 제공하기 때문에 시각적 출력 장치 또한 일반 브라운관 TV에서 프로젝션 TV, 최근의 3D TV까지 매우 다양하다. TV의 출력 장치에는 PC의 출력 장치와 마찬가지로 중요한 요소가 몇 가지 있다. 가장 중요한 것은 실제 크기이다. TV의 크기는 10인치 미만에서 80인치 이상까지 매우 다양하다. 그러나 디지털 TV가 등장하면서 물리적인 화면의 크기보다 화면의 해상도에 대한 관심이 더 커지고 잇다. 얼핏 생각하기에는 TV가 PC의 화면에 비해 해상도가 더 높다고 생각하기 쉽지만, 실제로는 아날로그 TV는 가장 낮은 해상도의 PC 모니터보다도 낮은 해상도를 가지고 있다. 따라서 PC 화면을 보다가 TV 화면을 보면 거친 느낌을 받는다. 그러나 최근 제작되는 HDTV는 화소수가 대폭 늘어났다. 기존의 아날로그 TV와 HD TV의 차이는 그림 19의 왼쪽 화면을 보면 확연하게 알 수 있다. HDTV 화면에 비해 아날로그 TV의 화면은 무디게 보인다. 따라서 크기가 동일하더라도 해상도가 높을수록 한 화면에 많은 정보를 제공할 수 있다. 그러나 TV가 일반적으로 놓여 있는 장소는 거실의 한쪽이고 사람들은 그 반대편에서 TV를 시청하기 때문에 PC에 비해 훨씬 더 긴 거리가 TV와 시청자 사이에 있다. 또한 사람들이 일반적으로 TV를 보는 자세가 정자세가 아니라 비스듬히 기대거나 누워서 보는 경우도 많기 때문에 너무 화소수를 높이면 해당 정보를 읽기가 어려운 경우가 발생한다. 따라서 TV의 경우 비록 물리적인 화면의 크기는 PC의 모니터보다 크다고 할지라도 한 화면에 보여질 수 있는 정보의 양은 상대적으로 적다.

3D디스플레이의 발전도 TV의 시각적 출력 장치의 대표적인 변화라고 할 수 있다. 사용자의 두 눈에 보이는 화면의 차이를 이용해 입체감을 느끼게 하는

그림 19
TV에서의 시각적 출력 장치: HD TV와 3D디스플레이

3D디스플레이는 영화, 교육, 스포츠, 의료 등 다양한 분야에서 발전될 전망이다. 연세대학교 HCI Lab에서 진행한 프로젝트 결과에 따르면, 3D디스플레이는 사람들에게 화면에서 제공하는 정보를 사실적으로 느끼게 할 뿐만 아니라 동시에 환상적으로 느끼게 하는 것으로 밝혀졌다. 또한 3D디스플레이는 TV를 볼 때 수동적인 사람들을 능동적으로 움직이게 하는 경향이 있는 것으로 밝혀졌다. 이 차이점을 통해 일반 TV로는 경험하지 못한 새로운 경험을 3D디스플레이 TV가 제공할 수 있을 것이다.

결론적으로 시각적 출력 장치는 가장 기본적인 출력 장치이기 때문에 앞으로도 지속적으로 발전해 갈 것이다. 특히 동일한 크기에서 색품질과 해상도를 높이고, 3D디스플레이를 통해 입체감을 전달하는 방향으로 발전될 전망이다.

4.2 청각적 출력 장치

청각적 출력 장치 auditory output device는 앞에서 보았던 다양한 시각적 출력 장치에 비해 상대적으로 빈약하다. 이는 바꾸어 생각하면 청각적 출력 장치를 좀 더 적극적으로 이용하는 제품이나 서비스가 필요하다는 뜻이기도 하다. PC에서 일반적인 청각적 출력 장치는 사운드카드이다. 사운드카드는 음악회장이나 운동장에 있는 것 같은 느낌을 주는 DSP Digital Signal Processor와 디지털 신호를 사람들이 들을 수 있는 아날로그 신호로 변환하거나 여러 음악 기기를 연결할 수 있는 MIDI Musical Instrument Digital Interface, 디지털 출력을 할 수 있는 DAT Digital Audio Tape를 포함한다.

그림 20
PC에서의 청각적 출력 장치:
사운드카드

휴대전화에서 중요했던 청각적 출력 장치는 멜로디칩이다. 휴대전화에는 4폴리에서부터 16폴리, 64폴리, 원음 재생 폴리까지 다양한 멜로디칩이 탑재되어 있었다. 과거에 이 폴리의 수가 중요했던 이유는 휴대전화의 벨소리가 용량 문제로 MIDI 파일로 저장되어 있어서 폴리가 높을수록 더 화려한 음악을 벨소리로 사용할 수 있었기 때문이다. 그러나 요즘의 휴대전화는 저장 용량이나 처리 속도도 좋아지고 MP3와 같은 실제 음악 데이터 파일들을 벨소리 등으로 사용하고 있기 때문에 MIDI 음악을 벨소리로 쓰는 경우는 거의 없다. 따라서 '폴리 수'의 중요성은 그만큼 줄어 들었다. 또한 과거에 대부분의 TV는 하나 또는 두 개의 스피커로 모든 청각 정보를 출력해 왔다. 그러나 홈시어터가 유행하면서 TV의 청각적 출력 장치는 날로 발전하고 있다. 최근에 개발되는 TV는 사람들에게 어떻게 하면 사실적인 음향을 제공할 것인지에 초점을 맞추고 있다. 이와 관련된 기술을 서라운드 사운드 시스템surround sound system이라고 한다. 가장 기본적인 서라운드 시스템은 세 개의 채널을 갖는 것으로 왼쪽과 오른쪽, 그리고 뒤에 각 스피커를 구성하는 형식이며, 이를 가리켜 돌비 서라운드 사운드dolby surround sound라고 한다. 여기에 전면 중앙과 후면에 스피커를 하나씩 더 추가한 시스템이 돌비 프로 로직dolby pro logic이다. 돌비 프로 로직은 케이블 회사나 일반 공중파 방송, 비디오 테이프 등에서 일반적으로 사용하는 시스템이다. 여기에 저음을 보강하는 서브 우퍼와 스테레오 스피커를 별도의 채널로 사용하는 것이 돌비 디지털dolby digital이다. 돌비 디지털은 DVD나 위성 방송에서 많이 사용되는 시스템으로 지금은 그 사용이 제한되어 있지만, 앞으로 활성화될 것으로 예상된다. 여기서 한 걸음 더 진보한 서라운드 시스템이 돌비 디지털 EXdolby digital EX 또는 DTSdigital theater sound ES 시스템이다.

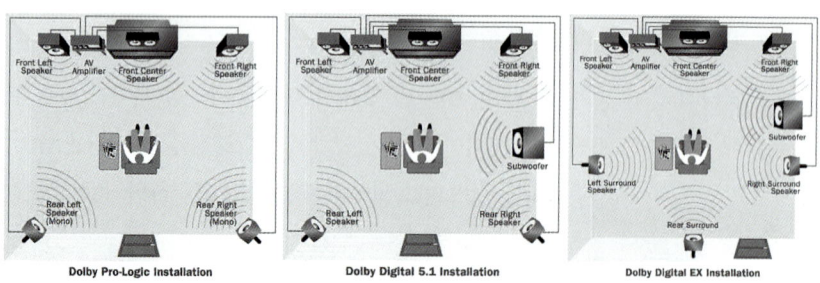

그림 21
TV에서의 청각적 출력 장치:
서라운드 시스템

시각 정보의 경우 이미 더 이상 사용할 수 없을 정도로 과도한 정보가 사용자에게 제공되는 반면, 청각 정보는 아직까지도 사용하지 않는 부분이 많기 때문에 진보된 청각적 출력 장치를 통해 보다 나은 형태의 상호작용이 가능한 제품이나 서비스를 개발하는 것이 좋은 전략일 것이다.

4.3 촉각적 출력 장치

PC에서 촉각을 이용한 출력 장치는 사용 빈도가 매우 적으며 아직까지는 특수한 용도로만 사용된다. 촉각적 출력 장치tactile output device로 시각장애인을 위해 문자 정보를 점자와 비슷한 코드로 출력하는 점자 표시기와 게임에서 사용되는 진동 자켓과 각종 총기의 느낌을 간접적으로 체험할 수 있는 게임 컨트롤러가 있다.

촉각적 출력 장치는 PC에서 매우 제한된 형태로 사용되는 반면, 휴대전화 같은 휴대용 기기에서는 폭발적인 인기를 누리고 있다. 터치폰이나 햅틱폰이라고 하는 휴대전화 대부분이 촉각적 출력 장치를 집중적으로 활용하고 있다. 햅틱은 촉감을 이용해 기기를 제어하는 기술인데, 전자기기를 다룰 때에 실제로 특정 물체를 만지는 듯한 느낌을 준다. 햅틱 기술의 핵심은 진동이다. 진폭과 주파수, 전달 시간 등을 바꾸어 가면서 다양한 진동 패턴을 만들어 실제로 다양한 물체를 만지는 듯한 느낌을 준다. 터치폰의 터치 스크린 밑에 작은 진동 모터가 달려 있어서 터치 스크린을 누르면 진동 모터가 작동하고 이때 발생한 진동은 피부를 통해 사용자에게 전달된다.

과거의 터치스크린은 진동 기능이 없어서 기기를 만지고 있다는 느낌을 받을 수 없었다. 그래서 문자 메시지를 많이 보내는 학생들이나 기기 사용에 익숙하지 않은 중장년층이 터치스크린을 사용할 때 오작동이 많았던 것이 사실이다. 햅틱 기술은 사용자에게 현실감과 정확성을 느끼게 하는 한편, 오작동 비율을 줄였다는 평가를 받고 있다. 이에 더해서 연세대학교 HCI Lab에서 수행한 촉각적 출력 장치에 대한 결과를 보면, 촉각 정보가 사람들에게 다양한 형태의 감성을 제공하는 것을 알 수 있었다. 따라서 진동 패턴을 조절함으로써 사람들에게 풍부한 감성을 제공할 수 있다는 점에서 휴대전화의 촉각적 출력 장치의 중요성이 높아질 전망이다.

PC와 마찬가지로 TV에서도 촉각적 출력 장치가 별로 적극적으로 활용되지 못하고 있다. 대표적인 활용 사례는 4D영화관에서 의자에 진동 센서를 부착해 관객들이 사실적으로 자극을 느낄 수 있게 하는 것이다. 점차 TV 화면이 커지고 입체감이 있는 청각 정보를 제공하는 서라운드 시스템을 갖추고 있기 때문에 차별화를 모색하기 위해 영화관에서는 촉각적 출력 장치를 적극적으로 활용하고 있다. 이러한 장치들은 일반 가정의 TV 좌석에도 적용될 가능성이 있다.

그림 22
PC에서의 촉각적 출력 장치(위)와 TV에서의 촉각적 출력 장치

촉각적 출력 장치도 청각적 출력 장치와 마찬가지로 지금까지는 별로 많이 사용되지 못했지만 앞으로는 그 사용이 기대되는 분야이다. 특히 휴대전화에서 촉각적 출력 장치를 활용한 사례는 사용자에게 색다른 경험을 제공하고 기존 출력 장치의 문제점을 해소한다면 상대적으로 활용 가능성이 낮은 PC나 TV 환경에서도 촉각적 출력 장치가 많이 활용될 수 있을 것이라는 시사점을 제시한다.

5. 네트워크 장치

네트워크 장치는 사용자 입장에서 보면 크게 무선 네트워크 장치와 유선 네트워크 장치로 나누어진다. 유선 네트워크 장치는 상대적으로 빠르고 안정적인 접속을 제공하고 넓은 대역폭을 제공한다는 장점과 점차 모든 기기들이 모바일화되는 상황에서 이동 가능성이 줄어든다는 단점을 가지고 있다. 반면 무선 네트워크는 유선 네트워크와는 반대로 이동 가능성이 높지만 동시에 상대적으로 비싼 비용과 좁은 대역폭을 제공한다는 단점이 있다. 그러나 앞으로 무선 네트워크의 대역폭과 안전성이 확장된다면 조만간 유선 네트워크 장치의 존재 자체가 위협받을 것으로 예상된다.

5.1 유선 네트워크 장치

PC 환경에서의 유선 네트워크는 모뎀, DSL, 케이블 모뎀, 그리고 LAN 등으로 나누어진다. PC를 위한 네트워크 장치 가운데 가장 오래된 것은 모뎀이다. 모뎀은 주로 전화선을 사용하며 음성 주파수와 비슷한 주파수로 정보를 주고받는다. 따라서 모뎀은 전화를 사용하는 중에는 사용할 수 없으며, 사용하는 주파수의 특성상 최대한 56Kbps 이상의 속도를 내기 어렵다. 인터넷의 정보가 점점 멀티미디어화되고 용량이 커지면서 국내에서 모뎀 사용량은 많이 줄었고 외국에서도 점차 줄어들 전망이다.

모뎀과 비슷하게 전화선을 사용하지만 전화선보다 더 빠른 네트워크를 제공하는 것이 DSL digital subscriber line 이다. DSL은 기존의 전화선을 사용하지만 사람의 음성 통화 주파수보다 훨씬 더 높은 대역을 사용하기 때문에 전화와 인터넷을 동시에 사용할 수 있다. 또한 집에서 인터넷으로 가는 신호는 낮고 좁은 대역에 배치하고 반대로 인터넷에서 집으로 오는 신호는 높고 넓은 대역에 배치했기 때문에 일반적으로 인터넷에서 정보를 받는 것이 올리는 것보다 빠르다는 특징이 있다. 또한 일반 DSL은 최대한 8Mbps의 속도로, VDSL은 52Mbps의 속도로 정보를 다운받을 수 있다는 장점이 있다. 그러나 DSL 속도는 전화국에서 얼마나 떨어져 있는지에 따라 많은 차이가 난다는 단점이 있다.

  DSL과 비슷한 장치가 케이블 모뎀이다. 케이블 모뎀은 전화선 대신에 케이블 TV선을 사용하지만, 그 원리는 DSL과 마찬가지로 TV의 비디오 시그널이 사용하지 않는 주파수(인터넷에 올라가는 정보는 5MHz 인터넷에서 내려오는 정보는 850MHz)를 활용해 인터넷을 사용할 수 있게 하는 것이다. 따라서 DSL이 전화통화와 인터넷을 동시에 할 수 있는 것과 마찬가지로 케이블 모뎀도 TV 시청과 인터넷을 동시에 할 수 있다. 이를 위해서는 가정에서는 케이블 모뎀이 있어야 하며, 케이블 회사에는 케이블 모뎀 터미네이션 시스템termination system이 있어야 한다. 한 시스템에서 접속되어 있는 사람들은 동일한 라인을 사용하게 되므로 동시에 접속한 사람들이 많을수록 속도가 떨어질 수밖에 없다는 단점이 있다. 반면 전화선을 이용하는 것이 아니기 때문에 전화국에서 멀리 떨어져 있어도 속도가 떨어지지 않는다는 장점이 있다.

  모뎀이나 DSL망이 주로 가정에서 사용된다면 직장이나 학교에서는 흔히 LANlocal area network이라고 하는 이더넷망이 사용된다. LAN은 이더넷 미디엄ethernet medium을 통해 여러 개의 컴퓨터와 주변기기를 연결하는 장치로 가장 큰 장점은 안정적이고 빠른 접속에 있다. 일반적으로 10/100Mbps는 물론 최근에 나온 Gigabit으로 연결되는 경우 더 빠른 속도로 인터넷에 접속할 수 있다는 장점이 있다. 이더넷의 단점은 두 기기를 연결하는 거리가 최대 500미터 이상을 넘을 수 없다는 것과 전달 과정에서 주위에 있는 다른 기기의 방해를 받는다는 것이다.

  TV에서 인터넷에 접속하는 장치는 PC와 거의 동일하다. MSN TV의 경우 모뎀에 연결된 전화선을 통해 인터넷에 접속한다. IPTV는 케이블 모뎀을 통해 인터넷에 접속한다. 마지막으로 위성 인터넷의 경우에는 인터넷에 전화 모뎀으로 접속하고, 인공위성 안테나를 통해 자료를 받는다.

  과거의 유선 네트워크 장치에 비해 최근 장치들은 대역폭이 더 늘어나 대용량의 데이터를 빠른 시간 내에 주고받을 수 있는 방향으로 진화하고 있다. 데이터를 빠르게 주고받는다는 것이 그리 큰 이슈가 아니라고 생각할 수도 있지만, 점차 디지털 제품의 연결성이 높아지고 연동을 통한 디지털 플랫폼이 많아지면서 빠른 시간에 많은 정보를 주고받을 수 있다는 것에 큰 의미가 있다. 반응성은 사용성의 가장 기본적인 차원이다. 그렇기 때문에 일정 시간 이상 네트워크 지체가 발생하면 사용자가 해당 서비스나 제품을 사용하는 것이 불가능해진다. 따라서 좀 더 안정적이고 빠른 네트워크를 확보한다는 것은 지금까지 실현 불가능했던 새로운 디지털 제품이나 서비스가 실현 가능하게 된다는 것을 의미하기 때문에 중요하다고 하겠다.

5.2 무선 네트워크 장치

무선 네트워크 장치는 여러 가지가 있으나 여기에서는 그중에서 특히 앞으로 많이 사용될 것으로 예상되는 와이파이Wi-Fi와 와이브로Wibro, 블루투스bluetooth에 대해 알아보자.

와이파이802.11 a/b/g는 무선으로 이더넷망에 접속할 수 있는 장치로 일반적으로 802.11 a/b/g라는 용어로 많이 사용된다. 기존의 무선망에 비해 와이파이는 상대적으로 빠른 접속을 가능케 하며(802.11-a: 54 Mbps, 802.11-b 11 Mbps), 안정적으로 작동할 뿐만 아니라 개방된 장소에는 300미터, 벽으로 둘러 쌓인 곳에서는 100미터 정도 떨어져 있는 기기를 연결할 수 있을 정도이다. 이 때문에 각광받는 무선 네트워크 장치 가운데 하나이다.

와이브로는 휴대전화처럼 언제 어디서든지 이동하면서 초고속 인터넷을 이용할 수 있는 서비스로 휴대전화망을 이용해 인터넷 데이터를 주고받을 수 있는 이동통신 서비스이다. 모바일 와이맥스라고도 불리는 와이브로는 데이터를 업로드할 때 최고 5Mpbs, 다운로드할 때 20Mbps의 속도를 낸다. 필자는 이동하는 교통편 안에서 와이브로를 사용하곤 하는데, 이동성을 극대화한 반면 속도나 비용 측면에서는 아직 와이파이에 못미치는 서비스라고 생각한다.

블루투스는 2.45GHz대에 있는 라디오 주파수를 이용해 가까운 장소에 있는 기기들끼리 통신할 수 있게 하는 장치이다. 이 주파수는 과학용이나 의료용 시스템을 위해 전 세계적으로 지정해 놓은 것이다. 그래서 응급실의 장비들이나 차고 문을 여는 장비들이 이 주파수를 사용한다. 블루투스는 라디오 주파수를 이용하기 때문에 저렴하고, 별도의 기기가 필요하지 않다는 장점이 있다. 그러나 동일한 주파수를 사용하는 기기들과의 충돌을 방지하기 위해 블루투스는 매우 약한 신호를 사용하기 때문에 10미터 이상 떨어져서 사용할 수 없다는 제약이 있다. 그러나 최근 새로운 블루투스 규격인 bluetooth 10x와 bluetooth 100x가 발표되면서 거의 USB에 가까운 전송속도를 낼 것으로 기대되고 있다.

휴대전화의 네트워크 장치에는 FDMA, TDMA, CDMA, GSM 등이 있다. 그림 24는 이 중에서 가장 중요한 TDMA와 CDMA를 비교한 것이다. TDMAtime division multiple access 시분할 다중 접속는 간단히 말해 주파수를 시간 차원으로 잘게 나누

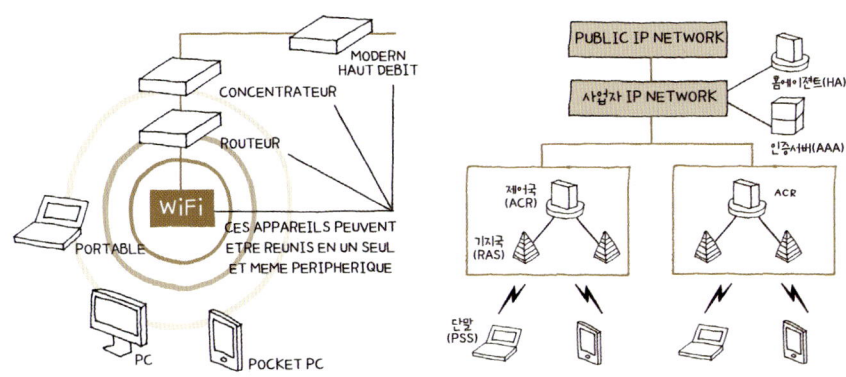

그림 23
PC에서의 무선 네트워크:
WiFi와 Wibro

어 여러 사람이 동일한 주파수를 사용하게 한 것이다. 즉 일정 시간을 간격으로 하나의 채널을 동시에 여러 사용자가 쓸 수 있게 하는 기술이다. 반면 CDMA^{code division multiple access 코드분할 다중 접속}는 각 개인을 자신만의 코드로 분산해 여러 사람이 동시에 사용할 수 있도록 한 것이다. 즉 여러 사용자가 동일한 주파수를 동시에 사용하고, 각 송신자의 통화에 특별한 확산 코드를 더해 주파수 대역을 넓혀 송신하면, 부여된 코드에 따라 수신측에서도 부여된 것과 동일한 코드에 의해 자기에게 오는 통화를 구별해 내는 방식이다. 예를 들면, 파티장에서 이야기를 하고 싶을 때 TDMA 방식은 사람들이 자기가 말할 시간을 정해 놓고 그 시간을 할당받은 사람만 말하는 방식이고, CDMA 방식은 모든 사람이 말하는 방식이다. GSM^{groupe special mobile}은 TDMA 기술을 기반으로 만들어진 무선망이고, 이것이 무선 인터넷이 가능한 GPRS로 진화했다. GPRS^{general packet radio service}는 packet base된 서비스를 제공하며 계속해서 인터넷에 접속되어 있다는 장점을 가지고 있다. 반면 CDMA는 우리나라를 비롯한 몇 개의 국가에서 사용하고 있으며 비동기식 3G로 진화했다.

다른 기기와 마찬가지로 휴대전화 네크워크 장치에서 중요한 요인은 전송 속도이다. 휴대전화 네트워크 장치는 아직까지 PC와 비교해 상대적으로 느리다. 전송 속도를 높이기 위한 시도가 여러 번에 걸쳐 있었고, 그에 따라 네트워크 장치를 많이 활용되기 시작했다. 최근 4세대 이동통신망으로 제안되는 LTE^{long term evolution}는 이론상 이동 시 100Mbps, 멈추었을 때 1Gbps까지 속도를 낸다. 이는 LTE가 WCDMA에 비해 대역폭이 4배 이상 넓기 때문이다. 여기에 기존 방식보다 데이터를 집합해서 주고받은 기술이 발달해 더욱 빠른 전송이 가능하게 될 예정이다.

기술 분석   9장

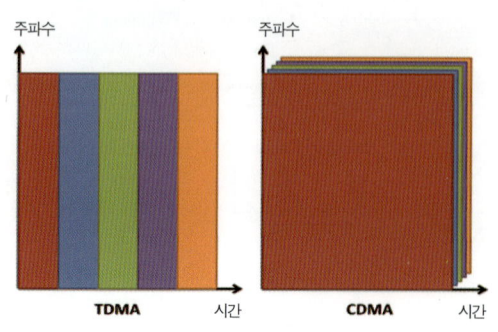
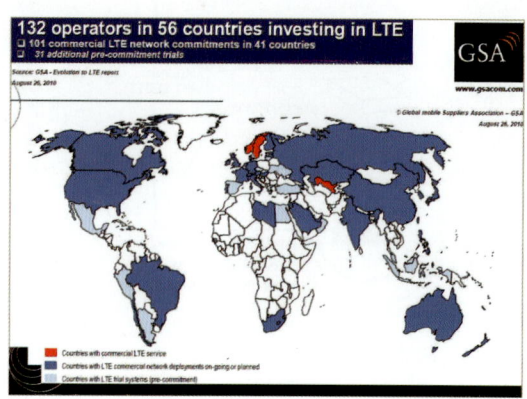

그림 24
휴대전화에서의
무선 네트워크 사용 범위:
TDMA와 CDMA, LTE

6. 저장 장치

디지털 플랫폼에서 사용하는 저장 장치는 크게 RAM과 플래시메모리, 하드디스크와 외장메모리로 나눌 수 있다. HCI적인 관점에서 저장 장치와 관련된 중요한 점은 저장된 정보를 다시 추출하는 속도와 용량, 저장 크기와 비용이라고 할 수 있다.

6.1 RAM

RAM은 PC가 당장 작업을 하는 과정에 필요한 정보를 잠시 저장해 놓는 역할을 담당한다. 필요한 정보를 빨리 찾기 위해 RAM은 순차적인 방법이 아니라 즉각적인 방법으로 저장된 정보에 접근하며, 바로 이러한 이유 때문에 RAM$^{random\ access\ memory}$이라는 이름이 붙여졌다. RAM은 일반적으로 스태틱 RAM$^{static\ RAM}$과 다이내믹 RAM$^{dynamic\ RAM}$으로 나누어지는데, 스태틱 RAM은 접근 속도가 매우 빠른 반면, 비싸기 때문에 빠른 속도가 필요한 캐쉬 메모리에 주로 쓰이고 다이내믹 RAM은 일반적인 컴퓨터 메모리로 많이 사용된다. RAM에서 중요한 요소는 얼마나 많은 용량을 얼마나 작은 크기로 저장하고 이를 얼마나 빨리 추출할 수 있는가이다. 그림 10에서처럼 RAM의 종류에 따라 점차 최근에 개발된 것일수록 좁은 공간에 많은 정보를 저장하고 이를 빠르게 추

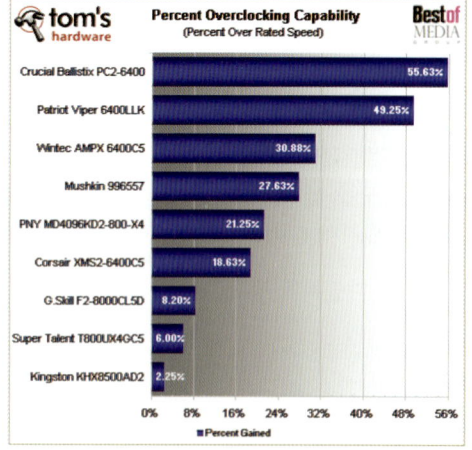

그림 10
RAM 메모리: 시간에 따른
RAM 메모리의 발전 방향

출할 수 있는 것으로 나타난다. 시스템의 중요한 특성 가운데 하나는 사용자의 행동에 대한 즉각적인 피드백을 제공하는 것이다. 과거에 비해 대용량 RAM을 저렴한 가격에 구입할 수 있다는 것은 사용자에게 즉각적인 피드백을 가능하게 했다는 점에서 HCI적인 의의가 있다고 하겠다. PC의 모든 프로그램을 RAM에 올려놓고 사용할 수 있게 되면, PC도 일반 가전제품처럼 전원 스위치를 켜서 바로 사용할 수 있게 될 것이다. 이 점을 생각해 보면 대용량의 저렴한 RAM이 사용자경험에 미치는 영향을 예측할 수 있다.

6.2 하드디스크

인간의 장기 기억 장치에 비견할 수 있는 하드디스크는 PC에서 대용량의 정보를 오랜 기간 동안 저장할 목적으로 사용된다. 하드디스크는 자성 원판 위에 정보를 저장하는 장치이다. 일반적으로 하드디스크에서 중요한 요소는 용량과 속도라고 할 수 있다. 하드디스크의 용량은 RAM보다 훨씬 더 크며, 수백 MB에서 크게는 몇 백 TB까지 다양한 용량을 제공한다. 좀 더 큰 용량을 제공하기 위해 원판의 수를 하나 이상으로 늘리기도 했다. 하드디스크는 RAM에 비해 정보를 저장하거나 인출하는 과정에 시간이 많이 걸린다. 따라서 그 시간을 줄이기 위해서는 원판이 돌아가는 속도를 높이는 방법을 주로 쓴다. 그러나 속도가 높아짐에 따라 자연적으로 소음이나 발열 정도도 중요한 요소로 대두되고 있다. 소음은 때에 따라 사용자경험에 치명적인 영향을 미친다. 발열도 심각한 문제를 야기할 수 있다. 특히 노트북의 경우 발열이 심해지면 폭발하거나 사용자가 화상을 입는 경우도 발생한다.

6.3 CD/DVD 장치

PC에서 사용되는 가장 대표적인 광학 장치는 CD나 DVD이다. CD는 주로 광학적인 작용을 통해 플라스틱 판 위에 정보를 0과 1의 형태로 저장하며, CD 드라이브는 이렇게 저장된 정보를 레이저를 통해 읽어 들이는 역할을 수행한다. 플로피디스크에 비해 월등하게 많은 저장 용량과 DVD에 비해 상대적으로 저렴한 가격 때문에 CD는 많은 부분에서 사용되었다. 그러나 사용자 입장에서 본다면 상대적으로 큰 부피의 원반을 들고 다녀야 하는 문제점이 있다. 이 때문에 노트북 등의 플랫폼에서는 내장 CD/DVD 드라이브가 없는 경우가 많다.

6.4 플래시메모리

최근 각광받고 있는 기술은 플래시메모리 flash memory 이다. 플래시메모리는 작은 크기로 안정적이고 빠르면서도 조용하게 작동한다는 장점이 있다. 과거에는 하드디스크에 비해 비쌌기 때문에 별로 많이 사용되지 못했었지만, 최근 가격이 내려가면서 휴대용 제품을 대상으로 사용이 늘어가고 있다. 플래시메모리는 특히 휴대전화에서 유용하게 사용되고 있는데, 그 이유는 PC보다 크기가 작고 귀에 가까이 대는 기기이기 때문에 저장 장치에서 소음이 나서는 안 되기 때문이다. 특히 3세대 휴대전화에서 사용하는 USIM universal subscriber identity module 같은 경우가 그 대표적인 사례이다. 이 카드에는 가입자의 고유번호인 ESN electronic serial number 을 비롯해서 비밀번호와 은행 공인인증서 그리고 교통카드 기능까지 모두 저장할 수 있다. 또한 통신사업자에 상관없이 어떤 휴대전화에나 사용이 가능하기 때문에 사용자가 통신사업자와 상관없이 쉽게 휴대전화를 바꿀 수 있어 사용자의 주도권이 높아진다는 장점이 있다.

플래시메모리는 아직까지 하드디스크에 비해 상대적으로 고가이며, 용량이 커질수록 상대적으로 비싸기는 하지만 앞으로 기술이 발전할수록 하드디스크를 대체할 수 있는 가능성을 지닌다. 특히 USIM카드의 사례에서 보았듯이 사용자의 통제성과 이동성을 높여 줄 수 있다면, 가격이 비싸더라도 플래시메모리의 장점을 활용한 새로운 디지털 제품이나 서비스가 등장할 가능성이 높아 보인다.

6.5 PVR/DVR

일반적인 TV에는 기본적인 정보만을 저장하는 저장 장치가 있다. 그러나 디지털 TV가 보급되면서 하드디스크 중에 특히 TV에서 영상 콘텐츠를 저장하기 위해 사용되는 장치로 PVR private video recorder 와 DVR digital video recorder 이 보급되었다. 즉 기존의 기록 매체인 비디오 테이프 없이 셋톱박스나 TV에 내장된 하드디스크에 직접 정보를 기록하는 것이다. PVR이나 DVR은 저장 장치와 함께 다양한 디지털 서비스를 사용자에게 제공한다. 자기가 보고 싶은 프로그램이나 영화를 자동으로 녹화하는 것은 물론이고, 자신만의 TV 편성표를 만들 수 있고 지나간 프로그램을 다시 보는 등의 장점이 있다. 이러한 서비스와 함께 우수한 화질과 대용량이라는 장점이 PVR이나 DVR의 활용을 부추기는 요인이 되었다.

HCI적인 관점에서 저장 장치는 얼마나 작은 공간에 많은 양의 자료를 저장했다가 얼마나 빠른 시간 내에 다시 추출할 수 있는지가 중요하다. 커다란 저장 장치를 들고 다닌 과거와 비교해 휴대전화에서 USIM카드를 사용하거나 인터넷

TV를 개인 방송국처럼 사용할 수 있는 사례는 HCI의 관점에서 저장 기술의 발전을 주목해야 한다는 시사점을 제시한다.

7. 처리 장치

일반적으로 PC 광고를 보면 가장 중요하게 다루는 것이 처리 장치이다. 물론 인텔과 같은 회사들이 투자하는 막대한 비용의 광고비가 때문이기도 하지만, 사람들은 내 컴퓨터가 얼마나 빠른 CPU를 사용하고 있는지 중요하게 생각한다. 일반적으로 2.4GHz의 CPU가 1.2GHz의 CPU보다 훨씬 더 빠를 것으로 예상한다. 그러나 PC의 속도는 단순히 처리 장치의 속도가 빠르다고 해서 빨라지는 것이 아니라 주변 장치가 모두 CPU와 비슷한 속도가 되었을 때에 그러한 효과를 볼 수 있다. 이는 마치 인터넷의 접속 속도가 인터넷을 이루는 망 가운데 가장 느린 곳에 따라 결정되는 것과 같다.

휴대전화 경우 과거에는 주로 키보드와 출력 장치 그리고 무선 시그널을 처리하는 장치가 주종을 이루었고, 처리 장치는 상대적으로 성능이 떨어졌다. 그러나 스마트폰과 같은 고성능 휴대전화가 보편화되면서 처리 장치도 고속화되고 있다. 따라서 과거에는 휴대전화 전용 프로세서를 주로 사용했지만, 최근에는 PC와 같은 처리 장치를 사용하기도 한다. HCI 입장에서 보면 이와 같이 휴대전화의 처리 장치 사양이 높아진다는 것은 휴대기기에서 PC와 같은 높은 처리 속도를 요구하는 서비스가 가능해졌다는 것을 의미한다.

휴대전화와 마찬가지로 일반적으로 과거의 TV는 빈약한 프로세서를 가지고 있었다. 하지만 최근 들어 사용되고 있는 IPTV의 프로세서는 데스크톱 PC에서 사용되는 프로세서를 그대로 사용하는 경우가 늘고 있다. 그러나 아직 최신 PC에 비해서는 상대적으로 처리 장치가 열악하다. 이로 인해 IPTV가 구현할 수 있는 서비스도 심각하게 지장을 받고 있다. 그러나 TV에서의 상호작용성이 강조되기 시작하면서 향후 TV의 프로세서도 PC와 마찬가지로 진보할 것으로 예상된다.

결론적으로 처리 장치는 전통적으로 PC를 위한 디지털 기술 가운데 가장 중요한 위치를 차지해 왔다. 그러나 최근 사용자 대부분에게는 속도가 더 이상 큰 의미를 갖지 못한다. 즉 많은 경우에 속도의 차이가 숫자상의 차이로만 느껴지고, 사람들이 실제로 느끼는 속도의 차이는 별로 나지 않는 것이다. 이는 적어도 PC에서는 더 이상 처리 장치가 가장 중요한 기술이 아니라는 것을 의미한다. 반면 휴대전화나 TV의 경우 사용자의 욕구에 비해 프로세서 속도가 낮은 경우가 많다. 따라서 휴대전화나 TV에서는 처리 장치가 아직도 중요한 기술이 될 수 있다. 향후 프로세서 기술의 변화가 사용자가 지각할 수 있는 차이를 만들 수 있을지가 HCI 측면에서 중요하다고 하겠다.

8. 통합적 기술 분석 방법론

앞서 다양한 디지털 플랫폼 기술과 컴포넌트 기술을 소개했다. 그러나 하루가 멀다 하고 새로운 기술들이 개발되고 있다. 새로운 디지털 제품이나 서비스를 개발하기 위해서는 어떤 플랫폼을 채용하고 어떤 컴포넌트 기술을 활용할 것인지가 중요하다. 따라서 HCI 입장에서 각각의 플랫폼 기술이나 컴포넌트 기술이 사용자경험에 어떤 효과를 가져다줄 것인지를 분석해야 한다. 디지털 제품이나 서비스를 개발하기 위한 기술 분석에는 일반적으로 세 가지 방식이 있다.

첫째, 기술 그 자체의 혁신성을 중심으로 기술을 분석하는 방식이다. 새로운 기술이 개발되면 그 기술을 가지고 우리가 어떤 새로운 제품이나 서비스를 개발할 수 있는지 고민하는 것이다. 예를 들어, 좀 더 빠른 회전 속도를 가진 하드디스크가 개발되었다면 그 디스크가 가지고 있는 성능을 활용해 대용량 영화를 볼 수 있는 이동용 비디오 재생기를 개발하는 것이다. 이러한 시각은 최신 기술이 제공하는 기회를 효과적으로 활용할 수 있다는 장점을 가지고 있으나 사용자 입장에서는 별로 필요하지 않은 제품이나 서비스가 탄생할 가능성도 높다. 둘째, 비즈니스 입장에서 시장 중심으로 기술을 분석하는 방식이 있다. 이 경우는 목표로 하는 시장의 고객들에게 특정 디지털 기술이 얼마나 매력적인지를 알아보는 것이다. 그리고 그 시장에 속한 사람들이 좋아한다고 응답한 기술을 이용해 새로운 디지털 제품이나 서비스를 제공한다. 이 방법의 장점은 사용자의 욕구에 맞는 기술을 찾아낼 수 있다는 것이다. 그러나 단점은 사람들이 자신이 사용해 보지 않은 기술에 대해서는 신뢰할 만한 지식을 갖고 있지 않다는 것이다. 따라서 한 번도 사용해 보지 않은 기술이 어떻게 활용될 수 있는지 사용자에게 물어도 사용자가 그 대답을 할 수 없는 경우가 많다. 사용자는 자신이 경험한 것에 대해서만 신뢰할 수 있는 의견을 낼 수 있기 때문이다. 셋째, 사용자경험을 기반으로 기술을 바라보는 방식이 있다. 기본적으로 사용자는 자신이 하고 싶어 하는 일이나 행동을 알고 있다. 예를 들어, 주중에는 직장 업무를 잘 마무리하고자 하고 주말에는 가족이나 연인과 즐거운 시간을 보내고자 한다. 그리고 각 환경에서 자신의 일을 제대로 수행하기 위해 기술을 활용한다. 그런 의미에서 사용자경험을 기반으로 하는 기술 분석은 사용자가 처한 환경에서 사용자가 하고자 하는 일을 효과적으로 도와주는 기술이 무엇인지 탐색하는 것이다. 예를 들어, 아이패드나 갤럭시탭과 같은 태블릿PC를 생각해 보자. 지하철로 출퇴근하는 50대의 대학교수에게 태블릿PC는 출퇴근 시간에 지하철 안에서 그동안 못 읽었던 책이나 논문을 읽을 수 있도록 도와주는 제품이다. 따라서 여기에는 흔들리는 기차 안에서도 글자를 명확하게 볼 수 있도록 해상도가 높은 화면 기술과 책이나 논문을 효과적으로 분류하고 읽고 난 소감을 편리하게 기록할 수 있는 음성 인식 기술이 중요하다. 반면 주로 집에서 태블릿PC를 사용하는 10대 청소년에게 태블릿PC는 부팅을 하지 않고도 간편하게 영화나 동영상을 볼 수 있는 제품이다. 따라서 그들에게는 동영상을 끊이지 않고 볼 수 있는 빠른 3D그래픽카드와 현장감을 줄 수 있는 음성 출력 기술이 중요하다. 즉 경험 기반의 기술 분석은 사용자의 환경과 업무를 기반으로 기술을 분석하는 것이다.

특정 디지털 기술이 제품이나 서비스의 성공에 기여할 수 있는지 분석하고자 한다면, 위에서 이야기한 세 가지 시각의 분석이 통합적으로 이루어져야 한다. 세 가지 시각이 서로의 단점을 보완하기 때문이다. 너무 경험적인 시각만 강조하다 보면 새로운 기술에 뒤쳐지거나 시장의 흐름과 무관한 제품을 만들 수 있고, 기술적인 시각만 강조하면 정작 아무도 좋아하지 않는 제품을 만들 수도 있다. 따라서 기술의 혁신성의 관점, 비즈니스적인 관점 그리고 사용경험적인 관점이 함께 고려되었을 때 비로소 제대로 된 기술 분석이 이루어질 수 있다. 여기에서는 이 세 가지 관점을 통합적으로 고려해 기술을 분석하는 방법을 제시하고자 한다.

8.1 경험 기반 분석

경험 기반 기술 분석은 HCI적인 관점에서 가장 중심이 되는 기술 분석 방법이다. 사용자는 자신이 처한 맥락에서 자신의 특성에 따라 자신의 과업을 디지털 플랫폼을 이용해 달성하고자 한다. 특정 기술이 이러한 사용자의 경험적인 특성을 얼마나 충족시켜 줄 수 있는지 총 4단계에 걸쳐 측정하는 것이 경험 기반 기술 분석이다. 각 단계는 앞서 다른 유용성의 원리, 사용성의 원리 및 감성의 원리와 연결되어 있으며, 동시에 사용자 분석, 과업 분석, 맥락 분석과 연결되어 있다. 이는 경험 기반 기술 분석이 특정한 맥락 속에서 사용자가 자신이 원하는 과업을 수행하면서 유용한 경험을 하기에 적합한 기술을 파악하는 것이 주 목적이기 때문이다.

1단계: 특정 기술의 유용성 잠재력을 분석하기

특정 기술이 사용자가 해당 제품이나 서비스를 통해 얻고자 하는 가치를 얼마나 효과적으로 구현해 줄 수 있는지 파악한다. 유용성의 원칙에서 언급했듯이 사용 가치는 기능적 가치, 유희적 가치, 사회적 가치, 개인적 가치 등으로 구성되어 있다.

각 디지털 플랫폼이나 컴포넌트가 해당되는 가치를 얼마나 효과적으로 실현할 수 있는지 분석한다. 예를 들어, 디지털 플랫폼의 측면에서 본다면 도구적인 성격이 강한 디지털 플랫폼은 기능적 가치를 실현시킬 잠재력이 높고, 개인의 전용성이 높은 디지털 플랫폼은 개인적 가치를 실현시킬 잠재력이 높다고 판단할 수 있다. 컴포넌트의 측면에서 본다면, 직접 위치 입력 장치는 사용자를 움직이게 하기 때문에 기능적 가치를 실현할 잠재력이 높은 반면, 청각적 출력 장치는 사용자에게 유희적 가치를 높여 줄 잠재력이 높다.

이 과정에서는 과업 분석에서 파악한 사용자의 의도의 해당 기술 실현 가능성에 대한 분석이 함께 수반되어야 한다. 즉 과업 분석에서 파악된 사용자의 구체적인 의도가 해당 기술에 의해 얼마나 효과적으로 충족될 수 있는지 확인하는 것이다. 예를 들어, 사용자가 좀 더 사실감이 넘치는 게임을 하고 싶다는 의도로 유희적인 가치를 추구했을 때 현재 분석 중인 디지털 기술이 사실감이 높은 게임을 하고 싶다는 사용자의 욕구를 충족하는 게임을 구현할 수 있는지 분석하는 것이다. 이러한 분석을 통해 사용 가능한 디지털 플랫폼 가운데 어떤 플랫폼이 사용자가 원하는 것을 효과적으로 구현할 수 있는지 확인할 수 있다. 또한 여러 디지털 컴포넌트 가운데 어떤 기술을 활용할 것인지 결정할 수 있다. 예를들어, 환자의 경험을 높여 줄 수 있는 디지털 서비스를 기획하면서 기술을 분석하는 경우, 분석 대상이 되는 기술을 네 가지로 들 수 있다. WPS(WiFi-positioning system)는 종합병원의 물리적 구조가 복잡하기 때문에 이용에 어려움을 겪는 병원 고객이 자신의 위치를 확인할 수 있고, 자신의 위치를 다른 사람에게 전송함으로써 병원 관계자에게 도움을 받을 때 활용될 수 있는 위치 파악 기술이다. Motion Detection 기술은 환자들의 신체적인 움직임을 감지할 수 있는 기술로서 환자들의 좀 더 정확하고 개인 맞춤화된 유희적인 재활치료, 특히 움직임이 부족한 입원환자에게 신체적인 운동을 가능하게 해 주는 기술이다. Alarm Paging 기술은 삐삐라는 호출 기술로 환자와 보호자 간 호출 송수신이 가능한 기술이다. 마지막으로 Veri-Chip 기술은 환자의 신체에 내장해 개인의 모든 의료 관련 정보를 축적하고 송수신할 수 있는 기술이다.

그리고 현재 분석의 대상이 되고 있는 기술이 지닌 사용 가치를 실현할 수 있는 잠재력을 각 가치에 대해 1점부터 10점 사이의 점수를 부여한다. 1점은 해당 디지털 플랫폼이나 컴포넌트가 해당 가치를 실현할 가능성이 거의 없는 경우이며, 반대로 10점은 그 가능성이 매우 높은 것을 의미한다. 이렇게 각 기술에 대한 가치 실현의 잠재력이 분석된 뒤에는 이를 사용자의 사용 가치 프로파일에 곱해 기술의 잠재력을 파악할 수 있다. 위의 기술을 가지고 유용성 측면에서 잠재력을 분석한 사례가 표 2에 나타나 있다.

유용성(가치모형)	기능적		유희적		개인적		사회적		Total
	사용자	기술	사용자	기술	사용자	기술	사용자	기술	
WPS	9	8	7	7	2	3	3	5	142
Motion Detection	9	7	7	9	2	6	3	3	147
Alarm Paging	9	5	7	6	2	4	3	3	104
Veri-Chip	9	9	7	6	2	2	3	3	136

Motion Detection 기술은 기능적·유희적인 측면에서 보다 활용 가능성이 높고 개인적 행동 특성들을 잘 반영해 치료에 활용할 수 있기 때문에 총합산 점수가 1위로 계산되었다. 반면 Veri-Chip 기술은 병원 사용자에게 가장 중요한 기능적 유용성 측면에서 가장 높은 점수를 받았음에도 유희적·개인적 유용성에서 낮은 점수를 받았기 때문에 전체적으로 낮은 점수를 나타낸 것을 확인할 수 있다.

표 2
기술의 사용 가치
실현 잠재력을 분석하는 사례

2단계: 사용성 측면의 잠재력 분석하기

특정 기술이 사용자가 중요하게 생각하고 있는 사용성의 핵심 속성을 얼마나 효과적으로 만족시켜 줄 수 있는지 파악한다. 사용성의 원리에서 언급했듯이 사용성의 속성은 크게 효율성, 정확성, 일관성, 유연성, 의미성의 다섯 가지 상위속성과 각 상위속성에 대한 하위속성으로 이루어져 있다.

각 디지털 플랫폼이나 컴포넌트가 사용자가 중요하게 생각하는 핵심 사용성의 속성을 얼마나 효과적으로 만족시켜 줄 수 있는지 분석한다. 표 3에서 보는 것처럼 현재 대상 사용자가 중요하다고 생각하는 핵심 사용 속성이 반응성과 사전 방지성, 이해 가능성과 개인화, 연결성 그리고 친숙성이라고 한다면, 각 핵심 사용 속성을 현재 분석하고 있는 디지털 플랫폼이나 컴포넌트가 얼마나 효과적으로 만족시켜 줄 수 있는지 측정한다. 그리고 현재 분석 대상이 되고 있는 기술들이 가지고 있는 핵심 사용 속성을 만족시킬 수 있는 잠재력을 각 사용성 속성에 대해 1점에서 10점 사이의 점수를 부여한다. 1점은 해당 디지털 플랫폼이나 컴포넌트가 해당 사용성의 속성을 만족시킬 가능성이 거의 없는 경우를 의미하며, 반대로 10점은 해당 사용성의 속성을 충족시켜 줄 수 있는 가능성이 매우 높은 것을 의미한다. 이렇게 각 대상 기술에 대한 사용성 속성의 잠재력이 분석된 뒤에는 이를 대상 사용자의 사용성 속성 프로파일에 곱해 표 3과 같이 기술의 사용성 만족 잠재력을 파악할 수 있다. 결과를 보면 WPS 기술이 가장 높은 총점을 받은 것으로 계산되었다. 개인화를 제외한 모든 항목에서 높은 점수를 받았다. 해당 기술이 한 번 도입되면 다양한 기기들과 연결이 가능하고, 병원 사용자에게 친숙한 기술(GPS를 비롯한 내비게이션 기술)이기 때문에 이해도가 높고, 따로 조작해 오류를 일으킬 가능성도 적기 때문에 사용성 부분에서 높은 점수를 나타냈다. 그러나 Motion Detection 기술도 비슷한 점수를 차지해 높은 사용성을 나타냄을 확인할 수 있다. 이러한 과정에서 사용자 분석에서 다루었던 사용자의 숙련도에 대한 분석을 추가적으로 진행할 수 있다. 즉 사용자가 가지고 있는 숙련도의 정도에 따라 해당 기술이 얼마나 적합한지 판단하는 것이다. 예를 들어, 해당 제품이나 서비스의 대상이 되는 사용자의 전문성이 초보자 수준이거나 중급자 수준이라고 가정할 때, 해당 기술이 그 사용자에게 쉽게 이해될 수 있는지 분석하는 것이다. 또한 추가적으로 과업 분석에서 다룬 고장 가능성의 입장에서 해당 기술을 분석할 수 있다. 즉 해당되는 기술이 제품이나 서비스에 적용되었을 때 사용자가 과업을 수행하면서 경험하게 되는 고장 가능성을 얼마나 낮출 수 있는지 분석하는 것이다. 구체적인 사용 시퀀스 속에서 해당 기술을 적용한 제품이나 서비스가 사용되었을 때 예측되는 고장 가능성을 낮추어 줄 수 있는지 분석한다.

표 3
기술의 사용성 충족 잠재력을 분석하는 사례

사용성	반응성 (효율성)		사전방지성 (정확성)		이해가능성 (의미성)		개인화 (유연성)		연결성 (우연성)		친숙성 (일관성)		Total
	사용자	기술	사용자	기술	사용자	기술	사용자	기술	사용자	기술	사용자	기술	
WPS	7	9	8	8	9	8	7	4	9	9	8	8	372
Motion detection	7	9	8	3	9	9	7	7	9	8	8	9	361
Alarm Paging	7	8	8	3	9	9	7	3	9	3	8	9	281
Veri-Chip	7	7	8	0*	9	1	7	9	9	9	8	1	210

3단계: 감성 측면의 잠재력 분석하기

특정 기술이 사용자가 중요하게 생각하고 있는 핵심 인상과 개성을 얼마나 효과적으로 표현해 줄 수 있는지 파악한다. 감성의 속성은 정서와 인상 및 개성으로 나누어진다. 이 가운데 인상과 관련해서는 밝음, 역동적, 차분함 등 총 열두 개의 독특한 인상이 존재하고, 개성과 관련해서는 부드러움, 자유분방함, 강함, 분석적, 사고적, 폐쇄적으로 총 여섯 개의 개성이 존재한다. 각 디지털 플랫폼이나 컴포넌트가 사용자에게 전달하고자 하는 핵심 감성의 속성을 얼마나 효과적으로 표현시켜 줄 수 있는 있는지를 분석한다. 예를 들어, 표 4에서 보는 것처럼 현재 대상 사용자에게 표현하고자 하는 핵심 감성 속성이 기쁨과 안심, 밝음과 사교적 개성이라고 한다면 각 인상 및 개성 속성을 현재 분석하고 있는 디지털 플랫폼이나 컴포넌트가 얼마나 효과적으로 표현시켜 줄 수 있는지를 측정한다. 그리고 현재 분석의 대상이 되는 기술의 잠재력의 각각의 감성 속성에 대해 1점에서 10점 사이의 점수를 부여한다. 1점은 해당 디지털 플랫폼이나 컴포넌트가 해당 인상이나 개성을 표현할 가능성이 거의 없는 경우를 의미하며, 반대로 10점은 해당 인상이나 개성을 표현할 수 있는 가능성이 매우 높은 것을 의미한다. 이렇게 각 대상 기술에 대한 감성 속성의 잠재력을 분석하고 나면, 이를 대상 사용자의 감성 속성 프로파일에 곱해 표 4와 같이 기술의 감성 표현 잠재력을 파악할 수 있다. 분석 결과를 보면 Motion Detection 기술의 합계점수가 가장 높다. 일단 사용자가 직접 자신의 신체를 움직여서 각 서비스에 참여하는 것이기 때문에 감성적인 측면을 보다 자극할 수 있는 것으로 이해할 수 있다. 또한 치료에 더 즐겁게 임할 수 있고 움직임을 활용한 진료 및 치료가 밝은 인상을 줄 수 있기 때문에 감성적인 측면을 자극하는 것으로 이해할 수 있다. 그리고 재활치료를 비롯해 입원병동에서 활용된다면 다른 환자들과 함께 어울릴 수 있는 요소를 제공할 수 있기 때문에 이 역시 높은 점수를 나타낸 것으로 알 수 있다.

표 4
기술의 감성 표현 잠재력을 분석하는 사례

감성	기쁨 (정서)		안심 (정서)		밝음 (인상)		사교적 (개성)		Total
	사용자	기술	사용자	기술	사용자	기술	사용자	기술	
WPS	8	4	9	6	7	4	6	6	150
Motion Detection	8	8	9	4	7	8	6	8	204
Alarm Paging	8	2	9	8	7	4	6	7	158
Veri-Chip	8	3	9	7	7	3	6	3	126

4단계: 맥락적 측면의 잠재력 분석하기

특정 기술이 해당 제품이나 서비스가 사용될 맥락과 얼마나 부합하는지 파악한다. 앞서 언급했듯이 맥락은 물리적 맥락, 사회적 맥락, 문화적 맥락으로 나누어진다. 이는 다시 시간적 맥락과 위치적 맥락, 기타 환경적 맥락으로 나누어진다.

사용자가 처하게 될 다양한 맥락에서 각 디지털 플랫폼이나 컴포넌트가 얼마나 효과적일 수 있는지 분석한다. 표 5에서 보는 것처럼 현재 사용자가 제품이나 서비스를 사용하는 맥락이 물리적으로 움직임과 동선이 중요하고, 사회적으로 시간적 여유와 프라이버시 및 교류 가능성을 확보해야 하고 개인 지향적인 문화에서 사용할 예정이라고 한다면, 각 맥락적 특성에 현재 분석하고 있는 디지털 플랫폼이나 컴포넌트가 얼마나 부합하는지 측정한다. 그리고 각 맥락 속성에 대해 1에서 10점 사이의 점수를 부여한다. 1점은 해당 디지털 플랫폼이나 컴포넌트가 해당 맥락적 속성에 부합할 가능성이 거의 없는 경우를 의미하며, 반대로 10점은 해당 맥락적 특성에 부합할 수 있는 가능성이 매우 높은 것을 의미한다. 이렇게 각 대상 기술에 대한 맥락 속성의 잠재력을 분석하고 나면, 이를 대상 사용자가 가지고 있는 맥락 속성의 중요도에 곱해 표 5와 같이 기술의 맥락 부합 잠재력을 파악할 수 있다.

사용성	움직임과 동선 (물리적 위치)		시간적 여유 (사회적 시간)		프라이버시 (사회적 위치)		교류가능성 (사회적 위치)		개인주의 (문화적 위치)		Total
	사용자	기술	사용자	기술	사용자	기술	사용자	기술	사용자	기술	
WPS	9	9	8	7	9	1	8	7	6	7	244
Motion detection	9	8	8	2	9	0	8	6	6	8	184
Alarm Paging	9	9	8	7	9	3	8	8	6	4	252
Veri-Chip	9	9	8	8	9	9	8	4	6	9	312

표 5
기술의 사용 맥락에 대한 부합도를 분석하는 사례

맥락 측면에서의 분석 결과를 보면 Veri-Chip 기술이 가장 높은 점수를 나타낸다. Veri-Chip 인식이 가능하다면 어느 장소에 있든지 자신의 정보를 확인하거나 송수신할 수 있고, 내장칩이라는 특성상 개인 의료 정보에 대한 프라이버시가 보장될 뿐만 아니라 칩 하나로 모든 정보 교류 및 처리가 가능하기 때문에 병원에서 보내는 시간을 최소화시킬 수 있다. 상대적으로 개인화된 사용성을 높게 갖고 있기 때문에 사회적 상호작용적 측면에서는 상대적으로 낮은 점수를 보인다.

8.2 혁신성 기반 분석

이 방법은 기술 전략과 제품 혁신으로 유명한 하버드대학 교수 크리스텐슨Christensen 교수가 2003년에 발표한 '파괴적 혁신' 관점을 기반으로 한 분석 체계이다. 이는 새로운 기술을 기존 기술과 비교해 보고 상대적인 혁신성과 이점을 파악하는 것이다. 이 방법에 따르면 새로운 기술은 세 가지 범주로 나눌 수 있다. 그리고 각 범주에 따라 HCI적인 관점에서 기술을 적용하는 과정에 중점을 두어야 할 이슈가 달라진다.

제1그룹: 점진적인 혁신 기술

점진적인 혁신 기술sustaining innovation technology은 기존 기술이 아직 사용자의 욕구를 충분히 만족시켜 주지 않은 상태에서 사용자의 욕구를 조금 더 만족시킬 수 있는 가능성을 지닌 기술을 의미한다. 디지털 제품의 예로 CPU를 들 수 있다. CPU는 지금까지 빠른 속도로 발전해 오고 있기는 하지만, 고급 사용자는 아직까지도 컴퓨터가 자신이 하는 일에 비해 속도가 너무 느리다고 생각한다. 따라서 인텔이나 AMD와 같은 회사는 매년 서너 번씩 조금 더 빠른 CPU를 선보인다. 그림 26은 CPU가 매번 새로 나올 때마다 얼마나 더 빨라지는지 보여 준다. 디지털 서비스의 예로 컴퓨터의 운영체제를 들 수 있다. 아직도 많은 사용자가 윈도나 맥 OS와 같은 운영체제가 자주 에러가 나고 새로운 콘텐츠를 효과적으로 처리하지 못한다고 생각한다. 그래서 마이크로소프트나 애플 같은 회사는 1, 2년마다 조금 더 안정적이고 빠른 운영체제를 선보인다.

그림 26
점진적인 혁신 기술의 사례: CPU와 Operating Systems

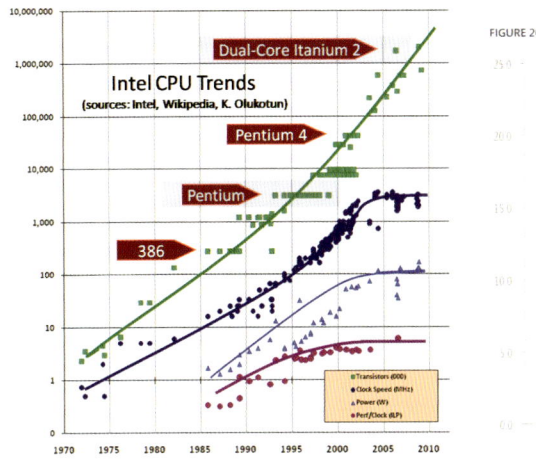
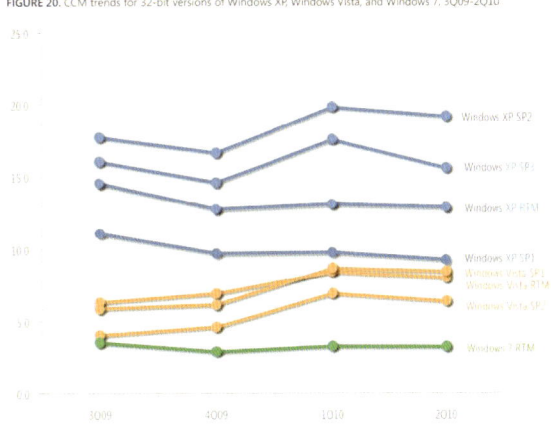

이러한 기술은 사용자 가운데 새로운 기술을 수용할 자세가 되어 있는 사용자를 대상으로 한다. 덜 빠른 CPU와 저장 공간이 더 작은 RAM을 가진 노트북을 저렴하게 살 수 있는 상황에서 최신 프리미엄 노트북을 사는 사용자가 이런 기술의 대상이 된다. 이 경우 사용자는 만약 어떤 조건만 충족시켜 준다면 아주 많은 돈을 내더라도 해당 기술을 사용하겠다고 이야기한다. 이는 사용자의 입장에서 기존의 기술보다 좀 더 효과적으로 핵심 속성을 만족시키는 기술이 등장했기 때문이다. 따라서 전반적인 기술 수준이 핵심 사용성의 속성을 아직 충분히 만족할 만한 수준에 이르지 못한 경우에는 이와 기술을 발전시키는 데 주의를 기울일 필요가 있다. 이러한 기술 개발은 주로 대기업을 중심으로 진행되는 경우가 빈번하다. 아직까지 기술이 충분히 성숙되지 않았기 때문에 기술의 모든 요소를 최대한 효율적으로 결합해 최고의 성능을 짜내야 하기 때문이다.

제2그룹: 가격 파괴적 혁신 기술

가격 파괴적 혁신 기술low-end disruptions technology이란 이미 기존의 기술들이 어느 정도 사용자의 욕구를 만족시키는 상황에서 비록 기존의 기술처럼 높은 성능을 내는 것은 아니지만 대신에 상대적으로 저렴하게 사용자가 자신의 과업을 수행하는 것이 가능하게 하는 기술을 의미한다. 디지털 제품의 경우에는 대표적인 예로 넷북을 들 수 있다. 넷북은 비록 기존의 노트북보다 작은 화면과 느린 프로세서 기술을 사용하지만 대신 노트북보다 훨씬 저렴하고 가볍다. 즉 처리 속도와 성능은 낮추는 반면, 가격을 저렴하게 함으로써 효율성과 크게 상관없는 사용자에게 어필하는 제품이다. 디지털 서비스의 경우 그림 27에서 보는 바와 같이 클라우드 컴퓨팅에서 제공하는 애플리케이션 서비스를 예로 들 수 있다. 이 서비스들은 마이크로소프트 오피스처럼 높은 효율성이나 다양한 기능을 제공하는 것은 아니지만 비싼 소프트웨어 패키지를 직접 사지 않더라도 물리적으로 멀리 떨어져 있는 사람들끼리 협업할 수 있게 해 준다. 그 때문에 통제성은 어느 정도 감소하겠지만 저렴한 가격으로 비슷한 과업을 할 수 있게 되었다.

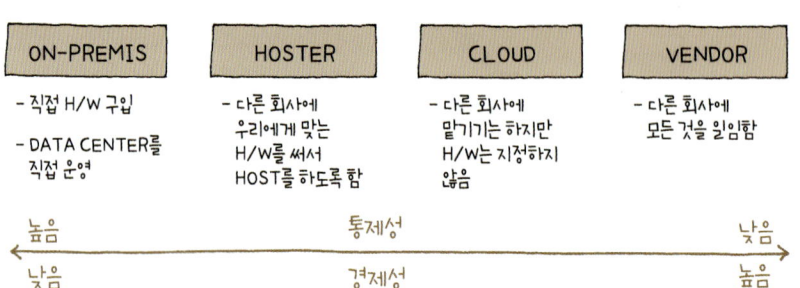

그림 27
가격 파괴적 혁신 기술의 사례: 클라우드 컴퓨팅 애플리케이션

앞서 이야기했던 종합병원의 디지털 서비스 사례에서는 Alarm Paging 기술이 여기에 속한다고 할 수 있다. 현재 커피 전문점이나 음식점에서 활용되듯이 보편적으로 보급되어 낮은 가격과 높은 편의성으로 쉽게 활용될 수 있다. 어린이 병원에서는 보호자와 어린이 환자 상호 간 호출을 비롯한 연락 수단이 휴대전화와 같은 통신기술 밖에 없다. 그러나 이는 높은 가격을 요구(고가의 기기비용 및 통신비용)하고 복잡한 기술을 담고 있기 때문에 어린이 환자들이 활용하기에 부담이 된다. 이 때문에 보호자가 환자와 24시간 붙어 있어야만 하는 불편함과 불안감이 있다. 이러한 경우 간단한 호출기술을 활용하면 어린이 환자들을 비롯한 가족 및 지인들에게 보다 낮은 가격으로 휴대전화와 같은 유용성을 제공해 줄 수 있다.

이러한 기술은 이미 기존의 기술이 자신이 사용하기에는 너무 최첨단이고, 복잡하다고 생각하는 사용자를 대상으로 한다. 이미 대부분의 기술이 비슷한 기능과 성능을 제공하고 있고, 그러한 기능이나 성능이 자신에게는 필요없기 때문에 기술의 발전이 매력적이지 못한 것이다. 이 경우에 성능이나 기능 대신 해당 기술을 얼마나 유연하고 편리하게 사용할 수 있는지, 그리고 자신이 수행하는 과업에 얼마나 맞아 떨어지는지, 얼마나 저렴한 가격으로 해당 기술을 사용할 수 있는지 등이 중요한 초점이 된다. 따라서 비록 최신 기술은 아니지만 상대적으로 사용하기 편리하고 저렴한 디지털 기술이 여기에 속한다.

이 기술은 주로 특정 부분에 초점을 맞추는 전문 회사들에 의해 제공된다. 성능을 높이기보다는 가격을 낮추고 유연성을 높이는 것이 더 중요하기 때문이다. 따라서 한 회사가 처음부터 끝까지 해당 제품이나 서비스를 제공하는 것이 아니라 여러 종류의 전문 회사가 정해진 규격에 따라서 특정 요소 부품이나 서비스 모듈을 제공하는 형식이 각광을 받는다.

제3그룹: 시장 파괴적 혁신 기술

시장 파괴적 혁신 기술new-market disruptive technology은 자금이 부족하거나 능력이 부족해 디지털 제품이나 서비스를 사용할 수 없었던 사용자에게 기존의 기술과는 전혀 다른 측면에서 사용자의 필요를 충족시켜 주는 기술을 의미한다. 특정 장소에 가야 하거나 많은 돈을 지불해야 하거나 높은 지식을 쌓아야 하기 때문에 사용하지 못한 제품이나 서비스를 다수의 일반 사용자가 사용할 수 있게 만들어 주는 기술이 여기에 속한다.

이베이나 옥션의 경우를 생각해 보자. 시간과 전문지식이 없어 자신의 물건을 경매 시장에 가지고 가지 못했던 사용자에게 디지털 기술을 이용해 경매 서비스를 제공해 자신이 원하는 물건을 사거나 팔 수 있도록 했다. 디지털 제품의 예로 닌텐도 Wii나 마이크로소프트의 키넥트와 같은 3차원 모션 인식 기반 게임기를 들 수 있다. 과거에는 이러한 기술들이 부피도 크고 비쌌기 때문에 전문기관에서 특수한 목적으로만 사용했다. 이 게임기들은 기존의 제품에 비해 정확도나 민감도는 크게 떨어지지만, 상대적으로 작은 크기에 저렴한 가격으로 일반 가정에서 게임기로 활용할 수 있도록 했다. 또한 앞서 설명한 종합병원의 사례에서의 Veri-Chip 기술이 이에 속한다. 지금까지의 병원 진료 시스템이 병이 발병한 뒤 사후 치료 측면에 초점을 맞춘 반면, 이 기술은 인체 내에 칩을 삽입해 질병의 사전 예방 및 건강의 지속적인 체크에 중점을 두는 형식으로 새로운 패러다임의 변화를 가져올 수 있을 것이다. 기존의 병원에서 시도하지 않았고, 시장에서도 공개적으로 판매되지 않은 기술로서 이 기술을 도입할 때 기존에 없었던 새로운 수요를 창출해 낼 수 있다. 고객 입장에서 지속적으로 건강을 병원측에서 체크해 준다는 면에서 일상생활을 하는 데 보다 안정감을 느낄 수 있어 큰 효용성을 줄 수 있을 것으로 예상된다.

이러한 기술은 과업을 수행하기 위해 필요하기는 하지만 기존의 기술이 너무 복잡하고 비싸서 사용할 엄두를 내지 못하던 사용자를 대상으로 한다. 이런 면에서 앞의 두 기술에 비해 잠재된 파괴력이 상대적으로 큰 기술이라고 할 수 있다. 기존의 제품이나 서비스와는 전혀 다른 각도에서 사용자의 요구에 대용할 수 있기 때문이다. 이때 중요한 이슈는 어떤 속성을 포기하고 어떤 다른 속성을 높여 줌으로써 일반 사용자가 사용할 수 있는 제품이나 서비스로 만들 수 있는지를 결정하는 것이다. 예를 들어, 3차원 모션 인식 게임기의 경우 정확도와 신뢰도를 포기하는 대신 간편성을 강조해 사용자가 원하는 가치를 제공할 수 있다.

혁신성을 기반으로 신기술을 분석할 때는 새롭게 제시된 기술이 어떤 범주에 속하는지를 먼저 판단한다. 이는 해당되는 범주의 특성에 따라 HCI적인 시사점이 결정될 수 있기 때문이다. 예를 들어, 가격 파괴적 혁신 기술의 경우 가능한 쉽고 간단하게 제품이나 서비스를 디자인해야 한다. 그렇기 때문에 이러한 범주에 속하는 기술을 채택했을 때는 사용성의 속성 중에 단축성이나 일관성을 높이는 방향으로 디자인이 이루어진다. 반면 시장 파괴적 혁신 기술의 경우는 유용성 측면에서 새로운 기술이 어떤 가치를 제공할 수 있는지 파악해야 하기 때문에 사용자의 의도를 기반으로 디자인이 이루어져야 한다. 마지막으로 지속적 혁신 기술 같은 경우는 점진적인 향상을 사용자 입장에서 감지할 수 있는지 분석해야 한다.

8.3 사업성 기반 분석

기술이 지닌 사업 성공 가능성에 초점을 맞추어 새로운 기술을 분석하는 방법이다. 사업적인 측면에서 특정 기술이 얼마나 커다란 잠재력을 지니고 있는지 측정하는 기준은 6단계로 나눌 수 있다.

<u>1단계: 신규 사용자 집단의 확보 가능성 분석</u>

이 단계에서는 특정 기술이 제품이나 서비스에 적용되었을 때 지금까지 공략하지 못한 사용자의 요구사항을 충족시킬 수 있는 가능성이 있는지 분석한다. 예를 들어, 과거에는 지리적으로 멀리 떨어져서 함께 게임을 할 수 없었던 사용자에게 위치 인식 기술은 어디서든 게임을 할 수 있도록 했다. 또는 시간대가 달라 서

로 소셜네트워크를 사용할 수 없었던 사용자에게 모바일 기술은 언제든 다른 나라의 사용자와 소통을 할 수 있게 했다. 따라서 1단계에서는 해당 기술이 얼마나 다양한 사용자에게 접근할 수 있는지 파악하는 것이다. 예를 들어, 새로운 형태의 휴대전화를 기획하는 회사에서 경쟁 기술인 Foldable display와 Flexible display를 분석하고 있다고 생각해 보자. Foldable display는 기존 스마트폰의 스크린이 너무 작고 무거워 스마트폰을 사용하지 못했던 사용자에게 접근할 수 있다. 반면 Flexible display는 기존 스마트폰의 화면이 너무 쉽게 지저분해져서 불만이었던 사용자에게 접근할 수 있다. 그리고 이 두 기술 가운데 어떤 것이 더 큰 사용자 집단에 접근할 수 있는지 분석해 어떤 기술을 채택할 것인지 결정하는 것이다. 앞서 설명한 종합병원 디지털 서비스의 경우에도 마찬가지 맥락이 적용될 수 있다. WPS 기술은 그동안 종합병원을 꺼려 했던 시각장애인이나 청각장애인에게 위치추적을 통해 길찾기를 가능하게 함으로써 신규 사용자를 확보할 수 있었던 사례이다.

<u>2단계: 새로운 가치의 제공 가능성 분석</u>

이 단계에서는 새로운 기술이 디지털 제품이나 서비스에 적용되었을 때 지금까지 경험하지 못한 새로운 가치를 제공할 수 있는지 분석한다. 예를 들어, 새로운 이동용 비디오 감상기를 기획하고 있는 회사에서 경쟁 기술인 HD DVD와 Blu-ray를 분석한다고 생각해 보자. 두 기술 모두 수십 GB에 달하는 HD 동영상을 디스크 한 장에 저장할 수 있는 기능을 제공한다. 그러나 HD DVD는 영화만 볼 수 있는 반면, Blu-ray로는 게임을 즐길 수도 있다. 이를 통해 사용자는 해당 영화를 보면서 관련된 게임을 디스크 한 장으로 동시에 경험할 수 있다. 영화와 게임을 합쳐 유희적 가치를 제공한다는 측면에서 Blu-ray의 새로운 가치 제공 가능성이 더 높다고 평가할 수 있다. 종합병원 디지털 서비스 사례에서는 Veri-Chip 기술이 이에 속한다. 일반적이고 지속적인 건강관리 시스템으로 환자(혹은 건강관리 대상)의 건강관리에 대한 불편함과 귀찮음을 덜고, 편리하고 안정적이고 풍요로움 경험을 안겨 줄 수 있기 때문이다.

<u>3단계: 적정한 수익 모델 확보 가능성 분석</u>

이 단계에서는 새로운 기술이 디지털 제품이나 서비스에 적용되었을 때 회사의 입장에서 적정하고 안정적인 수익을 확보할 수 있는 잠재력이 있는지 분석한다. 예를 들어, 모바일 콘텐츠 같은 새로운 수익의 원천이나 수익 실현 방법을 제공할 수도 있고, 소셜 게임 같은 복제가 불가능한 새로운 이익의 원천을 제공할 수도 있다. 예를 들어, 앞서 보았던 HD DVD와 Blu-ray의 경우 Blu-ray의 제작 공정

이 기존 DVD와는 전혀 다르기 때문에 초기 비용이 많이 드는 반면, 저장 능력이 뛰어나고 복사가 어렵기 때문에 사업자 입장에서 상대적으로 안정적인 이익을 확보할 수 있다. 종합병원 디지털 서비스의 경우에는 WPS 기술이 이런 효과를 가져올 수 있다. 병원 내 환자의 위치를 추적해 길을 찾는 것을 돕거나 필요한 사항을 도와주는 '환자 도우미 서비스'를 먼저 개발한 다음에 유료화한다. 그리고 향후 이러한 형태의 서비스를 다른 병원에 팔 수 있다.

4단계: 전략적 통제권의 확보 가능성 분석

이 단계에서는 새로운 기술이 디지털 제품이나 서비스에 적용되었을 때 공급자, 사용자, 경쟁자에 대한 통제권을 확보할 수 있는 잠재력이 있는지 분석한다. 예를 들어, 사용자에게 밀착해 사용자와의 강한 유대관계를 형성하게 할 수도 있고, 핵심 기술에 대한 전용 사용권을 확보할 수 있는 제휴 관계를 구축할 수도 있고, 독점적인 네트워크에 접근할 수 있는 기회를 제공할 수도 있는지를 보는 것이다. 예를 들어, 새로운 모바일 애플리케이션을 기획하고 있는 회사가 아이폰 기반의 애플리케이션과 안드로이드 기반의 애플리케이션을 비교하고 있다고 생각해 보자. 아이폰 기반의 애플리케이션은 고객 정보가 모두 애플에 귀속되기 때문에 애플에 종속될 수밖에 없다. 반면 안드로이드 기반의 애플리케이션은 개발 규칙만 지키면 회사의 특징을 발현할 수 있는 기회가 상대적으로 많기 때문에 전략적 통제권을 확보할 가능성이 높다. 이러한 이유 때문에 안드로이드 기반의 애플리케이션은 시간이 지나면서 활성화되는 경향을 보인다. 종합병원의 디지털 서비스 경우에는 Veri-Chip 기술이 여기에 속한다. 적극적인 시장 진출로 시장을 선점한다면 아직 표준화가 되지 않은 인체내장칩 시장에서 고객들을 병원의 고객으로서 계속 유지시킬 수 있고 고객에 대한 정밀한 자료를 축적할 수 있기 때문이다.

5단계: 사업 범위의 확대 가능성 분석

이 단계에서는 새로운 기술이 디지털 제품이나 서비스에 적용되었을 때 회사의 사업 범위를 변경하거나 확장할 수 있는 잠재력이 있는지 분석한다. 예를 들어, 사용자의 요구사항에 따라 제품이나 서비스의 커스터마이징을 수월하게 한다든지 공급자의 수를 늘리거나 지역적인 범위를 확대할 수 있는지 분석하는 것이다. 새로운 리모컨을 기획하고 있는 회사가 오픈소스운동 open source movement에 참여할 것인지 고민하고 있다고 생각해 보자. 기존의 방식은 회사기기를 설계하면 그것을 해당 제조업자에게 전달하고, 제조업자가 생산한 제품에 상표를 붙여 판매하게 된다. 그러나 오픈소스 하드웨어를 사용하게 되면 시장에 제공되는 하드웨어를 이용해 회사가 직접 제조 공정에 참여하게 된다. 또는 반도체 회사가 고객 회사에 반도체를 쉽게 설계할 수 있는 툴킷을 제공해 고객 회사에서 직접 설계할 수 있고, 설계가 끝나면 해당 도면을 받아 반도체 회사에서는 제조에만 집중할 수 있다. 이 경우는 사업 범위를 축소해 전문 분야를 특화하는 사례라고 할 수 있다. 종합병원의 디지털 서비스의 경우 Veri-Chip 기술이 이에 속한다. 기존 질병의 사후 관리에만 치중했던 의료 서비스를 사전 건강 관리 영역으로까지 확대 가능하기 때문이다.

<u>6단계: 내부 조직의 성장가능성 분석</u>
이 단계에서는 새로운 기술이 제품이나 서비스에 적용되었을 때 회사의 입장에서 조직 구성원들의 효율성이나 전문성이 높아질 가능성이 있는지 분석한다. 예를 들어, 신기술을 도입함으로써 회사 직원들이 고부가가치를 창출할 수 있는 일에 집중할 수 있는지를 분석하거나 직원들의 협업을 장려할 수 있는지, 그리고 그로 인해 생산성이 향상될 수 있는지 분석하는 것이다. 따라서 6번째 단계는 회사 입장에서 해당 디지털 기술이 내부 구성원의 역량을 향상시키는 데 도움이 될 수 있는지 보는 것이다. 예를 들어, 소프트웨어 개발에는 두 가지 방법이 있다. 오픈소스 소프트웨어를 활용해 외부 지식 전문가들의 의견을 활발히 받아들이는 경우와, 기존 SI업체를 통해 아웃소싱하는 경우이다. 오픈소스 소프트웨어를 활용하는 경우 모든 조직 구성원이 오픈소스 소프트웨어 포럼에 참가해 작업을 진행하고, 프로젝트가 완료된 뒤에도 다음 절차를 위한 전문 지식을 집적할 수 있다. 반면 턴키^{turn key} 형식으로 SI 프로젝트를 진행하는 경우 프로젝트가 끝나면 해당 프로젝트에 관여한 구성원이 회사 내부에 없기 때문에 후속 프로젝트를 진행하는 데 지장을 받을 수 있다. 종합병원을 위한 디지털 서비스 사례에서는 WPS 기술이 이에 속한다고 할 수 있다. WPS로부터 받은 환자의 정보를 통해 환자에게 필요한 정보나 길안내를 도와주는 '환자 도우미 부서'를 병원 조직 안에 새로 개설하는 등 '새로운 형태의 병원 서비스' 개념을 위한 내부 조직의 역량 강화가 가능하기 때문이다.

어떤 이들은 사업성 측면에서 기술 분석을 하는 작업이 HCI의 사용경험 중심 패러다임과 거리가 멀다고 지적할 수 있다. 그렇지만 앞으로 HCI가 단순히 만들어진 제품을 평가하는 것이 아니라 최적의 경험을 사용자에게 제공할 수 있는 전략적 고민과 분석 절차로 거듭날 것을 고려해야 한다. 따라서 사용자에게 선호되는 서비스, 제품의 유형을 제대로 식별하고 사업성 관점의 기술 분석을 수행하는 절차도 HCI에서 중요하다.

HCI적인 입장에서 디지털 기술을 분석하는 방법에 대해 기술하고, 대표적인 디지털 기술을 플랫폼과 컴포넌트로 나누어 살펴보았다. 단일 플랫폼으로 TV와 휴대전화, PC가 대표적이며, 이들이 융합되거나 연동되는 플랫폼으로 진화되고 있음을 알 수 있었다. 중요한 디지털 컴포넌트로는 입력 장치, 출력 장치, 네트워크 장치를 꼽을 수 있고, 부가적으로 처리 장치와 저장 장치를 들 수 있다. 이러한 디지털 플랫폼과 컴포넌트 기술은 세 가지 관점에서 통합적으로 분석하는 것이 필요하다. 첫째, 사용자경험의 관점에서는 특정 기술이 사용자가 생각하는 핵심 가치를 얼마적으로 효과적으로 제공하고, 핵심 사용성의 속성을 만족하며, 핵심 인상과 개성을 효과적으로 표현하고, 예상되는 사용 맥락과 얼마나 부합하는지를 분석한다. 둘째, 혁신성의 관점에서는 해당 기술이 기존의 기술에 비해 사용자의 욕구를 얼마나 혁신적으로 충족시킬 수 있는지를 분석한다. 셋째, 사업적인 관점에서는 해당 기술이 회사 입장에서 시장 경쟁력과 내부 잠재력을 얼마나 높여 줄 수 있는지를 분석한다. 이러한 분석을 통해 혁신적이고 시장성을 지니면서 사용자가 원하는 경험을 지속적으로 제공하는 기술이 무엇인지 파악하는 것이 기술 분석의 핵심 목표이다.

토론 주제

1

디지털 제품이나 서비스에 적용된 기술 가운데 최신 기술이 반드시 적합한 것이 아닐 수 있는 사례를 찾고 그 이유를 설명해 보자.

2

디지털 플랫폼 가운데 편재성을 설명할 수 있는 사례를 들고 편재성을 어떻게 활용하고 있는지 설명해 보자.

3

디지털 플랫폼 가운데 융합을 효과적으로 달성한 사례와 그렇지 못한 사례를 찾아보고, 이 둘의 차이를 통해 융합의 중요한 요소가 무엇인지 생각해 보자.

4

디지털 플랫폼 가운데 연동을 효과적으로 달성한 사례와 그렇지 못한 사례를 찾아보고, 이 둘의 차이를 통해 연동의 중요한 요소가 무엇인지 생각해 보자.

5

디지털 컴포넌트 기술 가운데 점진적 혁신 기술, 가격 파괴적 혁신 기술, 시장 파괴적 혁신 기술을 하나씩 선정해 각 특성을 비교하고 분석해 보자.

6

새로운 소셜네트워크 서비스를 기획하는 상황을 가정해 최근 개발된 디지털 입력 장치 기술 가운데 두 가지를 선택해 사업성을 분석해 보자. 그리고 두 가지 가운데 어떤 기술이 사업성이 높은지 그 이유를 설명해 보자.

7

새로운 소셜네트워크 서비스를 기획하는 상황을 가정해 최근 개발된 디지털 기술 가운데 두 가지를 선택해 사용 가치를 분석해 보자. 그리고 둘 가운데 어떤 기술이 사용 가치 측면에서 잠재력이 큰지 그 이유를 설명해 보자.

8

새로운 스마트폰을 기획하는 상황을 가정해 최근 개발된 디지털 기술 가운데 두 가지를 선택해 사용성 기반으로 기술을 분석해 보자. 그리고 둘 가운데 어떤 기술이 사용성 측면에서 잠재력이 높은지 그 이유를 설명해 보자.

9

새로운 온라인 게임 서비스를 기획하는 상황을 가정해 최근 개발된 디지털 기술 가운데 두 가지를 선택해 감성적인 측면을 분석해 보자. 둘 가운데 어떤 기술이 감성적인 측면에서 잠재력이 높은지 그 이유를 설명해 보자.

10

새로운 휴대전화를 기획하는 상황을 가정해 최근 개발된 디지털 기술 가운데 두 가지를 선택해 사용 맥락을 분석해 보자. 어떤 기술이 사용 맥락에 부합할 수 있는 잠재력이 높은지 그 이유를 설명해 보자.

10장 콘셉트 디자인

**디지털 제품과 서비스에 대한
큰 그림 그리기**

"날카롭고 주의 깊게 살펴본다면, 우리가 원하는 행운을 발견하게 될 것이다. 비록 행운은 우리를 볼 수 없지만, 우리는 노력하면 행운을 볼 수 있다."

프란시스 베이컨 Francis Bacon

궁금한 점

올림푸스의 하이브리드 디지털 카메라 PEN이 보다 뛰어난 성능을 갖춘 타사 제품을 누르고 사용자의 관심을 받게 된 이유는 무엇일까?

미켈란젤로 같은 천재도 아니고, 스티브 잡스처럼 특별한 재능이 없는 평범한 사람들이 기발한 콘셉트를 만들어 낼 수 있는 방법은 무엇일까?

윈도의 바탕화면에 있는 휴지통을 보면서 책상 위에 휴지통을 올려놓고 사용하는 것이 이상하다고 생각한 적이 있는가? 왜 이상하다는 생각을 했을까?

영화 소개

매트릭스 1999

"그럼 뭐가 현실인데? 자네는 현실을 어떻게 정의 내리지? 이게 바로 자네가 아는 세상이야. 20세기 말의 모습이지. 세상은 이제 매트릭스라는 신경 상호작용 시뮬레이션의 일부로만 존재하지. 네오, 자넨 그동안 꿈나라에 살고 있었네."

모피어스(영화 속 인물)

영화 〈매트릭스〉는 미래를 배경으로 인공지능 컴퓨터와 그에 대항하는 인간 사이의 대결을 그리고 있다. 〈매트릭스〉는 영화 전체에 걸쳐 가상과 현실 사이의 다양한 세계를 제시한다. 인공지능 컴퓨터에 의해 프로그램된 매트릭스 세계, 인간이 만든 프로그램인 컨스트럭트 세계, 인간의 도시 시온, 매트릭스와 현실 사이의 중간 세계 등 각 세계는 저마다 명확한 콘셉트와 그에 걸맞은 철학적, 종교적 상징을 통해 서로 다른 모습과 기능과 구조로 치밀하게 구현되어 있다. 이러한 콘셉트와 메타포 덕분에 네오가 모피어스에게 설명을 듣고 현실을 깨닫기 전까지 가상세계를 현실로 착각할 정도로 매트릭스의 세계는 사실적이다. 영화 〈매트릭스〉를 통해 콘셉트 디자인의 중요성과 메타포를 이용해 구체화된 콘셉트의 효과에 대해 상세히 알아보도록 하자.

영화 토론 주제

1 〈매트릭스〉에 등장하는 여러 가상세계는 각기 독특한 콘셉트를 기반으로 설계되어 있다. 그 가운데 가장 인상적인 콘셉트를 찾아보고, 왜 그렇게 생각하는지 설명해 보자.

2 영화에서 가상세계와 현실 세계를 넘나드는 것은 어떤 콘셉트를 통해 표현되는지 구체적인 장면을 예로 들어 설명해 보자. 그리고 이러한 일이 우리가 사는 현실에서는 어떻게 활용될 수 있을지 설명해 보자.

3 〈매트릭스〉에 등장하는 메타포와 실제 콘셉트와의 관계에 대해 생각해 보자. 그리고 메타포와 콘셉트가 일치하는 장면과 그렇지 않은 장면을 찾아보자.

영화 〈매트릭스〉에 나타난 콘셉트와 메타포의 중요성

사용자, 과업, 맥락, 기술에 대한 분석 절차를 완료한 뒤에는 디자인 절차를 수행하게 된다. 이때 가장 먼저 생각해야 할 것은 제품이나 서비스에 대한 큰 그림이다. 이처럼 큰 크림을 만드는 과정을 콘셉트 디자인이라고 한다. 콘셉트 디자인은 앞으로 진행할 정보구조 디자인, 인터랙션 디자인, 인터페이스 디자인을 위한 밑거름이 되기 때문에 새로운 제품이나 서비스를 디자인하는 데 가장 중요하고도 기본적인 과정이다. 그러나 디지털 제품이나 서비스에 대한 콘셉트도 행운과 같아서 처음 문제에 직면했을 때는 모든 것이 막연하기 마련이다. 따라서 콘셉트를 도출하고 구체화해 향후 디자인 프로세스에 사용하려면 체계적인 방법론이 필요하다. 본 장에서는 콘셉트의 기본적인 정의에서 시작해 좋은 콘셉트가 무엇인지 살펴볼 것이다. 그리고 콘셉트 디자인의 전반적인 프로세스, 즉 트리즈와 창조성 템플릿을 통해 새로운 콘셉트를 도출하는 단계, 도출된 콘셉트를 평가하고 선정하는 단계, 선정된 콘셉트를 메타포를 통해 구체화하는 단계에 이르기까지 하나의 콘셉트가 구체적인 모습을 갖추는 과정에 대해 상세하게 살펴본다. 이를 통해 독자가 디지털 제품이나 서비스를 개발하는 과정에서 참신한 콘셉트를 만들고 구체적으로 표현할 수 있도록 콘셉트 디자인 방법과 절차를 제시하는 것이 본 장의 목적이다.

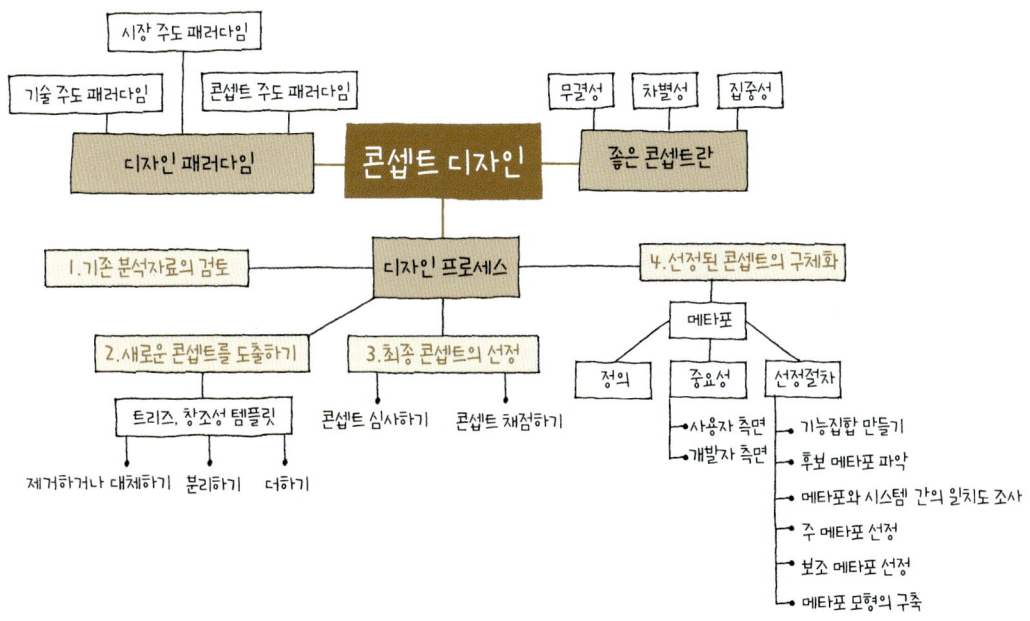

1. 콘셉트의 개념

이미 완성되었거나 구체적인 형태가 갖추어진 무언가를 평가하고 개선하는 데 중점을 둔 전통적인 HCI와는 달리 새로운 HCI는 사용자에게 새롭고 가치 있는 경험을 제공하는 것이 그 목표이다. 이를 위해 우리는 새롭고 가치 있는 경험이 무엇인지 명확하게 정의할 필요가 있다.

콘셉트란 제품이나 서비스의 형태와 디자인은 물론 적용된 기술과 작동 원리 등을 모두 포괄하는 개념으로 해당 제품이나 서비스가 사용자에게 어떤 경험을 제공할 수 있는지를 전반적으로 설명한다. 따라서 제대로 만들어진 콘셉트는 해당 제품이나 서비스가 사용자의 요구에 어떻게 부합하는지 직관적으로 보여 줄 뿐만 아니라 제품이나 서비스가 제공하는 새로운 경험을 체감할 수 있게 한다. 디지털 제품이나 서비스를 개발하는 과정에는 기획자, 디자이너, 개발자, HCI 전문가 외에도 여러 영역의 전문가가 참여한다. 콘셉트는 이들이 개발하고자 하는 대상에 대해 참여자 각자의 생각의 차이를 극복하고 서로 소통할 수 있도록 돕는 역할을 한다. 또한 이들이 앞으로 나아가야 할 방향에 대한 큰 그림을 공유할 수 있게 한다. 따라서 콘셉트를 어떻게 도출하고 선정하고 구체화하느냐에 따라 전혀 다른 결과물을 얻게 될 수도 있다. 콘셉트 디자인은 디지털 제품과 서비스를 개발하는 긴 여정을 떠나기 전에 반드시 거쳐야 할 단계이다.

1.1 디지털 제품 및 서비스를 위한 디자인 패러다임

그렇다면 디지털 제품과 서비스의 디자인은 전반적으로 어떠한 패러다임으로 이루어지는 것일까? 이를 크게 기술 주도 패러다임, 시장 주도 패러다임, 콘셉트 주도 패러다임으로 구분하고자 한다.

기술 주도 패러다임technology-driven paradigm은 디지털 제품이나 서비스를 디자인할 때 기술을 중점적으로 고려하는 접근법으로 어떤 회사가 다른 기업이 모방할 수 없는 혁신적인 기술을 보유하고 있거나 주도적인 기술력을 확보하고 있어 다른 경쟁업체에 비해 확실히 우위에 있다고 판단되는 경우에 사용할 수 있는 전략이다. 하지만 지나치게 기술에 몰입하다 보면 시장과 사용자의 목소리를 놓치게 되는 한계가 있고, 이는 제품이나 서비스의 실패 요인으로 작용할 수도 있다. 신기술을 채용해 세간의 이목을 일시적으로 끌 수는 있겠지만, 사람들의 잠재된 욕구를 만족시키지 못한다면 결국 시장에서 외면받을 수밖에 없기 때문이다. 2001년 미국의 발명가 딘 카멘Dean Kamen이 발명한 1인용 교통수단인 세그웨이Segway 역시 출시 당시에는 도시의 출퇴근 풍경을 바꿀 혁신적인 제품으로 사람들의 기대를 모았다. 그림 1에서 보듯 바퀴 두 개만으로 자유자재로 이동할 수 있었기 때문이다. 하지만 처음의 기대와는 달리 7년 동안 3만여 대만이 판매되었다. 보도에서 타기에는 너무 빠른 반면 차도에서는 너무 느려 이용하는 데 곤란했을뿐더러 3,000달러에서 7,000달러에 이르는 높은 가격이 사용자의 발목을 잡았다. 결국 세그웨이는 뛰어난 기술로 일시적인 화제는 모았지만 실패하고 말았다.

그림 1
기술 주도 패러다임에 의한 신제품의 사례: 세그웨이

반면 시장 주도 패러다임market-driven paradigm은 시장을 형성하는 소비자를 중심으로 제품이나 서비스를 바라보고자 하는 전략이다. 시장 분석을 통해 소비자의 잠재적 욕구를 파악하고 이를 개발하는 제품이나 서비스에 적극적으로 반영하기 때문에 시장 주도 패러다임은 고객에게 즉각적이고 직접적인 만족을 제공할 수 있다는 장점이 있다. 하지만 시장 주도 패러다임으로 얻을 수 있는 경쟁 우위는 그리 오래 가지 않았다. 시장 진입 장벽이 낮아서 후발 주자가 시장에 쉽게 진입하기 때문이다. 또한 치열한 시장 경쟁 상황에서 고객에게 특장점을 내세우기 어려울 경우 자연스럽게 가격 경쟁으로 이어지기 때문에 장기적으로 적절한 이윤을 창출하기도 어렵다.

시장 주도 패러다임의 예로 저렴함과 휴대성으로 틈새시장을 형성했던 넷북을 들 수 있다. PC와 더불어 노트북이 대중화되고 네트워크 사용이 활발해지자 사람들은 노트북보다는 가벼우면서 간단하게 업무 처리를 할 수 있는 새로운 기기를 원했다. 변화하는 소비자의 요구를 재빠르게 파악한 타이완의 아수스Asus는 2007년 넷북을 출시했고, 사용자의 즉각적인 관심과 함께 노트북 시장에 큰 반향을 일으키며 성공을 거두었다. 뒤이어 삼성, HP, 델, 에이서 등 많은 경쟁업체에서 이와 유사한 제품을 잇따라 출시하면서 새로운 시장이 형성되었다. 그러나 여러 제조사의 시장 진입으로 경쟁이 심화되고 스마트폰, 태블릿PC, 울트라씬 노트북 등 대체 제품이 출시되면서 넷북 시장은 그림 2에서 보는 것처럼 결국 쇠퇴하고 말았다.

콘셉트 주도 패러다임concept-driven paradigm은 다른 개념들보다 훨씬 총체적인 관점에서 디지털 제품이나 서비스 디자인에 접근하는 방법을 가리킨다. 콘셉트 주도 패러다임을 선택해 디지털 제품이나 서비스를 개발하는 경우 우선 시장 주도 패러다임과 유사하게 트렌드를 읽고 해당 제품의 주요 타깃으로 삼을 만한 사용자층을 선정하게 된다. 그리고 선정한 사용자층의 잠재적 요구를 파악해 이를 충족시킬 수 있는 콘셉트를 도출한다. 이때 도출한 콘셉트를 구현할 수 있는 적절한

그림 2
시장 주도 패러다임에 의한
넷북 사례와 시장 상황

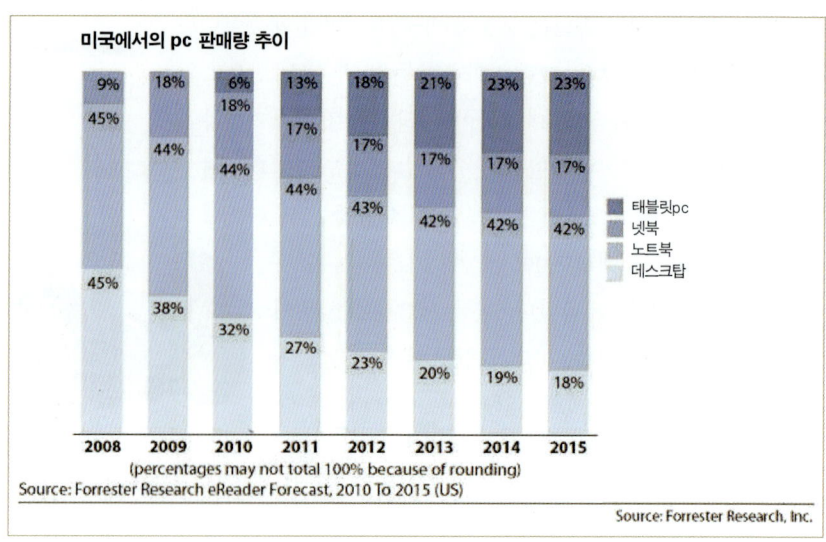

기술을 도입하게 되는데, 기존 기술로 제품이나 서비스를 개발하는 데 한계가 있는 경우 구현에 필요한 기술을 별도로 개발하기도 한다. 따라서 따로 기술을 개발하거나 시장의 트렌드를 좇는 등의 맹목적인 수고를 하지 않아도 된다. 이렇게 일관된 전망에 따라 적절한 기술이나 유행을 도입한다는 점에서 콘셉트 주도 패러다임은 기술과 시장이라는 두 마리 토끼를 동시에 잡을 수 있는 효과적인 패러다임이라 할 수 있다. 제품이나 서비스의 차별화를 위한 가치와 경쟁력의 원천이 품질, 기능, 성능 위주에서 디자인, 창의력, 스토리와 같이 모방이 어렵고 쉽게 범용화할 수 없는 콘셉트 위주로 이동하는 최근의 추세에서 콘셉트 주도 패러다임은 더욱 각광받고 있다.Mckain, 2004

애플의 아이패드는 이러한 콘셉트 주도 패러다임의 장점을 보여 주는 사례이다. 2010년 1월, 출시되기 전부터 아이패드는 이미 세계적인 관심의 대상이었다. 이는 노트북과 넷북에 밀려 주목받지 못했던 태블릿PC로서는 이례적인 일로, 이미 아이폰으로 풍부한 사용자경험을 제공한 바가 있는 애플이 출시하는 제품이라는 사실 하나만으로도 시장의 기대를 모은 것이다. 기술적으로 아이패드는 향상된 하드웨어 기술과 다양한 소프트웨어, 플랫폼 서비스 제공 등을 통해 기대에 부응했다. 아이폰과 같은 운영체제를 사용하지만, 판plate이라는 콘셉트에 맞추어 채용된 화면과 터치 인터페이스로 새로운 사용자경험을 제공하고, 더 얇고 납작해진 디자인으로 휴대성을 만족시켜 사용자의 호응을 얻을 수 있었던 것이다. 또한 다양한 멀티미디어 기능과 부가 기능을 앱스토어라는 플랫폼을 통해 사용자가 간편하게 추가할 수 있도록 기기에 새로운 가치를 부여했다. 결국 아이패드는 출시 첫날 약 12만 대가 팔리고, 예약 판매로만 약 30만 대가 팔리는 등 이전까지 외면받던 태블릿PC에 대한 관심을 다시 불러일으켰다. 이듬해 열린 CES 등의 세계적인 가전박람회에서는 약 35개사가 80여 개의 새로운 태블릿 제품을 선보이기도 했다. 그러나 애플의 독창적인 브랜드 가치와 사용자 충성도는 다른 업체들이 쉽게 모방할 수 없는 것으로, 시장에서 아이패드가 차지하는 독보적인 브랜드 파워는 쉽게 바뀌지 않을 전망이다.

이와 같이 시대를 앞서가는 콘셉트를 창조하고 기존의 기술에 남다른 콘셉트를 더해 새로운 가치를 창출하는 콘셉트 주도 패러다임의 효과가 입증되면서 디자인의 중요성도 점점 부각되고 있다.

1.2 좋은 콘셉트의 특성

콘셉트는 사용자가 미처 인식하지 못한 것까지 파악해 최적의 사용자경험을 이끌어 낼 수 있는 기반을 마련한다. 그렇다면 콘셉트의 좋고 나쁨은 무엇으로 판가름할 수 있을까? 좋은 콘셉트는 무결성, 차별성, 집중성이라는 세 가지 특성을 지닌다. 이러한 세 가지 특성은 특정 콘셉트가 얼마나 좋은지 판단하는 기준으로 활용될 수 있다.

첫째, 무결성integrity은 특정 콘셉트가 제품이나 서비스의 특징을 얼마나 조화롭게 설명할 수 있는지에 관한 특성이다. 고객의 기대, 시장의 추세와 같은 외부적인 요소뿐만 아니라 사내 기술력, 성능 같은 내부적인 요소가 얼마나 조화롭게 하나의 콘셉트로 묶여 있는지 의미하는 것이다. 즉 특정 제품이나 서비스의 여러 가지 특성들이 서로 갈등 없이 조화를 이루고 있을 때 우리는 콘셉트가 무결성을 띠고 있다고 말할 수 있다. 둘째, 차별성distinctiveness은 특정 디지털 제품이나 서비스를 기존의 것과 비교할 때 다른 점이 무엇이고 이를 얼마나 잘 부각시키고 있는지를 나타내는 특성이다. 차별성이 높은 콘셉트는 짧은 시간 동안 설명을 듣더라도 기존의 제품이나 서비스와 확연하게 다르다는 느낌을 준다. 따라서 콘셉트의 차별성이 높은 경우 해당 디지털 제품이나 서비스는 사용자에게 기존의 것과 확연히 구별되는 경험과 가치를 제공한다. 셋째, 집중성focus은 제품이나 서비스가 사용자에게 소구하고자 하는 것이 사용자의 요구와 욕구에 집중되어 있는지를 가리키는 특성이다. 그러므로 집중성이 높은 콘셉트는 특정 사용자층에 꼭 맞는 기능과 정보를 제공한다. 따라서 집중성이 높은 콘셉트는 제품이나 서비스에 대해 긍정적인 사용자와 이들이 무엇 때문에 긍정적인 반응을 보일지 예측할 수 있게 한다.

좋은 콘셉트의 예로 올림푸스 PEN을 들 수 있다. PEN은 2009년 하이브리드 디지털 카메라라는 콘셉트로 출시되었다. 하이브리드 디지털 카메라는 전문가 수준의 사용자를 위한 고급형 DSLR과 일반 사용자를 위한 콤팩트 디지털 카메라 사이에 위치하는 제품으로 DSLR의 높은 화질과 교환 가능한 렌즈, 콤팩트 디지털 카메라의 휴대성과 간편함이라는 장점을 적절하게 결합했다. 나아가 현대적으로 재해석한 과거지향적인 감성으로 많은 사용자의 관심과 사랑을 받을 수 있었다. 사용자들의 성원에 힘입어 올림푸스는 PEN의 후속 시리즈를 연달아 출시해 큰 성공을 거두었다. 파나소닉 역시 카메라의 크기와 무게를 대폭 줄인 루믹스 DMC-GF1를 출시했다. 그러나 루믹스의 콘셉트는 PEN과는 달리 제품의 기능과 사양이 전체적으로 어떻게 조화를 이루는지가 불분명했고, 기존에 출시된 제품들과의 차이점 또한 없었다. 따라서 수많은 제품에 묻혀 주목을 받지 못했다. 이와 같이 좋은 콘셉트는 제품이나 서비스의 성패를 좌우하는 중요한 변수가 된다.

그림 3
좋은 콘셉트로 성공한 올림푸스 PEN과 좋지 않은 콘셉트로 실패한 파나소닉 루믹스 DMC-GF1

1.3 콘셉트 디자인의 전체적인 프로세스

콘셉트를 디자인해 구체화하는 과정을 우리는 흔히 '콘셉트를 잡는다'라고 표현한다. 그렇다면 애플의 아이폰과 같이 시장의 뜨거운 반응을 끌어낸 제품의 콘셉트는 어떻게 만들어지는 것일까? 많은 사람들은 스티브 잡스 같은 천재 기업인이나 가능한 일이라고 생각한다. 그렇지만 제품이나 서비스가 혁신적이라는 찬사를 받으려면 사용자의 '경험'을 개선해야만 한다. 따라서 아이폰 역시 천재의 우연에 의한 산물이라기보다는 사용자에게 휴대전화를 활용하는 새로운 경험을 제시했다고 볼 수 있다.

제품이나 서비스의 혁명은 한 발자국 떨어진 거리에서 객관적인 시선으로 살펴볼 때 더 확연히 보이기도 한다. 진화와 혁명은 우연히 나타나는 것이 아니라 특정한 법칙에 따라 반복적인 패턴으로 나타나기 때문이다. 따라서 콘셉트 디자인 과정은 천재가 만든 우연의 결과가 아니라 공통된 법칙에 따라 단계를 밟아 이루어 나가는 과정이다. 이는 그림 4와 같이 4단계에 걸쳐 진행된다.

기존 분석자료의 검토	대안 콘셉트의 도출	최종 콘셉트의 선정	선정된 콘셉트의 구체화
사용자 분석 - 페르소나 **과업 분석** - 시나리오, 시퀀스 **맥락 분석** - 물리적 맥락 - 사회적 맥락 - 문화적 맥락 **기술 분석** - 사업성 분석 - 경험성 분석 - 혁신성 분석	**여러 가지 대안적인 콘셉트의 도출** - 제거하거나 대체하기 - 분리하기 - 더하기	콘셉트 심사하기 콘셉트 선정하기	주 메타포 선정 보조 메타포 선정 메타포 모형의 구축

그림 4
콘셉트를 디자인하는 4단계

1단계는 기존의 수집된 분석 자료를 검토한다. 사용자 분석을 통해 도출된 페르소나, 과업 분석을 통해 도출된 사용 시나리오와 시퀀스, 디지털 제품이나 서비스를 둘러싼 맥락 분석 결과 그리고 기술에 대한 경험성, 혁신성, 사업성 분석 결과 등을 바탕으로 사용자가 어떤 경험을 원하는지 명확하게 규정한다. 2단계는 새로운 대안 콘셉트를 도출한다. 트리즈와 창조성 템플릿을 활용한 세 가지 방법(제거하거나 대체하기, 분리하기, 더하기)을 적용해 여러 새로운 콘셉트를 도출한다. 3단계는 최종 콘셉트를 선정한다. 도출된 여러 콘셉트를 심사하고 채점해 가능성이 가장 높은 콘셉트를 선정한다. 4단계는 선정된 콘셉트를 구체화한다. 선정된 콘셉트를 주 메타포와 보조 메타포를 이용해 구체화하고 이를 콘셉트 모형으로 정리한다.

2. 새로운 콘셉트 도출하기

본격적으로 제품이나 서비스의 큰 그림을 그리는 콘셉트 디자인 과정을 살펴보자. 여기에서는 참신한 콘셉트를 도출하는 concept generation 방법을 트리즈와 창조성 템플릿을 중심으로 알아보기로 한다.

2.1 새로운 콘셉트를 도출하기 위한 방법: 트리즈와 창조성 템플릿

참신한 아이디어와 콘셉트를 지속적으로 개발하기 위해서는 어떤 방법이 필요할까? 천재가 아닌 평범한 사람이 새롭고 참신한 아이디어와 콘셉트를 지속적으로 도출할 수 있도록 도와주는 체계적인 도구나 방법이 있다. 그중에는 창의성을 강조하는 방법으로 브레인스토밍이나 시네틱synetics을 이용하는 방법이 있고, 합리성을 강조하는 방법으로 목표 트리objectives tree를 이용하는 방법, 기능적 분할 functional decomposition 을 이용하는 방법, 모포로지컬 도면morphological chart을 이용하는 방법이 있다.김용세, 2009 그중 가장 효과적인 방법론으로 거론되는 것이 바로 트리즈와 창조성 템플릿이다.cross, 2000; kirschman & Fades, 1998; Ullman, 1997; Dixon & Poli, 1995

트리즈는 러시아의 발명가 겐리히 알트슐러Genrikh Altshuller가 만든 혁신적인 아이디어 생성과 문제 해결을 위한 이론이다. 그는 150만 건의 특허 가운데 4만 건의 창의적인 결과를 분석해 참신한 아이디어의 도출 과정에 특정한 패턴이 있다는 사실을 발견하고, 다양한 상황에 적용할 수 있는 법칙으로 체계화했다. 트리즈는 문제 상황을 새로운 시각에서 재정의하고 다양한 각도에서 접근할 수 있어 다방면에서 활용되고 있다. 특히 HCI에서는 특정 디지털 제품이나 서비스를 개선하고 기능을 추가하기 위해 트리즈를 활용할 수 있다. 콘셉트 디자인 과정에서 핵심이 되는 아이디어를 생성해 콘셉트로 확장해 나갈 때 트리즈는 체계적인 사고로 디지털 제품이나 서비스에 대한 발상을 전환할 수 있는 틀을 제공한다.

한편 창조성 템플릿은 2002년 골덴버그Goldenburg and Mazursky가 창조의 원리에 관한 설명과 함께 제기한 방법론으로 광고 제작, 디지털 상품의 기획을 수행할 때 아이디어 도출 차원에서 활용할 수 있는 방법론이다. 이 방법은 트리즈와 마찬가지로 인지 과정의 분석적 특성과 집중성을 기반으로 체계적인 발상법을 지향한다. 제품과 그 제품의 트렌드에 내재된 패턴을 찾아내 템플릿화하고, 이러한 템플릿을 콘셉트를 도출하는 사고의 프레임으로 적절히 활용한다면 창의적인 아이디어를 만들 수 있다고 주장한다. 패턴을 통해 생각의 물꼬를 트고, 그 물길을 따라 도출된 아이디어를 기존 디지털 제품이나 서비스에 비교하는 과정을 통해 좀 더 다양한 콘셉트를 만들어 나갈 수 있다는 것이다.

위에서 살펴본 바와 같이 트리즈와 창조성 템플릿은 공통적으로 새로운 콘셉트에 일정한 패턴이 존재하며, 이러한 패턴을 활용하면 일반인도 창의적인 아이디어와 해결 방안을 효율적으로 만들어 낼 수 있다고 주장한다. 여기에서는 이 두 가지 방법론에서 공통적인 부분만을 추려 제품이나 서비스를 개발할 때 HCI 적인 관점으로 적용이 가능한 세 가지 방법을 소개하고, 이를 활용해 콘셉트를 도출하는 과정을 살펴보고자 한다.

2.2 디지털 제품이나 서비스를 시스템적인 관점에서 바라보기

트리즈와 창조성 템플릿을 활용해 디지털 제품이나 서비스를 위한 콘셉트를 도출하려면, 우선 두 가지 방법론이 취하고 있는 시스템system이라는 관점에서 제품이나 서비스를 이해해야 한다. 두 가지 방법 모두 시스템의 기능function을 중심으로 새로운 콘셉트를 도출하는 방법이다.김용세, 2009 시스템은 어떤 기능을 수행하도록 설계되고 만들어진 것으로 여러 구성 요소로 이루어진다. 예를 들어, 우리가 늘 가까이에 두고 사용하는 휴대전화(시스템)는 누군가와 통화하기(기능) 위해 만들어진 시스템이며, 휴대전화라는 시스템은 송신기, 수화기, 키패드, 액정화면과 같은 하위 구성 요소들이 모여 이루어진다. 이러한 하위 구성요소들은 상호작용하면서 통화하기 기능을 수행한다. 한편 사용자가 디지털 제품이나 서비스를 사용하면서 어떠한 필요나 욕구를 느낀다는 것을 시스템 관점으로 생각해 보면, 시스템이 주 기능을 수행하는 과정에서 사용자의 특성이 시스템의 구성 요소와 주변 환경 사이에서 갈등을 발생시킨다고 볼 수 있다.

따라서 어떤 디지털 제품이나 서비스 문제의 해결 방안을 찾으려 한다면, 제품과 서비스가 어떻게 구성되어 있고 각 요소들은 어떻게 상호작용하는지 이해해야만 한다. 예를 들어, 노인이 출퇴근 시간 지하철과 같은 대중 교통수단에서 휴대전화를 사용하는 경우를 생각해 보자. 주변 소음의 영향으로 노인은 수화기의 음성을 듣기 어려울 것이다. 노인은 답답한 마음에 통화를 그냥 중단해 버리게 될지도 모른다. 이러한 경우 '휴대전화 수화기의 음성이 또렷하게 들리지 않는다'는 문제의 원인을 제품 자체가 아니라 노인의 청력, 주변의 소음과 같이 외부에서 찾을 수도 있을 것이다. 하지만 트리즈는 해당 문제의 원인을 시스템, 즉 휴대전화의 구성 요소 가운데 하나인 수화기에서 먼저 찾아보고, 문제의 원인인 음성을 또렷하게 전달할 수 있는 방법에 대해 생각한다. 그 결과 휴대전화 수화기의 기능을 보조할 수 있는 이어폰을 추가해 수화기의 기능을 강화하는 방안을 생각해 볼 수 있다.

이렇듯 우리는 트리즈나 창조성 템플릿을 통해 현재 시스템이 안고 있는 갈등 요소를 해소하고 새로운 콘셉트를 도출할 수 있다. 시스템의 갈등을 해결하는 과정은 그림 5에서 보는 것처럼 보조 도구의 유무나 분리 가능성에 따라 총 세 가지 세부적인 방법으로 나뉜다. 이때 보조 도구AT, auxilary tool는 시스템의 주 기능 자체를 수행하는 도구는 아니지만, 주 도구가 기능을 수행하는 과정에 도움을 주는 도구를 의미하며, 분리 가능성이란 시스템의 요소를 시간이나 장소 등의 방법으로 분리가 가능한지를 의미한다. 앞서 살펴본 휴대전화의 이어폰이나 블루투스 수신기 등이 여기에 해당한다.

그림 5
시스템 등을 해결하는
세 가지 방법

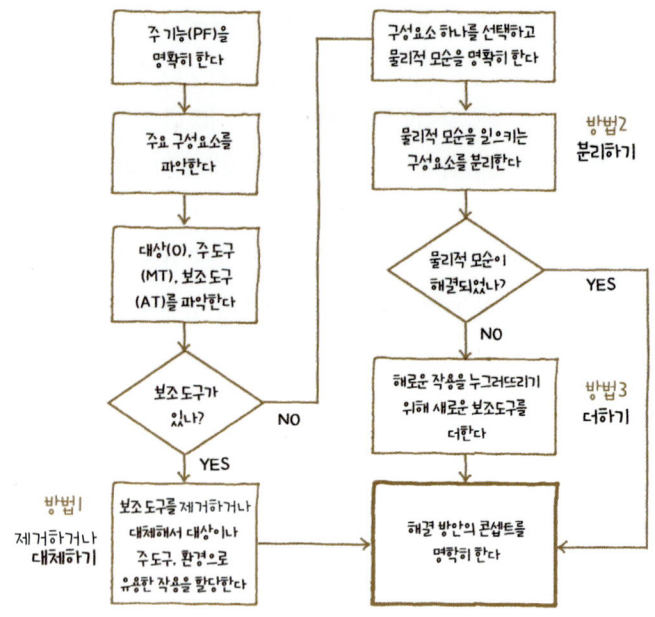

2.3 방법 1: 제거하거나 대체하기

시스템 갈등을 해결하기 위한 첫 번째 방법은 문제를 일으키는 시스템 요소를 제거하거나 이를 다른 요소로 대체하는 것이다. 이때는 트리즈의 이상성 전략ideality tactic과 창조성 템플릿 가운데 대체 템플릿replacement template이나 제거 템플릿displacement template이 활용된다. 이는 AT가 있는 경우 적용할 수 있는 방법으로 문제가 되는 AT를 제거하거나 대체해 다른 도구나 그 도구가 사용되는 환경에 그 AT가 수행하던 기능을 할당하는 방법이다. 갈등을 일으키는 시스템의 AT를 없앰으로써 더 좋은 가치를 제공할 수 있는 가능성을 잘 보여 주는 사례로 그림 6의 아이맥을 들 수 있다. 아이맥은 입출력 장치를 제외한 모든 주변 요소를 배제한 깔끔한 디자인으로 성능과 함께 아름다움을 추구하는 사용자 욕구를 만족시킨다. 아이맥의 콘셉트 도출 과정을 유추해 보면 다음과 같은 진행 과정을 생각해 볼 수 있다.

우선 해당 제품의 주 기능primary function을 명확히 하기 위해 제품의 주 기능에 초점을 맞춘다. 컴퓨터의 주 기능은 입력 장치로 받아들인 사용자의 지시를 빠르게 처리해 출력 장치를 통해 그 결과를 보여 주는 것이다. 다음으로 컴퓨터라는 시스템을 이루고 있는 주요 구성 요소를 살펴본다. 여기에는 입출력 장치, 처리 장치, 그리고 장치 간을 연결해 주는 선과 기타 주변 장치 등이 있다. 일반적인 용도의 컴퓨터는 사양이 높을 필요가 없고 몇몇 장치는 생략되어도 무방하다.

그러면 컴퓨터의 구성 요소 가운데 없애도 좋은 AT는 무엇일까? 아이맥의 경우 AT는 공간을 차지하는 컴퓨터 본체와 각종 연결선이었다. 본체는 다른 구성 요소에 포함시킬 있을 수 있으면 되고, 각종 연결선은 무선 기술로 대체해 제거하는 것이 가능하다. 그 결과 '올인원 컴퓨터'라는 아이맥의 콘셉트와 연결된다는 것을 짐작할 수 있다.

그림 6
제거 템플릿을 이용한 새로운
디지털 제품 사례:
애플의 아이맥

대체하기의 사례로 미국의 온라인 비디오 대여 서비스인 넷플릭스netflix를 들 수 있다. 넷플릭스는 기존의 비디오 대여점과는 달리 매달 30~40달러를 내고 서비스에 가입하면, 원하는 기간 동안 연체료 없이 DVD를 대여하는 서비스를 제공한다. 인터넷을 통해 원하는 DVD를 선택하면 우편으로 배송해 주고, 다 본 DVD는 다시 우편을 통해 회수한다. 즉 넷플릭스를 비디오 대여 시스템이라는 관점에서 보면, 그림 7과 같이 대여점이라는 AT를 홈페이지로 대체하고, 독특한 대여 시스템으로 비디오 대여점까지 사용자가 가야 하는 수고나 비싼 연체료를 부과해 사용자를 불쾌하게 만드는 갈등을 제거했다고 볼 수 있다.

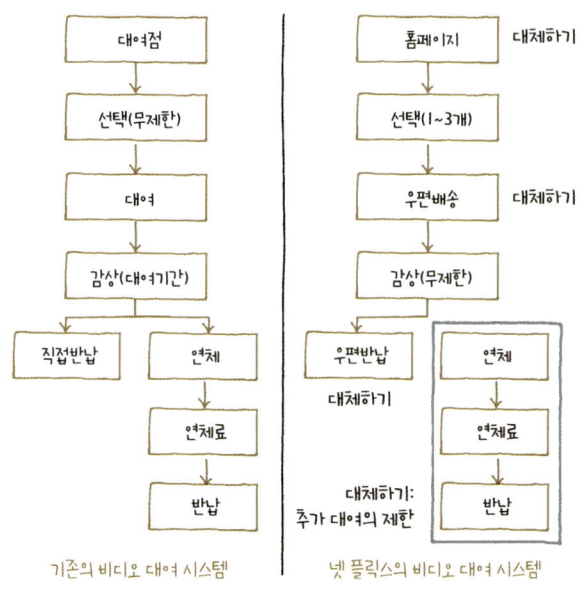

그림 7
대체 템플릿을 이용한
새로운 디지털 서비스의 사례:
넷플릭스

2.4 방법 2: 분리하기

시스템 갈등을 해결하는 두 번째 방법은 분리하기이다. 시스템 구성 요소 간에 서로 충돌해 최적의 해결책을 만들어 내기 힘든 경우 문제가 되는 시스템 요소를 시간적으로나 장소적으로 떨어뜨려 분리하게 되는데, 이때 창조성 템플릿의 속성의존 템플릿attribute dependency template을 활용할 수 있다. 속성의존 템플릿은 제품의 중요한 속성을 외부적인 환경이나 사용자의 행동에 따라 변경시키는 방법이다. 예를 들어, 그림 8의 조명 키보드는 속성의존 템플릿을 활용해 사용자의 행동이나 주변의 밝기에 따라 조명을 바꾼다. 키보드 주변이 밝거나 사용자가 키보드를 사용하지 않을 때는 키보드의 조명을 끄고, 그 반대의 경우에는 조명을 켠다. 키보드의 내부적인 속성인 조명을 외부 환경인 주변 밝기와 사용자의 행동 변화에 따라 변화시키기 때문에 '속성의존'이라는 용어를 사용했다. 이와 같이 제품이나 서비스의 속성을 시간적으로 또는 공간적으로 분리함으로써 이들이 같은 시기에 함께 있었을 때 발생하는 물리적인 모순을 해결하고 기존의 콘셉트를 확장하거나 전혀 새로운 콘셉트를 도출할 수 있다.

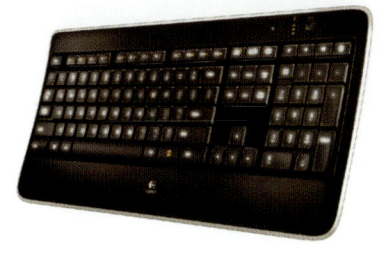

그림 8
속성의존 템플릿을 사용한 새로운 디지털 제품의 사례: 로지텍 K800

2.5 방법 3: 더하기

시스템 갈등을 해결하는 세 번째 방법은 새로운 AT를 더하는 것이다. 더하기의 방법으로는 창조성 템플릿의 부품 템플릿component control template을 활용할 수 있다. 부품 템플릿은 새로운 AT를 도입해 시스템의 갈등을 해결하는 방법이다.

예를 들어, 스마트 모니터인 FingerVU는 컴퓨터의 구성 요소 가운데 하나인 모니터를 여러 개 더해 사용자가 멀티태스킹할 수 있도록 했다. 나아가 터치스크린을 탑재한 서브 모니터를 탑재해 메인 모니터의 작업을 방해하지 않게 했다. 또한 서브 모니터에서 이용할 수 있는 추가 기능을 더해 사용자에게 즐거움을 주는 것은 물론 모니터마다 특화된 기능을 부여할 수 있도록 했다. 부품 템플릿 관점에서 이 사례를 보면, 많은 정보를 제한된 크기의 모니터에 충분히 표현하기 어렵다는 특징이 있다. 그리고 정보 속성에 따라 최적의 조작법을 제공하기 어려운 시스템 갈등 상황이 발생하게 된다. 이러한 갈등을 해결하기 위해 FingerVU는 기존 모니터에 새로운 모니터라는 AT와 그 모니터에 가장 잘 맞는 조작 방법을 부가적으로 도입함으로써 시스템의 갈등을 해결했다고 볼 수 있다.

트리즈나 창조성 템플릿은 위에서 이야기한 세 가지 방법 외에도 여러 방법으로 새로운 콘셉트를 도출하는 방법을 제시하고 있다.Mark fox, 2011; 이용규, 이경원, 2003 이 단계에서는 다양한 방법을 이용해 가능한 많은 수의 아이디어를 도출하는 것이 무엇보다 중요하다. 따라서 실현 가능성이나 유효성에 대한 판단은 잠시 접어두고 다양한 템플릿을 활용해 되도록 많은 아이디어를 도출해야 한다.

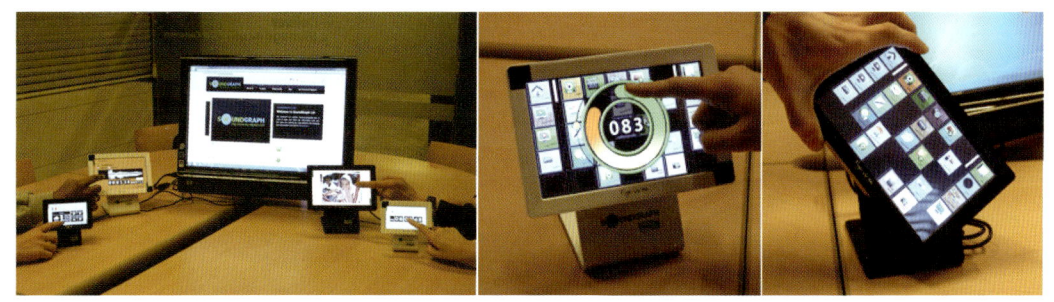

그림 9
부품 템플릿을 이용한 새로운 디지털 제품의 사례:
스마트 모니터 FingerVU

3. 핵심 콘셉트를 선정하기

트리즈나 창조성 템플릿을 통해 후보 콘셉트를 도출하고 난 뒤에는 그 안에서 개발에 활용하게 될 핵심 콘셉트를 추려 내야concept selection 한다. 여기에서는 콘셉트를 심사하고 채점하는 구체적인 평가 절차와 함께 이 과정을 통해 해당 콘셉트가 사용자에게 어떤 반응을 얻을지 예상하고 이를 평가에 반영하는 방법을 살펴본다.

3.1 핵심 콘셉트의 선정 과정

최종적인 핵심 콘셉트 선정은 후보 콘셉트를 하나하나 평가하고 비교하며 그중 나은 것을 선택하는 과정을 통해 이루어진다. 선정 과정은 그림 10과 같이 깔때기를 통해 이물질을 걸러 내는 것에 빗대어 생각할 수 있다. 이 과정은 크게 콘셉트 심사concept screening와 콘셉트 채점concept scoring의 단계를 거친다. 앞서 설명한 콘셉트 도출 과정을 통해 얻게 된 콘셉트가 열 개가 있다고 가정하면, 콘셉트 심사 단계를 거치면서 6-8개의 콘셉트로 그 수가 줄어든다. 그 뒤 콘셉트 채점의 단계에서는 역시 같은 과정을 통해 1-2개의 핵심 콘셉트를 선정하게 된다.

콘셉트 심사의 목적은 여러 후보 콘셉트 가운데 가능성이 있는 콘셉트를 빠른 시간 안에 걸러내는 것이다. 반면 콘셉트 채점의 목적은 걸러진 소수의 콘셉트 가운데 정밀 분석을 통해 최적의 콘셉트를 선정하는 것이다. 따라서 콘셉트 심사는 부정확하지만 빠른 시간 내에 많은 대안을 끌어내는 것이고, 콘셉트 채점은 소수의 대안에 대해 정확한 분석을 수행하는 것이다. 그러기 위해 콘셉트 심사 단계에서는 평가 기준의 중요도가 동일하다고 간주하는 반면, 콘셉트 채점 단계에서는 각 평가 기준마다 상이한 중요도를 책정한다. 더불어 콘셉트 심사 단계에는 평가 기준이 대략적인 수준이라면 콘셉트 채점 단계에는 기준이 구체화된다.

그림 10
콘셉트를 선정하는 과정

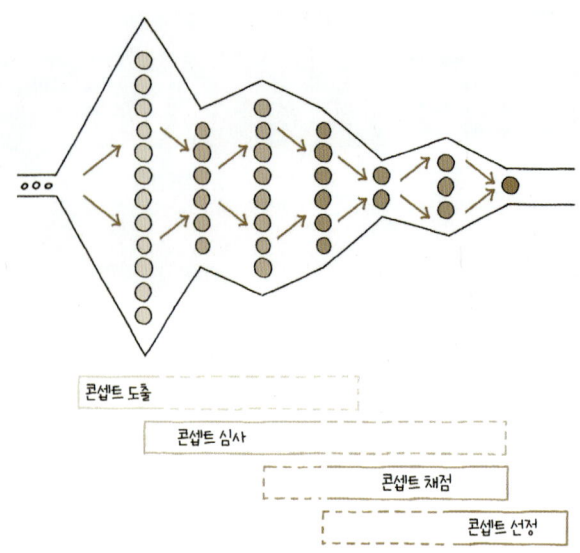

콘셉트 심사와 콘셉트 채점 단계에 대해 다음 절에서 좀 더 구체적으로 살펴보기로 하자. 이를 위해 새로운 MP3플레이어를 위한 콘셉트를 선정하는 상황을 가정해 보자. 이 단계에서는 일반적으로 매우 간단한 아이디어 수준의 콘셉트를 대상으로 한다. 그러나 이 책에서는 콘셉트 심사 및 선정 과정을 구체적으로 설명하기 위해 기존 완제품에서 구현된 콘셉트를 활용하고자 한다. 이를 위해 모두 일곱 개의 MP3플레이어를 그림 11과 같이 선정했다.

그림 11
콘셉트 선정과 채점의 대상:
MP3플레이어

3.2 콘셉트 심사하기

콘셉트 심사는 주로 여러 명이 한 팀을 이루어 수행하게 된다. 먼저 콘셉트 선정을 위한 심사 매트릭스를 준비한다. 그리고 콘셉트에 적용된 기술, 광고 콘셉트, 제품 기술서 등을 검토해 제품의 핵심 콘셉트가 될 만한 것을 추려 낸다. 그 뒤 심사 기준을 정한다. 이때는 사용자 분석, 과업 분석, 맥락 분석 그리고 기술 분석 단계에서 도출한 핵심 사용 속성이나 핵심 가치, 감성 프로파일 등의 자료를 참고한다. 심사 기준은 일반적으로 높은 수준으로 추상화되어야 하며 5-10개의 세부 심사 기준을 포함할 수 있어야 한다. 여기서는 크게 HCI의 3대 속성인 유용성, 사용성, 감성을 심사 기준으로 삼고, 해당 기준에 맞는 MP3플레이어의 하위속성을 선택해 MP3플레이어의 콘셉트를 심사하는 데 사용할 기준을 아래와 같이 선정했다.

유용성 — 유희적 가치, 개인적 가치
사용성 — 효율성, 의미성, 일관성
감성 — 인상, 개성

그 다음에는 각 기준에 따라 제품 하나하나를 기준 제품과 비교해 상대적인 등급을 매겨 평가한다. 기존 제품보다 상대적으로 좋은 콘셉트에는 '+'를, 나쁜 콘셉트에는 '-'를 주며, 좋고 나쁨이 불명확한 경우에는 '0'을 준다. '+'의 수에서 '-'의 수를 감산해 총점이 나오면 그것을 기준으로 각 제품마다 해당하는 콘셉트의 순위를 매긴다. 이때 여러 콘셉트의 비교를 통해 콘셉트의 차별성을 판단할 수 있는 한두 가지 평가 기준을 명확하게 할 수 있다. 즉 어떤 평가 기준이 콘셉트 심사 결과에 큰 영향을 미치는지 파악하는 것이다. 어떤 평가 기준은 차별성이 떨어져 심사에 영향을 미치지 못하는 반면, 어떤 평가 기준은 최종 심사 결과와 밀접하게 연관된다. 표 1에서는 유희적 가치와 개성이 심사 결과에 큰 영향을 미치는 기준이었다.

그런 다음에는 콘셉트가 서로 확실하게 구별되는지, 병합하거나 개선할 여지가 있는지 살핀다. 어떤 콘셉트의 속성 가운데 어느 한두 가지가 좋지 않다면 그 특성을 제거함으로써 좀 더 새로운 콘셉트를 도출할 수 있다. 작은 변화를 주는 것만으로 콘셉트 전체를 향상시키면서 다른 콘셉트와 차별되는 특징을 유지할 수 있다. 그리고 새로운 콘셉트를 도출할 수 있다. 또한 두 가지 콘셉트를 합쳐 나쁜 품질을 상쇄시키면서 품질을 배가할 수 있는 경우 병합을 통해 새로운 콘셉트를 도출할 수 있다. 콘셉트 심사 과정에서 무조건 기존의 콘셉트를 걸러 내는 것이 아니라 심사 과정에서 얻은 정보를 통해 새로운 콘셉트를 파생시킬 수도 있다는 점을 주목해야 한다.

그리고 콘셉트 심사 단계의 최종 결과로 소수의 콘셉트를 선정한다. 선정된 콘셉트에 대해서는 정제와 분석 과정을 거치면서 또 한 번의 심사 과정을 거칠지, 아니면 곧바로 콘셉트 채점 과정을 진행할지 결정한다. 만일 소수의 좋은 콘셉트가 도출되었다면 곧바로 채점 과정을 진행하고 그렇지 않다면 추가적으로 심사 과정을 진행할 수 있다. 이렇게 심사를 마치고 나면 결과와 과정을 정리해 다음에는 더 좋은 결과를 도출할 수 있도록 한다. 이 모든 과정을 수행하면 표 1과 같은 심사 결과표를 얻게 된다.

표 1
콘셉트 심사 결과의 사례: MP3플레이어 콘셉트

기준		애플 iPod Classic	아이리버 MPlayer S2	아이리버 E100 Season2	샤프 MP-B200	파나소닉 D-Snap	LG CoolnStyle T54	코원 D2+
유용성	유희적 가치	+1	0	+1	0	+1	+1	0
	개인적 가치	+1	+1	+1	0	0	0	+1
사용성	효율성	0	+1	+1	-1	0	0	0
	의미성	+1	-1	0	-1	0	-1	+1
	일관성	-1	0	0	0	0	0	0
감성	인상	+1	+1	0	0	-1	-1	-1
	개성	+1	+1	0	+1	+1	0	-1
총점		4	3	3	-1	1	-1	0
순위		1	2	2	5	3	5	4

3.3 콘셉트 채점하기

콘셉트를 채점하는 과정 역시 콘셉트 심사 과정과 유사하게 다음의 단계를 밟아 진행된다.

먼저 콘셉트 선정을 위한 매트릭스를 준비한다. 대상이 되는 콘셉트는 앞서 콘셉트 심사 단계에서 선택된 의미 있는 콘셉트로 정한다. 표 1에서 제시했던 일곱 개의 후보 콘셉트 가운데 앞서 콘셉트 심사 단계에서 좋은 점수를 받은 네 개의 콘셉트만을 채점의 대상으로 선정했다. 콘셉트 심사 과정과 마찬가지로 콘셉트 채점 기준은 앞의 분석 과정에서 도출된 핵심 가치, 핵심 사용 속성, 핵심 감성 속성을 기반으로 한다. 단 콘셉트 심사 과정보다 한두 단계 더 구체적으로 채점 기준을 정한다. 예를 들어, 콘셉트 심사 과정에서는 효율성이라는 사용성의 속성을 지정했다면 콘셉트 채점 과정에서는 효율성보다 한 단계 더 구체적인 단축성이라는 속성을 지정하는 것이다.

그 다음으로는 콘셉트의 순위를 매긴다. 이때 효과적으로 순위를 매기기 위해 기준 콘셉트를 선정하고, 이 기준보다 매우 나쁘면 '1', 나쁘면 '2', 비슷하면 '3', 좋으면 '4', 매우 좋으면 '5'를 준다. 수치를 산정할 때 지나친 축약을 피하기 위해 평가 기준마다 다른 콘셉트를 기준으로 삼을 수 있다. 예를 들어, 유희적인 가치의 기준은 아이리버의 콘셉트가, 단축성의 기준은 코원의 콘셉트가 될 수 있다.

등급에 따라 순위를 매긴 뒤 병합하거나 개선할 수 있는 콘셉트가 있는지 검토한다. 콘셉트의 창조적인 개선과 향상은 주로 콘셉트를 채점하는 과정에서 일어난다. 특히 각 콘셉트의 차별화된 장점을 공고히 하는 이 단계는 콘셉트 채점 과정의 핵심적 단계가 된다. 이 과정에서 각 콘셉트의 강약을 분명하게 분석할 수 있다.

그 다음 결과를 산정해 콘셉트를 선택한다. 총점은 순위뿐만 아니라 가중치weight도 함께 계산한 W스코어W-score를 합산해 산정하는데, 이는 선택에 미치는 영향력이 특정 기준에 따라 다르기 때문이다. 때로는 콘셉트 선택의 정확성과 타당성을 위해 또는 다양한 시장과 사용자의 선호도를 반영하기 위해 서로 다른 가중치를 책정한 둘 이상의 채점 매트릭스로 추가적인 콘셉트 채점과 선정을 진행하기도 한다. 이렇게 총점 산정이 끝나면 순위를 매기고 핵심 콘셉트를 선정한다.

콘셉트 채점의 마지막 단계는 심사 단계와 마찬가지로 채점 결과와 과정에서 생성된 콘셉트에 관한 자료를 정리해 다음 단계로 넘어가는 준비를 하는 것이다. 물론 표 2와 같이 다양한 콘셉트의 채점 결과는 숫자로 정리되어 우열을 가릴 수 있게 되지만, 그것보다 중요한 것은 왜 어떤 콘셉트는 좋은 점수를 받고 어떤 콘셉트는 나쁜 점수를 받게 되었는지 그 이유를 찾아내는 것이다. 표 2에서 보면 아이팟 클래식의 콘셉트는 상대적으로 월등하게 좋은 점수를 받았고, 다른 세 가지 제품의 점수는 서로 비슷하지만 아이팟 클래식에 비해서는 상당히 떨어진다. 그렇다면 콘셉트 채점 과정에서 팀원들이 함께 나눈 정보를 기초로 왜 해당 콘셉트가 이렇게 좋은 점수를 받았는지를 정리하는 것이 중요하다. 아이팟 클래식은 조작키로 클릭 휠을 적용해 기존 제품에서 조작을 위해 탑재한 많은 기능 키를 단순화한 것은 물론 그로 인해 디자인에 개성이 생겼다. 클릭 휠 하나로 메뉴, 재생, 정지, 볼륨 조절 등 일곱 개 이상의 조작이 가능하기 때문에 경쟁사 제품이 각각의 키를 별도로 구현하면서 생긴 디자인 문제를 해결했다. 또 다른 핵심 속성으로 꼽힌 유희적 가치와 관련해서는 플래시메모리와 작은 디스플레이를 채용한 기존의 MP3플레이어와는 달리 대용량 하드디스크를 탑재해 더 많은 저장 공간을 제공하고, 가로 스크린을 제공해 더 많은 멀티미디어를 즐기고자 하는 사용자의 요구를 만족시켰다. 그뿐만 아니라 아이팟 클래식에 적용된 콘셉트는 멀티미디어 재생이라는 기본에 충실하다. 다른 MP3플레이어는 디지털 컨버전스라는 트렌드에 맞추어 다양한 기능을 최대한 많이 사용자에게 제공하는 데 역점을 두고 음악과 동영상 재생이라는 기본 기능 외에 라디오, 녹음기 등의 기능을 추가로 제공한다. 이는 사용자에게 다양한 부가가치를 제공한다는 점에서는 장점이 될 수 있으나 그 부작용으로 기기를 복잡하게 만든다. 결론적으로 아이팟 클래식이 콘셉트 채점에서 좋은 점수를 받은 까닭은 멀티미디어 재생이라는 기본 기능에 충실할 수 있도록 기능을 단순화해 유희적 가치를 극대화한 것은 물론 간결한 디자인으로 자유분방한 인상을 전달했기 때문이다.

기준		가중치	애플 iPod Classic		아이리버 MPlayer S2		아이리버 E100 Season2		Cowon D2+	
			Rating	W-Score	Rating	W-Score	Rating	W-Score	Rating	W-Score
유용성	유희적 가치	15	5	75	4	60	4	60	4	60
	개인적 가치	5	5	25	4	20	4	20	5	25
사용성	단축성	15	5	75	4	60	4	60	3	45
	이해 가능성	5	4	20	3	15	3	15	3	15
	친숙성	15	5	75	3	45	3	45	4	60
	예측성	10	1	5	3	15	3	15	2	20
감성	밝음	10	5	50	5	50	3	30	3	30
	간결함	15	4	60	3	45	3	45	2	30
	자유분방함	15	5	75	4	60	3	45	3	45
총점				420		345		300		305
순위				1		2		4		3

표 2
콘셉트 채점 결과의 사례:
MP3플레이어 콘셉트

위의 사례에서 새로운 디지털 제품이나 서비스를 만들기 위해서는 사용자에 대한 이해와 함께 이를 반영한 분명한 콘셉트가 필요하다는 것을 알 수 있다. 다양한 기능을 무조건 많이 넣기보다는 사용자가 원하는 기능을 제공해 미처 깨닫지 못한 가치를 제시하는 것이 중요하다. 이를 위해 콘셉트 심사와 채점 과정을 통해 사용자경험에 영향을 미치는 가장 중요한 요인이 무엇인지를 밝혀내는 것이 필요하다. 디지털 제품에는 어떠한 콘셉트를 핵심으로 삼느냐에 따라 해당 디지털 제품의 성공과 실패가 갈라지는 만큼, 일견 번거로워 보이는 콘셉트 선정 과정을 통해 핵심 속성을 발견하는 것이 무엇보다 중요하다.

4. 선정된 콘셉트의 구체화: 메타포

새로운 콘셉트를 도출한 뒤 평가를 거쳐 핵심 콘셉트를 선정한 다음에는 선정한 핵심 콘셉트를 누구에게나 쉽게 전달할 수 있도록 구체화하는 작업이 필요하다. 콘셉트를 구체화하는 방법으로 여기에서는 메타포metaphor를 제시한다. 메타포는 일상생활은 물론 디지털 제품과 서비스를 개발할 때 널리 활용되고 있는 방법이다. 메타포의 정의에서 시작해 메타포에 관한 이론을 검토하고, 메타포를 디지털 제품이나 서비스의 콘셉트 디자인에 적용하는 방법에 대해 알아보자.

4.1 메타포의 정의

우리는 종종 '내 마음은 호수' 'TV는 바보상자'와 같은 표현을 아무 어려움 없이 사용한다. 이 표현에서 눈에 보이지 않는 '마음'은 '호수'가 되어 그 실체가 드러나고, 'TV' 역시 '바보상자'라는 개념을 통해 그 특징이 드러난다. 이와 같이 메타포는 다른 대상(호수, 바보 상자)을 통해 특정 대상(마음, TV)을 이해하거나 경험하게 한다.

메타포에 대한 연구가 가장 먼저 이루어졌던 언어학에서는 한 언어적 범주에 속하는 개념(바보상자)을 다른 언어적 범주에 속하는 개념TV으로 연결시키는 행위로 메타포를 정의했다.Lakoff and Johnson, 1980 하나의 매체를 통해 어떤 대상을 그대로 재현할 때(의자를 똑같이 그린 그림)는 메타포로 간주하지 않으나, 다른 매체를 통해 개념 혹은 심상을 표현한 것(사랑을 빨간 심장 모양으로 표현한 것)은 메타포로 간주한다는 것이다. 메타포는 원천 영역과 목표 영역이라는 서로 다른 영역domain을 연결하는 행위이다. 원천 영역source domain이란 이미 사람들이 잘 아는 익숙한 영역이다. 예를 들어, 메모장 같은 대상은 우리가 생활에서 이미 오랜 기간 동안 사용해 왔기 때문에 그 특성에 대해 잘 알고 있다. 한편 목표 영역target domain은 사람들이 아직 잘 알지 못하는 익숙하지 않은 영역이다. 메타포는 이와 같이 하나의 익숙한 개념을 이용해 새로운 개념을 이해하기 위해 서로 다른 영역을 연결하는 것이다.

사용자에게 생소한 새로운 디지털 제품이나 서비스의 개념이 목표 영역이라고 했을 때, 메타포를 통한 콘셉트의 구체화는 해당 제품이나 서비스를 한 번도 사용해 보지 않은 사용자가 이해할 수 있도록 익숙한 개념을 원천 영역으로서 선정하고 그 연관 관계를 명확하게 보여 주는 과정이라고 볼 수 있다. 이번 장에서는 민트패드mintpad라는 디지털 제품과 포스퀘어foursquare라는 디지털 서비스를 통해 콘셉트를 어떻게 메타포로 표현하고 구체화하는지 자세하게 살펴보도록 하겠다.

2008년 '신개념 감성 메모 네트워크 디바이스'라는 콘셉트로 출시된 휴대형 멀티미디어 단말기 민트패드는 제품의 이름에서도 잘 드러나듯, 메모를 기록하는 메모장을 익숙한 메타포로 해당 디지털 제품을 표현해 사용자에게 친숙한 인상을 주었다. 또한 일견 디지털 기술에 역행하는 것처럼 보이는 메모라는 아날로그 감성의 독특한 콘셉트로 얼리어답터의 주목을 받았다. 메모, 카메라, 멀티미디어, 네트워크 연결 기능 등이 포함되어 있는 작은 MP3플레이어를 사용자에게 설명할 때 기존의 메모장이라는 개념을 통해 쉽게 이해할 수 있도록 한 것이라고 볼 수 있다. 그림 12에서 볼 수 있듯이 민트패드라는 목표 영역의 대상을 설명하기 위해 메모장이라는 원천 영역의 대상을 사용한 것이다.

그림 12
디지털 제품에서 사용된 메타포의 사례:
민트패드 메타포

한편 GPS 기술로 위치 정보를 수집해 현재 있는 자신의 위치를 공개하고 해당 지역에 대한 정보를 친구와 공유하는 서비스인 포스퀘어는 우리나라 사용자에게 '땅따먹기 게임'이라는 메타포를 통해 이해될 수 있다. '장소를 방문하고 흔적을 남긴다'는 디지털 서비스의 콘셉트가 땅따먹기 게임의 개념과 잘 들어맞기 때문이다. 서비스에 등록된 지역을 방문했을 때 체크인 기능을 통해 자신의 정보를 등록하고, 해당 지역을 많이 방문한 사용자는 그 지역의 시장이 된다는 포스퀘어의 전반적인 콘셉트를 지도상에서 땅따먹기 게임이라는 개념을 통해 사용자에게 효과적으로 전달할 수 있다. 그림 13에서 보듯이 땅따먹기 게임의 룰을 해당 서비스에도 대입해 볼 수 있기 때문이다.

그림 13
디지털 서비스에서 사용된 메타포의 사례: 포스퀘어의 메타포

4.2 메타포의 중요성

디지털 제품이나 서비스와 관련된 메타포의 중요성은 크게 사용자의 측면과 개발자의 측면에서 바라볼 수 있다.

사용자 측면에서의 중요성

앞서 유용성의 원리에서 언급했듯이 디지털 제품이나 서비스가 유용하게 사용되기 위해서는 사용자가 해당 디지털 제품이나 서비스에 대해 적절한 심성모형을 구축해야 한다. 사용자 입장에서 보았을 때 메타포는 바로 이러한 심성모형의 구축에 큰 도움을 준다. 이를 좀 더 구체적으로 설명하기 위해 그림 14는 심성모형과 메타포의 역할을 보여 준다.

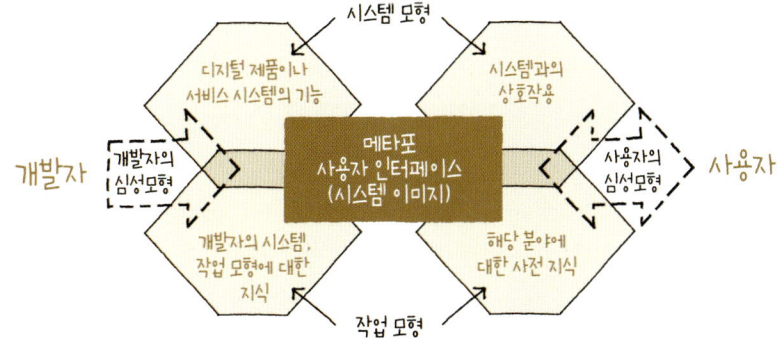

그림 14
심성모형과 메타포의 역할

사용자의 심성모형은 디지털 제품이나 서비스의 사용을 통해 사용자가 내적으로 형성한 모형인 반면, 개발자의 심성모형은 개발자가 디지털 제품이나 서비스를 개발할 때 개발하는 대상인 제품이나 서비스에 대해 가지고 있던 모형을 의미한다. 사용자 측면에서 메타포의 기본 역할은 사용자가 개발자의 모형과 유사한 심성모형을 구축하도록 돕는 것이다. 이와 같은 메타포를 구축함으로써 얻어

지는 몇 가지 효과를 살펴보면 아래와 같다.

첫째, 사용자가 자신이 가지는 심성모형을 명확하게 인지할 수 있도록 지원할 수 있다. 사람들이 어떠한 디지털 제품이나 서비스에 대해 심성모형을 가지고 있다 할지라도, 자신이 어떤 심성모형을 가지고 있는지에 대해 구체적이고 명시적으로 이해하기는 어렵다. 하지만 메타포를 통해 개발자가 의도하는 심성모형을 확실하게 보여 줌으로써 사용자가 자신이 과거에 가지고 있었던 지식을 기초로 어떤 모형을 구축해야 하는지 명확하게 밝혀 줄 것이다. 예를 들어, 메타포를 활용한 메모장을 통해 민트패드에서 사용자가 메모를 하는 행위가 현실에서 메모장에 기록을 남기거나 사진 뒷면에 메모를 남기는 행위와 연결될 수 있다는 것을 제시할 수 있다. 이를 통해 개발자가 의도한 심성모형인 메모의 다방면적인 활용에 대해 사용자가 명확히 인지할 수 있다.

둘째, 메타포를 통해 사용자는 시스템과의 상호작용 결과가 어떻게 될지 예측할 수 있다. 예를 들어, 민트패드가 제시하는 노란 바탕의 메모 화면은 사용자가 무언가를 입력하도록 유도한다. 그리고 사용자가 스타일러스펜을 이용할 경우 사용자의 글씨나 그림이 그대로 반영되어 입력될 것이라는 결과를 예측할 수 있게 한다. 따라서 사용자는 실제 글씨를 쓰고 그림을 그리는 것처럼 부드럽고 빠르게 시스템에 데이터를 입력하는 과정이 진행되기를 기대할 것이며, 출력 결과 역시 자신의 필체나 펜놀림을 그대로 반영한 형태가 되기를 바랄 것이다. 한편 포스퀘어의 경우 땅따먹기 게임을 메타포로 특정 장소를 자주 체크인하면 그곳의 주인이 될 수 있다는 예측을 가능하게 한다. 이렇듯 한 번도 사용해 본 적이 없는 제품이나 서비스 기능에 대해 상호작용의 결과를 정확하게 예측할 수 있게 하는 것이 메타포의 두 번째 효과이다. 이는 우리가 어떠한 메타포를 선정하느냐에 따라 제품이나 서비스에 대한 사람들의 기대가 변하게 된다는 것을 의미하기도 한다.

그림 15
심성모형의 명확화와 관련된 메타포의 기능: 민트패드

마지막으로 메타포는 추상적인 개념을 구체적이고 친근한 개념을 통해 사용자가 이해할 수 있도록 지원한다. 민트패드의 경우 사용자가 시스템에 입력을 수행하는 과정에서 실제 메모장에 여러 펜을 바꿔 가며 기록을 하는 것과 유사한 경험을 위해 펜 툴을 다양하게 사용할 수 있도록 한다. 입력된 데이터는 벡터 방식으로 저장해 곡선을 처리하는 기술을 통해 손글씨나 드로잉의 부드러운 곡선감을 자연스럽게 표현하고, 작은 글자도 잘 표현될 수 있도록 해 사용자가 생동감 있게 기록을 남길 수 있다. 포스퀘어의 경우에는 어떤 장소에 도착해 이곳에 방문했다는 것을 표시하는 행위를 통해 포스퀘어의 추상적인 기능을 구체적으로 이해할 수 있게 도와준다.

민트패드의 메모 예
안티알리아싱 처리로 곡선이 부드럽고 그리는 대로 표현된다. 수첩이나 캔버스에 그리는 느낌 그대로를 표현한다.

타사제품의 메모 예
부드러운 곡선처리가 어려울 뿐만 아니라 느린 처리 속도를 보여 준다. 특히 작은 글자를 표현하기가 어렵다.

그림 16
메타포를 이용해 추상적인 개념을 구체적인 실체로 이해시키고 생동감을 증가시키는 사례: 민트패드

개발자 측면에서의 중요성

앞에서 다룬 사용자 분석이나 과업 분석, 맥락 분석 그리고 기술 분석을 통해 사람들이 어떠한 환경에서 무슨 일을 하기 위해 해당 디지털 제품이나 서비스를 사용하는지에 대해서는 어느 정도 이해가 되었지만, 실제로 디지털 제품이나 서비스를 개발하기 위해서는 여러 가지 자세한 결정이 추가적으로 이루어져야 한다. 개발자의 측면에서 메타포의 역할은 바로 이러한 세밀한 결정에 대한 기본적인 근거 자료를 제공해 준다는 것이다. 개발자 입장에서 메타포가 도움이 되는 이유를 정보구조 디자인, 인터랙션 디자인 그리고 인터페이스 디자인 입장에서 살펴보자.

첫째, 메타포는 디지털 제품이나 서비스의 기간 구조를 제시해 준다. 따라서 어떠한 메타포를 선택하느냐에 따라 디지털 제품이나 서비스의 정보구조 및 배치에 대한 기본 틀도 달라지게 된다. 예를 들어, 민트패드는 메타포인 메모 기능 외에도 음악 및 동영상 감상, 블로깅, 인터넷, 카메라 등 다양한 멀티미디어 기능을 갖추고 있지만, 그림 17에서 보는 것처럼 모든 기능 중 메타포에 해당하는 메모 기능이 항상 최상위에 있도록 설계되어 있다. 포스퀘어의 사례를 보면, 땅따먹기 게임이라는 메타포를 바탕으로 콘셉트를 구체화했기 때문에 단순한 위치 기반 서비스에서 벗어나 유희적 측면을 강조하는 정보구조를 설정할 수 있었다. 둘째, 메타포는 디지털 제품이나 서비스의 특성에 맞는 사용 방법을 제시한다. 민트패드의 경우 언제 어디서나 메모를 쉽고 빠르게 할 수 있도록 초기 메뉴에서 곧바로 쓰기 모드로 진입할 수 있도록 하고 있다. 또한 쓰던 메모지를 찢어 다른 곳으로 붙이듯이 메모를 하다가 기기를 흔들면 쓰고 있던 메모가 곧바로 자동 저장되도록 해서 직관적으로 쓰기 모드와 저장 모드를 간편하게 오갈 수 있다. 이렇게 메타포를

통해 시스템의 사용 방법에 대한 전반적인 아이디어를 구할 수 있는 것은 물론 구체적인 사용 방법도 제안할 수 있다. 셋째, 메타포는 세세한 인터페이스 디자인에도 기본적인 지침을 제공한다. 디지털 제품이나 서비스의 표현 방법에 세부적인 옵션을 제공하는 것이다. 예를 들어, 민트패드는 종이와 유사한 느낌의 노란색 메모지로 사용자의 입력을 유도한다. 또한 사진에 메모를 남길 경우 뒷면을 기록할 곳으로 표현해 실제 행위를 반영하고 있다. 한편 포스퀘어의 경우 커피 전문점을 몇 군데 이상 방문하면 커피잔이 그려진 모양의 배지를 준다. 이렇게 사용자가 특정 목적을 가지고 여러 장소를 방문하도록 한 뒤 특정 과업에 대한 보상으로 제시되는 배지를 그 과업의 성격을 반영한 아이콘으로 표현한 것이다. 사용자가 장식으로 달고 다니거나 수집을 위해 모으는 배지의 성격을 반영해 사용자의 수집 욕구를 자극하면서 다른 위치 기반 서비스와의 차별성을 부각한다.

그림 17
개발자 측면에서의 메타포의 중요성을 나타내는 디지털 제품의 사례: 민트패드

이 밖에도 개발자 측면에서 메타포는 복잡한 디지털 제품이나 서비스를 다른 사람들이 쉽게 이해할 수 있는 개념으로 제시해 사용자나 기타 이해 당사자와의 다양한 협업과 원활한 의사소통이 가능하도록 할뿐만 아니라 신선한 디자인 소재를 제공하기도 한다.

결론적으로 메타포는 사용자의 입장이나 개발자의 입장에서 디지털 제품이나 서비스의 디자인에 큰 영향을 미친다. 그러한 효과 때문에 지금까지 많은 메타포가 콘셉트 디자인에 사용되어 왔다. 다음 절에서는 콘셉트를 구체적으로 표현하기 위해 메타포를 활용하는 절차에 대해 설명하고자 한다.

4.3 메타포 선정 절차

메타포가 콘셉트 디자인을 할 때는 중요하지만, 실제로 어떻게 메타포를 선택하고 조합해야 하는지에 관한 연구는 지금까지 거의 이루어지지 않았다. 지금까지 나왔던 방법 가운데 알티[Alty]와 동료 연구자들이 발표한 논문[Alty et al, 2000]과 케이츠[Cates]가 발표한 논문[Cates, 2002]을 기초로 연세대학교 HCI Lab에서 사용하는 메타포 선정 방법을 소개한다. 그리고 각 단계에 관한 구체적인 예는 디지털 제품인 민트패드와 디지털 서비스인 포스퀘어의 사례를 이용해 설명하고자 한다.

기능 집합 만들기

메타포 선정을 위한 첫 번째 단계는 개발하려는 디지털 제품이나 서비스의 기능을 파악해 기능 집합functionality set을 만드는 것이다. 이는 선정된 콘셉트를 충분히 이해하기 위한 과정으로, 앞에서 언급한 사용자 분석, 과업 분석, 맥락 분석, 기술 분석의 결과를 종합해 도출하게 된다. 기능 집합은 다음 네 가지 절차에 따라 이루어질 수 있다.

첫째, 사용자 분석 과정에서 도출된 페르소나를 통해 사용자가 어떤 목적을 달성하기 위해 해당 디지털 제품이나 서비스를 사용하는지 파악하고, 이에 비추어 선정한 콘셉트가 얼마나 유효한지 파악할 수 있다. 예를 들어, 단순히 자투리 시간을 때우기 위해 해당 제품이나 서비스를 사용하게 될지 아니면 특정 목적을 달성하기 위해 사용하게 될지 파악함으로써 그 목적에 맞는 제품이나 서비스와 이를 반영하는 콘셉트에는 어떠한 기능이 필요한지 도출할 수 있다. 둘째, 과업 분석을 통해 도출된 사용 시나리오와 시퀀스모형을 기초로 사용자가 어떠한 단계를 거쳐 디지털 제품이나 서비스를 사용할 것인지 예측할 수 있고, 이를 통해 각 단계에서 제품이나 서비스의 콘셉트가 제공해야 하는 기능을 확인할 수 있다. 예를 들어, 민트패드로 사진을 찍어 블로깅하는 과정을 생각해 보면, 무선 네트워크에 연결할 수 있는지 확인하는 기능, 블로그와 연동하는 기능, 사진을 찍는 기능, 찍은 사진에 메모를 남기는 기능, 작성한 메모와 사진을 함께 블로그에 올리는 기능 등이 필요할 것이다. 그러면 그에 맞게 각 기능에 대해 그에 상응하는 하위 기능을 정리할 수 있다. 셋째, 맥락 분석 과정에서 도출된 물리적·사회적·문화적 맥락에 대한 이해를 통해 그 상황에 적절한 기능을 추가할 수 있다. 예를 들어, 남에게 피해를 주는 것을 극도로 꺼리는 문화에서 민트패드를 이용해 공공장소에서 디지털 멀티미디어 방송DMB을 시청하는 경우, 중요한 기능 가운데 하나로 볼륨을 줄이는 기능이나 주변 사람들에게 방해가 되지 않도록 음성 정보 대신에 문자 정보로 전달하는 기능이 추가될 수 있다. 그리고 이를 반영하는 콘셉트로는 '조용함'이나 '타인을 방해하지 않음'을 추가할 수 있을 것이다. 넷째, 기술 분석 과정을 통해 도출된 혁신성 분석과 사업성 분석 결과를 이용해 새로운 사용자 집단을 확보하거나 적절한 수익 모델을 확보할 수 있는 콘셉트를 도출한다. 또한 사업 범위를 확대시킬 수 있는 기능을 찾아내고 그런 기능들이 앞서 도출된 콘셉트에 반영될 수 있도록 한다. 예를 들어, 민트패드에 매일 해야 할 일과 약속시간 및 장소를 간편하게 필기하는 기능을 첨부해 메모장을 사용하는 사용자에게 새롭게 접근할 수 있는지 확인할 수 있다.

이와 같이 분석 자료를 기초로 디지털 제품이나 서비스가 반드시 제공해야 하는 기능의 집합을 도출하고, 이를 앞서 선정한 콘셉트와 대비해 보완하는 과정은 주로 개발자와 목표로 하는 사용자 사이에 많은 토론을 거쳐 완성된다. 이 과정에서 주의해야 할 점은 크게 두 가지이다.

첫째, 메타포의 선정과 파악은 디지털 제품이나 서비스가 어떠한 기능을 제공해야 하는지에 초점을 맞추어야 한다. 그런데 메타포 자체에만 너무 초점을 맞추다 보면 메타포에서 제공하는 모든 기능이나 정보를 무분별하게 해당 제품이나 서비스의 핵심 콘셉트로 전이하려고 한다. 메타포는 제품이나 서비스에 대한 모형을 사용자에게 전달하기 위한 수단이지 그 자체가 목적이 되어서는 안 된다. 즉 메타포에서 필요한 기능에 대한 정보를 얻을 수는 있지만, 메타포 자체에 끌려가 실제 디지털 제품이나 서비스에 필요없는 기능과 정보를 추가할 필요는 없다는 것이다. 둘째, 동일한 메타포에 대해서도 개발자가 생각하는 의미와 사용자가 생각하는 의미가 다를 수 있다. 예를 들어, 디렉토리라는 콘셉트를 시스템 개발자는 시스템의 파일 구조라고 생각하지만, 사용자는 전화번호부라고 생각할 수 있다. 따라서 시스템이 제공하는 기능에 대해 사용자와 개발자가 토의할 때에도 양자가 동일한 대상에 대해 이야기하고 있다는 사실을 확인하는 절차가 필요하다.

후보 메타포의 파악

특정 디지털 제품이나 서비스에 사용할 수 있는 메타포의 수는 이론적으로는 무한대이다. 따라서 두 번째 단계에서는 아래에 기술한 방법을 이용해 다양한 메타포를 체계적으로 파악해야 한다.

첫째, 기존에 비슷한 기능을 가지고 있는 디지털 제품이나 서비스에서 이미 사용하고 있는 메타포를 파악하고, 현재 개발하고 있는 디지털 제품이나 서비스의 특성에 맞게 이를 변형한다. 특히 윈도처럼 거의 표준화되어 있는 시스템 메타포가 있는 경우는 이런 시스템 메타포에 맞추어 확장하는 방식으로 후보 메타포를 선정할 수 있다. 예를 들어, 민트패드는 민트 스케줄이라는 일정관리 메뉴에 '휴대전화 스케줄러가 부담되는 분들을 위한 희소식 – 일정을 수첩에 메모하듯이 그대로'라는 콘셉트를 내세우고 있으며, 기존의 웹이나 휴대전화에서 제공하는 달력을 메타포로 채용해 이들과 유사한 표현 방식을 사용하고 있으며, 알람이나 전체보기 기능과 같이 유사한 편의 기능을 제공한다. 이 방법의 장점은 비슷한 유형의 디지털 제품이나 서비스 간의 일관성을 높일 수 있어서 사용자가 디지털 제품이나 서비스를 사용하면서 익힌 기술을 다른 디지털 제품이나 서비스에도 활용할 수 있다는 데 있다. 그러나 단점은 획기적인 메타포를 도출할 수 없다는 것이다. 이는 특히 콘셉트 디자인이 핵심 가치를 높이는 데 중요한 역할을 하는 디지털 제품이나 서비스의 경우 매우 심각할 수 있다. 왜냐하면 다른 디지털 제품이나 서비스와 유사한 메타포를 통해서는 유사한 콘셉트가 도출될 수밖에 없고, 이는 현재 개발 중인 디지털 제품이나 서비스에 대한 차별성을 낮추기 때문이다. 따라서 이 방법은 반드시 다른 방법과 함께 보완적인 방법으로 활용하는 것이 좋다.

둘째, 현재 대상으로 하고 있는 사용자나 개발자가 일상생활에서 어떤 메타포를 사용해 해당 디지털 제품이나 서비스 기능이나 정보를 표현하고 있는지 파악한다. 사용자 분석을 할 때 사용자는 분석 기간에 자신이 필요로 하는 기능이나 정보를 이야기하면서 특정 메타포를 자연스럽게 언급하는 경향이 있다. 일반적으로 기획 중인 디지털 제품이나 서비스는 실체가 없는 추상적인 존재이기 때문에 개발자가 어떠한 디지털 제품이나 서비스를 사용자에게 설명할 때나 사용자가 개발자에게 자신이 요구하는 기능이나 정보를 설명할 때 무의식 중에 메타포를 사용하게 된다. 따라서 사용자나 개발자가 무의식적으로 사용하는 언어적인 메타포를 포착한다면 그것을 바탕으로 사용자나 개발자가 선호하는 메타포를 파악할 수 있다. 예를 들어, 민트패드 제조사의 홈페이지에서 기기의 성능을 설명할 때 사용하는 '메모엔진'이라는 표현을 통해 해당 기기 메모 기능을 활발하게 활용하는 데 목적이 있다는 것을 알 수 있다. 한편 싸이월드에 접속하는 행위를 '싸이질'이라고 하는 것에서 그런 행위가 시간이 많이 들고 한번 빠지면 헤어나지 못하는 성격을 지닌다는 것을 알 수 있다.

셋째, 해당 디지털 제품 또는 서비스 개발자와 HCI 전문가로 구성된 팀을 조직하고 브레인스토밍을 통해 후보 메타포를 파악한다. 이 방법은 큰 칠판이 있는 회의실에서 주로 진행된다. 칠판 한쪽에는 첫 번째 단계를 통해 파악된 콘셉트가 디지털 제품이나 서비스에 제공할 수 있는 핵심 기능을 나열하고, 다른 쪽에는 사용 가능한 메타포를 나열한다. 그리고 나서 핵심 기능이 각 메타포에 의해 얼마나 표현될 수 있는지 확인하는 과정을 통해 다양한 후보 메타포를 제시한다. 이 방법은 후보 메타포의 선정에 어떠한 기준을 가지고 진행할 수 있다는 장점이 있으나, 후보 메타포를 개발자와 HCI 전문가와의 토의만으로 정한다는 단점이 있다. 따라서 이 방법은 앞에서 설명한 사용자의 의견을 감안하는 방법과 함께 사용되어야 한다.

넷째, 사용자에 대한 맥락질문법을 통해 적절한 후보 메타포를 파악한다. 특히 모란Moran과 앤더슨Anderson이 제안하는 방법은 누가(person) 어떤 상태에서

(state) 어떤 행위(activity)를 하는 방식으로 빈 칸을 두고 묻는 것이다. 예를 들어, 윈도 상황이라면, "사용자가 버튼이 _____인 것을 보면(state) _____를 한다(activity)."라고 하는 질문지를 만들고, 이 질문지를 현장에서 사용자에게 물어봄으로써 그들이 가지고 있는 모형을 파악한다. 비슷한 방법으로 로슨Rosson 과 캐롤Carroll은 "_____ (시스템 대상)은 마치 _____ 같다(실제 대상)."라는 질문을 하고 사용자에게 남은 부분은 채워 넣으라고 했다. 예를 들어, "민트패드는 마치 _____ 같다."라는 질문을 사용자가 민트패드를 많이 사용할 것 같은 맥락에서 제시하고 사용자에게 괄호 안에 알맞은 말을 넣으라고 하는 것이다. 이 방법은 후보 메타포를 선택하는 과정에서 처음부터 사용하는 것보다는 일단 앞에서 설명한 것과 같은 방법으로 다양한 후보 메타포가 정해진 뒤에 해당 메타포를 좀 더 구체적으로 만들기 위해 사용한다.

결론적으로 위의 네 가지 방법은 나름대로 장단점을 가지고 있다. 그러므로 경우에 따라 이러한 방법을 적절히 혼합시켜 사용해 후보 메타포 선정 과정을 좀 더 체계적으로 진행할 수 있다. 예를 들어, 첫 번째와 두 번째 방법을 함께 사용함으로써 기존 디지털 제품이나 서비스에서 사용하고 있는 메타포에 대한 분석적 추출과 사용자 또는 개발자가 사용하는 메타포에 대한 실증적인 추출을 동시에 진행해 다양한 메타포를 추출할 수 있다. 그 다음에는 세 번째 방법을 통해 수집된 메타포를 기반으로 전문가 회의를 통해 좀 더 다양하고 실현가능성이 높은 메타포를 추출할 수 있다. 그리고 마지막으로 네 번째 방법을 통해 고려 대상이 되는 메타포를 구체화할 수 있다.

메타포와 시스템 간의 일치도 조사

이번 단계에서는 앞에서 선정된 후보 메타포가 현재 개발 중인 디지털 제품이나 서비스의 시스템과 얼마나 일치하는지 조사한다. 이를 위해서는 일치하는 대상이 무엇인지 먼저 확정해야 한다. 일치도를 조사하는 과정에서 일반적으로 사용하는 대상은 캐롤과 동료 연구자들이 제시한 사용 사례 요소를 기준으로 한 것이다. 이들이 이야기하는 사용 사례 요소는 크게 과업, 방법, 그리고 모양으로 나뉜다. 과업task은 유용성 측면에서 사용자가 가지고 있는 목적으로 사용자가 무엇을 원하는지를 의미한다. 방법methods은 사용성 측면에서 사용자가 그 목적을 달성하기 위해 어떤 절차를 거쳐 어떤 행동을 하는지를 의미한다. 이는 앞서 이야기한 기능 집합으로 설명될 수 있다. 마지막으로 모양appearance은 감성적 측면에서 해당 도메인의 외면적인 특징을 의미한다. 따라서 이 세 가지 요소에 따라 시스템과 메타포 제원을 파악하는 것이 일치도를 조사하는 첫 번째 단계이다. 이 단계를 통해 현재 개발 중인 시스템 제원(S)과 후보 메타포 제원(M)이 결정된다. 시스템 제원은 시스템이 제공할 수 있는 기능이나 과업이나 모양을, 메타포 제원은 실제 세상의 메타포가 가지고 있는 기능이나 과업이나 모양을 의미한다.

민트패드의 경우 과업은 짧은 메모를 작성하는 것이라고 할 수 있으며, 방법은 메모장을 활성화하고 스타일러스펜을 이용해 글씨를 적거나 그림을 그리는 것을 생각해 볼 수 있다. 모양의 경우 노란 바탕의 화면에 자신이 펜을 움직이는 대로 글씨나 선이 반영되는 것을 들 수 있다. 이러한 과업, 방법, 모양에 따라 민트패드의 시스템 제원(그림과 글)과 후보 메타포 제원(메모)이 결정된다. 그 다음에는 그림 18에서 보는 것과 같이 시스템 제원과 후보 메타포 제원 간의 일치도를 조사한다. 일치도는 아래와 같이 크게 네 개 그룹으로 나뉘며 아래에서 각 그룹에 대한 설명과 그림 19에서 보여 주는 민트패트의 기록 작성에 사용되는 메모 메타포를 통해 구체적인 사례를 제시하고자 한다.

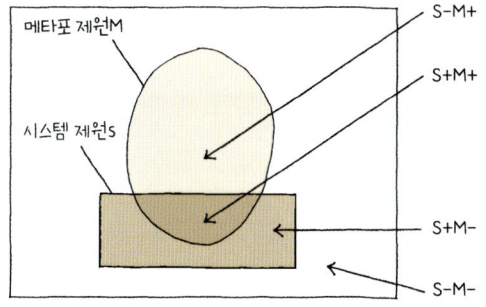

그림 18
시스템과 메타포 간의 일치도

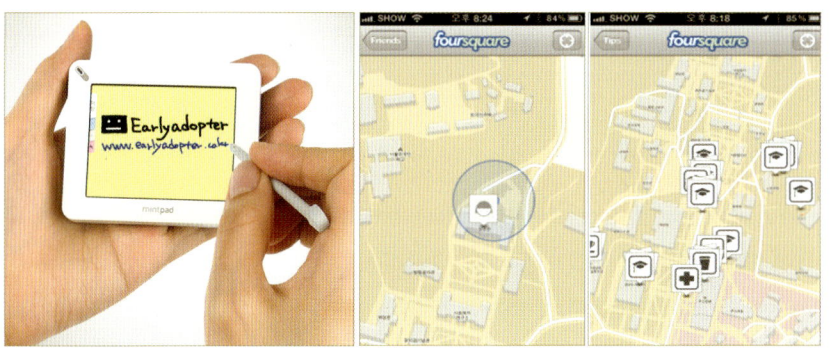

그림 19
디지털 제품과 서비스에서의 시스템과 메타포의 일치도(S+ M+): 민트패드의 메모장 메타포 (왼쪽)와 포스퀘어의 지도 메타포(오른쪽)

(S+ M+)는 시스템의 제원과 메타포의 제원이 일치하는 경우이다. 그림 19에서 보는 바와 같이 민트패드에서 스타일리스 펜으로 화면에 글씨나 선을 입력하는 경우, 종이에 펜으로 쓸 때처럼 소리가 난다. 또 다음 화면으로 넘어가려면 실제 메모장에서처럼 위로 넘겨 올려야 한다. 위치 기반 서비스에 지도 메타포를 사용하는 경우 실제 지도에서 자신이 위치한 현재 지점을 'You are Here'와 같은 표

식이나 사람 모양의 아이콘으로 나타내는 것과 마찬가지로 포스퀘어에서는 서비스가 제공하는 지도상의 한 지점에 사람 모양 아이콘으로 표현한다. 지도상에서 해당 지표의 특징을 담은 축약된 이미지 역시 포스퀘어 서비스 내에서 아이콘의 형태로 구현되었기 때문에 위치 기반 서비스 시스템의 제원과 지도라는 메타포의 제원이 일치한다고 설명할 수 있다.

(S+ M-)는 시스템 제원에는 있지만 메타포 제원에는 없는 경우이다. 예를 들어, 그림 17과 같이 민트패드에서는 메모를 입력할 때 바탕색을 다양하게 바꿀 수 있고, 글자크기를 바꿀 수 있다. 또한 디지털화된 메모를 저장하므로 언제든지 다시 재편집, 복사 등이 가능하다. 이러한 기능은 실제 메모장에서는 불가능하다. 비슷한 예로 포스퀘어에서는 그림 20과 같이 사용자가 어떤 지점에 도착했다는 것을 알리는 체크인이라는 기능이 있다. 그리고 일정 기간 동안 해당 지점을 가장 많이 체크인하는 사람에게 시장이라는 칭호를 준다. 하지만 한 번 사용자에게 정보가 제공되고 나면 정보가 실시간으로 반영되기 어려운 실제 지도에서는 이런 기능들이 제공되지 않는다.

그림 20
디지털 서비스에서의
(S+ M-) 사례: 포스퀘어

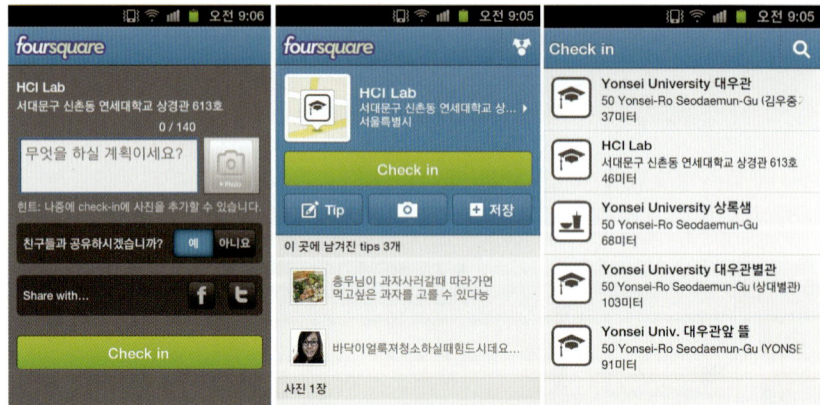

(S- M+)는 시스템 제원에는 없지만 메타포 제원에는 있는 경우이다. 예를 들어 민트패드의 메타포인 실제 메모장에서 메모를 기록하는 경우 바로 낱장으로 떼어 따로 보관이 가능하다. 하지만 시스템 제원인 민트패드는 메모를 작성한 뒤 출력하기 전까지는 종이와 같은 형태로 보관이 불가능하다. 포스퀘어의 경우 메타포 제원인 지도는 산, 강, 관공서, 큰 상점, 도로, 버스 정류장 등과 같이 중요한 지형지물을 빠짐없이 표기해 주지만, 시스템 제원의 경우 서비스가 제공하는 지도에 등록되지 않은 지형물들이 있을 수도 있다.

(S- M-)는 시스템 제원에도 없고 메타포 제원에도 없는 경우이다. 이 경우는 실제 시스템 개발이나 메타포 선정과 아무 상관이 없기 때문에 무시해도 되지

만 새로운 아이디어를 도출할 수 있는 좋은 기회를 제공하기도 한다. 민트패드의 경우 사진 위에 메모나 그림을 겹겹이 따로 작성하고 하나하나 떼어 올려 볼 수 있는 레이어 기능은 제공하지 않고 있다. 하지만 사진 뒷면에 메모나 그림을 작성하는 것보다는 사진 위에 여러 겹의 메모나 그림을 작성할 수 있게 하고 필요에 따라 레이어를 선택하게 하는 것이 사용자에게 좀 더 창의적인 작품을 만들도록 유도하는 방법일 수 있다. 따라서 사진의 경우 동영상과 유사하게 사진 위 메모 기능의 지원은 물론 레이어의 출력 순서, 질감(투명·불투명·색감) 등 선택할 수 있도록 하는 기능을 제시해 볼 수 있다. 포스퀘어의 경우 옛 초등학교 동창 여러 명이 송년회를 계획하는 상황에서 함께 모일 장소를 정할 때 여러 장소를 후보로 두고 거리상의 근접성, 교통의 편리성, 식당의 유무 등과 같은 선정 기준을 놓고 지도상에 표시해 가며 논의하는 것을 가정해 볼 수 있다. 포스퀘어의 경우 서비스에서 제공하는 지도상의 아이콘을 눌러 팁이나 코멘트를 덧붙이는 등 사용자가 특정 장소에 대한 의견을 남길 수 있으며, 지도의 경우에도 물리적인 종이 위에 펜으로 표기하거나 포스트잇을 붙이면서 표시할 수 있다. 하지만 최종적으로 하나의 장소를 결정하기 위한 의견 수렴 기능은 포스퀘어와 지도 모두 제공하지 않고 있다. 따라서 최종적인 장소 선정을 위해 그동안 수집한 후보군에 대한 여러 사람의 의견을 정리해 공유한 뒤 전화나 문자 메시지, 이메일 등으로 별도 의사결정 및 확인의 과정을 거치는 번거로움이 있다. 따라서 M에는 없지만, 좀 더 빠르고 손쉬운 의사결정이 가능하게 할 수 있다는 점에서 장소별 투표 기능을 새롭게 제시할 수도 있다.

이 가운데 시스템과 메타포가 일치하지 않는 부분은 (S+ M-)와 (S- M+)이다. 이와 같은 불일치가 발생하는 이유는 실제의 메타포는 지도와 같이 현실의 대상을 기준으로 하고 있기 때문에 되도록 그 대상과 일치하려고 하는 반면, 시스템은 현실 세상에 있지 않다 보니 현실의 대상으로는 표현할 수 없는 부분이 생기기 때문이다.

이러한 불일치는 그 성격에 따라 정적인 불일치와 동적인 불일치로 나눌 수 있다. 정적인 불일치$_{static\ mismatch}$란 특정 대상과 관련된 불일치를 가리킨다. 예를 들어, 일상생활에서는 책상 위에 휴지통을 올려놓지 않지만 윈도상에서는 화면 위에 휴지통 메뉴를 올려 둘 수 있다. 또 이전에 작성한 메모는 시간이 지나면 종이 끝이 닳고 펜의 색이 바래는 등 그 형체가 변하게 된다. 하지만 디지털화된 메모는 시간이 지나도 형체가 변하지 않는다. 한편 동적인 불일치$_{dynamic\ mismatch}$는 사용하는 방법상의 불일치를 의미한다. 예를 들어, 매킨토시 OS상에서 디스켓을 뺄 때 바탕화면의 휴지통으로 이동해 디스켓을 빼내지만 실제로 휴지통을 이용해 디스켓을 빼는 경우는 극히 드물다. 또 현실에서는 메모를 따로 스캔하기 전까지

성격을 지니고 있고, 그 성격에 부합되는 보조 메타포가 무엇인지 파악해야 한다. 그러므로 보조 메타포를 선정하는 단계는 크게 2단계로 나뉜다.[Cates, 2002] 1단계는 앞에서 선정된 주 메타포의 성격을 분석하는 단계이며, 2단계는 분석된 성격에 따라 그 성격에 적합한 보조 메타포를 탐색하는 단계이다.

주 메타포의 성격을 규정하기 위해서는 메타포의 여섯 가지 특성인 속성, 작동, 어구, 이미지, 종류, 음향을 기반으로 한다.

속성properties은 현실에서 주 메타포가 지닌 구조적인 특성을 의미한다. 예를 들어, 메모장의 메타포는 종이를 묶어 주는 바인더와 속지, 종이를 대는 두꺼운 받침 종이 등으로 이루어져 있다. 땅따먹기 게임은 게임을 위한 영역을 지니고 일반적으로 선과 도형을 통해 그 영역이 구분된다. 작동operations은 사람들이 메타포의 대상을 가지고 어떤 일을 할 수 있는지를 의미한다. 메모장은 순간적으로 떠오르는 생각을 간단하게 기록하거나 낙서를 할 수 있도록 빈 공간을 제공하고, 여러 가지 도구를 이용해 자유자재로 표현의 강약을 조절할 수 있게 해 준다. 땅따먹기 게임에서 참여자는 선이나 도형으로 구분된 땅을 자신의 영역으로 확보할 수 있고, 이를 게임 규칙에 따라 넓힐 수 있으며, 다른 참여자에게 그 영역을 빼앗길 수도 있다. 특정 영역으로 가기 위해서는 먼저 자신의 돌을 던진 뒤 이동해야 하며, 이동한 뒤에는 자신의 영역을 확보하기 위해 분필 등으로 표시해야 한다. 어구phrases란 메타포와 관련해 일반 사람들이 사용하는 언어적 표현을 가리킨다. 메모장의 경우에는 '비어 있는 속지를 펼친다' '낙서한다' '그린다' '필기한다' '떼어낸다' '찢는다' '묶어 보관한다'와 같은 어구가 사용된다. 땅따먹기 게임의 경우에는 '따먹는다' '던진다' '점프한다' '표시한다' '내 땅' '별표' '체크' 등의 어구가 사용된다. 이미지images란 메타포의 대상에 대해 사람들이 일반적으로 가지고 있는 비언어적인 표현을 의미한다. 메모장에서는 메모를 적기 위해서는 무엇을 적을 만한 공간이 남아 있는 속지가 필요한데, 주로 노란색 바탕의 종이라는 이미지가 존재한다. 땅따먹기 게임에서는 땅의 일정 부분을 게임을 위한 영역으로 확보하기 위해 직선, 대각선, 네모, 세모 등의 다양한 도형의 이미지가 존재하며, 게임의 진행에서 자신의 영역으로 표시하기 위한 별표, 체크 등의 다양한 이미지가 존재한다. 종류types는 일반적으로 메타포의 대상을 분류할 수 있는 범주를 의미한다. 메모는 사용자가 남기는 기록 가운데 순간순간 떠오르는 생각의 일부를 포착해 짧고 간단하게 남기는 기록의 종류로 분류될 수 있다. 땅따먹기 게임에서는 게임의 참여자가 확보하기 위한 영역의 모양으로 네모, 세모와 같은 범주가 있다. 이러한 범주는 위계적으로 구성되어 보다 세부적인 종류로 나눌 수 있다. 예를 들어, 네모의 영역은 다시 숫자로서 1번 네모 영역, 7번 네모 영역 등으로 나뉘어 표현된다. 음향sounds이란 메타포의 대상과 연결된 모든 음향적인 표현 방식을 의미한다. 메모장의 경우 종이에 펜으로 글씨를 쓸 때 나는 소리, 종이에 글자를 한 자씩 눌러 쓸 때 나는 소리, 글이나 그림을 지울 때 나는 소리, 종이를 다음 장으로 넘길 때 나는 소리 등의 음향이 존재한다. 땅따먹기 게임의 경우 영역 이동을 위해 뛰는 소리, 돌을 던졌을 때 나는 소리, 아스팔트에 분필로 체크하는 소리 등 다양한 음향이 존재한다.

이와 같이 주 메타포에 대한 특성이 파악되고 나면 각 특성별로 의미적으로나 표현적으로 연결된 보조 메타포를 선정하는 작업을 진행한다. 즉 주 메타포의 분석을 통해 도출된 여섯 가지 특성과 비슷한 의미를 가지고 있거나 비슷한 표현을 가지고 있는 보조 메타포를 선정하는 것이다.

민트패드의 경우 메모장에서 메모를 적은 종이를 다음 장으로 넘기거나 뜯어내는 행위를 기기에서 메모를 하다가 기기를 흔들어 주는 행위와 유사한 의미를 가지는 것으로 생각해 볼 수 있다. 또한 기기에서 작성하던 메모를 위로 넘겨야만 다음 장이 나오는 것도 메타포와 유사한 표현으로 생각해 볼 수 있다. 한편 땅따먹기 게임의 특정 영역을 표시하는 별표와 포스퀘어 배지와의 관계와 같이, 유사한 의미를 가진 보조 메타포를 찾아보거나 현실의 땅따먹기 게임에서 땅을 확보하기 위해 돌을 줍는 것과 메타포에서 해당 지역에 진입해 체크인을 할 때의 애니메이션 표현이 비슷하다는 것을 알 수 있다.

주 메타포의 특성을 기반으로 보조 메타포를 도출하는 과정에서 한 가지 주의해야 할 점이 있다. 기본적인 연결 특성 이외의 다른 보조 메타포 특성 중에 주 메타포와 모순되는 점은 없는지 확인해야 한다는 것이다. 민트패드의 경우 기기의 네트워크적 특성과 다양한 멀티미디어 감상 기능이 메모장과는 잘 들어맞지 않는 측면이 있는데, 기록한 메모를 웹으로 전송해 저장한다든지 동영상 감상 중 화면을 정지시키고 메모를 남길 수 있다든지 하는 특성이 그런 것이다. 이러한 특성에 따라 휴대용 멀티미디어 플레이어PMP라는 새로운 보조 메타포를 선정했는데, 이 보조 메타포는 데이터를 저장하는 것이 어렵고 전송하는 속도가 느리다는 특성이 있다. 그런 경우 PMP라는 보조 메타포를 선정하면 메모장이라는 주 메타포와 충돌을 일으킬 수 있다.

또한 선정된 보조 메타포가 주 메타포와 같은 부류에 속하는 메타포인지를 확인해야 한다. 여기서 '같은 부류'에 속한다는 것은 각 메타포가 하나의 상위개념에 포함될 수 있다는 의미이다. 예를 들어, 필기, 낙서 등은 모두 연습장 메타포에 속하고, 형광펜, 볼펜, 지우개 등은 모두 필기도구 메타포에 속한다. 이렇게 메타포가 서로 동일한 상위개념에 속한다는 것을 확인함으로써 보조 메타포 간의 일관성을 재고할 수 있다.

결론적으로 주 메타포의 성격을 여섯 가지 특성에 따라 분석하고, 각 특성에 따라 의미적으로나 표현적으로 관련된 보조 메타포를 선정해 주 메타포와 보조 메타포 사이는 물론 일반 메타포 사이에서의 일관성을 높일 수 있다.

메타포모형의 구축

메타포가 디지털 제품이나 서비스를 디자인할 때 효과적으로 사용되기 위해서는 앞에서 선정된 주 메타포와 보조 메타포의 관계 및 해당 디지털 제품이나 서비스의 기능을 종합적으로 표현할 수 있는 메타포모형metaphor model이 필요하다. 이 절에서는 컴포넌트 다이어그램component diagram을 이용해 메타포모형을 구축해 보고자 한다.Booch, Jacobson and Rumbauch, 1999 컴포넌트 다이어그램이란 시스템에 대한 물리적인 구성 요소를 표현하는 그림이다. 그러나 물리적인 요소는 아니지만 물리적인 요소와 밀접하면서 중요한 밑그림을 제공하는 것이 메타포이기 때문에 메타포와 시스템 간의 관계를 컴포넌트 다이어그램으로 모형화하는 것이 바람직하다. 메타포모형의 첫 번째 단계는 그림 21에서 보는 바와 같이 주 메타포에 대한 컴포넌트 다이어그램을 작성하는 것이다.

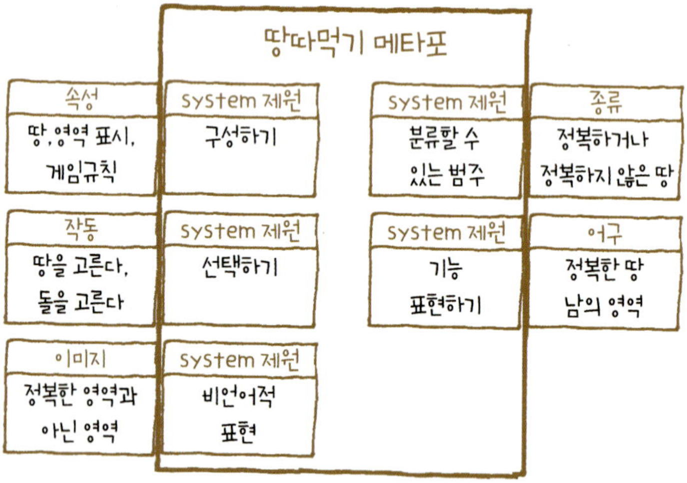

그림 21
디지털 서비스의 메타포를 위한 컴포넌트모형의 사례: 포스퀘어

메타포모형 작성의 두 번째 단계는 복합 메타포를 위한 컴포넌트 다이어그램을 작성하는 것이다. 이 단계는 주 메타포와 보조 메타포 간의 관계를 명시적으로 표현하는 절차이다. 이를 위해 메타포의 해당 특성과 이 특성과 관련된 보조 메타포를 실선으로 표현한다. 동시에 보조 메타포를 통해 표현되는 시스템의 기능이나 정보 또는 모양을 시스템 제원으로 표시한다.

모형 작성이 완료되면 세 번째 단계로 보조 메타포를 기입하는 과정이 수반된다. 보조 메타포도 주 메타포와 마찬가지로 그 자체가 메타포이기 때문에 여섯 가지 특성을 위주로 표현한다. 단, 주 메타포처럼 여섯 가지 특성을 모두 표현하는 것이 아니라 그중 몇 가지 중요한 특성만을 표시한다. 민트패드의 경우 유통하기와 관련되어 선정된 보조 메타포로 게시판 메타포를 들 수 있고, 이를 통해 해당 제품의 네트워크적인 특성을 보완할 수 있다. 포스퀘어의 경우 주 메타포에서 비언어적 표현과 관련되어 선정된 보조 메타포는 정복한 영역과 그렇지 않은 영역을 명시적으로 배지로 보여 줌으로써 메타포 모형의 효과를 증진시킬 수 있다. 마찬가지로 주요 플랫폼인 스마트폰 외에 컴퓨터를 이용하는 환경에 대한 메타포 모형을 작성한다면 주 메타포에서 이미지 표현과 관련해 선정된 보조 메타포는 3D그래픽을 통해 지도를 표현해 줌으로써 사용자에게 좀 더 실감나는 시각적 경험을 제공할 수도 있다. 이와 같이 복합 메타포를 위한 컴포넌트 다이어그램과 각 보조 메타포를 명시적으로 제공함으로써 디자인된 콘셉트를 구체화할 수 있다.

그림 22
디지털 제품의 메타포를 위한 컴포넌트모형의 사례: 민트패드

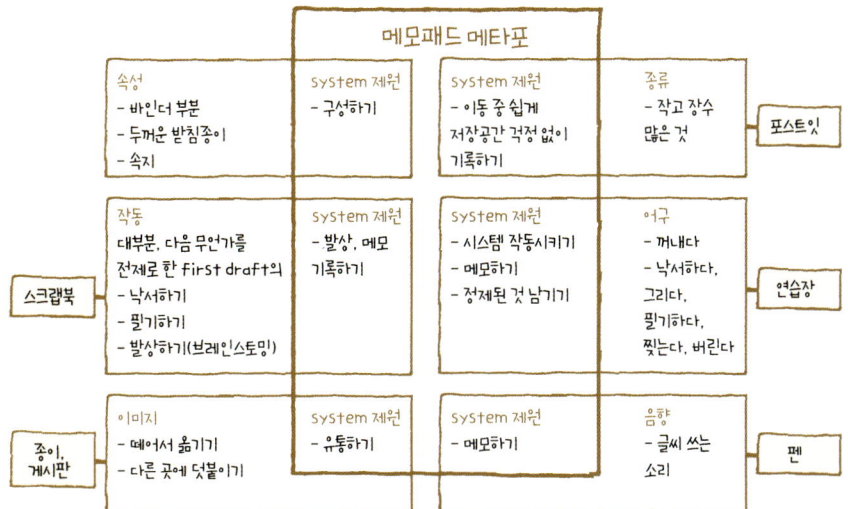

본 장에서는 디지털 제품이나 서비스를 디자인할 때의 첫 번째 단계인 콘셉트 디자인에 대해 다루었다. 어떤 콘셉트를 선정했는지에 따라 그 제품이나 서비스의 정보구조나 인터랙션 방법, 인터페이스 표현이 큰 영향을 받기 때문에 콘셉트 디자인은 디지털 제품이나 서비스를 개발할 때 매우 중요한 단계이다. 제대로 디자인된 콘셉트는 사용자가 제품과 서비스를 이해하고 사용하는 것을 도와주며, 개발자에게 향후 개발 과정에 관한 전반적인 방향을 제시한다. 본 장에서는 체계적으로 콘셉트를 디자인하는 절차의 핵심으로 분석 자료를 검토하는 과정, 새로운 콘셉트를 도출하는 과정, 도출된 콘셉트를 평가하고 선정하는 과정, 선정된 콘셉트를 메타포를 통해 구체화하는 과정을 제시했다. 이러한 과정을 통해 구체화된 디지털 제품이나 서비스의 콘셉트는 다음 장에서 다룰 정보구조 디자인, 인터랙션 디자인, 인터페이스 디자인의 밑그림을 제공한다.

토론 주제

1

최근 출시된 디지털 제품이나 서비스 가운데 좋은 콘셉트로 성공한 사례를 선정하고 해당 콘셉트가 어떠한 점에서 좋은 콘셉트의 조건을 충족하는지 설명해 보자. 또한 이러한 콘셉트가 디지털 제품이나 서비스의 성공에 어떠한 영향을 미쳤는지 생각해 보자.

2

최근 출시된 디지털 제품이나 서비스 가운데 적합하지 못한 콘셉트로 실패한 사례를 선정하고 해당 콘셉트가 어떤 점에서 적절하지 못했는지 설명해 보자. 또한 이러한 콘셉트가 디지털 제품이나 서비스의 실패에 어떤 영향을 미쳤는지 생각해 보자.

3

최근 출시된 디지털 제품이나 서비스 가운데 적합하지 못한 콘셉트로 실패한 사례를 선정해 보자. 그리고 해당 콘셉트의 부족한 부분을 '제거하거나 대체하기' 방법을 통해 어떻게 개선할 수 있을지 생각해 보자.

4

최근 출시된 디지털 제품이나 서비스 가운데 적합하지 못한 콘셉트로 실패한 사례를 선정해 보자. 그리고 해당 콘셉트의 부족한 부분을 '분리하기' 방법을 통해 어떻게 개선할 수 있을지 생각해 보자.

5

최근 출시된 디지털 제품이나 서비스 가운데 적합하지 못한 콘셉트로 실패한 사례를 선정해 보자. 그리고 해당 콘셉트의 부족한 부분을 '더하기' 방법을 통해 어떻게 개선할 수 있을지 생각해 보자.

6

최근 출시된 디지털 제품이나 서비스 가운데 흥미로운 콘셉트의 제품이나 서비스를 골라 보자. 그리고 해당 콘셉트와 비슷한 범주에 속한 사례를 모아 보자. 선정된 사례에 사용된 콘셉트와 비슷한 범주의 사례를 함께 놓고 콘셉트를 평가해 보자. 왜 특정 콘셉트가 가장 좋은 콘셉트로 선정되었는지 그 이유를 설명해 보자.

7

최근 출시된 디지털 제품이나 서비스 가운데 메타포를 효과적으로 활용한 경우와 그렇지 못한 경우를 하나씩 들어 보자. 각 사례에서 주 메타포와 보조 메타포를 선정할 때 어떤 점이 좋고 어떤 점에 문제가 있었는지 설명해 보자.

8

최근 출시된 디지털 서비스 가운데 하나를 선정해 시스템과 메타포의 일치도를 (S+ M+), (S+ M-), (S- M+), (S- M-)로 구분해 보자. 그리고 해당 서비스가 메타포의 부작용 측면에서 어떤 특징이 있는지 분석해 보자.

9

최근 출시된 디지털 제품 가운데 메타포를 효과적으로 활용한 경우를 선정해 컴포넌트모형을 작성해 보자. 그리고 주 메타포와 보조 메타포 사이의 일관성이 어떻게 확보되었는지 분석해 보자.

10

최근 출시된 디지털 서비스 중에서 한 가지를 선정해 주 메타포와 보조 메타포 사이의 관계를 명시하는 복합 컴포넌트모형을 작성해 보자. 그 모형을 기반으로 주 메타포와 보조 메타포가 어떻게 연결되었는지 분석해 보고, 그 연결에 어떤 문제점이 있을 수 있는지를 파악해 보자.

11장 정보구조 디자인

**사용자가 이용하기 편리한
정보구조 디자인하기**

"모든 대상에 대한 이해는 범주를 만들고 분류하는 것에서부터 시작한다."

해이든 화이트 Hayden White

궁금한 점

트위터와 같은 마이크로블로그에서 실시간으로 쏟아지는 정보들은 어떤 특징을 가지고 있으며, 그런 짧은 정보가 실생활에 어떤 도움을 줄 수 있을까?

아이폰과 같은 스마트폰의 애플리케이션이 다양한 정보를 제공할 때 어떤 방식으로 그 좁은 화면 안에 많은 정보를 담아 분류하고 제공할 수 있을까?

페이스북과 같은 소셜네트워킹 서비스는 개인이나 집단에 대한 많은 정보를 어떻게 정리하고 연결할까?

영화 소개

이글아이 2008

"저는 하나의 완벽한 공동체 결성을 목표로 합니다. 이를 위해 저는 방대한 자료를 수집하고 분석하고 그에 따라 명령합니다. 이 자료를 이용해 당신을 제 마음대로 규정할 수도 있습니다."

아리아(영화 속 슈퍼컴퓨터)

영화 〈이글아이〉는 휴대전화나 거리의 CCTV 등 생활 전반에 설치되어 있는 전자장치와 시스템의 음모에 대항하는 한 청년의 이야기를 다루고 있다. 평범한 청년 제리에게 갑자기 엄청난 금액의 돈이 입금되고 집에는 각종 무기와 여러 나라의 여권들이 배달된다. 그리고 FBI에 의해 테러범으로 지목되면서 주인공은 슈퍼컴퓨터 시스템인 아리아가 만들어 놓은 거대한 음모에 빠져든다. 이 영화는 휴대전화, 현금지급기, 거리의 CCTV, 교통안내 사인보드, 신호등 이 세상에 존재하는 수많은 디지털 기기에 의해 엄청난 양의 정보가 수집되고, 이 정보를 아리아라는 슈퍼컴퓨터가 정리하고 분류한다는 가정에서 시작한다. 그리고 그 정보들이 누군가에 의해 악용되었을 때 우리 삶에 큰 영향을 미칠 수 있다는 사실을 실감나게 알려 주고 있다. 영화 〈이글아이〉를 통해 세상에 존재하는 다양한 정보의 종류를 구체화시켜 보고, 이를 효과적으로 분류하고 구조화하는 방법을 경험해 보자.

영화 토론 주제

1 주인공 제리는 슈퍼컴퓨터 아리아에 의해 자신의 모든 정보를 수집당한다. 영화 속에서 수집되는 자료들 가운데 일상생활에서 수집되리라고 예상하지 못했던 자료는 어떤 것들이 있는지 생각해 보자.

2 세상에 존재하는 수많은 정보를 분류하는 방식에는 여러 가지가 있다. 영화 속에서 아리아는 이러한 정보들을 어떤 기준으로 분류했는지 찾아보자.

3 정보의 종류와 내용이 많아질수록 전체적인 정보를 조직화하고 연결하는 것이 중요해진다. 아리아는 어떤 방법으로 정보를 조직화하고 연결했는지 살펴보자.

영화 〈이글아이〉에서 나타난 정보구조: 아리아가 위치 정보를 추적하고 있는 장면

본 장에서는 콘셉트 디자인을 통해 구축된 디지털 제품이나 서비스 콘셉트 안에 채워 넣을 정보의 내용과 구조를 디자인하는 단계에 대해 다루고자 한다. 정보구조 디자인을 위해서는 사용자가 어떤 정보를 원하는지, 그 정보가 얼마나 복잡한지, 이 정보를 사람들이 효과적으로 이용할 수 있게 하기 위해서는 어떤 방식으로 정리해야 하는지를 알아야 한다. 정보구조 디자인은 시스템에 필요한 다양한 자료를 수집하고, 수집된 자료를 사용자가 이해하고 기억하기 쉬운 방식으로 구조화하고, 사용자가 이 정보에 쉽게 접근할 수 있도록 하는 과정을 의미한다. 정보구조 디자인 과정은 다섯 단계, 즉 다양한 자료를 수집하는 단계, 수집된 자료를 분류하는 단계, 수집된 자료의 구조를 설정하는 단계, 구조 사이를 이동하는 전반적인 방법을 정하는 단계, 그리고 항해 지원 시스템을 디자인하는 단계로 나뉘어진다. 이 다섯 단계는 순차적으로 진행되기보다는 점진적으로 그리고 동시 병행적으로 이루어져야 한다. 정보구조 디자인의 다섯 단계에 대한 구체적인 설명을 제공함으로써 디지털 제품이나 서비스를 위한 정보구조 디자인을 독자들이 직접 수행할 수 있도록 하는 것이 본 장의 목적이다.

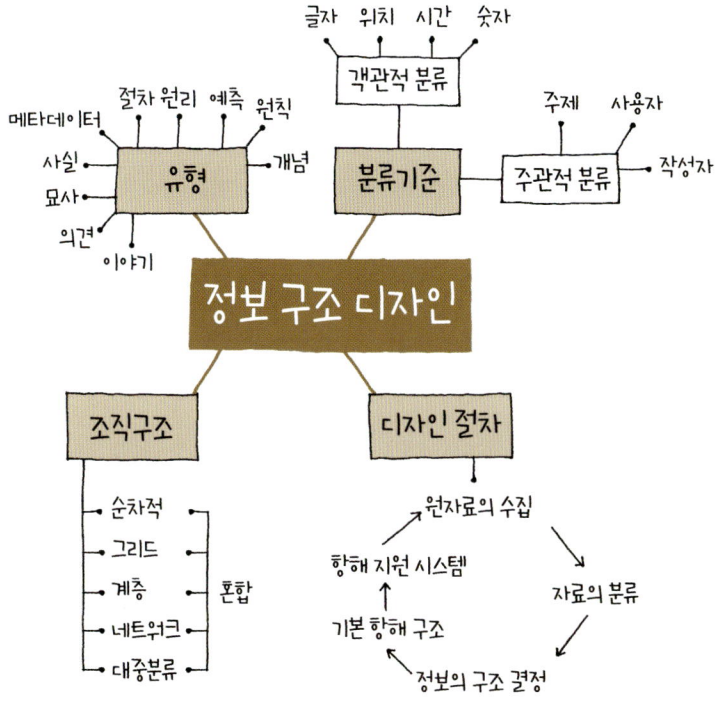

1. 정보구조 디자인의 의미

속담에 '구슬이 서 말이라도 꿰어야 보배'라는 말이 있다. 이는 아무리 다양한 재료가 있더라도, 이를 적절한 구조로 정리하지 않으면 쓸모가 없다는 뜻이다. 마찬가지로 아무리 좋은 데이터를 모아 놓았다고 하더라도 이를 체계적으로 정리하지 않으면 시스템의 가치를 향상시키기 힘들다. 정보구조 디자인information architecture design이란 여러 가지 데이터를 수집하고 이를 적절하게 정리해 사용자에게 의미 있는 정보information로 만들어 주는 과정이다. 즉 사용자에게 의미 있는 데이터를 선정해 의미 있는 형태form로 구성organizing함으로써 그 정보의 의미를 사용자에게 명확하게 전달하고자 하는 단계이다. 정보구조 디자인 과정은 크게 5단계로 나눌 수 있다. 1단계는 사용자에게 의미 있는 여러 가지 데이터를 수집하는 단계이다. 이 단계를 위해서는 데이터가 주로 어떤 유형을 띠고 있는지를 알아야 한다. 2단계는 특정 기준에 따라 모아진 자료를 분류하는 단계이다. 3단계는 데이터를 분류하는 단계와 동시에 진행되는 단계로 정보의 조직구조organization structure를 결정하는 단계이다. 데이터를 분류하는 과정이 수집된 데이터로부터 파생되는 상향식 구조화bottom-up organization라고 한다면, 정보의 구조를 설정하는 단계는 콘셉트나 사용자 분석으로부터 파생되는 하향식 구조화top-down organization라고 할 수 있다. 4단계는 구조화된 정보들 사이를 이동하는 기본 체계를 설계하는 단계이고, 5단계는 정밀한 항해 지원 시스템을 디자인하는 단계이다.

2. 데이터의 유형

스마트폰이나 IPTV 등의 디지털 제품이 확산되면서 다양한 형태의 데이터가 사용되고 있다. 우리가 데이터의 유형에 주의를 기울이는 이유는 크게 두 가지이다.

첫째, 다양한 데이터는 각자 본질적인 특징과 이를 구조화하고 표현하는 방법상의 특징을 가지고 있다. 어떤 유형인지 알아야 그 데이터를 어떻게 정리하고 표시할지 생각할 수 있다. 둘째, 기술의 발전과 사회의 변화에 따라 새로운 데이터의 유형이 생성된다. 그리고 이런 새로운 유형의 데이터를 사용자에게 효과적으로 제공함으로써 새로운 비즈니스의 기회를 잡을 수 있다. 그럼 각 데이터의 특징에 대해 간단히 알아보도록 하자.

2.1 사실

'사실fact'이란 별다른 설명이 필요 없이 누구나 수긍할 만한 구체적 데이터를 의미한다. 따라서 누구나 이해할 수 있는 객관적이고 구체적인 자료이다. 구체적인 '사실'을 전달하는 가장 대표적인 예로는 뉴스 콘텐츠를 들 수 있다. 특히 뉴스 콘텐츠는 구체적인 '사실'을 빠르고 신속하게 올린다는 특징이 있으며, 일반적으로 육하원칙에 따라 언제 어디서 누가 어떤 '사실'을 왜 그런 방식으로 기술했는지를 명확하게 하고 있다. 인터넷 포털과 같은 서비스에서도 이러한 구체적 '사실'들을 사용자에게 다양하게 제공하고 있다. 이는 구체적 사실 자료를 제공함으로써 사용자가 포털 서비스로부터 원하는 정보 욕구를 해소시켜 주고, 동시에 포털의 공신력과 신뢰성이 향상되는 효과를 얻을 수 있기 때문이다. '사실' 데이터는 정보의 양은 적은 편이나, 구체성은 높고 데이터 자체의 난이도는 낮은 특징을 보인다. '사실'과 관련된 자료는 주로 텍스트 중심으로 제공되지만 최근 들어 사용자의 직관적인 이해를 돕기 위해 추가적인 이미지나 동영상이 제공되기도 한다.

2.2 개념

'개념concepts'이란 특정 대상에 대한 이해를 돕기 위해 사용하는 정의definition를 의미한다. 예를 들어, 캐시백 포인트란 캐시백 가맹 회사의 상품을 구매할 때 누적되는 점수로, 일정 점수 이상이 되면 화폐와 비슷한 효력을 가진다는 설명이 '개념'의 사례이다. 이와 같이 그 아이템이 어떤 개념과 효능을 지녔는지에 대한 정보를 '개념'이라고 한다. '개념'을 콘텐츠화한 대표적인 예로는 오픈백과사전인 위키피디아를 들 수 있다. 위키피디아에서는 집단지성을 이용해 특정 '개념'에 대한 사전적인 정의와 함께 관련된 다양한 정보를 제시하고 있다. 이외에도 현실적으로 서비스의 기능이나 용도 또는 특징에 대한 설명을 '개념'이라는 방법으로 제시하는 경우도 많다. 제품이나 서비스의 '개념'을 설명하는 경우에는 보통 텍스트를 중심으로 표현하며, '개념'의 대상을 의문문 형식을 이용해 강조하는 경우가 많다. 예를 들어, '마이크로블로그 서비스란'과 같은 제목의 의문문 형식을 이용한다. 그러나 멀티미디어 콘텐츠가 일반화되면서 간단한 그림이나 동영상을 함께 사용하는 경우도 많아지고 있다.

2.3 절차

'절차procedures'란 순차적으로 진행되어야 하는 과정 자체에 대해 설명하는 자료를 일컫는다. 즉 대부분 사용자가 수행해야 하는 순차적인 행위를 지정해 주는 자료로, 시스템이 실제로 어떻게 작용했는지보다는 그런 시스템을 사용하기 위해 사용자가 어떤 작업을 어떤 순서에 따라 수행하는지를 알려 준다. '절차'에 관한 자료는 인터넷 환경에서 특히 중요하다. 왜냐하면 직접 시스템을 어떻게 사용하는지를 알려 주는 것이 아니라 인터넷상에 올려진 절차적 자료를 기초로 사용자 스스로 파악해야 하기 때문이다. 특히 인터넷 환경에서 '절차'에 관한 정보는 사용자가 스스로 수행해야 할 과업을 제시하는 경우가 많다. 예를 들어, CD에서 음악을 가지고 오는 경우 사용자가 어느 한 단계를 이해하지 못하면 콘텐츠의 이용 자체가 중단되어 버리기 때문에, 어떤 식으로 '절차' 정보를 제공하는지가 사용자가 최적의 경험을 제공받을 수 있느냐의 문제와 직결된다고 할 수 있다. 그렇기 때문에 회사에서는 사용자에게 절차적 정보를 알기 쉽게 제공하기 위해 많은 노력을 기울인다. 과거에는 '절차'적인 자료가 텍스트와 그림 중심으로 표현되었지만, 각 단계별로 시스템의 상태와 사용자의 동작을 동영상으로 보여 줌으로써 사용자의 이해를 높이고자 하는 추세를 보이고 있다.

2.4 원리

'원리principles'란 특정 아이템의 구체적 작동 원리 및 진행 과정에 대한 자료를 의미한다. 간혹 절차나 개념과 혼동되는 경우도 있는데, 엄밀히 말하면 '절차'는 대부분 사용자가 수행하는 순차적 행위의 단계를 지정해 주고, '개념'은 간단한 사전적 정의를 의미하는 반면, '원리'는 시스템이 작동하는 체계에 대한 자료를 의미한다. 예를 들어, 웹사이트에서 고객의 신상자료를 보다 안전하게 관리하기 위해 SSL secure socket layer 이나 SET secure electronic transaction 등의 시스템을 도입했다고 가정하자. 고객이 SSL이나 SET 기반의 웹사이트에서 지불 및 결제를 하기 위해 취해야 할 행동에 관한 순차적 지식을 제공했다면, 이는 '절차'에 해당한다. 그러나 SSL이나 SET의 안전성을 고객에게 확신시키기 위해 '인증 기관의 역할' '인증서의 발급' 등과 같은 방식이 사용되어 안전하다는 근원적인 설명을 포함시켰다면, 이는 '원리'에 해당한다. 만약 SSL이나 SET가 무엇인지에 대해 간단하게 사전적인 정의를 제공했다면, 이는 '개념'에 속한다. 즉 '원리'와 관련된 내용은 '절차'에 비해 보다 근원적이고 전문적인 내용이기 때문에 이를 고객과 같은 일반인이 이해하기에 수월하도록 제공하기란 상대적으로 어렵다. 최근 들어 유투브와 같은 동영상 공유 사이트가 활발하게 이용됨에 따라 이해하기 어려운 '원리'에 대해 사용자의 이해를 도울 수 있는 동영상 자료가 많이 사용되고 있다. '원리'에 대한 동영상 자료는 사용자에게 올바른 심성모형을 구축할 수 있도록 도와줌으로써 시스템의 유용성을 높일 수 있는 중요한 방법이다. 왜냐하면 시스템의 구조나 기능에 대한 동영상은 동적인 특성을 가지고 있는 심성모형을 구축하는 데 직접적으로 이용될 수 있기 때문이다.

2.5 원칙

'원칙rule'이란 시스템이 사용자에게 제시하는 일종의 가이드라인의 개념으로서 시스템 이용 시 사용자가 준수할 행동 요령에 대한 내용이다. 일반적으로 제품이나 서비스를 사용한 지 얼마 되지 않은 초보자를 위해 '전문가라면 이렇게 한다'라고 제공한 자료들이 이에 해당한다. '원칙'은 사용자에게 준수하도록 직접 요구하는 형식을 취할 수도 있고, 성공 사례 등을 제공하는 것처럼 간접적인 형식을 취할 수도 있다. '원칙'을 제공할 때는 시스템이 제공한 '원칙'에 대해 사용자가 납득할 수 있는 이유를 제시해 주어야 하며, 동시에 이를 준수했을 때 얻을 수 있는 효과도 제시해 주어야 한다. 원칙의 이유와 효과를 사용자가 신뢰하지 못한다면, 해당 시스템이 제공하는 '원칙'은 사용자로부터 외면당한다. '원칙'이 가장 엄격하게 정리된 예로 이용자의 권리 및 의무에 대해 명시하는 이용 약관이나 사용 시의 유의사항을 들 수 있다. 보안이 요구되는 전자금융 서비스의 경우 사용자가 지켜야 할 '원칙'에 대해 동영상으로 제시하기도 하는데, 이는 사용자가 왜 그 '원칙'을 지켜야 하는지에 대해 이해할 수 있게 하기 위해서이다. 그러나 많은 서비스들이 단순히 책임회피용으로 약관이나 사용 시 유의사항을 제시하는 경우가 있는데, 이는 '원칙' 자료를 제대로 활용하지 못하는 결과를 초래하기 때문에 피해야 한다.

2.6 이야기

'이야기story'는 과거에 실제 있었거나 또는 가상적으로 만들어 낸 특정 경험담을 의미한다. 우리가 '옛날 옛적에'로 시작하는 이야기 텍스트에 익숙해져 있듯이 사용자에게 가장 친숙한 자료라고 하겠다. 인터넷 사용인구가 증가하고 누구나 쉽게 인터넷상에 자신만의 공간을 개설할 수 있게 되면서 상업적인 매체가 아닌 개인 미디어의 영향이 커지기 시작했다. 특히 '이야기'라는 형식의 자료가 블로그나 개인 홈페이지를 통해 공개되었다. 이런 유형의 자료는 대부분 비공식적이며 무료로 제공되고, 생산 주체와 소비 주체가 같다는 특징을 가진다. 이야기 형태의 자료가 각광받는 이유는 무료이기 때문에 접근하기 쉽기도 하지만, 무엇보다 익숙하고 즐거워 누구나 쉽게 참여할 수 있으며 자유롭게 자신을 표현할 수 있기 때문이다. '이야기'는 크게 두 가지 형태로 제시되는데, 그중 하나가 일반적인 소설 형식에서 볼 수 있듯이 주로 텍스트 형태로 제시된다. 예를 들어, 블로그나 웹툰상에 자신의 경험을 텍스트 형태로 올리는 경우이다. 블로그는 사용자의 자발적인 참여로 이루어지는데 각 주제별로 사용자의 다양한 경험이 '이야기' 형식으로 게재된다. 최근 들어 인터넷상의 저장공간이 늘어나고 디지털 카메라가 널리 보급됨에 따라 텍스트와 함께 사진과 같은 이미지 자료가 제공되는 경우도 많아지고 있다. 또는 웹툰처럼 만화 형식으로 '이야기'를 전달하기도 하는데, 글에 비해 '이야기'를 간단하게 전달할 수 있고 많은 사람들이 쉽게 이해할 수 있다.

2.7 의견

'의견opinion'은 어떤 대상이나 사안에 대해 사용자가 가지고 있는 개인적인 생각을 의미한다. '의견'은 인터넷을 통해 양방향성이 증가하면서 확산되기 시작한 자료의 유형이다. 의견에 속하는 대표적인 자료로, 포털 사이트나 개인 사이트 가릴 것 없이 언제부터인가 웹사이트의 한구석을 차지하고 있는 즉석 투표와 댓글을 들 수 있다. 또한 블루리본이나 옐프yelp와 같이 사용자가 자신이 가 본 식당에 대한 '의견'을 제시하는 서비스나 사용자의 취향이나 과거 이용 사례에 따라 해당 사용자가 좋아할 것 같은 영화나 서적을 추천하는 것도 '의견' 자료의 일종이다.

'의견'의 유형에 속하는 자료에는 세 가지 종류의 표현 방식이 가능하다. 첫째, 다음커뮤니케이션의 아고라와 같이 하나의 토론 주제에 대해 다수의 사람들이 글자수 제한 없이 참여할 수 있는 토론 게시판 형태가 있다. 둘째, 제한된 인터페이스에서 하나의 애플리케이션에 대해 제한된 범위 내에서 짧게 의견을 남겨야 하는 아이폰의 앱스토어 애플리케이션 리뷰와 같은 제한적 '서술형 의견'이 있다. 셋째, 무제한적 서술형 의견과 집단지성을 기반으로 하는 투표로서 사용자의 의견이 표출되는 위지아와 같은 '선택형 의견'이 있다. 아고라와 같은 토론 게시판 형태의 경우 글자 수 제한이 없을수록 깊은 내용을 가진 의견을 모을 수 있다는 장점이 있는 반면, 열성적으로 참여하는 사람들을 제외하고는 일반 사용자의 참여가 제한될 수 있다는 단점이 있다. 그래서 최근에는 간단한 '서술형 의견'과 몇 가지 핵심 특성에 대한 객관식 선택형을 함께 병행하는 방식이 사용되고 있다.

2.8 묘사

'묘사description'는 특정 대상의 현재 상태를 여러 방식으로 표현하는 자료이다. 최근 들어, 멀티미디어적인 요소가 많이 등장하고 기능적인 목적이 아니라 감성적인 이미지나 음악 등 유희적 가치를 위해 사용하는 콘텐츠가 많아지면서 묘사 자료에 대한 중요도가 높아지고 있다. 이미지와 음악과 같은 멀티미디어적 자료는 '사실'이나 '원칙' 또는 '원리'와는 달리 사용자의 감성에 영향을 준다. 특히 개념, 절차, 원리, 원칙 등은 사용자의 이해를 돕기 위한 자료인 반면, 이미지와 음악과 같은 자료는 사용자의 개인적인 취향과 관련이 있는 자료 유형으로 사용자의 주관적인 선호도에 따라 자료의 가치가 좌우된다. 또한 '묘사'에 속하는 정보들은 시각이나 청각 자료를 사용자가 직관적으로 이해할 수 있다는 장점을 가지고 있어 새로운 정보를 찾는 과정에 유용하게 사용된다. 예를 들어, 미도미midomi와 같은 서비스는 청각 자료를 이용해 자신이 찾고 싶은 음악을 허밍으로 묘사하면 가장 비슷한 음악을 찾아준다. 반면 푸딩fooding이라는 서비스는 얼굴 사진을 올리면 비슷한 사람을 찾아준다. 이와 같이 '묘사' 자료는 주로 시각적인 자료나 청각적인 자료로 나눌 수 있으며, 시스템이 고성능화되면서 시각 및 청각 자료 외에 촉각 자료를 동시에 사용해 '묘사'의 사실성을 높이는 방향으로 발전하고 있다.

2.9 예측

'예측forecasting' 자료는 이미 있는 기초 데이터를 수집한 뒤 그것을 확률이나 통계와 같은 추가적인 분석을 거쳐 향후 추세를 예상하는 자료를 의미한다. 따라서 '예측' 정보는 기존의 사실이나 원리 등의 자료를 기반으로 추가적인 작업을 통해 발생하는 부가 정보라고 할 수 있다. '예측' 자료는 기원전 수세기 전부터 인간이 열망하던 정보였으며, 제사장이나 무속인부터 증권 브로커나 날씨 예측 서비스까지 다양하게 범위를 넓혀 왔다. 많은 것이 불확실한 상황에서 확실한 미래를 예측하고자 하는 인간의 본능적인 성향과 더불어 인터넷에 의해 방대하지만 부정확한 정보가 범람하는 상황에서 '예측' 자료의 중요성은 더욱 높아질 전망이다. 대표적인 '예측' 자료로 주가 예측 서비스나 아이폰의 슬립사이클sleep cycle을 들 수 있다. 이 서비스는 사용자가 잠을 잘 때의 뒤척임을 중력 센서로 감지해 깨어 있는 상태와 꿈을 꾸는 상태, 숙면하는 상태로 구분한 다음, 가장 상쾌하게 깨어날 수 있는 시간을 예측해 알람을 울려 준다. '예측' 자료에서는 예측된 결과의 정확성을 향상시키고 데이터의 수집과 분석 및 활용에서 윤리적인 문제를 해결하는 것이 중요하다. '예측'의 정확성을 높이기 위해서는 중요한 데이터를 수집해야 하는

데, 그러다 보면 알 권리를 위한 정보 수집과 사생활 보호(프라이버시권) 사이에 충돌이 일어날 수 있기 때문이다.

2.10 메타데이터

'메타데이터meta-data'는 데이터에 관한 구조화된 데이터로, 다른 데이터를 설명해 주는 데이터이다. 일반적으로 정보의 위치와 내용, 작성자에 대한 정보를 담고 있으며, 주로 정보를 표현하기 위한 목적과 빨리 찾기 위한 목적으로 사용되고 있다. 이전에는 검색엔진이 데이터베이스에서 정보를 효율적으로 찾아내기 위한 수단으로서 주로 사람에게는 보이지 않는 형태로 작성되었으나, 최근 들어 특정 이슈와 관련된 키워드를 가시화함으로써 사용자의 관심도를 표현하거나 사용자가 스스로 분류할 수 있도록 한다. '메타데이터'의 장점은 상호연관성에 있다. 기존의 자료에 메타데이터가 더해지면 데이터 간의 상호연관도가 높아지면서 정보의 가치가 상승하는 효과를 가지고 온다.

'메타데이터'의 대표적인 사례는 태그tag이다. 태그는 글이나 사진 음악, 동영상 등 모든 유형의 자료에도 붙을 수 있으며, 기존 자료를 해석하는 단서로 작용한다. 태그의 생산은 기존 자료의 생산자가 직접 할 수도 있고 혹은 자동적으로 생산될 수도 있다. 태그 정보가 쌓이면 그 자체로 의미 있는 자료로 활용된다. 예를 들어, 사용자가 GPS 태그 정보를 이용해 촬영한 사진을 지도상에 표시하거나 잡지 기사에 대한 태그를 잡지 회사가 직접 달 수도 있다.

그림 1
메타데이터 사례:
플리커의 카테고리와
지디넷 태그

2.11 자료 유형들 간의 특성 비교

앞에서 이야기한 열 가지 자료는 여러 측면에서 각자 특징을 가지고 있다. 따라서 자료에 맞는 표현이나 조직 방법이 사용되어야 한다. 자료의 유형별 특성은 표 1과 같다. 예를 들어, 절차에 대한 자료는 시간의 흐름에 따라 개조식으로 제공하는 것이 일반적인 반면, 이야기는 글자 위주인 경우 주로 서술형으로 제공되는 것이 일반적이다. 자료의 유형에 따라 그 특성에 맞게 정보를 표현하거나 구조화시켜 주고, 동시에 새롭게 발생하는 유형을 효과적으로 활용함으로써 자료의 가치를 극대화할 수 있다.

	자료의 양적 측면		시간의 흐름		이해 난이도	
	많음	적음	유관	무관	높음	낮음
사실		O		O		O
개념		O		O	O	
절차	O		O			O
원리	O		O			
원칙		O		O		O
이야기	텍스트 O	만화 O	O			O
의견	의견을 내는 사람에 따라 다름		O			
묘사	물리적 자료 O	사용자가 느끼는 양 O			O	O
예측	O		O		O	
메타 데이터		O		O	O	

표 1
자료 유형 간의 특성비교표

3. 정보의 분류

다양한 유형의 자료가 모아지면, 다음은 이 자료를 특정 기준에 따라 분류한다. 정보를 분류 information classification 하는 이 단계는, 수집된 다양한 자료를 효과적으로 구분할 수 있는 기준을 도출해 낸다는 점에서 전형적인 상향식 디자인의 사례라고 할 수 있다. 정보의 분류에서 중요한 디자인 요소는 어떤 범주 category 와 분류 기준 classification 을 사용할 것인지 결정하는 것이다. 우체국에서의 우편물 분류를 예로 들어보자. 범주란 우편물을 나누어 놓은 바구니를 의미하며, 분류 기준이란 어떤 우편물이 어떤 바구니에 들어갈 것인지를 결정하는 법칙을 의미한다. 어떤 분류 기준을 사용하느냐에 따라 범주가 결정되고, 반대로 어떤 범주를 사용하느냐에 따라 분류 기준이 결정되기 때문에 이 둘은 밀접한 관계를 가진다.

정보를 분류하는 방법은 판단 기준에 따라 객관적인 분류 방법과 주관적인 분류 방법으로 나눌 수 있다. 객관적인 분류는 누가 하더라도 동일한 결과를 나타내지만, 주관적인 분류는 분류자의 해석에 따라 분류 결과가 달라진다. 변동성 측면에서 정보를 분류하는 방식은 정적인 분류와 동적인 분류로 나누어진다. 정적인 분류 방법은 한번 자료가 분류되면 그 범주에 계속 남아 있고, 동적인 분류는 자료가 분류된 뒤에도 계속해서 변동될 여지가 있다. 먼저 일반적인 정적 분류의 방법에 대해 알아본 다음 동적 분류와 이들을 모두 포함하는 복합 분류 방법에 대해 알아보기로 하겠다.

3.1 객관적인 분류 방법

객관적 분류 방법은 범주가 상호배타적이며, 분류 기준도 정형화시킬 수 있는 분류 방법이다. 범주가 상호배타적이라는 것은 하나의 자료가 반드시 한 범주에만 속하며 다른 범주에 동시에 속할 수 없다는 것이며, 정형화된 분류 기준이란 사람의 주관적인 판단 없이 기계적으로 분류할 수 있다는 것을 말한다. 따라서 객관적인 분류 방법은 누구든지 동일한 범주와 분류 기준을 가지고 있고, 자료를 한 번 분류하면 다시 분류할 필요가 없기 때문에 상대적으로 실행하기 쉬운 방법이다. 객관적인 분류 방법의 기준은 다음과 같다.

글자 기준

첫 글자의 기호적인 순서에 따라 데이터를 구성하는 방법이다. 사용자가 찾고자 하는 대상의 이름과 제목을 정확하게 알고 있지만 어디에서 찾을 수 있을지 잘 알 수 없을 때 많이 쓰인다. 글자 기준 alphabetic classification 은 그 자체로 의미 있는 구성 방법은 아니지만, 오래전부터 사람들에게 익숙한 분류 방법이다. 글자 기준은 자료의 양이 많으면서도 그 자료들 간에 연관성이나 계층 관계가 불명확한 경우에 주로 사용한다. 예를 들어, 도서관에서 저널을 글자순으로 조직화함으로써 사용자가 찾고자 하는 저널을 손쉽게 찾을 수 있다. 사용자가 쉽게 기억할 수 있는 자료를 주로 글자 기준으로 분류하는데, 대표적인 예로 스마트폰의 주소록 등이 있다. 아이폰의 주소록과 같은 경우, 많은 사람들이 일반적으로 글자 기준으로 분류하는 것에 익숙하고, 연락처의 이름이야말로 사람들이 해당 연락처에 대해 가장 잘 기억하는 자료이기 때문이다.

그림 2
글자 기준 분류 방법의 사례:
도서관 저널 서비스

위치 기준

위치 기준geographical classification은 공간적으로 다른 데이터와 중요한 관계가 있는 데이터를 자연스럽게 구성하는 방법이다. 예를 들어, 맛집 정보를 제공하는 디지털 서비스를 제작한다고 하자. 맛집에 대한 정보는 무수히 많지만, 사용자는 특정 지역에 위치한 맛집 정보를 원할 것이다. 만약 그것을 가나다순으로 분류해 제시하면, 사용자는 그 맛집이 어디에 위치해 있는지 알 수 없으며 찾아가는 데 어려움을 겪을 것이다. 그러나 맛집 정보를 지도상의 위치 정보와 함께 제시하면, 잘 모르는 지역이라도 쉽게 찾아갈 수 있다. 이와 같이 위치나 지리 정보와 연계시켜 제공하기 좋은 디지털 서비스로 부동산과 같은 지역 정보나 지하철역에 대한 정보 서비스 등이 있다.

시간 기준

시간 기준chronological classication에 따라 정보를 구성하는 것은 크게 세 가지로 나눌 수 있다. 첫째, 시간 자체가 가장 중요한 의미를 가진 정보인 경우이다. 예를 들어, 방송사의 스포츠 중계 서비스라든지, 경매 물건의 마감시간표 등이 여기에 속하며, 열차시간표나 영화시간표 등도 이에 속한다. 둘째, 최신 정보와 그 이전 정보를 구분할 필요가 있는 경우이다. 예를 들어, 실시간 검색과 마이크로블로그의 경우에 시간 기준에 따라 최신 정보와 그 이전 정보를 구분함으로써 실시간적인 정보 제공과 소통이 가능하게 만든다. 셋째, 시간별 변화를 한눈에 파악할 필요가 있는 경우이다. 예를 들어, 구글의 타임라인 검색은 연대순으로 화제가 되었던 정보가 무엇인지, 언제 가장 화제가 되었는지를 한눈에 파악할 수 있다. 이 밖에도 주간 일기예보나 회사 연혁이나 시간별 주가 추이 등을 보여 줄 때도 유용하다.

그림 3
시간별 변화를 한눈에 보일
필요가 있는 정보의 사례:
구글의 타임라인과
주간 일기예보

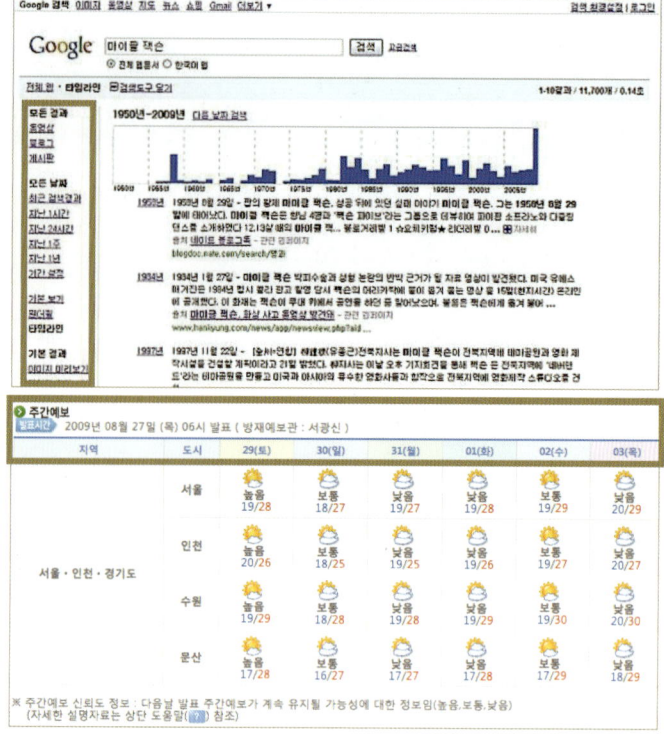

숫자 기준

숫자 자체가 의미를 가지지 않고 분류 기준으로만 사용되는 경우이다. 숫자 기준numerical classification이 문자 기준이나 시간 기준과 다른 점은 중요성이나 속성과 같은 정보를 제공하지 않고, 오직 분류 정보를 수학적인 관계에 따라 나타낼 수 있다는 점이다. 숫자 기준은 사용자에게 일정한 논리를 제공할 수 없거나 그러한 사실을 시간이 지난 뒤에야 알려 줄 수 있는 자료에 유용하다. 그림 4는 프린터 회사에서 자사의 여러 제품을 모델번호에 따라 구분한 사례이다. 모델번호가 일정

그림 4
숫자 기준이 사용된 사례:
HP의 프린터 정보와
로또 당첨 정보

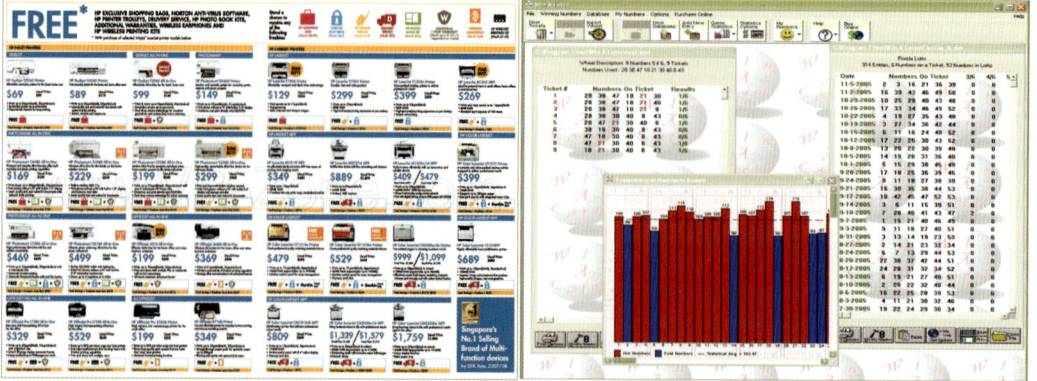

한 논리를 가지고 부여된 것이 아니기 때문에 모델 번호라는 숫자 기준에 따라 프린터와 그에 관련된 토너들에 대한 정보를 제공한다. 또 로또와 같은 복권 서비스의 경우 로또의 당첨 번호에 대한 통계를 숫자순으로 배열해 사용자가 확률이 높은 번호를 예측해 볼 수 있도록 한다.

3.2 주관적인 분류 방법

범주 자체나 자료를 구분하는 기준이 사람에 따라 다를 수 있으며, 모호하게 인식될 수 있는 분류 방법이다. 따라서 사람에 따라 분류하는 방법이 다를 수도 있고, 정형화할 수 없다는 어려움도 있다. 객관적인 분류 방법과 비교했을 때 생성하기 어렵고 관리하기 힘든 방법이 주관적인 분류 방법이다. 그런데도 주관적인 분류 방법을 많이 사용하는 이유는 사람들의 정보를 구성하고 검색하는 방법이 주관적이기 때문이다. 즉 사람들이 일반적으로 종종 불명확한 분류 기준이나 검색 기준을 가지고 정보를 찾는 경우가 많으며, 그러한 경우에는 주관적인 분류 방법을 통해 조직화된 정보가 더 유용할 수 있기 때문이다. 자주 사용하는 주관적인 분류 방법은 다음과 같다.

주제 기준

주제별 분류topical classification에 따라 자료를 구성하는 방법이다. 주제 기준은 사용자에게 중요하게 고려되는 속성attribute에 따라 유사한 데이터끼리 묶을 때 사용하는 방법이다. 이때 특정 분류법을 선택하는 것은 중요한 문제이므로, 시스템의 목적에 맞는 분류법을 선택하고 개발자의 편견을 피해 사용자가 보편적으로 생각하는 기준에 맞춰 데이터를 분류해야 한다. 주제별 분류는 대규모의 정보를 분류할 때 특히 유용하다. 스마트폰의 애플리케이션의 경우 10만여 개의 애플리케이션이 등록되어 있는데, 비즈니스, 책, 교육, 오락, 금융, 여행 등 각 주제별로 분류함으로써 사용자의 접근성을 높여 준다. 이와 같이 주제 기준 분류는 어떤 기준에 따라 주제를 나누는지가 미리 정해져 있지 않기 때문에 사용자가 쉽게 이해할 수 있는 주제를 찾아내는 것이 가장 중요한 요소라 할 수 있다.

사용자 기준

시스템을 이용하는 사용자 집단에 따라 정보를 분류하는 방법이다. 이 방법은 사용자를 비교적 명확한 몇 개의 하위집단으로 구분할 수 있고, 각 집단별로 원하는 자료가 명확하게 구분될 때에 일반적으로 사용하는 방법이다. 사용자 기준user classification은 개방형과 폐쇄형으로 분류할 수 있다. 개방형 분류open classification는 사용자가 자신이 속한 범주에 분류된 자료들뿐만 아니라 다른 범주에 속한 자료도 사용할 수 있는 경우를 의미한다. 카드 회사를 예로 들면, 어떤 카드 회사는 사용자 성격에 따라 제공하는 자료를 구분하는데, 사용자가 개인인지 기업인지 등에 따라 정보를 분류할 수 있다. 그러나 사용자가 원한다면 다른 범주에 속한 자료도 사용할 수 있다. 반면 폐쇄형 분류closed classification는 자신이 속한 범주 이외에 자료를 사용할 수 없는 경우를 의미한다. 어떤 카드 회사의 경우 사용 실적에 따라 고객을 일반 고객과 최우수 고객으로 구분하고, 처음 로그인할 때부터 다른 자료를 보여 준다. 그리고 최우수 고객이 보는 정보는 일반 고객이 볼 수 없도록 하기 때문에 폐쇄형 분류라고 할 수 있다.

정보제공자 기준

정보제공자 기준information provider classification은 정보를 제공하는 사람에 따라 데이터를 구성하는 방법이다. 광대역 브로드밴드 네트워크가 확산되고 누구나 쉽게 블로그 등 자신의 공간을 인터넷상에 개설할 수 있게 됨에 따라 일부 언론기관에 치우쳤던 정보제공자의 범위가 비약적으로 확대되고, 파워블로거 등 개인의 정보적 특징이 발현된 1인 미디어가 증가하면서 정보의 내용뿐만 아니라 정보제공자에 대한 신뢰도 역시 중요한 요소로 부각되었다. 그에 따라 그림 5에서 보는 바와 같이 정보에 대한 편집권을 정보제공자에게 넘기고 정보를 제공자에 따라 분류함으로써 사용자들이 제공자에 대한 관련 정보를 한꺼번에 확인할 수 있는 디지털 서비스가 늘어나고 있다.

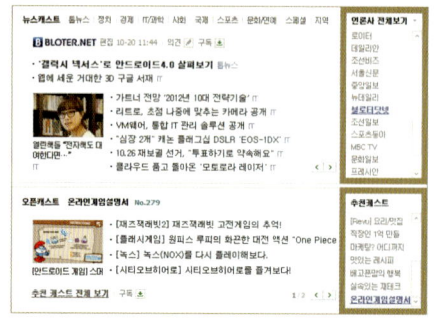

그림 5
정보제공자 기준을 활용한
사례: 네이버 캐스트

3.3 동적인 분류 방법

어떤 특정 기준을 가지고 자료를 동적으로 분류하는 것을 말한다. 이 분류 방법은 한 범주에 분류된 자료가 나중에 다른 범주로 분류될 수 있다는 특성을 가지고 있다. 데이터를 고정해 두지 않고, 기준에 따라 계속 변화시키는 배열 방법으로서 다양한 자료를 비교하기 위한 시스템에 잘 맞는다. 이 경우에는 분류 자체가 바뀌는 것은 아니지만 정보의 배열이 바뀌고, 그 바뀐 배열 순서 자체가 사용자에게 중요한 정보가 된다.

인기도 기준

변동 기준의 대표적인 예는 인기도popularity를 활용하는 방법이다. 스마트폰의 앱스토어를 보면 사용자의 애플리케이션 다운로드 횟수를 기준으로 인기순위를 측정한다. 즉 다운로드 수가 많을수록 현재 사용자들 사이에서 화제가 되고 있는 애플리케이션 정보를 파악할 수 있다. 신문이나 방송 등에서 사람들의 관심이 가장 많이 집중되는 순으로 정보를 배열하는 것도 이에 속한다. 이는 데이터 자체가 가지고 있는 속성이 아니라 사용자의 관심도에 따라 변동적으로 데이터를 배열하는 것이다. 또 다른 예로 검색 포털에서 제공하는 실시간 검색어순위가 있다.

정확도 기준

검색 엔진이 발전하면서 사용자가 원하는 정보에 얼마나 유사한지 또는 사용자가 원하는 정보에 얼마나 정확하게 들어맞는지에 따라 정보를 동적으로 배열하는 방법이다. 단, 기존의 변동 기준이 이미 규정된 범위 내의 기준(예: 인기도나 지지도)에 따라 정보를 배열하는 반면, 정확도relevancy는 사용자가 현재 가지고 있는 관심사에 맞추어 동적으로 범위나 기준이 결정된다는 점에서 차이점이 있다. 예를 들어, 검색엔진 구글에서 페이지랭크 기술을 사용해 사용자가 입력한 질의어와 관련된 정보를 정확도순으로 배열하는 사례가 그러하다.

3.4 복합적 분류

시스템에 포함된 정보의 규모가 커지고 사용자의 요구가 다양해짐에 따라 여러 분류 기준을 동시에 쓰는 경우가 많아지고 있다. 복합적 분류를 잘 보여 주는 예로, 경제개발 협력기구 OECD 사이트의 정보 서비스를 들 수 있다. 이 기구는 방대한 정보를 생산하고 있고, 각계 전문가들이 필요로 하고 있기에 다양한 방법으로 정보를 분류하고 있다. 예를 들어, 나라별, 주제별, 키워드별, 인기도순으로도 자료를 분류해 제시하고 있다. 모바일 환경에서도 주제별, 시간별로 모바일 포털 서비스를 제공하면서 그림 6에서 보는 것처럼 복합적 분류를 사용하는 시도가 이루어지고 있다. 자료의 규모나 사용자의 요구가 더욱 다양화될 것이라는 가정하에 복합적 구성이 널리 사용될 전망이다. 그러나 아직까지 하나의 분류 기준이 어떤 다른 분류 기준과 잘 어울리는지에 대한 지침이 만들어져 있지 않다. 따라서 어떠한 분류 기준을 혼합하는 것이 사용자의 과업을 효과적으로 도와줄 수 있을 것인지에 대한 연구가 선행되어야 할 것이다.

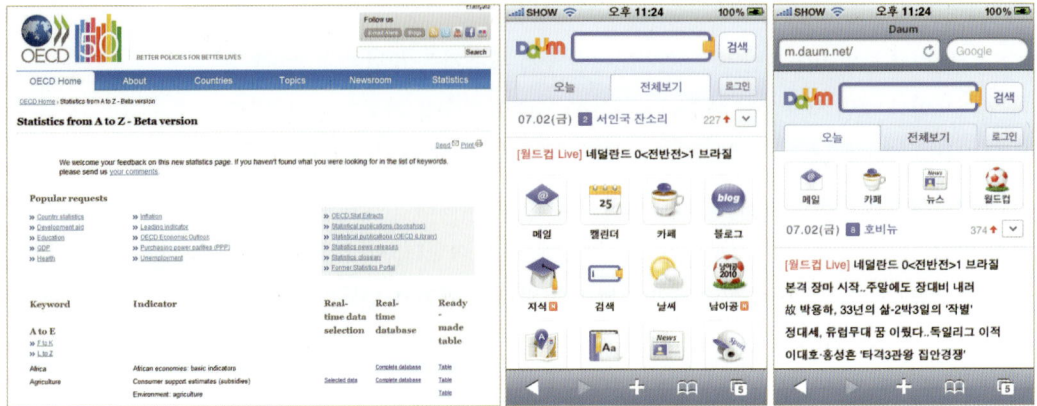

그림 6
복합적 분류를 활용한 예:
OECD의 정보 서비스와
다음커뮤니케이션의
모바일 웹 서비스

4. 정보구조

우리가 일상생활에서 접하게 되는 정보의 종류와 내용이 많아짐에 따라 우리는 마음속에서 다양한 정보에 대한 전체적인 조직구조를 설정한다. 이 단계는 기존의 정보구조organizing structure들 중에서 현재 개발 중인 시스템의 자료에 가장 적당한 구조를 설정한다는 점에서 전형적인 하향식 디자인의 예라고 할 수 있다. 정보구조 디자인은 이와 같이 앞서 설명한 정보 분류라는 상향식 디자인 절차와 이 절에서 설명할 정보구조라는 하향식 디자인이 반복적으로 이루어진다. 다음에는 중요한 정보구조에 대한 간단한 설명과 사례를 제시한다.

4.1 순차적 구조

순차적 구조sequential struture는 시스템을 구성하는 데 가장 단순한 구조이며 우리에게 친숙한 구조이다. 순차적 구조는 정보 공간이 근본적으로 서술적이거나 시간의 흐름에 따르는 경우, 또는 구성 요소들 간에 명확한 논리적 질서가 있을 경우에 적합하다. 순차적인 구조를 따르고 있는 예는 정형화된 과업을 수행하는 단계에 대한 구조이다. 순차적 구조 속에서 이동을 하기 위해서는 두 가지 기본적인 링크가 필요하다. 즉 그림 7에서 보듯이 현 위치로부터 이전 정보로 이동할 수 있는 링크와 다음 정보로 이동할 수 있는 링크가 제공되어야 한다. 본 책을 예로 들어보자. 11장 정보구조 디자인에서 10장 콘셉트 디자인으로 이동하기 위해서는 '이전' 링크가 필요하며, 12장 인터랙션 디자인으로 이동하기 위해서는

'다음' 링크가 필요하다. 페이지를 분할해 정보를 순차적으로 연결했을 때 다음과 같이 세 가지 장점이 있다.

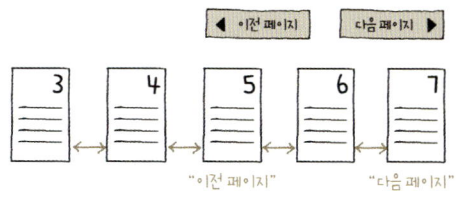

그림 7
순차적 구조에서의 기본 링크

첫째, 한 페이지에 모든 정보를 나열하는 것은 사용자에게 혼란을 줄 수 있다. 매 과정이 연결되어 있기는 하지만, 각 과정에서 다른 과정에 대한 정보는 필요가 없고, 있다 해도 혼란스러울 뿐이다. 예를 들어, 여러 복잡한 사항들이 많은 경우 각 부분을 순차적으로 보여 줌으로써 사용자가 느끼는 복잡성을 감소시킬 수 있다. 그래서 그림 8에서 보여 주는 어린이를 위한 서비스에 순차적 구조가 자주 사용된다. 이해하기 쉽고 모든 정보를 빼놓지 않고 학습할 수 있기 때문이다. 둘째, 이전 과정을 반드시 거쳐야만 다음 과업을 수행하는 데 오류가 없다. 예를 들어, 은행에서 계좌이체를 할 때 먼저 이체할 계좌를 선정하고 송금받을 계좌를 정한다. 그리고 그 다음에 비밀번호를 넣고 공인인증서로 인증을 하는 단계가 순차적으로 진행된다. 따라서 이전 단계를 해결해야 다음 단계로 넘어갈 수 있는 방식으로 사용자의 행동의 순서를 통제할 필요가 높을 때에 순차적 구조가 적합하다. 셋째, 사용자에게 구술적인 이야기를 제공하는 것처럼 정보의 성격 자체가 순차적인 경우에 적절하다. 예를 들어, 그림 9처럼 오프라인상에서의 서적과 비슷한 구조를 가지고 있는 디지털화된 서적, 박물관에 대한 설명을 하는 서비스, 영화 홈페이지에서 제공하는 플래쉬 화면 등에 순차적 구조가 적당하다.

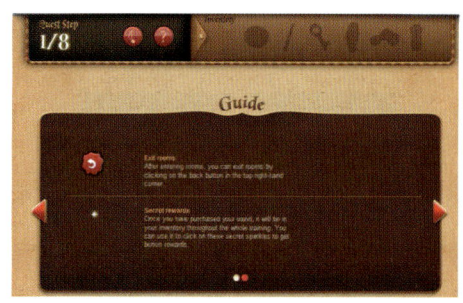

그림 8
복잡성을 줄이기 위해서 순차적 구조를 사용하는 사례: 레고 게임

그러나 순차적 구조는 정보 공간이 길고 복잡한 경우에는 실제로 구현하기 어렵다는 단점이 있다. 또한 순차적으로 정보가 제시됨에 따라 시스템이 기존의 서적이나 잡지와 별반 차이가 없다고 느낄 수 있고, 오히려 불편할 수도 있다. 똑같은 내용을 컴퓨터 화면에서 읽으면 눈도 피곤하고 원하는 장수만큼 마음대로 넘길 수도 없기 때문이다. 따라서 인터넷이 가진 강점인 상호작용성을 살리기 위해 순차적 구조에 약간의 변형을 주기도 한다. 예를 들어, 한 페이지에서 다른 페이지로 이동할 때 두 가지 선택을 할 수 있게 한다든지, 한 페이지를 보고 있다가 잠시 다른 페이지로 이동할 수 있도록 한다든지 하면 순차적 구조 속에서도 사용자와의 상호작용성이 어느 정도 확보될 수 있다.

그림 9
이야기 형태의 정보를
제공하기 위해 순차적 구조를
사용하는 사례: eBook

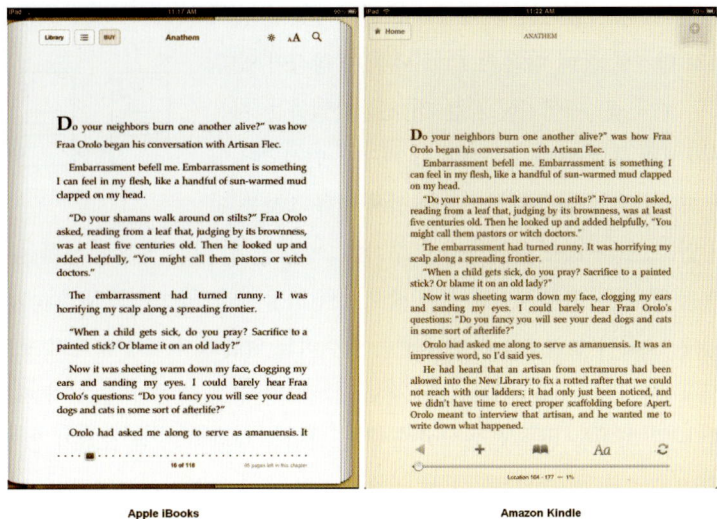

Apple iBooks　　　　　　　Amazon Kindle

4.2 그리드구조

그리드구조grid structure는 바둑판식으로 정보 공간을 구성하는 방식이다. 이 방식은 하나의 정보에 대해 여러 가지의 분류 기준이 있고, 이 분류 기준들이 독립적으로 존재할 경우 사용할 수 있다. 두 가지 분류 기준이 독립적으로 존재한다는 것은 하나의 기준이 다른 기준에 의해 영향을 받지 않는다는 것을 의미한다. 예를 들어, 역사 유물에 대한 정보를 시대순과 장소순으로 동시에 배열했을 때, 그 유물이 어떤 장소에 있었는지와 상관없이 석기시대가 될 수도 있고 청동기시대가 될 수도 있을 때 두 기준이 독립적이라고 한다.

그리드구조의 가장 기본적인 형태는 두 개의 분류 기준을 사용하는 것이다. 이는 두 개의 순차적 구조가 격자형으로 겹쳐져 있다고 볼 수 있다. 그림 10의 오른쪽 예를 보면 인터넷 게임을 게임의 종류와 숙련도에 따라 두 가지 순차적 구조를 겹쳐서 그리드구조를 만들었다. 이 경우 정보들 간의 관계는 수평적이고 수직적인 형태로 표현된다. 이러한 그리드구조에서는 상위정보와 하위정보로 이동할 수 있는 수직적 링크와 이전 정보와 다음 정보로 이동할 수 있는 수평적 링크가 필요하다. 그렇기 때문에 그리드구조를 위한 기본 링크는 순차적 구조를 위한 기본 링크인 이전 정보와 다음 정보가 하나는 수평축으로, 다른 하나는 수직축으로 제공된다고 볼 수도 있다.

그리드구조의 장점은 사용자가 정보구조의 수직, 수평틀을 이해하게 되면

그림 10
가장 간단한 그리드구조:
두 개의 독립적
분류 기준을 사용한 사례

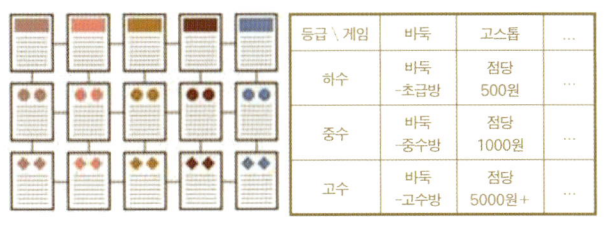

등급 \ 게임	바둑	고스톱	...
하수	바둑 -초급방	점당 500원	
중수	바둑 -중수방	점당 1000원	
고수	바둑 -고수방	점당 5000원+	

효율적으로 항해나 정보의 검색이 가능하다는 것이다. 이는 그리드구조가 사용자에게 여러 갈래로 정보를 이용할 수 있게 하기 때문이다. 예를 들어, 음악 서비스를 연도별 또는 국내·국외별 또는 장르별로 구성해 사용자가 연도별, 국내·국외, 장르별로 자신이 원하는 방법으로 음반을 찾을 수 있도록 한다. 반면 그리드구조의 단점은 그리드구조를 사용하기 위해 많은 양의 정형화된 데이터를 독립적인 기준에 따라 구분할 수 있어야 한다는 것이다. 예를 들어, 모든 음악이 연도와 장르와 국내 및 국외라는 기준에 따라 구분되어야 하고, 그렇게 구분된 모든 칸에 해당되는 정보가 실제로 있어야 한다는 것이다. 그러나 현실 세계의 대부분 데이터는 그리드구조를 사용할 만큼 정형화되어 있지 않다는 데 문제점이 있다. 또한 그리드구조는 사용자가 정보 공간의 분류 기준을 잘 모르면 이해하기 어려운 구조이기 때문에, 사용자가 기본적으로 분류 기준에 대해 정확하게 이해하고 있을 때만 사용할 수 있다. 예를 들어, 그림 11은 출발지와 출발일시, 그리고 도착지와 도착일시가 사용자에게 이미 널리 알려진 상태이기 때문에 이 네 가지 기준을 이용해서 비행기편을 그리드구조로 구성한다고 해도 사용자가 별다른 어려움 없이 자신이 원하는 정보를 탐색할 수 있다.

그림 11
분류 기준이 널리 알려진 그리드구조의 사례: 항공사의 비행기편 정보 서비스

4.3 계층구조

계층구조 hierarchy structure는 상위개념(큰 범주)과 하위개념(작은 범주)이 위계적인 구조로 구성된 정보구조를 의미한다. 그림 12와 같이 계층구조는 상하 위계 구조로 이루어져 있는데, 항해를 가능하게 하는 기본적인 링크는 각 정보에서 상위계층 정보로 이동하는 링크(up)와 하위계층 정보로 이동하는 링크(down)의

그림 12
계층구조의 특징

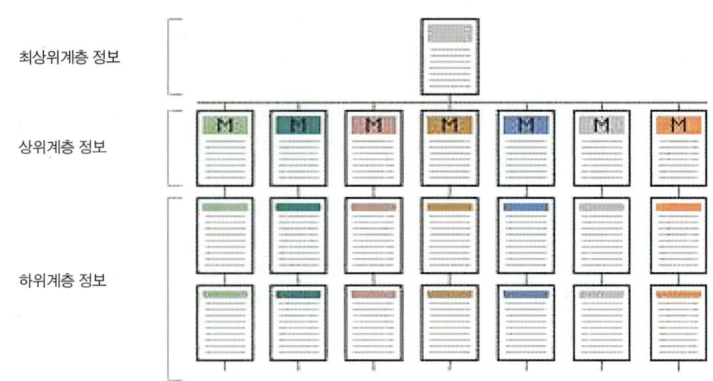

두 가지 유형으로 구성되어 있다. 엄격한 의미의 계층구조는 모든 각각의 하위개념에 대해 한 개의 상위개념만이 존재할 때를 의미한다. 다시 말해 순수한 계층구조를 위해서는 단지 상하 이동만을 허용해야 한다. 그림 13은 연세대학교를 소개하는 홈페이지이다. 이 경우에는 캠퍼스 소개라는 가장 상위개념은 신촌캠퍼스와 국제캠퍼스, 원주 캠퍼스로 나누어지고, 신촌캠퍼스 소개는 다시 지리적 배경, 건물의 소개로 나누어진다. 이 경우에는 지리적 배경의 상위개념은 신촌캠퍼스 소개밖에 없고, 신촌캠퍼스 소개의 상위개념은 캠퍼스 소개밖에 없다는 점에서 순수한 계층구조를 가지고 있다고 할 수 있다.

그림 13
순수한 계층구조를 사용한 사례: 연세대학교 홈페이지

계층구조는 복잡한 정보를 구성하기에 좋다. 또한 대부분의 사용자가 계층구조에 매우 친숙하다는 장점도 있다. 그래서 대부분의 디지털 제품이나 서비스가 계층구조를 기본적인 구조로 하는 경우가 많다. 특히 제한된 화면에서 많은 정보를 제공해야 하는 모바일 제품이나 서비스의 경우 계층구조가 더 중요한 역할을 한다. 그림 14의 왼쪽은 애플 아이폰4의 화면이다. 이곳에서 정보들을 큰 주제(유틸리티)로 나누고, 각 주제를 다시 한 단계 밑으로 내려가면 개별 애플리케이션(알람, 계산기, 나침반, 음성메모)이 보이는 형식으로 정리하고 있다. 비슷한 예로 그림 14의 오른쪽은 모바일 웹에서 계층구조를 사용하고 있는 사례를 제시하고 있다. 여러

그림 14
모바일 기기에서 계층구조를 사용한 사례: 아이폰 OS 4.0 사례와 네이버 모바일웹

단계의 주제를 한 화면에서 보여 줄 수 있는 데스크톱과 달리, 상대적으로 작은 화면을 사용하는 모바일 플랫폼의 특성상 주제에 따라 화면을 계층구조로 나누는 것이 대량의 정보를 분류해 전시하는 데 상대적으로 더 효과적이기 때문이다.

그러나 계층구조는 정보 공간의 정보들이 계층구조를 가지고 있지 않을 경우나 모호한 경우 사용자가 찾고자 하는 정보를 쉽게 찾을 수 없다는 단점이 있다. 특히 각 계층의 페이지 간에 정보의 분류가 잘못 이루어져 있을 경우 사용자가 정보를 찾는 과정에 어려움을 겪을 수 있다. 예를 들어, 고객이 상품을 어떻게 분류하는지에 대한 철저한 사전조사 없이 개발자의 입장에서 상품을 분류해 놓을 경우 고객의 입장에서는 A상품군에 있어야 할 상품이 B상품군에 있어 당황하는 일이 생길 수도 있다.

4.4 네트워크구조

네트워크구조network structure는 개별 자료들이 특정 구조 없이 연결되어 있는 복잡한 구조를 말한다. 계층구조와 네트워크구조의 가장 큰 차이점은 계층구조가 하나의 정보에 대한 상위정보가 하나밖에 존재하지 않는 반면, 네트워크구조에서는 하나의 정보에 대해 여러 개의 상위정보가 동시에 존재할 수 있다. 계층구조에서 정보들 간에 상호참조된 링크cross-referenced나 도약 이동jump links을 가능하게 하는 링크들이 증가하게 되면, 사이트의 구조 자체가 일정한 형식이 없는 네트워크의 형태를 형성하게 된다. 그림 15는 전형적인 네트워크구조의 특징을 보여 주고 있다.

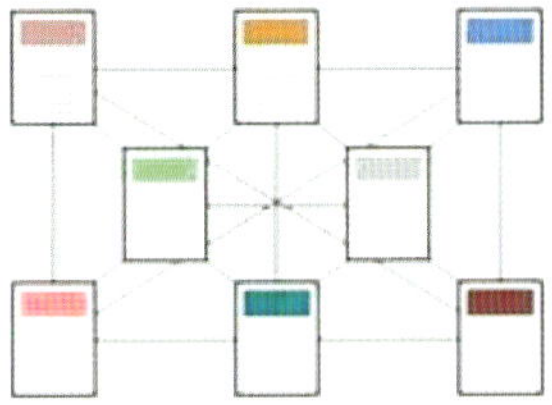

네트워크구조는 매우 다양한 형태로 존재하는데, 그중 대표적인 예로 트위터와 같은 구조를 들 수 있다. 트위터는 파도타기식과 같은 전형적인 네트워크구조를 가지고 있다. 꼬리에 꼬리를 물고 있는 식의 연결로 하나의 시작점에서 '팔로잉following'을 통해 많은 사람들을 이어 놓고 있다. 즉 트위터와 같은 마이크로블로그 서비스를 하나의 시스템이라고 봤을 때, 각 사람들이 팔로잉을 통해 연결될 구조를 네트워크구조라고 할 수 있다. 예를 들어, 그림 16의 페이스북의 첫 번째 화면은 전 세계의 흩어져 있는 페이스북 사용자가 전형적인 네트워크구조를 가지고 연결되어 있음을 명시적을 보여 주고 있다.

네트워크구조의 장점은 개발자의 의도와 상관없이 사용자 스스로 시스템을 탐색할 수 있다는 것이다. 이러한 맥락에서 네트워크구조는 뛰어난 상호작용성을 제공하고 있다. 따라서 정해진 시간 동안 어떤 일을 수행하는 것보다는 소셜미디어나 소셜네트워크 서비스처럼 시간에 구애받지 않고 다양한 정보를 탐색하는

그림 15
네트워크구조의 특징

것이 적당하다. 그러나 원하는 정보를 얻기 위해 특정 페이지에 접근하는 것은 쉬워도 사용자가 전반적인 구조를 이해하기 힘든 것이 네트워크구조이다. 그래서 사용자가 정보구조를 이해하지 못하면 혼동을 야기할 수 있으며 길을 잃어버리는 현상도 발생하게 된다. 이는 특히 초보자에게 많이 발생하는데, 초보자는 기존 방식의 심성모형으로 네트워크구조를 보기 때문이다. 또한 사용자가 쉽게 파악할 수 있는 기승전결의 순차적 구조나 계층적 구조를 가지고 있지 않기 때문에 사용자들이 전체 구조를 파악하는 과정이 상대적으로 어려울 수 있다. 따라서 네트워크구조를 가진 대부분의 시스템에서는 홈 버튼home-button이 중요한 역할을 한다. 홈 버튼은 항해를 하다가 구조를 파악하기 어려울 경우 원점으로 다시 돌아가서 탐색할 수 있는 기능을 마련해 준다.

그림 16
네트워크구조의 사례:
트위터, 페이스북

4.5 대중분류구조

대중분류구조folksonomy structure는 사용자에 의해 만들어진 메타데이터를 중심으로 정보를 조직하는 구조이다. 이 구조는 소셜인덱싱social indexing이나 소셜클래시피케이션social classification이라는 용어로도 사용되며, 기존의 계층구조와 대칭되는 개념으로 사용된다. 계층구조가 개발자 입장에서 엄격하게 정보의 계층을 규정한 것이고, 네트워크구조는 그런 계층을 어느 정도 유연하게 만들어 준 정보구조라고 한다면, 대중분류구조는 구조 자체가 없는 상황에서 사용자가 협력해서 정보구조를 형성해 나가는 것이다. 대중분류구조는 WEB 2.0의 발전과 함께 급속도로 확산되기 시작했고, 북마크나 태그 등이 보편화되면서 다양한 서비스에서 사용되기 시작했다. 대중분류구조는 근본적으로 네트워크 참여자들에 따라 정보의 양, 내용이 모두 시시각각 변하는 구조이다. 대중분류구조를 보여 주는 대표적인 예로 그림 17과 같은 태그 클라우드tags cloud가 있다. 태그 클라우드는 하나의 화면 안에서 사용자가 만들어 낸 태그를 동적 시각적으로 보여 주는 방법이다. 각 태그들은 하이퍼링크로 연결되어 있으며, 정보의 종류에 따라 다른 색상이나 크기로 다양하게 표현될 수 있다. 대중분류구조가 사용되는 또 다른 예로 휴대전화 서비스가 있다. 그림 17의 오른쪽에 보이는 스마트폰은 연세대학교 HCI Lab에서 산업체와 함께 개발한 프로토타입으로, 화면상의 메인 LCD와 기존 버튼을 작은 LCD 버튼으로 대체한 열두 쌍의 버튼을 함께 사용한 사례이다.^{Kim et al., 2010} 여기서 메인 LCD에 보이는 정보는 태그 클라우드처럼 대중분류구조를 사용해 스마트폰으로 찍은 여러 사진들에 대한 태그 정보를 보여 주고 있다.

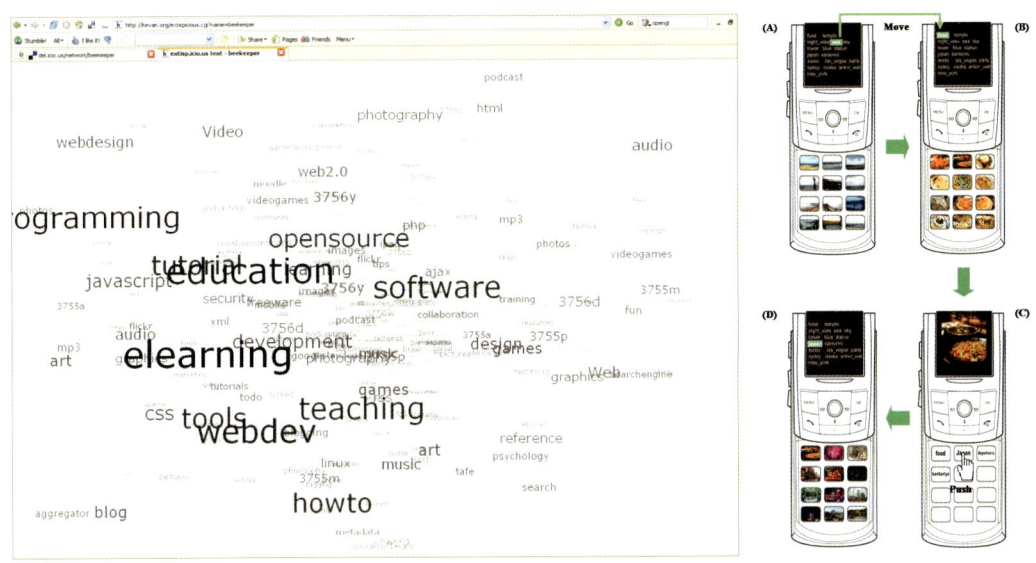

그림 17
대중분류구조의 사례:
태그 클라우드와 듀얼 버튼폰

대중분류구조의 장점은 정보의 내용과 양이 달라짐에 따라 정보를 재분류하거나 재가공할 필요가 없으므로 시시각각 변하는 정보에 유연하게 대처할 수 있다는 점이다. 또한 키워드만으로 정보를 제공하므로 어떤 정보라도 수용이 가능하다. 그러나 안정적이고 정확한 구조가 자동적으로 생성되기 위해서는 사용자가 정확하게 태그를 달아야 한다. 예를 들어, 학술 논문의 키워드처럼 여러 검증 절차를 거쳐 정확한 태그가 여러 개가 달려야만 정확한 대중분류구조가 생성될 수 있다. 만약 태그가 없으면 정보를 찾기도 어렵고 정보의 내용을 보장하기도 힘들다. '월드컵 경기'를 다시 보고 싶을 때 '월드컵'이라는 키워드를 입력해도 해당 경기가 모두 제공되는 것이 아니라 해당 키워드를 태그로 가진 정보만 제공되므로, 해당 경기의 정확한 정보를 알지 못하면 원하는 내용을 제공받을 수 없다. 따라서 대중분류구조를 효과적으로 사용하기 위해서는 사용자가 자발적으로 정확한 태그를 제공해 줄 수 있도록 시스템을 디자인해야 한다.

4.6 혼합구조

최근 시스템은 계층구조를 기본으로, 여러 가지 구조를 혼용해서 사용하는 혼합구조를 채택하는 경우가 대부분이다. 기본 메뉴가 있는 전체적인 구성은 계층구조를 채택하고, 주문과 결제 등 일부 순차적인 절차가 있는 곳에 한해 순차적 구조를 부가적으로 사용한다는 것이다. 충분히 정형화된 정보를 입수할 수 있는 부분은 그리드구조를, 사용자가 스스로 몰입하기를 바라는 부분에는 네트워크구조를, 사용자로부터 정확한 태그 정보를 얻을 수 있는 부분에는 대중분류구조를 채택해 한 시스템 내에 여러 가지 구조를 혼용해 사용하는 것이다. 그림 18은 혼합구조를 사용하고 있는 전자상거래 사이트이다. 1번 화면에서는 각 부품별로 제조회사 및 모델명 하위메뉴가 확연히 구별된 계층구조를 채택하고 있다. 2번은 쇼핑몰별로 제시된 가격과 판매 조건을 대응해 선택할 수 있도록 표시한 그리드구조를 채택하고 있고, 3번은 원하는 쇼핑몰에서 선택한 물건을 구매하기 위

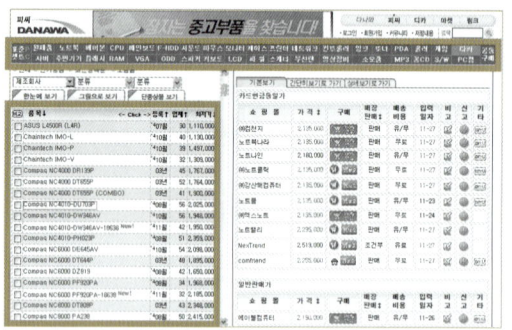

1 계층구조

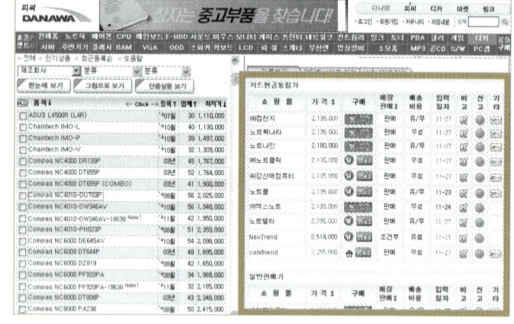

2 그리드구조

3 순차적 구조

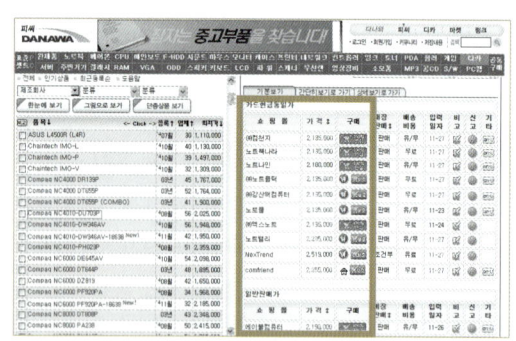

4 네트워크구조

5 대중분류구조

그림 18
혼합구조의 사례

해서 순차적 구조를 제공하고 있다. 4번은 선택한 부품을 판매하는 다양한 인터넷 쇼핑몰의 링크를 제시해 다양한 쇼핑몰로 이동할 수 있다. 다른 쇼핑몰도 전체 전자상거래 환경 속에서 하나의 시스템이라고 간주한다면 해당 사이트는 관련 전자상거래 환경에 네트워크구조를 제공하고 있다고 볼 수 있다. 5번 화면은 태그 클라우드 형태로 인기 검색어를 제공하고 있어 대중분류구조를 보여 주고 있다.

5. 정보구조 디자인 절차

인터넷 확산과 스마트폰과 같은 디지털 플랫폼의 출현으로 사용자 참여가 활발해지고 정보의 형태가 다양해짐에 따라, 급변하는 환경과 맥락을 반영할 수 있는 정보구조 디자인 방법론이 중요시되고 있다. 이러한 방법론은 세 가지 관점에서 진행할 수 있다. 첫째, 기획자의 직관적인 판단이나 전략적인 필요성에 따라 정보를 정리 분류 확정한다. 예를 들어, 회사에서 중점적으로 강조하고 싶은 상품들에 대한 정보를 별도로 모아서 관리한다든지, 기획자가 생각했을 때 중요하다고 간주되는 정보를 하나의 집단으로 구성하는 것이다. 둘째, 사용자의 관점에서 행태나 사용 목적에 따라 정보를 디자인한다. 예를 들어, 어떤 정보는 개인적인 목적으로 주로 사용하고, 다른 정보들은 일과 관련된 목적으로 활용한다고 정리하는 것이다. 셋째, 정보의 성격에 따라 유사한 성격을 가지고 있는 정보들을 동일한 집단으로 구분하는 것이다. 어떤 관점을 채택하는지에 따라 정보구조 디자인 방법론의 세부적인 절차나 자료가 많은 차이를 보인다. 여기에서는 사용자의 관점에서 정보구조를 디자인하는 방법을 중점적으로 제시한다. 왜냐하면 두 번째 관점이 사용자의 의견을 수렴하기도 편리하고, 어느 정도 안정적인 정보구조를 만들 수 있기 때문이다.

사용자의 관점에서 디지털 제품이나 서비스를 위한 정보구조 디자인 절차는 크게 자료를 수집하는 단계, 수집된 자료를 분류하는 단계, 정보구조를 디자인하는 단계, 정보구조에 따른 기본 항해구조를 디자인하는 단계, 항해 지원 시스템을 디자인하는 단계의 총 5단계로 나눌 수 있다.

5.1 원자료의 수집 단계

디지털 제품이나 서비스를 위한 원자료는 매우 다양한 출처에서 찾을 수 있다. 이러한 다양한 출처는 크게 분석 자료data from the analysis, 디자인 자료data from the design, 유사 제품 및 서비스 자료data from others의 세 가지로 범주화할 수 있다.

분석 자료

앞서 사용자 분석과 과업 분석, 맥락 분석 및 기술 분석에 대해 다루었다. 디지털 제품이나 서비스를 위한 자료의 가장 직접적인 출처는 바로 이러한 분석 결과들이다. 사용자 분석 결과 중에서 정보구조 디자인 과정에 참고로 할 수 있는 부분은 페르소나모형과 사용자 프로파일이다. 특히 사용자가 해당 제품이나 서비스와 어떤 상호작용을 하고, 사용자와 시스템 사이에 주고받는 정보의 특성은 어떤 것들이 있고, 이런 정보를 효과적으로 사용하기 위해 어떤 기능을 필요로 하는지 등을 페르소나모형과 사용자 프로파일을 통해 파악함으로써 시스템에서 필요로 하는 자료를 선정할 수 있다. 과업 분석 결과 중에서 정보구조 디자인 과정과 밀접하게 관련되어 있는 것이 사용 시나리오이다. 특히 일반적인 시나리오나 극단적으로 부정적이거나 긍정적인 시나리오는 시나리오를 묘사하는 문장 속에 시스템에서 수집할 필요가 있는 여러 가지 자료에 대해 언급하고 있다. 예를 들어, IPTV를 이용하는 시나리오에서 방영되는 프로그램에 출연하는 주연 배우의 이름이 나온다면 주연 배우의 이름이 중요한 자료로 수집되어야 한다. 맥락 분석 결과 중에서는 특히 맥락비교표가 중요한 자료의 원천으로 활용될 수 있다. 물리적 맥락비교표, 사회적 맥락비교표, 문화적 맥락비교표는 각 시스템 활용에 중요한 영향을 미치는 문화적 요소들을 포함하고 있기 때문에, 이러한 영향 요소들은 시스템 디자인 시 필요한 자료를 선정하는 데 중요한 근거로 사용된다. 기술 분석 결과 중에서는 특히 경험기반 분석 결과가 중요한 자료의 원천으로 활용될 수 있다. 해당 기술이 가지고 있는 여러 가지 잠재력을 분석한 경험기반 분석 자료는 어떤 정보가 해당 기술에서 보다 효과적으로 활용될 수 있는지를 보여 주고 있다. 기술 분석 자료는 특정 사용 가치를 실현하기에 좋은 정보나 핵심이 되는 사용성 속성을 만족시키기에 적절한 정보와 목표로 하는 감성의 속성을 만족시킬 수 있는 자료를 선정하는 데 중요한 출처로 사용된다.

디자인 자료

디자인 자료 중에서 정보구조 디자인에 필요한 자료를 제공하는 출처로 콘셉트 디자인과 인터랙션 디자인을 들 수 있다. 콘셉트 디자인은 현재 개발하고 있는 시스템이 사용자에게 어떤 심성모형을 구축해 줄 것인지를 결정함으로써 유용성이 높은 시스템을 구축하기 위한 기본적인 밑그림을 제공한다. 따라서 콘셉트 디자인 자료를 기반으로, 어떤 기능적인 요소가 제품이나 서비스에서 제공되고, 이 기능적인 요소가 어떤 구조적인 요소들에 의해 현실화되며, 결국 어떠한 가치를 사용자에게 제공할 것인지를 결정하게 된다. 콘셉트 디자인 자료를 통해 기능 및 구성 요소와 가치에 대한 기본적인 자료들을 수집할 수 있는데, 특히 주 메타포 제원으로 표현되는 과업, 방법, 모양 등이 중요한 기초 자료가 된다. 또한 주 메타포와 보조 메타포에서 얻을 수 있는 속성, 작동, 어구, 이미지, 종류, 음향 등도 정보구조 디자인을 위한 중요한 단서를 제공한다. 예를 들어, 주 메타포로 책상을 선정하고 부 메타포로 폴더와 스크롤을 선정했다면, 주 메타포가 가지고 있는 속성 위주로 책상 위, 서랍, 폴더의 이름, 스크롤의 길이와 방향 등이 시스템의 중요한 자료로 선정될 수 있다. 정보구조 디자인이 주 메타포와 보조 메타포로 구성된 콘셉트를 정보 측면에서 구체화시키는 단계이기 때문에 콘셉트 디자인의 결과는 정보구조 디자인에 가장 큰 영향을 미친다고 할 수 있다. 인터랙션 디자인은 다음 장에서 설명할 예정이지만, 실제 디자인 과정에서는 정보구조 디자인과 동시 병행적으로 진행되어야 한다. 인터랙션 디자인은 사용자가 어떤 행동을 통해 정보를 사용하는지를 결정하기 때문에, 해당 시스템이 제공하고자 하는 요소들이 인터랙션 디자인의 결과를 바탕으로 구체화되기 때문이다.

유사 제품 및 서비스 자료

차별화되고 경쟁력 있는 정보구조 디자인을 위해 경쟁 제품이나 서비스에 대한 벤치마킹 분석을 수행할 수 있다. 우선 벤치마킹의 대상 제품이나 서비스를 선정한다. 대상 제품이나 서비스를 선정할 때는 자신의 제품이나 서비스와 동일한 분야의 경쟁 제품이나 서비스를 선정한다. 그리고 자신의 제품이나 서비스와 다른 분야라 하더라도 자신이 개발하는 제품이나 서비스와 유사한 콘셉트를 사용하거나 비슷한 가치를 제공하고자 하는 제품이나 서비스가 있다면, 이를 감안해 대상 제품이나 서비스로 선정한다. 대상 제품이나 서비스의 수는 개발자의 재량에 달려 있다. 더 많은 제품이나 서비스를 분석할수록 다양한 정보를 얻을 수 있지만, 너무 많은 제품이나 서비스들을 분석하려다 보면 분석의 심도가 떨어질 수 있다. 따라서 무조건 많은 제품이나 서비스를 분석하려는 것보다는 적은 수의 제품이나 서비스를 대상으로 하더라도 심도 있게 분석하는 것이 바람직하다. 일반적으로 벤치마킹을 위해서는 서너 개 정도의 대상 제품이나 서비스를 선정하는 것이 일반적이다. 벤치마킹의 대상 제품이나 서비스들이 확정되었으면, 다음 단계로 선정된 벤치마킹 대상 제품이나 서비스의 내용 분류 및 분량 파악 작업에 들어간다. 벤치마킹 자료는 실무적으로 적용하기에 직관적이고 수월하다는 장점 때문에 주로 사용된다. 그러나 이미 존재하는 제품이나 서비스를 기반으로 작업이 이루어지기 때문에 새로 만드는 제품이나 서비스에 대한 창의성이 떨어질 수 있다. 또한 저작권을 침해할 가능성도 있다. 실제로 타사의 정보를 그대로 복사해 법정 분쟁으로까지 번지는 사례가 빈번히 발생했다. 따라서 벤치마킹은 어디까지나 해당 제품이나 서비스를 위해 더 좋은 정보구조 디자인을 구축하기 위한 참고 자료로 사용되어야 하지, 그 자체가 곧 해당 제품이나 서비스의 정보구조로 사용되어서는 안 된다.

5.2 자료의 분류 단계

정보구조 디자인의 두 번째 단계는 수집된 여러 유형의 자료를 분류하는 과정이다. 정보의 분류는 설정된 구조의 특성을 따르기도 하지만, 역으로 정보의 분류 작업이 선행되고 나중에 구조를 정하기도 한다. 일단 정보의 성격을 판별하고 이에 따라 어떤 분류 기준이 적합한지 선택한 다음 정보를 분류하는 것이 효율적이다. 물론 정보를 분류하는 과정에서 설정된 구조상에 문제점이 발생하면 이를 수정해야 한다. 자료를 분배한다는 것은 정해진 분류 기준에 따라 자료를 할당한다는 의미이다. 일반적으로 자료의 분배에는 지켜야 할 세 가지 원칙이 있다.

첫째, 사용자가 정보를 기억하기 편리하게 분배해야 한다. 즉 어떤 자료가 어떤 범주에 분류되었는지를 사용자가 쉽게 기억할 수 있어야 한다. 둘째, 사용자가 이용하기 편리하게 분배해야 한다. 즉 사용자가 분류 기준에 따라 직관적으로 정보를 분배할 수 있어야 한다. 셋째, 사용자가 전체 분류 기준을 이해하기 쉬워야 한다. 즉 어떤 분류 기준으로 자료를 분류했는지를 명확하게 이해할 수 있어야 한다. 이는 앞에서 사용성과 관련해 학습하기 용이하고 이용하기 편리해야 한다는 두 가지 목적과 일맥상통한다.

사용자의 입장에서 정보를 분류하는 방법으로 가장 많이 사용하는 방법이 인덱스카드를 사용해 분류하는 카드소팅card sorting 방법이다. 인덱스카드란 그림 19와 같이 독서 카드라고도 말하는 개별적인 메모용지를 가리킨다. 최근에는 인덱스카드 대신에 비슷한 크기의 포스트잇 카드를 사용하기도 한다. 작성된 인덱스카드를 바탕으로 수정 및 추가사항을 보충한 뒤 자신의 제품이나 서비스에 필요로 하는 내용을 하나씩 선정한다. 이때 제품이나 서비스에 필요로 하는 내용은 특수명사가 아니라 일반명사로 기입한다. 일반명사로 기입하지 않으면, 다음 분류의 과정에서 혼란을 겪을 수 있기 때문이다. 이러한 과정에서 대규모 제품이나 서비스는 보통 인덱스카드가 수만 개를 넘게 되므로 구체적 내용이 확정될 때까지 인덱스카드를 작성하고 관리하는 세심한 작업이 필요하다. 인덱스카드와 같은 수작업을 통해 수집된 자료를 정리하는 것은 다양한 장점을 지니고 있다. 첫째, 다양한 내용들을 고려하기 위해 인덱스카드를 사용한다. 예컨대 '가격'이라는 단어가 등장했을 경우, 분석 수준이 깊어짐에 따라 정가, 할인가, 비회원가, 카드번호 등 필요한 자료는 기하급수적으로 증가한다. 이때 인덱스카드를 사용하면, 분석 대상에서 채택하고 있는 대-중-소-세-미 등의 분류체계에 구애받지 않고 다양한 자료를 정보구조 디자인 대상에 포함할 수 있다. 둘째, 분석 작업에 참여한 개발자나 사용자의 다양한 의견을 반영하기 위해 인덱스카드를 사용한다. 분석 작업 중에 브레인스토밍에 의해 개발자의 머리에 떠오르는 아이디어도 카드에 기입하게 되는데, 이렇게 작성된 인덱스카드의 내용들은 디자인 대상과 개발자의 아이디어에서 나온 내용이 동등한 입장에서 사후에 분석될 수 있도록 한다. 보통 브레인스토밍을 위해서는 회의실과 같은 공간을 마련한 뒤, 커다란 원탁의 탁자를 중심으로 개발자가 자신의 의견을 인덱스카드에 그대로 적는 방식으로 진행된다. 특히 이러한 과정은 개발자와 기획자뿐만 아니라 사용자 및 고객을 포함해 작업할 경우 보다 이상적이라고 할 수 있다. 셋째, 인덱스카드는 비단 정보구조 디자인 과정뿐만 아니라 다음 장에서 설명할 인터랙션 디자인이나 인터페이스 디자인 등에 계속 사용될 수 있기 때문에 재활용성이 높다는 장점을 가지고 있다.

그림 19
수집된 자료를 정리하는데 사용되는 인덱스카드

카드소팅 방법은 3단계로 이루어진다. 첫째, 자료가 적혀진 인덱스카드를 사용자에게 주고 큰 테이블 위에 주어진 인덱스카드를 가장 적절한 방법으로 군집화한다. 이때 각 군집에 모인 자료들을 자유롭게 넣고 빼기 위해서는 인덱스카드처럼 물리적인 수단을 이용하는 것이 편리하다. 둘째, 모인 군집에 이름을 붙인다. 이 단계를 레이블링 시스템labeling system을 구축하는 과정이라 한다. 해당 군집에 모인 인덱스카드들의 공통적인 특성을 가장 명확하게 나타낼 수 있는 이름을 선정한다. 이때 개발자가 생각하는 이름 말고 사용자가 일반적으로 생각하는 이름을 정하는 것이 중요하다. 셋째, 각 군집에 속하는 자료들을 우선 순위에 따라 배열한다. 배열 기준은 해당 군집의 특성에 가장 맞는 자료부터 해당 군집의 다른 자료들과 별로 유사한 것 같지 않은 자료순으로 인덱스카드를 배치하는 것이다. 카드를 군집화하는 단계는 한 번에 모든 군집이 만들어지는 것이 아니라 여러 번에 걸쳐 이루어진다. 즉 일단 모든 카드를 분류해 이름을 정하고 의미의 연관성에 따라 분류한 다음에는, 다른 군집으로 옮겨야 하지는 않는지 보충할 자료가 없는지 새로운 이름을 정해야 하는 것은 아닌지를 확인한다.

카드소팅 방법은 일반화의 가능성을 높이기 위해 여러 명의 사용자를 대상으로 진행한다. 몇 명이나 카드소팅시킬 것인지, 사람들의 분류 결과가 얼마나 유사한지에 따라 유연하게 정한다. 물론 군집 분석cluster analysis이나 요인 분석factor analysis과 같은 통계적인 분석법을 사용하기 원한다면 최소 20-30명 이상의 사람들을 대상으로 실행할 필요가 있지만, 현업에서 실제로 카드소팅을 실행할 때에는 그만한 인력이나 시간을 감당할 수 없는 경우가 많다. 따라서 카드소팅을 진행하면서 사람들마다 비슷하게 분류하고 또 비슷한 이름을 설정할 경우 이보다 적은 인원을 사용하는 것도 가능하다. 카드소팅과 같은 방식을 여러 명에게 적용해 많은 사람이 공감할 수 있는 분류체계를 만드는 것도 하나의 방식이지만 사용자별로 자신이 원하는 형식으로 자료를 분류하는 방법이 있다. 사용자가 정의하는

그림 20
사용자가 직접 정보를 배분할 수 있는 아이폰 폴더 시스템

기준에 따라 정보를 배분하는 것은 훨씬 다양한 형태의 배분을 가능하게 하므로 특히 많은 데이터를 가지고 있으며, 사용자가 검색을 해야 하는 경우에는 효과적으로 쓰일 수 있다. 예를 들어, 그림 20은 사용자의 선호도에 따른 구조의 예로서, 사용자에 의해 연관성이 높은 애플리케이션을 하나의 폴더에 설정해 정보의 활용을 높이고 있다.

카드소팅이나 맞춤식 분배는 사용자 입장에서 자료를 분류하는 것이다. 그러나 경우에 따라서는 개발자가 의도적으로 자료를 분류할 때도 있다. 예를 들어, 쇼핑몰 사이트에서 날짜별, 시간별로 강조하고 싶은 상품이 있을 수 있고, 전략적으로 판매하고자 하는 상품을 고객에게 강하게 인식시키려는 목적으로 초기 화면에 정보를 따로 배분할 수도 있다. 이외에도 특정 이벤트 혹은 긴급공지(예: 9:00-10:00까지 특별 할인) 등으로 분류할 수도 있다. 그러나 이렇게 제작자의 의도에 따라 임의로 정보를 분류하는 경우에도 앞서 이야기한 정보 기준의 세 가지 원칙을 준수해야 한다.

5.3 정보구조를 정하는 단계

정보구조를 정하기 위해서는 먼저 계층구조를 전반적으로 설정한 다음, 필요에 따라 순차적 구조나 그리드구조, 네트워크구조, 대중분류구조 등을 선택적으로 적용해야 한다. 즉 정보의 구조를 정하는 단계는 전반적인 계층구조를 설정하는 단계와 선택적인 구조를 어디에 어떻게 적용할 것인지 결정하는 과정이라고 할 수 있다.

전반적 정보구조 디자인

정보 공간을 계층구조에 따라 분할할 때는 메뉴 시스템과 마찬가지로 계층구조의 넓이와 깊이의 상충관계를 결정해야 한다. 계층구조의 깊이depth란 홈에서 시작해 개별 단위 정보까지 평균 몇 단계로 구조가 잡혀져 있는지를 의미하며, 넓이breadth란 한 계층 내에서 선택 가능한 정보들이 평균적으로 몇 개 정도 되는지를 의미한다. 그림 21의 해당 계층구조의 깊이는 제일 위에서 바닥까지 평균 두 개이고, 넓이는 평균 세 개로 볼 수 있다. 계층구조를 디자인한다는 것은 결국 계층구조의 깊이와 넓이를 결정하고, 깊이와 넓이의 차원을 따라 구조화된 정보를 접근하는 항해 도구를 제공하며, 이러한 깊이와 넓이를 어떻게 표현해 주는가로 집약할 수 있다.

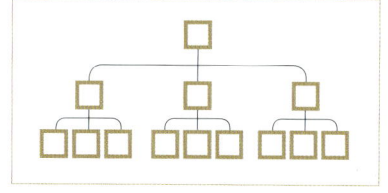

그림 21
계층구조의 깊이와 넓이

계층구조와 관련된 정보구조 디자인에서 결정해야 할 중요한 사항은 상충관계trade-off에 있는 깊이와 넓이를 결정하는 것이다. 동일한 양의 정보를 하나의 계층구조로 구조화하기 위해 깊이를 줄이면 넓이가 늘어나고, 넓이를 줄이면 깊이가 늘어나게 된다. 예를 들어, 100개의 정보가 있다면 이를 균등하게 두 단계로 하면 한 단계당 열 개의 정보를 배열해야 하지만, 세 단계로 깊이를 늘리면 한 단계당 넓이는 다섯 개 미만으로 줄어든다. 따라서 사용자에게 가장 높은 사용성을 제공하기 위해서는 어떤 넓이와 깊이를 가지느냐는 것이 계층구조 디자인에서 중요한 관심사항이 된다. 깊이를 너무 늘리면 사용자의 항해 단계 수가 너무 많아지게 되고, 단계수가 늘어날수록 사용자가 기억해야 할 내용이 증가하게 된다. 반면 넓이를 너무 늘리면, 한 화면 또는 페이지에 들어가는 정보의 양이 지나치게 많아져 사용자에게 혼란을 야기시키며 너무 많은 선택을 강요하게 된다. 특히 휴대전화처럼 출력 화면의 크기가 적은 경우에는 한 화면에 너무 많은 정보를 제시하는 것이 큰 부담이 될 수 있다. 따라서 개발자는 자신이 개발하는 시스템이 적용될 플랫폼의 특성과 제품이나 서비스가 제공하는 가치에 맞춰 가장 적합한 깊이와 넓이 비를 결정해야 한다. 계층구조에 대한 기존의 연구에 따르면, 넓고 얇은 계층구조가 깊고 좁은 계층구조보다 더 선호되는 것으로 나타났다. 과거에는 아무리 구조가 복잡하고 방대한 제품이나 서비스라도 모든 정보를 5-7개의 큰 주제로 나누고 이를 메뉴로 설정하는 것이 좋다고 추천했다. 시스템의 구조를 파악하는 사용자의 기억 용량의 부담을 줄이기 위해서라도 가장 큰 상위메뉴는 5-7개로 설정하는 것이 좋다는 것이다. 이는 인간의 작업 기억이 총 일곱 개에서 플러스 마이너스 두 개 정도되는 정보를 한번에 기억할 수 있다는 이론에 기초를 두고 있다. 그러나 최근 들어 개별 정보를 표시한 방법을 보다 풍부하게 함으로써 사람들의 기억 용량에 부담을 주지 않으면서 정보를 분류할 수 있게 한다. 아이패드의 경우 한 화면에 20개의 선택 정보와 네 개의 기본 정보를 제공하고 있는데, 각 정보를 이름뿐만 아니라 그 정보들을 가장 효과적으로 묘사하는 아이콘을 제공함으로써 사용자가 어떤 버튼이 어떤 정보를 담고 있는지를 쉽게 알 수 있도록 했다. 유사제품인 갤럭시탭은 비슷한 숫자의 선택 정보를 제공하고 있다.

그림 22
정보의 깊이와 넓이를 정한 사례: 아이패드와 갤럭시탭

한 레벨에서 그룹을 나눌 때는 각 세부 주제 간의 차이점이 명확하게 드러나야 한다. 이 차이점은 실제 제품이나 서비스에 명시적으로 나타나지는 않지만 개발자가 처음부터 차이를 분명히 인식하고 정보를 분배해야 나중에 실제로 각 구조에 정보를 할당할 때 실수를 하지 않으며, 결국 사용자도 시스템의 전체적인 구조를 확실히 이해할 수 있다.

부분적 정보 구조의 디자인

제품이나 서비스의 전반적인 정보구조인 계층구조의 넓이와 깊이가 결정되면, 부분적으로 어떤 구조를 선택적으로 활용할지 정해야 한다. 이 단계에서는 앞서 설명한 순차적 구조, 그리드구조, 네트워크구조, 대중분류구조를 사용할 것인지 말 것인지, 그리고 사용한다면 어떤 부분에 사용할 것인지를 결정한다. 순차적 구조는 정보의 특성 자체가 이야기와 같이 순차적인 성격을 가지고 있거나 사용자의 인지적 부담을 고려해서 적절하게 정보를 분배해 순차적으로 제공하거나 사용자의 행동의 순서를 엄격하게 통제하고자 하는 부분에 사용한다. 일반적으로 로그인·로그아웃하는 과정, 금융거래 과정, 신규 회원 등록 과정 등에서 사용할 수 있다. 그리드구조는 하나의 정보를 서로 독립된 여러 가지 기준으로 분류할 수 있고 그렇게 분류된 기준들이 사용자에 의해 쉽게 이해되는 경우에 사용한다. 일반적으로 제품이나 서비스에서 제공하는 방대한 양의 기능 또는 품목 등을 사용자가 쉽게 접근할 수 있도록 하기 위해 선택적으로 사용할 수 있다. 네트워크구조는 하나의 정보가 다른 정보들과 연결되어 있고, 사용자가 시간의 여유를 가지고 정보를 둘러보면서 새로운 정보를 탐색하기 좋은 부분에 선택적으로 적용하는 데 적합하다. 대중분류구조는 정보에 대한 정해진 분류 기준이 애매모호한 상태에서 사용자가 직접 정보에 대한 키워드를 입력하기 좋은 경우에 사용한다. 사진과 같이 정형화된 분류 기준이 없고 사용자가 자발적으로 정확한 키워드를 넣기가 용이한 부분에 선택적으로 적용할 수 있다.

5.4 기본 항해구조 디자인하기

정보구조와 밀접하게 연관된 것이 항해구조이다. 정보구조가 정보 자체의 의미 관점에서 디자인한 것이라면, 항해구조는 그런 정보에 사용자가 어떻게 접속하느냐는 관점에서 디자인한 것이기 때문이다. 따라서 이 둘 사이에 어느 것이 먼저가 되고 어느 것이 나중에 되는 것이 아니라 동시에 디자인이 이루어지고, 서로 간에 영향을 미친다. 특히 기본 항해구조는 어떤 정보구조를 선정했는지와 매우 밀접한 관계를 가지고 있다. 그 이유는 어떤 정보구조를 선정했는지에 따라 기본 항해구조가 자동적으로 결정되기 때문이다. 일반적으로 거의 대부분의 디지털 제품과 서비스가 계층구조를 기본으로 하는 혼합형 정보구조를 가지기 때문에 기본적인 항해구조는 계층구조의 상위로 올라가는 UP 링크와 하위로 내려가는 DOWN 링크로 이루어져 있다. 그러나 이러한 계층구조의 기본 항해 시스템은 제한사항이 많다. 사용자가 보기를 원하는 곳으로 직접 이동하지 못하고 계층구조를 따라서 올라갔다 내려갔다를 반복해야 하기 때문이다. 이러한 계층구조의 기본 항해 시스템이 가지고 있는 문제점을 해결하기 위한 다양한 항해 지원 시스템이 제공되고 있는데, 부가적인 항해 지원 시스템을 제공할수록 순수한 계층구조가 네트워크구조로 변질되어 간다. 따라서 무조건 많은 부가적 항해 지원 시스템을 제공하는 것보다는 시스템의 목적과 사용자의 특성에 맞는 최소한의 항해 지원 시스템을 제공하는 것이 중요하다.

항해 지원 시스템은 크게 통합형 항해 지원 시스템과 분리형 항해 지원 시스템으로 나눌 수 있다. 통합형 항해 지원 시스템integrated navigation support system은 사용자가 실제로 보고자 하는 내용과 함께 통합되어서 보여지는 항해 지원 시스템이고, 분리형 항해 지원 시스템은 사용자가 항상 보는 내용과는 분리해서 별도의 장소에서 제공되는 항해 지원 시스템이다. 즉 통합형 항해 지원 시스템remote navigation support system은 그 자체가 하나의 내용으로 보여질 수 있지만, 분리형은 그 자체는 내용이 아니라 단순히 항해를 위한 도구로만 간주되는 경우를 말한다.

5.5 통합형 항해 지원 시스템을 설정하기

통합형 항해 지원 시스템은 해당 디지털 제품이나 서비스에서 얼마나 광범위한 범위에서 적용되는지에 따라 글로벌 항해 시스템, 로컬 항해 시스템, 국소적 항해 시스템으로 구분할 수 있다.

글로벌 항해 시스템

글로벌 항해 시스템global navigation system은 시스템의 모든 위치에서 항상 사용 가능한 항해 시스템으로서 전체적인 조망 정보를 제공하기 위해 사용하는 시스템으로, 하위 계층으로의 이동뿐만 아니라 같은 레벨의 카테고리 간에도 이동이 가능하다. 또한 글로벌 항해 시스템에서는 언제든 최상위 메뉴로 갈 수 있는 경로를 제공해 주어야 한다. 그림 23은 계층구조를 가지고 있는 아이패드의 글로벌 항해 시스템을 보여 주고 있다. 화면 하단에 네 개의 버튼이 있고 그 밑에 홈 버튼이 있다. 특히 홈 버튼은 대표적인 형태의 글로벌 항해 시스템으로 언제든지 사용할 수 있으며, 이 버튼을 사용하면 언제든지 계층구조의 최상위로 돌아가는 기능을 한다.

그림 23
글로벌 항해 시스템의 사례:
아이패드

로컬 항해 시스템

로컬 항해 시스템local navigation system은 제품이나 서비스의 규모가 방대하고 복잡한 경우, 서브 카테고리로 나누어 서브 시스템 내에서 글로벌 항해 시스템의 역할을 하는 항해 시스템이다. 따라서 각 서브 시스템에서는 사용자가 어디에 있든지 간에 항상 선택이 가능해야 한다. 또한 글로벌 항해 시스템과 마찬가지로 항상 서브 시스템의 최상위로 이동할 수 있는 링크를 주어야 한다. 그 대표적인 예가 아이팟의 로컬 항해 시스템이다. 아이팟은 글로벌 항해 시스템 외에 각 애플리케이션별로 별도의 항해 시스템을 제공해 애플리케이션 내에서 '재생 목록' '아티스트' '노래' '비디오' 등 어디서든지 선택이 가능한 로컬 항해 시스템을 제공한다. 아이북스의 로컬 항해 시스템 또한 '보관함'이나 전체 페이지를 보여 주고 이동할 수 있게 해 주는 항해 시스템을 애플리케이션 내의 어디서든지 선택이 가능하다는 점에서 로컬 항해 시스템이라고 할 수 있다.

국소적 항해 시스템

국소적 항해 시스템ad hoc navigation system은 상황에 따라 변하는 항해 시스템을 말한다. 즉 로컬 항해 시스템은 그 지역에 속한 모든 위치에서 동일한 항해 시스템을 제공하는 것인 반면, 국소적 항해 시스템은 각 페이지에서 다른 내용을 제공하는 항해 시스템을 의미한다. 대표적인 국소적 항해 시스템으로 본문 내에서 단어혹은 구절 형태로 제공되는 하이퍼링크의 경우가 이에 포함된다. 국소적 항해 시스템을 지나치게 많이 사용하게 되면 사용자를 혼란에 빠뜨리게 하거나 정보구조에 대한 올바른 심성모형을 형성하는 데 저해 요인이 될 수 있으므로 주의해야 한다.

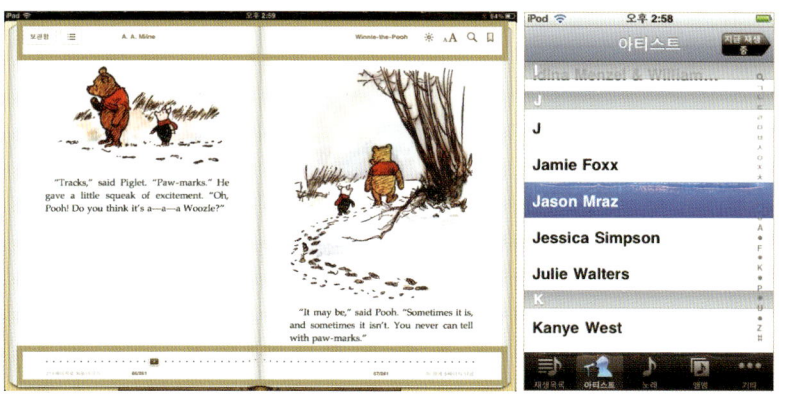

그림 24
로컬 항해 시스템의 사례:
아이북스와 아이팟

5.6 분리형 항해 지원 시스템을 설정하기

분리형 항해 지원 시스템이란 사용자가 원래의 목적을 달성하기 위해 보고자 하는 내용과는 별도의 장소를 만들어 항해 지원만을 목적으로 하는 시스템을 의미한다. 여기에는 목차, 사이트맵, 색인, 리모트컨트롤 등이 있다.

그림 25
국소적 항해 시스템의 사례:
다음 모바일

목차

그림 26
목차 형태의 분리형 항해
지원 시스템: 타임즈

목차table of contents는 주로 보고서나 책과 같이 정보를 위주로 하는 디지털 서비스에서 시스템의 전면에 그 시스템에서 제공하고 있는 내용의 제목들을 나열하고, 각 항목으로 갈 수 있는 링크를 제공해 주는 것이다. 그림 26은 《타임즈》지의 사이트에서 해당 호의 내용을 목차 형식으로 제공하고 있는 모습을 보여 주고 있다. 사이트의 형식은 그대로 유지하면서 매주 새로운 내용으로 계속 업데이트되기 때문에 각 주차의 내용을 목차의 형태로 제시하고 각 목차를 클릭하면 해당되는 페이지로 이동할 수 있다. 또한 목차를 제공함과 동시에 각 목차의 항목별로 세부 항목을 제공하고 볼 수 있다.

사이트맵

그림 27
사이트맵 형태의 분리형
항해 지원 시스템: 다나와

사이트맵site map은 전체 시스템의 구조와 함께 각 구조의 제목을 보여 준다. 주로 방대한 규모의 정보를 가지고 있는 시스템에서 많이 사용되며, 사용자가 시스템 전체 구조에 대해 이해하고자 할 때 유용하게 사용할 수 있고, 특히 찾고자 하는 지점을 쉽게 찾을 수 없는 경우에 주로 활용하는 항해 시스템이다. 그런 의미에서 사이트맵은 시스템에 대한 조망 정보를 제공한다고 볼 수 있다. 전형적인 사이트맵의 한 예로서 그림 27은 방대한 양의 콘텐츠를 가지고 있는 쇼핑몰 서비스에서 제공하는 사이트맵을 제시하고 있다. 이와 같은 기본적인 형식의 사이트맵은 시스템의 구조를 전체적으로 제공하는 기능에 초점을 맞추고 있다.

색인

색인index은 가나다순이나 알파벳순으로 해당 디지털 제품이나 서비스에서 나오는 자료를 정리해 링크를 달아 주는 분리형 항해 지원 시스템이다. 이는 책의 제일 마지막에 나오는 색인과 비슷한 역할을 하는 항해 지원 시스템이라고 할 수 있다. 목차가 디지털 서비스의 제일 앞에 제공된다면, 색인은 제일 마지막에 제공되는 경향이 있다. 그림 28은 색인을 이용해 분리형 항해 지원 시스템을 제공한 사례이다. 디자이너 및 브랜드별로 가나다순과 ABC 순으로 색인을 제공해 사용자가 디자이너별로 상품을 검색해 볼 수 있게 해 준다.

리모트컨트롤

리모트컨트롤remote control 형식은 필요로 하는 정보가 나타나는 창과는 별도로 새로운 창을 띄워 항해만 전문으로 할 수 있게 하며, 클릭한 결과는 정보가 나오는 창에 나타나게 된다. 그림 29는 방대한 내용을 가지고 있는 지방 정부 기관의 홈페이지에서 제공하는 리모트컨트롤 형식의 항해 시스템을 보여 주고 있다. 기존의 항해 지원 시스템은 본 내용과 같은 창에서 나타났기 때문에 내용이 보여지는 창의 일정한 영역을 차지하고 있었던 반면, 리모트컨트롤 형식은 내용 창과는 별도의 창에서 내용 창과 관련된 항해 시스템을 제공한다는 점에서 그 특색이 있다고 하겠다. 만일 리모트컨트롤 자체가 학습이 된다면, 개인화된 메뉴를 제공하는 새로운 방식이 될 수도 있다. 또한 동일한 시스템 내에 있는 내용뿐만 아니라 다른 시스템으로의 이동을 가능하게 하면 새로운 형태의 즐겨찾기가 될 가능성도 있다.

그림 28
인덱스 형태의 분리형 항해 지원 시스템의 사례: 텐바이텐

그림 29
리모트컨트롤 형태의 분리형 항해 지원 시스템의 사례: 경기소상공인지원센터

디지털 제품과 서비스에 대한 정보구조 디자인의 중요한 목적은 많은 정보로 이루어진 정보 공간을 정보의 특성, 기기적 특성, 사용자의 특성 등에 맞추어 잘 구조화하고, 그 정보 공간을 이용하는 사용자에게 최적의 경험을 제공하는 것이다. 이를 위해서는 우선 사실, 개념, 절차, 원리, 원칙, 이야기, 의견, 묘사, 예측, 메타데이터 등의 다양한 자료를 수집하고, 이렇게 수집한 데이터를 사용자가 원하는 정보의 형태로 전환하기 위해서는 자료들을 분류해야 한다. 분류 방법으로는 글자, 위치, 시간, 숫자, 주제, 사용자, 작성자 및 동적 분류 방법 등이 있다. 이렇게 분류된 정보를 사용자가 실제 접하게 되는 실제 형태로 가시화하기 위해서는 정보의 관계를 명확히 파악해서 구조화하는데, 순차적 구조, 그리드구조, 계층구조, 네트워크구조, 대중분류구조 방법이 있으며, 이 방법들을 혼합한 혼합구조가 있다. 정보구조가 결정되면 그에 따라 기본적인 항해구조도 결정된다. 그러나 기본적인 항해구조만으로는 사용자가 자신이 원하는 정보를 찾는 과정이 제한받기 때문에 부수적인 항해 지원 시스템을 제공해야 한다. 부수적인 항해 지원 시스템은 내용에 얼마나 밀착되었는지에 따라 통합형 지원 시스템과 분리형 지원 시스템으로 나누어진다. 이러한 지원 시스템은 무조건 많을수록 좋은 것이 아니라 해당 디지털 제품이나 서비스의 특성에 맞는 것을 적절하게 선택해야 한다. 너무 많은 지원 시스템은 사용자가 정확한 심성모형을 구축하는 과정을 어렵게 만들기 때문이다. 기술의 발전과 사회의 변화에 따라 새로운 유형의 자료가 발생하고 있으며, 새로운 분류 방법이나 정보구조가 제공되고 있다. 이런 변화에 주의를 기울여서 사용자가 유용하게 사용할 수 있는 정보 유형을 제공하고, 이를 편리하고 즐겁게 사용할 수 있는 정보구조와 항해구조를 구축하는 것이 정보구조 디자인의 결과물이다.

토론 주제

1

최근 출시된 디지털 제품이나 서비스 중에서 전반적으로 정보구조 디자인이 잘된 사례와 잘못된 사례를 하나씩 선정해서 두 가지 사례의 차이가 무엇인지 설명해 보자. 의미 있는 비교를 위해서는 되도록 비슷한 제품이나 서비스를 선정하는 것이 좋다.

2

본문에서 제시한 정보 유형 외에 디지털 제품이나 서비스에서 사용하는 새로운 정보 유형을 제시해 보고, 그 유형이 기존 정보 유형과 어떻게 다른지를 구체적으로 설명한다. 그리고 왜 최근에 그런 유형이 사용되고 있는지를 설명해 보자.

3

본문에서 제시한 정보 분류 방법 외에 디지털 제품이나 서비스에서 사용하는 새로운 분류 방법을 제시해 보고, 그 유형이 기존의 정보 분류 방법과 어떻게 다른지, 최근 그런 분류 방법이 새롭게 사용되기 시작한 이유가 무엇인지 설명해 보자.

4

본문에서 제시한 정보구조 외에 디지털 제품이나 서비스에서 사용하는 새로운 정보구조의 사례를 한 가지 제시하고, 그 구조가 기존의 정보구조와 어떤 점에서 다른지, 그런 구조가 새롭게 사용되기 시작한 이유가 무엇인지 설명해 보자.

5

본문에서 제시한 항해 지원 시스템 외에 디지털 제품이나 서비스에서 사용하는 새로운 항해 지원 시스템의 사례를 한 가지 제시하고, 그 지원 시스템이 기존의 지원 시스템과 어떤 점에서 다른지, 그런 지원 시스템이 새롭게 사용되기 시작한 이유가 무엇인지 설명해 보자.

6

최근 출시된 디지털 제품이나 서비스 중에서 정보 유형적인 측면에서 정보구조 디자인이 잘된 사례와 잘못된 사례를 비교해 보자. 잘못된 사례의 경우 어떤 정보 유형이 추가적으로 제공되거나 기존의 정보 유형을 변형 또는 삭제할 필요가 있을까?

7

최근 출시된 디지털 제품이나 서비스 중에서 정보 분류 방법적인 측면에서 정보구조 디자인이 잘된 사례와 잘못된 사례를 비교해 보자. 잘못된 사례의 경우 기존의 정보 분류 방법을 어떻게 바꾸고 어떤 새로운 분류 방법을 사용해야 할까?

8

최근 출시된 디지털 제품이나 서비스 중에서 정보의 구조적인 측면에서 정보구조 디자인이 잘된 사례와 잘못된 사례를 비교해 보자. 잘못된 사례의 경우 기존의 정보구조를 어떻게 바꾸고 어떤 새로운 정보구조를 채택해야 할까?

9

최근 출시된 디지털 제품이나 서비스 중에서 기본 항해 시스템 측면에서 정보구조 디자인이 잘된 사례와 잘못된 사례를 비교해 보자. 잘못된 사례의 경우 기존의 기본 항해 시스템을 어떻게 바꾸고 어떤 새로운 항해 시스템을 채택해야 할까?

10

최근 출시된 디지털 제품이나 서비스 중에서 통합형 및 분리형 항해 지원 시스템 측면에서 정보구조 디자인이 잘된 사례와 잘못된 사례를 비교해 보자. 잘못된 사례의 경우 기존의 항해 지원 시스템을 어떻게 바꾸고 어떤 새로운 항해 지원 시스템을 채택해야 할까?

12장 인터랙션 디자인

사용자의 행동에 사려 깊게 반응하는 시스템 디자인하기

"디자인은 단지 어떻게 보이느냐 또는 어떤 느낌을 주느냐에 관한 것이 아니다. 디자인은 어떻게 작동하느냐이다."

스티브 잡스 Steve Jobs

궁금한 점

디지털 제품을 사용하면서 '기계'를 사용하고 있다는 사실을 잊어버린 경험이 있는가? 만약 있다면, 왜 그랬을까?

디지털 서비스를 사용하면서 '사람을 참 번거롭게 만든다'는 생각에 화가 난 적이 있는가? 만약 있다면 무엇이 우리를 그렇게 화나게 만들었을까?

사려 깊은 사람처럼 사용자를 배려해 주는 디지털 제품이나 서비스를 이용해 본 적이 있는가? 만약 있다면 어떤 점에서 해당 제품이나 서비스가 사려 깊다고 생각했을까?

영화 소개

마이너리티 리포트 2002

"모든 즐거움을 가지고 있습니다. 스포츠 환타지도 있고 플라잉 판타지도 있어요. (……) 심장마비에 걸리지 않고 다른 세상을 경험하는 건 대단하죠."

존 앤더튼(영화 속 주인공)

영화 〈마이너리티 리포트〉에서는 미래에 발생할 범죄를 미리 예견해 미연에 방지하는 수사 시스템이 등장한다. 주인공 존 앤더튼은 수사반장으로서 이 시스템을 이용해 미래의 범죄자를 어떻게 추적하는지를 보여 준다. 존은 손에 특수 장갑을 끼는데 이는 일종의 에어 마우스로서 화면의 정보를 제어하는 데 사용된다. 투명한 스크린에 범죄자가 저지르는 살인 현장의 영상이 등장하자 존은 손가락 세 개를 편 뒤 양팔을 옆으로 벌린다. 그러자 하나의 영상이 살인에 쓰인 무기, 범죄자, 피해자로 구분되어 화면에 펼쳐진다. 그리고 팔을 아래로 내리자 각 사진들이 동영상으로 재생되기 시작한다. 이 밖에도 무인으로 생물체를 탐색하는 거미와 사람의 안구를 통해 판매목록을 나열하는 맞춤형 판매 서비스와 같은 상호작용 방식은 영화 개봉 당시 관객들에게 놀라움과 새로움을 선사했고, 특히 HCI 분야 사람들에게 큰 감명을 주었다. 당시 우스갯소리로 영화 〈마이너리티 리포트〉가 없었으면 쉬는 시간에 나눌 화젯거리가 없었을 것이라는 말이 나올 만큼 이 영화는 HCI에서 일종의 교범처럼 사용되어 왔다. 영화 〈마이너리티 리포트〉를 통해 사용자의 행동에 좀 더 사려 깊게 그리고 조화롭게 반응하는 디지털 제품과 서비스의 인터랙션 방식에 대해 알아보자.

영화 토론 주제

1 영화 속에서의 디지털 제품이나 서비스가 정말 자연스러워서 기계적인 요소가 전혀 개입되지 않고 사람이 직접 어떤 행동을 하는 것처럼 느끼게 만드는 사례를 찾아보자. 무엇 때문에 우리는 그런 자연스러움을 느꼈을까?

2 영화 속에서 디지털 시스템이 사람들을 짜증나게 하거나 번거롭게 만든 사례를 찾아보자. 무엇 때문에 그렇게 느꼈을까?

3 디지털 시스템이 사람들의 필요나 원하는 바를 스스로 인식하고 사려 깊게 반응한 사례를 찾아보자. 무엇 때문에 시스템이 사려 깊게 반응한다고 느꼈을까?

영화 〈마이너리티 리포트〉에서 나타난 인터랙션

콘셉트 디자인에서 도출된 제품이나 서비스에 대한 추상적인 개념을 구체화하기 위해서는 정보구조 디자인, 인터랙션 디자인, 인터페이스 디자인이라는 세 가지 디자인이 필요하다. 11장에서 해당 제품이나 서비스의 내용과 구조를 구체화하는 정보구조 디자인에 대해 다루었다면, 본 장에서는 해당 제품이나 서비스가 사용자의 행동에 대해 어떻게 반응할 것인지를 구체화하는 인터랙션 디자인에 대해 다루고자 한다. 정보구조 디자인이 디지털 제품이나 서비스의 의미적인 구조를 결정한다면, 인터랙션 디자인에서는 디지털 제품 및 서비스가 사용자의 행동에 어떻게 반응할 것인지에 대한 행동적인 특징을 결정한다. 과업 분석에서 사용자의 행동을 분석했다면, 인터랙션 디자인에서는 이러한 사용자의 행동에 반응하는 디지털 제품 및 서비스의 행동을 디자인한다. 우선 인터랙션 디자인에 대한 개념 및 성공적인 인터랙션 디자인을 위한 지침들을 소개하고, 널리 사용되는 인터랙션 디자인 방법론 중의 하나인 스토리보드 기법을 설명한다. 그러고 나서 실제 사례에 해당 기법과 지침들이 어떻게 적용되는지를 살펴본다. 본 장에서는 이러한 과정을 통해 디지털 제품 및 서비스가 사용자의 행동에 사려 깊은 반응을 하기 위해 어떻게 행동하도록 디자인되어야 하는지에 대한 기본 원리 및 절차를 전달하고자 한다.

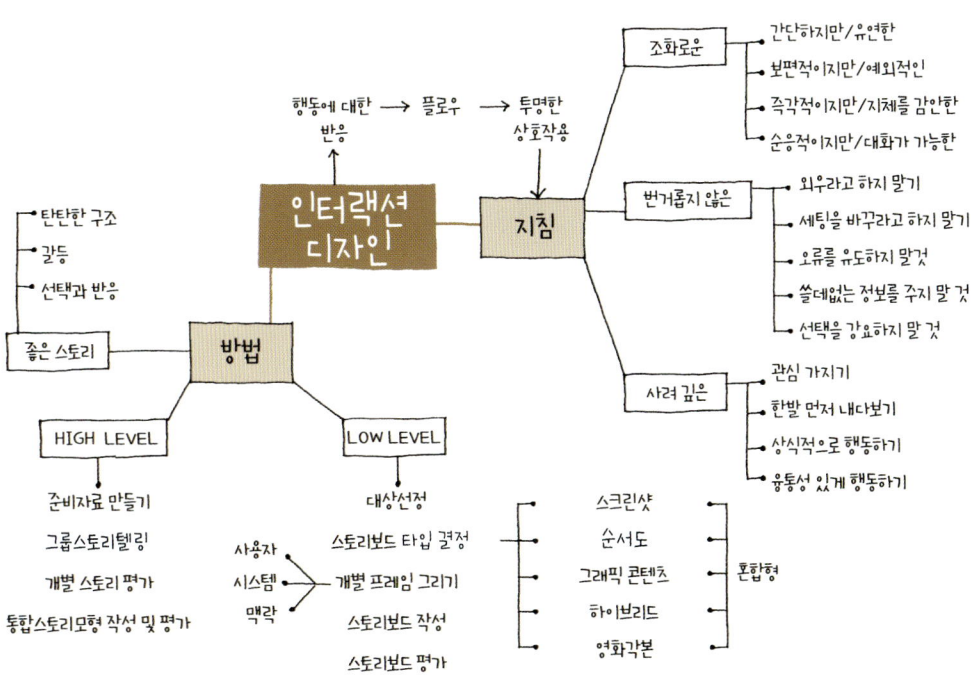

1. 인터랙션 디자인이란

디지털 제품이나 서비스를 디자인할 때 반드시 고려해야 할 네 가지로 콘셉트, 정보구조, 인터페이스, 인터랙션 디자인을 들 수 있다. 인터랙션 디자인 interaction design 은 그중에서 사용자의 행위에 대해 시스템이 어떤 반응을 하는지를 전반적으로 디자인하는 단계이다. 예를 들어, 검색 알고리즘은 사용자가 검색어를 입력했을 때 해당 검색 엔진이 어떤 방식으로 그 검색어를 처리하고 검색 결과를 산출해 내는지를 규정한 것으로, 일종의 행동 지침이라고 할 수 있다. 또 다른 예로, 디지털 카메라에서 해상도를 조정하는 버튼을 눌렀을 때 카메라의 LCD창에서 일어나는 변화도 인터랙션이라고 할 수 있다. 이와 같이 인터랙션은 사용자의 행동에 대해 디지털 시스템이 반응하는 행동을 의미하며, 간단하게는 눌러진 버튼에 대한 반응에서부터 복잡하게는 검색 명령에 대한 결과 제시까지 시스템의 모든 행동을 포괄적으로 지칭한다. 효과적인 인터랙션 디자인을 위해서는 디지털 제품이나 서비스를 사용자가 더 원활하고 쉽고 효율적으로 사용할 수 있는지에 대한 고민이 필연적으로 수반되어야 한다.

최근 10여 년 동안 사용자경험에 대한 관심이 높아지면서 인터랙션 디자인의 중요성이 급속하게 커졌다. 특히 사용자의 행동에 디지털 제품이나 서비스가 실제로 어떻게 반응할 것인지는 사용자가 느끼는 경험에 큰 영향을 미친다. 동일한 정보를 가지고 있다고 할지라도 그 정보를 어떤 순서와 방식으로 전달하느냐에 따라 사용자가 느끼는 사용성이나 유용성 그리고 감성이 달라질 수밖에 없기 때문이다.

2. 인터랙션 디자인의 개념

사람들은 어떤 목적을 가지고 디지털 시스템을 사용하는데, 사람들이 디지털 시스템을 사용한다는 사실조차 인식하지 못하고 자연스럽게 자신이 원하는 일을 할 수 있도록 하는 것이 이상적인 인터랙션 방식이라고 할 수 있다. 이런 무의식적이고 자연스러운 인터랙션을 위해서는 '플로우'과 '투명성'이라는 특성이 중요한 역할을 한다.

2.1 최적의 경험

1장에서 다루었듯이 '플로우flow'란 어떤 행동에 깊이 몰입된 상태를 말한다. 예를 들어, 다른 생각이나 방해 없이 컴퓨터 게임이나 스포츠에 집중한 경험이 있을 것이다. 그 순간에는 과제가 있다든가, 밥을 먹어야 한다든가, 잠을 자야 한다든가 등의 생각이 사라지고 오로지 몰입한 대상과 나만이 존재한다. 세계 최고의 경지에 오른 운동선수들이나 예술가의 경우에도 플로우 경험을 다수 고백한 바 있다. 예를 들어, 열심히 달리거나 연주를 하는 중에 어느 순간 완전히 세상을 잊게 되고 초월적인 능력이 발휘되는 순간이 플로우를 경험하는 순간이다. 기존 연구에 따르면, 이 플로우 경험은 오락이나 스포츠에만 적용되지 않고 실제 일의 생산량을 높이는 데도 큰 효과가 있다. 특히 산업 현장의 근로 작업이나 디자인, 글쓰기 같은 작업을 수행하는 데 큰 도움이 된다.

플로우의 달성을 위한 제반 조건은 개인이 수행하는 과업의 난이도가 일정 수준 이상의 도전을 요구하지만 개인의 능력 범위를 초과하지는 않는 수준이어야 하며, 과업 목적이 명확하고 이 목적을 달성하기 위한 과정에서 신속한 피드백이 이루어져 진행 상황을 바로 확인할 수 있어야 한다. 그렇다면 사람들이 실생활에서 시스템을 통해 여러 가지 목적을 달성하고자 할 때, 어떻게 플로우를 느끼면서 그 일을 할 수 있도록 도울 수 있을까? 시스템을 어떤 식으로 구현하면 사람들이 빠른 시간 내에 일을 마무리하고 수준 높은 결과를 만들어 낼 수 있을까?

플로우에 대한 효과가 잘 드러나는 영화로 〈아바타〉를 들 수 있다. 〈아바타〉에서 주인공은 첨단기술의 도움을 받아 인간으로서의 본인이 아닌 아바타라는 인위적 생명체에 정신적으로 이입되어 외계 행성에 적응해 나간다. 아바타로서의 삶에 적응해 가고 만족감을 느끼는데, 이러한 만족감은 주인공이 아바타로서의 삶에 몰입되었다는 것을 의미한다. 이 같은 몰입과 만족감을 느낄 수 있었던 직접적인 이유는 인간으로서의 신체에서 느끼는 오감을 아바타의 신체에서도 완벽히 재현하도록 한 시스템적 지원이 있었기 때문이다. 주인공은 이런 시스템이 있다는 것조차 느끼지 못한 채 아바타에 몰입할 수 있었고 만족을 느꼈다. 이처럼 사용자를 기능적으로 충분히 지원하되 사용자를 방해하는 일이 없도록 스스로를 드러내지 않는 시스템의 특성을 '투명성transparency'이라고 한다.

2.2 투명성

플로우 경험을 만들기 위해서는 사용자가 시스템과 소통할 때 그 소통과정이 매우 투명해야 한다. 즉 사람이 시스템을 통해 과업을 달성하고자 할 때 시스템이라는 기계적 요소가 사람에게 느껴지지 않아서 사람이 자신의 목적을 직접 달성하고 있다고 생각하게 만드는 것을 투명성이라 한다. 잘 쓴 소설은 문체나 줄거리 전개에서 소설가의 존재를 느끼지 않고 독자와 주인공이 완전하게 일체화되거나 소설 속 상황에 독자가 실재하는 것 같은 몰입을 가능하게 한다. 이때 소설가의 존재가 느껴지지 않는 것처럼 과업 수행의 과정에서 디지털 제품 및 서비스의 존재가 느껴지지 않으면, 디지털 제품 및 서비스와 사용자 간의 소통 과정이 투명하다고 할 수 있다.

최근 기존의 2D에서 제공하지 못했던 입체감을 느끼게 하는 3D디스플레이가 많이 사용되고 있는데, 여기서도 투명성의 요소를 확인할 수 있다. 사람들이 3D영화를 볼 때, 갑자기 눈앞에 나타는 입체적인 사물에 깜짝 놀라거나 뒤로 물러나거나 하는 행동을 취하는 것은 자신이 영사기와 스크린이라는 기계적 요소를 통해 영화라는 시스템을 접하고 있다는 것을 잠시 망각하기 때문이다. 이는 곧 관객들이 영화 속 장면을 현실로 받아들였다는 것을 의미한다. 이 순간 시스템은 투명해져서 더 이상 보이지 않고 사라지는 것이다. 이것이 2D영화를 볼 때보다 3D영화를 볼 때 더 플로우를 느끼게 되는 원인 중 하나이다.

그림 1은 투명성과 플로우가 잘 드러나 있는 영화〈마이너리티 리포트〉의 한 장면이다. 주인공은 과거 실종된 아들을 추억하기 위해 아들과 함께했던 순간들을 기록해 놓은 3D영상을 보고 있다. 이때 3D입체 영상으로 표현된 아들의 모습이 너무 현실적이어서 가상의 영상이라고 생각되지 않을 정도의 투명성을 보여주기 때문에 주인공은 아들이 되돌아온 것처럼 착각할 정도로 영상에 몰입해서

영상 속의 아들에게 말을 걸고 있다. 이와 같이 투명성을 높이고 플로우를 증진할 수 있도록 시스템의 인터랙션 방식을 디자인하기 위한 원칙은 무엇인지 다음 절에서 알아보자.

그림 1
투명성이 잘 구현된 영화
〈마이너리티 리포트〉

3. 인터랙션 디자인의 지침

디지털 제품이나 서비스가 투명해 사용자에게 플로우의 경험을 보다 효과적으로 제공하기 위해서는 세 가지 조건이 필요하다.

첫 번째 조건은 상충되는 요인들이 많은 여건 속에서 사용자가 자신이 원

하는 과업을 조화롭게 수행하게 도와주는 것이다. 두 번째는 과업을 수행하는 과정에 사용자가 번거롭지 않도록 불필요한 행동을 최소화하는 것이고, 세 번째는 사용자가 과업을 수행하면서 불편을 겪을지도 모르는 사항에 대해 사려 깊게 행동하는 것이다. 이에 따라 첫 번째 조건은 투명한 상호작용을 위한 가장 기본적인 지침, 두 번째 조건은 이에 더해 부정적인 요소들을 제거하기 위한 지침, 세 번째 조건은 긍정적인 요소들을 추가하기 위한 지침이라고 할 수 있다.

이 조건들은 많은 사람들이 여러 가지 과업을 수행하기 위해 사용하는 제품이나 서비스에 일반적으로 적용되어야 하기 때문에 지나치게 구체적일 수 없다. 예를 들어, '왼쪽 화면에 submit 버튼을 노란색으로 제공해야 한다'는 것과 같은 조건은 사용자의 특성이나 과업의 특성 그리고 맥락의 특성을 고려하지 않고 지나치게 자세한 지침을 제공하는 것이다. 각 지침에 대해 좀 더 자세한 설명을 위해 쿠퍼가 제시한 인터랙션 디자인에 대한 여러 지침들 중에서 디지털 제품이나 서비스에 적용 가능성이 높은 지침을 선정해 해당 지침을 바라보는 관점을 설명하고, 각 지침에 대해 영화나 제품 및 서비스에서 해당 지침들이 적용된 사례를 제시한다.Cooper, Retmann and Cronin, 2007

3.1 조화로운 행동을 위한 인터랙션 디자인 지침

어떤 회사에서 그 회사의 목표나 주위 사람들과 조화를 잘 이루는 직원은 그 사람이 있다는 것을 인식하지 못할 정도로 잡음을 만들지 않고 부드럽게 일을 처리해 나간다. 이와 마찬가지로 과업과 시스템이 조화를 이루었을 때 사용자는 자신이 하고자 하는 과업에만 집중하고 그 과업을 수행하기 위해 필요한 도구인 디지털 제품이나 서비스에는 신경을 쓰지 않아도 된다. 디지털 제품이나 서비스가 사용자의 행동에 조화롭게 반응하기 위해서는 다음과 같은 지침을 준수해야 한다.

제1지침: 간단하지만 유연한 인터랙션

조화로운 인터랙션을 만들기 위한 첫 번째 지침은 '간단하지만 유연한 인터랙션simple but flexible interaction'이다. 이는 사람과 시스템이 상호작용할 때 그 과정에서 발생하는 단계의 수는 최대한 적을수록 좋다. 그러나 동시에 사용자가 제품이나 서비스를 조정할 수 있는 여지를 주어야 하며, 사용자가 제품의 목적을 분명히 파악할 수 있도록 해야 한다. 이는 4장에서 설명한 단축성 및 유연성과 관련된 지침이라고 할 수 있다.

이 지침에 대한 사례로 영화 〈마이너리티 리포트〉에서 나오는 거미로봇을 들 수 있다. 영화에서 거미로봇은 인물 수색 및 탐지기로 쓰인다. 좁은 틈이든 미끄러운 곳이든 어디든 이동할수 있는 형태와 동공 인식을 통한 검색 및 정보를 사용자에게 원격 전송하는 기능을 갖춘 디지털 제품이라고 할 수 있다. 또한 여러 개의 거미로봇을 동시에 사용할 수도 있고, 이들이 전체 건물을 동시다발적으로 탐색할 수 있기 때문에 간단하지만 유연하게 사용할 수 있다.

그림 2
간단하지만 유연한 인터랙션을 보이는 영화 장면: 〈마이너리티 리포트〉의 거미로봇

이 지침을 잘 구현한 디지털 서비스의 사례로 아이폰의 앱스토어를 들 수 있다. 아이폰은 수많은 애플리케이션 설치를 통해 손 안의 작은 컴퓨터를 구성할 수 있게 한다. 이 장점을 제대로 살리기 위해서는 무엇보다도 애플리케이션 설치 과정이 쉽고 간단해야 할 것이다. 그림 3에서 보는 것처럼 아이폰은 4단계로 모든 것이 완료되도록 애플리케이션 설치 과정을 구성했다. 1단계, 아이폰의 앱스토어에서 앱을 검색해 터치한다. 2단계, 앱의 설명, 가격, 평가가 나타난다. 3단계, 가격이 제시된 버튼을 누르면 설치 버튼이 나타난다. 4단계, 설치 버튼을 누르면 프로그램이 실행된다. 이와 동시에 무수히 많은 애플리케이션이 존재하고, 각 애플리케이션을 사용자의 특성에 맞추어 조정할 수 있게 해준다. 이처럼 다양한 애플리케이션을 간단하지만 동시에 유연하게 사용자의 스마트폰에 설치할 수 있다는 것이 아이폰의 최대 강점이라고 할 수 있다.

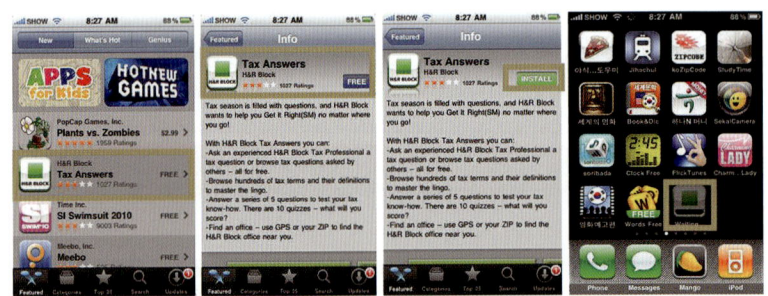

그림 3
간단하지만 유연한 인터랙션이 보이는 디지털 서비스의 사례: 아이폰 애플리케이션

제2지침: 보편적이지만 예외적인 상황을 고려한 인터랙션

두 번째 지침은 가장 가능성이 높은 경우를 대비해서 인터랙션을 디자인하지만 혹시나 하는 가능성도 놓치지 말라는 것이다. 예를 들어, 특정 제품이나 서비스의 사용자가 100명이고, 이 중 95명은 한두 개의 기능만을 사용하지만 나머지 다섯 명은 다른 기능을 사용하길 원할 수도 있다. 인터랙션을 디자인할 때는 사용할 가능성이 가장 높은 한두 개의 기능을 가장 두드러지고 알기 쉽게 제시하

되, 나머지 기능들도 옵션으로 제공해야 한다.

영화에 나타난 보편적이지만 예외적인 인터랙션 probable but possible interaction 을 감안한 디지털 제품의 예로 거미로봇의 탐색 작업을 들 수 있다. 그림 4는 본래 인물 수색기인 거미로봇이 적외선 탐지로 아무것도 감지하지 못하자 수색을 중단하고 방을 나서려는 영화 속 장면이다. 주인공은 얼음물에 몸을 담구어 거미로봇의 수색을 피한다. 그러나 주인공이 실수로 내뱉은 아주 작은 공기방울을 놓치지 않고 주인공의 존재를 알아차린 거미로봇은 다시 방으로 돌아와서 전기 자극을 이용한 탐색을 수행한다. 거미로봇은 1차적으로 인체의 발열을 감지하는 적외선 탐지를 이용해 인물 수색하는데 이는 보편적인 상황을 고려한 인터랙션이라 할 수 있고, 2차적으로 전기 자극을 이용해 탐색을 수행하는 것은 예외적인 상황을 고려한 인터랙션이라 할 수 있다.

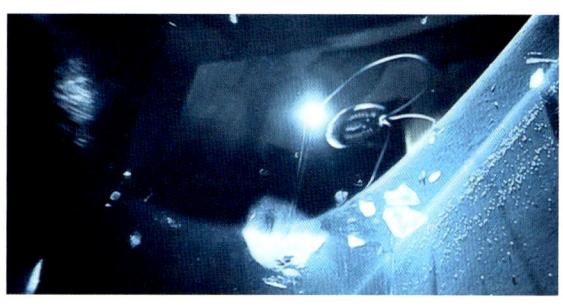

그림 4
보편적이지만 예외적인 상황을 감안하는 영화 장면

보편적이지만 특수한 행동을 감안하는 디지털 서비스의 사례로 그림 5의 구글 크롬이 있다. 요즘 웹브라우저의 전쟁 시대라고 할 만큼 다양한 웹브라우저들이 등장하고 있는데, 이 중 가장 심플한 형태를 가졌다고 평가되는 것이 구글 크롬이다. 웹브라우저에서 필수로 여겨지던 검색창과 하단의 상태표시줄을 없애고 오로지 주소창 하나로 모든 것을 해결하는 구글 크롬은 최대한 크고 시원한 화면으로 원하는 웹페이지에 쉽게 접근하고자 하는 사용자의 요구를 잘 구현했다. 이는 사용 가능성이 가장 높은 것들을 우선적으로 디자인하라는 지침을 준수하고 있다고 볼 수 있다. 그러나 동시에 다운로드 경로나 글꼴 등 세부 사항을 자신이 원하는 대로 커스터마이즈하고 싶은 소수의 사용자를 위해 옵션 메뉴를 제공하고 있다는 점에서 작은 가능성도 완전히 배제하지 않는 지침을 준수하고 있다.

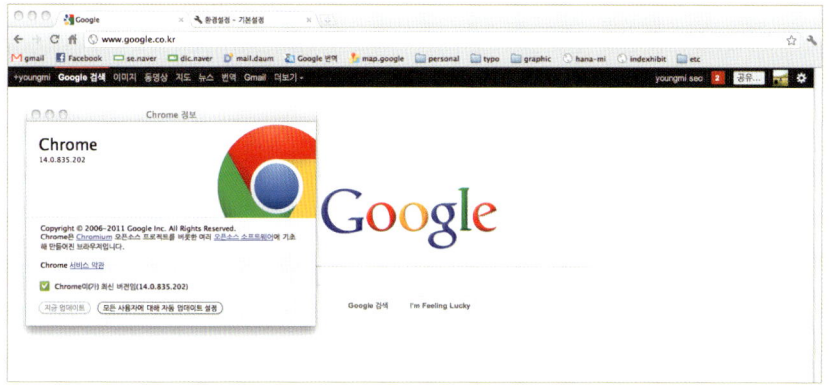

그림 5
보편적이지만 예외적인 상황을 감안하는 디지털 서비스의 사례: 구글 크롬

제3지침: 즉각적이지만 지체를 감안한 인터랙션

조화로운 인터랙션을 디자인하기 위한 세 번째 지침은 사용자의 행위에 즉각적으로 반응하도록 최적화하되 어쩔 수 없이 발생하는 지체를 감안해서 디자인하라는 것이다. 제품이나 서비스를 디자인할 때 시스템이 정보를 처리하는 속도가 원하는 만큼 빠르지 않을 수 있다. 기술적으로 더 이상의 해결이 불가능할 경우 프로세스가 지체되고 있다는 점을 사용자에게 분명하게 알려야 한다. 사용자에게 상황을 알림으로써 사용자가 시스템이 행동을 완료하기를 기다리든지 아니면 행동을 중간에 취소하기를 원하는지 선택할 수 있도록 옵션을 제공해야 한다. 이는 4장에서 설명한 반응성의 속성과 관련이 있다.

즉각적이지만 지체를 감안한 인터랙션 responsive but latent interaction 의 지침을 구현한 사례가 영화 〈마이너리티 리포트〉의 미래에 발생할 수 있는 범죄를 예측하는 시스템이다. 미래에 발생할 수 있는 범죄를 가장 정확하게 발견해 내는 것이 이 시스템의 가장 중요한 기능이기 때문에 전체 시스템이 정확한 정보를 전달하는 것에 초점을 맞추고 있다. 그러나 어떤 이유에서든지 미래를 예측하는 데 시간이 걸릴 수 있기 때문에 해당 정보가 전달되는 과정에 그림 6과 같이 볼이 움직이는 것을 사용자가 볼 수 있게 함으로써 정보가 전달되고 있다는 것을 사용자에게 효과적으로 제시하고 있다.

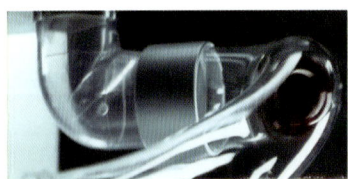

그림 6
즉각적이지만 지체를 감안한 행동을 보여 주는 영화 사례

그림 7
즉각적이지만 지체를 감안한 인터랙션을 보여 주는 디지털 서비스의 사례

반응성을 최우선으로 하되 지체를 감안하는 행동을 보여 주는 디지털 서비스의 사례로 마이크로소프트 워드2010을 들 수 있다. 기존 2007버전은 용량이 큰 문서를 열 때 사용자를 오래 기다리게 만들면서 어떠한 프로세스 정보도 제공하지 않았으며, 파일을 잘못 열었을 경우에도 무작정 파일이 완전히 열리기를 기다려야만 했다. 이에 반해 2010버전은 컴퓨터가 현재 파일을 읽어 들이는 속도를 획기적으로 단축시켰을 뿐만 아니라 현재 얼마나 읽어 들였는지 퍼센트로 정보를 제공해 주고 창 하단에 사용자가 파일을 열고 있는 중에도 이를 취소할 수 있도록 메뉴 버튼을 제

공하고 있다. 이러한 기능은 사용자의 명령에 대한 반응성을 최대한 살리면서 동시에 어쩔 수 없는 지체를 감안한 인터랙션의 사례로 볼 수 있다.

제4지침: 순응적이지만 대화가 가능한 인터랙션

조화로운 인터랙션의 마지막 지침은 사용자의 명령에 일단 그대로 따르지만 필요한 경우 사용자가 원하면 다른 행동을 할 수 있는 가능성을 열어 둔 인터랙션 디자인을 의미한다. 즉 사용자가 어떤 일을 하고 싶어 시스템에 명령을 하면, 그 명령에 순응해서 그 일을 수행한다. 마치 차의 핸들을 돌리면 차의 운전 방향이 바뀌는 것처럼 시스템과 사용자의 관계는 일방향의 지시 관계여야 한다는 것이다. 그러나 대화가 가능하다는 것은 사용자가 명령한 대로 했는데 그 결과가 사용자가 원하는 결과가 아닐 경우, 사용자가 시스템에게 의견을 물어보고 이에 대해 시스템이 대안을 제시할 수 있어야 한다는 것이다.

순응적이지만 대화가 가능한 인터랙션 obedient but consultable interaction 을 보여 주는 사례로 영화 〈마이너리티 리포트〉에서 소수의견을 만들어 내는 시스템을 들 수 있다. 이 시스템은 가장 빠른 시간에 범죄를 일으킬 확률이 가장 높은 범인을 예측하라는 사용자의 명령에 따라 한 명의 범인을 지목한다. 그러나 만약 아닐 경우를 대비해 그에 대한 소수의견을 작성해 놓는다. 그리고 시스템에서 처음 예측한 용의자가 아닐 것 같은 경우에 추가적인 자료를 요청하면 그에 대한 자료를 제시할 수 있다. 일단은 사용자의 요청에 순응하지만 사용자가 필요에 의해 대화를 요청하면 그 대화에 응답할 수 있는 행동을 보여 준다.

그림 8
순응적이지만 대화가 가능한 인터랙션을 보여 주는 디지털 서비스 사례

디지털 서비스에서 제4지침이 잘 적용된 사례로 구글맵 서비스나 차량 내 내비게이션 시스템을 들 수 있다. 사용자가 출발지에서 목적지까지 가는 가장 빠른 길을 요청하면 일단 그 요청에 순응해서 가장 빠른 길을 보여 준다. 그러나 갑자기 사고가 나서 길이 막히는 상황에서 길을 다시 물으면 그에 대한 몇 가지 대안을 제시하고 예상 시간에 대한 추가적인 대답을 제공한다. 이런 일련의 과정은 처음부

터 사용자에게 제공되는 것이 아니라 우선적으로 사용자가 가장 원하는 대답을 제공하고 사용자가 추가적으로 요청할 때 그에 응하는 시스템이다.

앞의 네 가지 지침에서 보듯이 조화로운 인터랙션을 하기 위한 지침들은 공통적으로 두 가지 상반되는 사용성의 지침들 간의 조화를 강조하고 있다. 무조건 명령에 따르는 것이 아니라 경우에 따라 의견을 제시하기도 하고, 무조건 즉각적인 반응만 최고로 생각하는 것이 아니라 발생할 수 있는 지체를 감안해 행동하고, 무조건 자주 사용하는 기능만 제공하는 것이 아니라 가끔이지만 소수의 사용자가 이용하는 기능을 옵션으로 제공하고, 무조건 간단한 절차만 강조하는 것이 아니라 여러 대안을 제공해 사용자에게 유연성을 확보할 수 있도록 하는 것이다. 즉 상반되는 두 가지 조건 사이에서 조화롭게 균형을 이룸으로써 사용자 입장에서는 균형을 맞추는 것에 신경 쓸 필요없이 자신이 하고자 하는 과업을 수행할 수 있도록 하는 것이 조화로운 인터랙션의 지침이다.

3.2 부정적인 요소를 줄여 주는 인터랙션 디자인 지침

인터랙션적인 측면에서 디지털 제품이나 서비스의 부정적인 요소는 사용자에게 꼭 필요하지도 않은 행동을 하게 만드는 것을 의미한다. 사용자의 과업을 달성하는 데 직접적으로 도움이 되지는 않는 행위를 사용자에게 반복적으로 하게 해서 번거롭게 만드는 경우이다. 이를 방지하기 위한 다섯 가지 디자인 지침은 다음과 같다.

제1지침: 사용자에게 무엇인가를 암기하도록 요구하지 말 것

사용자에게 쓸데없이 무엇인가를 암기하도록 요구하지 말아야 한다. 힌트를 보고 재인recognition하는 것은 쉽지만 어떤 것을 완전하게 암기remember한다는 것은 인지적으로 매우 어려운 일이기 때문이다. 예를 들어, 사용자가 디지털 제품 및 서비스를 사용하다 보면, 얼마 지나지 않아 그와 관련한 다수의 게시물이나 문서, 멀티미디어 파일 및 소프트웨어가 여기저기 산재하게 되어 체계적인 관리가 힘들어진다. 그런데 사용자에게 본인이 어떤 파일을 어디에 저장했는지 정확한 장소를 기억해야만 해당 파일을 다시 찾을 수 있게 한다면, 이는 사용자에게 계속해서 어려운 작업을 요청하는 것과 같다.

사려 깊은 디지털 제품 및 서비스라면 오랜 기간 사용함으로써 발생하는 이러한 현상에 대처할 수 있어야 한다. 사용자가 쓸데없이 암기하는 것을 줄여 주는 디지털 서비스의 사례로 초성 검색 서비스를 들 수 있다. 그림 9는 초성 검색

기능을 통해 해당 초성으로 시작하는 모든 연락처나 메모가 검색되도록 하는 아이폰의 경우와 라운치launchy와 같은 전용 소프트웨어를 통해 초성 검색으로 PC 내부의 모든 아이템을 검색하고 사용할 수 있는 경우를 보여 주고 있다. 사용자에게 이름이나 위치를 모두 암기할 필요없이 원하는 정보를 찾을 수 있게 한다는 점에서 부정적인 요소를 줄여 주는 첫 번째 지침을 잘 활용한 사례라고 할 수 있다.

그림 9
사용자가 기억해야 하는 부담을 줄여 주는 디지털 서비스의 사례

제2지침: 사용자에게 세팅을 바꾸도록 강요하지 말 것

특정 디지털 제품 및 서비스를 사용하려고 할 때 설치나 실행 과정에서 설정을 재조정할 일이 생기면 몰입에 방해를 받고 이 빈도가 잦아지면 사용자는 더 심하게 방해를 받아서 결국에는 몰입이 불가능해진다. 사용자에게 세팅을 바꾸도록 강요하는 예로 캡처용 프리웨어의 설치 화면을 들 수 있다. 프로그램 자체 용량이 크지 않아 설치가 빠르고 손쉽게 이용할 수 있지만, 설치 과정 중 구성 요소 선택 단계에서 해당 프로그램의 스폰서 항목이 기본적으로 체크되어 있어, 사용자가 이를 해제해야만 해당 프리웨어 외의 프로그램이 같이 설치되는 것을 막을 수 있다.

반대로 사용자가 쓸데없이 세팅을 바꾸지 않아도 되는 사례로 마이크로소프트사의 파워포인트 프로그램에서 사용하는 '모두 정렬'과 같은 기능을 들 수 있다. 하나의 프로그램 안에서 여러 개의 윈도를 한꺼번에 열어 작업을 하다 보면,

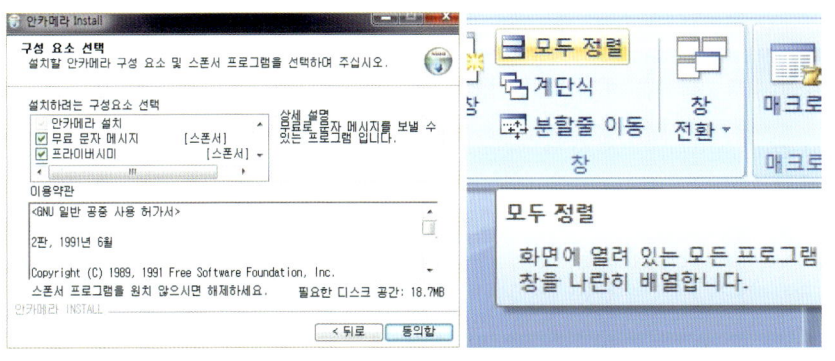

그림 10
사용자에게 쓸데없이 세팅을 바꾸도록 강요하는 경우와 그렇지 않은 경우의 사례

윈도가 겹쳐져 뒤에 있는 윈도를 보기 위해서는 여러 번 윈도를 다르게 배치해야 한다. 그런데 '모두 정렬' 기능은 사용자가 윈도의 배치된 세팅을 바꾸지 않고 한 번에 원하는 윈도를 찾을 수 있도록 해 준다.

제3지침: 사용자가 오류를 범하게 유도하지 말 것

사용자가 오류를 범할 가능성을 사전에 차단해야 한다. 이는 사용성 속성 중에 오류 방지성과 밀접하게 연관되어 있다. 디지털기기나 서비스를 사용하다 보면, 그 조작법이 사용자의 직관과 달라 오류를 유발하는 경우가 있다. 그림 11은 아이폰의 전화받기 화면과 파워포인트 문서 저장 취소창이다. 아이폰의 전화받기의 경우 겉보기에는 문제가 없어 보이지만 국내 사용자가 지금까지 사용해 온 일반 휴대전화의 전화받기·종료 버튼과 반대로 배치되어 있어 사용자가 무의식적으로 의도하지 않은 오류가 발생한다. 이는 3장에서 설명한 사용자의 심성모형에 위배되는 인터랙션을 요구하기 때문이다. 또 다른 경우로 마이크로소프트의 파워포인트 프로그램은 대용량 파워포인트 파일을 열거나 저장할 때 그림에서 보이는 팝업창이 자동적으로 표시되는데, 화면에 갑자기 뜬 대화창을 닫아 버리는 것에 익숙한 사용자들이 무심코 엔터를 누르면 파일을 열거나 저장하는 작업 자체가 취소되어 버리는 오류가 발생한다.

그림 11
쓸데없이 사용자의 오류를
불러일으키는 사례

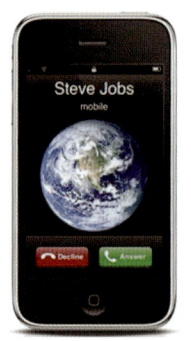

제4지침: 사용자에게 쓸데없는 정보를 받게 하지 말 것

사용자의 편의를 위하는 것 이외의 목적을 위해 사용자에게 추가적인 정보를 보도록 강요하지 말아야 한다. 휴가를 위해 떠난 여행에서 가이드를 맡은 여행사 직원이 관광 내내 자신의 사적인 어려움을 하소연한다면 관광객은 여행을 통해 목적한 휴식을 취하기는커녕 오히려 더 큰 스트레스를 안고 돌아와야 할 것이다. 이와 마찬가지로 웹사이트를 열 때 나오는 대부분의 팝업창이 사용자에게 당장 쓸모없는 정보를 보도록 강요하고 있다. 예를 들어, 그림 12는 특정 소프트웨어 설치 직후 뜨는 팝업창의 모습이다. 사용자가 처음에 의도했던 소프트웨어 설치 종료 후에도 해당 제조사의 다른 소프트웨어를 홍보하고자 사용자에게 불필요한 정보를 제공한다. 반면 그림 12의 오른쪽 그림은 인터넷상에서 사용자끼리 호텔이나 기타 숙박 시설에 대한 자신들의 경험을 나누는 서비스이다. 이 서비스에서는 별도의 창을 띄우거나 상업용 광고를 보는 것을 강요하는 대신에 사용자가 원할 경우에만 해당되는 영리 목적의 정보를 제공하는 서비스로 이동할 수 있도록 하고 있다. 이와 비슷한 경우로 오픈백과사전인 위키피디아를 들 수 있다. 위키피디아는 백과사전에서 사용자가 받았으면 하는 정보 외에 기타 정보, 예를 들어 누가 그 내용을 작성했는지에 대한 정보나 기타 스폰서에 대한 정보는 일체 보이지 않는다.

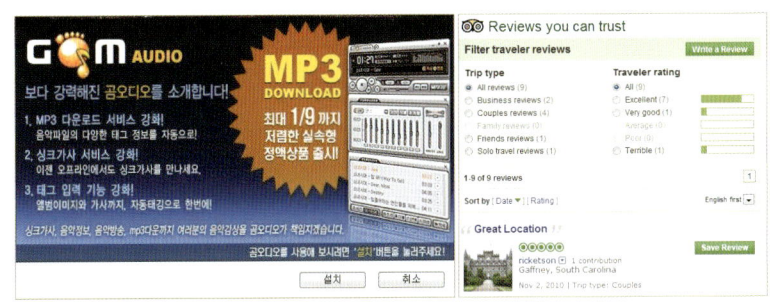

그림 12
사용자에게 쓸데없는 정보를 보게 하는 사례와 그렇지 않은 사례

제5지침: 사용자에게 선택을 강요하지 말 것

인터랙션을 디자인할 때 일단 사용자가 원할 만한 행동을 하고 나중에 복구할 수 있는 기능을 주는 것이 사용자에게 계속 '-을 해도 좋습니까' '-하는 게 괜찮겠습니까' 하고 묻는 것보다 좋다. 이처럼 사용자를 귀찮게 하지 않기 위해서는 사용자가 전반적으로 무엇을 원하는지 통계적으로 잘 파악하고 있어야 하며, 혹시 예상이 빗나가더라도 완벽하게 이전 상태로 되돌릴 수 있는 기능이 있어야 한다.

그림 13의 왼쪽은 매번 시스템을 종료할 때마다 카탈로그를 백업할 것인지를 요청하고 있다. 그런데 카탈로그를 백업하는 것이 왜 중요한지에 대한 설명이 없을뿐더러 이런 옵션을 취소하려면 어떻게 해야 하는지도 제시하지 않고 있다. 특히 사용자 입장에서 자기가 하던 일을 마치고 로그아웃할 때는 되도록 빠른 시간 내에 프로그램을 종료하기를 원하는 경우가 많은데 이렇게 부가적인 요청을 하는 것은 사용자를 더욱 짜증스럽게 만든다. 반면 그림 13의 오른쪽은 다섯 번째 지침을 잘 준수하고 있다. 워드 작업을 하면서 사용자가 가장 당혹스러울 때는 시스템 에러로 작성 중이던 파일이 몽땅 날아갔을 때일 것이다. 가까스로 완성시킨 레포트나 제안서가 중간에 '알 수 없는 오류가 발생했습니다. 열려 있는 프로그램을 종료합니다'라는 메시지와 함께 허공으로 날아가거나, 저장하지 않고 파일을

닫아 작성 이전 상태로 되돌아간 경험은 누구나 한두 번 있을 것이다. 구글 독스 google docs는 이러한 사용자경험을 잘 파악해 1분마다 자동으로 문서를 그대로 저장하는 기능을 도입했다. 이때 사용자는 문서 작성 중에 저장되는 것을 거의 느낄 수 없을 만큼 이 기능은 백그라운드에서 작동한다. 하지만 만약 한동안 작성한 문구들이 맘에 들지 않아 이전 상태로 돌아가고 싶을 경우, 관련 메뉴를 클릭하면 사용자가 원하는 이전 상태를 선택해 복구할 수 있는 목록이 제시된다. 따라서 작성 중인 문서를 안정적으로 보존하고 싶은 사용자의 요구를 파악해 자동으로 저장 기능을 수행하고, 혹시 사용자가 원치 않을 경우 쉽게 복구할 수 있게 함으로써 사용자에게 저장할 것인지 말 것인지에 대한 선택을 강요하지 않는다.

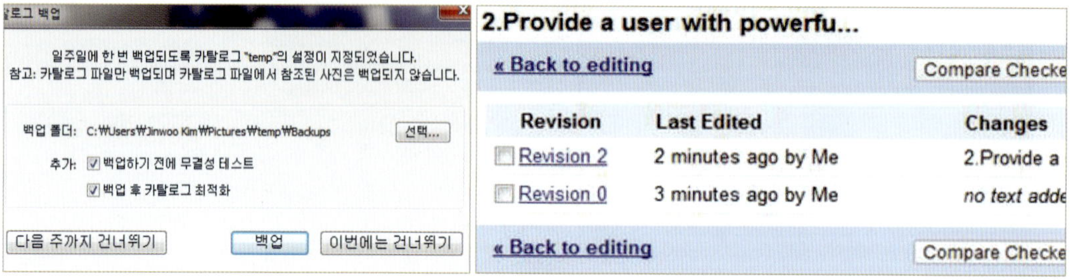

그림 13
사용자에게 쓸데없는
선택을 강요하는 사례와
그렇지 않은 사례

종합적으로 보면 부정적인 행동을 제거함으로써 투명성을 높이는 방법은 모두 사용자가 달성하고자 하는 목표와 직접적으로 관련 없는 정보나 기능을 배제하도록 하고 있다. 따라서 조화로운 인터랙션을 위한 가이드라인과는 달리 부정적인 행동을 제거하는 인터랙션 디자인 가이드라인은 일방적으로 무엇을 하지 말라는 방향으로 지침을 제시하고 있다.

3.3 긍정적인 요소를 증가시키는 인터랙션 디자인 지침

사람은 다른 사람들과 상호작용할 때 사려 깊은 행동을 하는 사람들을 좋아한다. 사려 깊은 행동이란 상대방을 배려하는 마음에서 상대방에게 더 좋은 혜택을 줄 수 있는 행동을 의미한다. 시스템이 이렇게 사려 깊게 행동하면 사용자는 시스템에게 고마움을 느끼고, 이러한 느낌은 사용자에게 앞으로의 상호작용에 몰입할 수 있는 여건을 제공해 준다. 여기에서는 긍정적인 요소를 증가시켜 주기 위한 사려 깊은 인터랙션을 디자인하기 위해 지켜야 할 네 가지 지침을 소개한다.

제1지침 : 사용자에게 관심을 가질 것
사려 깊은 사람은 상대방이 하는 말이나 행동에 관심을 가지고 자신의 행동을 거기에 맞추려고 노력한다. 이와 마찬가지로 사려 깊은 인터랙션은 사용자가 입력하는 모든 정보뿐만 아니라 주변 정황까지도 기억할 정도로 사용자에 관한 모든 것에 관심을 가지는 것이다.

영화 〈마이너리티 리포트〉를 보면 가상점원 시스템을 동원해 고객이 옷가게에 들어서자마자 가상점원이 따뜻하게 인사를 건네며 안내를 하는 장면이 있다. 미래에 있을 법한 이 시스템은 사용자의 행동과 생각에 관심을 가지는 디지털 서비스를 보여 주는 하나의 예라고 할 수 있다. 그림 14 역시 첫 번째 지침을 잘 반영한 디지털 서비스이다. 이 애플리케이션은 사용자의 GPS 정보를 자동적으로 파악해 사용자가 있는 지점의 은행이나 병원 위치와 같은 중요한 지역 정보를 빠르게 제공해 준다. 지도는 일반적으로 길을 잘 모를 때 사용한다는 점에서 짐작해 보면, 이 애플리케이션은 사용자가 따로 입력하지 않은 위치 정보에까지 관심을 가짐으로써 보다 사려 깊은 행동을 수행한 것이라 할 수 있다.

그림 14
사용자에게 관심을 보이는 디지털 서비스의 사례: 지도 애플리케이션

제2지침: 한발 먼저 내다볼 것

사려 깊은 사람들은 상대방이 무슨 말을 하기 전에 미리 알고 상대방이 필요로 하는 것을 제공한다. 예를 들어, 사려 깊은 웨이터는 손님의 물잔이 완전히 비워지는 일이 없도록 적절한 시점에 물을 채워 준다. 이와 마찬가지로 사려 깊은 디지털 제품 및 서비스는 사용자가 요청하기 전에 사용자가 필요로 하는 것이 무엇인지 예측해서 제공한다. 이러한 서비스를 제공하기 위해서는 사용자의 행동 패턴을 파악하고 그에 맞는 기능을 수행할 준비를 갖추어 놓는 것이 필요하다.

영화 〈마이너리티 리포트〉의 가상점원은 동공 인식을 통해 고객의 신분을 파악하고 고객의 구매 의도를 묻거나 고객이 관심을 가질 만한 상품 목록과 위치를 알려 준다. 즉 상점에 들어왔다는 것은 옷을 구입할 의사가 있음을 의미하기에 가상점원이 먼저 이를 예측하고 질문을 던지는 것이다.

디지털 서비스에서 적용된 사례로 검색엔진이나 주소창과 같이 입력창을 통한 사용자 입력이 필수인 서비스들에서 제공하는 자동완성 기능을 들 수 있다. 그림 15는 에버노트evernote라는 온라인 노트 서비스가 제공하는 태그 자동완성 기능이다. 태그 입력창에 특정 태그를 입력하면, 기존에 사용자가 달았던 태그를 토대로 원하는 태그를 제안하고 사용자의 태깅tagging 작업을 한층 수월하게 해 준다. 소니 MP3플레이어에 기본으로 탑재된 센스미sense me 기능도 사용자가 원하는 바를 한발 먼저 내다보고 제공해 주는 사례이다. 사용자가 보유한 곡들을 자동으로 분석해 카테고리를 나누어 주고, 해당 카테고리를 사용자의 기분에 따라

테마적으로 분류하면 사용자는 그날의 기분에 맞는 곡을 선택적으로 들을 수 있다. 이는 사용자의 요구를 한 발 먼저 내다보고 제공한 좋은 사례라 할 수 있겠다.

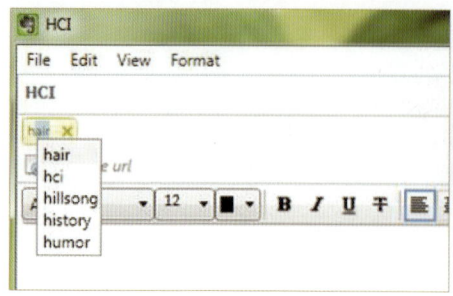 

그림 15
한발 먼저 내다보는 디지털 서비스의 사례: 에버노트의 자동 완성 기능, 소니 MP3플레이어의 센슈미

제3지침: 상식적으로 행동할 것

사려 깊은 사람들은 여간해서는 상식에서 벗어나는 행동을 하지 않는다. 아무리 좋은 식당에서 아무리 좋은 요리가 나온다 해도 결혼기념일이라고 예약한 손님에게 화장실 옆자리를 지정해 주는 식당은 없을 것이다. 이와 마찬가지로 상식적인 행동을 하는 디지털 제품 및 서비스는 적시적소에 맞는 행동을 한다.

상식적으로 행동하는 디지털 서비스의 사례로 영화〈마이너리티 리포트〉에서 나온 비디오 플레이어를 생각해 볼 수 있다. 그림 16의 비디오 플레이어는 DVD플레이어의 메타포를 이용했다. 생긴 모습도 DVD와 비슷한 원형 디스크 모습을 가지고 있으며, 작동하는 방법도 DVD와 비슷하게 원형 디스크를 손으로 집어서 플레이어에 넣는 작동 방법을 제공하고 있다. 이를 통해 DVD플레이어를 사용하면서 사용자가 습득한 상식을 이용할 수 있도록 한 것이다. 최근 출시된 스마트폰인 디자이어 HD에도 디지털 기기의 상식적인 행동이 잘 드러나 있다. 디자이어 HD에는 기본 사양으로 에티켓 모드라는 기능이 있는데, 이는 휴대전화를 뒤집어 놓으면 진동 모드로 자동 전환해 주는 기능이다. 수업이나 회의 시간에 깜빡하고 휴대전화를 진동모드로 전환하는 것을 잊었더라도 그저 탁자 위에

그림 16
DVD 플레이어 메타포를 이용한 비디오 플레이어

뒤집어 놓기만 하면 된다. 번거로운 단계를 최소한으로 줄이고 직관적인 조작 한번으로 가능하게 함으로써 사용자가 공공장소에서 상식적으로 행동할 수 있도록 기기 역시 상식적으로 작동하는 것이다.

반면 그림 17의 왼쪽에서 보여 주는 구글 애드센스의 경우 디지털 서비스가 상식적인 행동을 보이지 않는 사례라 할 수 있다. 원래 애드센스의 목적이 블로그 포스트 내용과 관련성이 높은 광고 게재임에도 컴퓨터 관련 블로그 포스팅에

포스트 내용과 전혀 무관한 의료 관련 광고가 게시되는 것은 사용자의 의도뿐만 아니라 상식에서도 크게 벗어난 행동이라고 할 수 있다.

그림 17
상식적인 행동을 하지 않는 구글 애드센스와 상식적인 행동을 하는 디자이어 HD

제4지침: 융통성 있게 반응할 것

사려 깊은 사람들은 너무 원리 원칙만 고집하지 않고 상대방이 처한 상황이나 필요에 따라 융통성을 발휘하기도 한다. 이와 마찬가지로 사려 깊은 디지털 제품 및 서비스도 사용자의 상황에 따라 융통성 있게 행동할 수 있어야 한다. 디지털 제품 및 서비스 사용자가 생각하는 방식은 디지털기기가 특정 동작을 하도록 짜인 방식과 다를 수밖에 없다. 사용자가 특정 행동을 지시할 때 디지털 제품 및 서비스에 내정된 순서나 조작법에서 약간 벗어나더라도 본래 목적하는 기능을 효과적으로 수행할 수 있도록 임시 변통하는 융통성을 가져야 한다는 뜻이다. 이는 4장 사용성의 원칙에서 다룬 대체성 속성과 밀접하게 연결되어 있다.

다시 영화 〈마이너리티 리포트〉의 가상점원을 생각해 보자. 고객이 찾는 옷이 상점에 없을 때 가상점원은 DB를 검색해 해당 의류의 재고를 보유한 다른 상점을 추천해 준다. 이 같이 해당 상점에서의 구매만을 고집하지 않고 고객의 요구를 최우선으로 생각하고 그에 맞는 융통성을 발휘함으로써 언제 원리 원칙을 지키고 언제 굽힐지를 아는 사려 깊은 행동의 면모를 보이고 있다.

그림 18은 USIM을 사용하는 휴대전화에서 USIM카드를 제거했을 때 나타나는 화면이다. USIM카드가 없으면 통화 기능을 사용할 수 없지만, 사용자가 위급 상황에 처해 구조 요청이나 신고를 해야 하는 경우를 감안해 긴급통화가 가능하도록 융통성 있는 인터랙션을 제공한다. 융통성이 없는 인터랙션으로는 애플의 아이튠즈 서비스를 들 수 있다. 아이팟이나 아이폰을 컴퓨터에 연결하면 자동으로 아이튠즈가 실행되는데, 이때 아이튠즈가 자동으로 동기화를 진행하도록 허용하면 아이팟이나 아이폰에서 컴퓨터로 미처 전송하지 못한 프로그램이나 음악

파일이 전부 소실되고 컴퓨터에 있는 파일 및 프로그램만 동기화되는 경우가 있다. 아이팟이나 아이폰의 자료는 그대로 두고 컴퓨터에 있는 새로운 파일만 옮기려고 했던 사용자는 자칫 원래 파일을 전부 잃어버릴 수 있다. 융통성 없이 항상 동기화를 강요하기 때문에 발생하는 문제라고 할 수 있다.

그림 18
융통성 있게 행동하는 디지털 제품과 융통성 없게 행동하는 디지털 서비스 사례: 휴대전화의 응급통화 기능과 아이튠즈

결론적으로 긍정적인 요소를 더해 투명성을 높이고자 하는 인터랙션 디자인의 지침들은 공통적으로 디지털 시스템이 사려 깊은 사람이라는 준거점을 사용한다. 디지털 제품이나 서비스가 사용자에게 더 많은 혜택을 주고자 사려 깊은 사람과 같이 행동하고자 할 때 어떻게 행동해야 하는지에 대한 지침을 제시하고 있기 때문이다.

4. 인터랙션 디자인 방법론: 스토리보드와 스토리텔링

앞서 이야기한 부정적인 요소를 없애고 긍정적인 요소를 증가시키는 조화로운 상호작용을 디자인하는 구체적인 방법으로 스토리보드와 스토리텔링 기법을 소개한다. 이 방법은 디지털 제품 및 서비스의 인터랙션을 효과적으로 디자인하기 위해 최근 많이 사용하는 방법 중 하나이다. 디지털 제품이나 서비스가 실제로 구현되었을 경우 그것이 어떻게 행동할지 스토리보드를 통해 구상해 보고, 그 과정에서 시스템의 세부적 인터랙션 요소를 스토리텔링으로 도출해 내는 방법이다. Holtzblatt et al., 2005 즉 사용자가 디지털 제품이나 서비스를 사용하는 과정에 대한 이야기와 그 이야기를 다른 사람에게 전달하는 행위를 합쳐 표현하는 방법이 스토리보드 및 스토리텔링 기법이다.

4.1 스토리보드 기법이 유효한 이유

스토리보드storyboard 기법이 인터랙션 디자인 과정에서 유효하게 사용되는 이유를 세 가지로 볼 수 있다. 첫째, 이야기story는 인류가 진화하면서 가장 오랜 기간 동안 사용해 왔던 수단이다. 그렇기 때문에 이야기 형식은 거의 모든 수준의 사용자에게 쉽게 전달되고 정확하게 이해될 수 있다. 인터랙션은 물리적인 대상이 아니라 시스템이 반응하는 행동이기 때문에 상대적으로 이해하기 힘들다. 또 인터랙션 디자인 과정에서 개발자나 기획자 말고도 주 사용자와 부 사용자 등 다양한 이해관계자의 의견을 반영해야 하는데, 눈에 보이지 않는 시스템의 반응을 여러 사람들에게 정확하게 전달한다는 것은 무척 어려운 일이다. 따라서 사람들에게 익숙하고 편리한 이야기라는 매체를 이용한 스토리보드 기법이 유효하게 사용될 수 있다. 둘째, 이야기는 실제 사물이나 현상을 단순화함에 따라 스토리보드를 그리거나 읽을 때 우리의 상상력이 개입하므로 디자인하고자 하는 디지털 제품 및 서비스의 행동을 보다 창의적으로 구상할 여지가 생긴다. 디자인 보고서나 프로토타입prototype은 이미 많은 사항이 자세하고 구체적으로 표현되어 있기 때문에 새로운 인터랙션을 제시하기 힘들다. 반면 스토리보드는 비형식적이고 미완성이기 때문에 인터랙션 디자인 과정에서 창의성이 개입될 여지를 제공한다. 단, 실제감을 훼손시킬 정도로 지나친 단순화는 피해야 한다. 창의적인 아이디어를 유도할 수 있을 정도로 비형식적이기는 하지만 스토리의 핵심은 정확하게 전달되도록 해야 한다는 것이다. 셋째, 스토리보드 기법은 유사한 목적을 달성하기 위해 사용되는 비디오나 애니메이션 제작 기법보다 시간 및 비용 측면에서 효율적이다. 손으로 직접 그린 스케치를 이용하기 때문에 실제 디지털 제품 및 서비스 개발이나 구축에 앞서 시험 삼아 제작하는 프로토타입보다 제작비용이나 인력이 적게 들기에 수정 사항을 반영하는 것도 쉽다. 이는 점진적, 반복적으로 시스템을 구축할 것을 권장하는 최근 추세와도 부합된다고 할 수 있다.

4.2 좋은 스토리의 특성

스토리보드 기법을 효과적으로 활용하기 위해서는 기법을 사용해서 만들어 내는 결과인 스토리 자체가 좋아야 한다. 인터랙션 디자인에서 효과적으로 활용할 수 있는 좋은 스토리가 되기 위해서는 다음 세 가지 조건을 만족시켜야 한다.

첫째, 좋은 스토리는 탄탄한 구조strong structure를 가지고 있어야 한다. 예를 들어, 영화〈스타워즈〉는 총 여섯 편에 걸치는 스토리 속에서, 1편에서 주인공이 했던 행동의 결과가 6편의 주인공 상태에 어떤 영향을 미쳤는지 탄탄하게 연결되어 있다. 이와 같이 스토리에 나오는 사용자의 행동과 디지털 제품 및 서비스의 반응 간에 직접적인 연관 관계가 명확하게 드러나야 한다. 사용자가 애플리케이션 마켓에서 영화표를 구입하는 버튼을 누르면, 사용자의 스마트폰은 그 행위에 대한 의미 있는 반응을 제시해야 한다. 그리고 그런 반응은 나중에 사용자가 극장 입구에 갔을 때 필요로 하는 인증을 쉽게 해 주는 행위와 연결되어야 한다. 둘째, 좋은 스토리는 그 중심에 사용자와 디지털 제품 및 서비스가 주고받는 행위와 반응이 있어야 하며focus on interaction, 이 과정에서 사용자가 의미 있는 선택을 할 수 있도록 해야 한다. 예를 들어, 영화 〈스타워즈〉에서 애나킨은 어둠의 힘을 사용하겠다는 선택을 한 뒤 점점 괴물처럼 변해 간다. 그리고 마지막에 가서 아들과 대결을 하고 결국 사람으로 돌아온다는 연속적인 행동과 반작용이 있다. 이와 마찬가지로 디지털 제품이나 서비스를 위한 스토리는 사용자와 제품 또는 서비스 간의 행위와 반응에 초점을 맞추어서 진행한다. 여러 대안들 중에서 사용자가 어떤 선택을 하고 그 선택의 결과 시스템이 어떤 반응을 하고 그런 반응을 보고 사용자가 또 다른 의미 있는 선택을 한다는 연속적인 과정 중에서 사용자에게 계속해서 의미 있는 선택을 하게 만드는 것이 필요하다. 셋째, 좋은 스토리는 갈등을 해

그림 19
좋은 스토리의 구성 요소에 대한 사례: 영화 〈스타워즈〉

소conflict resolution하는 과정이 있어야 한다. 이런 갈등은 직접적이고 격렬한 갈등일 수도 있고, 간접적이고 은근한 갈등일 수도 있다. 〈스타워즈〉에서는 선한 제다이와 악한 제왕 사이에 직접적이고 격렬한 갈등이 있다. 로맨스영화에서 보면 삼각관계와 같은 은근한 갈등도 있다. 인터랙션을 위한 스토리에서 사용자가 가지고 있는 과업을 수행하는 과정에서의 어려움이나 사회 문화적인 맥락에서 발생하는 문제점이나 사용자가 가지고 있는 달성하기 힘든 욕구 등이 갈등으로 작용한다. 이러한 갈등들은 앞서 사용자 분석과 과업 분석 및 맥락 분석을 수행하면서 파악된 바 있다. 따라서 좋은 스토리는 디지털 제품이나 서비스를 사용함으로써 이런 어려움이나 문제점을 극복하고 욕구를 충족시키는 내용을 포함하고 있어야 한다.

이 세 가지 조건을 충족시킬 수 있는 스토리를 만들어 내기 위해서는 체계적인 방법론이 필요하다. 여기에서는 2005년 카렌 홀츠블랫Karen Holtzblatt 등이 제시한 방법론을 연세대학교 HCI Lab에서 디지털 제품이나 서비스의 인터랙션 디자인에 적용한 방법을 제시한다. 이 방법론은 두 가지 단계로 나누어진다. 첫째, 디지털 제품 및 서비스의 인터랙션 전반에 대한 통합적인 이야기를 만들어 내는 과정이다. 이 단계를 전반적 스토리 구축 단계high-level story construction phase라고 하고, 전반적인 스토리 구축 단계를 성공적으로 완수했을 때에 나올 수 있는 결과는 뒤에서 보여지는 그림 27과 같은 통합 스토리모형consolidated story model이다. 그림 27은 미술관에서 작품들에 대해 관람객들이 스마트폰으로 태그를 지정하는 디지털 서비스에 대한 통합 스토리모형을 보여 주고 있다. 이 모형을 통해 디지털 미술관 서비스가 관람객의 행동에 어떻게 반응할 것인지에 대해 전반적으로 이해할 수 있다. 둘째, 디지털 제품 및 서비스가 수행하게 될 각 과업에 대해 보다 구체적인 스토리를 전달하는 단계이다. 이 단계를 구체적 스토리텔링 단계low-level storytelling phase라고 하고, 이를 성공적으로 완수했을 때 나오는 결과가 뒤에서 보여지는 그림 46과 같은 상세한 스토리보드이다. 그림 46은 원격 장보기 서비스를 사용하는 과정에서 시스템의 반응을 설명한 스토리보드 중에 하나이다. 아래의 스토리보드에서는 어떤 맥락에서 원격 장보기 서비스가 주부의 행동에 어떻게 반응하는지에 대한 연속적인 절차를 보여 주고 있다. 그런 의미에서 스토리보드는 앞서 8장 과업 분석에서 다루었던 시나리오와 유사한 점이 많다. 경우에 따라서는 이 둘을 혼용해 사용하기도 한다. 다만 시나리오가 사용자가 기존의 시스템을 이용하는 행태를 분석하는 과정에서 이용한다면, 스토리보드는 새로운 인터랙션을 디자인하는 과정에서 사용한다.

이제 각 단계별로 어떻게 수행하는지 자세히 설명하도록 하겠다. 구체적인 설명을 위해 연세대학교에서 디지털 서비스 디자인 시간에 팀프로젝트로 새로운 서비스를 디자인하는 과정에서 만들어 낸 과제물을 예시로 한다. 첫 번째는 스마트폰 애플리케이션 기획 사례로, 카메라와 RFID 인식을 통한 진품 감별 서비스이다. 이 서비스는 가방 등이 진품인지 모조품인지를 사용하기 쉽게 판별할 수 있게 해 주는 것으로, 명품에 관심이 있는 젊은 남녀를 대상으로 한다. 두 번째는 맞벌이 부부를 위해 집으로 식재료를 배달해 주는 원격 장보기 서비스이다. 이 서비스는 시간에 쫓기는 맞벌이 부부가 자녀를 위해 건강한 먹거리를 만들어 줄 수 있도록 거주 지역에 있는 마트와 부부를 연결시켜 준다. 세 번째는 취향이 비슷한 사람을 연결해 주는 사회 연결망 서비스이다. 이 서비스는 젊은 사람들을 대상으로 서울 지역에서 열리는 문화 행사에 대한 정보를 공유하고 함께 누릴 수 있도록 주선해 준다. 이 세 가지 서비스를 위한 인터랙션 디자인 과정을 통해 구체적인 세부 스토리보드와 통합 스토리모형이 만들어진다.

5. 전반적 스토리 구축 단계

높은 곳에서 어떤 대상을 전체적으로 바라보는 행위를 '조망'이라고 한다. 전반적 스토리는 새로운 디지털 제품 및 서비스의 인터랙션 전반에 대한 조망도라고 할 수 있다. 여기서 말하는 전반적 스토리는 특정 과업이나 기능을 수행할 디지털 제품 및 서비스의 행동을 디자인하고자 하는 개발자의 목적과 의도가 스케치를 통해 추상적으로 묘사된 것을 지칭한다. 전반적 스토리를 통해 디지털 제품 및 서비스가 본래 설계된 목적과 잘 부합하도록 행동하는지를 포괄적으로 살펴볼 수 있으며, 인터랙션 디자인의 결과로 좋은 스토리가 도출될 수 있는지를 점검한다. 전반적인 스토리를 구축하는 단계는 다섯 가지 세부 단계로 나누어진다.

5.1 준비 자료 만들기

스토리 구축에 들어가기 전에 몇 가지 사항들을 준비하는 단계가 필요하다. 일단 전반적인 스토리 구축은 개인보다는 팀으로 수행하는 것이 효과적이다. 따라서 우선적으로 스토리를 구축하는 팀을 구성하기 위해 디자인하고 있는 디지털 제품이나 서비스와 관련된 사람들을 모집하는 것이다. 그 팀에는 개발자와 기획자는 물론이고 디자이너와 주 사용자와 부 사용자도 함께 참여하는 것이 좋다. 특히 사용자의 참여가 매우 중요한데, 전반적인 스토리가 사용자나 고객의 입장에서 만들어져야 하기 때문이다. 디자이너의 참여 또한 중요한데, 팀 미팅을 통해서 도출되는 몇 가지 스토리의 핵심을 빠른 시간 내에 플립차트$^{flip\,chart}$에 기재해야 하기 때문이다. 또한 현재 기획하고 있는 제품이나 서비스가 전반적으로 어떤 목적으로 개발되고 있고 사용자의 어떤 요구를 충족시켜 주고자 하는지에 대한 내용을 항상 숙지하고 팀 미팅을 진행해야 하기 때문에 기획자의 참여도 중요하다.

두 번째는 디자인하고 있는 제품이나 서비스와 관련된 중요한 이슈들을 정리해야 한다. 이를 위해서는 분석 단계에서 만들어 낸 자료들이 중요한 역할을 한다. 분석 자료 중에서는 특히 페르소나모형이 중요한 자료가 된다. 페르소나모형은 가상적인 사용자에 대한 구체적인 특징을 정리한 것이기 때문에 사용자가 새로 개발되는 제품이나 서비스에 대해 어떻게 행동할 것인지 예측할 수 있다. 사용 시나리오와 결합 시퀀스모형도 중요한 자료가 된다. 기존 시스템에 대해 사용자가 어떤 시나리오를 가지고 행동하는지, 대부분의 사용자가 어떤 행동을 하는지를 알 수 있기 때문이다. 이를 이해하고 나면 새로 디자인하고 있는 서비스나 제품을 사용자가 어떤 패턴으로 사용할 것인지에 대한 신뢰성 있는 예측이 가능하다. 또한 사회적 맥락이나 문화적 맥락 자료도 중요한 역할을 한다. 새로운 시스템이 제공되었을 때 기존의 사회적 구조나 문화적 맥락에 해당 시스템이 어떤 영향을 미칠 것인지를 알 수 있기 때문이다. 혁신성 분석 결과와 사용경험 분석 결과도 중요한 자료로 활용된다. 새로운 디지털 서비스나 제품이 제공하고자 하는 기능이 기술적으로 얼마나 혁신적이며 사용자가 어떤 경험을 할 수 있는지에 대한 자료를 제공하기 때문이다.

세 번째는 스토리를 만들 아이디어를 준비하는 것이다. 이를 위해서는 추상적인 콘셉트와 구체적인 메타포 자료를 준비한다. 특히 이 단계에서는 콘셉트 디자인에서 최종 선정한 한두 개의 핵심 콘셉트도 중요하지만, 왜 그 콘셉트가 선정되었는지를 설명하는 자료도 중요하다. 팀 미팅에 참석하는 구성원들이 현재 디자인하는 문제를 동일하게 이해하는 것이 중요하기 때문이다. 또한 주 메타포뿐만 아니라 보조 메타포를 적극적으로 활용하는 것도 중요하다. 메타포는 자칫 추상적으로 흐를 수 있는 인터랙션 디자인에 구체성과 현실성을 부여하기 때문이다. 그림 20과 같이 원격 장보기 서비스 사례에서는 '장바구니'라는 메타포를 사용했고, 진품 감별 서비스 사례에서는 '솔로몬의 선택'이라는 메타포를 사용했다. 장바구니라는 메타포를 기반으로 해서 사람들이 장바구니를 어떻게 사용하는지에 대한 구체적인 절차나 장바구니가 하는 세부적인 기능을 미루어 짐작할 수 있고, 솔로몬의 선택이라는 메타포를 통해 사람들이 어떤 용도로 진품 감별 서비스를 사용할 것인지 그리고 어떤 행동을 할 것인지를 미루어 짐작할 수 있다.

그림 20
준비 과정에서 필요한 메타포 정보들의 사례: 장바구니와 솔로몬의 선택

5.2 그룹 스토리텔링하기

브레인스토밍 세션을 통해 네다섯 개의 핵심 스토리를 만들어 내는 단계이다. 이 단계에는 일반적인 브레인스토밍과 마찬가지 원리가 적용된다. 즉 되도록 많은 양의 스토리를 만들어 내고, 다른 사람들이 만들어 낸 스토리에 대해 비판하지 말고, 다른 사람의 스토리에 더해 자신의 이야기를 덧붙여 가는 방식으로 진행한다. 그러나 그룹 스토리텔링을 진행할 때에는 일반적인 브레인스토밍에 추가해서 몇 가지 더 주목해야 할 점이 있다.

첫째, 참여하는 사람들이 사용자 분석 과정에서 도출된 페르소나를 완벽하게 이해하고 그 페르소나의 입장에서 스토리를 만들어 낸다. 제3자로서 객관적인 스토리가 아니라 자신이 페르소나가 되어서 주관적인 입장에서 어떤 행동을 할 것인지 그리고 시스템이 어떻게 반응하기를 원하는지를 파악해야 한다. 둘째, 해당 디지털 제품이나 서비스를 사용하게 될 실제 환경에서 스토리텔링을 진행하는 것이 더 좋은 스토리를 만들어 내는 데 큰 도움이 된다. 예를 들어, 가정에서 사용될 IPTV라면 실제 집에 가서 스토리텔링을 진행하는 것이다. 실제 사용 환경은 팀원에게 다양한 정황 정보를 제공해 주기 때문에 구체적인 스토리를 도출하기가 용이해진다. 셋째, 실제 디지털 제품이나 서비스가 아직 없기는 하지만 비슷한 크기나 모양의 오브젝트를 준비해서 사용한다. 예를 들어, 그림 21에서 처럼 스마트폰을 사용하는 진품 감별 서비스는 스마트폰 크기의 막대기를 준비해 손에 쥐어 준다든지, IPTV를 사용하는 원격 장보기 서비스는 만화에서나 나올 것 같은 TV 모양의 판을 준비해 사용할 수 있다. 이런 구체적인 오브젝트는 사람들에게 자연스러운 행동을 유발한다. 넷째, 위의 절차를 통해 여러 개의 개별적인 짧은 스토리를 플립차트 형식으로 일단 만들어 본다. 플립차트는 한 장씩 넘길 수 있는 형태로 되어 있기 때문에 여러 개의 개별적 스토리를 그리고 비교하기 쉽다. 이때의 개별적 스토리의 범위는 이 단계에서 최종 목표인 통합된 스토리모형을 그려 내고자 하는 디지털 제품 및 서비스의 기능이나 목적을 구성하는 하위 요소들이라고 보면 된다. 이 단계는 디지털 제품 및 서비스의 인터랙션 디자인을 위해 되도록 많은 개별 스토리를 얻는 것이 중요하다.

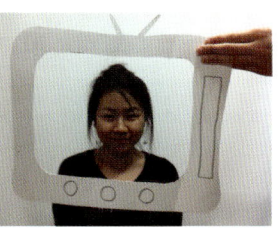

그림 21
그룹 스토리텔링에서 사용되는 소품의 사례: 스마트폰과 TV 베젤

진품 감별 서비스를 살펴보면, 처음 서비스를 실행했을 때 보이는 화면에 대한 개별 스토리가 있을 수 있고(그림 22의 왼쪽 두 개), 중요한 기능인 카메라 및 RFID 인식을 통한 진품 판별 기능을 사용하는 스토리(그림 22의 가운데), 그 밖의 부가 기능을 사용하는 스토리(그림 22의 오른쪽 두 개)를 얻을 수 있다.

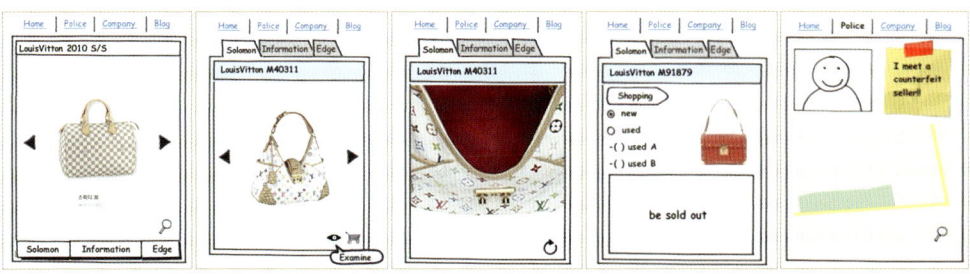

그림 22
개별 스토리에 대한 사례: 진품 감별 서비스 디자인

원격 장보기 서비스의 경우 PC, 스마트폰, IPTV 등의 하드웨어 플랫폼에 구애받지 않고 이용할 수 있는 점이 장점이기 때문에, 모든 하드웨어 플랫폼에서 공통적으로 유지해야 하는 디지털 서비스의 인터랙션을 디자인하는 것이 목적이라고 할 수 있다. 따라서 여기서는 기본적으로 공유될 서비스의 행동과 각 행동에 대한 개별 스토리를 그려 본다. 그림 23은 해당 서비스 실행 시 가장 먼저 보여지는 화면과 레시피 기능을 선택했을 때의 두 가지 스토리, 그리고 첫 화면에서 레시피 기능을 선택했을 때를 묘사하는 스토리이다.

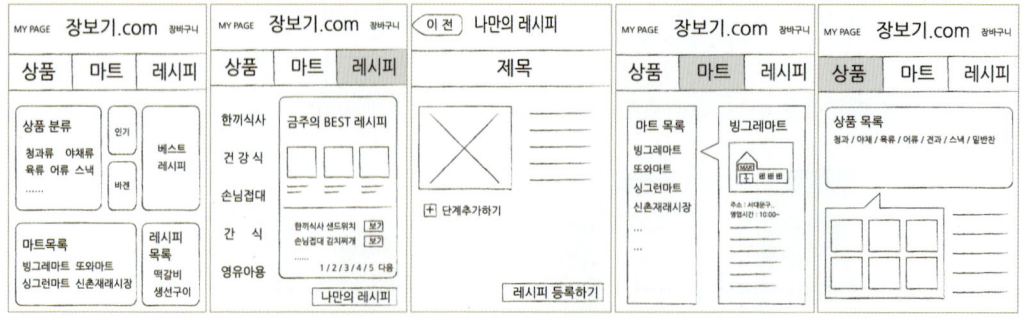

그림 23
개별 스토리에 대한 사례:
원격 장보기 서비스 디자인

5.3 개별 스토리 평가하기

앞 단계에서 만들었던 개별 스토리를 평가해 각 스토리에서 어떤 것이 예상대로 잘 동작하고 어떤 것이 그렇지 않은지를 파악한다. 플립차트 형식으로 만들어진 여러 개의 스토리를 비교해 가며, 해당 스토리들이 실제로 개발하기 전에 구상했던 디자이너의 의도와 부합하는지를 살펴본다. 이때 잘 부합하지 않는다고 판단된 스토리는 만족스러운 결과물이 나올 때까지 지속적으로 수정한다.

예를 들어, 앞서 제시되었던 진품 감별 서비스의 개별 스토리들 가운데 메인 기능인 진품 감별 기능에 별도로 중고품 검색 기능을 추가할 필요가 있다고 판단되면 이 단계에서 그러한 기능을 추가한다. 또는 위조품에 대한 경찰 신고 기능이 진품 감별 서비스의 기획 의도와 부합하지 않는다고 판단될 경우 이 단계에서 해당 개별 스토리를 삭제한다. 개별 스토리의 삭제 또는 추가뿐만 아니라 수정 또한 이 단계에서 행해진다. 그림 23에서 보이는 레시피에 대한 개별 스토리에서 나만의 고유 레시피 등록 외에도 남들이 등록한 레시피를 볼 수 있는 기능을 추가할 경우, 그에 대한 개별 스토리를 그림 24와 같이 덧붙이는 등 평가 및 수정 과정을 반복한다.

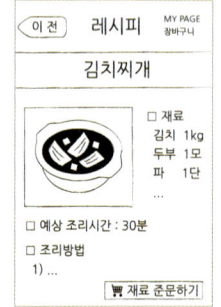

그림 24
개별 스토리에 대한 평가 및 수정 보완 사례:
원격 장보기 서비스 디자인

5.4 통합 스토리모형 만들기

앞서 만들어진 개별 스토리를 통합해 특정 디지털 제품 및 서비스의 행동을 개괄적으로 살펴볼 수 있는 통합 스토리모형을 제작한다. 이를 위해서는 다음과 같은 세 가지 단계를 거친다.

첫째, 개별 스토리들 중에서 겹치는 스토리가 있는지 파악한다. 겹치는 스토리는 여러 가지 사례에서 반복적으로 사용되는 스토리이므로 그 스토리를 따로 정리해 놓고 큰 스토리에서는 축약해서 표시한다. 둘째, 각 스토리 간에 서로 다른 부분들 중에서 전체적인 스토리 관점에서 별로 모순이 없는 경우는 다른 스토리들을 함께 결합해서 하나의 스토리를 만든다. 셋째, 서로 다른 스토리들 중에서 각 스토리 간에 모순이 발생할 경우 각 스토리가 만들어진 배후에 있는 기술적이거나 비즈니스적인 전제조건assumptions을 찾아낸다. 그리고 각 조건별로 별도의 스토리를 작성해 제시한다.

여기에서 특히 유의해야 할 사항은 앞서 도출된 스토리를 조합할 때 애초의 목적이나 의도가 잘 반영된 스토리들을 선택해야 한다는 점이다. 그렇지 못한 스토리는 통합모형에 반영하기 전에 지속적인 수정을 거쳐 잘못된 점을 개선해야 한다. 이렇게 얻어진 개별 스토리들을 무조건 통합만 하는 것이 아니라 개별 스토리상의 문제점을 수정 보완하는 작업도 함께 이루어져야만 해당 디지털 제품 및 서비스가 수행할 행동에 대한 전반적인 이해를 돕는 통합 스토리모형을 얻을 수 있다. 그림 25는 원격 장보기 서비스를 대상으로 작성한 통합 스토리모형의 모습을 보여 주고 있다. 메인 화면을 중심으로 주요 기능 및 부가 기능들이 어떤 구성으로 어떻게 작동할지를 한눈에 알아볼 수 있다. 단, 화면을 중심으로 정리하다 보니 실제 서비스를 사용하는 정황이나 사용자의 반응에 대한 내용이 표시되지 못하고 있다.

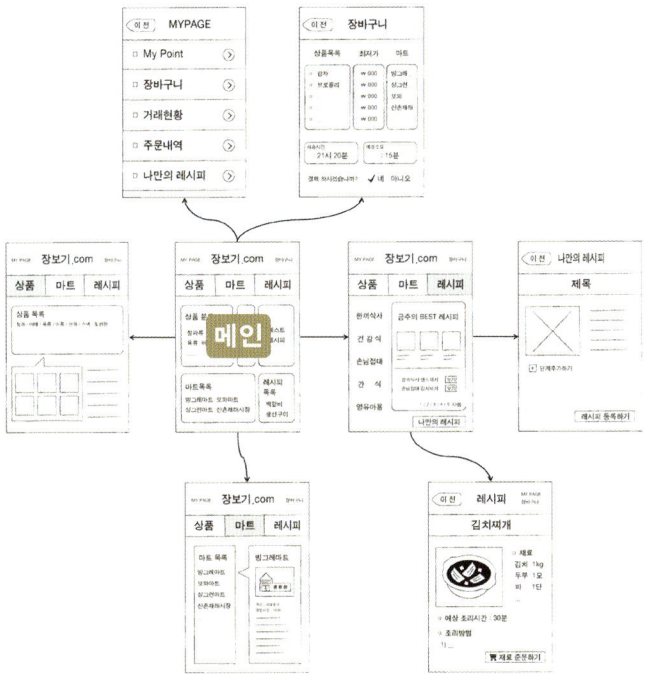

그림 25
통합 스토리모형의 사례:
원격 장보기 서비스 디자인

5.5 통합 스토리모형을 평가 및 수정 보완하기

좋은 스토리의 네 가지 요소가 앞서 만들어진 통합 스토리모형에 잘 적용되었는지 평가하고 평가 과정에서 수정 사항이 도출되면 이를 수정 보완하는 단계로, 다음과 같은 세 가지 주의사항이 있다.

첫째, 스토리가 꽉 짜인 구조를 가지고 있는지를 평가하기 위해 통합 스토리모형에서 각 단계 사이에 그려진 화살표를 중점적으로 검토한다. 특정 단계에서 다음 단계로 진행되어 나갔을 때에 화살표가 앞뒤 정황을 미루어 보아서 알맞은 단계로 진행되어 나갔는지를 확인하는 것이다. 이를 위해서는 과업 분석 과정에서 작성한 시퀀스모형과 시나리오를 기반으로 한다. 실제 상황에서 기존 제품이나 서비스를 사용하던 행위의 순서와 현재 스토리상에서 만들어진 순서가 상반되는 점은 없는지 확인한다. 그리고 기술 분석 과정에서 도출된 기술들에 대한 분석을 바탕으로 제품이나 서비스의 행동이 기술적으로 가능하고 비즈니스적으로 사업성이 있는지를 확인한다. 둘째, 페르소나에서 기술한 사용자의 관점에서 스토리가 만들어졌는지를 확인한다. 본인이 페르소나 속의 가상인물이라고 생각하고 머릿속에서 각 단계를 진행하면서 페르소나 속의 가상인물이 가지게 될 경험을 점검한다. 이것을 멘탈 시뮬레이션mental simulation이라고 하는데, 이를 통해 해당 스토리가 작성된 기본적인 관점을 확인할 수 있고 전체적인 스토리의 관점을 명확하게 할 수 있다. 그리고 스토리상에서 사용자가 의미 있는 선택을 할 수 있었는지를 확인한다. 이를 위해서는 스토리상에서 보이는 각 단계에서 어떤 대안을 사용자가 선택 가능했고, 그중에서 사용자가 어떤 대안을 선택했는지 논리적으로 설명할 수 있어야 한다. 셋째, 사용자 분석 단계에서 도출된 사용자의 필요와 요구가 스토리상에서 제대로 충족되었는지를 확인한다. 또한 과업 분석 단계와 맥락 분석 단계에서 도출된 갈등 요소들이 새로운 제품이나 서비스를 사용함으로써 해소되었는지를 확인한다. 기존 시스템을 수정 보완하는 경우와 전혀 새로운 시스템을 개발하는 경우 모두 적용될 수 있다.

그림 26은 이 과정을 거쳐 수정 보완된 진품 감별 서비스의 통합 스토리모형이다. 수정 보완된 모형에서는 기존에는 없었던 정보 기능을 부각시키면서 다른 부가 기능들이 어떤 구조로 작동하는지를 한눈에 볼 수 있다.

이렇게 수정 보완이 완료된 통합 스토리모형은 전체 인터랙션 디자인 과정에서 기준점으로 사용되기 때문에 이를 정리해 플립차트 위에 한 장으로 표현하거나 온라인으로 DB에 저장한다. 이때 통합된 스토리모형을 컴퓨터 소프트웨어를 사용해 정리할 수도 있지만 수작업으로 표현하는 것도 하나의 방법이다. 그림 27은 미술관에서 사용자가 미술품을 관람하면서 능동적으로 태그를 다는 디지털 서비스를 대상으로 통합 스토리모형을 작성한 사례로, 기존 미술관 서비스를 스토리보드 기법을 이용해 개선하는 과정에서 통합 스토리보드를 작성했다. 스마트폰의 양방향적 특성을 살린 대표적인 기능인 관람 도중 그림에 대한 태그를 작성하는 과정을 통합 스토리보드를 통해 전반적으로 조망한 것이다. 특히 화면상의 특징만 그린 것이 아니라 해당 서비스를 사용하는 과정도 자연스럽게 표현함으로써 그림 25나 그림 26에서 보이는 통합 스토리모형보다 오히려 더 현실에 가깝다는 느낌을 전달하고 있다.

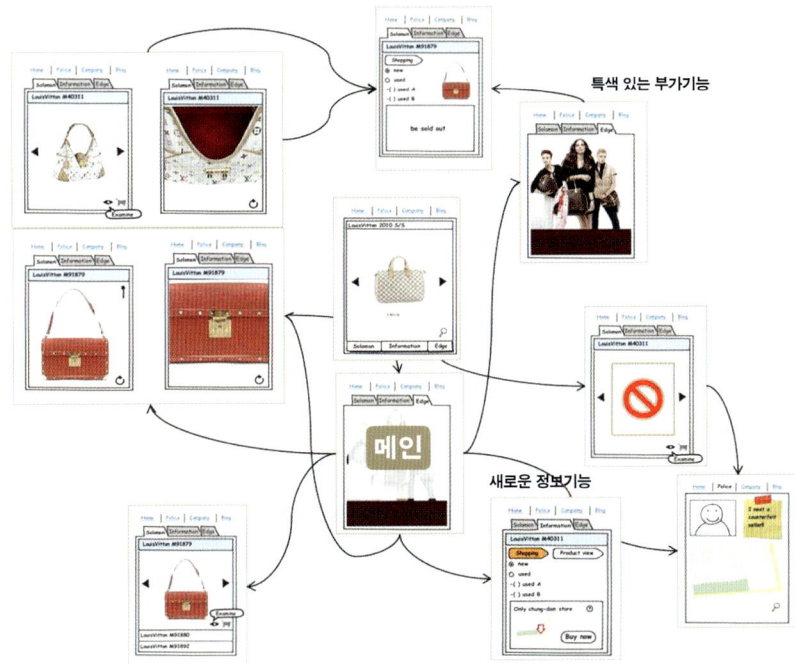

그림 26
수정 보완된 통합 스토리모형의 사례:
진품 감별 서비스

6. 구체적 스토리텔링 단계

사람들이 디지털 제품 및 서비스를 어떻게 사용할 것인지를 세부 단계별로 스토리보드로 묘사하는 단계이다. 마치 만화처럼 하나의 컷이 한 장면을 나타내고, 몇 개의 컷이 모여 하나의 에피소드를, 그리고 그 에피소드가 모여 큰 이야기를 이루는 스토리보드의 구성을 디지털 제품 및 서비스의 인터랙션 디자인에 적용하는 것이다. 스토리보드의 한 컷은 사용자가 디지털 제품이나 서비스를 한 번 조작하거나 시스템이 한 번 반응하는 것처럼 한 번의 단위 작업을 표현한다. 이 기법을 통해 사람들이 언제, 어디서, 어떻게, 왜 해당 디지털 제품 및 서비스를 사용하는지에 관한 이야기가 만들어지기 때문에 디지털 제품 및 서비스의 세부적 행동을 사용 맥락에 맞추어 보다 적절히 디자인할 수 있다. 구체적인 스토리텔링의 특징은 다음과 같다.

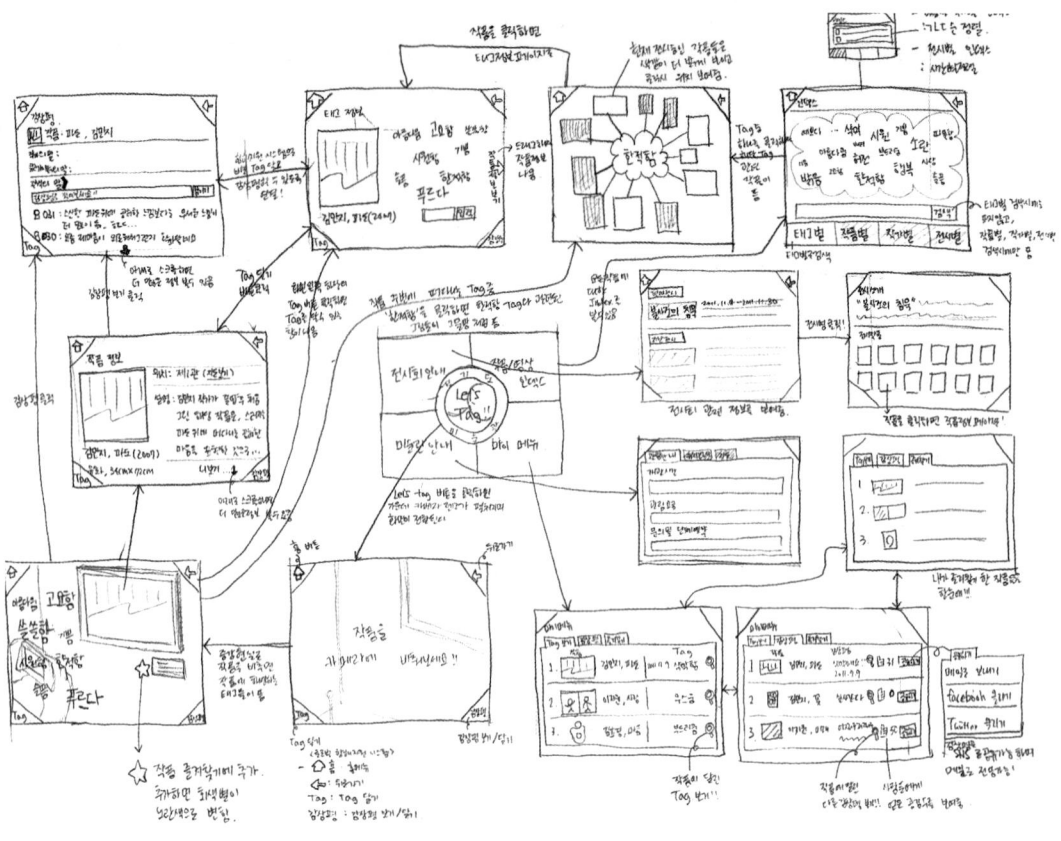

그림 27
수작업으로 작성된 통합 스토리모형의 사례: 증강현실을 이용한 모바일 미술관

첫째, 스토리보드는 통합적 스토리모형과 비교했을 때 더 구체적이고 자세하다. 사용자가 하는 한 번의 단위 행동에 따라 시스템이 어떻게 반응하고 주변의 사람들이나 환경이 어떻게 변화하는지를 구체적으로 작성하기 때문이다. 따라서 스토리보드 작업에 참여하지 않은 사람들이라도 만들어진 스토리보드를 보면 디지털 제품이나 서비스의 인터랙션이 어떻게 진행되는지 충분히 파악할 수 있을 정도로 많은 텍스트 정보와 그래픽 정보 그리고 경우에 따라서는 청각 정보 등도 제공되어야 한다. 둘째, 스토리보드는 분석 단계의 결과와 콘셉트 디자인 결과, 그리고 통합 스토리모형 자료를 바탕으로 체계적으로 작성되어야 한다. 일반적으로 스토리보드라고 하면 마치 소설처럼 아무런 현실적인 근거 없이 작가의 상상력에만 의존해 만들어지는 것이라고 생각할 수 있다. 하지만 인터랙션 디자인에서

의 스토리보드는 앞서 작성된 자료들을 바탕으로 일관성 있게 만들어져야 한다. 스토리상의 사용자는 페르소나모형에서 분석된 사람과 일관된 특성을 보여야 하고, 시나리오 분석에서 파악된 순서와 부합되게 행동해야 하며, 맥락 분석에서 파악된 특성도 감안해서 진행해야 한다. 셋째, 스토리보드는 어느 정도 유연하게 변경될 수 있는 모습을 하고 있어야 한다. 너무나 확정된 모습으로 스토리보드가 작성되면 인터랙션 디자인 과정에서 필요로 하는 창의적인 산출물을 기대하기 힘들다. 따라서 사람들이 구체적으로 생각할 수 있게는 하되 그 결과물은 쉽게 수정하고 보완할 수 있어야 한다.

스토리보드를 구축하기 위해서는 다음과 같은 다섯 단계를 거쳐 구체적인 스토리텔링 단계를 진행한다.

6.1 스토리텔링할 내용 선정하기

1단계에서는 통합 스토리모형에서 구체적인 스토리텔링을 할 내용을 선정한다. 이 단계에서는 앞서 진행했던 통합 스토리모형보다 구체적이고 더 세부적인 스토리를 그린 뒤 본격적인 스토리보드 작업에 들어간다. 통합 스토리모형이 디지털 제품이나 서비스의 전반적인 인터랙션을 포괄적으로 다루고 있다면, 구체적인 스토리텔링은 이 중에서 특정 단위 스토리를 대상으로 진행한다. 따라서 통합 스토리모형보다 그 범위가 작고 대신에 각 단계에 대해 더욱 구체적인 자료를 제공하는 것이 특징이다. 물론 가능한 많은 스토리를 구체적으로 만들어 낼 수 있으면, 가장 좋겠지만 시간상 또는 예산상의 한계점 때문에 어려운 경우가 많다. 그럴 경우에는 통합 스토리모형에서 구체적인 스토리텔링을 할 소수의 대상 스토리를 선정해야 한다. 이 선정은 일반적으로 세 가지 기준을 바탕으로 한다.

첫째, 제품이나 서비스의 가장 핵심이 되는 기능과 연관되어 있는 스토리를 선정한다. 예를 들어, 진품 감별 서비스에서 중고 명품을 구매하고자 할 때 진품인지 여부를 확인해 보는 것이 가장 핵심 기능이라면 이 기능과 관련된 스토리를 가장 먼저 선정해 스토리보드 작업을 진행한다. 둘째, 여러 스토리에서 공통적으로 등장하는 세부 스토리를 선정한다. 진품 감별 서비스의 경우 스마트폰을 켜서 애플리케이션을 선택해 구동시키고 대상 제품에 포인트해서 제품에 대한 정보를 얻는 과정이 대부분의 스토리에서 반복적으로 나온다면, 그 세부 스토리에 대한 스토리보드 작업을 먼저 시작한다. 셋째, 사용자경험과 관련해 가능한 한 많은 이슈가 제기된 스토리를 우선적으로 스토리보드로 만든다. 통합 시퀀스모형을 만드는 과정에서 각 단계별로 기존의 제품이나 서비스를 사용하는 각 단계에서 발생할 수 있는 이슈를 정리해 놓았는데, 이 단계에서는 정리한 이슈들이 가장 많이 해당되는 스토리부터 스토리보드 작업을 진행한다. 예를 들어, 진품 감별 서비스에 대한 과업 분석 과정에서 상대방의 사생활을 침해하지 않는 범위에서 거래하고자 하는 제품의 진품 여부를 확인하는 것이 중요한 이슈로 발견되었다면 이러한 이슈들을 포함하는 스토리를 먼저 작성하는 것이다.

6.2 스토리보드의 타입 결정하기

스토리보드 기법의 주요한 특징이자 효과 중 하나는 디지털 제품 및 서비스의 행동을 실물보다 단순화시켜 구상하는 것이다. 스토리보드의 모든 장면은 손으로 그려야 하기 때문에, 원하는 장면을 적절한 수준으로 단순화해 그릴 수 있는 기술이 중요하다. 그렇다고 해서 반드시 전문적인 디자인이나 미술 교육을 받을 필요는 없다. 스토리보드에 몇 가지 전형적인 타입들이 있고, 이 중에서 적당한 것을 선택해 해당 케이스에 적용하면 되기 때문이다. 이러한 전형적인 타입들은 어떤 측면에 좀 더 초점을 맞추고 또 어떤 정보들을 추가적으로 제시하느냐에 따라 달라진다. 설계 대상인 디지털 제품 및 서비스의 과업 및 행동 특성에 따라 선정한 스토리를 어떤 스토리보드 타입으로 사용할 것인지를 결정한다. 다음은 총 여섯 가지의 스토리보드 타입을 제시하고 있다.

스크린샷 스토리보드

스크린샷 스토리보드screenshot storyboard는 사용자의 행동에 대해서 디지털 제품이나 서비스가 화면상에서 어떤 반응을 보일 것인지에 집중해서 스토리보드를 작성하는 타입이다. 스크린을 통해 제품이나 서비스의 반응이 주로 나오기 때문에 스마트폰이라면 액정 화면, PC라면 윈도 화면, IPTV라면 TV 화면의 변화만을 표현해 주는 스토리보드이다. 그림 28은 원격 장보기 서비스를 위해 작성한 스토리보드이다. 이 스토리는 동료로부터 지역 장보기 서비스를 소개받았던 사용자(김혜진 씨)가 이미 한 번의 흡족한 쇼핑을 경험한 뒤 원격 장보기 서비스에 웹브라우저로 접속한다. 세 버튼 중 '레시피'를 클릭한 김 씨는 세부항목 중 '건강식'을 선택하고, 1위에 랭크되어 있는 '아토피에 좋은 채식감자파이'를 고른다. 클릭해서 재료리스트가 뜨면 이를 체크하고 장바구니에 담는다.

스크린샷 스토리보드의 장점은 시스템의 반응을 상세하게 표현해 줄 수 있다는 점이다. 그림 28을 보면, 첫 번째 화면에서 빠른 로그인을 할 수 있도록 오른쪽 상단에 바로 아이디와 패스워드를 입력하는 입력창이 있고 상품, 마트, 레시피의 간단한 메뉴와 상품 분류 목록, 마트 목록, 레시피 목록으로 분할된 직관적인 화면 구성을 통해 원하는 항목을 빠르게 찾고 선택할 수 있다. 두 번째 화면에서는 로그인 뒤 자신의 마일리지 포인트를 바로 확인 가능하며, 마이페이지에서는 상세한 마일리지 조회도 가능하다. 또한 왼쪽에는 요리 레시피의 대분류들이 있고, 오른쪽에는 금주의 베스트 레시피 목록이 제공되어 인기 레시피를 바로 확인할 수 있다. 세 번째 화면에서는 레시피의 대분류 중 '건강식'을 선택하면 건강식에 해당하는 레시피 목록이 오른쪽에 나타난다. 각 레시피마다 어떤 건강식인지, 예를 들어 아토피에 좋은지 등의 정보가 나타난다. 목록 밑에는 제목별, 키워드별로 검색할 수 있는 검색바가 있고 그 밑에는 페이지 리스트가 나타난다. 네 번째 화면에서는 레시피를 선택하면 해당 레시피의 내용이 나타나며 레시피에 필요한 재료 목록들이 체크선택이 되어 있는 채로 제공되므로, 장바구니로 이동 버튼을 클릭해 바로 장바구니에 담을 수 있다.

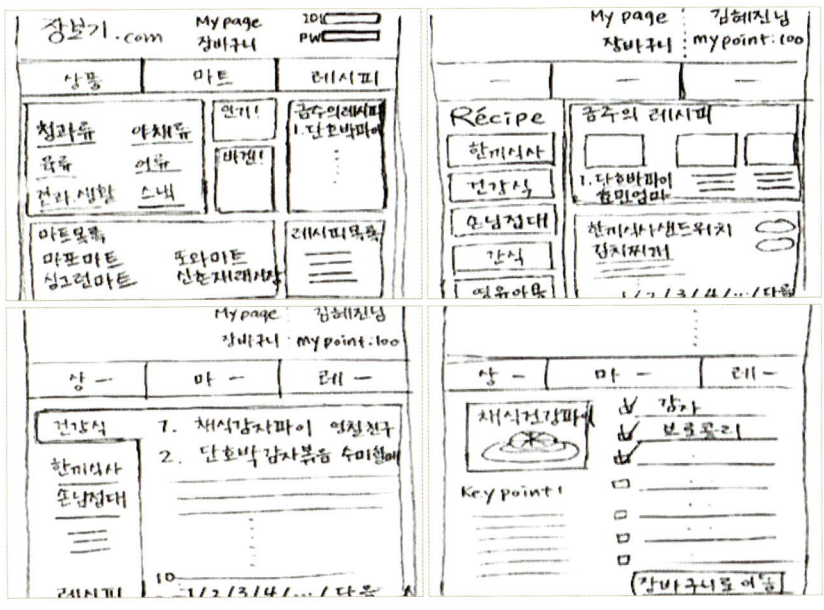

그림 28
스크린샷 스토리보드의 사례:
서비스 디자인

이와 같은 상세한 표현을 하기 위해서는 그림 29와 같이 실제 구현될 화면을 상세하게 제시하기도 한다. 그림 29는 문화 연결망 서비스를 제공하는 애플리케이션으로서, 이 애플리케이션을 통해 서울에서 벌어지는 공연이나 파티 등 다양한 이벤트 관련 최신 정보를 사용자의 위치정보GPS와 결합해 적재적소에 제공하는 서비스에 대한 스토리보드를 작성했다. 사용자가 특정 장소에서 문화 연결망 애플리케이션을 실행시키면, 현재 그 장소 주변에서 진행되고 있거나 곧 진행될 이벤트 목록이 자동으로 제공된다. 사용자는 목록 중에서 참가하고 싶은 이벤트를 하나 고르고, 그에 대한 자세한 정보를 제공받은 뒤에 이벤트에 참여한다. 참여한 뒤에도 PC와의 연동을 통해 웹사이트에 로그인하면 사용자의 참여 정보 이야기를 돌아볼 수 있을 뿐만 아니라 그 이벤트에 대한 다른 사용자의 코멘트 또한 확인할 수 있다. 이 같은 이벤트 목록을 브라우징하는 것 이외에도 사용자가 직접 주최하는 이벤트가 있을 경우 이를 등록할 수 있다. 그림 29는 이러한 자세한 과정을 직접 화면을 통해 표현함으로써 인터랙션 디자인을 구체적으로 진행할 수 있게 해 준다.

집에 도착해 솔라이팅 웹사이트에 접속해 메인 페이지를 확인

자신에게 도착한 선물을 확인하는 주인공

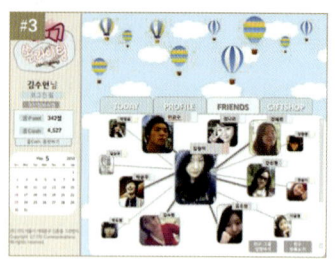
자신의 네트워크 페이지를 확인하고 연락이 뜸했던 친구의 프로필을 클릭

그림 29
실제 화면을 이용한
스크린샷 스토리보드의 사례:
문화연결망

친구의 위시 리스트에 있는 아이템을 확인하고 필요한 선물을 구매

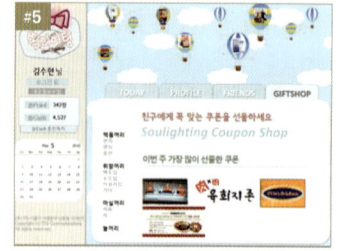
추가 구매가 필요하지 않은 쿠폰 제공 목록을 보고 하나의 쿠폰을 다시 선물하는 주인공

그림 30
스크린샷 스토리보드를
작성하는 데 편리한 수작업
방법: 매뉴얼 포토카피

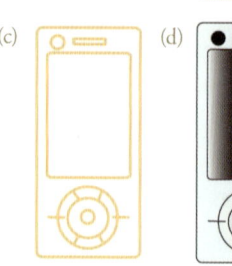

그림 30은 휴대전화에서 스크린샷 스토리보드를 작성하기 위해 수작업으로 스크린을 작성하는 기법을 소개하고 있다. 여기서는 먼저 이미지 편집 도구에서 실제 제품의 사진(a)을 불러오고, 불러온 사진 위에 레이어를 덧씌운다. 덧씌운 레이어에 실제 사진의 외곽선을 따라 그리는데(b), 이때 중요한 점은 실제 디지털 제품 및 서비스의 사진과 확연히 구분되는 색으로 외곽선을 그려야 한다는 점이다. 외곽선 그리기를 마친 뒤 실제 디지털 제품 및 서비스 사진을 삭제하면, (c)와 같이 휴대전화의 대략적인 스케치를 얻을 수 있다. (d)는 추가적인 단계로, 사용했던 실제 휴대전화 사진을 이용해 기존의 스케치에 채색하고 디스플레이 화면을 변경하여 보다 실제적인 스케치를 완성했다. 이것을 폰그라피티 phone graffiti 라고 하는데, 설

계자의 스케치 실력을 보완하거나 구체화하는 데 유용하다.

그림 31은 실제 수작업 기법을 사용해 원격 장보기 서비스의 스마트폰 탑재 애플리케이션에 대한 스토리보드를 작성한 사례이다. 스토리보드의 첫 번째와 두 번째 장면에서 해당 서비스를 실행시켰을 때 처음 보여질 화면과 해당 서비스가 사용되는 상황이 보여지는데, 이때 두 장면 모두 작성 시 실제 사진을 이용해 그 위에 이미지툴의 레이어나 투과성이 있는 종이를 덧대어 사진의 윤곽선을 따라 그리는 방식으로 스토리보드를 작성했다. 이렇게 스토리보드를 작성할 경우 사실성을 잃지 않으면서도 신속하게 작성이 가능하다는 장점이 있다.

그림 31
스크린샷 스토리보드를 사용한 사례: 원격 장보기 서비스 디자인 스토리보드

스크린샷 스토리보드의 문제점은 시스템의 반응에만 초점을 맞추다 보니 주변 맥락의 변화나 사용자의 변화 그리고 전체 과업 중에 현재까지의 진행 정도를 알기 어렵다는 점이다. 따라서 스크린샷 스토리보드는 사용자의 특성이나 정황에 따라 별로 영향을 받지 않는 간단한 서비스나 제품에 대한 인터랙션을 디자인할 때 유용하게 사용할 수 있다.

순서도 스토리보드

스크린샷 스토리보드의 문제점 중 과업의 진행 상황을 알기 어렵다는 단점을 극복하기 위해 작성하는 것이 순서도 스토리보드 sequencing image storyboard 이다. 순서도 스토리보드는 시간에 따른 디지털 제품 및 서비스 행동 변화를 단계적으로 보여 주는 기법으로서, 특정 과업의 특성이나 진행 양상을 파악하는 데 도움이 된다. 그림 32는 순서도 스토리보드를 디지털 서비스 디자인에 적용한 사례이다. 그림 아래의 도표는 진품 감별 서비스에서 진품을 확인하는 과정을 순서도 스토리보드로 표현한 것이다. 예시의 하단 부분에 보이는 사각형과 연결선들은 디지털 제품 및 서비스 행동의 전체 단계를 구조적으로 표현한 것으로, 채색되어 있는 부분은 해당 장면에서 수행하는 행동이 전체 단계에서 어디 단계쯤에 위치하는지에 대한 정보를 제공한다. 이와 같이 순서도 스토리보드 기법은 디지털 제품 및 서비스의 다이나믹한 행동을 보여 줄 수 있고 전반적인 흐름을 파악할 수 있다. 그뿐만 아니라 그래픽적인 표현을 통해 설계자들 간의 의사소통에서 오해가 발생할 확률을 낮출 수 있다. 이 기법은 하나의 디지털 제품 및 서비스 안에서 이루어지는 특정 행동을 자세하게 표현하는 데 적합하다. 특히 여러 가지 사전 조건에 따라 상이한 인터랙션이 발생하는 조건부 상황이 존재하거나 상대적으로 많은 단계를 거쳐서 특정 과업이 진행되어야 하는 경우에 유용하다.

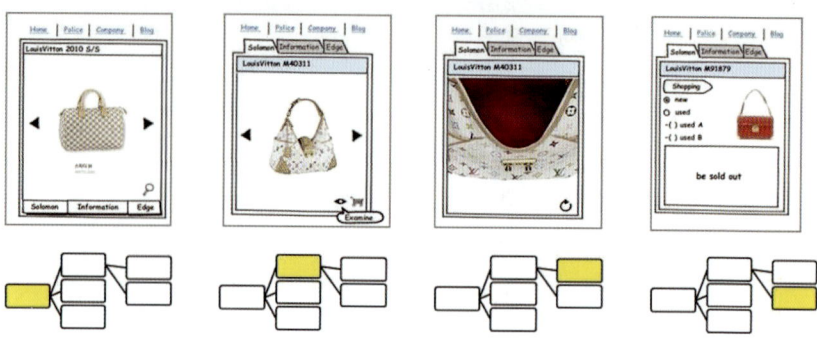

그림 32
순서도 스토리보드의 사례:
진품 감별 서비스

순서도 스토리보드의 문제점은 행동이 진행되는 제반 상황에 대한 정보가 부족하기 때문에 제품이나 서비스를 사용하는 사람에 대한 정보나 사용 맥락에 대한 정보를 표현하기 힘들다는 것이다. 따라서 사용자의 특성에 영향을 받거나 맥락에 영향을 받는 경우에 사용하는 것은 적절하지 않다.

그래픽 컨텍스트 스토리보드

그래픽 컨텍스트 스토리보드 contextual storyboard using graphical techniques 는 사용자의 요구에 대응하는 디지털 제품 및 서비스의 작용 및 움직임을 화살표 등의 도식을 사용해 역동적으로 표현하는 기법이다. 그림 33은 비행기 탑승 시 위급상황에서 구명조끼를 착용하는 방법을 단계적으로 묘사한 것인데, 탑승자가 조끼를 착

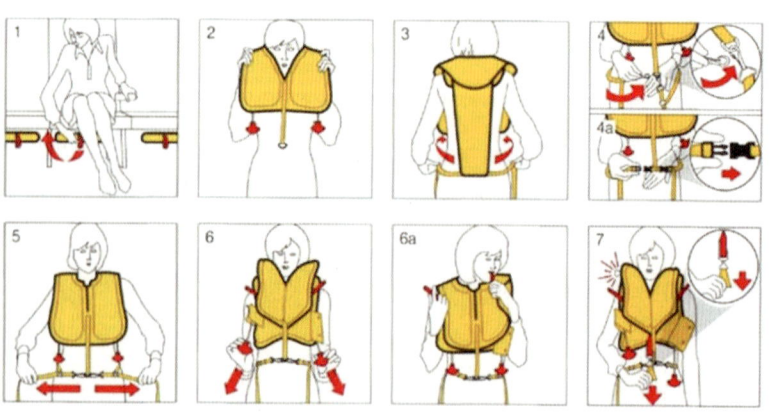

그림 33
그래픽 컨텍스트
스토리보드 사례

용하고 조끼에 부착된 손잡이를 당기는 등의 행동을 했을 때 조끼에 공기가 주입되어 팽창하는 모습과 과정을 그래픽적으로 묘사해 이해를 돕는다. 또한 각 장면마다 빨간 화살표를 이용해 사용자가 어떤 방향으로 조끼를 착용해야 하는지, 어떻게 손잡이를 당기고 어떻게 공기를 주입해야 하는지를 공간적으로 이해하기 쉽게 도와주고 있다. 또한 각 장면에 숫자 인덱스를 붙여 쉽게 흐름을 파악할 수 있고, 추가 화면(4번 장면)이나 확대 화면(7번 장면)을 이용해 동시다발적으로 발생하는 행동을 한꺼번에 이해할 수 있도록 했다.

그래픽 컨텍스트 스토리보드 기법을 활용한 디지털 서비스의 인터랙션 디자인 사례로 진품 감별 서비스를 들 수 있다. 이 스토리는 사용자가 길을 가다가 맘에 드는 백을 목격하고 집에 가는 길에 버스 안에서 진품 감별 서비스를 이용해서 그 제품에 대한 정보를 얻는 과정을 묘사하고 있다. 이 스토리에서는 그림 33에서 사용한 스토리보드보다는 주변 환경을 많이 묘사하고 있다. 예를 들어, 버스 안에서 해당되는 제품의 내용을 확인한다는 사실을 표현하고 있다. 그러나 아직까지는 특정 사용자의 행동과 그에 반응하는 서비스의 행동이 주를 이루고 있는 것을 볼 수 있다.

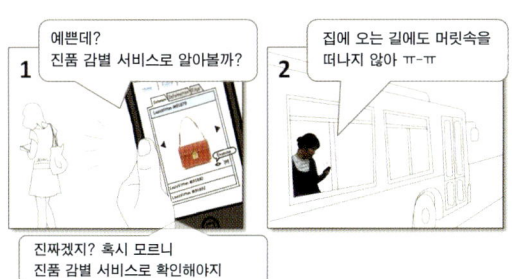

그림 34
그래픽 컨텍스트 스토리보드가 디지털 서비스 디자인에 활용된 사례

그래픽 컨텍스트 기법은 디지털 제품 및 서비스의 반응뿐만 아니라 그것을 촉발시키는 사용자의 행동 또한 더불어 살펴보는 데 적합하다. 제품과 사용자를 함께 볼 수 있다는 점에서 일반적인 인터랙션 디자인에 널리 사용되는 기법이지만 사용 맥락에 대한 자료가 많지 않다는 단점이 있다.

하이브리드 컨텍스트 스토리보드

하이브리드 컨텍스트 스토리보드contextual storyboard using hybrid visual techniques는 실제 사용 정황에 대한 내용을 스토리보드 속에 많이 반영하기 위해 사용하는 스토리보드 기법이다. 이 기법은 실제 사진과 외곽선 따라 그리기tracing를 혼합해 원하는 정도의 스케치를 얻어내는 방법으로, 사용자가 주변 배경에서 부각되는 것이 특징이다. 스크린샷 스토리보드를 만들기 위해 디지털 제품 및 서비스 자체에 초점을 맞춘 스케치를 했다면, 하이브리드 스토리보드는 사용자가 디지털 제품 및 서비스를 사용하는 상황이나 맥락에 초점을 맞추었다고 할 수 있다. 이 기법도 고난도의 스케치 기술을 요하지 않는데다 이미지 편집툴에 대한 기본적인 이해만 있다면 쉽게 응용할 수 있으므로 널리 쓰인다.

그림 35는 하이브리드 컨텍스트 스토리보드를 이용해 원격 장보기 서비스에 대한 인터랙션 디자인을 진행한 사례이다. 이 서비스는 맞벌이 부부가 여러 가지 상황에서 원격 장보기 서비스를 사용하는 스토리를 보여 주고 있다. 직장에서 컴퓨터를 통해 장보기를 하는 경우와 집에서 노트북으로 레시피를 올리는 경우 그리고 집에 퇴근하는 상황에서 스마트폰으로 접속하는 경우와 집안에서 IPTV로 접속하는 경우가 다르고 이렇게 다른 상황들이 해당 서비스를 사용하는 행동에 큰 영향을 미치기 때문에 하이브리드 컨텍스트 스토리보드를 활용했다.

그림 35
하이브리드 컨텍스트 스토리보드를 디지털 서비스 디자인에 활용한 사례

실제 사용 환경을 사진을 통해 정밀하게 제공하고 있기 때문에 사용 정황에 따라 인터랙션 자체가 큰 영향을 받는 서비스나 제품에 사용할 수 있는 것이 하이브리드 컨텍스트 스토리보드이다. 그러나 사용자의 반응이나 시스템이 반응은 별로 자세하게 표시되지 못한다는 단점이 있다. 또한 스토리상의 각 단계가 얼마나 빠른 속도로 어떤 방향으로 전환되었는지에 대한 정보 역시 제대로 전달하지 못하고 있다.

영화 각본 스토리보드

영화 각본 스토리보드movie scenario storyboard는 영화에서 자주 사용되는 기법으로 화살표 등의 도식을 이용해 디지털 제품 및 서비스의 행동을 표현한다는 점에서는 그래픽 컨텍스트 스토리보드와 유사하나, 장면과 장면 간의 전환에 초점이 맞추어져 있는 점이 다르다. 그림 36을 보면, 각 장면이 얼마나 빨리 바뀌는지를 알 수 있고, 그에 따라 주변 환경이나 주인공의 상태가 어떻게 변환하는지가 명확하게 제시되어 있다. 또한 장면마다 주석이나 메모로 부가적인 설명을 곁들여서 그래픽적 요소로 표현할 수 없는 장면에 대한 정보를 제공하고 있다.

그림 37은 영화 각본 스토리보드를 디지털 서비스 디자인에 활용한 사례이다. IPTV를 이용해 드라마 시청 중에 아이템 구매와 관련한 스토리보드를 구성

했다. 행동의 흐름을 놓치지 않기 위해 전원을 켜고 IPTV 서비스를 시작하는 단계(phase 1-4)에서부터 구매(phase 5-6) 이후 다른 서비스로의 이동(영화 선택, phase 7-8)까지 단계적으로 장면을 이어갔다. 이를 통해 'TV 시청 중의 아이템 구매'라는 사용자의 요구에 반응하는 디지털 제품 및 서비스의 행동이 그 시작(드라마 시청)부터 끝(다른 서비스로의 이동)까지 흐름을 끊는 일 없이 표현되었다. 또한 각 장면을 3단으로 나누어 디지털 제품 및 서비스의 행동뿐만 아니라 사용자의 조작과 해당 장면에 연결되는 이야기를 모두 담았다. 이를 통해 각 장면이 전환되는 순간에 어떤 변화가 얼마나 빨리 있었고 그 변화에 따라 시스템이 어떻게 반응했는지를 상세하게 이해할 수 있다.

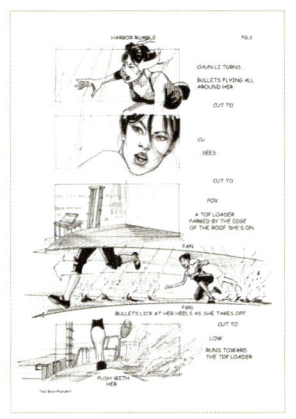

그림 36
영화 각본 스토리보드 사례

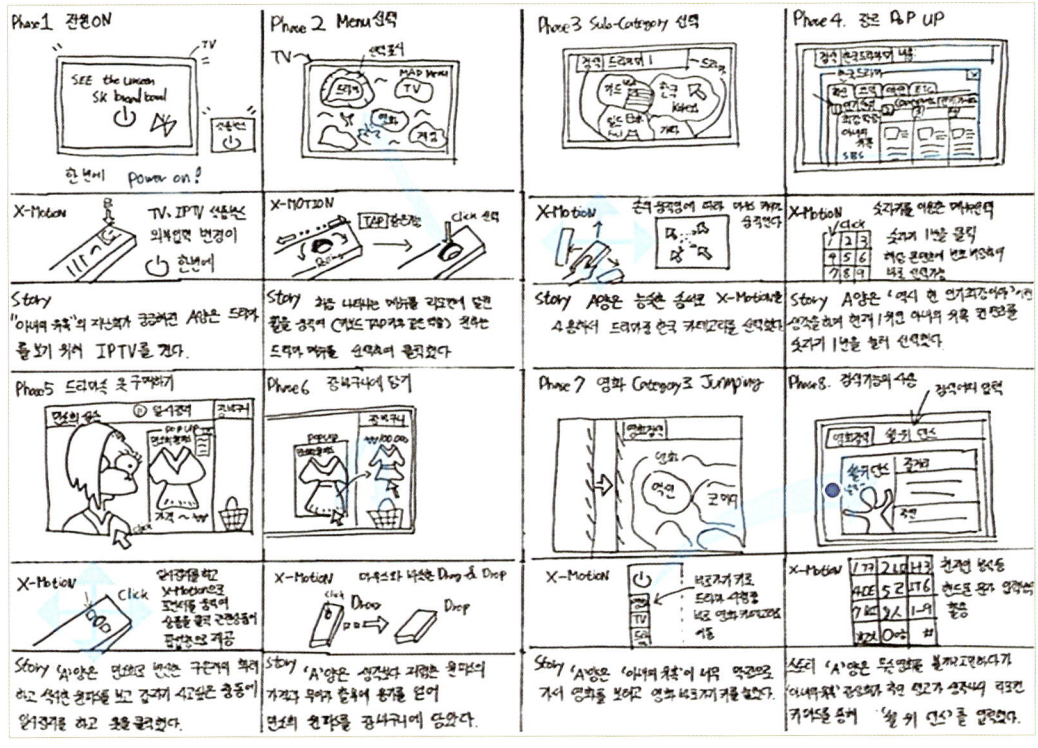

그림 37
영화 각본 스토리보드를 디지털 서비스 디자인에 활용한 사례

혼합형 스토리보드

혼합형 스토리보드storyboard with multiple forms는 여러 종류의 스토리보드를 필요에 따라 하나의 스토리보드 안에 혼합해 사용할 수 있다. 그림 38은 한 가지 스토리보드 내에서 하이브리드 컨텍스트 스토리보드와 스크린샷 스토리보드를 동시에 사용하고 있다. 1번 컷이나 4번 또는 5번 컷처럼 사용하는 환경에 대한 정보가 중요할 때에는 하이브리드 컨텍스트 스토리보드를 활용했고, 그 밖의 컷처럼 실제로 서비스가 어떻게 반응하는지가 중요한 경우에는 스크린샷 스토리보드를 이용했다. 이와 같이 필요에 따라 그에 적합한 스토리보드를 적절하게 혼합해 사용하는 것도 스토리보드의 효과를 증진시킬 수 있는 방법이다.

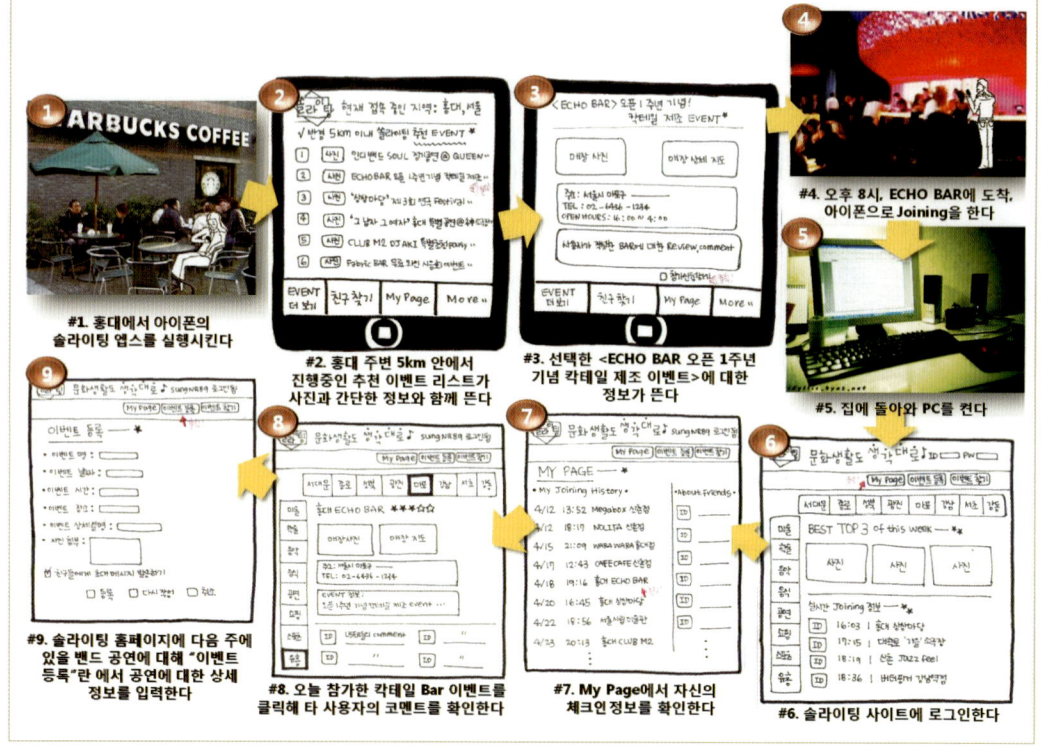

그림 38
혼합형 스토리보드를 디지털
서비스 디자인에 활용한 사례

6.3 개별 프레임 그리기

초점을 맞추고자 하는 개별 스토리를 선정하고, 이를 어떤 유형의 스토리보드를 이용해서 표현할 것인지를 결정한 다음에는 실제로 각 개별 프레임을 그리는 단계를 진행한다. 여기서는 해당 서비스나 제품이 실제 사용자에게 어떻게 사용될 것이고 어떤 상황이 전개될 것인지를 예상해 구체적인 사용 단계를 그려 나간다. 이때 각 프레임에서 표현되는 정보는 어떤 종류의 스토리보드를 사용할 것인지에 따라 많이 영향을 받기도 하지만 가능한 한 다양한 정보가 제공되는 것이 바람직하다. 개별 프레임에서 자주 그리는 정보를 사용자와 시스템 그리고 맥락으로 나누어 보면 다음과 같다.

사용자

첫째, 사용자가 대상 서비스나 제품을 사용하면서 일련의 행동을 수행할 때 각 분리된 행동의 묶음마다 하나의 개별 프레임을 작성한다. 그리고 이미지마다 번호를 매겨 순서를 파악하는 것이 용이하도록 한다. 이때 얼마나 자세하게 사용자의 행동을 나눌 것인지는 대상이 되는 시스템의 특성에 따라 달라진다. 정밀한 조작을 필요로 하는 시스템의 경우에는 매우 세밀한 행동 단위로 나누어질 수 있고, 간단한 시스템의 경우에는 시작과 끝만을 보여 줄 수도 있다. 그러나 일반적인 디지털 제품이나 서비스의 경우 개인 시퀀스모형에서 다루었던 수준에서 각 단위 행동을 나누는 것을 권장한다. 시퀀스모형상의 과업이 사용자에게 의미 있는 행동의 단위이기 때문이다. 그와 더불어 나중에 스토리보드가 완성되었을 때 그 적절성을 평가하기 위해 시퀀스모형과 비교하는 과정이 필요한데, 그때의 비교를 원활하게 해 주기 때문이다. 둘째, 사용자가 해당 디지털 제품이나 서비스를 사용하면서 행하는 행동뿐만 아니라 그와 수반되는 다른 물체를 접하는 행동이나 다른 사람들과 교류하는 행동도 표현한다. 길에서 중고 물건을 파는 사람과 만나는 것 등이 이에 속한다. 셋째, 현재 사용자가 어떤 목적을 가지고 해당 서비스나 제품을 사용하고 있는지를 표시해 준다. 특히 사용자가 현재 하고 있는 직업이나 업무 그리고 책임이나 특정 활동 등과 함께 사용자가 좋아하는 취향이나 취미 등도 표시한다. 그림 39의 왼쪽은 사용자가 학생의 신분이고 명품을 좋아한다는 것

그림 39
사용자의 목적이나 성향을 표현한 사례(왼쪽)와 다른 물체나 사람들과 교류하는 행동(오른쪽)

을 알 수 있다. 넷째, 각 단계를 진행하면서 사용자가 느끼는 감정이나 생각을 표시한다. 이는 결국 사용자가 해당 시스템을 사용하면서 어떤 경험을 하는가에 대한 직접적인 자료로 활용될 수 있기 때문이다. 그림 39의 왼쪽처럼 사용자의 생각을 말풍선 형태로 정리해 명시적으로 보여 주고 있다.

시스템

첫째, 사용자의 행위에 반응하는 시스템의 상태를 보여 준다. 이때 시스템의 상태가 너무 구체적일 필요는 없다. 정확한 명칭이나 아이콘이나 레이아웃이나 그래픽보다는 전반적으로 시스템이 어떻게 반응할 것인지에 대한 감을 잡을 수 있는 정도로만 정보를 제시한다. 이를 위해 스토리보드를 만드는 초기 단계에서 섬네일을 사용하는 것이 바람직하다. 이는 디테일에 신경 쓰다가 디지털 제품 및 서비스 행동의 핵심을 놓치지 않도록 하기 위함으로써 섬네일을 이용하면 디지털 제품 및 서비스의 행동 흐름이 부각되기 때문에 가장 중요한 인터랙션에 더 집중할 수 있다. 예를 들어, 그림 40은 개별 여행에 대한 정보를 제공하는 여행 정보 서비스를 묘사하고 있다. '나의 여행 계획'이라는 버튼을 눌렀을 때 디지털 서비스가 보여 줄 화면의 변화를 오른쪽 아래쪽에 섬네일 형태로 제시하고 있다. 이 같은 표현을 통해 해당 버튼을 눌렀을 때 디지털 제품 및 서비스의 반응이 자연스럽게 연상되므로 버튼의 모양 및 아이콘, 실제 웹사이트에 구현될 색상 등의 장식적인 요소보다 디지털 제품 및 서비스의 행동에 더 집중할 수 있다. 이때 너무 세밀한 변화까지 그릴 필요는 없지만 전반적인 흐름을 이해할 수 있을 정도의 주요한 상태 변화는 놓치지 않도록 해야 한다. 그림 40의 가운데는 진품 감별 서비스에서 관심 있는 명품에 대한 탐색 버튼을 눌렀을 때 나타나는 화면을 표현했는데, 이때 프레임과 각 프레임별 제목을 제외한 모든 요소를 삭제하고 그려 냄으로써 주요한 상

그림 40
스토리보드에서 섬네일을 사용한 사례(왼쪽)
중요한 상태 변화에 집중할 수 있게 한 사례(가운데)
화살표를 이용한 역동성과 움직임 표시의 사례(오른쪽)

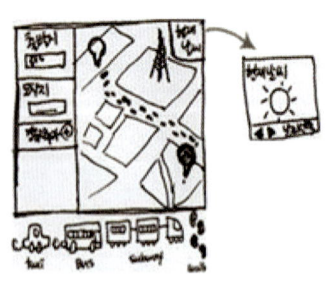

자신이 가보고 싶은 곳. 숙소를 끌어다 놓거나 선택을 하면 '나의 여행 계획짜기'에 들어가게 되며, '도와줘' 선택 시 자동으로 여행 계획짜기(일정)가 가능하다. 그뿐만 아니라 일정을 공유할 수도 있다.

'나의 여행 계획'을 통해 교통정보를 확인할 수 있고 '지도'를 통해서도 출발지, 도착지, 경유지를 추가할 수 있어 어떤 나라에서도 교통 정보를 알 수 있다.

태 변화에 집중할 수 있게 했다. 한 프레임에서 다음 프레임으로 넘어갈 때는 영화 각본 스토리보드 기법에서와 같이 화살표를 이용해 디지털 제품 및 서비스의 행동 변화를 좀 더 역동적으로 표현하는 것이 좋다. 그림 40의 오른쪽과 같이 '현재 날씨'라는 버튼을 눌렀을 때 웹사이트가 보여 줄 이미지를 표현하는 데 화살표를 이용해서 디지털 서비스의 행동을 느낄 수 있는 역동성을 더했다.

둘째, 스토리보드상에서 디지털 제품 및 서비스가 실행되기 이전의 초기 상태를 제공한다. 이렇게 함으로써 행동의 변화를 좀 더 확연하게 구분할 수 있다. 그림 41은 아무런 조작도 가하지 않은 웹사이트의 초기 화면을 보여 준다. 이를 통해 첫 번째 장면에서 두 번째 장면으로 넘어가는 과정에서 사용자가 여행 정보 서비스에게 어떠한 반응을 요청했는지가 명확하게 드러난다. 여기서는 메인 화면의 지구본 모양을 클릭했을 때 지구본 화면이 어떻게 나타나는지, 어떻게 작동하는지를 표현했다.

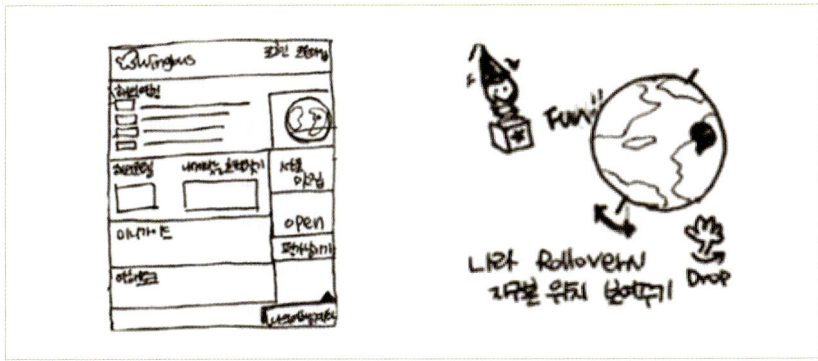

그림 41
초기 상태를 제공하는 사례

셋째, 시스템이 해당 반응을 하기 위해 필요로 하는 자료를 보여 준다. 그 정보가 어떤 형태로 사용자에게 제공되는지에 대해서는 너무 자세하게 작성할 필요가 없지만, 어떤 종류의 정보가 제공되고 그런 정보를 제공하기 위해 어떤 자료들을 취합해야 하는지는 제시되어야 한다. 그림 42를 보면 원격 장보기 서비스에서 금주의 레시피라는 정보를 제공하기 위해서는 어떤 세부 자료가 필요한지 제시되어 있다.

넷째, 스토리보드상에서 시스템이 어떤 기술을 사용할 것인지에 대한 설명을 제공한다. 현재 시스템에서 사용하는 기술이 어떤 것들이 있는지를 명시한다. 예를 들어, 그림 43에서는 원격 장보기 서비스가 휴대전화와 PC, IPTV 간의 연동을 통해 끊김이 없는 서비스를 제공하고 있음을 명확하게 하고 있다.

그림 42
시스템이 필요한 자료를
표시하는 사례

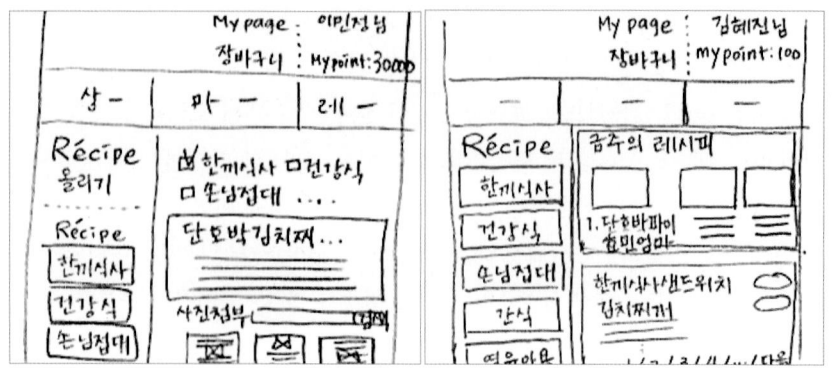

그림 43
프레임에 나타난 시스템에
대한 정보 사례: 원격 장보기
서비스 디자인

맥락

첫째, 사용자가 해당 서비스나 제품을 사용하는 물리적 맥락에 대한 자료를 제공한다. 그림 44와 같이 커피점이라든지 바와 같은 물리적 맥락을 제시함으로써 해당 스토리를 좀 더 확실하게 이해할 수 있도록 도와주고 있다. 둘째, 사용자가 해당 서비스나 제품을 사용하는 과정에서 사회적 맥락으로 발생할 수 있는 갈등 요소에 대한 자료를 제공한다. 그림 44의 사회적 맥락은 진품 감별 서비스의 예에서 새 명품 가방을 자랑하는 친구와 사용자 간의 갈등 요소를 인식할 수 있고, 경찰에 모조품을 신고했을 때 중고가방을 팔고자 하는 사람과 경찰과의 갈등 요소를 예측할 수 있다. 셋째, 사용자가 해당 서비스나 제품을 사용하는 과정에 영향을 미칠 수 있는 문화적 맥락에 대한 자료를 제공한다. 명품으로 자신의 사회적 위치를 자랑하고자 하는 문화적 성향은 그림만으로 담아낼 수 없기 때문에 짧은 글을 통해 기록할 수 있다.

그림 44
프레임에 나타난 물리적, 사회적, 문화적 맥락 사례

물리적 맥락

사회적 맥락　　　　　　　　　　　　　　　　　　　　문화적 맥락

6.4 각 프레임을 연결해 스토리보드 작성하기

이 단계에서는 각 프레임을 연결해 스토리보드를 작성한다. 개별 프레임을 그렸다면, 다음 단계에서는 이 프레임들을 알맞게 배치하고 연결해 스토리보드를 완성하기 위해서는 스토리보드의 구조가 어떻게 구성될지를 생각해 본다. 현재 기획하고 있는 디지털 제품이나 서비스가 실제 사용될 법한 상황에 대한 일종의 시나리오를 짜보는 것이다. 이 단계에서는 스토리보드의 구조가 스토리보드가 묘사하려는 과업의 흐름과 일치하는지를 지속적으로 확인하는 것이 중요하다. 사용자의 요구에 의해 디지털 제품 및 서비스가 행동을 시작하고 끝마치는 전체 과정에서 갑자기 다른 행동을 수행하거나 맥락에 맞지 않는 행동을 하는 장면이 없도록 자연스럽게 연결하는 것이 중요하다. 진품 감별 스토리보드의 경우 RFID 인식을 통한 진품 판별은 여러 가지 제품에 대해 적용될 수 있지만, 그 기능이 가장 일반적으로 적용될 수 있는 의류 잡화에 대해 진품 감별 서비스를 사용하는 줄거리로 스토리보드의 구조를 구축했다. 의류 잡화에 대해서도 판별 서비스는 다양하게 적용될 수 있기에 두 가지 상황을 설정해 그림 45와 같이 다른 스토리보드 구조를 구축했다. 또 원격 장보기 스토리보드의 경우, 컴퓨터와 스마트폰, IPTV를 연동해 바쁜 맞벌이 주부에게 원격으로 장보기를 할 수 있게 하는 서비스의 행동을 구현하기 위해 그림 46과 같이 세 가지 상황을 설정해 다른 스토리보드 구조를 구축했다.

그림 45
디지털 서비스를 위한
스토리보드 사례:
진품 감별 서비스

그림 46
디지털 서비스를 위한
스토리보드의 사례:
원격 장보기 서비스

(1) 동료인 지진희 씨로부터 지역장보기 서비스를 소개받았던 김혜진 씨. 이미 한번의 흡족한 쇼핑을 경험한 뒤 서비스에 웹브라우저로 접속한다. 세 버튼 중 '레시피'를 클릭한 김 씨는 세부항목(category) 중 '건강식'을 선택, 1위에 랭크되어 있는 '아토피에 좋은 채식 감자 파이'를 고른다. 클릭해 들어가 보았더니 재료리스트가 뜬다. - 체크를 하고 장바구니에 담는다.  "해야 될 게 산더미, 바빠 죽겠는데 언제 장보러 가냐고… 직접 가면 좋기야 하겠지만…."	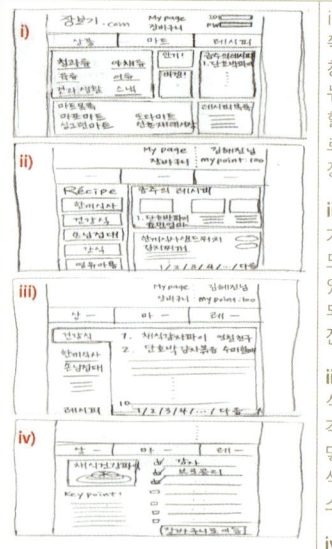	i) 첫 접속화면. 빠른 로그인을 할 수 있도록 오른쪽 상단에 바로 ID와 PW를 입력할 수 있는 입력창이 있다. 그리고 상품, 마트, 레시피의 간단한 메뉴와 상품분류목록, 마트목록, 레시피 목록으로 분할된 직관적인 화면구성을 통해 원하는 항목을 빠르게 찾고 선택할 수 있다.(회원 거주지역에 맞는 정보가 상위에 뜸) ii) 로그인 뒤 자신의 마일리지 포인트를 바로 확인 가능하며 my page에서는 상세한 마일리지 조회도 가능하다. 왼쪽에는 요리 레시피의 대분류들이 있고 오른쪽에는 금주의 Best 레시피 목록이 제공되어 인기 레시피를 바로 확인할 수 있다. 아래엔 전체 레시피 목록이 제공된다. iii) 레시피의 대분류 중 '건강식'을 선택하면 건강식에 해당하는 레시피 목록이 오른쪽에 나타난다. 각 레시피 항목마다 어떤 건강식인지 정보가 조그맣게 나타난다. 목록 밑에는 제목별, 키워드별 검색할 수 있는 검색바가 있고 그 밑에는 페이지 리스트가 나타난다. iv) 레시피를 선택하면 해당 레시피의 내용이 나타나며 레시피에 필요한 재료 목록들이 선택된 제공되므로, 장바구니로 이동 버튼을 클릭하여 바로 장바구니에 담을 수 있다.
(2) 장바구니에는 상품 이름 목록과 마트별 장바구니 가격이 놓여져 있었다. 김 씨는 상품 가격 및 배송시간(이미 알고 있는 마트와 집 사이의 거리) 등을 고려해 '마포마트'로 최종 결정한다.		장바구니에서는 장바구니에 담긴 물품목록과 각 마트별 최저가가 나타나 가격비교를 한눈에 쉽게 할 수 있다. 또한 배송이 걸리는 예상시간이 각 마트별로 제공되어 좀 더 의미 있는 비교가 가능하다. 화면 아래에 있는 결제하기 버튼을 눌러서 바로 결제 단계로 진행할 수 있다.

(3) 부장의 눈치로, 결제만 남겨 두었던 웹 페이지를 급히 껐던 김 씨는 퇴근길에 서비스를 스마트폰으로 접속해(지진희의 권유로 스마트폰용 애플리케이션을 이미 내려 받은 상황임) 맨 오른쪽 장바구니 버튼을 누른다.

(4) 이전에 컴퓨터에 담아 두었던 쇼핑리스트가 뜨고(마포마트로 선택된 상태임) 아래에 위치한 결제 버튼을 누른다. 이전 주문정보(지난 번 주문할 때에 마포마트 영업시간 9-23시 중 김 씨가 원하는 배송시간 20시 10분이 저장되어 있음)를 선택하니 오른쪽에 '예상시간 10분'이 뜬다. 이후, 휴대전화(요금첨부식) 결제를 누르고 확인(OK)한다.

(5) 레시피 항목 '금주의 1등'을 확인하며 환호하는 이민정 씨. 벌써 마일리지도 30,000포인트를 넘어섰다. 오늘도 레시피 게시판에서 '글 올리기' 버튼을 누른다. 레시피 내용을 입력하는 창이 나오고, 자신이 이번에 요리한 '단호박김치찌개' 조리법을 술술 적어 내려간다. 중간에 사진 첨부 버튼을 눌러 효민이가 찍은 사진을 올리고 확인(OK)한다.

"나 이거 중독되었나 봐… 너무 재미있어… 흐흐"

(6) 박미자 씨는 악을 올린 김혜진 씨 때문에 화가 난 채로 IPTV로 서비스에 접속한다. 첫 화면에서 '마트'를 선택하고 신촌재래시장의 '밑반찬'란을 누른다. '무말랭이 100g(123번)'과 '백김치 반포기(139번)', 그리고 '꼬막무침 200g(157번)'을 리모컨으로 체크, 장바구니로 이동한다. 결제는 후불! 어머나, 근육질의 30대 남성이 배달부로 왔네?!

"아줌마도 할 줄 안다. 장보기 라이프~!!"

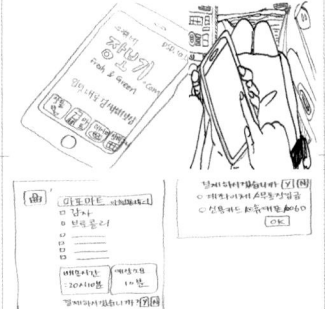

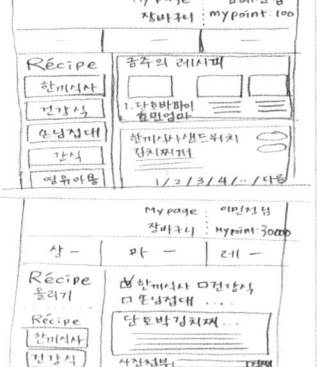

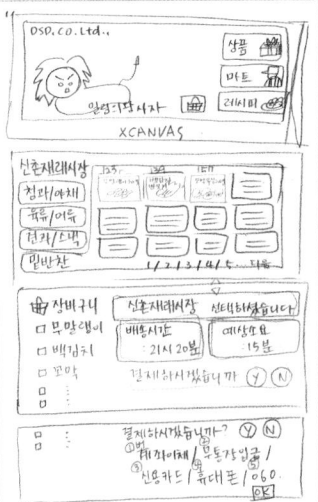

지역장보기용 애플리케이션이 웹과 연동되는 특징을 필요로 한다. 이전에 웹으로 장바구니에 담아두는 단계까지 진행했으므로, 애플리케이션 초기화 면 우측 가장자리의 '장바구니' 버튼(상품-마트-레시피-장바구니 순)을 클릭하면 어디서나 손쉽게 쇼핑을 계속 이어갈 수 있다. (도중에 중단돼도 안심)

장바구니에는 쇼핑했던 품목 리스트가 고스란히 담겨 있다(개별박스에 체크된 채로). 이전 주문 정보는 홈페이지 상단 my page에서 입력하는 것으로 회원가입 시 필수 입력사항이다. 주문을 원하는 시간과 배송지를 등록하게 되어 있다. 이미 쇼핑한 사람이라면 원하는 주문시간과 그에 따른 소요시간이 자동적으로 출력되므로 편리하다. 결제는 일반 홈쇼핑과 같이 다양한 방법으로 가능하다. 특히 스마트폰에선 휴대전화 요금결제가 편리하다.

위 (1)번과 동일한 방법으로 메인화면에서 레시피 초기화면으로 들어가면 왼쪽 하단에 '레시피 등록하기'라는 링크를 볼 수 있다. 이것을 클릭해 보자. 일반 블로그처럼 간편하게 올릴 수 있는 입력란이 출력된다. 여기에서 세부항목(한끼식사, 건강식, 손님접대, 간식, 영유아용…) 중 하나를 체크하고 제목란 밑에 글을 쓸 수 있다. 사진은 글 사이마다 어느 위치이든 쉽게 드래그해 움직일 수 있게 했으며 요리의 디테일한 부분까지 보여 줄 수 있어야 하므로 사진을 최대 10장까지 업로드가 가능하게 디자인되었다.

IPTV의 큰 장점이자 단점은 입력 도구가 리모컨에 한정되어 있다는 점이다. 키패드가 단순하기 때문에 되도록 정보를 단순하게 재구성해서 리모컨 키만으로도 충분히 쉽게 이용할 수 있게 했다.
초기화면은 스마트폰과 비슷하게 쉬운 형태로 구성했다. 배경화면 위에 각 상품-마트-레시피의 버튼이 나타나 있고, 중간 아랫부분에 조그맣게 장바구니 버튼도 준비해 두었다.

'마트'란을 클릭해 보자. My page에 저장해 놓았던 거주지정보에 맞는 주변마트, 상점들이 자동적으로 상위에 리스트화된다. 여기에는 소규모 점포는 물론이요 공판장, 재래시장도 나와 있다.

그 마트 중 하나를 클릭하면, 그림으로 구성된 다양한 상품 아이콘들이 배열되어 있다. 여기에서 왼쪽의 세부항목은 '위아래 화살표 버튼'으로, 오른쪽의 상품페이지 넘기기는 '좌우 화살표 버튼'으로 조작이 가능하다. 또한 개별상품마다 고유번호가 부착되어 있어, 번호버튼을 누르고 OK버튼을 누르면 장바구니로 하나하나 이동되게 구성했다.

장바구니에서도 대부분은 웹·스마트폰 애플리케이션과 같으나, 리모컨을 이용해야 한다는 점을 고려하여, 개별 항목 선택마다 번호 혹은 색 버튼을 연결시켜 놓았다. (예: 결제에서 실행과 취소는 각각 리모컨의 빨간색, 파란색 버튼을 누르면 된다.)

인터랙션 디자인 | 12장

6.5 스토리보드에서 나오는 시스템의 반응을 평가하고 수정 보완하기

구체적인 스토리텔링의 마지막 단계는 도출된 스토리보드를 앞서 설명한 인터랙션 디자인 지침을 기준으로 평가하고 수정 보완하는 단계이다. 사용자에게 최적의 경험을 제공하기 위해서는 시스템이 투명하게 작동해야 하고, 그러기 위해서는 사용자의 요청으로 보이는 시스템의 반응이 세 가지 지침을 만족시키는지 확인해야 한다. 조화로운 행동이나 사려 깊은 행동을 하는지 그리고 쓸데없이 사용자를 짜증스럽게 하지 않는지를 검토하고, 만약 그러했을 때는 스토리보드상에서 시스템의 반응을 수정해 이러한 행동 기준에 좀 더 부합하는 반응을 보이도록 한다.

시스템이 조화로운 행동을 하고 있는지를 평가

첫째, 스토리보드상에서의 시스템의 행동이 간단하지만 유연한 행동을 하고 있는지 평가한다. 예를 들어, 그림 45의 진품 감별 서비스에서 2-4번 행동을 할 때에 사용자에게 굳이 노트북을 켜서 중고장터 매물을 확인할 것이 아니라 3단계에서 바로 스마트폰으로 비슷한 제품의 중고 매물이 있는지를 확인하게 할 수 있다. 둘째, 시스템이 보편적이지만 특수한 행동을 하고 있는지 평가한다. 대부분의 사람들이 휴대전화를 통해 결제할 것이기 때문에 일단 휴대전화 결제를 기본으로 제시하지만 혹시 어떤 이유 때문에 신용카드 결제나 계좌이체를 원하는 사람들에게는 그에 대한 옵션을 제공한다. 셋째, 시스템의 반응이 즉각적이지만 경우에 따라 지체가 발생했을 때 이를 감안한 행동을 하는지를 평가한다. 예를 들어, 그림 45의 2-6번 단계에서 진품 여부를 즉시에 감별해야 하겠지만 제품의 종류가 많아지거나 신품이어서 확인이 지체되는 경우 그런 상황을 사용자에게 전달해 주어야 한다. 넷째, 시스템의 반응이 사용자의 명령에 순응적이지만 경우에 따라 예상치 못한 사태가 발생했을 경우에는 사용자가 다른 옵션을 선택할 수 있는지를 평가한다. 그림 46의 1번 단계 행동에서 대부분의 사람들이 아이디와 비밀번호를 입력해 로그인을 하겠지만 경우에 따라서는 공인인증서를 사용할 수도 있기 때문에 결제를 위해 공인인증서를 통한 로그인이 가능하도록 할 수 있다.

시스템이 쓸데없이 사용자를 번거롭게 하지 않는지 평가

첫째, 스토리보드상에서 시스템이 사용자에게 쓸데없이 무엇인가를 기억하라고 강요하지 않는지 점검한다. 그림 46의 3번 단계에서 사용자가 이미 PC에서 선정한 장보기 목록을 굳이 기억할 필요없이 자동적으로 스마트폰에서 보게 해서 바쁜 와중에 지난 장보기 내용을 암기할 필요가 없도록 하고 있다. 둘째, 시스템이 사용자에게 쓸데없이 세팅을 바꾸도록 강요하는 경우가 있는지 점검한다. 그림 45의 1-3번째 단계에서는 사용자가 새로 세팅할 필요없이 해당되는 제품이 있으면 2D와 3D를 함께 보여 주어 사용자에게 편의를 제공하고 있다. 셋째, 시스템이 사용자에게 쓸데없이 오류를 저지르게 유도하지는 않는지 확인한다. 그림 46의 네 번째 단계에서 세부 항목 중 하나를 체크할 때 각 항목의 내용이 충분히 잘 전달되어 사용자가 잘못된 선택을 하는 경우가 없는지 확인할 수 있다. 넷째, 시스템이 사용자에게 쓸데없는 정보를 보게 하지 않는지 확인한다. 그림 45의 1-3번의 경우, 사용자가 필요로 하는 제품 정보만 제공해 주고 기타 관련 프로모션이나 홍보 정보들은 제공하지 않는지를 확인한다. 다섯째, 시스템이 사용자에게 쓸데없이 선택을 강요하지 않는지 점검한다. 그림 46의 5번 단계에서 사진 첨부를 한다는 것은 해당 사진을 사용자의 레시피에 올리고 싶다는 의도를 명확하게 표현한 것이므로 굳이 OK 버튼을 다시 누를 필요가 없도록 한다.

<u>시스템이 사려 깊은 행동을 하고 있는지 평가</u>

첫째, 시스템이 사용자에게 충분한 관심을 가지고 있는지를 점검한다. 그림 45의 2-3번 행동에서 사용자가 특정 명품 가방에 관심이 있다는 것을 기억하고 있다가 해당되는 제품이 근처에 나타나서 RFID로 인식이 되면 자동적으로 해당 제품의 내용을 다시 사용자에게 보여 줄 수 있다. 둘째, 시스템이 사용자가 가까운 장래에 무엇이 필요할지를 미리 예측하고 이에 대해 미리 행동을 취할 수 있는 가능성이 있는지 점검한다. 그림 46의 3번 행동에서 사용자가 주문 도중에 저장을 하고 로그아웃했다면 언젠가 사용자가 해당 내용을 다시 필요로 할 것이라는 것을 예상할 수 있기 때문에 적절한 시점에 사용자에게 상기시켜 줄 수 있다. 셋째, 시스템이 상식적으로 행동하는지를 평가한다. 그림 45의 집으로 오는 길 2번 행동에서 사용자가 길에서 특정 명품을 보고 스마트폰으로 명품에 대한 정보를 요청했다면, 특별한 경우가 아닌 한 지나치게 해상도가 높은 이미지를 보내 데이터 비용이 많이 발생하게 할 필요가 없으니 상식적으로 생각해서 높은 비율로 압축한 이미지를 전송할 수 있다. 넷째, 시스템이 융통성 있게 행동하는지를 점검한다. 그림 46의 5번 행동에서 사용자가 복잡한 요리를 해서 사진이 열 장 이상 필요한 경우 서비스 제공자에게 특별 요청을 하면 열 장 이상의 사진도 올릴 수 있도록 배려할 수 있다.

이와 같은 지침들에 따라 앞서 작성된 스토리보드를 수정 보완해 최종적으로 사용자에게 조화롭고 배려 깊고 번거롭지 않게 반응하는 디지털 서비스나 제품의 인터랙션을 디자인할 수 있다.

본 장에서는 디지털 제품 및 서비스의 인터랙션을 디자인하는 과정에서 디지털 제품 및 서비스의 올바른 반응은 무엇인지, 그 반응을 하기 위해 지켜야 하거나 피해야 할 사항들은 무엇인지, 실제 제작 및 구축에 앞서 디지털 제품 및 서비스의 인터랙션을 구체화하는 방법에는 어떤 것이 있는지에 관해 살펴보았다. 성공적으로 설계된 디지털 제품 및 서비스의 인터랙션은 사용자가 디지털 시스템을 사용한다는 느낌을 잊어버릴 정도로 투명해야 하며, 이로 인해 사용자가 몰입할 수 있도록 디자인되어야 한다. 이를 위해서는 디지털 제품 및 서비스의 인터랙션이 조화롭고 사려 깊으며 쓸데없이 사용자를 번거롭게 하지 말아야 한다. 그리고 보다 구체적인 이해를 위해서 스토리보드 기법을 통해 디지털 제품 및 서비스의 행동이 실제 사용 상황에서 어떻게 이루어질 것인지를 대략적으로 시뮬레이션해 볼 수 있다. 다음 장에서는 디자인 파트를 구성하는 네 번째 요소 가운데 인터페이스 디자인에 관해 설명할 예정이다. 인터페이스 디자인은 디지털 제품 및 서비스가 행한 행동의 결과를 표현해 준다는 점에서 인터랙션 디자인과 밀접하게 연결되어 있다. 따라서 인터페이스 디자인 과정에서 인터랙션의 수정이 필요하면 다시 돌아와서 스토리보드와 스토리모형을 수정할 필요가 있다.

토론 주제

1

최근 출시된 디지털 서비스나 제품 중 투명성이 높은 사례와 낮은 사례를 한 가지씩 선정해 비교해 보자. 각 사례에서 어떤 요인들이 우리에게 투명성을 높게 또는 낮게 느끼게 만들었을까? 의미 있는 비교를 위해서는 서로 유사한 서비스나 제품을 선정하는 것이 좋다.

2

최근 출시된 디지털 서비스나 제품 중 조화로운 행동을 보이는 사례와 그렇지 못한 사례를 한 가지씩 선정해 비교해 보자. 각 사례에서 어떤 요인들이 시스템이 조화로운 행동을 하거나 그렇지 못하다고 느끼게 만들었을까? 의미 있는 비교를 위해서는 유사한 서비스나 제품을 선정하는 것이 좋다.

3

최근 출시된 디지털 서비스나 제품 중 사용자를 번거롭게 하는 사례와 그렇지 않는 사례를 한 가지씩 선정해 비교해 보자. 각 사례에서 어떤 요인들이 사용자를 번거롭게 하거나 그렇지 않다고 느끼게 만들었을까? 의미 있는 비교를 위해서는 유사한 서비스나 제품을 선정하는 것이 좋다.

4

최근 출시된 디지털 서비스나 제품 중 사려 깊은 행동을 보이는 사례와 그렇지 못한 사례를 한 가지씩 선정해 비교해 보자. 각 사례에서 어떤 요인들이 사려 깊은 행동을 하거나 그렇지 못하다고 느끼게 만들었을까? 의미 있는 비교를 위해서는 유사한 서비스나 제품을 선정하는 것이 좋다.

5

최근 출시된 디지털 서비스나 제품 중 스토리가 탄탄한 구조를 가지고 있는 사례와 그렇지 못한 사례를 한 가지씩 선정해 비교해 보자. 이런 비교를 통해 어떤 요인들이 탄탄한 스토리를 만드는 데 기여를 했는지 생각해 보자. 의미 있는 비교를 위해서는 유사한 서비스나 제품을 선정하는 것이 좋다.

6

최근 출시된 디지털 서비스나 제품 중 스토리가 선명한 갈등 극복의 구조를 가지고 있는 사례와 그렇지 못한 사례를 한 가지씩 선정해 비교해 보자. 이런 비교를 통해 어떤 요인들이 갈등 구조를 표현하고 있으며, 서비스나 제품이 갈등을 해소하는 데 어떤 기여를 하는지 생각해 보자. 의미 있는 비교를 위해서는 유사한 서비스나 제품을 선정하는 것이 좋다.

7

최근 출시된 디지털 서비스나 제품 중 스토리가 사용자에게 의미 있는 선택을 할 수 있도록 하는 사례와 그렇지 못한 사례를 한 가지씩 선정해 비교해 보자. 그리고 왜 사용자가 의미 있는 선택을 하고 있거나 그렇지 못하다고 생각하는지 알아보자. 의미 있는 비교를 위해서는 유사한 서비스나 제품을 선정하는 것이 좋다.

8

최근 출시된 디지털 서비스나 제품을 한 가지씩 선택해 전반적인 스토리 구축 단계를 시행해 보자. 통합 스토리모형을 작성해 보고 그 과정에서 어려운 점은 무엇인지 정리하고, 디지털 제품이나 서비스에서 개선할 수 있는 점은 어떤 것이 있는지 생각해 보자.

9

최근 출시된 디지털 서비스나 제품을 한 가지씩 선택해 구체적인 스토리텔링 단계를 시행해 보자. 여러 가지 스토리보드 양식 중 하나를 선정해 스토리보드를 작성해 보자. 그리고 그 양식을 선택한 이유를 설명해 보자.

10

새로 기획하고 있는 디지털 제품이나 서비스의 스토리보드를 작성해 보자. 그리고 해당 시스템이 조화로운 행동, 사려 깊은 행동, 번거롭지 않은 행동을 하는지를 평가해 보자. 그리고 처음 작성한 스토리보드가 어떻게 수정되었는지 구체적으로 표시해 보자.

13장 인터페이스 디자인

**풍부한 감성을 느낄 수 있는
시스템 디자인하기**

"당신이 남들에게 보이는 모습이 바로 당신 자신이다."

에릭 슈피커만 Eric Spiekermann

궁금한 점

제품이나 서비스의 디자인은 예쁘면 되지 다른 것들은 중요하지 않다고 생각하는 사람들도 많은데, 굳이 인터페이스 디자인에 신경을 써야 하는 이유는 무엇일까?

제품이나 서비스 디자인은 예술적 감성을 가진 전문가들만 잘 할 수 있는 분야인데, 일반인이 인터페이스 디자인을 배운다고 해서 얼마나 멋있는 인터페이스를 만들 수 있을까?

어떤 제품은 그 개성이 뚜렷한 반면, 어떤 제품은 어떤 개성이 있는지 전혀 종잡을 수 없는 경우가 있다. 이런 차이가 나는 이유는 무엇일까?

영화 소개

바이센테니얼맨 Bicentennial Man 1999

"온전한 당신을 제대로 표현하기 위해서는 수많은 특성들을 디자인에 포함시켜야만 해요."

루버트 번즈(로봇 디자이너)

영화 〈바이센테니얼맨〉은 2005년 미국 뉴저지를 배경으로 펼쳐지는 미래 세계를 보여 준다. 로봇 NDR-114로 불리는 앤드류는 가사일부터 아이들을 돌보기까지 모든 일을 수행하는 만능 로봇이다. 그러나 어딘지 모르게 다른 로봇과 다른 모습을 띤다. 나무 조각상을 보고 스스로 조각을 하거나 인간에게 감정을 느끼는 것이 그중 하나이다. 영화 제목이 시사하듯 〈바이센테니얼맨〉은 주인공 로봇이 200살까지 살아가면서 겪게 되는 과정을 잔잔하게 순차적으로 보여 준다. 기계이지만 인간이 되고 싶은 앤드류. 그는 사람과 마음을 나누기 위해 인간의 모습으로 끊임없이 변모해 나간다. 그러나 영화 속 로봇디자이너 루버트 번즈가 말한 것처럼 온전한 인간으로 살기 위한 그의 과정은 수많은 변화를 요구한다. 인공피부, 눈동자, 머리카락 등의 겉모습부터 인간 세상에서 인정받기까지의 여정은 200년이라는 오랜 시간을 거친다. 그 과정을 통해 겉모습은 물론 그의 마음에까지도 큰 변화가 생긴다. 딱딱하고 차가운 금속에서 부드러운 젊은이의 피부로, 그리고 나이든 노인의 피부로 변하는 앤드류의 모습을 보면서 우리가 느끼는 감성도 변해 간다. 영화 〈바이센테니얼맨〉을 통해 디지털 제품이나 서비스를 표현하는 방식에 따라 사용자가 느끼는 감성도 크게 변화될 수 있다는 사실을 경험해 보자.

영화 토론 주제

1 앤드류가 사람에 가까워지기 위해 200년 동안 진화하면서 그의 겉모습에는 시각적으로 큰 변화가 생긴다. 그런 변화 가운데 앤드류를 가장 사람과 비슷하게 표현한 요소는 무엇일까?

2 앤드류가 변화하는 과정을 보면 겉으로 보이는 시각적 모습뿐만 아니라 청각적이거나 촉각적인 변화도 많이 일어났다. 이런 변화 중에서 현재 우리 주위에 있는 로봇들에게도 적용될 수 있는 변화는 어떤 것이 있을까?

3 200년 동안 진화하면서 앤드류를 대하는 사람들도 변해 간다. 앤드류가 자신을 표현하는 모습이 변하면서 앤드류에 대한 사람들의 태도나 감성이 어떻게 변화되어 갔을까? 가장 큰 변화는 무엇일까? 무엇이 그런 변화를 가져왔을까?

영화 〈바이센테니어맨〉에서 나타난 다양한 인터페이스 디자인

인터페이스 디자인은 디지털 제품이나 서비스의 콘셉트나 정보구조 그리고 인터랙션을 실제 사용자가 지각할 수 있는 형태로 구체화하는 과정을 의미한다. 본 장에서는 인터페이스 디자인의 범위를 규정하고, 인터페이스 디자인의 요소로 어떠한 것들이 있는지를 설명하고자 한다. 시각적인 인터페이스 디자인 요소는 색상, 형태, 위치, 서체, 그래픽 등의 기본적인 시각적 디자인 요소와 이 기본적인 요소를 조합해서 만드는 시각적 구성이 있다. 또한 최근에는 시각 외에도 청각이나 촉각과 같이 인간의 오감을 이용한 인터페이스 디자인 요소를 활용하고 있다. 본 장에서는 이러한 인터페이스 디자인 요소를 활용해 달성하고자 하는 인지적인 효과와 감성적인 효과를 설명함으로써 인터페이스 디자인을 할 때 활용할 수 있는 기본 지식을 제공하고자 한다. 이를 통해 사용자가 디지털 제품이나 서비스의 콘셉트와 정보구조, 인터랙션 방식을 쉽게 이해하고 풍부한 감성을 느낄 수 있게 하는 전반적인 방법을 소개하는 데 목적이 있다.

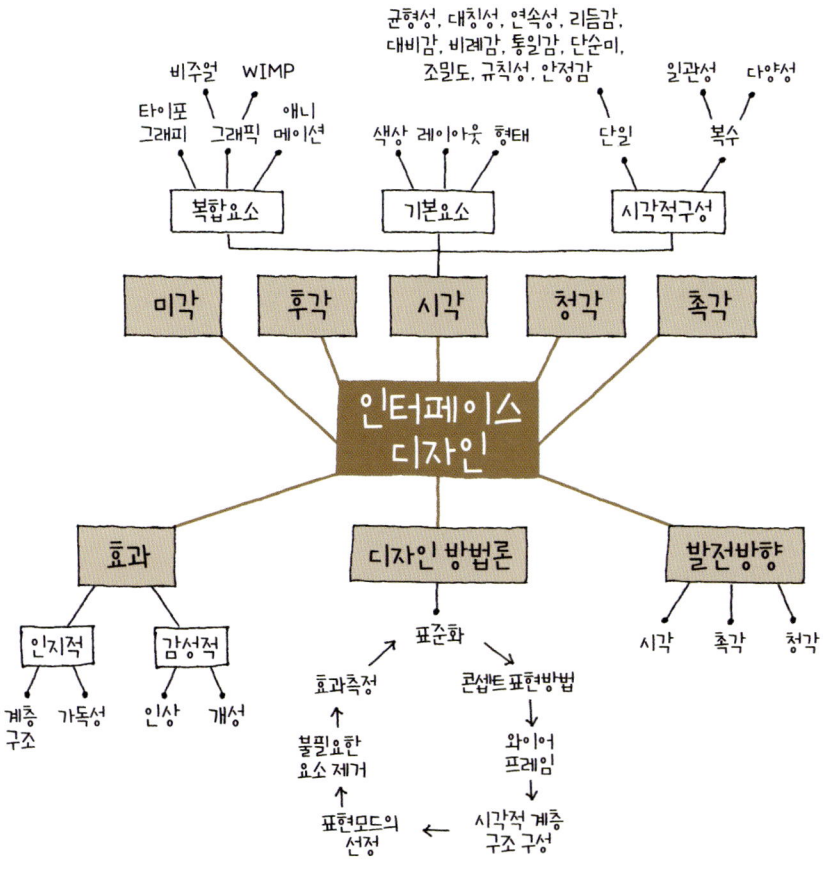

1. 인터페이스 디자인의 중요성

미술에서 표현representation이란 어떤 내용을 외적인 형식에 의해 나타내는 것을 의미한다. 무엇을 나타내느냐에 따라 표현은 세 가지로 나누어진다. 첫째, 자연이나 현실 등의 외적인 대상 세계를 묘사할 수 있다. 예를 들어, 스마트폰으로 찍은 사진을 화면으로 보여 주는 것이다. 둘째, 정서나 인상과 같은 내적 상태를 겉으로 나타내는 것이다. 예를 들어, 휴대전화 사용자의 정서를 인식하고 이를 기반으로 아바타의 표정을 표현할 수 있다. 셋째, 추상적이거나 보편적인 관념을 나타낼 수 있다. 예를 들어, 휴대전화 사용자를 위해 새로운 콘셉트를 도출하고 그 콘셉트를 제품으로 구체화시키는 것이 이에 속한다. 인터페이스 디자인은 결과적으로 콘셉트 디자인에서 도출해 낸 디지털 제품이나 서비스의 추상적인 개념, 정보구조 디자인에서 파악한 외적인 자료 및 정보구조, 인터랙션 디자인에서 파악한 시스템의 내적인 기능과 행동 방식을 외적인 형태로 표현하는 과정을 의미한다.

우리가 아무리 좋은 콘셉트를 도출하거나 유용한 정보를 파악하고 사려 깊은 인터랙션 방식을 개발했다고 할지라도 그 내용이 외적인 형태로 나타나서 사용자에게 효과적으로 전달되지 않으면 아무 소용이 없다. 그렇기 때문에 인터페이스 디자인의 중요성은 너무나도 당연한 것이다. 그런 의미에서 HCI의 초창기에는 인터페이스 개발이 전체 HCI에서 가장 큰 비중을 차지했다. 2장에서도 언급했듯이 인터페이스interface란 사람이 접촉하는 디지털 제품이나 서비스의 입출력 장치 및 그 장치를 통해 표현되는 정보나 기능을 가리킨다. 따라서 인터페이스 디자인interface design은 입출력 장치에서 콘셉트나 정보 그리고 기능을 표현하는 방법을 결정하는 과정이다. 예를 들어, 화면에 빨간색 메뉴바를 올려놓는다든지, 사각형 버튼 모양으로 한다든지, 강아지 모양의 지능형 대리인이 멍멍 소리를 내도록 한다든지, 게임에서 마우스를 수초 동안 진동하게 만든다든지 하는 것들이 인터페이스 디자인에 포함된다.

인터페이스 디자인에 대한 잘못된 선입견 가운데 하나가 인터페이스 디자인이 단순히 화면을 예쁘게 만들기 위한 것이라고 생각하는 것이다. 인터페이스 디자인은 당장 눈앞에 보이는 디지털 제품이나 서비스를 이른바 예쁘게 겉을 치장하는(또는 스킨을 입히는) 피상적 과정이 아니라 제품이나 서비스의 가치를 사용자에게 정확하게 전달해 주는 근본적 과정이다. 다시 말해, 앞에서 분석 및 디자인 과정을 거치면서 확정된 제품이나 서비스의 콘셉트와 정보구조 및 인터랙션 방식을 인터페이스를 통해 사용자에게 정확하게 표현하는 과정이 바로 인터페이스 디자인이다.

따라서 좋은 인터페이스라는 것은 단순히 예쁜 인터페이스가 아니라 HCI의 3대 원칙을 충실하게 표현한 조화로운 인터페이스이다. 첫째, 유용성의 원칙에 의거한 좋은 인터페이스는 디지털 제품이나 서비스의 가치모형, 기능모형, 구조모형을 명확하게 사용자에게 표현해 주어야 한다. 즉 개발된 인터페이스를 통해 디지털 제품이나 서비스가 어떤 가치를 제공하기 위해 구축되었으며, 디지털 제품이나 서비스가 제공하는 중요한 기능은 무엇이며, 디지털 제품이나 서비스를 구성하고 있는 전반적인 구조는 어떤 것인지 사용자가 명확하게 이해할 수 있어야 한다. 둘째, 사용성의 원칙에 의거한 좋은 인터페이스는 사용자에게 정확하고 신속하게 디지털 제품이나 서비스를 사용할 수 있도록 시스템의 정보와 기능을 표현해 주어야 한다. 셋째, 감성의 원칙에 의거한 좋은 인터페이스는 사용자에게 제공하고자 하는 미적 인상이나 개성을 충실하게 표현해 사용자가 적절한 감성을 느낄 수 있도록 해야 한다.

2. 시각적 인터페이스 디자인 요소와 그 효과

사람은 오감을 통해 디지털 제품이나 서비스와 접촉할 수 있기 때문에 인터페이스 디자인의 대상은 시각 인터페이스, 청각 인터페이스, 촉각 인터페이스, 후각 인터페이스, 미각 인터페이스 등을 모두 포함한다. 컴퓨터 기술이 발전하면서 한 번에 하나 이상의 인터페이스를 제공하는 다중모드 multi-modal 인터페이스가 보편화되고 있다. 예를 들어, 플레이스테이션과 같은 게임기에서 총을 쏘면 총알이 날아가는 시각적 표현과 총소리라는 청각적 표현 그리고 게임 컨트롤기의 진동과 같은 촉각적 표현이 동시에 제공된다. 그러나 현실적으로는 이러한 인터페이스 중 시각적 인터페이스가 절대적으로 많은 역할을 수행하고 있으며, 다중모드의 인터페이스라고 할지라도 시각적 인터페이스가 주된 역할을 수행한다. 그러다 보니 당연히 시각 인터페이스에 치중하게 되었고, 특히 단순히 글자뿐만 아니라 아이콘이나 다이어그램과 같은 그래픽 요소를 많이 사용하는 그래픽 유저 인터페이스 GUI, graphic user interface 가 모든 인터페이스를 포괄하는 개념으로 사용되어 왔다. 이러한 맥락에서 이 책은 시각적 인터페이스 디자인 요소를 중심으로 인터페이스 디자인을 설명하고자 한다.

그러나 시각적 디자인 요소라는 것은 그 자체가 매우 광범위한 주제이기 때문에, 하나의 장 안에서 모든 요소를 설명한다는 것은 불가능한 일이다. 따라서 여러 가지 시각적 디자인 요소들 중에서도 특히 디지털 제품이나 서비스의 인터페이스 디자인과 밀접하게 연관되어 있는 시각적 디자인 요소를 몇 가지 선정하고 이들 간의 관계를 알아보고자 한다. 그림 1은 디지털 제품이나 서비스에서 주로 사용되는 기본적인 시각적 디자인 요소와 그 효과들 간의 관계를 제시하고 있다. 기본적인 시각적 디자인 요소로는 색상, 형태, 레이아웃이 있고, 복합적인 시각 디자인 요소로는 타이포그래피, 그래픽, 애니메이션 등이 있다. 시각적 인터페이스 디자인을 통해 얻을 수 있는 다양한 효과는 크게 유용성 측면의 효과와 사용성 측면의 효과 그리고 감성 측면의 효과로 나누어진다. 유용성 측면의 효과는 사용자에게 시스템의 가치와 구조 및 기능을 정확하게 전달하는 효과를 의미한다. 사용성 측면의 효과는 사용자가 원하는 과업을 효율적으로 수행할 수 있는 효과를 의미한다. 감성 측면의 효과는 개발자가 의도한 미적 인상이나 개성을 사용자에게 충실하게 전달하는 효과를 의미한다.

인터페이스 디자인을 통해 제공할 수 있는 유용성, 사용성, 감성적인 효과는 무수하게 많다. 이 책에서는 그중 디지털 제품이나 서비스와 밀접하게 관련되어 있는 효과를 선정했다. 유용성 측면에서는 시각적 계층구조visual hierarchy, 사용성 측면에서는 가독성readability 그리고 감성 측면에서는 미적 인상aesthetic impression과 개성personality을 선택했다.

그림 1
시각적 디자인 요소와
그 효과들 간의 관계

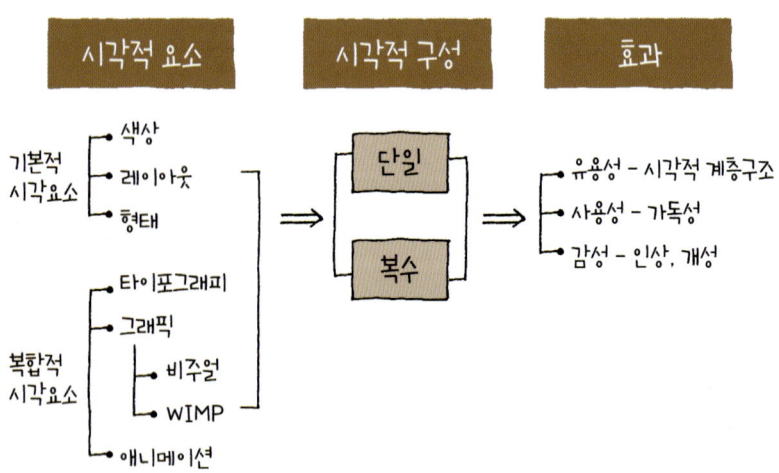

3. 기본적 시각 디자인 요소

여러 가지 인터페이스 디자인 요소에 사용되는 기본적인 인터페이스 디자인 요소로는 색상, 레이아웃, 형태 등이 있다.

3.1 색상

색상color은 일상생활에서 매우 빈번하게 사용하는 디자인 요소로서 디지털 제품이나 서비스 디자인에서도 중요한 역할을 수행한다. 색상은 여러 색 시스템을 바탕으로 속성을 정의할 수 있다. RGB는 red, green, blue의 약자로 컴퓨터 화면에서 보이는 색에 대한 시스템이고, CMYK는 cyan, magenta, yellow, black의 약자로 종이 인쇄 화면에서의 색을 대상으로 한다. 그러나 가장 일반적인 정의는 그림 2에서 보이는 먼셀좌표계를 기초로 한 색상, 명도, 채도의 3속성이다. 김경인, 김창순, 1999

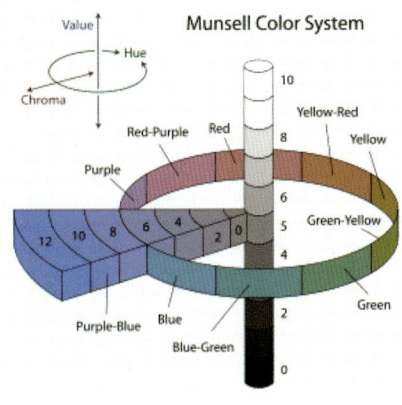

그림 2
먼셀의 색상 체계

색상

삼각형의 프리즘을 사용해 태양광선을 스펙트럼으로 분산시키면 빨강, 주황, 노랑, 파랑, 보라에 이르는 연속 색띠를 발견할 수 있다. 이를 색상hue이라고 하며, 색상은 색이 반사하는 파장의 영역에 따라 가장 푸른색에서부터 빨간색까지 다양하게 나타난다. 먼셀좌표계에서는 10색을 기본으로 다시 10등분해서 전체를 100등분했다. 색상은 보색대비나 동시대비 등과 같은 색상 대비의 기초 요소로 활용되며, 여러 문화적 기호적 요인이나 심리적 요인으로 작용한다고 알려져 있다.

명도

색이 얼마나 밝고 어두운지를 나타내며 'brightness'와 'lightness'라는 두 가지 개념으로 표현된다. lightness는 대상 자체의 명도value를 지칭하는 반면, brightness는 빛의 반사율에 따른 색의 밝고 어두운 정도를 나타낸다. 즉 lightness의 측면에서 명도가 낮다는 의미는 대상 자체가 어두운 색을 가지고 있다는 것을 의미하는 반면, brightness 측면에서 명도가 낮다는 것은 반사가 잘 안 된다는 것을 의미한다. 먼셀좌표계에서는 검정을 0, 하양을 10으로 해서 그 사이를 등간격으로 나누었다. 명도와 밀접하게 관련된 개념으로 휘도luminance가 있다. 휘도는 디스플레이트의 발광정도를 나타내며, 그 단위는 칸델라candela를 사용한다. 전등과 같은 광원을 직접 바라볼 때 강하게 빛나는 정도를 의미한다.

채도

채도saturation는 색의 순탁, 즉 색의 탁한 정도를 나타낸다. 무채색을 기초로 순색에 가까울수록 채도가 높아지는데, 순색은 가장 채도가 높은 상태이다. 먼셀좌표계에서 채도는 0-10까지의 수치를 나타내며, 채도가 높아질수록 높은 수치를 나타낸다.

톤

색의 3속성 이외에 주목받고 있는 또 다른 색의 속성이 톤tone이다. 톤은 명도와 채도가 합쳐진 개념이다. 톤은 특히 PCCSpractical color coordinate system 색시스템에서 잘 나타나 있다. 그림 3에서 나타난 PCCS에서는 톤에 따른 감성적 어휘를 체계화시킴으로써 각 톤에 따라 느껴지는 감성적인 특성을 일목요연하게 나타내고 있다. 그림 3의 가장 오른쪽 색상체계는 선명한 톤을 제공하고 있는 반면, 왼쪽 하단은 어두운 회색빛의 톤을 제공하고 있다.

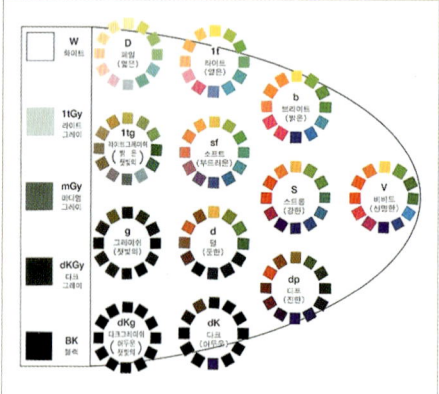

그림 3
톤에 기초한 색상체계

3.2 레이아웃

레이아웃layout은 시각적 디자인 요소들에 대한 화면상의 전반적인 배열을 의미한다. 다양한 요소들로 구성되어 있으며, 그 자체로도 중요한 학문 분야이다. 여기에서는 레이아웃 중에서 특히 정보구조 디자인에서 다룬 내용과 밀접하게 관련된 요소를 중심으로 살펴보고자 한다.

정보의 양

얼마나 많은 양의 정보amount and density를 한 지면이나 화면에 보여 줄 것인지가 레이아웃의 기본적인 요소이다. 꼭 보여 주어야 할 정보만 제공해야 하고, 그보다 많거나 적은 경우 사용자의 사용성을 감소시킨다는 것이 일반적인 법칙이다.

그림 4
레이아웃에 대한 디자인 요소

그러나 시스템을 개발하다 보면 꼭 필요한 정보이기 때문보다는 이미 제공되고 있거나 혹은 나중에 필요할 수 있다는 이유로 정보를 제공하는 경우가 많다. 예를 들어, 그림 4를 보면 사용자에게 흥미를 불러일으키기 위해 홈 화면에서 일부러 간략한 영화 소개 등 제목 수준의 정보만 제공하고 있다. 또한 중요 메뉴에 대한 간단한 단어는 상단에 배치시키고 중앙에는 소수의 중요한 캐릭터를 배치시킴으로써 시선을 중앙에 집중시키는 효과를 유도하고 있다.

정보의 그룹핑

얼마나 많은 범주를 얼마나 많이 제공해 줄 것인지를 grouping 결정하는 것도 레이아웃을 결정하는 중요한 요소이다. 시각적으로 범주를 나누는 방법은 크게 여백과 색 그리고 윤곽선과 같은 시각적 경계를 이용하는 것이다. 수평적으로 두 줄 이상, 수직적으로 한 줄 이상의 여백이 주어지면, 사람들은 다른 범주로 간주한다. 또한 사용자의 눈에 보이는 두 물체 간의 시각적인 각도가 5도 이하인 경우가 하나의 그룹으로 인식하기 편리하다. 예를 들어, 그림 4의 영화 〈토이스토리〉는 이벤트 메뉴에 있는 내용을 영화의 핵심 캐릭터를 이용해 크게 범주화하고, 세부적인 내용은 캐릭터를 클릭했을 때 관련 내용을 하나씩 보기 편하게 제시함으로써 정보의 그룹을 시각적으로 표현했다.

정보의 정렬

정보 그룹을 어떤 순서에 따라 화면에 배치할 것인지 정하는 정렬 alignment 역시 레이아웃을 결정하는 중요한 요소이다. 정보를 정렬하는 기준으로는 크게 다섯 가지 기준을 사용한다. 첫째, 정보를 사용하는 순서에 따라 먼저 사용하는 정보를 왼쪽 상단에, 나중에 사용하는 정보를 오른쪽 하단에 정렬한다. 둘째, 정보의 일반적인 순서에 따라 정렬한다. 예를 들어, 주소를 표현할 때에 시도명, 읍면동명, 번지·호, 이름순으로 정렬한다. 셋째, 중요도에 따라 정렬한다. 예를 들어, 중요한 자료일수록 사용자의 눈에 잘 띄는 곳에 정렬하는 것이다. 넷째, 사용하는 빈도에 따라 정렬한다. 자주 사용하는 자료일수록 사용자가 쉽게 움직일 수 있는 곳에 배치한다. 다섯째, 자료의 일반성과 특수성에 따라 정렬한다. 일반적인 자료는 특수한 자료보다 앞에 정렬한다.

정보 간의 공간적 관계

화면에 표현되는 정보 간의 공간적 관계spatial relation를 설계하는 것도 레이아웃의 중요한 요소이다. 일반적으로 표현하는 공간적 관계는 시각적 오리엔테이션orientation으로, 관련된 자료는 수평적보다는 수직적으로 배열하는 것이 더 좋다.Simon and Mosier, 1986 수직적으로 배열되었을 때는 어떤 정보를 배열하는지에 따라 오른쪽 또는 왼쪽 정렬이 결정된다. 예를 들어, 문자 정보는 왼쪽 정렬을, 숫자 정보는 오른쪽 정렬을 권장한다. 들여쓰기indentation도 정보 공간을 표현하는 중요한 요소로, 특히 파일의 구조와 같은 계층적 관계를 표현하는 데 요긴하게 사용한다. 반면 순차적인 구조를 가져갈 때에는 수평적인 정렬을 주로 사용한다.

─── 3.3 형태

형태shape는 기본적인 디자인 요소이기 때문에 그 자체로 이야기되는 것보다는 글자체와 같이 여러 가지 복합적인 형태로 사용된다. 여기에서는 형태와 관련된 중요한 디자인 속성 세 가지를 간단하게 설명한다.

크기

대상이 되는 아이템이 가지고 있는 크기는 전체 디스플레이 스크린 크기와 해당 아이템이 속해 있는 윈도의 크기에 따라 결정된다. 이때 전체 디스플레이 스크린은 15인치, 17인치, 20인치 등 하드웨어 스크린의 크기를 의미한다. 반면 윈도의 크기는 스크린상에서 해당 윈도의 크기를 의미한다. 어떤 대상의 크기는 일반적으로 그 대상을 표현하는 수평적인 픽셀 수와 수직적인 픽셀 수를 곱한 값으로 표현한다. 따라서 실제 화면에 보이는 크기는 디스플레이의 크기와 윈도의 크기 그리고 대상의 크기에 복합적으로 영향을 받는다. 같은 크기의 디스플레이에서도 그림 5의 왼쪽은 큰 윈도 속에 상대적으로 작은 것을 확대해 큰 대상을 표현했고, 오른쪽은 큰 윈도 속에 큰 것을 축소해 작은 대상을 표현했다.

방위

방위orientation는 대상이 되는 아이템이 스크린상에서 어떤 각도의 형태를 하고 있는지를 의미한다. 일반적으로 스크린의 각도는 표면과 수평적인 각도를 취하고 있기 때문에 대상의 각도는 일반적으로 수평과 대상의 긴 면이 가지고 있는 각도 간의 차이로 측정한다. 그림 5의 왼쪽은 180도의 수평적인 방위를 가지고 있는 반면, 오른쪽은 비스듬한 각도로 아이템들을 배열하고 있다.

형태

형태form는 그 자체가 매우 다양한 속성을 가질 수 있다. 예를 들어, 형태가 얼마나 직선인가 곡선인가에 따라 딱딱한 형태와 부드러운 형태로 나눌 수 있다. 또한 형태가 얼마나 규칙적인가에 따라 원이나 사각형 또는 육각형처럼 규칙적인 형태와 그 외의 비규칙적인 형태로 나눌 수 있다. 외곽선의 두께 또한 중요한 속성으로서 얇은 외곽선과 두꺼운 외곽선으로 나눌 수 있다. 그림 5의 오른쪽은 작고 불규칙적인 화면 형태를 하고 있는 반면, 왼쪽은 크고 규칙적인 형태로 아이템을 배치하고 있다.

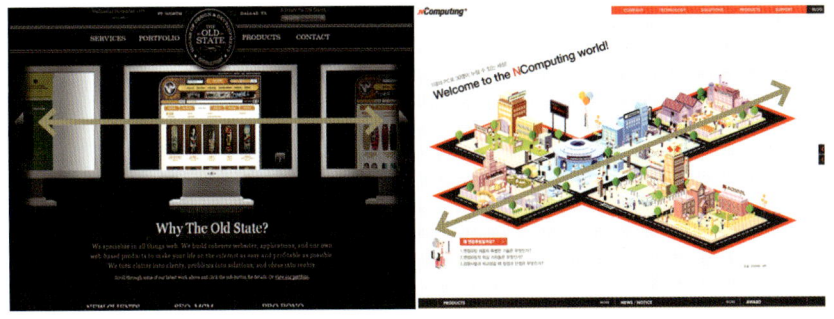

그림 5
형태에 대한 디자인 요소

4. 복합적 시각 디자인 요소

여기에서는 디지털 제품이나 서비스에서 자주 사용하는 복합적 시각 디자인 요소로 타이포그래피, 그래픽, 애니메이션을 설명한다.

4.1 타이포그래피

타이포그래피typography란 전통적인 디자인에서도 매우 중요한 요소 중의 하나로 좁은 의미로는 글자type로 이루어진 인쇄의 기술이나 인쇄물을 의미하기도 하지만, 넓은 의미로는 모든 글자와 글자가 만들어 내는 디자인으로 글자체·폰트 디자인을 포함하는 광범위한 개념이다. 타이포그래피 디자인은 글자에 의미 전달 기능은 물론 다양한 시각적 효과를 적용시켜 글자의 시각적 효과를 높이며, 나아가 글자에 감성과 정서까지 담아낸다.안상수, 1997 타이포그래피의 역할은 크게 기능적 역할과 형태적 역할로 나눌 수 있다. 기능적 역할은 말이 가지고 있는 의미의 전달로 가독성과 정보 전달력이 강조되고, 형태적 역할은 글자가 가지고 있는 형태로 조형미를 표현한다. 타이포그래피를 디자인할 때 고려해야 할 요소는 타입페이스typeface, 글자크기letter size, 글줄사이line-space, 글자사이letter-space 등이 있다.Constantine and Lockwood, 1999

타입페이스

타입페이스는 일반적으로 글꼴font이라고 불리는 글자의 형태를 가리키며, 특히 영문체에서는 폰트 중 헬베티카체helvetica 등의 산세리프san seirf와 타임체time 등의 세리프serif로 나눌 수 있다. 세리프체는 글자획의 끝부분에 장식 모양의 부리세리프가 있는 서체를 의미하며, 산세리프체는 글자획의 끝부분이 없이 깨끗하게 마무리되는 서체를 의미한다.

글자크기

일반적인 포인트 단위로 글자의 크기를 나타내며, 같은 숫자의 크기라도 글자체에 따라 실제 크기는 약간씩 다를 수 있다. 포인트 이외에도 Q나 pica파이카 등의 단위를 사용하기도 하고, em elements이라는 상대적 높이값을 사용하기도 한다.

글줄사이(행간)

글자의 줄과 줄 사이의 간격을 나타낸다. 한 글자와 아래 또는 위의 글자와의 간격을 뜻한다.

글자사이(자간)

글자와 글자의 간격을 나타낸다. 글자와 옆 글자 사이의 간격을 뜻한다.

4.2 그래픽

타이포그래피가 문자적인 형태의 복합 디자인 요소라면, 비문자적인 형태의 복합 디자인 요소를 통틀어 그래픽graphic이라고 한다. 그래픽은 기본적인 형태의 시각적 커뮤니케이션 소통수단이자 문자보다 강력한 도구로서 다음과 같은 특성을 띠고 있다.

첫째, 주목성으로서 그래픽은 커뮤니케이션의 전달력을 강화시키기 위해 역동적인 레이아웃 구성이 가능하다. 이는 정보를 실제 체감하고 몰입감을 느끼도록 해 주기 때문에 정보 제공자와 사용자 간에 집중도가 높은 상호작용을 제공할 수 있다. 둘째, 보편성으로서 그래픽은 동일한 내용이 다양한 언어, 문화, 사용자 연령에 공통적으로 전달될 수 있기 때문에 보편적인 시각언어라고 할 수 있다. 셋째, 정보성으로서 의사소통을 위한 문자가 탄생하기 이전 고대에는 그 시대상을 반영한 모습을 담은 그림으로 상호 의사소통 및 역사를 남겼을 정도로 그래픽은 타이포그래피가 제시하는 정보보다 더 직관적인 정보를 제공한다.

그래픽은 어떤 용도로 사용하는가에 따라 일반적인 디자인 요소와 인터페이스에 특화된 디자인 요소로 나눌 수 있다. 일반적인 디자인 요소는 디지털 제품이나 서비스뿐만 아니라 다양한 용도로 사용되는 그래픽 요소이고, WIMP$^{window\ icon\ menu\ pointer}$ 디자인 요소는 컴퓨터의 인터페이스에 특화되어 사용되는 그래픽 요소이다.$^{Tullis,\ 1998}$ 일반적인 그래픽 디자인 요소로는 이미지, 다이어그램, 테이블·그래프 등이 있고, WIMP 디자인 요소로는 윈도, 아이콘, 메뉴, 포인터가 있다.

일반적인 그래픽 디자인 요소

이미지

넓은 의미에서 이미지image는 일러스트레이션이나 다이어그램, 심벌 등 텍스트가 아닌 모든 요소를 포함한다. 이미지의 예로 그림 6의 사진을 들 수 있다. 디지털 제품이나 서비스를 위한 이미지를 설계할 때 중요한 요소는 전체 디지털 용량byte의 크기이다. 바이트 크기는 모든 이미지를 표현하는 총 바이트 수를 말한다. 바이트 크기가 커지면 이미지가 더욱 정교화되기 때문에 대상을 사실적으로 표현할 수 있다. 반면 바이트 크기가 커지면 인터넷상에서 이미지를 다운로드하는 데 걸리는 시간이 길어진다. 권장 바이트 수는 56KB모뎀, T1, T2, E1 등의 전용선 등 인터넷 접속 환경에 따라 다양하다. 하지만 아무리 인터넷 접속이 좋다고 할지라도 쓸데없이 많은 바이트 수를 사용할 필요는 없다. 이미지와 관련해 중요한 또 하나의 요소는 파일 포맷이다. 디지털 제품이나 서비스의 이미지를 나타

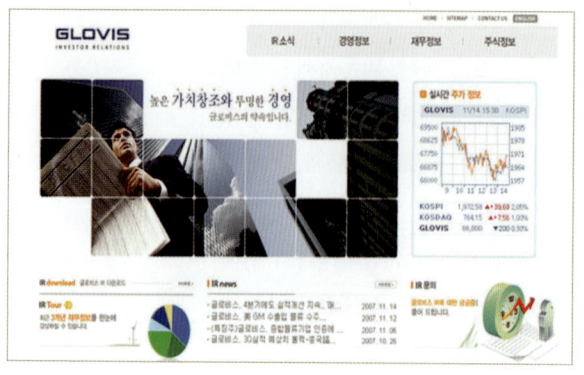

그림 6
일반적인 그래픽 디자인 요소

낼 때는 주로 gif나 jpeg, png를 사용한다. gif는 단색이거나 이미지의 색조가 단조로울 때, 브라우저 간에 이미지의 호환성을 높이고자 할 때, 이미지를 투명하게 하고자 할 때 주로 사용한다. 반면 jpeg는 이미지의 색조가 복잡하고 이미지에 그라데이션이 있거나 해상도가 중요한 사진 이미지에 주로 사용한다.

다이어그램

이미지가 가상 또는 실세상의 모습을 실제적으로 표현하고자 한 것이라면 다이어그램diagram은 복잡한 실세상의 시스템을 추상화해 상징적으로 표현한 그래픽이다. 이 책의 분석 절차에서 사용하는 시퀀스 다이어그램이나 컴포넌트 다이어그램 등이 다이어그램의 예라고 할 수 있다. 그림 6도 다이어그램의 한 예이다. 다이어그램을 설계하는 과정에서 중요한 디자인 요소는 추상화의 관점perspective과 추상화의 정도level이다. 첫째, 동일한 시스템에 대한 다이어그램이라고 할지라도 어떤 관점에서 바라보았는지에 따라 상이한 다이어그램이 만들어질 수 있다. 예를 들어, 동일한 대상에 대해서도 기능적 관점과 구조적 관점에 따라 다른 다이어그램을 제공할 수 있다. 기능적 관점은 어떤 작업이 이루어지는지를 표현하는 반면, 구조적 관점은 조직 내에서 누가 어디서 그런 작업을 수행하는지를 표현한다. 둘째, 다이어그램은 추상화의 정도에 따라 달라진다. 추상화의 정도가 높을수록 현실 세계의 시스템과는 차이를 보이는 개념적인 내용을 표현하는 반면, 추상화의 정도가 낮을수록 현실 세계의 시스템과 비슷한 표현을 제공한다. 따라서 추상화의 정도가 낮을수록 더 세세한 부분을 보여 준다고 생각할 수 있다. 예를 들어, 전체 시스템 수준에서 전반적인 시스템 운영 상황을 보고자 할 때는 추상화 정도가 높은 전반적인 다이어그램을 제공하는 반면, 실제 구체적인 시스템의 작동 현황을 알고자 할 때는 추상화 정도가 낮은 다이어그램을 사용할 수 있다.

테이블과 그래프

숫자적인 내용을 표현하기 위해서는 테이블이나 그래프를 주로 사용한다. 테이블table은 주로 가로축과 세로축이라는 2차원을 통해 격자형으로 숫자를 표현하는 방식이다. 반면 그래프graph는 꺾은선 그래프나 막대 그래프 등 다양한 그래픽 요소를 이용해 숫자를 표현하는 방식이다. 숫자를 그래픽 요소로 표현할 때 가장 많이 고려하는 것은 어떤 자료를 테이블로 표현할 것인지 또는 그래프로 표현할 것인지를 결정하는 것이다. 이러한 결정은 어떤 과업을 수행하기 위해 어떤 종류의 데이터를 제공하는지에 따라 달라진다. 예를 들어, 그래프는 전반적으로 어떤 방향으로 작업을 진행할 것인지를 결정할 때 유용한 반면, 테이블은 정확한 연산을 필요로 하는 경우에 더 적합하다.Benbasat, Dexter and Todd, 1986 비슷한 결과로, 꺾은선 그래프는 추세 분석을 하거나 미래 예측을 하는 경우에 적합한 반면, 테이블은 특정 자료를 찾는 경우에 적합하다.Lalomia and Coovert, 1987 그러나 컴퓨터 시스템의 성능이 높아지고 디스플레이 화면의 크기와 해상도가 높아지면서 '테이블이냐, 그래프냐'라는 질문의 중요도는 상대적으로 낮아지고 있다. 왜냐하면 그림 6과 같이 둘 다 제공하면 되기 때문이다. 그러나 어떻게 하면 사용자가 여러 가지 형태의 테이블과 그래프를 동시에 사용하는 데 불편이 없도록 표현할 것인지는 아직도 중요한 연구 주제로 남아 있다.

WIMP 디자인 요소

윈도

윈도window는 그림 7과 같이 화면에서 독자적으로 조작될 수 있는 일정 부분의 시각적 디스플레이를 의미한다. 윈도는 사각형 모양을 하고 있으며, 크기나 위치를 변경하거나 가장 작게 혹은 가장 크게 만들거나 아니면 아예 없애 버릴 수 있다. 사용자가 해당 윈도에 대해 이러한 조작을 하는 것이 화면에 있는 다른 윈도나 아이콘에 영향을 미치지 않는다는 의미에서 윈도는 독자적으로 조작할 수 있다. 윈도는 현재의 창보다 더 많은 정보를 보여 줄 수 있는 스크롤바scroll bar와 특정 윈도의 이름을 표시하는 타이틀바title bar, 현재 윈도의 상태를 표시하는 상태바status bar, 여러 가지 아이콘을 함께 모아 놓은 툴바tool bar 등을 부수적으로 가지고 있다. 보통 스크롤바에는 윈도의 아래쪽에 있는 수평 스크롤바와 오른쪽에 있는 수직 스크롤바가 있다. 타이틀바는 주로 윈도의 위에 위치하며, 상태바는 주로 윈도 아래에 위치한다. 윈도가 WIMP의 기본적인 구성 요소인 만큼 다양한 종류의 윈도가 사용되고 있다. 일단 윈도는 주 윈도와 부 윈도로 나누어진다. 주 윈도는 대부분의 일이 진행되는 윈도를 의미하며, 부 윈도는 가끔 특수한 목적으로 이용되는 윈도를 의미한다. 예를 들어, 마이크로소프트 워드에서 작업을 하면 문서창이 주 윈도가 되며, 문서 내에 있는 특정 문자를 찾아내기 위해 찾기 및 바꾸기창을 열었다면 이 창은 부 윈도가 된다. 또한 윈도의 구성상 분류에 따라 다중 윈도와 단일 윈도로 나눌 수 있다. 다중 윈도는 인터넷 익스플로러창과 같이 여러 개의 창을 동시에 열 수 있고, 각 윈도에서의 작업을 종료해도 다른 윈도에서의 작업에 영향을 주지 않는다. 반면 마이크로소프트 아웃룩은 일반적으로 하나의 윈도만을 열어 작업을 진행한다. 만약 다른 창에서 열기를 일부러 지정하면, 새로운 창을 열 수도 있으나, 이 경우에도 메인 창이 닫혀지면, 나머지 창도 함께 닫힌다는 점에서 단일 윈도에 더 가깝다.

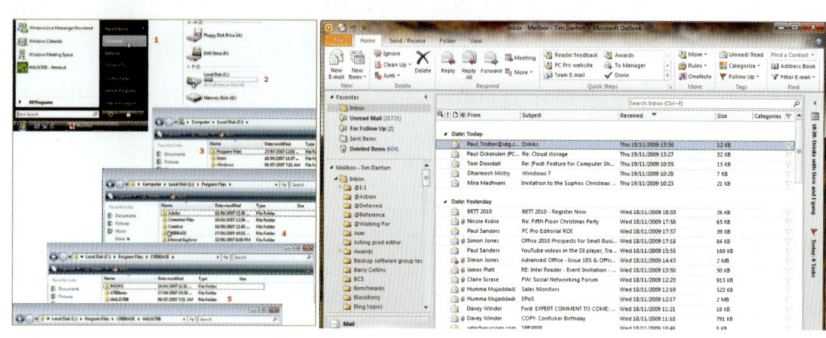

그림 7
다중 윈도와 단일 윈도의 사례

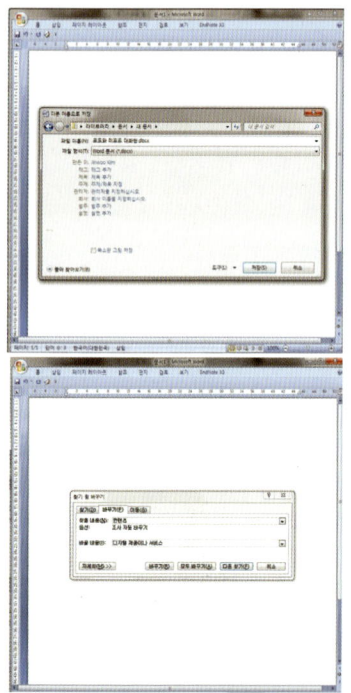

그림 8
모드와 비모드 대화창

윈도 중에서도 특히 대화형 상호작용 스타일에서 자주 사용되는 디자인 요소로 대화창이 있다. 이는 사용자와 시스템 간에 대화를 하기 위한 별도의 창을 의미하며, 어떤 대안이 존재하고 이를 선택했을 때 어떤 결과를 초래할 수 있는지를 명시적으로 보여 준다. 대화창은 비모드 modeless dialogue box 와 모드 modal dialogue box 로 나누어진다. 그림 8의 위쪽은 모드형 대화창의 예로, 마이크로소프트 윈도 워드에서 '파일-다른 이름으로 저장'을 클릭하면 대화창이 열린다. 이때 사용자가 다른 이름으로 저장하고자 하는 위치를 지정해 '확인'이나 '취소' 버튼을 클릭해 대화창을 닫기 전까지는 더 이상의 다른 작업은 할 수 없다. 반면 그림 8의 아래쪽은 비모드형 대화창의 예로, 마이크로소프트 워드 프로그램의 메뉴에서 '편집-찾기 및 바꾸기'를 클릭하면 대화창이 열린다. 여기에서 사용자는 기존의 단어를 새로운 단어로 바꿀 수 있는데, 사용자가 아무런 작업을 하지 않더라도 대화창이 활성화되어 있는 상태에서 다른 윈도를 열어 작업을 수행할 수 있다.

메뉴

메뉴 menu 는 특정 시점에 시스템이 사용자를 위해 수행할 수 있는 다양한 기능을 제시하는 인터페이스 방법이다. 메뉴의 기본적인 기능은 사용자에게 어떤 대안이 가능한지를 알려 주고, 그중에서 사용자가 특정 대안을 선택하는 과정을 손쉽게 해 준다. 메뉴의 종류는 메뉴를 사용하는 동안 메뉴가 보이는 모습에 따라 정지형 메뉴와 풀다운 메뉴 및 팝업 메뉴로 나누어진다. 그림 9에서 윈도의 가장 상단에 '홈, 삽입, 페이지 레이아웃, 참조, 편지, 검토'라는 대안을 제시하고 있는 메뉴바는 시스템을 사용하는 동안에 전혀 변동이 없기 때문에 정지형 메뉴라고 한다. 반면 '파일' 메뉴를 선택했을 때 메뉴바 아래로 제시되는 '새로 만들기, 열기'라는 메뉴는 선택과 동시에 아래로 표시되기 때문에 풀다운pull-down 메뉴라고 한다. 그리고 '파일' 메뉴 중에서 '인쇄'라는 대안을 선택하게 되면 별도의 윈도가 새로 뜨면서 인쇄와 관련된 여러 가지 대안을 선택하게 하는데, 이를 팝업pop-up 메뉴라고 한다.

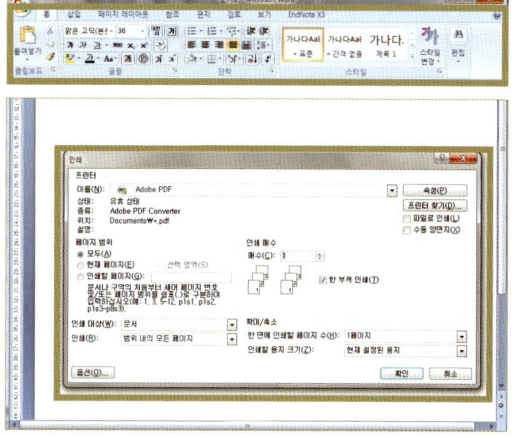

그림 9
정지형, 풀다운,
팝업 메뉴의 사례

메뉴는 대안이 제시되는 순서에 따라 선형 메뉴와 비선형 메뉴로 나누어진다. 선형 메뉴는 그림 9에 제시된 메뉴처럼 위에서 밑으로 또는 왼쪽에서 오른쪽으로 제시되는 단일 차원의 메뉴를 의미한다. 반면 비선형 메뉴는 상하좌우로 메뉴의 대안들이 제시되어 있다. 비선형 메뉴의 예로 그림 10의 파이 메뉴를 들 수 있다. 파이 메뉴는 선택 가능한 대안들이 파이의 중앙에서부터 모두 균등하게 분포되어 있어 전반적으로 메뉴의 선택이 신속하게 된다는 장점을 가지고 있다. 그러나 화면의 면적을 너무 많이 차지한다는 단점 때문에 그다지 널리 사용되지는 않고 있다. 최근 들어 많이 사용되고 있는 태그 클라우드는 화면의 면적을 많이 차지하지 않으면서도 다양한 대안을 제시하고 있다.

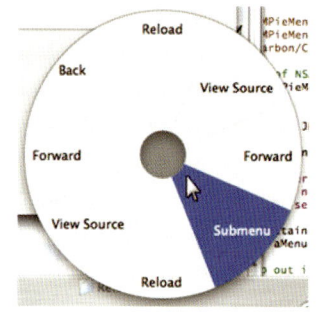

그림 10
비선형 메뉴의 사례

메뉴의 연결성에 따라 메뉴는 독립형 메뉴와 연결형 메뉴로 나누어진다. 독립형 메뉴는 하나의 메뉴가 독립적으로 제시되는 메뉴이고, 연결형 메뉴는 위계형 메뉴 시스템에서 많이 사용되는 메뉴로서 상위메뉴로부터 하위메뉴가 위계적으로 연결되는 경우를 의미한다. 시스템이 복잡해짐에 따라 최근에는 연결형 메뉴를 주로 사용하고 있다.

아이콘

아이콘icon은 시스템에 어떤 행동을 취할 수 있는 대상을 표현한 작은 그래픽 이미지로, 직조작 스타일을 구현한 시스템에서 대표적으로 사용하는 그래픽 디자인 요소이다. 이미지나 다이어그램이 시스템을 표현하는 데 초점을 맞추고 있다면, 아이콘은 시스템을 표현하는 동시에 시스템을 조작하는 데 초점을 맞추고 있다. 아이콘 디자인의 첫 번째 중요 요소는 추상화의 정도를 결정하는 것이다. 그림 11은 지난 80년 동안 사용된 아이콘을 크게 네 가지 추상화 정도로 정리한 내용이다. 아이콘의 추상화 정도가 낮을수록 실제 조작 대상을 자세하게 묘사하게 되고, 그에 따라 조작 대상의 의미를 혼동할 염려가 낮아진다. 그러나 사용자가 빠른 시간 내에 대상을 파악하고 행동에 옮길 수 있도록 해 주는 것이 아이콘의 주 임무인 만큼 추상화 정도가 낮으면 낮을수록 아이콘이 복잡해짐으로써 이를 파악하는 데 걸리는 시간이 길어진다. 특히 최근 들어 한 화면 속에 많은 아이콘을 배치하는 경향이 많아지면서 지나치게 자세하게 묘사된 아이콘은 전체 화면의 복잡도를 급격하게 증가시킨다. 따라서 높은 추상화를 통해 가능한 단순한 형태의 아이콘을 제공하는 것이 바람직하다.

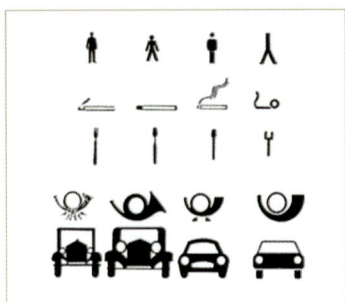

그림 11
아이콘에 대한 추상화 정도

두 번째 중요 요소는 어떤 측면을 추상화할 것인지 결정하는 것이다. 그림 12는 과거 연구에서 아이콘의 추상화 측면을 정리한 자료이다. 우선 글자를 입력하는 아이콘을 십자가 형태로 표현하는 등 '임의'의 상징을 제공할 수 있다. 그리고 글자를 지우기 위해 지우개로 지우는 모습을 보여 주거나 MP3플레이어에서 재생을 삼각형으로 나타내고 정지를 사각형으로 나타내는 등 그 대상에 사용자가 행하는 '행동'을 표현할 수 있다. 또 문서를 만들고자 할 때 빈 문서 등으로 사용자가 아이콘을 통해 조작하는 대상을 보여 주기도 하고, 부등호나 등호 등과 같이 자주 사용되는 연산자와 같이 수학에서 사용하는 '연산자'를 아이콘으로 표현할 수도 있다. 연산자가 아이콘으로 활용된 예로 마이크로소프트 엑셀의 다양한 연산자를 표현하는 기호를 들 수 있다. 과거 연구에 따르면 조작하는 '대상'을 아이콘으로 표현하는 것이 아이콘의 의미를 정확하게 파악하는 데 가장 도움이 되는 것으로 밝혀졌다. Roggers, 1993

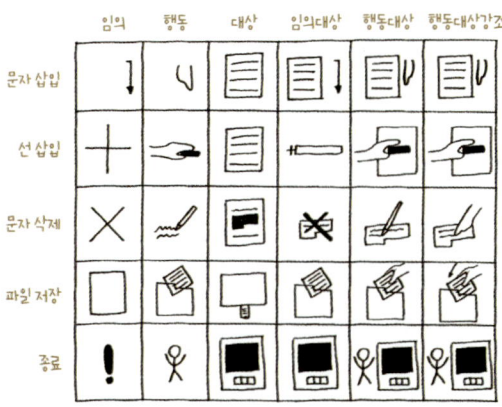

그림 12
아이콘에 대한 추상화의 측면

세 번째 요소는 그래픽적인 요소만 보여 줄 것인지 아니면 그래픽적인 요소와 글자적인 요소를 동시에 보여 줄 것인지를 결정하는 것이다. 일반적으로 글자를 그래픽적인 요소와 함께 보여 주면 아이콘의 의미를 오인하는 경우가 현저하게 줄어들지만, 그에 대한 반대 급부로 전체 시스템의 모습이 복잡해지는 경향을 보인다. 따라서 이 두 가지를 적절하게 조화시키기 위해 디지털 시스템에서 많이 사용하는 기법은 처음에는 그래픽적인 아이콘만 보여 주고, 사용자가 그것만으로 의미를 잘 모를 때 아이콘에 마우스를 대면 문자적인 요소를 보여 주는 방식이다. 아이콘의 특수한 형태로 버튼button을 들 수 있다. 버튼은 사용자가 어떤 특정 작업을 수행하기 위해 선택할 수 있는 부분을 의미한다. 버튼에는 크게 두 가지 종류가 있다. 실행 버튼과 선택 버튼이다. 실행 버튼executable buttons은 웹 페이지에서 자주 볼 수 있는 'delete'나 'confirm' 버튼과 같이 시스템이 특정 작업을 수행하게 한다. 그림 13의 왼쪽에 있는 'submit' 버튼은 각 시스템이 사용자의 정보를 시스템에 전송하는 작업을 수행한다. 이에 반해 선택 버튼selectable buttons은 특정 작업을 수행하는 것이 아니라 단지 사용자가 대안을 선택하도록 한다. 선택 버튼으로 자주 사용하는 라디오 버튼radio button과 체크박스check box가 있는데, 라디오 버튼은 그림 13의 가운데 그림처럼 동그란 모양을 하고 있으며 사용자가 여러 버튼 중에서 한 가지만 선택하도록 한다. 체크박스는 여러 가지 대안을 동시에 선택할 수 있도록 한다.

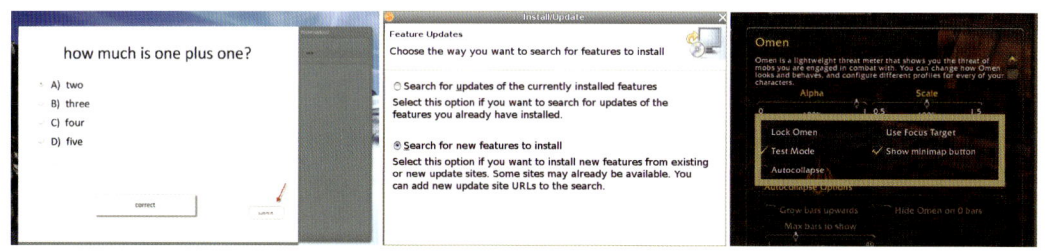

그림 13
아이콘의 특수한 종류인 버튼

포인터

포인터pointer는 마우스와 같은 입력 장치에 의해 조정되는 화면상의 커서cursor를 의미한다. 포인터가 가지고 있는 중요한 역할은 화면상에서 입력이 이루어질 수 있는 지점을 명시해 주는 것이다. 이러한 지점을 핫스팟hot-spot이라고 한다. 포인터는 핫스팟이 명확하도록 설계하는 것이 중요하다. 그림 14에 있는 손가락 모양의 포인터는 화살표의 끝지점이 핫스팟이라는 사실을 명확하게 보여 준다. 그러나 문서 모양의 포인터는 어떤 지점이 핫스팟인지가 명확하게 드러나지 않는다는 단점을 가지고 있다. 포인터는 포인터의 모양을 바꿈으로써 현재 시스템이 어떤 상태에 있는지를 보여 준다. 예를 들어, 시스템이 어떤 정보를 찾기 위해 작업을 진행하고 있는 경우 포인터의 모양을 시계 모양으로 바꾸어 사용자에게 시스템이 중지된 것이 아니라 작업 중이라는 사실을 알려 줄 수 있다. 시스템의 상태를 표현해 주는 포인터로, 마이크로소프트사의 파워포인트에서 사용하는 포인터

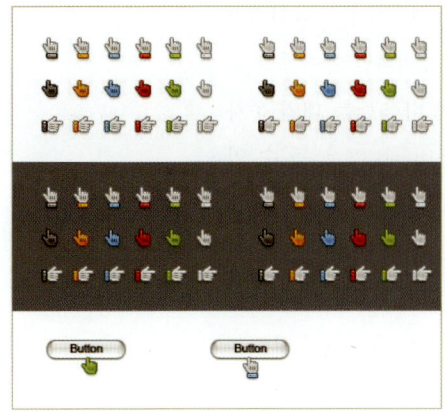

그림 14
웹브라우저에서 사용되는
포인터

의 예를 들 수 있다. 평상시에는 화살표의 모습을 하고 있다가 선택된 개체를 옮기고자 할 때는 동서남북을 가리키는 모습이 추가되고, 개체를 복사하고자 할 때에는 사각형의 모습이 추가적으로 나타나면서 +표가 나타난다. 시스템의 상태는 특히 인터넷을 사용하면서 중요한 정보가 되었다. 그 이유는 인터넷을 사용하면서 자체 시스템뿐만 아니라 네트워크 때문에도 지연이 발생하고, 이런 동안에 시간이 지체되더라도 시스템이 정상적으로 작동하고 있다는 것을 사용자에게 전달해야 하기 때문이다.

4.3 애니메이션

영상과 사운드가 결합된 멀티미디어 도구가 더욱 강력해지면서 사용자와의 의사소통을 충실히 표현할 수 있는 그림이나 문자, 일러스트레이션을 역동적으로 움직이게 하는 동적인 표현이 가능해졌는데, 이것이 애니메이션animation이다. 애니메이션은 디지털 제품이나 서비스에서 일어나는 움직임이 있는 모든 것들을 포함하는 것으로, 여러 종류가 가능하다. 그중에서 디지털 제품이나 서비스에서 자주 사용되는 무빙 타이포그래피와 캐릭터 애니메이션, 키네틱, 전환 애니메이션, 모션그래픽 등에 대해 알아보자.

무빙 타이포그래피

기존의 타이포그래피는 하나의 언어화된 관념적 정보에 국한되었지만 영상과 음향이 결합된 동적인 무빙 타이포그래피moving typography는 동적인 범위의 상호작용이 가능하며, 네 가지 요소를 강조한다. 첫째, 운율성이란 타이포그래피가 사용자의 마음속에서 어떻게 받아들여지는지를 말한다. 운율성 요소는 억양, 음성의 크기, 음성의 톤 또는 음색, 음성의 강약, 리듬 또는 페이스로 규정할 수 있다. 둘째, 연속성을 높이기 위해 낱자나 단어들이 시차를 달리하며 한 화면의 한 자리에 한 개씩만 등장할 수도 있으며, 화면 전체에서 좌우나 상하로 흐르는 것처럼 연속적으로 등장할 수도 있다. 물론 이 방법은 서로 혼합될 수도 있으며, 부분적으로 수정이 가해질 수도 있다. 셋째, 글꼴, 글자크기, 글자사이, 글줄사이, 정렬 등을 조절함으로써 단어나 음절 사이에 시간적 개념을 획득할 수 있다. 이러한 결과는 그 잔상이 사용자의 심상 속에 오래 지속될 수 있게 한다. 넷째, 타이포그래피의 움직이는 동작은 사용자와 시각적으로 멀어질 수도 있으며 가까워질 수도 있다. 또한 타이포그래피가 놓여 있는 위치가 프레임의 가장자리인지 아닌지, 또는 움직임이 빠른지 느린지 등을 통해 역동성을 표현할 수 있다.

그림 15는 음악 가사를 무빙 타이포그래피로 표현한 디지털 서비스로, 가사의 타이포그래피를 음악에 맞게 강약을 조절해 그에 따라 표현한 것이 운율성을 보여 주며, 지속적으로 움직이는 타이포그래피의 동적인 움직임은 연속성을 띠고 있다. 또한 노래를 부르는 가수의 목소리에 맞춰 타이포그래피 안의 색상이 바뀌는 모습을 보여 줌으로써 시간적인 개념을 적용하고, 타이포의 크기를 자유자재로 조절해 배치함으로써 전체적인 역동성을 가미해 주는 역할을 하고 있다.

그림 15
무빙 타이포그래피가 적용된 사례

캐릭터 애니메이션

사전적 의미로 캐릭터란 만화·영화·그림·출판·영상매체에 등장하는 인기 있는 인물·동물·심벌 또는 그 이미지를 디자인에 도입한 것을 가리킨다. 디지털 제품이나 서비스에서 사용되는 캐릭터는 사용자의 흥미를 유발하거나 감동을 주어 사람들의 관심을 끌 수 있는 표현 수단으로서 사용되었다. 캐릭터 애니메이션character animation은 과거에는 인터넷 환경에서의 제한된 여건으로 캐릭터의 영상미보다는 전달하고자 하는 메시지 커뮤니케이션에 치중해 왔다. 그러나 요즘은 발달된 인터넷 환경과 멀티미디어 구현 기술로 용량과 화질에 크게 구애받지 않고 보다 향상된 커뮤니케이션 표현의 수단으로 캐릭터 애니메이션이 사용되고 있다.

캐릭터 애니메이션의 특징을 네 가지로 요약할 수 있는데, 첫째, 개성을 표현하는 독창성, 둘째, 즐거움을 제공하는 오락성, 셋째, 감성적인 친밀성, 넷째, 매체활용의 다양성이며, 이는 캐릭터 애니메이션의 표현적 가치를 더욱 향상시키고 있다. 국내에서뿐 아니라 해외에서도 좋은 반응을 얻은 캐릭터 애니메이션 뽀로로를 예로 들어 보자. 뽀로로 캐릭터는 간단한 형태의 캐릭터를 잘 살린 주제의 독창성과 재미있는 내용의 행동과 표정 등이 가지고 있는 오락성, 어린아이들에게 쉽게 다가갈 수 있는 따뜻한 색감을 통한 친밀성, 그리고 TV와 온라인 등의 다양한 매체를 활용한 매체의 다양성 등을 효과적으로 활용했다.

무빙 타이포그래피나 캐릭터 애니메이션 외에 키네틱도 많이 사용한다. 예를 들어, 최근 노키아는 휴대전화의 형태 자체가 움직이는 키네틱 폰을 출시했는데, 키네틱kinetic은 단순한 시각적 변화가 아니라 화면 속에 그 자체가 움직이거나 움직이는 부분이 조립된 것을 포함하는 경우를 의미한다. 화면과 화면의 이동 시에 나타나는 전환 애니메이션transition animation도 인터페이스 디자인에서 중요한 역할을 한다. 또한 타이포그래피나 캐릭터를 기반으로 하지 않는 애니메이션인 모션그래픽motion graphic도 점차 많이 사용되고 있다.

무빙 타이포그래피나 캐릭터, 키네틱, 전환 애니메이션, 모션그래픽과 같은 애니메이션은 기본적으로 음성, 텍스트, 영상이라는 복합적 요소를 포함하는 구조로 되어 있다는 점에서 멀티미디어 메시지가 갖는 오락성 및 정보적 특성을 띠고 있다. 이는 쌍방향 커뮤니케이션이 중요시되는 오늘날의 사용자 욕구를 반영하는 것으로, 디지털 환경에서의 인터페이스 디자인이 여러 디자인 요소를 다중적으로 활용하는 방향으로 나아가고 있음을 의미한다. 그러나 무분별하게 여러 디자인 요소를 남용하는 것보다 사용 목적에 적합한 시각적 디자인 요소가 선택되었을 때 비로소 정보 제공자와 사용자 간의 커뮤니케이션의 효율성이 극대화된다.

5. 시각적 구성

타이포그래피나 그래픽스는 모두 개별적인 디자인 요소인 반면, 하나의 디지털 제품이나 서비스는 이러한 개별적인 요소들이 모두 합쳐져 복합적으로 표현된다. 여러 가지 개별적인 요소를 어떻게 배합하는지를 알아보는 디자인 법칙을 시각적 구성visual composition이라고 한다. 시각적 구성은 크게 단일 제품이나 서비스 내에서의 시각적 구성과 여러 제품이나 서비스 간의 시각적 구성으로 나눌 수 있다. 여기에서는 제품이나 서비스 '내'에서의 시각적 구성에 대한 원칙으로서 그동안 게슈탈트 시지각 이론이나 미학에서 이야기되어 왔던 열 가지 원칙을 살펴보고, 여러 제품이나 서비스 '간'의 시각적 구성과 관련된 일관성과 다양성에 대해 알아보도록 하겠다.

5.1 한 제품이나 서비스 내에서의 시각적 구성

미학에서는 사람들이 익숙해진 시각적 구성을 표현하기 위한 여러 가지 원칙을 제시했다. 번Byrne은 2001년 이 원칙들을 시각적 인터페이스에 맞추어 정리했다. 이 절에서는 그러한 각 원칙에 대한 간단한 설명과 함께 각 원칙이 충실하게 지켜진 경우와 그렇지 않은 경우를 레이아웃만을 이용해 구분하는 그림들로 설명하고, 이와 더불어 실제 디지털 제품이나 서비스의 사례를 통해 각 원칙이 잘 구현된 경우와 그렇지 못한 경우를 설명한다. 그러나 이 모든 원칙이 모두 높은 수준에서 항상 지켜져야 하는 것은 아니며, 시스템의 특성과 사용자의 특성에 따라 선택적으로 사용되어야 한다는 점을 명심해야 한다. 예를 들어, 시각적 균형을 유지하는 것이 불균형한 것보다 반드시 좋은 것은 아니다. 개발의도와 사용 맥락에 따라 불균형적인 시각적 구성이 오히려 더 적합할 수도 있다는 것이다.

균형성

균형성balance은 시각적 구성의 가장 기본적인 법칙 중 하나로 화면 안에서 보여지는 시각적 무게의 분포the distribution of optical weight를 의미한다. 시각적 무게는 어떤 개체가 다른 개체보다 무거워 보이는 것처럼 지각하는 것을 뜻한다. 예를 들어, 어두운 개체는 밝은 개체보다 무겁고 큰 개체는 작은 개체보다 시각적 무게가 무겁다.Wong, 1986 균형은 상하좌우의 시각적 무게가 동등하게 분포되었을 때 만들어질 수 있다. 그림 16은 균형적인 시각적 구성과 불균형적인 시각적 구성을 대조적으로 표현한 그림이다. 그림 17은 균형성이라는 원칙을 실제 디지털 서비스의 화면에서 대조적으로 나타낸 것이다. 왼쪽은 전체 화면을 상하로 균등하게 나누고 있고, 오른쪽은 화면 위쪽으로 어두운 핑크색이 집중되어 있다. 그림 17의 오른쪽 화면의 경우 오른쪽으로 보라색이 강렬하게 구성되어 있는 반면, 왼쪽은 상대적으로 비어 있는 듯한 느낌을 준다. 결과적으로 오

그림 16
균형적인 시각적 구성 (왼쪽)과 불균형적인 시각적 구성(오른쪽)

그림 17
균형성이 높은 디지털 서비스와 균형성이 낮은 디지털 서비스

른쪽 그림은 시각적인 무게가 왼쪽 윗부분으로 몰려 있음을 느낄 수 있기 때문에 불균형적인 사례라고 할 수 있다.

그림 18은 균형성의 측면에서 대조적으로 디자인된 디지털 제품을 제시하고 있다. 왼쪽 휴대전화는 색의 밝기가 유사하며, 화면과 키가 가운데를 중심으로 위아래로 나뉘어 균형적으로 배치되어 있고 키가 일렬로 정렬되어 있다. 그러나 오른쪽 휴대전화는 대비가 뚜렷한 흑과 백을 사용했고 대각선으로 나누어 키를 아래쪽에 몰아서 배열했다. 결과적으로 키가 오른쪽으로 치우쳐 배열된 것이 상대적으로 불균형성을 느끼게 한다.

그림 18
균형성이 높은 디지털 제품과 균형성이 낮은 디지털 제품

대칭성

대칭성symmetry은 화면의 가로세로 중심선을 축으로 화면 구성 요소들의 대칭되는 정도를 의미한다. 대칭에는 가로선을 중심축으로 한 수평대칭, 세로선을 중심으로 한 수직대칭, 방사형대칭 등이 있다. 그림 19는 대칭적인 시각적 구성과 비대칭적인 시각적 구성을 대조적으로 표현한 그림이다.

그림 19
대칭적인 시각적 구성(왼쪽)과 비대칭적인 시각적 구성(오른쪽)

그림 20은 디지털 서비스에서의 대칭적인 화면과 비대칭적인 화면을 보여 주고 있다. 왼쪽은 전체 화면과 주 내용이 보여지는 화면을 대칭적으로 분할하고 배치함으로써 정적인 느낌이 든다. 그리고 세로 중심선과 가로 중심선 두 가지 모두에서 대칭적인 사각형 박스 위주로 표현했다. 반면 오른쪽은 위아래 대칭 없이 다양한 일러스트레이터를 배치함으로써 동적인 느낌을 들도록 설계했다.

그림 21는 대칭적인 디지털 제품과 비대칭적인 디지털 제품의 예이다. 왼쪽의 경우 가운데를 기준으로 왼쪽과 오른쪽이 거의 동일해 대칭성을 잘 보여 준다. 반면 오른쪽은 입력 장치가 오른쪽에 집중되어 있어 높은 비대칭성을 보인다.

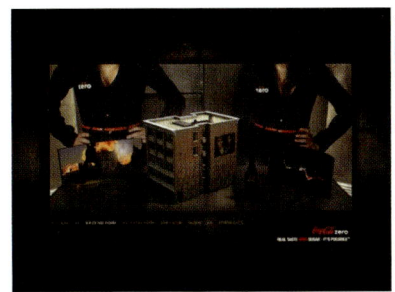

그림 20
대칭성이 높은 디지털 서비스와 대칭성이 낮은 디지털 서비스

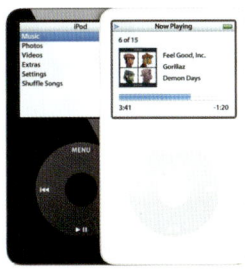

그림 21
대칭성이 높은 디지털 제품과 대칭성이 낮은 디지털 제품

연속성

연속성sequences은 사용자의 시선의 움직임과 관련된 특성이다. 정보의 배열과 개체의 성격에 따라 사용자의 시선은 변하는데, 연속성은 정보의 배열을 통해 시선의 움직임을 수월하게 만들 수 있도록 개체를 배열시키는 것을 의미한다. 예를 들어, 사용자의 시선은 큰 개체에서 작은 개체로 크기에 따라 이동한다. 그림 22는 연속적인 시각적 구성과 불연속적인 시각적 구성을 대조적으로 표현한 그림이다.

그림 22
연속적인 시각적 구성(왼쪽)과 불연속적인 시각적 구성(오른쪽)

그림 23은 연속성이 높은 경우와 그렇지 않은 디지털 서비스를 대조적으로 표현하고 있다. 왼쪽은 연속성이 높은 경우로 아이템들의 크기에 따라 왼쪽에서 오른쪽으로, 위에서 아래로 시선이 움직이도록 디자인되어 있다. 사람들이 움직이는 이미지에서 시작해 시선의 흐름이 연속적으로 느껴진다. 반면 오른쪽은 아이템이 위아래로 배치되어 있다 보니 아이템의 크기와 시선의 움직임이 일치하지 않는다. 너무 많은 아이템이 비슷하게 사용자의 주의를 요구하고 있기 때문에 시선을 어디에 두어야 할지 파악할 수 없고 따라서 연속성을 느끼기 힘들다.

그림 24는 연속성이 다르게 표현된 제품의 예로, 같은 게임기이지만 화면과 조작 버튼의 위치가 다르게 배치되어 있다. 왼쪽 제품은 화면과 버튼의 배열이 연속적으로 배치되어 있기 때문에 사용자가 쉽게 조작 버튼과 화면을 보는 연속성의 흐름을 감지할 수 있다. 반면 오른쪽의 제품은 두 개의 화면과 버튼 조작부

의 위치가 불연속적으로 배치되어 있어 사용자가 화면과 조작부 버튼에서 찾을 수 있는 연속성을 방해하고 있다.

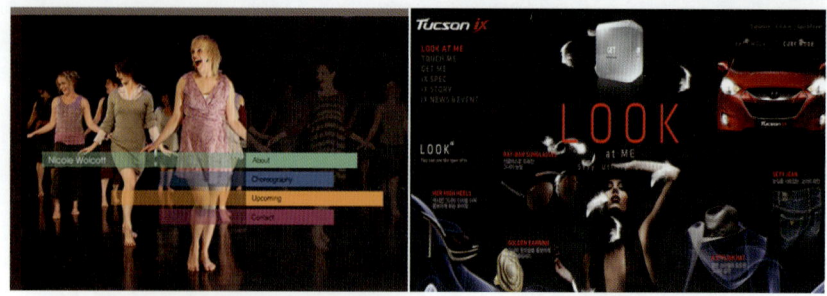

그림 23
연속성이 높은 디지털 서비스와 연속성이 낮은 디지털 서비스

그림 24
연속성이 높은 디지털 제품과 연속성이 낮은 디지털 제품

리듬감

리듬감rhythm은 청각과 연관되는 원리로 규칙적인 진동을 뜻하는데, 화면상에서의 리듬감은 개체 사이에서의 규칙적인 변화 패턴을 뜻한다. 리듬감은 똑같거나 혹은 거의 유사한 요소들이 뚜렷하게 반복되거나 혹은 일정한 비율로 변화가 반복되는 것을 의미한다. 그림 25는 리듬감이 높은 시각적 구성과 리듬감이 낮은 시각적 구성을 대조적으로 표현한 그림이다. 리듬감이 있는 왼쪽은 아이템이 곡선을 형성하면서 배열되어 있지만, 오른쪽은 무질서하게 배열되어 있어 규칙적인 리듬을 찾아보기 힘들다.

그림 25
리듬감이 높은 시각적 구성(왼쪽)과 리듬감이 낮은 시각적 구성(오른쪽)

그림 26은 리듬감이 높은 경우와 낮은 경우의 디지털 서비스를 대비적으로 표현하고 있다. 왼쪽은 중심 원에서부터 시작해 좌우의 아이템들이 큰 크기부터 작은 크기까지 일정한 비율의 변화로 반복되게 배치되어 리듬감을 느낄 수 있는 반면, 오른쪽은 너무나 많은 정보들이 아무런 반복적인 규칙 없이 산만하게 배치되어 있어 리듬감을 느낄 수 없다.

그림 26
리듬감이 높은 디지털 서비스와 리듬감이 낮은 디지털 서비스

그림 27은 리듬감이 대조적으로 나타난 디지털 제품의 예이다. 오른쪽 냉장고의 경우 색과 모양이 규칙적인 패턴을 따르도록 디자인되어 있어 리듬감이 느껴지는데 비해 왼쪽 냉장고는 단조로운 디자인으로 리듬감을 느끼기 어렵다.

그림 27
리듬감이 높은 디지털 제품과 리듬감이 낮은 제품

대비감

대비감 contrast 은 화면 구성 요소의 형태, 색상, 레이아웃 등의 각 차이를 뜻한다. 서로 다른 대조적인 성질의 차이, 예를 들어 검은색과 흰색, 큰 것과 작은 것, 곡선과 직선 등에서 대비가 발생하는데, 대비감의 반대 개념은 동질성이다. 그림 28의 왼쪽은 형태적인 입장에서 대비가 있는 경우를 보여 주고 있고, 오른쪽은 대비감이 낮은 경우를 보여 주고 있다.

그림 28
대비감이 높은 시각적 구성(왼쪽)과 대비감이 낮은 시각적 구성(오른쪽)

그림 29는 색의 대비를 차별적으로 사용한 예를 보여 주고 있다. 왼쪽에 있는 디지털 서비스는 각 메뉴를 구성하는 칸과 전체적인 화면 구성까지 대조적인 색을 보여 줌으로써 젊은 층을 겨냥한 역동적인 브랜드의 이미지를 강조하고 있고, 오른쪽은 화면 전체를 하나의 색상으로 통일해 줌으로써 안정적인 브랜드 이미지를 강조하고 있다. 이는 왼쪽에 있는 브랜드가 젊은 사용층을 대상으로 하는 반면, 오른쪽에 있는 브랜드가 일반 대다수의 사용자를 대상으로 하기 때문이다.

그림 30은 색에 의한 대비감을 느낄 수 있는 디지털 제품과 그렇지 않은 디지털 제품의 예이다. 왼쪽 키보드는 흰색과 진회색을 적용해 대비감을 느낄 수 있는데 비해 오른쪽 키보드는 흰색과 회색의 색상 차가 크지 않아 대비감을 느끼기 어렵다.

그림 29
대비감이 높은 디지털 서비스와 대비감이 낮은 디지털 서비스

그림 30
대비감이 높은 디지털 제품과 대비감이 낮은 디지털 제품

비례감

비례감proportion은 하나의 개체가 가지고 있는 가로와 세로의 비율이다. 사람들이 어떤 비율을 선호하는지는 시대적으로 그리고 문화적으로 달라지지만, 일반적으로 1:1(square), 1:1.414(square root of two), 1:1.618(golden rectangle), 1:2(double square)의 비율을 선호한다. 그림 31은 비례감이 있는 시각적 구성과 비례감이 없는 시각적 구성을 대조적으로 표현한 그림이다. 왼쪽은 기존에 많이 사용하던 각 구성 요소의 가로세로 비율을 표현한 반면, 오른쪽은 지나치게 긴 가로 비율 때문에 비례감을 느끼기 어렵게 하고 있다.

그림 31
비례감이 높은 시각적 구성(왼쪽)과 비례감이 낮은 시각적 구성(오른쪽)

그림 32는 면분할에 따른 비례감을 대조적으로 표현한 디지털 서비스의 예이다. 왼쪽 화면은 전체를 세로로 크게 1.414:1.618:1 정도로 분할해서 비례감을 주고 있는 반면, 오른쪽 화면은 크기나 분할의 대비가 별로 없어 비례감이 느껴지지 않는다.

그림 32
비례감이 높은 디지털 서비스와 비례감이 낮은 디지털 서비스

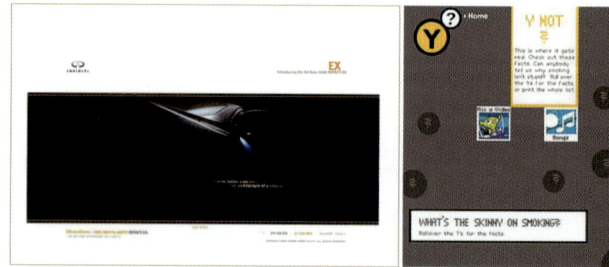

그림 33은 비례감이 있는 디지털 제품과 그렇지 않은 디지털 제품의 예이다. 왼쪽은 전체 모양에서 자판과 화면의 배치까지 일정한 간격의 비율을 고려했

음을 알 수 있으나, 오른쪽은 전체 기기의 대부분을 액정화면이 차지하고 있어 비례감을 느끼기 어렵다.

통일감

통일감^{unity}은 화면상의 여러 객체들의 집합이 시각적으로 하나로 느껴지는 것을 뜻한다.

그림 33
비례감이 높은 디지털 제품과 비례감이 낮은 디지털 제품

즉 통일감이 높으면 화면을 구성하는 각 요소들이 완전히 하나인 듯 보이며, 하나의 큰 객체를 이루는 것으로 지각된다. 크기에서의 통일감은 유사한 크기를 사용함으로써 얻어지고, 배치에서의 통일감은 각 객체 간의 공간이 작을수록 커진다. 색상의 경우에도 하나의 주조색을 정해서 화면에 일관적으로 사용함으로써 통일감을 줄 수 있다. 그림 34는 배치를 통해 통일감이 있는 시각적 구성과 통일감이 없는 시각적 구성을 대조적으로 표현한 그림이다. 왼쪽은 객체들이 가깝게 배치되어 있어 마치 한 개의 객체인 것처럼 보이지만, 오른쪽은 객체가 멀리 떨어져 있어서 통일감을 느끼기 힘들다.

그림 34
통일감이 높은 시각적 구성(왼쪽)과 통일감이 낮은 시각적 구성(오른쪽)

그림 35는 통일감이 높은 디지털 서비스와 통일감이 낮은 디지털 서비스를 대조적으로 보여 주고 있다. 왼쪽은 종류별로 다른 그림으로 분류했으나 색상을 제외한 모든 면에서는 같은 규칙(직사각형, 텍스트의 배치 등)을 적용해서 전체적으로는 하나의 큰 직사각형의 윤곽으로 보이는 통일감을 느끼게 한다. 반면 오른쪽은 화면 위쪽의 객체들이 서로 불규칙하게 멀리 떨어져 있어 상대적으로 통일감이 떨어진다.

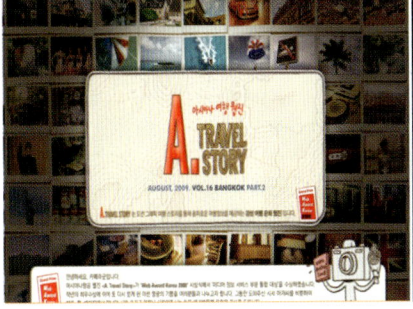

그림 35
통일감이 높은 디지털 서비스와 통일감이 낮은 디지털 서비스

그림 36은 배치와 색상을 통해 통일감이 있는 표현을 한 디지털 제품과 그렇지 않은 디지털 제품의 예이다. 왼쪽의 리모트컨트롤은 모든 버튼이 같은 크기로 유사한 색상을 갖고 있으며 일정한 간격으로 배치되어 있어 전체적으로 통일

감을 느낄 수 있다. 반면 오른쪽의 리모트컨트롤은 기능에 따라 버튼의 배열, 형태, 색상을 달리 배치해 전체적인 통일감이 떨어진다. 그러나 오른쪽에서도 유사한 기능을 가진 버튼과 색상으로 범주화되어 있어 부분적으로 통일감이 있다고 볼 수 있다.

그림 36
통일감이 높은 디지털 제품과 통일감이 낮은 디지털 제품

단순미

정보의 전달에서 화면에 가능한 불필요한 요소를 배제하면 전달 효과를 극대화시킬 수 있다. 화면 디자인에서 단순미는 화면 구성 요소의 최적화된 개수와 각 요소들 간의 가로 세로 위치의 정렬점을 최소화함으로써 이루어진다. 즉 구성 요소의 수가 적절하고 각 구성 요소 간에 가로세로 정렬이 잘 되어 있는 경우에 단순미simplicity가 높아진다. 그림 37은 단순미가 높은 시각적 구성과 단순미가 낮은 시각적 구성을 대조적으로 표현한 그림이다. 왼쪽은 상하좌우의 정렬이 잘 되어 있어서 상하좌우 네 개의 정렬선만이 존재하는 반면, 오른쪽은 정렬이 안 되어 있어 모든 객체가 나름대로의 정렬선을 가지고 있어서 복잡하게 보인다.

그림 37
단순미가 높은 시각적 구성(왼쪽)과 단순미가 낮은 시각적 구성(오른쪽)

그림 38은 단순미가 높은 디지털 서비스와 그렇지 못한 경우를 대조적으로 제시하고 있다. 왼쪽은 일정한 크기의 직사각형, 몇 가지 무채색만으로 홈페이지를 구성해 정리가 잘 되어 있고, 정렬선이 적어서 단순하다는 느낌을 받는다. 반면 오른쪽은 화면 양쪽에 각종 이벤트 창들과 중간에 움직이는 자동차 때문에 정렬선이 많아 보이고 상대적으로 복잡하게 느껴진다.

그림 38
단순미가 높은 디지털 서비스와 단순미가 낮은 디지털 서비스

그림 39는 단순미가 높게 표현된 디지털 제품과 낮게 표현된 제품의 예이다. 왼쪽 디지털 시계는 시계의 본래 목적에 충실한 디자인으로 현재 시간을 쉽게 구분할 수 있도록 디자인되었다. 반면 오른쪽 제품은 복잡한 부품들을 드러내고 있어 정렬선을 파악하기 힘들다.

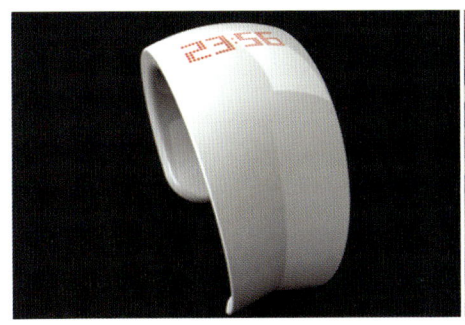 

그림 39
단순미가 높은 디지털 제품과 단순미가 낮은 디지털 제품

조밀도

조밀도density는 주어진 공간에서 보여 줄 수 있는 최적의 정보의 양을 의미한다. 너무 넓은 영역에 너무 적은 정보를 보여 주면 화면이 비어 보이고, 너무 좁은 영역에 너무 많은 정보를 보여 주면 답답해 보인다. 따라서 적절한 공간에 적절한 양의 정보를 배열해야 한다. 이는 여백과 화면 구성 요소가 차지하는 면적의 비율로 볼 수 있으며, 일반적으로 최적의 조밀도는 여백의 비율을 50퍼센트로 보고 있다. 그림 40은 조밀도가 적절한 시각적 구성과 지나치게 조밀한 시각적 구성을 대조적으로 표현하고 있다.

그림 41은 조밀도가 적절한 경우와 너무 높은 경우의 디지털 서비스 화면을 대조해 보여 주고 있다. 왼쪽은 적절한 양의 정보를 잘 배열해 눈의 피로를 줄여 주고 답답함을 없애 준 반면, 오른쪽은 조밀도가 너무 높아 답답해 보인다.

그림 40
조밀도가 적절한 시각적 구성(왼쪽)과 너무 높은 시각적 구성(오른쪽)

그림 41
조밀도가 낮은 디지털 서비스와 조밀도가 높은 디지털 서비스

그림 42는 조밀도가 낮은 디지털 제품과 조밀도가 높은 디지털 제품을 대조적으로 보여 주고 있다. 같은 공간에서 왼쪽 마우스는 버튼을 최소화해 배치하여 낮은 조밀도를 보이는데 비해 오른쪽 마우스는 버튼 수를 지나치게 많이 배치해 높

 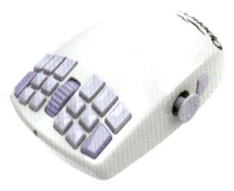

그림 42
조밀도가 낮은 디지털 제품과 조밀도가 높은 디지털 제품

은 조밀도를 보이고 있다. 또한 왼쪽 마우스는 조밀도가 낮아 깔끔하고 단순한 느낌을 주는 반면, 오른쪽 마우스는 상대적으로 복잡하고 어려운 느낌을 준다.

규칙성

규칙성regularity은 각 화면 구성 요소들이 가로축이나 세로축으로 획일적으로 만들어진 경우에 느끼게 된다. 인간의 지각이나 기억은 규칙성 있는 자극에 더 효과적으로 작용하기 때문에 화면의 구성 요소를 규칙적으로 배치함으로써 효율적으로 정보를 처리하게 만들 수 있다.

그림 43은 규칙성이 있는 시각적 구성과 규칙성이 없는 시각적 구성을 대조적으로 표현하고 있다. 왼쪽은 여섯 개의 구성 요소가 상하좌우로 규칙적으로 배열된 반면, 오른쪽은 세 개의 사각 박스가 규칙성을 가지고 있지만 나머지는 규칙성을 가지고 있지 못하다.

그림 43
규칙성이 높은 시각적 구성(왼쪽)과 규칙성이 낮은 시각적 구성(오른쪽)

그림 44는 규칙성이 높은 디지털 서비스의 화면과 낮은 서비스의 화면을 대조적으로 표현하고 있다. 왼쪽은 전체를 세 개의 큰 영역으로 나누어 각 해당하는 내용들을 규칙성을 살려서 잘 배열한 느낌이지만, 오른쪽은 텍스트를 위주로 산만하게 나열되어 있어 규칙성이 없어 보인다.

그림 44
규칙성이 높은 디지털 서비스와 규칙성이 낮은 디지털 서비스

그림 45는 규칙성이 높게 표현된 디지털 제품과 그렇지 않은 디지털 제품의 예이다. 왼쪽 디지털 스피커는 여러 개의 스피커가 같은 모양으로 일정하게 배열되어 있어 규칙성을 느낄 수 있지만, 오른쪽 디지털 스피커는 각 스피커의 크기가 모두 다르며 무작위로 배치되어 있는 듯 보여 규칙성을 느낄 수 없다.

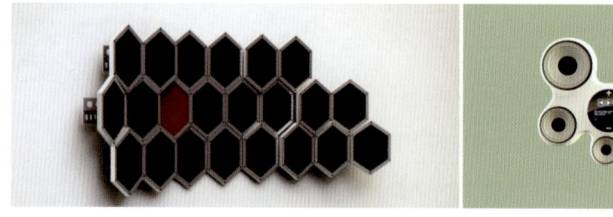

그림 45
규칙성이 높은 디지털 제품과 규칙성이 낮은 디지털 제품

안정감

안정감 equilibrium 은 화면 중앙에 모든 정보들이 위치해 있는지와 관련된다. 즉 화면의 중심과 표현된 요소들의 집합 중심이 일치되었는지를 의미한다. 안정감은 그래픽 요소의 배치상의 중심이 화면의 중심과 일치할수록 높아진다. 그림 46은 안정감이 높은 시각적 구성과 안정감이 낮은 구성을 대조적으로 표현한 것이다. 왼쪽은 네 개의 객체의 중심점과 화면 전체의 중심점이 일치하지만, 오른쪽은 그렇지 못하다.

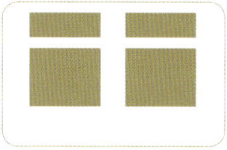

그림 46
안정감이 높은 시각적 구성(왼쪽)과 안정감이 낮은 시각적 구성(오른쪽)

그림 47은 디지털 서비스 사례를 통해 안정감이 높게 표현된 경우와 그렇지 않은 경우를 대조적으로 보여 주고 있다. 왼쪽은 중간 부분을 하나의 큰 사각형으로 가정할 경우, 양측 부분에서 두 개의 사각형 화면을 제시해 화면의 중심과 내용의 중심이 일치해 안정감을 느끼게 한다. 반면 오른쪽은 화면을 나누는 기준이 각기 다르게 나타나 있기 때문에 화면의 중심과 요소들의 집합 중심이 일치하지 않는다. 따라서 안정감이 낮게 느껴진다.

그림 47
안정감이 높은 디지털 서비스와 안정감이 낮은 디지털 서비스

그림 48은 조작부의 디자인에서 안정감이 느껴지는 디지털 제품과 그렇지 않은 디지털 제품의 예이다. 왼쪽 세탁기는 조작부에서 핵심이 되는 상태 알림창이 가운데 위치하고 있고, 나머지 버튼들도 상태 알림창과 같은 중심에서 안정감이 느껴지나, 오른쪽 세탁기는 상태 알림창이 오른쪽에 위치해 있고 기능 선택을 위한 버튼도 오른쪽에 배치되어 있어 요소들의 집합 중심과 조작부의 중심이 일치하지 않아 안정감이 떨어진다.

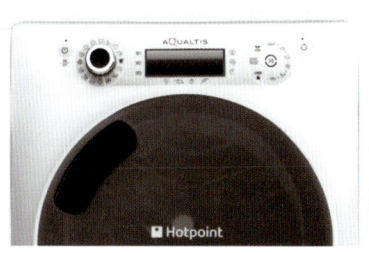

그림 48
안정감이 높은 디지털 제품과 안정감이 낮은 디지털 제품

5.2 여러 제품이나 서비스 간의 시각적 구성

앞서 한 제품이나 서비스 내에서의 시각적 구성을 위한 총 열한 가지 미학적 원칙을 다루었다. 물론 이 열한 가지 미학적 원칙은 한 제품이나 서비스뿐만 아니라 여러 제품이나 서비스 간에도 적용될 수 있겠지만, 여러 제품이나 서비스 간에는 일관성과 다양성이라는 두 가지 원칙이 좀 더 중요하다.Lynch and Horton, 1999

일관성

전통적인 웹 사이트 디자인에서는 페이지 간의 일관성consistency을 통해 앞으로 경험할 페이지들에 대해 쉽게 적응하고, 전반적인 네비게이션과 정보의 위치를 자신 있게 예측할 수 있다.David, 1999 페이지의 일관성은 그림 49와 같이 주로 페이지의 스타일 세팅style setting을 통해 이루어진다. 스타일 세팅은 글자의 특징, 색상, 레이아웃 등 페이지의 전반적인 디자인의 특징을 정하는 것이다. 페이지의 스타일 세팅이 명확하지 않으면, 페이지 간의 일관성도 유지하기 힘든 경우가 많다. 특히 규모가 큰 시스템일수록 명확한 스타일 세팅 없이 일관성을 유지하는 것은 힘들다. 스타일 세팅처럼 엄격한 것은 아니지만 권장사항 수준에서 스타일 가이드라인style guideline을 정해 놓는 것도 일관성을 유지하는 데 도움이 된다.

그림 50에서는 전반적으로 일관성을 강조한 디지털 서비스의 예로 한 학교의 홈페이지를 제시하고 있다. 일단 화면 왼쪽의 탭 구성으로 이루어진 메뉴 정보창 구성은 어느 화면에서나 항상 동일하다. 결국 디지털 서비스 페이지에 따라 달라지는 부분은 가운데밖에 없는데, 이 또한 색 구성이나 레이아웃 측면에서 거의 차이점을 느낄 수 없다. 글씨체에서도 모든 글씨체를 하나로 통일시켰으며, 화면 오른쪽에 존재하는 메뉴에서도 끝까지 일관성을 유지한다. 이러한 일관성은 본 사이트에 대한 신뢰감을 심어 줄 수 있는 좋은 계기가 되고 있다.

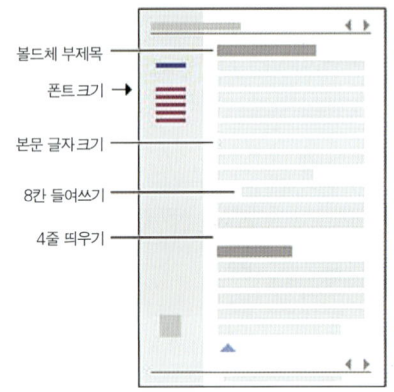

그림 49
일관성을 강조하는
시각적 구성

그림 50
일관성을 강조하는
디지털 서비스 사례

그림 51은 디지털 제품의 디자인에서 일관성이 강조된 예이다. 아이팟의 모델들을 누구나 쉽게 같은 부류의 제품임을 알 수 있을 정도로 비슷한 디자인과 인터페이스를 고수해 왔다. 특히 중앙에 위치한 도넛 모양의 조작부는 전면이 터치스크린인 아이팟터치와 아이폰을 제외하고 대부분의 제품에 적용되었다. 이처럼 각 제품이 동일한 시각적 구성을 갖고 있기 때문에, 이 중 하나의 제품을 이용해 본 사용자라면 다른 제품을 사용하더라도 쉽게 관련 사용 방법을 적용할 수 있다.

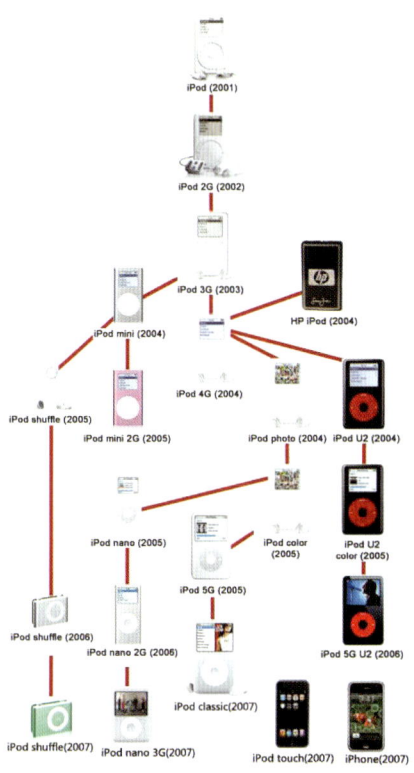

그림 51
일관성을 강조하는
디지털 제품 사례

다양성

다양성diversity은 사용자에게 변화를 주어 지루함을 해소하고 색다른 즐거움을 준다. 디지털 제품이나 서비스에서 다양성을 이루는 방법은 다양하지만, 그중에서도 안전한 방법은 다양한 시각적인 요소를 이용하는 것이다. 예를 들어, 색상의 적절한 변화는 효율성을 증대시킴과 동시에 다양함이 주는 즐거움도 제공한다. 이 밖에도 새로운 분위기를 느낄 수 있도록 정기적으로 새로운 디자인이나 새로운 그림을 선보이는 것도 좋은 방법이다.

그림 52는 한 뮤지션의 홈페이지를 통해 다양성을 표현하는 디지털 서비스의 예를 보여 주고 있다. 뮤지션의 홈페이지답게 다양성을 바탕으로 감각적이면서

도 신비스럽게 구성된 홈페이지라 할 수 있다. 다양성을 추구함으로써 사용자가 얻고자 하는 정보를 찾기에는 혼란이 있을 수 있으나 예술인의 디지털 서비스로서 효율성보다는 즐거움을 제공하기 위해 다양성을 강조하는 인터페이스 디자인의 좋은 예라 할 수 있다. 그러나 다양성을 구현할 때 사용자의 심성모형이나 사용성을 해치지 않은 범위 안에서 다양성이 구현되어야 한다. 지나치게 다양성을 허용하면 사용자가 전체 시스템의 구조를 파악하기 힘들다.

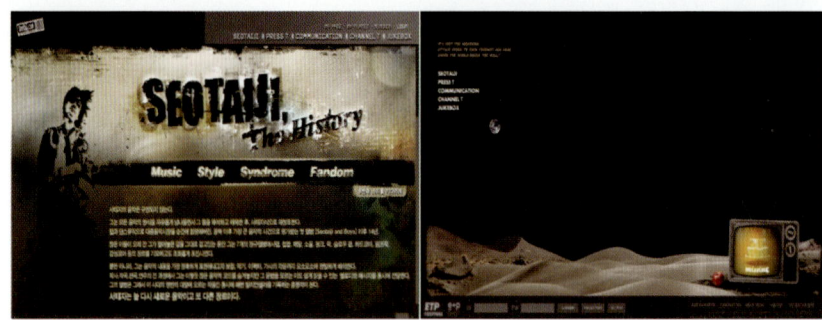

그림 52
다양성을 강조하는
디지털 서비스 사례

그림 53은 한 국내 회사가 2001년부터 지속적으로 출시해 온 MP3플레이어의 디지털 제품군들이다. 이 회사는 첫 런칭 이후 계속 동일한 이름을 유지하고 있지만, 각 디자인이 다양한 기기의 특성을 고려하고 있기 때문에 동일 회사의 제품이라 하더라도 사용자가 사용 방법이나 구조를 예측하기 어렵다.

그림 53
다양성을 강조하는
디지털 제품 사례

일관성과 다양성의 조화

일관성과 다양성은 페이지 간의 관계를 설정하는 데 매우 중요한 개념이다. 디자인의 일관성은 사용자에게 앞으로 자신들이 경험할 페이지에 대한 예측력을 높여 준다. 반대로 다양성은 사용자의 지루함을 해소시키며, 디지털 제품이나 서비스를 경험하는 재미를 제공한다. 여기서 중요한 것은 일관성과 다양성이 균형을 이루는 것이다. 왜냐하면 지나치게 일관성이 높은 디지털 제품이나 서비스는 너무 지루하고, 지나치게 다양성이 높은 디지털 제품이나 서비스는 너무 혼동스럽기 때문이다. 어떤 디지털 제품이나 서비스를 표현할 때 얼마나 일관성 높게 또는 다양하게 가져가야 하는지는 그 디지털 제품이나 서비스가 제공하는 가치와도 밀접한 연관이 있다. 예를 들어, 그림 50에서 보여 주고 있는 학교의 디지털 서비스는 다양성보다는 일관성을 강조하는 반면, 그림 52와 같이 음악가의 디지털 서비스 같은 경우는 자유 분방하고 역동적인 이미지를 주기 위해 다양성을 강조할 수 있다. 일반적으로 사용자는 이 두 가지가 적절하게 조화를 이루는 인터페이스를 선호하게 된다. 그림 54는 일관성과 다양성이 조화를 이루는 게임 사이트를 예로 들고 있다. 일관성 측면에서 본다면 공통적으로 적용된 상단의 메뉴바를 모든 페이지에 적용했고, 게임에서 제공되는 몽환적인 느낌을 살리기 위해 신비로운 배경으로 시각적 스타일을 통일했다. 다양성 측면에서 보면, 각 메뉴에 따른 변화를 주기 위해 색상과 레이아웃 같은 시각적 표현 방식에 차별화를 두고 있어 다양성을 느낄 수 있도록 했다. 이를 통해 전체 시스템의 통일성은 가져가되 각 부분에 대한 특성은 표출될 수 있도록 획일성과 다양성의 조화를 가져오고 있다.

그림 54
일관성과 다양성이 조화를 이룬 디지털 서비스 사례

그림 55 역시 일관성과 다양성의 조화를 잘 보여 주고 있다. 각 제품들은 직사각형의 디자인, 스크린 아래에 배치된 사각형 모양의 버튼 등 공통적인 디자인 요소를 갖고 있어 사용자는 관련 제품이 동일한 회사 제품임을 예측할 수 있다. 이는 유사한 인터페이스를 갖고 있기 때문에 제품을 사용해 본 사용자라면 다른 제품들도 쉽게 적응 가능함을 의미한다. 그러나 각 제품들은 색상과 스크린 비율 등 서로 다른 디자인적 요소를 적용했기 때문에 각 제품의 개성과 다양성을 동시에 잘 살렸다고 볼 수 있다.

그림 55
일관성과 다양성이 조화를
이룬 디지털 제품 사례

6. 인터페이스 디자인의 효과

인터페이스 디자인이 가져다줄 수 있는 효과는 앞서 다룬 HCI의 세 가지 원칙인 유용성, 사용성 그리고 감성으로 나눌 수 있다. 유용성의 효과는 인터페이스를 통해 사용자가 제품이나 서비스의 기능과 구조 그리고 용도를 정확하게 이해할 수 있게 하는 것이다. 여기에서는 인터페이스가 제공할 수 있는 유용성 측면의 효과 중에서 특히 시각적 계층구조를 설명한다. 시각적 계층구조는 인터페이스를 통해 사용자에게 정보구조를 정확하게 전달하는 방식이다. 사용성 측면의 효과 중에서는 가독성을 예로 들어 설명한다. 가독성은 일단 찾은 정보를 얼마나 효율적으로 이해할 수 있는지를 의미한다. 마지막으로 감성적 효과는 개발자가 의도하는 인상이나 개성을 사용자가 느끼게 할 수 있는 효과를 의미한다. 여기에서는 목표 인상이나 개성을 사용자가 느끼게 하기 위해 시각적 디자인 요소를 어떻게 사용할 것인지를 주로 이야기한다.

6.1 유용성 측면의 효과: 시각적 계층구조

시각적 계층구조는 일종의 화면 구성 법칙으로 한 페이지 안의 구성 요소의 위치와 구성 요소 간의 관계를 설정할 때 사용자가 구성 요소를 단계적으로 인지하도록 설계하는 것을 의미한다. 차등적으로 구현된 구성 요소는 사용자의 시선을 유도해 시스템의 구조를 이해하고 자신이 원하는 정보를 빨리 찾도록 도와준다.Lynch and Horton, 1999 화면 구성 요소를 계층적으로 인지하도록 시각화하는 일은 매우 복잡한 작업이다. 이는 구성 요소의 위치, 크기, 색상, 형태 등 복합적인 요소들이 시각적 계층구조에 영향을 미치기 때문이다.

대비

시각적 구성 요소가 가지는 특징들의 대비가 시각적 계층구조를 형성하는 과정에 중요한 역할을 담당한다. 시각적 디자인 요소의 색상, 형태, 크기 등의 차이가 극대화될수록 긴장감을 유발시키며, 긴장감이 높아질수록 대비되는 곳에 쏟는 사용자의 주의는 높아진다. 디지털 서비스나 제품을 처음 보았을 때 사용자의 시선이 처음 머무는 곳은 주의가 가장 높은 곳으로 대비도 가장 강하다고 할 수 있다. 그러므로 효과적으로 사용자의 시선을 유도하기 위해서는 색상, 형태, 크기 등이 대비되는 구성 요소를 배치함으로써 전체적으로 계층적인 균형을 가지는 시각적 조직체를 구현해야 한다.

그림 56은 효과적으로 시각적 계층구조를 구현한 디지털 서비스 사례이다. 시각적 계층구조가 잘 조직화되기 위해서는 위치, 크기, 색상, 형태 등의 구성 요소의 대비 효과를 통한 긴장감의 형성이 가장 핵심적인 부분이다. 그림 56에서는 전반적으로 모노톤 계열의 색상에서 강조하고자 하는 부분에만 색을 사용함으로써 색의 대비를 통한 긴장감을 형성하고 있을 뿐만 아니라 화면을 구성하고 있는 모델의 크기를 차별화함으로써 크기에서 오는 긴장감을 유도하고 있다. 또한 서술된 텍스트의 형태도 메뉴는 명도와 채도가 다소 떨어지는 색을 사용하고 있지만, 윗부분에서 강조하고자 하는 부분에서 명도 대비가 큰 색을 사용함으로써 사용자의 주의를 집중시키고 있다.

그림 56
대비를 통해 시각적 계층구조를 구현한 디지털 서비스 사례

그림 57은 대비를 통해 시각적 계층구조를 구현한 디지털 제품의 사례이다. 전화기는 두 개의 원형 스피커의 면적대비를 이용해 스피커의 기능적 계층 구조를 보여 준다. 상대적으로 큰 원형 스피커는 큰 음량을 낼 수 있어 스피커폰으로 사용할 수 있고, 작은 원형의 스피커는 일반적인 전화기의 음량을 낼 수 있다는 것을 암시적으로 표현해 주고 있다. 두 개의 원형 대비를 통해 사용자의 주의를 모을 수 있고 호기심을 유발시킬 수 있다.

그림 57
대비를 통해 시각적 계층구조를 구현한 디지털 제품 사례

전경, 중경, 배경, 외경의 구분

시각적 계층구조를 구현하는 또 하나의 방법은 전체 화면을 전경과 중경 및 배경과 외경으로 나누는 것_ground allocation_이다. 전경은 사용자가 화면을 봤을 때

처음 눈에 들어오는 정보를 말한다. 화면 구조를 설계할 때 전경으로 설정하는 정보는 중요한 정보가 되어야 하며, 그 양은 가능한 적을수록 좋다. 너무 많은 전경 정보가 있으면 어떤 정보가 중요한지 판별하기가 힘들고 인지적 과부하를 경험하기 쉽다. 그리고 전경의 위치는 고객이 처음 화면을 보았을 때 스크롤하지 않고 즉시 볼 수 있는 부분이어야 한다. 전경을 표현하는 방법에는 깜박임 효과blinking, 움직임 효과motion animation 등의 그래픽 처리가 있다. 중경은 화면 구조상의 전경과 배경의 중간 단계로 사용자에게 실제로 의미 있는 정보를 제공해 주는 가장 중심적인 역할을 수행한다. 예를 들어 신문에서 헤드라인이 전경이라고 한다면 실제 기사 내용은 중경이라고 생각할 수 있다. 배경의 존재는 전경상의 정보를 더욱 돋보이게 하고 중경의 역할을 돕는 측면에서 설계되어야 한다. 배경을 이루는 가장 기본적인 요소로 배경의 색상과 이미지가 있다. 외경은 한 화면과 연결되어 있지만 화면 내에 존재하지 않는 경우를 의미한다.

그림 58
전경, 중경, 배경, 외경을 통해 시각적 계층구조를 구현한 디지털 서비스 사례

그림 58은 전경, 중경, 배경, 외경을 구분해 시각적 계층구조를 구현한 디지털 서비스 사례이다. 페이지 내에서 전달하려는 주요 메시지나 사이트 명, 특별 상품 정보, 주요 활동 등이 전경이 되도록 했다. 그리고 중경은 배경과 구분되도록 적색의 윈도우로 표시했으며, 팝업창을 이용하거나 별개의 층을 사용해 외경을 표현했다.

그림 59는 디지털 제품에서도 전경, 중경, 배경, 외경의 개념을 사용해 시각적 계층구조를 해석해 볼 수 있다. 휴대전화에서 가장 많이 사용하는 버튼인 디스플레이 외부, 아래쪽의 '홈' '확대 버튼'을 전경으로 볼 수 있으며, 실제로 사용자가 원하는 의미 있는 정보가 보여지는 터치 디스플레이 화면이 중경으로 간주되며, 디스플레이 화면을 감싸고 있는 검은 부분이 배경, 그리고 후면 슬라이드에 존재하는 키보드를 외경으로 간주할 수 있다.

그림 59
전경, 중경, 배경, 외경을 통해 시각적 계층구조를 구현한 디지털 제품 사례

기능별 배치

시각적 계층구조를 구현하는 세 번째 방법은 한 화면 내의 구성 요소를 기능에 따라서 분배functional allocation하는 것이다. 한 화면을 기능에 따라 분배하는 경우로 두 가지를 들 수 있다. 첫째는 기능적인 부분과 정보적인 부분으로 나누는 것이다. 즉 한 화면 내에서 다른 곳으로 갈 수 있는 항해 지원 시스템 또는 특별한 반응(가령 미디어 플레이어의 버튼)이 있는 기능적 부분과 화면에서 사용자에게 제공하고자 하는 정보적 부분으로 나눌 수 있다. 그림 60은 위쪽과 왼쪽에 다른 메뉴로 갈 수 있는 기능을 표현하는 부분, 가운데 사용자에게 전달하고자 하는 상품에 대한 정보를 제시하는 부분으로 나누고 있다. 이와 연관된 방법으로 페이지 내의 정보는 고정적인 정보, 즉 사용자가 페이지를 이동하더라도 항상 보여지는 정보와, 사용자의 입력과 조작에 의해 새롭게 보여지는 내용, 즉 변동되는 내용으로 나누어질 수도 있다. 또한 그림 6의 오른쪽은 디지털 제품에서 기능별 배치를 통해 시각적 계층구조를 구현한 카메라 사례를 제시하고 있다. 이 카메라는 정보를 보여 주기 위한 푸른색 디스플레이 부분과 기능적 조작을 위한 버튼이 분리되어 설계되어 있다. 또한 복잡하고 다양한 버튼을 사용 빈도에 따라 사용자의 손가락 위치에 가깝도록 배치했다.

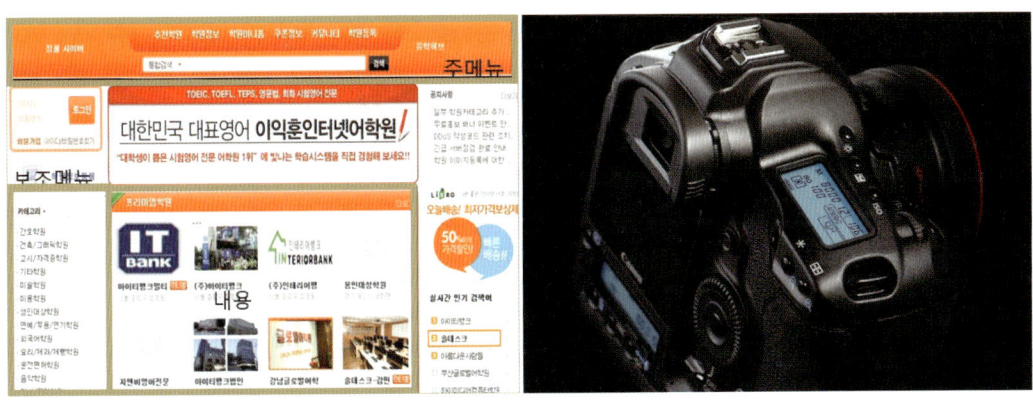

그림 60
기능별 배치를 통해
시각적 계층구조를 구현한
디지털 서비스와 제품 사례

색상과 톤을 이용한 시각적 계층구조

전체 시스템에서 시각적 계층구조를 구현하기 위한 효과적인 방법 중 하나가 색체계를 이용하는 방법이다. 계층구조를 표현하는 데 효과적으로 사용될 수 있는 색의 특질은 색상과 톤이다.Wong, 1986 일반적으로 그림 61과 같이 색상은 디지털 제품이나 서비스의 구조상에서 메뉴에 따른 카테고리를 분류하는 데 효과적으로 사용되고 있으며, 톤은 디지털 제품이나 서비스의 계층적 깊이를 표시하는 실마리로 사용된다. 특히 색상으로 카테고리 정보를 제공하는 것은 사용자가

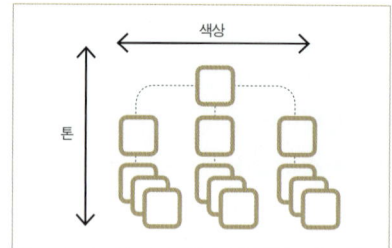

그림 61
색상과 톤의
계층구조에의 적용

디지털 제품이나 서비스 전체의 구조를 파악하는 조망 지식 survey knowledge을 형성하는 데 도움이 된다. 디지털 서비스 페이지의 경우 각 메뉴의 성격에 적합한 색상을 설정해 각 메뉴에 해당하는 페이지마다 적용하면 사용자는 쉽게 페이지의 내용을 예상할 수 있다.

하지만 위와 같이 색상과 톤을 전체 구조의 단서로 이용하고자 한다면 디지털 제품이나 서비스 전체의 크기를 고려해야 한다. 일단 카테고리별로 색상 단서를 제공하기 위해서는 각 카테고리의 규모가 너무 많으면 오히려 사용자에게 혼란을 줄 수도 있다. 따라서 카테고리의 색상 단서가 효과를 거두기 위해서는 디지털 제품이나 서비스의 전체 규모가 어느 정도 이하가 되어야 하며, 카테고리 간의 양적인 균형도 적절하게 이루어져야 한다.

색상을 이용해 디지털 서비스의 계층구조를 표현한 예로 그림 62의 메뉴 구조가 있다. 왼쪽의 상위메뉴는 오른쪽의 하위 메뉴에 비해 좀 더 밝은 톤을 사용하고 있으며, 카테고리에 따라 빨강, 노랑, 파랑, 연두의 다양한 색상을 사용하고 있다.

그림 62
디지털 서비스에서 색상과
톤을 적용해 계층구조를
표현한 사례

그림 63
디지털 제품에서 색상과
톤을 적용해 계층구조를
표현한 사례

그림 63은 디지털 제품에서 색상과 톤을 적용해 계층구조를 표현한 예이다. 화면 외곽 부분의 디자인을 회색과 검은색의 모노톤으로 최상단의 물리적 계층을 나타냈으며, 디스플레이에 나타난 아이콘은 다양한 색상과 밝은 톤으로 구성해 시각적 계층구조가 잘 구분되어 있다.

6.2 사용성 측면의 효과: 가독성

일단 시각적 계층구조를 통해 사용자가 원하는 정보를 찾게 되면, 다음 단계는 원하는 정보를 읽고 해당 정보의 내용을 이해해야 한다. 가독성은 사용자가 얼마나 효율적으로 정보를 이해할 수 있는지를 의미한다. 넓은 의미의 가독성은 일반적으로 판독성과 좁은 의미의 가독성을 모두 포함한다. 이때 판독성은 짧은 양의 텍스트를 사람이 얼마나 쉽게 판독하고 인식하는지를 의미하며, 가독성은 많은 양의 텍스트를 읽는 사람이 얼마나 쉽게 그리고 빨리 읽을 수 있는지를 의미한다. 가독성에 영향을 미치는 요소는 색상, 글자크기, 글자체, 배치, 이미지, 구두점, 내어짜기와 들여짜기 등 거의 모든 시각적 디자인 요소라 할 수 있다.

색상

주위에서 색의 잘못된 사용으로 글자를 읽기 힘든 경우를 종종 발견할 수 있다. 글자의 가독성에 결정적인 영향을 미치는 것은 일반적으로 색의 명도이다. 즉 바탕색과 글자 자체의 색 명도의 차이가 글자의 가독성에 가장 큰 영향을 끼친다. 그림 64는 왼쪽과 오른쪽이 바탕색과의 동일한 명도차를 가지고 있기 때문에 왼쪽은 무채색이고 오른쪽은 유채색임에도 이 둘은 비슷한 가독성을 가지고 있다.Constantine, 1999 반면 그림 64의 아래 그림은 왼쪽과 오른쪽 글자의 바탕색과의 명도차가 다르다. 왼쪽 글자가 오른쪽 글자보다 바탕색과의 명도차가 더 크다. 따라서 왼쪽 글자가 오른쪽 글자보다 더 쉽게 읽혀진다. 비록 오른쪽 글자는 바탕색과의 색상의 차이가 명도의 차이보다 더 크기는 하지만, 가독성에 영향을 미치는 것은 색상보다는 명도차라는 것을 알 수 있다.Wong, 1988

그림 64
바탕색과 글자색 간의 명도차에 의한 가독성

그림 65는 다른 글자와 구별되는 색상이 글자를 하나로 묶어 주어 가독성을 높인다.Arnheim, 1954 왼쪽과 오른쪽은 같은 글자의 나열이다. 왼쪽은 의미 없는 글자의 나열처럼 보이는 반면, 오른쪽은 'contrast'라는 글자가 명확하게 인지된다. 이는 빨간색과 노란색으로 나누어지는 글자의 집단화에 의한 현상으로 같은 색을 가지는 글자는 하나의 집단으로 인지되어 가독성을 높이게 된다.

그림 65
색상차를 이용한 가독성의 향상

글자체

가독성은 글자체의 크기와 같은 특징에 의해서도 많은 영향을 받는다. 특히 영문의 경우 대문자로 이루어진 글자와 소문자로 이루어진 글자 가운데 소문자로 이루어진 단어의 가독성이 더 높고, 그림 66의 산세리프체와 세리프체의 경우 산세리프체가 전반적으로 가독성이 높다. 이탤릭체와 보통체의 경우에는 이탤릭체에 비해 기본체가 가독성이 높다.Constantine, 1999 그리고 글자체의 중량도 가독성에 양향을 미치는 것으로 알려져 있다.

그림 66
1 세리프체
Adobe Caslon
2 산세리프체
Frutiger
3 이탤릭체
Times New Roman
4 기본체
Times New Roman

1 user interface
2 user interface
3 *user interface*
4 user interface

배치

가독성에 영향을 미치는 또 다른 요소는 정렬이다. 글자의 정렬은 일반적으로 왼끝맞추기, 가운데맞추기, 오른끝맞추기가 있다. 왼끝맞추기는 가운데맞추기나 오른끝맞추기에 비해 가독성이 높다. 이는 서구 문화에 속한 나라의 언어들이 왼쪽에서 오른쪽으로 읽혀지기 때문에 글자를 읽을 때 사람의 시선이 왼쪽에서 오른쪽으로 끝나고, 다시 읽을 때 왼쪽에서 시작한다. 따라서 왼끝맞추기의 경우 다시 읽기를 시작하는 시작점이 일직선상에 정렬되어 있어 가독성에는 가장 좋다고 할 수 있다.Constantine, 1999 글자사이와 글줄사이도 배치와 연결되어 가독성에 영향을 미친다. 그림 68에서 보는 바와 같이 글자사이가 글줄사이보다 넓을 경우 시각적인 집단화가 의미적인 집단화와 일치하지 않기 때문에 가독성을 떨어뜨릴 수 있다.Dinucci, 1998

그림 67
왼끝 맞추기와
가운데 맞추기에 따른 가독성

| 서양 언어를 비롯해 많은 나라의 언어들이 왼쪽에서 오른쪽으로 읽혀지기 때문에 왼끝맞추기가 가독성에는 가장 좋다. | 서양 언어를 비롯해 많은 나라의 언어들이 왼쪽에서 오른쪽으로 읽혀지기 때문에 왼끝맞추기가 가독성에는 가장 좋다. |

그림 68
글줄사이가 글자사이보다
넓은 경우와 글자사이가
글줄사이보다 넓은 경우

↑ 글자사이와 글줄사이의
↓ 가독성과의 관련성에 관한 문제들
글자사이와 글줄사이의
가독성과의 관련성에 관한 문제들

↑ 글 자 사 이 와 글 자 사 이 의
  가 독 성 과 의 관 련 성 에 관 한 문 제 들
  글 자 사 이 와 글 줄 사 이 의
  가 독 성 과 의 관 련 성 에 관 한 문 제 들

글자크기

글자가 해상도의 변화에도 깨지지 않도록 이미지의 형태로 처리되어 있는 경우에는 폰트크기가 클 경우에는 문제가 없지만 9포인트보다 작아지면 가독성

이 현저하게 떨어진다. 그림 69의 윗줄은 12포인트이고 아랫줄은 9포인트이다. 9포인트에 비해 12포인트가 가독성이 더 높다. 그러나 같은 크기의 폰트라도 왼쪽은 이미지 처리된 상태이고 오른쪽은 그렇지 않은 경우에서 이미지 처리된 상태이다. 이미지 처리를 한 경우는 9포인트에서 특히 더 읽기 어려운 것을 알 수 있다.

12point anti-aliased   12point none
9point anti-aliased   9point none

그림 69
이미지 처리가 된 경우

6.3 감성 측면의 효과: 미적 인상

미적 인상도 인터페이스 디자인을 할 때 고려해야 할 요소이다. 여기에서는 미적 인상이 실제 디지털 제품이나 서비스에서 어떤 인터페이스 디자인 요소를 통해 사용자에게 전달되었는지를 설명하고자 한다. 이를 위해 각 인상 차원별로 양극단을 잘 표현하고 있는 디지털 제품과 서비스의 사례를 한 가지씩 제시하고, 이를 바탕으로 해당되는 인상을 정확하게 표현하기 위해 필요한 시각적 디자인 요소들을 제시하도록 하겠다. 단, 이러한 디자인 요소들은 어디까지나 기초적인 가이드라인을 제시하는 것이지 모든 경우에 적용할 수 있는 최적의 원칙은 아니다. 제대로 된 미적 인상을 제공하기 위해서는 각 디자인 요소들 간의 상승작용이나 제품과 서비스의 성격과의 일치도 등도 고려해야 한다. 또한 미적 인상은 문화적 상황이나 환경, 연령, 가치관 등에 따라 다양하게 영향을 받을 수 있다. 그러므로 특정한 미적 인상을 특정한 디자인 요소에 연결시켜 설명하는 것은 매우 위험할 수 있다. 그럼에도 미적 인상과 그에 관련된 디자인 요소를 이 장에서 제시하는 이유는 디자인 비전문가들도 최소한의 가이드라인을 통해 디자인 요소가 미적 인상에 영향을 미칠 수 있다는 것을 알고 있어야 하기 때문이다. 여기에서는 연세대학교 HCI Lab이나 다른 연구들에서 객관적으로 연결되어 있다고 입증한 최소한의 디자인 요소와 미적 인상과의 관계를 설명하고자 한다. 제시되는 원칙은 일반적인 품질의 미적 인상을 만들어 내기 위한 최소한의 가이드라인으로 활용하는 것이 바람직하다.

BD(bright-dark) 인상 차원 (밝음 vs. 어두움)

그림 70은 밝은 인상을 주는 디지털 제품과 서비스 사례이다. 디지털 서비스에서 밝은 인상을 주기 위해서는 배경 이미지의 명도가 높아야 하며, 메인 메뉴의 색상이 채도가 높아야 하며, 메뉴바가 굵은 것이 좋다. 반면 직사각형과 같은

너무 각진 형태의 제목은 가급적 피해야 한다. 또한 디지털 제품의 경우 제품 몸체의 명도가 높으며, 명도가 높은 색상들을 조화시키고 제품의 형태를 각지지 않게 함으로써 밝은 인상을 준다.

그림 70
밝은 인상을 강조하는
디지털 제품과 서비스

그림 71
어두운 인상을 강조하는
디지털 제품과 서비스

그림 71은 어두운 인상을 주는 디지털 제품과 서비스 사례이다. 서비스에서 어두운 인상을 주기 위해서는 배경 이미지의 명도가 낮아야 하며, 메인 메뉴의 색상이 검정이나 보라 등의 채도가 낮은 색을 사용한다. 또한 둥근 형태보다는 직사각형과 같은 각진 형태의 제목을 사용한다. 디지털 제품에서도 각진 형태와 낮은 명도의 외관이 어두운 인상을 전달하고 있다.

표 1
BD 인상 차원을 위한
시각적 디자인 요소

밝음	어두움
명도가 높은 배경이미지 사용	명도가 낮은 배경이미지 사용
채도가 높은 메인메뉴 표현	채도가 낮은 메인메뉴 표현
각진 형태의 제목을 피함	각진 형태의 제목 사용

CD(calm-dynamic) 인상 차원 (차분함 vs. 역동적)

그림 72는 차분한 인상을 주는 디지털 제품과 서비스 사례이다. 디지털 서비스에서는 메뉴에서 일관된 글자체를 사용하며, 화면에 제시되는 개체의 숫자나 색상을 최소화하고 안정적인 배치를 가져가며, 사용하는 이미지 자체도 깔끔

한 인상을 주는 이미지를 사용한다. 제목은 청색이나 녹색 계통의 채도가 낮은 색과 이미지를 사용하며, 이미지의 질감을 깨끗하게 처리하는 것도 차분한 인상을 줄 수 있는 방법이다. 차분한 인상을 주는 디지털 제품의 사례를 보면 단순한 형태와 모노톤의 색상 그리고 아래가 넓은 사다리꼴의 안정적인 형태로 차분함을 전달하고 있다.

그림 72
차분한 인상을 강조하는 디지털 제품과 서비스

그림 73은 역동적인 인상을 주는 디지털 제품과 서비스 사례이다. 디지털 서비스에서 강렬한 인상을 주기 위해서는 각진 모양의 이미지를 사용하고, 제목의 글자 굵기를 굵게 가져가며, 메뉴의 명도를 낮게 하고, 배경 색상을 청색 계통보다는 적색이나 형광색을 주로 사용하고, 다양한 모습과 질감을 나타내는 메인 이미지를 사용한다. 디지털 제품에서 역동적인 인상을 주기 위해서는 적색 계열의 채도가 높은 색상 배치와 유선형의 패턴을 이용할 수 있다.

그림 73
역동적인 인상을 강조하는 디지털 제품과 서비스

차분함	역동적
일관된 글자체 사용	각진 모양의 대비가 큰 이미지 사용
안정적 배치	제목의 글자 굵음
깔끔한 이미지 사용	메뉴 명도 낮음
채도가 낮은 메인 이미지와 질감 사용	다양한 모습과 질감의 이미지 사용

표 2
CD 인상 차원을 위한 시각적 디자인 요소

SV(simple-varied) 인상 차원 (간결함 vs. 다채로움)

그림 74는 간결한 인상을 주는 디지털 제품과 서비스 사례이다. 서비스에서 간결한 인상을 주기 위해서는 화면에서 사용하는 이미지의 수를 제한하고, 글꼴의 종류를 최소화하고 색상 수를 최소화하며, 배경과 메인 이미지 간의 명도 차를 분명한다. 제품에서도 제품 외관에 화이트 계열의 채도가 낮은 색상을 적용하고 별도의 장식을 최소화함으로써 전체적으로 간결한 인상을 전달할 수 있다.

그림 74
간결한 인상을 강조하는 디지털 제품과 서비스

그림 75는 다채로운 인상을 주는 디지털 제품과 서비스 사례이다. 디지털 서비스에서 다채로운 인상을 주기 위해서는 채도가 높은 배경을 사용하고, 다양한 색상의 메인 이미지를 사용하고, 배경과 메뉴 간의 채도의 차이를 명확하게 가져간다. 이를 통해 다양한 메뉴와 정보를 사용자에게 제공해 풍부함을 유도할 수 있도록 한다. 디지털 제품에서도 제품의 전면에 다양한 색상과 각기 다른 패턴을 활용해 다채로운 인상을 전달할 수 있다.

그림 75
다채로운 인상을 강조하는 디지털 제품과 서비스

표 3
SV 인상 차원을 위한 시각적 디자인 요소

간결함	다채로움
이미지 수를 제한	메뉴바와 배경색 간의 색상 대비차 큼
색상 수를 제한	다양한 색상의 메인 이미지를 사용
글꼴의 종류를 최소화	이미지와 도형 등의 엣지 있는 요소 사용

LP(luxurious-plain) 인상 차원 (고급스러운 vs. 대중적)

그림 76은 고급스러운 인상을 주는 디지털 제품과 서비스 사례이다. 디지털 서비스에서 고급스러운 인상을 주기 위해서는 흰색이나 검은색 등의 무채색 계통의 메인 이미지를 사용하고, 배경을 너무 복잡하게 나누지 않는다. 디지털 제품에서도 고급 상품인 경우 보여 주고자 하는 디지털 제품의 시각적인 요소들을 절제시키면서 조화를 맞추는 것이 좋다. 이에 더해 무채색 계통의 색상을 적용해 고상한 인상을 전달할 수 있다.

그림 76
고급스러운 인상을 강조하는 디지털 제품과 서비스

그림 77은 대중적인 인상을 주는 디지털 제품과 서비스 사례이다. 디지털 서비스에서 대중적인 인상을 주기 위해서는 밝은 명도를 가지고 있는 배경을 사용하고, 배경과 메인 이미지 간에 명도차를 줄여 주며, 다양한 형태의 제목을 사용한다. 이에 더해 친숙한 메뉴구조와 화면 분할을 통해 익숙한 느낌을 갖도록 한다. 디지털 제품에서도 밝은 명도의 배경을 사용함으로써 사용자에게 대중적인 인상을 전달하고 있다.

그림 77
대중적인 인상을 강조하는 디지털 제품과 서비스

고급스러운	대중적
무채색 이미지를 사용	파스텔톤의 다양한 색상 배경 사용
단순한 배경 사용	다양한 형태의 제목 사용
시각적 요소의 절제된 사용 및 조화	친숙한 메인 메뉴와 화면 분할

표 4
LP 인상 차원을 위한 시각적 디자인 요소

CF(cassical-futuristic) 인상 차원 (복고적 vs. 미래적)

그림 78은 복고적인 인상을 주는 디지털 제품과 서비스 사례이다. 디지털 서비스에서 복고적인 인상을 주기 위해서는 채도가 낮은 메뉴와 이미지를 사용하고, 너무 복잡한 모양의 이미지를 사용하기보다는 절제된 모양을 채택하고, 너무 둥근 이미지는 사용하지 않으며, 물결 모양의 액자나 질감이 있는 배경을 사용한다. 디지털 제품에서도 첨단 제품이더라도 과거지향적인 인상을 주기 위해 직사각형의 절제된 형태와 나무 재질의 프레임을 사용해 복고적인 인상을 효과적으로 표현할 수 있다.

그림 78
복고적인 인상을 강조하는 디지털 제품과 서비스

그림 79는 미래적인 인상을 주는 디지털 제품과 서비스 사례이다. 디지털 서비스에서 미래적인 인상을 주기 위해서는 명도가 높은 제목을 사용하고, 청색이나 보라색 계통의 배경 이미지를 사용하고, 독특한 모습의 물체나 어둡고 몽환적인 분위기를 사용한다. 디지털 제품에서도 청색 계열의 몸체에 명도가 높은 형광 청록색의 하이라이트 또는 유선형의 형태가 미래적 인상을 줄 수 있다.

그림 79
미래적인 인상을 강조하는 디지털 제품과 서비스

표 5
CF 인상 차원을 위한 시각적 디자인 요소

복고적	미래적
채도가 낮은 메뉴와 이미지를 사용	명도가 높은 제목 사용
절제된 모양을 채택	청색 또는 보라 계통의 배경 이미지 사용
굴곡적인 질감의 배경 사용	독특한 모습이나 어둡고 몽환적인 이미지 사용

OP(optimistic-pessimistic) 인상 차원 (희망찬 vs. 암울한)

그림 80은 희망찬 인상을 주는 디지털 제품과 서비스 사례이다. 디지털 서비스에서 희망찬 인상을 주기 위해서는 배경과 제목 간의 색상 차이를 작게 하고, 메뉴 바와 배경 간에는 큰 색상차를 사용하는 것을 자제한다. 또한 건실한 내용의 이미지를 사용하거나 밝은 배경색 등을 통해서도 희망찬 인상을 표현할 수 있다. 디지털 제품에서는 친숙한 캐릭터를 통한 밝은 표정만으로도 희망찬 인상을 전달할 수 있다.

그림 80
희망찬 인상을 강조하는 디지털 제품과 서비스

그림 81은 암울한 인상을 주는 디지털 제품과 서비스 사례이다. 디지털 서비스에서 암울한 인상을 주기 위해서는 전반적으로 낮은 채도의 색상을 사용하고 메뉴바와 배경색의 대비가 너무 크지 않도록 한다. 또한 전체 배경에 많은 부분을 할당하고 절망적인 분위기를 줄 수 있는 신비로운 인상의 배경이나 금기시되어 온 색상과 이미지를 사용할 수도 있다. 디지털 제품에서도 괴기스러운 이미지를 사용해 은둔적이고 암울한 인상을 전달할 수도 있다.

그림 81
암울한 인상을 강조하는 디지털 제품과 서비스

희망찬	암울한
배경과 제목 간의 색상차를 작게 함	전체적으로 낮은 채도의 색상 사용
메뉴바와 배경 간의 색상차를 작게 함	메뉴바와 배경색의 대비를 작게 함
건실한 분위기나 밝은 배경색 사용	금기시되어 온 색상과 이미지 사용

표 6
OP 인상 차원을 위한 시각적 디자인 요소

6.4 감성 측면의 효과: 개성

시각적 디자인 요소와 개성 간의 관계를 살펴보자. 연세대학교 HCI Lab에서는 시각적 구성이 사용자가 느끼는 개성에 미치는 영향을 분석했다. 5장에서 언급한 것처럼 한국 사람들이 블로그를 보면서 느끼는 개성은 여섯 가지 범주로 나누어지고, 이는 다시 세 가지 차원으로 구분할 수 있다. 첫 번째는 강약의 차원 dimension of stength 으로 양 극단에 강하고 와일드한 개성과 부드럽고 사랑스러운 개성을 포함한다. 두 번째는 형식성의 차원 dimension of formality 으로 한쪽은 자유 분방한 개성, 다른 한쪽은 분석적인 개성을 포함한다. 세 번째는 개방성의 차원 dimension of openness 으로 한쪽은 개방적이고 사교적인 개성, 다른 한쪽은 패쇄적이고 은둔적인 개성을 포함한다. 각 개성마다 이를 효과적으로 표현하기 위해 사람들이 해당 개성을 가장 많이 느끼는 디지털 제품과 서비스의 사례를 제시한 뒤, 이러한 개성을 표현하기 위해 중요하다고 발견된 시각적 디자인 요소에 대해 설명하고자 한다.

강약의 차원

그림 82는 강한 개성을 풍기는 디지털 제품과 서비스 사례이다. 디지털 서비스에서 강한 개성을 표현하기 위해서는 일단 화면이 복잡하고, 화면 요소들이 어지럽게 뿌려졌다는 느낌을 줄 수 있다. 또한 메뉴바와 배경 간의 색상차를 크게 가져가고 대담한 색상을 이용해 와일드한 성격을 부각시킬 수도 있다. 디지털 제품에서도 복잡한 형태의 문양 프린팅과 메탈릭 컬러 등을 사용할 수 있다.

그림 82
강한 개성을 풍기는
디지털 제품과 서비스

그림 83은 부드러운 개성을 풍기는 디지털 제품과 서비스 사례이다. 디지털 서비스에서 부드러운 성격을 표현하기 위해서는 일단 화면이 비교적 단순하고, 화면 요소들이 일정하게 배치되어 있다는 느낌을 주어야 한다. 또한 각 시각적 요소를 친근한 면분할로 안정감 있게 배치하고 아기자기한 일러스트레이션이나 이미지를 사용해서 사용자에게 포근하고 부드러운 개성을 줄 수 있도록 한다. 디지털 제품에서 많은 사람들에게 친숙한 이미지와 파스텔톤 색상을 적용할 수 있다.

그림 83
부드러운 개성을 풍기는
디지털 제품과 서비스

강한 개성	부드러운 개성
복잡한 화면	단순한 화면
산만한 배치	일정한 배치
메뉴바와 배경 간 색상 차이를 크게 함	친근한 면분할 사용
대담한 색상 이용	아기자기한 일러스트레이션과 이미지 사용

표 7
강약의 차원을 위한
시각적 디자인 요소

형식성의 차원

그림 84는 자유분방한 개성을 풍기는 디지털 제품과 서비스 사례이다. 디지털 서비스에서 자유분방한 개성을 표현하기 위해서는 일정한 규칙에 구애받지 않는 면분할을 사용하며 색상 또한 다양하게 사용한다. 또한 형식적인 이미지나 일러스트레이션보다는 대학생이나 청소년 같은 사용자층에게 어울리는 이미지나 배경을 표현할 수 있도록 한다. 디지털 제품에서는 명도가 높은 다양한 형광색상과 불규칙한 장식을 사용할 수 있다.

그림 84
자유분방한 개성을 풍기는
디지털 제품과 서비스

그림 85는 분석적인 개성을 풍기는 디지털 제품과 서비스 사례이다. 디지털 서비스에서 분석적인 개성을 표현하기 위해서는 가능한 불필요한 요소를 배제한 현실적이고 정확하고 객관적인 사실을 활용한다. 또한 청색과 흰색 등 대조가

분명한 색상을 이용하고, 많은 양의 다양한 자료를 밀집해 보여 줄 수 있다. 디지털 제품에서도 불필요한 장식적 요소를 최대한 배제하고 헤드폰의 각 부분별 분리 및 교체가 가능한 것처럼 기능적 요소를 강조할 수 있다.

 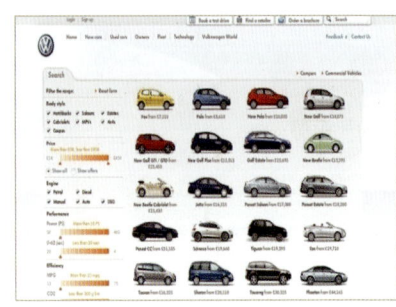

그림 85
분석적인 개성을 풍기는
디지털 제품과 서비스

표 8
형식성의 차원을 위한
시각적 디자인 요소

자유분방한 개성	분석적인 개성
일정한 규칙에 구애받지 않는 면 분할 사용	많은 양의 자료를 밀집해 보여 줌
대담한 색상 이용	대조가 분명한 색상 사용

개방성의 차원

그림 86은 개방적인 개성을 풍기는 디지털 제품과 서비스 사례이다. 디지털 서비스에서 개방적인 개성을 표현하기 위해서는 높은 채도의 색상을 이용하고 화면상에 정보도 가능한 한 넓게 뿌려서 분산되어 있다는 느낌을 주도록 한다. 또한 어린아이같이 친근하고 소박한 의미를 가진 이미지를 사용하는 것도 효과적이다. 디지털 제품에서는 다양한 색상의 큐브들이 넓게 뿌려져 있는 것처럼 높은 색상차를 이용할 수 있다.

그림 86
개방적인 개성을 풍기는
디지털 제품과 서비스

그림 87은 폐쇄적인 개성을 풍기는 디지털 제품과 서비스 사례이다. 디지털 서비스에서 폐쇄적인 개성을 표현하기 위해서는 배경 색상과 이미지의 사용이 매우 중요하다. 즉 화면상에 보여지는 시각적 무게의 분포를 최대한 무겁게 가져가

고, 상하좌우로 시각적 무게가 다소 꽉차 있는 느낌을 주도록 한다. 또한 이미지 사용 역시 튀지 않는 전형적인 이미지나 일러스트레이션을 사용하는 것이 좋다. 디지털 제품에서도 어두운 색상을 이용하고 자료가 상하좌우로 정렬되어 있어 꽉차 있는 느낌을 주고 있으며, 평범한 그래픽을 적용할 수 있다.

그림 87
폐쇄적인 개성을 풍기는 디지털 제품과 서비스

개방적인 개성	폐쇄적인 개성
높은 채도의 색상차를 이용	채도가 낮고 어두운 색상 사용
분산 배치	여백의 최소화
친근하고 소박한 의미를 가진 이미지 사용	전형적인 배경 이미지나 일러스트레이션 사용

표 9
개방성의 차원을 위한 시각적 디자인 요소

7. 시각적 디자인 이외의 인터페이스 디자인 요소

지금까지 주로 전통적인 시각적 요소를 대상으로 인터페이스 디자인을 살펴보았다. 그러나 기술이 발전하면서 이미지나 다이어그램, 아이콘, 테이블, 그래프, 애니메이션 외에 다양한 디자인 요소들이 등장하고 있다. 여기에서는 그중에서도 최근 들어 디지털 시스템의 인터페이스 디자인에 많이 사용되고 있는 세 가지 요소를 살펴보기로 한다.

7.1 3D인터페이스

3D인터페이스는 사람들의 두 눈에 약간 다른 이미지를 투사함으로써 깊이감을 느낄 수 있고 입체적으로 조작할 수 있는 인터페이스를 의미한다. 이전에

그림 88
3D 인터페이스가
적용된 디지털 제품의 사례

는 3D가 게임 콘텐츠에서 주로 볼 수 있던 요소였지만, 더욱 역동적이고 감성적인 요소가 더해진 3D인터페이스는 최근 모바일 등 각종 전자기기의 인터페이스로 각광받고 있다. 이는 3차원으로 이루어진 인터페이스가 사용자에게 더 자연스럽게 받아들여지고 디지털 제품이나 서비스에 대한 사용자의 몰입도를 증대시키기 때문이다. 디스플레이 도구가 더욱 고도화되면서 사실감과 환상감을 동시에 제공할 수 있는 3D인터페이스가 더욱 늘어날 것으로 예상되며, 이러한 새로운 기술적 발전을 효과적으로 활용할 수 있는 HCI 연구가 수행되어야 할 것이다.

이러한 추세에 발맞추어 연세대학교 HCI Lab에서는 사용자의 경험 향상을 위해 3D인터페이스가 주로 어떤 요인에 집중해서 개발되어야 하는지를 알아보기 위해 3D영화, 3D전시, 3D박람회, 3D골프, 3D게임, 3D수술 등 다양한 분야에서 사용자경험에 영향을 주는 3D디자인 요인들을 살펴보았다. 그 결과 3D게임이나 영화와 같은 유희적 목적으로 사용하는 디지털 제품이나 서비스, 그리고 수술이나 박람회처럼 기능적 목적으로 사용하는 디지털 제품이나 서비스에서 사용자 경험에 중요한 영향을 미치는 3D디자인 요소들을 추출했다.

먼저 3D인터페이스가 유희적 용도로 사용되는 디지털 제품이나 서비스에서는 자기표현, 자연스러운 피드백, 공간관계 등 세 가지 요인이 중요한 영향을 미치는 것으로 밝혀졌다. 자기표현self representation은 사용자 본인의 모습을 입체감 있게 디스플레이에 보여 주는 기능이다. 자기표현을 정확하게 하기 위해서는 되도록 화면 속의 자신의 행동이 실제 사용자의 행동과 일치하게 만들어 주고, 화면 속의 자기 모습이 실제 모습과 유사하게 보여 주며, 또 그 모습이 실제 사용자의 행동에 대해 민감하게 반응해야 한다.

자연스러운 피드백natural feedback은 물리적인 피드백과 디지털 피드백이 유사한 정도를 의미한다. 예를 들어, 3D골프에서 실제 공을 쳤을 때의 느낌이 3D상에 보여지는 느낌과 얼마나 유사한지를 의미한다. 이를 위해서는 사용자의 조작에 대해 시스템의 피드백이 빈번하게 발생하도록 하고, 시스템이 사용자의 조작에 대해 시스템이 높은 강도의 피드백을 실제 자극과 밀접하게 제공해 줄 필요가 있다.

그림 89
유희적 목적을 위해
사용되는 3D인터페이스
요소: 자기표현과
자연스러운 피드백

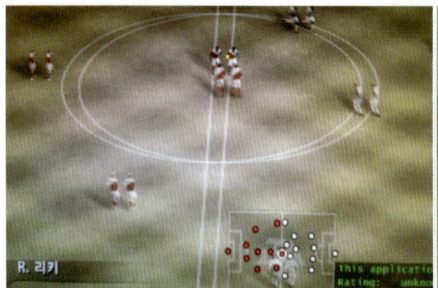

그림 90
유희적 목적을 위해
사용되는 3D인터페이스
요소: 자연스러운 공간관계

공간관계spatial relationship란 실제 공간과 유사한 느낌을 줄 수 있는 3D인터페이스 기능을 의미한다. 예를 들어, 그림 90에서 보여 주는 영화 〈아바타〉에서는 실제 있는 물체들 간의 공간관계를 사실적으로 표현해 주고 있다. 이를 위해서는 화면 속 공간 관계를 나타내는 요소 중에 물체와 배경 또는 물체와 물체 간의 거리감이나 균형감 그리고 조밀도를 현실과 비슷하게 느끼게 하는 것이 필요하다.

로봇 수술과 같이 기능적인 목적으로 사용하는 디지털 제품이나 서비스에서는 미세조작, 배경표현, 간접조작이 중요한 역할을 한다. 미세조작이란 실제로는 할 수 없는 정밀한 조작을 3D인터페이스를 통해 할 수 있는 기능을 의미한다. 그림 91은 종합병원에서 작은 신체 조직을 정밀하게 수술하기 위해 사용하는 로봇 수술 도구의 작동 장면이다. 미세조작micromanipulation을 위해서는 사용자가 조작하고자 하는 물체를 정확하게 유연하게 그리고 정밀하게 조작할 수 있도록 해야 한다.

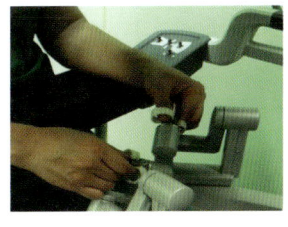

배경표현background expression이란 디스플레이 안쪽으로 들어간 깊이감을 사용자가 실제로 느끼게 하는 기능이다. 예를 들어, 로봇 수술을 할 때 그림 92처럼 환자의 몸속 깊숙이 있는 장기의 경우 그것이 실제로 화면 안쪽으로 깊이 들어가 있다고 느끼게 해 주는 것이다. 이를 위해서는 화면 속의 배경 표현들이 잘 연결되어 표현되어야 하고 화면 속의 배경 표현이 거리감을 사실적으로 표현해 주어야 한다.

그림 91
기능적 목적을 위해 사용되는
3D인터페이스 요소:
미세조작

간접조작indirect manipulation이란 실제로 만지기 힘든 부분을 다른 기구를 통해 조작하는 느낌을 주는 기능이다. 예를 들어, 로봇 수술을 할 때 맨손뿐만 아니라 매쓰와 같은 여러 가지 수술 도구를 사용하는 느낌을 생생하게 전달해 줄 수 있어야 한다. 이를 위해서는 사용자가 별도의 학습 없이 도구들을 활용할 수 있고 실제 세상의 도구와 매핑이 되어 쉽게 익숙해질 수 있어야 한다.

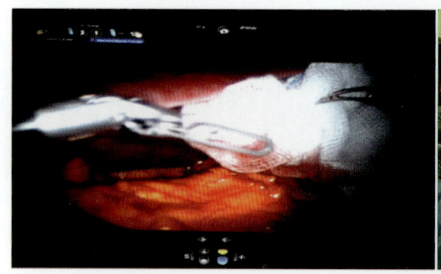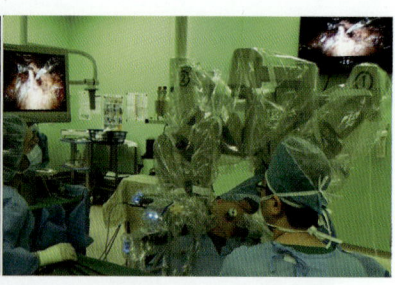

그림 92
기능적 목적을 위해
사용되는 3D인터페이스
요소: 배경표현과 간접조작

7.2 청각 인터페이스

지금까지 시각 중심의 인터페이스가 사용자의 시각 자극을 너무 많이 활용했기 때문에 사용자가 가지고 있는 시각적 자극을 처리할 수 있는 인지적 자원은 이미 고갈되었다. 따라서 상대적으로 지금까지 그다지 사용하지 않았던 청각 인터페이스AUI, auditory user interface에 대한 사용이 부쩍 늘어나고 있다. 예를 들어, 아이마이크는 각종 MP3플레이어부터 스마트폰, PC와 호환 가능한 고감도 마이크로 더욱 정밀한 음성 녹음이나 통화를 원하는 경우에 다양하게 활용될 수 있고, '사운드하운드'라는 스마트폰 서비스는 사용자가 검색하고자 하는 노래를 들려 주면 검색해 주는 기능 외에도 직접 부른 노래나 허밍까지 찾아주는 유용한 청각 디지털 서비스이다. 특히 아이폰4S에 도입된 시리는 스마트폰과 대화하듯 음성 명령을 내리면, 문자나 지도찾기 등 다양한 작업을 해낼 수 있는 기능을 수행한다.

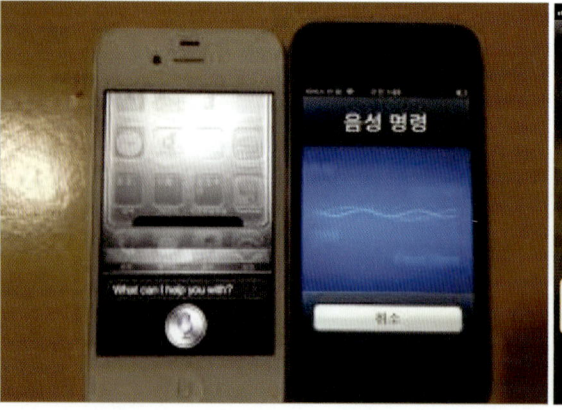

그림 93
청각 인터페이스 요소를
활용한 디지털 제품과 서비스

지금까지 디지털 시스템에 사용된 청각 인터페이스는 크게 언어적 사운드와 비언어적 사운드로 나누어진다. 언어적 사운드는 언어 메시지verbal message로 사용자 행위에 대한 컴퓨터의 피드백을 음성으로 전달하는 것이다. 이는 소리를 정보 전달의 방법으로 사용하는 데 가장 명확하고 분명한 수단으로, 모국어에 한해서는 직관적인 성격을 지니고 있다. 비언어적 메시지non-verbal message에는 청각아이콘과 이어콘이 대표적이다. 청각아이콘은 자연계의 소리를 사용해 메시지를 전달하는 방법으로 일반적으로 주변에서 일상적으로 들을 수 있는 수많은 소리들 중에서 아이콘적인 특성을 지니는 소리를 활용한 것이다. 이어콘은 소리 아이콘으로서 음향학적 속성을 사용하는 메시지 전달 방법으로 시스템에 내장된 비언어적 메시지인 인공적인 소리를 사용한다. 모바일의 사운드 역시 이러한 비언어적 메시지를 활용한 청각 인터페이스의 대표적인 예로 볼 수 있다. 시각적 디자인 요소가 큰 비중을 차지해 그동안 청각 인터페이스 분야는 많은 주목을 받지 못했으나, 최근 시각의 몰입도를 증가시키기 위한 복합적인 요소로 청각 인터페이스의 역할 또한 중요해지고 있는 추세이다.

7.3 촉각 인터페이스

오늘날의 미디어는 정보 전달과 더불어 사용자의 감성을 자극하는 목적으로 구현되는 특징을 가지고 있으며, 이를 위해 시청각에만 의존하던 기존의 인터페이스 기술이 후각, 촉각을 활용하는 인터페이스 기술로 진화하고 있다. 그중에서도 특히 기술적인 가능성과 모바일기기의 확대로 촉각 인터페이스에 대한 관심이 한층 높아지고 있다.

촉각 정보는 크게 촉각과 촉감으로 구분한다. 촉각은 1차적으로 피부에 작용하는 접촉감각, 압각, 마찰감각, 중량감 및 충돌감각 등의 역학적 자극을 감지하는 기능이다. 반면 촉각을 기초로 2차적인 매끄러움, 부드러움, 딱딱함, 부피감, 뻣뻣함, 탄력성, 차가움 등의 인간이 정서적으로 느끼는 감성을 촉감이라고 한다. 또한 촉각은 좁은 의미에서의 촉각과 넓은 의미에서의 햅틱haptic으로 나눌 수 있다. 단순하게 피부와의 정적인 접촉만에 의해 전달되는 정보의 경우를 좁은 의미에서 촉각cutaneous perception이라고 한다. 반면 넓은 의미의 햅틱이라는 용어는 손이나 손가락의 움직임과 같이 자율적인 의지에 따라 움직이면서 관절과 근육의 움직임에 대한 정보를 접촉에 의한 순수 촉각 정보와 함께 얻는 경우를 의미한다. 예를 들어, 물체의 재질과 함께 크기나 모양과 같은 정보를 얻게 되는 경우를 의미한다.

촉감에도 다양한 촉감 양식이 존재할 수 있는데, 대표적으로 능동적 촉감과 수동적 촉감 그리고 시각적 촉감이 있다. 능동적 촉감은 사용자가 목적성을 가지고 능동적으로 촉감을 이용하는 경우로, 움직이거나 돌리거나 누르거나 문지르는 행위들이 여기에 속한다. 수동적 촉감은 사용자가 수동적으로 건드리거나 접촉하는 행위가 여기에 속한다. 마지막으로 시각적 촉감은 매우 수동적이고 무의식적인 행동으로 그저 보는 것을 통해 촉감을 느끼는 것을 의미한다. 촉감이 적용된 휴대전화를 보면, 손가락을 이용해 숫자를 누르는 행위는 능동적 촉감이며, 전화가 왔다는 것을 진동으로 느끼는 것은 수동적 촉감이며, 화면을 보면서 움직임을 느끼는 것은 시각적 촉감이라고 할 수 있다.

연세대학교 HCI Lab에서는 휴대전화 인터페이스에서 촉각 정보를 이용해 정서를 표현하는 연구를 수행했다.이수진, 2009 이는 촉각 자극이 다른 감각에 비해 정서적인 감각 정보를 더욱 효과적으로 전달할 수 있다는 사실을 기반으로 했다. 연구 결과에 따르면, 첫째, 사용자는 예측 가능한 범위에서 리듬과 진폭이 변화할 때 즐거움이라는 정서를 느꼈다. 예를 들어, 응원박수 소리와 같이 진동의 패턴이 있어 리듬감이 있는 자극의 경우와 큰 진동과 작은 진동이 섞여 변화가 느껴지는 경우 높은 즐거움을 느꼈다. 둘째, 진동이 주는 자극의 차이가 클수록 각성을 크게 느꼈다. 이때 자극의 정도는 세기와 진폭의 변화에 영향을 받는 것으로 나타났다. 예를 들어, 매너모드에서의 진동과 같이 갑자기 강한 진동의 변화가 느껴질 때 높은 각성을 느꼈다. 셋째, 진동이 일정하게 반복되거나 균일한 속도로 진행될 때 통제감을 느꼈다. 예를 들어, 초기 휴대전화에서 제공하던 단순하고 짧은 기본 진동이 반복될 때 높은 통제감을 느꼈다.

최근 추세는 다양한 촉각적 디자인 요소를 이용해 사용자에게 풍부한 감성을 제공해 주는 방향으로 진화하고 있다. 이를 위해서는 정밀한 인터페이스 디자인을 통해 필요한 촉감을 정확하게 전달할 수 있는 방향으로 발전이 이루어져야 할 것이다.

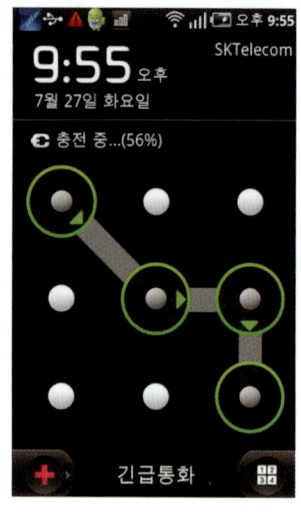

그림 94
촉각을 이용한 갤럭시S

8. 인터페이스 디자인의 절차

디지털 제품이나 서비스 디자인은 모든 부분이 과학적으로 규정될 수 있는 상황은 아니며, 아직도 많은 부분이 주관적인 판단과 예술적인 감각에 의해 만들어진다. 그중에서도 특히 인터페이스 디자인 분야는 과학보다는 예술의 영향이 더 큰 분야라고 할 수 있다. 비록 앞에서 시각 디자인 요소와 미적 인상 간의 관계나 시각적 구성과 개성 간의 관계를 구체적으로 표시했지만, 이는 어디까지나 통계적인 일반화에 따르는 법칙이지, 그 법칙이 모든 경우에 가장 효과적이고 절대적인 법칙이라고는 할 수 없다. 마찬가지로 인터페이스 디자인의 절차도 일반적으로 주로 사용하는 절차가 있을 뿐, 아직도 많은 부분이 디자이너의 예술적인 능력과 창의적인 노력에 의해 만들어진다. 여기에서는 디자인 지식이 없는 일반 독자들에게 웹 인터페이스 작성의 사례에 적용해 인터페이스 디자인 절차를 간략하게 전달하고자 한다.

8.1 메타포 표현하기

인터페이스 디자인의 첫 번째 단계는 디지털 서비스나 제품에서 표현하고자 하는 콘셉트를 확실하게 세우는 것이다. 인터페이스 디자인에서의 콘셉트는 전체적인 인터페이스의 틀을 실제적으로 표현하기 이전의 개념적 구성을 말한다. 이를 위해서는 콘셉트 디자인에서 설명하는 메인 및 서브 메타포 내용을 참고한다. 전체 메타포가 확립되면 그에 맞는 인터페이스의 성향과 분위기를 결정할 수 있다. 그런 다음, 대상의 분위기 등을 고려한 적절한 색을 선택해 조화롭게 배합하고 폰트나 애니메이션 등의 요소를 통해 전체적으로 표현하고자 하는 인터페이스의 대략적인 콘셉트를 표현할 수 있다. 이 단계에서 메타포를 효과적으로 표현하기 위한 일반적인 그래픽 디자인 요소인 이미지나 다이어그램, 테이블과 그래프 등을 효과적으로 사용할 수 있으며, WIMP 디자인 요소인 윈도와 메뉴, 아이콘과 포인터 등도 메타포를 효과적으로 전달할 수 있는 기준으로 선택한다. 예를 들어,

그림 95는 정원 가꾸기에 대한 디지털 서비스를 위한 인터페이스 디자인 사례를 제시하고 있다. 정원이란 주제에 대해 나무로 된 deck을 기본 메타포로 결정하고, 콘셉트 디자인에서 선택한 wood deck이라는 메타포가 인터페이스에 적용된 모습이다.

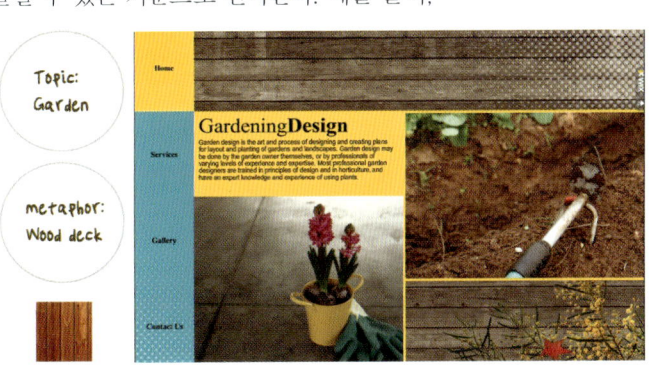

그림 95
인터페이스 디자인의 첫 번째 단계에 대한 사례:
콘셉트 설정과 이에 따른 메타포의 표현

8.2 정보구조 표현하기

인터페이스 디자인에서 원재료는 이른바 'raw text'라고 하는 전적으로 글로만 제공되는 정보들이다. 이러한 형태의 정보는 사용자가 그 내용을 읽는 것이 어렵기 때문에 대부분 그저 무시하고 지나가는 경우가 많다. 인터페이스 디자인의 두 번째 작업은 이러한 'raw text'를 유사한 내용끼리 카테고리로 묶는 단계이

다. 이 단계에서는 정보구조 디자인에서 설명한 정보의 배열과 분류를 기초 자료로 화면을 분할하고 화면 구성 요소를 배열한다. 면 분할은 페이지라는 평면적 공간에 대한 적절한 분할을 의미하며, 화면 구성 요소의 배열은 분할된 면에 어떤 식으로 화면 구성 요소를 배치할 것인지를 의미한다. 다음으로 전체적인 레이아웃 시스템을 만드는데, 이는 정보의 흐름을 중요도에 따라 분류 및 배치해 사용자의 시선을 용이하게 이동하도록 디자인한다. 이때 정보구조와 함께 기본적인 항해구조와 항해 지원 시스템을 표현하는 방식을 결정한다. 사용자의 편리성과 제품 또는 서비스의 콘셉트에 따라 시각적 동선과 아이콘의 모양 등이 일관적으로 배치되고 짜여져야 하는데, 이러한 레이아웃을 구성하기 위한 요소로 자주 사용되는 것이 와이어프레임이다. 이는 실제 인터페이스 디자인의 색상이나 폰트 등을 고려하기 이전에 레이아웃 자체에만 집중할 수 있어 전반적인 인터페이스의 구조를 가늠할 때 유용하게 쓰일 수 있다. 방식은 수작업으로 레이아웃 아이디어를 간단하게 종이에 스케치하는 방법과 포토샵, 일러스트레이터 등과 같은 친숙한 그래픽 프로그램을 사용하는 방법이 있다. 대부분의 그래픽 프로그램들은 기본 와이어프레임을 만들 수 있도록 지원하는데, 간단한 선과 모양, 텍스트는 가장 기본적인 와이어프레임의 요소들이다. 와이어프레임의 이점은 복잡한 표현 요소가 들어가기 이전에 간단한 레이아웃을 통해 디지털 제품이나 서비스의 전반적인 그림을 그려 볼 수 있다는 것이다. 와이어프레임을 이용한 레이아웃의 요소들이 수정을 거쳐 완성되면, 실제 색상과 디자인이 가미된 인터페이스의 모습을 형성하게 된다. 그림 96은 raw text를 어떻게 배치할 것인지에 대해 실제 그래픽 제작 이전에 전반적인 레이아웃을 와이어프레임으로 스케치한 모습과 와이어프레임이 실제 인터페이스에 적용된 모습이다.

그림 96
인터페이스 디자인의 두 번째 단계에 대한 사례: raw text의 배치와 wireframe 스케치

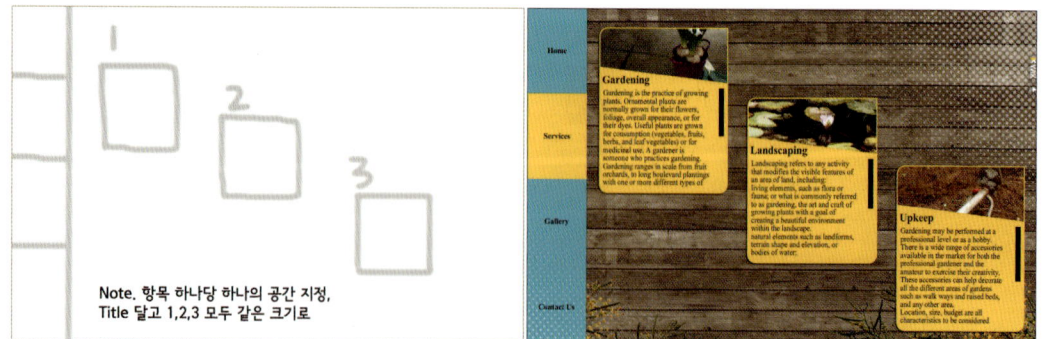

8.3 시각적 구조 표현하기

인터페이스 디자인의 세 번째 단계는 내용들 간의 시각적 계층구조를 명확하게 나타내기 위해 중요도나 순서도 등에 따라 시각적 단서를 주는 작업을 진행한다. 앞서 이야기한 대로 단일 제품이나 서비스에서 제공하고자 하는 시각적 구성과 여러 제품군이나 서비스군에서 제공하고자 하는 시각적 구성을 표현한다. 또한 시각적 계층구조를 명확히 하기 위해 일단은 각 화면을 전경과 중경 및 배경으로 나누는 작업이 필요하다. 그 다음으로는 중경을 기능적 부분과 내용적 부분으로 나누고, 마지막으로 대비를 이용해 계층적 단서를 분명하게 밝혀 주는 작업을 실시한다. 그림 97은 전경에서 가장 눈에 띄는 부분을 노란색으로 표현했다. 중경은 화면 가운데 부분의 사진에 해당되며, 'Gallery' 메뉴에서 가장 중요한 요소로 작용한다. 배경은 상대적으로 어두운 나무의 소재를 적용해 전경과 중경을 돋보이도록 했다. 그리고 사진을 실제 선택한 뒤에 나타나는 외경을 보여 주고 있다.

특히 화면에서 전체적인 시각적 느낌에 큰 영향을 주는 배경색은 전체 인터페이스 이미지 형성에 큰 영향을 미치므로 신중한 선택이 필요하다. 색상의 대비가 지나치게 크거나 작으면 사용자에게 시각적 혼란과 단조로움을 줄 수 있으므로 주의해야 한다. 특히 모니터 설정값에 따라 다르게 재현되는 색상의 느낌을 사전에 확인하고 강조해야 할 팝업 등의 외경은 강한 색상 대비차를 이용해 사용자의 주의를 끄는 시각적 요소를 고려해 볼 수 있다.

그림 97
인터페이스 디자인의
세 번째 단계에 대한 사례:
전경, 중경 및 배경과 외경

8.4 다양한 모드 활용하기

인터페이스 디자인의 네 번째 단계는 해당되는 정보 및 기능을 다양한 모드에 따라 표현하는 단계이다. 가장 간단한 문자 정보를 선호하는 사람들이 있고, 그림이나 표를 선호하는 사람들도 있기 때문에 각 사람들의 선호에 맞추어 다양한 모드로 해당 정보를 제공해 주어야 한다. 예를 들어, 그림 98은 같은 정보이지만 달리 표현하는 방식을 보여 준다. 왼쪽에서는 꽃이라는 이미지만으로 정보를 표현해 준 반면, 오른쪽에서는 원형 이미지 위에 마우스를 롤오버할 때 'Flower'라는 텍스트까지 읽을 수 있도록 설계해 두 가지 방식의 모드로 정보를 표현한다. 정보 및 기능의 효과적인 전달을 위해서는 화면을 구성하고 있는 여러 가지 시각적 구성 요소들이 서로 긴장감 없이 편안하고 명료하게 제시되어야 한다. 최근의 인터페이스는 특히 여러 모드들이 시간 간격을 두고 표현되는 동적인 레이아웃의 특성이 강조되고 있으므로 각 모드의 특성을 살린 인터페이스 디자인을 고려해야 한다. 이 단계에서는 정보가 일관성을 가지고 겹치지 않게 표현되는 것이 중요하다. 이는 사용자에게 전달하는 정보를 인터페이스에서 어떻게 표현할 것인지에 대한 의미론적 분석을 통해 구체화할 수 있다. 예를 들어, 주식 시세는 딱딱한 텍스트보다는 쉬운 표나 그래프를 사용하고 메뉴바는 한눈에 들어올 수 있는 흥미 있는 아이콘을 사용하는 것이 사용자의 시각적 이해도를 높일 수 있다.

그림 98
인터페이스 디자인의 네 번째 단계에 대한 사례: 다양한 모드에 따른 표현 방법

8.5 불필요한 요소 걸러내기

인터페이스 디자인의 다섯 번째 단계는 전달되는 정보를 방해하는 불필요한 배경 화면이나 시각적 요소를 걸러내는 작업이다. 그래픽이나 이미지에 따라 필요 이상으로 많은 용량이 사용될 수 있기 때문에, 각 화면의 바이트 수를 확인하는 작업도 반드시 필요하다. 사용자의 다양한 컴퓨터 사양과 해상도를 고려해야 하고, 속도와 가장 밀접한 관계가 있는 이미지의 크기도 고려해야 한다. 전체적인 로딩 속도를 느리게 하는 부정적인 결과를 초래할 수 있기 때문에 그라데이션이나 사진 등은 되도록 압축률이 좋은 jpg 포맷으로 저장하고, 색상이 적고 면적이 넓은 이미지는 gif파일 포맷으로 저장하는 것이 효율적이다. 사용자는 디지털 제품이나 서비스 페이지의 로딩 속도를 몇 초 이상 지켜보지 않는다는 사실을 고려해 이미지나 애니메이션을 어떻게 적절히 활용할 것인지 고려해야 한다. 예를

들어, 그림 99의 왼쪽은 빨간색 나뭇잎이 시간차를 두고 지속적으로 떨어지는 애니메이션을 나타내고 있다. 그러나 애니메이션은 정작 중요한 정보인 메인 텍스트와 같은 부분을 방해하고 있어 오히려 풍부한 시각 요소로 불필요하게 작용하고 있다. 그래서 오른쪽처럼 불필요한 요소를 제거함으로써 사용자가 더욱 쉽게 정보를 전달받을 수 있다.

그림 99
인터페이스 디자인의
다섯 번째 단계에 대한 사례:
불필요한 애니메이션을
제거하는 단계

8.6 효과 측정 및 표준화하기

인터페이스 디자인의 마지막 단계는 효과 측정 및 표준화 단계로서, 인터페이스의 효과를 검증해 표준적인 인터페이스 디자인을 설정하는 단계이다. 이 단계에서는 디지털 제품과 서비스의 가독성과 시각적 계층구조는 명확하게 구현되어 있는지, 그리고 목표로 하는 미적 인상과 사이버 개성이 충실하게 표현되었는지를 확인한다. 각 화면에 일관되게 적용될 수 있는 표준적인 인터페이스 시스템을 확정하고 이를 통해 일관되면서도 독특한 시각적 표현을 만들어 내는 것이다. 우선 현재까지 디자인된 결과는 웹페이지의 경우 CSS^{cascading style sheet}를 이용해 모형화한다. CSS는 구조적으로 짜인 문서 HTML과 XHTML에 주로 쓰이며, XML에서도 사용할 수 있다. CSS는 주로 글자, 여백, 레이아웃 등을 일관되게 적용하기 위해 사용하는 언어로, 문서의 구조와 디자인을 분리할 수 있게 함으로써 디지털 제품이나 서비스 제작이나 유지관리를 간단하게 해 준다. 또한 플랫폼별로(노트북, 휴대전화, 태블릿 등) 스타일을 적용할 수 있기 때문에 각 기기별로 다른 스타일이 적용된 모습을 만들 수 있다. 따라서 CSS는 전체 디지털 제품이나 서비스에서 디자인 체계를 정리한 문서로서 시스템의 일관성을 높이는 데 중요한 역할을 한다.

인터페이스 디자인은 시스템과 관련된 모든 요소에 대한 표현 방법을 정하는 단계이기 때문에 HCI의 전체 디자인 과정을 정리하는 중요한 단계라고 할 수 있다. 인터페이스 디자인 중에서도 특히 많이 사용하는 것은 시각적 디자인 요소이며, 시각적 인터페이스를 구현하는 요소 또한 매우 다양하다. 이 요소들은 색상, 형태, 레이아웃과 같은 기본적인 시각 디자인 요소들과 타이포그래피, 그래픽, 애니메이션과 같은 복합적 시각적 디자인 요소, 그리고 이러한 기본적인 요소들의 집합에 의해 표현되는 시각적 구성이 있다. 이러한 요소들을 효과적으로 사용하면, 여러 가지 유용성, 사용성 또는 감성적인 효과를 볼 수 있다. 대표적인 유용성 효과로는 시각적 계층구조를 들 수 있고 사용성 효과로는 가독성을 들 수 있으며, 감성적 효과로는 미적 인상과 사이버 개성을 들 수 있다. 이러한 노력을 통해 사용자가 이해하기 쉽고, 정보를 찾기 편리하며, 독특한 개성을 느낄 수 있고, 디지털 제품이나 서비스의 성격에 맞는 미적 인상을 느끼게 하는 인터페이스를 디자인할 수 있다.

토론 주제

1

최근 출시된 디지털 제품이나 서비스 중에서 무조건 예쁜 인터페이스를 만드는 데만 치중한 나머지 인터페이스 디자인의 본질을 잘못 이해한 사례를 한 가지씩 찾아보고, 인터페이스 디자인의 기본 목적을 살리기 위해서는 어떤 디자인 요소들이 어떻게 수정되어야 할지 제시해 보자.

2

최근 출시된 디지털 제품이나 서비스 중에서 기본적인 시각 디자인 요소를 효과적으로 구현한 사례와 그렇지 못한 사례를 한 가지씩 찾아보고, 어떤 디자인 요소가 사용되었고 그 결과는 어떠했는지 설명해 보자. 의미 있는 비교를 위해서는 비슷한 디지털 제품이나 서비스를 선정하는 것이 좋다.

3

최근 출시된 디지털 제품이나 서비스 중에서 한 제품이나 서비스 내의 시각적 구성이 효과적으로 구현된 사례와 그렇지 못한 사례를 한 가지씩 찾아보자. 어떤 디자인 요소가 사용되었고 그 결과는 어떠했는지 설명해 보자. 의미 있는 비교를 위해서는 비슷한 디지털 제품이나 서비스를 선정하는 것이 좋다.

4

최근 출시된 디지털 제품이나 서비스 중에서 제품이나 서비스 간의 시각적 구성이 효과적으로 구현된 사례와 그렇지 못한 사례를 한 가지씩 찾아보고, 어떤 디자인 요소가 사용되었고 그 결과는 어떠했는지 설명해 보자. 의미 있는 비교를 위해서는 비슷한 디지털 제품이나 서비스를 선정하는 것이 좋다.

5

최근 출시된 디지털 제품이나 서비스 중에서 시각적 계층구조가 효과적으로 구현된 사례와 그렇지 못한 사례를 한 가지씩 찾아보고, 어떤 디자인 요소가 사용되었고 그 결과는 어떠했는지 설명해 보자. 의미 있는 비교를 위해서는 비슷한 디지털 제품이나 서비스를 선정하는 것이 좋다.

6

최근 출시된 디지털 제품이나 서비스 중에서 가독성이 높은 경우와 그렇지 못한 사례를 한 가지씩 찾아보고, 어떤 디자인 요소가 사용되었고 그 결과는 어떠했는지 설명해 보자. 의미 있는 비교를 위해서는 비슷한 디지털 제품이나 서비스를 선정하는 것이 좋다.

7

최근 출시된 디지털 제품이나 서비스 중에서 여섯 가지 인상 차원에 대해 양극단의 인상이 효과적으로 표현된 사례를 한 가지씩 찾아보고, 어떤 디자인 요소가 사용되었는지 알아보자. BD차원이라면 밝은 인상이 극단적으로 표현된 사례와 어두운 인상이 극단적으로 표현된 사례를 찾아보자. 어떤 디자인 요소들이 이런 극단적인 차이를 유발시켰을까? 의미 있는 비교를 위해서는 비슷한 디지털 제품이나 서비스를 선정하는 것이 좋다.

8

최근 출시된 디지털 제품이나 서비스 중에서 세 가지 개성 차원에 대해 양극단의 개성이 효과적으로 표현된 사례를 한 가지씩 찾아보고, 어떤 디자인 요소가 사용되었는지 알아보자. 강약 차원이라면 강한 개성이 극단적으로 표현된 사례와 부드러운 개성이 극단적으로 표현된 사례를 찾아보자. 어떤 디자인 요소들이 이런 극단적인 차이를 유발시켰을까? 의미 있는 비교를 위해서는 비슷한 디지털 제품이나 서비스를 선정하는 것이 좋다.

9

최근 출시된 디지털 제품이나 서비스 중에서 3D인터페이스가 효과적으로 사용된 사례와 3D인터페이스가 사용자 경험에 별로 도움을 주지 못한 사례를 한 가지씩 찾아보고, 어떤 디자인 요소들 때문에 이런 차이가 발생했는지 알아보자. 의미 있는 비교를 위해서는 비슷한 디지털 제품이나 서비스를 선정하는 것이 좋다.

10

최근 출시된 디지털 제품이나 서비스 중에서 촉각 인터페이스가 효과적으로 사용된 사례와 반대로 그렇지 못한 사례를 한 가지씩 찾아보고, 어떤 디자인 요소들 때문에 이런 차이가 발생했는지 알아보자. 의미 있는 비교를 위해서는 비슷한 디지털 제품이나 서비스를 선정하는 것이 좋다.

14장 사용경험 평가

**디지털 제품과 서비스를
사용하는 경험 평가하기**

"인생에서 나의 발걸음을 인도하는 등불 하나는 오직 경험의 등불이다."

에드워드 기번 Edward Gibbon

궁금한 점

디지털 제품은 눈에 보이기 때문에 프로토타입을 만드는 것이 가능해 보인다. 그러나 눈에 보이지도 않고 손으로 만질 수도 없는 사용자경험에 대한 프로토타입은 어떻게 만들어질까?

시간이 모자라거나 비용이 많이 들어서 모든 기준에 맞추어 제품이나 서비스를 제대로 평가할 수 없을 때는 어떻게 해야 할까?

사용경험을 평가할 때 제품이나 서비스를 보기만 하면 어떤 결함이 있는지 바로 아는 HCI 전문가가 아닌 일반인을 평가 대상으로 삼는 이유는 무엇일까?

영화 소개

빅 1988

"이해가 안 되네요. 빌딩이 로봇으로 변한다는 것이 도대체 왜 재미있죠? 정말 이해가 안 되네요. 뭔가로 변하는 로봇 장난감은 수없이 많죠. 그런데 이 경우엔 빌딩을 가지고 노는 게 도대체 무슨 재미가 있나요? 차라리 벌레 같은 걸로 변하면 안 되나요?"

조쉬(영화 속 주인공)

영화 〈빅〉의 주인공 조쉬가 가졌던 가장 큰 불만은 자신이 너무 어리다는 것이다. 어느 날 마을에서 열린 카니발에 놀러 갔다가 조쉬는 마법사 인형에게 어른이 되고 싶다는 소원을 빈다. 그리고 이튿날 그는 30대 청년이 되어 있었다. 우여곡절 끝에 장난감 회사에 취직하게 되고 회사 사장과의 우연한 만남을 계기로 신제품을 기획하고 평가하는 일을 맡게 된다. 겉모습만 30대 성인인 조쉬는 어린아이의 시각에서 신제품을 바라보고 기발한 아이디어로 부사장으로까지 승진한다. 위의 대사는 주인공 조쉬가 어른들이 만든 신제품 기획안을 평가하는 대사이다. 어른들은 빌딩으로 변신하는 로봇 장난감이 재미있다고 야단이다. 하지만 정작 조쉬는 그에 공감하지 못한다. 즉 어른들은 마케팅 조사 결과를 바탕으로 이 장난감이 크게 성공할 것이라고 장담하지만 어린아이의 입장에서는 수긍하지 못하는 것이다. 똑같은 장난감이라 하더라도 사용자인 어린이와 기획자인 어른이 바라보는 시각은 이처럼 천차만별이다. 영화 〈빅〉을 통해 디지털 제품이나 서비스의 사용자경험을 평가하는 과정에서 중요한 요소가 무엇인지 생각해 보자.

영화 토론 주제

1 주인공 조쉬가 장난감을 사용하면서 정말로 좋은 경험을 하고 있다고 여겨지는 장면은 무엇인가? 그 장난감의 어떤 점이 조쉬에게 재미있는 경험을 하게 만들었을까?

2 영화에서 조쉬는 사실 어린아이였기 신제품을 정확하게 평가할 수 있었다. 조쉬가 신제품의 장단점을 정확하게 파악할 수 있었던 것은 어떤 점 때문일까?

3 어린아이들의 장난감을 바라보는 어른들의 시각이 잘 드러난 장면을 찾아보자. 어른의 입장에서 큰 실수를 하지 않고 장난감의 성공 실패를 예측하려면 어떻게 해야 할까?

영화 〈빅〉에서 나타난
사용경험 평가의 중요성

지난 장까지는 HCI적인 관점에서 사용자경험에 큰 영향을 미칠 수 있는 콘셉트 디자인, 정보구조 디자인, 인터랙션 디자인, 인터페이스 디자인에 대해 알아보았다. 그러나 이 네 가지 디자인이 잘 되기 위해서는 현재 개발하고 있는 제품이나 서비스의 품질을 사용자경험 관점에서 평가하고, 그 결과를 바탕으로 더 나은 경험을 제공하도록 노력해야 한다. 이를 사용경험 평가라고 한다. 그러나 사용경험의 총체적, 실제적, 맥락적 특징 때문에 기존 HCI에서 사용하던 평가 방법을 그대로 적용하는 데는 무리가 있다. 따라서 본 장에서는 사용경험의 특성에 부합하는 평가 방법론을 제시하고자 한다. 이 평가 방법론은 사용경험 프로토타입을 이용한 휴리스틱 검사법과 실증적 자료를 이용해 통합된 사용자경험 모형을 기반으로 사용경험을 평가하는 방법을 포함하고 있다. 독자들이 이러한 방법을 숙지해 사용자에게 최적의 경험을 제공할 수 있는 제품이나 서비스를 효과적으로 평가할 수 있도록 하는 것이 본 장의 목적이다.

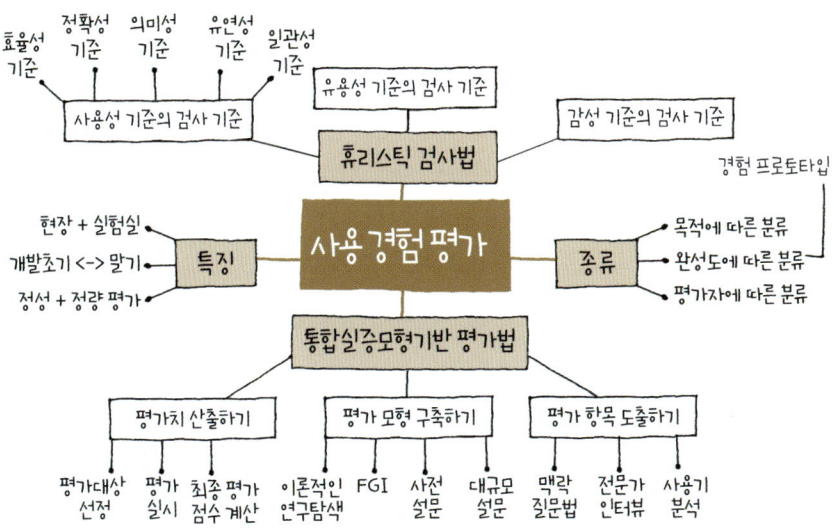

1. 사용경험 평가의 특징과 중요성

사용경험 평가user experience evaluation란 사용자의 입장에서 특정 디지털 제품이나 서비스를 이용할 때의 실제 경험을 평가하는 것이다. 다시 말해 사용자의 입장에서 실제로 제품이나 서비스와 연관된 것을 사용해 보고 그 경험에 대해 판단하는 것이다. 디지털 제품이나 서비스의 궁극적인 목적은 사용자에게 최적의 경험을 하게 하는 것이기 때문에 사용자가 어떠한 경험을 했는지 판단하는 것은 당연히 중요할 수밖에 없다.

사용자에게 최적의 경험을 제공할 수 있는 제품이나 서비스를 개발하는 과정에서 사용경험 평가는 매우 중요하다. 평가를 제대로 하지 않고 제품이나 서비스를 만드는 것은 위험한 일이다. 시스템을 개발하는 과정을 자동차를 운전하는 과정에 비추어 생각해 보자. 우리가 운전을 하는 것은 외부의 정보를 수집한 뒤 손으로 핸들을 조정하면서 발로 브레이크와 가속기를 밟는 과정이다. 이 과정에서 외부 상황을 모니터링해 현재의 상태를 평가하고, 그 평가 결과에 따라 손과 발을 움직인다. 그러나 아주 잠시라도 눈을 감고 있으면 위험한 상태가 된다. 현재의 상태를 제대로 평가할 수 없기 때문이다. 이는 디지털 제품이나 서비스의 개발 과정에서도 마찬가지이다. 잠시라도 현재 상태에 대한 평가가 없다면 눈을 감고 개발을 하는 것과 같다. 이러한 이유로 제품이나 서비스 개발 과정에서 사용경험 평가는 언제나 수반되어야 한다.

기존의 평가와 비교했을 때 사용경험 평가는 몇 가지 독특한 특징을 가진다. 첫째, 사용경험은 유용성과 사용성, 감성을 총괄하는 총체적인 특징을 지닌다. 따라서 사용경험을 평가할 때도 유용성과 사용성, 감성을 총괄해 평가해야 한다. HCI적 측면에서 시스템의 평가는 과거에도 중요하게 여겨졌지만, 주로 사용성 측면에서 사용자경험을 측정했다. 그리고 사용성을 평가하는 기준을 일반적인 공학적 평가기준처럼 객관적이고 과학적으로 평가하도록 했다. 사용성은 사용자경험에서 중요한 비중을 차지하고 있기 때문에 사용성을 평가하는 것은 과거는 물론 오늘날에도 중요하다. 그러나 사용성 외에 감성이나 유용성에 대한 평가는 상대적으로 빈약했던 것이 사실이다. 따라서 사용경험을 평가하기 위해서는 이 세 가지 요소를 균형 있게 다루는 것이 필요하다. 그러기 위해서는 과거보다 주관적이고 정성적인 평가의 비중이 늘어날 수밖에 없다. 감성이나 유용성을 객관적이고 과학적으로 측정하기 어려울 뿐만 아니라 그렇게 측정했다고 할지라도 감성이나 유용성을 정확하게 측정했는지 불확실하기 때문이다.

둘째, 사용경험을 평가하기 위해서는 실제로 제품이나 서비스를 직접 사용해 보아야 한다. 경험은 스스로 해 보지 않으면 그 효과를 알 수 없다. 과거에는 실제 제품이나 서비스를 사용하지 않고 관찰이나 시장 자료만으로 제품이나 서비스를 평가하곤 했다. 왜냐하면 실제로 사용자에게 제품이나 서비스를 사용해 보게 하려면 어느 정도 완성도가 높은 시스템이 개발되어야 하는데, 그때까지 평가를 유보하면 필요한 자료를 필요한 시기에 얻지 못하기 때문이다. 그러나 정작 실제 경험을 평가할 수 있을 정도로 제품이나 서비스가 개발되면 이미 프로젝트가 너무 많이 진행되어 평가 결과를 반영할 수 있는 여지가 사라진다. 그러다 보니 평가 결과를 바탕으로 현재 기획하고 있는 제품이나 서비스를 향상시키기보다는 가장 마지막에 치르는 요식행위 정도로 전락하기도 했다. 그러나 사용경험 평가에서는 실제 과정이 중요하기 때문에 완성도가 높지 않은 프로토타입을 가지고 평가를 진행하는 경우가 많아졌다. 그 이유는 최근 쾌속 조형$^{RP, rapid prototyping}$ 등과 같은 기술 발전과 경험 평가의 방법론적 발전으로 '낮은 완성도'의 한계가 줄어들고 있기 때문이다.

셋째, 사용경험은 제품이나 서비스를 실제로 사용하는 맥락에 따라 많은 영향을 받는다. 따라서 실제 사용 현장에서 사용자경험을 평가하는 것이 중요하다. 사용경험 평가는 대부분 현장 평가 위주로 진행된다. 현장 평가라는 것은 인위적으로 만들어진 실험실 상황에서 벗어나 사용자가 실제로 시스템을 이용하는 상황에서 평가를 실시하는 방법이다. 현장 평가의 가장 큰 장점은 평가를 통해 발견된 시스템의 문제점들이 높은 현실성을 가지고 있다는 점이다. 특히 현장 평가는 여러 사람이 동시에 사용하는 시스템이나 사무실 내부나 책상 앞이 아닌 여러 장소를 돌아다니면서 사용하는 시스템을 평가하기에 적당하다. 그 예로 포스퀘어처럼 여러 사람들이 다양한 장소에서 한 가지 시스템을 동시에 사용하는 위치 기반 소셜미디어 서비스의 경우 실제 현장에서 여러 사람들이 사용할 때 어떤 문제점이 발생하는지 평가하는 것이 바람직하다. 자동차를 운행하면서 사용하는 내비게이션 시스템 같은 경우에도 실제적인 사용 환경에서 해당 시스템을 평가하는 것이 절대적으로 필요하다. 이는 사용자가 모르는 길을 찾아가고 또 막힐 때 빠른 길을 찾아갈 수 있도록 도와주는 내비게이션을 실험실에서는 충실하게 재현할 수 없기 때문이다. 반면 현장 평가는 내용이 광범위하고 정성적^{qualitative}이기 때문에 평가 결과를 숫자로 요약하거나 해석하기 어렵다는 단점을 가지고 있다. 또한 평가가 이루어지는 동안에 평가 외적인 요인들이 많이 발생하기 때문에 과연 평가 결과가 과학적으로 타당한지에 대한 의문이 제기될 수 있다. 그래서 현장 평가와 실험실 평가를 포함하는 통합 사용경험 평가법이 필요하다.

2. 사용경험 평가의 종류

사용경험 평가는 평가 목적에 따른 분류, 프로토타입의 완성도에 따른 분류, 평가자에 따른 분류로 구분할 수 있다.

2.1 평가 목적에 따른 분류

일반적으로 사용경험 평가를 포함한 모든 평가에는 세 가지 종류가 있다. 첫째, 결론적 평가summative evaluation이다. 이 평가는 특정 기준을 미리 세워 놓고 제품이나 서비스가 그 기준을 최종적으로 통과했는지 못했는지 판단하는 평가이다. 평가의 결과는 해당 프로젝트의 성패 여부를 판단하는 데 사용되는데, 주로 외부업체와 프로젝트를 진행하는 개발 말기에 사용한다. 둘째, 탐험적 평가explorative evaluation이다. 탐험적 평가는 여러 가지 대안을 생각해 보고 그중 각 대안들이 지닌 장단점이 무엇인지 알아보기 위해 실행하는 평가이다. 이 경우는 평가의 결과를 활용해서 더 좋은 시스템을 구축하는 데 입력 자료로 활용된다는 특징이 있다. 셋째, 진화적 평가evolutionary evaluation이다. 진화적 평가는 디지털 제품이나 서비스를 개발하는 단계에 맞추어 결론적 평가와 탐험적 평가를 적절하게 배합해 평가를 진행하는 평가이다. 사용경험 평가는 제품이나 서비스 개발 초기부터 시작해서 최종 마무리가 될 때까지 진행되어야 하기 때문에 진화적 평가는 사용경험 평가에서 가장 적절한 방법이라고 할 수 있다.

2.2 프로토타입의 완성도에 따른 분류

사용경험 평가에서 진화적 평가 방법을 적용하기 위해서는 평가 대상이 되는 제품이나 서비스가 개발 초기부터 최종 단계까지 사용 가능해야 한다. 이를 위해서는 평가 대상의 충실도fidelity를 고려해야 한다. 충실도란 최종적인 제품이나 서비스와 비교해 현재 평가 대상이 되고 있는 프로토타입이 얼마나 완성도가 높은지를 의미하는 것으로, 다음과 같이 다섯 가지 차원으로 구성되어 있다.Hennipman et al., 2008

첫째, 감각적으로 정보 제공의 완성도가 얼마나 높은 프로토타입인가. 즉 겉으로 보거나 듣거나 만지기에 프로토타입의 완성도가 얼마나 높은지를 의미한다. 둘째, 기능의 다양성이다. 즉 평가 대상이 되는 프로토타입이 완성된 제품이나 서비스의 기능을 얼마나 많이 포함하고 있는지를 의미한다. 셋째, 기능의 완성도이다. 즉 평가 대상이 되는 프로토타입이 완성된 제품이나 서비스의 각 기능을 얼마나 정확하게 묘사하고 있는지를 의미한다. 넷째, 상호작용성의 풍부성이다. 즉 평가 대상이 되는 프로토타입이 완성된 제품이나 서비스의 상호작용성을 얼마나 완벽하게 묘사하는지를 의미한다. 다섯째, 데이터 모형의 풍부성이다. 즉 완성된 제품이나 서비스가 가지고 있는 다양한 데이터를 프로토타입이 얼마나 많이 포함하고 있는지를 의미한다.

프로토타입의 충실도에 따라 사용경험을 평가하는 과정과 결과가 달라진다.Lim et al., 2006 일반적으로 가장 충실도가 낮은 프로토타입으로는 종이로 만든 프로토타입을 들 수 있다. 그림 1은 웹사이트에 대한 프로토타입을 종이로 만든 예이다. 종이로 만든 프로토타입은 만들기 쉽고 빠른 시간 안에 만들 수 있다는 장점이 있다. 반면 사용자가 해당 프로토타입을 보고서도 구체적으로 어떠한 경험을 할 수 있는지가 불명확하고, 손으로 조작해야 하기 때문에 작업의 성과를 측정하기 힘들다는 단점도 있다. 다섯 가지 차원에서 모두 충실도가 높은 경우는 실제 제품과 거의 유사한 모형을 가지고 평가를 진행하는 것이다. 이 경우의 장점은 가장 구체적인 자료를 얻을 수 있고 실제 제품이나 서비스 사용상에 수반되는 상호작용을 충실하게 경험할 수 있다는 것이고, 단점은 만드는 데 많은 시간과 비용이 소요된다는 것이다. 그러나 아무리 낮은 충실도를 가진 종이 프로토타입이라 해도 사용자경험에 심각한 영향을 미치는 중대한 문제점들을 파악하는 데는 높은 충실도를 가진 프로토타입과 차이가 별로 없다.Lim, et al., 2006 사용자의 심성모형과 시스템모형이 불일치한다거나 중요한 인터페이스 요소의 위치가 잘못되어 있다거나 하는 등의 문제점들은 실제 제품을 이용한 평가나 종이 프로토타입을 이용한 평가에 상관없이 쉽게 발견된다. 즉 평가를 하지 않는 것보다는 아무리 충실도가 낮은 프로토타입이라도 평가를 진행하는 것이 바람직하다는 것이다.Lim, et al., 2006

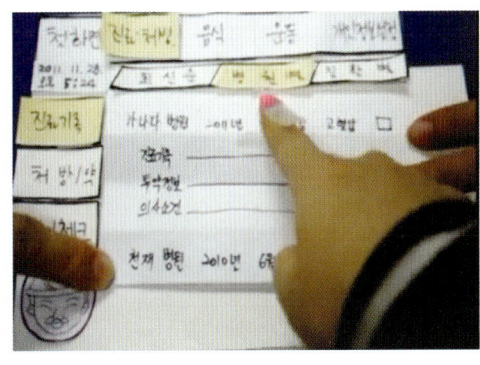

그림 1
충실도가 가장 낮은 프로토타입:
종이 프로토타입의 사례

특히 사용경험 평가와 관련해서는 부분적 충실도selective fidelity라는 개념을 활용할 수 있다. 부분적 충실도란 모든 면에서 완벽하게 돌아가는 시스템을 만들기가 어렵기 때문에 어떤 쪽은 완성도를 높이고 어떤 쪽은 완성도를 낮추는 식으로 평가 대상이 되는 프로토타입을 부분적으로 조정하는 것이다. 예를 들어, 개발 초기에는 일단 사용자경험 자체에 치중해 매우 낮은 충실도로도 평가를 진행할 수 있다. 그림 2는 IDEO에서 사용경험 평가를 위해 사용한 도구들이다. 왼쪽 그림은 여객기 좌석에 대한 설계를 할 때 사용자가 실제로 좌석 배열이나 각도 등을 경험할 수 있도록 회의실에서 일반 의자를 사용해 평가를 진행했다. 오른쪽 그림은 심장박동기를 설계하기 위해 사용한 도구들이다. 이 도구들은 사용자가 비퍼를 차고 있다가 비퍼를 울리면 심장이 발작을 일으켰다고 가정하고 동작을 멈추고 주위의 상황에 대해 사진을 찍고 그 상황을 설명한 것이다. 이것은 제품이나 서비스가 전혀 없더라도 사용자가 경험하게 될 경험 자체에 초점을 맞추어 매우 완성도가 낮은 프로토타입을 활용한 사례이다.

그림 2
완성도가 낮은
프로토타입 사용 사례

어느 정도 아이디어가 정제되면 상호작용성 차원의 충실도를 높이는 프로토타입을 제작해 활용할 수 있다. 그림 3은 '오즈의 마법사 wizard of oz' 방법을 사용해 상호작용성 측면을 강조한 프로토타입이다. 오즈의 마법사 방법은 시스템이 작동하는 것처럼 보이지만 실제로는 개발자가 수작업으로 사용자의 행동에 반응하는 프로토타입을 의미한다. 그림 3에서처럼 손으로 주전자를 기울이면 개발자가 사용자의 행동을 보고 있다가 시스템이 완성되었을 때 시스템이 어떻게 작동할 것인지 예측해서 행동을 표현해 주는 것이다.

그림 3
상호작용성 측면만 강조한
프로토타입 사례

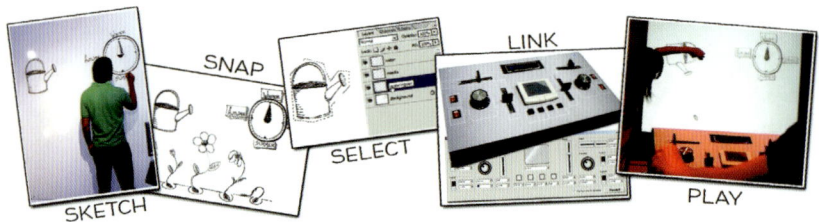

그림 3의 방법론은 크게 4단계로 이루어져 있다. 1단계, 개발자가 앞으로 만들 시스템에 대한 그림을 큰 칠판 위에 그린다(sketch). 2단계, 그려진 그림을 디지털 카메라로 촬영한다(snap). 3단계, 그려진 그림에서 움직이는 파트를 선정한다(select). 그림 3에서는 주전자가 움직이기 때문에 주전자를 움직이는 파트로 선택했다. 4단계, 선정된 각 파트가 어떻게 움직이는지 제어판의 조절 요소들과 연결시킨다(link). 주전자를 기울이는 동작에 대한 반응은 조절판 왼쪽의 둥근 로터리 버튼을 돌려 조절할 수 있다. 이 네 단계를 거쳐 개발 초기에 사용자가 경험하는 상호작용에 대해 평가해 볼 수 있다.

상호작용성 차원의 충실도를 높였다면 이제 제품이나 서비스의 감각적인 부분을 강조한 프로토타입을 제작해 활용할 수 있다. 이 경우 시스템의 내부적으로 돌아가는 것은 오즈의 마법사 방법을 활용하지만, 사용자가 보거나 듣거나 만지는 부분을 더욱 정교하게 만들어 사용경험을 측정한다. 사용자에게 지각되는 부분이 조잡하면 사용자가 전체 시스템을 낮게 평가하는 경우가 발생하기 때문이다. 즉 겉으로 보이는 모습이 불완전해 보이면 시스템의 작동 자체가 불완전한 것처럼 인식하게 된다는 것이다. 그림 4는 감각적인 측면을 강조한 사례로 아이폰용 애플리케이션의 프로토타입 개발 과정을 보여 주고 있다. 이 프로토타입은 쉽고 간단하게 제작할 수 있고, 사용자의 실제 상황에서 경험할 수 있으며, 아이폰에서 실제로 보고 듣고 만질 수 있다는 것이 장점이다.

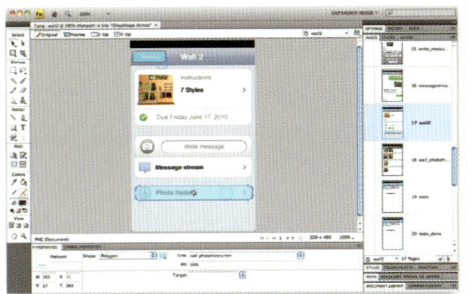
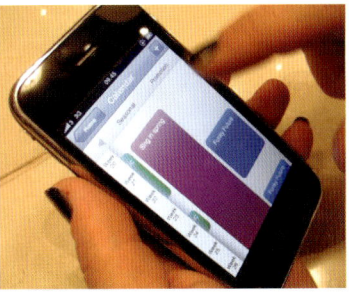

그림 4
시각적 측면을 강조한 프로토타입 사례

2.3 평가자에 따른 분류

사용경험 평가 방법은 누가 평가에서 주역을 맡느냐에 따라 분석적 평가 방법과 실증적 평가 방법으로 나누어진다. 사용경험 평가에서 진화적 평가 방법을 사용하기 위해서는 이 두 가지 평가 방법을 모두 활용할 필요가 있다.

분석적 평가 방법analytical evaluation은 실제 사용자를 참여시키지 않고 이미 만들어진 시스템이나 앞으로 만들어질 시스템을 전문가가 평가하는 것이다. 사용자가 실제 시스템을 사용한 다음이 아니라 시스템을 사용하면서 발생할 수 있는 문제점을 예측해 시스템을 평가하기 때문에 예측적 평가predictive evaluation라고도 한다. 예를 들어, 특정 게임을 중고등 학생들이 사용한다면 어떤 문제점이 생길 수 있겠는지를 게임 개발자들이 모여 예측해 보는 것이 분석적 평가 방법의 한 종류라고 할 수 있다.

분석적 평가 방법의 종류를 전반적으로 표시하면 그림 5와 같다. 분석적 평가 방법은 크게 검사법과 모형법으로 나누어진다. 이 두 가지 방법은 어떤 전문가들이 어떤 척도를 이용해 시스템을 평가하느냐에 따라 달라진다. 검사법inspection methods은 해당 시스템의 분야의 전문가나 HCI 전문가가 이미 정해진 평가척도에 따라 해당 시스템을 평가한다. 예를 들어, 증권 전문가가 정해진 척도에 따라 증권 거래 시스템이 그 기준을 얼마나 잘 준수하고 있는지 평가하는 것을 검사법이라고 할 수 있다. 반면 모형법modeling methods은 인지과학 전문가가 사용자가 생각하고 있을 것이라고 예상되는 모형을 구축하고, 그 모형에 따라 사용자가 시스템을 이용할 경우 어떤 문제에 봉착하게 될 것인지 분석하는 것이다. 즉 검사법은 이미 정해진 규칙에 따라 해당 시스템을 평가하는 반면, 모형법은 과학적인 인지모형에 따라 해당 시스템에 맞는 규칙을 새롭게 만들어 시스템을 평가하는 방법이다. 이는 규칙이 이미 만들어져 있는지, 아니면 모형에 따라 새롭게 만드는지에 따라 둘로 나누어진다. 모형법의 장점은 시스템이 완성되기 전에도 평가할 수 있다는 것과 시스템의 세밀한 부분을 자세하게 검사할 수 있다는 것이다. 그러나 지금까지의 모형법은 HCI의 3대 요소 가운데 주로 사용성에 초점을 맞추고 있었기 때문에 감성이나 유용성에 대한 평가가 어렵고, 비전문가가 평가에 사용되는 모형을 만들기 어렵다는 단점을 가지고 있다. 이러한 이유로 모형법은 아직 널리 사용되지 않았다.

검사법에는 정해진 항목에 따라 전문가가 시스템을 평가하는 리스트 검사법과 전문가가 마치 사용자인 것처럼 리허설을 해서 문제점을 찾아내는 리허설 검사법이 있다. 리허설 검사법은 평가자를 실제 사용자라고 가정하고 사용자가 시스템을 사용하는 과정을 마치 리허설하듯 따라해 보는 검사법으로, 학습 용이성을 평가하는 데 특히 유효하다. 리스트 검사법에는 휴리스틱 검사법heuristic evaluation, 지침 평가법guideline review, 제원 검사법feature inspection, 일관성 검사법consistency inspection, 표준 검사법standard inspection, 정규 사용성 검사법formal usability inspection 등이 있다. 이러한 리스트 검사법은 대동소이하기 때문에 여기에서는 가장 대표적인 휴리스틱 검사법에 대해서만 다루도록 하겠다.

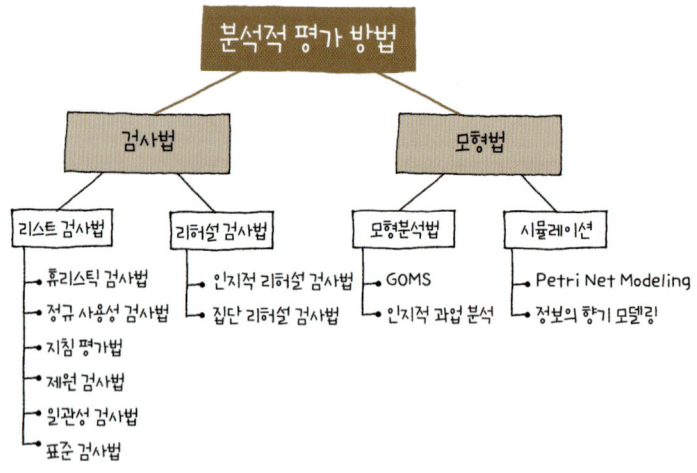

그림 5
분석적 평가 방법의 분류 체계

실제 사용자를 대상으로 진행하는 실증적 평가empirical evaluation는 평가의 엄격성 측면에서 정규적 평가와 비정규적 평가로 나뉜다. 정규적 평가는 정해진 방법론에 따라 절차와 기준을 세워 평가를 진행하는 방법이다. 이는 평가의 초점이 어디에 있는지에 따라 다시 실험실 평가와 현장 평가로 나뉜다. 일반적으로 실험실이라는 환경에서는 여러 요인을 적절하게 통제할 수 있기 때문에 특정 부분에 대한 정밀한 평가가 이루어질 수 있는 반면, 현장에서는 좀 더 현실성이 높은 평가를 진행할 수 있다. 실험실 평가가 철저한 통제에 초점을 맞춘다면, 현장 평가는 높은 현실성에 초점을 맞춘다고 볼 수 있다. 따라서 실험실 평가는 주로 표준이나 규제와 같이 특정 부분에 대한 정밀한 평가가 필요한 경우에 많이 사용되며, 현장 평가는 사용자가 시스템을 실제로 사용하는 과정에 영향을 주거나 여러 사용자가 동시에 작업을 진행해야 하는 경우에 많이 사용된다.

실험실 평가는 다시 어떠한 목적으로 사용되는지에 따라 과정 평가와 성과 평가로 나뉜다. 성과 평가performance evaluation는 최종적으로 시스템을 사용하는 사람이 얼마나 빠른 시간에 얼마나 적은 오류로 주어진 과업을 달성했는지 평가하는 반면, 과정 평가process evaluation는 사용자가 시스템을 사용하는 과정에서 어떤 생각을 하고 어떤 어려움을 겪었는지를 평가한다. 또 성과 평가는 최종적으로 시스템의 성능을 평가해 그 적정성을 판단하기 위한 결론적 평가 방법인 반면 과정 평가는 그 결과를 이용해 시스템을 수정하고 보완하기 위해 이루어지는 탐험적 평가exploratory evaluation 방법이라고 할 수 있다.

현장 평가는 어떠한 방법으로 사용자에 대한 정보를 얻는지에 따라 포커스그룹 인터뷰, 맥락질문법, 현장관찰법으로 방법으로 나누어진다. 앞서 언급한 포커스그룹 인터뷰는 여러 사용자를 현장과 가까운 장소에 불러 시스템 사용에 대한 경험을 토론하게 만드는 방법이고, 맥락질문법은 사용자가 평소에 시스템을 사용하는 장소에 평가자가 가서 사용자와 인터뷰를 하는 방법이며, 현장관찰법은 사용자에게 별도로 질문을 하기보다는 실제로 사용자가 시스템을 어떻게 사용하는지 관찰하는 방법이다.

포커스그룹 인터뷰FGI, focus-group interview의 경우 사용자의 다양한 아이디어, 요구사항, 서비스에 대해 지각하는 태도나 감정과 같은 세부적인 현상에 대한 분석이 가능하고, 그 결과는 설문 문항, 사용성 평가 항목의 범주 구성 등 구체적인 서비스 개발 단계에서 데이터로 활용할 수 있다. 예를 들어, 내비게이션 서비스를 사용할 사용자의 서비스에 대한 태도 및 요구 사항을 분석하기 위해 다양한 배경, 지역, 연령층을 대표하는 사용자 집단을 대상으로 FGI를 수행할 수 있다. 맥락질문법contextual inquiry은 사무실, 집 등 사용자가 웹사이트를 사용하는 환경에서 그들이 일상적으로 수행하는 작업을 보면서 실시간으로 행해지는 사용자의 실제 사용 행태를 파악해 문제점 및 요구 사항을 알아보는 것이다. 예를 들어, 시스템의 검색 방법과 인터페이스 문제점을 보완하기 위해 사용자가 시스템을 사용하는 것을 직접 보면서 사용자의 불편 사항과 요구사항이 무엇인지 의견을 묻는 것이다. 현장관찰법field observation은 신제품이나 새로운 서비스 출시와 같이 일반화되어 있지 않은 대상을 개발할 때 사용자가 어떤 경우에 그러한 제품 혹은 서비스를 필요로 할지 사용자의 일상생활 속에서 벌어지는 다양한 행위들을 직접 관찰하는 것이다. 예를 들어, 사람들에게 휴대전화 시제품을 주고 하루 종일 그들이 어떻게 기기를 사용하는지 관찰하는 것이다. 사용경험을 실증적으로 평가하기 위해서는 위에서 언급한 현장관찰법과 맥락질문법 그리고 FGI를 모두 활용한다.

실험실 평가나 현장 평가 외에도 비정규적 평가 방법이 존재한다. 비정규적 평가 방법은 단기 평가 방법과 장기 평가 방법으로 나뉜다. 단기 평가는 시스템 초기 단계에 대한 평가로, 사용자가 시스템의 프로토타입을 개발하는 과정에서 상호작용에 어떤 문제가 있는지 평가하는 학습적 평가 방법이 있다. 이외에도 사용자에게 사전 지식 없이 시스템을 제공해 사용자가 얼마나 열렬하게 시스템을 받아들이는지를 평가하는 수용도 평가acceptance testing가 이에 속한다. 장기 평가는 극단적인 상황에서 시스템의 장기적인 성능을 평가하는 방법이다. 특히 가전제품에서 주로 사용하는 방식으로, 사용자가 시스템의 오류를 발생하게 만들고 이 과정에서 시스템의 문제점을 평가하는 파괴 평가can-you-break-this 방법이 있다. 여러 사용자에게 동일한 시스템을 동시에 제공하고 누가 얼마나 많은 문제점을 발견하는지 경쟁시키는 경쟁적 평가competitive usability testing 방법도 장기 평가 방법이라고 할 수 있다.

그림 6은 이러한 실증적 평가 방법의 분류체계를 정리한 것이다. 여기서 중요한 것은 다양한 평가 방법이 상호보완적인 관계에 있다는 사실이다. 즉 하나의

그림 6
실증적 평가 방법의 분류체계

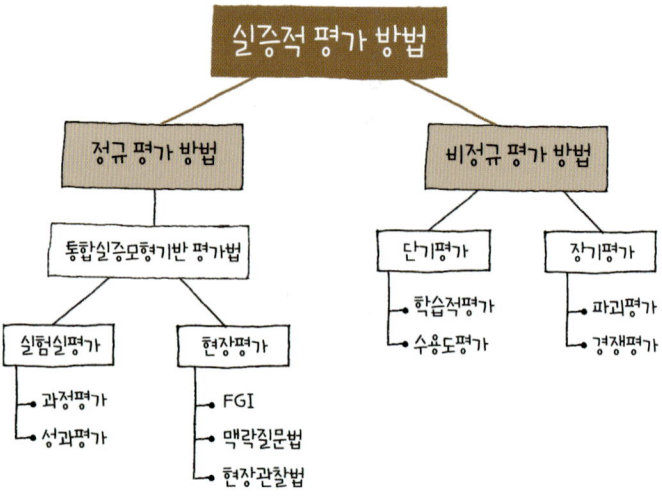

방법만을 고집하는 것이 아니라 여러 방법을 사용함으로써 개별 방법이 가지고 있는 약점을 보완할 수 있다. 또한 어느 하나의 방법이 모든 상황에 좋은 것은 아니고, 특정 상황이나 시스템 또는 사용자의 특성에 따라 적절한 방법이 사용되어야 한다는 것을 알아야 한다. 그런 의미에서 이 장에서는 실험실평가와 현장평가법을 통합적으로 사용해 사용자경험에 대한 실증적인 모형을 구축하고 이를 기반으로 사용경험의 품질을 평가하는 통합실증모형 기반 평가법IEM평가법, integrated empirical model based evaluation method에 대해 설명하도록 한다.

3. 분석적 평가 방법: 휴리스틱 검사법

휴리스틱heuristic은 항상 옳다고 할 수는 없지만, 오래전부터 사용되어 이미 널리 알려진 일반적인 디자인 요령을 의미한다. 휴리스틱 검사법은 평가 대상이 되는 디지털 제품이나 서비스가 이러한 휴리스틱을 얼마나 잘 준수하고 있는지 소수의 전문가가 검사하는 방법이다.

휴리스틱 검사법은 특정 시스템의 모든 요소를 속속들이 완벽하게 검사하기보다는 소수의 중요한 휴리스틱에 따라 부분적으로만 검사한다. 따라서 비정규적인 평가 방법이면서, 실증적 평가 방법에 비해 상대적으로 저렴하다. 그럼에도 효과는 매우 좋다. 휴리스틱 검사법은 한 사람의 전문가만으로도 특정 시스템의 성공 실패를 결정하는 중대한 문제점을 일반적으로 42퍼센트 정도 찾아내고, 그 이외의 많은 비용을 들여서도 발견하기 어려운 부수적인 문제점을 32퍼센트 정도 발견해 낸다.Nielson, 1993 특히 시스템 전반에 걸쳐 글자의 형태나 글자의 크기를 일관성 있게 사용했는지 등 쉽게 발견하기 어려운 문제점을 휴리스틱 검사법은 효과적으로 파악해 낸다. 이러한 특징 때문에 그림 7에서 보는 것과 같이 휴리스틱 검사법은 사용자 평가법과 거의 대등하게 사용되고 있다.Nielsen, 1993 그림 7의 Y축은 전체 사용성 평가 프로젝트에서 각 방법론을 사용한 상대적인 빈도수를 나타내고 있으며, X축은 각 방법론이 얼마나 유용하다고 평가받고 있는지를 보여 준다. 휴리스틱 검사법의 또 다른 장점은 사용자가 직접 시스템을 사용하지 않아도 되기 때문에 이른 개발 단계에서도 검사를 진행할 수 있다. 예를 들어, 시스

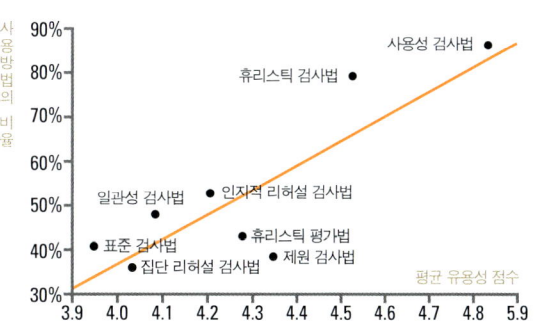

그림 7
휴리스틱 검사법의 높은 유용성

템의 인터페이스만 만들어진 단계에서도, 심지어 시스템에 대한 서술적인 문장들만 가지고도 가능하다. 이러한 장점 때문에 휴리스틱 검사법은 사용경험 평가 방법으로도 널리 쓰이고 있다.

이러한 장점에도 불구하고 휴리스틱 검사법은 구체적이고 계량적인 평가 자료를 만들기 어렵다는 문제점이 있다. 바로 이러한 문제점 때문에 휴리스틱 검사법은 반드시 다음 절에서 이야기하는 실증적 평가와 함께 사용하도록 권장된다. 또 하나의 문제점은 전문가와 사용자가 시스템을 바라보는 시각이 다르다는 것이다. 전문가나 디자이너가 흔히 범하는 오류는 자기 자신도 전형적인 사용자의 한 사람이라고 생각하는 것이다. 6장에서도 언급했듯이 사용자는 전문가나 디자이너와 다른 행태와 취향을 보인다. 따라서 전문가 입장에서 본 시스템의 문제점이 사용자 입장에서는 중요한 문제가 아닐 수 있다. 가장 이상적인 방법은 일반인도 쉽게 습득할 수 있는 휴리스틱을 만들어 사용자가 직접 휴리스틱 검사법을 수행할 수 있도록 하는 것이다. 여기에서는 연세대학교 HCI Lab에서 구축한 휴리스틱을 제시하고자 한다. 이 휴리스틱은 유용성과 감성의 원칙도 포함하면서 일반 사용자도 쉽게 따라 할 수 있도록 간단하게 구성했다는 점이 특징이다. 이제부터 각 휴리스틱과 그에 상응하는 구체적인 평가척도에 대해 설명하기로 한다. 또한 각 평가척도를 설명할 수 있는 구체적인 예를 하나씩 제시하도록 하겠다. 각 휴리스틱은 3장과 4장 그리고 5장에서 언급한 개념들을 일관성 있게 사용하고 있기 때문에 각 개념을 정확하게 이해하기 위해서는 앞 장의 내용들을 참조하기를 바란다.

3.1 정확한 사용자 심성모형을 구축할 수 있는가?

이 휴리스틱은 특정 디지털 제품이나 서비스가 사용자에게 정확한 심성모형을 구축할 수 있도록 하는지 평가한다. 3장에서 설명했듯이 심성모형에 대한 이야기가 인지과학이나 인간공학에서 오래전부터 등장하고 있음에도 HCI 전문가 사이에서 심성모형에 대한 의문을 가지는 사람들이 적지 않은 이유는 심성모형을 객관적으로 측정하기 어렵기 때문이다. 그래서 심성모형은 사용자의 답변이나 행태를 보고 측정하는 경우가 많다. 주관적으로 심성모형을 측정하는 방법은 크게 세 가지로 나뉘는데, 이는 앞서 3장에서 설명한 실행차의 3단계를 평가하는 방법과 평가차의 3단계를 평가하는 방법 그리고 시스템의 가치를 평가하는 방법이다. 다음은 각 평가 항목과 평가 사례이다. 표 아래 그림 속의 번호는 표에 있는 평가척도 번호와 일치한다. 다만 모든 항목에 대해 그림으로 표현하기보다는 각 그림에서 명백하게 드러난 사항들을 표기했다.

실행차를 효과적으로 줄여 주었는가

번호	평가기준	가부
1	대부분의 사용자가 관심 있어 할 정보를 눈에 잘 띄는 곳에 표시했는가?	
2	실행하는 순서를 눈에 띄게 표시했는가?	
3	사용자가 예측하는 순서와 시스템의 작동 순서가 일치하는가?	

표 1
실행차에 대한
평가척도와 사례

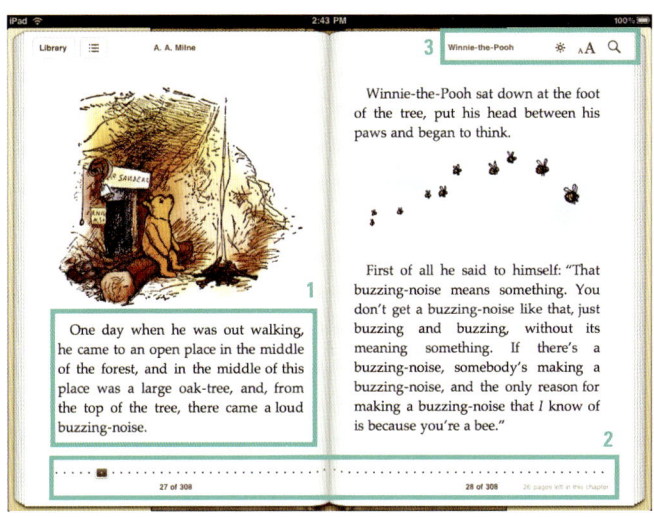

　　해당 시스템이 실행차를 효과적으로 줄여 주었는지를 평가하는 휴리스틱에 대한 평가척도는 표 1에 정리되어 있다. 표 아래의 그림은 이 평가척도에 따라 아이패드에서 제공되는 아이북스 애플리케이션에 대해 평가한 것이다. 먼저 실행차를 줄이기 위해서는 사용자가 실제 가지고 있는 목적을 가능한 쉽게 시스템의 의도로 전환할 수 있도록 도와주어야 한다. 이를 위해서는 사용자가 관심 있어 할 정보를 눈에 띄기 쉽게 표시해야 한다. 그림을 보면 사용자가 전자책을 볼 때 가장 관심 있는 부분은 본문이기 때문에 본문이 화면의 중심에 있다(1). 그 다음은 사용자가 직관적으로 구체적인 행위의 순서를 생각할 수 있어야 한다. 첫 페이지가 왼쪽에, 마지막 페이지가 오른쪽에 위치함으로써 직관적으로 페이지의 순서를 알 수 있다(2). 마지막으로 사용자가 머릿속으로 생각한 행위를 순서대로 실행할 수 있어야 한다. 그림에서 도구들은 사용자가 화면을 터치하지 않는 한 보이지 않는다(3). 화면을 터치해야 도구가 보인다는 것은 사용자가 일반적으로 생각하는 순서와는 부합되지 않는다고 할 수 있다.

평가차를 효과적으로 줄였는가

표 2
평가차의 평가척도와 사례

번호	평가기준	가부
1	시스템의 변화가 있다는 것을 사용자가 쉽게 지각할 수 있었는가?	
2	제공되는 정보가 보기 쉽고 이해하기 쉬운가?	
3	현재 시스템의 상태를 사용자가 가지고 있는 의도와 비슷한 유형으로 표시했는가?	

이 휴리스틱에 대한 평가척도는 표 2에 정리되어 있다. 왼쪽의 그림은 평가척도에 따라 아이폰에서 제공하는 주식 애플리케이션을 평가한 것이다. 평가차를 줄이기 위해서는 먼저 시스템상에서 일어난 변화를 사용자가 쉽게 지각할 수 있어야 한다. 그림은 주가가 어떻게 변동했는지 명확하게 보여 주고 있다(1). 더욱이 내려간 주가는 색상을 바꾸어 표시해 주기 때문에 사용자가 주가의 변동을 쉽게 알 수 있다. 다음으로 시스템에서 제공되는 중점 정보는 사용자가 쉽게 이해할 수 있어야 한다. 그림을 보면 해당 기간 동안의 주가 변동을 이해하기 쉽게 그래프로 보여 주고 있다(2). 마지막으로 해석된 결과를 사용자가 원래 가지고 있었던 의도와 비교할 수 있어야 한다. 해당 주식 종목을 의미를 알기 어려운 약자로 표시해 주기 때문에 처음 시스템을 접하는 사용자는 여러 종목을 분간하기 어려울 수 있다(3).

사용자에게 적절한 가치를 제공하는가

표 3
사용 가치에 따른 평가척도와 사례

번호	평가기준	가부
1	기능적 가치: 이 휴대전화는 믿을만 한가?	
2	기능적 가치: 이 휴대전화는 유용한 기능을 가지고 있는가?	
3	기능적 가치: 이 휴대전화는 적시에 사용할 수 있는 서비스를 제공하는가?	
4	유희적 가치: 이 휴대전화를 이용하는 것이 흥미로운가?	
5	유희적 가치: 이 휴대전화를 이용하는 것이 즐거운가?	
6	유희적 가치: 이 휴대전화를 사용하면 기분이 좋아지는가?	
7	사회적 가치: 이 휴대전화를 사용함으로써 다른 사람들에게 도움을 줄 수 있는가?	
8	사회적 가치: 이 휴대전화를 사용함으로써 다른 사람들에게 좋은 인상을 줄 수 있는가?	
9	사회적 가치: 이 휴대전화를 사용함으로써 다른 사람들과 동질감을 느낄 수 있는가?	
10	개인적 가치: 이 휴대전화가 자신만의 개성을 나타내기에 적당한가?	
11	개인적 가치: 이 휴대전화가 사용자의 취향에 딱 맞는 서비스를 제공하는가?	
12	개인적 가치: 이 휴대전화를 통해 사용자가 자신을 남들과 차별화시킬 수 있는가?	

　　이 휴리스틱에 대한 평가척도는 표 3에 정리되어 있다. 위의 그림은 평가척도에 따라 두 가지 휴대전화를 비교 평가한 것이다. 디지털 제품이나 서비스는 기본적인 가치로 기능적 가치, 유희적 가치, 사회적 가치, 개인적 가치를 제공한다. 그림의 휴대전화는 기능적인 가치 측면에서 보면, 둘 다 나름대로 적절한 가치를 제공한다. 언제 어디서든 다른 사람과 연락할 수 있다는 점에서 기본적인 유용성을 충족시키고 있기 때문이다. 반면 유희적 가치나 개인적 가치 측면에서 두 휴대전화는 다른 양상을 보인다. 오른쪽의 휴대전화는 사용 과정이 재미있고 휴대전화를 통해 자신의 개성을 나타낼 수 있는 반면, 왼쪽의 휴대전화는 사용 과정이 재미있지 않고 사용자의 개성을 나타내는 용도로 부적합하다. 예를 들어, 오른쪽의 휴대전화는 화면의 아이템과 배경을 자신의 취향이나 환경에 맞게 변경할 수 있으며, 다양한 오락용 애플리케이션을 다운받을 수 있다. 그러나 왼쪽의 휴대전화는 이러한 기능이 오른쪽 휴대전화에 비해 제한적이다.

3.2 적절한 효율성을 제공하고 있는가

　　효율성은 사용자가 얼마나 빠르고 간단하게 자신이 원하는 과업을 수행할 수 있는지를 의미한다. 4장에서 사용성의 속성 중 효율성과 관련된 내용에서 설명했듯이 효율성과 관련된 속성에는 반응성과 단축성이 있다. 다음 평가 사항 중 첫 번째 휴리스틱은 반응성과 관련된 것이며, 나머지 네 개의 휴리스틱은 단축성과 관련되어 있다.

시스템의 반응이 적절한 시간 내에 제공되는가

표 4
피드백의 즉시성을
평가하는 척도와 사례

번호	평가기준	가부
1	해당 작업에 비해 적당한 반응속도를 제공하고 있는가?	
2	사용자의 인지 처리 과정에 비해 적당한 반응 속도를 제공하고 있는가?	
3	적당한 시간 이상의 지연이 예상된다면 사용자에게 현재의 진행 속도를 알려 주고 있는가?	

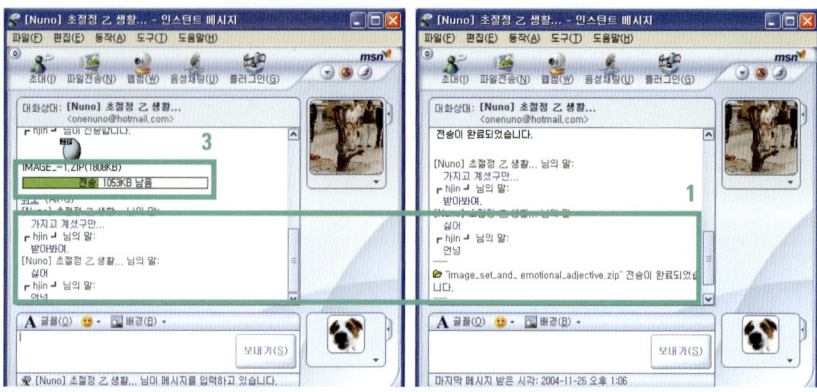

　　　사용자의 행동에 대한 시스템의 반응은 가능한 한 즉시 제공되어야 한다. 그러나 사용자가 원하는 작업이나 현재 사용자가 머릿속에 있는 작업에 따라 사용자가 느끼는 반응 시간은 달라질 수 있다. 먼저 시스템에 어떤 작업을 요구했느냐에 따라 사용자가 일반적으로 기대하는 반응 속도가 달라진다. 예를 들어, 키보드를 타이핑하거나 마우스를 움직여 메뉴를 선택하는 것과 같은 간단한 작업에서 사용자는 빠른 피드백을 기대한다. 이보다는 조금 더 복잡하지만, 문서 편집기를 이용해 특정 문자를 찾는 경우에도 가급적 빠른 피드백을 기대한다. 그러나 전체 문서의 스타일을 바꾸는 것과 같이 작업이 복잡한 경우에는 피드백이 조금 늦더라도 사용자는 참고 기다린다. 또 사용자가 어떤 인지적 과정을 거치느냐에 따라 시스템에 요구하는 반응 속도가 달라진다. 사용자가 계속 생각해야 하고 여러 화면에 걸쳐 정보를 기억해야만 한다면 시스템은 빨리 반응해야 하는 반면, 고도의 작업이 필요없고 새로 정보를 기억할 필요가 없다면, 반응은 어느 정도 지연되어도 무방하다. 예를 들어, 사용자가 쇼핑몰에서 여러 가지 물건에 대한 정보를 수집하고 이를 바탕으로 좋은 제품을 선택하고자 한다면, 사용자는 계속 생각하고 동시에 여러 정보를 기억해야 하기 때문에 각 화면을 최대한 빨리 보여 주어야 한다. 만약 사용자의 기대와는 달리 시간이 지체될 경우에는 사용자에게 그 진척 사항을 보여 주어야 한다.

이 내용들을 표 4와 같이 정리했다. 표 아래의 그림은 반응의 즉시성을 평가하는 척도를 실제 시스템에 적용해 각 평가척도에 대한 구체적인 사례를 제시한다. 해당 시스템은 멀리 있는 사용자와도 언제든지 대화할 수 있도록 피드백을 즉시 제공한다(1). 또한 용량이 큰 파일을 전송할 때는 막대 그래프를 이용해 시각적으로 전송할 파일 용량이 얼마나 남았는지 명확하게 알려 준다(3).

신속한 수행 방법이 제공되는가

번호	평가기준	가부
1	계층적 위계구조가 좁고 깊은 구조보다는 넓고 얕은 구조를 가지고 있는가?	
2	홈에서 시스템의 모든 중요한 파트로 이동이 수월한가?	
3	가장 자주 사용하는 기능키가 손쉽게 닿을 수 있는 곳에 배치되어 있는가?	
4	중요하고 자주 사용하는 기능을 위해 단추키를 사용하고 있는가?	
5	여러 개의 윈도 간에 이동하는 것이 쉽고 빠른가?	
6	바탕화면의 윈도를 겹치는 부분이 없이 정리하는 데 소요되는 작업이 최소화되었는가?	

표 5
시스템이 신속한 수행 방법을 제공하는지 평가하는 척도와 사례

사용자에게 효율적인 상호작용을 제공하는 또 다른 방법은 사용자가 자신이 원하는 행동을 되도록 신속하게 수행할 수 있도록 하는 것이다. 예를 들어, 전체 시스템의 계층구조를 좁고 깊게 하는 것보다는 넓고 얕게 하는 것이 조금 더 신속하게 작업을 수행할 수 있다. 왜냐하면 특정 지점에 도달하기 위한 최소 클릭 수가 줄어들기 때문이다. 이것은 표 5에 정리되어 있다. 수행 방법은 다시 세 가지로 세분된다. 표 5의 1, 2번 척도는 시스템의 구조가 신속하게 수행할 수 있도록 만들어졌는지 평가하고, 3, 4번 척도는 사용자가 자주 사용하는 기능에 대해 효

과적인 기능키를 제공하고 있는지 평가한다. 마지막으로 5, 6번 척도는 여러 윈도를 관리하는 것이 얼마나 신속한지를 평가한다.

표 5 아래의 그림은 신속한 수행 방법에 관해 평가하는 척도를 실제 시스템에 적용해 각 평가척도가 어떻게 측정되는지 구체적인 사례를 제시한다. 일단 하나의 메뉴에 따른 하위메뉴가 매우 복잡하게 구성되어 있으며(1), 원하는 기능을 쉽게 찾을 수 없고 비정상적인 페이지로 링크가 되어 있는 경우가 많다(4). 자주 사용하는 검색 입력창은 손쉽게 닿을 수 있게 배치되어 있으나(3), 해당 학교 학생이 아닌 경우에는 원하는 정보를 얻기 힘든 경우가 많다. 또한 각 산하 기관의 레이아웃이 일정하지 않아 초기화면으로 돌아오는 것이 쉽지 않다(5).

<u>반복적인 작업을 자동적으로 수행하는가</u>

표 6
시스템이 자동적인 수행을 지원하는지 평가하는 척도와 사례

번호	평가기준	가부
1	시스템이 자동적으로 입력창의 나머지 부분을 채워 주는가?	
2	시스템이 자동적으로 사용자의 다음 번 작업을 예측하고 프롬프트를 주는가?	
3	데이터 입력 시에 커서가 사용자가 가장 자주 자료를 입력하는 필드로 자동적으로 이동하는가	
4	자동적으로 지정되는 메뉴 항목이 있는가?	
5	시스템이 자동적으로 숫자의 줄을 맞추기 위해 0이나 공란을 삽입하는가?	
6	시스템이 자동적으로 화폐를 나타내는 숫자에 콤마를 삽입하는가?	
7	시스템이 자동적으로 화폐를 나타내는 숫자의 원화나 달러 사인을 삽입하는가?	
8	시스템이 자동적으로 0을 숫자 앞에 삽입하는가?	
9	시스템이 자동적으로 색상을 코딩하는가?	
10	시스템이 자동적으로 데이터 변환을 실시하는가?	
11	시스템이 자동적으로 지정하는 디폴트값이 있는가?	
12	시스템이 자동적으로 사용자의 명령어를 해석하는가?	

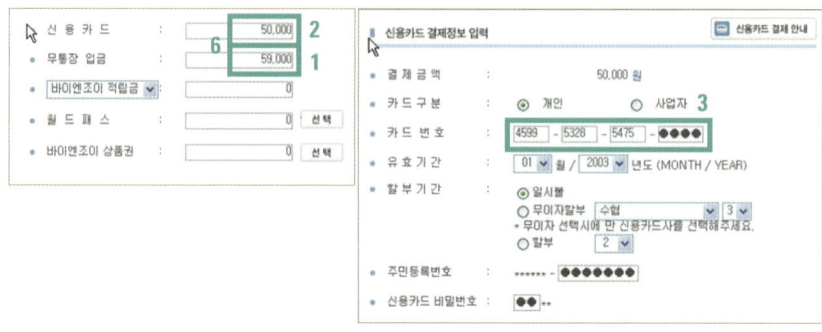

가장 신속하게 사용자를 지원할 수 있는 방법은 기계적으로 반복되는 작업을 시스템이 알아서 자동적으로 처리하는 것이다. 인터넷 익스플로러의 주소 창에 주소를 어느 정도만 입력하면 과거에 방문한 적이 있는 사이트의 주소를 시스템이 알아서 채워 주는 것이 그 예이다. 자동 수행과 관련된 평가척도는 표 6에 구체적으로 정리되어 있다.

표 6 아래의 그림은 자동 수행을 지원하는지 평가하는 척도를 실제 시스템에 적용해 각 평가척도가 어떻게 측정되는지에 대한 구체적인 사례를 제시한다. 먼저 신용카드 금액을 입력하면 모자라는 금액만큼 자동으로 무통장입금란에 숫자가 채워진다(1). 결제 페이지로 넘어가면 금액란에서 자동으로 커서가 깜빡이고(2), 카드번호를 입력할 때 별도의 키 입력 없이 숫자를 계속 입력해도 자동으로 다음 칸으로 이동하며 입력된다(3). 배송지를 등록해 놓은 경우에는 주소 및 연락처가 자동으로 지정되고(4), 금액을 입력할 때는 천 단위로 쉼표가 자동 기입된다(6).

필요한 최소한의 표현만을 사용하는가

번호	평가기준	가부
1	질의형 인터페이스에서 질문은 간단 명료하게 작성되었는가?	
2	시스템 프롬프트는 간단 명료하게 제시되는가?	
3	의사결정에 꼭 필요한 정보만 화면에 제시되는가?	
4	입력창은 간단 명료한 제목을 가지고 있는가?	
5	하위 메뉴는 단 하나의 상위 메뉴 항목에만 연결되는가?	
6	입력창의 필드 이름은 간단 명료한가?	
7	시스템 프롬프트는 직설적이고 능동태의 문장인가?	
8	메뉴 항목의 이름은 간단하면서도 충분한 의미를 전달하는가?	
9	사용자의 주의를 끄는 작업들이 너무 과도하게 사용되지는 않았는가?	
10	지나치게 많은 색상을 사용하고 있지는 않는가?	

표 7
시스템이 사용자에게 최소한의 표현만을 제공하는지 평가하는 척도와 사례

| 11 | 지나치게 많은 폰트를 사용하고 있지는 않는가? |
| 12 | 지나치게 많은 사운드를 사용하고 있지는 않는가? |

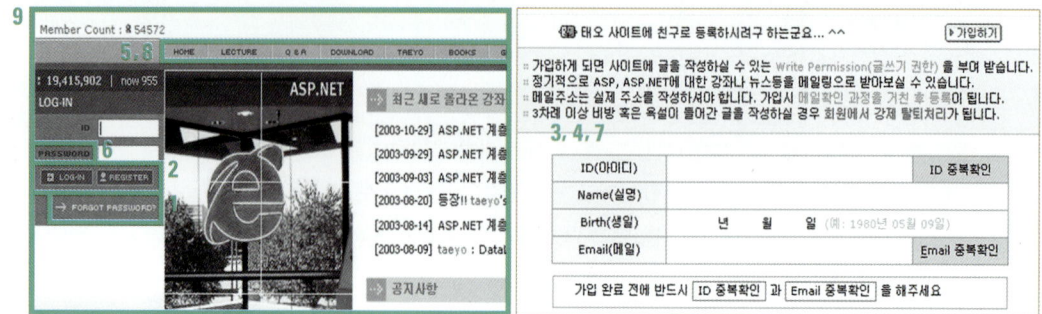

시스템이 제공하는 여러 가지 정보와 이미지를 간단 명료하게 제시하는 것도 시스템을 효율적으로 만드는 중요한 속성이 된다. 사용자의 주의를 끌기 위해 너무 많은 자극이나 정보를 한 화면에 제시하다 보면 화면 전체가 크리스마스 트리처럼 정신없이 번쩍거리게 된다. 일반적으로 가이드라인에서는 한 화면에서 색은 두 가지 이상을 사용하지 말고, 사용하는 글꼴은 세 개 이상을 넘지 말아야 한다고 권장한다. 또한 효과음은 강한 자극이 필요한 경우를 제외하고는 부드럽게 넣어야 한다고 장려한다. 이는 한 화면에서 지나치게 많은 자극을 사용자에게 제공하는 것을 자제하기 위함이다. 이 밖에도 시스템이 최소한의 표현을 하고 있는지 평가하는 구체적인 척도가 표 7에 정리되어 있다.

위의 그림은 해당 평가척도를 확용해 실제 시스템이 사용자에게 최소한의 표현만을 제공하는지 측정해 보는 구체적인 사례를 나타낸다. 비밀번호를 잊어버렸을 경우 '비밀번호를 잊어버렸는가?'라는 간단한 질문을 던지며(1) 시스템 프롬프트도 간단한 입력을 요구한다(2). 회원가입에 필요한 정보는 아이디, 이름, 생일, 이메일 주소뿐으로 최소한의 정보만을 요구하고(3), 회원가입을 위한 입력창과 로그인을 위한 입력창도 모두 단순하다(4). 메뉴 분류는 확실해 모든 하위메뉴는 단 하나의 상위메뉴에만 속한다(5). 로그인을 위한 입력창의 필드값도 간단 명료하며(6), 입력을 요구하는 모든 명령들이 직설적이고 능동적으로 표현되어 있다(7). 메뉴도 일곱 개의 주 메뉴만으로 구성되어 있고, 모두 간단하고 단순한 이름만으로 충분한 의미를 전달하고 있다(8). 화면의 2/3 정도만 내용이 있고 애니메이션이나 화려한 색을 자제해 간단하고 깔끔하게 구성되어 있다(9).

최소한의 필요한 정보만을 요구하는가

번호	평가기준	가부
1	서로 다른 입력 도구간에 중복되는 자료를 입력하라고 요청하지는 않는가?	
2	일반적으로 사용하는 명령어는 특정 목적에 맞추어 최소한의 입력만을 요구하는가?	
3	질의형 시스템에서 사용자가 답변해야 하는 양은 최소한으로 제한되어 있는가?	
4	입력창에서 꼭 필요한 정보 외에는 선택 사항임을 명백하게 밝히고 있는가?	
5	입력창에서 조건적으로 필요한 질문은 주 질문과 분명하게 구분되어 표시되는가?	
6	몇 가지 대안이 존재하는 경우는 풀다운이나 팝업 메뉴를 사용하여 사용자가 간단하게 선택할 수 있도록 하는가?	

표 8
시스템이 사용자에게 최소한의 입력만을 요청하는지 평가하는 척도와 사례

시스템의 효율성을 높이기 위한 마지막 척도는 사용자에게 최소한의 질문만을 던지는 것이다. 디지털 서비스에 회원 가입하기 위해서는 많은 질문에 대한 답을 모두 기입해야만 온라인 등록이 가능하다. 심지어 어떤 서비스는 배우자의 생일이나 휴대전화 번호같이 사적인 질문에 대한 답도 필수항목으로 지정해 놓는다. 물론 사용자에게 알맞은 서비스를 제공하기 위해서이겠지만, 이러한 서비스는 해당되지 않는 항목에 거짓 정보를 기입하지 않는 한 가입이 불가능하다. 시스템이 사용자에게 필요 이상의 정보나 동작을 요구하지 않는다는 것을 평가할 수 있는 구체적인 평가척도는 표 8에 정리되어 있다.

표 8 아래의 그림은 시스템이 사용자에게 최소한의 입력만을 요청하는지 평가척도를 활용해 측정해 보는 구체적인 사례를 보여 준다. 예를 들어, 주민번호와 생년월일은 대부분 중복되는 자료이다(1). 또한 필수 입력 사항과 선택 입력 사항이 구분되어 있지 않으며, 전화번호와 휴대전화 번호를 모두 입력하도록 되어 있다(6). 그러나 앞자리는 풀다운 메뉴를 통해 사용자가 간단하게 선택할 수 있게 한다.

3.3 적절한 정확성을 제공하고 있는가

4장의 사용성의 속성 중 정확성과 관련된 내용에서 설명했듯이 정확성은 사용자가 시스템을 사용하면서 저지를 수 있는 오류와 관련된다. 정확성에 대한 휴리스틱은 사용자가 오류를 저지를 수 있는 가능성을 미연에 방지하는지, 자기가 오류를 저질렀다는 것을 사용자가 스스로 인식할 수 있게 하는지, 인식된 오류의 원인이 무엇인지 쉽게 진단할 수 있게 해 주는지, 이미 저지른 오류를 복구할 수 있게 해 주는지 평가하는 항목으로 나누어진다. 각 휴리스틱에 속하는 항목을 살펴보기로 하자.

사용자의 오류 확률을 낮추는가

표 9
시스템이 사용자가 오류를 저지를 확률을 낮추어 주는지 평가하는 척도와 사례

번호	평가기준	가부
1	데이터베이스가 한 종류 이상의 데이터로 이루어져 있을 때 사용자가 이를 한 화면에서 입력할 수 있는가?	
2	입력창의 한 필드는 문자와 숫자의 동시 입력이 가능한가?	
3	입력창에서 대문자와 소문자를 구분하게 되어 있는가?	
4	쉽게 혼동되는 쌍의 데이터를 가능한 한 배제하고 있는가?	
5	지나치게 긴 문자나 숫자는 몇 개의 세부 그룹으로 나누어져 있는가?	
6	명령어에서 제약 조건의 사용을 최소한으로 자제하고 있는가?	
7	제약조건을 반드시 사용해야 한다면 그 사용이 일관적으로 제공되고 있는가?	

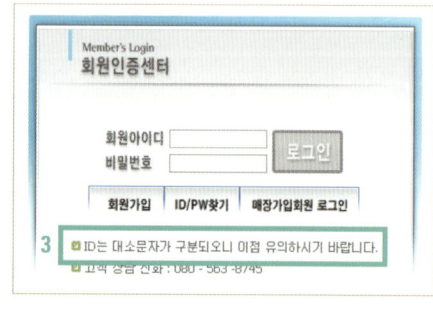
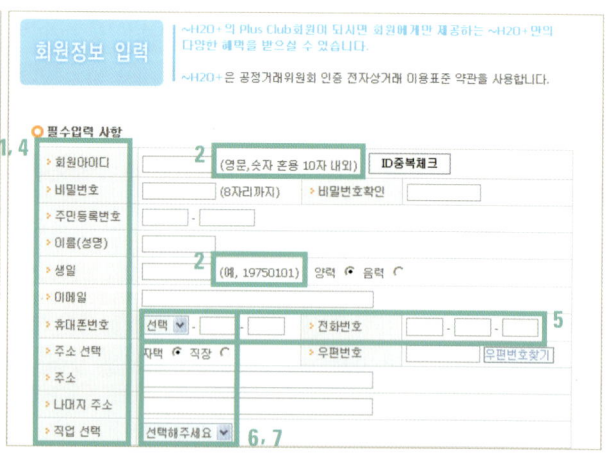

사용자가 자칫 잘못하면 실수를 저지르기 쉬운 항목을 미리 배제함으로써 사용자의 오류 확률을 낮출 수 있다. 예를 들어, 로그인하려고 할 때 자주 범하는 오류가 대소문자를 혼동하는 것이다. 이에 대한 오류를 미연에 방지하기 위

해서는 시스템이 대소문자와 상관없이 입력을 받아들여야 한다. 만약 보안상의 이유로 어렵다면, 윈도 계열 운영체제에 로그인 할 때처럼 사용자에게 대문자 입력 상태라는 것을 사전에 명확하게 제시해 주어야 한다. 이와 같은 사항들은 표 9에 정리되어 있다.

표 9 아래의 그림은 해당 척도를 활용해 실제 시스템이 사용자의 오류 확율을 낮추어 주는지를 평가한 사례를 보여 준다. 일단 회원 정보를 입력할 때 필수 입력 사항과 선택 입력 사항을 한 화면에 두었다(1). 그리고 문자와 숫자를 동시에 입력하는 항목, 숫자만 입력하는 항목은 옆에 설명을 붙여 놓았다(2). 대문자와 소문자를 구분하게 했고, 이를 사용자에게 미리 알려 주었다(3). 입력해야 할 데이터는 다른 종류로 혼동되지 않게 배치했다(4). 전화번호를 입력할 때는 입력창을 단위별로 나누었다(5). 특별한 제약 조건을 두지 않고 입력할 때 선택해야 하는 항목을 최소화했다(6). 정해져 있는 항목을 선택해야 할 경우 입력창에 선택하라는 메시지를 보여 주었다(7).

사용자 오류를 유도하지는 않는가

번호	평가기준	가부
1	메뉴가 현재 상태에서 선택이 가능한 것과 선택 불가능한 것을 명확하게 구분하고 있는가?	
2	대화창에서 현재 답변이 가능한 질문을 미리 제시했는가?	
3	기능키 중에서 현재 적용이 되지 않는 것들은 희미하게 처리하거나 아예 보여 주지 않고 있는가?	
4	연결이 가능한 링크만을 보여 주고 있는가?	

표 10
사용자가 오류를 저지르도록 유도하지 않는지 평가하는 척도와 사례

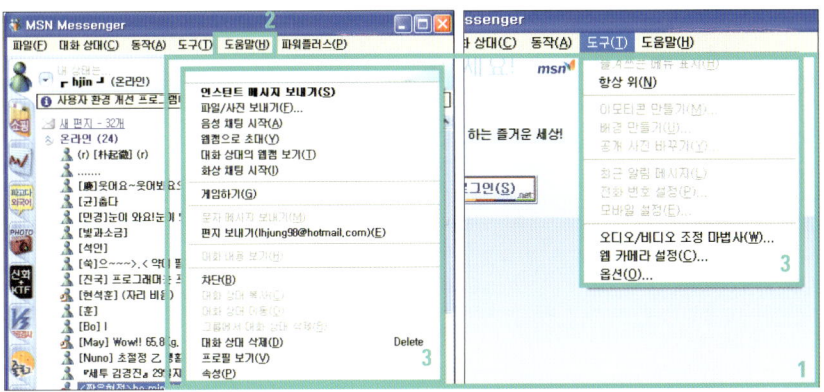

시스템 전체에 선택하거나 사용할 수 있는 항목들은 매우 많지만, 그중 현재 시스템 상태에서 사용 가능한 항목은 그보다 적다. 이러한 경우 현재 사용할 수

있는 항목만을 보여 줌으로써 사용자의 오류를 미연에 방지할 수 있다. 예를 들어, 문서 작성기에서 '복사' 메뉴는 어떤 부분이 미리 선택되어 있어야만 사용할 수 있는데, 어떤 부분도 선택되어 있지 않은 상태에서 해당 메뉴를 열면, '복사'는 회색으로 처리되어 있거나 보이지 않도록 하는 것이 그것이다. 이와 같이 현재 상태에서 시스템이 사용자 오류를 유도하지 않는지에 대한 여부를 표 10의 척도들로 평가할 수 있다.

표 10 아래의 그림은 사용자가 오류를 저지르도록 유도하지 않는지에 대한 평가척도를 실제 시스템에 적용해 각 평가척도가 어떻게 측정되는지를 구체적인 사례로 제시한다. 우선 선택할 수 있는 항목은 검은색으로, 선택할 수 없는 항목은 회색으로 처리한다(1). 또 도움말 항목을 통해 사용자가 질문할 수 있는 내용에 대한 답을 미리 제시한다(2). 대화상대를 선택하고 마우스 오른쪽 버튼을 눌렀을 때 로그인하지 않은 상대에게 사용할 수 없는 기능을 희미하게 처리하고(3), 로그인하지 않았을 때 사용할 수 없는 메뉴 항목 또한 희미하게 처리한다(5).

사용자가 심각한 오류를 저지르지 않도록 대비하는가

표 11 심각한 오류의 발생 가능성을 줄여 주는지 평가하는 척도와 사례

번호	평가기준	가부
1	심각한 결과를 초래하는 기능키는 되도록 누르기 힘든 곳에 배치했는가?	
2	심각한 결과를 초래할 수 있는 기능을 실행시키기 전에 시스템이 사용자에게 그 결과에 대해 경고하는가?	
3	심각한 결과를 초래하는 기능키는 일반적으로 많이 사용하는 기능키와 차별화되었는가?	
4	심각한 결과를 초래할 수 있는 메뉴 항목은 사용자의 확인이 있어야만 진행할 수 있는가?	

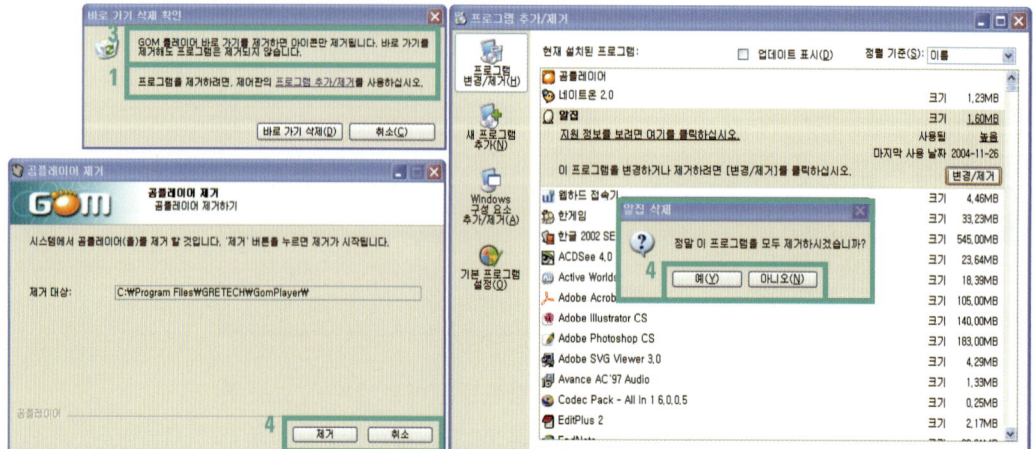

하드 디스크 포맷과 같이 사용자에게 중대한 영향을 미칠 수 있는 작업은 실행 자체를 어렵게 함으로써 심각한 오류를 범할 가능성을 방지할 수 있다. 예를 들어, PC를 강제로 재부팅하기 위해 누르는 ctrl+alt+delete는 키보드상에서 가장 멀리 떨어져 있는 키들의 조합이다. 반면 사용자에게 그다지 큰 영향을 미치지 않고, 쉽게 복구할 수 있는 '복사'는 ctrl+c라는 서로 근접한 키를 누르도록 되어 있다. 이는 표 11의 3번 척도에서 평가하는 것과 같이 영향이 적고 자주 사용하는 키와 심각한 영향을 끼치고 가끔 사용하는 키를 최대한 분리시켜 놓은 것이다. 사용자가 심각한 오류를 저지르지 않도록 대비해 놓은 시스템인지 평가하는 구체적인 척도는 표 11에 정리되어 있다.

표 11 아래의 그림은 사용자가 심각한 오류를 저지를 가능성에 대해 시스템이 얼마나 잘 대비하고 있는지를 구체적인 사례를 통해 해당 척도로 평가한 것이다. 우선 윈도에서 프로그램을 제거하려고 할 때 아이콘만 제거한다고 될 것이 아니라 제어판 → 프로그램 → 프로그램 제거의 단계를 거쳐야 한다(1). 그럼에도 '제거' 버튼을 누르면 경고창이 나타난다(2). 프로그램을 추가하거나 제거하는 것은 단순히 기능키를 누르는 것만으로 실행할 수 없고(3), 사용자가 프로그램 제거를 할 것인지 확인하고 '제거' 버튼을 눌러야 한다(4).

사용자가 오류가 발생했다는 것을 쉽게 감지할 수 있는가

번호	평가기준	가부
1	오류 발생을 통지하기 위해 적절한 음향 효과를 사용하는가?	
2	에러 메시지에 너무 지나친 강조를 사용하고 있는가?	
3	에러 메시지가 이해하기 쉽게 표현되는가?	
4	에러 메시지에 사용되는 내용을 사람들이 이해할 수 있는가?	

표 12
사용자가 오류의 발생을 쉽게 감지할 수 있는지 평가하는 척도와 사례

사용자는 자신이 오류를 범했는지도 모르고 계속 작업을 진행하는 경우가 있다. 이러한 경우를 방지하기 위해 시각적인 정보뿐만 아니라 청각적인 정보를 제공하면 많은 도움이 된다. 그 밖에도 오류 메시지 자체가 사용자에게 그 의미를 제대로 전달하는지 확인하는 것도 중요하다. 예를 들어, 유머를 사용해 오류 메시지를 주는 경우에는 그 유머를 사용자 대부분이 제대로 이해할 수 있는지 확인해야 한다. 사용자가 오류가 발생했다는 것을 쉽게 감지할 수 있는지 평가하는 구체적인 평가척도는 표 12에 정리되어 있다.

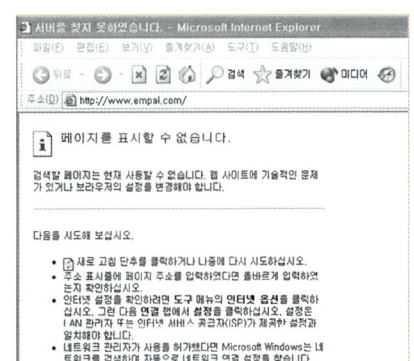

표 12 아래의 그림은 위에서 제시된 평가척도를 실제 시스템에 적용해 측정한 구체적인 사례를 보여 주고 있다. 페이지가 안 뜰 경우는 경고음을 출력하고, 인터넷 페이지를 표시할 수 없음을 올바른 문법으로 제시하며, 오류 메시지에 필요없는 문장 부호를 사용하지 않는다. 또 오류에 대한 대처 방안이 순서대로 나열되고, 불필요한 내용을 사용하지 않는다.

사용자가 오류의 원인을 쉽게 진단할 수 있는가

표 13
사용자가 오류의 원인을
쉽게 진단할 수 있는지
평가하는 척도와 사례

번호	평가기준	가부
1	오류 메시지가 오류의 원인이 무엇인지를 제시하는가?	
2	입력창에서 오류가 발생했다면, 발생한 지점으로 커서가 자동적으로 이동하거나 해당 지점이 반전되는가?	
3	어느 필드에서 오류가 발생했는지를 표시하는가?	
4	오류 메시지에 사용자의 감정을 자극하는 표현은 없는가?	

오류가 발생되었다는 사실을 인식한 다음 단계는 어디에서 그러한 오류가 발생했는지 알아보는 것이다. 여기서 중요한 것은 일단 오류가 발생한 장소를 자세하게 사용자에게 알려 주는 것이다. 예를 들어, 입력창에서 오류가 발생했다면 구체적으로 어떠한 필드에서 오류가 발생했는지 알려 주어야 한다. 이와 더불어 중요한 것은 오류 메시지에서 문제의 원인이 시스템에 있으며 사용자에게 있지 않다는 것을 명백하게 밝혀 주는 것이다. 사용자가 시스템 오류의 원인을 쉽게 확인할 수 있도록 시스템이 설계되어 있는지 평가하는 구체적인 척도는 표 13에 정리되어 있다.

표 13 아래의 그림은 사용자가 오류의 원인을 쉽게 진단할 수 있는지 평가하는 척도를 실제 시스템에 적용해 각 평가척도가 어떻게 측정되는지에 대한 구

체적인 사례를 제시한다. 먼저 오류에 대한 정확한 원인을 제공하지 않고 단지 전송이 잘못되었다는 메시지만 제공한다(1). 입력창에는 아무런 변화가 없어 오류의 원인를 정확하게 알 수 없다(2). 입력창에 아무것도 입력하지 않고 가입하려고 하면 엉뚱하게도 사용자의 이메일 주소 형식이 틀리다는 메시지가 나온다(4).

사용자가 오류를 쉽게 복구할 수 있는가

번호	평가기준	가부
1	발생한 오류가 얼마나 심각한 것이라는 것을 전달해 주는가?	
2	오류 메시지가 오류를 복구하는 방법에 대해 구체적으로 설명하는가?	
3	오류 메시지가 복구에 필요한 시간과 비용에 대해 정확하게 알려 주는가?	

표 14
발생된 오류를 사용자가 쉽게 복구할 수 있는지 평가하는 척도와 사례

오류의 원인을 진단했다면 그 다음은 오류를 복구해야 한다. 이와 관련해서 일단 발생한 오류가 얼마나 심각한지 사용자에게 확실하게 알리고, 그에 따라 적절한 복구 방법을 제공해야 한다. 시스템이 오류를 복구하는 데 얼마나 정확한 정보를 제공하는지 평가하는 척도가 표 14에 정리되어 있다.

표 14 아래의 그림에서 오류 발생과 관련된 사용자의 질문에 대해 시스템이 얼마나 효과적인 대처 방안을 제시해 주고 있는지 평가하는 사례를 보여 주고 있다. 일단 해당 시스템은 오류가 발생하면 그 원인이나 심각한 정도는 알려 주지 않고 재설치를 권유한다(1). 또한 오류메시지를 복구하는 방법은 제시하지 않고 사용자에게 기다리라고 하며(2), 오류의 의미를 설명하지 않고 각 원인을 전송해 문제 해결을 더 복잡하게 만들고 있다(3).

3.4 적절한 의미성을 제공하고 있는가

의미성meaningfulness은 사용자의 속성 중 하나로서 사용자가 보고 싶어 하는 정보나 기능을 시스템이 제공해 주고 있는지를 일컫는다. 4장에서 사용성의 속성 중 의미성과 관련된 내용에서 설명했듯이 의미성의 차원에 속하는 사용성의 속성은 크게 변화제시성과 이해가능성으로 나눌 수 있다. 변화제시성이란 시스템의 내부 상태가 변화했을 때 그 변화된 상태에 대한 정보를 사용자가 감지할 수 있게 제공하는 속성을 의미하고, 이해가능성은 사용자에게 전달된 정보는 실제 사용자가 이해할 수 있어야 한다는 것을 의미한다. 각 속성을 평가하는 휴리스틱을 살펴보기로 하자.

시스템이 현재 상태를 사용자에게 명확하게 알리는가

표 15
피드백의 존재 유무에 대한
평가척도와 사례

번호	평가기준	가부
1	현재 커서가 어떤 부분을 가리키고 있는지에 대한 피드백이 제공되는가?	
2	화면상에서 어떠한 대상이 선택되어 있고 움직일 수 있는지에 대한 정보가 제공되고 있는가?	
3	어떤 메뉴가 선택되었는지를 알려 주고 있는가?	
4	사용자의 작업 한 단계가 끝나면 다음 단계를 시작할 수 있도록 피드백을 주고 있는가?	
5	현재 활성화되어 있는 창이 어떤 것인지가 명확하게 표현되어 있는가?	

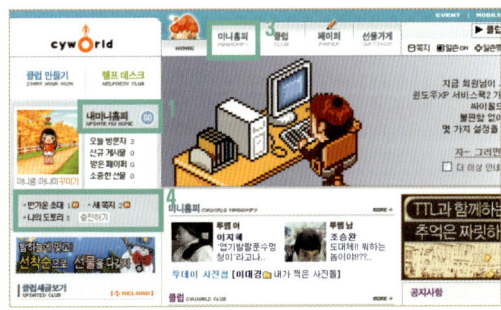

이 휴리스틱에 대한 평가척도는 표 15에 정리되어 있다. 1번 척도는 커서의 위치가 피드백이 되는지 의미하고, 2번 척도는 어떤 대상을 선택할 수 있는지에 대한 피드백을 의미하고, 4번 척도는 한 작업이 끝나고 다음 작업을 시작할 준비가 되었음을 알려 주고 있는지를 의미한다. 피드백의 존재 유무에 대한 평가척도 가운데 특히 중요한 것은 3번 척도로서, 사용자가 어떤 메뉴를 선택하든지 현재 선택된 메뉴에 대한 피드백을 주는지의 여부이다. 예를 들어, 인터넷 익스플로러에서 프린트 버튼을 눌렀을 때 아무런 피드백이 없기 때문에 현재 프린트 작업이 진행되고 있는지 알 수 없어 동일한 웹문서를 불필요하게 여러 번 인쇄하는 경우가 있다.

표 15 아래의 그림에서 평가척도를 활용해 시스템이 피드백을 적절하게 제공하고 있는지 아닌지를 확인할 수 있다. 현재 커서가 어떠한 부분을 가리키고 있는지에 대한 피드백이 제공되지 않는다. 예를 들어, '내 미니홈피'에 커서를 이동

시켜도 아무런 변화가 없다(1). 화면상에서 어떤 부분이 선택될 수 있고, 어떤 부분이 선택될 수 없는 부분인지에 대한 피드백이 존재하지 않는다. 메뉴 선택에서 부분적으로 피드백이 안 되는 경우가 있다. 예를 들어, '미니홈피'의 선택은 피드백이 되지만 한 단계 더 들어가면 메뉴의 기능에 대한 피드백은 제공되지 않는다(3). 사용자가 한 단계 작업을 마치고 다음 단계로 진행할 준비가 되었을 때는 피드백을 잘 제공한다. 예를 들어, '일촌맺기'를 선택하면 다음 단계에 대한 피드백이 제공된다(4).

명확한 명칭을 사용했는가

번호	평가기준	가부
1	기능키의 이름이 명확하고 이해하기 쉬운가?	
2	아이콘에 적당한 이름이 제공되는가?	
3	각 윈도에 적당한 이름이 제공되는가?	
4	여러 가지 색상이 한꺼번에 제공될 때 각 색상이 어떤 의미인지가 명확하게 표시되어 있는가?	
5	명령어가 약어와 전체 이름을 둘 다 제공하고 있는가?	
6	여러 개의 페이지로 이루어진 입력 화면에서 각 화면 간의 관계가 화면의 이름에 명확하게 표시되어 있는가?	
7	입력창의 코드들이 명확하게 구분이 되는가?	

표 16
시스템이 명확한 이름을 사용하는지 평가하는 척도와 사례

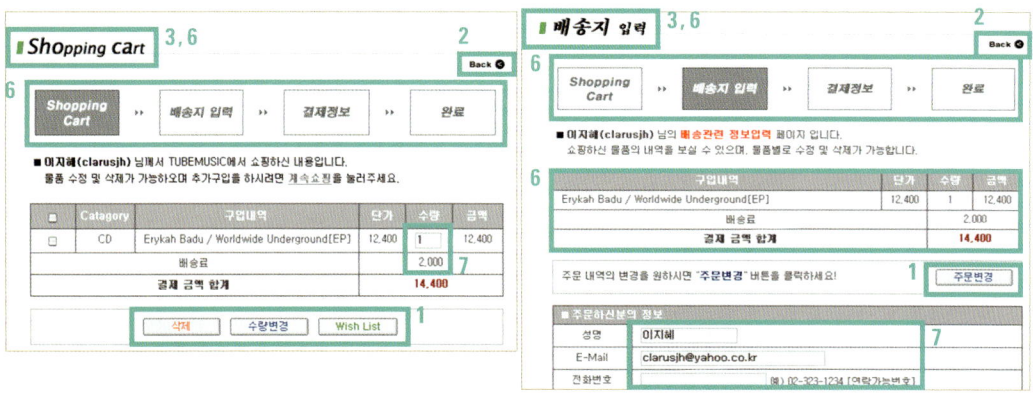

시스템의 의미성을 높여 주는 또 하나의 방법은 시스템에서 사용하는 아이콘이나 입력창, 명령어의 이름을 명확하게 제시하는 것이다.Lin et al., 1997 예를 들어, 쇼핑몰에서 어떠한 물건을 선택한 다음에는 여러 과정을 거쳐 신용카드 정보를 입력하고 주소와 배달 방법을 결정해야 한다. 그때 각 창의 이름을 명확하게 제시해서 각 창들 간의 관계가 어떠한지 알려 주는 것이 사용자가 현재 어느 단계까

지 진행되었는지 기억할 수 있게 해 준다. 또 화면에 제공되는 여러 가지 아이콘에 명확한 명칭을 부여함으로써 아이콘의 모습 자체만으로는 혼동될 수 있는 아이콘의 제대로 된 의미를 이해할 수 있게 해 준다. 이외에도 시스템이 명확한 명칭을 사용하는지 평가하는 구체적인 척도를 표 16에서 정리하고 있다.

표 16 아래의 그림은 시스템이 명확한 이름을 제공하는지 그 척도를 활용해 평가하는 사례를 제시하고 있다. 일단 주문 과정에서 사용될 수 있는 기능들을 이해하기 쉽고 명확하게 했다(1). '〈'라는 아이콘에 맞는 'back'이라는 이름을 제공했으며(2), 각 윈도에서 행해지는 주문 과정을 명확하고 적절한 이름으로 표현해 주었다(3). 또한 현재 진행하고 있는 단계가 어떤 단계인지 그 이름을 화면 상단에 크고 명확하게 표시할 뿐만 아니라 전체 주문 과정 중 현재 어떤 단계에 있는지 알 수 있는 도표를 제공하고 있다. 그뿐만 아니라 이전 단계에서 선택했던 정보를 한 번 더 보여 주고 있다(6). 입력창에 적어야 할 내용이 숫자 정보인지 아닌지 예시를 통해 명확하게 알려 주고 있다(7).

<u>항목들을 그룹으로 표시하는가</u>

표 17 적절한 그룹을 표시했는지 평가하는 척도와 사례

번호	평가기준	가부
1	항목들이 논리적인 그룹으로 나누어지고, 각 그룹마다 이를 대표할 수 있는 이름이 있는가?	
2	각 그룹은 가로 12-14문자, 세로 6-7줄 정도로 제한되어 있는가?	
3	적당한 색상을 이용해 한 그룹 내에 관련되는 항목들 간의 관계를 표시하고 있는가?	
4	각 필드의 이름은 해당 필드의 연관성을 볼 수 있도록 적절하게 배치되어 있는가?	
5	지나치게 긴 그룹은 별도의 공란으로 적당하게 나누어져 있는가?	
6	각 그룹은 공백, 선, 색상, 그림자 등을 이용해 다른 그룹과 적당하게 구분되어 있는가?	

많은 정보가 동시에 제공되면 사용자는 그 정보들을 이해하기 어려워한다. 이러한 경우 서로 관련된 항목끼리 적절하게 묶고, 서로 다른 그룹은 확실하게 구분을 해야 한다. 예를 들어, 쇼핑몰 홈페이지에서 사용자 정보를 받을 때는 사용자의 주소와 관련된 시, 도, 우편번호 등을 한 그룹으로, 관심사항이나 취미와 특기 등을 다른 그룹으로 묶은 뒤 이 두 그룹 사이는 명확하게 구분해 주어야 한다. 표 17에서는 시스템이 적절한 그룹을 제공하고 있는지에 대한 구체적인 평가척도를 제시한다. 이 가운데 1-3번 척도는 서로 밀접하게 관련된 항목이 같은 그룹으로 분류되었는지 평가하는 반면, 4-7번 척도는 서로 다른 그룹이 명확하게 구분되어 있는지를 평가하고 있다.

표 17 아래의 그림은 그룹이 적절하게 나눠져 표현되었는지 평가하는 척도를 실제 사례를 통해 분석한 것이다. 홈페이지의 메인 메뉴바는 CD, DVD 등의 종류별로 그룹이 나누어져 있다(1). 메뉴 아이템 길이는 제한되어 있으며, 세로 길이는 제한된 것도 있고 긴 것도 있다(2). 한 그룹 내의 각 항목들은 적당한 거리를 두고 배치하며(4), 항목이 많은 그룹은 긴 박스 형태로 공간을 활용한다(5). 선과 공백으로 의미 있는 그룹을 구분한다(6).

시각적 계층구조가 명확하게 드러나 있는가

번호	평가기준	가부
1	자료가 화면상에서 왼쪽 상단에서 시작해 시선의 움직임을 도와주는가?	
2	한 줄 이상 되는 필드의 제목은 수평적으로 배치되어 시선의 움직임을 도와주는가?	
3	시스템 프롬프트가 사용자의 시선을 쉽게 끌 수 있도록 공란이나 시각적인 단서들이 효과적으로 사용되는가?	
4	공백을 이용해 사용자의 시선을 적당한 장소로 유도하고 있는가?	

표 18
시각적 위계구조를 평가하는 척도와 사례

시각적 계층구조는 사용자의 시선이 원활하게 흘러갈 수 있도록 디자인하는 방식을 의미한다. 예를 들어, 한 화면에 너무 많은 정보가 빽빽하게 들어차 있어 원하는 정보를 찾기 위해 어디로 시선을 돌려야 할지 불명확한 경우가 있다. 이것은 사용자가 원활하게 시선을 옮길 수 있도록 화면상의 요소가 설계되어 있지 않기 때문에 시각적 위계구조가 명확하지 않다고 할 수 있다. 표 18에서는 화면의 시각적 계층구조를 평가할 수 있는 구체적인 평가척도를 제시한다.

표 18 아래의 그림을 통해 시각적 위계구조에 대한 평가척도를 실제 시스템 사례에서 구체적으로 어떻게 적용할 수 있는지 확인할 수 있다. 먼저 너무 많은 텍스트 자료가 제공되어 있어 어디서부터 홈페이지 이용을 시작해야 하는지 알 수 없다(1). 대부분의 홈페이지에서는 로그인 화면이 오른쪽 상단에 있지만, 이 경우에는 그렇지 않다(2). 텍스트 사이에 공백이 있지만, 텍스트가 체계 없이 너무 많이 제공되기 때문에 보기가 어렵다(3, 4). 무엇보다 한 화면 안에서 공백을 두고 공간이 나뉘는 부분이 없어 특정 부분으로 시선이 유도되지 않는다(1).

<u>시각적 구분이 명확하게 이루어지고 있는가</u>

표 19
명확한 시각적 구분이
제공되는지 평가하는
척도와 사례

번호	평가기준	가부
1	각 메뉴 항목들이 서로 간에 명확하게 구분되었는가?	
2	각 아이콘들이 서로 간에 명확하게 구분되었는가?	
3	아이콘을 구분하기 위해 크기나 굵기가 효과적으로 이용되었는가?	
4	아이콘과 배경이 명확하게 구분되었는가?	
5	선택 버튼들이 명확하게 구분되었는가?	
6	선택된 아이콘과 그렇지 않은 아이콘이 명확하게 구분되는가?	
7	화면상의 요소들을 명확하게 구분하기 위해 크기, 굵기, 색상, 모양 등이 적절하게 사용되었는가?	
8	사용자의 주의를 끌기 위해서 반전효과나 색상 효과 등이 적절하게 사용되었는가?	
9	중요한 항목들이 다른 항목들과 차별되게 표시되어 있는가?	

많은 요소들이 제공되는 시스템에서는 각 요소들을 명확히 구분해 주는 것이 중요한 평가척도가 된다. 예를 들어, 한 화면에 많은 수의 아이콘이 제공되고 있을 때, 아이콘과 배경 화면의 구분이 얼마나 용이한지가 중요한 요소가 된다. 시각적 구분이 명확하려면 크게 두 가지 조건이 만족되어야 한다. 첫 번째 조건은 한 요소가 다른 요소와 시각적으로 차이가 있어야 한다. 표 19의 6항과 같이 사용자가 선택한 아이콘은 밝은색으로 표시하고, 그렇지 않은 아이콘은 어두운색으로 표시하는 것도 많은 아이콘 가운데 한 아이콘을 시각적으로 차이나게

하는 방법이다. 두 번째 조건은 시각적으로 구분된 요소가 사용자의 주의를 끌어야 한다. 예를 들어, 표 19의 8항에서 볼 수 있듯이 반전 효과나 색상 효과를 사용할 수 있다. 표 19의 1-7항은 화면상의 여러 요소가 시각적으로 명확하게 구분되는지 평가하며, 8-9항은 이렇게 구분된 요소에 사용자의 주의가 집중되고 있는지를 평가한다.

표 19 아래의 그림의 구체적인 사례를 통해 실제 시스템이 어떻게 명확한 시각적 구분을 하고 있는지 평가할 수 있다. 우선 각 항목이 텍스트와 아이콘으로 명확하게 구분되어 있고(1), 각 아이콘이 프로그램의 특성을 모양과 색상을 활용해 함축적으로 표현하고 있기 때문에(3, 아이콘 간 구별이 뚜렷하다(2). 또한 배경색과 아이콘 색이 다르게 적용되어 아이콘이 더 명확하게 나타난다(4). 시작버튼이 선택되어 사각 실선으로 구분되어 있으며(5), 선택된 아이콘은 선택되지 않은 다른 아이콘들과 차별되게 파란색 배경으로 바뀌어(8) 명확히 구분된다(6). 또한 아이콘이나 폰트 등의 화면 요소 크기와 모양, 굵기는 동일하지만(7), 시스템 종료와 같은 중요한 버튼은 다른 버튼과 구분되도록 표시되었다(9).

3.5 시스템이 적절한 수준의 유연성을 제공하고 있는가

유연성의 차원은 사용자가 자신이 원하는 작업을 자신이 원하는 방식으로 진행할 수 있도록 하는 속성을 포함한다. 4장에서 사용성의 속성 중에 유연성과 관련된 내용에서 설명했듯이 유연성은 사용자 주도권, 대체성, 다중성, 개인화, 연결성 등의 하부속성들로 구성되어 있다. 다음은 각각에 대한 휴리스틱 항목이다.

<u>사용자가 시스템을 운영할 수 있는 전반적인 주도권을 가지고 있는가</u>

번호	평가기준	가부
1	사용자가 일반적으로 상호작용의 결과를 받아들이기만 하는 것이 아니라 스스로 새로운 작업을 시작할 수도 있는가?	
2	시스템에서 사용자가 통제권을 가지고 있다는 사실이 명확하게 표시되고 있는가?	
3	시스템 메시지가 사용자에게 시스템을 통제하고 있다고 느끼게 하는가?	
4	사용자의 과업이 한 단계 끝나고 다음 단계로 넘어가기 전에 시스템이 사용자의 지시를 기다리고 있다고 알려 주는가?	

표 20
사용자가 상호작용에서 얼마나 주도권을 쥐고 있는지 평가하는 척도와 사례

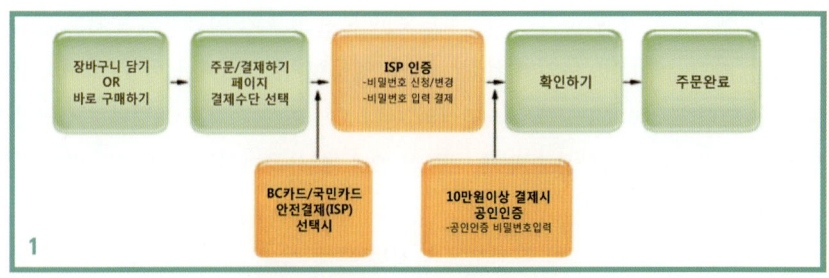

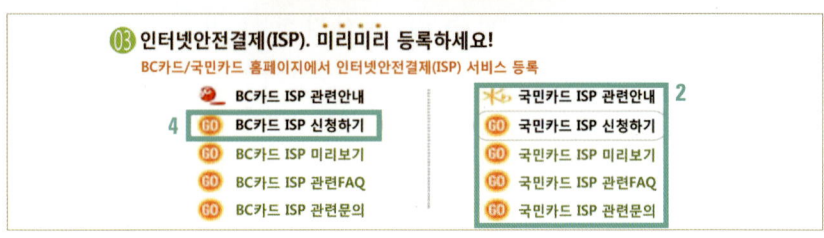

  이 휴리스틱은 표 20과 같이 사용자가 전반적인 상호작용에서 얼마나 주도권을 가지고 시스템을 사용하는지 평가하는 척도로 구성되어 있다. 예를 들어, 4번 척도를 통해 사용자가 하나의 작업을 마치면 시스템이 자동적으로 사용자의 다음 지시를 기다리는지 평가해 사용자가 전체 상호작용의 주도권을 가지고 있다는 것을 확인할 수 있다.

  위의 그림은 상호작용에서 얼마나 주도권을 쥐고 있는지 평가하는 구체적인 사례를 제시한다. 사용자가 주어진 내용을 읽고 실행하고 싶은 것이 있어도 선택할 곳이 없다(1). 메뉴에 있는 반전 표시를 통해 사용자에게 통제권이 있다는 것을 제공하고 있으나 사용자가 스스로 통제권을 가지고 있다고 느끼기는 어려워 보인다(2). 사용자가 스스로 다음 진행할 작업을 선택할 수 있게 한다(4).

<u>사용자에게 적절한 수준으로 자유도를 제공하고 있는가</u>

표 21
사용자의 자유도를
평가하는 척도와 사례

번호	평가기준	가부
1	다단계 메뉴에서 사용자가 해당 메뉴가 나오기 전에 미리 타이핑을 시작할 수 있는가?	
2	사용자가 이미 진행 중인 작업을 취소할 수 있는가?	
3	명령어를 수정할 때 한 자씩 수정할 수 있는가?	
4	입력창을 수정할 때 한 자씩 수정할 수 있는가?	
5	부분적으로만 완성된 입력창의 자료를 저장할 수 있는가?	
6	모든 창에서 수직적으로 그리고 수평적으로 스크롤하는 것이 가능한가?	
7	모든 필요한 작업을 수행할 수 있는 기능키가 제공되고 있는가?	
8	사용자가 마우스를 움직이는 것 외에 다른 방법으로 메뉴를 선택할 수 있는가?	

9	사용자가 대화창의 항목들 간에 앞뒤로 이동이 가능한가?
10	사용자가 입력칸 내에서도 앞뒤로 이동이 가능한가?
11	사용자가 다수의 입력창 간에 앞뒤로 이동이 가능한가?
12	질의형 상호작용에서 앞뒤 질문으로의 이동이 가능한가?
13	데이터베이스 검색에서 앞뒤 검색이 가능한가?
14	다단계 메뉴 구조에서 위아래 이동이 가능한가?

　　사용자의 자유도는 사용자가 어떤 작업을 수행할 때 그 작업을 쉽게 수행할 수 있는지의 여부와 현재 작업 단계의 앞과 뒤로의 이동이 자유로운지의 여부를 통해 확인할 수 있다. 표 21의 1-8번 척도는 특수한 경우 사용자가 얼마나 자유롭게 자신이 원하는 행위를 수행할 수 있는지 평가하고 있다. 예를 들어, 3번 척도에서는 평소 명령어는 한 단어 단위로 수정하지만 특수한 경우 단어를 이루는 글자 단위로 수정이 가능한지 평가한다. 9-14번 척도는 전후 이동에 관한 척도이다. 13번 척도는 어떠한 단어를 검색할 때 이를 현재 위치에서 앞으로 또는 뒤로 검색할 수 있는지를 평가한다.

　　위의 그림은 사용자의 자유도를 평가하는 척도를 실제 시스템에 적용해 각 평가척도가 어떻게 측정되는지에 대한 구체적인 사례를 제시한다. 예를 들어, 검색창에 원하는 검색어를 미리 타이핑하는 것이 가능하며(1), 뒤로가기 버튼을 이용해 진행 중인 작업을 취소할 수 있다. 입력창에서도 한 글자씩 지우는 것이 가능하며(3), 부분적으로 완성된 자료도 즐겨찾기 목록에 저장하거나 다른 문서 파일에 붙여 쓸 수도 있다. 모든 창은 수직과 수평으로 스크롤이 가능하며(6), 주로 마우스나 키보드로 필요한 작업을 수행할 수 있다. 입력창의 앞뒤 이동이 가능하다(9). 질의형 인터페이스에서 앞뒤 질문으로 이동이 가능하고(12), 데이터베이스 검색에서 앞뒤 검색도 가능하다(13). 또한 다단계 메뉴구조에서 스크롤바를 이용해 위아래로 이동할 수 있다.

전문성에 따라 유연하게 사용할 수 있게 하는가

표 22
전문성에 따르는 유연한 사용이 가능한지 평가하는 척도와 사례

번호	평가기준	가부
1	사용자의 전문성의 정도에 따라 적당한 입력장치를 사용할 수 있는가?	
2	사용자의 전문성의 정도에 따라 시스템 메시지나 에러 메시지의 난이도를 조절할 수 있는가?	
3	사용자의 전문성의 정도에 따라 적당한 상호작용 스타일을 선택할 수 있는가?	
4	초보자는 기본적인 명령어만 사용하는 반면, 전문가는 명령어에 다양한 매개변수를 이용할 수 있는가?	
5	인터페이스의 모습이 전문가와 초보자에게 서로 다른 형태로 제공되는가?	
6	전문가는 한 화면에 많은 정보가 제공되는 반면, 초보자는 한 화면에 적은 정보가 제공되는가?	
7	전문가의 경우 한 명령어에 여러 가지 옵션을 동시에 적용할 수 있는가?	
8	전문가의 경우 중첩된 대화창을 무시하고 최종 목적창에 직접 갈 수 있는가?	
9	입력창의 필드를 자동적으로 진행하는 기능은 전문가에게만 제공되는가?	

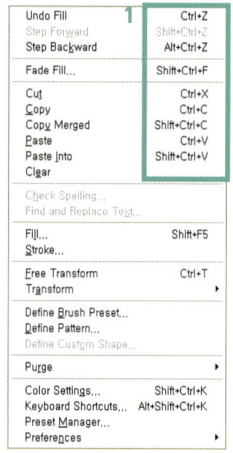

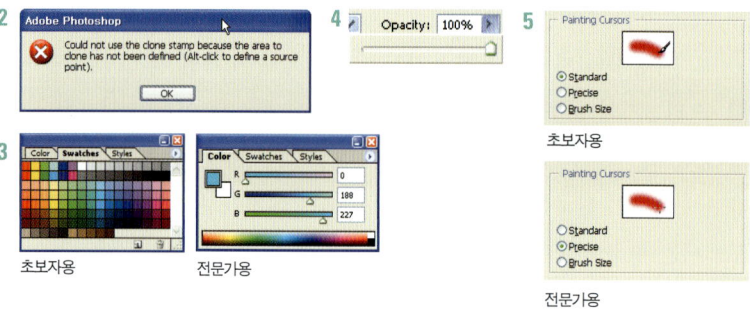

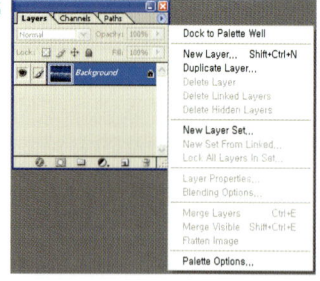

초보자용   전문가용

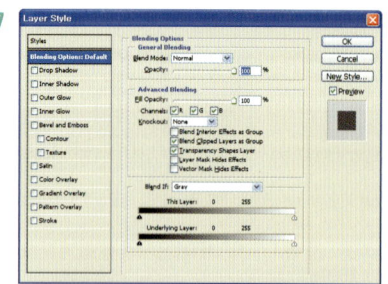

초보자용

전문가용

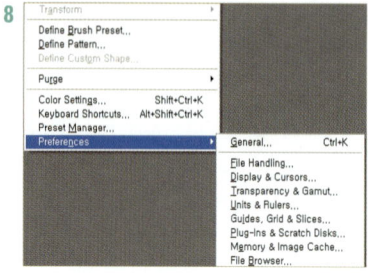

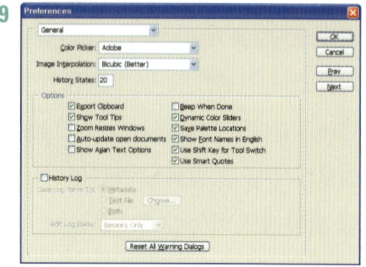

전문성에 따른 유연한 사용에 대한 평가척도는 일반적으로 사용자가 특정 시스템을 사용하는 경험이 많아지면서 더욱 유연하게 시스템을 사용할 수 있도록 하는 것을 의미한다. 예를 들어, 초보자일 때는 한 번에 한 가지 명령어만 사용할 수 있는 반면, 어느 정도 전문성이 높아지면 한 번에 여러 명령어를 동시에 사용할 수 있게 하는 것이다. 표 22에는 시스템이 사용자의 높아지는 전문성에 맞추어 유연한 시스템 사용을 가능하게 하는지 평가할 수 있는 척도를 제공한다. 특히 2번 척도는 초보자의 경우 시스템의 에러 메시지를 사용자가 충분하게 이해할 수 있도록 알기 쉽게 제공하지만 전문가의 경우 해당 분야에 대한 기존 지식을 바탕으로 이해할 수 있도록 난이도가 높은 에러 메시지를 간단 명료하게 제시함으로써 전문가의 효율성을 높여 주는지를 평가한다.

표 22 아래의 그림에서 평가척도를 활용한 사용자 전문성에 맞춘 시스템 유연성을 측정할 수 있다. 먼저 초보자를 위한 메뉴 선택과 전문가를 위한 단축키가 제공되고 있으나(1), 시스템 메시지의 자세한 정도는 조절할 수 없다(2). 색상 선택 메뉴는 초보자용과 전문가용의 두 가지를 제공하며(3), 전문가에게는 색상의 투명도와 같은 다양한 효과 조절 방법을 제공한다(4). 또한 초보자와 전문가를 위해 서로 다른 커서의 모양을 제공하고(5), 전문가에게는 다양한 옵션을 보여 주지만 초보자에게는 메뉴가 숨겨져 보이지 않는다(6). 전문가의 경우는 필터를 적용할 때 다양한 옵션을 선택해 적용할 수 있고(7), 프로그램 전체 옵션을 제공하는 창을 직접 선택할 수 있다(8).

입출력에 대한 다양한 옵션을 제공하는가

번호	평가기준	가부
1	다양한 위치 지정 입력 도구를 제공하고 있는가?	
2	사용자가 마우스를 클릭하거나 단축키를 사용할 수 있는가?	
3	입력창에서 사용자들이 필드를 직접 클릭하거나 단축키를 사용할 수 있는가?	
4	대화창에서 사용자가 대화 옵션을 선택하거나 단축키를 사용할 수 있는가?	
5	메뉴 선택 시 사용자가 마우스를 사용하거나 단축키를 사용할 수 있는가?	
6	사용자가 아이콘을 이용한 정보와 텍스트만을 이용한 정보를 선택할 수 있는가?	
7	여러 단계에 걸쳐서 메뉴가 있다면 사용자가 미리 타이핑을 할 수 있는가?	
8	사용자가 원한다면 자동 컬러 코딩을 취소할 수 있는가?	
9	메뉴 선택 시 사용자가 탭키를 이용해 커서를 움직일 수 있는가?	

표 23
적절한 옵션이 제공되는지 평가하는 척도와 사례

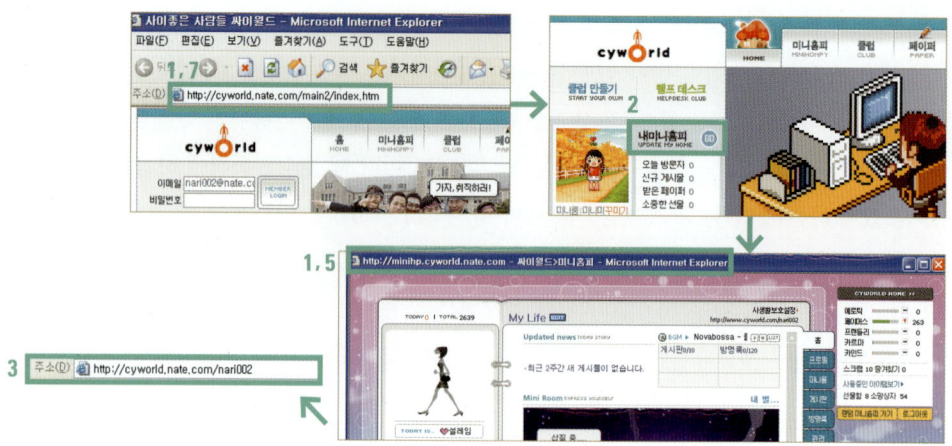

사용자에게 유연한 상호작용을 제공하는 또 하나의 방법은 여러 옵션을 제공하는 것이다. 사용자에게 제공할 수 있는 옵션 가운데 가장 대표적인 것이 마우스로 클릭하거나 단축키를 사용하는 방법이다. 특정 부분을 붙여 넣는 작업을 하는 경우 메뉴에서 '붙여넣기'를 선택하거나 단축키인 ctrl+v를 누를 수 있다. 표 23은 사용자에게 제공할 수 있는 다양한 옵션을 상세하게 보여 준다.

위의 그림에서 사용자에게 제공되는 옵션들이 얼마나 다양하고 적절한지를 평가척도에 따라 판단할 수 있다. 예를 들어, 위치 지정은 메뉴 방식과 직접 입력 방식을 동시에 제공하고 있으며(1), 마우스 클릭으로 메뉴 진행이 가능하다(2). 필드에서 사용자가 직접 주소를 입력할 수 있으나(3), 대화창에 대한 지원은 없다. 메뉴 선택 시 단축키를 사용하며(5), 정보 표현 방식의 선택 지원이 없으나, 주소창에 미니홈피 주소를 직접 입력할 수는 있다(7). 자동 컬러 코딩이나 탭키를 이용한 커서 이동은 지원되지 않는다.

<u>개인화 기능을 제공하는가</u>

표 24
적절한 개인화가 가능한지 평가하는 척도와 사례

번호	평가기준	가부
1	사용자가 시스템의 디폴트값을 설정할 수 있는가?	
2	제공되는 정보의 자세한 수준을 사용자가 결정할 수 있는가?	
3	사용자가 명령어의 동의어들을 설정할 수 있는가?	
4	시스템의 색상이나 아이콘, 텍스트 등의 스타일을 사용자의 선호에 따라 다르게 선정할 수 있는가?	

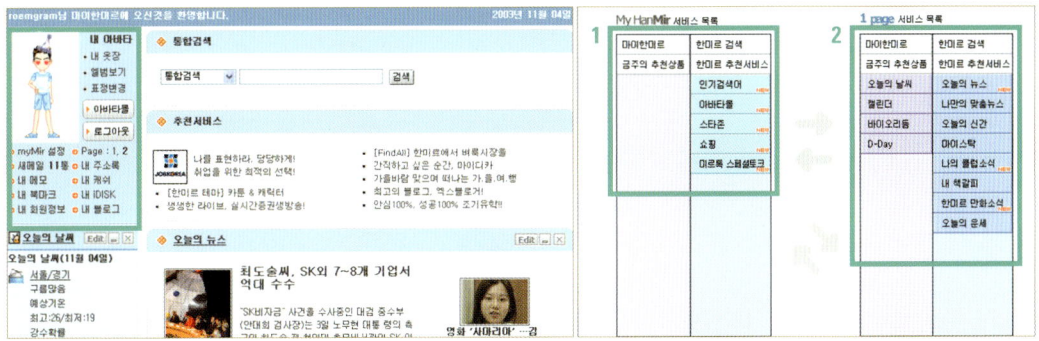

사용자에게 유연한 상호작용을 제공하기 위해서는 사용자가 시스템의 여러 사양을 자신의 취향에 맞추어 조정할 수 있게 하는 것이다. 예를 들어, 마이크로소프트 워드에서 새로운 문서를 만들 때 개인화를 통해 자동적으로 한글 입력 상태로 시작할 수 있다. 시스템 사양을 개인화할 수 있는 척도를 표 24에 정리했다.

위의 그림은 적절한 개인화가 가능한지를 평가척도에 따라 측정한 사례이다. 사용자가 서비스 목록의 디폴트값을 설정할 수 있으며(1), 서비스 목록의 자세한 정도 역시 선택 가능하다(2). 그러나 동의어 설정 기능이나 스타일 설정 기능은 제공하지 않는다.

3.6 시스템이 일관성을 유지하고 있는가

4장에서 사용성의 속성 중에 일관성과 관련된 내용에서 설명했듯이 일관성이란 시스템의 정보나 기능이 다른 대상과 비슷한 모습을 띠거나 유사한 역할을 하는 것을 의미한다. 일관성을 측정하기 위한 휴리스틱은 현실과의 부합 여부를 측정하는 것과 시스템 자체의 일관성을 측정하는 것으로 나눌 수 있다. 현실과 부합하려면 시스템 중심이 아닌 사용자 중심의 언어를 사용하고, 현실의 관례에 따라 자연스럽고 논리적으로 정보를 제공해 사용자가 시스템을 쉽게 이해할 수 있도록 해야 한다. 부합 여부와 관련된 휴리스틱은 시스템을 무엇과 부합되게 하느냐, 즉 부합의 대상에 따라 크게 다섯 가지로 나뉜다. 시스템을 현실의 상황과 일치시킬 것인지, 일반적인 상식과 일치시킬 것인지, 사용자의 과업과 일치시킬 것인지, 사용자의 실제적인 행위와 일치시킬 것인지, 표준에 부합시킬 것인지를 평가할 수 있다. 시스템 자체 내에서의 일관성은 시스템에 전반적으로 사용되는 용어나 정보 표현 방법, 인터페이스 등의 일관성을 유지하는지에 대한 휴리스틱과 관련이 있다. 이는 다시 일관성 있는 이름, 정보, 모양, 구조의 네 가지 세부 척도로 구분할 수 있다. 각각에 대한 평가척도는 다음과 같다.

시스템이 현실과 부합하는가

표 25
현실과의 부합 정도를
평가하는 척도와 사례

번호	평가기준	가부
1	명령어가 전문용어나 컴퓨터 용어를 쓰고 있는가?	
2	명령어가 작위적이고 우리나라 사람들이 알지 못하는 외국어를 사용하고 있는가?	
3	입력창에서 사용하는 용어들이 사용자가 자주 사용하는 용어들인가?	
4	실제 기능의 이름과 단축키의 단어가 일치하는가?	
5	시각적인 요소들이 우리나라에서 자주 사용하는 관례를 따르고 있는가?	
6	아이콘이 실제 세상에서 볼 수 있는 여러 가지 사물이나 행위와 비슷하게 표현되어 있는가?	
7	사용자가 작업하는 문서 상의 양식과 컴퓨터상의 양식이 일치하는가?	
8	사용된 색상이 우리나라 사람들이 일반적으로 기대하는 색상체계를 준수하고 있는가?	

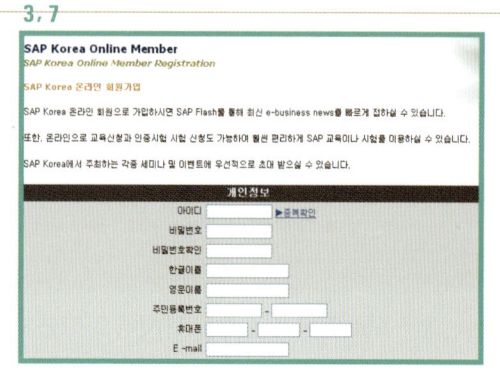

시스템이 현실과 부합하는지에 대한 평가척도는 문자에 대한 부합도와 그림에 대한 부합도로 세분할 수 있다. 표 25의 평가척도 가운데 1-4번 척도는 단어나 문자가 얼마나 현실과 일치하는지 평가한다. 1번 척도는 시스템에서 주로 사용하는 명령어가 현실의 명령어와 얼마나 일치하는지 평가한다. 그중 '복사하기'라는 마이크로소프트 워드의 명령어는 현실에서 사용하는 상용구를 명령어로 그대로 사용한 경우이다. 5-8번 척도는 이미지가 얼마나 실제 세상과 일치하는지 평가한다. 예를 들어, 7번 척도는 사용자가 웹 문서와 종이 문서를 동시에 사용한다면 웹 문서와 종이 문서 간에 이미지의 배열이나 모습이 일치하는지 검사한다. 또 8번 척도는 황토로 된 집의 이미지는 흙색으로 보여 주어야 한다는 것을 의미한다.

표 25 아래의 그림은 현실과의 부합 정도를 평가하는 척도가 어떻게 측정되는지에 대한 사례를 제시한다. 특별한 전문용어나 컴퓨터용어를 사용하지는 않지만 번역물이기 때문인지 작위적인 해석이 눈에 띄고(2), 평소에 잘 사용하지 않는 영문 이름을 요구한다(3). 특별한 단축키는 사용하지 않고 있으며, 시각적 요

소는 전세계 표준으로 사용하는 관례를 따른 것으로 보인다. 아이콘이 많지는 않으나 영어가 많아 국내 사용자에게 친숙하지 못하고(6), 양식은 사용자가 작업하는 문서 양식과(7), 색상도 푸른색 계통을 사용한다.

시스템이 상식적인 논리와 부합하는가

번호	평가기준	가부
1	서로 관련이 높은 항목들은 같은 화면에서 나타나는가?	
2	메뉴 항목들이 논리적으로 분류되어 있는가?	
3	메뉴 항목들이 논리적으로 말이 되는 순서로 배치되어 있는가?	
4	메뉴 선택이 직관적으로 이해하기 쉬운 순서대로 선택하게 되어 있는가?	
5	기능키들이 서로 관련된 항목끼리 논리적으로 배치되어 있는가?	
6	글자들이 우리가 일반적으로 보는 순서대로 배치되었는가?	

표 26
상식적인 논리와의
부합 정도를 검사하는
평가척도와 사례

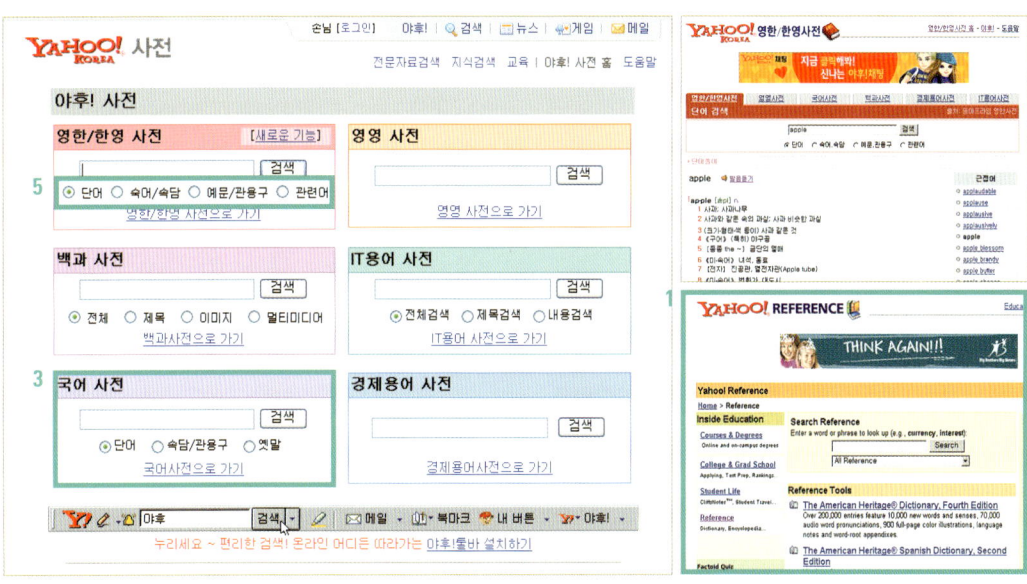

시스템이 상식적인 논리와 얼마나 부합하는지에 대해서는 분류 방식과 순서라는 두 가지 평가척도로 세분화할 수 있다. 표 26의 평가척도 가운데 1, 2번 척도는 분류가 얼마나 상식적이고 논리적인지 평가한다. 1번 척도는 서로 밀접하게 관련된 정보가 같은 화면에 표시되어 있는지 평가한다. 3-6번 척도는 내용이 얼마나 논리적인 순서로 배치되어 있는지를 평가한다. 특히 3번 척도는 메뉴의 항목이 논리적인 순서로 배치되어 있는지 검사한다. 우리가 어떠한 물건을 구입하고자 한다면, 먼저 구입할 물건을 선택하고, 그 물건을 어떻게 배송할지 결정하는 것이 그 반대로 배송 방법을 결정한 뒤 물건을 선택하는 것보다 더 논리적이라고 할 수 있다.

　　표 26 아래의 그림은 상식적인 논리와의 부합 정도를 검사하는 평가하는 척도가 실제 시스템 측정에 어떻게 활용되는지를 보여 준다. 사전 검색을 하는 경우에는 같은 화면에 뜻이 나오지만, 영어 사전의 경우에는 새로운 영영 사이트로 연결되어 사용자를 당황스럽게 만든다(1). 영한·한영사전, 영영사전과 비슷한 위치에 있어야 할 것 같은 국어사전이 가장 아래 배치되어 있다(3). 마지막으로 세부 옵션을 선택할 때 숙어/속담과 예문/관용구 등의 구분이 명확하지 않아 어떤 것을 선택해야 할지 어렵게 만든다(5).

시스템이 사용자의 과업과 부합하는가

번호	평가기준	가부
1	명령어는 명령어의 의미에 부합되는 작업을 수행하는가?	
2	작업 현장에서 시스템을 사용하는 경우, 메뉴의 이름과 사용자가 작업 현장에서 사용하는 용어가 일치하는가?	
3	명령어가 일반적인 명령어 이름의 규칙을 준수하고 있는가?	
4	메뉴구조의 이름이 제시된 경우, 메뉴 항목의 이름과 일치하는가?	
5	메뉴구조와 과업의 구조가 일치하는가?	

표 27
사용자의 과업과의 부합 정도를 검사하는 평가척도와 사례

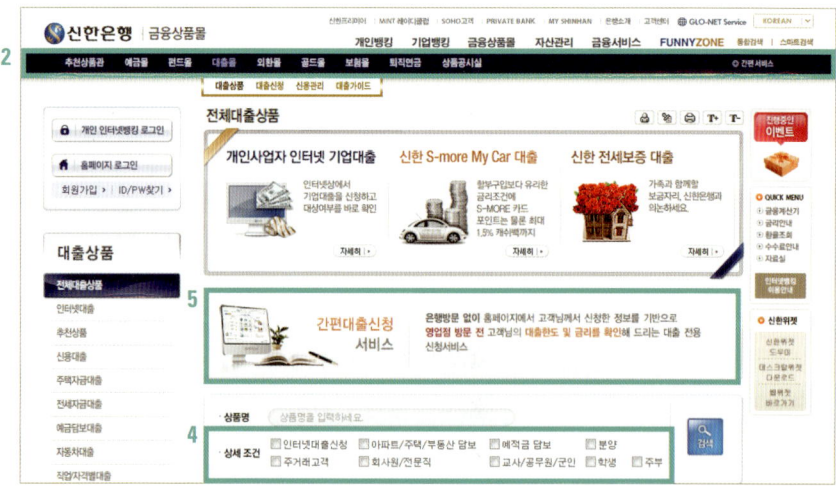

　　시스템이 사용자의 과업과 얼마나 부합하는지에 대한 정도는 이름과 구조라는 두 가지 평가척도로 세분할 수 있다. 표 27의 평가척도 가운데 1-3번 척도는 이름이 얼마나 사용자의 과업과 일치하는지를 검사한다. 예를 들어, 2번 척도

는 시스템에서 제공하는 명령어의 이름과 사용자가 실제 작업 환경에서 사용하는 이름이 얼마나 일치하는지를 평가한다. 3번 척도는 실제 과업에서 '동작-대상(예: 복사-보고서)'의 양식이 사용된다면 명령어도 동작-대상의 순서여야 한다는 것이다. 5번 척도는 메뉴가 과업의 구조와 얼마나 일치하는지 평가한다. 예를 들어, 우리가 MP3 파일을 사용하는 과업을 파일을 다운로드받는 일과 이를 적절한 앨범에 배치하는 일로 나눌 수 있다면, 시스템 메뉴의 구조도 이와 마찬가지로 파일 다운로드와 앨범 배치로 나뉘어야 한다는 것이다.

표 27 아래의 그림은 시스템과 사용자 과업과의 부합 정도를 검사하는 평가척도가 어떻게 측정되는지에 대한 사례를 제시한다. 일단 명령어는 적용될 것이 거의 없으나, 메뉴에서는 일상적으로 사용하지 않는 어려운 용어를 많이 사용하고 있다(2). 또한 '인터넷 대출'이나 '내게 맞는 대출 상품찾기'가 서로 어떻게 연관되어 있는지에 대한 설명이 없으며, 이용 안내 항목에서 인터넷 대출이라는 업무와 구체적으로 연계된 항목이 없다(4). 따라서 인터넷 대출을 이해하고 사용하려는 과업과 잘 맞지 않는다고 할 수 있다(5).

시스템이 예상되는 행위와 부합하는가

번호	평가기준	가부
1	화면의 요소들이 어디를 선택해야 하는지를 사용자에게 명확하게 표시되고 있는가?	
2	화면의 요소들이 어떠한 작동을 하는지가 사용자에게 명확하게 표현되고 있는가?	
3	시스템 요소들의 이름이나 모습이 사용자가 그 요소를 활성화시키기 전에도 어떤 작업을 수행할 것인지를 예측할 수 있게 하는가?	

표 28
사용자 행위와의 부합 정도를 평가하는 척도와 사례

시스템의 각 요소들이 화면에 제시되는 방법과 그 요소들을 가지고 사람들이 할 수 있는 행동이 얼마나 일치하는지의 정도를 HCI 용어로 정보 감각

affordance이라고 한다. 예를 들어, 사용자는 화면에서 버튼을 보면 자연스럽게 마우스로 클릭을 하고자 한다. 그런데 만약에 이 버튼을 사용하는 방법이 마우스로 클릭하는 것이 아니라 탭키를 사용하는 것이라든가, 생긴 것은 버튼처럼 생겼는데 눌러지는 버튼이 아닌 경우에는 시스템 요소가 실제 사용자가 취하는 행위와 일치하지 않는다는 것을 의미한다. 표 28은 이러한 행위와의 부합 정도를 평가하는 척도들을 표시한다.

    표 28 아래의 그림은 시스템이 사용자의 행위와 부합하는 정도를 평가하는 척도가 어떻게 측정되는지에 대한 사례를 제시한다. 로그인이 필요한 화면에서는 커서가 아이디 입력창에 가 있어 사용자가 아이디를 입력하도록 표시해 준다(1). 그리고 선택할 수 있는 곳에 마우스를 올려놓으면 커서가 손바닥 모양으로 바뀌어 그곳을 선택할 수 있다고 표현한다. 상위메뉴에 마우스를 올려놓으면 세부 메뉴가 보이기 때문에 그 요소를 활성화하기 전에 어떠한 기능을 하는지 미리 알 수 있다(3).

시스템이 다양한 표준을 따르는가

표 29
표준에 부합되는 정도를
평가하는 척도와 사례

번호	평가기준	가부
1	모든 화면에서 업계 표준이 일관성 있게 적용되고 있는가?	
2	메뉴의 설계에 업계 표준 또는 업체 표준이 일관성 있게 적용되고 있는가?	
3	기능키를 부여하는 방식에 업계 표준 또는 업체 표준이 일관성 있게 적용되고 있는가?	
4	메뉴에 대한 업계 표준 또는 업체 표준이 일관성 있게 적용되고 있는가?	

시스템과 관련된 표준에는 크게 두 가지가 있다. 하나는 업계 전체의 표준으로 엄격하게는 ISO와 같은 표준제정기구에서 설정한 표준이 있고, 이처럼 명시적인 표준은 아니지만 구글이나 아마존과 같은 시장 주도 회사에서 사용해 묵시적인 표준으로 작용하는 것도 있다. 해당 업체가 자체적으로 설정한 표준도 들 수 있다. 예를 들어, 마이크로소프트나 애플은 자신이 만드는 모든 시스템은 물론 자신과 관련된 다른 회사의 프로그램도 자신의 표준에 부합하기를 권장하고 있다. 해당 시스템이 이러한 표준에 얼마나 부합하는지 평가하는 구체적인 척도는

표 29에 제시되어 있다.

표 29 아래의 그림에서 시스템이 표준에 얼마나 부합되는지 척도를 활용해 평가하는 사례를 볼 수 있다. 예를 들어, 대부분 웹페이지에서는 초기 화면에 메뉴만을 제공하거나 공지사항 등의 제목만 넣는 것에 반해 위의 그림에서는 게시판에 씌인 글 가운데 하나를 초기 화면으로 쓰고 있다(1). 또한 대부분의 웹페이지에서 사용하는 메뉴인 'Home'이나 게시판 등을 사용하지 않고 '껌의 이름'으로 메뉴를 구성했는데 어떤 메뉴를 나타내는 것인지 전혀 알 수가 없다(2). 대부분의 콘텐츠가 게시판을 사용하고 있는데 많은 사용자가 이미 사용하고 있는 제로보드zeroboard 같은 게시판 프로그램을 사용하기 때문에 기능이나 GUI는 일관적으로 적용되고 있다(3, 4).

<u>시스템이 일관성 있는 이름을 사용하는가</u>

번호	평가기준	가부
1	하나의 시스템 내에서 동일한 메뉴항목의 이름이 일관성 있게 제시되고 있는가?	
2	입력창에서 데이터 필드의 이름이 일관성 있게 제시되고 있는가?	
3	명령어의 이름이 전체 시스템에서 일관성 있게 사용되고 있는가?	
4	화면 내 시스템 요소들의 이름이 일관성 있게 사용되고 있는가?	
5	비슷한 이름을 가지고 있는 명령어는 비슷한 효과를 나타내는가?	
6	명령어는 일관성 있고 자연스러운 이름을 가지고 있는가?	
7	약자들은 일정한 규칙을 가지고 만들어지고 있는가?	
8	약자들의 길이는 일관적인가?	

표 30
이름이 일관성 있게 사용되었는지 검사하는 척도와 사례

일관성과 관련해 가장 중요한 척도 가운데 하나는 이름의 일관성이다. 동일한 대상이나 동작에 대해서는 동일한 이름이 부여되어야 하지만 실제 시스템을 보면 그렇지 않은 경우가 많다. 이름의 일관성은 크게 이름 자체의 일관성과 약자의 일관성으로 나누어질 수 있다. 표 30에 나타난 평가척도 가운데 1-6번 척도는 명령어나 대상의 이름 자체가 일관성이 있는지 평가하고 있으며, 7, 8번 척도는 긴 이름에서 짧은 이름으로 약자를 만들 때 일관성 있는 규칙으로 만들어졌는지를 평가한다.

표 30 아래의 그림은 이름의 일관성에 대한 평가척도가 어떻게 측정되는지 그 사례를 제시한다. 동일한 메뉴 항목의 이름이 위아래에서 일관성 있게 제시되고 있으며(1), 시스템 감시, 인터넷 감시 등의 데이터 필드도 일관성 있게 제시되고 있다(2). 명령어도 전체적으로 일관성이 있으며(3), 화면의 시스템 요소들도 일관된 이름을 사용하고 있다(4). 비슷한 이름의 명령어는 존재하지 않으며, 명령어는 대체적으로 시스템에서 사용되는 친숙한 이름을 가지고 있다(6). 약자들 자체가 제공되고 있지 않기 때문에 7번과 8번 항목은 측정이 불가능하다.

시스템이 일관성 있는 정보를 제공하는가

표 31 일관성 있는 정보를 제공하는지 평가하는 척도와 사례

번호	평가기준	가부
1	시스템이 제공하는 오류 메시지가 일관성 있는 스타일과 형태를 사용하고 있는가?	
2	입력창이 한 페이지 이상에 걸쳐 있을 때 각 페이지들은 동일한 제목을 가지고 있는가?	
3	입력창이 한 페이지 이상에 걸쳐 있을 때 각 페이지들은 순차적으로 연결되는 페이지 번호를 가지고 있는가?	
4	모든 페이지는 그 내용을 설명하는 제목과 헤더를 가지고 있는가?	
5	버튼이 모든 화면과 서브시스템에 일관성 있게 적용되고 있는가?	

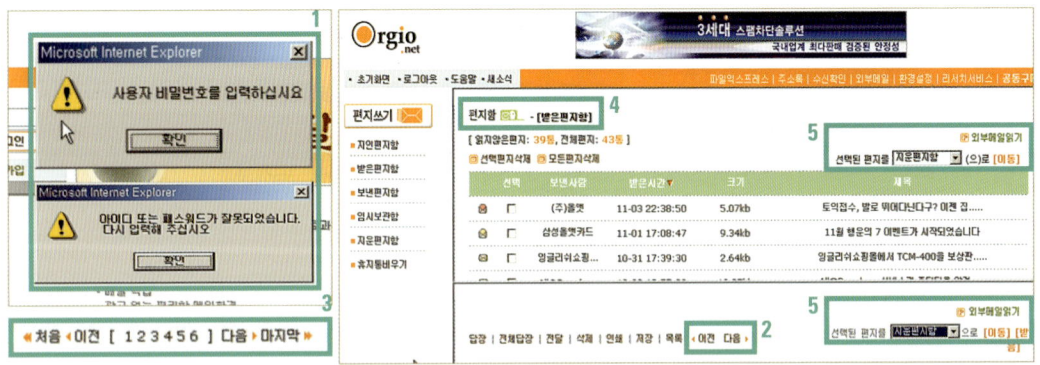

일관성 있는 정보는 시스템이 사용자에게 제공하는 각종 정보가 동일한 위계로 제공되는지를 의미한다. 예를 들어, 표 31에 있는 1번 척도는 사용자가 오류를 범했을 때 시스템이 제공하는 오류 메시지가 일관적으로 제공되고 있는지 평가한다. 일관성 있는 정보에 대한 평가척도는 표 31에 제시되어 있다.

표 31 아래의 그림은 일관성 있는 정보에 대한 평가척도가 어떻게 측정되는지에 대한 사례를 제시한다. 동일한 뜻임에도 패스워드와 비밀번호라는 서로 다른 용어를 사용하고 있다(1). 또한 목록이 많을 경우 페이지가 나뉘어지지만 페이지 번호가 표시되지 않고(2), 페이지 번호의 색이 같아 사용자가 보는 것이 몇 번째 페이지인지 알기 어렵다(3). 반면 받은편지함과 보낸편지함 등 선택한 메뉴의 제목이 상단에 표시되어 있고(4), 편지를 선택하는 기능이 목록을 보는 화면과 세부 내용을 보는 화면에 동일하게 적용되어 있다(5).

<u>시스템이 일관성 있는 구조로 짜여져 있는가</u>

번호	평가기준	가부
1	동일한 메뉴 항목이 매번 동일한 지점에서 제공되는가?	
2	특히 '확인' 또는 '승인'이라는 메뉴는 항상 메뉴 항목의 일정한 지점에서 제공되는가?	
3	온라인 문서들이 항상 화면상의 동일한 지점에서 제공되는가?	
4	입력창의 구조가 매 화면마다 비슷한 구조를 가지고 제공되는가?	
5	입력창 내에서 여러 입력 필드 간을 움직이는 방식이 일관성 있게 제공되는가?	

표 32
일관성 있는 구조의 평가척도와 사례

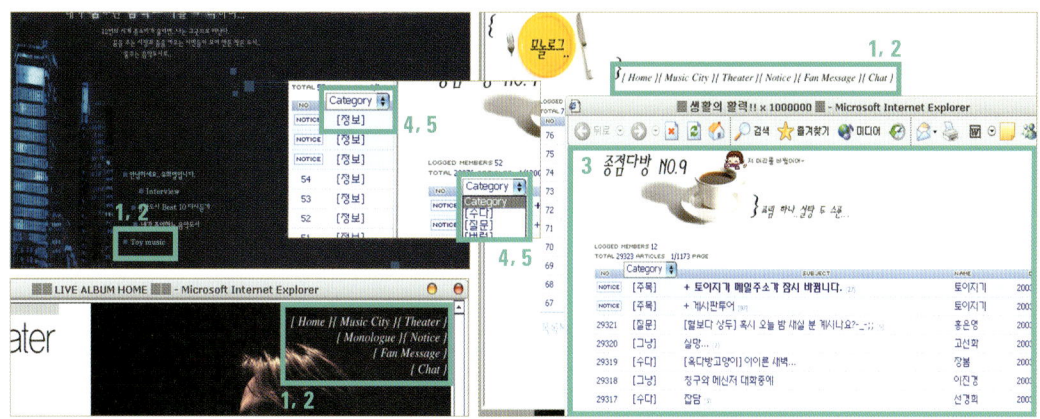

일관성 있는 구조라는 것은 시스템에서 제공되는 정보구조나 항해의 방식이 모든 화면에서 일관성 있게 제시되었는지를 바탕으로 평가한다. 예를 들어, 표 32에 있는 2번 척도에서는 웹 화면에서 많이 제공되는 '확인'이나 일반 메뉴에서 자주 제공되는 '승인'이라는 항목이 항상 비슷한 장소에서 제공되는지 검사하고 있다. 구조의 일관성을 평가하는 더 많은 항목은 표 32에 제시되어 있다.

표 32 아래의 그림은 일관성 있는 구조를 어떻게 평가하는지에 대한 구체적 사례를 제시한다. 예를 들어, 웹페이지가 바뀔 때마다 다른 위치에 메뉴가 뜨고, 어

떤 페이지에서는 아예 메뉴 항목이 뜨지 않는다(1). 일반 웹페이지에서 'Home' 버튼은 초기 화면으로 가는 역할을 하는데, 'Home'이라는 메뉴가 모두 다른 위치에 있고, 'Home' 메뉴를 다른 이름으로 표시하기도 한다. 또한 새 창에 뜨는 경우 그 창을 닫아도 초기 화면으로 돌아갈 수 없다(2). 모든 문서가 같은 창에서 제공되지 않고, 어떠한 메뉴 항목은 새 창에서 제공된다(3). 그에 반해 각 게시판 창마다 카테고리를 선택하는 입력창이 같은 구조를 지닌다(4). 카테고리 입력창의 내용을 선택할 때는 마우스나 키보드의 상하 키를 일관적으로 사용할 수 있다(5).

<u>시스템이 일관성 있는 표현 방법을 사용하는가</u>

번호	평가기준	가부
1	아이콘이나 스타일이 모든 화면에서 일관성 있게 표현되고 있는가?	
2	전반적인 색체 코딩이 전체 시스템에 걸쳐 일관성 있게 표현되고 있는가?	

표 33
표현 방법에 일관성이 있는지 평가하는 척도와 사례

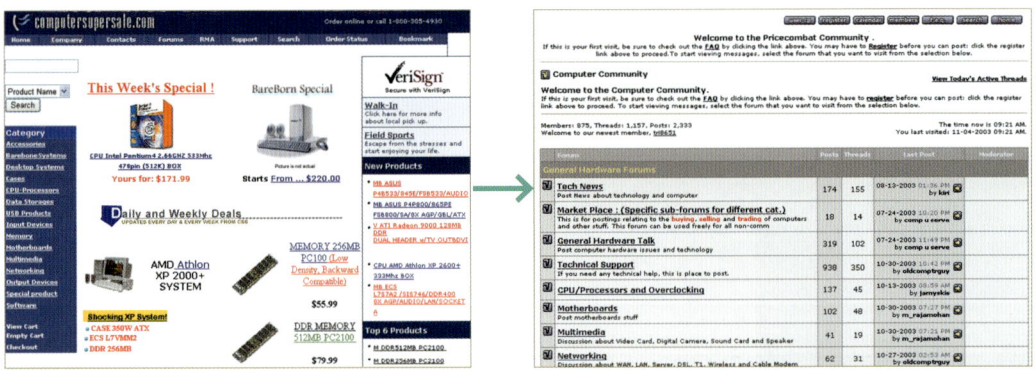

시스템의 일관성을 향상시키는 중요한 방법은 주어진 정보를 동일한 위계로 표현하는 것이다. 표 33에서 보여 주는 것처럼 회사의 로고와 같은 아이콘의 모습이나 시스템의 전체적인 색체가 일관성 있게 제공되었는지가 전체 시스템의 일관성에 큰 영향을 미친다.

표 33 아래의 그림은 표현 방법의 일관성을 평가하는 척도가 어떻게 측정되는지에 대한 사례를 제시하고 있다. 하위메뉴이지만 사이트의 모습이 다르며, 상이한 분위기의 색채를 사용해 고유의 일관된 분위기를 찾아볼 수 없다.

3.7 시스템이 적절한 감성을 제공하고 있는가

앞서 5장에서 언급했듯이 감성은 정서와 인상 그리고 개성으로 이루어져 있다. 그리고 감성은 유용성이나 사용성과는 달리 무조건 높거나 낮은 것이 좋은 것이 아니라 디지털 제품이나 서비스를 기획했을 때 사용자에게 제공하고자 하는 감성을 충실하게 제공했는지가 더 중요하다. 따라서 시스템이 적절한 감성을 제공하고 있는지 평가하는 것은 다양한 차원에서 이루어져야 하며, 각 차원에 대해 기획 의도가 얼마나 정확하게 사용자에게 전달되었는지 평가해야 한다.

감성을 평가하는 방법은 생리적인 평가 방법과 심리적인 평가 방법이 있다. 생리적인 평가 방법은 MRI나 심전도, 동공의 크기, 손에 나는 땀 같은 것을 측정하는 방법으로, 이러한 요소는 사람이 느끼는 감성과 밀접하게 연관되어 있는 것으로 알려졌다. 그러나 이러한 생리적인 측정 방법은 실제 시스템 개발에 사용하기에는 너무 고가의 방법이거나 사용자에게 지나치게 많은 부담을 준다. 예를 들어, 게임을 개발하면서 사용자를 MRI 장치에 계속 머물러 게임을 하게 한 뒤 두뇌의 활성도가 어떻게 변화하는지 측정하는 것은 아직까지 많은 비용과 노력이 수반된다. 따라서 감성을 측정하기 위해서는 심리적인 평가 방법을 많이 사용한다. 이는 사용자 자신이 어떠한 감성을 느끼는지 이야기하게 하는 방법이다. 이 절에서는 정서와 인상 및 개성을 측정하는 심리적 평가 방법에 대해 알아본다.

사용자에게 적절한 정서를 유발시키는가

번호	평가기준	전혀 그럴지 않다(1)			보통이다(4)			매우 그렇다(7)
1	기획한 의도대로 사용자에게 적절한 수준의 각성을 불러일으키고 있는가?	☐	☐	☐	☐	☐	☐	☐
2	기획한 의도대로 사용자에게 적절한 수준의 유쾌함을 불러일으키고 있는가?	☐	☐	☐	☐	☐	☐	☐

표 34
정서의 두 가지 차원을 측정하는 평가척도와 사례

정서의 두 가지 차원인 각성도와 유쾌감을 측정하는 방법은 표 34처럼 7점 척도를 써서 사용자에게 직접 물어보는 방법이 있다. 이 방법은 연세대학교 HCI Lab에서 모바일 인터넷을 사용하는 사용자의 감성적인 특성을 측정하기 위해서 사용한 적이 있으며, 연구 결과 이 두 가지 질문으로 사용자의 감성의 차원을 체계적으로 측정할 수 있다는 사실을 알 수 있었다.

기본 정서를 평가하는 방법으로 개발된 방법은 표 34에 표시된 것처럼 사람의 표정과 동작을 이용해 평가하는 것이다. 이 방법은 동영상으로 정서와 밀접하게 관련된 사람의

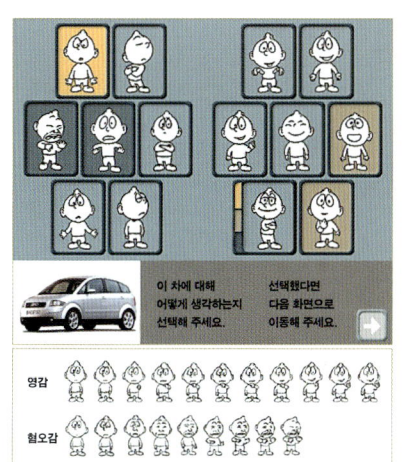

얼굴 표정과 몸 동작을 보여 주고, 사람들이 자신이 느끼는 정서와 가장 비슷한 정도의 정서를 선택하도록 하는 것이다. 예를 들어, 혐오감이라는 정서의 강도를 9단계로 나누고 각 단계마다 이에 맞는 얼굴 표정과 몸동작을 이미지로 보여 주고 자신이 현재 보고 있는 자동차를 보고 느끼는 혐오감의 정도를 선택하도록 한다. 이 방법은 말로 현재의 정서를 물어보는 기존의 방법보다 사용자가 응답하기 쉬울 뿐더러, 얼굴 표정이라는 것은 서로 다른 문화 환경에서도 높은 일관성을 유지하고 있기 때문에 여러 나라를 대상으로 한 시스템의 개발에 특히 유용하게 사용될 것으로 예상된다. 또한 비슷한 맥락에서 사용자에게 선택하라고 하는 것이 아니라 시스템이 사용자의 얼굴 표정을 자동적으로 인식해 표정의 변화를 바탕으로 정서의 변화를 측정할 수도 있다.

사용자에게 적절한 인상을 풍기는가

미적 인상을 정확하게 평가하는 것은 정서를 평가하는 것보다 어렵다. 그 이유는 정서라는 것은 서로 다른 문화 환경이나 인구통계학적 차이에도 어느 정도 일관적인 반면, 인상은 해당되는 자극이나 문화 또는 인구 통계학적 특징에 따라 매우 다른 반응을 보이기 때문이다. 예를 들어, 똑같은 웹사이트를 보더라도 젊은 청년이 보는 경우와 나이 많은 중년 남자가 보는 경우 느끼는 인상이 다를 수 있다는 것이다.

표 35는 연세대학교 HCI Lab에서 우리나라 사람들이 홈페이지에서 느끼는 인상을 측정하기 위해 사용한 평가 문항이다. 총 24문항으로 5장에서 언급한 여섯 개의 미적 인상 차원에 대해 각 네 개 문항을 물어보고 있으며, 답변은 표 35에서 제시한 바와 같이 7점 척도를 사용했다. 여섯 개의 인상 차원의 첫 번째는 BD 차원으로 어두운 또는 밝은 인상을 포함하며, 두 번째는 CD 차원으로 차분한 또는 역동적인 인상을 포함하며, 세 번째는 SV 차원으로 간결한 또는 다채로운 인상을 포함한다. 네 번째는 LP 차원으로 고급스러운 인상과 대중적인 인상을 포함한다. 다섯 번째는 CF 차원으로 복고적인 인상과 미래적인 인상을 포함하고 여섯 번째는 OP 차원으로 희망적인 인상과 절망적인 인상을 포함한다. 이에 따라 각 차원에 대해 두 문항씩 극단에 있는 인상을 물어보는 방식으로 구성되었다.

표 35 미적 인상을 평가하는 문항

번호	차원	평가기준	전혀 그렇지 않다(1)			보통이다(4)			매우 그렇다(7)
1	BD	밝다	☐	☐	☐	☐	☐	☐	☐
2	BD	환하다	☐	☐	☐	☐	☐	☐	☐
3	BD	어둡다	☐	☐	☐	☐	☐	☐	☐

4	BD	캄캄하다	☐	☐	☐	☐	☐	☐	☐
5	CD	고요하다	☐	☐	☐	☐	☐	☐	☐
6	CD	균형적이다	☐	☐	☐	☐	☐	☐	☐
7	CD	강렬하다	☐	☐	☐	☐	☐	☐	☐
8	CD	힘있다	☐	☐	☐	☐	☐	☐	☐
9	SV	간명하다	☐	☐	☐	☐	☐	☐	☐
10	SV	간결하다	☐	☐	☐	☐	☐	☐	☐
11	SV	다채롭다	☐	☐	☐	☐	☐	☐	☐
12	SV	생명력있다	☐	☐	☐	☐	☐	☐	☐
13	LP	고급스럽다	☐	☐	☐	☐	☐	☐	☐
14	LP	고상하다	☐	☐	☐	☐	☐	☐	☐
15	LP	대중적이다	☐	☐	☐	☐	☐	☐	☐
16	LP	익숙하다	☐	☐	☐	☐	☐	☐	☐
17	CF	고전적이다	☐	☐	☐	☐	☐	☐	☐
18	CF	과거지향적이다	☐	☐	☐	☐	☐	☐	☐
19	CF	미래적이다	☐	☐	☐	☐	☐	☐	☐
20	CF	초현실적이다	☐	☐	☐	☐	☐	☐	☐
21	OP	희망적이다	☐	☐	☐	☐	☐	☐	☐
22	OP	건실하다	☐	☐	☐	☐	☐	☐	☐
23	OP	절망적이다	☐	☐	☐	☐	☐	☐	☐
24	OP	염세적이다	☐	☐	☐	☐	☐	☐	☐

시스템이 개성을 표출하고 있는가

개성을 평가하는 방법도 인상을 평가하는 방법과 마찬가지로 사용자가 해당 시스템을 보고 그 시스템에 대해 느끼는 개성을 묻는 경우가 많다. 이 경우 크게 두 가지 방법이 선호된다. 한 가지는 인상을 평가하는 방법과 마찬가지로 형용사를 열거하고 이에 얼마나 동의하는지 측정하는 것이다. 이 방법은 빠른 시간 내에 개성을 평가할 수 있는 반면, 개성을 느끼게 되는 맥락을 응답자가 잊어버리기 쉽다. 또 다른 방법은 개성이라는 사실을 부각시키는 문장을 만들어 그 문장에 대해 사용자가 얼마나 동의하는지 묻는 것이다. 이 방법은 조금 더 정확하게 개성을 평가한다는 장점이 있으나 동일한 문항을 물어보는 데 상대적으로 더 많은 시간이 걸린다는 단점이 있다.

표 36은 연세대학교 HCI Lab에서 미니홈피나 블로그를 보고 그것을 만든 사람의 성격이 어떠한지 측정하기 위해 개발한 사이버 개성의 평가척도이다. 이 설문 문항은 많은 사람을 대상으로 주로 온라인상에서 측정하기 때문에 앞에서 설명한 두 가지 방법 가운데 형용사 방식을 사용한다. 5장에서 설명했듯이 개성은 세 가지 차원으로 구성되어 있다. 첫 번째는 강약의 차원으로 강하고 거친 개성과 부드럽고 사랑스러운 개성을 포함한다. 두 번째는 형식성의 차원으로 자유분방한 개성과 분석적인 개성을 포함한다. 세 번째는 개방성의 차원으로 개방적이고 사교적인 개성과 패쇄적이고 은둔적인 개성을 포함한다. 표 36에서는 각 차원별로 여섯 개의 평가 문항을 제시한다. 이는 세 개의 극단에 있는 개성을 평가한다.

표 36
개성을 평가하기 위한 문항

번호	차원	평가기준	전혀 그렇지 않다(1)			보통이다(4)			매우 그렇다(7)
1	강약	강인하다	☐	☐	☐	☐	☐	☐	☐
2	강약	공격적이다	☐	☐	☐	☐	☐	☐	☐
3	강약	당당하다	☐	☐	☐	☐	☐	☐	☐
4	강약	온화하다	☐	☐	☐	☐	☐	☐	☐
5	강약	다정하다	☐	☐	☐	☐	☐	☐	☐
6	강약	따뜻하다	☐	☐	☐	☐	☐	☐	☐
7	형식성	분석적이다	☐	☐	☐	☐	☐	☐	☐
8	형식성	논리적이다	☐	☐	☐	☐	☐	☐	☐
9	형식성	체계적이다	☐	☐	☐	☐	☐	☐	☐
10	형식성	상상력이 풍부하다	☐	☐	☐	☐	☐	☐	☐
11	형식성	창의적이다	☐	☐	☐	☐	☐	☐	☐
12	형식성	자유롭다	☐	☐	☐	☐	☐	☐	☐
13	개방성	상냥하다	☐	☐	☐	☐	☐	☐	☐
14	개방성	활기차다	☐	☐	☐	☐	☐	☐	☐
15	개방성	사교적이다	☐	☐	☐	☐	☐	☐	☐
16	개방성	보수적이다	☐	☐	☐	☐	☐	☐	☐
17	개방성	갑갑하다	☐	☐	☐	☐	☐	☐	☐
18	개방성	고지식하다	☐	☐	☐	☐	☐	☐	☐

4. 실증적 평가 방법: 사용경험 평가 방법

기존의 HCI 분야에서 자주 사용되던 실증적 평가 방법은 사용성 평가법 usability testing이다. 현업에서 주로 UT라고 부르며 자세한 평가척도를 가지고 특정 소프트웨어의 사용성을 중심으로 평가하는 방법이다. 사용성 평가법은 HCI의 3대 요소 가운데 주로 사용성에 초점을 맞추어 평가를 진행하는 방법으로 현장 평가도 가능하지만, 주로 실험실 평가 위주로 진행되어 왔다. 사용성이라는 개념이 HCI에서 가장 오래된 개념이고, 또한 사용성 공학이나 사용성 평가 등 매우 다양한 평가법이 제시되어 왔기 때문에 앞의 그림 7에서 본 것처럼 휴리스틱 검사법과 더불어 사용성 평가법이 HCI 분야에서 많이 사용되어 왔다. 휴리스틱 검사법은 분석적 평가 방법이기 때문에 실제 사용자를 적극적으로 활용하지는 않는다. 반면 사용성 평가법은 실제 사용자를 주 대상으로 하는 실증적 평가의 대표적인 방법이다.

그러나 사람들의 관심이 사용성에서 사용경험으로 전이되면서 기존의 사용성 평가법과는 다른 형태의 실증적 평가 방법이 필요하게 되었다. 그 이유는 사용성에 비해 사용경험은 그 범위가 넓고 추상적이기 때문이다. 이러한 총체적인 성격에 맞추기 위해서는 사용성 평가처럼 특정 사용성의 속성에 맞춘 정량적인 평가보다 정성적인 평가와 정량적인 평가를 아우르는 총체적인 평가가 중요하게 되었다. 기존의 사용성 평가법은 주로 실험실이라는 통제된 환경에서 이미 정해진 기준에 따라 정교하게 측정했다면, 사용경험에 대한 평가는 실제 환경에서 진행하며 무엇을 측정할 것인지는 그 환경적 특성에 따라 변화해야 한다. 마지막으로 사용경험은 그 특성이 주관적이기 때문에 어떠한 사람을 대상으로 측정하느냐에 따라 동일한 제품이나 서비스일지라도 상이한 결과가 도출된다. 따라서 다양한 문화권이나 연령에 맞는 평가척도를 개발할 필요성이 있다.

이러한 특성들 때문에 기존 사용성 평가 방법을 그대로 사용자경험 평가에 사용하는 것은 무리가 있다. 따라서 사용경험의 특성을 살리기 위해 참여적 디자인participatory design, 공동 디자인co-design, 경험 프로토타이핑experience prototypig 등 여러 가지 방법이 제안되고 있다. 연세대학교 HCI Lab에서는 지난 2006년부터 사용경험 평가를 효과적으로 수행하기 위한 평가 방법론을 구축하는 산학협력 프로젝트를 진행했다. 이때 경험의 특성을 반영하기 위해 정성적인 조사와 정량적인 평가를 함께 진행했다. 또한 제품의 특성을 감안하기 위해 휴대전화와 MP3플레이어와 같은 이동형 디지털 제품과 세탁기와 냉장고, 에어컨이나 TV 같은 고정형 디지털 제품에 대한 평가 방법을 개발했다. 그 이유는 제품의 특성에 따라 중

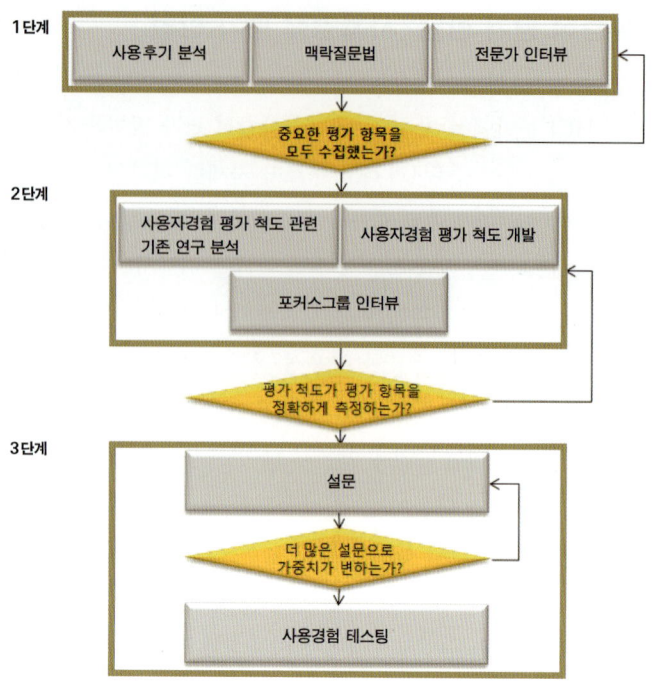

그림 8
사용경험 평가법의
전반적인 단계

요한 사용경험의 속성이 바뀌기 때문이다. 그리고 청장년층뿐만 아니라 아동이나 노인 등 다양한 연령층의 사용자를 대상으로 했다. 마지막으로 이러한 방법론을 국내 사용자뿐만 아니라 우리나라의 사용자와 매우 다른 양상을 보이는 미국, 인도, 러시아, 독일의 사용자에게 적용했다. 그렇게 정리된 방법론을 '통합실증모형 기반 평가법'이라고 한다.

여기에서는 지면의 한계상 청장년 사용자를 대상으로 휴대전화나 가전제품의 사용경험을 측정하는 과정을 사례로 제시하고자 한다. 이러한 절차는 그림 8에서 크게 3단계로 정리되어 있다. 첫 번째는 사용경험에 대한 평가 항목을 수집하고 평가척도를 구축하는 단계이며, 두 번째는 기존 이론을 검토하고 설문 조사를 진행해 사용경험 평가모형을 검증하고 가중치를 계산하는 단계이다. 앞서 휴리스틱 검사법의 경우는 가중치가 없기 때문에 어떤 시스템에 어떤 휴리스틱을 좀 더 많이 사용해야 하는지에 대한 판단이 어려운 반면에 사용자경험 평가법은 가중치를 계산함으로써 제품 개발 프로세스상에서 평가 결과 중 어떤 부분을 시급하게 개선해야 하는지를 알 수 있다. 마지막으로 세 번째는 사용경험 테스팅을 진행하는 단계이다. 각 단계에 대해 간단하게 알아보자.

4.1 사용경험의 평가 항목을 도출하기

기존의 사용성 평가 방법은 평가 항목이 이미 체계적으로 정리되어 있었기 때문에 별도로 평가 항목을 도출할 필요가 적었다. 그러나 사용경험 평가 방법의 경우는 사용자의 특성과 사용 환경의 특성 그리고 제품이나 서비스의 특성에 따라 평가 항목이 큰 영향을 받기 때문에 사용경험 평가 항목을 도출하는 과정부터 시작해야 한다. 평가 항목을 수집하는 방법은 크게 세 가지로 나뉜다.

첫째, 각 제품의 주 사용자가 주요 방문하는 커뮤니티 가운데 의견 교환이 활발한 커뮤니티를 연구 대상으로 선정해 제품이나 서비스 사용후기를 수집한다. 그림 9에서는 휴대전화나 세탁기, 에어컨 같은 제품별로 인터넷 쇼핑몰 사이트나 개인 블로그에서 사용후기를 수집해 사용자가 해당 제품을 사용하면서 중요하게 생각하는 사용경험의 요소가 무엇인지 분석했다. 이 단계에서 주의할 사항은 수집하는 사용후기에 대한 기준을 세우는 것이다. 인터넷의 사용후기 가운데에는 실제 사용자가 쓴 사용후기도 있지만 회사에서 제품 홍보를 목적으로 올려놓은 사용후기도 많다. 그리고 사용자가 쓴 사용후기 가운데서도 실제 제품을 사용해 본 경험보다 다른 자료를 참조해 간접 경험을 한 경우도 있다. 이 단계에서는 실제 사용자가 느끼는 사용경험의 요소를 파악하는 것이 중요하기 때문에 실제 사용자가 사용해 보고 작성한 사용후기만을 선택해야 한다.

그림 9
사용후기 분석 단계

둘째, 전문가 인터뷰를 진행해 전문가 입장에서 사용자경험에 중요한 요소라고 생각하는 사항을 수집한다. 예를 들어, 국내 영업을 담당하고 있는 임직원이나 상품 기획을 실제로 진행한 임직원, 해당 제품의 디자인을 담당하는 임직원을 대상으로 심층 인터뷰를 진행할 수 있다. 연세대학교 HCI Lab에서 진행된 프로젝트에서는 국내 영업 담당자 세 명, 상품 기획 담당자 두 명, 그리고 디자인 담당자 두 명 등 총 일곱 명을 대상으로 약 2-3시간에 걸친 심층 인터뷰를 실시했다. 영업 담당자는 사용자가 해당 제품을 구매할 때 중요한 경험 요소를 주로 강조했다. 상품 기획 담당자는 주 사용자에 대한 시장 세그먼트와 각 세그먼트별 특징에 대한 요소를 제시했고, 디자인 담당자는 제품을 디자인할 때 중요하다고 생각하는 사용자경험 요소에 대한 중요한 정보를 제시했다.

셋째, 맥락질문법을 이용해 실제 사용자를 대상으로 중요한 사용경험에 대한 요소를 파악하는 것이다. 최소한 열 명 이상의 주 사용자를 대상으로 진행하며, 이후에는 추가되는 평가 항목이 없을 때까지 두 명씩 추가 인터뷰를 진행한다. 인터뷰의 대상은 휴대전화의 경우 지금까지 휴대전화를 교체해 본 횟수가 총 3회 이상인 사용자들 가운데 자택에서 인터뷰나 모의 실험이 가능하고 사진촬영이나 녹화에 대해 동의하는 사용자를 대상으로 삼는다. 맥락질문법을 시작할 때는 편안한 장소에서 담소를 나누며 주의를 환기시킨 뒤, 기본 신상 정보를 파악하고 사용경험과 관련된 간단한 사전 설문을 진행한다. 그 다음 평상시 사용자의 동선에 따라 이동하면서 휴대전화사용 패턴을 관찰한다. 그 다음 자택으로 이동해 정형화된 설문조사를 실시하고, 가정에서 휴대전화를 주로 사용하는 방식에 대해서 관찰한다. 그중 특히 중요하다고 생각되는 과업에 대해서는 다시 한 번 반복해 줄 것을 부탁한다.

그림 10
도출된 사용경험
요소의 사례: 확신

 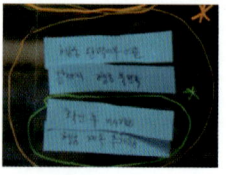  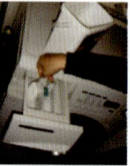

이러한 세 가지 과정을 통합하고 분석해 사용자경험에서 중요한 요소가 무엇인지 정리한다. 그림 10은 세탁기나 에어컨의 경우 핵심이 되는 사용자경험의 요소로 확신confidence이라는 항목을 도출한 사례를 보여 준다. 그림 왼쪽에는 해당되는 경험 요소에 대한 정의를 제공하고, 오른쪽에는 맥락질문법을 사용해 수집한 사용자 인터뷰 가운데 관련 내용을 발췌해 제공한다. 이때 맥락질문법을 사용하면서 찍은 사진이나 관련 자료를 함께 제시한다. 마지막으로는 이러한 사용경험 요소를 측정할 수 있는 설문 문항을 제시한다.

4.2 사용경험 평가 모형의 구축

이 단계에서는 사용자의 경험을 총체적으로 설명할 수 있는 개념적 모형을 구축하고 그 모형이 맞는지 검증하고 각 요소들의 최종적인 사용자경험에 미치는 영향도를 파악한다. 이 단계는 크게 다섯 가지 작업으로 이루어진다.

첫째, 앞서 1단계에서 도출된 평가 항목에 대한 이론적인 기존 연구가 있는지 탐색하고 해당 연구가 있다면 그 연구에서 활용한 평가척도를 현재 제품 상황에 맞게 수정한다. 이를 위해 여러 학술 데이터베이스를 탐색해 관련 연구를 폭넓게 탐색할 필요가 있다. 어떠한 평가 항목을 처음부터 새롭게 만든다는 것은 많은 시간과 노력이 들어가는 작업일 뿐만 아니라 실패할 확률도 높기 때문에 기존 연구에서 평가 항목을 이미 도출했는지 적극적으로 찾아볼 필요가 있다. 둘째, 기존 연구에서 이론적 근거를 찾지 못한 평가 항목에 대해서는 맥락질문법의 결과를 바탕으로 평가 문항을 자체적으로 개발한다. 이때 사용자가 해당 항목에 대해 직접적으로 언급한 내용을 찾아 그 언어 표현이나 어조를 가능한 한 충실하게 반영하도록 노력한다. 셋째, 앞서 만들어진 평가 문항이 해당 제품이나 서비스 사용자가 쉽게 이해할 수 있는 문항인지 확인하기 위해 FGI를 실시한다. 최소한 열 명 이상의 참가자를 모집해 개발한 평가척도에 대해 응답하고 평가 문항에 대한 의견을 수렴한다. 수정한 평가척도를 재검토하고, 이에 대한 이견이 전체 의견의 10퍼센트 미만이면 평가척도를 잠정적으로 채택한다. 넷째, 앞서 세 번째 단계에서 잠정적으로 채택한 평가 문항에 대해 사전 설문을 실시한다. 서른 명 이상의 실제 사용자를 대상으로 사전 설문조사를 실시한다. 평가 항목별로 신뢰성과 타당성과 관련된 통계적인 검증 작업을 수행한다. 만약 이 단계에서 통계적인 기준치를 통과하지 못했을 경우 평가 문항을 수정한 뒤에 재검사를 실시한다. 다섯째, 최종 구축된 평가 문항을 이용해 대규모 설문조사를 실시한다. 한 제품에 대해 평균 약 150명의 사용자를 모집해 설문조사를 진행한다. 그리고 한 제품당 스무 명의 추가

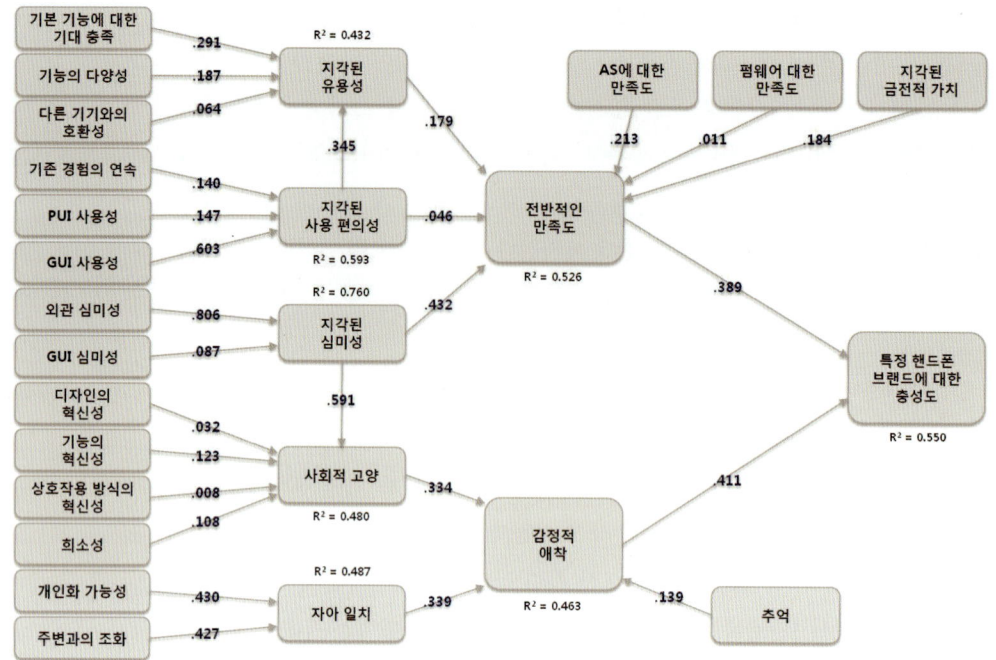

그림 11
사용경험 평가모형 사례:
휴대전화

응답자를 모집했을 때 모형의 경로값의 변화가 0.05 미만인 시점까지 추가로 모집한다. 그림 11은 이러한 과정을 통해 구축된 휴대전화의 사용경험 평가모형을 보여 준다. 그림에서 네모는 해당 제품에 대해 사용자가 중요하다고 생각하는 경험 요소를 의미한다. 화살표는 각 경험 요소의 인과 관계를 의미한다. 그리고 화살표 위의 숫자는 영향력을 의미한다. 예를 들어 PUI physical user interface 의 사용성이 지각된 사용 편의성에 미치는 영향이 0.147이라는 것은 PUI를 1만큼 더 높게 하면, 사용자가 느끼는 사용 편의성이 14.7퍼센트만큼 늘어난다는 것을 의미한다. 그림의 가장 왼쪽 항목은 휴대전화의 구체적인 정보구조 디자인이나 인터랙션 디자인, 인터페이스 디자인 요소를 포함하고 있으며, 오른쪽으로 갈수록 추상적인 경험 요소로 연결된다. 최종적으로는 특정 휴대전화 브랜드에 대한 충성도로 연결된다.

4.3 사용경험 평가치 산출하기

마지막 단계에서는 특정 대상에 대한 사용경험을 실제로 평가해 평가 결과를 산출한다. 이 단계에서는 평가 대상이 되는 제품과 비교 가능한 제품을 2-3개 선정한다. 단일 제품에 대해 평가하는 것보다 이렇게 복수의 제품을 대상으로 하는 것이 평가 자료의 활용도를 높일 뿐 아니라 응답자 입장에서도 대답이 편리해질 수 있다. 그 다음 각 제품군에 대한 20-25명의 참가자를 모집한다. 그리고 세

선별로 3-4명의 사용자가 동시에 참여하도록 일정을 관리한다. 각 제품에 대한 사용자를 4명 더 모집하고 평가할 때, 평가 항목별 평균 평가 수치의 변화가 7점 척도에서 0.25 미만일 때까지 추가 참가자를 모집한다.

평가하는 데는 보통 2-3시간이 소요된다. 먼저 인터넷을 통해 해당 제품에 대한 정보를 자유롭게 탐색하게 하고, 아무런 제약 없이 평가 대상이 되는 제품을 자유롭게 사용하게 한다. 그 다음으로 사용자가 주로 사용하는 과업에 대해 실제로 대상 제품으로 실습해 볼 수 있는 기회를 갖는다. 휴대전화의 경우 전화를 걸고 받는 것부터 시작해서 전화번호를 저장하는 것, 문자 메시지를 확인하고 답장을 발송하는 것, 셀프샷을 찍고 사진을 꾸며 MMS로 전송하는 것 등을 실제로 해 본다. 여기서 중요한 점은 사용자경험이라는 것은 일련의 작업이 서로 연결되어 있기 때문에 가능한 한 자연스럽게 사용자가 행동할 수 있도록 배려하는 것이다. 과거 사용성 평가에서는 단위 작업 별로 과업을 잘게 나누어서 각 작업 별로 자세하게 평가하게 했다면, 사용경험에서는 총체적인 경험이 중요하기 때문에 최대한 방해 없이 자연스럽게 해당 제품을 사용하게 한다. 그리고 최종적으로 앞서 두 번째 단계에서 도출된 모형의 가장 왼쪽에 있는 평가 항목에 대한 평가를 하고 그 점수를 기록한다.

사용자의 평가 점수가 모이면 두 번째 단계에서 도출된 모형의 가중치값을 이용해 최종적인 경험의 결과를 점수화한다. 이에 대한 예시는 그림 12에 제시되어 있다. 그림을 보면 총 세 개의 제품을 평가했다. 가장 왼쪽의 항목은 앞서 첫 번째 단계에서 도출된 핵심 사용경험 요소이다. 오른쪽의 숫자는 두 번째 단계에서 도출된 각 항목에 대한 가중치이다. 그 다음은 각 제품에 대한 평가치이고, 마지막은 이들에 가중치를 적용한 점수이다. 결론적으로 가장 오른쪽에서 세 가지 제품에 대한 경험 평가 결과를 제시한다. 100점을 만점으로 보았을 때, 세 가지 제품이 모두 60점대를 기록하고 있으며, 그 가운데에서는 제품 B가 상대적으로 좋은 점수를 받은 것을 볼 수 있다.

휴대전화 IEM 평가 결과	가중치	UXT 평가점수			가중치 적용 UXT 평가점수				
		제품 A	제품 B	제품 C	제품 A	제품 B	제품 C		
외관 심미성	.201	4.51	4.93	4.62	0.907	0.990	0.929	제품 A	64.79
개인화 가능성	.060	4.48	4.21	3.86	0.269	0.252	0.232		
주변과의 조화	.059	4.70	5.04	5.44	0.278	0.297	0.321		
GUI 사용성	.025	4.74	4.44	4.37	0.119	0.111	0.109	제품 B	67.13
GUI 심미성	.022	4.51	4.51	3.85	0.099	0.099	0.085		
기본 기능에 대한 기대 충족	.020	5.17	4.96	4.50	0.103	0.099	0.090		
기능의 편리성	.017	3.74	3.80	3.47	0.064	0.065	0.059		
희소성	.015	3.37	4.49	3.90	0.051	0.067	0.059	제품 C	64.32
기능의 다양성	.013	5.52	5.04	4.91	0.072	0.065	0.064		
PUI 사용성	.006	4.48	3.43	4.26	0.027	0.021	0.026		
기존 경험의 연속	.006	4.98	4.12	4.28	0.030	0.025	0.026		
디자인의 편리성	.004	3.33	4.90	4.01	0.013	0.020	0.016		
다른 기기와의 호환	.004	5.15	4.67	5.49	0.021	0.019	0.022		
상호 작용 스타일의 편리성	.001	3.78	4.13	3.22	0.004	0.004	0.003		
		62.46	62.67	60.20	2.055	2.134	2.040		

그림 12
사용경험 평가 결과에
대한 사례: 휴대전화

사용자경험을 평가하는 것은 새로운 제품이나 서비스를 개발하는 과정에서 지속적으로 이루어져야 하는 중요한 단계이다. 특히 총체적이고 주관적이며 맥락에 의존하는 경험의 특성은 기존의 사용성과는 다른 특징을 가진다. 휴리스틱 검사 항목에는 사용성뿐만 아니라 유용성이나 감성을 포함해야 한다. 또한 사용자경험을 실증적으로 평가할 때도 자세한 디자인 요소뿐만 아니라 전반적이고 추상적인 요인도 포함해야 한다. 평가의 대상이 되는 프로토타입도 매우 간단하고 추상적인 단계에서부터 정밀하고 구체적인 단계까지 포함되어야 한다. 사용경험 평가 방법론을 제시한 본 장에서는 기존의 사용성 평가 방법과는 차별화된 평가 기준과 평가 방법을 제공했다. 이러한 기준과 방법이 사용자에게 최적의 경험을 제공할 수 있는 디지털 제품과 서비스의 개발 과정에 지속적으로 적용될 수 있도록 앞으로 방법적인 측면에서 보완과 발전이 있어야 할 것이다.

토론 주제

1

사용자경험을 평가하는 것이 중요한 디지털 제품이나 서비스를 하나 선정하고 그 이유를 설명해 보자.

2

현재 기획하고 있는 디지털 제품이나 서비스에 대해 선택적 충실도의 개념을 적용해 다섯 가지 차원의 완성도가 높은 프로토타입을 생각해 보자.

3

정확한 심성모형 구축에 관한 세 가지 휴리스틱 평가 항목을 적용해 디지털 제품이나 서비스에 대한 휴리스틱 검사를 수행해 보자. 어떠한 것이 해당 제품이나 서비스의 가장 큰 문제점이고, 어떻게 개선하고 보완할 수 있을까?

4

적절한 효율성 제공에 관한 다섯 가지 휴리스틱 평가 항목을 적용해 디지털 제품이나 서비스에 대한 휴리스틱 검사를 수행해 보자. 어떠한 것이 해당 제품이나 서비스의 가장 큰 문제점이고, 어떻게 개선하고 보완할 수 있을까?

5

적절한 정확성 제공에 관한 휴리스틱 평가 항목을 적용해 디지털 제품이나 서비스에 대한 휴리스틱 검사를 수행해 보자. 어떠한 것이 해당 제품이나 서비스의 가장 큰 문제점이고, 어떻게 개선하고 보완할 수 있을까?

6

적절한 의미성 제공에 관한 휴리스틱 평가 항목을 적용해 디지털 제품이나 서비스에 대한 휴리스틱 검사를 수행해 보자. 어떠한 것이 해당 제품이나 서비스의 가장 큰 문제점이고, 어떻게 개선하고 보완할 수 있을까?

7

적절한 유연성 제공에 관한 휴리스틱 평가 항목을 적용해 디지털 제품이나 서비스에 대한 휴리스틱 검사를 수행해 보자. 어떠한 것이 해당 제품이나 서비스의 가장 큰 문제점이고, 어떻게 개선하고 보완할 수 있을까?

8

적절한 일관성 제공에 관한 휴리스틱 평가 항목을 적용해 디지털 제품이나 서비스에 대한 휴리스틱 검사를 수행해 보자. 어떠한 것이 해당 제품이나 서비스의 가장 큰 문제점이고, 어떻게 개선하고 보완할 수 있을까?

9

적절한 감성 제공에 관한 휴리스틱의 평가 항목을 적용해 최근 출시된 디지털 제품이나 서비스에 대한 휴리스틱 검사를 수행해 보자. 어떠한 것이 해당 제품이나 서비스의 가장 큰 문제점이고, 어떻게 개선하고 보완할 수 있을까?

10

디지털 제품이나 서비스를 한 가지 선택해서 적절한 평가 항목을 도출하고, 통합실증모형을 구축하고, 평가치를 산출해 보자. 평가 결과 어떤 사용경험 항목들이 중요한 영향을 미치는 것으로 밝혀졌는가? 그 이유는 무엇일까?

15장 경험혁신

사용자에 의해
새롭게 만들어지는 공동경험

"함께 보는 눈들이 많으면 모든 문제에 대한 해답이 쉽게 보인다."

에릭 레이몬드 Eric Steven Raymond

궁금한 점

사람들이 자신이 애써 터득한 지식이나 기술을 인터넷 게시판이나 소셜미디어를 통해 다른 사람들과 나누려고 하는 이유는 무엇일까?

사람들이 여행 사이트나 음식점 사이트에 자신이 먹었던 식당 음식이나 머물렀던 호텔에 대해 자세한 평을 써 놓는 이유는 무엇일까?

사람들이 페이스북이나 유투브와 같은 소셜미디어를 통해 생면부지의 사람들을 도와주는 이유는 무엇일까?

영화 소개

토이스토리 3[2010]

"정말로 중요한 것은 우리가 모두 함께 무엇인가를 만들어 낸다는 것이다."

버즈 라이트이어(영화 속 주인공 친구)

영화 〈토이스토리 3〉은 성장한 앤디가 대학 기숙사로 가기 위해 짐을 꾸리는 장면부터 시작된다. 앤디는 이제 더 이상 장난감이 필요없는 나이가 되었지만, 어릴 때부터 가지고 놀던 장난감들이 너무 좋아서 그것들을 자신이 돌아올 때까지 다락방에 넣어 두려고 한다. 그러나 장난감들이 앤디가 자신들을 버리려 한다고 오해하게 되면서 이야기는 시작된다. 〈토이스토리 3〉은 1995년에 개봉한 1편과 1999년에 개봉한 2편에 비해 한층 더 완성도 높은 3D그래픽 기술을 선보였다. 그러나 〈토이스토리 3〉이 앞선 두 편에 비해 한층 돋보이는 이유를 단순히 기술적인 발전만으로 설명하기보다는 영화가 관객들에게 전달하고자 하는 메시지의 차이로 보는 것이 더 정확하다. 1편과 2편에서는 장난감들이 살아서 움직일 수 있다는 기발한 발상으로 관객을 즐겁게 했다면, 3편에서는 한층 성숙한 앤디와 우디를 보면서 단순한 즐거움 이상의 감정을 느낀다. 그리고 우디의 절친한 친구인 버즈가 위에서 한 말처럼 서로를 배려하는 행동과 어려운 상황 속에서 힘을 합쳐 문제를 풀어가는 스토리를 통해 감동을 받는 것이다. 〈토이스토리 3〉을 통해 차세대 HCI가 지향하고 있는 공유와 합작 그리고 공조라는 공동경험의 세 가지 요소에 대해 알아보자.

영화 토론 주제

1 자신이 소유하고 있는 유형이나 무형의 자산을 남들과 공유함으로써 얻게 되는 기쁨을 표현하는 장면을 찾아보자. 어떤 계기로 영화 속 주인공들은 그것들을 남들과 공유하게 되었을까?

2 많은 이들의 협업을 통해 무엇인가 의미 있고 새로운 것을 만들어 낸 장면을 찾아보자. 협업을 통해 무엇인가를 만들어 내는 작업이 잘 이루어지거나 또는 잘 이루어지지 않는 이유는 무엇일까?

3 상대방이나 대상에 대해 공감을 느끼게 만들어서 그 사람이나 대상을 도와주는 장면을 찾아보자. 인터넷과 같이 멀리 떨어진 환경에서 대상에 대해 좀 더 많은 공감을 느끼게 하려면 어떻게 지원할 수 있을까?

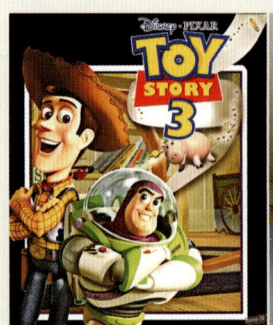 

〈토이스토리 3〉에 나타난 경험혁신과 공동경험의 사례

최적의 사용자경험을 제공하기 위해 디지털 제품 및 서비스를 발전시키려면 현재 시스템에 대한 정보도 필요하지만 앞으로의 발전 방향에 대한 아이디어도 필요하다. 평가의 결과가 새로운 디지털 제품이나 서비스 개발에 발전적으로 도움이 되어야 하기 때문이다. 과거의 HCI가 개인 사용자경험에 초점을 맞추었다면, 앞으로의 HCI는 여러 사용자들 간의 공동경험에 초점을 맞추고 있다. 본 장에서는 공동경험을 구성하고 있는 세 가지 요소에 대해 알아보고자 한다. 이들은 WEB 2.0의 흐름과 비슷한 맥락에서 공유와 합작 그리고 공조라는 세 가지 행위에 초점을 맞추고 있다. 공유는 개별 사용자가 가지고 있는 것을 다른 사용자와 함께 사용할 수 있도록 개방하는 행위를 의미하고, 합작은 여러 사용자가 함께 무엇인가 새로운 것을 만들어 내는 행위를 의미하며, 공조는 개별 사용자가 다른 사용자의 공감을 느낌으로서 서로 도움을 주는 행위를 의미한다. 본 장에서는 세 가지 요소가 성공적으로 구현된 사례를 살펴보고, 이를 효과적으로 지원할 수 있는 HCI적인 방안을 설명하고자 한다. 이를 통해 디지털 제품이나 서비스가 새로운 사용자경험인 공동경험을 촉진시켜 줄 수 있는 발전된 방향과 최근 방법을 제시하는 것이 본 장의 목적이다.

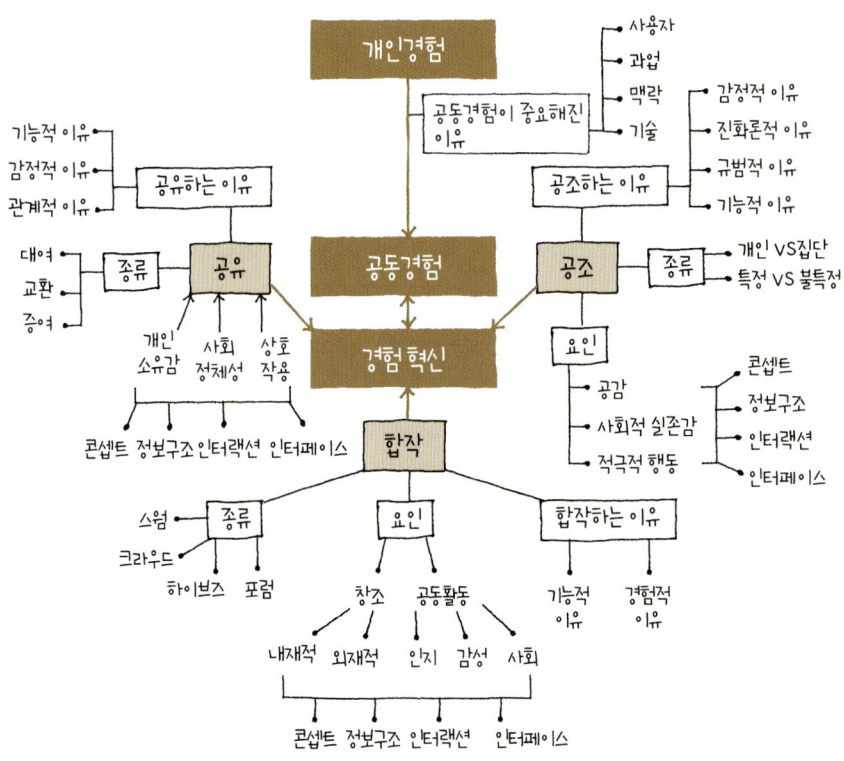

1. 공동경험과 경험혁신

최근 들어 사용자경험(이하 UX)에 대한 관심이 높아지면서 이와 관련된 개념이나 원리들이 제시되고 있다. 최근 국제표준기구인 ISO에서는 UX에 대한 공식적인 정의를 '한 사람이 제품이나 시스템 그리고 서비스를 사용하거나 또는 사용을 기대하면서 지각하거나 반응하는 모든 것'이라고 규정했다.ISO 9241-2120 즉 UX라는 것은 한 명의 사용자가 디지털 제품이나 서비스를 사용하면서 보고 듣고 생각하고 반응하는 모든 것을 의미한다. 그리고 이런 과정은 개인 사용자가 특정 맥락에서 제품을 사용하면서 다양하게 느끼고 생각하고 반응하는 주관적인 경험을 강조하고 있다. 예를 들어, 어떤 사람이 출퇴근 지하철에서 휴대전화를 통해 친구와 문자 메시지를 주고받으면서 느끼고 생각하고 반응하는 모든 것을 그 사람의 UX라 할 수 있다. 이와 같이 UX가 개인의 사용경험에 초점을 맞춘 이유는 기존의 디지털 제품이나 서비스를 주로 개인이 사용했기 때문이다. 그러나 최근 각광받고 있는 디지털 제품이나 서비스에서의 두드러진 현상은 개인이 아니라 다수의 사용자가 함께 사용하는 제품이나 서비스가 많아졌다는 것이다. 그 대표적인 예로 소셜미디어 서비스가 있다.

이와 같이 여러 사용자가 공동으로 사용하는 디지털 제품과 서비스가 늘어나면서 개인의 사용경험에 초점을 맞추었던 UX의 개념도 공동경험CX, co-experience이라는 개념으로 진화되고 있다. 공동경험은 사용자의 경험이 사회적인 특성을 가진다는 점을 강조한다. 즉 개인이 시스템을 사용하는 행위가 사용경험을 구축하는 데 영향을 미칠뿐 아니라 다른 사람들과 함께 경험하는 행위도 중대한 영향을 미친다는 것이다. 예를 들어, 사용자가 페이스북을 사용하면서 지각하고 느끼고 반응하는 경험은 그 사람이 페이스북을 사용하는 행위에 따라서도 영향을 받지만 다른 사람들이 그 사람의 페이스북 페이지에서 어떻게 행동했느냐에 따라서도 영향을 받는다. 다시 말해 개인의 사용경험이 그 사람의 시스템 사용만으로 영향을 받는 것이 아니라 다른 사람들의 사용 행위에 의해서도 영향을 받는다는 것이다.

경험혁신UX innovation은 사용자가 다른 사람들과 함께하는 공동경험을 새롭게 구축해 나갈 수 있는 환경experience environment을 제공해 주는 것이다.Prahlad and Ramaswamy, 2004 그림 1은 한 의류 회사가 상점에 설치해 놓은 탈의실 이미지이다. 사람들은 보통 옷을 살 때 친구나 친지들과 함께 가서 그들의 의견을 묻는다. 기존의 탈의실은 옷을 갈아입고 나와서 다른 사람들에게 보여 주고 다시 들어가서 다른 옷으로 갈아입어야 하는 번거로움이 있다. 더구나 자신의 뒷모습도 볼 수가 없다. 그림 1은 그런 세심한 부분까지 고려해 만든 탈의실로, 탈의실 안에는 두 개의 거울이 있다. 첫 번째 거울은 투명도를 조절할 수 있어 옷을 갈아입는 동안에는 투명도를 낮추고, 옷을 입은 뒤에는 투명도를 높여서 밖에 있는 사람들과 함께 볼 수 있게 했다. 두 번째 거울은 비디오 녹화 장치가 내장되어 있어 사용자가 거울 앞에서 한 바퀴 돌면 그 모습을 녹화해서 뒷모습을 확인할 수 있게 해 준다. 이 거울들은 쇼핑을 하는 사용자와 사용자의 친구들이 새로운 경험을 만들어 갈 수 있게 하는 역할을 한다.

그림 1
경험혁신의 사례:
의류 매장의 탈의실

　경험혁신은 디지털 제품이나 서비스의 사용자가 다른 사용자와 함께 자신의 경험을 스스로 구축해 나갈 수 있도록 지원하는 환경을 제공한다. 그런데 그런 환경을 제공한다고 해서 사용자가 새로운 경험을 구축하는 것이 과연 가능할까? 혁신에 대한 과거 연구들을 보면, 새로운 제품이나 서비스는 주로 기업이나 소수의 리드유저에 의해 만들어졌다.Lilien et al., 2002 일반 사용자에게 자신의 경험을 새롭게 만들 수 있는 환경을 제공해 준다고 해서 과연 일반 사용자가 새로운 경험을 구축해 낼 수 있을까?

　경험은 제품이나 서비스와는 차이가 있기 때문에 사용자에게 자신의 경험을 다른 사용자와 함께 만들어 낼 수 있는 환경을 지원해 주면 일반적인 사용자 누구나 새로운 경험을 스스로 만들어 낼 수 있는 가능성이 높다. 경험이라는 것이 주관적이고 다양하며 맥락에 따라 달라지기 때문이다. 리드유저가 혁신을 잘할 수 있는 것은 특정 제품이나 서비스에 대한 그 사람만의 전문 지식을 가지고 있고, 그런 전문 지식을 회사나 일반 사용자가 전수받기 힘들기 때문이다. 그러한 이유 때문에 리드유저는 제품이나 서비스 혁신에서 주요 역할을 해 온 것이다. 그러나 모든 사용자가 자신이 한 경험에 대해 가장 정확한 지식을 가지고 있다. 경험이 가지고 있는 주관적 특성에 의해 해당 경험이 자신에게 어떤 의미를 가지고 있는지는 그 사용자가 가장 잘 알고 있기 때문이다. 예를 들어, 그림 2와 같은 플래시몹flash mob을 생각해 보자. 플래시몹은 순식간에 많은 사람들이 모여 공공장소에서 예측하지 못한 행동을 하고 사라져 버리는 행위이다. 그림 2는 런던에서 1만3,000명의 사람들이 모여 160개의 마이크를 이용해 핑크라는 록그룹의 노래를 즉흥적으로 같이 부른 사례로, 거기서 얻는 느낌과 생각은 그 행위에 참여했던 사람들이 가장 잘 알 수 있다. 아무리 대중 행동에 대한 관심이 많은 전문가라고 할지라도 직접 그 상황에서 그 행위에 참여하지 않으면 그 경험이 어떤지 가늠하기 힘들다. 따라서 자신이 직접 경험한 것에 대해서는 일반 사용자가 가장 전문가라고 할 수 있다. 해당 경험에 대해 가장 정확한 지식을 가지고 있기 때문이다. 이런 일반 사용자는 그에 맞는 환경을 제공해 주면 다른 사용자와 함께하는 새로운 경험을 쉽게 구축할 수 있다.

그림 2
일반 사용자가 함께 참여한 경험혁신의 사례: 플래시몹

사용자가 함께 자신의 경험을 새롭게 구축할 수 있는 환경은 공유, 합작, 공조라는 세 가지 경험 요소를 제공해야 한다. 이 세 가지 요소와 관련 이론들을 요약하면 그림 3과 같다.

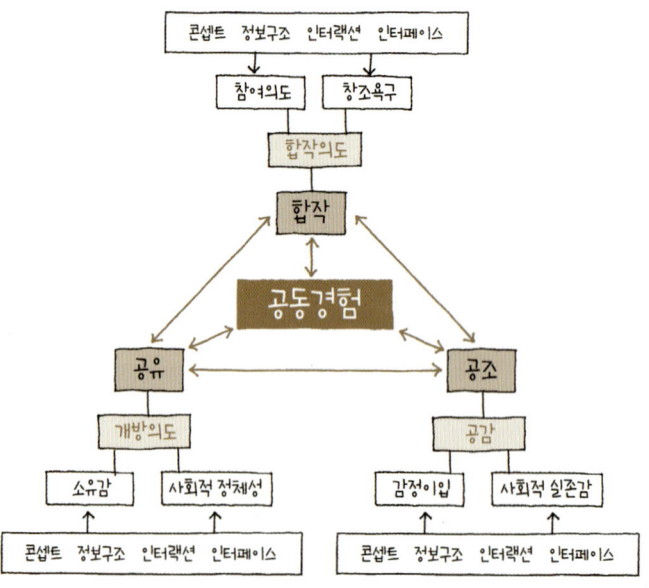

그림 3
경험혁신을 위한 공동경험의 세 가지 요소와 관련 이론

그러나 경험혁신이라는 개념이 생긴 지 얼마되지 않았고 공동경험이라는 개념 역시 새롭게 대두되고 있는 키워드이다 보니, UX에 비해 상대적으로 연구 결과가 부족하다. 따라서 공동경험과 관련된 이론적인 개념과 실험용 시스템을 다루는 이 장의 내용은 UX에 대한 심도 깊은 연구를 진행하고자 하는 사람들에게는 도움이 되겠지만, 일반 독자에게는 조금 어려운 내용이 될 수 있다. 그렇지만 앞으로의 UX 발전 방향을 이해한다는 목적으로 공동경험의 세 가지 요소를 살펴보기로 하자.

2. 공유하는 경험

공유하는 경험sharing experience이란 자신의 소유로 되어 있는 어떤 것을 다른 사람에게 제공해 같이 사용할 수 있게 하는 경험을 의미한다. 예를 들어, 자신이 디지털 카메라로 찍은 사진을 웹사이트에 올려서 다른 사람들도 같이 감상할 수 있게 만든다든지, 자신이 만든 소프트웨어를 커뮤니티 게시판에 게재해 다른 사람들이 애플리케이션을 만들 때 활용할 수 있게 하는 것이 공유하는 경험이다.

과거에는 자신이 소유한 것은 자신만 사용하는 것이라는 의미에서 소유와 사용이 동일한 개념으로 간주되어 왔다. 그러나 디지털 제품과 서비스가 널리 사용되면서 소유와 사용이 분리되기 시작했으며, 특히 소셜미디어의 탄생은 사용자 간에 공유하는 경험을 더욱 확장시켰다. 한 조사 결과에 따르면, 디지털 카메라를 가진 사람들 중 85퍼센트가 친구나 가족들과 사진을 공유하는 것이 중요하다고 생각하고, 심지어 55퍼센트의 사용자는 공유하지 않으면 죄책감을 느낀다고 한다. 이러한 현상은 소셜미디어뿐만 아니라 소프트웨어 분야에도 뚜렷하게 나타나고 있다. 아직 마이크로소프트나 애플과 같은 회사가 영리적인 목적으로 만든 소프트웨어가 많지만 공유를 전제로 만들어진 오픈소스 소프트웨어도 많이 활용되고 있다. 예를 들어, 아파치apache는 현재까지 가장 많이 사용되는 웹 서버 프로그램으로서 기본적으로 다른 사람들의 공유를 전제로 만들어지고 무료로 제공되고 있다.

2.1 공유하는 경험이 중요한 이유

그렇다면 왜 이렇게 많은 사람들이 자신의 소유물을 다른 사람들과 공유하려고 할까? 크게 세 가지 이유를 들 수 있다.

첫째, '기능적인 이유'이다. 즉 어떤 목적을 달성하기 위해 자기 소유의 어떤 것을 다른 사람들과 공유하는 것이다. 그 대표적인 예가 소프트웨어 개발자들이 자신의 소프트웨어 프로그램 중에 일부분을 API application programming interface라는 형식으로 공개하는 것이다. 그림 4는 대표적인 마이크로블로그 서비스인 트위터가 공개한 API에 대한 자료이다. 그림 4의 위쪽에서 보듯이 트위터는 2006년 처음 서비스를 시작할 때부터 2010년까지 총 스물한 개의 API를 공개했다. 이렇게 트위터가 핵심 소프트웨어에 대한 API를 공개하는 이유는 자신들이 직접 제공하지 못하는 기능들을 다른 사람들이 이용해 제공하도록 촉진시키기 위해서이다. 그 결과 그림 4의 아래쪽과 같이 7만여 개에 달하는 애플리케이션이 만들어지게 되었고, 전체 트위터 사용량의 75퍼센트 이상이 다른 사람들이 만든 애플리케이션들을 통해 트위터를 사용하는 현상이 발생하게 되었다. 결국 자신의 코드를 다른 사람들이 사용하도록 공유함으로써 수많은 외부 사람들을 자신을 위해 일하는 개발자로 만든 것이다.

그림 4
기능적인 이유로 공유하는 사례: 트위터 API

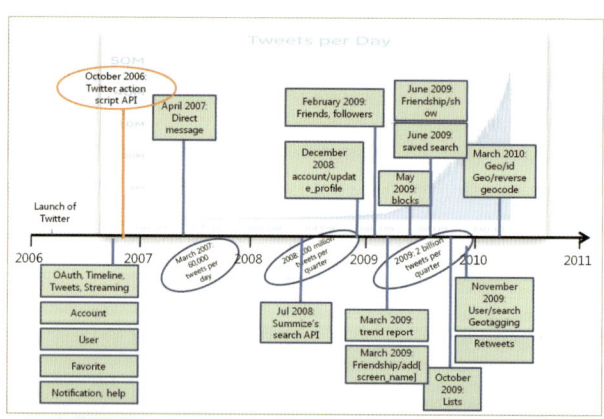

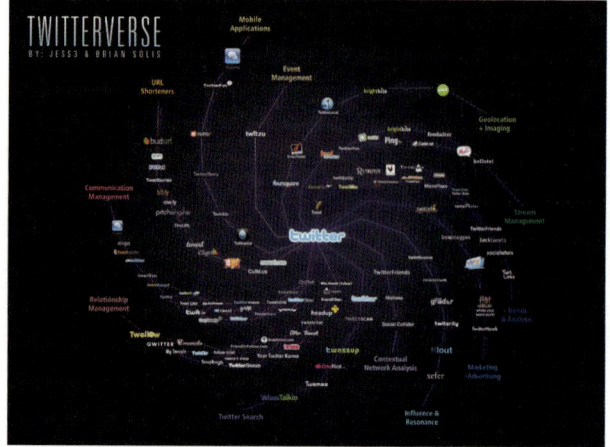

둘째, '감성적인 이유'이다. 즉 공유하는 행위를 하면서 느끼는 즐거운 감성이나 뿌듯한 감성 그 자체 때문에 남들과 공유를 하게 된다는 것이다. 대표적인 것이 온라인 네트워크 게임을 하는 사용자가 게임 플레이와 관련된 여러 가지 정보를 다른 사용자와 나누는 경우이다. 그림 5는 사용자가 온라인 게임인 아이온에 대한 자료를 함께 나누는 온라인 커뮤니티인 인벤을 보여 주고 있다. 이 사이트는 2010년에 거의 100만 명이 넘는 사용자들이 등록했으며, 현재도 매일 게임에 대한 여러 가지 정보들이 무료로 공유되고 있다. 또한 게임 개발사와도 활발하게 협력하고 있어 이 커뮤니티 사이트는 게임 개발사의 공식 페이지와 직접 연결되어 있다. 이렇듯 사용자들은 자료를 남기면서 자신의 능력에 자부심을 느끼고 그 자체로 재미와 새로운 것을 배우는 보람이라는 긍정적인 감성을 느낄 수 있다.

셋째, '관계적인 이유'이다. 즉 자료나 지식을 공유함으로써 다른 사람들과 새롭게 관계를 맺거나 기존 관계를 공고하게 할 수 있다. 예를 들어, 페이스북에서는 자신의 페이지에 자신이 이미 알고 있는 사람들에 대한 사진을 공유하면서 그 사람에 대한 정보를 태그로 남길 수 있다. 이렇게 태그를 남기면 사진에 태그된 사람에게 그 내용이 전달되어서 그 사람과의 관계를 더 돈독하게 만들 수 있는 계기가 생긴다. 한편 사진 공유를 목적으로 삼는 플리커의 경우에도 사진을 사이트에 올려 모르는 사람들과도 새롭게 친분을 만들 수 있는 기회를 제공하고 있다.

그림 5
감성적 이유로 공유하는 사례: 온라인 커뮤니티 인벤

그림 6
관계적인 이유로 공유하는 사례: 페이스북과 플리커

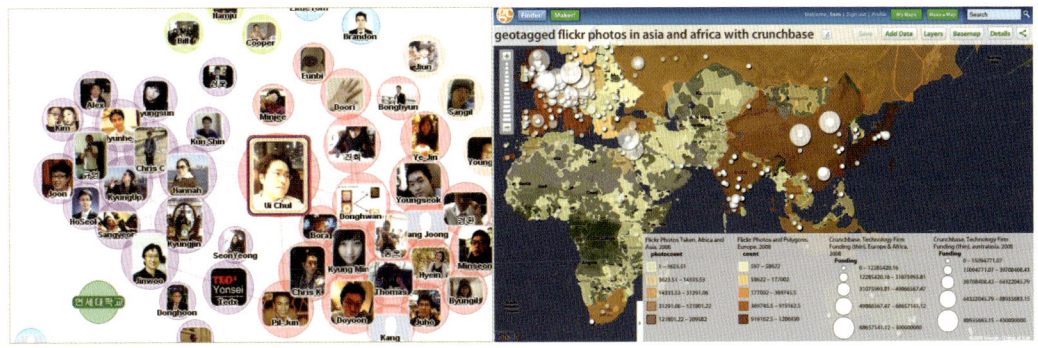

이렇게 사람들은 자신이 가진 것을 남들과 공유함으로써 특정 목적을 달성할 수도 있고, 공유하는 경험 자체에서 기쁨과 자부심을 느낄 수도 있고, 또한 공유를 통해 다른 사람들과 사회적 관계를 공고하게 만들 수도 있기 때문에 자신의 것을 남들과 공유하고자 한다.

2.2 공유하는 경험의 종류

공유하는 경험은 다양하다. 이에 따라 공유하는 경험을 분류하는 데도 다양한 기준이 있다. 첫째, 누구와 공유하느냐에 따라 공유하는 경험을 나눌 수 있다. 과거에는 주로 자신이 알고 있는 사람과 공유하는 것이 대부분이었다. 그러나 최근에는 개인과의 공유 수준을 넘어 자신이 속해 있는 커뮤니티의 멤버들과 공유하는 일이 많아졌을 뿐만 아니라 심지어는 불특정 다수의 사람들과 공유하는 경향이 많이 나타나고 있다. 예를 들어, 플리커의 경우가 그러하다. 누가 자신이 올린 사진을 보는지 알 수 없으며, 그 사진이 누군가에 의해 공유될 것인지의 여부도 알 수 없다.

둘째, 무엇을 공유하느냐에 따라 공유하는 경험을 나눌 수 있다. 가장 일반적인 공유의 내용은 디지털 콘텐츠이다. 플리커나 유투브와 같이 디지털 사진을 공유하거나 자신이 가진 음악이나 동영상을 공유할 수 있다. 또한 자신의 현재 위치나 자신이 현재 하고 있는 일 또는 자신의 현재 기분은 어떠한지 사용자 자신에 대한 맥락 정보를 공유할 수도 있다. 중요한 공유 내용으로 지식을 생각해 볼 수 있다. 그림 7은 전문 지식을 가지고 있는 사람들이 자신들의 지식을 다른 사람들과 게시판 형태로 나누는 사례이다. 이 사례를 보면, 일부 글의 댓글 수와 조회수가 몇 천을 넘길 정도로 호응도가 높으며 커뮤니티 내에서 개발자들 간의 토론뿐만 아니라 개발자 외에 일반 사용자의 피드백 또한 활성화되어 있다.

그림 7
전문 지식을 공유하는
xda-developers forum

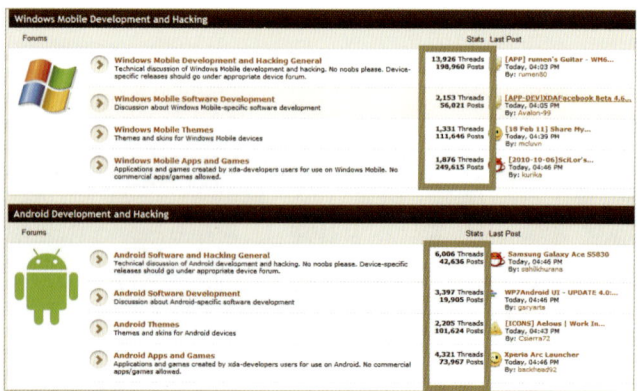

셋째, 공유하는 대상의 소유권과 관련해 공유하는 경험을 세 가지로 나눌 수 있다. 첫 번째는 돌려받을 것을 기대하지 않고 자신이 가지고 있는 것을 일방적으로 다른 사람들과 함께 사용하는 것이다. 이를 '증여'라고 하며, 소유권 자체가 공동화되는 것이기 때문에 가장 강한 형태의 공유라고 할 수 있다. 전문 지식이나 맥락 정보 그리고 디지털 콘텐츠 등은 대부분 이 범주에 속한다. 디지털 정보뿐만 아니라 물리적 제품에서도 이 범주에 속하는 서비스가 있다. 예를 들어, 그림 8의 프리사이클freecycle이라는 서비스가 그러하다. 이 서비스는 자신에게 더 이상 필요 없는 제품을 다른 사람들이 사용하도록 증여하는 것이다. 어떤 물건을 사용할 수 있는지 알아보기 위해 지역 이름을 입력하면 다른 사람들이 제공하고 있는 물건들의 목록을 볼 수 있다. 이 서비스는 한 비영리단체가 멀쩡한 물건이 버려지는 것을 방지하고 환경을 보호하자는 취지에서 만든 서비스로, 현재 900만 명의 사람들이 참여할 정도로 큰 호응을 얻고 있다.

그림 8
증여를 통해 공유하는 프리사이클

두 번째는 다른 사람들과의 '교환'을 통해 공유하는 것이다. 이는 물물교환처럼 자신이 가지고 있는 것들을 다른 사람들이 가지고 있는 것과 교환한다. 예를 들어, 그림 9는 책이나 음악, 게임, 영화, 애플리케이션 등을 다른 사용자와 교환해 공유하는 디지털 서비스이다. 또 물물교환뿐만 아니라 품앗이처럼 자신이 가지고 있는 능력이나 기술을 다른 사람들과 교환해 활용하는 경우도 있다. 예를 들어, 사람들이 가지고 있는 능력이나 여유 시간을 다른 사람들과 맞교환해서 자신들이 하고 있는 프로젝트뿐만 아니라 다른 사람들이 하고 있는 프로젝트에 도움을 주는 것이다.

그림 9
교환을 통해 공유하는
디지털 서비스

세 번째 방법은 다른 사람들에게 일시적으로 '대여'해 주는 것이다. 즉 소유권 자체가 이전하는 것은 아니지만 일정 기간 동안 다른 사람들이 활용할 수 있도록 하는 가장 약한 형태의 공유라고 할 수 있다. 그림 10의 왼쪽은 돈을 가지고 있는 사람들과 돈이 필요한 사람들을 연결시켜 주는 소액 금융거래 서비스이고, 오른쪽은 사람들이 자신의 집을 이 서비스에 등재해 놓고 필요한 사람들에게 잠시 거주할 수 있도록 대여해 주는 전 세계적으로 운영되는 민박 네트워크 서비스이다.

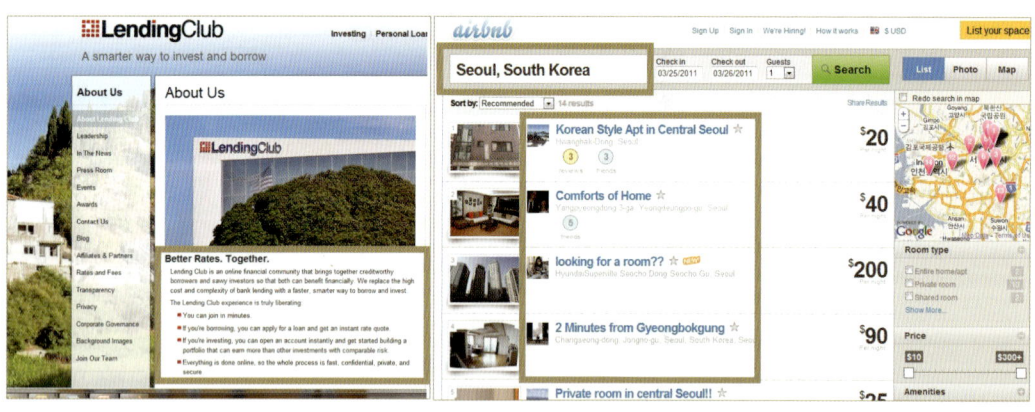

그림 10
대여를 통해 공유하는
디지털 서비스

2.3 공유하는 경험에 영향을 미치는 핵심 요인

공유하는 경험에 영향을 미치는 핵심 요인은 집단소유감이다.[Pierce and Jussila, 2010] 집단소유감 collective psychological ownership 이란 다수의 사용자가 어떤 대상에 대해 그것이 자기 개인의 것이 아니라 자기가 속한 집단의 공동 소유물이라고 느끼는 감정이다. 예를 들어, 축구 경기에서 우승한 선수들이 트로피를 받아들고 그것이 경기에 참여한 모든 선수들의 공동 소유물이라고 느끼는 것을 가리킨다. 어떤 대상에 대해 내 것이라기보다는 우리 것이라고 인식할 때 공유하는 경험이 높아질 수 있기 때문에 집단소유감은 공유하는 경험에 중대한 영향을 미친다.

집단소유감에 영향을 미치는 요인에는 다섯 가지가 있다. 이 중 두 가지는 집단소유감을 가지려고 하는 동기와 관련된 요인들이며, 나머지 세 가지는 집단소유감을 형성하는 상호작용과 관련된 요인들이다.

개인소유감

집단소유감을 느끼기 위한 첫 번째 단계는 먼저 개인 사용자가 특정 대상을 자신의 소유라고 느끼는 것이다. 무조건 집단소유감을 느끼는 것이 아니라 먼저 개인소유감individual psychological ownership을 느끼고 나서 그것이 확장되어 집단소유감으로 변화하기 때문이다. 사람들이 어떤 대상에 대해 소유감을 느끼게 되는 동기는 세 가지이다. 첫째, 효과 및 효율성efficacy and efficieny이다. 즉 내가 과업을 효과적이고 효율적으로 수행하기 위해 어떤 대상을 자신이 전용할 수 있는 소유물이라고 생각한다. 예를 들어, 개인 노트북이 있어야 좀 더 효과적으로 숙제도 하고 시험 공부도 할 수 있다고 생각하는 것이다. 둘째, 자아 정체성self-identity이다. 즉 어떤 대상을 자신의 소유물로 만들어서 자신의 개성이나 취향을 알리고자 하는 경우이다. 예를 들어, 휴대전화나 노트북에 독특한 장식을 해서 자신의 것임을 나타내는 것이다. 셋째, 안정감home-ness이다. 즉 심리적인 안정감을 갖기 위해 자신의 소유라고 생각한다는 것이다. 예를 들어, 아무리 좋은 콘도미니엄을 가더라도 개인적으로 소유한 전원주택만큼 안락하다고 생각하지 못하는 것처럼 안정감을 얻기 위해 어떤 대상을 자기의 개인적 소유라고 여긴다.

사회정체성

사회정체성social identity은 개인이 사회적인 그룹의 일원이라고 깨달음으로써 생기는 자신에 대한 개념이다. 예를 들어, 필자는 작게는 연세대학교 HCI Lab의 일원이라고 생각한다든지, 크게는 대한민국의 국민이라고 생각하는 것이다.

사회정체성은 주로 그룹에 속한 사람들의 행태를 설명하기 위해 활용되어 왔다. 예를 들어, 한 그룹에 속한 사람들이 자신이 함께 소유하고 또는 사용하고 있는 물건이 다른 그룹원들의 것보다 우월하다고 생각하고 차별대우하는 행태를 설명할 수 있다. 즉 개인을 자신이 속한 그룹에 편향되게 만드는 역할을 한다. 사회정체성을 느끼는 대표적인 예로 할리데이비슨오너그룹Harley-Davidson Owners Group이라는 공동체를 생각해 볼 수 있다. 나와 비슷한 종류의 모터사이클을 타는 사람은 다른 모터사이클을 타는 사람들보다 어떤 의미에서든지 더 좋다고 생각하는

그림 11
사회정체성이 강하게 발현되는 할리데이비슨오너그룹

것이다. 또한 사회정체성은 같은 그룹에 속한 사람들이 생김새나 행동하는 것이 비슷해지는 행태를 설명한다.

사회정체성은 인지적 사회정체성, 감정적 사회정체성, 평가적 사회정체성의 세 가지 하위 요소로 나뉜다. 인지적cognitive 사회정체성은 어떤 집단의 일부로서 자신의 모습이 해당 집단의 특성에 잘 부합한다고 생각하는 것이다. 그리고 동시에 다른 집단의 사람들과 자신의 차이점을 부각하고 더 나아가 자신의 개성 대신에 집단의 전형적인 특성으로 자신을 표현하려고 한다. 예를 들어, 어떤 사람이 자신이 속한 동호회 사람들과 비슷한 취향과 특성을 가지고 있다고 느끼는 것이다. 그리고 그런 취향이나 특성이 자신만의 것이 아니라 동호회가 공동으로 소유하는 것이기 때문에 자신이 동호회의 일부라고 생각한다. 감정적emotional 사회정체성은 개인이 자신이 속한 집단에 대해 감정적인 애착을 느끼고 집단의 여러 가지 일에 깊숙이 관여하게 만든다. 예를 들어, 동호회에 속한 사람들이 자신의 동호회가 번성하기를 바라고 동호회의 여러 가지 행사에 적극적으로 참여한다. 이렇게 참여함으로써 자신이 공동체의 일원이라고 생각하게 된다. 평가적evaluative 사회정체성은 집단의 구성원이 어떤 의미에서든 자신이 속한 집단이 좋은 가치를 가지고 있다고 평가하는 것을 의미한다. 예를 들어, 동호회에 참여함으로써 생활의 활력을 가질 수 있고 새로운 사람들과 넓은 대인관계를 구축할 수 있다고 평가하는 것이다. 그렇게 공동체에 대한 평가 결과를 공유함으로써 자신을 동호회의 일원으로 간주하게 된다.

개인과 대상 간의 상호작용

이는 개별 사용자가 소유의 대상과 하는 상호작용person-object interaction이다. 이러한 상호작용을 통해 그 대상이 자신의 소유라고 생각하고 더 나아가 자기를 표현하는 확장된 자아로 생각하게 된다. 개인 소유감을 촉진시키는 상호작용에는 세 가지가 있다. 첫째, 개별 사용자가 대상을 자신 마음대로 조종control하고 있다고 생각하는 것이다. 예를 들어, 디지털 카메라로 찍은 사진을 내 마음대로 삭제할 수도 있고 보정할 수도 있다고 생각하기 때문에 그 사진이 내 것이라고 생각한다. 둘째, 개별 사용자가 특정 대상에 대한 자세한 정보information를 갖게 하는 것이다. 예를 들어, 자신의 사진에 대한 여러 가지 광학적인 정보나 사진이 찍힌 정황에 대한 정보를 자신이 갖고 있기 때문에 그 사진이 자신의 것이라고 생각하는 것이다. 셋째, 개인이 대상에 대해 여러 가지 투자investment를 하는 것이다. 예를 들어, 포토숍을 이용해 보정을 가하는 노력을 기울였기 때문에 그 사진이 자신의 것이라고 생각하는 것이다.

타인과 대상 간의 상호작용

이는 특정 대상에 대해 소유의식을 자신뿐만 아니라 다른 사람들도 가지고 있다는 것을 알게 되는 상호작용other-object interaction이다. 즉 특정 대상에 대해 소유관계를 가지고 있는 사람들이 자신 말고 또 존재한다는 것과, 그 사람들과 자신이 서로 연결되어 있다고 생각하는 것이다. 예를 들어, 프로그램 공유 사이트에 올라온 특정 프로그램에 대해 본인만큼 자세한 정보를 가지고 있고, 시간과 노력을 들여 더 좋은 프로그램으로 만들려는 사람이 있다는 것을 알게 되는 것이다. 그리고 그런 사람들이 해당 프로그램을 매개로 연결되어 있다고 생각한다.

개인과 타인 간의 상호작용

집단소유감에 도달하는 마지막 단계는 집단 구성원들 사이의 역동적인 상호작용person-to-person interaction을 통해 특정 대상이 각 개인의 것이 아니라 집단의 것이라는 인지적 감성적 상태에 도달하는 것이다. 이를 위해서는 그룹의 구성원들이 충분한 기간 동안 공통의 경험을 해야 한다. 먼저 그룹의 구성원들이 특정 대상에 대해 함께 조종하는 경험을 한다. 그림 12와 같은 소셜 게임에서 하나의 커뮤니티에 속한 사용자들은 작물을 키우는 과정에 함께 참여해서 작물의 발육을 촉진시키는 경험을 하면서 그 작물이 공동의 소유물이라고 생각하게 된다. 그리고 그룹의 구성원들이 함께 대상에 대한 정보를 쌓아간다. 예를 들어, 소셜 게임에서 한 작물에 대한 다양한 정보를 여러 명의 구성원이 함께 조금씩 확장해 갈수록 해당 작물을 공동의 소유로 느낀다는 것이다. 또 그림 12에 있는 소셜 게임에서 큰 수로를 개척하는 것처럼 여러 명의 구성원이 같이 많은 시간과 노력을 기울이면 대상에 대한 공동경험을 하게 된다. 이러한 경험은 앞에서 설명한 개별적인 심리적 소유감을 얻어가는 개인과 대상 간 상호작용과 비슷하다. 단 개인이 아니라 집단을 통해 그것을 경험한다.

그림 12
다른 사용자와 공통의 경험을 하는 소셜게임

이렇게 경험이 축적되면 구성원들은 농작물이나 수로와 같은 것들이 자신이 속한 그룹의 것이라고 생각하게 된다. 또한 구성원 외의 사람들도 그것들이 그 그룹에 속한다고 생각한다. 종국에는 특정 대상에 대해 내 것이 아니라 우리 것이라고 믿는 사람들까지 생겨나기 시작하는데, 대부분의 그룹 구성원들 사이에 특정 대상이 우리 것이라고 믿는 것에 대한 동의가 이루어질 때에 집단소유감이 높아진다. 결국 그룹 구성원들과 함께 어떤 대상을 조종하고 정보를 쌓고 시간과 노력을 투자하는 행위를 하면서 그 대상이 소속된 집단의 것이라고 그룹 구성원들 스스로 생각하고, 이를 다른 그룹에 속한 사람들이 인정하기 시작하면 집단소유감이 발생한다.

그런데 여기서 주의할 점은 개인소유감과 사회정체성이 때에 따라 서로 충돌할 수도 있다는 것이다. 너무 개인소유감만을 강조하다 보면 사회정체성이 감소할 수 있고, 반대로 사회정체성을 강조하다 보면 개인소유감을 갖기 힘든 경우가 발생할 수도 있다. 따라서 이 둘을 적절하게 조화시키는 UX 디자인이 필요하다.

2.4 공유하는 경험을 촉진시키는 UX 디자인 요소

사용자에게 공유하는 경험을 촉진시키기 위해서는 디지털 제품이나 서비스를 어떻게 디자인해야 할까? 이에 대한 연구는 아직까지 매우 부족한 것이 현실이다. 따라서 여기에서는 현재 시험적으로 개발되어 운영되고 있는 디지털 시스템들과 앞서 설명한 이론적인 배경을 바탕으로 나름대로 효과를 기대할 수 있는 디자인 요소들을 제시한다. 그러나 이것들이 기대하는 만큼 공유하는 경험을 촉진시키는 효과를 실제로 낼 수 있는지에 대해서는 추가적인 연구가 필요하다.

콘셉트 디자인

콘셉트 디자인 측면에서 공유를 촉진하는 디자인 요소는 누구와 무엇을 어떻게 공유하느냐에 초점을 맞출 수 있다. 앞서 10장에서 언급한 창조성 템플릿을 적용하면 몇 가지 재미있는 콘셉트를 도출할 수 있다.

첫째, '무엇을 공유할 것인가'와 '어떻게 공유할 것인가'를 연결시켜 새로운 콘셉트를 만들어 낼 수 있다. 예를 들어, 전문지식을 공유할 때에는 교환을 통한 공유가 더 적합할 수 있고, 개인적인 이야기를 공유할 때에는 '증여'를 통한 공유가 더 적합할 수 있다. 둘째, '누구와 공유할 것인가'와 '어떻게 공유할 것인가'를 연결시켜 새로운 콘셉트를 만들 수 있다. 예를 들어, 전문가들끼리 공유할 때에는 대여를 통해 공유하지만 일반 사용자 간에 공유할 때에는 '증여'를 통한 공유가 더 적합할 수 있다. 셋째, '누구와 무엇을 공유할 것인가'를 연결시켜 볼 수 있다. 예를 들어, 전문가들끼리 공유할 때에는 규칙이나 원리를 공유하고, 일반 사용자끼리 공유할 때에는 이야기나 사실 등을 공유하는 것이 더 적합할 수 있다. 예를 들어, 모바일 애플리케이션에 대한 공유하는 경험을 촉진시키는 서비스 플랫폼을 구축한다고 생각해 보자. 이 서비스는 일반 사용자뿐만 아니라 개발자도 대상으로 한다. 그렇다면 개발자들끼리 전문지식을 공유할 때는 서로의 지식을 교환할 수 있도록 하고, 일반 사용자들끼리 서로의 사용 경험담을 공유할 때는 '증여'라는 방식으로 아이디어를 공유하게 할 수 있다. 또한 전문가의 경우는 해당 플랫폼의 운영 방식과 일반적인 규칙 등에 대해 공유하게 할 수 있는 반면, 일반 사용자는 특정 사용기기와 같은 정보를 공유할 수 있게 한다. 이렇게 사용자의 종류에 따라 다른 공유 방식이나 공유 대상을 이용함으로써 좀 더 사용자의 특성에 맞는 공유를 촉진시킬 수 있다.

정보구조 디자인

특정 대상에 대해 집단소유감을 느끼게 하기 위해서는 일단 해당 집단의 사람들이 대상에 대해 상세하게 아는 것이 중요하다. 대상에 대한 정보를 많이 가질수록 대상을 자세하게 알게 되고, 본인과 대상 간의 관계가 더 깊어져 소유의식이 강화되기 때문이다. 따라서 우선 공유의 대상에 대한 가능한 자세한 정보를 축적하는 것이 필요하다. 예를 들어, 디지털 사진이라고 한다면 해당 사진에 대한 색 정보나 카메라 정보 등을 상세하게 제공할 수 있다. 또한 해당 사진을 찍었을 때의 맥락에 대한 정보를 제공할 수도 있다. 이러한 맥락은 촬영 당시의 시간이나 날짜 등과 같은 물리적인 맥락 정보도 될 수 있지만 사회적인 맥락이나 문화적인 맥락이 될 수도 있다. 그림 13은 맥락에 대한 정보를 공유하는 디지털 서비스의 사례이다. 위쪽에 있는 서비스는 사용하는 시간이나 장소뿐만 아니라 그 당시의 기후나 개인적인 상황에 대한 정보들도 포함한다. 이와 같이 해당 대상에 대한 맥락 정보를 공유함으로써 대상에 대한 자세하고 구체적인 정보를 공유할 수 있기 때문에 그 대상에 대한 소유감도 늘어날 수 있다.

그러나 이와 같이 자세한 맥락 정보를 공유하다 보면 필연적으로 발생하는 문제점이 있다. 바로 사생활의 침해 가능성이다. 다양한 맥락 정보는 정보를 올린 사용자에 대한 개인적인 정보들도 포함할 수밖에 없다. 따라서 다양한 정보를 공유하되 사용자의 사생활이 침해받지 않는 방법이 필요하다. 그림 13의 아래쪽은 이런 가능성을 보여 주는 사례이다. 일부러 애매모호한 맥락 정보를 제공함으로써 다른 사람들에게 사생활을 침범받지 않으면서도 자신의 맥락을 다른 사람들이 이해할 수 있게 만들어 준다. 예를 들어, 가장 왼쪽의 그림은 사용자의 절대적인 위치 대신에 사용자가 움직이는지 아니면 정지해 있는지 알려 준다. 가장 오른쪽에 있는 그림은 사진에 대한 자료를 올리면서 그 사진이 다른 사람들과 어떤 관계를 가지고 있는지에 대해서만 맥락을 알려 준다.

그림 13
구체적인 맥락 정보를 공유하는 IYOUIT와 Probe 애플리케이션

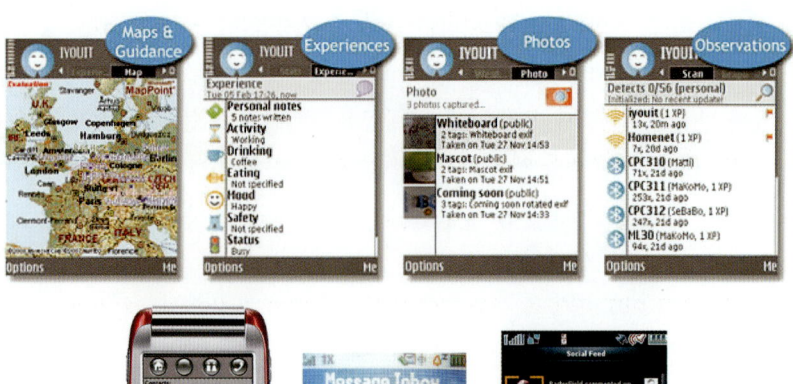

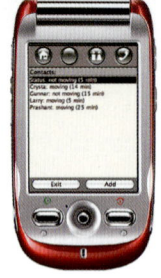  

정보구조 디자인과 관련된 중요한 요소 중 하나는 같은 집단에 속하는 사용자들이 공유하는 대상에 대한 자료를 집단적으로 쌓아갈 수 있도록 하는 것이다. 한 사람만이 대상에 대해 많은 정보를 제공하면 다른 사람들 입장에서는 그 대상이 그 사람에게만 속해 있다는 인상을 받을 수 있다. 반면 여러 사람들이 그 대상에 대해 많은 자료를 제공하면 그것이 모든 사람들과 공유되는 것이라는 느낌을 준다. 그림 14는 박물관이 소장하고 있는 작품들에 대해 각 사용자가 느낌이나 정보를 올릴 수 있게 만든 서비스이다. 스마트폰을 이용해 많은 사람들이 해당 작품에 대해 '알람시계' 같다거나 '깜찍하다'와 같은 태그를 단다. 그 태그가 많아질수록 작품에 대한 설명이 풍부해질 뿐만 아니라 정보를 올린 사람들도 그 작품 해설에 대해 공동소유감을 가질 수 있다.

그림 14
많은 사용자가 집단으로 정보를 축적할 수 있는 Mobitag

인터랙션 디자인

공유감을 느끼기 위한 중요한 조건 중에 하나가 다이내믹한 집단 인터랙션을 경험하는 것이다. 특히 그룹의 구성원들이 자신들의 힘을 합해 공동으로 원하는 방향으로 특정 대상을 조종한 경험을 갖게 해 주는 것이 중요하다. 예를 들어, 그림 15는 야구경기를 보면서 사람들이 집단으로 특정 야구팀을 응원할 수 있게 하는 시스템이다. 이 시스템에서는 개인 응원과 단체 응원이라는 두 가지 응원

을 할 수 있다. 개인적인 응원은 야구 경기를 보면서 각자 봉을 두들기거나 박수를 치는 행위이다. 반면 단체 응원은 야구 경기를 보면서 사람들이 일정 비율 이상 같은 행위를 했을 때 비로소 효과가 나타나는 카드섹션이나 파도타기와 같은 응원이다. 이 단체 응원은 어떤 개인이 대상에 대한 절대적인 통제권을 가지고 있는 것이 아니라 집단에 소속된 구성원들이 함께 힘을 모아서 움직일 때 카드섹션 이미지가 보일 수 있기 때문에 집단 통제를 강조하고 있다. 그리고 집단 내의 사람들이 공동으로 어떤 행동을 했을 때에 대상을 통제하는 것이 가능하기 때문에 집단소유감을 높이기에 적합한 인터랙션이라고 할 수 있다.

그림 15
집단 통제를 통해 공유하는 경험을 향상시킬 수 있는 야구 응원 시스템

두 번째는 구성원들에게 공동으로 대상에 대해 투자할 수 있는 여지를 많이 만들어 주는 것이다. Google Docs의 경우 같이 제작한 문서에 대한 공유감을 높일 수 있도록 하기 위해 각자 상당한 양의 시간과 노력을 투자할 수 있게 한다. 사람들이 자신의 문서를 직접 작성해서 올리거나 다른 사람들이 작성해서 올린 문서를 읽고 그에 대한 의견을 직접 개진하는 것처럼 많은 노력을 기울였을 때 대상에 대한 공유감이 더욱 높아진다. Blau and Caspi, 2009 그림 16과 같이 사진동호회에서 어떤 주제를 정해 그 주제에 맞는 사진을 각 구성원들이 업로드하고, 전체 이미지에 맞추어 편집하고 보정하는 과정을 통해 해당 작품에 대해 느끼는 공동소유감은 한층 더 높아질 것이다.

그림 16
집단 투자를 통해 공유하는 경험을 향상시킬 수 있는 모자이크 사진

세 번째는 구성원들이 대상에 대한 정보를 원활하게 주고받을 수 있게 해 주는 것이다. 이는 대상에 대한 많은 정보를 축적하는 것과 밀접하게 연관되어 있다. 정보의 양뿐만 아니라 정보를 주고받는 행위 자체도 공동소유감을 높여 줄 수 있다. 그림 17에서 보는 것처럼 프로그램 개발자들이

항을 유념한다. 첫째, 기존의 것들과는 다른 무엇인가 '새로운 점novel'이 있어야 한다. 둘째, 그것을 만든 당사자가 되었든지 아니면 다른 사람들이 되었든지 누군가에게는 '유용useful'해야 한다. 셋째, 만들어 낸 것이 보기에도 '멋있어야aesthetic' 한다. 그냥 새롭기만 한 것은 기발할 수는 있어도 창의적이지는 못한 것이며, 기왕이면 만든 사람 외에 다른 사람들에게도 아름답고 멋있어야 진정으로 창의적인 결과물이 된다.

과거에는 몇 명의 전문가에 의해 창의적인 작업이 이루어져 왔고, 대부분의 사용자는 전문가가 만든 결과물을 단순하게 소비하는 것에 만족해 왔다. 그러나 최근 들어 여러 명의 사용자가 서로의 시간과 힘을 합해 창의적인 작업을 시작하고 있다.Shirky, 2010 예를 들어, 과거에는 TV를 통해 방송되는 것만 보거나 들었던 세대에서 이제는 자신들만의 동영상을 만드는 세대로 바뀌었다. 컴퓨터 게임에서도 비슷한 현상이 발생하고 있다. 과거에는 이미 만들어진 게임으로 그저 플레이만 했다면 이제는 사용자가 직접 게임 배경을 만들고 게임 캐릭터를 생성해 낸다. 나아가서는 자신들만의 게임을 만들어 내기도 한다.

이러한 현상은 방송이나 게임과 같은 오락적인 부분에만 국한되지 않는다. 컴퓨터 프로그램이나 애플리케이션 제작에서도 합작의 바람이 거세게 불고 있다. 직접적으로 팀을 짜서 공동 제작 활동을 하는 경우도 있지만 다른 사람이 만들어 놓은 모듈을 이용해 거기에 첨삭을 가해 새로운 애플리케이션을 만들어 내는 경우도 있다. 과정에서 사용자의 역할이 좀 더 강화된다면 혁신적인 제품이나 서비스를 만드는 데 사용자가 주도적인 역할을 할 수 있게 된다.von Hippel, 2005

3.1 합작하는 경험이 중요한 이유

왜 많은 사람들이 다른 사람들과 함께 새로운 것을 만들어 내려고 할까? 이에 대한 답은 크게 두 가지 범주로 나눌 수 있다. 그냥 소비만 해도 되는데 구태여 자신이 무엇인가를 만들어 내려는 창조활동을 하는 이유가 있을 수 있고, 그런 창조활동을 다른 사람들과 함께하려고 하는 이유가 있다.

창조활동 자체를 선호하는 이유를 기능적인 이유와 경험적인 이유로 나누어 볼 수 있다. 기능적인 입장에서 본다면 개별 사용자는 일반 제품이나 서비스에서 만족하기 어려운 독특한 요구needs가 있을 수 있다. 예를 들어, 자신의 발이 일반 사람들과는 다르게 생겨서 기성 신발을 신으면 발이 아픈 경우가 있다. 또한 사람들은 자신만의 독특한 무엇인가를 가지고 싶어 하는 욕망이 있다. 그래서 비싼 돈을 주고 수공예품을 산다든지 골동품을 구입한다. 자신을 명확하게 표현하기 위해서도 사람들은 자신이 직접 만드는 것을 선호한다. 예를 들어, 자신의 발 모양과 취향에 맞는 자신만의 운동화를 직접 디자인할 수 있다. 이와 같은 서비스를 일반적으로 대량 맞춤 툴킷mass customization toolkit이라고 한다. 이는 사용자가 직접 디자인 툴을 사용해 디자인을 하고, 사용자가 원할 경우 기업이 생산 시스템을 통해 그것을 제작해서 사용자에게 전달하는 시스템이다.

창조활동 자체에 참여하는 것은 기능적인 이유보다는 경험적인 이유가 더 크다. 결과와 상관없이 창조활동 그 자체에 재미와 보람을 느껴 창조활동에 참여하는 것이다. 그림 20은 창조활동 자체를 즐기는 한 사례를 보여 주고 있다. 사용자가 자신만의 체형에 맞는 청바지를 만들어 가는 과정 자체에 초점을 맞추어서 그 과정을 즐겁고 재미있는 행사로 만들고 있다.

그림 20
경험적인 이유로
개별 창조활동을 하는 사례:
Levis

경험적인 이유는 사용자에게 더 큰 가치를 준다. 즉 창조활동에 참여하는 자체가 재미있고 보람이 있으면, 이 경험적인 가치가 기능적인 가치에 도움을 주어 전체적으로 창조활동에 더 큰 가치를 부여한다는 것이다.Merle, 2008 사용자는 이런 과정을 통해 만들어진 제품을 일반 제품보다 2배 이상의 가격을 지불하고서라도 기꺼이 구입하고자 한다. 그것은 자신이 창조한 결과물에 대해 심리적인 소유감을 강하게 느끼기 때문이다. 즉 무엇인가를 만들어 내기 위해서는 그 대상에 대해 많은 시간과 노력을 투자해야 한다. 투자가 많아지면 대상에 대한 심리적인 소유감이 높아지기 때문이다. 이러한 맥락에서 스스로 창조하는 행위는 가장 강력한 형태의 투자라고 할 수 있다. 그리고 이점에서 공유와 합작의 경험이 연결될 수 있다.

그렇다면 다른 사용자와 함께 공동으로 창조활동에 참여하고자 하는 이유는 무엇일까? 이것 역시 기능적인 이유와 경험적인 이유로 나누어 볼 수 있다. 기능적인 측면에서 본다면 혼자 무엇인가 만드는 것보다 다른 사람들과 함께하는 것이 더 좋은 출발점을 제공할 수 있다. 그림 21은 사용자가 티셔츠를 디자인해서 커뮤니티에 올리면, 해당 커뮤니티에서 다른 사용자가 코멘트를 주고 투표를 해서 좋은 티셔츠 디자인을 할 수 있게 하는 사이트이다. 이렇게 커뮤니티 멤버들과 함께 공동 창조를 하면 이미 만들어져 있는 많은 사례를 기초로 쉽게 시작할 수 있다는 장점이 있다. 특히 많은 사람들의 아이디어 자체가 중요한 데이터베이스가 되어 다른 사람들의 창작에 도움을 줄 수 있다. 또한 커뮤니티에는 다양한 사람들이 모이기 때문에 다양한 시각을 공유할 수 있고, 이를 통해 창의적인 아이디어가 나올 확률이 더욱 높아진다.

그림 21
기능적인 이유로
공동 창조활동을 하는
Threadless.com

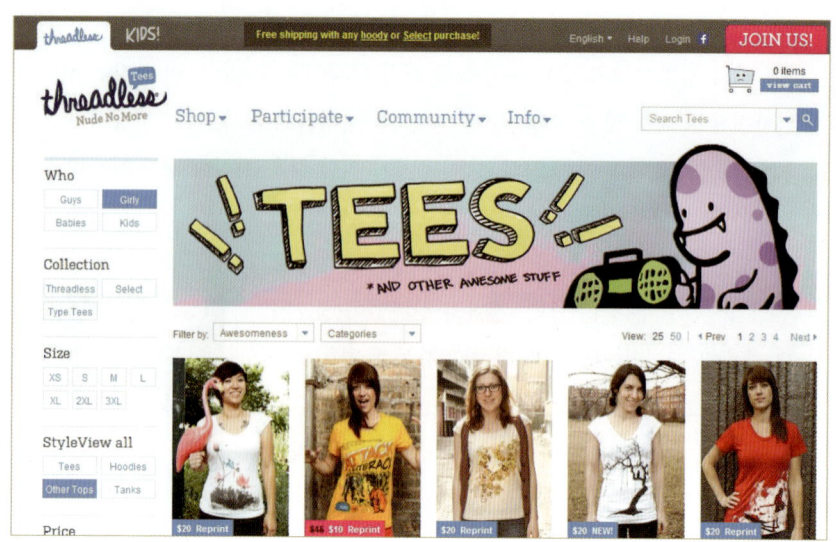

　　　공동 창조활동을 하게 되면 개인적인 창조활동보다 더 재미있고 안정적이다. 혼자 무엇을 만드는 것보다 여럿이서 무엇을 만든다는 것이 더 재미있다는 것은 온라인 게임을 봐도 알 수 있다. 그림 22는 스타크래프트 게임의 사용자 제작 지도이다. 일명 유즈맵이라고도 하는데, 일반 사용자가 지도 편집기를 사용해 만든 지도이다. 특히 특정한 논리를 유즈맵에 삽입시키는 것이 가능하게 되면서, 스타크래프트의 멀티플레이 네트워크인 배틀넷에서는 본래의 스타크래프트 게임과는 관계없는 별개의 게임이 성행하기 시작했다. 또한 공동 창조의 전형적인 예인 위키피디아에 참여한 사람들에게 그 참여 동기를 물어본 결과 가장 중요한 이유로 참여하는 것 자체의 재미를 들었다. 개인이 혼자 무엇을 만들다 보면 혼자서 모든 것을 책임져야 하기 때문에 불안할 수 있는데, 여러 명이 함께 창조활동을 하다 보면 자신이 막히더라도 서로의 도움을 받을 수 있기 때문에 창조활동이 좀 더 즐겁게 느껴질 수 있다.

그림 22
경험적인 이유로
공동 창조활동을 하는
스타크래프트 유즈맵 매니아

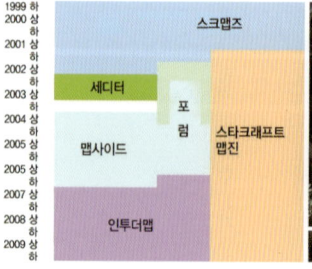 

3.2 합작하는 경험의 종류

공동 창조경험의 종류는 매우 다양하며, 종류에 따라 합작의 경험을 분류하는 기준도 다양해진다.

창조 단계에 따른 분류

첫 번째 분류 방법은 무엇인가를 창조하는 프로세스의 여러 단계 중 어떤 단계에서 사용자가 공동으로 참여했는지에 따라 생각해 볼 수 있다. 일반적으로 무엇인가 새로운 것을 만들어 내는 과정은 다양한 아이디어를 발산적으로 만들어 내는 단계, 이를 숙성시키는 단계, 여러 가지 아이디어를 기반으로 가장 좋은 방안을 수렴해 가는 단계, 마지막으로 이를 평가하고 보완하는 단계를 거친다. 이 각 과정에 여러 명의 사용자가 공동으로 참여할 수 있다.^{Boden, 2003}

다양한 아이디어를 발산적으로 만들어 내는 단계의 대표적인 사례로 브레인스토밍을 들 수 있다. 브레인스토밍에는 몇 가지 원칙이 있다. 첫 번째는 질보다 양이 중요하다는 것이다. 그래서 무조건 많은 수의 아이디어를 도출한다. 도출된 아이디어에 대한 평가를 자제하고, 대화는 한 번에 한 아이디어에 대해서만 진행한다. 그리고 다른 사람의 아이디어를 자유롭게 차용해 더 좋은 아이디어를 내는 것을 권장한다. 그림 23의 디지털 서비스는 두 사람의 온라인 사용자가 동일한 이미지를 보고 그 이미지에 대한 이름을 붙이는 아주 간단한 절차를 가지고 있다. 이 서비스의 목적은 인터넷상에 있는 무수히 많은 이미지에 적절한 이름을 제시하기 위함이다. 사용자는 되도록 많은 이름을 올리도록 권장하며, 아무도 잘못된 이름이라는 비판을 하지 않는다. 그리고 사용자 간에 이름이 일치하게 되면, 그에 대한 포인트가 올라가는 것을 통해 보다 양질의 이름이 올라오도록 유도하고 있다.

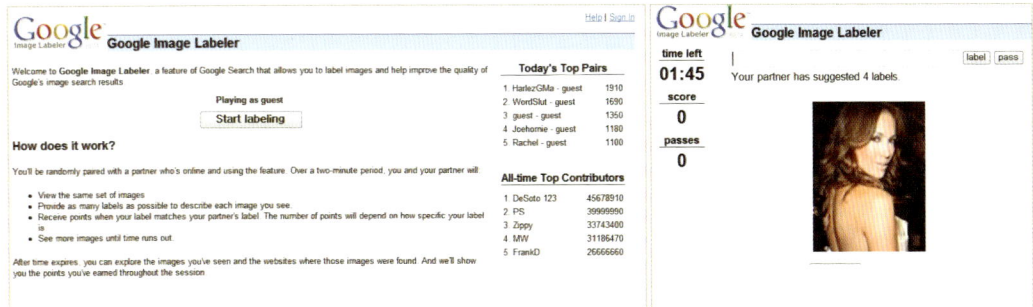

그림 23
아이디어 발산 과정에서 집단의 창조활동이 이루어지는 구글의 이미지 라벨러

다양한 아이디어가 만들어졌다면 이를 숙성시키는 인큐베이션^{incubation} 단계를 거쳐야 한다. 이를 위해서는 지금 일하고 생각하는 것에서 잠시 벗어나 다른 것에 주의를 기울일 필요가 있다. 예를 들어, 상상의 날개를 편다든지, 명상에 잠

긴다든지, 샤워를 한다든지, 아니면 드라이브를 할 수도 있다. 그림 24는 디자인 커뮤니티 서비스이다. 다양한 내용의 코스와 디자인 전문가들에 대한 인터뷰를 제공하고 있으며, 어떤 디자인 경진대회가 있는지, 다른 디자이너들이 어떤 작품을 제출했는지 등에 대한 자세한 정보를 제공하고 있다. 비록 이 정보들이 직접적으로 아이디어를 만들어 내는데 관련되어 있지는 않지만 전체 구성원이 자신들의 아이디어를 숙성시키는 데는 촉진제 역할을 할 수 있다.

그림 24
아이디어 숙성 단계에서 집단 창조활동이 이루어지는 디자인 커뮤니티

세 번째 단계인 수렴convergence 단계에서 여러 명의 사용자가 함께 참여하는 경우에는 지금까지 숙성시킨 아이디어나 자료를 기반으로 하나의 완성품으로 만들어 가기 위해 가장 좋은 방안이 무엇인지 고민해야 한다. 대표적인 예로 Lib-Dubs가 있다. 이것은 여러 사람들이 함께 어떤 노래의 가사를 따라 하는 모습을 음악 더빙과 함께 만들어서 뮤직비디오로 제작하는 것이다. 특히 학교나 단체에서 자신들이 속한 공동체의 목적을 대중들에게 홍보하기 위해 만드는 경우가 많다. 이런 작품들은 네 가지 특성을 가지고 있다. 첫째, 즉흥성으로서 미리 계획하지 않고 그냥 모든 사람들이 어쩌다 보니 한 노래를 함께 부르는 것처럼 보인다. 둘째, 그런 노래가 촬영되는 장소나 사람이 진짜 학교나 학생으로 실제 세상을 그대로 전달한다. 셋째, 많은 구성원들이 참여한다. 최근 들어서는 한 학교의 모든 학생들이 참여해 한 편의 Lib-Dubs 뮤직비디오를 만들기도 한다. 넷째, 그 뮤직비디오에 참여한 사람들이 모두 재미있어 한다는 것이다. 이러한 특성은 재미와 즉흥성이 합작활동에 중요한 역할을 할 수 있다는 시사점을 제공해 준다.

네 번째 단계인 평가testing and refinement 단계에서 여러 명의 사용자가 함께 참여하는 경우에는 앞서 하나로 수렴된 창조물에 대해 많은 사람들이 그 아이디어를 완성도 높게 수정 보완하는 작업을 한다. 대표적인 예로 그림 25와 같은 애플리케이션 테스팅을 들 수 있다. 안드로이드 애플리케이션을 개발하는 개발자가 자신이 개발한 애플리케이션을 게시판에 올려 사용자에게 그것을 사용해 보고 그에 대한 오류나 문제점을 지적해 달라고 요청하는 것이다.

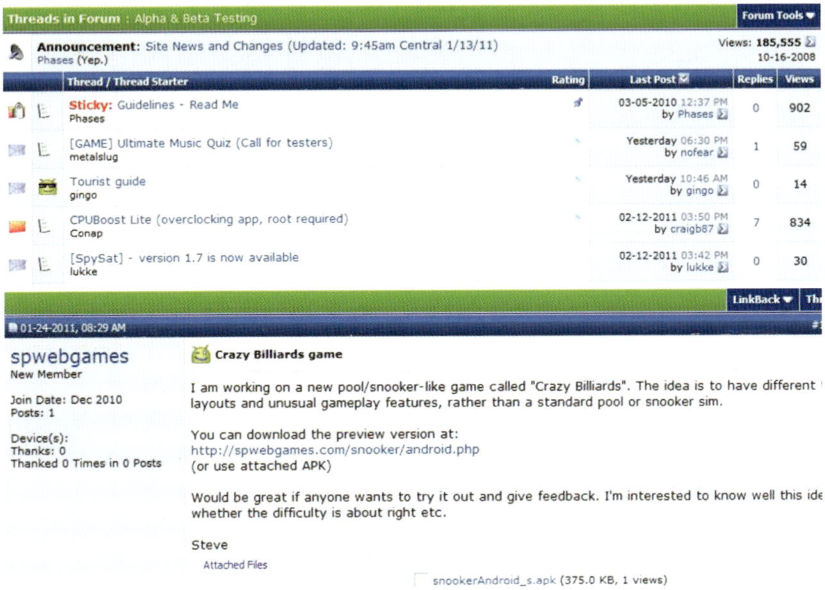

그림 25
아이디어 평가 단계에서 집단의 창조활동이 이루어지는 안드로이드 베타 평가

창조 범위에 따른 분류

집단이 함께 창조하는 대상이 얼마나 많은 자유도를 갖는지에 따라 합작 활동을 분류할 수 있다. 자유도를 작게 가져서 이미 정해진 규칙에 따라 약간의 변형이 가능할 수도 있고, 자유도를 많이 가져서 완전히 새로운 것을 만들어 낼 수도 있다. 이를 이 책의 9장에서 소개한 점진적 혁신과 파괴적 혁신이라고 구분하기도 한다.

점진적인 혁신의 예로 그림 26을 들 수 있다. 이 서비스는 허구의 스토리를 만들어 사람들이 함께 게임을 하는 대체 현실 게임ARG, alternate reality game의 일종으로, Halo 2라는 게임과 관련되어 있다. 이 게임에 참가하는 사람들은 집단으로 자신에게 주어진 문제를 창의적으로 해결하는 과제를 받는다. 그리고 그 내용들이 모두 모이면 전체적으로 재미있는 스토리를 가진 게임이 된다. 이 게임은 전 세계에서 총 50만 명이 넘는 사람들이 참가해 새로운 스토리를 만들어 냈다. 그러나 전체적으로 보면 그 스토리들은 Halo 2라는 게임 세계의 새로운 플롯이기 때문에 점진적인 혁신이라고 할 수 있다.

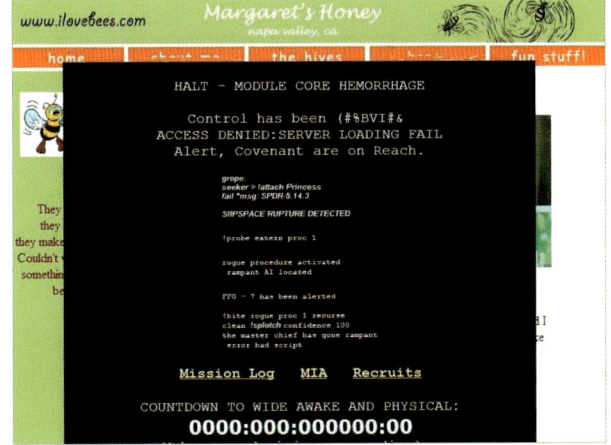

그림 26
점진적인 혁신 사례: I Love Bees(ILB)

반면 파괴적인 혁신은 완전히 새로운 창작물을 만드는 경우를 가리킨다. 그림 27과 같이 공동 소설 창작 프로젝트인 ILN의 경우 출판사에 속해 있지 않은 세 명의 작자와 한 명의 일러스트레이터가 독립적인 인적 네트워크를 구축해 공동으로 소설을 창작하고 있다. 소설은 주기적으로 업데이트되고 있으며, 네 개의 스토리가 각기 독자성을 가지고 있으면서도 상호연관성을 가지고 있다. 각 스토리의 중요한 사건이나 인물들이 서로 영향을 미치면서 전개되어 가고 있다. 이 프로젝트는 작가들의 상상력에 따라 무한하게 새로운 작품이 나올 수 있다는 점에서 자유도가 높은 창조 사례라고 할 수 있다.

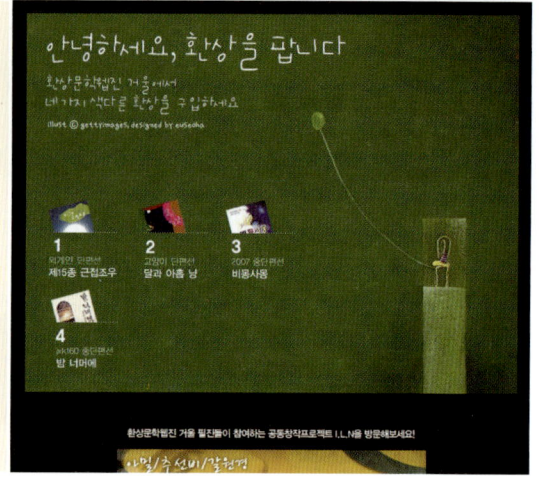

그림 27
파괴적 혁신의 사례:
창조의 공동 소설
창작 프로젝트 ILN

커뮤니티의 특성에 따른 분류

합작 활동의 핵심은 여러 사람의 아이디어를 모아 하나의 창조물로 만들어 내는 일이다. 이것은 주로 여러 가지 아이디어를 결합하고combine, 이를 바탕으로 새로운 가능성을 탐색해explore 보고, 최종적인 결과물로 변환하는transform 과정을 거친다.Boden, 2003 커뮤니티가 어떤 특성을 가지고 있는지에 따라 합작활동은 포럼모형, 하이브즈모형, 크라우드모형, 스웜모형의 네 가지로 나누어진다.Kozinets, et al., 2008 이 네 가지는 다시 구속도의 차원과 밀집도의 차원으로 설명할 수 있다.

구속도boundedness의 차원은 커뮤니티가 자체적으로 규정한 목표와 협력하는 구조가 얼마나 구체적으로 정해져 있고, 이를 구성원에게 얼마나 강력하게 권유하는지에 대한 차원이다. 커뮤니티 자체적인 목적이 있고 이를 전체 구성원에게 강력하게 유도하거나 장려하는 것을 구속형 커뮤니티tightly bounded community라고 하고, 커뮤니티 자체의 목적이 있는 것은 아니지만 개인이 자신의 목적을 달성하려다 보면 전체 커뮤니티에 도움이 되는 것을 개방형 커뮤니티loosely bounded community

라고 한다. 반면 밀집도concentration의 차원은 한 프로젝트에 대해 얼마나 많은 사람들의 아이디어 창출과 조합이 이루어지는지에 따라 구분할 수 있다. 작업들이 잘게 나누어져 많은 사람들에 의해 아이디어가 창출되고 조합되는 것을 분산형 커뮤니티dispersed community라고 하고, 소수 몇 사람에 의해 아이디어가 창출되고 취합되는 것을 밀집형 커뮤니티concentrated community라고 한다. 이 두 가지 차원을 교차해서 2×2로 배치하면 표 1과 같다.

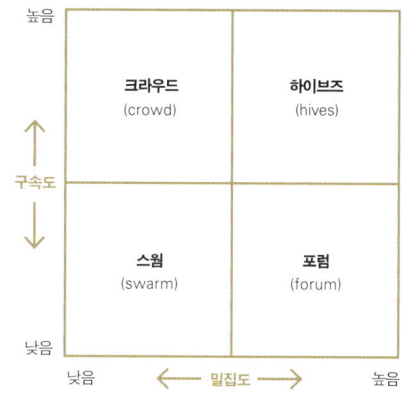

표 1
커뮤니티의 특성에 따른 합작의 분류

포럼모형

포럼모형forum model은 한 사람이나 소수의 그룹 또는 회사가 초기 아이디어를 만들고, 이를 사용자 집단에게 게시해 여러 사람들의 의견을 받아서 최종적으로 수정 보완하는 모형이다. 이 모형은 실제 아이디어를 낸 사람도 개인 또는 소수의 집단이고 최종적으로 집단의 의견을 반영한 사람도 개인이나 소수 집단이다. 따라서 밀집도가 높다. 합작 활동에 커뮤니티 전체의 목표도 없고 협력을 위한 방식도 미리 정해진 바가 없기 때문에 구속성이 낮고 별도의 조정coordination이 필요없는 모형이다.

그림 28은 사진 공유 커뮤니티와 제품 평가 커뮤니티의 사례이다. 사진 공유 커뮤니티의 경우 개인이 찍은 사진을 커뮤니티 게시판에 올려놓으면, 커뮤니티 구성원들이 올라온 사진을 보고 감상과 의견을 제시하고 사진을 올린 사람이 다음 번에는 더 좋은 사진을 올린다. 제품 평가 커뮤니티의 경우 개인이나 회사가 어떤 제품에 대한 자신의 경험담이나 평가 결과를 게시판에 올리면 다른 사용자가 그 이야기를 읽고 평가에서 잘못된 부분을 지적해 이를 보완해서 완성도가 높은 평가보고서를 만들 수도 있다. 또는 프로그램 개발자가 게시판에 올린 프로그램에 대한 사용자의 평가를 듣고 이를 수정해서 더 좋은 애플리케이션을 만들어 낼 수도 있다.

그림 28
포럼모형 사례

포럼모형은 개인이나 소수의 집단이 커뮤니티 전체 구성원들에게 자문을 구하기는 하지만 원래 창작물을 만든 것도 개인이나 회사이고 커뮤니티의 의견을 반영한 것도 개인이나 회사이기 때문에 커뮤니티의 참여 정도가 가장 낮은 경우라고 할 수 있다.

하이브즈모형

하이브즈모형 hives model 은 커뮤니티에 소속된 소수의 사람들이 처음부터 구체적인 목표를 가지고 아이디어를 만들고 여러 사람들의 아이디어를 모아 전체적인 창작물을 만들어 가는 모형이다. 이 모형은 주로 대규모 창작물을 만드는 과정에 활용되며, 공동 창조의 목표와 사람들 간의 역할 분담 및 통합을 위한 절차가 미리 정해져 있기 때문에 상당히 많은 협력이 필요하다. 그러나 실질적으로 협력에 참여하는 사람들은 기껏해야 한두 명에 그치는 경우가 대부분이다. 위키피디아의 경우가 그러하다. 대부분 기사에 적극적으로 참가하는 사람의 숫자는 매우 소수이며, 이는 소규모 오픈소스 프로젝트도 마찬가지이다.

이 모형에 속하는 대표적인 사례로 머시니마 machinima 를 들 수 있다. 머시니마는 일반적으로 특정 게임에 사용된 컴퓨터 그래픽이나 엔진을 이용해서 만든 애니메이션 영화로, 공동 작업을 통해 만들어지는 것이 보편적이다. world of warcraft의 경우 길드가 홍보를 목표로 만들기 시작한 〈Tales of the Past〉라는 비디오가 있다. 이 비디오는 총 세 편의 시리즈로 구성되어 있으며, 2,000명이 넘는 게이머들이 촬영에 참여하기는 했지만 실제로 기획을 하고 아이디어를 모은 집단은 소수의 사람들로 구성되어 있다. 이외에도 소스포지 sourceforge 에 속하는 많은 오픈 소스 소프트웨어 프로젝트들이 이 범주에 속한다. 이들은 매우 정교한 방법으로 다양한 개발 프로젝트를 진행하고, 이를 통해 높은 품질의 개방형 소프트웨어를 만든다. 영화 〈스타트렉〉에 관심 있는 사람들이 모여 자신들만의 드라마를 만들어서 배포하는 스타트렉동호회 startrekvoyages.com 도 이 모형에 속한다.

하이브즈모형은 소수의 사용자가 공동의 목표를 정하고 이를 위해 집단 전체가 서로 협력한다. 이 협력 과정은 정밀해야 하며, 집단 전체의 목표를 가지고 있기 때문에 그 목표의 정당성이 강조되어서 많은 사용자의 자발적인 참여를 이끌어 낼 수 있어야 한다. 따라서 일단 성공하면 큰 영향력을 가질 수 있지만 커뮤니티 전체의 노력과 비용이 필요하기 때문에 성공적인 사례가 그다지 많지 않은 모형이기도 하다.

그림 29
하이브즈모형 사례

Tales Of the Past III
Falch Productions (Denmark), World of Warcraft

War of the Servers
Lit Fuse Films (U.K.), Half Life 2

Jonathan Jekill
Minerva Cómics (Mexico), The Movies

Clear Skies
Ian Chisholm (U.K.), HalfLife 2 and Eve Online

크라우드모형

크라우드모형crowd model은 크라우드소싱crowd sourcing이라는 용어로 더 잘 알려진 모형이다. 일반적으로 회사가 주축이 되어서 불특정 다수의 사용자에게 특정 목적을 주고 참여를 유도한다. 개인 또는 그룹의 사용자가 자신들의 아이디어를 제출하면, 이 제출물에 대해 사용자들이 의견을 나누는 단계를 거친 뒤 집단이 투표를 하거나 전문가들이 결정을 해서 최적의 결과물을 선택한다.

이 모형은 사용자의 적극적인 참여를 유도하기 위해 일종의 금전적인 보상이나 명성을 참가자에게 제공하며, 또한 경쟁적인 요소를 도입해 가장 적합한 대안을 도출하려고 한다. 참가자는 특정한 목적을 달성하기 위해 모이고 그 일을 수행하고 나면 해산한다. 간혹 오래 지속되는 경우도 있지만, 대부분은 자신의 즐거움을 위해 프로젝트에 참여한다. 구체적이고 명시적인 목적이 있지만 그 목적이 커뮤니티 전체의 목적이라기보다는 해당 회사나 단체의 목적인 경우가 일반적이다.

그림 30은 크라우드모형에 속하는 대표적인 사례이다. Top coder는 기업이나 단체에서 자신들이 가지고 있는 개발이나 디자인 또는 아이디어 창출과 같은 프로젝트를 의뢰하면, 이를 전체 커뮤니티 구성원에게 알려 관심 있는 구성원들에게 해답을 제출하게 하고 그것을 이용해 기업에 솔루션을 제공하고 구성원은 그에 대한 금전적 비금전적 보상을 받는 경우를 가리킨다. 비슷한 예로 그림 30의 오른쪽은 디자이너를 대상으로 로고 디자인이나 웹 디자인 또는 기타 여러 가지 디자인에 대한 아이디어를 모으는 사례이다.

그림 30
크라우드모형 사례

이 모형은 커뮤니티 전체의 목적은 아니지만 명확한 목적이 있고, 그 목적을 달성하기 위해 어떤 식으로 경쟁할 것인지가 미리 정해져 있다는 특징이 있다. 다만 협동이 아니라 경쟁을 통해 커뮤니티의 단체 활동을 이끌어 낸다. 또한 사용자들은 실제로 돈이라든지 명예와 같은 외재적인 동기를 가지고 협동 프로젝트를 진행한다는 특징을 가지고 있다. 그리고 실제로 회사들이 주가 되어 진행하는 경우가 많다. 그러나 이런 과정을 통해 나온 최종 결과물의 성과가 기대한 것보다 좋지 않거나, 개발자 또는 디자이너의 재능을 헐값에 이용하기 위한 의도라는 비판을 받기도 한다.

스웜모형

스웜 이노베이션모형swarm innovation model이라 불리기도 한다.Assogba and Donath, 2010 스웜모형swarm model은 하이브즈모형에 비해 전체 커뮤니티가 매우 헐겁게 정의되어 있다. 전반적인 커뮤니티의 목적은 있지만 무엇인가를 같이 만들어 내고자 하는 구체적이고 직접적인 목적이 없다. 그 목적을 달성하기 위한 구체적인 절차나 구조도 가지고 있지 않다. 그래서 각 개인이 기여하는 바는 그다지 크지 않지만, 한편으로는 많은 사람들이 참가하기 때문에 그들이 모아지면 전체적으로 큰 영향력을 가질 수 있다.

이 커뮤니티에 속하는 구성원들은 자신들이 개인적으로 좋아하거나 해야 하는 활동을 통해 커뮤니티에 도움을 준다. 그러나 그 도움이 의도된 것이 아니고 어떤 목적으로 사용될 것인지도 정해지 있지 않다. 또 서로에게 어떤 의무도 없다. 구성원들은 자신들만의 목표가 있고 이런 목표를 추구하는 것에 아무런 제약이 없다. 구성원들 사이의 협동은 주로 구성원들이 각자의 목표를 추구하면서 축적해 놓은 결과에 의해 이루어진다. 물론 직접적으로 도움을 주고받을 수 있는 가능성이 아예 없는 것은 아니지만 이보다는 커뮤니티에서 자신들이 만들어 낸 사례들을 공유함으로써 간접적으로 협동한다. 그리고 그렇게 해서 모인 결과물은 일반적으로 커뮤니티에 참여하는 개인에 의해 활용되지만 경우에 따라서는 전체 커뮤니티의 발전에 간접적으로 기여하기도 한다. 여기에 속하는 커뮤니티는 네 가지 행동적 특성을 가진다. 첫째, 하이퍼링킹hyper-linking을 통해 수많은 사용자가 큰 스케일로 서로 연결한다. 둘째, flocking to common ground로서 비슷한 관심을 가진 많은 사람들을 한곳으로 모여들게 한다. 셋째, 그렇게 모인 사람들이 어떤 대상이나 프로젝트를 평가한다. 넷째, 태깅tagging이라는 행위를 한다. 플리커에서 사진에 대해 각 개인이 태그를 다는 것이 그것이다.

이 모형에 대한 대표적인 예로 그림 31의 github과 quirky가 있다. github은 각 사용자가 평소 자신들이 흥미로워하는 다른 프로젝트를 하면서 작성했던 프로그램들을 공공장소에 저장해 놓고 다른 사람들이 사용할 수 있도록 하고, 이를 기반으로 사람들 사이에 네트워크를 만드는 서비스이다. quirky는 좋은 아이디어가 있으면 누구나 이를 제출해서 다른 사람들과 함께 그 아이디어를 현실화시키는 서비스이다. use map도 스웜모형의 사례라고 할 수 있다. 그저 재미있는 게임을 하기 위해 스스로 게임맵을 만들지만 이것들이 남겨져서 다른 사람에 의해 사용되고 결합되면서 그들만의 게임이 나타나는 것이다.

스웜모형의 구성원들은 각자가 전반적인 공동활동의 목적과 취지를 이해하고 있지만 각자는 자신의 목적을 달성하기 위해 활동한다. 그리고 다른 구성원 역시 그들만의 목적을 달성하기 위해 행동할 것이라고 기대한다. 그리고 그런 기대가 충족되었을 때 전체 공동체의 목적을 달성할 수 있을 것이라고 믿는다. 즉 많은 사람들이 참여하지만 각 사용자는 상대적으로 큰 기여를 하지 않는다.

이 모형은 하이브즈모형처럼 많은 희생과 노력을 요구하지도 않고, 크라우드모형처럼 특정 기업이나 집단에 이용될 가능성도 상대적으로 낮기 때문에 최근 들어 그 중요성이 더욱 높아지고 있다. 오픈 소스 소프트웨어의 중요한 프로젝트들이 최근 들어 github와 같은 스웜모형 기반의 커뮤니티로 옮겨 온 것이 그 대표적인 사례라 할 수 있다.

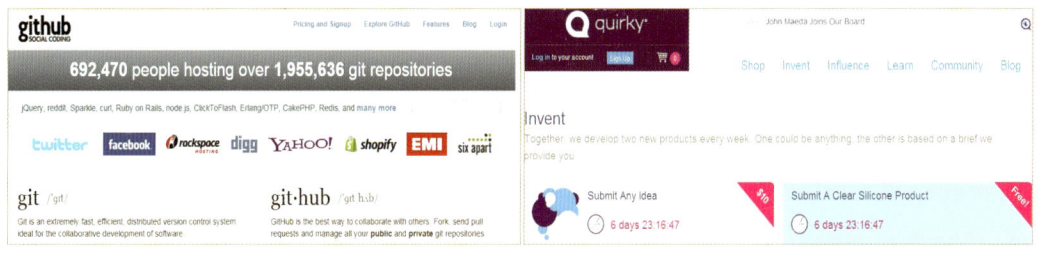

그림 31
스웜모형 사례

3.3 합작하는 경험에 영향을 미치는 핵심 요인

합작하는 경험에 영향을 미치는 핵심 요인은 창조활동 자체에 영향을 미치는 요인과 다른 사람들과 함께하는 창조활동 과정에 영향을 미치는 요인으로 나눌 수 있다. 창조활동에 영향을 미치는 요인은 크게 내재적인 동기와 외재적인 동기로 나눌 수 있으며, 함께 창조활동을 하는 행동에 영향을 미치는 요인은 인지적 요인과 감성적 요인 그리고 사회적 요인으로 나눌 수 있다.

창조활동에 영향을 미치는 내재적인 요인

창조활동에 가장 명확한 영향을 미치는 요인들은 창조활동에 참여하는 그 자체에서 얻을 수 있는 내재적인 동기intrinsic motivation 요인들이다.Hennessey and Amabile, 2010 내재적인 요인 중에 가장 대표적인 것으로 재미를 들 수 있다. 예를 들어, 레고 디지털 디자이너를 사용하는 아이들은 소프트웨어를 이용해서 무엇인가 새로운 것을 만든다는 것 그 자체에 큰 '재미fun'를 느낀다. 그 다음 내재적인 요인은 '자부심self efficacy'이라고 할 수 있다. 아이들의 경우에 레고 디지털 디자이너를 사용하면서 자신이 실제로 회사에서 디자인한 것과 같은 높은 수준의 제품을 만들 수 있다는 것에 큰 자부심을 느낀다. 세 번째로 중요한 내재적 요인은 '자율감autonomy'이다. 내가 내 마음대로 조정해서 내가 만들고 싶은 것을 만들 수 있다는 것은 레고 디지털 디자이너를 사용해 새로운 레고 디자인을 만드는 아이들에게 그 자체로 즐거움을 제공한다.

창조활동에 영향을 미치는 외재적 요인

외재적인 동기extrinsic motivation 요인이 창조활동에 영향을 미치는 효과는 아직 불명확하다. 외재적인 요인들도 창조활동에 긍정적인 영향을 미치기는 하지만, 단 창조의 성과물과 직접적인 연관이 있어야 한다. 즉 무조건 외재적으로 보상해 주는 것은 창조적인 행동에 별로 영향을 미치지 못하지만 창조물의 결과에 따라 그에 맞는 보상을 주는 것은 창조활동을 증진시킨다는 것이다. 외재적인 요인이 적극적으로 활용된 예로 그림 32에 보는 안드로이드나 애플 아이폰의 애플리케이션 마켓을 들 수 있다. 대표적인 외재적 요인의 하나로 금전적인 보상monetary compensation을 들 수 있다. 예를 들어, 애플리케이션 마켓에서 성공적으로 판매를 해서 금전적인 이득을 취하는 경우가 이에 속한다. 두 번째로 중요한 외재적 요인은 명성reputation이다. 창의적인 제품을 만들어 대중에게 알림으로써 자신의 명성을 높여 갈 수 있다. 예를 들어, 해당 애플리케이션을 만든 사람에 대한 평가와 함께 그 사람이 만든 다른 애플리케이션도 제시함으로써 개발자의 명성을 높여 주고 있다. 마지막으로 자기표현self expressiveness을 들 수 있다. 당장 자기에게 가장 필요한 애플리케이션을 만들어 사용함으로써 자신만의 특수한 요구를 충족시킬 수 있기 때문이다. 예를 들어, 트위터를 위한 애플리케이션 중에서 twitpic과 같은 애플리케이션은 사진을 좋아하는 개발자가 자신을 위해 만든 애플리케이션이다.

앞에서 살펴본 두 가지 요인이 창조활동에 영향을 미치는 요인들이었다면, 이제 공동 활동에 영향을 미치는 요인들을 살펴보자. 공동활동shared cooperative activity이란 크게 세 가지 특징을 가지고 있는 행위를 말한다. 첫째, 상호반응성mutual

그림 32
외재적인 요인이 큰 영향을
발휘하는 스마트폰
애플리케이션 마켓

responsiveness이다. 공동활동에서는 각자가 다른 사람들의 의도나 행동에 반응하고, 다른 사람들도 자기들이 생각하는 것처럼 자신의 행동이나 의도에 반응할 것이라고 생각한다. 예를 들어, 두 사람이 같이 춤을 출 때 상대방의 움직임이나 의도에 반응해 자신의 스텝을 변형해야 상호반응성이 높다고 할 수 있다. 둘째, 공동활동은 참가하는 사람들이 연결된 행동을 같이 하겠다는 의지를 가지고 있는 것을 의미한다. 즉 볼륨댄스를 출 때 상대방과 함께 춤을 추겠다는 의지가 있다는 것이다. 셋째, 공동활동은 참가하는 각자가 상대방이 도움이 필요하면 도와줄 의지가 있음을 의미한다. 즉 볼륨댄스를 추다가 상대방이 몸의 균형을 잃고 넘어지려고 하면 손을 내밀어 상대방을 끌어 주려는 의지가 있다는 것이다.

공동활동에 참여하는 사람들의 의도we-intention나 욕구participation desire에 중대한 영향을 미치는 요인은 인지적인 요인과 감성적인 요인, 그리고 사회적인 요인으로 나눌 수 있다.Bagozzi and Dholakia, 2006

공동활동에 영향을 미치는 인지적 요인

공동활동에 영향을 미치는 인지적인 요인의 첫 번째 태도attitude를 들 수 있다. 즉 공동으로 하는 어떤 활동에 대해 개인이 얼마나 긍정적인 또는 부정적인 태도를 가지고 있느냐에 따라 공동활동에 적극적으로 참여할 수도 있고 그렇지 않을 수도 있다.

두 번째 인지적인 요인은 개인이 느끼는 사용성 perceived behavior control 이다. 즉 공동활동에 참여해서 함께하는 것이 얼마나 어렵고 쉬운지 느끼는 정도를 말한다. 그림 33은 인지적 요인이 큰 영향을 미치는 공동활동 사례이다. 이 사례는 일본에서 지진 사태와 관련해 어떤 일들이 일어나고 있는지를 알려 기부하는 공동행위에 대한 긍정적인 태도를 유발하고 있다. 휴대전화로 문자 메시지만 보내면 기부에 동참할 수 있다는 매우 간편한 방법을 통해 공동활동에 참여할 수 있음을 강조하고 있다.

그림 33
공동활동에 영향을 미치는 인지적 요인들이 큰 영향을 발휘하는 미국 적십자사

그림 34
공동활동에 영향을 미치는 감성적 요인들이 큰 영향을 발휘하는 온라인 게임

공동활동에 영향을 미치는 감성적 요인

공동활동에 영향을 미치는 감성적인 요인은 공동활동에 성공적으로 참여했을 때에 느낄 것이라고 예상하는 긍정적인 감정과 참여하지 않았을 때에 느낄 것이라고 예상하는 부정적인 감정이 있다. 즉 아직 발생하지 않았지만 미래에 발생할 상황을 가정해 보고, 그 경우에 본인이 어떻게 느낄 것인지를 예측하는 것이다. 이러한 감성적인 요인이 큰 영향을 발휘할 수 있는 사례로 그림 34와 같은 온라인 게임 공성전과 같은 공동활동을 들 수 있다. 여기서는 본인이 중요한 공성전에 참여해 공을 세우고 본인이 속한 길드가 전투에 이겼을 때 얼마나 기분이 좋을 것인지를 예측해 볼 수 있다. 또 반대로 본인이 그 전투에 참여하지 않았는데 자신이 속한 길드가 패배해서 성을 빼앗겼을 때 얼마나 기분이 나쁠 것인지를 예측해 볼 수 있다. 긍정적인 예측이나 부정적인 예측이 크면 클수록 사람들은 공동활동에 더 적극적으로 참여하는 경향이 있다.

공동활동에 영향을 미치는 사회적 요인

공동활동에 영향을 미치는 사회적인 요인은 크게 정체성에 대한 것과 규범에 관한 것으로 나눌 수 있다. 그중에서 정체성에 대한 것으로 앞서 공유활동에도 영향을 미치는 요인으로 제시되었던 사회적 정체성을 들 수 있다. 따라서 사회적 정체성이 합작활동과 공유활동을 연결시켜 주는 중요한 고리가 될 수 있다.

규범은 크게 두 가지로 나눌 수 있다. 하나는 주관적 규범 subjective norm 으로, 이는 다른 사람들의 기대 수준을 의미한다. 즉 공동활동에 참여하는 자신에게 다른 사람들의 기대하는 수준이 클수록 공동활동에 참여하고자 하는 바람이 커진다는 것이다. 또 다른 하나는 집단 규범 group norm 이다. 이는 커뮤니티가 중요하게 생각하는 가치나 목적에 동의하는 정도가 클수록 커뮤니티의 공동활동에 참여하고자 하는 바람이 커진다는 것이다. 이 경우에는 커뮤니티 내에서의 계속되는 상호작용을 통해 주관적인 규범이나 집단의 규범이 개인 참여자에게 전달되고 내재화된다. 특히 구성원 간의 상호작용이 중요한 역할을 한다.

결론적으로 합작 경험에 영향을 미치는 요인은 창조활동에 영향을 미치는 내재적 및 외재적 요인들과 공동활동에 영향을 미치는 인지적, 감정적 그리고 사회적 요인들이다. 이러한 요인들은 커뮤니티의 조직이나 구성원에 의해 결정될 수도 있지만, 구성원이 서로 어떻게 상호작용하는지에 따라서도 결정될 수 있다. 즉 디지털 시스템을 통해 다른 사람들과 상호작용하면서 창조활동에 영향을 미치는 요인들이나 공동활동에 영향을 미치는 요인들을 효과적으로 제공할수 있다는 것이다.

여기서 주의할 점은 창조활동과 공동활동이 항상 잘 융합되는 것이 아니라 때에 따라서는 서로 간에 충돌이 일어날 수 있다는 것이다. 집단의 공동활동을 너무 강조하다 보면 개인의 창조활동을 저해할 수 있는 반면, 개인의 창조활동을 너무 강조하다 보면 집단의 공동활동에 부정적인 영향을 줄 수도 있다. 예를 들어, 창조활동에 영향을 미치는 명성과 같은 경우에 지나치게 되면 다른 구성원의 공동활동에 오히려 부정적인 영향을 미칠 수 있다. 또한 집단의 공동활동에 영향을 미치는 인지적 동질성을 너무 강조하다 보면 개인의 창조성이 방해를 받을 수도 있다. 따라서 적절한 경험 디자인 요소를 통해 이 둘을 함께 충족시켜 줄 수 있는 시스템을 구성하는 것이 필요하다.

3.4 합작하는 경험을 촉진하는 디자인 요소

앞서 설명한 공동활동과 창조활동에 영향을 미치는 요소들에 대한 기존의 연구와 현재 시험적으로 운영되고 있는 시스템을 분석한 결과를 통해 합작하는 경험을 촉진하는 디자인 요소 몇 가지를 제안하고자 한다. 단 이러한 제안이 실제적으로 효과가 있는지, 더 효과적인 방법이 있는지에 대해서는 앞으로 추가적인 연구가 필요하다.

콘셉트 디자인

집단의 공동활동을 장려하면서도 동시에 개인의 창조활동을 저해하지 않는 방법을 강구해야 한다. 이러한 점에서는 스웜모형이 적절하다. 왜냐하면 집단의 목표나 구조를 개인에게 강요하지 않기 때문에 개인의 창조성이 저해받지 않으며, 또한 개인이 만든 창작물을 축적시켜 커뮤니티에 도움이 되기 때문이다. 이를 통해 개인의 창조성과 집단의 공동활동 간의 균형을 이룰 수 있다. 스웜모형에 따르면 커뮤니티에 속한 개인들은 자신들이 하고자 하는 일에 초점을 맞춘다. 전체 커뮤니티의 가치를 알고 있지만, 그 가치는 전반적인 내용이고 구체적으로 어떤 일을 달성하기 위한 목표나 절차는 아니다. 각 구성원은 자신이 하고 싶거나 해야 하는 일을 함으로써 전체 커뮤니티에 도움이 될 것이라고 믿는다. 동시에 다른 구성원들도 자신처럼 본인의 이해관계에 따라 움직일 것이라고 생각한다. 그리고 혼자의 힘으로는 전체 커뮤니티의 가치를 구현하기 어렵지만, 다른 구성원들이 함께 생각하면 그것도 가능하다는 것을 믿는다. 그리고 다른 사람들과 연결된 활동을 하기 위해 자신이 만든 창조물을 다른 사람들에게 개방하고 공유한다. 그리고 다른 사람들이 도움을 요청하면 기꺼이 그에 응답해 자신의 기술과 지식을 함께 나눈다. 여기서 중요한 점은 개인의 목표와 집단의 목표가 같지 않다는 것이다. 개인은 자신의 목표를 최대한 효과적으로 달성하기 위해 노력한다. 그러나 그런 목표가 집단의 목표와 상충되지 않는다는 확신이 있다. 그리고 그런 확신을 통해 자신의 결과물을 다른 집단의 사람들과 함께 나누는 것이다.

이러한 스웜모형 콘셉트를 구체화하는 메타포로 온라인 게임을 들 수 있다. 온라인 게임 내에서는 각 개인이 자신의 개인적인 관심사를 충족시키기 위해 게임을 한다. 그러나 다른 게이머들의 활동에 자신이 적절하게 반응하며, 다른 게이머들도 자신과 비슷하게 생각할 것이라고 알고 있다. 그리고 경우에 따라 다른 게이머들과 연결되어 활동하려고 하고 다른 게이머들을 도와줄 수도 있다. 또한 온라인 게임 메타포는 개인의 창의성을 촉진시키는 중요한 내재적 요인인 재미와 자부심 그리고 자율감을 충족시켜 줄 수 있다. 게임을 합작활동의 콘셉트로 활용한 예로 그림 35는 단백질의 3차원 구조를 예측하기 위해 합작활동을 한 사례이다. 이 연구에서는 Foldit이라는 게임에 참여하는 5만 7,000명의 게이머들과 함께 게임의 형식으로 단백질 구조를 예측하는 공동 창조활동을 수행했고, 그 결과를 저명한 과학잡지인 《Nature》에 게재했다. 특히 게이머들을 저자에 포함시킴으로써 5만이 넘는 저자가 작성한 공동 창조의 좋은 사례라고 할 수 있다.

정보구조 디자인

합작활동을 위한 정보구조 디자인에서 중요한 요소는 정보의 공유이다. 커뮤니티에 속한 구성원이 개별적인 목적 달성을 위해 만들었던 창조물을 다른 구성원과 자유롭게 나눌 수 있어야 한다. 이것은 성공적인 커뮤니티를 위한 중요한 첫 번째 조건이다. 그림 36의 스웜모형을 차용한 Share라는 프로그램 커뮤니티에서는 그 커뮤니티 안에서 각 개인이 개발한 프로그램은 특정한 조건을 달아 두지 않는 한 자동적으로 커뮤니티 내의 다른 사람들에게 공개되어 다른 사람들도 즉시 활용할 수 있도록 한다.

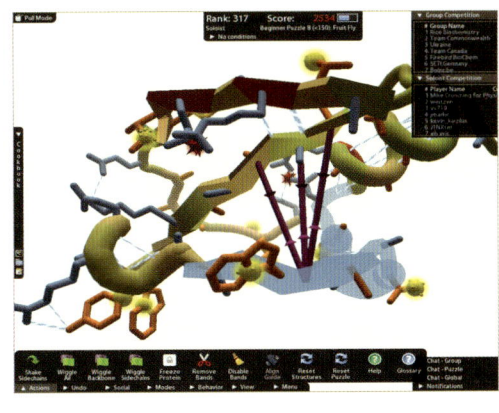

그림 35
온라인 게임의 콘셉트를 이용한 합작활동의 사례: Foldit

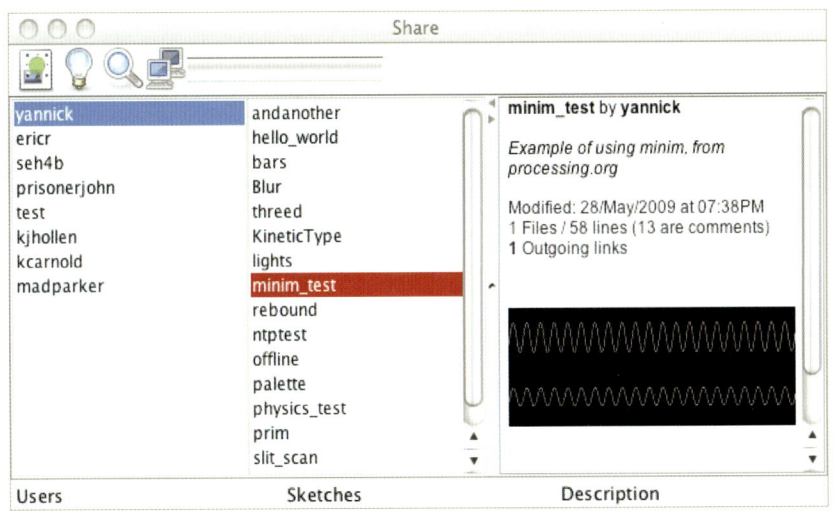

그림 36
합작활동을 위한 정보구조 디자인이 효과적으로 나타난 사례: Share

두 번째는 다양한 형태와 시각의 정보들이 커뮤니티 내에 축적될 수 있어야 한다. 창의적인 결과를 위해서는 다양한 시각의 정보들이 필요하다. 예를 들어, 모바일 애플리케이션 개발을 위한 온라인 커뮤니티에서 모든 사람들이 개발자라면 너무 비슷한 시각의 정보들만 넘쳐나게 된다. 그러나 사용자의 시각이 함께 섞이면 다른 시각의 의견을 함께 볼 수 있어 창조활동을 하는 데 도움이 된다. 또한 다양한 종류의 정보도 필요하다. 예를 들어, 사실 정보나 원리 원칙에 대한 정보들도 중요하지만 사용자의 의견 정보나 사용후기와 같은 이야기 정보도 중요한 역할을 한다. 이를 위해서는 커뮤니티 내에 다양한 지식과 경험을 가지고 있는 구성원을 적극적으로 유치하는 것이 중요하다. 다양한 사람들이 섞여 있다 보면 커뮤니케이션 자체가 어려울 수 있다. 그러나 적절한 수준에서 의사소통이 어렵다는 것은 사람들이 새로운 무엇인가를 만들어 내는 데 긍정적인 영향을 미친다.

세 번째는 모든 정보가 공유되기는 하지만 동시에 자신이 가지고 있지 않은 정보가 무엇이라는 것이 명확하게 드러나야 한다. 공동활동을 위해서는 자신이 모든 정보를 가지고 있다고 생각하는 것은 도움이 되지 않는다. 그보다는 자신이 가지고 있는 정보가 어떤 점이 부족하고, 그 정보를 누가 가지고 있으며, 이것이 사회적인 관계를 통해 공유될 수 있다는 것을 알려 주는 것이 합작활동에 도움이 된다.Balacrkishnan et al., 2010

인터랙션 디자인

스웜모형을 통해 공동 창조를 촉진시키기 위해서는 우선 창조적인 활동을 촉진시키는 상호작용의 설계가 필요하다. 이를 위한 첫 번째 방법은 사람들에게 재미를 주는 것이다. 재미는 공동 행위에 참여하는 사람들에게 참여하는 그 자체에 대한 보상이 될 수 있다. 또한 재미는 사람들이 창조활동에 참가하는 이유가 되기도 한다. 재미는 몰입과 밀접한 관계가 있다. 그리고 어떤 일에 몰입하기 위해서는 자신이 해야 하는 과업과 자신이 가지고 있는 스킬 사이의 균형을 이루어야 한다. 즉 커뮤니티 구성원이 가진 기술에 비해 과업이 너무 어려워서 질리게 만들어서도 안 되고, 반대로 너무 쉬워서 지겹게 만들어서도 안 된다. 이런 균형을 가장 잘 구현하는 사례로 게임의 설계를 들 수 있다. 잘 만들어진 게임에서는 사용자의 스킬 정도를 수시로 점검하고, 과업이 너무 어려워 사람들이 계속 실패할 때에는 이를 극복할 수 있는 팁이나 도움을 제시한다.

두 번째 방법은 사람들에게 자율성autonomy을 주는 것이다. 자율성은 사람들에게 자신이 원하는 것을 마음대로 조작할 수 있게 해서 창조적인 활동을 촉진한다. 동시에 공동활동에서도 어느 정도 자신이 할 수 있는 범위 내에서 통제가 가능하다고 생각하게 한다. 자율성을 줄 수 있는 방법은 4장의 사용성의 원리에서 제시했던 것과 마찬가지로 사용자 주도권, 대체성, 다중성, 개인화 가능성, 그리고 연결성을 높여 주는 것이다. 그중에서도 특히 입출력 방법을 사용자가 편리한 것으로 대체할 수 있게 해 주고, 여러 기기나 서비스 사이에 연동과 호환을 높여 주는 것이 자율성을 높여 주는 데 도움이 될 것이다.

세 번째 방법은 사람들에게 책무성accountability을 제공하는 것이다. 책무성은 자신이 하는 행동이 다른 사람들의 행동에 어떤 영향을 미쳤는지, 그리고 반대로 다른 사람들의 행동이 자신에게 얼마나 큰 영향을 미쳤는지를 가리킨다. 이를 위해서는 자신의 창조물에 다른 사람들의 창조물이 어떻게 활용되었고, 자신이 전체 커뮤니티의 목적과 가치에 얼마나 공헌을 했는지를 보여 주는 것이 필요하다. 예를 들어, 그림 37은 다른 사람들의 코드가 자신의 프로그램에 어떻게 활용되었고, 자신의 코드가 다른 사람들의 프로그램에 어떻게 활용되었는지를 실시간으로 보여 주고 있다.

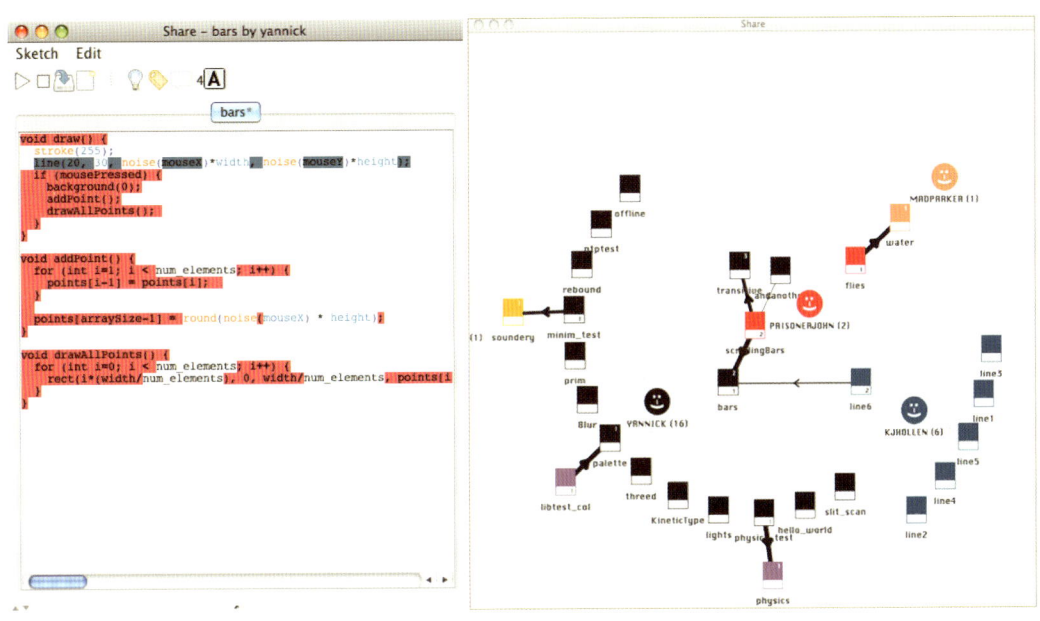

그림 37
합작활동을 위한 인터랙션 디자인의 사례: Share

공동활동을 위한 인터랙션 디자인을 위해서는 공동활동의 세가지 특징을 집중적으로 부각시킬 수 있다. 첫째, 공동활동의 조건인 반응성mutual responsiveness 을 높이는 방법이다. 이는 사용성의 원리 중에 효율성의 속성과 관련되는 것으로 시스템이나 네트워크의 지체를 줄이거나 불가피할 때에는 그 진행 과정을 보여 주는 방법을 활용할 수 있다. 또한 단축성을 지원해서 단축키나 단축 경로를 지원할 수 있다. 둘째, 서로에게 도움을 줄 용의가 있음을 명백하게 밝혀 준다. 예를 들어, 커뮤니티에 속한 모든 구성원이 작성한 코드를 다른 사람들이 자유롭게 재활용할 수 있고, 또 자신의 코드도 다른 사람들에 의해 널리 재활용되고 있다는 것을 보여 주는 것이다. 이를 위해서는 일단 다른 사람들에게 도움을 주는 것이 쉽고 편리하게 만들어져야 한다. 즉 사용자가 별도의 작업을 하지 않더라도 자동적으로 자신의 창작물을 다른 사람들이 사용할 수 있게 만들어 주는 것이 필요하다. 그리고 마지막으로 커뮤니티의 규범norm이 무엇인지 알려 주고 이것을 다른 사용자와 상호작용하면서 점차 자신의 것으로 만들어 갈 수 있도록 지속적이고 반복적으로 커뮤니티의 규범을 표시해 줄 필요가 있다. 그리고 다른 사용자도 이런 규범을 지켜 나가서 공동활동에 참여하고 있고, 개인에게 비슷하게 참여하기를 기대하고 있다는 사실을 보여 준다.

인터페이스 디자인

합작활동을 위한 인터페이스에서 중요한 요소는 공동으로 창조하는 대상과 그 과정에 대한 공유된 표현 방법 shared representation 을 구축하는 것이다. 창조하는 대상에 대한 공동의 표현 방법은 구글 이미지 레이블러에서 특정 이미지에 대해 그동안 축적된 태그들을 확인하는 것을 사례로 들 수 있다. 또한 프로그램 커뮤니티의 경우는 실제로 공동 작업을 통해 만들어지는 프로그램들을 의미한다. 그림 38은 이러한 합작활동의 대상에 대한 공유된 표현 사례를 보여 주고 있다. 이것은 사용자가 자신이 경험한 사물에 대한 사진 이미지를 커뮤니티에 올려놓은 것이 공유된 표현 방법이 된다. 이와 같이 합작활동을 위해 공유된 표현은 일단 간단하고 잘게 나눌 수 있어야 한다는 것이 중요하다. 그리고 점차 공유된 표현의 내용이 축적되어 감에 따라 표현되는 내용이 다이내믹하게 변화되어야 한다. 이를 통해 일반 사용자가 쉽게 자신의 의견을 표현할 수 있고 공유할 수 있도록 한다.

그림 38
공유된 표현 방법에 대한 사례: Mobltz

합작활동을 위한 인터페이스의 두 번째 방법은 합작하는 사회적 활동 자체에 대한 공유된 표현을 구축하는 것이다. 이는 합작활동에 참가하는 사람들이 어떻게 상호작용하는지를 커뮤니티의 다른 사람들에게 보여 주고 이를 통해 어떤 사람들이 합작활동에 참여하는지, 그리고 어떤 효과에 대해 책임과 공로가 누구에게 있는지를 명확하게 보여 준다. social translucence, Ericson and Kellog, 2002

4. 공조하는 경험

공조共助하는 경험prosocial experience은 여러 사람이 자발적으로 다른 사람들을 도와주는 경험으로써 친사회적 행동이라고도 말한다. 공조하는 경험은 대부분 직접적인 보상을 기대하지 않고 하는 행동을 의미한다. 또한 크든 작든 간에 어느 정도 자신의 희생을 감수하는 행동을 의미한다. 예를 들어, 지진 피해를 받은 사람들을 위해 소액을 기부하거나 다른 사람들에게 가치가 있는 자료를 번역하는 자원봉사를 하면서 갖게 되는 것이 공조의 경험이다.

과거에는 주로 자기 자신을 위해 또는 가족이나 지인을 돕기 위해 디지털 기술을 사용하는 것이 대부분이었다. 그러나 인터넷 환경이 발전하면서 공조활동의 대상이 되는 다른 사람들의 범위가 넓어졌다. 예를 들어, 인터넷 사용자가 자발적으로 시간과 노력을 투자해 다른 사람들에게 유용하게 사용될 수 있는 콘텐츠를 만드는 행위도 일종의 공조 행위라고 할 수 있다. 특히 최근 들어 소셜미디어의 발전을 통해 서로를 도와주는 행위가 급속하게 확대되고 있다. 특히 트위터와 같은 마이크로블로그 서비스는 간편하지만 신속하게 다른 사람들을 도와줄 수 있는 기회를 제공하고 있다.

이러한 현상은 공동체나 지역 사회를 넘어 사회 전체의 이익을 위해 새롭고 유용한 무엇인가를 만들어 내는 행동으로 확장되고 있다. 이러한 행동을 사회적 혁신social innovation이라고 한다. 사회적으로 문제가 되고 있는 교육이라든지 보건 또는 환경 등의 이슈에 대해 여러 사람들이 힘을 합해 새로운 아이디어를 도출하는 것이다. 예를 들어, 환경과 공해 문제를 해결하기 위해 각 나라나 기업에서 배출할 수 있는 탄소의 양을 한정지어 놓고 그 이상으로 배출했을 때 벌금을 물게 하고, 반대로 한도보다 적게 탄소량을 배출했을 때는 그만큼을 다른 회사나 나라에 팔 수 있도록 한다. 이 탄소배출량 거래는 대표적인 사회적 혁신의 사례라고 할 수 있다.

4.1 공조하는 경험이 중요한 이유

그렇다면 왜 이렇게 많은 사람들이 자신에게 직접적인 혜택이 돌아오지 않는 공조 활동을 하려고 할까? 이에 대해서는 네 가지 이유를 들 수 있다.

첫째, 감정적인 이유이다. 그림 39에서 보는 것처럼 매슬로Maslow의 욕구 충족 이론에서 보면, 사람들이 가지고 있는 가장 상위의 욕구는 자기실현의 욕구이고 이런 욕구를 충족했을 때 체험의 절정peak experience을 가질 수 있다고 한다. 체험의 절정이란 평소의 자기 자신에서 탈피해 좀 더 큰 의미로 자신의 삶을 바라볼 수 있는 경험을 의미한다. 이런 자기 실현의 욕구는 자신이 가지고 있는 잠재력을 최대한 발휘할 수 있을 때에 충족될 수 있다. 그런 잠재력 중에는 자신만이 아니라 사회적으로 의미 있는 일을 할 수 있는 잠재력도 포함된다. 그래서 사람들은 자기 자신을 위해 돈을 모을 때보다 다른 사람들을 위해 돈을 쓸 때 더 큰 행복을 느낀다. 더 높은 욕구가 충족되어서 체험의 절정을 경험하기 때문이다.

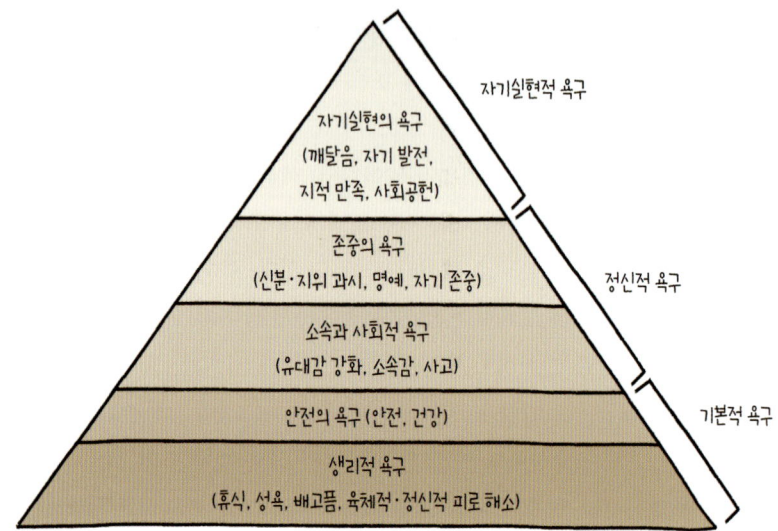

그림 39
공조하는 경험에 참여하는 감정적인 이유: 자기실현 욕구

이와 비슷한 맥락에서 사회적으로 남들에게 도움이 되는 행위를 하는 것은 자신의 자율성과 자부심에도 영향을 미친다. 즉 내가 이렇게 남을 도와줄 수 있는 사람이라는 자각이 자신에게 행복감을 느끼게 한다. 그리고 자신이 행복을 느끼게 되면 자동적으로 그 행복감이 주위에 있는 사람들에게 전파된다. 웃고 있는 사람 옆에만 있어도 우리가 자동적으로 행복해지는 이유도 바로 이 때문이다. 그래서 자연스럽게 남을 도와줌으로써 행복한 사람 옆에는 더 많은 사람들이 모이고 그런 사람들이 자신을 행복하게 만드는 행동에 동참하게 된다.

둘째, 진화론적 이유이다. 즉 사람들이 오랜 기간 동안 진화하면서 공조활동을 하는 것이 자신들의 생존에 도움이 된다는 사실을 체득했기 때문에 공조활동에 참여한다는 것이다. 우선 집단의 관점에서 보면 자신의 이익을 희생하고 서로 도와주는 구성원들이 많은 집단이 자기의 이익만을 챙기는 구성원들이 더 많은 집단보다 생존할 가능성이 더 높다. 결국 공조활동을 잘하는 집단만 살아남게 되고, 이들이 계속 생존해 공조활동을 더 잘하는 집단으로 재창조한다 group selection. 또한 공조활동을 잘하면 당장 자신에게 도움이 되는 것은 아니지만 어떤 식으로든지 자기가 속한 집단에게 도움이 되고, 그래서 자신이 속한 집단이 생존할 가능성이 더 높기 때문에 공조활동에 참여한다 reciprocal altruism. 마지막으로 생존경쟁에서 살아남는 것은 자기 혼자 적응해서 되는 것이 아니라 자신과 관련되어 있는 친지나 친척들이 다 같이 적응해야 하는데, 그러기 위해서는 지인들을 잘 도와주는 것이 결국 자신의 생존 확률을 높여 주기 때문에 공조활동에 참여한다 kin selection. 가령 집에 불이 나서 누군가 한 사람만을 구해야 하는 경우 건강한 사람을 구하게 되는데 그 이유가 그 건강한 사람이 나중에 집단이 생존하는 데 큰 도움이 되기 때문이다. 이러한 본능적인 행동은 인간뿐만 아니라 집단행동을 보이는 꿀벌이나 개미에게서도 목격된다.

셋째, 교육이나 사회 규범과 같은 후천적으로 주입된 내용들 때문에 사람들이 다른 사람들을 도와주게 된다는 이유이다. 즉 어렸을 때부터 다른 사람들을 도와주는 것은 좋은 일이라고 교육을 받고 자랐으며, 사회적으로 다른 사람을 도와주는 것이 마땅히 해야 할 일이라고 장려되기 때문에 공조활동에 참여한다. 그리고 공조활동에 참여하지 않았을 때 본인이 느끼게 될 부정적인 감정과, 참여해서 좋은 일을 했을 때 느끼게 될 긍정적인 감정이 사람들을 공조활동에 더 많이 참여하도록 한다. 대표적인 예로, 노블리스 오블리제와 같은 지침을 들 수 있다. 이것은 좀 더 능력이 있는 사람들은 자기보다 능력이 없는 사람들을 더 많이 도와주어야 한다는 규범이다. 이런 규범은 교육 사상 쪽에 강력하게 표현되는데, 그림 40에서 보듯이 미국에서 고등학생들 중에 우등생을 뽑아 소속시키는 National Honor Society 같은 경우 '다른 사람들에게 봉사함으로써 자신의 의무를 다한다'라는 강령을 학생들에게 주입시키고 있다.

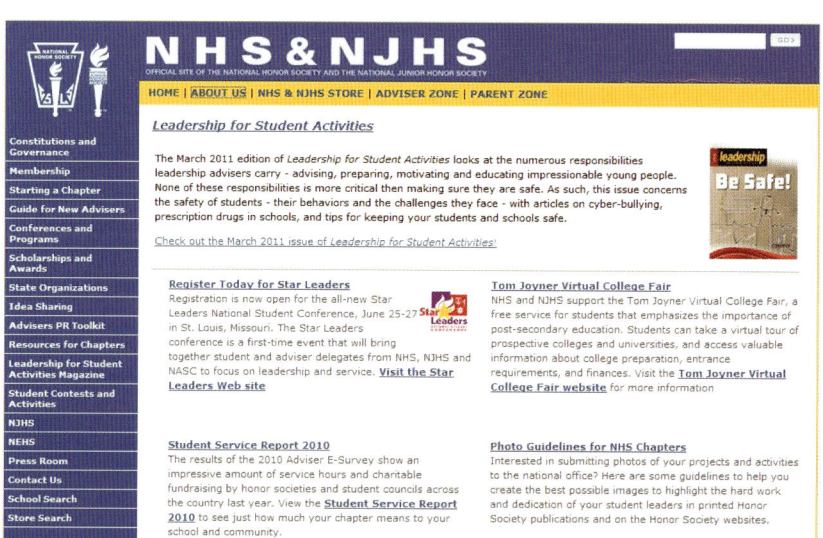

그림 40
공조하는 경험에 참여하는 후천적인 이유: 교육의 효과

넷째, 기능적인 이유이다. 이는 개인보다 기업의 경우에 더 많이 해당된다. 즉 고객들에게 기업의 이미지를 높이고 사회적 책임을 다하는 기업이라는 인상을 심어 주기 위해 친사회적인 활동에 동참하는 경우이다. 그림 41에서 보는 것처럼 가난한 농부에게서 합법적인 가격으로 커피 원료를 구입함으로써 개발도상국가 농부들의 삶을 위해 노력한다는 메시지를 전달한다. 또한 커피를 만들고 나온 찌꺼기를 봉투에 담아 고객들에게 나누어 주어 집의 정원을 가꾸는데 재활용한다는 메시지를 통해 환경을 생각하는 마음을 전달한다. 이런 행동이 과거에는 기부나 자선과 같은 단순한 비용으로 여겨졌지만 이제는 투자한 비용 이상의 효과를 볼 수 있는 상호호혜적인 행위로 간주되고 있다.

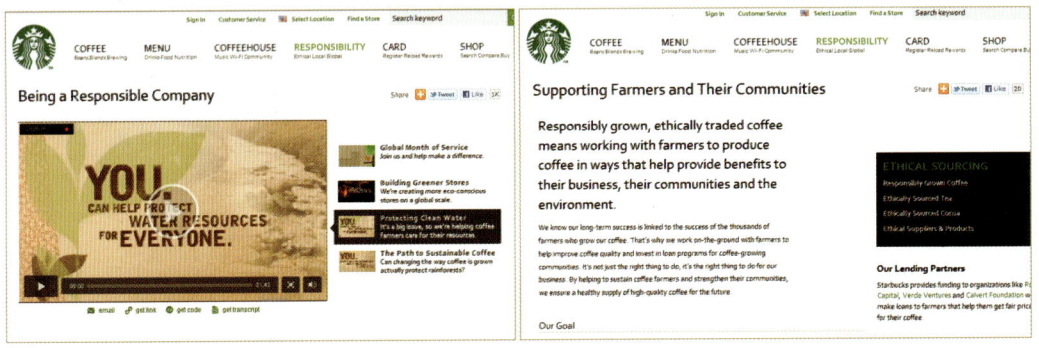

그림 41
공조하는 경험에 참여하는 기능적인 이유 사례: 스타벅스

4.2 공조하는 경험의 종류

다양한 공조하는 경험은 도움을 주는 사람의 입장과 도움을 받는 사람의 입장으로 나누어 설명할 수 있다.

도움을 주는 주체에 따라 개인micro의 수준과 집단macro의 수준으로 나눌 수 있는데, 개인의 수준은 한 개인이 다른 개인이나 집단을 도와주는 것으로 주로 헌금이나 도움이라는 용어로 지칭한다. 예를 들어, 지하철이나 버스 안에서 노인에게 자리를 양보하거나 거리에서 모금하는 구세군냄비에 동전을 넣는 행위 등이 여기에 속한다. 인터넷과 소셜미디어 환경이 보급되면서 개인이 주체가 되는 공조 활동 대상도 넓게 확산되었다. 예를 들어, 그림 33에서 설명한 것처럼 일본의 지진 피해자들을 위해 미국적십자사가 모바일 SMS 메시지를 통해 사람들에게 헌금을 받은 경우를 들 수 있다. 또는 빈곤국에 있는 아이들을 직접적으로 지원하는 프로그램에 참여할 수도 있다. 이 서비스의 경우 사용자에게 자신이 도와주고자 하는 사람을 직접 선정할 수 있도록 하여 도와주는 사람과 도움을 받는 사람 사이에 개인적인 관계를 강조했다. 한편 집단의 수준에서 행해지는 공조활동은 자원봉사가 대표적이다. 각 개인이 어떤 집단 활동에 자발적으로 참여해 다른 사람들에게 도움을 주는 경우로, 도서관에서 책을 정리하는 작업을 도와준다든지 병원에서 환자들을 간병한다든지 하는 봉사활동을 들 수 있다. 또 집이 없는 사람들에게 살 곳을 만들어 주는 해비타트 운동도 이에 해당할 수 있다. 이러한 자원봉사가 일반적인 도움과 다른 점은 의무감 없이도 자발적으로 참여한다는 것이다. 인터넷이 발전하면서 이런 자원봉사의 사례가 많아지고 있다. 예를 들어, 위키피디아는 대표적으로 인터넷상에서 자원봉사를 통해 이루어지고 있는 공조 행위라고 할 수 있다.

공조활동은 도움을 받는 대상에 따라 대상이 이미 정해진 경우와 불특정 다수인 경우로 나눌 수 있다. 이미 도움을 받을 사람이나 단체가 정해져 있는 것은 가장 구체적인 경우이고 그렇지 않은 경우에는 그 대상이 되는 자격만 정해 놓은 경우이다. 그림 42는 인터넷포털 서비스 중에 기부활동을 장려하는 사이트로 특정한 개인을 선정해 그 개인을 도와주기 위한 사업을 벌이고 있다.

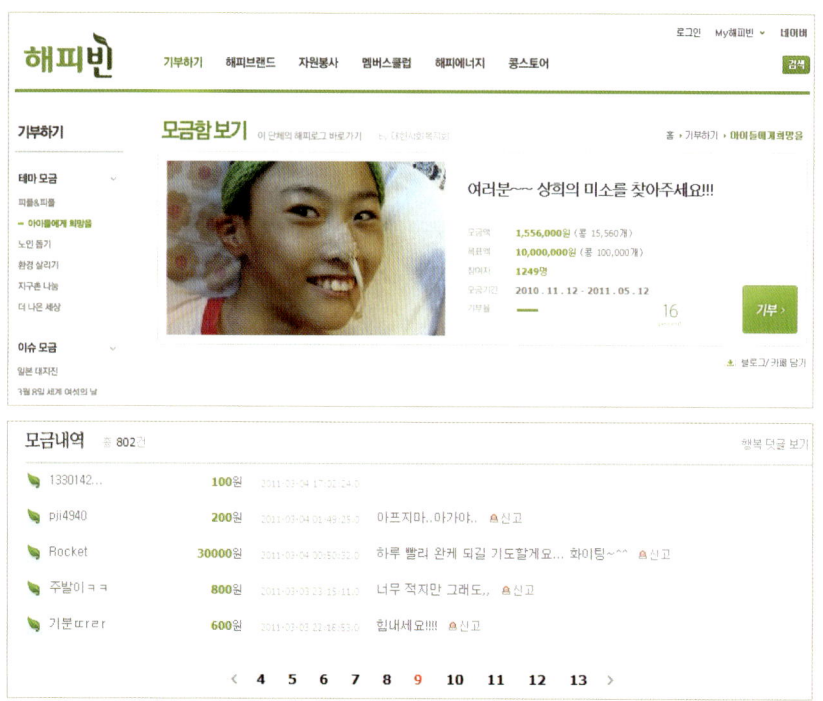

그림 42
도움을 받는 대상이 구체적으로 정해진 공조의 사례: Happy bean

반면 특정 누구를 위한 것은 아니지만 전체적인 사회를 위해 좋은 일을 하고자 하는 경우가 있다. 예를 들어, 오픈 소프트웨어 운동 등이 이에 속한다. 이 밖에도 불특정 다수를 대상으로 하는 TED는 전 세계적으로 공유할 만한 가치가 있다고 생각되는 생각과 주장을 자유롭게 나눌 수 있는 서비스를 제공하고 있다. 각 나라에서도 TEDx라고 해서 자원봉사자로 이루어진 사람들이 지역사회에서 중요한 아이디어를 가진 사람들을 초청해서 아이디어를 공유하는 활동을 하고 있다. 그리고 그 내용을 전 세계 사람들에게 알리기 위해 다른 나라의 언어로 번역하는 작업도 자원봉사를 통해 진행한다. 구체적으로 누가 그 아이디어를 유용하게 사용할 것인지는 정해져 있지 않기 때문에 불특정 다수를 대상으로 한다고 할 수 있다.

4.3 공조하는 경험에 영향을 미치는 핵심 요인

공조하는 경험에 영향을 미치는 핵심 요인은 크게 공감 또는 감정 이입, 사회적 실존감 그리고 능동적 행동으로 살펴볼 수 있다.

공감

공감 또는 감정 이입empathy이란 한 개인이 다른 사람의 감정 상태를 이해하는 것에서 발생하는 다양한 상태를 의미한다.Eisenberg & Miller, 1987 공감은 세 가지 요소로 구성된다.Vreeke and van der Mark, 2003 첫째, 사람들의 감정적인 상태가 옆에 있는 사람들에게 자동적으로 전달되는 경우이다. 이를 감정적 전염emotional contagion이라고 한다. 이 과정은 사람들이 미처 생각하기도 전에 자신이 느끼는 감정이 자동적으로 전달되는 것을 의미하며, 어렸을 때부터 인간이나 동물에 공통적으로 나타나는 거의 본능적인 요소이다. 예를 들어, 산부인과 신생아실에서 한 아이가 울기 시작하면 다른 아이들도 덩달아 울기 시작하는 것을 볼 수 있다. 또 찌푸린 인상을 쓰고 있는 사람을 보면 자신도 찌푸린 인상을 쓰고 있는 경우가 그러하다. 둘째, 다른 사람이 처한 상황을 이해하고 그들이 어떤 감정을 가지고 있을 것인지를 이해하는 것이다. 이를 감정적 동화emotional congruence라고 한다. 이것은 두 가지 작용을 통해 이루어진다. 하나는 자신이 그 사람의 입장이 되어 어떻게 느낄 것인지를 상상해 볼 수 있고, 또 하나는 자신이 비슷한 상황에 처했던 때를 생각하면서 그때 자신이 어떻게 느꼈는지에 대한 정보를 기반으로 다른 사람이 현재 어떻게 느낄 것인지를 느끼는 것이다. 친사회적 행동에 대한 감정적 동화는 긍정적인 감정과 부정적인 감정을 모두 포함할 수 있다. 그림 43은 지진을 당한 사람들에 대한 지원을 호소하는 두 개의 그림을 보여 주고 있다. 왼쪽의 그림은 어려움을 당한 사람들을 보여 줌으로써 그 어려움을 겪은 사람들의 부정적인 감정을 느끼게 하는 것이고, 오른쪽의 그림은 도움을 받아 이런 어려움을 극복한 경우를 제공함으로써 긍정적인 감정을 느끼게 해 준다. 셋째, 다른 사람의 어려움을 보고 그 사람의 현재 상태를 이해하는 것에 그치지 않고 자신이 어떤 행동으로 반응하도록 유도되는 감정이다. 이를 반응적 감정reactive emotion이라 한다. 그림 43의 왼쪽 그림을 보고 지진 피해를 입은 사람들의 감정 상태를 이해하고 그들을 불쌍히 여기고 도와주고자 하는 마음이 생기는 감정을 의미한다. 그런 의미에서 반응적 감정은 단순히 상대방의 상태를 인지하는 것만 아니라 자신이 상대방에게 무엇인가를 해주고 싶은 양방향적인 성격을 가지고 있으며 친사회적 활동과도 연결되어 있다.

그림 43
감정적 동화가 잘 드러나는 사례: 아이티 지진 구호

한편 공감에 영향을 미치는 요인들은 크게 다섯 가지가 있다. 첫째는 공감하는 대상에 대한 친숙성familiarity이다. 즉 어떤 대상에 대해 과거에 많이 접해서 익숙한 경우에 공감이 더 잘 일어난다는 것이다. 예를 들어, 자주 만났던 사람이 사고를 당하면 더 크게 공감을 한다. 둘째는 공감하는 대상이 자신과 얼마나 비슷한가similarity에 따라 영향을 받는다. 예를 들어, 같은 민족이라든지 비슷한 나이나 성격을 가진 사람들의 불행에 더 크게 공감하게 된다. 셋째는 그동안 불쌍하고 고난받는 사람들을 불쌍하게 여기고 도와주어야 한다고 교육받은learning 정도에 따라 영향을 받는다. 넷째는 비슷한 경험expertise을 해 본 여부에 따라 영향을 받는다. 자신이 그런 처지에 직접 처해 본 경험이 있으면 더 쉽게 공감한다. 그리고 다섯째는 현저성salience이 높을수록 공감이 잘 된다. 즉 큰소리가 나고 가깝고 더 사실적으로 느껴질 때 공감이 더 잘 된다.

사회적 실존감

사회적 실존감social presence이란 온라인과 같은 환경에서 개인이 다른 사람들과 얼마나 가까이 연결되어 있다고 생각하는지에 대한 정도이다. 이는 인터넷과 같은 디지털 기술을 매개로 멀리 떨어져 있는 사람들과 커뮤니케이션할 때 다른 사람들의 존재감을 인지하는 정도를 의미한다.

사회적 실존감을 느끼는 수준은 세 가지 정도가 있다. 첫째, 객관적인 수준으로서 다른 사람들이 존재한다는 것을 알아차린다. 시스템상에 나 아닌 다른 사용자가 있다는 것을 인식하는 것이다. 예를 들어, 포스퀘어와 같은 서비스에서 자신이 특정 장소에 체크인하면 같은 곳에 체크인한 다른 사람들의 존재를 볼 수 있다. 둘째, 주관적인 수준으로 다른 사람들이 어떤 의도와 감정을 갖고 행동하는지를 알아차리는 정도이다. 그림 44의 윈도라이브 메신저를 보면 인터넷에 접속되어 있는 사람들이 현재 어떤 상태인지를 대략 가늠할 수 있다. 셋째, 상호주관적 수준으로 남이 어떤 감정과 의도를 갖고 있다는 것을 알뿐만 아니라 스스로의 감정과 의도가 상대방에게 어떻게 지각되는지도 알 수 있는 수준이다. 즉 다른 사람에게 나의 존재가 어떻게 전달되는지를 지각하는 수준이라고 할 수 있다.

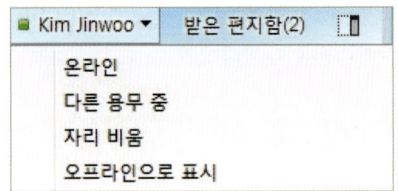

그림 44
사회적 실존감의 수준 사례:
윈도라이브 메신저

사회적 실존감은 크게 세 가지 구성 요소를 가지고 있다. 첫째, 지각적인 구성 요소이다. 이는 다른 사람들과 함께 존재한다고 생각하고 서로가 서로를 지각하는 요소를 의미한다. 둘째, 심리적인 구성 요소이다. 이는 다시 친밀감이나 심리적 거리감, 그리고 상호이해 등을 의미한다. 이 중 친밀감intimacy은 대인관계에서 감정적인 연결성을 의미하고, 심리적 거리감psychological distance은 대상에 대해 심리적으로 느끼는 거리감을 의미한다. 심리적 거리감은 다시 시간적 거리감, 위치적 거리감, 그리고 사회적 거리감으로 구성되어 있다. 시간적 거리감은 상대적으로 먼 과거나 먼 미래라고 생각하는지 아니면 현재와 가까운 시점이라고 생각하는지에 대한 내용이고, 위치적 거리감은 현재 자신이 위치하고 있는 장소에서 얼마나 떨어져 있는지를 의미한다. 그리고 사회적 거리감은 인간관계에서 얼마나 가까운 관계인지를 의미한다. 따라서 심리적 거리감 중에 사회적 거리감이 사회적 실존감과 가장 밀접하게 연결되어 있다고 볼 수 있다. 상호이해mutual understanding는 상대적으로 빈약한 미디어 환경에서 다른 사람들에게 자신의 상태를 전달할 수 있는 능력이다. 셋째, 행동적인 구성 요소이다. 여러 가지 채널로 다른 사람들과 사회적인 관계를 구축해 나가는 행동을 의미한다.

공조활동에서 사회적 실존감은 도움을 주는 사람과 도움을 받는 사람 모두에게 해당될 수 있다. 즉 도움이 필요한 대상이 실제로는 멀리 떨어져 있지만 사회적 실존감이 높으면 상대가 사회적으로 가깝게 느껴지고 그들의 상황에 개입할 수 있다는 가능성을 느끼게 해 준다. 예를 들어, 지진 피해를 입은 사람들의 사회적 실존감이 높으면 그들이 나와 밀접하게 관련되어 있으며, 내가 그들의 불행한 상황에 조금이만 도움을 줄 수 있다는 감정을 느낄 수 있다. 또한 사회적 실존감은 같이 도움을 주는 사람들에게도 적용된다. 즉 자기 주변에 비슷한 생각을 하고 있는 사람들이 있다는 감정을 느끼게 되면 개인의 공감에서 집단의 공감으로 발전할 수 있다. 이를 위해서는 커뮤니티에 속한 사람들이 자신의 생각과 감정을 함께 나눌 수 있는 장치가 필요하다.

적극적 행동

적극적 행동proactive behavior은 좀 더 의미 있는 성과를 달성하기 위해 자신이 처한 환경이나 자기 자신을 변형하고자 하는 자발적인 행위를 의미한다.Parker, 2010 무엇인가 의미 있는 미래를 바라보고, 자기 자신이나 환경에 영향을 주기 위해 기대하고 계획하고 노력하는 프로세스를 가리킨다.Grant, 2008 즉 남이 하라고 하지 않아도 스스로 좀 더 의미 있는 성과를 내기 위해 무엇인가를 변화시키는 행위이다. 예를 들어, 공원의 미화담당을 하는 사람이 아닌데도 스스로 공원에 있는 쓰레기를 수거해 아이들이 쾌적하게 뛰어 놀 수 있게 하는 행위를 들 수 있다.

적극적인 행동은 두 가지로 구성되어 있다.Parker, 2010 하나는 적극적인 목표를 생성해 내는 것이다. 앞으로의 미래를 생각하고 자기 자신이 미래를 변화시킬 수 있는 계획을 세우는 행동이다. 다른 하나는 적극적으로 목표를 달성하기 위해 노력하는 행위이다. 즉 끈덕지게 장애물을 제거하고 자신을 통제하면서 목표 달성에 도움이 되는 행위를 하는 것이다.

공조하는 경험에서 적극적인 행동이 중요한 이유는 공감이나 사회적 실존감이 사람들에게 다른 사람의 상황을 이해하고 도와주고 싶어 하는 감정을 불러일으키기는 하지만, 실제로 그런 감정을 행동으로 옮기는 것은 아니기 때문이다. 따라서 감정을 행동으로 변환하기 위해서는 적극적 행동이 필요하다. 그런데 적극적인 행동에는 자신뿐만 아니라 다른 사람들이나 환경을 변화시키는 것도 중요한 변화의 대상으로 포함하고 있기 때문에 친사회적 행동과 적극적 행동이 쉽게 연관된다.Parker, 2010

적극적 행동은 몇 가지 특성을 가지고 있다. 첫 번째는 '자발성'이다. 즉 누가 하라고 강요하거나 반드시 자신이 해야 할 일이 아니더라도 스스로 나서서 무엇인가를 한다는 것이다. 그림 45의 '국경 없는 의사회'도 자발적으로 나서서 무엇인가를 한다는 점에서 적극적인 행동의 좋은 사례라고 할 수 있다. 두 번째는 기존 관행에 대해 '의문을 제시'한다는 것이다. 오랜 기간 동안 다른 사람들이 당연하다고 생각했던 것들에 대해 과연 그것이 정말로 당연하고 모든 사람들을 위한 것인지 의문을 품는다는 것이다. 이는 현재 상황에 대한 이슈를 제기하고 이를 다른 사람들에게 설득시키기 위해 노력하는 행위와 연결되어 있다. 예를 들어, 의사

그림 45
적극적인 행동의 사례:
국경 없는 의사회

라는 직업은 자신을 찾아오는 환자를 돌보는 일인데 그런 전통적인 의사의 작업에 의문을 품고 분쟁이나 전염병과 같은 천연재해가 있는 곳을 찾아가 의료 행위를 하는 경우이다. 세 번째는 현재의 상황을 향상시키고자 한다는 것이다. 이는 기존에 없었던 무엇인가 새롭고 유용한 것을 만들어 내고자 하는 것으로 합작활동과 밀접하게 연관되어 있다. 또한 자신이 한 행동이 실제로 어떤 상황을 향상시키고 있는지를 확인하기 위해 피드백을 찾는 행동으로 이어진다. 따라서 적극적 활동은 변화를 지향하는 행동이라 할 수 있다.Crant, 2000

　　적극적인 행동을 유발하는 요인은 개인적 요인과 환경적 요인으로 나누어진다. 개인적 요인은 진취적인 성격과 같은 개인의 성격적인 요인과 성취감, 책임감 등을 들 수 있다. 또한 특정 사안에 대해 개인이 생각하는 관여도나 목표 지향성도 개인적 요인에 속한다. 반면 환경적 요인은 본인이 속한 커뮤니티의 문화나 규범 그리고 작업 환경 등을 포함한다. 이런 요인들 중에서 특히 환경적인 측면에서 세 가지 요인이 주목할 만하다. 첫 번째는 애매모호함ambiguity이다. 즉 개인이 해야 하는 일과 하지 말아야 하는 일이 정확하게 규정되어 있고, 그 일을 어떻게 해야 하는지 구체적으로 정해져 있으면 적극적인 행동을 하기 어렵다. 자신이 자발적으로 나서서 할 수 있는 일도 없고 자기 일이 아닌 경우에는 나설 수도 없기 때문이다. 그래서 적극적 활동을 위해서는 사용자가 해야 하는 일에 대한 어느 정도의 모호함이 도움이 된다. 두 번째는 자율성이다. 본인이 필요하다고 생각하는 행동을 실행할 수 있는 자율권이 본인에게 있어야 적극적인 행동을 할 수 있다. 즉 무엇을 하고 언제 하고 어떻게 하는가에 대한 자율성이 높아졌을 때 적극적인 활동이 나타난다. 세 번째는 책무성이다. 이는 어떤 일에 대한 상황을 바꾸는 것이 자신의 책무라고 생각하고 자신이 어떤 일을 했을 때 그 일이 해당 상황을 향상시키는 데 얼마나 기여했는지를 알 수 있을 때 적극적인 활동이 장려된다. 그 효과가 개인 자신에게까지 영향을 미쳐 기여도를 개인 단위로 나누어 볼 수도 있고, 아니면 집단의 공동 행동으로서 그 집단의 기여도로 표시될 수도 있다. 자율성과 책무성은 앞서 창조적인 행동을 촉진하는 요인으로도 제시된 바가 있으며, 이 점에서 공조활동과 합작활동이 연결될 수 있다.

4.4 공조하는 경험을 촉진시키는 디자인 요소

공조하는 경험을 촉진시키는 디자인 요소에 대한 연구는 매우 부족한 상황이다. 그러나 공감과 사회적 실존감 그리고 적극적 행동에 대한 기존의 연구들과 현재 운영되고 있는 디지털 서비스를 분석한 결과를 통해 공조하는 경험을 촉진시키는 몇 가지 요소를 제안하고자 한다.

<u>콘셉트 디자인</u>

집단의 공조활동을 장려하기 위해서는 구성원들이 대상에 대해 함께 공감을 느끼고, 이를 통해 집단으로 친사회적인 활동을 할 수 있도록 도와주는 콘셉트가 필요하다.

첫째, 온라인 멀티 유저 게임 콘셉트이다. 온라인상에서 마치 게임을 하는 것처럼 많은 사용자에게 공조활동에 참여하도록 유도하는 것이다. 이는 게임상에서 게임 캐릭터를 통해 상대방을 의인화하는 것이 자연스럽고 또 다른 게이머들의 상태를 잘 파악할 수 있기 때문이다. 그림 46은 암 환자들이 자신의 병에 대해 잘 알고 이에 대해 같이 협력해 병을 이겨 낼 수 있게 도와주기 위해 만들어진 게임이다. 이 게임을 하는 환자들은 자기의 병에 대해 더 잘 알게 되고 자신감뿐만 아니라 병에 대한 대항력도 증진된다. 또 같은 병을 앓고 있는 다른 사람들이나 병을 치료하는 의사 그리고 주위에서 도와주는 친구 친지들이 게임상에서 협업을 하면 그 효과를 더욱 높일 수 있다.

그림 46
공조하는 경험을 위한 다양한 콘셉트: 게임을 이용한 사례

둘째, 가족이나 친지의 콘셉트를 이용할 수 있다. 자신이 속한 친척이나 가족을 도와주는 활동에 참여하게 되면 자신의 생존에 도움이 되기 때문에 사람들은 자신이 속해 있는 가족이나 친지를 공조하는 것이 더욱 쉽다. 예를 들어, Zappos라는 회사는 가족이라는 개념을 강조해 계약 관계에 있는 사람들이지만 공조활동에 쉽게 동참할 수 있도록 하고 있다. 좀 더 나아가 가족이 식사를 같이하듯이 함께 식탁을 공유한다는 의미에서 'table for two'라는 사례도 재미있는 콘셉트이다. 즉 자신이 먹는 식단에서 칼로리를 줄여서 멀리 떨어져 배고픔에 고생하고 있는 식구에게 음식을 공유한다는 의미로 자신의 식사값의 20퍼센트를 자동적으로 계산해서 자선활동에 쓰이도록 하고 있다. 셋째, 공동체 내의 상부상조라는 콘셉트를 이용할 수 있다. 사람들은 다른 사람과 같은 공동체에 속해 그들의 어려움을 도와줌으로써 사람들은 자신들이

무엇인가 의미 있는 행동을 한다고 느끼고 그 행동과 자각이 결국 사람들에게 체험의 절정을 제공해 주기 때문에 공조활동에 참여한다. 예를 들어, volunteermatch라는 서비스는 자원봉사를 하고자 하는 사람과 서비스를 받고자 하는 사람들이 한 커뮤니티에 속해 있으며, 그런 봉사를 했을 때에 얼마나 큰 자기 만족감을 느끼는지를 강조하고 있다. 또한 소액금융을 통해 필요한 사람들에게 작은 액수의 돈을 빌려 주는 kiva라는 서비스에서도 돈을 빌리고자 하는 사람들의 사업에 자신이 빌려 주는 돈이 얼마나 의미 있게 사용될 수 있는지를 강조하고 있다.

정보구조 디자인

공조하는 경험에서 중요하게 사용될 수 있는 자료로 이야기 정보를 들 수 있다. 이야기는 원리나 원칙보다 사람들에게 쉽게 전달되고, 상대방의 감정이나 상태를 강력하게 전달할 수 있다는 특징을 가지고 있다. 또 이야기는 오랜 기간 동안 사용되어 익숙하고 친숙하게 느껴진다는 특징 때문에 공감과 사회적 실존감을 향상시키는 데 효과적일 수 있다. 이야기를 공조활동에 사용한 사례로 kahani movement라는 서비스가 있다. 이 서비스는 인도 기타 남부 아시아에서 미국으로 이주한 사람들의 이야기를 모아 제공하고 있다. 이 이야기들은 어려운 처지에 있는 이주민들을 도와주는 데 중요한 도구로 사용될 수 있다. 이야기를 효과적으로 사용한 또 다른 예로는 미국 오바마 대통령의 선거운동을 들 수 있다. 선거운동의 중심으로 사용되었던 MyBO my.barackobama.com에서는 교육이나 에너지 그리고 공중보건 등에 대한 여러 가지 감동적인 이야기를 모아 선거 운동에 효과적으로 활용했다.

공조하는 경험에 사용될 수 있는 정보 중에는 맥락 정보를 들 수 있다. 맥락 정보는 물리적으로 멀리 떨어져 있는 사람들도 심리적으로 가깝게 있다고 생각하게 만들 수 있다. 즉 심리적 거리감을 줄여 줄 수 있다. 특히 맥락 정보 중에서 사람들의 사회적 맥락에 대한 정보를 제공하는 경우에는 사회적 거리감을 줄일 수 있고, 이는 공감과 사회적 실존감을 높이는 데 도움이 될 수 있다. 그림 47은 맥락 정보를 통해 사회적 거리감을 줄이는 simtech라는 서비스이다. 이 서비스는 다른 사람들이 현재 처한 상황을 이해할 수 있을 뿐만 아니라 나의 상황이 다른 사람들에게 어떻게 전달되는지도 이해할 수 있기 때문에 사회적 실존감을 상호주관적인 수준까지 올릴 수 있다는 특징을 가지고 있다.

마지막으로 공조하는 경험에 유용하게 사용될 수 있는 정보는 의견 정보 opinion를 들 수 있다. 공조는 기본적으로 다른 사람에게 영향을 미치거나 영향을 받을 수 있다는 전제에서 시작한다. 그리고 그 영향을 가장 직접적으로 주고받을

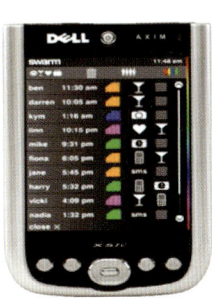 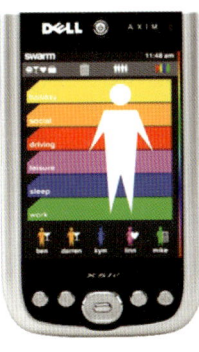 

그림 47
공조하는 경험을 위한
효과적인 정보:
사회적 맥락정보

수 있는 형태를 의견 정보라고 할 수 있다. 특히 그런 의견들이 타당한 증거와 함께 제공된다면 의견 정보의 영향력은 배가될 수 있다.

인터랙션 디자인

공조하는 경험을 위한 인터랙션 디자인에서 중요한 요인은 공조에 참여하는 프로세스를 간단하고 쉽게 만들어 주어야 한다는 것이다. 이는 사용성의 속성 가운데 단축성에 해당한다. 또한 내용적인 면에서도 처음부터 너무 큰 공조활동을 강요하기보다는 작은 단위의 공조활동부터 시작하게 한다. 이러한 쉽고 간단한 인터랙션의 사례로 그림 48의 sparked라는 micro-volunteering 서비스가 있다. 이 서비스는 사람들에게 어떤 의미 있는 행동을 하기 위해 일부러 시간을 내는 것이 아니라 스스로 자투리 시간이 있을 때에 다른 사람들과 함께 의미 있는 일을 하도록 도와주는 서비스이다. 이 서비스의 모바일 버전인 extraordinaries는 아이폰 애플리케이션으로서 사람들이 자투리 시간이 났을 때 이를 쉽고 편리하게 공조활동으로 돌릴 수 있도록 하고 있다. 게다가 서비스에 접속하는 것도 단 두 단계로 이루어져 있다. 자기가 관심 있는 봉사 영역이 무엇이고 자신이 잘 할 수 있는 것이 무엇이냐는 두 가지 질문에 답을 하면, 그 둘을 연결할 수 있는 봉사 가능한 프로젝트가 몇 개인지 바로 제시된다. 이런 간단한 절차와 조그마한 도움이라는 개념을 통해 사람들이 공조활동에 참여할 때 가지고 있는 염려, 예를 들어 너무 큰 요구가 와서 내 일상생활이 영향을 받으면 어떻게 하면 좋을지 염려하는 것을 낮추어 줄 수 있다.

공조하는 경험을 도와줄 수 있는 또 다른 인터랙션으로는 촉지적 상호작용을 들 수 있다. 촉지적 상호작용 중에서 특히 동형 효과isomorphic effect는 실제 세상에서 하는 동작을 인터넷과 같은 가상공간에서 할 수 있도록 도와주는 상호작용이다. 그림 49는 연세대학교 HCI Lab이 실험적으로 구축한 야구경기 관람 시스템이다. 동형 효과는 실제 야구장에서 하는 것과 같은 응원 행동으로 막대 풍

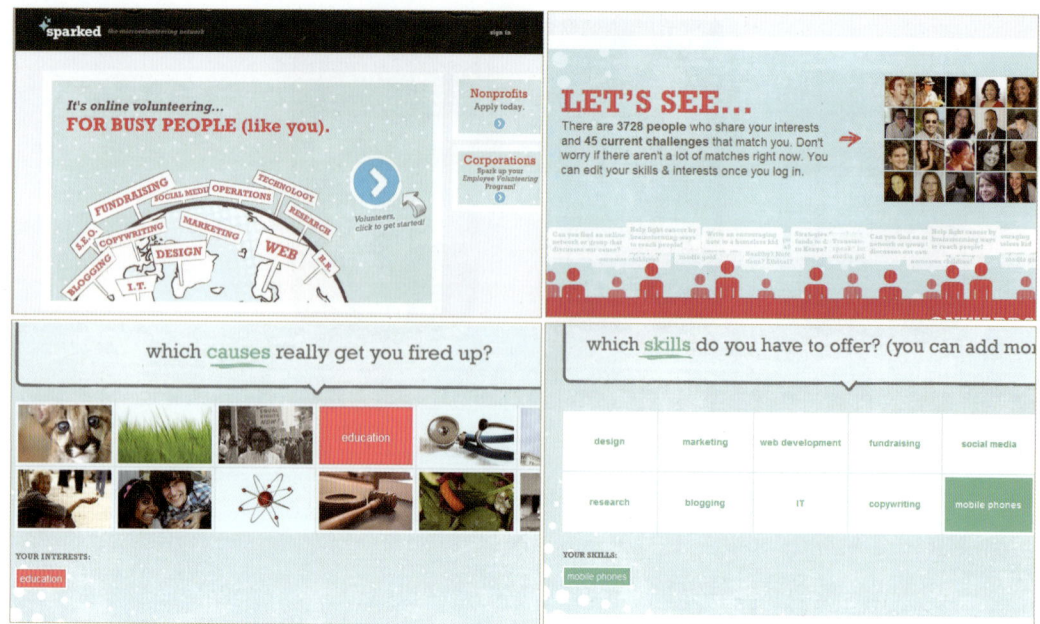

그림 48
공조하는 경험을 위한
효과적인 인터랙션의 사례:
간단하고 쉬운 인터랙션

그림 49
공조하는 경험을 위한
효과적인 인터랙션의 사례:
촉지적 인터랙션

선을 두드리거나 종이 휴지를 던지거나 파도타기와 같은 행동을 인터넷 기반의 소셜 미디어에서도 할 수 있도록 하는 것이다. 특히 직접적인 조작을 통해 이런 동작을 할 수 있는데, 그림 49와 같이 파도타기를 할 때에는 실제 세상에서 하는 것처럼 위모트를 양손에 들고 일어났다가 앉았다를 할 수 있다. 이런 동형 효과는 다른 사람들이 더욱 가깝게 있다고 생각해 심리적 거리를 줄일 수 있어 결국 사회적 실존감을 높여 줄 수 있다.

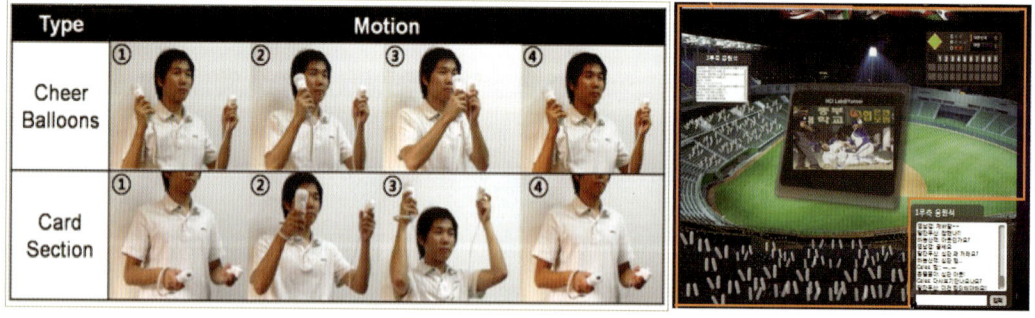

공조하는 경험을 도와줄 수 있는 세 번째 인터랙션으로는 3D컨트롤을 들 수 있다. 3차원으로 어떤 대상을 조종하고 그 효과를 자연스럽게 사용자에게 제공함으로써 적극적인 행동을 유발시킬 수 있다. 그림 50은 연세대학교 HCI Lab에서 조사했던 3D 관련 서비스들 가운데 3D골프 사례로서, 자연스러운 피드백을 통해 적극적인 행동이 유발되는 것을 확인할 수 있다. 이 사례의 경우 사용자에게 자신이 골프채를 휘둘렀을 때 그 결과가 어떤지를 계속해서 보여 주는데, 이러한 자극은 실제 현실에서 골프채로 공을 쳤을 때의 피드백과 일치하고, 또한 그 강도를 더 크게 느낄 수 있게 해 준다. 그 옆의 사진은 사람들이 글로브를 끼고 3차원 대상을 조작하면, 실제 세상에서 느끼는 것과 동일한 피드백을 느낄 수 있는 장치를 나타낸다. 이 장치와 같은 원리를 활용하면 사용자는 적극적으로 해당 동작을 할 수 있게 되고 이는 곧 자신의 행동에 대한 책무성과 자율성을 높여 주어 적극적 행동으로 연결될 수 있다.

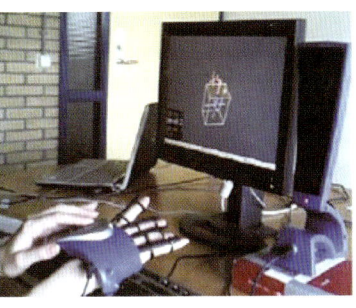

그림 50
공조하는 경험을 위한 효과적인 인터랙션의 사례: 3D인터랙션

인터페이스 디자인

공조하는 경험을 촉진시키기 위한 인터페이스 디자인 첫 번째 요소는 공감을 도와주는 현저성에 초점을 맞출 수 있다는 것이다. 현저성은 대상에 대한 표현이 크고 강하고 자극적일 때 효과적으로 높일 수 있다. 따라서 강한 개성을 표현하거나 역동적인 인상을 주는 것이 효과적이다. 이러한 개성과 인상을 효과적으로 활용한 사례로 'Rock the Vote'라는 젊은층의 사용자를 대상으로 한 정치 압력 단체를 들 수 있다. 젊은 사람들이 현실 정치에 관심이 없고 투표에도 참여하지 않는다는 문제점을 개선하기 위해 소셜미디어를 효과적으로 활용한 사례이다. 그런데 젊은 사람들의 주의를 끄는 것이 쉽지 않았기 때문에 강렬한 이미지를 전달하기 위해서 그림 51에서 보는 것처럼 강한 대비를 사용했고, 폭행이나 총기 사고와 같은 강한 느낌을 주는 이미지를 많이 사용하고 있다.

두 번째 요소는 촉지적 인터페이스 중에서 사실적 공간감 inhabited space 을 제공하는 것이다. 사실적 공간감이라는 것은 해당 사건이나 인물이 현재 소재하고 있는 곳의 모습을 최대한 현실에 가깝게 묘사해 의미 있는 장소로 만드는 것을 의미한다. 그림 49의 야구경기 관람 시스템은 실제 야구장의 관중석과 야구 경기가 일어나는 운동장의 모습을 재현했고, 야구경기에 대한 정보도 실제 야구장과 마찬가지로 전광판으로 통해 제공했다. 이러한 사실적 공간감은 사용자가 느끼는 심리적 거리감을 줄여 주고 공동경험감을 높여 주는 것으로 밝혀졌다.

토론 주제

1
최근 출시된 디지털 제품이나 서비스 중에서 공동경험의 세 가지 요소 간의 상승 작용을 효과적으로 활용한 사례를 찾아보자. 어떤 점에서 상승 작용이 일어났고, 그런 상승 작용을 일으킨 주요 요인은 무엇이라고 생각하는가?

2
최근 출시된 디지털 제품이나 서비스 중에서 사용자의 심리적 소유감을 효과적으로 활용한 사례를 제시해 보자. 그런 효과를 가져 올 수 있었던 원인은 무엇이고, 심리적 소유감이 높아져서 어떤 결과를 가지고 왔는지 생각해 보자.

3
최근 출시된 디지털 제품이나 서비스 중에서 사회적 정체성을 효과적으로 활용한 사례를 제시해 보자. 그런 효과를 가져올 수 있었던 원인은 무엇이고, 사회적 정체성이 높아져서 어떤 결과를 가지고 왔는지 생각해 보자.

4
최근 출시된 디지털 제품이나 서비스 중에서 사용자들 간의 상호작용을 통해 개인소유감과 사회정체성 사이의 융합을 이루어 낸 사례를 제시해 보자. 그런 융합을 가져올 수 있었던 원인은 무엇이고, 융합이 높아져서 어떤 결과를 가지고 왔는지 생각해 보자.

5
최근 출시된 디지털 제품이나 서비스 중에서 사용자의 공동 행동 의도를 효과적으로 제공한 사례를 제시해 보자. 그런 효과를 가져올 수 있었던 원인은 무엇이고, 공동 행동 의도가 높아져서 어떤 결과를 가지고 왔는지 생각해 보자.

6
최근 출시된 디지털 제품이나 서비스 중에서 사용자의 창의력을 효과적으로 향상시킨 사례를 제시해 보자. 그런 효과를 가져올 수 있었던 원인은 무엇이고, 사용자의 창의력이 높아져서 어떤 결과를 가지고 왔는지 생각해 보자.

7
최근 출시된 디지털 제품이나 서비스 중에서 사용자들 간의 상호작용을 통해 개인적인 창의력과 공동 행동 의도 사이의 융합을 이루어 낸 사례를 제시해 보자. 그런 융합을 가져올 수 있었던 원인은 무엇이고, 융합이 높아져서 어떤 결과를 가지고 왔는지 생각해 보자.

8
최근 출시된 디지털 제품이나 서비스 중에서 사용자의 공감을 효과적으로 제공한 사례를 제시해 보자. 그런 효과를 가져올 수 있었던 원인은 무엇이고, 공감이 용이해져서 어떤 결과를 가지고 왔는지 생각해 보자.

9
최근 출시된 디지털 제품이나 서비스 중에서 사회적 실존감을 효과적으로 제공한 사례를 제시해 보자. 그런 효과를 가져올 수 있었던 원인은 무엇이고, 사회적 실존감이 높아져서 어떤 결과를 가지고 왔는지 생각해 보자.

10
최근 출시된 디지털 제품이나 서비스 중에서 사용자들 간의 상호작용을 통해 개인적인 공감과 사회적 실존감 사이의 융합을 이루어 낸 사례를 제시해 보자. 그런 융합을 가져올 수 있었던 원인은 무엇이고, 융합이 높아져서 어떤 결과를 가지고 왔는지 생각해 보자.

참고문헌

1장
서적
- Barsalou, L. (1992). Cognitive Psychology: An Overview for Cognitive Scientists, Hillsdale, New Jersey: LEA Publisher.
- Boorstin, J. (1995). Making Movies Work: Thinking Like a Film Maker, Silman-James Press; 2nd edition.
- Card, S. K., Moran, T. P. & Newell, A. (1983). The Psychology of Human-Computer Interaction, Chapter 2, The human information processor, Hillsdale, NJ: Erlbaum, 23-97.
- Constantine, L. & Lockwood, C. (2000). Chapter 1, Software for Use: Usage, Usability, and User Interfaces. In Software for Use: A Practical Guide to the Models and Methods of Usage-Centered Design(pp. 3-19). Reading, MA: Addison Wesley.
- Csikszentmihalyi, M. & Csikszentmihalyi, I. (1988). Optimal experience: psychological studies of flow in consciousness. United Kingdom: Cambridge University Press.
- Dix, A., Finlay, J., Abowd, G. & Beale, R. (1988). Chapter 1, Introduction. In Human-Computer Interaction(pp. 1-7). New York: Prentice Hall.
- McCarthy, J. & Wright, P. (2004). Technology as Experience, Massachusetts: MIT Press.
- Norman, D. (2004). Emotional Design: Why we love(or hate) everyday things. New York: Basic Books.
- Preece, J., Rogers, Y. & Sharp, H. (2007). Chapter 1, What is Interaction Design? In Interaction Design: beyond human computer interaction. New York: John Wiley & Sons.
- Schifferstein, H. and Hekkert, P. (2008). Product Experience. Oxford: Elsevier.
- Simon, H. (1969). The science of artificial, 2nd Edition, Massachusetts: MIT Press.
- 이병욱(2008). 아사히야마 동물원에서 배우는 창조적 디자인 경영. 국일출판사.

연구논문
- Bartneck, C., & Hu, J. (2009). Scientometric Analysis Of The CHI Proceedings. Proceedings of the Conference on Human Factors in Computing Systems (CHI2009). Boston, pp. 699-708.
- Carroll, J. (1997). Human-Computer Interaction: Psychology as a science of Design. International Journal of Human computer studies, 46, 501-522.
- Dillon, A. (2002). Beyond Usability: process, outcome and affect in human computer interactions. Canadian Journal of Information Science. http://hdl.handle.net/10150/106391
- Forlizzi, J. (2010). All Look Same? A Comparison of Experience Design and Service Design, Interaction, September+October, 60-62.
- Hassenzahl, M. and Tractinsky, N. (2006). User Experience-A research agenda. Behavior and Information Technology, 25 (2), 91-97.
- Law, E., Roto, V., Hassenzahl, M., Vermeeren, A., and Kort, J. (2009) Understanding, Scoping and Defining User eXperience: A Survey Approach, Proceedings of the Conference on Human Factors in Computing Systems (CHI2009), Boston, pp. 719-728.
- Nickerson, R. and Landauer, T. (1997). Human Computer Interaction: Background and Issues, In M. Helander, T. Landauer, P. Prabhu(Eds.), Handbook of Human Computer Interaction, 2nd Edition,(pp. 3-31). Amsterdam: North-Holland.
- Pike, E. M. (2004). Flow experiences in information technology use. International Journal of Human-Computer Studies, 61 (3), 347-357.

사이트
www.sigchi.org
www.bcs.org
www.hci-international.org
www.upassoc.org
www.hfes.org
www.ifip.or.at
http://sighci.org
www.siggraph.org
www.stcsig.org/usability/index.html
www.hcikorea.org
www.esk.or.kr
www.hci.or.kr

저널리스트
1 ACM Transactions on Computer-Human Interaction
2 Behaviour & Information Technology
3 Communications of the ACM
4 Computer Supported Cooperative Work (Journal of Collaboration Computing)
5 Computers in Human Behavior
6 Cyberpsychology & Behavior
7 Displays
8 Human-Computer Interaction
9 Human Technology
10 IBM Systems Journal User Model and User-Adapted Interaction
11 IEEE Transactions on Systems, Man and Cybernetics, A
12 IEEE Transactions on Systems, Man and Cybernetics, B
13 IEEE Transactions on Systems, Man and Cybernetics, C
14 Interacting with Computers
15 Interactions
16 International Journal of Human-Computer Interaction
17 International Journal of Human-Computer Studies
18 Journal of Broadcasting & Electronic Media
19 Journal of Computer-Mediated Communication

2장
서적
- Dix, A., Finlay, J., Abowd, G., Beale, R. (1998). Human-Computer Interaction, Chapter 3, The Interaction, New York: Prentice Hall, 103-139.
- Moggridge, B. (2007). Designing Interactions. Chapter 9. Futures and Alternatives Nows. MIT Press, 589-639.

- Preece, J., Sharp, H., Benyon, D., Holland, S., and Carey, T. (1994). Ch.13. Interaction Styles. Human Computer Interaction. Reading, Massachusetts: Addison-Wesley. 261-284.
- Saffer, D. (2007). Designing for Interaction: Creating Smart Applications and Clever Devices. Chapter 1. What is Interaction Design? Berkeley, CA: New Riders. 1-22.
- Schifferstein, H. and Hekkert, P. (2007). Product Experience, Elsevier.
- Sharp, H., Rogers, Y., Preece, J. (2006). Interaction Design, Chapter 1. What is Interaction Design. John Wiley & Sons. 1-40.

연구논문
- Cyr, D. and Head, M., Ivanov, A. (2009). Perceived Interactivity leading to E-loyalty: Development of a Model for Cognitive-Affective User Response, International Journal of Human-Computer Studies, 67 (10), 850-869.
- Dennis, A., Fuller, R., and Valacich, J. (2008). Media, Tasks, and Communication Processes: A theory of media synchronicity, MIS Quarterly, 32 (3), 575-600.
- Desk, S.C.N. (2007) "Wikipedia's 'Social Media' Definition is 'Misleading, Incomplete, and Uninformative,' Says Solis," in: Social Computing Magazine, http://socialcomputingjournal.com/viewcolumn.cfm?colid=424
- Fischer, G., Giaccardi, E., Eden, H., Sugimoto, M., Ye, Y. (2005). Beyond binary choices: Integrating individual and social creativity. International Journal of Human-Computer Studies, 63, 482-512.
- Frohlich, D. (1997). Direct Manipulation and Other lessons, In M. Helander, T. Landauer, P. Prabhu(Eds.), Handbook of Human Computer Interaction, 2nd Edition (pp. 463-488). Amsterdam: North-Holland.
- Ha, L. and James, L. (1998). Interactivity Reexamined: A Baseline Analysis of Early Business Web Sites. Journal of broadcasting and electronic media, Journal of Broadcasting & Electronic Media, Vol. 42(4). 457-474.
- Hornecker, E. and Buur, J. (2006). "Getting a grip on tangible interaction: a framework on physical space and social interaction," in Conference on Human Factors in Computing Systems, vol. 1. Montréal, Québec, Canada.: ACM, pp. 437.
- Hollan, J. and Helfman, J. (1997). Information Visualization, In M. Helander, T. Landauer, P. Prabhu(Eds.), Handbook of Human Computer Interaction, 2nd Edition (pp. 33-48). Amsterdam: North-Holland.
- Hutchins, E., Hollan, J., and Norman, D. (1986). Direct Manipulation Interfaces. In Norman, D and Draper, S. (Eds.), User Centered System Design: New Perspectives on Human-Computer Interaction,87-124.
- Jensen, J. (1998). Interactivity: tracing a new concept in media and communication studies. Nordicom Review, 19(10), 185-204.
- Johnson, G., Bruner, G., and Kumar A. (2006). Interactivity and its facets revisited. Journal of Advertising, 35(4), 35-52.
- Kaplan, A., and Haenlein, M. (2010). Users of the world, unite! The challenges and opportunities of Social Media. Business Horizons, 53 (1), 59-68.
- Kohler, T., Fueller, J., Stieger, D, and Matzler, K. (2011). Avatar-based innovation: Consequences of the virtual co-creation experience, computers in human behavior, 160-168.
- Levy, S. and Stone, B., "The New Wisdom of the Web," Newsweek, April 3, 2006.
- Markus, A. (1997). Graphical User Interfaces, In M. Helander, T. Landauer, P. Prabhu(Eds.), Handbook of Human Computer Interaction, 2nd Edition (pp. 423-440). Amsterdam: North-Holland.
- Schneiderman, Direct Manipulation vs. Interface Agents. (1997). Debate between Ben Shneiderman and Pattie Maes, Interaction, November-December, 42-61
- Shneiderman, B. (1997). Direct Manipulation for Comprehensible, Predictable and Controllable User Interfaces, ACM International Workshop on Intelligent User Interfaces'97, ACM, New York, NY(1997),33-39.
- Thompson, L., and Fine, G.A. (1999). Socially Shared Cognition, Affect, and Behavior: A Review and Integration. Personality and Social Psychology Review 3, 278-302.
- Vos, L. (2000). Interactivity in social and communication science, Searching for the Holy Grail: Images of Interactive television. EMMA, 27-40.
- 정승기, 이기호, 이인성, 김진우. (2009). 사용자 제작 콘텐츠의 활성화 요인에 대한 정성적 연구: 구비문학 이론을 중심으로, 경영정보학연구(Asia Pacific Journal of Information Systems), 19 (2), 44-72.

사이트
www.openhardwaresummit.org
www.alexa.com/topsites/global
http://creativecommons.org
www.interaction-design.org/encyclopedia
http://socialcomputingjournal.com

3장
서적
- Barsalou, L. (1992). Chapter 7, Knowledge in Memory. In Cognitive Psychology: An Overview for Cognitive Scientists. Hillsdale, New Jersey: LEA Publisher. 147-185.
- Christensen, C. and Raynor, M. (2003). The Innovator's Solution: Creating and sustaining successful growth. Boston, Massachusetts: HBS Press.
- Collins, D. (1995). The User's Conceptual Model, In, Designing Object-Oriented User Interfaces. Benjamin Cummings: Redwood city, Cal. 177-210.
- Mittal, B. and Sheth, J. (2001). Value Space: Winning the Battle for Market Leadership. New York: McGrawHill.
- Nardi, B. (1998). Context and Consciousness: Activity Theory and Human-Computer Interaction. Canadian Journal of Communication 23 (2).
- Norman, D. (1990). The Design of Everyday Things. New York: Doubleday.
- Norman, D. (2005). Human Centered Design Considered

Computer Interaction, 2nd Edition,(pp. 49-63). Amsterdam: North-Holland.
Aoyama, M. (2007). Persona-Scenario-Goal Methodology for User-Centered Requirements Engineering, In 15th IEEE International Requirements Engineering Conference, 185-194.
Cooper, A., Reimann, R., Cronin, D. (2007). About Face 3: The Essentials of Interaction Design, Wiley.
Jenkinson, A. (2009). What happened to strategic segmentation? Journal of Direct, Data and Digital Marketing Practice (2009) 11:2, 124-139. doi: 10.1057/dddmp.2009.27 Palgrave Macmillan, Basingstoke UK
Kieras, D. (1997). A guide to GOMS model usability evaluation using NGOMSL. In M. Helander, T. K. Laudauer, P. Prabhu(Eds.) Handbook of Human Computer Interaction. New York, NY: John Wiley & Sons. Kirby, M. (1991). Custom manual. Technical Report DPO/STD/1.0, HCI Research Centre, University of Huddersfield. Kobsa, A. (2007). Generic user modeling systems. In P. Brusilovsky, A. Kobsa, and A. Nejdl (Eds.) The adaptive web. Berlin: Springer-Verlag, 136-154.
Franke, N., von Hippel, E., & Schreier, M. (2006). Finding Commercially Attractive User Innovations: A Test of Lead-User Theory. Journal of Product Innovation Management, 23 (4), 301-315.
von Hippel. (2007). Horizontal innovation networks-by and for users. Industrial and Corporate Change, 16 (2).

사이트
www.koreanclick.com/sample/market_insight_lifestyle_sample.pdf
www.cooper.com
http://nlp.postech.ac.kr/Course/hlmodel.html
http://usability.gov/methods/analyze_current/personas.html
www.stcsig.org/usability/topics/personas.html

7장
서적
- Constantine, L. and Lockwood, L. (1999). Task Modeling with Essential Use Cases, Ch. 5, Software for Use, New York: Addison Wesley, 97-124.
- Dix, A., Finlay, J., Abowd, G., Beale, R.(1998). Human-Computer Interaction. Chapter 7. Task Analysis, New York: Prentice Hall, 260-291.
- Hackos, J. and Redish, J. (1998). Thinking about tasks, Chapter 3, User and Task Analysis for Interface Design, New York: Wiley Computer Publishing, 51-90.
- Karen Holtzblatt, Jessamyn Burns Wendell, Shelley Wood. (2005). Rapid Contextual Design. Chapter 3, Planning your contextual interviews, Chapter 4, The contextual inquiry interview, Chapter 7, Consolidated sequence model, San Francisco: Morgan Kaufman , 63-99, 141-157.-
- Karen Holtzblatt. (2009). Contextual Design. In A. Sears & J. A. Jacko (Eds.), Human-computer interaction: Development process (pp. 145-164). Boca Raton, FL: CRC Press.
- Preece, J., Sharp, H., Benyon, D., Holland, S., and Carey, T. (1994). Ch.20. Task Analysis. Human Computer Interaction.
Reading, Massachusetts: Addison-Wesley. 409-430.
- Rosson, M. and Carroll, J. (2002). Analyzing Requirement. Chapter 2. Scenrio-Based Usability Engineering, San Francisco: Morgan Kaufman, 37-78.
- Rosson, M. B., & Carroll, J. M. (2009). Scenario-based design. In A. Sears & J. A. Jacko (Eds.), Human-computer interaction: Development process (pp. 145-164). Boca Raton, FL: CRC Press.

연구논문
- Bodker, S. Scenario in user-centered - setting the stage for reflection and action, Interacting with Computers 13, 2000
- Carroll, J. (1997). Scenario Based Design, In M. Helander, T. Landauer, P. Prabhu(Eds.), Handbook of Human Computer Interaction, 2nd Edition,(pp. 383-406). Amsterdam: North-Holland.
- Carroll, J. Five reasons for scenario-based design, Interacting with Computers 13, 2000.
- Checkland, P. B. (1981). Systems Thinking, Systems Practice. John Wiley, Chister.
- Collins, D. (1995). Users, Tasks, and Task Analysis. In, Designing Object-Oriented User Interfaces. Benjamin Cummings: Redwood city, Cal. 151-175.
- De Angeli, A., Athavankar, U.A., Joshi, A., Coventry, L., Johnson, G.I. (2004). Introducing ATM's in India: A contextual enquiry. Interacting with Computers special issue. Global human-computer systems 16(1), 29 -44.
- Dzida, W. & Freitag, R. (1998). Making use of scenarios for validating analysis and design, IEEE Transactions on Software Engineering, 24.
- Jeffries, R. (1997). The Role of Task Analysis in the Design of Software, In M. Helander, T. Landauer, P. Prabhu(Eds.), Handbook of Human Computer Interaction, 2nd Edition,(pp. 347-360). Amsterdam: North-Holland.
- Norman, D. (1988). The Design of Everyday Things. Doubleday Business.
- Pilke, E. M. (2004). Flow experiences in information technology use. International Journal of Human-computer studies, in press.
- Sachs, P. (1995). Transforming work: Collaboration, learning and design. Communications of the ACM 38(10): 36-44.
- Summers, K., Knudtzon, K., Weeks, H., Kaplan, N., Chisik, Y., Kulkarni, R., and Moulthrop, S. (2003). Contextual Inquiry Into Children's Reading Workingwith Children as Research Partners, in Proceedings of the UPA Conference
- Suwa, M., Purcell, A.T. Gero, J.S. (1998). "Macroscopic analysis of design processes based on scheme for coding designers' cognitive actions," Design Studies, 19, 455-483.
- Wei, J. and Salvendy, G. (2004). The cognitive task analysis methods for job and task design: review and reappraisal. Behaviour & Information Technology, July-August, 23(4), 273-299.

사이트
www.incontextenterprises.com

www.ruliweb.com
www.usabilitynet.org/tools/taskanalysis.htm
www.usabilitynet.org/tools/contextualinquiry.htm

8장
서적
- Ballard, B. (2007). Designing the Mobile User Experience, John Wiley & Sons; West Sussex, England.
- Beyer, H. and Holtzblatt, K. (1998), Contextual Design, San Francisco: Morgan Kaufman – San Francisco, California.
- Constantine, L. and Lockwood, L. (1999). In Place: Fitting the Operational Context, Ch. 13, Software for Use, New York: Addison Wesley, 297–316.
- Stojanovic, D. (2009). Context-Aware Mobile and Ubiquitous Computing for Enhanced Usability: Adaptive Technologies and Applications; IGI Publishing, Hershey, PA.
- Hackos, J. and Redish, J. (1998). Thinking about the Users' Environments, Chapter 4, User and Task Analysis for Interface Design, New York: Wiley Computer Publishing, 91–110.
- Hall, E. T. (1976). Beyond Culture, Anchor Doubleday Press, Garden City, NY.
- Holzblatt, K., Wendell, J., and Wood, S. (2006). Rapid Contextual Design: A How-To Guide to Key Techniques for User-Centered Design, Morgan Kaufman; San Francisco, California.
- Pachler, N., Bachmair, B., and Cook, J. (2010). Mobile Learning: Structures, Agency, Practices, Springer US: New York.
- Pernici, B. (2006). Mobile Information Systems: Infrastructure and Design for Adaptivity and Flexibility, Springer-Verlag: New York, Syracuse.
- Longoria, R. (2004). Designing Software for the Mobile Context: A Practitioner's Guide (Computer Communications and Networks).
- Seffah, A. and Javahery, H. (2004). Multiple User Interfaces: Cross-Platform Applications and Context-Aware Interfaces, John Wiley & Sons; West Sussex, England.
- Loke, S. (2006). Context-Aware Pervasive Systems: Architectures for a New Breed of Applications

연구논문
- Aaltonen, A., Huuskonen, P., and Lehikoinen, J. (2005). Context awareness Perspectives For Mobile Personal Media, Information Systems Management, 22 (4), 43–55.
- Belk, R. (1975). Situational Variables and Consumer Behavior, Journal of Consumer Research, vol.2, no.3, pp. 157–164, 1975.
- Blomberg, J., Burrell, M., Guest, G. (2003). An Ethnographic Approach to Design, In J. A. Jacko and A. Sears(Eds) The Human-Computer Interaction Handbook: Fundamentals, Evolving Technologies and Emerging Applications, Lawrence Erlbaum Associates, Publishers, Mahwah, New Jersey, 964–986.
- Cheverst, K., N. Davies, K. Mitchell and C. Efstratiou. (2001). Using Context as a Crystal Ball: Rewards and Pitfalls. Personal and Ubiquitous Computing 5(1): 8–11.
- Choong, Y. Y. and Salvendy, G. (1998). Design of icons for use by Chinese in mainland China, Interacting with Computers, 9, 4, 417–430.
- Crabtree, A., Rodden, T., Tolmie, P., and Button, G. (2009). Ethnography considered harmful, CHI 09 Proceedings of the 27th international conference on Human Factors in computing systems, doi>10.1145/1518701.1518835.
- Dholakia, R. and Dholakia, N. (2004). Mobility and Markets: Emerging Outlines of M-commerce, Journal of Business Research, 57 (12), 1391–1396.
- Dourish, P. (2002). What we talk about when we talk about context. Unpublished manuscript. Available at http://www.ics.uci.edu/~jpd/.
- Dray, S. and Mrazek, D. (1996). A Day in the Life of a Family: An International Ethnographic Study, In Dennis Wixon and Judith Ramey(Eds.) Field Methods Casebook for Software Design, Wiley Computer Publishing: New York, 145–156.
- Gaver, W., Boucher, A., Pennington, S., and Walker, B. (2004). Cultural Probes and the Value of Uncertainty, Interaction, 53–56.
- Hofstede, G. (1980). Culture's Consequences: International Differences in Work-Related Values, Sage Publications, Inc., Beverly Hills, CA.
- Kim, H., Kim, J., Lee, Y. (2005). An Empirical Study of Use Contexts in the Mobile Internet, Focusing on the Usability of Information Architecture, Information Systems Frontiers, 7 (2), 175~186.
- Lee, I., Kim, J., Kim, J. (2005). Use Contexts for the Mobile Internet: A Longitudinal Study Monitoring Actual Use of Mobile Internet Services. International Journal of Human-Computer Interaction, 18 (3), 269–292.
- Lee, I., Kim, J., Choi, B., Hong, S. (2010). Metrics for cultural characteristics of mobile Internet users, Computers in Human Behavior, 26, 1355–1368.
- Monk, A., Carroll, J., Parker, S., and Blythe. (2004). Why are mobile phones annoying? Behaviour & Information Technology, 23(1), 33–41.
- Rose, G. M., Evaristo, R. and Straub, D. (2002). Culture and Consumer Responses to Web Download Time: A Four-Continent Study of Mono-and Polychronism, IEEE Transactions on Engineering Management, 50, 1, 31–44.
- Sirgy, M. J. (2001). Handbook of Quality-of-life Research, Kluwer Academic Publishers: Dordrecht.
- Ojala, T. (2009). Case studies on context-aware mobile multimedia services, Journal of Digital Information Management, Feb2010, Vol. 8 Issue 1, p4–15, 12p.
- Wang, Y.-K. (2004). Context awareness and adaptation in mobile learning Proceedings – 2nd IEEE International Workshop on Wireless and Mobile Technologies in Education, pp. 154–158.
- 류호성, 최영완, 김진우. (2001). 모바일 인터넷 사용 성과와 만족도에 영향을 미치는 신체적 맥락요인에 관한 연구. 인지과학, 12(4), 1–9.

사이트

www.sapdesignguild.org/resources/resources.asp
www.morten-rask.dk
www.cs.berkeley.edu/~dey
http://uvr.gist.ac.kr
incontextdesign.com
www.designforcontext.com/publications/semantics-context

9장

서적

- Christensen, C. (2003). Innovators Dilemma: The Revolutionary Book that will change the way you do business, Collins Business Essentials.
- Clayton Christensen, Scott Anthony, and Erik Roth. (2004). Seeing What's Next, Collins Business Essentials.
- Richard C. Dorf and Thomas H. Byers. (2004). Technology Ventures: From Idea to Enterprise, .McGraw-Hill Science/Engineering.
- Adrian, J. Wlywotaky and David J. Morrison. (2000). How Digital is Your Business? Crown Business.
- Dix, A., Finlay, J., Abowd, G., Beale, R. (1998). Human-Computer Interaction. Chapter 2. The Computer, New York: Prentice Hall, 53-102.
- Mohageg, M. and Wagner, A. Design Considerations for Information Appliance, Information Appliance Chapter 2, 28-51.
- Norman, D. (1998). The Move to Information Appliance, Chapter 3. The Invisible Computer, Cambridge, Massachusetts: The MIT Press.

연구논문

- Eisenmann, T. (2008). Managing Proprietary and Shared Platforms. California Management Review, 50 (4), 31-53.
- Kristoffersen, S.& Ljungberg, F. (1999). Mobile informatics: Innovation of IT Use in mobile settings: IRIS'21 Workshop Report, SIGCHI Bulletin, pp29-34.
- Sibert L.E. and Jacob R.J.K., Evaluation of Eye Gaze Interaction, Proc. ACM CHI 2000 Human Factors in Computing Systems Conference, pp. 281-288, Addison-Wesley/ACM Press, 2000.
- Perry, M., O'Hara, K., Sellen, A., Brown, B. and Harper, R. (2001). Dealing with Mobility: Understanding Access Anytime, Anywhere. ACM Transaction on Computer-Human Interaction, December 2001, 323-347.
- Want, R. and Borriello, G., Survey on Information Appliances, IEEE Computer Graphics and Applications, 2000.

사이트

sourceforge.net
www.openhardwaresummit.org
www.billbuxton.com/InputSources.html
www.tmaa.com
www.hcilab.com/processor
www.vrdepot.com/product.html
www.tobii.se
www.arringtonresearch.com

www.pctechguide.com
www.tech-report.com
computer.howstuffworks.com

10장

서적

- Altshuller, G. (1994). And Suddenly the Inventor Appeared: Triz the theory of Inventive Problem Solving. Technical Innovation Center.
- Carroll, J. and Thomas, JC. (1982). Metaphor and the cognitive representation of computer systems. IEEE Transactions on Man, Systems, and Cybernetics.,SMC-12(2), pp. 107-116. - Cooper, R. (2001). Winning at New Products: Accelerating the process from idea to launch. Basic Books; 3rd edition. - Constantine, LL, & Lockwood, LAD. (1999). Software for Use: A Practical Guide to the Essential Models and Methods of Usage-Centered Design. Reading, MA: Addison-Wesley, 1999. - Durkheim, É. (1982). "Letter to the Director." in The Rules of Sociological Method, edited by Lukes, S. New York: Free Press, 1982 pp. 258-260 (Originally published in Revue neo-scolastique, 14, 612-614. 1907).
- Fey, V. and Rivin, E. (2005). Innovation on Demand. Cambridge University Press.
- Goldenberg, J. and Mazursky, D. (2002). Creativity in product innovation. Cambridge University Press.
- Lakoff, G. and Johnson, M. (1980). Metaphors we live by. Chicago: University of Chicago. - McKain, S. (2004). All Business is Show Business: Create the Ultimate Customer Experience to Differentiate Your Organization, Amaze Your Clients, and Expand Your Profits. Thomas Nelson.
- Pink, D. H. (2006). A Whole New Mind: Why Right-Brainers Will Rule the Future. Riverhead Trade; Rep Upd edition.
- Rosson, M. B. and Carroll, J. M. (2002). Usability Engineering: Scenario-based development of human-computer interaction. San Francisco: Morgan kaufman publischers, p138-141. - Urlich, K. T. and Eppinger, S. D. (2007). Product Design and Development. McGraw Hill; 4th edition.
- Urban, G. L. and Hauser, J. R. (1993). Design and Marketing of New Products. Prentice Hall; 2nd edition.
- Cross, N., Engineering Design Methods - Strategies for Product Design (Third Edition), John Wiley & Sons, LTD, Chichester, 2000.
- Pahl, G., and Beitz, W., Engineering Design - A Systematic Approach (Second Edition), Springer, 1996.
- Pugh, S., Concept Selection: A Method That Works, Proc. of the International Conf. on Engineering Design (ICED), Rome, 1981.
- Kirshman, C. F., and Fadel, G. M., Classifying Functions for Mechanical Design, Journal of Mechanical Design, Vol. 120, pp. 475-482, 1998.
- (Ullman 1997) Ullman, D., The Mechanical Design Process, McGraw-Hill, 1997.
- Dixon, J., and Poli, C., Engineering Design and Design for Manufacturing, Fieldstone Publishers, 1995.
- 김용세. 창의적 설계 입문. 생능출판사, 2009.

연구논문
- Alty, J.A., Knott, R.P., Anderson, B. & Smyth, M. (2000). A Framework for Engineering Metaphor at the User Interface, Interacting with Computers, 13, 301-322.
- Carroll, J. M., Mack, R. L., and Kellogg, W. A. (1988). Interface Metaphors and user interface design. In M. Helander(Ed.), Handbook of Human Computer Interaction(pp. 67-85). Amsterdam: Elsevier Science Publishers.
- Chi, M. T., Feltovich, P. J., and Glaser, R. (1981). Categorization and representation of physics problems by experts and novices. Cognitive Science, 5(2)(Apr. - June), 121-152.
- Cate, W. M. (2002). Systematic selection and implementation of graphical user interface metaphors, Computer and Education 38, 385-397.
- Holyoak, K. J. and Thagard, P. (1989). Analogical mapping by constraint satisfaction. Cognitive Science, 13, 295-355.
- Hutchins, E. (1989). Metaphors for interface design. In M. M. Taylor, F. Neel, and D. G. Bouwhuis(Eds.) The structure of multimodal dialogue(pp. 11-28). Amsterdam: Elsevier Science Publishers. –Kieras, DE, & Bovair, S. (1986). The acquisition of procedures from text: A production-system analysis of transfer of training. Journal of Memory and Language, 25, 507-524.
- Marcus, A. (1993). Human communications issues in advanced user interface. Communications of the ACM, 36(4), 101-109.
- Moran, T. P. and Anderson, R. J. (1990). The workday world as a paradigm for CSCW, Computer Supported Cooperative Work, CSCW'90, 1-10 October, Los Angeles, CA.
- Norman, K. L., and Chin, J. P. (1989). The menu metaphor: food for thought. Behaviour and information technology, 8(2), 125-134.
- 진선태. 일상 디자인산물의 구성배치 전략과 맥락에 관한 연구: 창조성템플릿이론과 산물맥락모델을 이용한 분석을 중심으로. 디자인학연구 통권 제66호 (Vol.19 No.4), 2006.

사이트
http://linguistics.berkeley.edu/people/person_detail.php?person=21
www.ifdesign.de/awards_concept_index_e
www.aitriz.org
http://catdir.loc.gov/catdir/samples/cam033/2001018106.pdf

11장
서적
- Reiss, E. (2000). Practical Information Architecture. Harlow: Addison Wesley.
- Rosenfeld, L., and Morville, P. (1998). Information architecture for the World Wide Web. Sebastopol, CA: O'Reilly & Associates.
- Rosson, M. and Carroll, J. (2002). Information Design. Chapter 4. Scenrio-Based Usability Engineering, San Francisco: Morgan Kaufman, 109-158.
- 이종호, 이람, 최병호. (2003). 인포메이션 아키텍처: 웹사이트 디자인의 법칙. 서울: 한빛미디어.
- FID eBiz 컨설팅팀. (2003). FID가 제안하는 성공적인 웹사이트 디자인 전략 가이드. 서울: 비비컴.
- 오병근, 강성중. (2008). 정보 디자인 교과서. 서울: 안그라픽스.
  연구논문 - Kim, S., Lee, I., Lee, K., Jung, S., Park, J., Kim, Y., Kim, S., and Kim, J. (2010). Mobile Web 2.0 with Multi-Display Buttons, Communications of the ACM, 53 (1), 136-141.
- Paap, K. and Cooke, N. (1997). Design of Menus, In M. Helander, T. Landauer, P. Prabhu(Eds.), Handbook of Human Computer Interaction, 2nd Edition, (pp. 533-572). Amsterdam: North-Holland.
- Screven, C. (1999). Information Design in Informal Settings: Museum and other public spaces, In Information Design(ed., Robert Jacobson) Cambridge: MIT Press, 131-192.
- Shedroff, N. (1999). Information Interaction Design: A Unified Field Theory of Design, In Information Design(ed., Robert Jacobson), 267 -291.
- Toms, E. (2002). Information Interaction: Providing a Framework for Information Architecture, Journal of the American Society For Information Science and Technology, 53(10), 855-862.

사이트
www.stcsig.org/id
www.benjamins.nl/cgi-bin/t_seriesview.cgi?series=IDJ
www.asis.org/SIG/SIGIA/index.html
http://journalofia.org
http://iainstitute.org
http://2011.iasummit.org

12장
서적
- Beyer, H., & Holtzblatt, K. (1998). Contextual Design: Defining customer-centered systems: Morgan Kaufmann.
- Buxton, B. (2007). Sketching User Experiences: getting the design right and the right design: Focal Press.
- Cooper, A., Reimann, R., & Cronin, D. (2007). About Face 3: The essentials of interaction design: Wiley.
- Holtzblatt, K., Wendell, J. B., & Wood, S. (2005). Rapid Contextual Design: Morgan Kaufmann.
- Sharp, H., Rogers, Y., & Preece, J. (2007). Interaction Design: beyond human-computer interaction (2nd ed.): Wiley.
- Snyder, C. R., & Lopez, S. J. (2009). Oxford Handbook of Positive Psychology (2nd ed., pp. 89-92): Oxford University Press.
Cooper, A., Reimann, R., Cronin, D. (2007) About Face 3: The Essentials of Interaction Design, Wiley.

연구논문
- Brave, S., Nass, C., Hutchinson, K. (2005). Computers that care: investigating the effects of orientation of emotion exhibited by an embodied computer agent. International Journal of Human-Computer Studies, 62 (2), 161-178.
- Bailenson, J., Pontikakis, E., Mauss, I., Gross, J., Jabon, M., Hutcherson, C., Nass, C. and John, O. (2008). Real-time classification of evoked emotions using facial feature tracking and physiological responses International Journal of Human-Computer Studies, 66 (5), 303-317.

R. M. Sutton (Eds.), Research in organizational behavior (Vol. 28): 3-34. Amsterdam: Elsevier.
- Hennessey, B. and Amabile, T. (2010). Creativity. Annual Review of Psychology, 61, 569-598.
- Kaplan, A.M., Haenlein, M. (2010). Users of the world, unite! The challenges and opportunities of Social Media. Business Horizons 53, 59-68.
- Kozinets, R., Hemtsberger, A., and Schau, H. (2008). The Wisdom of Consumer Crowds: Collective Innovation in the Age of Networked Marketing, Journal of Macromarketing, 28 (4) 339-354.
- Law, E.L.-C., Roto, V., Hassenzahl, M., Vermeeren, A., Kort, J. (2009). Understanding, scoping and defining user experience: a survey approach. In: Proceedings of CHI 2009, 4 - 9 April, Boston, USA, pp. 719 - 728.
- Lilien, G. L., Morrison, P. D., Searls, K., Sonnack, M., & von Hippel, E. (2002). Performance Assessment of the Lead User Idea-Generation Process for New Product Development. Management Science, 48(8), 1042-1059.
- Lewis, S., Pea, R., and Rosen, J. (2010). Collaboration with Mobile Media -Shifting from participation to co-creation. 6th IEEE International conference on wireless, mobile, and ubiquitous technologies in Education, California.
- Maher, M., Paulini, M., Murty, P. (2010). Scaling Up: From Individual Design to Collaborative Design to Collective Design, Design Computing & Cognition, 581-600.
- Merle, A., Chandon, J., Roux, E. (2008). Understanding the perceived value of mass customization: the distinction between product value and experiential value of co-design, Recherche et Applications en Marketing, 23, 27-50.
- Olsson, T., Toivola, H., and Mattila, K. (2008). Exploring Characteristics of Collective Content – a Field Study with Four User Communities, CHI conference proceedings, 2967-2972.
- Parker, S. and Bindl, U., and Strauss, K. (2010). Making Things Happen: A Model of Proactive Motivation, Journal of Management, in press.
- Pierce, J. and Jussila, I. (2011). Collective psychological ownership within the work and organizational context: Construct introduction and elaboration, Journal of Organizational Behavior, 31, 810-834.
- Prahalad, C.K., & Ramaswamy, V. (2004). Co-creation Experiences: The Next Practice in Value Creation. Journal of Interactive Marketing, 18(3), 5-14.
- Prahalad, C.K., & Ramaswamy, V. (2003) The New Frontier of Experience Innovation. MIT Sloan Management Review. Available at http://sloanreview.mit.edu
- Sanders, E. and Stappers, P. (2008). Co-creation and the new landscapes of design, CoDesign, March, 2008, 1-16. available online at http://journalsonline.tandf.co.uk.
- Satchell, Christine. (2007). Giving Serendipity a Nudge by Sharing Everyday Mobile Content. In: Simtech : Social Interaction and Mundane Technologies, 26-27 November 2007, Melbourne.
- Sharp, H. and Robison, H. (2008). Collaboration and co-ordination in mature eXtreme programming teams,

International Journal of Human computer Studies, 66, 506-518.
- Shen, A., Cheung, C., Lee, M., and Chen, H. (2009). How social influence affects we-intention to use instant messaging: The moderating effect of usage experience, Information Systems Frontiers, DOI: 10.1007/s10796-009-9193-9.
- Sosa, M. (2010). Where Do Creative Interactions Come From? The Role of Tie Content and Social Networks, Organization Science, in press.
- Thom-Santelli, J. Cosley, D., and Gay, G. (2010). What Do You Know? Experts, Novices and Territoriality in Collaborative Systems. CHI 2010. 1685-1694.

사이트
www.drumbeat.org/en-US
www.collaborativeconsumption.com
www.iso.org/iso/catalogue_detail.htm?csnumber=52075
www.allaboutux.org/uxwhitepaper
www.iso.org/iso/catalogue_detail.htm?csnumber=52075
www.machinima.com
www.catb.org/~esr/writings/cathedral-bazaar/cathedral-bazaar/ar01s04.html
http://genylabs.org/author/admin
http://en.wikipedia.org/wiki/List_of_crowdsourcing_projects
www.sciencedirect.com/science/issue/6829-2005-999369995-605629

도판목록

1장

영화소개 www.avatarmovie.com
그림 2 (왼쪽) www.apple.com/kr/iphone
       (오른쪽) www.macrumors.com/iphone/2008/01/17/finger-fracture-game-concept
그림 4 www.vw.com/en.html
그림 5 (왼쪽) www5.city.asahikawa.hokkaido.jp/asahiyamazoo
       (오른쪽) www.sandiegozoo.org
그림 6 (왼쪽) en.wikipedia.org/wiki/File:Humvee_in_difficult_terrain.jpg (오른쪽) wallpapers-diq.com/wp/24_-_Military_Hummer_With_Snow_Tracks.html
그림 7 www.imdb.com/title/tt0499549
그림 8 www.toyota.co.kr
그림 9 www.imdb.com/title/tt0499549
그림 10 www.imdb.com/title/tt0499549
그림 11 www.nintendo.co.kr/Wii/main.php

2장

영화소개 www.warnerbros.com
그림 2 www.apple.com/kr/itunes
그림 3 (왼쪽) www.motorola.com
       (오른쪽) www.apple.com/kr/iphone
그림 4 (왼쪽) dic.naver.com (오른쪽) ko.wikipedia.org/wiki
그림 5 (왼쪽) gorealra.sbs.co.kr
       (오른쪽) www.youtube.com
그림 6 windows.microsoft.com/ko-KR/windows/products/windows-xp
그림 7 gom.gomtv.com
그림 9 www.imdb.com/title/tt0062622
그림 10 windows.microsoft.com/ko-KR/windows/products/windows-xp
그림 11 us.battle.net/wow/en
그림 12 (왼쪽) www.amazon.com
       (오른쪽) www.facebook.com
그림 13 www.ennavi.co.kr
그림 14 Kohler, 2011
그림 15 (왼쪽) www.gamecity.ne.jp/sangokushi/10
       (오른쪽) star.afreeca.com
그림 16 (왼쪽) 출처 확인 불가 (오른쪽) www.gpaumier.org/blog/563_evolution-content-participants-wikimedia-commons-wikipedia
그림 17 (왼쪽) foursquare.com (오른쪽) www.cckorea.org
그림 18 (왼쪽) me2day.net (오른쪽) happybean.naver.com
그림 19 www.youtube.com
그림 20 www.slrclub.com
그림 21 (왼쪽) www.macrumors.com/2008/01/17/finger-fracture-game-concept (오른쪽) www6.pcmag.com/media/images/164211-apple-iphone-resizing-a-web-page.gif
그림 22 www.xbox.com/ko-KR
그림 23 local.daum.net/map/index.jsp?t_nil_bestservice=map
그림 24 Fischer, G. et al. 2005

3장

영화소개 www.fox.co.uk/dvd/irobot2disc/11524
그림 3 (왼쪽) www.pentax.jp/english/products/digital/k200d/feature.html
       (오른쪽) cafe.daum.net/leisure-Gwangju/3xeT/2
그림 4 (왼쪽) www.pc.ibm.com/europe/think/en/accessconnections.html (오른쪽) www.microsoft.com
그림 6 www.apple.comkr/iphone
그림 7 (왼쪽) kr.gugi.yahoo.com/map
       (오른쪽) local.daum.net/map/index.jsp?t_nil_bestservice=map
       maps.google.co.kr/maps?hl=ko&tab=wl
       map.naver.com
       windows.microsoft.com/en-US/internet-explorer/products/ie/home
그림 8 jkontherun.blogs.com/jkontherun/images/ns5.html
그림 9 local.daum.net/map/index.jsp?t_nil_bestservice=map
그림 10 naramoksu.tistory.com/entry/%ED%8E%9C%ED%83%80%ED%94%84%EB%A6%AC%EC%A6%98
그림 11 www.imdb.com/title/tt0343818
그림 12 (위) blog.naver.com/dlwlsgmlc/120019424138
       (아래) HCI 개론, 김진우 저
그림 13 section.cafe.naver.com
그림 14 local.daum.net/map/index.jsp?t_nil_bestservice=map
그림 15 (왼쪽) netbook-review.com (오른쪽) tabletpc2.com
그림 16 images.gasgoo.com/MiMgIzcwODE4MjEwMA=-/auto-part-7-inch-single-din-indash-car-dvd-player-head-unit-with-bluetooth.jpg
그림 18, 20, 21 Norman, 1986
그림 19 www.sony.jp/CorporateCruise/Press/200404/04-0421B
그림 22 www.cgv.co.kr
그림 23 windows.microsoft.com/en-US/windows7/products
그림 24 www.acoustiguide.com
그림 25 www.lgmen.com/data/cheditor4/1012/3jUs65K3MkDIz3L8dxYP.jpg

4장

영화소개 ironmanmovie.marvel.com
그림 2 (왼쪽) www.apple.com/kr/ipad
       (오른쪽) kindle.amazon.com
그림 4 windows.microsoft.com/ko-KR/windows/products/windows-xp
그림 5 (왼쪽) www.vhxn.com/wp-content/uploads/2009/08/Diotek_HandWritingSoftware5.gif
       (오른쪽) swypeinc.com
그림 6 (왼쪽) www.apple.com/kr/ipad
       (오른쪽) www.vaio.sony.co.jp/Products/UX1/gallery.html
그림 7 windows.microsoft.com/ko-KR/windows/products/windows-xp
그림 8 (왼쪽) office.microsoft.com/ko-kr/word
       (오른쪽) www.apple.com/kr/macosx
그림 9 office.microsoft.com/ko-kr/outlook
그림 10 www.apple.com/kr/macosx

그림 11 (왼쪽) office.microsoft.com/ko-kr/word
(오른쪽) windows.microsoft.com/ko-KR/
internet-explorer/products/ie/home

그림 12 (왼쪽) hanja.naver.com　(오른쪽) handic.nate.com

그림 13 (위) explore.live.com/messenger
(아래) nateonweb.nate.com

그림 14 windows.microsoft.com/ko-KR/windows/products/
windows-xp

그림 15 (왼쪽) shopping.naver.com
(오른쪽) www.google.com/shopping

그림 16 espn.go.com

그림 17 (왼쪽) wiisports.nintendo.com
(오른쪽) www.konami.com/games/pes

그림 18 (왼쪽) office.microsoft.com/ko-kr/word
(오른쪽) windows.microsoft.com/ko-KR/windows/
products/windows-xp

그림 19 office.microsoft.com/ko-kr/word

그림 20 (1, 2) windows.microsoft.com/ko-KR/
internet-explorer/products/ie/home
(3, 4) www.yonsei.ac.kr　(5) kin.naver.com
(아래) windows.microsoft.com/ko-KR/windows/
products/windows-xp

그림 21 (왼쪽) www.bugs.co.kr
(오른쪽) office.microsoft.com/ko-kr

그림 22 (위) kr.yahoo.com　(아래 왼쪽) www.amazon.com
(아래 오른쪽) www.cjmall.com

그림 23 (왼쪽) www.dlna.org
(오른쪽) www.apple.com/kr/ipad/built-in-apps/
ibooks.html

그림 24 (위) www.apple.com/kr/ipodtouch
(아래) www.apple.com/kr/ipodshuffle

그림 25 tvpot.daum.net/application/PotEncoder.do

그림 27 (왼쪽) static8.businessinsider.com/image/
4a3afadb796c7aa100817b34-400-300/multi-touch.jpg
(오른쪽) www.canada.com/edmontonjournal/news/
story.html?id=5ff7f35b-e86b-4264-b3e6-
19f6b5075928&k=63173

그림 28 (왼쪽) nateonweb.nate.com
(오른쪽) explore.live.com/messenger

그림 29 (왼쪽) www.apple.com/kr/itunes
(오른쪽) windows.microsoft.com/ko-KR/windows/
products/windows-media-player

그림 31 www.canon-ci.co.kr

그림 32 maps.google.com

그림 33 www.kart.nexon.com

그림 34 happybean.naver.com

5장

영화소개　www.imdb.com/title/tt0212720

그림 1　www.parorobots.com

그림 2　www.nintendo.co.kr/DS/soft/nintendogs/
dogs_main.php

그림 3　(왼쪽) mobile.daum.net/web/
mobileApp.daum?serviceId=mypeople
(오른쪽) www.secondlife.com

그림 7　ecard.lettee.com

그림 8　(왼쪽) web.pbc.co.kr/legacy/event/cardinal_ksh
(오른쪽) happybean.naver.com

그림 9　(왼쪽) www.tekken6.co.kr
(오른쪽) www.needforspeed.com

그림 10　(왼쪽, 가운데) www.gamershell.com/pc/doom_3/
screenshots.html　(오른쪽) www.nate.com

그림 11　residentevil-club.blogspot.com/p/wallpapers.html

그림 12　(왼쪽) www.viewclips.net/the-blair-witch-project-1999
(오른쪽) www.gamesradar.com/ps3/silent-
hill-homecoming/slideshow/#screenshot/349435

그림 13　(왼쪽) movie.daum.net/moviedetail/
moviedetailMain.do?movieId=44843
(오른쪽) www.gameshot.net/common/
con_view.php?code=AC42536ec0138d6

그림 14　(왼쪽) residentevil-club.blogspot.com/p/
wallpapers.html　(오른쪽) www.ganool.com/2010/11/
download-game-resident-evil-3-nemesis.html

그림 17　연세대학교 HCI Lab

그림 18　(왼쪽) www.ovalia.com/eng_press.htm
(가운데) www.cyon.co.kr/event/lollipop2/index.html
(오른쪽) 출처 확인 불가

그림 19　(왼쪽) 연세대학교 HCI Lab
(오른쪽) nirvanatattoo.blogger.hu/2010/08/16/
h-r-giger-1

그림 20　(위) 연세대학교HCI Lab
(아래 왼쪽) www.sonyericsson.com
(아래 가운데) www.sofasogood.ca/Dayna-Chair
(아래 오른쪽) www.kmculture.com/herb

그림 21　(왼쪽) 연세대학교HCI Lab
(오른쪽) www.yankodesign.com/2008/02/13/
kinetic-cell-phone

그림 22　(왼쪽) 연세대학교HCI Lab　(가운데) www.icosmic.com
(오른쪽) www.google.com

그림 23　(왼쪽) 연세대학교HCI Lab
(가운데) www.bonluxat.com/a/tokujin-yoshioka-
bouquet-chair.html　(오른쪽) www.yahoo.com

그림 24　(왼쪽) 연세대학교HCI Lab
(가운데) www.vitra.com/en-us/home/products/
slow-chair/gallery　(오른쪽) www.asus.com/
Notebooks/Special_Edition/ASUSLAMBORGHINI_VX1

그림 25　(왼쪽) 연세대학교HCI Lab
(가운데) forwardthinking.pcmag.com/
pc-hardware/282878-living-with-a-netbook-
the-good-the-bad-and-the-just-plain-too-small
(오른쪽) craigalunsmith.com/?p=87

그림 26　(왼쪽) 연세대학교HCI Lab　(가운데) www.penstyle.co.kr
(오른쪽) www.mfa.org

그림 27　(왼쪽) 연세대학교HCI Lab
(가운데) www.digitalcamerareview.com/
default.asp?newsID=2615
(오른쪽) www.moma.org

그림 28　(왼쪽) 연세대학교HCI Lab
(가운데) www.stylepark.com/en/kartell/lou-lou-ghost
(오른쪽) happybean.naver.com

그림 29 (왼쪽) 연세대학교 HCI Lab
(가운데, 오른쪽) movie.daum.net/moviedetail/
moviedetailMain.do?movieId=36601
그림 30 (왼쪽) www.reneevon.co.kr
(가운데) www.bloomcosmetics.com
(오른쪽) merrybabo.mireene.com
그림 32, 33, 35, 36, 38, 39
(왼쪽) www.cyworld.com (오른쪽) www.sayclub.com
그림 34 (왼쪽, 가운데) www.playstation.co.kr
(오른쪽) www.nintendo.co.kr/Wii
그림 37 (왼쪽) www.lgmobile.co.kr/mobile-phone/SU100/
LG-SU100 (오른쪽) www.samsung.com/sec/
consumer/mobile-phone/mobile-phone/kt/
SPH-W7700LK-features
그림 40 (왼쪽) www.apple.com/kr/ipod
(오른쪽) www.samsung.com/sec/consumer/
it-mobile/mp3-player

6장

영화소개 www.paramount.com/movies/
what-women-want/details/dvd
그림 1 (왼쪽) www.cyon.co.kr/event/lollipop2/index.html
(오른쪽) corby.samsungmobile.com
그림 2 (왼쪽) www.danal.co.kr
(오른쪽) www.google.com/wallet
그림 3 alyac.altools.co.
그림 4 (왼쪽) www.makeshop.co.kr
(오른쪽) www.9doo.com
그림 5 (왼쪽) www.buyking.com/news/2009/02/
news200902181016531
(오른쪽) www.samsung.com/sec/consumer/
mobile-phone/mobile-phone/kt/SPH-W7100CI
그림 6 (왼쪽) www.buyking.com/news/2009/12/
news200912300343042
(오른쪽) www.buyking.com/news/2009/12/
news200912101229433
그림 7 (왼쪽) healyourchurchwebsite.com/wp-content/
uploads/hycw_bad_design_poster_
0010-feature-creep.jpg
(오른쪽) www.wengerna.com/giant-knife-16999
그림 8 (왼쪽) kr.blackberry.com
(오른쪽) sonyericsson.diocean.co.kr
그림 9 (왼쪽) www.foobar2000.org (오른쪽) gom.gomtv.com
그림 10 (왼쪽) uisystem.jp/blog/2010/02/02/2881.html
(오른쪽) itunes.apple.com/us/app/run-devil-run/
id361221750?mt=8
그림 11 www.samsungdica.com, www.nikon-image.co.kr,
www.canon-ci.co.kr, www.nikon-image.co.kr
그림 12 www.syntagm.co.uk/design/articles/simuser.htm
그림 13 mbtitest.net/sub/mbti6.php
그림 14 (위) www.kebikids.com (아래) www.megastudy.net
그림 15 (왼쪽) www.quirky.com (오른쪽) www.funshop.co.kr
그림 16 (왼쪽) www.etsy.com/?ref=so_home
(오른쪽) www.marketpress.co.kr
그림 17 (왼쪽) neighborgoods.net

(오른쪽) marcelus.userstorybook.net/shelf
그림 18 www.littlebigplanet.com/en/game_guide
그림 19 (왼쪽 1, 2) image.fnnews.com/images/
fnne'ws/2009/12/17/091217_154617613.jpg
(오른쪽 1, 2) appstore.nate.com/Main/
View?apps_no=122
그림 20 Card, Moran, and Newell (1983).
voqn.tumblr.com/post/1689963136/
model-human-processor-processor-gif
그림 22 climatelab.org/Smart_Grids
그림 24, 25, 26, 27, 28, 29 연세대학교 HCI Lab
페르소나 사례 이힘찬, 김준, 최지은, 2010

7장

영화소개 www.paramount.com/movies/
mission-impossible/details/dvd
그림 1 www.auction.co.kr
그림 2 www.paramount.com/movies/mission-impossible/
details/dvd
그림 3 www.nytimes.com/2010/11/22/technology/
22hack.html
그림 4 (왼쪽) www.zaeega.com/archives/50748553.html
(오른쪽 위) news.cnet.com/8301-17938_105-9711
965-1.html (오른쪽 아래) 출처 확인 불가
그림 5 (왼쪽) www.dcinside.com (오른쪽) gall.dcinside.com
그림 8, 13, 14, 16 연세대학교 HCI Lab
그림 10 www.google.com/calendar
그림 11 출처 확인 불가
그림 12 (왼쪽, 가운데) 연세대학교 HCI Lab
(오른쪽) intothereview.com/80
그림 15 twitter.com/wantu2bhappy
표 12, 13, 14, 15 최하늬, 신현호, 박민호, 송지나, 강리영
표 16, 17, 18, 19, 20, 21, 22, 23 신동익, 이재학, 권영길, 이진용

8장

영화소개 www.theisland-themovie.com
그림 1 연세대학교 HCI Lab
그림 2 www.scan-search.com
그림 3 www.cyworld.com
그림 4, 5 Aaltonen, Huuskonen, and Lehikoinen, 2005
그림 6 www.theisland-themovie.com
그림 7 itunes.apple.com/us/app/
seoul-bus-2-metropolitan-bus/id340701877?mt=8
그림 8 Aaltonen, Huuskonen, and Lehikoinen, 2005
그림 9 (왼쪽) www.im-in.com
(오른쪽) itunes.apple.com/us/app/id352021130?mt=8
그림 10 (왼쪽) 연세대학교 HCI Lab (오른쪽) 다음 디지털뷰
그림 11 www.theisland-themovie.com
그림 15 www.mobilephone-reviews.com/2007/03/15
그림 18 (왼쪽) www.volvocars.com (오른쪽) www.acura.com
그림 20 (왼쪽) www.sony.co.kr
(오른쪽) www.bang-olufsen.com
그림 23 smarthome.olleh.com/kibot/intro.olleh
그림 24 (왼쪽) www.hcibook.com/e3/casestudy/
cultural-probes

	(가운데) Gaver et al., 2004 (오른쪽) Gaver et al., 1999
그림 25	(왼쪽) www.flightglobal.com/news/articles/electronic-flight-bags-must-have-bags-348457 (오른쪽) www.microsoft.com/games/flightsimulatorx
그림 26, 27	신동익, 이재학, 권영길, 이진용
그림 28, 29	남수정, 박소영, 박영준, 이호준
그림 30, 31	김정아, 이주원, 오선우, 노현태

9장

영화소개	www.imdb.com/title/tt0371724
그림 1	KAIST 오준호 교수
그림 2	(왼쪽) www.buyking.com/magazine/200308/article200308022310657 (가운데) dica.dcinside.com/review.php?pid=4699 (오른쪽) www.apple.com/kr/iphone
그림 3	Christensen, 2003
그림 5	(왼쪽) news.bbc.co.uk/2/hi/uk_news/magazine/8510228.stm (오른쪽) www.cnet.com.au/ford-focus-electric-first-look-339308433.htm
그림 6	(왼쪽) 연세대학교 HCI Lab (오른쪽) en.wikipedia.org/wiki/FrogPad
그림 7	(왼쪽) www.lgmobile.co.kr (오른쪽) www.samsung.com/sec
그림 8	(왼쪽) farm4.static.flickr.com/3655/3590107236_6f0f03be97.jpg (오른쪽) alphaandroid.com/nuance-flext9-now-available-in-amazon-appstore-for-android
그림 9	(왼쪽) store.sony.com/webapp/wcs/stores/servlet/CategoryDisplay?catalogId=10551&storeId=10151&langId=-1&identifier=S_SonyInternetTV (오른쪽) www.neoearly.net/2461998
그림 10	(왼쪽) www.perceptcom.com (오른쪽) www.apple.com/kr/macosx
그림 11	blog.scanr.com
그림 12	(왼쪽) 출처 확인 불가 (가운데) www.logitech.com/gaming/joysticks/devices/291 (오른쪽) www.3dconnexion.com
그림 13	(왼쪽) www.isky.co.kr (가운데) www.lgmobile.co.kr (오른쪽) www.betanews.net/bbs/read.html?&mkind=342&page=1&num=440632
그림 14	(왼쪽) www.buymebuyme.com/retail/product_image.php?imageid=1764 (오른쪽) image.fnnews.com/images/fnnews/2009/08/26/0921748415_0.jpg
그림 15	www.techtree.com/India/Future_Watch/3Dconnexions_SpaceNavigator_3D_Mouse/551-88590-505.html
그림 16	(왼쪽 위) en.wikipedia.org/wiki/File:HTC_Touch2_used_with_a_stylus.jpg (왼쪽 아래) www.ecs.umass.edu/hpl/equipment.html (오른쪽 위) www.creativeapplications.net/iphone/modaxis-sound-iphone-ipad-of (오른쪽 아래) www.chilton-computing.org.uk/inf/literature/newsletters/ecn21-40/p034.htm
그림 17	(왼쪽) imve.informatik.uni-hamburg.de/imve-lab/visual_output_devices (오른쪽) digilens.com
그림 18	mynokiablog.files.wordpress.com/2010/10/screen-amoled-vs-tft-lcd.jpg
그림 19	(왼쪽) et.wikipedia.org/wiki/Pilt:HD_vs_SD_resolutions.png (오른쪽) www.lge.co.kr
그림 20	internesoundkartenkaufen.blogspot.com/2012/01/terratec-aureon-71-universe-soundkarte.html
그림 21	kr.dolby.com/kr/index.html
그림 22	(왼쪽 위) www.sensorysolutions.co.za/Products/Blindness/EasyLink.htm (왼쪽 아래) www.bey-tech.com/sitebuilder/images/Bey-Tech-BattleSuit-Black_061-303x338.jpg (오른쪽 위) www.novint.com/index.php/novintfalcon (오른쪽 아래) www.meyersound.com/news/2006/ancol_4D/?type=40
그림 24	(왼쪽) http://zone.ni.com/cms/images/devzone/tut/tpcfsmzj28590.gif (오른쪽) 3g4g.blogspot.com/2010/08/100-lte-commitments-22-commercial.html
그림 25	www.tomshardware.com
그림 26	(왼쪽) www.gotw.ca/publications/concurrency-ddj.htm (오른쪽) www.microsoft.com/security/sir

10장

영화소개	www.imdb.com/title/tt0133093
그림 1	www.segwaymall.kr/product/i2.asp
그림 2	www.forrester.com/rb/Research/research_ereader_forecast_2010_to_2015_us/q/id/57199/t/2
그림 3	(왼쪽) penstyle.co.kr (오른쪽) www.panasonic.co.kr/company_html/main/main.asp
그림 6	www.apple.com/kr/imac
그림 7	최하늬, 박민호, 신현호, 송지나, 강리영
그림 8	www.logitech.com/ko-kr/keyboards/keyboard/devices/7288
그림 9	www.soundgraph.com/fingervu706-feature-en
그림 10	Ulrich and Eppinger, 2007; Chapter 7, p.128 (Product Design and Development) (참고: www.ulrich-eppinger.net)
그림 11	(왼쪽 위) www.apple.com/kr/ipodclassic/gallery (가운데 위, 오른쪽 위) product.iriver.co.kr (왼쪽 아래) www.mobilitysite.com/2006/06/sharp-mp3-player-with-built-in-fm-modulator (가운데 아래) www.markpascua.com/2008/03/18/panasonic-d-snap-mp3-player (오른쪽 아래) product.cowon.com
그림 12	아이디어: 박준원, 이정민, 박영진 (왼쪽) catalog.aplshoppe.com/standard_legal_pad_5_x_8-p-187502.html (오른쪽) www.earlyadopter.co.kr
그림 13	아이디어: 김정아, 노현태, 오선우, 이주원 (왼쪽) ojs5.ohmynews.com/NWS_Web/view/at_pg.aspx?cntn_cd=A0000278914 (오른쪽) www.foursquare.com
그림 15	www.hankyung.com/news/app/newsview.php?aid=2008113090311

그림 16   www.mintpass.co.kr
그림 17   (왼쪽) www.earlyadopter.co.kr
         (가운데) www.earlyadopter.co.kr
         (오른쪽) www.mintpass.co.kr
그림 19   (왼쪽) www.earlyadopter.co.kr
         (오른쪽) www.foursquare.com
그림 20   www.foursquare.com
그림 21   박준원, 이정민, 박영진
그림 22   김정아, 노현태, 오선우, 이주원

11장

영화소개   www.eagleeyemovie.com
그림 1   (왼쪽) www.flickr.com/groups/geotagging
         (오른쪽) www.zdnet.co.kr
그림 2   library.yonsei.ac.kr
그림 3   (위) www.google.com/corporate/timeline
         (아래) www.kma.go.kr/weather/forecast/mid-term_01.jsp
그림 4   (왼쪽) vr-zone.com (오른쪽) www.alllottoresults.com
그림 5   navercast.naver.com
그림 6   (왼쪽) www.oecd.org (오른쪽) m.daum.net
그림 8   www.lego.com/en-us/games
그림 9   (왼쪽) www.apple.com/kr/iphone/from-the-app-store/apps-by-apple/ibooks.html
         (오른쪽) www.amzaon.com/kindle
그림 10, 19   연세대학교 HCI Lab
그림 11   kr.koreanair.com
그림 13   www.yonsei.ac.kr
그림 14   (왼쪽) www.apple.com/iphone (오른쪽) m.naver.com
그림 16   (왼쪽) www.facebook.com
         (오른쪽) wordful.com/why-twitter-is-so-cool
그림 17   (왼쪽) kevan.org/extispicious
         (오른쪽) 연세대학교 HCI Lab
그림 18   www.danawa.com
그림 20   www.apple.com
그림 22   www.labnol.org/gadgets/ipad-unboxing-video/13332
그림 23   www.apple.com
그림 24   www.apple.com/kr/iphone/from-the-app-store/apps-by-apple/ibooks.html
그림 25   m.daum.net
그림 26   www.time.com/time
그림 27   www.danawa.com
그림 28   www.10x10.co.kr
그림 29   www.gsbdc.or.kr

12장

영화소개   www.scenicreflections.com/download/169787/Minority_Report_Wallpaper_2
그림 1   www.imdb.com/title/tt0181689
그림 2   www.premiere.com/List/10-Movie-Creepy-Crawlers-Worse-Than-Bedbugs
그림 3   www.apple.com
그림 4   www.premiere.com/List/10-Movie-Creepy-Crawlers-Worse-Than-Bedbugs
그림 5   www.google.com/chrome

그림 6   www.scenicreflections.com/download/169787/Minority_Report_Wallpaper_2
그림 7   office.microsoft.com/ko-kr/word
그림 8   (오른쪽) techxplosion.net/wp-content/uploads/2010/07/garmin_nuvi1.jpg
         (왼쪽) maps.google.com/maps?hl=en&tab=wl
그림 9   www.mozilla.com/firefox
그림 10   (왼쪽) www.ancamera.com
         (오른쪽) office.microsoft.com/ko-kr/powerpoint
그림 11   (왼쪽) www.apple.com/kr/iphone
         (가운데) www.isky.co.kr/product/feature.sky?targetPage=5&targetGroup=1&telCode=ALL&dispNum=0101&seq=NDzmqf7AP2o%7EW%2FodU94aASo%7E
         (오른쪽) office.microsoft.com/ko-kr/powerpoint
그림 12   (왼쪽) gom.gomtv.com (오른쪽) www.tripadvisor.com
그림 13   (왼쪽) www.adobe.com/photoshoplightroom
         (오른쪽) docs.google.com
그림 14   m.map.daum.net/mobilemap/actions/index?t_nil_sitemap=map
그림 15   (왼쪽) www.evernote.com (오른쪽) www.sony.co.kr
그림 16   www.scenicreflections.com/download/169787/Minority_Report_Wallpaper_2
그림 17   (왼쪽) doodooman.tistory.com/136?srchid=IIMG5L5x000 (오른쪽) www.htc.com/kr
그림 18   www.apple.com/itunes
그림 19   www.starwars.com
그림 20   신동익, 이재학, 권영길, 이진용
그림 21, 30   연세대학교 HCI Lab
그림 22, 26, 28, 32, 34, 39, 44, 45   강필준, 박수혜, 서유비
그림 23, 24, 25, 31, 35, 42, 43, 46   이힘찬, 김준, 최지은
그림 27, 37   김대훈, 김태롱, 정은혁
그림 29, 38   박은우, 김정아, 김수현
그림 33   safety.mania.ru/img/lufthansa_a300-600_1.jpg
그림 36   www.gamesradar.com/street-fighter-movie-storyboard-punches-the-net/
그림 40   서정현, 천영준, 최주희, 황보환 / 강필준, 박수혜, 서유비 / 서정현, 천영준, 최주희, 황보환
그림 41   서정현, 천영준, 최주희, 황보환

13장

영화소개   www.imdb.com/title/tt0182789/
그림 2   ko.wikipedia.org/wiki/%EB%A8%BC%EC%85%80_%EC%83%89_%EC%B2%B4%EA%B3%84
그림 3   www.coji2004.com/menu04/04_02-2.htm
그림 4   www.toystory3.co.kr
그림 5   (왼쪽) www.theoldstate.com
         (오른쪽) www.ncomputing.co.kr
그림 6   www.glovis.net
그림 7   (왼쪽) windows.microsoft.com/en-US/internet-explorer
         (오른쪽) office.microsoft.com/en-us/outlook
그림 8, 9   office.microsoft.com/en-us/word
그림 10   cybernetnews.com/cybernotes-pie-menus-increase-your-productivity
그림 12   Rogers, 1993

그림 13 darkomengames.com
그림 14 www.vectorss.com/icons/hand-pointer-icons.html
그림 15 youtu.be/QvBc4EmKano
그림 17 vlourenco.com, kubca.com
그림 18 (왼쪽) www.nokiausa.com
         (오른쪽) designed by Aran Mun, www.ubergizmo.com
그림 20 (왼쪽) www.possible.cokezero.com
         (오른쪽) kr.samsungmobile.com/event/nori/main.html
그림 21 (왼쪽) www.apple.com (오른쪽) www.iriver.co.kr
그림 23 (왼쪽) www.nicolewolcott.com
         (오른쪽) tucsonix.hyundai.com/index.html
그림 24 (왼쪽) www.playstation.co.kr/psp/psp_hardware_view.sce?sid=1385
         (오른쪽) www.nintendo.com/ds
그림 26 www.dunkindonuts.co.kr, www.cjworldis.com/main/Index.jsp
그림 27 (왼쪽) www.lg.com/uk
         (오른쪽) Modular refrigerator from the Electrolux Design Lab competition 2008 designed by Stefan Buchberger, elitechoice.org
그림 29 (왼쪽) www.dentsu.co.jp
         (오른쪽) www.mypantene.co.kr/index.jsp
그림 30 (왼쪽) support.apple.com/kb/ht1168
         (오른쪽) store.apple.com/us
그림 32 (왼쪽) www.infiniti.co.kr
         (오른쪽) www.shinancc.co.kr/index.shn
그림 33 (왼쪽) www.blackberry.com (오른쪽) designed by Kort Neumann, www.designlaunches.com
그림 35 (왼쪽) webzine.flyasiana.com (오른쪽) www.pisaf.or.kr
그림 36 (왼쪽) www.chunghop.com
         (오른쪽) www.chunghop.com
그림 38 (왼쪽) www.contrast.ie (오른쪽) www.road-mate.co.kr
그림 39 (왼쪽) optimizedexecutive.com
         (오른쪽) www.harrywinston.com
그림 41 (왼쪽) henryjones.us
         (오른쪽) www.lottetown.com/town_main.jsp
그림 42 (왼쪽) www.microsoft.com
         (오른쪽) www.gizmag.com/openoffice-mouse/13305
그림 44 (왼쪽) www.samsungplay.com (오른쪽) www.usbiz.ro
그림 45 (왼쪽) designed by Oskar Daniel, www.velvetcushion.com
         (오른쪽) designed by Yue Li, www.unplggd.com
그림 47 (왼쪽) www.marieclairekorea.com/main
         (오른쪽) www.gini.co.kr
그림 48 www.hotpoint.co.uk/hotpoint/entryPoint.do
그림 50 www.yonsei.ac.kr
그림 51 www.aiseesoft.com/article/ipod-family.html
그림 52 security.seotaiji.com
그림 53 kr.samsungmobile.com/product/yepp/product/main.do
그림 54 tera.hangame.com
그림 55 www.iriver.co.kr
그림 56 bewhite.smoothieking.co.kr/#home/home
그림 57 www.itstelecom.ca
그림 58 www.dominos.co.kr/index.do

그림 59 www.lgmobile.co.kr/mobile-phone/LU2300/LG-LU2300
그림 60 (왼쪽) www.ike.co.kr (오른쪽) 연세대학교 HCI Lab
그림 62 www.hoodieremix.com
그림 63 www.apple.com
그림 70 (왼쪽) www.gm-korea.co.kr/gmkorea/index.do
         (오른쪽) www.apple.com
그림 71 (왼쪽) photobucket.com/images/lamborghini/?page=1
         (오른쪽) www.isky.co.kr/index.sky
그림 72 (왼쪽) www.kingsound.co.kr/goods/goods_comlist.asp?com_id=286
         (오른쪽) www.toyota.co.kr/toyota/r_index.asp,
그림 73 (왼쪽) www.themetatrend.com/index_html_kr designed by 지민국, 김홍주, 유인오, Metatrend Institute
         (오른쪽) www.mjsen.co.kr
그림 74 (왼쪽) www.apple.com
         (오른쪽) www.dreamofelectricsheep.com/lollipop
그림 75 (왼쪽) www.thinkpads.com
         (오른쪽) www.shinhan.com/fun/family/wz/webzine.jsp
그림 76 (왼쪽) www.bentleymotors.com
         (오른쪽) centennial.hyundai.com
그림 77 (왼쪽) www.i-station.co.kr/product/minitab/Buddy_spec.html (오른쪽) www.handok.co.kr
그림 78 (왼쪽) www.krunker.com (오른쪽) www.ejiah.com
그림 79 (왼쪽) www.hd-wallpaper-images.com/1295428268-Tron-Legacy-lightcycle.jpg.htm (오른쪽) lgled.lge.com
그림 80 (왼쪽) www.funnlife.com (오른쪽) www.busanpa.com
그림 81 (왼쪽) www.theblindkid.com
         (오른쪽) machinarium.net/demo
그림 82 (왼쪽) westfield.com.au
         (오른쪽) www.etude.co.kr/blacknjean
그림 83 (왼쪽) www.funnlife.com
         (오른쪽) www.toyota.co.kr/THW_FRONT/link.html
그림 84 (왼쪽) www.drippinginfat.com
         (오른쪽) discover.sonystyle.com
그림 85 (왼쪽) www.proaudiostar.com
         (오른쪽) www.autoaction.co.kr
그림 86 (왼쪽) www.funnlife.com
         (오른쪽) breadbowl.dominos.co.kr/event/product.jsp
그림 87 (왼쪽) www.fine-drive.com
         (오른쪽) www.tstore.co.kr/userpoc/main/main.omp/
그림 88 www.lge.co.kr
그림 89, 91, 92 연세대학교 HCI Lab
그림 90 www.avatarmovie.com
그림 93 (왼쪽) 아이마이크(i-Microphone, EIM-001)
         (오른쪽) 아이폰 어플리케이션 'Sound Hound'
그림 94 kr.samsungmobile.com
그림 95, 96, 97, 98, 99 www.wix.com/free_web/site

14장

영화소개 www.imdb.com/title/tt0094737
그림 1, 4, 5, 6 연세대학교 HCI Lab
그림 2 Hartmann et al. 2005
그림 3 Jorgensen et al. 2010
그림 7 Nielsen 1993
표 1 (표) 연세대학교 HCI Lab

(그림) sketchstudios.net/wordpress/wp-content/
uploads/2010/05/ipad-landscape.jpg
표 2 (표) 연세대학교 HCI Lab (그림) www.appleiphonereview.
com/images/iphone-stocks-l.jpg
표 3 (표) 연세대학교 HCI Lab (그림 왼쪽) www.nokia.com
(그림 오른쪽) www.apple.com
표 4, 10 (표) 연세대학교 HCI Lab
(그림) explore.live.com/messenger
표 5 (표) 연세대학교 HCI Lab (그림) www.yonsei.ac.kr
표 6 (표) 연세대학교 HCI Lab (그림) www.h2oplus.co.kr
표 7 (표) 연세대학교 HCI Lab (그림) www.asp.net
표 8 (표) 연세대학교 HCI Lab (그림) www.korail.com
표 9 (표) 연세대학교 HCI Lab (그림) www.h2oplus.co.kr
표 11 (표) 연세대학교 HCI Lab (그림) Windows 제어판
표 12 (표) 연세대학교 HCI Lab (그림) www.empal.com
표 13 (표) 연세대학교 HCI Lab (그림) www.amazon.com
표 14 (표) 연세대학교 HCI Lab (그림) office.microsoft.com/
ko-kr/FX010064954.aspx?ver=12&app=outlook.
exe&CTT=6&Origin=EC010230001042
표 15 (표) 연세대학교 HCI Lab (그림) www.cyworld.com
표 16 (표) 연세대학교 HCI Lab (그림) www1.tubemusic.com
표 17 (표) 연세대학교 HCI Lab
(그림) shop.tubemusic.com/dvdmall/dvd_main.asp
표 18 (표) 연세대학교 HCI Lab (그림) www.gomtv.com
표 19 (표) 연세대학교 HCI Lab
(그림) Windows XP professional 시작메뉴
표 20 (표) 연세대학교 HCI Lab (그림) www.kbstar.com
표 21 (표) 연세대학교 HCI Lab (그림) www.naver.com
표 22 (표) 연세대학교 HCI Lab (그림) Adobe Photoshop
표 23 (표) 연세대학교 HCI Lab (그림) www.cyworld.com
표 24 (표) 연세대학교 HCI Lab (그림) www.paran.com
표 25 (표) 연세대학교 HCI Lab
(그림) www.sap.com/korea/index.epx
표 26 (표) 연세대학교 HCI Lab (그림) kr.dic.yahoo.com
표 27 (표) 연세대학교 HCI Lab (그림) www.shinhan.com
표 28 (표) 연세대학교 HCI Lab (그림) www.keb.co.kr
표 29 (표) 연세대학교 HCI Lab (그림) www.gumstudio.com
표 30 (표) 연세대학교 HCI Lab
(그림) V3 pro2002 deluxe 프로그램-안철수연구소
www.ahnlab.com/kr/site/main/main.do
표 31 (표) 연세대학교 HCI Lab (그림) www.orgio.net
표 32 (표) 연세대학교 HCI Lab
(그림) www.kbs.co.kr/radio/coolfm/heaven
표 33 (표) 연세대학교 HCI Lab
(그림) www.computersupersale.com
표 34 Desmet 2003
표 35, 36 연세대학교 HCI Lab
그림 8, 9, 10, 11, 12 연세대학교 HCI Lab

15장

영화소개 disney.go.com/toystory
그림 1 digitalwellbeinglabs.com/dwb/concepts/
prada-flagship-store-ny-2001
그림 2 www.youtube.com/watch?v=orukqxeWmM0
그림 4 (위) 연세대학교 HCI Lab
(아래) www.bloter.net/archives/14323
그림 5 www.inven.co.kr
그림 6 blog.fortiusone.com/wp-content/uploads/
2008/12/crunchbase_flickr.jpg
그림 7 forum.xda-developers.com
그림 8 www.freecycle.org
그림 9 (왼쪽) www.swap.com (오른쪽) ourgoods.org
그림 10 (왼쪽) www.lendingclub.com/home.action
(오른쪽) www.airbnb.com
그림 11 www.harley-davidson.com/en_US/Content/
Pages/HOG/HOG.html
그림 12 www.farmville.com/
그림 13 (위) www.iyouit.eu/portal (아래) vimeo.com/10519479
그림 14 Thom-Santelli, J. Cosley, D., and Gay, G. 2010
그림 15 연세대학교 HCI Lab
그림 16 www.flickr.com/photos/krazydad/sets/95771
그림 17 forum.xda-developers.com/forumdisplay.php?f=260
그림 18 www.orgnet.com/Picture7.png
그림 19 www.collaborativeconsumption.com
그림 20 explore.levi.com/news/levis-curve-id
그림 21 www.threadless.com
그림 22 cafe.naver.com/usemaprank
그림 23 images.google.com/imagelabeler
그림 24 www.designboom.com
그림 25 (위) androidforums.com/alpha-beta-testing
(아래) forum.androidcentral.com/beta-requests
그림 26 www.ilovebees.com
그림 27 lunabell.net/iln/02_01.html
그림 28 (왼쪽) www.slrclub.com (오른쪽) www.notegear.com
그림 29 www.onlifezone.com/2023247
그림 30 (왼쪽) www.topcoder.com (오른쪽) 99designs.com
그림 31 (왼쪽) github.com (오른쪽) www.quirky.com/ideas
그림 32 market.android.com
그림 33 www.redcross.org
그림 34 onlifezone.com
그림 35 Copper, S. et al, Nature, 2010
그림 36, 37 Assogba, Y. and Donath, J., 2010
그림 38 Lewis, S., Pea, R., Rosen, J., 2010
그림 39 Maslow, A.H. (1943). Motivation and personality.
New York: Harper.
그림 40 www.nhs.us
그림 41 www.starbucks.com/responsibility/sourcing/
farmer-support
그림 42 happybean.naver.com/donation/
ThemeServiceMain.nhn?thmIsuNo=2
그림 43 www.essence.com/news/haiti_earthquake/
haiti_debt.php
그림 44 www.microsoft.com
그림 45 www.doctorswithoutborders.org
그림 46 www.hopelab.org
그림 47 Satchell. (2007). Giving Serendipity a Nudge by
Sharing Everyday Mobile Content.
그림 48 www.sparked.com
그림 49, 50, 52 연세대학교 HCI Lab
그림 51 www.rockthevote.org

맺음글

컴퓨터와의 첫 만남

처음 컴퓨터를 접하게 된 것은 1983년이었다. 그때 대학 동기로부터 한국과학기술원에서 컴퓨터라는 것을 가르쳐 주는데 한번 배워 보면 어떻겠냐는 권유를 받았다. 친구 손에 이끌려 생전 처음 컴퓨터라는 것을 배웠다. 필자가 처음 배운 컴퓨터는 IBM의 System370으로, 참으로 융통성 없고 쓰기 어려운 존재였다. 그럴 만도 한 게 그때만 해도 펀치카드를 이용해 프로그램을 입력하고 도트 프린트로 출력하는 방식으로 컴퓨터와 상호작용했기 때문이다. 다시 말해 쉼표나 마침표 하나만 빼먹어도 그것을 고치는 데 하루가 걸리는 시스템이었다. 아침에 코딩종이를 펀칭하는 사람에게 주면 그 결과를 편칭해 카드 리더기에 읽히는 데 하루가 꼬박 걸렸기 때문이다. 그렇게 그곳을 오래 다니다 보니 그분들과의 친분을 쌓을 수 있었고, 오히려 그 시스템이 그렇게 편리할 수 없었다. 펀치를 하다 틀린 부분을 발견하면 즉시 수정이 가능했기 때문에 실수를 줄일 수 있었다. 또 마감 시간이 급해 그곳에 가서 작업을 할 때 펀치카드를 빌려 쓰거나 여러 가지 도움을 받을 수 있었다. 아마도 편리한 시스템에 대한 기대 수준이 높아진 것은 그때 펀치카드에 프로그램을 입력하면서 배운 것이 아닌가 싶다. 더불어 컴퓨터와 인간이 상호작용을 잘 하려면 우선 인간과 인간 간의 상호작용이 잘 이루어져야 한다는 사실도 실감했다.

HCI와의 첫 만남

1986년 학부를 마치고 경영학 석사를 공부하기 위해 미국으로 출국했다. 그때만 해도 HCI나 UI라는 단어는 들어 본 적도 없었고 단지 경영학을 하면서 컴퓨터와 관련된 일을 하면 좋겠다는 막연한 기대만을 안고 공부를 시작했다. 그러나 막상 석사 1년차를 마치고 2년차를 준비하면서 과연 이 분야가 앞으로 평생을 공부해야 할 분야인가에 대한 회의가 들기 시작했다. 지도교수 가운데 경영정보시스템을 강의한 린 마커스(Lynne Markus)라는 교수가 있었다. 컴퓨터와 인간 조직 간의 관계에 대해 남다른 관심을 가졌던 마커스 교수는 나의 고민을 듣고는 HCI라는 학문을 권유했다. 그리고 마커스 교수에게 추천받은 책이 『The Psychology of Human-Computer Interaction』(Card, Moran, Newell)이라는 HCI의 고전이었다. 무엇보다도 복잡한 인간을 단순화해서 볼 수 있다는 것이 신기했고, 말로만이 아니라 실제로 시스템을 만들어 볼 수 있다는 점에서 구체성에 목말라 있던 학생에게 오아시스 같은 의미를 주었다. 필자는 이 책을 통해 HCI라는 분야가 얼마나 매력적인 분야인지를 실감할 수 있었다.

현장에서의 HCI

그러나 HCI를 정식적으로 공부할 수 있는 기회가 그다지 빨리 오지는 못했다. 일단 석사를 마치고 KPMG Peat Marwick이라는 미국계 시스템 컨설팅 회사에 취직했다. 필자가 처음 투입된 프로젝트는 모 종합상사의 중역정보시스템(Executive Information System)을 개발하는 것이었다. 중역정보시스템은 말 그대로 업체의 임원들이 사용하는 시스템으로, 이 시스템에서 중요한 것은 무엇보다도 사용의 편리성이었다. 당시만 해도 회사 임원이 직접 컴퓨터를 사용하는 경우는 드물었다. 따라서 말이 임원이 사용하는 시스템이지, 사실은 임원을 대상으로 한 정보 시스템이 아니라 임원의 비서를 대상으로 한 시스템을 만들었어야 했다. 왜냐하면, 결국 임원이 해야 하는 모든 컴퓨터와의 상호작용을 비서에게 지시하고 비서가 그 지시에 따라서 문서를 출력하는 것으로 진행되었기 때문이다.

카네기멜론대학과 HCI

1989년 9월 HCI를 공부하기 위해 카네기멜론대학교의 GSIA(Graduate School of Industrial Administration) 박사과정에 진학했다. 지금이야 HCI를 전공할 수 있는 학교가 많아졌지만 당시에 HCI를 연구하는 학교는 많지 않았다. 카네기멜론대학은 그중 하나였고, 특히 필자처럼 경영학을 전공한 사람에게는 더할 나위 없이 좋은 여건을 갖춘 학교였다. 카네기멜론대학은 선택과 집중이라는 면에서 연구 중심 대학으로서의 매우 성공적인 모델을 제시하고 있다. 즉 학교 전체가 인공지능, 인지과학, HCI 등 몇 개의 중점 분야에 초점을 맞추고 있고, 자신의 전공이 무엇이든 상관없이 관심 있는 주제를 연구할 수 있도록 했다.

카네기멜론대학에서 필자는 평생에 잊지 못할 두 명의 위대한 스승을 만났다. 한 분은 2001년에 작고하신 고 허버트 사이먼(Herbert A. Simon) 교수이다. 사이먼 교수는 노벨경제학상을 받고, 그 후 인지과학과 인공지능 그리고 HCI 등 다양한 분야를 개척한 분이다. 여든이 넘은 나이에도 매일같이 학교에 출근하고, 일주일에 한두 시간씩 박사과정 학생들을 지도해 주었다. 필자는 사이먼 교수와의 몇 가지 잊지 못할 에피소드가 있다. HCI 관련 학회 중에 ACM CHI학회가 있다. 논문이 채택되기 힘들다고 정평이 나있는 이 학회에 필자는 1992년 논문을 제출했다. 아니나 다를까, 심사자들은 연구의 피험자 숫자가 너무 적다며 실험을 더 하라는 것이었다. 공동집필자이기도 했던 사이먼 교수는 "만약 역대 노벨상 수상 논문 중에서 데이터 포인트가 둘 이상인 논문이 있다면 우리 역시 실험을 더 하도록 하겠다."라며 반박했다. 그래서인지는 모르겠지만 논문은 최종 채택되었다.

또 하나의 에피소드는 1992년 크리스마스 이브였다. 필자는 박사학위 본심을 준비하느라고 정신없이 데이터와 씨름하면서 시간을 보내면서 있었다. 한밤중에 사이먼 교수로부터 전화가 걸려 왔다. 크리스마스 파티에서 누군가와 이야기를 하다가 문득 필자의 박사학위 논문 주제가 아무래도 잘못되었다는 생각이 들었다는 것이었다. 다음날 아침 사이먼 교수를 찾아가 아침 내내 필자의 박사 학위 논문 주제 선정 이유를 설명했다. 아마도 크리스마스 아침에 노벨상 수상자와 일대일로 박사학위 논문 디펜스를 한 사람은 없을 것이다.

사이먼 교수와의 마지막 에피소드는 필자가 연세대학교에 부임하기로 결정하고 인사차 들렀을 때였다. 대학자인 만큼 멋있는 말을 해 줄 것이라 믿고, 필자는 이제 막 교수라는 직업을 시작한 제자에게 좋은 좌우명을 하나 부탁했다. 그러나 사이먼 교수에게서 들은 말은 너무도 현실적인 것이었다. 그것은 집을 학교에서 너무 멀지도, 그렇다고 너무 가깝지도 않은 곳에 잡아야 한다는 것이었다. 집과 학교가 너무 멀면 좋은 연구 아이디어가 생겨도 귀찮아서 연구실에 안 가게 되고, 반대로 집이 너무 가까우면 밤새 연구실에만 있어 가정생활이 나빠질 수 있기 때문이라는 것이었다.

또 한 분의 잊을 수 없는 스승은 하비에르 러치(F. Javier Lerch) 교수이다. 그에게는 거의 매일 연구 지도를 받았다 해도 과언이 아닐 정도로, 그는 영어를 잘 못하는 학생들과의 열띤 토론을 마다하지 않았다. 그는 매우 자상한 사람이었다. 필자가 가끔 힘들어할 때면 한적한 곳에 가서 쉬고 올 수 있도록 배려도 아끼지 않았다. 또 1992년 CHI학회에 처음 갔을 때에는 피츠버그에서 몬트레이까지 비행기를 타고 가면서 학자가 가져야 할 덕목에 대해 말해 주었다. 안타깝게도 러치 교수는 몇 년 전부터 건강이 악화되어 강단에 서기가 힘들다고 한다. 하루 빨리 그가 건강을 회복해 예전처럼 활기차게 연구 활동을 하기를 기원한다.

연세대학교와 HCI

1994년 9월 연세대학교 경영학과에 부임했다. 처음 경영학과로 부임했을 때부터 지금까지 필자가 가장 많이 받는 질문은 "도대체 HCI가 경영학과 무슨 관련이 있느냐?"이다. 사실 필자도 이와 똑같은 질문을 지도교수에게 한 적이 있다. 그때 필자가 들은 답변은 이러했다. "전산과나 산업공학과에 가면 다른 HCI 전공 교수들과 다를 바가 없겠지만, 경영학과에 가면 나름대로 독특한 위치를 잡을 수 있을 것이다." 그리고 실제로 그러했다. 귀국한 지 2년 뒤인 1996년 인터넷이 확산되기 시작했고, 1998년 전자상거래가 붐을 일으키기 시작했다. 2000년부터 모바일 인터넷과 디지털 콘텐츠가 주목을 받기 시작했고, 2000년대 후반부터 사용자경험과 서비스 디자인에 대한 관심이 높아지면서 HCI가 기업 경영에 중요한 역할을 수행하게 되었다. 많은 기업 활동이 인터넷과 컴퓨터 시스템을 이용하기 시작하면서, 사람과 컴퓨터 간의 상호작용을 통해 고객 또는 임직원에게 최적의 경험을 제공한다는 HCI의 목표가 기업 활동의 전반적인 목표와 일맥상통하게 되었기 때문이다. 그러다 보니 필자는 경영학과에서 HCI를 강의하는 몇 안 되는 교수가 되었다.

MIT와 HCI

필자는 2010년 7월부터 2011년 7월까지 1년 동안 MIT에서 안식년을 보냈다. HCI를 전공한 사람으로서 카네기멜론대학에서 학위를 받고 MIT에서 안식년을 보냈다는 사실은 참으로 고마운 일이다. MIT는 Media Lab을 포함해 학교 전체가 HCI를 공부하기에 좋은 환경을 가지고 있다. 또한 MIT 캠퍼스 바로 옆에 있는 마이크로소프트 NERD센터도 HCI 관련 연구를 하는 사람들이 많았다. 거의 매주마다 세미나가 열리고, 거의 매달마다 큰 학술대회가 열려 HCI와 행복한 시간을 보낼 수 있었다.

필자는 MIT에서 에릭 폰 히펠(Eric von Hippel)이라는 잊지 못할 스승을 만났다. 비록 HCI 분야는 아니지만 'user innovation'이라는 분야를 한평생 고집스럽게 연구해 온 그는 HCI가 더 큰 의미를 가지기 위해서는 새로운 경험의 창출에 초점을 맞추어야 한다는 것을 깨닫게 해 주었다. 또한 필자가 이 책을 준비할 수 있도록 연구실과 제자들을 초청하는 것까지 배려해 주었다.

한국HCI학회와 HCI

안식년을 마치고 2011년 가을, 필자는 한국HCI학회의 회장으로 추천받았다. 매년 1,000명이 넘는 다양한 분야의 사람들이 참여하는 매머드 학회의 회장직을 맡은 것이 영광스럽기는 하지만, 다른 한편으로 하루 종일 책과 논문만 가지고 씨름하는 사람이 학회에 과연 어떤 공헌을 할 수 있을지 걱정이 되었다. 그런 필자가 우선적으로 할 수 있는 일이 이 책의 인세를 전액 한국HCI학회 발전 기금으로 기부를 하는 것이었다. 1994년 한국에 귀국해서부터 지금까지 한국HCI학회에 참여하면서 참으로 다양한 분야의 사람들을 만났다. 좋은 인연은 물론이거니와 그 사람들을 통해 새로운 사실을 배우고 자극을 받을 수 있었다. 앞으로도 한국HCI학회가 우리나라의 UX/UI 분야의 중심이 되어 사람들의 삶의 질을 향상시키는 디지털 시스템에 대한 꿈과 희망을 나눌 수 있는 장소가 되기를 바라고, 이 책이 그런 취지에 일말이나마 도움이 되기를 기대해 본다.

감사의 글

이 책은 정말 많은 사람들의 협력과 도움으로 만들어졌다. 이 자리를 빌어 그 분들께 다시 한번 감사의 뜻을 전한다.

우선 이 책은 총 44인의 HCI 분야 전문가들로부터 감수를 받았다. HCI의 특성상 방대한 분야들을 포함하고 있기 때문에 필자 혼자서는 그 모든 부분에 대한 내용을 검증할 수 없었다. 그래서 각 장마다 해당 분야 전문가생들에게 자문을 구하고 감수를 받았다. 연말연시의 바쁜 일정에도 불구하고 많은 분들이 감수 작업에 참여해 주었다. 이에 보답하기 위해 감수자들의 의견을 최대한 반영했다. 그 분들의 도움이 없었다면 이 책이 현재의 모습을 가질 수 없었을 것이다.

필자가 지난 18년 동안 연세대학교에서 HCI 수업을 진행하는 과정에서 축적된 내용을 다수 활용했다. 특히 수업 시간에 다룬 토론 주제나 프로젝트 등이 이 책을 완성하는 데 많은 도움이 되었다. 학부에서 인간과 컴퓨터의 상호작용, 디지털 서비스 디자인, 휴먼터치 신상품 개발론, 그리고 창조와 혁신 수업을 수강한 학생들과 대학원에서 창조경영 연구, 설문조사 방법론, 실험방법론 그리고 질적 방법론 수업을 수강한 학생들에게 감사의 뜻을 전한다.

연세대학교에서 필자가 HCI 관련 연구와 강의를 할 수 있었던 것은 여러 사람들의 도움이 없었으면 불가능했을 것이다. 무엇보다 HCI라는 생소한 분야를 전공한 사람을 받아주고 관련 강의를 개설하고 연구실을 개설해 준 경영대학 교수들, 특히 필자가 속한 OR 분야 교수들의 열린 마음이 없었으면 어려운 일이었다. 연세대학교에는 다양한 학제적인 프로그램이 있다. 그중 인지과학 협동 과정과 인지과학 구소, 기술경영 협동 과정과 정보대학원 등을 통해 여러 분야의 교수들과 협업할 수 있는 기회를 가질 수 있었다. 또한 관련 연구를 하는 교수들의 모임인 YES-HCI에서도 많은 도움을 얻었다. 개인의 개성을 존중하고 창의성을 높게 사는 연세대학교에 큰 감사를 보낸다.

연세대학교 HCI Lab 멤버들이야말로 필자가 연구를 할 수 있는 원동력이 되었다. 연세대학교 HCI Lab은 매우 열악한 환경을 가지고 있다. 다른 학교에 비하면 학생들에 대한 장학금도 턱없이 적고, 실험 장비나 연구 환경도 열악하다. 그런데도 연세대학교 HCI Lab 연구 직원들은 관련 연구를 열심히 수행한다. 아마도 그 원동력은 사용자로서의 인간에 대한 따뜻한 배려, 단순 반복적인 작업(일명 삽질)을 두려워하지 않는 체력과 정신력', 그리고 자신이 하고 있는 학문에 대한 열정 때문이리라. 이런 마음가짐의 제자들과 함께할 수 있었기에 이 책이 무사히 출간할 수 있었다고 확신한다. 박수이, 최훈, 이인성, 이민경, 최보름, 전석원, 김혜진, 이수진, 홍덕기, 그리고 이 책의 각 장의 자료를 정리해 준 김성규, 이혜인, 배상원, 백지예, 이규원, 최주희, 전윤신, 박혜진, 김지현, 양윤석을 포함해 그동안 연세대학교 HCI Lab에서 인턴 생활을 하면서 관련 자료를 제공해 준 연구원들에게 감사의 뜻을 전한다. 또한 이 책을 위해 밤낮을 가리지 않고 수고해 준 안그라픽스에 감사드린다. 특히 본문 디자인을 담당한 서영미 디자이너, 다이어그램을 담당한 오혜진 디자이너, 표지 일러스트레이션을 담당한 강준모 디자이너, 그리고 이 책의 편집을 담당한 정은주 편집인에게 감사드린다.

이 책과 함께 제공되는 동영상은 연세대학교 사이버교육지원센터(YSCEC)의 지원으로 제작되었다. 매 수업마다 두 대의 카메라와 촬영기사를 지원하고 영상을 제작한 사이버교육지원센터와 이광범 선생, 아울러 비디오 편집을 해 준 박상후 군, 영어 및 중국어 자막을 만들어 준 정소연, 유리와 성준기에게 감사한다. 또한 전체 수업을 진행해 준 김상미 조교와 2012년 HCI개론 수업 수강생 및 청강생 전체에게 감사의 뜻을 전한다.

이 책은 2010년도 정부재원으로 한국연구재단의 지원을 받아 연구되었다. 이 사업은 우리나라의 우수한 연구 사례를 국제적으로 널리 알리고자 하는 데 그 취지가 있으며, 이 책은 우리나라에서 활발하게 운영되고 있는 사용자 경험 혁신의 사례를 연구 대상으로 하고 있다. 우리나라의 HCI 학계의 발전을 위해서 의미있는 저서를 준비하는 데 아낌없이 지원해 준 한국연구재단 이사장과 관계자에게 감사한다. 앞으로 이 책의 내용을 더 보완하고 확장하여 우리 나라의 HCI 연구 사례를 다룬 영문 저서로도 출간할 예정이다.

마지막으로 쓸데없이 허세 부리기를 좋아하는 철없는 대학 교수에게 현실을 직시하도록 쓴소리도 아끼지 않고 연구에만 몰두할 수 있도록 온갖 궂은 일을 맡아 준 아내가 있었기에 필자는 이 책을 마무리할 수 있었다. 보스턴 MIT에서 안식년을 보내면서 필자는 이 책을 준비하느라 매 주말과 저녁을 반납해야 했다. 그 미안함에 이 책을 출간하면 가계에 도움이 되도록 책의 인세를 아내에게 주겠다고 약속했다. 그런데 덜컥 한국HCI학회 학회장을 맡게 되었고, 이 책의 인세를 학회 발전기금으로 기부하면 좋겠다는 생각이 들었다. 그러한 생각에 아내는 기쁜 마음으로 동의해 주었다. 비록 이 책 인세는 한국HCI학회에 전액 기부되지만, 이 책 자체는 혹독한 비판자이자 든든한 후원자인 아내에게 헌정하고자 한다.

I also appreciate professor Herbert A. Simon and F. Javier Lerch who advised the author for his Ph.D. at Carnegie Mellon University; professor Lynne Markus and Mark Silver who introduced HCI to the author when he was at UCLA Anderson Business School; professor Alfred Kobsa and Gloria Mark who provided the author with an ideal environment for writing an earlier version of this book at University of California, Irvine; professor Eric von Hippel who provided intellectual stimulus as well as thoughtful supports while the author was taking sabbatical leave at MIT.

김진우